각주 논어집주 하

脚注 論語集注 下

문기수 역주 『알기 쉽게 풀어 쓴 논어집주』 전면개정판
각주 논어집주 하 脚注 論語集注 下

2022년 7월 30일 처음 펴냄

지은이 문유진
펴낸이 김영호
펴낸곳 도서출판 동연
등록 제1-1383호(1992. 6. 12.)
주소 (03962) 서울시 마포구 월드컵로 163-3
전화 (02)335-2630 전송 (02)335-2640
이메일 yh4321@gmail.com
블로그 https: //blog.naver.com/dong-yeon-press

ISBN 978-89-6447-814-1 04150
ISBN 978-89-6447-812-7 (문유진 논어집주)

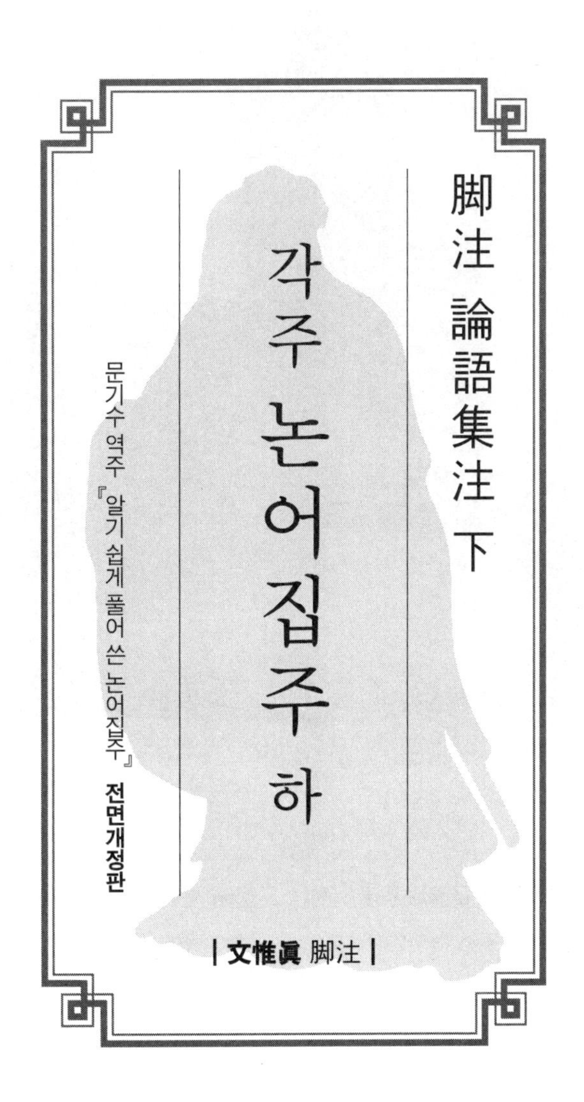

脚注 論語集注 下

각주 논어집주 하

문기수 역주 『알기 쉽게 풀어 쓴 논어집주』 전면개정판

| 文惟眞 脚注 |

동연

서울 연희동 서울漢城華僑中高校 교정에 세워져 있는 공자상

'孔子(公元前551年~公元前479年)名丘, 字仲尼, 春秋末期魯國人。
中國古代偉大的思想家, 教育家, 儒學派創始人。'이라 쓰여 있다.

《孔子家語 · 困誓》 공자께서 정나라로 가시다가, 제자들과 서로 길이 어긋나, 동곽문 밖에 혼자 서 있었는데, 어떤 사람이 자공에게 말했다. "동곽문 밖에 혼자 서 있는 사람이 있던데, 키가 9척 6촌이고, 반듯하고 길쭉한 눈매와 툭 튀어나온 이마에, 머리는 요임금을 목은 고요를 어깨는 자산을 닮았고, 허리 밑으로는 우임금보다 3촌 정도 짧던데, 풀죽은 모습이 마치 상갓집 개 같습디다." 자공이 이 말을 고하자, 공자께서 흔쾌히 받아들이시고 감탄하면서, "생김새야 맞지 않지만, 상갓집 개 같다는 것은, 맞는 말이지! 맞는 말이지!"라고 하셨다(孔子適鄭, 與弟子相失, 獨立東郭門外, 或人謂子貢曰: "東門外有一人焉, 其長九尺有六寸, 河目隆顙, 其頭似堯, 其頸似皐繇, 其肩似子產, 然自腰以下, 不及禹者三寸, 纍然如喪家之狗。" 子貢以告, 孔子欣然而歎曰: "形狀未也, 如喪家之狗, 然乎哉! 然乎哉!").

화순군 능주면에 있는 주희상(1130. 10. 18~1200. 4. 23)

(이길흠 님(psyroad)의 'blog.naver.com/psyroad/220076479925'에서 轉載했음)

《朱熹文集 · 答陳同甫》 1,500년간, 요 · 순 · 우 · 탕 · 문 · 무 · 주공 · 공자가 전한 도가, 천지 간에 완전히 실행된 적은 단 하루도 없었으나, 도의 영원성은 애초부터 사람이 간여할 수 있는 바가 아닙니다. 오직 그것(도)만은 저 스스로 고금을 초월하여 소멸하지 않는 것입니다. 비록 그 도는 1,500년 동안 사람에 의해서 파괴되기는 했어도, 또한 사람이 그 도를 모조리 없애지는 못했습니다. 도는 잠시도 멸식된 적이 없으나, 사람 자신이 멸식시켰을 뿐이니, 이른바 '도는 망한 것이 아니라 유왕·여왕이 도를 따르지 않았을 뿐이다'[漢書·董仲舒傳]라는 말이 바로 그것입니다. 항상 저는 예나 지금이나 오직 하나의 도리만 존재하고, 그것에 순응한 자는 성공했고, 그것에 어긋난 자는 패망했다고 생각합니다. 물론 옛날의 성현만 그랬던 것은 아니고, 후세의 이른바 영웅호걸들도, 그것의 理를 벗어나서 성취할 수 있었던 사람은 없었습니다(千五百年之間…… 堯、舜、三王、周公、孔子所傳之道,未嘗一日得行於天地之間也, 若論道之常存, 却又初非人所能預。只是此箇自是亘古亘今常在不滅之物。雖千五百年被人作壞, 終殄滅他不得耳……蓋道未嘗息而人自息之, 所謂非道亡也, 幽、厲不由也, 正謂此耳…… 常竊以爲亘古亘今只是一體[理], 順之者成, 逆之者敗。固非古之聖賢所能獨然, 而後世之所謂英雄豪傑者亦未有能舍此理而得有所建立成就者也。)(馮友蘭/박성규 역, 『중국철학사(하)』 [까치, 2009], 562).

머리말

나는 이 책에 2008년에 출간된 부친의 『알기 쉽게 풀어 쓴 論語集注』(2권)의 개정판이라고 부제를 붙였다.

2014년에 부친의 유고 『알기 쉽게 풀어 쓴 四書章句集注』(5권)을 완간하고, 곧바로 개정작업에 착수해서 이제 그 첫 번째 『알기 쉽게 풀어 쓴 論語集注』의 개정을 마쳤다.

2006년 부친의 원고를 십시일반 갹출해서 출간하기로 가족끼리 뜻을 모으고, 오탈자 수정 정도이겠지 하는 무지와 생전에 출간된 책을 손수 펴보시도록 하겠다는 호기로, 냉큼 교정 작업을 맡았지만, 아무런 공부가 돼 있지 않은 상태였으니, 오탈자 수정 정도로 교정을 마무리할 수밖에 없었고, 게다가 부친이 돌아가시고 2년이 지나서야 출간하고 보니, 부친의 영전에 참으로 죄송스러운 마음과 공부에 더욱 힘써야겠다는 困學의 마음뿐이었다.

그럭저럭 부친의 사서집주를 완간했으니, 두서없고 자질구레하지만 8년이라는 짧지 않은 시간의 공부였고, 곧바로 공부할 책들을 다시 모으고, 여기저기 도서관을 방문하고, 사전을 찾고, 인터넷을 뒤지고 하면서 6년의 공부를 더 보탰으니, 나름 14년을 공부한 셈이다.

공부에 더욱 정진해서, 앞으로 이어서, 『알기 쉽게 풀어 쓴 孟子集注』, 『알기 쉽게 풀어 쓴 大學 · 中庸章句集注』의 개정판을 내놓을 예정이다.

이 책의 주요 개정 내용은 다음과 같다.

1. 中華書局에서 1983년 간행한 《四書章句集注》를 원문으로 삼았다.
2. 열람과 색인의 편의를 위해, 각 장 · 절 머리에, 朱熹의 편 · 장 · 절 구분에 따라서, 여섯자리 숫자를 써서 편 · 장 · 절 번호를 표기했다. (예) 010101: 학이편 제1장 제1절.
3. 원문의 한자 위에 달린 독음과 구절마다 붙인 현토를 삭제했다.
4. 원문의 한 구절씩을 괄호로 묶고 구절마다 풀이를 다는 기존 방식을 각 장·절마다 그 아래에 풀이를 다는 방식으로 바꾸었다.
5. 박영호의 『다석 류영모의 유교사상 (상·하)』(문화일보), 윤재근의 『논어 (1·2·3)』(도서출판 둥지) 등에서 인용한 글 등을 삭제했다.

6. 원문의 文言文法·虛辭·讀法·訓解·字義, 원문에 대한 여러 학자의 견해, 원문에 대한 여러 經書·諸子·史書의 고증자료를 찾아 각주했다.
7. 각주마다 출전과 원문을 표기하고, 출전목록을 '일러두기'에 표시했다.
8. 논어의 성어를 각주에 [성]으로 표기하고 성어 목록을 권말부록에 실었다.
9. 권말부록으로 (1) 공자연보, (2) 공자제자열표, (3) 중국 선진시기 왕 및 제후 재위 연대표, (4) 논어 각 장별 명칭, (5) 논어성어목록, (6) 지명·국명·인명·중요어구 색인, (7) 집주에서 인용한 학자 일람, (8) 춘추열국지도를 실었다.

2022년 2월

문 유 진

차례

하편下篇

상편上篇

일러두기

1. 이 책은 中華書局에서 1983년 간행한 《四書章句集注》 중의 『論語集注』(이하 '原本')를 번역한 것이다.
2. 原本의 한자 및 구두점은 그대로 표기했고, 인명·지명·서명의 경우, 原本을 따라 해당 어구에 밑줄로 표시하였다.
3. 原本의 각 장·절 머리에, 朱熹의 편·장·절 구분에 따라서, 여섯 자리 숫자를 써서 편·장·절 번호를 표기해 놓았다. (예) 010101: 학이편 제1장 제1절.
4. 原本과 성균관대학교 대동문화연구원에서 1965년 간행한 《經書》[1777년 규장각에서 간행한 內閣本의 영인본]의 어구가 차이가 있는 경우, 각주에 '內閣本'으로 해당 어구를 표기하였다.
5. 論語의 번역은, 集注에서 朱熹가 밝힌 뜻을 충실하게 반영하도록 하였다.
6. 論語나 集注의 글에 대한 이해를 돕는 범위 내에서, 다른 문헌이나 朱熹와 다른 학설을 찾아 각주하였다.
7. 原本에서 인용한 어구의 경우, 가능한 대로 출전을 찾고 어구가 속한 단락의 원문 및 번역을 같이 각주하여, 인용한 어구의 뜻이 충분히 드러나도록 하였다. 集注에서 인용한 학자의 경우, '集注에서 인용한 학자 일람'을 부록으로 붙여 참조하도록 하였다.
8. 原本의 어구의 경우, 뜻풀이가 실려 있는 문헌을 가능한 대로 찾아, 그 출전을 밝히고 원문 및 번역을 같이 각주하였으며, 번역에 네이버 국어·한자·중국어 사전(dic.naver.com)의 도움을 받았다.
9. 각주는 출전을 표기하고 원문과 번역을 같이 실었다. 출전이 표기되어 있지 않은 경우는, 百度汉语(hanyu.baidu.com)·百度百科(baike.baidu.com)에서 인용한 것이 대부분이다. 원문이 簡體字인 경우 그대로 실었다.
10. 原本 및 각주에 인용된 원문의 입력은, 中國哲學書電子化計劃(ctext.org/zh) 및 한국경학자료시스템(koco.skku.edu) 등의 도움을 받았다.
11. 각주에 인용된 주요 서책은 다음과 같다(":"의 왼쪽은 약칭임).

· 論語集解: 何晏 注/皇侃 疏.『論語集解義疏』. 商務印書館, 1937.
· 論語義疏: 皇侃 撰/高尚榘 校點.『論語義疏』. 中華書局, 2013.
· 論語注疏: 何晏 注/邢昺 疏.『論語注疏』. 北京大, 2000.
· 論語正義: 劉寶楠.『論語正義』(上·下). 中華書局, 1990.
· 古今注: 丁若鏞.『論語古今注』. 한국경학자료시스템, 2006.
· 論語集釋: 程樹德.『論語集釋』(Ⅰ·Ⅱ·Ⅲ·Ⅳ). 中華書局, 1990.
· 論語疏證: 楊樹達.『論語疏證』. 上海古籍出版, 1986.
· 論語譯注: 楊伯峻.『論語譯注』(簡體). 中華書局, 1980.
· 論語新解: 錢穆.『論語新解』. 三聯書店, 2007.
· 論語今讀: 李澤厚.『論語今讀』. 三聯書店, 2008.

· 論語大全: 胡廣.『四書大全』(一·二·三). 山東友誼書社, 1989.
· 集注考證: 金履祥.『論語集註考證』. 商務印書館, 1937.
· 補正述疏: 簡朝亮.『論語集注補正述疏』(上·中·下). 華東師範大學出版社, 2013.
· 集註典據考: 大槻信良.『朱子四書集註典據考』. 台灣學生書局, 1976.

· 洙泗考信錄: 崔述.『洙泗考信錄』. 商務印書館, 1937.
· 洙泗考信餘錄: 崔述.『洙泗考信餘錄』. 商務印書館, 1937.
· 孔子傳: 錢穆.『孔子傳』. 三聯書店, 2002.
· 四書人物: 仇德哉.『四書人物』. 台灣商務印書館, 1976.

· 詩名多識: 丁學游 著/허경진 外 역.『詩名多識』. 한길사, 2007.

· 經典釋文: 陸德明.『經典釋文』. 中華書局, 1983.
· 經傳釋詞: 王引之.『經傳釋詞』. 丘麓書社, 1982.
· 經義述聞: 王引之.『經義述聞』. 世界書局, 1991.
· 論語平議: 俞樾.『群經平議』. 上海古籍出版.
· 疑義擧例: 俞樾.『古書疑義擧例五種』. 中華書局, 1983.

· 詞詮: 楊樹達. 『詞詮』. 中華書局, 1978.
· 古書虛字: 裴學海. 『古書虛字集釋』. 民國叢書.
· 王力漢語: 王力. 『古代漢語』(1 · 2 · 3 · 4). 中華書局, 1985.
· 王力字典: 王力. 『王力古漢語字典』. 中華書局, 2003.
· 古漢語語法: 楊伯峻. 『古漢語語法及其發展』(上 · 下). 語文出版社, 2008.
· 論語句法: 許世瑛. 『論語二十篇句法研究』. 台灣開明書店, 1978.
· 許世瑛(二): 許世瑛. 『許世瑛先生論文集』(二). 弘道文化事業公司, 1974.
· 論語語法: 何永清. 『論語語法通論』. 台灣商務印書館, 2016.
· 北京虛詞: 王海 外. 『古代漢語虛詞詞典』. 北京大, 1996.
· 論孟虛字: 倪志僩. 『論孟虛字集釋』. 台灣商務印書館, 1993.
· 延世虛詞: 延世大. 『虛詞大辭典』. 성보사, 2001.

각주에 인용한 기타 서책의 경우, 각주에 표기하였다.

12. 原本 및 각주에 인용한 원문을 번역하는데 도움받은 주요 서책은 다음과 같다.
· 문기수 역주. 『알기 쉽게 풀어 쓴 論語集註』(1 · 2). 동연, 2008.
· 문기수 역주. 『알기 쉽게 풀어 쓴 孟子集註』(1 · 2). 동연, 2011.
· 문기수 역주. 『알기 쉽게 풀어 쓴 大學 · 中庸章句』. 동연, 2014.
· 성백효 역주. 『懸吐完譯 論語集註』. 전통문화연구회, 2006.
· 김도련 역주. 『朱註今釋 論語』. 현음사, 2005.
· 김용옥 著. 『논어 한글역주』(1 · 2 · 3). 통나무, 2010.
· 동양고전연구회 역. 『논어』. 지식산업사, 2005.
· 김학주 역. 『논어』. 서울대학교 출판문화원, 2007.
· 류종목 著. 『논어의 문법적 이해』. 문학과지성사, 2000.
· 정태현 역주. 『論語注疏』(1 · 2 · 3). 전통문화연구회, 2015.

· 정약용 著/이지형 역. 『論語古今註』(1~5). 사암, 2010.
· 楊伯峻 著/이장우 外 역. 『論語譯注』. 중문출판사, 2002.

· 김동인 外 역. 『세주완역 논어집주대전』(1~4). 한울, 2009.
· 王夫之 著/이영호 역주. 『讀四書大全說 I』. 성균관대 출판부, 2013.
· 박헌순 역주. 『論語集註』(1 · 2). 한길사, 2008.
· 박성규 역주. 『대역 논어집주』. 소나무, 2011.
· 李澤厚 著/임옥균 역. 『논어금독』. 북로드, 2006.
· 이수태 著. 『새번역 논어』. 생각의 나무, 1999.
· 이수태 著. 『논어의 발견』. 생각의 나무, 1999.
· 이강재 著. 『《論語》上十篇의 解釋에 대한 研究』. 서울대 대학원, 1998.
· 이강재 · 김효신 역주. 『俞樾의 《論語平議》』. 학고방, 2006.
· 崔述 著/이재하 외 옮김. 『수사고신록』. 한길사, 2009.
· 崔述 著/이재하 외 옮김. 『수사고신여록』. 한길사, 2009.

· 김학주 역저. 『新完譯 書經』. 명문당, 2002.
· 이기동 역해. 『시경강설』. 성균관대 출판부, 2008.
· 지재희 外 해역. 『의례』. 자유문고, 2004.
· 오강원 역. 『의례』(1 · 2 · 3). 청계, 2000.
· 이준영 해역. 『주례』. 자유문고, 2014.
· 송명호 역. 『禮記集說大全』(1 · 2). 높은밭, 2006.
· 권오순 역해. 『新譯 禮記』. 홍신문화사, 2009.
· 지재희 역. 『禮記』(上 · 中 · 下). 자유문고, 2000.
· 박양숙 역. 『大戴禮』. 자유문고, 1996.
· 최형주 역. 『法言』. 자유문고, 1996.

· 김학주 역. 『순자』. 을유문화사, 2012.
· 성기옥 역. 『論衡』. 동아일보사, 2016.
· 허호구 外 역. 『역주 춘추번로의증』. 소명출판, 2016.
· 김만원 역. 『백호통의 역주』. 역락, 2018.
· 이민수 역. 『孔子家語』. 을유문화사, 2015.

· 정범진 역. 『史記 (총 6권)』. 까치, 2000.
· 허호구 역. 『說苑 (1 · 2)』. 전통문화연구회, 2010.
· 임동석 역. 『한시외전』. 예문서원, 2000.
· 周敦頤 著/주희 解/권정안 外 역. 『通書解』. 청계, 2004.
· 주희 外 著/김학규 역. 『신완역 근사록』. 명문당, 2004.

· 박완식 역. 『중용』. 여강, 2006.
· 박완식 역. 『大學』. 여강, 2010.
· 陳淳 著/김영민 역. 『북계자의』. 예문서원, 2005.
· 戴震 著/임옥균 역. 『맹자자의소증 · 원선』. 홍익출판사, 1999.
· 章學誠 著/임형석 역. 『문사통의교주 (1)』. 소명출판, 2011.
· 이영섭. "장학성 『문사통의』 體例 및 原道論 연구." 연세대 박사학위논문, 2008.
· 이영섭. "장학성 『문사통의』의 '三敎'와 「經解」 淺釋." 연세대 석사학위논문, 1998.
· 이영섭. "장학성 『문사통의』 「原學」 上篇 析疑." 중국어문학논집 제70호
· 이영섭. "장학성 『문사통의』 「原學」 中下篇 析疑." 중국어문학논집 제71호
· 馮友蘭 著/박성규 역. 『중국철학사 (상 · 하)』. 까치, 2009.
· 侯外廬 외 著/박완식 역. 『송명이학사 (1 · 2)』. 이론과실천, 1995.
· 費孝通 著/장영석 역. 『鄕土中國 (중국 사회문화의 원형)』. 비봉출판사, 2011.
· 錢穆 著/이완재 外 역. 『주자학의 세계』(원제: 朱子學提綱). 이문출판사, 1990.
· 余英時 著/이원석 역. 『주희의 역사세계 (상 · 하)』. 글항아리, 2015.

13. 부록을 작성하는 데 도움받은 서책은 각각의 부록 말미에 표시하였다

《先進 第十一》

此篇多評弟子賢否。凡二十五章。胡氏曰:「此篇記閔子騫言行者四, 而其一[1]直稱閔子, 疑閔氏門人所記也。」

이 편은 대부분이 제자들의 현부(賢否)를 평한 글들이다. 모두 25장이다.

호씨(胡氏·胡寅)가 말했다. "이 편은 민자건(閔子騫)의 언행을 기록한 것이 네 장으로, 그중 한 장에는 곧바로 민자(閔子)라고 칭했는데, 민자건(閔子騫)의 문인이 쓴 기록인 것으로 보인다."

1 《先進 제12장》 참조

[先進於禮樂章]

110101、子曰:「先進[1]於[2]禮樂, 野人[3]也; 後進於禮樂, 君子也。

1《經典釋文》先進(선진): 包咸은 '앞에 벼슬한 자'라고 했고, 鄭玄은 '앞에 배운 자'라고 했다(包云: 謂仕也; 鄭云: 謂學也。);《論語集解》'先進'·'後進'은 앞에 벼슬한 자, 뒤에 벼슬한 자를 말한다. 예악은 시대에 따라 보태지고 빠지고 하는데, 後進은 예악에 대해, 모두 때에 맞아서, 군자이다. 先進은 고풍이 남아 있으니 야인이다(注: 先進後進, 謂仕先後輩也。禮樂因世損益, 後進於禮樂, 俱得時之中, 斯君子矣。先進有古風, 斯野人也。);《論語義疏》선배는 五帝 이전에 벼슬한 사람을, 후배는 三王 이후에 벼슬한 사람을 말한다(疏: 先輩, 謂五帝以上也, 後輩, 謂三王以還也。);《論語注疏》이 장은 공자께서 제자 중 앞에 벼슬한 자와 뒤에 벼슬한 자를 평한 것이다. 先進은 노나라 양공[BC 572~BC 541 재위]·소공[BC 541~BC 509 재위] 때 벼슬한 자이고, 後進은 정공[BC 509~BC 494 재위]·애공[BC 494~BC 467 재위] 때 벼슬한 자이다(疏: 正義曰: 此章孔子評其弟子之中仕進先後之輩也…… 蓋先進者, 當襄, 昭之世。後進者, 當定,哀之世。);《論語正義》이 편은 모두 제자들의 언행을 말한 것으로, 先進·後進은 바로 제자를 가리킨다.《大戴禮記·衛將軍文子》의 '吾聞夫子之施教也 先以詩'[(위나라 장군 문자가 자공에게 묻기를) 공자께서는 가르침을 베풀 때, 먼저 시를 가르쳤다고 들었다]에 대해, 盧辯[?~557]이 논어의 이 장을 인용해서 '子曰: 先進於禮樂, 野人也;後進於禮樂, 君子也。'라고 注를 달았는데, 그렇다면 先進·後進은 모두 공자의 가르침을 받은 제자를 말한 것이다. 옛날에는 관리의 선발 등용 방식이 모두 예악을 익힌 후에 벼슬길에 나갔는데, 子産이 말한 바대로 '배운 후에 정치에 입문한'[春秋左傳·襄公 31年] 자였다. 공자가 '先進於禮樂'[벼슬에 나아가기에 앞서 예악을 배운 사람]을 '野人'이라 했는데, '野人'은 백성으로서 작록이 없는 자에 대한 칭호이다. 춘추시기에 와서는 관리의 선발 등용 방식이 폐지되고, 경·대부는 모두 작록을 세습했고, 모두 배운 적이 없었다. 관직에 들어간 후에, 그중 현능한 자의 경우에 예악의 일을 했기 때문에, 그 당시 '後進於禮樂'[벼슬에 나아간 뒤에 예악을 배운 사람]을 '君子'로 여겼다. '君子'는 경·대부에 대한 칭호이다(正義曰: 愚謂此篇皆說弟子言行, 先進後進, 即指弟子。大戴禮記衛將軍文子篇: '吾聞夫子之施教也, 先以詩。' 盧辯注引此文, 則 '先進後進', 皆謂弟子受夫子所施之教也, 進學於此也…… 古用人之法, 皆先習禮樂而後出仕, 子產所云 '學而後入政'者也…… 夫子以先進於禮樂爲野人, 野人者, 凡民未有爵祿之稱也。春秋時, 選舉之法廢, 卿大夫皆世爵祿, 皆未嘗學問。及服官之後, 其賢者則思爲禮樂之事, 故其時後進於禮樂爲君子。君子者, 卿大夫之稱也。). 공자의 제자들은 대부분 배우지 않은 자들이었기 때문에, 급하고 바쁜 마음으로 예악으로 그들을 가르쳤다. '興於詩 立於禮 成於樂'[泰伯 제8장]이라 했는데, 바로 이것이 '從先進'이다. 그런데 염구의 경우는 '예악에 관해서는 군자를 기다리겠다'[先進 제25장]고 했고, 자로도 '백성이 그곳에 있고, 사직이 그곳에 있습니다. 어찌 꼭 서책을 읽어야, 그런 후에만 배웠다 하겠습니까?'[先進 제24장]라고 했다. 여기서 '讀書'는 예악 서적을 읽는 것이다. 당시 자로와 염구는 모두 이미 벼슬하고 있었으니, 예악을 배우는 것이 급하지 않았지만, 공자께서는 예악을 중시했기 때문에, 先進을 따르겠다고 하신 것으로, 당시의 작록 세습제도를 바꿔, 옛 선발 등용 방식을 따르고자 하신 것이다. 이 장의 뜻은 천년을 아무런 의론이 없다가 盧辯의 注부터 그 뜻이 드러났는데, 후인들이 아무도 살피지 못했다. 邢昺의 疏부터 先進·後進이 제자를 가리킨다는 것을 알았을 뿐, '進'을 仕進으로 여기고, '從先進'이 '歸之淳素'[옛 순박한 모습으로 돌아가다]로 여긴 것은 여전히 何晏의 注대로 설명했다(……夫子弟子, 多是未學, 故亟亟以禮樂教之教。所云 "興於詩, 立於禮, 成於樂", 即是從先進。而冉求則以 "禮樂願俟君子", 子路且以 "有民人社稷, 何必讀書乃爲學"? 讀書者, 讀禮樂之書也。當時子路, 冉有皆已仕, 未遑禮樂, 而夫子以禮樂爲重, 故欲從先進, 變當時爵祿之法, 從古

선생님께서 말씀하셨다. "(지금 사람들은 평하기를) '선배들은 예악에 있어서, 야인이고, 후진들은 예악에 있어서, 군자이다'라고 한다.

先進後進, 猶言前輩後輩。野人, 謂郊外[4]之民。君子, 謂賢士大夫[5]也。程子曰:「先進於禮樂, 文質得宜[6], 今反謂之質朴, 而以爲野人。後進之於禮樂, 文過其質, 今反謂之彬彬[7], 而以爲君子。蓋周末[8]文勝, 故時人之言如此, 不自知其過於文也。」

選擧正制也…… 此章之義, 深薶千載, 自盧辨戴記注發之, 而後人莫之能省。至邢疏但知先進後進指弟子, 而以進爲仕進, 以從先進爲歸淳素, 猶依注說爲之。);《論語正義》에 따르면, 先進은 제자 중에 先學後仕者를, 後進은 제자 중에 先仕後學者를 가리킨다;《論語譯注》"먼저 예악을 배운 후에 관직을 맡은 사람은 지금껏 작록을 가진 적이 없는 일반인이고, 먼저 관직을 맡은 후에 예악을 배운 사람은 경 · 대부의 자제이다. 내가 인재를 뽑아 쓴다면, 예악을 먼저 배운 사람을 뽑아 쓰겠다"[번역은 劉寶楠의《論語正義》의 설을 기초로 약간 취사했다]("先學習禮樂而後做官的是未曾有過爵祿的一般人, 先有了官位而後學習禮樂的是卿大夫的子弟。如果要我選用人才, 我主張選用先學習禮樂的人。"[譯文本劉寶楠論語正義之説而略有取捨]。);《論語新解》'先進'·'後進'은 '前輩'·'後輩'와 같고, 모두 공자의 제자를 가리킨다. 先進[주유열국 전의 제자]은 안연 · 민자건 · 염백우 · 자로 등으로, 다음 장의 앞쪽의 三科에 해당하는 제자들이다. 後進[주유열국 후의 제자]은 뒤쪽의 一科에 해당하는 제자들로, 자유 · 자하이다(先进后进, 犹言前辈后辈, 皆指孔子弟子。先进如颜、闵、仲弓、子路, 下章前三科诸人。后进如下章后一科, 子游、子夏。);《孔子傳》대개 공자가 젊어서 가르칠 때는 그의 뜻이 세상에 쓰이는 데[用世] 편중되어 있었는데, 만년에 가르칠 때는 그 뜻이 도를 밝히는 데[明道] 더욱 편중되어 있었다. 배우러 오는 제자들은 그의 가르침에 훈도되기 때문에, 선진 제자들은 用世精神이 더욱 풍부했고, 후진 제자들은 明道精神이 더욱 풍부했다. 제자들의 선진과 후진의 기풍이 이에 따라 차이가 난다(盖孔子早年讲学, 其意偏重用世。晚年讲学, 其意更偏于明道。来学者受其薰染, 故先进弟子更富用世精神, 后进弟子更富传道精神。孔门诸弟子先后辈风气由此有异。).

2 於(어): ……에/에게 있어서. '於' 뒤에 오는 명사를 화제나 논의의 대상으로 삼은 상태를 나타내는 말. 문어적 표현으로, '에', '에게', '에서'의 뜻을 나타낸다.

3 野人(야인): 도성 밖 교야 지역에 사는 사람. 촌사람. 작록을 갖지 못한 평민. 교양이 부족하고, 예모를 차릴 줄 모르고, 사리를 가리지 않고 막무가내인 사람(上古谓居国城之郊野的人。与'国人'相对; 泛指村野之人; 农夫; 庶人; 平民; 粗野之人。指缺乏教养, 没有礼貌, 蛮不讲理的人。);《論語詞典》野人(야인): 벼슬을 한 적이 없어 녹봉을 받은 적이 없는 사람(未曾做過官位得過俸祿的人。).

4 郊外(교외): 郊 밖의 지역. 도성에서부터 100리 밖의 지역(指距都邑百里之外的地方); 郊(교): 도성 경계부터 밖으로 100리 이내의 지역. 50리 이내는 근교, 100리 이내는 원교라 했다[100리부터 200리까지는 州, 200리부터 300리까지는 野라 했다](上古时代国都外百里以内的地区称'郊'。周时距离国都五十里的地方叫近郊, 百里的地方叫远郊。).

5《周禮 · 冬官考工記》앉아서 정책을 논하는 자를 王公이라 하고, 일어나서 정책을 실행하는 자를 士大夫라 한다(坐而論道, 謂之王公; 作而行之, 謂之士大夫。); 士大夫(사대부): 관직에 있는 사람. 관직은 없지만, 명망이 있는 학자(古时指当官有职位的人, 也指没有做官但有声望的读书人。).

6 得宜(득의): 적절하다. 적당하다(得其所宜; 适当。).

7《雍也 제16장》참조.

'先進'(선진)과 '後進'(후진)은 '선배'[前輩]와 '후배'[後輩]라는 말과 같다. '野人'(야인)은 교외에 사는 백성을 말한다. '君子'(군자)는 '현능한 사대부'를 말한다. 정자(程子·伊川)가 말했다. "선배들은 예악에 있어, 문(文)과 질(質)의 정도가 각각 그에 맞게 적절했었는데, 지금 사람들은 도리어 그들을 (野가 기승을 부려서) 질박하다고 평하여, 야인(野人)이라 여긴다. 후진들은 예악에 있어, 문(文)이 기승을 부려서 그 질(質)을 지나쳤는데, 지금 사람들은 도리어 그들을 문(文)과 질(質)의 정도가 각각 적절하다고 평하여, 군자(君子)라 여긴다. 대개 주(周)나라 말기에 문(文)이 기승을 부렸기 때문에, 당시 사람들의 평이 이와 같았는데, 그들 자신이 문(文) 쪽으로 지나쳐 있다는 것을 스스로 알지 못했던 것이다."

110102. 如用之[9], 則吾從先進。」

만일 예악을 쓴다면, 나는 선배들의 예악을 따르겠다."

用之, 謂用禮樂。孔子既述時人之言, 又自言其如此, 蓋欲損過以就中也。[10]

---

8 周末(주말): BC 770 平王이 鎬京에서 洛邑으로 동천한 이후, 즉 東周 시기를 말한다.

9《論語義疏》'如'는 '若'[만약]과 같다(疏: 如, 猶若也。);《論語正義》'用人'은 사람을 뽑아 쓰는 것을 말한다. 후진들이 예악에 있어서, 비록 현능할지언정 조정이 사람을 뽑아 쓰는 것은 당연히 정해진 제도에 따라야 하고, 게다가 현능하지 못한 자들이 벼슬길에 함부로 들어오는 것을 염려해야 한다(正義曰: 用之謂用其人也。後進於禮樂, 雖亦賢者, 然朝廷用人, 當依正制, 且慮有不肖濫入仕途也。);《論語譯注》"인재를 뽑아 쓴다면, 예악을 먼저 배운 사람을 뽑아 쓰겠다"("如果要我選用人才, 我主張選用先學習禮樂的人。");《論語新解》공자께서 50세 이전에는, 세상을 위해 일할 뜻이 있어서, 당시[선진] 제자들이 함께 따르면서, 강론한 것이 주로 실용에 중점을 두었다. 周遊天下로부터 노나라로 돌아왔을 때는, 이미 만년을 맞이했으니, 세상을 위해 일할 뜻이 점차 엷어졌고, 후진 제자들은 예악 문장에 대해 더욱 정밀하게 연구하다 보니, 차츰 문(文)을 앞세우는 풍토가 있었다. 그래서 공자께서 예악이 세상에 다시 쓰인다면, 나는 선진의 여러 제자의 뒤를 따르겠다고 하신 것이다. '用之'의 '之'字는 '예악'을 가리킨다(孔子五十以前, 有用世之志, 当时诸弟子相从, 所讲多重实用。自周游返鲁, 已值晚年, 用世之心稍淡, 后进弟子于礼乐文章研讨益精, 然渐有文胜之风。故孔子谓礼乐如复见用于世, 吾当从先进诸弟子后。用之之字即指礼乐。).

10《論語大全》문왕·무왕·주공은 하·은의 예를 거울로 삼아 거기에서 빼거나 더했는데, 선생님께서는 주나라 문화가 찬란했다고 칭찬하신 것은[八佾 제14장], 대개 그 文·質이 적절했다는 말씀으로, 바로 文과 質이 알맞게 잘 조화를 이룬 文이다[雍也 제16장]. 이것은 周나라 전성시대의 文으로, 바로 先進들이 종사했던 예악이다. 이 장에서 先進들의 예악을 따르겠다는 말씀은, 바로 주나라 말기의 文이 그 質을 지나친 것을 싫어해서, 주나라 전성기의 文·質이 각기 中을 얻은 모습을 따르겠다는 것으로, 주나라를 따르겠다는 말씀[八佾 제14장]과 애초부터 서로 다르지 않고 서로를 드러낼 수 있다. 주나라를

'用之'(용지)는 '예악을 사용한다'라고 하는 말이다. 공자(孔子)께서 당시 사람들의 평을 서술하시고 나서, 또 그에 대해 스스로 하신 말씀이 이와 같았으니, 대개 지나친 부분을 덜어내서 이로써 가운데로 나아가고자 하신 것이다.

따르겠다는 말씀이 바로 先進들을 따르겠다는 말씀이다(新安陳氏曰: 文武周公, 監夏殷之禮而損益之, 夫子稱曰 郁郁乎文, 蓋謂其文質得中, 卽彬彬之文也。此周盛時之文, 卽先進之所從事者。此章從先進之云, 正是厭周末之文過其質, 而欲從周盛時之文質得中, 與從周之言, 初不相妨, 而可互相發。從周正是欲從先進耳。).

[從我於陳蔡章]

110201、子曰:「從我於陳, 蔡者[1, 2], 皆不及門也[3, 4]。」

1《論語正義》陳蔡之厄은,《史記·孔子世家》에는 오나라가 진나라를 정벌하자 초나라가 진나라를 돕기 위해 성보에 군대를 보냈는데, 이때 공자가 陳蔡之間에 있었다고 썼으니 노애공 6년이고, 주자는 논어에 근거해 보면 식량이 떨어진 것이 마땅히 위나라를 떠나 진나라로 갈 때였을 것이라고 했으니[論語序說], 노애공 2년이고, 江永의《鄕黨圖考》에는 노애공 4년이라고 했다. 내 생각에, 江永의 견해가 아주 정확하지만, 史記 또한 따를 만하다(正義曰: 陳蔡之厄, 史記孔子世家敘於吳伐陳, 楚救陳, 軍於城父後, 在魯哀六年。朱子據論語, 以爲自衛如陳, 在魯哀二年。江氏永鄕黨圖考以爲在魯哀四年…… 今案: 江說甚核, 然史記亦自可從。).

2《論語正義》당시 따랐던 제자들로,《孔子世家》에는 顏淵·子貢·子路가 있고,《仲尼弟子列傳》에는 子張이 있고,《呂氏春秋·愼人》에는 宰予가 있고, 이 외는 모두 고찰할 수 없다(正義曰: 當時從遊弟子, 據世家有顏淵、子貢、子路, 弟子列傳有子張, 呂氏春秋愼人篇有宰予, 此外皆無考。)

3《經傳釋詞》'也'는 '矣'와 같다(也, 猶'矣'也。);《詞詮》어말조사로, '矣'의 용법과 같다('也', 語末助詞。與'矣'用同。);《論孟虛字》'也'는 '矣'와 같다. 어기의 완결을 표시하고, 아울러 문장에서 말한 일이 이미 완료 상태임을 표시한다('也', 猶'矣'。表語氣的完結, 並表句意之已然, 相當於'了'。).

4《論語集解》나를 따라 陳蔡之間에서 곤액을 당한 제자들이[衛靈公 제1장] 모두 벼슬의 문턱에 오르지 못했으니, 각기 있어야 할 자리를 얻지 못한 것이다(注: 鄭玄曰: 言弟子從我而厄於陳, 蔡者, 皆不及仕進之門, 而失其所也。);《論語平議》'門'은 大夫家의 조정을 말한다. 옛날에는 卿大夫家의 조정이 國門에 있었기 때문에, 그 適子[嫡子]를 門子라 불렀다. 이 장에서 '不及門'이라 한 것은 大夫家의 조정에 오르지 못했다는 말로, 이 당시는 及門으로 입신의 시작을 삼았기 때문에 공자께서 이렇게 말씀하신 것으로, 大夫家의 門에도 이르지 못했으니, 더 나아가 公의 자리에 오르는 것은 더욱 할 수가 없었던 것이다(門者, 大夫之私朝也…… 古者卿大夫私朝在國門, 故其適子謂之門子……此云不及門者, 言不得登大夫之朝也, 是時以及門爲進身之始, 故夫子云然, 門且不得及, 欲進而升諸公, 更不可得矣。);《古今注》'不及門'은, 공자는 먼저 위나라로 돌아왔지만 따라다니던 제자들은 모두가 위나라 성문에 미처 도달하지 못한 것을 말한다(不及門, 謂孔子先反衛, 而從行者, 皆不及於衛國之城門也。);《論語譯注》鄭珍[1806~1864]의《巢經巢文集·卷二》에 실린《駁朱竹垞孔子門人考》에 말했다. "옛날의 학생을 가르치는 자의 집에는 塾(숙)[문옆 행랑방]이 있었는데, 門堂의 좌우에 있었고, 가르치는 자와 받는 자가 거기에서 거처했다. 이른바 '皆不及門'은 이 문에 도착한 것이다. '(子路가 瑟을 어찌) 내 집 문 안에서 타고 있는 것이냐?'[先進 제14장]의 門은 이 門에서 瑟을 탄 것이다"(鄭珍巢經巢文集卷二駁朱竹垞孔子門人考有云: "古之教者家有塾, 塾在門堂之左右, 施教受業者居焉。所謂'皆不及門', 及此門也。'奚爲於丘之門', 於此門也。");《論語新解》공자께서 陳蔡之間에서 곤경에 처했을 때가 61세였고, 이 장의 탄식은 대개 70세 이후로, 陳蔡之間에서 상종하던 제자들이, 일시에 거의 다 죽거나 흩어진 것이다(孔子厄于陈蔡, 时年六十一, 此章之叹, 盖在七十以后, 相从于陈蔡者, 一时死散殆尽矣。);《孔子傳》혹은 이미 죽었고, 혹은 멀리 떨어져 있는 것으로, '皆不及門'은 지금 내 집 門堂 안에 함께 있지 않아, 강론의 즐거움을 함께하지 못하는 것을 말한다(或已死, 或离在远, 皆不及门, 谓不及在门墙之内, 同其讲论之乐也。);《百度漢語》及門(급문): '不及門'은 본래 '지금은 문하에 있지 않다'는 말인데, 후에 '及門'은 '스승의 문하로서 수업받은 제자'를 가리킨다(不及门也, 本谓现时不在门下, 后以'及门'指受业弟子。).

선생님께서 말씀하셨다. "진(陳)나라와 채(蔡)나라 사이에서 곤경에 처해 있을 때 내 곁을 따르던 자들이 (지금은) 모두 내 문하에서 함께하고 있지 않구나!"

從[5], 去聲。○孔子嘗厄[6]於陳, 蔡之間[7], 弟子多從之者, 此時皆不在門。故孔子思之, 蓋不忘其相從[8]於患難之中也。

'從'(종)은 거성[zòng]이다. ○공자(孔子)께서 예전에 진(陳)나라와 채(蔡)나라 사이에서 곤경에 처해 있었을 때는 제자들 대부분이 공자(孔子) 곁을 따랐었는데, 이 말씀을 하실 때 이르러서는 그 제자들이 모두 다 문하에 남아 있지 않았다. 그래서 공자(孔子)께서 그때 그 제자들을 그리워하신 것인데, 대개 환난 중에 서로 따르며 함께 지내던 그 제자들을 잊지 못하신 것이다.

110202、德行: 顏淵, 閔子騫, 冉伯牛, 仲弓。言語[9]: 宰我, 子貢。政事[10]: 冉有, 季路。文學[11]: 子游, 子夏。[12]

덕행에 뛰어났던 제자는 안연(顏淵), 민자건(閔子騫), 염백우(冉伯牛), 중궁(仲弓)이었다. 언어에 뛰어났던 제자는 재아(宰我), 자공(子貢)이었다. 정사에 뛰어

---

5 從(종): [cóng] 뒤따르다. 수행하다. 좇다. 순종하다(跟随。依顺。); [zòng] 따르는 사람. 시종. 종형제(随侍的人。堂房亲属中比至亲稍疏的。).

6 厄(액): 곤궁. 재난. 고통스럽다. 곤욕을 겪다. 곤경에 처하다(困厄, 遭遇困境。).

7 《子罕 제27장》 각주 《莊子 · 雜篇 · 讓王》 및 《衛靈公 제1장》 참조.

8 相從(상종): 추종하다. 뒤따르며 함께 지내다(互相追隨。跟随, 在一起。).

9 《論語義疏》 '言語'는 손님과 주인 간에 주고받는 외교적 언사를 말한다(疏 范甯曰: 言語, 謂賓主相對之辭也。); 《論語新解》 '言語'는 외교문서를 가리킨다(言语, 指外交之辞命。).

10 《雍也 제6장》 참조.

11 《論語義疏》 '文學'은 先王들의 전장 제도를 기록한 문헌을 말한다(疏: 范甯曰: 文學, 謂善先王典文。); 《王力漢語》 文學(문학): 문헌과 경전(指文獻和經典。); 《論語譯注》 공자가 전술한 詩 · 書 · 易 등의 고대 문헌을 가리킨다(文學: 指古代文獻, 卽孔子所傳的《詩》《書》《易》等。).

12 《述而 제33장》 각주 《孟子 · 公孫丑上 제2장》 참조; 《論語新解》 四科 중 三科는 모두 先進에 속하는 제자들이고, 제四科인 文學의 子遊 · 子夏만이 後進에 속하는 제자이고, 또한 陳蔡之間에서 공자를 따른 제자가 아니다. 어떤 학자는 子遊 · 子夏도 진채지간에서 공자를 따른 제자의 열에 있었다고 하는데, 연령을 가지고 계산해 보면[子遊는 17세, 子夏는 18세였다], 결코 아님을 알 수 있다(四科中前三科, 皆属先进弟子, 惟第四科文学子游, 子夏属后进, 亦不从在陈蔡。或疑游夏亦在相从陈蔡之列, 以年龄计之, 决知其非。).

났던 제자는 염유(冉有), 계로(季路)이었다. 문헌에 뛰어났던 제자는 자유(子游), 자하(子夏)이었다.

行, 去聲。○弟子因孔子之言[13], 記此十人, 而并目其所長, 分爲四科。孔子教人各因其材[14], 於此可見。[15]

'行'(행)은 거성[xìng]이다. ○제자가 공자(孔子)의 말씀을 그대로 받아서, 이 열 사람을 기록하고, 아울러 각각의 제자들의 뛰어난 점들을 목록화해서, 4과(四科)로 나눴다. 공자(孔子)께서 사람을 가르치는 방법은 각각 그 사람의 자질을 따라서 하셨다는 것을, 여기에서 볼 수 있다.

○程子曰:「四科乃從夫子於陳, 蔡者爾, 門人之賢者固不止此。曾子傳道而不與焉, 故知十哲世俗論也[16]。」[17]

13《論語義疏》이 장[《論語集解》本은 제2절을 한 개 장으로 구분했다] 앞에 '子曰'이 없는 것은, 기록한 자가 쓰고 아울러 공자의 인가를 받아 논어 안에 기록한 것이다(疏: 此章初無'子曰' 者, 是記者所書竝從孔子印可而錄在論中也。);《論語或問》"무엇 때문에 문인이 기록한 것이라고 아시는지요?" "吳씨가 예를 들어 말하기를, '대개 名으로 부른 경우는 공자께서 하신 말씀이거나 제자가 공자 앞에서 서로를 부를 때 쓰는 말이고, 字로 부른 경우는 제자끼리 서로를 부를 때 쓰는 말이거나 제자의 문인들이 그의 스승인 제자를 부를 때 쓰는 말이라는 것을 알 수 있다'고 했다"(曰: 何以知其爲門人所記也? 曰: 吳氏例曰: 凡稱名者, 夫子之辭, 弟子師前相謂之辭, 稱字者, 弟子自相謂之辭, 亦或弟子門人之辭, 得之矣。);《論語新解》공자의 말씀이라면, 모든 제자들은 이름을 부르고, 字를 부르지 않았어야 한다(若记孔子语, 则诸弟子当称名, 不称字。).

14《爲政 제18장》각주《中庸 제17장》참조.

15《論語大全》'德'은 '行'이 나오는 뿌리이다. 군자는 덕을 완성하는 것을 行으로 여긴다[周易 · ☰乾 · 文言]. 德을 말하면 行이 덕 가운데 있다. '德行'은 內 · 外를 다 겸하고 本 · 末을 다 꿰는 말로, 체(體)인 사물이고, 言語 · 政事 · 文學은 각각 한 개의 사물로서, 용(用)으로 드러나 보이는 것이다(朱子曰: 德者行之本。君子以成德爲行。言德則行在其中。德行, 是兼內外貫本末, 全體底物事。那三件, 各是一物, 見於用者也。).

16《集注考證》당나라 현종 때 펴낸《大唐開元禮》에서 처음으로 十哲이라는 호칭이 정해졌다(唐開元始定十哲之號。);《大唐開元禮》에서 정한 十哲에는, 민자건 · 중궁 · 자공 · 자로 · 자하 · 염백우 · 재아 · 염유 · 자유 · 증삼으로, 안연은 이미 제사를 지내고 있었고, 증삼이 추가되었다.

17《論語大全》증자는 증석의 아들로, 이때는 아직 어려서, 陳蔡之間의 무리에 낄 수 없었기 때문에, 명단에 들어가지 못했고, 또 유약은 비록 현능했지만, 이 행렬을 따라가지 않았기 때문에, 명단에 들어가지 못했다(新安陳氏曰: 曾子, 晳之子, 是時尙少, 不得與陳蔡之從, 故不在列, 又如有若雖賢, 亦以不從此行, 而不在列焉。);《集注考證》(열 사람 제자 외에) 증자는 도를 전했고, 유약은 성인을 닮았고, 공서적은 재능이 재아를 앞섰고, 담대멸명은 용기가 자로에 버금갔고, 자고는 효성이 민자건의 다음이었고, 번지

○정자(程子 · 明道)가 말했다. "4과(四科)에는 다만 진(陳)나라와 채(蔡)나라에서 선생님의 곁을 따르던 자들뿐인데, 문인 중에서 현능한 자가 꼭 이들로 그치지는 않았다. 증자(曾子)는 도를 전했는데도 명단에 들어가지 못했으니, 그러므로 10철(十哲)은 세속의 논의였다는 것을 알 수 있다."

는 재능이 염유의 다음이었고, 증점과 칠조개는 이미 대의를 보았고, 자천의 정치와 원사의 지킴 등, 十哲 이외의 여러 현능한 제자들은 일일이 열거하기 힘들다(曾子傳道, 有若似聖人, 公西赤之才勝于宰我, 澹臺滅明之勇亞于子路, 子羔之孝次于閔子, 樊遲之才亞于冉有, 曾點、漆彫開, 已見大意, 子賤之政, 原思之守, 其他諸賢, 未易枚舉。).

[回也非助我者也章]

110301、子曰:「回也非[1]助我者也[2], 於吾言無所不說[3]。」

선생님께서 말씀하셨다. "안회(顔回)는 나에게 도움이 되는 자가 아닌 게, 내가 하는 말에 대해 어느 하나라도 기뻐하지 않는 게 없다."

說, 音悅。○助我, 若子夏之起予[4], 因疑問而有以相長也。顔子於聖人之言, 默識心通, 無所疑問。故夫子云然[5], 其辭若有憾焉, 其實[6]乃[7]深喜之。

'說'(열)은 음이 '悅'(열, yuè)이다. ○'助我'(조아)는 '자하(子夏)가 나를 일깨워준다'고 말씀하신 경우와 같이, 의심이 나거나 어려운 문제를 질문함으로 인하여 교학상장(教學相長)할 수 있다는 것이다. 안자(顔子)는 성인의 말씀에 대해, 묵묵히 기억되고 마음으로 다 이해되어서, 어느 하나 의심나거나 여쭈어볼 게 없었다. 그래서 선생님께서 이렇게 말씀하신 것인데, 선생님의 언사에는 안회(顔回)에게 유감이 있어 보이는 듯하지마는, 기실은 도리어 마음속 깊이 그의 그런 모습을 기뻐하신 것이다.

---

1 《古書虛字》 '非'는 '不是'이다('非', '不是'也。).

2 《論語正義》 가르치는 자와 배우는 자는 본래 서로를 성장시키는 것이기 때문에, 공자께서 자하가 나를 일깨워준다고 말씀했는데[八佾 제8장], 바로 의문 나는 것을 물어서 바로잡고 의심스럽고 어려운 문제에 대해 서로 논란을 하면서, 뜻이 더욱 분명해질 수 있는 것이다(正義曰: 教學本是相長, 故夫子言子夏爲起予, 正以質疑問難, 義益可明也。).

3 《論語集解》 '助'(조)는 '益'[보탬이 되다]이다["안회는 내 말을 듣자마자 바로 이해해서, 나에게 보탬이 될 만한 의견을 낸 적이 없었다"](注: 孔安國曰: 助, 猶益也。言回聞言即解, 無可發起增益於己也。); 《論語注疏》 '說'은 '解'[이해하다]이다(疏: 正義曰: 說, 解也。); 《論語正義》 '說'은 '說, 釋也。' [說文 · 言部]의 '說'이다. 《大戴禮記 · 曾子立事》에, '질문했는데 의문이 풀리지 않으면, 기회를 엿보고 안색을 살펴 다시 질문하고, 의문이 풀리지 않을지라도, 논쟁해서는 안 된다'고 했는데, '不說'은 '의문이 풀리지 않다'는 말과 같다["의문이 풀리지 않은 게 없었다"](正義曰: '說', 如'說, 釋'之'說'。曾子立事云: "問而不決, 承間觀色而復之, 雖不說, 亦不強爭也。" '不說'猶言不解。).

4 《八佾 제8장》 참조.

5 云然(운연): 이같이. 이같이 말하다. 위의 문장을 대신하여 어떤 상황을 나타낸다(如此。如此说。).

6 其實(기실): 사실은. 실제에 있어서는. 윗말을 전환시켜 말한 바의 실제상황을 표시한다(实际情况; 实际上, 事实上。承上文转折, 表示所说的是实际情况。).

7 乃(내): 도리어. 의외로. 결국은. 앞뒤의 상황이 상반됨을 나타낸다(竟, 竟然。).

○胡氏曰:「夫子之於回, 豈眞以助我望之。蓋聖人之謙德, 又以深贊顏氏云爾[8]。」[9]
○호씨(胡氏·胡寅)가 말했다. "선생님께서 안회(顏回)에 대해, 어찌 진정 '나에게 도움이 되는 자'이기를 바라셨겠는가? 대개 성인의 겸손하신 덕의 표현이고, 또 이로써 안씨(顏氏)를 마음속 깊이 칭찬하신 것일 뿐이다."

---

8 云爾(운이): ~일 뿐이다(表示限止的语气, 相当于'而已'。).

9《論語大全》종일 공자의 말을 받아들이기만 하고 묻거나 따지지 않는 것[爲政 제9장], 말을 해주었는데 게으름을 피우지 않은 것[子罕 제19장]은, 모두 '어느 하나라도 기뻐하지 않는 게 없는 것'(無所不說)의 효험이다(新安陳氏曰: 如終日不違, 語之不惰, 皆無所不說之驗。).

[孝哉閔子騫章*]

110401、子曰:「孝哉閔子騫[1]! 人不間於其父母昆弟之言[2]。」[3, 4]

1《集注考證》이 장의 경우는 민자건의 문인이 기록한 것이어서, 그의 字를 쓴 것이다(此篇乃閔子門人所記, 故記其字。);《論語正義》'閔子'라고 字를 칭한 것은, 공자께서 당시 사람들이 하는 말을 그대로 옮겨 말씀하신 것이다(正義曰: 閔子稱字者, 夫子述時人所稱也。);《古今注》'孝哉閔子騫'는 아마도 그 당시 사람들이 한 말이면서 또한 민자건의 부모 형제가 한 말일 것이다. 부모 형제가 '孝哉吾子騫'이라 말하자, 당시 사람들도 '孝哉閔子騫'이라 말했으니, 이것이 사람들이 부모 형제가 말하는 중간에 이의를 달면서 끼어들지 않았다는 것이다(孝哉閔子騫一句, 蓋時人之言, 亦閔子父母昆弟之言也…… 父母昆弟曰 孝哉吾子騫, 時人亦曰 孝哉閔子騫, 是不以異言介之於其父母昆弟之言之間也。);《文言虛詞》哉(재): 감탄표시 어기사로, 당연히 문장 끝에 놓여야 하지만, 술어가 주어 앞으로 도치된 문장에 쓰이다 보니, '哉'가 형식상으로는 문장 중간에 놓이게 된 것이다('哉'字表感歎, 當然在句末, 但用於謂語倒置在主語之前的句子, '哉'字形式上就在句中了。).

2《論語集解》민자건의 사람됨이 위로는 부모를 섬기고 아래로는 형제를 따랐으니, 사람들이 (그를) 비난하거나 딴말하는 사람이 있을 수 없었다(注: 陳群曰: 閔子騫爲人, 上事父母下順兄弟…… 人不得有非間之言也。);《論語義疏》'間'은 '非'[비난하다. 반박하다]와 같다["사람들의 의론이 민자건을 비난하는 말이 없었다"](疏: 間, 猶非也…… 凡人物論無有非間之言於子騫者也。);《經傳釋詞》'不'는 '否' '無'이다["사람들이 민자건의 부모 형제의 '孝哉吾子騫!'이라고 한 말에 딴말이 없었다"](不, 否, 無也。言人無有非其父母昆弟之言也。);《論語集釋》惠棟[1697~1758]의《九經古義》에 말했다:《後漢書 · 范升列傳》에 "범승이 왕읍에게 올린 글에 말하기를 '범승이 듣건대 자식은 남들이 자기 부모의 잘못을 비난하는 말을 입에 올리지 않게 하는 것을 효라 여기고, 신하는 아랫사람이 자기 임금을 비난하는 말을 입에 올리지 않게 하는 것을 충이라 여긴다고 했습니다'라고 했는데, 李賢이 이에 대해 注를 달기를 '論語에, 『孔子曰:「孝哉閔子騫! 人不間於其父母昆弟之言。」』이라고 했다. 間은 非[비난하다]이다. 민자건의 효성스러움은 그의 부모 형제의 잘못된 행실을 변화시켜, 남이 그의 부모 형제를 비난하지 않게 했다는 말이다. 충신은 임금을 섬기는데, 임금에게 잘못이 있으면 즉시 간언해서, 아랫사람들이 임금을 비난하는 일이 없게 하는 자, 이런 자가 충신이다'라고 했다"(九經古義: 後漢書:「范升奏記王邑曰:『升聞子以人不間於其父母爲孝, 臣以下不非其君上爲忠。』」注:「論語云云。間, 非也。言子騫之孝, 化其父母兄弟, 言人無非之者。忠臣事君, 有過卽諫, 在下無有非君者, 是忠臣也。」);《論語新解》①"민자건의 부모 형제가 모두 그의 효제를 칭찬했는데, 이의를 다는 사람들이 없었다." ②"사람들이 그의 부모 형제를 비난하는 말이 없었다." 전해 내려오는 얘기에 따르면, 민자건은 형제가 둘이 있었는데, 친모가 죽자 부친이 새장가를 들어 두 아들을 더 낳았는데, 계모가 민자건을 박대하는 것을 부친이 알고 계모를 내치려 하자, 민자건의 말을 듣고 감동해서 그만두었다. 계모와 두 동생 역시 감동하여 일가의 孝友가 완전해져서, 사람들이 민자건의 부모형제를 비난할 말이 없게 했으니, 민자건의 효를 본 것이다. 이 설에 의하면, '不'字가 '無'字로 풀이되어, '無間於其父母昆弟'가 되고, 불필요한 '之言' 두 글자가 그대로 붙어 있게 되어, 앞의 견해를 따르는 게 맞을 것 같다(一说: 闵子之父母兄弟皆称闵子之孝, 而人无异词。又一说: 谓人无非间之言及其父母昆弟。相传闵子骞兄弟二人, 母死, 父更娶, 复有二子, 后母薄待闵子, 父知而将遣之, 感闵子言而止。后母及两弟亦感之, 一家孝友克全, 能使人无有非间及其父母昆弟, 见闵子之孝。然依后说, 不字当作无字解, 当云"无间于其父母昆弟", 仍多之言二字, 似当从前说。).

3《說苑 · 佚文》민자건 형제가 어머니를 여의고, 아버지가 계모를 얻어 두 아들을 더 낳았다. 민자건은 계모의 괴롭힘을 받았는데, 겨울에 그에게는 갈대꽃 솜털로 옷을 해 입혔고, 두 친아들에게는 무명

선생님께서 말씀하셨다. "민자건(閔子騫)의 부모 형제가 '민자건(閔子騫)은 효자구나!'라고 칭찬했는데, 사람들이 그 말에 딴말하지 않는다."

閒[5], 去聲。○胡氏曰:「父母兄弟稱其孝友, 人皆信之無異辭者, 蓋[6]其孝友之實, 有以積於中而著於外[7], 故夫子歎而美之。」

'閒'(간)은 거성[jiàn]이다. ○호씨(胡氏·胡寅)가 말했다. "민자건(閔子騫)의 부모 형제가 민자건(閔子騫)의 효성과 우애를 칭찬했는데, 사람들이 모두 그 말을 믿어 딴말하는 사람이 없었으니, 대개 그의 효성과 우애의 실상이 안으로 쌓여서 밖으로 드러날 수 있었기 때문인데, 그래서 선생님께서 감탄하여 그를 칭찬하신 것이다."

솜으로 옷을 해 입혔다. 민자건이 아버지의 수레를 몰다가 고삐를 놓치자, 아버지가 그의 손을 잡아보니, 손이 얼어 있었고, 입고 있는 옷을 보니 홑겹이었다. 아버지가 돌아와서 계모의 친아들을 불러 그의 손을 잡아보니, 손이 따뜻했고, 입고 있는 옷은 두툼했다(閔子騫兄弟二人, 母死, 其父更娶, 復有二子…… 閔子騫早喪母, 爲後母所苦, 冬月以蘆花衣之, 其所生二子則衣之以綿…… 子騫爲其父御車, 失轡, 父持其手, 寒, 衣甚單。父則歸, 呼其後母兒, 持其手, 溫, 衣甚厚溫。). 즉시 계모에게 말하기를, '내가 부인을 얻은 까닭은 바로 내 아들을 위해서였는데, 부인은 지금 나를 속였소이다. 떠나시오. 여기에 더는 머무를 것 없소'라고 했다. 민자건이 앞에 나가서 아버지에게, '어머니가 계시면 한 아들이 홑겹 옷을 입으면 되지만, 어머니가 떠나시면 세 아들이 추위에 떱니다'라고 말하니, 그의 아버지가 말이 없었다. 그래서 '효자구나! 민자건. 그의 한마디 말에 어머니가 악한 마음을 바꾸었고, 두 마디 말에 세 자식이 다 옷이 따뜻하게 되었다'는 말이 있게 된 것이다(即謂其婦曰: '吾所以娶汝, 乃爲吾子, 今汝欺我, 去, 無留!'子騫前曰: '母在, 一子單, 母去, 四子寒。' 其父默然。故曰: 孝哉閔子騫, 一言其母還, 再言三子溫。).

4 《論衡 · 知實》 공자가 말하기를, '孝哉閔子騫!人不間於其父母昆弟之言。'[효자구나! 민자건은. 사람들이 그의 부모 형제에 대해 비난하는 말을 하지 않게 했으니]이라 했다. 순임금은 大聖으로, 부모 형제의 잘못을 감추었으니, 민자건보다 더욱 뛰어나다. 아버지인 고수와 형인 상은 순에게 곡식 창고 수리와 우물 청소를 시키면서, 곡식 창고에 불을 지르고 우물을 메워서 순을 죽이려 했다[孟子 · 萬章上 제2장]. 순이 자기를 죽이려는 내막을 알았으면, 일찌감치 아버지와 형에게 간언해서 미리 저지했어야 했고, 알고도 어쩌지 못했다면, 의당 피해 달아나든지, 병을 핑계로 곡식 창고 수리와 우물 청소를 하지 말았어야 했는데, (순은) 무슨 연고로 아버지 · 형으로 하여금 아들 · 동생을 죽이려는 악행을 실행에 옮기게 해서, 사람들의 아버지와 형에 대한 비난이, 만세토록 사라지지 않게 했는가?(孔子曰:「孝哉閔子騫! 人不間於其父母, 昆弟之言。」虞舜, 大聖, 隱藏骨肉之過, 宜愈子騫。瞽叟與象, 使舜治廩, 浚井, 意欲殺舜。當見殺己之情, 早諫豫止; 既無如何, 宜避不行, 若病不爲。何故使父與弟得成殺己之惡, 使人間非父弟, 萬世不滅?).

5 閒(간/한): [jiàn] =間. 갈라진 틈. 간격. 이간시키다. 섞이다. 비난하다. 헐뜯다. 끼어들다(亦作「間」。空隙; 縫隙。間隔。離間。間雜。非難; 毀謗。参与。); [xián] =閑. 목책. 한가하다. 병이 호전되다(亦作「閑」。栅栏、木栏。空暇、不忙迫。与"忙"相对。痊愈。).

6 《北京虛詞》 蓋(개): 접속사. 대개는 ~때문이다. 단문을 연결하여 원인과 이유를 나타낸다('蓋', 連詞。用于因果复句中解释原因的分句前, 表示对原因的推断。义即'[大概是]由于'、'因为'。).

7 《憲問 제5장》 각주 《禮記 · 樂記》 참조.

[南容三復白圭章]

110501、南容三復白圭[1], 孔子以其兄之子妻之[2]。

남용(南容)이《시경 · 대아 · 억》(詩經 大雅 抑) 편의 '백규'(白圭) 구절을 여러 차례 반복해서 읊조리자, 공자(孔子)께서 당신 형님의 딸을 그에게 시집보내셨다.

三[3], 妻[4], 並去聲。○詩大雅抑之篇曰[5]:「白圭之玷[6], 尚可磨也; 斯言之玷, 不可爲[7]也。」南容一日三復此言[8], 事見家語[9], 蓋深有意於謹言也。此邦有道所以不廢, 邦無道所以免禍[10], 故孔子以兄子妻之。

---

1 [성]三復白圭(삼복백규): 언행을 조심하다(指慎于言行。);《論語義疏》'復'은 '反'[반복하다]과 같다(疏: 復, 猶反也。);《論語正義》옛사람들이 수가 많은 것을 말할 경우, '三'부터 시작했기 때문에, 여기에서 '三復'이라 한 것이다(正義曰: 古人言數之多 自三始 故此稱三復。); 白圭(백규): 백옥. 백옥으로 만든 그릇(白色的玉石。古代白玉制的礼器。).

2《論語義疏》남용이 공자의 형님의 따님과의 혼인하는 은혜를 입은 것을 다시 밝힌 것은[公冶長 제1장 참조], 그의 훌륭한 점이 하나가 아니었기 때문으로, 그래서 다시 이를 기록한 것이다(疏: 重明南容蒙孔子之姻, 其善非一, 故更記之也。).

3 三(삼): [sàn] 누차. 재삼(屢次、再三。); [sān] 3(介于二和四之间的自然数。);《王力漢語》'三'(삼)은 어떤 때는 가장 큰 수를 표시했다('三'在古代漢語中有時是表極數。).

4 妻(처): [qì] 딸을 다른 사람에게 출가시키다. 시집 보내다. 남자에게 시집가서 배우자가 되다(以女嫁人。嫁给男子为配偶。); [qī] 처. 아내(男子的正式配偶称为「妻」。).

5《詩經 · 大雅 · 抑》백성들 잘 보살피고, 제후들 법 잘 지켜서, 예기치 못한 일에 대비하세. 나가는 말 조심조심, 행동거지 공경되면, 모든 것 부드럽고 모든 게 아름답지. 백규에 난 흠이야 갈아내면 되겠지만, 내뱉은 말에 난 흠은 그럴 수도 없다네(質爾人民、謹爾侯度、用戒不虞。愼爾出話、敬爾威儀、無不柔嘉。白圭之玷、尚可磨也。斯言之玷、不可爲也。).

6 玷(점): 백옥의 얼룩. 반점. 흠(白玉上的斑点。缺。).

7《論語正義》'不可爲'의 '爲'는 '治'[옥을 갈다(다듬다)]이다(正義曰: '不可爲'者, '爲', '治'也。).

8 三復此言(삼복차언): 반복해서 낭독하고 이 말을 몸에 익히다. 아주 중요시하다(三复, 多次反复; 斯言, 这句话。反复朗读并体会这句话。形容对它极为重视。).

9《孔子家語 · 弟子行》(자공이 말했다.) "혼자 있을 때는 仁을 생각하고, 사람들 앞에서는 義를 말하고, 詩經을 읽을 때는 하루에 여러 번 白圭之玷을 읊조렸으니, 이것은 南宮縚[南容]의 행실입니다. 공자께서는 그가 仁人이 될 만하다 믿으시고, 특출난 선비라고 여기셨습니다"(獨居思仁, 公言言義, 其於《詩》也, 則一日三復白圭之玷, 是宮縚之行也。孔子信其能仁, 以爲異士°);《大戴禮記 · 衛將軍文子》에는 '그를 사돈으로 삼으셨다'[以爲異姓]고 했다; 家語(가어): 孔子家語. 공자와 그 제자들의 사상 언행을 기록한 책으로, 魏나라 王肅[195~256년]이 편찬했다.

10《公冶長 제1장》참조.

'三'(삼)과 '妻'(처)는 둘 다 거성[sàn; qì]이다. ○《시경 · 대아 · 억》(詩經 大雅 抑)에 말하길, '백옥에 난 흠이야 갈아 없애면 되겠지만, 이 (내뱉은) 말에 난 흠이야 그럴 수도 없다네' 라고 했다. 남용(南容)이 하루에도 여러 번 이 시를 반복해서 읊조렸으니, 이 일이 《공자가어》(孔子家語)에 보이는데, 대개 말을 조심하라는 데에 깊이 뜻을 둔 것이다. 이러한 행실이 나라에 도가 있으면 버림을 당하지 않는 까닭이고, 나라에 도가 없으면 형벌이나 처형을 당하는 것을 면하게 되는 까닭으로, 그래서 공자(孔子)께서 당신의 형님의 딸을 그에게 시집보내신 것이다.

○范氏曰:「言者行之表, 行者言之實, 未有易其言而能謹於行者。南容欲謹其言如此, 則必能謹其行矣。」

○범씨(范氏 · 范淳夫)가 말했다. "말이라는 것은 행실의 드러난 모습이고, 행실이라는 것은 말의 실된 모습이니, 말을 쉽게 하면서 행실을 조심하는 자는 아직까지 없었다. 남용(南容)이 그의 말을 조심해서 하려 한 것이 이와 같았으니, 그렇다면 틀림없이 그의 행실을 조심해서 할 수 있었을 것이다."

[季康子問弟子章]

110601、季康子問:「弟子孰[1]爲好學?」孔子對曰[2]:「有顏回者好學, 不幸短命死矣! 今也則亡[3]。」[4]

계강자(季康子)가 물었다. "제자 중에 누가 배우기를 좋아하는 자인가요?" 공자(孔子)가 대답하셨다. "안회(顏回)라는 자가 배우기를 좋아한 자였는데, 불행히도 명이 짧아서 죽었습니다! 지금은 죽어서 없습니다."

好, 去聲。○范氏曰:「哀公, 康子問同而對有詳略者, 臣之告君, 不可不盡。若康子者, 必待其能問乃告之, 此教誨[5]之道也。」

'好'(호)는 거성[hào]이다. ○범씨(范氏·范淳夫)가 말했다. "애공(哀公)의 질문과 계강자

1《古漢語語法》'孰'이 선택의문대사로 사용될 경우, 앞에 선행사가 늘 있고, '孰'은 선행사 중의 어떤 것을 대신하는 역할을 한다('孰'用抉择疑问代词时, 前面总有先行词, '孰'代替先行词中的某一种。'誰'字没有这种用法。);《文言語法》'孰'字 앞에 선행사가 있는 경우, 그 선행사는 '孰'字가 대신 가리키는 범위를 표시하며, '그중의 하나를 선택한다'는 의사이다('孰'字之前如有先行词, 这先行词是表示'孰'字所代的范围的, '孰'字便有'抉择其一'的意思。).

2《論語集釋》王柏[1197~1274]의《論語通義》에 말했다. "앞에 나온 계강자의 두 번의 질문에는 '對'字가 없으니[爲政 제20장·雍也 제6장], 이 장의 '對'字는 잘못으로 보인다." 張椿의《四書辨證》에 말했다. "뒤에 나오는 계강자의 질문에는, 모두 '對'字가 있으니[顏淵 제17·18·19장], 그렇다면 이 장의 '對'字는 잘못이 아닌 게 분명하다"(王氏柏論語通義: 前有季康子兩問, 無'對'字, 此'對'字疑誤矣。四書辨證: 後有季康子三問, 皆有'對'字, 則此'對'字非誤明矣。).

3《論語義疏》本에는, '今也則亡' 뒤에 '未聞好學者'라는 구절이 더 붙어 있다;《論語譯注》"지금은 더는 그런 사람이 없습니다"("現在就再沒有這樣的人了。");《論語句法》주어 '好學之人'이 생략되었다(主語'好學之人'省略沒說出來。).

4《論語義疏》이 장과 哀公問章[雍也 제2장]이 물음은 같은데 답이 다른 것은, 두 가지 견해가 있다. ①애공에게는 遷怒·貳過의 일이 있었던 연고로, 공자께서 그에게 잠언으로 답하신 것이고, 계강자에는 이런 일이 없었기 때문에 번거롭게 말하지 않은 것이다. ②애공은 임금으로서 존귀한 위치에 있었기에 갖추어서 답해야 했고, 계강자는 신하로서 낮은 지위에 있었기에 개략해서 응답한 것이다(疏: 侃謂: 此與哀公問同而答異者, 舊有二通: 一云: 緣哀公有遷怒貳過之事, 故孔子因答以箴之也, 康子無此事, 故不煩言也。又一云: 哀公是君之尊, 故須具答, 而康子是臣爲卑, 故略以相酬也。);《論語正義》내 생각에, ②설이 맞다.《大戴禮記·虞戴德》에, '저 丘는 임금께는 말이 없을 뿐, 말하게 되면 반드시 다합니다. 다른 사람에게는 그렇지 않습니다'라고 했는데, 이것이 그 증거이다(案: 疏後說是。大戴禮虞戴德云: "子曰: '丘於君唯無言, 言必盡, 於我人則否。'" 是其證。).

5《書經·周書·無逸》에 나오는 글로,《爲政 제6장》각주《說文·言部》참조.

(季康子)의 질문은 같은데, 대답에는 상세하고 간략하고의 차이가 있는 것은, 신하가 임금에게 말해주는 것은 상세하게 다 말해주지 않으면 안 된다. 강자(康子)와 같은 자는, 반드시 그가 질문할 능력을 갖춘 다음에야 비로소 말해주시니, 이것이 가르치는 방법이다."

[顔路請子之車章]

110701、顔淵死[1], 顔路[2]請子之車以爲之[3]椁[4]。

안연(顔淵)이 죽자, 안로(顔路)가 선생님의 수레를 팔아서 안연(顔淵)의 바깥 관을 마련해 줄 것을 청했다.

顔路, 淵之父, 名無繇[5]。少孔子六歲, 孔子始教而受學焉。椁, 外棺也[6]。請爲椁, 欲賣車以買椁也。

'顔路'(안로)는 안회(顔回)의 아버지로, 이름이 무요(無繇)이다. 공자(孔子)보다 6세가 적었는데, 공자(孔子)께서 처음으로 가르침을 펴실 적에 공자(孔子)께 수학(受學)했다. '椁'(곽)은 관(棺)을 넣는 바깥 관이다. '바깥 관을 마련해 줄 것을 청했다'는 것은 수레를 팔아 그 값으로 바깥 관을 사달라고 한 것이다.

---

1 《論語正義》 안자가 세상을 뜬 나이는 《春秋公羊傳》[《先進 제8장》 각주 《春秋公羊傳 · 哀公 14年》 참조]과 《史記 · 孔子世家》에 근거해 보면, 자로가 죽기 전 및 기린이 잡히기 전에 죽은 것이 맞다. 그래서 江永[1681~1762]의 《鄕黨圖考 · 孔子年譜》에는, 안자의 죽음이 애공 13년에 실려 있고, 이때 공자 연세 71세라고 되어 있다(正義曰: 顔子卒年, 據公羊傳及史記孔子世家, 當在子路之死及獲麟之前, 故江永聖蹟表載於哀公十三年, 時夫子年七十一也。).

2 顔路(안로): 顔無繇(안무요) BC 545~? 字는 路 · 季路이고 顔路라 칭하기도 한다. 안회의 부친으로 공자보다 6살이 적은 공자의 제자. 공자가 처음에 闕里에서 제자들을 모아 가르치기 시작했는데, 안로가 거기에서 공자께 수학했다[孔子家語 · 七十二弟子解].

3 《論語譯注》 之(지): 용법이 '其'와 같다(用法同"其"。).

4 《論語語法》 '顔路請子之車以爲之椁'은 도치형식으로, 개사목적어 '子之車'가 개사 '以' 앞으로 당겨져 놓인 것이다(本例爲倒序形式, 副賓語在前, 介詞在后。); 《論語譯注》 '爲之椁'의 '之'는 용법이 '其'와 같다 ["안로가 공자에게 수레를 처분하여 안연을 위해 바깥 관을 마련해 주실 것을 청했다"]('之', 用法同'其'。; "他父親顔路請求孔子賣掉車子來替顔淵辦外椁。"); 《論語句法》 '之椁'[그의 바깥 관]은 술어 '爲'[마련하다]의 목적어로 쓰였다('之椁'(詞組)做述詞'爲'的之詞。); 《論語語法》 '之椁'은 한정어 '之'와 중심어 '椁'이 결합한 구이다["그의 바깥 관"]('之椁'是定中短語。); 《論孟虛字》 '以'는 '爲'로 풀이한다. '替'[~를 위해]에 해당한다["공자께, 수레를 처분하여 안연을 위해 바깥 관을 마련해주실 것을 청했다"]('以', 訓'爲', 當白話'替'字。'爲'作'治'講。是說, '請孔子把車子賣掉, 替顔淵治外棺。'); 椁(곽): =槨(곽). 관을 넣는 큰 관(棺材外面套的大棺。棺指的是装殓尸体的器具, 椁, 套在棺外的外棺, 就是棺材外面套的大棺材。).

5 繇(요): 수행하다. 잡역부. 무성하다(随从。力役, 通'傜'。茂盛; 草茂盛。).

6 《論語譯注》 부귀한 사람들은 두 겹 심지어는 여러 겹의 관을 썼다(富貴人家用兩重甚至幾重棺木。).

110702、子曰:「才[7]不才, 亦[8]各言其子也。鯉[9]也死, 有棺而無椁。吾不徒行[10]以[11]爲之椁。以[12]吾從大夫之後[13], 不可徒行也。」[14]

선생님께서 말씀하셨다. "잘난 자식이든 못난 자식이든 간에, 그래도 각기 내 자식이라고들 말한다. 내 아들 리(鯉)가 죽어서는, 관은 있었어도 바깥 관은 없었다. 내가 걸어 다니면서까지 수레를 팔아서 내 아들의 바깥 관을 마련해 주지는 않았다. 내가 전에 대부를 했었기 때문에, 수레가 없이 걸어 다닐 수는 없었던 것이다."

7《王力漢語》才(재): 재능이 있는 자(有才能的。).

8《論語句法》'亦'은 부사로, '也'[또한. 그래도]와 뜻이 같다('亦'是限制詞, 和口語'也'字同意。);《論孟虛字》모두('亦', 訓'皆', 作'都是'講。).

9 鯉(리): 孔鯉. 字 伯魚. BC 532~BC 483. 공자의 아들로 50세 때[공자 70세] 죽었다. 태어났을 때[공자 20세], 소공이 공자에게 잉어를 하사했기 때문에, 鯉라고 이름을 지었다;《季氏 제13장》《陽貨 제10장》참조.

10《論語義疏》'徒'(도)는 '步'[걷다]이다(疏: 徒, 猶步也。); 徒行(도행): 수레를 타지 않고 걸어 다니다(步行。邢昺疏: 徒, 犹空也, 谓无车空行也, 是步行谓之徒行。).

11《論語語法》개사 '以' 뒤에 개사목적어 '車'가 생략되었다(省略了憑藉的略副賓語'車'。).

12《論語詞典》以(이): 접속사. ~ 때문에["나도 전에 대부를 했었기 때문에"](連詞, 因: "因爲我也曾做過大夫");《論語新解》"내가 아직 대부의 뒤를 따르기 때문에"("因我尚跟从在大夫之后");《論語句法》'以'는 원인을 나타내는 관계사로, 원인을 나타내는 구의 머리에 붙인다('以'字是表原因的關係詞, 加在原因小句頭上。).

13《論語注疏》공안국은 '공자께서 이때 대부로 계셨다'고 말했는데, 고찰하건대 (안회가 죽을 때나 백어가 죽을 때나) 모두 공자께서 대부의 자리에 계실 때가 아니었는데, 공안국이 '공자께서 이때 대부로 계셨다'고 한 것은 어디에 근거한 것인지 모르겠다. 杜預의《春秋左傳集解》[애공 14년]에는, '전에 대부로 계시다가 떠나셨기 때문에, 後라고 하신 것이다'라고 했다(疏: 正義曰: 云'孔子時爲大夫……' 者, 案: ……皆非在大夫位時。而此注云'時爲大夫', 未知有何所據也。杜預曰: '嘗爲大夫而去, 故言後也。');《憲問 제22장》에도 이 구절이 나온다; 從(종): 수행하다. 뒤따르다(本义: 随行, 跟随。).

14《孔子家語 · 七十二弟子解》에는 '안회는 공자보다 30세가 작고, 31세에 요절했다'(顏回, 少孔子三十歲, 年二十九而髮白, 三十一, 早死。)고 했고,《本姓解》에는 '백어는 나이 50세에, 공자보다 먼저 죽었다'(魚年五十 先孔子卒)고 했으니,《孔子家語》에 따르면, 백어는 공자 70세에, 안회는 공자 61세에 죽은 것으로, 백어가 안회보다 늦게 죽은 것이 된다;《史記索隱》생각건대,《孔子家語》에도, '안회는 나이 29세에 백발이 되었고, 나이 31세에 죽었다'고 했는데, 王肅은, '이 오래된 책은 햇수에 착오가 있는데 자세히 고찰할 수 없다. 그 햇수를 교감해보면, 안회가 죽은 해는 공자 61세 때이다. 그렇다면 백어는 50세에 공자보다 먼저 죽었으니 공자 70세 때이다. 안회가 백어보다 먼저 죽은 것으로, 논어에서 공자께서 말씀한 '鯉也死……'는 아마도 가설의 말씀일 것이다'라고 했다(索隱按: "家語亦云'年二十九而髮白, 三十二而死。' 王肅云'此久遠之書, 年數錯誤, 未可詳也。校其年, 則顏回死時, 孔子年六十一。然則伯魚年五十先孔子卒時, 孔子且七十也。今此爲顏回先伯魚死, 而論語曰 顏回死, 顏路請子之車, 孔子曰 '鯉也死, 有棺而無槨', 或爲設事之辭。'").

鯉 孔子之子伯魚也, 先孔子卒。言鯉之才雖不及顔淵, 然己與顔路以父視之, 則皆子也。孔子時已致仕, 尚從大夫之列, 言後, 謙辭。

'鯉'(리)는 공자(孔子)의 아들 백어(伯魚)로, 공자(孔子)보다 먼저 죽었다. 말씀인즉, '리(鯉)의 재능이 비록 안연(顔淵)에게는 미치지 못할지라도, 공자(孔子)나 안로(顔路)나 아버지로서 그들을 보면, 모두 제 자식이다'라는 것이다. 공자(孔子)께서 이때 이미 벼슬은 그만두었지만, 아직 대부의 반열에 계셨는데, '뒤'[後]라고 말씀한 것은 자기를 낮춘 언사이다.

○胡氏曰:「孔子遇舊館人之喪, 嘗脫驂[15]以賻[16]之矣[17]。今乃[18]不許顔路之請, 何邪? 葬可以無椁, 驂可以脫而復求, 大夫不可以徒行[19], 命車[20]不可以與人而鬻[21]諸市也。且爲所識窮乏

15《王力漢語》수레를 끄는 말이 세 필이나 네 필인 경우, 양쪽 끝에서 끄는 두 말을 '驂'[곁말], 가운데 있는 말을 '服'[복말]이라 한다(駕車的馬如果三匹或四匹, 兩旁的馬叫'驂', 中間的馬脚'服'。).

16《荀子 · 大略》상갓집에 쓰도록 보내는 재물을 賻(부), 보내는 수레 · 말을 賵(봉), 보내는 의복을 襚(수), 보내는 애완물을 贈(증), 보내는 보석을 唅(함)이라 한다. 賻와 賵은 산 사람을 돕는 데 쓰려는 것이고, 贈과 襚는 죽은 이를 장사지내는 데 쓰려는 것이다. 죽은 이를 장사지내는 데 쓸 물건이 주검을 관에 넣도록 도착하지 않고, 산 사람을 조문할 물건이 장사를 치르도록 도착하지 않는 것은 예에 어긋난다. 그래서 慶事에는 하루 오십 리 걸음으로 가고, 喪事에는 하루 백 리의 걸음으로 달려가서, 쓸 물건이 일이 끝나기 전에 도착하게 하는 것이 중요하다(貨財曰賻, 輿馬曰賵, 衣服曰襚, 玩好曰贈, 玉貝曰唅。賻賵, 所以佐生也, 贈襚, 所以送死也。送死不及柩尸, 弔生不及悲哀, 非禮也。故吉行五十, 奔喪百里, 賵贈及事, 禮之大也。); 賻(부): 금전 · 재물을 내놓아 喪事를 돕다(拿钱财帮助别人办理丧事。賻, 以财助丧也。).

17《禮記 · 檀弓上》공자께서 위나라로 가시는 중에, 옛날에 묵던 여관집 주인의 喪을 만나서는, 들어가서 곡을 했다. 나와서는 자공으로 하여금 곁말을 떼어내서 여관집 주인에게 부의하라고 했다. 자공이, '문인의 상에도, 참마를 떼어내어 부의한 적이 없었는데, 옛 여관집 주인에게 참마를 떼어내어 부의하는 것은, 과하지 않는지요?'라고 하자, 공자께서 말씀하셨다. "내가 방금 들어가 곡을 할 때, 때마침 슬픔이 밀려와 눈물을 흘렸다. 내가 어찌 까닭 없이 눈물을 흘렸겠느냐? 너는 내 말대로 하거라"(孔子之衛, 遇舊館人之喪, 入而哭之哀。出, 使子貢說[脫]驂而賻之。子貢曰: "於門人之喪, 未有所說驂, 說驂於舊館, 無乃已重乎?" 夫子曰: "予鄕者入而哭之, 遇於一哀而出涕。予惡夫涕之無從也。小子行之。").

18《延世虛詞》今乃(금내): 그런데 지금은. 지금은 도리어. 시간의 한계를 나타내는데, 종종 현재로부터 새로운 인식 또는 새로운 상황이 시작되었음을 나타내기도 한다.

19《禮記 · 王制》군자는 노인이 되어서는 걸어 다니지 않고, 서인은 노인이 되어서는 고기반찬 없이 밥을 먹지 않는다(道路: ……君子耆老不徒行, 庶人耆老不徒食。).

20《禮記 · 王制》임금에게 받은 신표는 시장에 내다 팔아서는 안 되고, 임금이 하사한 의복 · 수레는 시장에 내다 팔아서는 안 되고, 종묘의 제기는 시장에 내다 팔아서는 안 되고, 희생으로 기른 짐승은 시장에 내다 팔아서는 안 되고, 무기는 시장에 내다 팔아서는 안 된다(有圭璧金璋, 不粥於市; 命服命車, 不粥於市; 宗廟之器, 不粥於市; 犧牲不粥於市; 戎器不粥於市。); 命車(명차): 임금이 하사한 수레(天子所赐的车).

者得我[22], 而勉強以副[23]其意, 豈誠心與直道哉? 或者以爲君子行禮, 視吾之有無而已。夫君子之用財, 視義之可否, 豈獨視有無而已哉?

○호씨(胡氏 · 胡寅)가 말했다. "공자(孔子)께서 옛 여관주인의 상을 당해서는 곁말 한 마리를 떼어내서 그것으로 여관주인에게 부의하신 적이 있으셨다. 그런데 지금 와서는 안로(顔路)의 청을 받아들이지 않으신 것은 어째서인가? 장사지내는 데 바깥 관은 없어도 되고, 곁말은 떼어냈다가 다시 구할 수 있지만, 대부는 걸어 다녀서는 안 되고, 임금이 하사한 수레는 남에게 주거나 시장에 내다 팔아서는 안 된다. 게다가 알고 지내는 궁핍한 자가 내가 베푼 은혜에 감사하게 여기게 하려고, 억지 써서 그의 간청에 부응하는 것이, 어찌 진실한 마음이겠으며 곧바른 도리이겠는가? 어떤 사람은 군자가 예물을 갖춰 예를 행함에 있어, 내게 예물로 쓸 재물이 있는지 없는지만을 살필 뿐이라고 했다. 무릇 군자가 재물을 쓸 경우는, (재물을 쓰는 것이) 의(義)에 합당한지 아닌지를 살펴야지, 어찌 오직 재물이 있는지 없는지만을 살필 뿐이겠는가?"

---

21 鬻(육): 팔다(=粥。卖, 出售。).

22《公冶長 제23장》 각주《孟子 · 告子上 제10장》 참조; 得(득): 보탬이 되다. 은혜에 감사해하다(同'德', 恩惠, 感恩); 所識窮乏者得我(소식궁핍자득아): 알고 지내는 궁핍한 자가 내가 베푼 은혜에 감사해하다(謂所知識之窮乏者感我之惠也。).

23 副(부): 걸맞다. 잘 어울리다. 부합하다. 명실상부하다. 부응하다(相称, 符合。名副其实[名称与实质相合一致]。副应。).

[子曰 天喪予章*]

110801、顏淵死[1]。子曰:「噫[2]! 天喪予[3]! 天喪予![4]」[5]

안연(顏淵)이 죽었다. 선생님께서 말씀하셨다. "허! 하늘이 날 버리시는구나! 하늘이 날 버리시는구나!"

1《論語義疏》안연이 죽자, 사람을 보내 공자께 소식을 전한 것이다(疏: 淵死, 遣使報孔子。).

2《論語集解》'噫'(희)는 고통스러운 소리다(注: 苞氏曰: 噫, 痛傷之聲也。);《北京虛詞》噫(희): 아! 한탄하는 소리. 단독으로 쓰여 감탄을 표시한다('噫', 单独成句, 表示感叹。义即'唉'、'啊'。); 噫(희): 트림. 토해내다. 탄식하다(饱食或积食后, 胃里的气体从嘴里出来并发出声音。如: 噫气[气壅塞而得通; 吐气]。表示悲痛或叹息。).

3《論語義疏》'喪'은 '亡'[없애다]과 같다. 성인이 세상에 나오실 때는 반드시 현인의 보필을 받는데, 하늘이 비를 내리려 할 때, 반드시 먼저 산과 연못이 구름을 내는 것과 같다. 안연이 살아 있으면 공자의 도는 그래도 실행을 바라볼 수 있었으니, 설령 임금은 되지 못해도, 교화는 할 수 있다. 그런데 지금 안연이 죽고 말았으니, 이는 공자의 도 역시 같이 없애는 것으로, 그래서 '天喪我'[하늘이 나의 도를 없애시는구나]라고 하신 것이다(疏: 喪, 猶亡也。夫聖人出世, 必須賢輔, 如天將降雨, 必先山澤出雲。淵未死, 則孔道猶可冀, 縱不爲君, 則亦得爲教化。今淵旣死, 是孔道亦亡, 故云天喪我也。);《論語譯注》"하늘이 내 목숨을 요구하는구나!"("天老爺要我的命呀!").

4《論語正義》《漢書 · 董仲舒傳》의 贊에 말했다. "유음은, '이윤[상나라 탕왕을 보좌] · 여망[주나라 무왕을 보좌]은 바로 성인을 보좌하는 짝으로, 왕자라도 이들을 얻지 못하면 흥하지 못한다. 그래서 안연이 죽자 공자께서 '허! 하늘이 날 버리시는구나!'라고 말씀하신 것이니, 오직 이 한 사람 안자만이 성인을 보좌하는 짝이 될 수 있었고, 자아 · 자공 · 자유 · 자하는 여기에 낄 수 없었다'고 했다." 대개 하늘이 성인을 내면, 반드시 賢才가 나와서 그를 보좌한다. 지금 하늘이 공자께 덕을 부여했으니[述而 제22장], 다시금 안자를 내어 성인을 보좌하는 짝이 되게 했지만, 결코 세상에 쓰임 받지 못한 채, 불행히도 명이 짧아서 죽었으니, 이것 역시 하늘이 공자를 버릴 징조였기 때문에, '하늘이 날 버리시는구나!'라고 하신 것이다(正義曰: 漢書董仲舒傳贊: "劉歆以爲'伊, 呂乃聖人之耦, 王者不得則不興。故顏淵死, 孔子曰: '噫! 天喪予。' 唯此一人爲能當之, 自宰我, 子贛, 子遊, 子夏不與焉。'" …… 蓋天生聖人, 必有賢才爲之輔佐。今天生德於夫子, 復生顏子爲聖人之耦, 並不見用於世, 而顏子不幸短命死矣, 此亦天亡夫子之征, 故曰'天喪予'。).

5《春秋公羊傳 · 哀公 14年》[BC 481] 봄에, 서쪽 지방에 사냥을 나가서, 기린을 잡았다. 기린은 착한 짐승이다. 왕자가 있으면 나오고, 왕자가 없으면 나오지 않는다. 어떤 자가, '노루에 뿔이 난 모습이었다'고 했다. 공자께서 말씀하시기를, '누굴 위해 오셨는가! 누굴 위해 오셨는가!'라고 하시고는 옷소매를 뒤집어 얼굴을 훔쳤는데, 흘린 눈물이 도포 자락을 적시었다. 안연이 죽자 공자께서는 '허! 하늘이 날 버리시는구나'라고 하셨고, 자로가 죽자 공자께서는 '허! 하늘이 날 끊으시는구나'라고 하셨고, 서쪽 지방에 사냥을 나가서 기린을 잡자 공자께서는 '나의 도가 이제 끝났다!'고 하셨다(春, 西狩獲麟……麟者仁獸也。有王者則至, 無王者則不至。有以告者曰: '有麇而角者。' 孔子曰: '孰爲來哉!孰爲來哉!' 反袂拭面, 涕沾袍。顏淵死, 子曰: '噫!天喪予。' 子路死, 子曰: '噫! 天祝予。' 西狩獲麟, 孔子曰: '吾道窮矣!').

喪[6], 去聲。○噫, 傷痛[7]聲。悼[8]道無傳, 若天喪己也。[9]

'喪'(상)은 거성[sàng]이다. ○'噫'(희)는 죽은 자를 애도하여 애통해하는 소리이다. 도가 후대로 전해지지 못하는 것을 슬퍼하여, 마치 하늘이 자신을 버리는 것 같다고 하신 것이다.

---

6 喪(상): [sàng] 상실하다. 잃어버리다. 내버리다. 죽다(失去、丢掉。死亡。); [sāng] 상을 치르다. 치상하다. 喪事(有关死者的事宜。).

7 傷痛(상통): 상처를 입어 아프다. 죽은 자를 애도하여, 애통해하다(因受伤而疼痛。伤悼, 哀痛。).

8 悼(도): 겁먹다. 비통해하다. 추억하며 슬퍼하다. 애도하다(恐惧。悲痛; 哀伤。追悼。哀悼。).

9 《論語大全》 선생님의 도는 안자에 의탁해서 전해지는 것이다. 안자가 살아 있으면 도가 전수되니, 공자께서 나중에 돌아가셔도 돌아가시지 않는 것과 같지만, 안자가 죽으면 도가 전수되지 못하니, 공자께서 지금 돌아가신 것이 아니지만 이미 돌아가신 것이나 마찬가지이기 때문에, '하늘이 안회를 버리시는구나!'라고 하지 않으시고, '하늘이 날 버리시는구나!'라고 하셨으니, 참으로 슬퍼하실 만했다(新安陳氏曰: 夫子之道, 賴顏子以傳者也。顏子在則道有傳, 孔子他日雖死而不死, 顏子死則道無傳, 孔子今日雖未亡而已亡, 故不謂天喪回, 而曰 天喪予, 良可悲矣。).

[子哭之慟章*]

110901、顏淵死, 子哭之慟[1]。從者[2]曰:「子慟矣。」

안연(顏淵)이 죽자, 선생님께서 대성통곡하셨다. 따라간 제자들이 말했다. "선생님께서 대성통곡하셨습니다."

從, 去聲。○慟, 哀過也。

'從'(종)은 거성[zòng]이다. ○'慟'(통)은 슬픔이 지나친 것이다.

110902、曰:「有[3]慟乎?

공자(孔子)께서 말씀하셨다. "내가 대성통곡했었느냐?

哀傷之至, 不自知也。

슬픔과 상심이 이루 말할 수 없을 정도여서, 스스로 알지 못하신 것이다.

110903、非夫人[4]之爲慟[5]而誰爲[6]!」

1《論語新解》"선생님께서 가셔서 그를 위해 곡을 했는데, 곡소리가 너무 비통하셨다"("先生去哭他, 哭得哀伤过分。");《論語句法》'子哭之'는 주어로서 주어+술어로 이루어진 구이다(主語'子哭之'是個詞結。); 慟(통): 대성통곡하다. 몹시 비통하다(本义: 大哭。极其悲痛。).

2《論語義疏》'從者'는 제자들로, 공자를 따라 안연의 상가에 간 자들이다(疏: 從者, 謂諸弟子也, 隨孔子往顏淵家者。).

3《論語句法》'有慟乎'는 有無를 묻는 단문이다('有慟乎'是有無簡句。);《論孟虛字》'有'는 '已'[너무. 지나치게]와 같다["너무 심하게 통곡했었느냐?"]('有', 猶'已'。'有慟', 猶言'已慟', 爲過甚之詞。).

4《論語義疏》'夫人'은 안연을 가리킨다(疏: '夫人', 指顏淵也。);《論語語法》夫(부): 근지 지시대명사. 이. 이곳. 이것. 이 사람(近指的指示代詞。這。這裡。這個。); 夫(부): 관형어로 가까운 사람(사물)은 '이', '이러한', 먼 사람(사물)은 '저', '그', '그러한'으로 풀이한다.

5《論孟虛字》'非……而……'의 문장형식으로, 앞에서 부정한 후에 방향을 바꿔, 위와 아래가 서로 호응하게 하는 형태의 문장으로, 어세를 강화하는 데 쓰인다('非……而……'句式, 以表先否定然後轉折, 上下呼應, 用以加強語勢。);《古漢語語法》목적어 '夫人'이 결구조사 '之'의 도움을 받아 동사 '爲' 앞으로 전치된

이 사람 때문에 대성통곡하지 않으면 누구 때문에 대성통곡하겠느냐?"

夫[7], 音扶。爲[8], 去聲。○夫人, 謂顔淵。言其死可[9]惜, 哭之宜慟, 非他人之比也。

'夫'(부)는 음이 '扶'(부, fú)이다. '爲'(위)는 거성[wèi]이다. ○'夫人'(부인)은 안연(顔淵)을 말한다. 말씀인즉, '이 사람의 죽음이 참으로 애석해서, 의당 대성통곡할 만했던 것이니, 다른 사람에 비할 것이 아니다'라는 것이다.

○胡氏曰:「痛惜之至, 施當其可[10], 皆情性之正也。」

○호씨(胡氏 · 胡寅)가 말했다. "애통함과 애석함이 이루 말할 수 없을 정도여서, 마땅히 그 정도는 할 만하다고 할 만큼의 통곡을 베푸신 것이니, 이 모두가 성정의 올바른 모습이시다."

'목적어+之+동사' 형식의 문장(宾语借助于增添结构助词而位于动词前边: '宾语+之+动词'、'宾语+是+动词'。)으로, '非夫人之爲慟'은 '非爲夫人慟'의 도치형식이고, '爲'는 '夫人'과 '개사+목적어'구를 구성한다; 《論語句法》'夫人'은 술어 '爲'의 목적어인데 앞당겨졌고, '之'는 그들 사이에 붙는 어기사이다('夫人'是述詞'爲'的止詞, 而提前了, '之'是加在它們中間的語氣詞。).

6 《論語義疏》本에는 '誰爲慟'으로 되어 있다; 《論語譯注》 개사나 동사의 목적어가 의문대사인 경우에는 일반적으로 의문대사는 개사나 동사의 앞에 놓인다('誰爲'……如果介詞或者動詞的賓語是疑問代詞, 一般都放在介詞或者動詞之上。); 《古漢語語法》 '誰'는 개사목적어로 개사 앞에 놓이지만, 개사가 '於' '于'인 경우에는 개사 뒤에 놓인다('誰'作介词宾语, 一般在介词前, 如果介词'於'、'于', 则在后。).

7 夫(부): 저. 3인칭대사('夫'假借为'彼'。他, 她, 它, 他们。第三人称代词。).

8 爲(위): ~를 위해서. ~위하여 하다(替, 给。).

9 可(가): 정도가 높음을 표시한다(表示程度).

10 《禮記 · 學記》 나쁜 생각이 생겨나기 전에 미리 금해서 생겨나지 않게 하는 것을 豫(예)라 하고, 받아들일 만할 때 그에 맞춰 가르치는 것을 時(시)라 하고, 단계를 뛰어넘어가지 않게 단계에 맞춰서 가르침을 베푸는 것을 孫[循](손)이라 하고, 상호 관찰하여 남의 좋은 점을 받아들이게 하는 것을 摩(마)라 한다. 이 네 가지가 교육이 흥하는 출발점이다(大學之法, 禁於未發之謂豫, 當其可之謂時, 不陵節而施之謂孫, 相觀而善之謂摩。此四者, 教之所由興也。).

[門人厚葬章]

111001、顔淵死, 門人[1]欲厚葬之, 子曰:「不可。」

안연(顔淵)이 죽어서, 그의 문인들이 그를 후하게 장사를 치르기를 원하자, 선생님께서 말씀하셨다. "안 된다."

喪具稱家之有無[2], 貧而厚葬, 不循理也。故夫子止之。

상사에 쓸 물품은 집안의 넉넉함과 빈약함의 정도에 걸맞게 하는데, 가난한데도 후하게 장사를 치르는 것은, 도리를 따르는 것이 아니다. 그래서 선생님께서 후하게 장사를 치르지 못하게 하신 것이다.

111002、門人厚葬之。

문인들이 안회(顔回)를 후하게 장사를 치렀다.

蓋顔路聽之。

아마도 안로(顔路)가 문인들의 후장(厚葬)의 청을 들어주었을 것이다.

1《論語義疏》① 안연의 제자들이 돌아가신 스승의 빈궁함을 보고 후하게 장사지내고 싶어 한 것이다. ② 공자의 제자들이 친구를 후하게 장사지내고 싶어 한 것이다(疏: 顔淵之門徒, 見師貧而己欲厚葬之也。一云: 是孔子門人欲厚葬朋友也。);《論語注疏》'門人'은 안연의 제자들이다(疏: 正義曰: 門人, 顔淵之弟子。);《論語大全》'門人'은 안회의 제자들을 말한다(朱子曰: 門人, 謂回之門人。);《古今注》공자의 제자들을 말한다(補曰: 門人, 孔子之門人也。).

2《禮記 · 檀弓上》자유가 상사에 쓸 물품에 대해 여쭈었다. 선생님께서 말씀하셨다. "집안의 넉넉함과 빈약함의 정도에 걸맞게 해야 한다." "넉넉함과 빈약함의 정도에 걸맞게 한다면 어찌 禮가 가지런해지겠습니까?" "집안이 넉넉해도 예에 지나치게 해서는 안 되고, 집안이 빈약하다면, 옷을 입혀 싸서 주검을 안 보이게 하고 곧바로 장사지내되, 하관하고 무덤을 만들면, 사람 중에 어찌 비난할 자가 있겠느냐!"(子游問喪具, 夫子曰: '稱家之有亡。' 子游曰: '有亡惡乎齊?' 夫子曰: '有, 毋過禮; 苟亡矣, 斂首足形, 還葬, 縣棺而封, 人豈有非之者哉!'); 喪具(상구): 장례에 필요한 관 · 곽 · 의복 · 천 등의 물품(人死后所需的棺椁、衣被之类。); 有無(유무): 집안 살림의 넉넉함과 빈약함(指家计的丰或薄).

111003、子曰:「回也視[3]予猶父也，予不得視猶子也[4]。非我也，夫[5]二三子也[6]。」

선생님께서 말씀하셨다. "안회(顏回)는 나를 아버지처럼 대해 주었는데, 나는 안회(顏回)를 아들처럼 대해 주지 못했다. 내 탓이 아니고, 저들 탓이다."

歎不得如葬鯉之得宜，以責門人也。

아들 리(鯉)의 장례를 치를 때와 같은 마땅한 예를 갖춰서 치르지 못한 것을 탄식하고, 이 때문에 문인들을 책망하신 것이다.

3《論語句法》주어는 '視予'이고, 술어는 본래 '視父'인데, '視'字가 앞을 이어받아 생략되었다. '猶'는 준연결동사이다["안회는, 나를 대하는 것이 아버지를 대하는 것과 같았다"](主語是'視予', 謂語本來也應該是'視父', 由於'視'字承上省略了。猶'是準繫詞。);《王力字典》視(시): 대하다. 대우하다. 상대하다(看待, 对待。).

4《論語集解》안회에게는 아버지가 있고, 아버지 뜻은 문인들의 후장의 청을 들어주고자 했기에, 나로서는 제지하지 못했다는 말이다(注: 馬融曰: 言回自有父, 父意欲聽門人厚葬之, 我不得制止也。).

5《古書虛字》'夫'는 '是'와 같다('夫', 猶'是'也。).

6《論語義疏》후장은 나의 뜻이 아니고, 저들의 뜻이다(疏: 非是我意也, 故是夫二三子意也。);《論語注疏》후장은 내가 한 것이 아니고, 저 문인들이 한 것이다(疏: 正義曰: 言厚葬之事, 非我所爲, 夫門人二三子爲之也。);《論語正義》안회는 공자를 아버지로 모셨기 때문에, '선생님께서 살아계시는데, 제가 어찌 감히 죽겠습니까?'[先進 제22장]라고 했다. 그렇다면 '부모가 살아계시면, 친구 때문에 죽음을 허락해서는 안 된다'[禮記 · 曲禮上]는 의리와 똑같이 한 것이다. 공자께서 돌아가시자, 문인들이 心喪했는데, 제자들은 아버지의 상처럼 슬퍼했지만 服喪하지는 않았으니, 제자들 모두가 안회가 공자를 아버지로 모신 것과 똑같이 한 것이다. 그런데 공자께서는 안회가 죽자, 자식을 잃은 것처럼 슬퍼했지만 服喪하지 않았으니, 이 역시 안회를 자식으로 여긴 것인데, 문인들의 후장을 막지 못했으니, 미안한 마음이 들어, 제자들을 심하게 책하신 것이었다(正義曰: 顏子事夫子猶父, 故曰'子在, 回何敢死?' 則同於父母在, 不許友以死之義也…… 及夫子沒, 門人心喪三年, 若喪父而無服, 則皆同顏子事夫子猶父矣。然夫子喪顏子, 若喪子而無服, 是亦視回猶子, 惟不能止門人之厚葬, 終心自歉, 故深責二三子也。);《古今注》荻生雙松[오규소라이. 1666~1728]이 말했다. "'非我'는 '나를 비난한다'라는 말이다. '夫'는 앞에 붙여 구를 만들고, '二三子'는 다른 나라에 있는 제자를 말한다." 살피건대, ('내 탓이 아니고, 너희들 탓이다'라고 풀이한다면) 공자께서 이미 스스로 자기 허물이라고 하셨다가, 갑자기 또 제자들에게 죄를 돌리시는 것인데, 이럴 리가 있겠는가? '二三子'는 아마도 제자 중에 나이나 덕이 조금 나은 다른 나라에 있는 자를 가리킨 것이다["나를 탓하겠구나! 다른 제자들이"](荻曰 非我謂非議也。夫字屬上爲句, 二三子, 謂門人在他邦者…… 案, 孔子旣自引其咎, 忽又歸罪於二三子, 有是理乎? …… 二三子者, 蓋指弟子之年德稍賢而在於他邦者; '非我也夫! 二三子也。').

[季路問事鬼神章]

111101、季路問事鬼神[1]。子曰:「未能事人[2], 焉[3]能事鬼?」敢問[4]死。曰:「未知生, 焉知死?」[5, 6]

계로(季路)가 귀신을 섬기는 일에 대해 여쭈었다. 선생님께서 말씀하셨다. "산 사람도 아직 잘 섬기지 못하는데, 어찌 죽은 귀신을 섬길 수 있겠느냐?" "감히 죽음에 대해 여쭙겠습니다." 선생님께서 말씀하셨다. "삶도 아직 모르는데, 어찌 죽음을 알겠느냐?"

1《論語注疏》鬼와 神을 쌍으로 말한 경우는 天을 神, 人[죽은 사람]을 鬼라 하고, 각각 말한 경우는 人도 神이라 하기 때문에, 다음 문장에서 鬼만 써서 대답한 것이다(疏: 正義曰: 對則天曰神, 人曰鬼, 散則雖人亦曰神, 故下文獨以鬼答之。).

2《論語正義》'事人'은 아들이 어버이를 섬기는 것, 신하가 임금을 섬기는 것 같은 것이 바로 이것이다(正義曰: '事人', 若子事父, 臣事君是也。).

3《詞詮》焉(언): 의문부사. 어찌('焉', 疑問副詞。何也。);《北京虛詞》焉(언): 어떻게. 어찌. 조동사인 '得' '敢' '可' '能' '足' 앞에 쓰여, 반문을 표시한다('焉', 用于助动词'得'、'敢'、'可'、'能'、'足'前, 表示反诘。义即'怎'、'哪里');《文言語法》'焉'이 의문부사로 쓰인 경우, '어떻게'로 해석한다('焉', 如用作疑问副词, 即当作'怎样'解。).

4《古書虛字》'敢'은 외람되다[주제넘다]는 말이다('敢', 冒昧之辭也。);《詞詮》敢(감): 존경을 표시하는 조동사('敢', 表敬助動詞。);《文言語法》존경을 표시하는 부사('敢', 表示尊人的副詞。); 敢問(감문): 질문을 하면서, 스스로를 낮추고 상대방을 높이는 태도를 덧붙이는 일종의 겸사(一种谦辞, 表示向对方提出问题的同时, 附带自谦和尊敬的姿态。).

5《說苑 · 辨物》자공이 공자께 여쭈었다. "죽은 사람은 지각이 있습니까, 없습니까?" "내가 죽은 사람도 지각이 있다고 하자니, 효자 효손들이 살아 있는 사람을 해치면서까지 해서 죽은 사람을 장사지낼까 걱정이 되고, 죽은 사람은 지각이 없다고 하자니, 불효자 불효손들이 죽은 사람을 버려둔 채 장사도 치르지 않을까 걱정이 되는구나. 너는 죽은 사람이 지각이 있는지 지각이 없는지를 알고 싶으냐? 죽고 나서 서서히 자연히 알게 될 터이니, 그래도 늦지 않다!"(子貢問孔子: "死人有知無知也?" 孔子曰: "吾欲言死者有知也, 恐孝子順孫妨生以送死也; 欲言無知, 恐不孝子孫棄不葬也。賜欲知死人有知將無知也? 死徐自知之, 猶未晚也!");《孔子家語 · 致思》에도 같은 글이 나온다.

6《論語集解》陳群(?~237)이 말했다. "귀신과 죽음은 확실하게 밝히기 어려워, 그에 대해 말하는 것이 무익해서, 답하지 않은 것이다"(注: 陳群曰: 鬼神及死事難明, 語之無益, 故不答也。);《論語今讀》'不語怪力亂神'[述而 제20장] · '祭如在'[八佾 제12장] · '敬鬼神而遠之'[雍也 제20장] 등의 장절과 연계시켜 보면, 공자께서는 이 세계 이 생애 너머에 있는 문제 · 대상에 대해서는, 상당히 일관되게 '存而不論'[보류해두고 논하지 않는다] [莊子 · 齊物論]이라는 실용적인 태도를 채택하셨으니, 긍정하지도 않고 부정하지도 않으셨다(連繫'不語怪力亂神'、'祭如在'、'敬鬼神而遠之'等章節, 孔子對超乎此世此生的問題, 對象, 采取頗爲一貫的'存而不論'的實用態度, 既不肯定, 也爲否定。).

焉, 於虔反。○問事鬼神, 蓋求所以奉祭祀之意。而死者人之所必有, 不可不知, 皆切問也。然非誠敬足以事人, 則必不能事神; 非原始[7]而知所以生, 則必不能反終而知所以死[8]。蓋幽明[9]始終, 初無二理, 但學之有序, 不可躐等, 故夫子告之如此。

'焉(언, yān)'은 '於'(어)와 '虔'(건)의 반절이다. ○귀신을 섬기는 일을 여쭌 것은, 아마도 이를 통해 (귀신에게) 제사를 받드는 일의 의의를 찾으려고 해서였을 것이다. 그리고 죽음이라는 것은 사람이면 반드시 겪게 되어 있는 것으로, 알지 않으면 안 되는 것이니, 모두가 절실한 물음들이다. 그렇지만 정성과 공경을 충분하리만큼 다해 이로써 사람을 섬기지 않는다면, 귀신을 결코 섬길 수 없고, 거슬러 올라가 태어난 처음을 탐구하여 이로써 태어난다는 것[태어난 까닭]이 무엇인지를 알지 못하면, 방향을 바꾸어 죽는 마지막을 탐구한다 해도 이로써 죽는다는 것[죽는 까닭]이 무엇인지를 결코 알지 못한다. 대개 저승과 이승·태어난 처음과 죽는 마지막은, 애초부터 서로 다른 두 이치가 아니지만, 다만 배우는 단계에는 순서가 있어서, 등급을 뛰어넘어 배워서는 안 되기 때문에, 선생님께서 이같이 말씀해주신 것이다.

○程子曰:「晝夜者[10], 死生之道也。知生之道, 則知死之道; 盡事人之道, 則盡事鬼之道。

---

7 原始反終(원시반종): 사물의 발전과정의 始末을 탐구하다(=原始要終。原、要: 推求。探究事物发展的始末。);《論語大全》'反'은 거꾸로 방향을 바꾸어 미는 것으로, 거슬러서 태어난 처음으로 밀고 가던 것을, 꺾어서 거꾸로 방향을 바꾸어서 죽는 마지막을 탐구하는 것을 말한다. '原'字와 '反'字는 모두 사람에서 나온 말로, '反'은 머리를 되돌린다는 뜻과 같다(朱子曰: 反, 只是推轉來, 謂推原於始, 却折轉來看其終。原字反字, 皆就人說, 反, 如回頭之意。).

8《周易·繫辭上》易은 천지와 나란하므로, 능히 천지의 도를 모두 다스린다. 우러러 하늘의 천문현상을 살피고, 구부려 땅의 풍수지리를 살핀다. 이 때문에 幽의 세계와 明의 세계로 갈리는 원인을 안다. 거슬러 올라가 태어난 처음을 탐구하고 방향을 바꾸어 죽는 마지막을 살피기 때문에, 生과 死의 이치를 안다. 음양의 정기는 모여서 만물을 만들고, 物에서 떠나 떠도는 魂은 이리저리 흩어져 轉變하니, 이 때문에 鬼와 神의 실상을 안다. 易은 천지와 서로 비슷하기에, 어긋나지 않는다. 지혜가 만물에 두루 펼쳐져 있고 도가 천하에 완비되어 있기에, 벗어나지 않는다. 천하에 두루 널리 퍼지지만 아무렇게나 흐르지 않고, 하늘을 즐거워하고 명을 알기에, 근심하지 않는다. 땅을 편안히 여기고 인을 돈독히 하기에, 사랑할 수 있다. 천지의 무궁한 변화를 다 범위로 포괄하니 한 치도 벗어나지 아니하고, 정성을 다하여 만물을 만드니 하나도 빠트리지 아니하고, 一陰一陽之道에 통달하여 지혜롭기에, 신묘함은 방향이 없고 易은 형체가 없다(易與天地準, 故能彌綸天地之道。仰以觀於天文, 俯以察於地理, 是故知幽明之故。原始反終, 故知死生之說。精氣爲物, 遊魂爲變, 是故知鬼神之情狀。與天地相似, 故不違。知周乎萬物, 而道濟天下, 故不過。旁行而不流, 樂天知命, 故不憂。安土敦乎仁, 故能愛。範圍天地之化而不過, 曲成萬物而不遺, 通乎晝夜之道而知, 故神無方而易無體。).

9 幽明(유명): 어둠과 밝음. 저승과 이승(指生与死; 阴间与人间。人与鬼神。).

死生人鬼, 一而二, 二而一[11]者也。或言夫子不告子路, 不知此乃所以深告之也。」[12]

○정자(程子·伊川)가 말했다. "낮과 밤의 도가, 삶과 죽음의 도이다. 삶의 도를 아는 것이, 곧 죽음의 도를 아는 것이고, 산 사람 섬기는 도리를 다하는 것이, 곧 죽은 귀신 섬기는 도리를 다하는 것이다. 삶과 죽음·사람과 귀신은, 하나이면서 둘이고, 둘이면서 하나이다. 어떤 사람은 선생님께서 자로(子路)에게 귀신 섬기는 일과 죽음에 대한 물음에 답해주지 않았다고 말하는데, 이같이 말씀해주신 것이 바로 깊이 있게 그에게 답해준 것임을 알지 못해서이다."

---

10 《百度漢語》 晝夜(주야): 일체 모든 사물의 상호대립·소장·음양을 가리킨다. 《周易·繫辭上》에 '剛柔는 晝夜의 상이다'라고 했고[高亨 注: 여기에서 晝夜는 晝·夜를 써서 陽·陰을 대표시킨 것이다], '晝夜의 도에 통달하여 지혜를 갖춘다'고 했다[高亨 注: 焦循이 말하기를, '晝夜의 도는 바로 一陽一陰의 도이다' 라고 했다. '知'는 '智'로 읽는다. 이는 易經의 음양의 대립·전변의 규율을 관통하여 지혜를 갖추면, 길흉을 예지할 수 있음을 말한 것이다](指代一切事物的两种相互对立, 消长的力量, 或阴阳两个方面。《易、繫辞上》: "刚柔者, 昼夜之象也。" 高亨注: "此云昼夜者, 盖以昼夜代表阴阳也。" 《易、繫辞上》: "通乎昼夜之道而知。" 高亨注: "焦循曰: '昼夜之道即一阴一阳之道也。' 知读为智。此言《易经》贯通阴阳对立转化之规律而有智慧, 能预知吉凶。").

11 一而二, 二而一(일이이, 이이일): 두 가지 일이 같지 않은 듯하지만, 실상은 서로 같다. 나눠서 말하면 구별되지만, 합해서 말하면 서로 같다. 이름은 두 가지이지만 실상은 한 가지 일이다(两件事看似不同, 实际上却相同。谓分言之虽有别, 合言之则相同; 名虽为二, 实是一事。).

12 자로의 질문에 대한 공자의 답변은 답변의 주체와 관련하여 두 가지로 독해할 수 있다. 하나는 공자가 귀신과 죽음의 문제에 대한 자로의 질문을 반어적으로 비판하면서 자로가 스스로 자신의 삶을 반성하게 만든다는 풀이이다. 다른 하나는 공자 스스로 귀신과 죽음의 문제에 대해 겸허하게 자기 고백을 하는 발언이라고 보는 풀이이다. 전자의 경우는 자기 삶에 절실하지 않은 형이상학적이고 사변적인 문제를 제기한 자로가 답변 내용의 주체가 되고, 후자의 경우는 사람을 제대로 섬기지도 삶을 제대로 이해하지도 못하는 공자가 반어적인 답변의 주체가 된다. 공자가 부단히 자기를 성찰하는 인격을 지향했다는 점을 감안하면, 이 답변을 단지 자로가 부적절한 질문을 했다고 공자가 비판하는 의미로 보는 견해는 적절치 않아 보인다. 오히려 이 대답을 공자 자신의 진솔한 자기 성찰의 의미로 이해해야 자로에게도 실천적인 교훈이나 경계의 의미를 갖게 된다. 자로와 공자가 나눈 대화의 중심 주제는 사실 흔히 논의되는 합리주의적 세계 인식하고는 별로 상관이 없다. 곧 이것은 귀신이나 죽음처럼 초월적인 영역의 문제 역시 합리적인 이성으로 파악해야 한다는 메시지를 담고 있는 대화가 아니다. 그보다 이 대화는 귀신과 죽음의 문제를 묻기 전에 타인과 자신의 삶에 관한 문제에 관심을 기울이라는 실천적인 교훈의 의미가 더 크다. 귀신과 죽음이 결국 타인의 삶의 문제와 연관이 있는 것이라고 이해하더라도 그것은 부차적인 문제다. 공자가 가장 중시한 점은 삶의 일상을 구성하는 타인과의 관계 자체에 있다. 상상이나 합리적인 추구를 통해 귀신의 죽음에 대해 어떠한 판단을 해도, 그것이 타인과의 구체적인 관계에서 적절한 실천을 담보하는 것은 아니다. 공자가 귀신이나 죽음이라는 주제 자체를 부정했다고는 볼 수는 없지만. 그는 이러한 주제가 일으킬 수 있는 문제점을 반어적으로 제기한 것이다(강신주 外, 『스승 이통과의 만남과 대화—연평답문』[이학사, 2006], 80).

[閔子侍側章]

111201、閔子侍側[1], 誾誾如[2]也; 子路, 行行如[3]也; 冉有、子貢, 侃侃如也。子樂。

선생님을 곁에서 모시는데, 민자건(閔子騫)은 말하는 태도가 화기애애하면서도 분명해 보였고, 자로(子路)는 말하는 태도가 굽힐 줄 모르고 완강해 보였고, 염유(冉有)와 자공(子貢)은 말하는 태도가 당당하고 솔직해 보였다. 선생님께서 즐거워하셨다.

誾, 侃, 音義見前篇[4]。行, 胡浪反。樂[5], 音洛。○行行, 剛強[6]之貌。子樂者, 樂得英材而教育之[7]。
'誾'(은)과 '侃'(간)은 음과 뜻이 전편에 보인다. '行'(항, háng)은 '胡'(호)와 '浪'(랑)의 반절이다. '樂'(락)은 음이 '洛'(락, lè)이다. ○'行行'(항항)은 굽힐 줄 모르고 완강한 모습이다. 선생님께서 즐거워하신 것은, 뛰어난 인재들을 얻어 교육시키는 것을 즐거워하신 것이다.

1《論語義疏》낮은 자가 존자의 옆에 있는 것을 '侍'라 한다(疏: 卑者在尊者之側曰侍。); 侍側(시측): 옆에서 시중들다. 모시다(陪侍左右).

2《論語義疏》'誾誾'(은은)은 '中正'[정직하다. 불편부당하다]이다. '行行'(항항)은 굽힐 줄 모르는 완강한 모습이다. '侃侃'(간간)은 '和樂'[화평하고 즐겁다]이다(誾誾, 中正也…… 行行, 剛強貌也…… 侃侃, 和樂也。);《論語大全》'誾誾'은 (생각이) 드러나지 않고 깊이 잠겨있는 것이고, '侃侃'은 (생각의) 모난 각이 드러나 있는 것이고, '行行'은 (생각의) 거친 것이 드러나 있는 것이다(朱子曰: 誾誾, 是深沈底。侃侃, 是發露圭角底。行行, 是發露得粗底。);《王力字典》行行(항항): 꿋꿋하게 당당한 모양(剛強自負的樣子。).

3《論語集解》제자들이 모두 각기 그들의 타고난 본성을 충분히 다 발휘한 것을 즐거워한 것이다. '行行'(항항)은 굽힐 줄 모르고 완강한 모습이다(注: 鄭玄曰: 樂各盡其性。行行, 剛強之貌也。).

4《鄕黨 제2장》참조.

5 樂(락): 즐거워하다. 즐기다(喜悅; 愉快).

6 剛强(강강): 꿋꿋하다. 惡한 세력에 고개 숙이지 않고 艱難을 두려워하지 않다. 무르지 않고 단단하고 약하지 않고 잘 견뎌내다. 굳세고 완강하다(意志性格等坚强、不在恶势力前低头、不畏艰难。).

7《孟子 · 盡心上 제20장》맹자가 말했다. "군자에게는 세 가지 즐거움이 있는데, 천하에 왕 노릇을 하는 것은 거기에 들어가지 않는다. 부모가 모두 살아 계시고 형제가 아무 탈이 없는 것이 첫째 즐거움이다. 우러러 하늘에 부끄럽지 않고 구부려 사람들에게 부끄럽지 않은 것이 둘째 즐거움이다. 천하의 영재를 얻어 교육시키는 것이 셋째 즐거움이다. 군자에게는 세 가지 즐거움이 있는데 천하에 왕 노릇을 하는 것은 거기에 들어가지 않는다"(孟子曰: 君子有三樂, 而王天下不與存焉。父母俱存, 兄弟無故, 一樂也。仰不愧於天, 俯不怍於人, 二樂也。得天下英才而教育之, 三樂也。君子有三樂, 而王天下不與存焉。).

111202. 「若[8]由也, 不得其死然[9]。」[10]

(선생님께서 말씀하셨다) "자로(子路)의 경우는, 제명에 죽지 못할 것 같구나."

尹氏曰: 「子路剛強, 有不得其死之理[11], 故因以[12]戒之。其後子路卒[13]死於衛孔悝之難。[14] [15]」

---

8 《論語義疏》本에는, '……子樂。曰『若由也…… 』'로 되어 있다; 《論語正義》'若'은 예견하는 말로, 곧바로 생각을 결정하지 못하는 것이다(正義曰: 案: '若'者, 逆料之辭, 不能遽決也。); 《論語句法》'若'은 준연결동사이다('若'是準繫詞。).

9 [성]不得其死(부득기사): 제명에 죽지 못하다. 악인에 대해 저주하는 말. 유종의 미를 거두지 못하다(指人不得好死。也表示对恶人的诅咒。不得善终。); 《論語義疏》'不得其死然'은 필시 제명을 마치지 못하리라는 것을 말한다(疏: 不得其死然, 謂必不得壽終也。); 《論語譯注》'得死'는 당시의 속어로 제명을 다 살고 죽는 것을 말한다(得死, 當時俗語, 謂得善終。); 《論語句法》'其'는 지칭사이다('其'是遠指指稱詞。); 《論語大全》'然'은 아직 확정적인 말이 아니라는 말이다(朱子曰: 然者, 未定之辭。); 《論語注疏》'然'은 '焉'과 같다(疏: 正義曰: 然, 猶焉也。); 《經傳釋詞》'然'은 '焉'과 같다(然, 猶'焉'也。); 《詞詮》단정을 나타내는 어말조사('然', 語末助詞。表斷定, 用同'焉'。); 《古書虛字》'然'은 '乎'와 같다. 추측을 표시한다('然'猶'乎'也。爲推度之詞。); 《論語譯注》'然'은 어기사로, 용법이 '焉'과 같다(然, 語氣詞, 用法同"焉"。)

10 《禮記 · 檀弓上》(자로가 공회의 난으로 죽자) 공자께서 자로의 상갓집에 가서 마당에서 곡을 하고 있었다. (위나라에서) 조문 온 자가 있어서, 공자께서 그자를 맞이하여 상주로서 인사했다. 곡을 마치고는, 그 자에게 나아가 자로의 죽음의 상황에 관해서 물었다. 그가 말하기를, '주검으로 육젓을 담갔다'고 하자, 이에 집안의 육젓을 모두 뒤엎어 쏟아버리라고 명했다(孔子哭子路於中庭。有人吊者, 而夫子拜之。既哭, 進使者而問故。使者曰: '醢之矣。' 遂命覆醢。).

11 《孔子家語 · 好生》 공자께서 자로에 대해 말씀하셨다. "군자가 되어 가지고 혈기가 강하면, 제명에 죽지 못한다"(孔子謂子路曰: 君子而強氣, 則不得其死。).

12 因以(인이): 그리하여. 이로 인해. 후자가 전자의 원인을 이어받을 때 쓰인다. 뒷 단문의 첫 부분이나 주어의 뒤에 쓰인다.

13 卒(졸): 결국. 마침내. 돌연(终究; 终于。突然。).

14 《春秋左傳 · 哀公 15年》[BC 480] 위나라 공어[孔文子][公冶長 제14장 참조]가 태자 괴외의 누이인 공백희(孔伯姬)를 아내로 취하여 공회(孔悝)를 낳았다. 공문자의 노복 혼량부(渾良夫)는 키가 크고 얼굴이 아름다웠는데, 공문자가 죽은 뒤에 혼량부가 공문자의 아내 공백희와 사통했다. 태자 괴외가 척(戚)에 있을 때 공백희가 혼량부를 괴외에게 보내니, 괴외가 혼량부에게 말하기를, '만약 나로 하여금 국내로 들어가서 나라를 획득하게 한다면, 너를 대부로 삼아 면류관을 쓰고 대부의 수레를 타게 할 것이고, 죽을죄를 짓더라도 세 번은 용서할 것이다'라고 하고서 그와 맹약을 맺으니, 혼량부는 괴외를 위하여 공백희에게 요청했다.

윤달에 혼량부가 태자 괴외와 함께 위나라로 들어가서 공씨의 외포(外圃)에 머물다가 날이 어두워지자, 두 사람은 부인의 복장을 하고 얼굴을 가리고서 수레에 오르고 환관 라(羅)가 수레를 몰고 공씨 집으로 갔다. 공씨의 가로(家老) 난녕(欒寧)이 누구냐고 묻자, 환관 라(羅)는 인척의 첩이라 사칭해 고하고서 드디어 공씨 집으로 들어가서 공백희의 처소로 갔다. 공백희는 창을 짚고 앞장서고, 태자 괴외와 다섯 사람은 갑옷을 입고 뒤따라가서, 공회를 강요해 수레에 싣고 간 수퇘지로 (출공 첩을 축출하기로) 맹약을 맺고서 드디어 그를 겁박해 대에 올라갔다.

난녕은 변란이 일어났다는 말을 듣고 사람을 보내 공씨의 읍장인 자로에게 알리고, 출공 첩을 모시고 윤씨(尹氏 · 尹彦明)가 말했다. "자로(子路)는 굽힐 줄 모르고 완강해서, 제명에 죽지 못할 이유가 있기 때문에, 이에 따라 그를 경계시킨 것이다. 그 뒤에 자로(子路)는 끝내 위(衛)나라 공회(孔悝)의 난에 죽고 말았다."

洪氏曰:「漢書引此句[16], 上有曰 字。」或云:「上文樂字, 即曰 字之誤。」[17]

노나라로 도망했다. 자로가 성문 안으로 들어가려 할 때 성문을 나온 자고를 만나니, 자고가 '성문이 이미 닫혔을 것이오'라고 하자, 자로가 '일단 들어가 보겠소'라고 했다. 그러자 자고가 '들어가도 공회가 사로잡혀서 다가갈 수 없으니 그 환난에 뛰어들지 마시오'라고 하니, 자로가 '그 사람의 녹을 먹었으면 그 사람의 환난을 피하지 않는 것이오'(食焉, 不辟其難)라고 했다.

자고는 도망하고 자로는 성문 안으로 들어갔다. 공씨의 문에 이르니 공손감이 문을 지키고 있다가 '들어오지 마시오'라고 하자, 자로가 '목소리를 들어보니 바로 공손감이구려. 그대는 이익을 위하여 이곳에서 공씨 집안의 환난을 피하고 있지만, 나는 그렇게 할 수 없소. 나는 공씨 집안의 녹을 이익으로 여겼으니, 반드시 공씨 집안을 환난을 구제하겠소'(求利焉而逃其難, 由, 不然, 利其祿, 必救其患)라고 했다. 이때 마침 나오는 사자가 있어서 자로가 기회를 틈타 안으로 들어가서 말하기를 '태자 괴외는 무엇 때문에 공회를 사로잡고 계십니까? 그를 죽이더라도 반드시 누군가가 그 뒤를 이어 (태자를 공격할) 것입니다'라고 하고서, 또 '태자는 용기가 없으니 만약 대에 불을 놓아 대를 반쯤 태우면 반드시 공회를 놓아줄 것이오'라고 하니, 태자 괴외가 그 말을 듣고 겁이 나서 신하들을 내려보내 자로를 대적하게 했다. 이들이 창으로 자로를 쳐서 갓끈을 자르자, 자로는, '군자는 죽어도 관은 벗지 않는다'(君子死冠不免)라고 하고서 갓끈을 맨 채로 죽음을 맞이했다.

공자는 위나라에 변이 일어났다는 말을 듣고, '자고는 아마도 살아서 올 것이지만 자로는 죽을 것이다'(柴也 其來 由也 死矣)라고 했다. 공회가 괴외를 위나라 장공으로 세웠다. 장공은 출공 첩의 대신들이 자기에게 해가 된다고 여겨 모두 제거하고자 하여 먼저 사도 만성에게, '과인은 망명하여 외국에서 오랫동안 괴로움을 당했으니, 그대 또한 그런 괴로움을 맛보기를 청하오'라고 하니, 만성은 돌아가서 대부에게 고하고서 그와 함께 장공을 공격하려 했지만, 끝내 결행하지 못했다.

15 《論語大全》 선생님께서 애초 말씀하신 '由也 不得其死然'은, 단지 평상시에 하는 말처럼 그 도를 끝까지 다하고 죽는 正命이 아닐 것이라는 말씀이지, 그에 맞는 가치있는 죽음을 죽지 못할 것이라 말씀하지 않았다. 先儒[伊川]가 '감정이 격한 나머지 자기 몸을 내던져 죽는 것은 쉽지만, 두려움 없이 의젓하게 의를 향해 나아가는 것은 어렵다'[近思錄 · 政事]고 했는데, 이는 뒤에 가서 죽음에 처하게 됐을 때의 올바른 모습인 것이다(安陳氏曰: 夫子初謂由不得其死然, 只如平常說死非正命之謂, 未說到不得死所處。先儒云, 感慨殺身者易, 從容就義者難, 此是後來處死之得失。). 자로가 선생님의 경계 말씀으로 인해, 그의 거칠고 사나운 기습을 고쳐, 선생님의 예측이 적중하지 않았더라면, 가장 좋았을 것이다. (거칠고 사나운 기습을 고치지 않았더라도) 의를 살펴서 벼슬할 곳을 가려 벼슬하고, 의를 써서 죽었더라면, 그 올바른 모습을 얻은 죽음을 죽었을 것이고, 비록 불행히도 선생님의 예측이 적중했을지라도, 선생님의 경계 말씀을 저버리지는 않은 것이니, 제명에 죽지 못했다 할 수는 없을 것이다. 그럼에도 자로는 종내 아무것도 하지 못했으니, 애석하다!(新使子路能因夫子警之, 而變其粗厲之氣習, 使夫子之言不中, 上也。若能審義而仕, 以義而死, 則死得其所。雖不幸中夫子之言, 而無負於夫子之教, 不可謂之不得其死矣。而子路終不能也, 惜哉!).

16 《漢書 · 敘傳》에 나오는 班固[32~92]의 《幽通賦》의 '固行行其必凶' 구절에 대해, 顏師古[581~645]가 '師古曰: 論語稱『閔子侍側, 誾誾如也; 子路, 行行如也。子樂。曰: 若由也, 不得其死然。』'이라고 注를 달았다;

홍씨(洪氏 · 洪興祖)는 말하기를 '《한서》(漢書)가 이 글을 인용했는데, '若由也'(약유야) 위에 '曰'(왈) 자가 있다'고 했고, 어떤 사람은 말하기를 '윗 구절 '子樂'(자락)의 '樂'(락) 자는 바로 '曰'(왈) 자를 잘못 쓴 것이다'라고 했다.

漢書(한서): 班固가 편찬한 前漢의 高祖부터 王莽까지 20여 년간의 기전체 역사서.

17 《論語正義》 孫奕[宋人]의 《始兒篇》에 말했다. "'子樂'은 '子曰'로 쓰는 것이 맞다. 소리가 비슷해서 잘못 쓴 것이다. 처음에는 소리가 서로 비슷해서 '曰'이 '悅'로 바뀌었고, 계속해서 또 뜻이 서로 비슷해서 '悅'이 '樂'으로 바뀐 것이다. 자로가 제명에 죽지 못할 줄 아는데, 무슨 즐거울 일이 있겠는가?"(孫奕始兒篇: '子樂'當作 '子曰', 聲之誤也。始以聲相近而轉「曰」爲「悅」, 繼又以義相近而轉「悅」爲「樂」。知由也不得其死然, 則何樂之有?); 《論語正義》 '樂'字는, 정현의 주에 이미 풀이했듯이, '曰'字의 잘못 쓴 글자가 아니다. 공자께서 네 제자의 재덕이 충분히 쓰일 만함을 즐거워하신 것으로, 꼭히 자로만을 대상으로 한 말이 아니다(正義曰: 案: 惟"樂"字, 鄭注已釋之, 斷非"曰"字之誤。夫子是樂四賢才德足用, 不必專言子路。).

[魯人爲長府章*]

111301、魯人[1]爲長府[2]。

노(魯)나라 사람이 재물창고를 새로 고쳐 지으려고 했다.

長府, 藏[3]名。藏貨財曰 府。爲, 蓋改作之。

'長府'(장부)는 재물창고 이름이다. 재화를 보관하는 곳을 '府'(부)라고 한다. '爲'(위)는 대개 새로 고쳐 짓는 것이다.

1《論語義疏》'魯人'은 노나라의 집정대신이다(疏: 魯人, 魯君臣爲政者。);《論語正義》'魯人'은 昭公을 피휘한 말이다(正義曰: 按: '魯人'……爲公諱。);《論語譯注》'魯人'은 노나라의 집정대신을 가리키는 말이다("魯人"的"人"指其國的執政大臣而言。).

2《論語正義》'長府'는 당연히 안에다 병기·물자를 보관하는 곳이다. 소공의 좌우에는 대부분이 계씨의 측근들뿐이어서, 소공이 계씨를 치고자 했지만, 감히 드러내지 못했기 때문에, 장부에 머물면서 그 안의 물자로 계씨를 치려 했고, 또 계씨로 하여금 이를 의심하지 못하게 한 것이다. 소공이 계씨를 친 것은, 소공 25년으로, 공자께서 이때 노나라에 계셨으니, 그렇다면 '魯人爲長府'가, 바로 소공이 그곳을 근거지로 삼아 머무르면서, 훼손되고 무너진 것으로 인해, 고쳐 지어 불우에 대비하려는 것임을 알고 계셨던 것이다. 그렇지만 계씨가 민심을 얻은 지 이미 오래되어, 무력으로 제압할 수 없었기 때문에, 대부 자가기는 소공의 모의를 극력 저지했던 것이다[春秋左傳·昭公 25年]. 송나라 대부 악기는 소공이 자기의 뜻대로 달성할 수 없으리라는 것을 알고 있었고[春秋左傳·昭公 25年], 민자건 역시 '仍舊貫'이라 한 것은, 다만 그냥 옛날대로 하라는 말로, 대략 수선해서 쓰지 어찌 꼭 고쳐 지을 것까지 있느냐는 것으로, 소공에게 함부로 행동하지 말기를 은근히 권유한 것이다. 당시 계씨를 치려는 모의는, 길가는 사람들도 모두 알고 있었으니, 민자건이 말한 것은 바로 그 일을 가리킨 것으로, 그 말이 은미하고 완곡했기 때문에, 공자께서 '言必有中'이라 칭찬하신 것이다(正義曰: 案: 魯之長府, 自是在內, 而爲兵器貨賄所藏。魯君左右多爲季氏耳目, 公欲伐季氏而不敢發, 故居於長府, 欲藉其用, 以伐季氏, 且以使之不疑耳。昭公伐季氏, 在廿五年, 孔子時正居魯, 則知魯人爲長府, 正是昭公居之, 因其毁壞, 而欲有所改作, 以爲不虞之備。但季氏得民已久, 非可以力相制, 故子家羈力阻其謀。宋樂祁知魯君必不能逞, 而閔子亦言"仍舊貫", 言但仍舊事, 略加繕治, 何必改作? 以諷使公無妄動也…… 當時伐季之謀, 路人皆知, 閔子所言, 正指其事。然其辭微而婉, 故夫子稱其"言必有中"也。);《春秋左傳·昭公 25年》[BC 517] 계평자와 후소백이 닭싸움으로 인해 서로 원한을 갖게 되었고, 대부들도 계평자에게 원한을 품는 일이 있어, 계평자를 제거할 모의를 하고, 이를 소공에게 알리자, 계평자의 무시와 모욕을 참고 지내던 소공도 계평자를 제거할 생각으로, 장부를 근거지로(公居於長府), 날을 정해 계평자 집으로 쳐들어가 붙잡았다. 숙손씨 맹손씨 등 三家는 연합하여 계평자를 구하고자 家兵들을 모아 소공의 군대를 공격하자, 소공은 선군의 묘소에 가서 작별을 고하고, 노나라를 떠나 제나라로 망명했다.

3 藏(장): 재물을 거두어 보관하는 창고(收藏财物的府库).

111302、閔子騫曰:「仍舊貫[4], 如之何? 何必改作?[5]」

민자건(閔子騫)이 말했다. "옛날에 해 놓은 일 그대로 쓰는 것이, 어떻겠습니까? 어찌 꼭 새로 고쳐 지어야 하겠습니까?"

仍, 因也。貫, 事也。王氏曰:「改作, 勞民傷財[6]。在於得已, 則不如仍舊貫之善。」

---

4 [성]一仍舊貫(일잉구관): 조금의 변경도 없이 옛 방식대로 처리하다(一: 都, 全; 仍: 因袭, 依照; 贯: 习惯的办法。执照老规矩办事, 没有丝毫改变。);《論語集解》'仍'은 '因'이다. '貫'은 '事'이다. 옛일대로 따르다(注: 鄭玄曰: 仍, 因也。貫, 事也。因舊事。);《助字辨略》'옛 그대로 이어받고 고치지 않다'(此言相因而不改也。);《論語句法》'舊貫'이 술어 '仍'의 목적어이다('舊貫'做述詞'仍'的止詞。); 仍(잉): 예전대로 하다. 옛것을 따르다. 여전히. 변함없이(本义: 因袭, 依旧。仍旧, 还是。); 舊貫(구관): 원래의 모습(原来的样子。).

5《論語新解》①소공이 계씨를 치고자 장부에 모여, 그곳의 재물을 써서 선비들의 마음을 한 데 묶고, 이어서 장부를 고쳐 경비를 강화할 논의를 했다. '魯人'은 소공을 피휘한 말이다. 이 당시 소공은 힘이 약해졌고, 계씨가 민심을 얻고 있었으니, 민자건이 소공에게 쉽게 거사해서는 안 된다는 뜻을 은근히 간언한 것이다. '如之何'는 소공이 옛날에 하던 대로 정사를 하면, 계씨 또한 소공을 어쩌지 못할 것이라고 말한 것이다. ②'魯人'은 三家를 가리키는 것으로, 소공이 장부를 근거지로 계씨를 공격했는데, 三家가 소공을 축출해, 소공이 제나라로 도망갔다. 三家가 장부를 고치려 한 것은 소공이 죽은 후 정공 · 애공의 교체기였다. 노나라 사람들은 장부를 보기를 죽은 소공을 보는 것 같이 여겼기에, 三家가 장부를 고쳐 소공의 흔적을 없애려 한 것이다. 민자건은 당시 간쟁할 직책이 아니어서, 완곡하게 말한 것으로, 장부의 본모습조차도 그대로 둬야 하거늘, 하물며 군신의 본모습이야 어떻겠습니까라고 한 것이다. 내 생각에, 민자건은 공자보다 15살 어리고, 소공 6년[BC 536]에 태어났고, 소공이 축출될 때[BC 517], 겨우 20세였으니, ②설을 따르는 것이 맞다(一说: 鲁昭公伐季氏, 谋居于长府, 欲借其货财结士心, 因谋改作以强戒备。称鲁人, 盖讳言之。时公府弱, 季氏得民心, 闵子意讽公无轻举。如之何者, 谓昭公照旧行事, 季氏亦无奈公何。又一说: 鲁人指三家, 昭公居长府以攻季氏, 三家共逐公, 逊于齐。三家欲改作长府, 当在昭公卒后定哀之际。盖鲁人之见长府, 犹如见昭公, 故三家欲改作之以毁其迹。闵子当时无谏诤之责, 乃以微言讽之, 长府之旧贯尚当仍, 况君臣之旧贯乎? 今按: 闵子少孔子十五岁, 生在昭公之六年, 昭公见逐, 闵子止二十岁, 依后说为是。);《古今注》'長府'는 소공 때, 장부라는 관부에서 돈을 새로 주조했는데, 이 돈의 이름을 장부라 했다. 돈꿰미를 '貫'이라 한다. '仍舊貫'은, 새로 주조한 돈이 전에 쓰던 돈보다 무겁게 했는데도, 백성에게 거두는 것은, 전에 쓰던 돈꿰미 수대로 하는 것을 말한다. '如之何'는 우려되고 걱정된다는 말로, 새로 주조한 초기에는, 백성들이 모두 편하게 여기겠지만, 민자건이 장래의 우려를 예견하여 말하기를, '지금이야 비록 새로 주조한 돈의 무게가 무거워서, 백성들에게 돈꿰미 숫자를 줄여 거두겠지만, 뒤에 가서는 반드시 전처럼 돈꿰미 수대로 거둘 텐데, 그렇게 되면 백성들은 어쩔 것인가?'라고 한 것이다. '改作'은 새로 돈을 주조하는 것이다. 그 후에 노나라는 과연 전처럼 돈꿰미 수대로 거두었기 때문에, '言必有中'이라 하신 것이다. 대개 가늠해보고 헤아려서 그 말대로 되는 것을 '中'이라 한다(長府錢名。魯昭公……長府改鑄錢名曰長府。串錢曰貫。仍舊貫, 謂新錢大於舊錢, 而其所以賦於民者, 仍同舊錢之數也。如之何者, 慮患之辭, 方其改鑄之初, 民皆便之, 閔子豫憂之曰, 今雖增其重而減其貫, 他日必將仍舊貫, 民將如之何? 改作改鑄也。其後魯果仍舊賦於民故曰言必有中……凡縣度而如其言者謂之中。).

6《易經 · ䷻節 · 彖傳》천지는 절제하기에 사시 변화가 이루어진다. 절제하길 한도를 정해놓으면, 재물을 상하지 않고, 백성을 해하지 않는다(天地節而四時成, 節以制度, 不傷財, 不害民。); 勞民傷財(노민상재): 백성을 고생시킬 뿐만 아니라, 재물까지 허비시킨다. 인력 · 재력을 남용한다(既使人民劳苦, 又耗费钱财。

'仍'(잉)은 '그대로 따르다'[因]이다. '貫(관)'은 '일'[事]이다. 왕씨(王氏·王安石)가 말했다. "새로 고쳐 짓는 것은, 백성을 고되게 하고 재물을 허비하는 것이다. 부득이한 상황이 아니라면, 옛날에 해 놓은 일 그대로 쓰는 것만 좋지 못하다."

111303、子曰:「夫人[7]不言, 言必有中[8]。」

선생님께서 말씀하셨다. "저 사람은 함부로 말을 하지 않지만, 말을 하면 반드시 이치에 들어맞는다."

夫, 音扶。中[9], 去聲。○言不妄發, 發必當理, 惟有德者能之[10]。

'夫'(부)는 음이 '扶'이(부, fú)다. '中'(중)은 거성[zhòng]이다. ○말은 함부로 내놓지 않지만, 내놓는 말은 반드시 이치에 들어맞으니, 오직 덕 있는 자만이 그리할 수 있다.

现也指滥用人力物力。).

7 《助字辨略》'夫人'는 '是人'과 같다(夫人, 猶云是人。); 《經傳釋詞》'夫'는 '此'와 같다(夫, 猶此也。); 《文言虛詞》夫(부): 지시형용사. 명사 앞에 쓰이며, 가까운 것을 가리키거나 먼 것을 가리킨다. 이. 저('夫'字作指示形容詞, 放在名詞之間, 有時是近指, 當'這'講, 有時是遠指, 當'那'講。).

8 [성]言必有中(언필유중): 한마디 말이면 능히 핵심을 찌른다(中: 正对上。指一说话就能说到点子上。); 《論語大全》'有中'은 '이치에 맞다'이다(南軒張氏曰: 有中, 中於理也。); 《論語詞典》中(중): 자동사. (말이)들어맞다. 사리에 부합하다(去聲, 音仲, 不及物動詞, 中肯, 符合客觀事理。).

9 中(중): [zhòng] 들어맞다. 과녁을 맞히다. 적당하다. 알맞다. 부합하다(正对上; 射中, 正着目标。合适, 适当。); [zhōng] 한복판. 속안. 불편부당(中心; 当中。里面。与"外"相对。不偏不倚, 正。).

10 《先進 제2장》 참조.

[由之瑟奚爲於丘之門章*]

111401、子曰:「由之瑟[1]奚爲[2]於丘之門?[3]」

선생님께서 말씀하셨다. "자로(子路)가 타는 슬(瑟) 소리가 어찌 내 집 문안에서 나는 것이냐?"

程子曰:「言其聲之不和, 與己不同也。」家語云[4]:「子路鼓瑟, 有北鄙[5]殺伐之聲。」蓋其氣質

---

1 瑟(슬): 굵기가 다른 25개의 현을 뜯어 소리를 내는 악기.

2《經傳釋詞》'爲'는 '以'[~때문에]와 같다. '奚爲'는 '何以'[무엇 때문에]이다["자로는 무엇 때문에 내 집 문안에서 슬을 타는 것인가?"](爲, 猶'以'也…… 奚爲, 言'何以'也。).

3《論語集解》자로가 타는 瑟의 소리가 雅·頌에 맞지 않는다는 말씀이다(注: 馬融曰: 言子路鼓瑟不合雅頌也。);《論語義疏》자로는 성격이 강직해서, 그가 타는 슬 소리에도 장렬한 기운이 있었는데, 공자께서 그가 필시 제명에 죽지 못하리라는 것을 알았기 때문에, 매번 그를 억제시켰다. 孔門은 文雅하여, 무력을 쓰는 곳이 아니라는 말이다. 여기에서 '門'은 공자께서 사는 집의 문을 말씀한 것이 아니고, 聖德深奧之門으로, 그래서 자공이 叔孫武叔에게 '그 문을 찾아 들어갈 사람은 어쩌면 얼마 되지 않을 것입니다'[子張 제23장]라고 답한 것이다(疏: 子路性剛, 其鼓琴瑟亦有壯氣。孔子知其必不得以壽終, 故每抑之。我門文雅, 非用武之處也…… 侃謂: 此門非謂孔子所住之門, 故是聖德深奧之門也。故子貢答武叔曰 得其門者或寡也。).

4《孔子家語·辯樂解》편을 말한다;《說苑·脩文》자로가 北鄙之聲[紂王이 지은 음악]을 연주하고 있었는데, 공자께서 듣고 말했다. "정말이지 자로는 재능이 모자라는구나!" 옆에서 시중들고 있는 염유에게 공자께서 말씀하셨다. "염유야 이리 오거라! 너는 어찌 자로에게 선왕의 음악을 말해주지 않느냐? 선왕의 음악은 조화롭게 연주하고 절도에 맞게 연주하는 것이다. 음악은 남방에서 유전되고 북방으로는 향하지 않는다. 남쪽은 생육의 기운이 감도는 땅이고, 북쪽은 살벌한 기운이 감도는 땅이다. 그래서 군자는 중용의 덕을 유지하는 것을 근본으로 삼고, 힘써 생육하는 것을 바탕으로 삼기 때문에, 선왕의 음악은 온화하고 중용에 거하고, 생육의 기운을 표상한다. 근심·슬픔·비통의 감정이 마음에서 나오지 않고, 暴厲·淫荒의 거동이 몸에서 표출되지 않는다. 이런 모습은, 다스리고 보존하는 풍의 음악으로, 안락을 조성한다(子路鼓瑟有北鄙之聲, 孔子聞之曰: "信矣, 由之不才也!" 冉有侍, 孔子曰: "求來, 爾奚不謂由夫先王之制音也? 奏中聲, 爲中節; 流入於南, 不歸於北。南者生育之鄉, 北者殺伐之域; 故君子執中以爲本, 務生以爲基, 故其音溫和而居中, 以象生育之氣也。憂哀悲痛之感不加乎心, 暴厲淫荒之動不在乎體, 夫然者, 乃治存之風, 安樂之爲也。). 저 소인이 연주하는 음악은 그렇지 못하다. 자로는 지엽을 잡고 뿌리를 논하고, 剛에 힘쓰는 것으로 터를 삼기 때문에, 그 음이 싸늘하고 사나우면서도 미세하여, 살벌한 기운이 감돈다. 조화·절도·중정의 감정이 마음에서 나오지 않고, 온화·공경·장엄의 거동이 몸에서 표출되지 않는다. 殺은, 난세 망국 풍의 음악으로, 패배를 조성한다. 옛날 순임금은 南風之聲을 지었는데, 그 흥기가 매우 빨라 지금 천자 제후가 여전히 칭술하고 손에서 놓지 않고 있다. 紂는 北鄙之聲을 지었는데, 그 멸망이 매우 빨라 지금 천자 제후의 웃음거리가 되고 있다. 저 舜은 필부로서 올바른 행실을 쌓고 仁의 도에 부합하고 중용의 도를 이행하고 선한 일을 행하여 마침내 흥기했고, 紂는 천자로서 거만과 황음을 좋아하고 사납고 잔인하고 포악하여 결국에는 멸망했다. 지금 자로는 한낱 필부이고 아무런

剛勇, 而不足於中和, 故其發於聲者如此。

정자(程子 · 伊川)가 말했다. "말씀인즉, 자로(子路)가 타는 슬(瑟) 소리가 온화하지 못한 것이, 공자(孔子)께서 타는 슬(瑟) 소리와는 다르다는 것이다."《공자가어》(孔子家語)에, '자로(子路)가 은(殷)나라 주(紂)왕의 살벌한 기운이 감도는 음악을 연주했다'고 했는데, 대개 그의 기질은 굳세고 용감했지만, 중화의 기운은 부족했기 때문에, 그것이 소리로 표현되어 나타난 것이 이와 같았던 것이다.

111402、門人不敬[6]子路。子曰:「由也升堂矣, 未入於室也[7]。[8]」

관직도 없는 미천한 신분인데, 선왕의 만든 음악에 대해 아무 생각이 없는 데다가 또 망한 나라의 음악을 연주하고 있으니, 어찌 제 한 몸뚱이인들 보전하기나 하겠느냐? 염유가 이를 자로에게 알려주자 자로가 말했다. "저의 잘못입니다. 소인이 잘 알지 못해, 이런 지경에 빠졌습니다. 선생님의 말씀이 지당합니다." 이에 뉘우치고, 7일을 굶어서 피골이 상접한 모습으로 서 있었다. 공자께서 말씀하셨다. "자로가 뉘우치는 모습이 너무 과했다"(彼小人則不然, 執末以論本, 務剛以爲基, 故其音湫厲而微末, 以象殺伐之氣。和節中正之感不加乎心, 溫儼恭莊之動不存乎體, 夫殺者, 乃亂亡之風, 奔北之爲也。昔舜造南風之聲, 其興也勃焉, 至今王公述無不釋; 紂爲北鄙之聲, 其廢也忽焉, 至今王公以爲笑。彼舜以匹夫, 積正合仁, 履中行善, 而卒以興, 紂以天子, 好慢淫荒, 剛厲暴賊, 而卒以滅。今由也匹夫之徒, 布衣之醜也, 既無意乎先王之制, 而又有亡國之聲, 豈能保七尺之身哉?" 冉有以告子路, 子路曰: "由之罪也!小人不能耳, 陷而入於斯。宜矣, 夫子之言也!' 遂自悔, 不食七日而骨立焉, 孔子曰: '由之改過矣。"); 《史記 · 樂書》 순임금은 오현금을 타고 남풍이라는 시를 노래하면서 천하를 잘 다스렸고, 주왕은 朝歌[은나라 도성]의 北鄙之音을 노래했으니, 몸은 죽고 나라는 망했다. 무릇 남풍이라는 시는 생장의 음인데, 순임금이 그 음악을 좋아해서 천지의 마음과 같았으니, 만국의 환심을 얻었기에 천하가 잘 다스려진 것이다. 朝歌는 선하지 못한 음악이고, 北은 패배이고, 鄙는 鄙陋로, 주왕은 그 음악을 즐기고 좋아해서 만국과 마음이 달랐으니, 제후들은 따르지 않았고 백성은 그의 곁으로 가까이 다가오지 않았고, 천하는 그를 배반했으니 몸은 죽고 나라는 망한 것이었다(舜彈五弦之琴, 歌南風之詩而天下治; 紂爲朝歌北鄙之音, 身死國亡……夫南風之詩者生長之音也, 舜樂好之, 樂與天地同意, 得萬國之驩心, 故天下治也。夫朝歌者不時也, 北者敗也, 鄙者陋也, 紂樂好之, 與萬國殊心, 諸侯不附, 百姓不親, 天下畔之, 故身死國亡。).

5 鄙(비): 오백 가구. 변읍. 변경. 교의 밖(五百家(周代户口单位)。边邑; 边境。郊野; 郊外。).

6 敬(경): 존경하다. 존중하다(本义: 恭敬; 端肃。恭在外表, 敬存内心。尊敬, 尊重。).

7 [성]升堂入室(승당입실): =登堂入室. 학문이나 기예가 얕은 데서 깊은 데로 들어가다. 순서에 따라 점진하여 더 높은 수준에 도달하다. 고대의 '室'은 사람이 거주하는 곳으로, '戶'가 있어 밖과 통했고, '室'에 들어가려면 반드시 먼저 '堂'을 거쳐야 했다. '堂'은 앞 벽이 없고 기둥과 천정이 있는 누각으로, '堂'에 오르려면 반드시 계단을 거쳐서 올라야 했기 때문에, 그래서 '升堂'인 것이다. 일반적으로, 외부인은 '室'에 들어올 수 없었고, 단지 '堂'까지만 올랐는데, 이 때문에 주인집의 실제 상황을 알 방법이 없었다. 그러므로 공자가 '入室'을 학문에서 진정 '家'의 경지에 이른 것으로 여겼고, '升堂'을 표면적인 지식은 이해했을 뿐 진수는 터득하지 못한 것으로 비유했다(比喻学问或技能由浅入深, 循序渐进, 达到更高的水平。古代的'室'是人居住的地方, 有'户'与外相通, 要入室必须先到堂。堂无前壁, 相当于一个有顶有柱的高

문하인들이 자로(子路)를 홀대했다. 선생님께서 말씀하셨다. "유(由)는 대청마루까지는 올라왔지만, 아직 방안까지는 들어오지 못한 것뿐이다."

門人以夫子之言, 遂不敬子路, 故夫子釋之。升堂入室, 喻入道之次第。言子路之學, 已造[9]乎正大高明[10]之域, 特未深入精微之奥[11]耳, 未可以一事之失而遽忽之也。

문하인들이 선생님이 하신 말씀 때문에, 이에 자로(子路)를 홀대하자, 선생님께서 이 말씀에 대해 해명하신 것이다. '升堂入室'(승당입실)은 도에 들어가는 차례를 비유한 것이다. 말씀인즉, 자로(子路)의 배움의 수준은 이미 정대하고 고명한 영역에는 이르렀지만, 다만 정미한 구석에는 아직 깊숙이 들어오지 못했을 뿐이니, 한 가지 일의 잘못을 가지고 성급하게 그를 홀대해서는 안 된다는 것이다.

台, 要到堂必须历阶而上, 所以是'升堂'。一般情况, 外人是不能入内室的; 而仅只到了堂上, 是无法得知主人家中的实际情况的。故孔子以'入室'比为做学问的真正'到家', 把'升堂'比作只了解皮毛而未得真谛。); 升(승): 오르다(上升; 登。); 《經傳釋詞》'也'는 '耳'와 같다(也, 猶'耳'也。); 《論孟虛字》단지 이뿐이다('也', 猶'耳', 表僅此之義。'罷了').

8 《古今注》옛날에는 예악으로 사람을 가르쳤는데, 자로가 음악을 잘하지 못해서, 공자께 지적을 받았기 때문에, 문인들이 그를 홀대한 것이다. '升堂矣'는, 자로의 瑟을 타는 소리가 雅와 頌에 잘 어울린다고 인정하신 것이다. 雅와 頌은 堂 위에서 연주하는 음악이다. '未入於室也'는, 자로가 잘 연주하지 못하는 것이, 다만 周南과 召南 뿐임을 밝히신 것이다. 周南과 召南은 부인들에 의해 규방(=室)에서 연주하는 음악이다. 道에 들어가는 것은 마치 室에 들어가는 것과 같다. 자로의 슬을 타는 소리는, 음악의 조예를 가지고 논하자면, 마치 이미 堂에는 올랐는데 室에는 아직 들어가지 못한 것과 같은 것이다. 종합하면, 자로의 슬을 타는 소리는, 雅와 頌의 노래에는 모두 잘 어울리지만, 周南과 召南의 노래에는 잘 어울리지 못했기 때문에, 공자께서 '由也升堂矣, 未入於室也'라고 하신 것으로, 이는 '雅와 頌을 잘 연주할 솜씨이면 그래도 훌륭한데, 문하의 제자들이 어찌 감히 자로를 홀대하는 것이냐?'라고 하는 것이, 공자의 뜻이다(古者敎人以禮樂, 子路習樂不善, 被斥於夫子, 故門人不敬。升堂矣者, 許子路之瑟合於雅, 頌。雅, 頌者, 堂上之樂也。未入於室也者, 明子路之所不能, 惟周南, 召南。二南者, 房中之樂也。入道, 如入室。子路之瑟, 論以聲音之道, 如旣升而未入……總之, 子路之瑟能諧雅, 頌之歌, 而不能爲南音, 故孔子曰, 由也升堂矣未入於室, 能善雅, 頌, 斯亦多矣, 門人小子, 何敢不敬此? 夫子之旨也。).

9 造(조): 이르다. 향해 가다. 학업 등의 성취 정도(本义: 到; 往某地去。[学业等] 达到的程度或境界。).

10 正大高明(정대고명): 공명정대하고 학문의 경지가 높고 밝다. 지식이 광박하고 도덕이 고상하다(正大: 正直, 不存私心; 高明: 学问多。形容人知识广博, 道德高尚。).

11 奥(오): 집의 서남쪽 모퉁이. 신주를 모신 곳. 집안의 깊숙한 곳(古时指房屋的西南角。古时祭祀设神主或尊者居坐之处。泛指室内深处。).

[子貢問師與商也章]

111501、子貢問:「師與商也孰賢?」子曰:「師也[1]過, 商也不及。」[2]

자공(子貢)이 여쭈었다. "자장(子張)과 자하(子夏) 중에 누가 더 나은가요?" 선생님께서 말씀하셨다. "자장(子張)은 지나쳐 있고, 자하(子夏)는 못 미쳐 있다."

子張才高意廣[3], 而好爲苟難[4], 故常過中。子夏篤信謹守, 而規模狹隘[5], 故常不及。[6]

자장(子張)은 가진 재능이 뛰어나고 품은 뜻이 광대해서, 고난도의 일을 하기를 좋아했기 때문에, 항상 중도에서 지나쳐서 가 있었고, 자하(子夏)는 독실하게 믿고 조심해서 지켜서, 규모가 협소했기 때문에, 항상 중도에 못 미쳐서 머물러 있었다.

111502、曰:「然則[7]師愈[8]與[9]?」

1《王力漢語》'也'가 단문이나 복문에서 어기사로 쓰여, 잠시 멈춤이나 지연을 표시한다. 단문의 주어 뒤에 쓰이는 경우도 있다(句中的'也'字: 有時用在單句或複句中語氣詞, 表示用頓宕。有的'也'字用在單句中的主語(其中有的是主謂結構作主語)之後。).

2《禮記 · 仲尼燕居》공자께서 말씀하셨다. "子張은 지나쳐 있고, 子夏는 못 미쳐 있다. 子産은 많은 사람들의 어머니와 같았다. 그들을 먹여주기는 했지만, 가르쳐주지는 못했다." 자공이 자리에서 일어나서 앞으로 나와 여쭈었다. "장차 무엇을 써서 中에 맞게 하겠습니까?" 공자께서 말씀하셨다. "禮이다, 禮! 무릇 禮란 이를 써서 中을 이루려는 것이다"(子曰: "師, 爾過; 而商也不及。子產猶衆人之母也, 能食之, 不能教也。" 子貢越席而對曰: "敢問將何以爲此中者也?" 子曰: "禮乎禮! 夫禮所以制中也。").

3 才高意廣(재고의광): 재능은 출중하고, 포부는 원대하다. 재능과 학식이 높은 사람은, 분에 넘치는 희망을 품고 있어, 일을 성사시키기 어려움을 이르는 말로 쓰인다(才華出衆, 志向遠大; 才学高的人, 抱着奢望, 难以成事。);《顏淵 제20장》참조.

4《子張 제15장》참조;《荀子 · 不苟》군자는, 행동은 고난도의 일을 하는 것을 귀하게 여기지 않고, 말은 남의 칭찬이나 환심을 사는 것을 귀하게 여기지 않고, 이름은 쉽게 전해지고 칭송되는 것을 귀하게 여기지 않고, 오직 그에 합당한 것만을 귀하게 여긴다(君子行不貴苟難, 說不貴苟察, 名不貴苟傳, 唯其當之爲貴。); 苟難(구난): 구차스레 하기 어려운 일. 예의나 도의와 무관한 일로 일시적인 혈기에 따라 보통 사람들은 하기 어려운 일을 욕심내다.

5 狹隘(협애): 기량이나 식견이 협소하다. 좁다((气量, 见识等)狭小).

6 子張의 자질에 관해서는,《爲政 제18장》《公冶長 제18장》《子張 제3 · 16장》참조; 子夏의 자질에 관해서는,《雍也 제11장》《子路 제17장》《子張 제3 · 12장》참조.

7《古漢語語法》然(연): 이와 같으면. 그렇다면. 윗글과 다음 글을 연결해주는 작용을 한다('然则'是一个表

자공(子貢)이 여쭈었다. "그렇다면 자장(子張)이 더 낫다는 것인지요?"

與, 平聲。○愈, 猶勝也。
'與'(여)는 평성[yú]이다. ○'愈'(유)는 '낫다'[勝]와 같다.

111503、子曰:「過猶不及[10]。」
선생님께서 말씀하셨다. "지나친 것은 미치지 못한 것과 같다."

道以中庸爲至。賢知之過, 雖若勝於愚不肖之不及, 然其失中則一也。[11]
도는 중용(中庸)을 최고의 경지로 삼는다. 비록 중용에서 지나친 현명함이나 지혜로움이, 중용에 미치지 못하는 어리석음이나 모자람보다 나은 것 같지만, 그것이 중(中)을 잃었다는 점에서는 똑같다.

○尹氏曰:「中庸之爲德也, 其至矣乎[12]! 夫過與不及, 均也。差之毫釐, 繆以千里。[13] 故聖

连接的连词词组, 意为'如此(那)就', 有承上启下的作用。译时只用'那么'更合乎口语的习惯。).

8《論語集解》'愈'는 '勝'과 같다(注: 愈, 猶勝也。).

9《詞詮》與(여): 의문표시 어말조사. '歟'로 쓰는 경우가 있다('與', 語末助詞。表疑問, 惑作歟。);《王力漢語》'與'와 '乎'의 구별: 의문대사가 있거나 선택의문문인 경우를 제외하고, '與'는 일반적으로 순수 의문을 표시하지 않는다. '與'을 쓴 경우, 화자가 대략의 사정을 짐작하고는 있지만, 일말의 의심도 없이 완전히 믿지는 못하기 때문에, 상대방에게 실증을 요구하는 경우가 대부분이다('與'和'乎'的分别是: 除了有疑問代詞或在選擇問句而外, '與'字一般不表示純粹的疑問。用'與'的時候, 在多數情況下, 是說話人猜想大約是這樣一件事情, 但是還不能深信不疑, 要求對話人加以證實。);《文言語法》'與(歟)'字는 문장 안에 다른 의문사가 있는 경우에는 순수 의문문이고, 다른 의문사가 없는 경우에는 반신반의를 표시하는 의문문이다('與(歟)'字, 若句中有别的疑问词, 则是真正的问句; 若句中无别的疑问词, 则是半信半疑的问句。).

10 [성]過猶不及(과유불급): 지나치게 한 것과 모자라게 한 것은 똑같다. 지나친 것은 미치지 못한 것과 같다(过: 过分; 犹: 像; 不及: 达不到。事情做得过头, 就跟做得不够一。).

11《中庸 제3장》공자께서 말씀하셨다. "중용은 지극한 것이로구나! 사람 중에 중용을 이룰 수 있는 사람이 드물어진 지 오래되었다." 공자께서 말씀하셨다. "도가 행해지지 못하는데, 나는 알고 있다. 智者는 아는 것이 지나쳐서이고, 愚者는 아는 것이 부족해서이다. 도가 밝혀지지 못하는데, 나는 알고 있다. 賢者는 行함이 지나쳐서이고, 不肖者는 行함이 부족해서이다. 사람이라면 누구나 먹고 마시지 않는 자가 없는데, 제대로 맛을 아는 사람은 드물다"(子曰: '中庸其至矣乎! 民鮮能久矣!' 子曰: '道之不行也, 我知之矣: 知者過之, 愚者不及也。道之不明也, 我知之矣: 賢者過之, 不肖者不及也。人莫不飮食也, 鮮能知味也。').

人之教, 抑其過, 引其不及, 歸於中道而已。」

○윤씨(尹氏 · 尹彦明)가 말했다. "중용(中庸)의 덕 됨은, 지극한 것이로구나! 대개 지나친 것과 미치지 못한 것은, (중(中)이 아니라는 점에서는) 똑같다. (중(中)에서 지나친 정도와 중(中)에 미치지 못한 정도가) 처음에는 저울 한 눈금만큼의 차이지만, 끝에 가서는 천 리만큼이나 어긋나게 된다. 그래서 성인의 가르침은, 그 지나친 부분을 억누르고, 그 미치지 못한 부분을 잡아 늘여서, 중도로 돌아가게 할 뿐이다."

12 《雍也 제27장》 참조.

13 《禮記 · 經解》 예는 사람들을 은미하게 교화시키니, 그것은 사악함이 아직 그 형체를 드러내기도 전에 막아서, 사람들로 하여금 날로 선으로 옮겨가게 하고 죄를 멀리하게 하는데도, 사람들 스스로는 그 까닭을 알지 못한다. 이 때문에 선왕들은 예를 융성시켰다. 《易(?)》에, '군자는 시작을 신중하게 하니, 처음에는 저울 한 눈금의 차이지만, 끝에 가서는 천 리만큼이나 어긋나게 된다'고 했는데, 이를 말한 것이다(故禮之教化也微, 其止邪也於未形, 使人日徙善遠罪而不自知也。是以先王隆之也。《易》曰: '君子愼始, 差若毫厘, 繆以千里。' 此之謂也。); 繆(류): 어긋나다(纰缪; 错误); 以(이): ~까지. ~만큼. 행동의 시간 · 장소 · 범위(在, 于。表示行动的时间、处所或范围。).

[季氏富於周公章]

111601、季氏富於[1]周公[2, 3]，而求也爲[4]之聚斂[5]而附益[6]之。[7]

1《詞詮》於(어): 개사. 형용사의 비교급을 나타낸다('於', 介詞。表形容詞之比較級。);《王力漢語》개사 '於'가 일반적으로 묘사구에서 지금의 '比'의 용법과 같이 쓰인다. 비교를 표시하는 '개사+목적어'구는 형용사 뒤에 놓인다(介詞'於'字略等於現代的'比', 一般用於描寫句; 在古代漢語裡, 表示比較的介賓詞組放在形容詞的後面。).

2《論語集解》'周公'은 天子의 宰로, 경·대부이다(注: 孔安國曰: 周公, 天子之宰, 卿士也。);《論語正義》'周公'은 노나라를 봉지로 받았는데, 장자 백금이 이를 이어받았고, 차남은 주나라의 채읍을 받았고 주나라의 관직이 卿士였으니, 춘추시대 주공·소공으로 칭한 자가 바로 이 사람이다. 공자께서 주공이 제정한 징세법으로 계씨의 잘못을 바로잡고자, '富於周公'란 말씀으로 그를 비판하신 것이다(正義曰: 周公封魯, 元子嗣之, 其次子世守采地, 官於王朝爲卿士, 春秋時所稱周公, 昭公是也…… 夫子欲以周公所制賦法正季氏之失, 故此文即言'富於周公'以譏也。);《論語平議》이 장의 '周公'은 '周公旦'이 아니다. 사람을 견주는 것은, 반드시 서열이 같은 급의 무리를 가지고 하는데[文心雕龍·指瑕], 季氏를 가지고 周公과 견주는 것은, 같은 급의 무리가 아니다. 이른바 '周公'은, 바로 춘추시대의 周公[주나라 공·경·대부]으로, 周公黑肩[周桓王의 卿士][春秋左傳·桓公5年]·周公閱[周公旦의 후예. 공작][春秋左傳·僖公30年] 경우가 바로 이것이다. 반드시 '富於周公'을 가지고, 季氏가 제후국의 경으로서 주왕조의 公인 경·대부보다 부유하다는 것을 말하려 한 것이다(此周公, 非周公旦也。擬人, 必以其倫, 以季氏而擬周公, 非其倫矣。所謂周公, 乃春秋時之周公, 如周公黑肩,周公閱是也…… 必曰 富於周公, 以見季氏以侯國之卿, 而富過於王朝之宰也。);《論語譯注》周公(주공): 두 가지 설이 있다. (1)주공단. (2)주공흑견, 주공열 등과 같이, 주나라 천자 좌우에서 卿士[집정관]를 지낸 사람(有兩說: (甲)周公旦; (乙)泛指在周天子左右作卿士的人, 如周公黑肩, 周公閱之類。).

3《論語正義》주공이 노나라에 봉해져서, 징세법을 제정했으니, 10의 1을 넘지 않았다. 宣公 이후에는 (공전과 별도로) 토지면적에 따라 징세했으니, 이미 10의 2를 징세했다[春秋左傳·宣公 15年]. 계씨는 공실을 네 등분 해서 그 둘을 취했으니, 수입을 따져보면 주공의 거둔 세금을 넘었기 때문에, '季氏富於周公'[계씨는 주공보다 세금을 더 많이 거둬들였다]이라 한 것이다.《春秋公羊傳·定公 8年》에, '어떤 사람이 말하기를, 천승의 주인을 죽이는데, 죽이지 못하고 이곳에 머무는 것이 옳은가라고 했다'고 했는데, 하휴가 주를 달기를, '이때 계씨의 읍이 천승에 이르렀다'고 했으니, 이는 계씨의 부가 어느 정도인지를 알 수 있다'(正義曰: "季氏富於周公"者, 周公封魯, 取民之制, 不過什一。自後宣公稅畝, 已爲什而取二。季氏四分公室, 已取其二, 量校所入, 踰於周公賦稅之數, 故曰"季氏富於周公"。公羊定八年: "或曰: 弑千乘之主, 而不克舍此可乎?" 何休注: "時季氏邑宰至於千乘。" 此可知季氏之富也。);《論語集釋》翟灝(적호)[1736~1788]의《四書考異》에 말했다. "《說文·宀部》에, '富는 備이다. 一說에 厚라고 한다'고 했는데, 이 장에서 '富'는 '厚'로 풀이해야 한다. '薄稅斂'의 '薄'의 반대이다. 계씨는 田賦제도[田畝의 다소에 따라 무기·병거·병마 등의 賦稅를 징수하는 제도]를 채용해[春秋左傳·哀公 12年] 주공보다 세금을 더 많이 징수한 것으로, 노나라 선공 때부터 公田의 수확을 세금으로 징수한 외에 私田에 대해서도 10의 1의 세를 징수해서, 이미 주공보다 더 많이 징수했는데, 이때 이르러서 염유가 다시 계씨를 위해 田賦제도에 관해 공자를 찾아가 자문했으니[春秋左傳·哀公 11年], 이것이 소위 '爲之聚斂而附益'이다. 공자께서 이미 염유에게 바르게 고해주었는데도, 염유는 여전히 계씨를 설득해서 막아내지 못하고, 결국 田賦제도를 채용했으니, 공자께서 그와의 관계를 끊고자 하신 것이다"(翟氏考異: 說文:「富, 備也。一曰 厚也。」

계씨(季氏)는 주공(周公)보다 더 부유했는데, 그럼에도 염구(冉求)는 계씨(季氏)를 도와서 가혹하게 세금을 거둬들여서 그의 부를 더욱 불려주었다.

爲, 去聲。○周公以王室至親, 有大功, 位冢宰[8], 其富宜矣。季氏以諸侯之卿, 而富過之, 非攘奪[9]其君, 刻剝[10]其民, 何以得此? 冉有爲季氏宰, 又爲之急賦稅以益其富。

'爲'(위)는 거성[wèi]이다. ○주공(周公)은 천자국인 주(周)나라 왕실과 아주 가까운 친족이었고, 큰 공을 세웠고, 지위가 총재(冢宰)였으니, 그가 부유한 것은 마땅했다. 계씨(季氏)는 제후국인 노(魯)나라의 경(卿)의 지위에 있었는데, 그럼에도 부가 주공(周公)보다 지나쳤으니, 자기 임금의 것을 훔쳤거나 빼앗았거나, 자기 백성들의 것을 도려냈

此富只合訓厚, 以與薄稅斂之薄反對。季氏之用田賦厚於周公……魯自宣公稅畝而田賦倍, 已富厚於周公矣。及此而冉有復爲季氏訪問田賦, 卽所謂「爲之聚斂而附益」也。夫子既以正告, 冉有仍不勸救季氏, 卒用田賦, 夫子所以欲絕之也。).

4《詞詮》爲(위): 개사. ~을 도와서('爲', 介詞。助也。);《論孟虛字》'之'는 주어 '季氏'를 가리킨다["계씨가 가혹하게 세금을 거둬들이는 것을 도왔다"]('之'指代主語'季氏'。).

5 聚斂(취렴): 과중한 세금을 부과해 수탈[착취]하다(课重税来搜刮。); 聚(취): 한군데 모으다. 축적하다(聚集。积蓄。); 斂(렴): (재물)모으다. 축재하다('斂', 聚積。收集。特指聚積財物。).

6 附益(부익): 이익을 불리다(增益);《王力字典》附(부): 늘리다(增加。);《論孟虛字》더욱('益', 猶'更''愈'。作'更加'講。).

7《春秋左傳 · 哀公 11年》[BC 484] 계강자가 田賦제도를 채용하고자 염유를 보내 의견을 묻자, 공자가 '나는 모르겠습니다'라고 했다. 계강자가 염유를 세 차례 보냈지만 대답하지 않자, 염유를 마지막으로 보내 말하기를, '그대가 국가의 원로라서 그대의 대답을 기다려 시행코자 하는데, 어찌하여 말을 하지 않는 것이오?'라고 했다. 공자가 대답하지 않고 염유에게만 말하기를, '군자의 일 처리는 정사의 시행이다. 예를 헤아려서, 시혜는 후하게 베풀고, 일은 적중하게 처리하고, 賦斂은 박하게 거둬야 한다. 이같이 하면 丘賦[丘는 16 井인데, 16 井에서 戎馬 한 필과 소 세 마리를 낸다. 이것이 賦稅의 常法이다]만으로도 충분하지만, 예를 헤아리지 않고, 탐욕스러워 만족을 모른다면, 田賦를 시행해도 오히려 부족할 것이다. 계강자가 법에 맞게 처리하고자 한다면 주공의 법이 있고, 구차하게 처리하고자 한다면 남의 의견을 물어볼 게 뭐 있겠느냐?'라고 했다. 계강자는 공자의 말을 듣지 않고, 다음 해 봄에 田賦제도를 채용했다;《孔子傳》노성공 원년, 제나라 침략에 방비하고자, 丘甲法을 시행하여, 1丘를 16 井으로 하고, 16 井에서 병마 1필, 소 3두를 내도록 했는데, 이때[애공 12년 봄] 와서는, 노나라가 자주 제나라와 전쟁을 했기 때문에, 丘賦 외에 별도로 田賦를 더 부과한 것이다(鲁成公元年, 备齐难, 作丘甲, 十六井出戎马一匹, 牛三头。此时鲁数与齐战, 故欲于丘赋外别计其田增赋。).

8《書經 · 蔡仲之命》(무왕이 붕어하자) 주공은 지위가 총재로서, 각 부문의 모든 수장이 하는 일을 바로잡았다(惟周公位塚宰, 正百工, 群叔流言。); 冢宰(총재): 왕을 대신에 국정을 총괄하는 관직. 총리. 6경[太宰 · 大司徒 · 大宗伯 · 大司馬 · 大司寇 · 大司空]의 우두머리로 太宰라고도 한다(職官名。周制, 爲百官之長, 六卿之首。).

9 攘奪(양탈): 약탈하다. 탈취하다(掠夺; 夺取); 攘(양): 도적질하다(偷, 盗窃。).

10 刻剝(각박): 도려내고 벗겨내다(侵夺剥削).

거나 벗겨낸 것이 아니라면, 어떻게 그 많은 부를 쌓았겠는가? 염구(冉求)는 계씨(季氏)의 가신의 일을 맡아 했고, 또 그를 도와서 가혹하게 세금을 거둬들여 이로써 그의 부를 더욱 불려 주었던 것이다.

111602、子曰 [11]:「非吾徒[12]也。小子[13]鳴鼓而攻之[14], 可也[15]。」[16]

11 《論語集釋》 黃式三[1789~1862]의 《論語後案》에 말했다. "'子曰'은 '季氏……' 앞으로 옮겨야 한다. 《大學》 끝장에 鄭玄이 이 장을 인용하는 주를 달았는데, '非吾徒也' 앞에 '子曰'이 없다[鄭玄注: 論語曰: "季氏富於周公, 而求也爲之聚斂, 非吾徒也, 小子鳴鼓而攻之可也。"]. 《漢書 · 諸侯王表》의 注와 《後漢書 · 楊秉傳》의 注에 이 장을 인용하는 주를 달았는데, 1절, 2절을 모두 공자 말씀으로 여겼으니, 증거가 될 수 있다(黃氏後案: 下'子曰' 宜移在'季氏'之上。禮大學篇鄭君注引此章文, '非吾徒也'上無'子曰' 二字。漢書 諸侯王表注, 後漢書 楊秉傳注引此文皆以爲孔子之言, 可證也。); 《論語新解》 '子曰'은 의당 이 장의 앞머리 놓여야 맞는데, 이 자리에 놓아서, '非吾徒也'의 어기를 더욱 가중시킨 것이다(子曰 二字宜在本章之首, 今移在此, 则非吾徒也四字语气更见加重。).

12 《古漢語語法》 ~이 아니다. '非'는 부정판단을 표시하는 계사로 쓰인다('非'用作表示否定判断的系词, 相当于'不是'。); 徒(도): 패거리. 도당. 문도. 제자(徒党, 同一类或同一派别的人。门徒, 弟子).

13 《孔子傳》 공자께서 관직에서 물러나고, 후배 제자들이 더욱 많아졌으니, 자유 · 자하 · 증자 · 자장 · 번지 등이 모두 이들이다. 공자께서 '小子鳴鼓攻之'라고 한 것은 이들 후배 제자들을 가리킨다(孔子之归老于鲁, 后辈弟子从学者愈众, 如子游, 子夏, 有子, 曾子, 子张, 樊迟等皆是。孔子谓小子鸣鼓攻之, 当指此辈言。); 《王力漢語》 小子(소자): 선생이 학생을 부르는 호칭(老師對學生的稱呼。).

14 [성]鳴鼓而攻(명고이공): =鳴攻. 죄상을 널리 알리고 견책[토벌]하다(比喻宣布罪状, 加以遣责或讨伐。); 鳴鼓(명고): 죄지은 자의 이름을 써 붙인 북을 치고 다니면서 널리 알리다; 《論語詞典》 鳴(명): 북을 두드리다(擂鼓); 鼓(고): 북. 타악기(一种打击乐器); 《王力漢語》 攻(공): 질책하다(進攻, 攻打。引申爲指責[過失, 罪惡]。).

15 《王力漢語》 可也(가야): 허락하다(表示容許這樣作。).

16 《孟子 · 離婁上 제14장》 맹자가 말했다. "염구는 계씨의 가신이 되었는데, 계씨의 덕을 고쳐주지는 못하고, 賦稅로 거둔 곡식은 그 전보다 배로 늘렸다. 공자께서 말씀하시기를, '염구는 내 제자가 아니다. 제자들아! 북을 쳐서 그를 성토하는 것이 좋겠다'고 하셨다. 이 말에 연유해서 본다면, 임금이 인정을 펼치지 않는데도 그를 부유하게 하면, 모두 공자께 버림받는 자인 것이다. 하물며 그런 임금을 위해 전쟁을 강행한다면 어떻겠느냐? 땅을 빼앗는 전쟁을 일으켜, 죽인 사람이 들판에 가득하고, 성을 빼앗는 전쟁을 일으켜, 죽인 사람이 성안에 가득하면, 이것은 이른바 땅을 이끌고 가서 인육을 먹게 하는 짓으로, 그 죄는 죽음으로도 용서되지 못한다. 그러므로 전쟁을 좋아하는 자는 극형으로 다스리고, 제후들을 연합하는 자는 다음 가는 벌로 다스리고, 황야를 개간하여 세금을 부과하는 자는 다음 가는 벌로 다스리는 것이다"(孟子曰: "求也爲季氏宰, 無能改於其德, 而賦粟倍他日。孔子曰: '求非我徒也, 小子鳴鼓而攻之可也。' 由此觀之, 君不行仁政而富之, 皆棄於孔子者也。況於爲之強戰? 爭地以戰, 殺人盈野; 爭城以戰, 殺人盈城。此所謂率土地而食人肉, 罪不容於死。故善戰者服上刑, 連諸侯者次之, 辟草萊,任土地者次之。"); 《大學》 맹헌자[~BC 554]가 말했다. "말이 끄는 수레를 갖추고 있는 (나라의 녹을 먹는) 집안에서는, 닭이나 돼지를 기르는 데에 관심을 두어서는 안 된다. 喪禮 · 祭禮 때 얼음을 쓸 정도의

선생님께서 말씀하셨다. "내 문도가 아니다. 너희들은 북을 울려서 그를 성토해도, 좋다."

非吾徒, 絕之也。小子鳴鼓而攻之, 使門人聲其罪以責之也。聖人之惡黨惡[17]而害民也如此。然師嚴[18]而友親, 故己絕之, 而猶使門人正之, 又見其愛人之無已也。[19]
'내 문도가 아니다'라고 하신 것은, 염구(冉求)와의 관계를 끊는다는 것이다. '너희들은 북을 울려서 그를 성토하라'고 하신 것은, 문인들 그의 죄를 성토하게 하여 이로써 그를 꾸짖도록 했다는 것이다. 성인께서 악한 사람과 패거리가 되어 백성을 해치는 자를 미워하시는 태도가 이와 같았다. 그렇지만 스승은 엄해도 벗은 친하기 때문에, 스승으로서는 이미 그와의 관계를 끊지만, 그럼에도 문인들에는 그를 바로잡아주도록 했으니, 또한 선생님의 사람을 향한 사랑의 끝없음을 보여준다.

○范氏曰:「冉有以政事之才[20], 施於季氏, 故爲不善至於如此。由其心術不明, 不能反求諸身[21], 而以仕爲急故也。」[22]

집안에서는, 소나 양을 길러서는 안 된다. 백승의 수레를 가진 집안에서는, 가혹하게 거두는 신하를 길러서는 안 된다. 가혹하게 거두는 신하를 두기보다는 차라리 부고 안의 재물을 훔치는 신하를 두는 게 낫다." 이것을 말하여, '나라는 財利로써 이로움을 삼지 않고, 義로써 이로움을 삼는다'고 한다(孟獻子曰: "畜馬乘, 不察於雞豚; 伐冰之家, 不畜牛羊; 百乘之家, 不畜聚斂之臣。與其有聚斂之臣, 寧有盜臣。" 此謂國不以利爲利, 以義爲利也。).

17 黨惡(당악): 패거리를 만들어 못된 짓을 저지르다. 악당과 한패가 되다. 그런 무리(结党作恶。指结党作恶之徒。).

18《禮記·學記》배움의 길은, 스승을 존경하는 것이 어렵다. 스승이 존경받은 연후에 도가 존귀하게 되고, 도가 존귀하게 된 연후에 백성이 배움을 공경할 줄 알게 된다. 이런 연고로 임금이 자기 신하를 신하로 대하지 않는 경우가 두 가지 있으니, 신하가 尸가 된 경우에는 신하가 아니고, 대학의 예법에는, 비록 천자를 가르치는 경우에도 북면하지 않는다고 했으니, 스승을 존경하는 방법이다(凡學之道, 嚴師爲難。師嚴然後道尊, 道尊然後民知敬學。是故君之所不臣於其臣者二: 當其爲尸則弗臣也, 當其爲師則弗臣也。大學之禮, 雖詔於天子, 無北面: 所以尊師也。).

19《論語大全》'鳴鼓攻之'를 꼼꼼히 살피지 않고 평범하게 보면, 흡사 죄를 물어 꾸짖고 그를 버리고 끊는 말일 뿐이지만, 集注는 거기에 더해 문인들에게는 그를 바로잡아 구제하게 했다고 했으니, 엄하고 매서운 義氣를 표하는 중에도, 속에는 사랑하고 너그러운 仁意가 간직되어 있는, 공자의 마음을, 주자가 아니었으면, 그 누가 알 수 있었겠는가?(新安陳氏曰: 泛觀鳴鼓攻之, 似是惟罪責棄絶之耳, 集註謂猶使門人正救之, 於嚴厲之義氣中, 有愛厚之仁意焉, 孔子之心, 微朱子, 其孰能知哉?).

20《先進 제2장》참조.

21《衛靈公 제20장》참조.

○범씨(范氏·范淳夫)가 말했다. "염유(冉有)는 정사에 관한 재능을, 계씨(季氏)에게 베풀었으니, 그래서 저지른 불선이 이 같은 지경까지 이르렀다. 그의 심술이 불분명함으로 말미암아, 돌이켜 자기 안에서 찾지 못하고, 벼슬하는 것만을 급급해했기 때문이다."

---

22 《論語大全》 자기에게로 돌이켜 안으로 덕을 닦을 수 있었다면, 자기 안에 본래부터 있는 良貴[孟子·告子上 제17장]를 알아보았을 것이고, 벼슬하는 데 급급해하지 않았을 것이다(新安陳氏曰: 使能反身脩德, 則知吾身自有良貴, 而不急於仕矣。); 《論語大全》 사람 중에 가장 걱정스러운 사람은 자질이 허약한 사람이다. 염구 같은 무리는, 자기 스스로 서 있지 못한다. 예컨대 그가 '백성들로 하여금 살림살이를 넉넉하게 할 수 있다'[先進 제25장]고 말해 놓고는 반대로 계씨를 도와서 (백성에게서) 가혹하게 세금을 거둬들였기 때문에, 범씨가 그의 심술이 분명하지 못하다고 평한 것이다. 그는 이런 상황에서, 도무지 스스로 깨닫지 못하고, 다만 벼슬하는 것만을 급급해했기 때문에, 계씨를 따른 것이다(朱子曰: 人最怕資質弱。若求之徒, 却是自扶不起。如云可使足民, 而反爲季氏聚斂, 故范氏謂其心術不明。他這所在, 都不自知, 他只緣以仕爲急, 故從季氏。).

[柴也愚章]

111701、柴[1]也愚[2],

"시(柴)는 우직하고,

柴, 孔子弟子, 姓高, 字子羔。愚者, 知不足而厚有餘。家語[3]記其「足不履影, 啟蟄[4]不殺, 方長不折。執親之喪, 泣血三年, 未嘗見齒。避[5]難而行, 不徑不竇[6]」。可以見其爲人矣。

---

1 高柴(고시): 字 子羔. 별칭 子皋, 子高. 공자보다 30살이 적은 공자 제자;《先進 제24장》참조.

2《論語義疏》'愚'는 好仁이 지나친 것이다(疏: 王弼云: 愚, 好仁過也。).

3《孔子家語·弟子行》(자공이 말했다.) 공자를 뵙고 나서부터는, 문을 출입할 때 신발을 밟고 넘어간 적이 없었고, 오갈 적에 그림자를 밟지 않았고, 경칩에 막 깨어난 벌레를 죽이지 않았고, 막 자라나는 나뭇가지를 꺾지 않았고, 어버이 상을 치를 때 이를 드러내 보이지 않았으니, 이것이 高柴의 행실이었습니다(自見孔子, 出入於戶, 未嘗越履, 往來過之, 足不履影, 啟蟄不殺, 方長不折, 執親之喪, 未嘗見齒, 是高柴之行也。);《禮記·檀弓上》자고가 부모상을 치를 때는, 3년을 피눈물을 흘렸고, 이를 드러내고 웃은 적이 없었으니, 군자로서 이렇게 하기가 어렵다(高子皋之執親之喪也, 泣血三年, 未嘗見齒, 君子以爲難。);《孔子家語·致思》위나라에 괴외의 난[BC 480]이 일어나자, 士師인 계고[자고]가 위나라를 도피하여, 성곽문을 나가는데, 전에 자고가 월형[발꿈치를 베는 벌]을 내렸던 자가 문을 지키고 있다가 자고를 보고는, 저기에 담이 무너진 틈이 있다고 일러주자, 자고가 '군자는 담을 타넘지 않는 법이오'라고 했다. 그 자가 또 저기에 뚫린 구멍이 있다고 일러주자, 자고가 '군자는 구멍으로 나가지 않는 법이오'라고 했다. 그 자가 또 여기 빈집이 있다고 일러주자, 자고가 그제서야 그리로 들어갔다(季羔爲衛之士師, 刖人之足。俄而衛有蒯聵之亂, 季羔逃之。走郭門, 刖者守門焉, 謂季羔曰: '彼有缺.' 季羔曰: '君子不踰.' 又曰: '彼有竇.' 季羔曰: '君子不隧.' 又曰: '於此有室.' 季羔乃入焉。). 이윽고 자고를 추포하려는 자가 돌아가고, 자고가 떠나려하면서, 월형을 내린 자에게, '나로서는 국법을 저버릴 수 없어 그대에게 월형을 내렸소이다. 그런데 오늘 내가 환난을 만났으니, 지금이 바로 그대가 원한을 갚을 호기인데, 나에게 도망칠 길을 세 번씩이나 가르쳐 주었으니, 무슨 까닭이오?'라고 하자, 그 자가 '월형은 본래 내 죄 때문이었으니, 어쩔 수 없지 않소이까? 전에 그대가 나를 법으로 다스리면서 다른 사람을 먼저 다스리고 나를 뒤에 다스린 것은, 나의 죄를 면해주고자 한 것임을 나는 알았고, 판결이 확정되어 형을 집행할 때가 되었는데, 그대의 안색이 변하면서 달가워하지 않음을 또한 알았소. 그대가 士師로서 어찌 나를 사사로이 대할 수 있었겠소이까?'라고 했다(既而追者罷, 羔將去, 謂刖者曰: '吾不能虧主之法而親刖子之足。今吾在難, 此正子之報怨之時, 而逃我者三, 何故哉?' 刖者曰: '斷足固我之罪, 無可奈何。曩者君治臣以法令先人後臣, 欲臣之免也, 臣知之; 獄決罪定, 臨當論刑, 君愀然不樂, 見君顏色, 臣又知之。君豈私臣哉! ……'). 공자께서 들으시고 말씀하셨다. "관리로서 훌륭했다! 관리가 법을 다루는 것은 한결같아야 한다. 仁恕할 것을 생각하면 덕을 쌓고, 嚴暴을 가하면 원한을 쌓으니, 公으로써 법을 집행할 사람은, 아마 자고가 아닐까?"(孔子聞之, 曰: '善哉爲吏! 其用法一也。思仁恕則樹德, 加嚴暴則樹怨, 公以行之, 其子羔乎?').

4 啓蟄(계칩): 경칩(节气。动物经冬日蛰伏, 至春又复出活动, 故称'启蛰', 今称'惊蛰'。谓惊起蛰伏过冬的动物。); 蟄(칩): 동면하면서, 웅크린 채 먹거나 움직이지 않다(动物冬眠, 藏起来不吃不动。).

'柴'(시)는 공자(孔子)의 제자로, 성은 고(高)이고, 자는 자고(子羔)이다. '愚'(우)라는 것은, 지혜는 부족하지만 인정의 후함은 넉넉한 것이다. 《공자가어》(孔子家語)에 그에 대해 기록하기를, '발로 남의 그림자를 밟지 않았고, 경칩에 막 깨어나온 벌레를 죽이지 않았고, 갓 자라 나온 초목을 꺾지 않았다. 부모상을 치를 때는, 3년을 피눈물을 흘렸고, 이를 드러내고 웃은 적이 없었다. 난리를 피해 나라를 떠날 때는, 무너진 틈으로 나가지 않았고, 뚫린 구멍으로 나가지 않았다'고 했으니, 그의 (우직한) 사람 됨됨이를 알 수 있다.

111702、參也魯[7],

삼(參)은 깨우침이 더디고,

魯, 鈍[8]也。程子曰:「參也竟以魯得之。」又曰:「曾子之學, 誠篤而已。聖門學者, 聰明才辯, 不爲不多, 而卒傳其道, 乃質魯[9]之人爾。故學以誠實爲貴也。」尹氏曰:「曾子之才魯, 故其學也確, 所以能深造[10]乎道也。」[11]

'魯'(노)는 '둔하다'[鈍]이다. 정자(程子·明道)가 말했다. "삼(參)은 결국에 가서는 깨우침

---

5 見齒(견치): 이를 드러내고 웃다(指笑。笑则露齿, 故云。).

6 竇(두): 구멍. 오목하게 들어간 곳(孔穴); 竇徑(두경): 구멍과 소로길. 부정한 방법과 올바르지 못한 길(洞穴和小路。比喻旁门邪道。).

7《論語義疏》'魯'(노)는 質이 文보다 승한 것이다(疏: 王弼云: 魯, 質勝文也。).

8 鈍(둔): 미련하고 둔하다. 깨우침이 더디다(=駑鈍).

9 質魯(질노): 순박하고 미련하다(质朴鲁钝).

10 深造(심조): 부단히 정진하여 심오한 경지에 도달하다(谓不断前进, 以达到精深的境地。).

11《論語大全》증자는 깨우침이 더디어서 어렵사리 깨달았다. 다만 그는 (모른다고) 내버려 두거나 지나치려 하지 않았고, 우직하게 애태우면서 투철해지고 나서야 멈췄다. 남들이 대강 조금 깨우치고 나면 정지하는 것과 같지 않았다. 요즘의 영민하다는 자들은 쉽사리 깨우치지만 또 고수하지 못하고, 노둔하다는 자들은 힘들여 대략이나마 깨치는 단계에 이르면 도리가 여기서 그친다고 말하고, 더 이상 탐구하지 않는다. 증자만큼은 (모르는 것이 있으면) 내버려 두거나 지나치려 하지 않았고, 아직 투철하게 깨닫지 못한 것이 보이면, 우직하게 애태워가면서 미진한 부분이 하나도 없게 했으니, 그래서 마침내 도를 얻은 것이다(朱子曰: 曾子魯鈍難曉。只是他不肯放過, 直是捱得到透徹了, 方住。不似別人只略綽見得些小了, 便休。今一樣敏底, 見得容易。又不能堅守: 鈍底, 捱得到略曉得處, 便說道理止此, 更不深求。惟曾子不肯放舍, 若這事看未透, 直是捱得到盡處, 所以竟得之。).

이 더디었기 때문에 도를 얻었다." 정자(程子·伊川)가 말했다. "증자(曾子)의 학문은 성실함과 독실함뿐이었다. 성인의 문하에서 배운 자 중에, 총명하고 재주 있고 말 잘한 자가, 많지 않은 것이 아니었지만, 마지막에 가서 성인의 도를 얻어 전한 것은, 바로 질박하고 노둔한 사람 증자(曾子)뿐이었다. 그러므로 배움은 성실함을 귀중하게 여긴다."

윤씨(尹氏·尹彦明)가 말했다. "증자(曾子)는 재질이 노둔했기 때문에, 그가 배운 것은 확실했고, 그래서 도에 대해 깊은 조예에 도달할 수 있었다."

111703、師也辟[12],

사(師)는 한쪽으로 치우쳐있고,

辟[13], 婢亦反。○辟, 便辟[14]也。謂習於容止[15], 少誠實也。
'辟'(벽, bì)은 '婢'(비)와 '亦'(역)의 반절이다. ○'辟'(벽)은 '便辟'(편벽)이다. 외모나 거동은 익숙하게 잘하지만, 성실함이 부족한 것을 말한다.

111704、由也喭[16]。

12 《論語義疏》本에는 '辟'이 '僻'으로 되어 있다; 《論語義疏》'僻'(벽)은 꾸밈이 도에 지나친 것이다(疏: 王弼云: 僻, 飾過差也。); 《論語疏證》'辟'은 '偏'이다(樹達按: 辟者, 偏也。); 《論語譯注》辟(벽): 그의 포부가 너무 높아서 한 편으로 흐르다. 과격하다. 극단적이다(音闢。以其志過高而流於一偏也; 偏激。); 辟(벽): 편파적이다. 한쪽에 치우치다. 편벽되다. 외지다(通"僻"。偏僻。).

13 辟(벽/피): [bì](音: 璧) 임금. 법(君主。法。); [pì](音: 僻) 회피하다. 내쫓다. 열다. 개벽하다. 개간하다. 편파적이다. 편애하다. 머리를 기울이고 말을 하다(回避, 躲避。屏除; 驱除。开辟; 开拓。偏颇、偏私。傾頭與語。).

14 便辟(편벽): 아첨하고 알랑거리다. 숙달되고 빈틈이 없다. 능통하다. 투철하다. 한쪽으로 치우치다(谄媚逢迎。便, 熟习, 巧于, 又指善辩。辟, 透彻。偏僻。); 《季氏 제16장》[朱熹注] 겉으로 예의를 차리는 데 익숙하지만 정직하지 못하다(便辟, 謂習於威儀而不直。).

15 容止(용지): 용모와 행동거지(仪容举止).

16 《論語集解》 자로의 행실은, 거칠고 상스러웠다(注: 鄭玄曰: 子路之行, 失於畔喭。); 《論語義疏》'喭'(안)은 강직하고 용맹한 것이다(疏: 王弼云: 喭, 剛猛也。); 《古今注》楊慎[1488~1559]의 《丹鉛餘錄》에 말했다. "'由也諺'의 '諺'은 상스러운 말이다. '喭'으로 쓴 책도 있는데, 《文選注》에 보인다. 劉勰(유협)[465~520]

유(由)는 말버릇이 없다.

喭, 五旦反。○喭, 粗俗[17]也。傳稱喭者, 謂俗論也。
'喭'(안, yàn)은 '五(오)'와 '旦'(단)의 반절이다. ○'喭'(안)은 '버릇없고 상스럽다'[粗俗]이다. 옛 기록에 안(喭)이라고 일컬은 것은, 상스러운 말을 말한다.

○楊氏曰:「四者性之偏, 語之使知自勵[18]也。」吳氏曰:「此章之首, 脫『子曰』二字。」或疑下章子曰, 當在此章之首, 而通爲一章。[19]
○양씨(楊氏·楊中立)가 말했다. "이 네 가지는 한쪽으로 치우친 성벽으로, 이를 말씀하여 그들로 하여금 각자가 힘써야 할 부분을 알게 하신 것이다."

오씨(吳氏·吳棫)가 말했다. "이 장의 첫머리에는 '子曰'(자왈) 두 글자가 빠져 있다." 어떤 사람은 다음 제18장의 '子曰'(자왈)이, 마땅히 이 장의 첫머리로 와서, 제17·18장을 통합하여 한 장으로 해야 할 것으로 보인다고 했다.

의《文心雕龍·書記》에, '諺·喭·唁은 같은 글자이다. 諺은 꾸미지 않은 솔직한 말이다. 저잣거리에서 쓰는 말은 소박하고 꾸밈이 없다. 상가에서 쓰는 말은 꾸미지 않기 때문에[孝經·喪親] 조문에 쓰는 말을 唁이라고 한다'고 했다. 劉晝[514~565]의《劉子新論》에, '자유가 웃통을 벗고 상스러운 말을 하자, 증자가 손을 내저으면서 웃었다'고 했으니, '諺'과 '唁'은 같은 글자이다"(楊愼曰: 由也諺, 諺, 俗論也。或作喭, 見文選注。又作唁, 劉協曰: "諺、喭、唁, 同一字。諺者, 直語也。廛路淺言, 有質無華。喪言不文, 故吊亦稱唁。" 劉子新論: '子游裼裘而諺, 曾子指揮而哂。' 是諺與唁同也。);《論語譯注》喭(안): (언행이) 경솔하다. (성격이) 거칠고 차분하지 못하다. 예의가 없다(鹵莽);《百度漢語》喭(안): 거칠고 우악스럽다. 차분하지 못하고 경솔하다. 상스러운 말. 속언(鲁莽, 粗鲁。谚语。).

17 粗俗(조속): 거칠고 막돼먹고 상스럽다(粗野庸俗).

18 勵(려): 힘쓰다. 노력하다. 진작시키다(本义: 勉力, 努力。振作。).

19《經典釋文》어떤 책은 나누어서 별도의 한 장으로 했다(或分爲別章。);《論語義疏》기록한 자가, 앞에다가는 네 제자의 단점을 먼저 열거해 기록했고, 뒤에다가는 두 제자에 대해 평론한 공자의 말씀을 인용해서 기록한 것이다(疏: 記者上列四子病重於先, 自此以下引孔子曰……);《論語注疏》이 장은 공자께서 여섯 제자의 덕행의 장단점을 한 사람씩 평론하신 것이다[邢昺은 제17장과 제18장을 한 장으로 묶었다](疏: 正義曰: 此章孔子歷評六弟子之德行中失也。);《論語正義》이 절 역시 공자께서 평론하신 내용인데, 앞에 '子曰'을 붙이지 않은 것은 앞 제2장 四科의 경우와 같다[유보남도 제17장·제18장을 한 장으로 묶었다](正義曰: 此節亦夫子所論, 而不署 "子曰", 與前四科同。).

[回也其庶乎章]

111801、子曰:「回也其庶乎[1, 2], 屢空[3, 4, 5]。

1《許世瑛(二)》'回'는 주어이고, 술어 '完人'이 생략되었다. '庶'는 부사로, 다음에 연결동사 '爲'가 있어야 하는데, 역시 생략되었다. '庶'는 이 '爲'를 수식한 것이다. '其'는 찬탄을 표시하는 어기사이다["안회는 거의 성인이구나!"]('回'是主語, 謂語'完人'沒說出來。'庶'字是限制詞(副詞), 其下本該有一個繫詞'爲', 也省略了, 而'庶'是修飾那'爲'字的。'其'字是個表讚歎的語氣詞。'顏回邪, 庶幾是個完人了!')[論語中'其'字用法深究];《論語詞典》其(기): 부사. 문장 끝에 일반적으로 의문어기사 '乎' '與'를 붙여 불확실한 추측·예견을 표시한다. 아마도. 어쩌면('其', 副詞, 表不肯定的推測和擬議, 殆, 怕莫, 句尾一般有疑問語氣詞"乎"或"與"。);《古書虛字》'庶'는 '庶幾'[거의. 근접하다]와 같다('庶'猶'庶幾'也。).

2《論語正義》蘇秉國[淸人]의《四書求是》에 말했다. "'其庶乎'는, 가까워진 것이 무엇을 가리키는지 분명하지 않은데, 아래 '不受命'으로 볼 때, 아마도 '受命'을 가리키는 말일 것이다." 생각건대, 소병국의 견해가 맞다. 命은 祿命을 말한다. 옛날 사·농·공·상, 네 백성은, 각기 자기가 맡은바 업을 익혔고, 겸업하지 않은 자는, 그가 맡은 업을 가지고, 受命으로 여긴 것이다(正義曰: 蘇氏秉國四書求是云: "其庶乎, 未明指其所庶若何, 以下文'不受命'對觀之, 蓋即指受命而言。" 案: 蘇說是也。命謂祿命也。古者四民, 各習其業, 未有兼爲之者, 凡其所業, 以爲命所受如此也。).

3《論語平議》'屢'字는 古字에서는 단지 '婁'로 썼을 뿐이었다. '婁'는 '空'이다. 무릇 사물이 空하다는 것은, 밝지 않은 데가 없다는 것이다. 공자께서 '婁空'으로 안자를 칭한 것은, 대개 안자의 마음이 통달하여 막힌 데가 없어, 마치 창문이 비어 있어 투명한 것과 같다는 것이다. '하루 종일 내 말을 받아들이기만 하고 묻거나 따지지 않는 것'[爲政 제9장], '내 말에 대해 어느 하나라도 기뻐하지 않는 게 없는 것'[先進 제3장]이 모두 그 증거이다. 안회의 '婁空'과 자공의 '億則屢中'[先進 제18장]은 바로 對句로서, 婁空인 자는 환히 통해 막힘이 없으니, 聞一知十[公冶長 제8장]인 자이고, 億則屢中인 자는 추측해서 아는 자이니, 聞一知二한 자인 것이다(屢字……古字止作婁……婁, 空也。凡物空者, 無不明……孔子以婁空稱顏子, 蓋謂顏子之心通達無滯, 亦若窓牖之麗廔闓明也。終日不違,無所不說, 竝其證……回之婁空與賜之億則屢中, 正相對, 婁空者, 通達無滯, 故聞一知十, 億則屢中者, 推測而知, 故聞一知二也。);《百度漢語》屢空(루공): 늘 굶고 지내다. 늘 가난하다(经常贫困。谓贫穷无财。);《史記·伯夷列傳》안회는 자주 궤독이 비어서, 술지게미나 쌀겨조차 배불리 먹지 못했다(回也屢空, 糟糠不厭。);《論語譯注》'貧'과 '窮' 두 글자는 어떤 때는 구별해서 썼는데, 재화가 결핍한 것을 '貧', 생활이 의지할 곳이 없고, 살아갈 길이 막막한 것을 '窮'이라 불렀다. '空'字에는 이 양쪽의 의미를 겸유하고 있다('貧'和'窮'兩字在古代有時有些區別, 財貨的缺少叫貧, 生活無著落, 前途無出路叫窮。'空'字卻兼有這兩方面的意思。).

4《論語集釋》武億[1745~1799]의《經讀考異》에 말했다. "이 장은 두 가지 읽는 방법이 있다. 하안의《論語集解》는, '안회는 거의 聖道에 가까웠기 때문에, 비록 자주 궤독이 비었어도, 즐거움이 그 가운데 있었다'라고 풀이했는데, 이는 '乎'字에서 끊어 읽었다. 또 一說은, '屢는 每와 같고, 空은 虛中과 같다. 그가 거의 매번 虛中[잡념이 없이 집중하다]할 수 있었던 것을 가지고, 屢空이라 한 것이다'라고 했는데, 이는 '屢空'을 '其庶乎'에 이어 붙여 한 구절로 읽었다"(經讀考異: 此凡兩讀, 何氏集解言:「回庶幾聖道, 雖屢空匱, 而樂在其中。」是以「乎」字絕句, 近讀從之。又云:「屢, 猶每也。空, 猶虛中也, 言其於庶幾每能虛中者」是以屢空。連上「庶幾」爲句。).

5《周易·繫辭下》선생님께서 말씀하셨다. "안회는 배움의 경지가 아마 도에 거의 가까이 가지 않았을까? 不善이 있으면 알아차리지 못한 적이 없었고, 不善임을 알아차리고는 다시 행한 적이 없었다"(子曰:

선생님께서 말씀하셨다 "안회(顔回)는 아마도 거의 도에 가까워졌을 텐데, 궤독이 자주 비는 형편이었다.

庶, 近也, 言近道也。屢空, 數至空匱[6]也。不以貧窶[7]動心而求富, 故屢至於空匱也。言其近道, 又能安貧也。

'庶'(서)는 '가깝다'[近]로, 도에 가까워졌다는 말이다. '屢空'(누공)은 궤독이 자주 비었다는 것이다. 가난 때문에 마음이 흔들려 부를 추구하지 않았기 때문에, 궤독이 자주 비게 된 것이다. 말씀인즉, 그가 도에 가까워졌고, 또 가난한 처지에서도 편안한 마음으로 지낼 수 있었다는 것이다.

111802、賜不受命, 而貨殖焉[8], 億則屢中。[9]」

顔氏之子, 其殆庶幾乎? 有不善未嘗不知, 知之未嘗復行也。).

6 空匱(공궤): 궁핍하다(穷乏; 财用不足); 匱(궤): 궤짝. 모자라다(柜子。缺乏, 空乏。).

7《詩經·邶風·北門》북문을 나서면서 걱정으로 쿵쾅쿵쾅. 초라하고 가난한 꼴 그 누가 내 꼴 알까. 어쩔 수 없어 하늘 하는 일 말해서 무엇 하리(出自北門、憂心殷殷。終窶且貧、莫知我艱。已焉哉、天實爲之、謂之何哉。); 貧窶(빈구): 빈곤하다. 가난하고 누추하다(貧困。窶, 貧陋。); 窶(구): 가난해서 예물을 마련할 방법이 없다. 가난하다(贫穷得无法备礼物。亦泛指贫穷。).

8《論語平議》옛날에 商賈(상고)는 모두 관에서 그것을 관장했다. 대개 모두 관에서 명을 받았다. 관에서 명을 받지 않은 경우에는, 혼자 자기 재산을 가지고, 시장에서 싸게 사서 비싸게 팔아, 10의 1의 이문을 좇았으니, 이것이 '不受命而貨殖'이다. 그래서 商賈라 하지 않고 貨殖이라 한 것이다(古者, 商賈皆官主之……蓋猶皆受命於官也。若夫不受命於官, 而自以其財, 市賤鬻貴, 逐什一之利, 是謂不受命而貨殖……故不曰 商賈而曰 貨殖。).

9《史記·貨殖列傳》자공은 공자에게 배우고 나서, 떠나 위나라에서 벼슬하고, 조나라와 노나라 국경에서 물건을 싸게 사서 비싸게 파는 수법으로 장사를 해서 재산을 모았는데, 70여 제자 중, 자공이 가장 부유했다. 원헌은 술지게미나 쌀겨조차 배불리 먹지 못하면서, 가난한 마을에 숨어 살면서 밖으로 나오지 않았다. 자공은 네 필 말이 끄는 수레를 타고, 여러 필의 비단을 폐백을 갖춰 제후들을 예방했으니, 그가 예방하는 나라의 왕 중에 뜰에 내려와 손님과 주인으로서 서로 마주 보고 도열해서 대등한 예를 갖추지 않는 자가 없었다. 공자의 이름이 천하에 알려진 것은 자공이 공자를 모시고 보좌했기 때문이다. 이것이 이른바 권세를 얻으니 명성이 더욱 세상에 자자해진다는 것 아니겠는가?(子贛既學於仲尼, 退而仕於衛, 廢著鬻財於曹,魯之閒, 七十子之徒, 賜最爲饒益。原憲不厭糟糠, 匿於窮巷。子貢結駟連騎, 束帛之幣以聘享諸侯, 所至, 國君無不分庭與之抗禮。夫使孔子名布揚於天下者, 子貢先後之也。此所謂得埶而益彰者乎?);《古今注》물건을 사두었다가 파는 것을 '貨'라고 하고, 가축을 번식시키는 것을 '殖'이라 한다. '貨殖'은 재화를 불리는 것이라고 풀이해서는 안 된다. '貨'와 '殖' 두 글자는 모두 일을 행하는 것이다(販賣曰 貨, 種畜曰 殖……貨殖, 不可訓之曰 財貨是殖。貨殖二字皆行事也。).

사(賜)는 천명을 받지 아니하고도, 재물이 불어났는데, 그가 어림짐작하면 자주 들어맞았다."

中, 去聲。○命, 謂天命。貨殖, 貨財生殖[10]也。億[11], 意度[12]也。言子貢不如顏子之安貧樂道[13], 然其才識[14]之明, 亦能料事[15]而多中也。程子曰[16]:「子貢之貨殖, 非若後人之豐財[17], 但此心未忘耳。然此亦子貢少時事, 至聞性與天道[18], 則不爲此矣。」

'中'(중)은 거성[zhòng]이다. ○'命'(명)은 '천명'을(天命) 말한다. '貨殖'(화식)은 '재물이 불어나다'이다. '億'(억)은 '어림짐작하다'[意度]이다. 말씀인즉, 자공(子貢)은 안자(顏子)의 '가난한 처지에서도 편안한 마음으로 도를 즐긴다'[安貧樂道]는 만큼은 못 하지만, 그의 재능과 식견의 명철함은, 역시 앞날의 일을 잘 헤아려서 여러 번 들어맞았다는 것이다.

정자(程子 · 二程)가 말했다. "자공(子貢)의 화식(貨殖)은 후세 사람들의 풍재(豐財) 같은 것은 아니지만, 그럼에도 이 마음을 버리지 않았다. 그렇지만 이런 일 또한 자공(子貢)이 젊었을 때의 일이고, 선생님께 성(性)과 천도(天道)에 대해 듣고 나서는, 이런 일을 하지 않았다."

---

10 生殖(생식): 번식하다. 자라다. 재물이 불어나다(孳生; 生长。种植; 生产。谓增长财富。).

11 億(억): 억측하다. 미리 맞추다(通'臆'。臆测, 预料。); 億中(억중): 예측해서 맞추다(料事能中).

12 意度(의도): 어림짐작하다. 추측하다. 상상하다(揣测; 设想。).

13 [성]安貧樂道(안빈낙도): 청빈을 편안히 여기고, 성현의 도를 추구하는 것으로 낙을 삼는다는 말로, 《雍也 제9장》에서 나온 말이다(謂安於清貧, 以追求聖賢之道爲樂。爲古代儒家所提倡的立身處世的態度。語本《雍也》'賢哉回也! 一簞食, 一瓢飲, 在陋巷。人不堪其憂, 回也不改其樂。').

14 才識(재식): 재능과 식견(才能与识别力).

15 料事(요사): 미래의 일을 예측하다(预测未来的事).

16 《二程集 · 河南程氏遺書 · 伊川雜錄》伯温[周恭先]이 '자공에 대해, 후세 사람들은 대부분 貨殖을 그의 결점으로 지적했습니다'라고 하자, 이천 선생이 답했다. "자공의 貨殖은 후세의 豐財 같은 것은 아니지만, 그럼에도 이 마음을 버리지 않았다"(伯溫問: "子貢, 後人多以貨殖短之。" 曰: "子貢之貨殖, 非若後世之豐財, 但此心未去耳。").

17 豐財(풍재): 물자를 풍요롭게 하다. 물산을 장려하다(谓使资财丰裕); 豐財阜民(풍재부민): 물산을 풍요롭게 하고 백성을 부유하게 하다; 《雍也 제28장》 참조.

18 《公冶長 제12장》 참조.

○范氏曰:「屢空者, 簞食瓢飲屢絶而不改其樂也[19]。天下之物, 豈有可動其中者哉? 貧富在天, 而子貢以貨殖爲心, 則是不能安受天命矣。其言而多中者億而已, 非窮理[20]樂天[21]者也。夫子嘗曰[22]:『賜不幸言而中, 是使賜多言也』, 聖人之不貴言也如是。」

○범씨(范氏·范淳夫)가 말했다. "'屢空'(누공)이라는 것은 한 그릇의 밥과 한 주발의 마실 물까지도 자주 떨어졌지만, 그의 본유(本有)한 즐거움을 바꾸지 않았다는 것이다. 천하의 어느 사물이 어찌 그의 마음 가운데 있는 것을 동요시킬 수 있었겠는가? 빈부는 하늘에 달려 있는데도 자공(子貢)은 재물을 불리는 데에 마음을 두었으니, 이는 곧 천명을 받아들이는 데 편안하지 못한 것이다. 그가 예측한 말이 여러 번 들어맞았던 것은 억측이었을 뿐이고, 이치를 궁구하고 천명을 즐긴 것이 아니었다. 선생님께서 예전에, '사(賜)는 불행히도 예측하면 들어맞았는데, 이것이 사(賜)로 하여금 말이 많게 했다'고 말씀하신 적이 있었는데, 성인께서 말을 귀하게 여기지 않으시는 태도가 이와 같았다."

19《雍也 제9장》참조.

20《周易 · 說卦》도와 덕에 순응하고 의를 갈고닦고, 천리를 끝까지 궁구하고 본성을 투철히 깨달아, 이로써 천명을 깨친다(和順於道德而理於義, 窮理盡性以至於命。).

21 樂天(낙천): 즐거이 천명에 순응하다(谓乐于顺应天命).

22《春秋左傳 · 定公 15年》[BC 495] 봄에 邾(주)나라 은공이 와서 조견하니, 자공이 두 나라 임금이 예를 행하는 것을 보았다. 邾子는 옥을 든 손이 너무 높이 올라가서 그 얼굴이 위로 향하고, 정공은 옥을 받는 자세가 너무 낮아서 그 얼굴이 아래로 향했다. 자공이 말하기를, '예를 행하는 모습을 보건대, 두 임금은 모두 사망할 것이다. 예는 사생과 존망의 본바탕이니, 左右周旋과 進退俯仰을 가지고서 이에서 생존을 취하느냐 사망을 취하느냐를 알 수 있고, 朝會 · 祭祀 · 喪事 · 戎事를 가지고서 이에서 생존하느냐 사망하느냐를 볼 수 있는데, 지금 정월에 서로 조견하면서, 모두 법도에 맞지 않았으니, 마음을 이미 잃은 것이다. 朝會[嘉事]가 禮[體]에 맞지 않았으니, 어찌 오래 살 수 있겠는가? 자세가 높아 얼굴이 위로 올라간 것은 교만이 드러난 것이고, 자세가 낮아 얼굴이 아래로 굽은 것은 怠惰[替]가 드러난 것이다. 교만은 禍亂이 가깝고, 怠惰는 疾病이 가깝다. 우리 임금이 주인이시니, 아마도 먼저 사망하실 것이다'라고 했다. 여름 5월 임신일에 정공이 죽었다. 중니가 말하기를, '賜는 불행하게도 예측하면 들어맞았으니, 이것이 賜로 하여금 말이 많게 했다'고 했다(春, 邾隱公來朝, 子貢觀焉, 邾子執玉高, 其容仰, 公受玉卑, 其容俯, 子貢曰 , 以禮觀之, 二君者皆有死亡焉, 夫禮, 死生存亡之體也, 將左右周旋, 進退俯仰, 於是乎取之, 朝祀喪戎, 於是乎觀之, 今正月相朝, 而皆不度, 心已亡矣, 嘉事不體, 何以能久, 高仰, 驕也, 卑俯, 替也, 驕近亂, 替近疾, 君爲主, 其先亡乎…… 夏, 五月, 壬申, 公薨, 仲尼曰 , 賜不幸言而中, 是使賜多言者也。).

[子張問善人之道章]

111901、子張問善人之道[1]。子曰:「不踐跡[2], 亦不入於室[3]。」

1《論語義疏》“어찌하면 선인이라 하겠습니까?”(疏: 問其道云: 何而可謂爲善人也。);《論語大全》‘善人之道’에 대해 묻자, 주자가 답했다. “‘(子夏가 말한) 누군가가 그에 대해 아직까지 배운 적이 없는 사람이라 말할지라도, 나는 단호히 그를 배운 사람이라고 평하겠다’[學而 · 제7장]고 한 것과 같은 類의 사람이다”(問善人之道, 曰: 如所謂雖曰 未學, 吾必謂之學矣之類。);《古今注》‘善人之道’는 바로 사람을 가르치는 방법이다. ‘善’은 ‘善世’[세상을 선하게 하다]의 ‘善’과 같이 읽는다. 下學上達이, 마치 문을 지나고 계단을 밟아 올라가기를, 한 칸 두 칸 올라가 비로소 堂에 오르고 室에 들어가는 것과 같은 것이다. ‘室’은, 精義入神의 경지이다. ‘踐迹’은 옛 발자취를 차근차근 밟아나가서 躐等이 없는 것이다. ‘善’은 ‘繕’[수선하다]이다. 수선하고 가공하여 선하게 하는 것을 ‘善’이라 한다. 자장은 도량이 커서 작은 일에 매여 있지 않고 호방한 사람이다. 그가 스스로를 수양하기를 규구를 그대로 따라 준수하려 하지 않았는데, 하물며 그가 사람을 가르치는 방법이 어찌 躐等의 우려가 없었겠는가? 이것이 공자께서 그에게 ‘踐迹’을 말씀해주신 까닭이다[자장이 사람을 선하게 하는 방법을 여쭙자, 선생님께서 말씀하셨다. “옛 발자취를 따라 한 칸씩 차근차근히 밟아 올라가지 않으면, 성인이 거처하는 경지에 들어가지 못한다”](善人之道, 即教人之術。善讀之如善世之善。下學上達, 如由門而階, 一級二級, 乃升其堂以入乎室。室者, 精義入神之地。踐迹, 謂循舊迹不躐等也…… 善也者, 繕也。修治之使之善曰 善也。子張磊落豪放之人也。其自修己, 不欲循蹈規矩, 況其教人之法, 豈無躐等之患? 此孔子所以告之以踐迹也。);《論語正義》孔廣森[1752~1786]의《經學卮言》에 말했다. “선인의 길을 여쭈었으니, 어떻게 하면 선인이 될 수 있는지를 여쭌 것이 아니고, 선인으로서 처신의 도리를 여쭌 것이다. 그래서 공자께서 선인으로서 행할 마땅한 도리를 말씀해주신 것으로, 앞선 성현들의 언행[易經 · ䷙大畜 · 象傳]을 본받아야 하고, 이를 통해 성현의 덕을 성취하는 것을, 入室에 비유하신 것이다”[“선인이라도 옛 성현의 발자취를 본받지 않으면 성인의 경지에 들어갈 수 없다”] 孔廣森의 견해가 맞다. ‘踐跡’은 예악에 관해 배우는 것을 말한다. 선인은 자질은 뛰어나지만 배우지 않았기 때문에, 반드시 예악에 나아가야 入室할 수 있다.《漢書 · 刑法志》에 말했다. “공자께서, ‘천명을 받은 王者가 있다면 반드시 한 세대가 지난 후면 천하 사람들이 仁하게 될 것이다’[子路 제12장]라고 했고, ‘善人은 백 년을 다스려야 勝殘去殺 할 수 있다’[子路 제11장]고 했는데, 이는 성왕이 난세를 이어받아 난정을 바로잡고자 일어나서, 백성들이 덕교를 입어서 변화되면, 반드시 한 세대 후면 仁道가 성취될 것이고, 善人이 入室하지 아니한 경우에도, 백 년이 되면 勝殘去殺할 수 있다는 말씀이다. 이것이 나라를 다스리는 자의 법칙이다.”《刑法志》에 따르면, 善人은 (예악을 배우지 않은 선량한) 제후를 가리켜 말한 것이다. 王者는 덕교를 써서 백성을 교화시키고, 예악을 제정하여, 그 공이 태평 세대를 이룬다. 선인[제후]이 나라를 백 년을 다스리는 경우는, 예악을 흥성시키지 못하기 때문에, 다만 勝殘去殺할 수 있을 뿐, 仁道는 여전히 성취하지 못하는데, 이른바 ‘不入於室’이다.《刑法志》에서 말한 바가 뜻에서 역시 통한다(正義曰: 孔氏廣森經學卮言: “問善人之道, 則非問何如而可以爲善人, 乃問善人當何道以自處也。故子告以善人所行之道, 當效前言往行, 以成其德, 譬諸入室……” 案: 孔說是也。‘踐跡’者, 謂學禮樂之事也。善人質美未學, 故必進於禮樂, 乃可入室。漢書刑法志: “孔子曰: ‘如有王者, 必世而後仁。善人爲國百年, 可以勝殘去殺矣。’ 言聖王承衰撥亂而起, 被民以德教, 變而化之, 必世然後仁道成焉。至於善人, 不入於室, 然猶百年勝殘去殺矣。” 據志此言, 以善人指諸侯言…… 王者以德教化民, 制禮作樂, 功致太平。若善人爲邦百年, 仍不能興禮樂之事, 故僅可勝殘去殺, 若仁道猶未能成, 所謂“不入於室”也。漢志所云, 於義亦通。);《補正述疏》‘善人’은 주자가 말한 ‘자질은 훌륭한데 배우지 못한 자’이다. ‘踐跡’은 앞 사람의 발자취를 밟아 따르는 것으로, 이것을 써서

자장(子張)이 선인(善人)으로서 처신에 대해 여쭈었다. 선생님께서 말씀하셨다. "(선인은) 옛사람들의 발자취를 밟지 않아도 (악을 행할 사람은 아니지만), 그렇더라도 성인이 거처하는 경지에는 들어가지 못한다."

善人, 質美而未學者也。程子曰:「踐跡, 如言循途守轍[4]。善人雖不必踐舊跡而自不爲惡, 然亦不能入聖人之室也。」

'善人(선인)'은 자질은 뛰어나지만 배우지 못한 사람이다. 정자(程子·伊川)가 말했다. "'踐跡'(천적)은 '길을 따르고 수레 궤적을 지킨다'[循途守轍]는 말과 같다. 선인(善人)은 비록 반드시 옛사람들의 발자취를 밟지 않을지라도 스스로 악을 행할 사람은 아니지만, 그렇더라도 성인(聖人)이 거처하는 경지에는 들어가지 못한다."

○張子曰:「善人欲仁而未志於學者也。欲仁, 故雖不踐成法, 亦不蹈於惡, 有諸己[5]也。由不學, 故無自[6]而入聖人之室也。」

○장자(張子·張橫渠)가 말했다. "선인(善人)은 인(仁)은 행하려고 하지만 배움에는 뜻을 두지 아니한 자이다. 인(仁)을 행하려고 하기 때문에, 비록 성문화(成文化)된 법도를

學을 비유한 것이다. '(나를) 넓혀주시길 문(文)을 쓰고, (나를) 묶어주시길 예(禮)를 써서, 차근차근히 잘 이끌어주는 것'[子罕 제10장]이 '踐跡'이다. 善人은 배움을 통해 성인에 이르는데, 踐跡를 통해 入室하는 것으로, 그렇다면 善人之道는 알 수 있다. '不踐跡, 亦不入於室'은, 善人之道는 반드시 배움을 통해야 함을 밝힌 것이다(述曰: 謹案: 善人者, 朱子謂質美而未學者也。踐跡者, 踐行前人之跡, 以喻學也, 博學於文, 約之以禮, 循循然如踐跡也。善人由學而至於聖人, 如踐跡而入於室也, 則善人之道可知也。今曰 '不踐跡, 亦不入於室', 明乎善人之道必由學焉。); 《論語譯注》 "어떻게 해야 선인인지를 여쭈었다"("問怎樣才是善人。"); 《論語新解》 "선인으로서 처신에 대해 여쭈었다"("问善人的行为。"); 善人(선인): 자질이 선량하지만 배움의 과정을 거치지 않은 사람(指本质善良但没有经过学习的人); 《述而 제25장》 《子路 제11장》 참조.

2 《論語新解》 '不踐跡'은 앞사람이 내놓은 발자국을 밟아 걸어가지 않는다는 말로, 成法에 의거하지 않는다는 것이다('不踐跡', 犹谓不照前人脚印走路, 即不依成法。); 踐跡(천적): 앞사람의 발자취를 밟다. 답습하다. 좇다(踩着前人的足迹。犹蹈袭, 因袭。).

3 《論語譯注》 "학문 도덕이 일가를 이루기 어렵다"("學問道德也難以到家。").

4 循途守轍(순도수철): 길을 따르고 수레 궤적을 지키다. 법칙을 따르다(遵守规矩。同'循涂守轍'。).

5 《孟子·盡心下 제25장》 맹자가 말했다. "사람들이 바랄 만한 것이 善이다. 善을 자기 몸에 지니고 있는 것이 信이다. 善이 충만하게 채워져 있는 것이 美이다. 善이 충만하게 채워져 있으면서 광휘가 있는 것이 大[크다]이다. 크게 변화시키는 것이 聖이다. 성스러우면서 알 수 없는 것이 神이다"(曰: 可欲之謂善, 有諸己之謂信。充實之謂美, 充實而有光輝之謂大, 大而化之之謂聖, 聖而不可知之之謂神。).

6 自(자): 혼자서. 독자적으로. 이 밖에. 별도로(别自、另外。).

따르지 않더라도, 악(惡)에 발을 딛지 않고, 선(善)을 자기 몸에 지니고 있다. 배우지 않는 길을 따르기 때문에, 여기에서 더 나아가 혼자 힘으로 성인(聖人)이 거처하는 경지에는 들어갈 길이 없다."

[論篤是與章*]

112001、子曰:「論篤是與[1], 君子者乎? 色莊者[2]乎?」[3]

선생님께서 말씀하셨다. "언사가 간절한 사람이라고 이 사람을 인정하는데,

1《論語譯注》이 구절은 '與論篤'의 도치형식으로, '是'는 도치를 도와주는 결구조사이다. '與'는 '許'[인정하다]이다. '論篤'은 '언사가 간절한 사람'의 뜻이다(這是'與論篤'的倒裝形式, '是'是帮助倒裝之用的詞。'與', 許也。'論篤'就是'論篤者'的意思。);《古漢語語法》'목적어+是[助词]+동사' 형식의 문장으로, 목적어가 결구조사의 도움을 받아 동사 앞으로 전치된 문장이다('宾+是[助词]+动'格式: 宾语借助于增添结构助词而位于动词前边。);《論語句法》'論篤'은 술어 '與'의 목적어인데, 앞당겨져서, 중간에 어기사 '是'字를 덧붙인 것이다('論篤'做述詞'與'的止詞; 因爲把它提前了, 所以在中間加了一個語氣詞'是字'。);《論孟虛字》'是'는 '者'[~사람]와 같다. '與'는 의문사로 '乎'와 같다. '是與'와 '者乎'는 같은 뜻이다["언사가 간절한 사람일까? 군자다운 사람일까? 얼굴빛이 간절한 사람일까?"]('是', 猶'者', 當白話'的人'。'與', 猶'乎', 疑詞。'是與'與'者乎'同義。); 論篤(논독): 언사가 독실하다. 언사가 독실한 사람(言论笃实。亦指言论笃实的人); 篤(독): 간절하다. 열성적이다(诚恳).

2《補正述疏》'色莊者'는 거짓 군자이다(述曰: 色莊者, 僞君子也。); 色莊(색장): 얼굴빛이 엄숙하다. 장중하다(指面色庄重而严肃).

3《論語義疏》및《論語注疏》本에는 제19장과 제20장을 묶어서 한 장으로 했다;《論語義疏》이 구절 역시 善人之道에 대해 대답하신 것이다. 앞 구절과는 서로 다른 때의 질문이기 때문에, 다시금 '子曰'을 칭한 것이다. 모두 선인에 대한 대답이기 때문에, 함께 한 장에 속한다. 善人이 말을 하면 반드시 篤厚謹敬한 말을 하기 때문에 '論篤是與'라 했고, 군자의 행실을 행할 수 있기 때문에 '君子者乎'라 했고, 안색이 반드시 장엄하기 때문에 '色莊者乎'라 한 것이다(疏: 此亦答善人之道也。當是異時之問, 故更稱'子曰'。俱是答善, 故共在一章也。言善人有所論說, 必出篤厚謹敬之辭也, 故云論篤是與也, 又能行君子之行, 故云君子者乎, 又須顏色莊嚴, 故云色莊者乎。);《論語集解》'論篤者'는 그의 입에서 나오는 말이 가려들을 필요가 없이 모두 도리에 맞는 말을 하는 자[孝經 · 卿大夫]이고, '君子者'는 그가 하는 몸가짐에 저속한 행실이 전혀 없는 자[孝經 · 卿大夫]이고, '色莊者'는 안색이 사납지는 않지만 위엄이 있어, 소인을 멀리하는 자이다. 이 세 사람은 모두 (제19장에서 말한) 善人이라 할 수 있다는 말이다(注: 論篤者, 謂口無擇言。君子者, 謂身無鄙行[擇行]也。色莊者, 不惡而嚴, 以遠小人者也。言此三者, 皆可以爲善人也。);《論語注疏》이 장도 '善人之道'를 논한 것이어서, 앞 장과 묶어서 한 장으로 한 것인데, 말씀하신 시기가 달라서, '子曰'을 붙인 것이다. '論篤者는 선인이겠지? 君子者도 선인일까? 色莊者도 선인일까?'라는 말로, 공자께서 겸손하셔서 단정해 말씀하지 않으셨기 때문에, '與' '乎' 의문사를 붙인 것이다(疏; 正義曰: 此亦善人之道也, 故同爲一章, 當是異時之語, 故別言'子曰'也。論篤者, 是善人與。君子者, 亦是善人乎? 色莊者, 亦是善人乎? 孔子謙, 不正言, 故云'與''乎'以疑之也。);《論語正義》공자께서 '선인은 내가 만나보지 못했다'[述而 제25장]라고 하셨고, 이 장에 이르러 '善人'을 언급하신 것으로, 論篤 · 君子 · 色莊 세 종류의 사람을 본 바를 들어 이들을 선인에 해당시킨 것이다. 이 세 사람은 모두 선인이라 할 수 있다. 그런데 혹 그중에 선인인 것 같지만, 아닌 사람이 있을 수 있기 때문에, 의문을 달았을 뿐이다. 어떤 경우는 '與'를 말하고, 어떤 경우는 '乎'를 말한 것은, 어법의 변화이다(案: 夫子言 "善人不得見之", 及此言及 "善人", 擧所見論篤、君子、色莊三者以當之。蓋此三者, 皆可謂之善人。然容有似是而非者與乎其間, 故但爲疑辭。或言 "與", 或言 "乎"者, 文法之變。).

이 사람은 과연 군자인 자일까? 얼굴빛만 장중하게 꾸민 자일까?"

與[4], 如字[5]。○言但以其言論篤實而與之, 則未知其爲君子者乎? 爲色莊者乎? 言不可以言貌取人也。

'與(여)'는 본래 음[yǔ]대로 읽는다. ○말씀인즉, 단지 그의 언사가 간절해 보인다고 해서 그를 인정하는데, 그가 군자다운 자인지, 얼굴빛만 장중하게 꾸민 자인지 알 수 없다는 것이다. 입에서 나온 말이나 겉으로 드러난 외모로 사람을 취해서는 안 된다고 하신 말씀이다.

4 與(여): [yú] 문장 끝에 쓰여, 감탄 · 의문 · 반문의 어기를 표시한다. =歟(置于句末, 表示感叹, 疑问, 反诘的语气。同'欤'。); [yǔ] 찬성하다. 인정하다. 주다. ~와(함께하다)(赞成、允许。给予。和、同、跟。); [yù] 참가하다. 참여하다. 간여하다(参加。参与。干涉、干预。);《經典釋文》是與(시여): '與'는 음이 '余'[yú][의문어기사]이다(是與, 音余。).

5 '與'를 '如字'[yǔ]로 읽지 않고 平聲[yú]으로 읽는 경우, '與'는 의문사로서, '언사가 간절한 사람인가? 군자다운 사람인가? 얼굴빛이 장한 사람인가?'로 풀이한다.

[聞斯行諸章*]

112101、子路問:「聞斯[1]行諸[2]?」子曰:「有父兄在, 如之何其聞斯行之[3]?」冉有問:「聞斯行諸?」子曰:「聞斯行之。」公西華曰:「由也問聞斯行諸, 子曰『有父兄在』; 求也問聞斯行諸, 子曰『聞斯行之』。赤也惑, 敢問。[4]」子曰:「求也退[5], 故[6]進之; 由也兼人[7], 故退之。」

자로(子路)가 여쭈었다. "들었으면 곧바로 들은 것을 행해야 합니까?" 선생님께서 말씀하셨다. "부형이 살아 계시는데, 어찌 들었다고 곧바로 들은 것을 행하겠느냐?" 염유(冉有)가 여쭈었다. "들었으면 곧바로 들을 것을 행해야 합니까?"

1《論語義疏》'斯'는 '此'이고, 궁핍한 자의 구휼에 관한 일이다. '諸'는 '之'이다[궁핍한 자를 구휼하는 일을 들으면 그것을 행해야 합니까?](疏: 斯, 此也, 此, 此於賑窮救乏之事。諸, 之也。);《論語句法》'斯'는 '就'의 뜻이다('斯'字是'就'字的意思。);《北京虛詞》斯(사): 부사. ~면. 그러면. 곧. 바로. 생략문이나 승접복문의 뒷절에 쓰여 이어받음을 표시한다('斯', 副词。用于紧缩句中, 或用于承接复句的后一分句, 表示承接。义即'就'。).

2《王力漢語》'諸'(제)는 '之乎'의 합음자로, 문장 끝에 쓰일 경우에는, 의문과 반문을 표시한다('諸'字是'之乎'的合音。'諸'字用於句尾的時候, 可以用'之乎'去解釋, 但是只表示疑問和反問。).

3《北京虛詞》如之何(여지하): 왜. 어찌. 왜~인가? 동사 앞에서 의문부사어 역할을 하며, 원인을 묻거나 반문을 표시한다. '如之何'와 술어와의 사이에는 조사 '其'가 항상 들어간다('如之何', 用在谓语前作状语, 询问原因或表反诘, 与谓语间常有助词'其'。义即'为什么'、'干吗'。);《論語詞典》其(기): 의문문 중간에 위치하는 어기부사('其', 问句中的语气副词。);《論孟虛字》其(기): 의문문에서, 의문사의 뒤, 동사의 앞에 쓰여, 놀라는 어기를 표시한다('其'是用在結語的疑問句的疑問詞後, 動詞前, 以表驚異語氣。);《許世瑛(二)》는 '其'字를 반문어기사의 역할과 (부사어 '如之何'와 술어 '聞斯行之'를 이어주는) 관계사의 역할을 겸한 것으로 보고 있다[『釋論語'何如''如……何'及'如之何'三詞彙之形成』;『論語中'其'字用法深究』].

4《論語正義》두 제자의 질문은, 같은 때에 한 것이 아닌데, 공서화가 성인을 엿보아, 그 질문에 대한 답변이 다름을 알고 스승에게 질문할 수 있었으니, 善學者라 평할 수 있다(正義曰: 二子之問, 非在一時, 而公西華之窺聖人, 有以得其異同, 亦可謂善學者矣。).

5《王力字典》退(퇴): 물러서다. 뒷걸음질치다. 남에게 양보하다(退縮。謙遜。).

6《論孟虛字》故(고): 일부러('故', 猶'特'。故意。).

7 [성]兼人好勝(겸인호승): 승부욕이 강해서 늘 다른 사람을 앞서려고 하다(兼人: 超过别人。非常好胜, 总想超过别人。);《古今注》'兼人'은 한 사람이 두 사람 몫의 짐을 드는 것을 말한다. 소위 兼人之勇이다(兼人, 謂一人擧二人之任, 所謂兼人之勇也。); 兼人(겸인): 다른 사람을 앞서다. 혼자서 두 사람과 맞서다(超过别人; 一人顶两人); [성]兼人之勇(겸인지용): 혼자서 몇 사람을 당해낼 수 있는 대단한 용기(兼人: 一人抵多人; 勇: 勇敢。抵得上几个人的勇气。形容十分勇敢); 兼(겸): 한 손에 두 포기 벼를 쥐다. 몇 가지 일을 동시에 진행하거나 여러 종류의 물건을 가지고 있다. 출중하다. 뛰어넘다. ~보다 우수하다(本义: 一手执两禾。引申为同时进行几桩事情或占有几样东西。胜过; 超越。).

선생님께서 말씀하셨다. "들었으면 곧바로 들을 것을 행해야 한다."

공서화(公西華)가 여쭈었다. "유(由)가 '들었으면 곧바로 들은 것을 행해야 합니까?' 하고 여쭈었을 때는 선생님께서 '부형이 살아 계신다'고 하셨고, 구(求)가 '들었으면 곧바로 들은 것을 행해야 합니까?' 하고 여쭈었을 때는 선생님께서 '들었으면 곧바로 들은 것을 행해야 한다'고 하셨습니다. 저로서는 갈피를 잡을 수가 없어서, 감히 여쭙겠습니다."

선생님께서 말씀하셨다. "구(求)는 뒤로 물러서는 성품이어서, 일부러 그를 앞으로 나아가게 한 것이고, 유(由)는 남을 앞지르는 성품이어서, 일부러 그를 뒤로 물러서게 한 것이다."

兼人, 謂勝人也。張敬夫曰:「聞義固當勇爲, 然有父兄在, 則有不可得而[8]專者。若不稟命而行, 則反傷於義矣。子路有聞, 未之能行, 唯恐有聞[9]。則於所當爲, 不患其不能爲矣; 特患爲之之意或過, 而於所當稟命者有闕耳。

'兼人'(겸인)은 '남을 앞지르다'[勝人]라고 하는 말이다.

장경부(張敬夫·張栻)가 말했다. "의(義)를 들으면 진실로 마땅히 용감하게 행해야 하지만, 부형이 살아 계시면, 마음대로 해서는 안 되는 경우가 있다. 부형의 명을 받지 않고 행하는 경우는, 도리어 의(義)를 해치게 된다. 자로(子路)는 가르침을 들은 것이 이미 있는데, 그것을 아직 미처 다하지 못했으면, 계속해서 또 다른 가르침을 들을까 봐 걱정했다. 그렇다면 마땅히 해야 할 일에 대해서는, 그가 하지 못할까를 걱정할 것은 없고, 다만 하려는 의욕이 어떤 때는 지나쳐서, 마땅히 명을 받아야 할 부분에 대해 빠뜨릴까를 걱정할 뿐이다.

---

8 《延世虛詞》 得而(득이): ~할 수 있다. 관용형식으로, 동사 앞에 쓰이는데, 이때 '而'는 조동사와 동사를 연결시키는 역할을 한다. '得' 앞에 '可'가 오는 경우도 있다.

9 《公冶長 제13장》 참조.

若冉求之資稟[10]失之弱, 不患其不稟命也; 患其於所當爲者逡巡[11]畏縮[12], 而爲之不勇耳。[13]
염구(冉求) 같은 성품의 경우에는 나약한 성품으로 인해 잘못에 빠지기 때문에, 그가 (부형의) 명을 받지 않을까를 걱정할 것은 없고, 그가 마땅히 해야 할 일에 대해 앞으로 가지 않고 뒤로 물러선 채 머뭇거리고 두려워 움츠려서, 그 일을 행하는 데 용감하지 못할까를 걱정할 뿐이다.

聖人一進之, 一退之, 所以約之於義理之中, 而使之無過不及之患也。」[14]
성인께서는 한 사람은 한 발짝 앞으로 나아가게 하고, 한 사람은 한 발짝 뒤로 물러서게 하셨으니, 이를 써서 의리의 중도에 맞도록 그들을 단속하여, 그들로 하여금 의리의 중도에서 지나치거나 미치지 못함으로 인한 우환을 없게 하려는 것이다."

---

10 資稟(자품): 타고난 성품(天资, 禀赋。).

11 逡巡(준순): 주저하는 바가 있어 앞으로 가지 못하고 뒤로 물러서서 배회하다(因为有所顾虑而徘徊不前); 逡(준): 퇴각하다. 전쟁에서 군대가 뒤로 철수하다. 배회하다(退却, 打仗时军队向后撤。徘徊的样子。); 巡(순): 이리저리 둘러보다. 순행하다(到各地视察; 巡行).

12 畏縮(외축): 두려워 움츠리다(因害怕而退缩).

13《論語大全》자로와 염유의 질문은, 반드시 같은 시기에 질문한 것이 아니고, 또 번갈아 가면서 질문한 것도 아니다. 질문은 같은데 답이 다른 것을, 공서화가 우연히 알고서 의문이 들었던 것이다. 그의 질문이 아니었다면, 두 사람을 그들의 재능에 맞게 화육시키려는 성인의 마음을 그 누가 알았겠는가? 앞 師商孰賢章[제15장]에서, 윤씨가 말한 '성인의 가르침은, 그 지나친 부분을 억누르고, 그 미치지 못한 부분을 잡아 늘여서, 중도로 돌아가게 할 뿐이다'라는 말과 이 장을 참고해서 보면 딱 들어맞게 서로 밝혀 줄 수 있을 것이다(新安陳氏曰: 由求之問, 未必同時, 亦未必互問。問同答異, 赤偶見而疑之。非其能問, 則聖人造化二子之心誰知之哉? 前師商孰賢章, 尹氏所謂聖人之教, 抑其過引其不及, 歸於中道之說, 與此章參看, 正可相發明云。).

14《禮記 · 學記》배우는 자에게 네 가지 유형의 결점이 있으니, 가르치는 자는 반드시 이를 알고 있어야 한다. 사람이 배우는데, 어떤 사람의 결점은 많이 배우려는 데 있고, 어떤 사람의 결점은 적게 배우려는 데 있고, 어떤 사람의 결점은 쉽게 배우려는 데 있고, 어떤 사람의 결점은 그만 배우려는 데 있다. 이 네 사람의 심리상태는 같지 않다. 그 심리상태를 알고, 그런 후에 그 결점을 고칠 수 있다. 가르친다는 것은 장점을 키우고 결점을 고치는 것이다(學者有四失, 教者必知之。人之學也, 或失則多, 或失則寡, 或失則易, 或失則止。此四者, 心之莫同也。知其心, 然後能救其失也。教也者, 長善而救其失者也。).

[子畏於匡章]

112201、子畏於匡[1], 顔淵後[2]。子曰:「吾以女爲死矣。」曰:「子在[3], 回何敢死?[4]」[5]

선생님께서 광(匡) 땅의 사람들에 의해 포위되어 곤경에 처해 있을 때, 안연(顔淵)이 뒤에 처져 있다가 따라왔다. 선생님께서 말씀하셨다. "나는 네가 죽은 줄 알았다." 안연(顔淵)이 말했다. "선생님께서 살아 계시는데, 제가 어찌 감히 죽겠습니까?"

1《論語義疏》전에 광 땅의 사람들에게 오해를 받아 포위된 때와 같다(疏: 猶是前被匡人誤圍。);《子罕 제5장》참조.

2《論語義疏》안연과 공자가 같이 광 땅의 사람들에게 포위되어 있다가, 공자께서는 먼저 빠져나와 집에 돌아오셨지만, 안연은 뒤에 떨어져 있다가 비로소 빠져나와 돌아온 것이다(疏: 時顔淵與孔子俱爲匡圍, 孔子先得出還至家, 而顔淵後乃得出還至也。).

3《詞詮》在(재): 자동사. 존재하다('在', 內動詞。今言'存在'。).

4《論語正義》《禮記 · 曲禮上》에, '부모가 살아계시면, 친구 때문에 죽음을 허락해서는 안 된다'고 했다. 안자는 선생님을 어버이와 똑같이 모셨기 때문에, '子在, 回何敢死?'라고 한 것이다(正義曰: 曲禮云: "父母在, 不許友以死。" 顔子事夫子猶父, 故云 "子在, 回何敢死"?);《古今注》아버지가 살아계시면 자식은 감히 몸을 가볍게 움직여서 위험을 무릅쓰지 않는 법이다. 공자께서는 '안회는 나를 아버지같이 대해 주었다'[先進 제10장]고 했기 때문에, 안회는 공자께 자식으로서의 도리를 갖춘 것이다(父在則子不敢輕身冒難, 回也視予猶父, 故用子道也。);《論語新解》공자께서 아직 살아계시는데, 도를 밝혀 전할 책임이 막중하니, 감히 가벼이 죽을 수 없는 것이 하나이고, 제자가 스승을 어버이 섬기듯이 섬기는데, 어버이인 스승이 살아계시니, 자식으로서 감히 가벼이 죽을 수 없는 것이 둘이고, 안자가 비록 뒤처져 있을지라도, 공자께서 죽음을 가벼이 여기실 분이 아님을 분명히 알고 있었기에, 자기로서도 감히 몸가짐을 가벼이 하여 싸움에 뛰어들 수 없었던 것이 셋이었다(孔子尚在, 明道传道之责任大, 不敢轻死, 一也。弟子事师如事父, 父母在, 子不敢轻死, 二也。颜子虽失在后, 然明知孔子之不轻死, 故己亦不敢轻身赴斗, 三也。).

5《呂氏春秋 · 孟夏紀 · 勸學》증자가 말했다. "길을 가는 군자의 모습을 보면, 그중에 아버지가 아직 살아계시는 군자를 알아볼 수 있고, 스승이 살아계시는 군자를 알아볼 수 있다." 증점이 증삼을 심부름 보냈는데, 올 때가 지나도록 돌아오지 않자, 사람들이 모두 증점을 보고, '난을 만나 죽은 것이 아닐까?'라고 하니, 증점이, '저가 난을 만나 죽음에 직면했을지언정, 내가 살아 있는데, 저가 어찌 조심하지 않아 감히 죽기까지 하겠는가?'라고 했다. 공자께서 광에서 난을 만나셨을 때, 안연이 뒤처져서 왔는데, 공자께서, '나는 네가 죽은 줄 알았다'라고 하니, 안연이, '선생님께서 살아계시는데 제가 어찌 감히 죽겠습니까?'라고 했다. 안회가 공자를 대하는 것은, 증삼이 아버지를 섬기는 것과 같았다. 옛날의 현자들은, 자기 스승을 존경함이 이와 같았으니, 그래서 스승은 지혜를 다하고 도를 다하여 이로써 제자를 가르쳤다(曾子曰:「君子行於道路, 其有父者可知也, 其有師者可知也……」曾點使曾參, 過期而不至, 人皆見曾點曰:「無乃畏邪?」曾點曰:「彼雖畏, 我存, 夫安敢畏?」孔子畏於匡, 顔淵後, 孔子曰:「吾以汝爲死矣。」顔淵曰:「子在, 回何敢死?」顔回之於孔子也, 猶曾參之事父也。古之賢者, 與其尊師若此, 故師盡智竭道以教。).

女[6], 音汝。○後, 謂相失在後。何敢死, 謂不赴[7]鬭而必死也。

'女'(여)는 음이 '汝'(여, rǔ)이다. ○'後'(후)는 '서로 잃어버리고 뒤에 처져 있다'는 말이다. '어찌 감히 죽겠습니까?'는 '달려 나가 싸울지라도 결코 죽을 일을 하지 않겠다'고 하는 말이다.

胡氏曰:「先王之制, 民生於三, 事之如一[8]。惟其所在, 則致死焉。況顔淵之於孔子, 恩義兼盡, 又非他人之爲師弟子者而已。

호씨(胡氏·胡寅)가 말했다. "선왕의 제도에, '백성은 세 분 덕분에 살아가니, 세 분 모시기를 모두 한결같이 한다'고 했다. 오직 그 세 분이 살아만 계신다면, 거기에 목숨을 바친다. 하물며 안연(顔淵)이 공자(孔子)에 대해서는, 받은 은혜와 사제 간의 의리가 모두 극진했으니, 다른 사람의 사제 간에 비할 바가 더욱 아니었다.

即[9]夫子不幸而遇難, 回必捐生以赴之矣。捐生以赴之, 幸而不死, 則必上告天子, 下告

6 女(여): 너(假借为'汝'。你).

7 赴(부): 달려가다. 서둘러 가다. 위험한 곳으로 달려 가다. 상을 알리다(奔向, 奔赴。多指奔向危险的地方。赴, 趋也。通'讣'。报丧。).

8《國語·晉語一》晉나라 武公[曲沃의 군주였는데, BC 678 晉侯 緡을 죽이고 진나라를 병탄하고, 무공이라 개칭했다. BC 679~BC 677 재위]이 翼을 공격하여, 哀侯[BC 717~BC 710 재위]를 죽이고, 난공자[이름이 成, 시호가 共, 欒共叔 또는 共叔成이라 부르기도 한다. ?~BC 709]가 哀侯를 따라 죽는 것을 만류하며 말했다. "그대가 哀侯를 따라 죽지 않는다면, 그대를 천자께 알현시켜, 上卿으로 임명토록 해서, 진나라 국정을 관장하게 하겠소이다." 난공자가 사양하며 말했다. "저 成이 들었는데, '백성은 세 분 덕에 살아가니, 세 분 모시기를 모두 한결같이 한다'고 했습니다. 아버지는 낳아 주셨고, 스승은 가르쳐주시고, 임금은 먹여주시니, 아버지가 없었으면 태어나지 못했고, 임금이 먹여주지 않았으면 장성하지 못했고, 스승이 가르쳐주지 않았으면 깨우치지 못했을 것이니, 살아가게 해주신 것은 다 같은 부류이기에, 한결같이 모십니다. 오직 세 분이 살아계신다면, 거기에 목숨을 바칩니다. 낳아 주신 은혜에 보답하기를 목숨을 바치고, 가르쳐 주시고 먹여주신 은혜에 보답하기를 있는 힘을 다하는 것이, 사람으로서 도리입니다. 신이 어찌 감히 사리 때문에 사람으로서의 도리를 버리겠으며, (사람으로서 도리를 버릴 경우) 그대는 무엇을 가르치겠습니까? 게다가 그대는 신이 哀侯를 따라 죽으리라는 것은 알면서, 신이 曲沃에서 그대에게 의탁하는 것이, 그대를 따르면서 두 마음을 품는 것임은 모르고 있는데, 그대는 어찌 그런 사람을 쓰겠다는 것인지요?" 그리고는 싸우다가 죽었다(武公伐翼, 殺哀侯, 止欒共子曰: "苟無死, 吾以子見天子, 令子爲上卿, 制晉國之政。" 辭曰: "成聞之: '民生于三, 事之如一。' 父生之, 師教之, 君食之, 非父不生, 非食不長, 非教不知, 生之族也, 故壹事之。唯其所在, 則致死焉。報生以死, 報賜以力, 人之道也。臣敢以私利廢人之道, 君何以訓矣? 且君知成之從也, 未知其待于曲沃也, 從君而貳, 君焉用之?" 遂鬭而死。).

9《北京虛詞》即(즉): 접속사. 만일~라면. 가정복문의 앞절에 쓰여 가설을 표시한다('即', 連詞。用于假设

方伯[10], 請討以復讎, 不但已也。夫子而在, 則回何爲而不愛其死, 以犯匡人之鋒乎?」
만일 선생님께서 불행히도 재난을 당하셨다고 한다면, 안회(顏回)는 반드시 목숨을 바쳐서 선생님께 달려갔을 것이다. 목숨을 바쳐서 선생님께 달려갔다가, 요행히도 죽지 않았다면, 반드시 위로는 천자에게 아뢰고 아래로는 제후에게 고하여, 토벌을 청해서 원수를 갚았지, 그냥 가만있지 않았을 것이다. 선생님께서 살아 계신다면, 안회(顏回)가 무엇 때문에 자기 목숨을 아끼지 않고, 이로써 광(匡) 땅의 사람들의 칼끝을 건드리겠는가?"

复句的前一分句, 表示假设。义为'如果'。).

10 方伯(방백): 제후 중의 우두머리. 패자. 지방장관(殷周时代一方诸侯之长。后泛称地方长官。).

[季子然問仲由冉求章]

112301、季子然問:「仲由、冉求可[1]謂大臣[2]與?」

계자연(季子然)이 물었다. "중유(仲由)와 염구(冉求)는 대신(大臣) 감이라고 할 수 있겠지요?"

與, 平聲。○子然, 季氏子弟[3]。自多[4]其家得臣二子, 故問之。

'與'(여)는 평성[yú]이다. ○'季子然(계자연)은 계씨(季氏)의 자제이다. 계씨(季氏) 가문에서 두 사람을 신하로 얻은 것을 스스로 자랑스럽게 생각했기 때문에, 물은 것이다.

112302、子曰:「吾以子[5]爲異之問[6], 曾[7]由與求之問。

1《古書虛字》'可'는 '可以'를 말한다('可'謂'可以'也。).

2《論語正義》'大臣'은 공 · 경 · 대부로 제후를 위해 보좌하는 자를 말한다(正義曰: '大臣'者, 謂公卿大夫爲諸侯佐者也。).

3《論語大全》계자연은 季孫意如[季平子][?~BC 505]의 아들이고, 季孫意如는 소공을 축출한 자이다. 계자연은 그의 부친이 한 짓을 익혀, 임금을 없애려는 마음을 품은 지 오래되었는데, 지금 두 사람을 신하로 얻자, 선생님께 물었으니, 대개 (자기가) 장차 노나라 임금이 되면 대신으로 삼으려 한 것이다(厚齋馮氏曰: 子然, 季孫意如之子, 意如, 逐昭公者也。子然習於其父之所爲, 懷無君之心久矣, 今得臣二子, 故問夫子, 蓋將君魯而以爲大臣也。).

4 自多(자다): 스스로를 만족스럽게 여기다, 자랑스럽게 여기다(自满; 自夸); 多(다): 현명하다(贤; 好).

5《補正述疏》《春秋公羊傳 · 宣公 6年》의 何休의 注에, '옛날에 사대부는 통틀어 子라고 했다'고 했다(述曰: 宣六年《公羊傳》何《注》云: "古者士大夫通曰子。").

6《論語正義》'異'는 '異人'으로, 안연 · 중궁 같은 사람을 말한다(正義曰: '異'者, 謂異人也。若顏淵, 仲弓之類。);《補正述疏》선비는 특출한 능력의 소유자들로[《史記 · 仲尼弟子列傳》에, '異能之士'란 말이 나온다], 모두 특별한 선비들이다(述曰: 凡士有異能者, 皆曰 非常之士。);《文言虛詞》異(이): 대사. 용법이 문언의 '他'와 같다. '다른 사람'('異'字作代詞, 用法和文言他指代詞'他'字相同, 是'別的'的意思。);《古漢語語法》'異'는 彼 · 此 이외의 것을 가리키는 기타 지시대명사이다. 기타. 다른 것('異'是旁指或他指指示代词, 用以指除彼此以外的对象或事物, 犹'其他'。);《詞詮》之(지): 목적어가 타동사 앞으로 전치될 때 쓰는 조사('之', 句中助詞。無義。賓語倒置於外動詞之前時用之。);《論語句法》'異'는 '問'의 목적어로, 술어 '問' 앞으로 앞당겨짐으로 인해서, 그 사이에 어기사 '之'가 붙은 것이다('異'是'問'的止詞, 因爲提在述詞之上, 所以中間加了個語氣詞'之'字。);《論孟虛字》'목적어+之+동사' 형식: 목적어 '異'에 무게를 두고 어세를 강화시킨다('之', 猶'是'。常用在賓語和動詞之間作繫詞。在賓語和動詞之間, 加'之'以表示側重賓語疾而加強語勢的句式。).

선생님께서 말씀하셨다. "나는 그대가 특별한 사람에 대해 질문할 줄로 알았는데, 고작 중유(仲由)와 염구(冉求)에 대해 질문하는군요.

異, 非常也。曾, 猶乃也。輕二子以抑季然也。

'異'(이)는 '특별하다'[非常]이다. '曾'(증)은 '겨우'[乃]와 같다. 두 사람을 가볍게 취급하여 이로써 계자연(季子然)의 생각을 억누르신 것이다.

112303、所謂大臣者: 以道事君, 不可則止。

이른바 대신(大臣)이라 함은 도를 써서 임금을 섬기는 자인만큼, 도를 쓸 수 없으면 벼슬자리를 그만둡니다.

以道事君者, 不從君之欲。不可則止者, 必行己之志。[8]

도를 써서 임금을 섬기는 자는 임금이 하자는 대로 따르지 않는다. 도를 쓸 수 없으면 벼슬자리를 그만두는 자는 반드시 자기의 뜻을 관철시켜 행한다.

112304、今由與求也, 可謂具臣[9]矣。」

지금의 중유(仲由)와 염구(冉求)는, 머릿수나 채우는 신하라고 할 수 있습니다."

具臣, 謂備臣數而已。

7《經傳釋詞》'曾'도 '乃'[겨우. 고작]이다(曾, 亦'乃'也。);《北京虛詞》曾(증): 부사. 고작. 결국은. 뜻밖에도. 의외의 상황의 출현을 표시한다('曾', 副词。表示情况出人意外。义即'竟'、'竟然'。).

8《論語大全》'不可則止'는 (자기가 추구하는) 도와 맞지 않으면 떠난다는 것이다(朱子曰: 不可則止, 謂不合則去。)

9《論語義疏》신하의 수만 채울 뿐이라는 말이다(注: 孔安國曰: 言備臣數而已也。);《論語注疏》具(구): 머릿수만 채우다(具, 備也。);《論語譯注》"상당한 재능을 갖춘 신하라 할 수 있습니다"("可以說是具有相當才能的臣屬了。");《論語詞典》具臣(구신): 일정한 재능이 있어, 그에 맞는 일을 충분히 감당해낼 수 있는 관료(有一定的才能, 足以勝任相當工作的僚屬。); 具臣(구신): 자격 없이 머릿수만 채우고 있는 신하(备位充数之臣).

'具臣'(구신)은 신하의 수만 채울 뿐이라는 말이다.

112305、曰:「然則從之者與?[10]」

계자연(季子然)이 물었다. "그렇다면 윗사람이 하자는 대로 따를 자들은 되겠지요?"

與, 平聲。○意二子旣非大臣, 則從季氏之所爲而已。

'與'(여)는 평성[yú]이다. ○계자연(季子然)이 생각하기에 이 두 사람이 대신 감이라 할 수 있는 사람이 아닌 바에는, 계씨(季氏)가 하자는 대로 따르면 된다는 것이다.

112306、子曰:「弑父與君, 亦不從也。」[11]

---

10 《論語義疏》 이런 자 같으면, 자기 임금에게 악행이 있을 경우, 두 사람 모두 임금을 따라서 악행을 저지르지 않겠는가?(疏: 若如此者, 其君有惡事, 則二人皆從君爲之不乎?); 《古今注》 '從之'는 仲由와 冉求 두 사람이 오직 그들이 섬기는 자의 뜻만 따르고 받든다는 것을 말한다(從之, 謂二子唯其所事者之意, 是順是承也。).

11 《論語正義》 '以道事君 不可則止'는, 임금을 섬기는 데 당연히 정도를 쓰는데, 임금의 행실에 잘못이 있으면, 곧바로 정도를 써서 간언해서 바로잡는 것을 말한다. '止'는 벼슬자리를 떠나 그만두는 것을 말한다. 《禮記 · 曲禮下》에, '남의 신하 된 도리는 임금의 잘못을 드러내놓고 간쟁하지 않으며, 세 번 간언하고도 듣지 않으면, 그 벼슬자리를 떠난다'고 했는데, 이는 모두 大臣이 임금을 섬기는 도리를 말한 것이다. 劉敞[1019~1068]의 《春秋意林》에 말했다. "具臣은 그 벼슬자리가 낮고, 짊어진 짐이 가벼우니, 사소한 일은 하자는 대로 따르는 것은 괜찮지만, 큰일은 하자는 대로 따르는 것은 죄가 된다. 大臣은, 짊어진 짐이 무겁고, 책임은 두터우니, 사소한 일을 하자는 대로 따르는 것은 죄가 되고, 큰일을 하자는 대로 따르는 것은 악행이 된다." 包愼言[淸人]의 《論語溫故錄》에 말했다. "《韓詩外傳 · 卷十》에, '大夫에게 간쟁하는 신하 세 사람이 있으면, 무도해도 그 家를 잃지 않는다. 계씨는 무도했으니 천자를 참칭했고, 八佾舞를 추었고, 태산에서 여제를 지냈고, 천자가 쓰는 예악인 雍을 노래했지만, 그럼에도 망하지 않은 것은 염유와 계로가 가신으로 있었기 때문이다. 그래서 악악대며 직간하는 신하가 있으면, 그 나라는 번성한다'고 한 것이다." 이로 보건대, 두 사람의 계씨를 섬기는 도리도, 정도로써 광정할 수 있다고 여겼기 때문에, 계자연이 두 사람을 大臣이라고 인정했는데, 공자께서 大臣이 아니라고 배척한 것은 두 사람이 벼슬자리를 걸고 간쟁하지 못했기 때문이었다. 두 사람은 패거리를 만들어 악행을 저지를 신하는 아니지만, 자기 뜻을 굽히지 않고 곧게 펴서, 간악한 인간(계씨)의 참칭의 싹을 꺾지 못했기 때문에, '具臣'이라 하신 것이다. 생각건대, 공자의 이 말씀은 두 제자가 여전히 신하로서 정도를 지킬 수 있다는 것을 밝혀, 이로써 계씨에게 경고하여, 그로 하여금 스스로 대역죄에 빠지는 일이 없도록 하려는 것이었다(正義曰: '以道事君, 不可則止'者, 謂事君當以正道, 若君所行有過失, 卽以道

선생님께서 말씀하셨다. "부모나 임금을 시해하는 일은, 그래도 따르지 않을 것입니다."

言二子雖不足於大臣之道, 然君臣之義則聞之熟矣, 弑逆[12]大故[13]必不從之。蓋深許二子以死難[14]不可奪之節[15], 而又以陰[16]折季氏不臣之心[17]也。

말씀인즉, 이 두 사람은 비록 대신(大臣)으로서 도리를 다하기에는 부족할지라도, 군신 간의 의리라면 익히 가르침을 들었으니, 부모나 임금을 시해하거나 반역하는 크게 잘못된 일은 결코 따르지 않으리라는 것이다. 대개 두 사람에게는 난을 만나 죽을지라도 빼앗지 못할 절개가 있다는 것을 깊이 인정하시고, 또 이로써 계씨(季氏)의 신하로서의 본분을 지키지 않는 마음씨를 은근히 꺾으신 것이다.

諫正之。'止'謂去位不仕也。曲禮云: "爲人臣之禮, 不顯諫, 三諫而不聽, 則逃之。" …… 並言大臣事君之法。劉敞春秋意林: "具臣者, 其位下, 其責薄, 小從可也, 大從罪也。大臣者, 其任重, 其責厚, 小從罪也, 大從惡也。" 包氏慎言溫故錄: "韓詩外傳云: '大夫有諍臣三人, 雖無道不失其家。季氏爲無道, 僭天子, 舞八佾, 旅泰山, 以雍徹, 然而不亡者, 以有冉求,季路爲宰臣也。故曰: 有諤諤諍臣者, 其國昌。'" 依此則二子事季, 亦能匡正以道, 故季子然以大臣許之, 而夫子斥之者, 以其不能以去就爭也…… 夫二子非黨惡之臣, 然不能直伸己志, 折奸人僭竊之萌, 故曰"具臣"…… 案: 夫子此言, 明二子尚能守正, 亦所以警季氏, 使無自陷大逆也。); 《論語集釋》宦懋庸[1842~1892]의 《論語稽》에 말했다. "계씨는 천자의 예악인 雍을 부르고 八佾舞를 추었고, 노나라 국정을 참절했으니, 季氏의 家와 魯의 國을 혼동해서 하나라고 여긴 것이다. 계자연은 계씨 가의 자제로서, 노나라에 아직도 임금이 있다는 것을 어찌 알기나 했겠는가? 그가 중유와 염구를 大臣이라고 했으니, 엄연히 季氏의 家를 魯의 國으로 간주했을 것이다. 공자께서는 그에게 大臣의 의의를 '以道事君 不可則止'이라고 분명하게 적시하고 중유와 염구는 다만 具臣일 뿐이라고 중유와 염구를 억눌렀지만, 이는 바로 이를 써서 계씨를 억누른 것이었다. 그런데 계자연은 그 의미를 잘못 이해하여, 두 사람을 자기에게 매수된 사람으로 보고, 走狗가 자기 주인의 사주를 따르듯이, 장차 두 사람이 자기를 위해 사력을 다할 것이라고, (임금을 시해하려는) 내심의 생각을 개가 침을 흘리듯이 무의식중에 말투로 노출시킨 것이다. 그래서 공자께서는 또 임금에 대한 신하로서의 대의를 적시하여 이로써 그의 생각을 꺾으신 것이다"(論語稽: 季氏歌雍舞佾, 竊魯政, 直與其家混而爲一。子然爲其子弟, 豈知魯之尚有君哉? 其以由、求爲大臣, 蓋儼然視季之家爲魯之國矣。夫子顯揭大臣之義以示之曰:「以道事君, 不可則止。」而抑由、求以僅備臣數, 正所以抑季氏也。乃子然誤會其意, 以爲二子受吾豢養, 將如鷹犬之從吾指使, 吾將得其死力, 中情叵測, 流露口吻。故夫子又揭君父大義以折之……。).

12 弑逆(시역): 임금을 죽이거나 어버이를 죽이는 대역죄(指弑君杀父。亦仅指弑君。).

13 大故(대고): 부모상. 중대한 죄악(父親或母親去世。父母丧。严重的过失或罪恶。).

14 死難(사난): 생명을 바치다. 난을 만나 죽다(为国家的危难或正义事业而付出生命。遇难而死。).

15 《泰伯 제6장》 참조.

16 陰(음): 비밀리에. 암암리에(暗中, 暗地里。).

17 不臣之心(불신지심): 신하로서의 본분을 지키지 않다. 자기 임금을 범하여 난을 일으키려는 마음(不臣: 不守臣子的本分, 封建社会中不忠君。意指不忠君的思想。后也指犯上作乱的野心。).

○尹氏曰:「季氏專權僭竊, 二子仕其家而不能正也, 知其不可而不能止也, 可謂具臣矣。是時季氏已有無君之心, 故自多其得人。意其可使從己也, 故曰弑父與君亦不從也, 其庶乎二子可免矣。」

○윤씨(尹氏 · 尹彦明)가 말했다. "계씨(季氏)는 권력을 마음대로 하고, 신분에 맞지 않는 자리를 도적질했는데, 두 사람은 계씨(季氏) 가에서 벼슬을 하면서도 바로잡지 못했고, 계씨(季氏)를 바로잡는 것이 불가하다는 것을 알면서도 벼슬을 그만두지 못했으니, 머릿수나 채우는 신하라고 할 수 있다. 이 당시에 계씨(季氏)는 이미 임금을 무시하는 마음이 있었기 때문에, 자기 가문에서 인재를 얻은 것을 스스로 자랑스럽게 생각했다. 그들 두 사람을 자기가 시키는 대로 따르게 할 수 있다고 생각했기 때문에, 공자(孔子)께서 말씀하시길, '부모나 임금을 시해하는 일은 그래도 따르지 않을 것이다'라고 하셨으니, 아마도 두 사람이 부모나 임금을 시해하는 일을 피할 수 있으리라 보신 것이다."

[子路使子羔爲費宰章]

112401、子路使子羔爲費宰[1]。

자로(子路)가 자고(子羔)에게 비(費) 읍을 다스리는 읍장을 시켰다.

子路爲季氏宰而擧之也。

자로(子路)가 계씨(季氏)의 가신이 되고 나서 자고(子羔)를 등용한 것이다.

112402、子曰:「賊[2]夫人之子[3]。」

선생님께서 말씀하셨다. "남의 자식을 망친다."

夫, 音扶, 下同。○賊, 害也。言子羔質美而未學, 遽使治民, 適以害之。

'夫'(부)는 음이 '扶'(부, fú)로, 뒷절에서도 이와 같다. ○'賊'(적)은 '망치다'[害]이다. 말씀인즉, 자고(子羔)는 자질은 뛰어나지만 아직 배우지 않았는데, 갑자기 백성을 맡아 다스리게 하면, 그를 망치기에 딱 좋다는 것이다.

112403、子路曰:「有民人焉[4], 有社稷[5]焉。何必讀書[6], 然後爲學[7]?[8]」

1《論語正義》《史記 · 仲尼弟子列傳》에는, '使子羔爲費郈宰'로 되어 있다. 《論衡 · 藝增》에는 '郈宰'로 되어 있다. 戴望[1837~1873]이 말했다. "《史記》의 '費郈'의 '費'는 후인이 덧붙인 글자이다. 자로가 郈邑을 무너뜨린 후에, 훌륭한 읍장이 없으면 안 되기에, 자고를 읍장으로 임명해서 다스리게 하려 한 것이다"(正義曰: 史記弟子傳作"使子羔爲費郈宰"。論衡藝增篇亦作"郈宰"。戴氏望說: "史記'費'字, 後人所增……子路以墮郈後, 不可無良宰, 故欲任子羔治之。").

2《論語義疏》'賊'은 '害'[해치다]와 같다(疏: '賊', 猶害也。);《荀子 · 修身》선량한 사람을 해치는 것이 賊이다(害良曰 賊。).

3《古今注》'夫人'은 '남'이다(夫人, 人也。);《論語新解》자고가 아직 나이가 어려서, '夫人之子'라 한 것이다(时子羔尚年少, 故称夫人之子。).

4《論語集解》"백성을 다스리고 귀신을 섬기는 일은 여기에서 익히면 이 또한 學입니다"(注: 孔安國曰: 言治民事神, 於是而習之, 亦學也。);《論語新解》읍장이 되어서 백성을 다스리는 것, 제사에 임해서 신을

자로(子路)가 말했다. "백성이 그곳에 있고, 사직이 그곳에 있습니다. 어찌 꼭 서책을 읽어야, 그런 후에만 배웠다 하겠습니까?"

言治民事神皆所以爲學。
말인즉, 백성을 다스리고 귀신을 섬기는 일이, 이를 써서 배우게 된다는 말이다.

112404、子曰:「是故惡夫[9]佞者。」
선생님께서 말씀하셨다. "이래서 나는 저렇게 말재주 부리는 사람을 미워한다."

惡, 去聲。○治民事神, 固學者事, 然必學之已成, 然後可仕以行其學。若初未嘗學, 而使之即仕以爲學, 其不至於慢神而虐民者幾希矣。子路之言, 非其本意, 但理屈辭窮[10], 而取辨於口[11]以禦人耳。故夫子不斥其非, 而特惡其佞也。
'惡'(오)는 거성[wù]이다. ○백성을 다스리고 귀신을 섬기는 일은 본래 배우는 자의 일이지만, 반드시 배움이 이미 완성되고 그런 후에 벼슬하여 이로써 그가 배운 것을 실행

섬기는 것, 이 모두가 學이다(子路谓为宰当治民, 当临祀事神, 此皆是学。); 民人(민인): 인민. 백성(人民, 百姓。);《許世瑛(二)》'焉'은 '於是'와 같고, '是'는 '費邑'을 가리킨다('焉'字等於'於是', '是'字稱代'費邑'。).

5《王力漢語》'社'(사)는 토지신이고, '稷'(직)은 곡물신이다. 국가의 상징('社', 土地的主, 土神。又名'后土'。古人封土爲'社'; '稷', 穀神; '社稷', 土神與穀神。古代用作國家的象徵。).

6《王力漢語》讀(독): 책을 읽다. 공부하다. 소리 내어 읽는 것, 풀이하는 것, 연구하는 것을 포괄한다(讀書。古人所謂讀, 包括誦讀,講解和研究。).

7《論語句法》'學'은 '爲'의 목적어이다('學'是述詞'爲'的止詞。).

8《論語正義》이 당시에 작위와 녹봉이 세습되면서, (당시 벼슬아치들이) 배움을 경유해서 벼슬에 나가지 않았는데, 그래서 자로가 벼슬아치들 역시 독서를 중요하게 여기지 않았음을 말한 것이다(正義曰: 於時世卿持祿, 不由學進, 故子路言仕宦亦不以讀書爲重也。).

9《論語句法》'夫佞者'는 술어 '惡'의 목적어로 쓰였다. 이 때문에, '夫'는 第二聲[fú][3인칭 대사]으로 읽어야 한다('夫佞者'是詞組, 做述詞'惡'的止詞。因此, '夫'字也該讀陽平。);《論語語法》'夫佞者'는 한정어 '夫'와 중심어 '佞者'가 결합한 구이다["저런 말재주 부리는 사람"]('夫佞者'是定中短語。);《論語新解》"저런 말재주 부리는 사람"("那些利口善辯的人").

10 理屈辭窮(이굴사궁): 이치는 꿀리고 말문은 막히다. 이치에 닿지 않아 대답할 말이 없어 말문이 막히다. 이유가 발붙일 곳이 없고, 논박을 당해 말문이 막히다(由于理亏而无话可说: 理由站不住脚, 被驳得无话可说。); 理屈(이굴): 도리에 어긋나다. 이유가 논박당하다(理亏; 理由被驳倒。).

11《公冶長 제4장》참조; 辨口(변구): 능변. 달변. 구변. 말재주(利口, 利嘴。辨, 通'辯'。).

해 옮길 수 있다. 만약 처음부터 배운 적이 없는데도, 그로 하여금 벼슬에 나아가게 해서 이를 써서 그런 일들에 대해 배우게 한다면, 아마도 귀신을 섬기는 일에 태만하고 백성을 학대하는 지경에 빠지지 않을 자가 거의 드물 것이다. 자로(子路)가 한 말은, 그의 본의는 아닌데, 다만 이치는 꿀리고 말문은 막히자, 말재주로 이리저리 둘러대서 이로써 남의 말을 막아 보려는 것일 뿐이었다. 그래서 선생님께서는 그가 한 말의 잘못을 지적하지는 않으시고, 다만 그가 부리는 말재주를 미워하신 것이다.

○范氏曰:「古者學而後入政。未聞以政學者也[12]。蓋道之本在於修身, 而後及於治人, 其說具於方冊[13]。讀而知之, 然後能行。何可以不讀書也? 子路乃[14]欲使子羔以政爲學, 失先後本末之序矣。不知其過而以口給[15]禦人, 故夫子惡其佞也。」

○범씨(范氏·范淳夫)가 말했다. "옛사람들은 배우고 그 후에 정치에 입문했다. 정치를 통해 배운다는 것은 들어보지 못했다. 대개 도의 근본은 수신(修身)에 있고, 그 후에야 치인(治人)의 단계로 나아가도록 되어 있으니, 그러한 설명이 책에 다 갖추어져 있다.

---

12 《春秋左傳·襄公 31年》 정나라 대부 자피가 윤하를 읍장으로 삼으려 하자, 자산이 '그는 연소하니 다스릴 수 있을지 모르겠습니다'라고 하자, 자피가 '그는 사람됨이 신중하고, 내가 사랑하니, 나를 배반하지 않을 것입니다. 그를 읍장으로 보내 정사를 배우게 하면, 그도 정사를 더욱 잘 알게 될 것입니다'라고 했다. 자산이 말했다. "옳지 않습니다. 사람이 사랑하면, 사랑하는 사람에게 이익이 되도록 하려고 하는데, 지금 당신께서 사랑하는 사람인데 그에게 정사를 맡기려 하시니, 이는 칼을 잡을 줄도 모르는 자에게 희생을 잡게 하는 것과 같아서, 그가 다치는 일이 실로 많을 것입니다. 당신께서 사랑하는 사람인데, 그를 다치게 할 뿐이니, 그 누가 감히 당신께 사랑받기를 바라겠습니까? 당신은 정나라의 동량이십니다. 동량이 꺾이고 서까래가 무너지면, 저도 압사할 것이니, 감히 할 말을 하지 않을 수 없습니다. 당신께 고운 비단이 있는데, 가위질도 모르는 사람에게 그 비단을 주어 재단하는 법을 배우게 하지는 않을 것입니다. 저는 배우고 그 후에 정치에 입문한다는 말은 들어봤어도, 정치를 통해 배운다는 말은 들어보지 못했습니다. 만약 당신의 뜻대로 그에게 읍장을 맡긴다면, 반드시 해로운 일이 있을 것입니다. 비유하자면 사냥하는데, 활을 쏘면서 수레를 모는 일에 익숙하다면 짐승을 잡을 수 있겠지만, 수레를 타고 활을 쏘면서 수레를 몰아본 적이 없다면 짐승은 한 마리도 잡지 못하고 수레가 엎어져 치여 죽을까만을 두려워할 것이니, 어느 겨를에 짐승 잡을 생각을 하겠습니까?"(子皮欲使尹何爲邑, 子產曰, 少, 未知可否, 子皮曰, 愿, 吾愛之, 不吾叛也。使夫往而學焉, 夫亦愈知治矣。子產曰, 不可, 人之愛人, 求利之也, 今吾子愛人則以政, 猶未能操刀而使割也, 其傷實多。子之愛人, 傷之而已, 其誰敢求愛於子? 子於鄭國, 棟也。棟折榱崩, 僑將厭焉, 敢不盡言。子有美錦, 不使人學製焉……僑聞學而後入政, 未聞以政學者也, 若果行此, 必有所害, 譬如田獵, 射御貫, 則能獲禽, 若未嘗登車射御, 則敗績厭覆是懼, 何暇思獲?).

13 方冊(방책): 죽간. 전적(簡牘; 典籍).

14 乃(내): 그렇지만. 그럼에도(可是, 然而。).

15 口給(구급): 말재간이 민첩하다. 말솜씨가 좋다(口才敏捷, 能言善辯。).

책을 읽어서 알게 되고, 그런 후에야 실행에 옮길 수 있다. 어찌 책을 읽지 않을 수 있겠는가? 자로(子路)는 그럼에도 자고(子羔)로 하여금 정치를 통해 배우게 했으니, 선후와 본말의 순서를 잃었다. 자기 잘못을 알지 못하고 말재주로 남의 말을 막아 보려 했기 때문에, 선생님께서 그가 부리는 말재주를 미워하신 것이다."

[子路曾晳冉有公西華侍坐章]

112501、子路、曾晳[1]、冉有、公西華侍坐[2]。[3]

자로(子路)·증석(曾晳)·염유(冉有)·공서화(公西華)가 공자(孔子)를 모시고 앉아 있었다.

坐[4], 才臥反。○晳, 曾參父, 名點。

'坐'(좌, zuò)는 '才'(재)와 '臥'(와)의 반절이다. ○증석(曾晳)은 증삼(曾參)의 아버지로, 이름이 점(點)이다.

112502、子曰:「以[5]吾一日長[6]乎爾[7], 毋吾以也[8]。

---

1 曾晳(증석): 姓이 曾, 名 点, 字 子晳. 증자(증삼)의 부친. 공자의 초기 제자;《孟子·盡心下 제37장》 맹자가 말했다. "금장·증석·목피와 같은 자들이, 공자께서 말씀하신 狂者이다"(曰: "如琴張曾晳牧皮者, 孔子之所謂狂矣。).

2 侍坐(시좌): 존장 옆에 배석해 앉다. 존장은 앉아 있고, 자기는 서서 시중을 들다(在尊长近旁陪坐。尊长坐着, 己站立侍奉。);《論語詞典》侍坐(시좌): 시중을 받는 사람은 그대로 앉아 있고, 시중을 드는 자도 앉아서 시중드는 것을 말한다(被侍者固然坐着, 侍者也坐着相陪。).

3《孔子傳》이 장에서 당시 스승과 제자들이 강학하면서 즐거운 감정의 일단을 볼 수 있다. 자로는 공자보다 9세가 작고, 증석은 증삼의 아버지로, 자로에 비해 좀 나이가 어린 것이 아닌가 한다. 그래서 기록한 자가 증석의 이름을 자로 뒤에 놓았다. 염유는 공자보다 29세 작고, 공서화는 가장 나이가 어린데, 공자보다 32세 작다. 이 장의 문답은 응당 공자께서 50세 때의 일로 벼슬에 나가기 전에 있었을 것이다(此章可见当时孔门师弟子讲学欢情之一斑。子路少孔子九岁。曾晳, 曾参父, 或较子路略年幼。故记者序其名次后于子路。冉有少孔子二十九岁。公西华最年轻, 少孔子三十二岁。此章问答应在孔子五十出仕前。);《先秦諸子繫年考辨·孔子弟子通考》이 장의 경우는 자로가 계씨의 가신이 되기 전의 일이 맞다. 이는 노정공 11년[墮三都 1년 전]으로, 이때 공자는 53세 자로 44세, 증석 30세, 염유 24세, 공서화는 21세이다(《论语侍坐章》当在子路为季氏宰之先。今姑以鲁定公十一年(当墮三都前一年。), 时孔子年五十三, 子路年四十四, 曾晳年当三十许, 冉有年二十四, 则子华年二十一也。).

4《經典釋文》侍坐(시좌): 才와 卧의 반절이다. 또 본래의 음대로 읽는다(才卧反。又如字。).

5《論語句法》'以'는 관계사로, '因爲'의 뜻이다('以'是關係詞, '因爲'的意思。);《北京虛詞》以(이): 개사. ~으로 인해. 동작시행의 원인을 소개한다('以', 介詞。介绍动作施行的原因。义即'因', '因为'。).

6 [성]一日之長(일일지장): 나이가 좀 더 많다. 재능이 좀 더 낫다. 나이가 더 많거나 관록이 더 오래된 것 대한 겸사어법(谓年龄比别人稍大。指才能比别人稍强。年龄大或资格老的自谦说法。);《古今注》나이의 많고 적음은 하루를 가지고 다투는데, 하루 더 먹었다고 말씀하신 것은 겸양의 표현이다(少長之分,

선생님께서 말씀하셨다. "내가 너희들보다 나이가 좀 많다고 해서, 내 나이 때문이라고 하지 말거라.

長[9], 上聲。○言我雖年少長於女, 然女勿以我長而難言。蓋誘之盡言以觀其志, 而聖人和氣謙德, 於此亦可見矣。

'長'(장)은 상성[zhǎng]이다. ○말씀인즉, 내가 비록 나이는 너희들보다 좀 많지만, 그렇

爭一日, 必言一日者謙也。).

7《論語詞典》乎(호): 개사. 용법이 '於'와 같지만, 반드시 술어 뒤에 위치한다. 비교 대상을 표시한다(介詞, 用法同"於", 但一定置於述說詞之下。表所比。);《北京虛詞》乎(호): 개사. ~에 비해. 비교 대상을 끌어들인다('乎', 介词。引进比较的对象。义即'比'。);《詞詮》爾(이): 인칭대명사. 너. 자네('爾', 人稱代名詞。汝也。音變爲今語'你'字。)

8《論語集解》"내가 너희에게 묻겠으니, 너희는 내 나이가 많다고 해서 대답하기를 어려워하지 말거라"(注: 孔安國曰: 言我問汝, 汝無以我長故難對也。)[공안국은 '以吾一日長乎, 爾毋吾以也.'로 끊어 읽었다];《論語正義》'毋吾以'의 '毋'는 '無'와 같다. 皇侃本에는 '無'로 되어 있다. '以'는 '用'이다. '내가 나이가 들어, 이미 노쇠하다 보니, 나를 쓰는 사람이 없다'라는 말이다.《經傳釋文》에는, '吾以의 以가 鄭玄의 本에는 已로 되어 있다'고 했다. 鄭玄은 '내가 나이가 많다고 해서, 하던 말을 멈추고 말하는 것을 꺼리지 말거라'라고 해석한 것인데, 뜻이 굽은 것 같다'(正義曰: '毋吾以'者, '毋'與'無'同, 皇本作'無'。'以', 用也。言此身既差長, 已衰老, 無人用我也。釋文云: '吾以, 鄭本作已。' 鄭謂'毋以我長之故, 已而不言。' 已, 止也。義似紆曲。);《論語集釋》王闓運[1832~1916]의《論語訓》에 말했다. "이미 노쇠했고, 명철한 임금이 나오지 않아, 끝내 쓰이지 못하니, 이미 당세에 도를 행할 뜻이 없다는 말이다"(論語訓: 毋, 無。以, 用也。言已老矣, 明王不興, 終不見用, 已無當世之志也。);《文言虛詞》'毋'는 '無'와 같다. '~한 사람이 아무도 없다'('毋'同'無'一樣, 可以作無指代詞, 當'沒有人'解。'沒有人再用我了');《論語詞典》毋(무): 무지대명사. 아무도["내가 너희들보다 나이가 많기 때문에, 늙었다고, 아무도 나를 써먹지 않는다"](表示無指的代詞: '因为我比你们年纪都大, 老了, 没有人用我了。');《論語句法》'以'는 관계사로 '因爲'의 뜻이다('以'是關係詞, '因爲'的意思。);《論語句法》'毋吾以也'의 '以'는 술어로 보는 게 맞고, '爲'[~때문에]의 뜻과 같다. '吾'는 1인칭 대사로서 목적어인데, 부정문인 관계로, '吾'의 위치가 반드시 술어 '以'의 앞에, 금지부사 '毋'의 뒤에 놓여야 한다(這個'以'字該認作述詞, '以'字的意思, 和'爲[去聲]'相同。'吾'是第一身稱代詞, 做止詞, 由於這句是否定句, 止詞'吾'的位置一定在述詞之前, 禁止限制詞'毋'之後。);《論孟虛字》'以吾'와 '毋吾以'의 '以'는 모두 '因爲'의 뜻이다. '毋吾以'의 '以'는 부정문에 쓰여 목적어 '吾'를 도치시킨 형식이다["내 나이가 너희보다 많다는 것 때문에, 나 때문이라고 하지 말거라"]('以吾'和'毋吾以'的'以', 皆'因爲'義。末句的'以', 用在否定句裡, 構成倒置賓語的句式。);《王力漢語》부정사 '不' '毋' '未' '莫'을 사용한 부정문에서, 목적어가 대사인 경우, 일반적으로 그 목적어인 대사는 동사 앞으로 전치된다["나 때문이라 하지 말거라"](在古漢語裡, 用'不''毋''未''莫'四個否定詞的否定句有一個特點: 賓語如果是一個代詞, 一般總是放在動詞的前面。);《王力漢語》명령을 표시하는 문장에도 '也'字 마침구를 쓰는 경우가 있다(古代漢語表示命令的句子也往往'也'字煞句。).

9 長(장): [zhàng] 길이. 여분의. 남아돌다(度長短曰長。多余的。); [cháng] 거리. 장점. 길다(两端点之间的距离。优点、长处。空间、距离大。与「短」相对。); [zhǎng] 연장자. 나이를 먹다. 나이가 많다. 생장하다(年纪大、辈分高的人。年龄稍大。生长、发育。).

다고 너희는 내가 나이가 많은 것 때문에 말하기를 어려워하지 말라는 것이다. 대개 그들에게 권유해서 하고 싶은 말을 다 하게 하여 이로써 그들이 품고 있는 뜻을 알아보시려는 것인데, 성인의 온화한 기운과 겸손한 덕성을, 여기에서도 볼 수 있다.

112503、居[10]則曰:『不吾[11]知也!』如或[12]知爾, 則何以[13]哉?」

(너희들은) 평상시라면, '(사람들이) 나를 알아주지 않습니다!'라고 말했을텐데, 혹여 누군가가 너희들을 알아준다면, 무엇을 쓰겠느냐?"

言女平居[14], 則言人不知我。如或有人知女, 則女將何以爲用也?
말씀인즉, '너희들은 평상시라면, 사람들이 나를 알아주지 않는다고 말했을 것이다. 혹여 누군가가 너희들을 알아준다면, 너희들은 장차 무엇으로 쓰임을 받겠느냐?'는 것이다.

112504、子路率爾[15]而[16]對曰:「千乘之國, 攝[17]乎[18]大國之間[19], 加之以師旅[20], 因[21]之以

---

10 《論語義疏》'居'(거)는 제자들의 평상시를 말한다(疏: 居, 謂弟子常居時也。); 居(거): 평소(平时。平日, 平常的意思。).

11 《王力漢語》'吾'는 1인칭으로, 주어나 관형어로 쓰이고, 목적어로는 일반적으로 쓰지 않지만, 부정문에서 목적어가 동사 앞에 놓인 경우는 목적어로 쓸 수 있다('吾' '我' '予'都屬於第一人稱。'吾'可以用作主語, 定語, 但一般不用作賓語。如果在否定句裡, 賓語放在動詞的前面, 却又可以用'吾'字了; 在古漢語裡, 人稱代詞是單複同形的。).

12 如或(여혹): 或如. ~같으면. ~이 주어지면. 만일(好像有。如果有。如果。); 《王力漢語》或(혹): 가리키는 대상이 정해져 있지 않은 대명사로, 통상 사람을 가리키고, 주어로만 쓰인다(無定代詞。'或'字通常用來指人, 而且只用作主語, 譯成現代漢語可以作'有人'。)

13 《論語集解》"무엇을 써서 다스리겠느냐?"(注: 孔安國曰: ……則何以爲治乎?); 《論語句法》의문문에서 목적어가 의문지칭사인 경우 목적어는 반드시 술어 앞에 위치한다(疑問句中, 止詞是疑問指稱詞, 它的位置也一定在述詞之前。); 《北京虛詞》何以(하이): 어떻게 하겠는가? 방법을 묻는 데 쓰이며 단독으로도 쓰인다('何以', 用来询问方法, 义即'怎么办'、'怎么'。单独成句。); 《王力漢語》以(이): 동사. 쓰다(動詞。用。).

14 平居(평거): 평일. 평소(平日, 平素。).

15 《論語集解》'卒爾'[《論語集解》本에는 '率爾'가 '卒爾'[갑자기]로 되어 있다]는, 3인에 앞서 대답한 것이다(注: 卒爾, 先三人對也。); 《論語義疏》예에 따르면[禮記 · 曲禮上] 군자를 옆에서 모시고 앉아 있는데, 군자가 한 가지 물음을 끝내고 화제를 바꾸어 물으면, 일어나서 대답하고 좌중을 둘러보고 나서 대답해

饑饉[22]; 由也爲[23]之, 比及[24]三年, 可使有勇, 且知方[25]也。」 夫子哂[26]之。[27]

야 맞는데, 자로는 일어서지도 않고 좌중을 둘러보지도 않았기 때문에, '卒爾對'라고 한 것이다. '卒爾'는 예의가 없는 것을 말한다(疏: 禮侍坐於君子, 君子問更端, 則起而對及宜顧望而對, 而子路不起又不顧望, 故云卒[率]爾對也。'卒爾', 謂無禮儀。); 《助字辨略》 '率爾'는 '遽然'[돌연]이라는 말과 같다(率爾, 猶云遽然。); 《論語正義》 재빨리. 망설임 없이. 이것저것 생각하지 않고(正義曰: '率'者, 輕速之意。); 《古漢語語法》 '동사 · 형용사+爾[접미사]' 형식은 대부분 부사로서의 특징을 지니며, 동작 행위의 상태를 나타낸다('动词、形容词+爾[后缀助词]', 大多具有副词特点, 在动词前作状语。表示动作行为的状态。); 《百度漢語》 率爾(솔이): 서둘러서. 급작스럽게. 대뜸(急遽貌).

16 《詞詮》 而(이): 부사에 뒤따르는 접속사. 부사와 부사가 수식하는 동사를 이어준다. '爾'가 부사 뒤에 붙은 경우로서, 동사를 수식할 때는, 반드시 '爾'字 뒤에 접속사 '而'字를 붙인다('而', 陪從連詞。連續副詞與其所修飾之動詞。'爾'爲副詞之語尾者, 其助動詞時, 必帶連詞'而'字。); 《文言虛詞》 而(이): 접속사. 부사어와 동사 사이에 놓인다('而'字作爲連詞, 可以置於狀語和動詞之間。); 《論語詞典》 而(이): 부사(어)와 동사를 이어주어, 둘 사이가 수식관계임을 표시한다(連絡副詞或者副詞語與動詞, 表示其修飾關係。).

17 《論語集解》 '攝'(섭)은 대국 사이에 끼어 가까이 닥쳐있는 것이다(注: 苞氏曰: 攝, 攝迫乎大國之間也。); 《論語注疏》 '攝'은 '迫'[가까이 닥치다]이다(疏: 正義曰: 攝, 迫也。); 《論語平議》 '攝'은 '籋'(섭)[집게]와 같다. 《說文 · 竹部》에, '籋(섭)은 箝(겸)[재갈]과 같다'고 했다. 籋에는 夾(협)[집게로 집다. 사이에 끼다]의 뜻이 있다(攝, 猶籋也。說文竹部: "籋, 箝也。" 是籋有夾義。); 《百度漢語》 攝(섭): (겨드랑이) 사이에 끼다. (집게) 집다. 가까이 닥치다(夹, 箝。迫近。).

18 《北京虛詞》 乎(호): 개사. ~에서. ~에. '개사+목적어'구를 구성하여 동사 뒤에 쓰여 보어 역할을 한다. 동작 행위나 상황이 발생 출현한 장소를 끌어들인다('乎', 介词。'乎'和它的宾语组成介宾短语, 用于动词之后, 作补语。引进动作行为或情况发生、出现的处所。义即'在'。); 《古漢語語法》 장소를 끌어들이며, 술어 뒤에만 출현한다('乎'引进处所, 只出现在述语之后。).

19 《王力漢語》 間(간): 중간. 사이. 틈. 옛날에는 '間'이란 글자는 없었고 모두 '閒'字를 썼는데, 《說文 · 門部》에 의하면, '閒'은 '門隙'[문틈]이라는 뜻이다(中間。上古本來無'間'字, 都作'閒'。依說文, '閒'的本義是'門隙'。).

20 《論語正義》 '加之以師旅'는, 내 나라 안에서 토벌이 벌어지고 있는데 또 다른 나라가 침범하는 것을 말한다. '加'는 '益'[더하다]이다(正義曰: '加之以師旅'者, 謂己國有征討及他國來侵伐者也。'加'者, 益也。); 《百度漢語》 加(가): (압력 · 영향을) 가하다. 증대하다. 강요하다('加', 施加; 强加); 《論語語法》 개사 '以'와 개사목적어 '師旅'가 모두 술어 '加之' 뒤에 놓인 것이다(介詞'以'和副賓語都在謂語之後。); 《論語句法》 '之'는 '千乘之國'을 가리킨다('之'字稱代'千乘之國'。); 師旅(사려): 군대편제단위. 전쟁(古代军队编制。战事。).

21 《古今注》 해를 거듭하여 이어지는 것으로, 연속되는 기근을 말한다(年年相因也, 謂荐飢); 《論語詞典》 因(인): 더해서 ~을 또 가하다(又加以。); 《王力漢語》 因(인): 뒤따르다. 순차로 이어지다('因', 依靠, 憑藉。引申爲順着。又爲接着。); 《論孟虛字》 '因'은 '仍' '復'과 같다. 빈번히. 되풀이하여('因', 猶'仍'、'復'。'因仍'爲同義複語, 有'重''再'之意。).

22 《論語義疏》 곡식이 부족한 것이 '饑'(기), 채소가 모자란 것이 '饉'(근)이다(疏: 乏穀爲饑, 乏菜爲饉。); 《王力漢語》 饑(기): 곡식이 여물지 못하다. 흉년. '飢'(기)는 '기아'로 쓰이고, '饑'(기)는 '기근'으로 쓰인다('饑', 五穀不成熟, 荒年。'飢'用於'飢餓', '饑'用於'饑荒'。'饑'跟'熟'相對。).

23 《論語義疏》 '爲'(위)는 '治'[다스리다]이다(疏: 爲, 猶治也。).

24 《論語義疏》 '比'(비)는 '至'[이르다]이다(疏: 比, 至也。); 《論語正義》 '比'는 '近'[가까워지다]이다('比', 近也。); 《古漢語語法》 比及(비급): ~의 때가 되다. ~까지 기다리다. 같은 뜻의 개사를 이어 써서 複音介詞

자로(子路)가 대뜸 (자리에서 일어나) 대답했다. "천승 정도의 수레를 가진 나라인데, 대국 사이에 끼어서, (밖으로는) 그 나라에 전쟁의 압력이 가해지고, (안으로는) 그 나라에 기근이 잇따릅니다. 제가 그 나라를 다스려, 3년쯤 되면, 그 나라 백성들로 하여금 용기를 내게 할 수 있고, 거기에 더해 향해야 할 곳을

를 조성한 것으로, '比'와 뜻이 같지만, 강조하는 것이 있다. '比'는 시간의 연속을 표시하며, '~때가 되다'의 뜻이 있다('比及', 同义介詞并列组成复音介词, 与'比'意同, 但有所加强。'比'表示时间的连续, 有'(等)到……(时)'义。).

25 [성]有勇知方(유용지방): 용기도 있고 도리도 알다(有勇气且知道义。);《論語集解》'方'은 '義方'[行事하는 데 있어 지켜야 할 규범이나 도리]이다(注: 方, 義方也。);《經典釋文》'方'은 '禮法'이다(鄭云: 方, 禮法也。);《古今注》'方'은 사람이 지향할 방향이다(方者, 人所嚮也。);《王力漢語》方(방): 추상적인 의미로 쓰여, 도리. 앞으로 나아가는 방향(用於抽象意義時, 表示道理或前進的方向。);《百度漢語》知方(지방): 예법을 알다(知礼法。刘宝楠正义引郑玄曰: 方, 礼法也。).

26《論語集解》'哂'(신)은 '笑'이다(注: 馬融曰: 哂, 笑也。);《論語義疏》잇몸을 '哂'이라 한다. 크게 웃어 입이 열리면 잇몸이 드러나는데, 그래서 注에서 哂을 笑라 한 것이다(疏: 齒本曰哂。大笑口開則哂見, 故謂哂爲笑者也。);《論語正義》《禮記·曲禮上》에, '웃되 잇몸을 드러내지 않는다'고 했고, 鄭玄의 注에 '잇몸을 矧(신)이라 하는데, 크게 웃으면 잇몸이 보인다'고 했다.《經典釋文》에, '矧(신)이 어떤 책에는 또 哂(신)으로 되어 있다'고 했는데, '哂'과 '矧'은 같은 글자이다. 宋翔鳳[1779~1860]의《過庭錄》에 말했다. "《說文·欠部》에, '파안대소에 이르지 않는 웃음을 弞(신)이라 한다'고 했다.《說文》에는, '哂'字가 없어, '弞'을 써서 正字로 삼았다. 웃음은 잇몸을 드러내는 것이 한도인데, 이 한도를 넘으면 파안대소이고, 바른 용모가 흐트러지기 때문에, 弞[哂]을 '파안대소에 이르지 않은 웃음'이라 한 것으로, 微笑를 말한 것이 아니다"(正義曰: 曲禮'笑不至矧', 鄭注: "齒本曰 矧, 大笑則見。" 釋文: "矧, 本又作哂。" 是'哂'與'矧'同。宋氏翔鳳過庭錄: "說文: '弞, 笑不壞顔曰弞。從欠, 引省聲。' 說文無'哂'字, 作'弞'爲正, '矧'是叚藉, 凡笑以至矧爲度, 過此則壞顔, 且失容, 故曰: '笑不壞顔', 非微笑之謂。");《古今注》皇侃이, 잇몸[齒本]을 '哂'(신)이라 했는데, 대소든 미소든 모두 잇몸을 드러내고 웃으면 '哂'이라 한다(侃曰齒本曰哂……無論大笑微笑, 凡露齗曰哂也。).

27《論語集釋》劉寶楠의《論語正義》에 말했다. "《禮記·曲禮下》에, '군자를 모시고 있는데, 좌중을 둘러보지 않고 대답하는 것은 예에 어긋난다'고 했고, 정현의 注에 '예는 사양을 숭상한다. 좌중을 둘러보지 않고 대답하는 것은 논어의 '子路率爾而對'와 같다'고 했고, 공영달의 疏에 '여러 사람에게 물을 경우, 모시는 자들은 먼저 좌중을 둘러봐야 하고, 좌중에 자기보다 나은 자가 있으면 먼저 답하게 해야 하고, 자기가 대뜸 먼저 대답해서는 안 된다'고 했다. 생각건대, 네 제자 중에 자로가 연장자인 것으로 보아, 자로가 당연히 먼저 대답하는 것이 맞지만, 그럼에도 좌중을 둘러봤어야 했고, 갑자기 나서서는 안 되었고, 또 그의 말이 자부심이 너무 심했기 때문에, 공자께서 이를 不讓으로 보신 것이다." 생각건대[程樹德], '率爾'는《禮記·曲禮下》의 注疏에 인용한 바와 같아야 하고, 아래 '其言不讓'[제10절]과 대칭을 이룬 말이다. 자로는 연장자로서, 의당 먼저 대답해야 하는 것이 옳은데, 어찌 그것이 웃음거리가 되겠는가? 포함의 주[제10절 각주《論語集解》참조]가 틀렸다(劉氏正義: "曲禮: 「侍於君子, 不顧望而對, 非禮也。」注曰: 「禮尚讓。不顧望, 若子路率爾而對。」疏曰: 「若問多人, 則侍者當先顧望, 坐中有勝己者宜先, 而己不得率爾先對。」案: 四子以子路爲年長, 自當先對。但亦當顧望, 不得急遽先三人也。又其言自負太甚, 故夫子以爲不讓。按: 率爾, 當如曲禮注疏所引, 方與下文「其言不讓」針對。子路年長, 固當先對, 何至見哂? 何注失之。).

알게 할 수 있습니다." 선생님께서 빙그레 웃으셨다.

乘, 去聲。饑, 音機。饉, 音僅。比, 必二反, 下同。哂, 詩忍反。○率爾, 輕遽之貌。攝, 管束[28]也。二千五百人爲師, 五百人爲旅[29]。因, 仍[30]也。穀不熟曰饑, 菜不熟曰 饉[31]。方, 向也, 謂向義也。民向義, 則能親其上, 死其長矣[32]。哂, 微笑也。[33]

'乘'(승)은 거성[shèng]이다. '饑'(기)는 음이 '機'(기)이다. '饉'(근)은 음이 '僅'(근)이다. '比'(비, bì)는 '必'(필)과 '二'(이)의 반절로, 뒷절에서도 이와 같다. '哂'(신, shěn)은 '詩'(시)와 '忍'(인)의 반절이다. ○'率爾'(솔이)는 경솔하고 급한 모양이다. '攝'(섭)은 '간섭하고 속박하다'[管束]이다. 2,500명이 '師'(사), 500명이 '旅'(여)이다. '因'(인)은 '이어지다'[仍]이다. 곡식이 여물지 않은 것을 '饑'(기)라 하고, 채소가 자라지 않은 것을 '饉'(근)이라 한다. '方'(방)은 '향해 가다'[向]로, 의(義)를 향해 가는 것을 말한다. 백성이 의(義)를 향해 가면, 자기 윗사람을 친애하고 자기 윗사람을 위해 목숨을 바칠 수 있다. '哂'(신)은 '빙그레 웃다'[微笑]이다.

112505、「求爾何如[34]?」對曰:「方六七十[35], 如[36]五六十, 求也爲之, 比及三年[37], 可使足

---

28 管束(관속): 단속하다. 통제하다. 간섭하고 통제하다(遏制自由行动或言论; 约束, 使不越轨。).

29《周禮 · 地官司徒 · 小司徒》5인이 伍, 5伍[25인]가 兩, 四兩[100인]이 卒, 五卒[500인]이 旅, 五旅[2500인]가 師, 五師[12500인]가 軍이다(五人爲伍, 五伍爲兩, 四兩爲卒, 五卒爲旅, 五旅爲師, 五師爲軍。).

30 仍(잉): 이어지다. 계속하다. 연속하다(接续; 连续).

31《說文 · 食部》饑(기): 곡식이 여물지 않은 것이 饑이다(穀不孰爲饑。);《爾雅 · 釋天》곡식이 여물지 않은 것을 '饑'(기), 채소가 자라지 않은 것을 '饉'(근)이라 한다. 과일이 익지 않은 것을 '荒'(황), 연이어서 곡식이 여물지 않은 것을 '荐[瘠]'(천)이라 한다(穀不熟爲饑, 蔬不熟爲饉, 果不熟爲荒, 仍饑爲荐。).

32《孟子 · 梁惠王下 제12장》"왕께서 仁政을 행하시면, 백성들은 자기 윗사람을 친애하고, 자기 윗사람에게 목숨 바칠 것입니다"(君行仁政, 斯民親其上, 死其長矣。).

33《論語大全》나라가 대국 사이에 끼어 있으면, 형세가 다스리기가 쉽지 않다. 전쟁의 압력과 기근이 겹친 후에는, 시세가 다스리기가 쉽지 않다. 능히 부강을 이루고, 또 백성을 교화시켜 義를 향하게 하는 것은, 반드시 정치와 교육을 같이 시행한 후에 가능하다. 자로는 아마도 그가 가진 실제 재능을 써서 속에 품고 있는 포부를 다 펼쳐 말했을 것이다(新安陳氏曰: 國介居大國間, 勢難爲。當兵荒後, 時難爲。能致富强, 且化民使向義, 必政教兼擧而後能之。子路蓋以其實才展盡底蘊而言也。).

34《論語義疏》"너의 포부는 무엇이냐?"(疏: 汝志何如也?); 何如(하여): 어떻게 하겠는가?(如何, 怎么样。又指怎么办。).

35《論語正義》나라의 地境이, 정방형으로 계산하면 이 수치가 되는 것을 말한다.《禮記 · 王制》및《孟子 ·

民[38]。如其[39]禮樂, 以俟君子。[40]」

"구(求)야! 너는 어떻게 하겠느냐?" 구(求)가 대답했다. "사방 육칠십 리나, 안되면 오륙십 리 정도 되는 나라라도, 제가 그 나라를 다스려, 3년쯤 되면, 그 나라 백성들로 하여금 살림살이를 넉넉하게 할 수 있습니다. 백성을 교화시키는 예악(禮樂)에 관해서는, 군자의 가르침을 기다리겠습니다."

萬章下 제2장》에 모두 '공작 · 후작의 땅은 사방 100리, 백작은 70리, 자작 · 남작은 50리이다'라고 했다(正義曰: '方六七十'者, 謂國之四竟, 以正方計之, 有此數也。王制,孟子皆言 "公侯方百里, 伯七十里, 子男五十里"。);《論語譯注》 고대의 토지면적을 계산하는 방식으로, '60, 70평방리'가 아니고, 각 변의 길이가 60, 70리라는 뜻이다('方六七十', 這是古代的土地面積計算方式, '方六七十'不等于'六七十方里', 而是每邊長六七十里的意思。);《論語詞典》 方(방): 면적 계산 용어로, 가로와 세로가 각각 1里를, 方一里라 한다(古代計算面積的術語, 如縱橫各一里, 叫方一里。).

36《論語義疏》'方六七十'이 과분해서, 줄여서 '如方五六十里'라 한 것이다(疏: 言方六七十爲大, 故又退言如方五六十里者也。);《經傳釋詞》'如'는 '與'[~와] '及'[~에서~까지, 내지]과 같다. '方六七十 如五六十' '宗廟之事 如會同'의 '如'字는 모두 '與'와 같은 뜻이다(如, 猶與也, 及也…… '方六七十, 如五六十。' 又曰: '宗廟之事, 如會同。' '如'字並與'與'同義。);《疑義擧例 · 古書連及之詞例》'如'는 '若'과는 뜻이 본래 다르지 않으니, 말을 이어주는 글자이다. 朱子는 '或'과 같다고 했는데, 고서에는 이런 뜻이 없다('如', 古書連及之詞。'如'之與'若', 義本不殊, 故連及之詞。朱注曰: '如, 猶或也。' 古無此義。);《文言語法》 옛날에는 단어 사이나 명사(구) 사이에는 '或'을 쓰지 않고 '若' '如'를 썼다(上古在两个词或者名词语之间不用'或', 而用'若'和'如'。);《論語詞典》 如(여): 선택접속사. 아니면. 혹은(抉擇連詞, 或者。').

37《論語正義》 3년을 기다리는 것은,《漢書 · 食貨志》에 '3년을 경작하면, 1년치 곡식을 남겨 비축할 수 있다. 의식이 족하면 영욕을 알고, 염치와 양보의 마음이 생기면 쟁송이 종식된다. 그래서 3년마다 실적을 평가했던 것이다'라고 했다. 그렇다면 '足民' 또한 반드시 3년을 계산해야 한다(正義曰: 待三年者, 漢書食貨志云: "三年耕, 則餘一年之畜。衣食足而知榮辱, 廉讓興而爭訟息, 故三載考績。" 然則足民亦須以三年計之也。).

38《論語正義》 백성의 씀씀이를 풍족하게 하다(正義曰: '足民'者, 謂使民財用足也。);《論語句法》'使民足'이 순서가 바뀐 것이다(是由'使民足'轉變成的。).

39《論語詞典》 如(여): 가설접속사. ~에 관해서는(他轉轉折連詞, 至於。);《論語句法》'如'는 조건절 앞머리에 붙는 관계사로 '至於'[~에 관해서는]의 뜻이다. '其禮樂'은 '以其禮樂教民'의 생략으로, '其禮樂'은 '教'의 목적어일 뿐이다["그 나라의 예악에 관해서는"]('如'字是條件小句頭上加的關係詞, 是'至於'的意思。'其禮樂'是'以其禮樂教民'的省文, '其禮樂'只是述詞'教'的止詞罷了。);《北京虛詞》 如其(여기): 단문을 이어주며 가설을 표시한다('如其', 连接分句, 表示假设。义即'如果'、'假如'。)

40《論語義疏》"백성을 교화시키는 예악의 경우에는, 내가 할 수 없는 일이기 때문에, 군자를 청해 기다려서 하겠습니다"(疏: 若教民之禮樂, 則己所不能, 故請俟君子爲之也。);《古書虛字》 以(이): 그럼에도. 여전히(以, '尚且'之義。);《論孟虛字》 以(이): =尚, 且(以, 猶'尚', 猶'且'。);《論語譯注》"예악의 경우에는, 다만 군자의 가르침을 기다릴 뿐입니다"("至於修明禮樂, 那只有等待賢人君子了。");《論語句法》'以'字의 작용은 '則'字와 같다. 모두 뒷 구의 첫머리에 붙는 관계사로, 지금의 '就'에 해당한다('以'字作用和'則'字相同, 都是加在後果小頭上的關係詞, 相當白話於'就'。);《北京虛詞》 以(이): 부사. 제한 · 국한되어 있음을 표시한다. 다만('以', 副词。表示仅限。义即'只'、'仅'。).

求! 爾何如, 孔子問也, 下放此。方六七十里, 小國也。如, 猶或也。五六十里, 則又[41]小矣。足, 富足也。俟君子, 言非己所能。冉有謙退[42], 又以子路見[43]哂, 故其辭益遜。

'求!爾何如'(구이하여)는 공자(孔子)께서 하신 질문으로, 뒷절에서도 이와 같다. '方六七十里'(방육칠십리)는 작은 나라이다. '如'(여)는 '或[또는]'과 같다. '五六十里'(오륙십리)는 더 작은 나라이다. '足'(족)은 '부유하고 풍족하다'[富足]이다. '군자의 도움을 기다린다'라는 것은, 자기가 할 수 있는 일이 아니라는 말이다. 염유(冉有)는 겸손했는데, 거기다가 자로(子路)가 선생님의 웃음거리가 되었기 때문에, 그의 말이 더욱 겸손했다.

112506、「赤!爾何如?」對曰:「非曰 能之[44], 願學焉[45]。宗廟之事, 如會同[46], 端章甫[47], 願爲小相[48]焉[49]。」

---

41 又(우): 더한층. 더욱더. 보다 더(表示加重语气, 更进一层。).

42 謙退(겸퇴): 겸손하다(谦让).

43 見(견): ~당하다. 동사 앞에 쓰여 피동을 표시한다(副词。用于动词前, 表示被动。义即'被'。).

44 《論語義疏》'非曰'(비왈)은 '非謂'와 같다["내가 스스로 할 수 있다고 말하는 것은 아니다"](疏: 非曰, 猶非謂也。己非謂自能);《古書虛字》'之'는 다음에 나오는 '宗廟會同之小相'을 가리킨다('之'或有探下文而指者。'能之'能爲'宗廟會同之小相'也。);《王力漢語》能(능): 동사. 할 수 있다. 고한어에서 '能'字는 또한 (목적격 '之'의 앞에서) 술어[주동사]로 쓰일 수 있다(動詞。能夠做到。在古代漢語裡, '能'字還可以用作謂語。);《古漢語語法》조동사로 뒤에 바로 목적어로 대사 '之'나 명사나 수량사가 붙는다('能', 助动词。助动词下边直接和宾语相接。宾语为代词'之'、名词、数量词。).

45 《王力漢語》焉(언): 지사대사 겸 어기사(指示代詞兼語氣詞。);《許世瑛(二)》'非曰 能之'의 '之'와 '願學焉'의 '焉'은 서로 對句로서, '焉'은 '之'와 같고, '하고 싶은 일'[宗廟會同之小相]을 가리킨다('之'和'焉'相對爲文, '焉'字等於'之', '之'字稱代'想做的事'。).

46 《論語集解》제후가 수시로 천자를 만나는 것을 '會', 제후가 함께 정해진 시간에 천자를 만나는 것을 '同'이라 한다(注: 鄭玄曰: 諸侯時見曰會, 殷見曰同。).

47 《論語集解》검정 조회복을 입고 장보관을 쓰다(注: 鄭玄曰: 衣玄端, 冠章甫。);《古漢語語法》명사술어구. 명사인 '端' '章甫'가 나란히 나열되어 술어로 쓰였다(名词谓语句: 几个名词或名词短语并列作谓语。);《論語正義》조회복이나 제사복은 모두 온 폭의 베를 썼으니, '端'으로 통명했다(正義曰: 說文云: "褍, 衣正幅。從衣, 耑聲。" 段氏玉裁注: "凡衣及裳, 不邪殺之幅曰褍。" …… 凡朝祭之服, 皆用正幅, 通得端名。);《百度漢語》端(단): 주나라 예복(周代礼服);《論語詞典》端(단): 온 폭의 배를 써서 만든 예복(古代用整幅布做的禮服。); 章甫(장보): 은나라와 은나라의 후예인 송나라에서 학자들이 머리에 썼던, 검정 천으로 만든 관(一種古代的禮冠, 以黑布製成。始於殷代, 殷亡後存於宋國, 爲讀書人所戴的帽子。).

48 《論語集解》'小相'은 임금의 예의 집행을 돕는 자를 말한다(注: 鄭玄曰: 小相, 謂相君禮者。); 小相(소상): 손님을 맞아 안내를 맡은 관리. 제사의 절차를 담당하는 관리(傧相的谦称。相, 诸侯祭祀, 盟会时的司仪官。);《王力漢語》相(상): 예식 절차의 진행을 돕는 자(贊禮者。).

"적(赤)아! 너는 어떻게 하겠느냐?" 적(赤)이 대답했다. "그 일을 잘 해낼 수 있다고 말씀드리는 것은 아니지만, 그 일을 배우고는 싶습니다. 종묘에 관한 일이나, 안되면 임금과 제후들의 회동에 관한 일이라도, 예복과 예관을 갖춰 입고, 집례를 돕는 일을 하고 싶습니다."

相[50], 去聲。○公西華志於禮樂之事, 嫌[51]以君子自居[52]。故將言己志而先爲遜辭, 言未能而願學也。宗廟之事, 謂祭祀。諸侯時見曰會, 衆覜[53]曰同[54]。端, 玄端服[55]。章甫, 禮冠。相, 贊君之禮者。言小, 亦謙辭。

'相'(상)은 거성[xiàng]이다. ○공서화(公西華)는 예악(禮樂)을 다루는 일에 뜻을 품고 있었지만, 군자라고 자처하기를 꺼려했다. 그래서 장차 자기의 품은 뜻을 말하려고 하기에 앞서 겸손히 말하기를, 잘하지는 못하지만 그래도 배우고 싶다고 말한 것이다. '宗廟之事'(종묘지사)는 제사를 말한다. 제후가 정해진 기일이 아닐 때 임금을 뵙는 것을 '會'(회)라 하고, 제후가 여럿이 모여 임금을 뵙는 것을 '同'(동)이라 한다. '端'(단)은 검정색 예복이고, '章甫'(장보)는 검정색 예관이다. '相'(은)은 임금이 예(禮)를 집행할 때 옆에서 돕는 자이다. '小'(소)라고 말한 것도, 역시 겸사이다.

112507、「點!爾何如?」鼓瑟希[56], 鏗爾[57], 舍瑟而作[58]。對曰:「異乎三子者[59]之撰。[60]」子

49《許世瑛(二)》'焉'은 '於是'와 같고, '是'는 '宗廟會同'을 가리킨다["종묘에 관한 일이나, 임금과 제후들의 회동에 관한 일에서"]('焉'字等於'於是', '是'字稱代'宗廟會同'。).

50 相(상): [xiàng] 돕다. 보좌하다. 인도하다. 외모. 재상(辅佐, 扶助。教导。容貌, 外形, 模样。辅佐国君治理国政的人。); [xiāng] 피차. 상호. 서로(彼此, 交互, 两方面都进行的。).

51 嫌(혐): 의심하다. 꺼리다. 싫어하다(疑惑, 怀疑而有可能性。).

52 自居(자거): 자처하다. 행세하다(犹自处。自任; 自待。).

53 覜(조): 알현하다. 회견하다(古代诸侯聘问相见之礼).

54《周禮 · 春官宗伯 · 大宗伯》천자의 알현을 봄에 하는 것이 朝(조), 여름에 하는 것이 宗(종), 가을에 하는 것이 覲(근), 겨울에 하는 것이 遇(우), 정해진 기일이 아닌 때에 하는 것이 會(회), 모든 제후가 모여 하는 것이 同(동), 일이 있을 때 사신을 보내 위문하는 것이 問(문), 모든 제후들이 사신을 보내 문안하는 것이 視(시)이다(春見曰朝, 夏見曰宗, 秋見曰覲, 冬見曰遇, 時見曰會, 殷見曰同, 時聘曰問, 殷覜曰視。).

55 玄端(현단): 검정색 예복(古代的一种黑色礼服。祭祀时, 天子、诸侯、士大夫皆服之).

56《論語義疏》'希'(희)는 '疎'(소)[뜨문뜨문해지다. 잦아들다]이다. 공자의 질문을 받고, 장차 대답할 말을

曰:「何傷[61]乎? 亦[62]各言其志也。」曰:「莫春者[63], 春服既成[64]。冠[65]者五六人,

생각했기 때문에, 슬을 타는 손이 느려지면서 소리가 잦아든 것이다(疏: 希, 疎也。既得孔子之問, 將思所以對之言, 故彈瑟手遲而聲希也。);《論語正義》方觀旭의《論語偶記》에 말했다. "《禮記 · 少儀》에 '웃어른을 모시고 앉아 있을 때는, 웃어른이 시키지 않으면 금슬을 잡고 타지 않는다'고 했는데, 그렇다면 증점이 슬을 탄 것은 필시 夫子께서 그에게 시켰을 것이다." 이 견해가 옳다(方氏觀旭偶記: "少儀云: '侍坐, 弗使不執琴瑟.' 則點之侍坐鼓瑟, 必由夫子使之。" 其說是。); 鼓(고): '琴' '瑟'과 연용하는 동사. 타다. 연주하다. 두드리다(在古诗文中与'琴'、'瑟'联用一般作动词, 弹奏、敲击的意思。); 希(희): 희소하다. 보기 드물다. 뜸하다(假借为'稀'。稀少; 罕见。稀疏。

57《論語義疏》'鏗'(갱)은 슬을 내려놓을 때 나는 소리이다(疏: 鏗, 投瑟聲也。);《論語平議》'鏗鏘'(갱장)은 소리를 가지고 말한 것이지만, '鏗爾'(갱이)는 소리를 가지고 말한 것이 아니다. 이 장은 본래 자로의 '率爾而作[對]'[대뜸 일어나서 대답하다]과 對句로, '鏗爾'는 일어서는 모양이지, 瑟을 내려놓는 소리가 아니다. '鏗爾舍瑟而作'은 '鑋鑋然舍瑟而作'이라는 말로, 증점의 침착하고 조심스레 일어서는 모습이, 자로의 대뜸 일어서는 모습과는 기상이 다른 것이다(鏗鏘以聲言, 鏗爾不以聲言。此本與子路率爾而作, 相對, 鏗爾者, 作之貌, 非舍瑟之聲……鏗爾舍瑟而作, 言鑋鑋然舍瑟而作也, 安詳審慎, 與子路之率爾而作, 氣象不同矣。);《北京虛詞》爾(이): 부사나 형용사 뒤에 붙는 접미사('爾', 词缀。用于某些副词、形容词后。).

58《論語義疏》'舍'(사)는 '投'[내려놓다], '作'(작)은 '起'[일어서다]이다(疏: 舍, 投也。作, 起也。).

59《論語詞典》子(자): 사람에 대한 일반적인 호칭(對人的稱呼。);《論語句法》'者'字는 잠시 말을 멈추는 어기사이다('者'字是個停頓語氣詞。).

60《論語集解》'撰'(선)은 '具'[갖추고 있는 자질]이다. 정치에 관한 자질이다(注: 孔安國曰: 撰, 具也, 爲政之具也。);《古今注》'撰'(찬)은 '진열하다'이다(撰, 陳列也。);《王力字典》撰: (선) 자질. 능력; (찬) 편집하다. 가려 뽑다(撰, 具。編集。通'選'。).

61 何傷(하상): 무슨 상관이냐. 문제될 게 없다. 해될 게 없다(何妨, 何害。意谓没有妨害。).

62《論孟虛字》단지('亦'義同'祇'。);《許世瑛(二)》'亦'는 구어 '也'와 뜻이 같다('亦'和口語'也'字同義。)[論語、孟子中'亦'字用法深究].

63《論語義疏》'暮春'(모춘)은 建辰月로 하나라 달력[음력]으로 3월을 말한다. 1년에는 四時가 있고, 四時마다 석 달이 있으니, 첫 달은 孟, 둘째 달은 仲, 셋째 달은 季로, 季春은 3월이다. 季春이라 하지 않고 '暮春'이라 한 것은 3월 말에 가까운 것이다. 3월 말은 시절이 이미 따뜻하다(疏: 暮春謂建辰, 夏之三月也。年有四時, 時有三月, 初月爲孟, 次者爲仲, 後者爲季, 季春是三月也。不云季春而云暮春者, 近月末也。月末其時已暖也。);《百度詞典》莫(모): '日'과 '茻'(망)[무성한 풀. 덤불]으로 이루어진 갑골문 자형의 글자[[illegible]]로, 해가 덤불 속으로 떨어져, 저녁 무렵 날이 곧 어두워질 때를 나타낸다. '暮'의 본래자. 해가 떨어진 때(甲骨文字形。从日, 从茻。太阳落在草丛中, 表示傍晚天快黑了。是"暮"的本字。本义: 日落时。);《北京虛詞》者(자): 어기사. 시간을 표시하는 단어 뒤에 쓰여 음절을 맞추는 어기사('者', 语气词。用于时间词语后凑足音节。).

64《論語義疏》'春服成'은 날씨가 따뜻해서 홑겹 옷을 차려입은 것이다(疏: 春服成者, 天時暖而衣服單袷者成也。);《論語譯注》'成'은 '定'이다["봄옷으로 모두 맞춰 입다"]('成', 定也; "春天衣服都穿定了。");《論語新解》"새로 지은 홑겹 옷을 입다"("新缝的单夹衣上了身。").

65《王力漢語》冠(관): 모자. 20세가 되면 거행하는 성인식. 고대에 머리에 쓰던 모자에는 冠 · 冕 · 弁 3종이 있었는데, 冠은 귀족이 쓰는 모자이고, 冕과 弁을 총칭하여 冠이라고도 한다. 冕은 천자 · 제후 · 대부가 제사 때 쓰는 흑색 禮冠이다. 弁도 비교적 존귀한 관인데, 꼭대기가 뾰쪽하니 반으로 자른 수박 모양의 모자이다. 일반 백성들은 巾을 썼는데, 대개 일할 때 땀을 닦는 천이었다(古代帽子的總稱; 古代的一種禮。古代男子二十歲時舉行成人禮, 開始戴冠。'弱冠'指剛青年; 上古的頭衣主要有冠冕弁三種。

童子六七人, 浴乎沂[66], 風乎舞雩[67], 詠而歸[68]。[69]」夫子喟然歎[70]曰 ;「吾與點[71]也[72]」

冠是貴族所戴的'帽子', 又是冕和弁的總名。冕, 黑色, 是一種最尊貴的禮冠, 最初天子諸侯大夫在祭祀時都戴冕。弁也是一種比較尊貴的冠, 尖頂, 類似後世的瓜皮帽。庶人只能帶巾, 大約就是勞動時擦汗的布。).

66 [성]春風沂水(춘풍기수): 기수에서 몸을 씻고 무우에서 바람을 쐬다. 마음껏 자연함 그대로, 텅 비고 확 트인 고상한 즐거움(原意是大人和儿童在沂水洗个澡, 在舞雩台上吹吹风。指放情自然, 旷达高尚的生活乐趣。); 浴沂(욕기): 기수에서 몸을 씻다. 처세의 고상한 지조를 즐거워하는 모양(谓在沂水洗澡。后多用'浴沂'喻一种怡然处世的高尚情操。); 浴(욕): 몸을 씻다(洗澡);《王力漢語》개사 '乎'字는 장소를 끌어들이는 개사 '於'字의 용도로 사용할 수도 있다(介詞'乎'字也可以當'於'(是引進處所的介詞)字用。).

67 [성]沂水舞雩(기수무우): 때에 맞게 처세할 줄 알고 유유자적하며 놀고 즐기다(指知时处世, 逍遥游乐。);《論語義疏》'舞雩'는 기우제를 지내는 제단이 설치된 곳이다. 기우제를 '雩'라 한다. '雩'는 '吁'(우)[하늘에 소리쳐 부르짖어 고하다]이다. 백성이 하늘에서 비를 얻지 못하기 때문에, 하늘에 소리쳐 부르짖으며 탄원하는 것이다. 기우제를 지내면서 무녀가 춤을 추기 때문에, '舞雩'라 했다. 沂水 가에 기우제를 지내는 제단이 있고, 제단 위쪽으로는 숲이 있기 때문에, 기수에서 목욕하고 나와 기우제 제단 위쪽에 가서, 숲에서 시원한 바람을 쐰 것이다(疏: 舞雩, 請雨之壇處也。請雨祭謂之雩。雩, 吁也。民不得雨, 故吁嗟也。祭而巫舞, 故謂爲舞雩也。沂水之上有請雨之壇, 壇上有樹木, 故入沂浴出登壇, 庇于樹下, 逐風涼也。);《周禮 · 春官宗伯》女巫는 세시[三月上巳]에 祓除(불제)[부정을 물리치는 제사]와 釁浴(흔욕)[향초의 향을 몸에 쐬고 목욕으로 몸을 청결히 하는 행사]을 관장한다. 가뭄에는 기우제를 지낸다(女巫: 掌歲時祓除、釁浴。旱暵則舞雩。).

68《王力漢語》동사 '詠'(영)이 부사어 역할을 하는 경우로, 동사 뒤에 '而' '以'字와 동사술어를 이어 붙여 쓴다('詠', 動詞用作狀語。動詞用作狀語之後, 用'而(或'以')'字和動詞謂語連接。);《百度漢語》'詠而歸'는 후에 드디어 '詠歸'로 되어, 여러 사람이 모여 함께 시를 읊고 부를 짓는 전례의식을 나타내는 말이 되었다(后遂以"咏归"作为很多人聚合一起吟诗作赋之典。).

69《論語正義》정현의 注에, '기수는 기산에서 흘러나온다'[水經注]고 했고, '기수는 노나라 도성 남쪽에 있다. 기우단은 기수 가에 있다'[禮記 · 郊特性]고 했고, '饋(궤)는 술과 음식을 바치는 것이다. 노나라에서는 饋를 歸로 읽었는데, 지금은 옛날을 따른다'[經典釋文]라고 했다. 酈道元[약470~527]의《水經注 · 卷二十五 · 泗水》에, '기수는 노나라 도성의 동남쪽 니구산의 서북쪽에서 발원한다. 기수 북쪽으로 稷門(직문)을 마주하고 있는데, 雩門(우문)이라고도 한다. 우문 남쪽 기수 건너편에 기우단이 있는데, 높이가 3척으로, 증점이 바람을 쐬고 싶다고 했던 곳이다'라고 했다. 니구산은 바로 정현의 注에서 말한 기산이다. 기우단은 기우제를 지낼 때 이곳에 제단을 만들어 제수를 차리고, 노래를 부르고 춤을 추었기 때문에, '舞雩'라고 한 것이다.《爾雅 · 釋訓》에, '춤을 추면서 소리쳐 부르짖는 것이, 雩이다'라고 했다.《周禮 · 春官宗伯 · 女巫》의 '旱暵則舞雩'에 대한 가공언의 疏에서《春秋考異郵》를 인용하기를, '雩는 비를 내려달라고 부르짖으며 탄원하는 소리이다'라고 했다.《說文 · 雨部》에는, '雩는 하나라 제례로, 赤帝[神農氏]를 향해 노래를 불러, 이로써 때맞춰 비를 내려주기를 비는 것이다. 새의 깃털을 들고 추는 춤이다'라고 했다.《周禮 · 春官宗伯 · 司巫》에는, '나라에 큰 가뭄이 들면, 무당을 거느리고 노래를 부르고 춤을 춘다'고 했고, 또《周禮 · 春官宗伯 · 女巫》에는, '가뭄이 들어 메마르면 노래를 부르고 춤을 춘다'고 했다(正義曰: 鄭注云: "沂水出沂山, 沂水在魯城南。雩壇在其上。饋, 饋酒食也。魯讀'饋'爲'歸', 今從古。" 案: 水經泗水注: "沂水出魯城東南尼丘山西北……沂水北對稷門, 亦曰 雩門。門南隔水有雩壇, 壇高三丈, 曾點所欲風舞處也。" 尼丘山即鄭注所云"沂山"……雩壇者, 雩時爲壇設祭於此, 有樂舞, 故曰舞雩。爾雅釋訓: "舞號, 雩也。" 周官女巫疏引春秋考異郵云: "雩者, 籲嗟求雨之聲。說文: "雩, 夏祭樂於赤帝, 以祈甘雨也。從雨, 於聲。䨁, 或從羽, 雩, 羽舞也。" 周官司巫云: "若國大旱, 則帥巫而舞雩。" 又女巫云: "旱暵則舞雩。").

왕충[27~약97]은《論衡 · 明雩》에서 이 장을 다음과 같이 풀이했다. "노나라에서 기수 가에 기우제를 지낼 기우단을 설치했다. '暮'는 晩(만)이다. '春'은 4월을 말한다. '春服既成'은 4월에 입는 복장이다. '冠者' · '童子'는 기우제에서 노래를 부르는 사람들이다. '浴乎沂'는 기수를 건너는 것이다. 용이 물에서 나오는 것을 상징한다. '風乎舞雩'의 風은 歌[노래를 부르다]이다. '詠而饋[歸]'는 노래를 부르면서 제수를 바치는 것으로, 노래를 부르면서 기우제를 지내는 것이다.《魯論語》를 설명하는 학자들은, '浴'을 기수에 들어가서 목욕하는 것이고, '風'을 몸을 말리는 것이라 했는데, 주나라의 4월은 음력 2월로 아직 추운데 어찌 물에 들어가 목욕하고 몸을 말릴 수 있겠는가? 이에 따라 말하면, 기수를 건너는 것일 뿐 기수에서 목욕하는 것이 아니고 기우제가 확실하다.《春秋左傳 · 桓公5年》에, '啓蟄(계칩)에 기우제를 지낸다'고 했고, 또 '蒼龍星(창룡성)이 나타나면 기우제를 지낸다'고 했는데, 啟蟄 · 龍見은 모두 2월이다. 봄인 2월에 기우제를 지내고, 가을인 8월에 또 기우제를 지낸다. 봄에는 곡식이 자라는데 필요한 비를 내려주길 기원하고, 가을에는 곡식이 잘 여물기를 기원한다. 지금 靈星祭는 가을에 지내는 기우제로, 봄에 지내는 기우제는 없어졌고, 가을에 지내는 기우제만 남아 있기 때문에, 靈星에 지내는 제사는 歲雩祭이다. 공자께서, '나는 증점의 생각에 찬동한다'고 하신 것은, 증점의 말이 기우제를 지내 음양 조화를 이루고자 한 것을 훌륭하게 여겼기에, 증점의 생각에 찬동하신 것이었다"(論衡雩明雩篇解此文云: "魯設雩祭於沂水之上。'暮'者, 晩也。'春'謂四月也。'春服既成', 謂四月之服成也。'冠者'、'童子', 雩祭樂人也: '浴乎沂', 涉沂水也, 象龍之從水中出也。'風乎舞雩', 風, 歌也。'詠而饋', 詠歌饋祭也, 歌詠而祭也。說論[魯論]之家, 以爲浴者, 浴沂水中也。風, 幹身也。周之四月, 正歲二月也, 尚寒, 安得浴而風幹身, 由此言之, 涉水不浴, 雩祭審矣。春秋左氏傳曰: '啟蟄而雩。' 又曰: '龍見而雩。' 啟蟄, 龍見, 皆二月也。春二月雩, 秋八月亦雩。春祈穀雨, 秋祈穀實。當今靈星, 秋之雩也。春雩廢, 秋雩在, 故靈星之祀, 歲雩祭也。孔子曰: '吾與點也。' 善點之言, 欲以雩祭調和陰陽, 故與之也。").

宋翔鳳[1779~1860]의《論語發微》에 말했다. "왕충의 견해에 따라 논어의 이 구절을 설명하는 것이 가장 타당하다. 浴沂는 기수에서 祓濯(불탁)[몸을 씻어 재앙을 물리침]하는 것을 말하고, 이후에 기우제를 지낸다. 대개 세 사람의 생각은 민심을 예로써 조절하는 것이고, 증점의 생각은 슬을 타는 것에서부터 風舞詠歸에 이르기까지 백성들의 소리에 노래로써 화답하는 것이다[禮記 · 樂記]. 음악은 마음속에서 나오고, 예는 밖에서 시작하기 때문에, 공자께서 오직 증점과 마음이 맞았던 것이다. 음악만은 거짓으로 할 수 없기 때문에[禮記 · 樂記], 증점이 이 구절에 자기의 생각을 의탁한 것이다. 공자께서, 누군가가 너희들을 알아준다면, 무엇을 쓰겠느냐 물었는데, 무엇에 쓰겠느냐는 말은 무엇을 써서 다스리겠느냐는 말이다.《魯論語》를 설명하는 학자들의 견해대로라면, 증점이 세상에 남기고자 한 생각은, 세 제자의 생각과 별다를 게 없고, 아울러 공자의 묻는 뜻과도 반한다." 생각건대, 송상봉이 '浴'을 '祓濯'이라 한 것이, 왕충이 '기수를 건넌다(涉水)'라고 풀이한 것보다 좀 더 정확하다(宋氏翔鳳發微: "按王仲任說論語此條最當……浴沂, 言祓濯於沂水, 而後行雩祭。蓋三子者之僎, 禮節民心也。點之志, 由鼓瑟以至風舞詠歸, 樂和民聲也。樂由中出, 禮自外作, 故孔子獨與點相契。唯樂不可以僞爲, 故曾晳託志於此。孔子問: '如或知爾, 則何以哉?' 何以, 言何以爲治? 若以魯論所說, 則點有遺世之意, 不特異三子, 並與孔子問意反矣." ……今案: 宋說…… 以浴爲祓濯, 亦較論衡"涉水"之訓爲確。).

동중서[BC 179~BC 104]의《春秋繁露 · 求雨》에, 봄철 기우제를 언급했는데, '祝은 푸른 옷을 입고(크게 비를 내리길 빌고), 小童 8명은 푸른 옷을 입고 춤을 춘다'고 한 것이 바로 이것이다.《春秋繁露》로 보건대, 이 장의 '冠者'는 祝[무당]의 일종이고, '童子'는 기우제에서 춤을 추는 小童으로 보인다.《古論語》에서, 이 절을 기우제로 풀이했는데, 당연히 백성을 근심하고 구휼하고 사랑하는 마음이다. 그 당시 오랜 가뭄을 만났는데, 기우제를 지내지 않았기 때문에, 증점이 때맞춰 자기 생각을 말함으로써, 당시의 백성들의 일을 근심하지 않는 것을 비판한 것이 아닌가 한다.《孔子家語 · 弟子解》에 말했다. "증점은 당시에 禮教가 행해지지 않고 있는 것을 마음 아파해서, 스스로 그 일을 하고 싶어 했는데, 공자께서 이를 훌륭하게 여겼으니, 논어에서 말한 '浴乎沂 風乎舞雩之下'이다." 이는 浴沂 · 風舞雩를 禮教로 생각한 것으로, 바로《論衡 · 明雩》의 '欲以雩祭調和陰陽, 故與之也'[기우제를 지내 음양 조화가 이루어지길 바랐기에, 증석의 생각에 찬동한 것이다]이라는 요지와 부합한다(春秋繁露求雨篇言春雩之制, "祝服蒼衣, 小童八人, 服靑衣而舞之"是也。今案: 由繁露文觀之, 此"冠者"疑卽祝類, "童子"卽雩舞童子也…… 今案……竊以古論解此節爲雩祀, 自是勤恤愛民之意。其時或值天旱, 未行雩禮, 故點卽時言志, 以諷當時之不勤民者。家語弟子解: "曾點疾時禮敎不行, 欲修之, 孔子善焉, 論語所謂'浴乎沂, 風乎舞雩之下'." 以浴沂, 風舞雩爲禮敎, 正與論衡所云'調和陰陽'之旨合。).

70 [성]喟然而歎(위연이탄): 심히 감개하여 탄식하다(喟然: 叹气的样子。形容因深有感慨而叹息。); 喟然(위연): 감탄 · 탄식하는 모양(感叹, 叹息貌。).

71 與點(여점): 공자가 증점의 생각을 칭찬한 것을 말한다. 후에 윗사람의 찬조를 가리키는 말로 쓰인다(谓孔子赞赏曾点的想法。后用以指长者的赞助。);《論語詞典》동의하다('與', 许可, 同意。).

72《古今注》증점이 세 제자와 다르게 말한 것은, 시운이 꽉 막혀 있어서, 세 제자가 한 말이, 모두 이루지 못할 허언이라 평한 것이다. 공자께서는, '부가 구한다고 얻을 수 있는 것이 아니라면, 내가 좋아하는 바를 따르겠다'[述而 제11장]라고 하셨으니, 공자께서 증점의 말을 훌륭하게 여긴 것이지, 세 제자가 잘못 대답한 것이 아니다(曾點爲異論者, 謂時運否塞, 三子之言, 皆虛言也。富不可求, 從吾所好, 故孔子善之, 三子非失對也。);《論語集釋》黃震[1213~1280]의《黃氏日鈔》에 말했다. "네 제자가 공자를 모시고 앉아 있었는데, 공자께서 '혹여 누군가가 너희들을 알아준다면, 무엇을 쓰겠느냐?'라고 말문을 여셨으니, 대개 세상에 어떻게 쓰일 것인지를 시험 삼아 물은 것이었다. 세 제자는 나라를 다스리는 일로 답변했으니, 물음에 맞게 답변을 한 것이다. 증석은 공문의 狂士로서, 세상에 대해 뜻이 없었기 때문에, 세상을 초탈한 취지를 말했으니, 물음에 맞는 답변이 아니었다. 공자께서는 行道救世에 마음이 있었지만, 시절이 함께 하지 않았다. 바야흐로 제자들과 적막한 기수 물가에서 서로 講明하다가, 문득 증석의 浴沂歸詠이란 말을 듣고 보니, 浮海居夷하고 싶은 뜻[公冶長 제6장; 子罕 제13장]이 이루어지는 것이 아닌가 하는 생각이 들었기 때문에, 불각 중에 깊이 한숨을 쉬고 탄식하면서 말씀하신 것으로, 대개 그로 인해 느끼신 바가 깊었던 것이다. 비록 증석과 생각이 같았을지언정, 탄식하신 까닭이 설마 증점과 같으셨겠는가! 뒤이어서 증석과의 문답에서, 세 제자의 훌륭함을 힘주어 말씀하셨으니, 공자께서 설마 忘世自樂을 현명하다 생각하시고, 증점하고만 같이 하시고 세 제자와 같이하지 않으셨겠는가?"(黃氏日鈔: 四子侍坐, 而夫子啟以「如或知爾則何以哉」, 蓋試言其用於世當如何也。三子言爲國之事, 皆答問之正也。曾皙, 孔門之狂者也, 無意於世者也, 故自言其瀟灑之趣, 此非答問之正也。夫子以行道救世爲心, 而時不我與。方與二三子私相講明於寂寞之濱, 乃忽聞曾皙浴沂歸詠之言, 若有得其浮海居夷之意, 故不覺喟然而歎, 蓋其所感者深矣。所與雖點, 而所以歎者豈惟與點哉!繼答曾皙之問, 則力道三子之美, 夫子豈以忘世自樂爲賢, 獨與點而不與三子者哉?);《孔子傳》공자께서 세 제자의 말을 듣고 나서, 느낀 즐거움을 알 수 있다. 그렇지만 공자의 경우는 道가 큰데도 아무도 쓰지 않는데 대한 개탄의 마음을 속에 담고 있었기 때문에, 세 제자가 일념으로 도를 향해 진취하려 함에도, 혹 쓰임 받을 때를 만나지 못할까봐 심히 안타까워 하셨으니, 이에 증석이 세상 밖의 일에 마음이 쏠려 있고, 일상생활 속의 즐거움에 조용히 자득할 수 있는 것을 보고 특별히 상찬한 것이다(孔子闻三子之言, 其乐可知。然孔子则寄慨于道大而莫能用, 深惜三子者之一意于进取, 而或不遇见用之时, 乃特赏于曾晰之放情事外, 能从容自得乐趣于日常之间也。);《論語新解》증석은 공문의 狂士로, 세상에 쓰이는 것에 뜻이 없는 자인데, 공자께서 갑자기 그의 말을 듣고, 평소의 飮水曲肱하는 즐거움[述而 제15장]에 부합했고, 浮海居夷하고 싶은 마음[公冶長 제6장; 子罕 제13장]이 다시 생각났기 때문에, 당신도 모르게 개연히 감탄한 것이다. 그렇지만 공자께서는 行道求世의 뜻을 굳게 품고 있는 분인데, 어찌 忘世自樂하는 것으로, 정말로 許由나 巢父같은 은둔자들과 뒤섞여 지내려 하셨겠는가? 그런즉 공자께서 느낀바 탄식이 깊었던 것이니, 배우는 자는 진정으로 세심히 완미해야 한다. 이 장의 '吾與點也'라는 탄식은 심지어는 宋明의 학자들에

“점(點)아! 너는 어떻게 하겠느냐?” 슬(瑟)을 타는 소리가 잦아들더니, 텅 하고 소리를 내면서, 슬(瑟)을 바닥에 내려놓고 일어났다. 증석(曾晳)이 대답했다. “세 사람의 생각과는 다릅니다.” 선생님께서 말씀하셨다. “너와 무슨 상관이 있겠느냐? 이 또한 각자 자기의 생각을 말하는 것일 뿐이다.” 증석(曾晳)이 말했다. “늦은 봄날, 홑겹 봄옷은 이미 갖춰 입었습니다. 어른 대여섯, 아이들 예닐곱이서, 기수(沂水)에 가서 몸을 씻고, 무우(舞雩)에 가서 바람 쐬고, 노래하다 돌아오겠습니다.” 선생님께서 깊이 한숨을 쉬고 탄식하면서 말씀하셨다. “나도 증점(曾點)의 생각과 같다!”

鏗, 苦耕反。舍[73], 上聲。撰[74], 士免反。莫[75], 冠[76], 並去聲。沂, 魚依反。雩音于。○四子侍坐, 以齒爲序, 則點當次對。以方鼓瑟, 故孔子先問求, 赤而後及點也。希, 間歇[77]也。作, 起

의해 樂道로 여겨졌고, 심지어는 증점이 바로 요순의 기상이라고 평했다. 이는 실상은 불교의 참선에 깊이 오염된 견해들이다. 주희의 注에서도 같은 견해를 채택했지만, 이후의 《朱子語類40: 12》에 기재된 내용은, 견해가 이미 다르다. 후세에 전하는 바로는, 주자는 만년에 이 절의 注를 고치지 못해, 후학들에게 화근이 되는 견해를 남긴 것에 대해 깊이 후회했다고 전해지는데, 주희의 注를 공부하는 자들은 이를 알지 않으면 안 된다(曾晳乃孔门之狂士, 无意用世, 孔子骤闻其言, 有契于其平日饮水曲肱之乐, 重有感于浮海居夷之思, 故不觉慨然兴叹也。然孔子固抱行道救世之志者, 岂以忘世自乐, 真欲与许巢伍哉? 然则孔子之叹, 所感深矣, 诚学者所当细玩……本章吾与点也之叹, 甚为宋明儒所乐道, 甚有谓曾点便是尧舜气象者。此实深染禅味。朱注《论语》亦采其说, 然此后《语类》所载, 为说已不同。后世传闻有朱子晚年, 深悔未能改注此节, 留为后学病根之说, 读朱注者不可不知。); 《朱子語類40: 12》 증점이 품은 경지는 아주 높았지만, 공부는 소략했다. 증점의 생각은 장주와 비슷했지만, 다만 질탕대지는 않았을 뿐이다. 증점이 말한 포부가, 당시 공자께서는 다만 그가 몇 마디 시원스러운 말을 하여, 사람들을 기분 좋게 했기 때문에, 그를 인정해준 것이지만, 실상은 세밀한 공부에는 많은 흠결이 있었으니, 장자나 열자와 비슷했다. 예컨대 계무자가 죽었는데, 증점이 그 집 문에 기대어 노래를 불러댔고[禮記 · 檀弓下], 아들 증삼이 밭에서 김을 매다 잘못하여 오이덩굴을 잘랐다고, 몽둥이로 두들겨 패서 땅바닥에 고꾸라뜨렸으니[說苑 · 建本], 그의 모든 행동에는 狂怪(광괴)한 데가 있었다(曾點見處極高, 只是工夫疏略……曾點意思, 與莊周相似, 只不至如此跌蕩……曾點言志, 當時夫子只是見他說幾句索性話, 令人快意, 所以與之, 其實細密工夫卻多欠闕, 便似莊列。如季武子死, 倚其門而歌, 打曾參仆地, 皆有些狂怪。).

73 舍(사): [shě] 한쪽에 놓아두다. 방치하다. 내버리다. 머물러 쉬다. 정지하다(放弃、放下。止息、停止。); [shè] 가옥. 가축우리. 주둔지. 유숙하다(房屋。饲养牲畜的地方。军营。住宿, 居住。).

74 撰(선): [zhuàn] 재능. 자질. 자연법칙. 일. 갖추다(才具, 才干。指天地阴阳等自然现象的变化规律。事。僎。); [xuǎn] =選. 가리다. 뽑다. 선택하다(同「选」。).

75 莫(모/막): [mù] =暮. 해 질 무렵. 늦다(「暮」的本字。日落时。晚, 迟。); [mò] 없다(没有。).

76 冠(관): [guàn] 관을 쓰다(戴帽子。); [guān] 관. 모자(帽子。).

77 間歇(간헐): 간간이. 간헐적으로(动作, 变化等隔一定时间就停息一会儿。两段时间之间的间隔。).

也。撰, 具也。[莫春, 和煦[78]之時。][79] 春服[80], 單袷[81]之衣。浴, 盥濯[82]也, 今上巳[83]祓除[84]是也。沂, 水名, 在魯城南, 地志以爲有溫泉焉[85], 理或然[86]也。風, 乘涼[87]也。舞雩, 祭天禱雨之處, 有壇墠[88]樹木也。詠[89], 歌也。

'鏗'(갱, kēng)은 '苦'(고)와 '耕'(경)의 반절이다. '舍'(사)는 상성[shě]이다. '撰'(선, zhuàn)은 '士'(사)와 '免'(면)의 반절이다. '莫'(모)와 '冠'(관)은 둘 다 거성[mù; guàn]이다. '沂'(기, yí)은 '魚'(어)와 '依'(의)의 반절이다. '雩'(우)는 음이 '于'(우)이다. ○네 사람이 공자(孔子)를 모시고 앉아 있는데, 나이를 가지고 순서를 정하면, 증석(曾晳)이 마땅히 다음 차례로 대답해야 한다. (그런데 증석(曾晳)이) 방금까지 슬(瑟)을 타고 있었기 때문에, 공자(孔子)께서 염유(冉有)와 공서화(公西華)에게 먼저 질문하시고 뒤에 증석(曾晳)에게 질문이 미친 것이다. '希'(희)는 '뜸해지다'[間歇]이다. '作'(작)은 '일어나다'[起]이다. '撰'(찬)은 '갖추고 있는 자질'[具]이다. ['莫春'(모춘)은, '화창하고 따사로운 시절'이다.] '春服'(춘

---

78 和煦(화후): 따사롭다(溫暖); 煦(후): 따사롭다(溫暖).

79 중화서국본에는 '莫春 和煦之時' 구절이 없다.

80 春服(춘복): 봄에 입는 옷(春日穿的衣服).

81 單袷(단겹): 홑옷과 (솜을 놓지 않은) 겹옷(单衣和夹衣).

82 盥濯(관탁): 세척하다(洗滌); 盥(관): 대야. 씻다. 양치질하다; 濯(탁): 씻다. 빨다.

83 上巳(상사): 상사일. 삼월 삼짇날. 음력 3월 상순의 巳日. 이 날 물가에서 묵은 때를 씻어내고, 조상에게 제사를 지냈는데, 이를 祓禊(불계) 修禊(수계)라 했다(旧时节日名。汉以前以农历三月上旬巳日为'上巳'。旧俗以此日在水边洗濯污垢, 祭祀祖先, 叫做祓禊、修禊。).

84 《後漢書·志·禮儀上》 삼월 삼짇날, 관민이 모두 동류수에 가서 몸을 씻는 것을 洗濯祓除라 하는데, 묵은 때와 질병을 깨끗이 씻어내는 것이 大絜(대결)이다. 絜은 양기가 퍼져 화창하고 만물이 모두 다 나오는 때에 비로소 묵은 때와 질병을 깨끗이 씻어내는 것을 말한다(是月上巳, 官民皆絜於東流水上, 曰洗濯祓除, 去宿垢疢爲大絜。絜者, 言陽氣布暢, 萬物訖出, 始絜之矣。); 祓除(불제): 부정·재앙을 물리치는 제의식(除灾去邪之祭); 祓(불): 재앙을 물리치고 복을 구하다(古代用斋戒沐浴等方法除灾求福, 亦泛指扫除。); 祓濯(불탁): 세탁하다(洗濯).

85 《集注考證》 노나라에 沂水라는 이름의 강이 하나가 아닌데, 이 기수는 니구산 동쪽에서 발원해서, 도성 남쪽을 거쳐 泗水로 흘러드는 강으로, 강기슭은 깊지만 수심은 얕고, 물속에는 물이 나오는 샘이 있어, 겨울에는 따뜻하고 여름에는 차가운데, 地志에서는 겨울에 근거해서 말한 것이어서, 온천이 있다고 한 것이다(鲁以者非一, 此沂乃出尼丘山東源, 經魯城南而入泗者也, 沂岸深而水淺, 中有逵泉, 冬暖夏冷, 地志據冬而言, 故曰温泉云。); 地志(지지): 지리지(记载国或区域的地形、气候、居民、政治、物产、交通等的变迁的书。).

86 或然(혹연): 혹 그럴 수 있다. 그럴 수도 있고 아닐 수도 있다(或许可能。有可能而不一定。).

87 乘凉(승량): 더위를 피해 그늘에서 쉬다(为避热而在阴凉处歇息).

88 壇墠(단선): 흙을 북돋아 만든 제단과 땅을 고른 제단 터(古代祭祀的场所。筑土曰 坛, 除地曰墠。).

89 詠(영): 노래하다. 억양을 넣어 읽다(唱, 声调有抑扬地念。).

복)은 홑옷이나 겹옷이다. '浴'(욕)은 '세수하고 씻다'[盥濯]로, 지금의 3월 삼짇날에 재액(災厄)을 물리치기 위해 (겨우내 묵은 옷가지들을) 세탁하고 (집안을) 소제(掃除)하는 것이 바로 이것이다. '沂'(기)는 강 이름으로, 노(魯)나라 도성 남쪽에 있고, 지리지의 기록에는 온천이 있다고 했는데, 이치상 혹 그럴듯하다. '風'(풍)은 '더위를 피해 그늘에서 쉬다'[乘凉]이다. '舞雩'(무우)는 하늘에 기우제를 지내는 곳으로, 제단과 터가 있고 나무를 심었다. '詠'(영)은 '노래하다[歌]'이다.

曾點之學, 蓋有以見夫人欲盡處, 天理流行[90], 隨處充滿, 無少欠闕[91]。故其動靜之際, 從容如此。而其言志, 則又不過卽其所居之位, 樂其日用之常, 初無舍己爲人[92]之意。而其胸次[93]悠然[94], 直與天地萬物上下同流[95, 96], 各得其所[97]之妙, 隱然自見於言外。視[98]三子

90 《論語大全》 증점은 만사 만물이 모두 천리의 유행이라는 것을 알아보고, 호시절의 아름다운 풍광을 몇몇 좋은 벗들과 즐기겠다고 했으니, 日用之間에 天理가 도처에 존재하지 않는 곳이 없었고, 즐길만하지 아니한 게 없었다(朱子曰: 曾點見得事事物物上, 皆是天理流行, 良辰美景, 與幾箇好朋友行樂去, 日用之間, 莫非天理在在處處, 莫非可樂。).

91 欠闕(결궐): 모자라거나 빠지다(同'欠缺'。缺少; 不足).

92 舍己爲人(사기위인): 자기의 견해를 놔두고 남의 견해에 영합하다. 자기의 이익을 포기하고 남을 돕다. 남을 위해 자기의 이익을 희생하다(原谓放弃自己的见解, 迎合附和别人。后指舍弃自身的利益, 尽力帮助他人。为了他人而牺牲自己的利益。).

93 胸次(흉차): 가슴속(胸间。亦指胸怀。).

94 悠然(유연): 한적한 모양. 한가하고 매인 데가 없이 여유롭다. 속박받는 게 없이 여유롭고 편안하다. 침착하고 여유가 있다(闲适貌; 淡泊貌).

95 《孟子·盡心上 제13장》 대개 군자가 거쳐 간 것은 감화되고, 군자가 마음에 간직하고 있는 것은 신묘해져서, 위에서 아래에서 천지와 더불어서 함께 유행하는데, 어찌 하찮은 도움이라 말하겠느냐?(夫君子所過者化, 所存者神, 上下與天地同流, 豈曰 小補之哉?); 《論語大全》 "어째서 그의 품은 생각이 천지 만물과 더불어서 위에서 아래에서 함께 유행하면서도, 각기 제 있을 자리를 얻었다고 말씀하시는지요?" "'莫春'은 살아 있는 만물들이 무성하게 번창하는 시절이다. '春服旣成'은 사람 몸에 온화하니 쾌적한 때이다. '冠者五六人 童子六七人'은 장유 간에 차례가 있으면서도 어울리는 것이다. '沂水舞雩'은 노나라의 명승지이다. '浴而風' '詠而歸'는 즐거워하면서 각기 제 있을 자리를 얻은 것이다. 각각의 머물러 있는 자리를 가지고 말하면, 즐거움이 일신에 그치는 것 같지만, 마음으로 논하면, 무성하니 천지가 만물을 낳는 마음이고, 성인께서 절기에 맞추어 만물을 기르는 일[易經·☰无妄·象傳]이다. 어찌 남과 나·안과 밖의 구분이 있겠느냐? 정자가 증점의 품은 뜻을 '성인께서 품으신 뜻과 같으니, 바로 요순의 기상'이라고 한 것은 바로 이를 말한 것이다"(何以言其與天地萬物同流, 各得其所也? 曰: 莫春之日, 生物暢茂之時也。春服旣成, 人體和適之候也。冠者五六人·童子六七人, 長少有序而和也。沂水、舞雩, 魯國之勝處也。旣浴而風, 又詠而歸, 樂而得其所也。夫以所居之位而言, 其樂雖若止於一身, 然以心而論, 則固藹然天地生物之心, 聖人對時育物之事也。夫又安有物我內外之間哉? 程子以爲與聖人之志同, 便是堯舜氣象者, 正謂此也。); 同流(동류): 모든 물이 합쳐져서 흐르다. 서로 비슷하다(诸水合流。相类似。).

之規規[99]於事爲[100]之末者, 其氣象不侔[101]矣, 故夫子歎息而深許[102]之。而門人記其本末獨加詳焉, 蓋亦有以識此矣。

증점(曾點)의 학문 수준으로는, 아마도 저 인욕(人欲)이 다 없어진 경지에서는, 천리가 유행하여 곳곳마다 충만하길, 조금도 모자란 곳이나 빠진 곳이 없으리라는 것을 알고 있었을 것이다. 그래서 그가 움직일 때나 가만있을 때나, 조용하고 차분한 모습이 이와 같았다. 그리고 그가 말한 품은 뜻의 경우, 또한 그가 평소 있는 자리에 즉해서, 그의 일상생활의 상도(常道)를 즐기겠다는 것에 지나지 않았으니, 자신을 버리고 남을 위한다는 생각일랑 애당초 없었다. 그리하여 그의 가슴 속 품은 생각이 무엇에 구애받는 게 없이 여유롭고 편안해서, 곧바로 천지 만물과 더불어서 위에서 아래에서 함께 유행하면서, 각기 제 있을 자리를 얻었다는 오묘한 뜻이, 은연중 저절로 말속에서 드러났다. 세 사람이 자질구레하게 일의 말단에만 매여 있는 것과 비교 대조해 보면, 그의

---

96 '上'이란 천지 만물에 천리가 유행함이며, '下'란 사람의 마음에 또한 천리가 유행함이니, 이를 '上下同流'라 한다. 인욕이 말끔히 다한 뒤에야 주관세계에 천리가 충만하여, 객관세계의 천지 만물에 존재하는 천리와 함께 상하로 유행하게 된다는 것이다. 이는 도달할 수 없는 신비의 경지로서 이를 체득하기는 매우 어렵다. 그러나 주희는 학자들이 이를 수시로 성찰하여 이 같은 경지에 이르기를 염원했다. 마음의 천리 유행이 어떻게 천지 만물과 함께 상하로 유행할 수 있을까? 이에 대하여 주희는 '默契'에 의해 성취된다고 인식했다.《中庸章句》제32장 주석에서 '성인의 덕은 至誠無妄하고' '천지화육 또한 至誠無妄한 자만이 말없이 일치[默契]할 수 있으니, 見聞에 의한 지식에 그치는 것이 아니다. 이는 모두가 至誠無妄의 자연한 功用이지 어찌 사물에 倚着한 후에 가능하겠는가?'라고 했다. 주희의 이 같은 관점은 '성인의 덕은 至誠無妄하므로' '至誠無妄'의 '자연한 공용'과 서로 말없이 일치[默契]될 수 있다는 것이다. 성인의 '至誠無妄'이란 '본성의 전체에 인욕의 거짓이 조금도 뒤섞이지 않음이니', 이는 내면심리의 '인욕이 다 없어진 경지에서 천리가 유행하는 것이다.' 이같이 객관세계의 '天地化育' 또한 '至誠無妄'한 것이다. 이처럼 주관과 객관이 모두 '至誠無妄'하면 서로 말없이 일치[默契]할 수 있다. 이러한 默契는 감각을 초월하여 見聞에 의하지 않는 것으로, 분명 신비적이며 虛幻的이며 존재할 수 없는 것이다……이른바 默契란 주체의 자아의식과 절대적 본체와의 '冥合(명합)[말없이 암암리에 합치되다]'을 말한다. ……주희가 이같이 설왕설래하면서 천리유행론을 주장한 것은, 인륜과 일상생활 속에서 내심을 성찰하여 인욕을 말끔히 없애고 천리가 유행하도록 하는 데 그 목적이 있다(侯外廬외 著/박완식 역,『송명이학사(2)』[이론과 실천, 1995], 33).

97《子罕 제14장》참조.

98 視(시): 비교 대조하다(比照).

99 規規(규규): 식견이 얕고 짧고 편견에 얽매여 융통성이 부족하다. 구구하다. 자질구레한 일에 얽매이다(識見淺短拘泥的樣子。);《莊子·外篇·秋水》에, '規規然自失'[자질구레한 일에 얽매여 스스로를 잃다] '规规然而求之以察'[자질구레하게 일의 말단에만 매어 찾아 살피다]이라는 구절이 있다.

100 事爲(사위): 소행. 행위. 하는 일(作为, 行为。).

101 侔(모): 동등하다(等同; 齐等; 相等).

102 許(허): 동의하다. 찬동하다(同意, 赞同).

기상의 급이 동등하지 않았기 때문에, 선생님께서 감탄하시고 마음속 깊이 찬동하신 것이다. 그리고 문인들이 그 일의 내력을 유독 더욱 상세하게 기록해 놓았으니, 대체로 그들 역시 증석(曾晳)의 이러한 기상을 알아보고 있었던 것이다.

112508、三子者出, 曾晳後。曾晳曰:「夫[103]三子者之言何如?」子曰:「亦各言其志也已矣[104]。」

세 사람이 나가고, 증석(曾晳)이 뒤에 남았다. 증석(曾晳)이 여쭈었다. "저 세 사람이 한 말이 어떠한지요?" 선생님께서 말씀하셨다. "이 또한 각자 자기의 생각을 말한 것일 뿐이다."

夫, 音扶。
'夫'(부)는 음이 '扶(부, fú)'이다.

112509、曰:「夫子何[105]哂由也?」

증석(曾晳)이 여쭈었다. "선생님께서는 무엇 때문에 유(由)의 말에 웃으셨는지요?"

點以[106]子路之志, 乃所優爲[107], 而夫子哂之, 故請其說。
점(點)이 생각하기에 자로(子路)의 품은 뜻은, 지금 당장이라도 넉넉히 해낼 수 있는

---

103 《王力漢語》 夫(부): 지시대명사. 이. 그(指示代詞, 這, 那。).

104 《論語義疏》 세 사람의 말이, 각기 다를지라도, 이 또한 각기 자기 마음에 품고 있는 생각이라는 말이다(疏言三子之言, 雖各不同然, 亦各是其心所志也。); 《王力漢語》 而已矣(이이의): ~일 뿐이다(略等於現代漢語的'罷了', 也可以成'也已矣'。).

105 《助字辨略》 '何'는 '何以'[어찌하여. 왜]이다(何字, 猶云何以。); 《詞詮》 의문부사. 무엇 때문에. 무슨 연고로('何', 疑問副詞。爲'爲何''何故'之義。); 《古漢語語法》 원인을 묻는 의문을 표시한다('何'作副词表示询问, 大都是询问原因。); 《北京虛詞》 何(하): 부사. 원인을 묻거나 반문을 표시한다. 무엇 때문에. 어째서('何', 副词。问原因或表示反诘。义即'为什么'、'怎么'、'怎么那么'。).

106 以(이): ~라고 생각하다. 인정하다(动词。认为, 以为。).

107 優爲(우위): 일을 맡아서 하는데 餘裕綽綽(여유작작)하다(谓任事绰有馀力。).

것이라고 여겼는데, 선생님께서 웃으셨기 때문에, 그에 대한 설명을 청한 것이다.

112510、曰:「爲國以禮[108], 其言不讓[109], 是故[110]哂之。[111]」

선생님께서 말씀하셨다. "나라를 다스리는 것은 예(禮)를 써서 하는 것인데, 그가 하는 말이 겸손하지가 않았기에, 그래서 웃었다."

夫子蓋許其能, 特哂其不遜。

선생님께서는 대체로 그의 능력은 인정하셨지만, 다만 그의 태도가 겸손하지 못한 것을 웃으신 것이다.

112511、「唯[112]求則非邦也與[113]?」「安見[114]方六七十如[115]五六十而非邦也者[116]?」[117]

108 《王力漢語》'爲'(위)는 '做'(주)의 뜻인데, '做'에 포함된 의미는 매우 광범하지만, 구체적인 문장에서는 비교적 구체적인 뜻을 가진다('爲', 是'做'的意思, 但古人'做'的含義非常廣泛, 在具體的上下文中, 它的含義比較具體的。).

109 讓(양): 양보하다. 물러서다. 겸양하다(退让; 谦让。).

110 《古漢語語法》'是故'는 주어 앞, 즉 문장 앞머리에만 쓸 수 있으며, 결과를 표시하거나, 앞절에 쓰여 이유를 표시하는 경우도 있다('是故'只能用在主语前, 亦即分句之首; 一般用于表示事理的结果, 其上一分句, 往往是表理由的。); 《論語句法》'是故'는 '以是, 故……'[이 때문에, 그래서]의 줄임말이다('是故'原本是'以是, 故……'的省文。).

111 《論語集解》나라를 다스리는 것은 예를 써서 하고, 예는 사양을 귀하게 여긴다. 자로는 다른 제자에게 사양하지 않고 앞장서서 말했기 때문에, 웃으신 것이다(注: 苞氏曰: 爲國以禮, 禮貴讓。子路言不讓, 故笑之。); 《論語義疏》자로에 대해 웃은 것은, 그의 생각에 대해 웃은 것이 아니고, 다만 그가 겸양의 자세를 보이지 않고 대뜸 앞장서서 말했기 때문이다(疏 言我笑子路, 非笑其志也, 政是笑其卒爾不讓故耳。).

112 《古書虛字》'唯'는 '至' '至於'란 말과 같다. '唯'는 모두 '惟'로도 쓴다('惟'猶'至'也。猶言'至於'也。'唯'字通作'惟'。); 《論語譯注》문장 앞에 쓰는 語首詞로 뜻이 없다('唯', 語首詞, 無義。); 《論語句法》'唯'는 '求' 위에 붙인 구수어기사[발어사]이다('唯'是加在'求'上面的句首語氣詞。); 《論孟虛字》'唯'는 '至若[至於]'의 뜻이다('唯', 爲'至若[至於]'之義。).

113 《王力漢語》문장 안에 의문대사나 의문부사가 있는 경우, '也'字가 마치 의문어기를 띤 것같이 보인다. '也'는 비록 의문문 안에 쓰였지만, 판단구로서 여전히 확정어기를 띠고 있기 때문에, '也'字 뒤에 의문어기사 '與'를 다시 쓸 수 있다(如果句中有疑問代詞或疑問副詞, '也'字似乎也帶了疑問語氣。'也'字雖然用在疑問句裡, 但仍然帶有一點確定語氣, 所以'也'字後面容許再用疑問語氣詞: '與'和'邪'也都能用與反問: 直陳語氣詞和疑問語氣詞的連用。).

114 安(안): 어찌(副词。表示疑问,相当于"岂""怎么"。); 《論語詞典》見(견): ~라고 생각되다. 여기다(見得,

"구(求)가 언급한 경우는 나라가 아니라고 보시는지요?" "어찌 사방 육칠십 리나 혹은 오륙십 리인데 나라가 아니라고 보겠느냐?"

覺得。); 見(견): 알다. 이해하다. ~라고 생각하다(知道; 了解。見得。).

115 《詞詮》 선택접속사. 혹은('如', 選擇連詞。或也。); 《北京虛詞》 如(여): ~와. 혹은. 병렬관계의 단어나 구를 이어주는 접속사('如', 连词。连接表示并列关系的词或短语。义即'和'、'与'、'或者'。).

116 《助字辨略》 '也者'는 종결어사이다(也者, 語已辭也); 《古書虛字》 '者'는 '哉'와 같다('者', 猶'哉'也。); 《詞詮》 의문을 표시하는 어말조사('者', 語末助詞。表疑問。); 《論語句法》 者(자): 구말 의문어기사로, '乎'字와 역할이 같다. '者'와 '乎'는 옛날에 '魚'部에 속해 있어서, 서로 바꿔쓸 수 있었다('者'字看做語末疑問語氣詞, 與'乎'作用相同。'者'與'乎'上古同屬'魚'部, 可以通用。); 《論孟虛字》 也者(야자): 의문을 표시하는 어말 반어조사('也者', 是表疑問的語末反詰助詞, 跟'也哉'同義。).

117 《論語義疏》本은 제11절 · 제12절을 증석과 공자의 문답으로 보지 않고, 모두를 공자의 자문자답으로 보고 있다; 《論語義疏》 공자께서 재차 자로가 품고 있는 뜻에 대해 웃은 것이 아님을 증명하신 말씀이다. 자로가 나라를 다스리고자 하는 뜻에 대해 웃었다면, 염구 또한 나라를 다스리고자 하는 뜻이었는데, 내가 어찌 그에 대해서만 웃지 않았겠느냐? 염구에 대해 웃지 않았는데, 어찌 유독 자로에 대해서만 웃었겠느냐? 그래서 '唯求非邦也與'라고 말씀하신 것으로, 나라라는 말씀이다. '安見方六七十如五六十非邦也者' 또한 나라라는 말씀이다. 다음 절의 '唯赤……' 또한 赤이 한 말을 인용해 내가 자로의 생각에 대해 웃은 것이 아님을 증명하신 말씀이다["염구의 경우는 나라가 아닐까? 어찌 사방 육칠십 리나 혹은 오륙십 리인데 나라가 아니라고 보겠느냐? 공서적의 경우는 나라가 아닐까? 종묘에 관한 일이나 임금과 제후들 간에 회동하는 일이, 나랏일이 아니고 무엇이겠느냐?"](孔子更證我笑非笑子路之志也。若笑子路有爲國之志, 則冉求亦是志於爲國, 吾何獨不笑耶? 既不笑求, 豈獨笑子路乎? 故曰唯求非邦也與, 言是邦也。安見方六七十如五六十非邦也者, 亦云是邦也。云唯赤云云者, 又引赤證我不笑子路志也。); 《論語正義》 '唯求……安見……' '唯赤……宗廟……' 두 구절에 대해, 黃侃 · 邢昺의 疏는 모두 공자의 자문자답이라 했는데, 맞는 말이다. 공자께서 염구와 공서적이 말한 바를, 모두 나라를 다스리는 일로 보았지만, 염구는 다만 方六七十如五六十이라는 좁은 땅을 맡아서 할 수 있을 뿐이라 했고, 공서적은 小相을 맡아서 할 수 있을 뿐이라고 했은즉, 말한 바가 모두 겸양한 것이, 자로와 달랐기 때문에, 공자께서 반문형식으로 이를 밝히신 것이다. 말씀인즉, 方六七十如五六十이 어찌 나라가 아니라고 보겠느냐? 宗廟會同은, 모두 제후의 일로, 어찌 大相을 할 수 없다고 보겠느냐? 그런데 두 사람의 말은 모두 겸양했기에, 기롱 · 비평할 게 없었다는 것이다(正義曰: '唯求'、'唯赤'二語, 皇, 邢疏皆謂'夫子語', 是也。夫子以求, 赤所言, 皆爲邦之事, 而求只言能仕方六七十如五六十之小地, 赤只言能爲小相, 則所言皆讓, 與子路異, 故夫子反言以明之。言方六七十如五六十, 安見非邦? 宗廟會同, 皆諸侯之事, 安見不能爲大相? 而二子之言皆讓, 故無可譏議也。); 《論語新解》 ①증석이 다시 여쭙고 공자께서 다시 답한 것이다. 증석은 공자께서 자로가 확실히 나라를 다스릴 재질이 있다고 인정하셨음은 이미 알았지만, 염구와 공서적 두 사람에 대해서도 역시 인정하시는지 여부는 아직 몰라서, 다시 여쭌 것이다. ②공자의 자문자답으로, 공자께서 자로에 대해 웃은 것에 대해 자로의 품은 뜻에 대해 웃은 것이 아님을 계속해서 거듭 설명한 것으로, 자로의 품은 뜻에 대해 웃은 것이라면 염구와 공서적도 자로와 똑같이 나라를 다스릴 뜻을 가졌는데, 어찌 그들에 대해서만 유독 웃지 않았겠느냐는 것이다. ①설을 따른다(此句有两解。一说: 乃曾皙再问, 孔子再答。盖曾皙虽已知孔子深许子路确有治国之才, 而未知对冉求, 公西华两人亦许之否, 故再问也。一说: 乃孔子自为问答, 孔子续申其笑子路者, 非笑其所志, 否则冉求, 公西华同是有志邦国, 何独不笑。今从前说。).

與, 平聲, 下同。○曾點以冉求亦欲爲國而不見哂, 故微[118]問之。而夫子之答無貶辭, 蓋亦許之。

'與'(여)는 평성[yú]으로, 뒷절에서도 이와 같다. ○증점(曾點)이 생각하기에 염구(冉求)도 역시 나라를 다스리고 싶다고 했는데 선생님의 웃음거리가 되지 않았기 때문에, 넌지시 여쭤본 것이다. 그런데 선생님의 대답에 폄하하는 말씀이 없으셨으니, 대체로 염구(冉求)의 능력 또한 인정하신 것이다.

112512. 「唯赤則非邦也與?」「宗廟會同[119], 非諸侯而[120]何? 赤也爲之小[121], 孰[122]能爲之大?」

"적(赤)이 언급한 경우는 나랏일이 아니라고 보시는지요?" "종묘에 관한 일이나 임금과 제후들 간에 회동하는 일이, 나랏일이 아니고 무엇이겠느냐? 적(赤)이 하고 싶다고 한 그 일이 작다면, 어느 누가 하는 일이 클 수 있겠느냐?"

此亦曾晳問而夫子答也。孰能爲之大, 言無能出其右者[123], 亦許之之辭。

---

118 微(미): 슬며시. 슬그머니(偷偷。).

119 會同(회동): 제후가 천자를 알현하다(古代诸侯朝见天子的通称).

120《論孟虛字》'而'는 '是'와 같다. '非'와 對句이다["나랏일이 아니고 무엇이겠느냐?"]('而', 猶'是'。與'非'相對。'不是諸侯是什麼呢?').

121《論語集解》"赤이 겸손해서 小相[예의 집행을 돕는 자]을 하고 싶다고 했을 뿐이지만, (赤이 아니고) 누가 大相[예를 집행하는 자]을 할 수 있는 자이겠느냐?"(注: 孔安国曰: 赤謙言小相耳, 誰能爲大相者也?);《古書虛字》'之'는 '者'와 같다. '能'은 '而'로 읽으며, '之'이다["赤이 하는 것이 작으면, 누가 하는 것이 크겠느냐?"]('之'猶'者'也; '能'讀爲'而', '之'也。);《論語譯注》'之'는 용법이 '其'와 같다["그가 그 小를 할 뿐이면, 누가 그 大를 할 수 있겠느냐?"]('之', 用法同'其'; '如果他只做一小司儀者, 又有誰來做大司儀者呢?');《論語句法》준연결동사 '爲'는 '當'[담당하다]의 뜻이고, '之小'는 '爲'의 술어이고, '之'는 근지지칭사로, '這個'의 뜻이고, '之小'는 '這個小相'과 같다["赤이 그 小相을 담당한다면, 누가 그 大相을 담당할 수 있겠느냐?"](準繫詞'爲'字, 是'當'的意思。'之小'是'爲'的謂語。'之'字是近指指稱詞, '這個'的意思。'之小'等於白話的'這個小相'。);《論孟虛字》두 '之'字는 모두 '其'와 같고, '相'을 가리킨다["赤이 그 小를 한다면"]('之', 並與'其'同義, 指代相職。).

122《王力漢語》의문대사 '孰'(숙)은 보통 사람이나 사물의 선택을 표시한다. 사람을 가리키면서, 선택을 표시하지 않은 경우도 있는데, 이 경우에는 '誰'와 구별이 없다(疑問代詞'孰'字經常表示選擇。它可以指人, 也可以指事物。'孰'字用來指人時, 也有不表示選擇的; 這時, 它就和'誰'字沒有分別了。).

123《史記·田叔列傳》한나라 고조가 田叔 등 10여 명을 모두 만나보고, 그들과 이야기해 보았는데, 한나라 조정의 신하 중에는 그들을 능가할 만한 자가 없었다(上盡召見, 與語, 漢廷臣毋能出其右者。); 無出其右

이 구절 또한 증석(曾皙)이 여쭙고 선생님께서 답하신 것이다. '어느 누가 하는 일이 클 수 있겠느냐?'는 것은, 그를 뛰어넘을 수 있는 자가 없다는 말씀으로, 이 또한 공서적(公西赤)의 능력을 인정하신 말씀이다.

○程子曰:「古之學者, 優柔厭飫[124], 有先後之序。如子路, 冉有, 公西赤言志如此, 夫子許之。亦以此自是[125]實事[126]。後之學者好高, 如人游心千里之外, 然自身卻只在此。」

○정자(程子·伊川)가 말했다. "옛날의 학자들은 (배움에 대해) 넉넉하고 유연한 마음으로 자세히 탐구했고 물리도록 실컷 받아들였고, 선후의 순서가 있었다. 자로(子路)·염유(冉有)·공서적(公西赤)의 경우 각자의 품은 뜻을 이같이 말하자, 선생님께서 그들을 인정하셨다. 역시 이 같은 그들의 품은 뜻이 본디 현실로 존재하는 일이었기 때문이다. 후세의 학자들은 현실과 동떨어진 고원한 것을 좋아하는데, 이는 마치 사람이 마음은 천리 밖을 노닐고 있지만, 자기 몸뚱이는 여전히 여기 현실 가운데 그대로 있을 뿐인 것과 같다."

又曰:「孔子與點, 蓋與聖人之志同, 便是堯、舜氣象也。誠異三子者之撰, 特行有不掩焉耳, 此所謂狂[127]也。子路等所見者小, 子路只爲不達爲國以禮道理, 是以哂之。若達,

---

(무출기우): 그를 뛰어넘을 만한 자가 없다. 천하제일과 서로 가깝다(表示没有能超过他的, 与天下第一相近似。); 右(우): 고대에는 우측을 높여서 우측을 높은 자리로 귀한 것으로 높은 것으로 여겼다(古代崇右, 故以右为上, 为贵, 为高。古时以右方的位置为尊, 故右指上位).

124 《春秋左氏經傳集解·序》[杜預[222~285]]) (左丘明은) 자신이 노나라 사관으로서, 직접 서적들을 열람하고, 반드시 광범하게 기록하고 빠짐없이 언급하고자 했으니, 그 文勢는 완곡하고 그 旨趣는 심원하다. (그는) 학자들로 하여금, 사건의 시초를 탐구하여 그 결과를 추단하게 하고, 그 지엽을 찾아내고, 그 뿌리를 탐구하게 하고자, 풍성하게 차려 내놓고 스스로 찾아가도록 했고, 물리도록 차려 내놓고 스스로 좇아가도록 했다. 강과 바다가 대지를 푹 담그듯이, 단비가 촉촉이 적시듯이, 스르르 얼음이 녹아 풀리듯이, 흡족할 정도로 이치가 순통한 연후에, 터득하게 했다(身爲國史, 躬覽載籍, 必廣記而備言之, 其文緩, 其旨遠。將令學者, 原始要終, 尋其枝葉, 究其所窮, 優而柔之, 使自求之, 饜而飫之, 使自趨之。若江海之浸, 膏澤之潤, 渙然冰釋, 怡然理順然後, 爲得也。); 優柔厭飫(우유염어): 조용히 탐색하고 깊이 들어가 맛을 자세히 느끼다. 천천히 충분히 즐기다. 천천히 맛을 보고 물리도록 먹다(喻为学之从容求索, 深入体味; 饫: 吃饱。饫, 食过多); 優柔(우유): 조용히 탐색하다. 맛을 보다(谓从容探索, 品味); 厭飫(염어): 물리게 먹다(吃饱; 吃腻).

125 自是(자시): 자연히. 당연히. 원래(自然是; 原来是).

126 實事(실사): 실제로 존재하는 사물이나 상황. 절실히 유익한 일. 실제로 의미가 있는 일(真实存在的事物或情况。切实有益的事。).

却[128]便是這[129]氣象也。」[130]

정자(程子 · 明道)가 말했다. "공자(孔子)께서 '나도 증점(曾點)의 생각과 같다!'고 하신 것은 대개 성인께서 품으신 뜻과 같다는 것으로, 바로 요 · 순(堯舜)의 기상이다. (증점(曾點)이 한 말은) 세 사람이 한 말과는 참으로 달랐지만, 다만 행실이 그 말을 다 덮지 못한 부분이 있었을 뿐이니, 이런 사람이 소위 '광자'(狂者)이다. 자로(子路) 등 세 사람은 소견이 작았고, 자로(子路)는 나라를 다스리는 것은 예(禮)를 써서 하는 것이라는 도리를 이해하지 못했을 뿐이어서, 이 때문에 공자(孔子)께서 웃으신 것이다. 만약 이해했었다면, 바로 요 · 순(堯舜)의 기상이다."

又曰:「三子皆欲得國而治之, 故夫子不取。曾點, 狂者也, 未必能爲聖人之事, 而能知夫子之志。故曰浴乎沂, 風乎舞雩, 詠而歸, 言樂而得其所也。孔子之志, 在於老者安之, 朋友信之, 少者懷之[131], 使萬物莫不遂其性。曾點知之[132], 故孔子喟然歎曰「吾與點也。」
又曰:「曾點, 漆雕開, 已見大意[133]。」

127《子路 제21장》및 각주《孟子 · 盡心下 제37장》참조.

128 却(각): 바로. 꼭(恰; 正).

129 這(저): 이것. 목전의 것 또는 비교적 가까운 것이나 방금 언급한 것을 가리킨다(此, 指目前的或較近的或剛剛提到的人, 物, 事或想法。).

130《論語大全》"증점이 자기의 품은 뜻을 말했는데, 어찌 요순의 기상이 있다는 것인지요?" "明道가 '萬物各遂其性'[만물로 하여금 어느 하나도 저마다의 본성을 이루지 못하는 일이 없게 한다]이라고 했는데, 이 말은 요순의 기상을 정확히 잘 보여주고 있다. 또 늦은 봄을 보면 만물의 화창한 자태가 저마다의 본성을 이룬 모습 같고, 증점의 생각도 이와 같았으니, 이것이 바로 明道가 말한 '萬物各遂其性'인 것이다. 요순의 마음 역시 단지 만물이 모두 이같이 저마다의 본성을 이루게 하려는 것이었다. 그렇지만, 증점은 깨우쳤을 뿐, 요순의 일을 해낼 능력이 아직 안 되었으니, 맹자가 말한 狂士로서, 그의 행실이 그가 한 말을 다 덮지 못한 자였다. '행실이 그 말을 다 덮지 못한 부분이 있다'고 한 것은 말과 행실이 배치된다는 말이 아니고, 다만 행실이 그가 본 요순의 기상에는 미치지 못한다는 말이다"(問曾點言志, 如何是有堯舜氣象。朱子曰: 明道言萬物各遂其性, 此句正好看堯舜氣象。且看莫春時, 物態舒暢如此, 曾點情思又如此, 便是各遂其性處。堯舜之心, 亦只是要萬物皆如此耳。然曾點却只是見得, 未必能做得堯舜事, 孟子所謂狂士其行不掩焉者也。行有不掩, 非言行背馳之謂, 但行不到所見處爾。).

131《公冶長 제25장》참조.

132《論語大全》증점은 그가, 日用之間의 모든 것이 어느 하나 천리 유행 아닌 게 없고 이지러진 곳이나 빠진 곳이 없는 것이, 저절로 이렇다는 것을, 깨우친 것이다. 그가 깨달은 것을 확충해나가면, 이것이 곧 공자가 말씀하신 '老者安之 朋友信之 少者懷之'[公冶長 제25장]의 뜻이다. 증점은 다만 이것을 깨우쳤을 뿐이지만, 성인께서는 이것을 해내셨다(朱子曰: 曾點是他見得到日用之間, 無非天理流行, 無虧無欠, 是自然如此。充其見, 便是孔子老者安之, 朋友信之, 少者懷之底意思。惟曾點便見得到這裏, 聖人便做得到這裏。).

또 말했다. "세 사람은 모두 나라를 얻어 다스리고자 했기 때문에, 선생님께서 취하지 않으신 것이다. 증점(曾點)은 광자(狂者)여서, 성인의 일을 꼭 해내지는 못할지라도, 선생님께서 품으신 뜻은 알 수 있었다. 그래서 말하기를, '기수(沂水)에 가서 몸을 씻고, 무우(舞雩)에 가서 바람 쐬고, 노래하다 돌아오겠다'고 했으니, 즐거이 그가 제 있을 자리를 얻었다는 말이다. 공자(孔子)께서 품으신 뜻은 늙은이는 편안하게 해주고, 벗은 믿어주고, 젊은이는 감싸주고, 만물로 하여금 어느 하나도 저마다의 본성을 이루지 못하는 일이 없게 하는 데에 있었다. 증점(曾點)은 이것을 알았기 때문에, 공자(孔子)께서 깊이 한숨을 쉬고 탄식하면서 말씀하시기를, '나도 증점(曾點)의 생각과 같다!'고 하신 것이다.

또 말했다. "증점(曾點)과 칠조개(漆雕開)는 이미 (성인께서 품으신) 큰 뜻을 보았다."

133《公冶長 제5장》참조.

《顏淵 第十二》

凡二十四章。

모두 24장이다.

[顔淵問仁章]

120101、顔淵問仁。子曰:「克己復禮[1]爲[2]仁[3]。一日[4]克己復禮, 天下歸仁焉[5]。爲仁由己,

---

1 [성]克己復禮(극기복례): 자기 몸가짐을 단속하여, 일마다 모두 예에 귀착되게 하다(克: 克制。儒家指约束自己, 使每件事都归于'礼'。);《爾雅 · 釋詁》 刑昺疏: '克'은 '勝'[이기다]이다. 또 '殺'[죽이다]이다. 모든 글자가 이겨서 그들을 죽여 없앤다는 뜻이다(疏: 釋曰: 克亦勝也。又爲殺也。皆謂得勝而殺之。);《揚子法言 · 問神》 자기의 사심을 이기는 것이 克이다(勝己之私之謂克);《論語集解》 '克己'는 '約身'[몸가짐을 단속하다]이다. '復'은 '反'[돌아가다]이다. 자기의 몸가짐이 능히 예로 돌아가게 하는 것이 곧 爲仁이다(注: 馬融曰: 克己, 約身也。孔安國曰: 復, 反也。身能反禮則爲仁矣。);《論語注疏》 劉炫[546~613]이 말했다. "'克'은 '勝'으로 풀이하고, '己'는 '身'을 말한다. 몸에는 기욕이 있으니, 의당 禮義를 써서 가다듬어야 한다. 기욕과 예의가 싸우면, 예의가 기욕을 이기게 해서, 몸이 다시 예로 돌아가게 할 수 있는 것, 이와 같은 것이 바로 인이다. '復'은 '反'이다. 인정이 기욕의 핍박을 받아, 이미 예에서 이탈했지만, 다시 예로 되돌아오는 것이다"(正義曰: 劉炫云:「克訓勝也, 己謂身也。身有嗜慾, 當以禮義齊之。嗜慾與禮義戰, 使禮義勝其嗜慾, 身得歸復於禮, 如是乃爲仁也。復, 反也。言情爲嗜慾所逼, 已離禮, 而更歸復之。」);《論語平議》 공안국이 '復은 反이다. 능히 자기 몸가짐이 예로 되돌아가도록 하는 것이 곧 爲仁이다'라고 했다. 생각건대, 공안국이 注에서 '克'을 '能'으로 풀이했는데, 옳다. 이 장은 '己復禮' 세 글자를 連文으로 보아야 한다. '己復禮'는 '身復禮'로, '(능히) 자기 몸가짐이 예로 되돌아가게 한다'는 말이다. 능히 자기 몸가짐이 예로 되돌아가게 하는 것이 바로 爲仁이다. 그러므로 '克己復禮爲仁'이라 한 것이다. 아래 문장에서, '一日克己復禮, 天下歸仁焉。爲仁由己, 而由人乎哉?'라고 했는데, 반드시 공안국과 같이 풀이한 연후에야, 문장의 의미가 일관된다. 공자의 생각은 '己'와 '人'을 대비시킨 것이지, '己'와 '禮'를 대비시킨 것이 아니다(孔曰, 復, 反也。身能反禮, 則爲仁矣。俞樾謹按, 孔注訓克爲能, 是也。此當以己復禮三字連文。己復禮者, 身復禮也, 謂身歸復於禮也。能身復禮, 即爲仁矣。故曰, 克己復禮爲仁。下文曰, 一日克己復禮, 天下歸仁焉。爲仁由己, 而由人乎哉? 必如孔注然後, 文義一貫。孔子之意, 以己與人對, 不以己與禮對也。);《論語大全》 '克己'의 '己'는 '人'의 對句가 아니고, '公'字의 對句로, '私'라는 말과 같다(朱子曰: 克己之己, 未是對人物言, 只是對公字說, 猶曰 私耳。);《古今注》 '己'는 '我'이다. 내게는 두 개의 몸이 있고 두 개의 마음이 있는데, 道心이 人心을 '克'하는 것이다. 보려고 하고, 들으려고 하고, 말하려고 하고, 움직이려고 하는 것은, 人心이 그렇게 하려고 하는 것이고, 하지 말라는 것은 道心이 그렇게 하지 말라는 것이다. 人心은 하려고 하고 道心은 하지 말라고 하여, 둘이 맞붙어 싸워서, 하지 말라는 것이 이기면, 이를 일러 '克己'라고 하는 것이다(己者, 我也。我有二體亦有二心, 道心克人心……欲也者, 人心欲之也, 勿也者, 道心勿之也。彼欲, 此勿, 兩相交戰, 勿者克之, 則謂之克己。);《論語新解》 '克己'는 자기의 몸가짐을 단속하는 것이다. 或說: 자기의 私欲을 이겨 없애는 것이다. 아래 '爲仁由己'의 '己'와 동일한 '己'로, 모두 '몸가짐'을 가리키는 것이지, 위의 '克己'의 '己'만 특별히 '私欲'을 가리킨다고 볼 수 없다(克己, 约束己身。或说: 克去己私。下文为仁由己, 同一己字, 皆指身, 不得谓上一己字特指私欲。);《論語新解》 '復'은 '言可復也'[말을 실행에 옮길 수 있다][學而 제13장]의 '復'[실천하다]와 같고, (예를) 실행에 옮기는 것을 말한다. 一說: '復'은 '反'이다. '湯武反之'[탕임금과 무왕은 본성으로 돌아갔다][孟子 · 盡心下 제33장]의 '反'과 같다. 예는 내 밖에 존재하고, 자기 몸가짐을 돌이켜 예를 실천하는 것이다. 그래서 克己復禮는 '約我以禮'[子罕 제10장]라고 하는 것과 같다["자기를 단속하여 예를 실행에 옮기는 것, 그것이 바로 仁이다"](复如言可复也之复, 谓践行。又说: 复, 反也。如汤武反之之反。礼在外, 反之己身而践之。故克己复礼, 即犹云约我以礼; "约束我自己来践行礼, 那就是仁了。").

2《朱子語類41: 10》'克己復禮爲仁'과 '可以爲仁矣'[憲問 제2장]의 '爲'는 '謂之'[~을 일러 ~라 한다]와 비슷하다. '其孝弟爲仁之本'[아마도 효제는 남에게 仁을 행하는 근본일 것이다][學而 제2장]과 '爲仁由己'[仁을 행하는 일은 나에게 달려 있다]의 '爲'와는 다르다('克己復禮爲仁', 與'可以爲仁矣'之'爲', 如'謂之'相似; 與'孝弟爲仁之本', '爲仁由己'之'爲'不同。);《論語正義》극기복례는 爲仁의 방법이다[극기복례는 이를 써서 爲仁하려는 것이다]. '爲'는 事[종사하다. 일삼다]와 같다. 仁에 힘쓰는 것을 말한다. 아래 '爲仁由己'와 뜻이 같다(正義曰: 克己復禮, 所以爲仁。"爲"猶事也, 謂用力於仁也。下句"爲仁由己"義同。);《論語譯注》"자기를 억제해서 언행이 모두 예에 합치시키는 것, 바로 이것이 仁이다"("抑制自己, 使言語行動都合於禮, 就是仁。");《論語新解》'爲仁'은 '이런 것(克己復禮하는 것)이 바로 인이다'라고 말하는 것과 같다. 인은 마음 안에 존재하고 예는 행동으로 밖으로 보여지니, 반드시 內와 外 心과 行이 하나가 되어야 비로소 인의 도가 완성되기 때문에, 논어에서는 항상 인과 예를 나란히 말했다. 一說에, 이 장의 '爲'를 '行'으로 풀이하여, '克己復禮하여 이로써 인을 행한다'라고 하는데, 따르지 않는다(为仁: 犹谓如是乃为仁。仁存于心, 礼见之行, 必内外心行合一始成道, 故《论语》常仁礼并言。一说: 此为字作行字解, 谓克己复礼以行仁, 今不从。);《論語句法》'爲'는 연결동사이다["극기복례가 인이다"]('爲'是繫詞。).

3《論語正義》克己復禮는, 이를 써서 仁을 행하려는 것이다[仁을 행하는 방법이다]. '爲'는 '事[일삼다. 종사하다]'로, 仁에 힘쓰는 것을 말한다. 아래 나오는 '爲仁由己'의 뜻과 같다.《春秋左傳 · 昭公 12年》[BC 530]에 말했다. "초나라 우윤 자혁이, 영왕[BC 540~BC 529 재위]의 음특한 마음을 깨우치고자 왕에게 (주나라 祭公이 周穆王[BC 976~BC 953 재위]의 사욕을 억제코자 지어 올렸던)《祈招(기초)》라는 시를 읊자, 왕이 자혁에게 읍하고 들어가서는, 음식을 올려도 먹지 않았고, 잠자리에 들어서도 잠을 이루지 못한지 수일이 되었지만, 결국에 사욕을 억제하지 못했으니, 이것이 찬탈과 시해의 난을 당한 까닭이었다. (이를 두고) 중니가 말하기를, '옛 기록에 '克己復禮가 仁이다'라고 했는데, 참으로 좋은 말입니다. 초나라 영왕이 이같이 했다면, 어찌 건계에서 (왕의 자리에서 쫓겨나고 자결하는) 치욕스러운 일을 당했겠습니까?'라고 했다." 이 장의 '克己復禮爲仁'은 바로 옛날의 成語로, 공자께서 이 말을 인용하신 것이다(正義曰: 克己復禮, 所以爲仁。'爲'猶事也, 謂用力於仁也。下句'爲仁由己'義同。左昭十二年傳言楚右尹子革, 諷靈王以祈招之詩, "王揖而入, 饋不食, 寢不寐, 數日, 不能自克, 以及於難。仲尼曰: "古也有志: "克己復禮, 仁也。" 信善哉, 楚靈王若能如是, 豈其辱於乾溪?"" 是'克己復禮爲仁'乃古成語, 而夫子引之。).

4《論語詞典》一日(일일): 부사. 일단["일단 이렇게 하고 나면"]('一日', 用如副词, 一旦; '一旦這樣做到了').

5《論語義疏》임금이 一日克己復禮할 수 있다면, 천하의 백성들이 모두 임금에게 귀복할 것이라는 말이다. 范甯[約339~約401. 東晉人]이 말했다. "난세의 임금은 단 하루도 극기하지 못하기에, 一日이라 한 것이다"(疏: 言人君若能一日克己復禮, 則天下之民咸歸於人君也。范甯云亂世之主不能一日克己, 故言一日也。);《論語正義》'歸仁'은, 자기가 정성을 다해 인을 행하면 사람들이 반드시 이를 알기 때문에, 사람들이 그에게 仁人이란 이름을 지어주어, 이름을 떨칠 수 있다는 말이다. 毛奇齡[1623~1716]의《論語稽求篇》에 말했다. "《禮記 · 哀公問》에, '백성들이 그에게 이름을 지어 선사하기를, 그를 '君子之子'라고 한다'고 했는데, '歸'는 이름을 지어 그를 평가한다는 뜻이다." 생각건대,《漢書 · 王莽傳》의 贊에, '종친들은 그를 孝子라고 불렀고, 사우들은 그에게 仁人이라고 이름을 지어주었다'고 했고,《後漢書 · 郎顗傳》에, '옛날에 안자는 18세에, 천하가 仁人이라고 이름을 지어주었다'고 했는데, 모두 '歸仁'을 '稱仁'으로 본 것이다(正義曰: 言己誠爲仁, 人必知之, 故能歸仁, 已得成名也。毛氏奇齡稽求篇: "禮記哀公問: '百姓歸之名, 謂之君子之子。' 則歸亦只是名謂之義。" …… 今案: 漢書王莽傳贊: "宗族稱孝, 師友歸仁。" 後漢書郎顗傳: "昔顏子十八, 天下歸仁。" 並以'歸仁'爲稱仁。);《古今注》'歸'는 '귀화하다'이다. '天下歸仁'은, 무릇 천하 사람들 중에, 나의 仁한 행위에 관련된 자는, 仁으로 귀화하지 않는 사람이 없다는 것이지, 하늘 아래 모든 사람들이 仁으로 귀화하지 않는 사람이 없다고 하는 말이 아니다(歸者, 歸化也…… 凡天下與我相關者,

[6]而[7]由人乎哉[8]?」

안연(顏淵)이 인(仁)에 대해 여쭈었다. 선생님께서 말씀하셨다. "자기의 사욕을 이겨 없애고 예(禮)로 되돌아가는 것이 인(仁)을 행하는 것이다. 하루만이라도 자기의 사욕을 이겨 없애고 예(禮)로 되돌아간다면, 천하 사람들이 모두 (바로)

無不歸化也, 非謂普天之下無一不歸。);《論語譯注》'歸仁'은, '稱仁'의 뜻으로, 설명이 모기령의《論語稽求篇》에 보인다. 주희의 集注는 '歸, 猶與也'라고 했는데, 또한 이 뜻이다["천하 사람들이 모두 그를 仁人이라 칭찬할 것이다"](歸仁, "稱仁"的意思, 說見毛奇齡論語稽求篇。朱熹集注謂"歸, 猶與也", 也是此意; "天下的人都會稱許你是仁人。");《論語新解》"천하가 모두 나의 인한 마음 안에 받아들여짐을 보게 될 것이다"(见天下尽归入我心之仁了。);《論語新解》①'歸'는 '與'[인정하다]와 같다. 一日克己復禮할 수 있으면, 천하 누구도 그가 仁하다는 것을 인정하지 않는 사람이 없다는 말로, 그 효과가 신속하고 지대함을 힘주어 말한 것이다. 그런데 인은 자기의 마음의 덕으로, 그것을 자기에게 보존하는 것을 위주로 하지, 외면의 효응을 중요시하지 않을뿐더러, 이 같은 신속한 효과도 없다. 이 풀이에 따르면, '天下歸仁矣'이라 해야 한다. 그런데 '歸仁焉'이라 했고, '焉'에는 '於此' '於彼'의 뜻이 있다. '天下於此歸仁'이란 말로, 원뜻은 의당 一日克己復禮할 수 있으면, 바로 여기에서, 천하가 모두 나의 인한 마음 안에 받아들여짐을 보게 된다고 말한 것이다. 마음의 仁은 따스하니 남을 사랑하고 정성스레 남을 공경한다. 禮는 공경과 사양이 주가 된다. 마음에 공경이 존재하면 오만이 없고, 사양이 존재하면 상해가 없다. 오만이 없으면 상해가 없다. 모든 접촉하는 것, 천하의 모든 것이, 어디를 가든 내 마음의 인에 의해 받아들여지지 않는 게 없다. 이는 효과가 안에 있지, 밖에 있지 않다. ②임금이 단 하루라도 극기복례할 수 있으면, 천하 모든 백성이 모두 그의 仁政에 귀의할 것이다. 이 견해는 한쪽 편으로 치우친 풀이로 보편적인 뜻이 아니어서 따르지 않는다(一说, 归, 犹与。言能一日克己复礼, 则天下之人莫不归与其仁, 极言其效之速且大。然仁为己之心德, 以存诸己者为主, 不以外面之效应为重, 且亦无此速效。即如所解, 当云"天下归仁矣"。今言"归仁焉", 焉有于此于彼之义。言天下于此归仁, 原义当谓苟能一日克己复礼, 即在此处, 便见天下尽归入我之仁心中。人心之仁, 温然爱人, 恪然敬人。礼则主于恭敬辞让。心存恭敬, 斯无傲慢。心存辞让, 斯无伤害。对人无傲慢, 无伤害, 凡所接触, 天下之大, 将无往而不见其不归入于我心之仁矣。是则效在内, 不在外。或说: 此言人君若能一日克己复礼, 则天下之民咸归其仁政, 此成偏指, 非通义, 今不从。);《論語句法》'焉'은 '於是'와 같고, '是'는 '一日克己復禮之人'을 가리키고, '歸'의 목적어이다["천하가 그에게 돌아온다"]('焉'等於'於是', '是'稱代'一日克己復禮之人', 是'歸'的受詞。).

6 [성]爲仁由己(위인유기): 인을 행하는 일은 온전히 자기 하기에 달려 있다. 온전히 자기 하기에 따라 결정된다(实行仁德, 完全在于自己。表示做好事全凭自己作出决定。);《論語新解》'爲仁'은 '行仁'[인을 행하다]이란 말과 같다(为仁, 犹言行仁。);《古書虛字》'由'는 '在'이다('由', '在'也。);《論孟虛字》'由'는 '於'와 같다. '在'에 해당한다. 행동의 소재를 표시하는 관계사('由', 猶'於', 當白話'在'字。是表行動所在的關係詞。).

7《古書虛字》'而'는 '寧'과 같다. '어찌' '설마'의 뜻이다('而'猶'寧'也。爲'豈'字之義。);《百度漢語》而(이): 설마. 어찌~하겠는가? 반문을 표시한다(用于句中, 表示反问, 相当于'难道'、'岂'。);《論語新解》"어찌 남에게 있겠는가!"("哪在外人呀!").

8《論語義疏》"仁을 행하는 것이 나에게 달려 있지, 어찌 저를 기다려 인을 행하겠느냐?"(疏: 范甯云: 言爲仁在我, 豈俟彼爲仁耶?);《論語正義》'視·聽·言·動'이, 모두 나에게 있지 남에게 있지 않기 때문에, '爲仁由己, 而由人乎哉?'라 하신 것이다(正義曰: 視, 聽, 言, 動, 皆在己不在人, 故爲仁由己, 不由人也。);《北京虛詞》乎哉(호재): 반문을 돕는 어기사('乎哉', 语气词连用。用于反问句末, 助反诘疑问语气。).

그를 인(仁)하다고 인정할 것이다. (또) 인(仁)을 행하는 일은 나에게 달려 있지, 남에게 달려 있겠느냐?"

仁者, 本心之全德[9]。克, 勝也[10]。己, 謂身之私欲也[11]。復, 反也[12]。禮者, 天理之節文也[13]。爲仁者, 所以全其心之德也。蓋心之全德, 莫非[14]天理, 而亦[15]不能不壞於人欲。故爲仁

---

9 本心(본심): 하늘이 부여한 본성. 본연의 마음. 양심(天性, 天良。); 全德(전덕): 완비된 덕. 仁義禮智가 모두 마음의 본유한 덕인데, 仁은 다른 덕을 포함하므로, 본심의 전체를 아우르는 완전한[완비된] 덕이라 한 것이다(道德完備無瑕缺; 仁義禮智, 皆心之德, 而仁包義禮智, 故日本心之全德。);《古今注》仁은 人이다. 두 사람이 仁이다. 父子가 자기 본분을 다하면 仁이고, 君臣이 자기 본분을 다하면 仁이고, 夫婦가 자기 본분을 다하면 仁이다. 仁이란 이름은 분명 두 사람 사이에서 생겨나온 이름이다. 사람과 사람이 자기의 본분을 다하는 것, 이것을 仁이라 한다. 만약 한 톨의 仁德이라는 것이, 원래부터 마음이라는 공간에 들어 있어서, 측은지심이 나오는 근원이라고 한다면, 이 장의 一日克復禮 이하의 20 글자는, 모두 물같이 無味한 말이 된다. 종래부터 仁字는, 의당 구체적인 일을 처리하는 가운데서 보이는 것이지, 마음속에 들어 있는 理가 아니다(仁者, 人也。二人爲仁。父子而盡其分則仁也, 君臣而盡其分則仁也, 夫婦而盡其分則仁也。仁之名, 必生於二人之間……凡人與人盡其分, 斯謂之仁……若有一顆仁德, 原在心竅之內, 爲惻隱之本源, 則一日克復禮以下二十字, 都泊然無味也。從來仁字, 宜從事爲上看, 非在內之理。).

10《爾雅·釋詁》'勝' '殺'은 '克'이다. [郭璞注]《春秋公羊傳·隱公元年》에, "鄭伯克段于鄢'의 '克'은 무슨 뜻인가? '죽였다'는 뜻이다'라고 했다. [刑昺疏] '克'은 '勝'[이기다]이다. 또 '殺'[죽이다]이다. 모든 글자가 이겨서 그들을 죽여 없앤다는 뜻이다(勝, ……殺, 克也。; 注:《公羊傳》曰: "克之者何? 殺之也。"; 疏: 釋曰: 克亦勝也。克也, 又爲殺也° 皆謂得勝而殺之。);《論語大全》성인께서 '克'字를 사용하신 것은, 서로 죽이는 싸움에 비유하자면, 반드시 극복해 상대방을 이겨내고야 말겠다는 것이다. 克己는 별 뾰쪽한 방법이 있는 것이 아니고, 외로운 병사가 강한 적을 만나, 힘을 다해 목숨을 돌보지 않고 앞으로 나아가는 방법뿐이다(朱子曰: 聖人下箇克字, 譬如相殺, 定要克勝得他。克己亦別無巧法, 如孤軍卒遇强敵, 只是盡力舍死向前而已。).

11《揚子法言·問神》자기의 私를 이기는 것을 克이라 한다(勝己之私之謂克。).

12《論語大全》'反'은 '歸'와 같다. 말하자면 길가는 사람이 떠나왔던 집으로 다시 돌아가는 것이다(慶源輔氏曰: 反, 猶歸也。如行者之反歸於家也。);《朱子語類41: 22》'禮'는 자기에게 本有한 것이다. 그래서 '復'[(원래대로) 돌아간다. 회복하다]이라 한 것으로, '克己'를 해낸 다음에야 비로소 '復禮'가 시작되는 것이 아니다. 1푼의 인욕을 克하면, 바로 1푼의 천리가 回復되고, 2푼의 나를 克하면, 바로 2푼의 禮가 回復되는 것이다(禮是自家本有底, 所以說箇'復', 不是待克了己, 方去復禮。克得那一分人欲去, 便復得這一分天理來; 克得那二分己去, 便復得這二分禮來。).

13《論語大全》'克己復禮'라고 하시고, '克己復理'라고 하지 않으신 까닭은, 禮는 理가 드러나 있는 실제 모습이기 때문이다. '理'를 말하고 말면, 공허해진다. 이 '禮'는 天理가 성문화된 것으로, 사람을 가르치는 데 준칙처가 되는 것이다. 禮를 '天理之節文'이라 한 까닭은, 이 '理'는 형체도 그림자도 없으니, 이에 節文이라는 禮文을 지어, 天理를 사람들이 눈으로 보도록 그려내서, 가르치는 데 준칙이 되고, 준거로 삼을 수 있기 때문이다(朱子曰: 所以喚做禮, 而不謂之理者, 有著實處。只說理, 却空去了。這箇禮, 是那天理節文, 敎人有準則處。所以謂之天理之節文者, 此理無形影, 故作此禮文, 畫出一箇天理與人看, 敎有規矩, 可以憑據。); 節文(절문): 예의를 제정하여 행하는데 한도를 정해두다. 절제와 격식. 예의규정(谓制定礼仪, 使行之有度。).

者必有以勝私欲而復於禮, 則事皆天理, 而本心之德復全於我矣[16]。歸, 猶與也。又言一日克己復禮, 則天下之人皆與其仁, 極言[17]其效之甚速而至大也[18]。又言爲仁由己而非他人所能預[19], 又見其機[20]之在我而無難也。日日克之[21], 不以爲難, 則私欲淨盡[22], 天理流行, 而仁不可勝用矣[23]。

'仁'(인)이라는 것은 본연의 마음의 완전무결한 덕이다. '克'(극)은 '이겨 없애다'[勝]이다. '己'(기)는 내 몸의 사욕을 말한다. '復'(복)은 '되돌아가다'[反]이다. '禮'(예)라는 것은 천리(天理)가 예의(禮儀)라는 격식으로 규범화된 것이다. '爲仁'(위인)이라는 것은 이를 써서 그 본연의 마음의 덕을 (회복하여) 완전무결하게 하려는 것이다. 대개 마음의 완전무결한 덕은 천리 아닌 게 없지만, 그럼에도 또한 사욕[인욕]에 의해 무너지지 않을 수 없다. 그래서 인(仁)을 행하는 자가 반드시 사욕을 이겨 없애고 예(禮)로 되돌아갈 수 있다면, 하는 일들이 모두 천리이고, (사욕에 의해 무너진) 마음의 덕이 나에 의해 다시금 본연의 온전한 모습을 회복하게 되는 것이다. '歸'(귀)는 '인정하다[與]'와 같다.

---

14 莫非(막비): ~임에 틀림없다. 어느 하나 ~아닌 게 없다(没有一个不是).

15 而亦(이이): 그렇더라도. 그럼에도 또한. 그리고 또(连词。表示承接。).

16《論語大全》'復全'의 '全'字는 본래의 뜻인 '온전하다'의 '全'字로, 마음의 본연의 (온전한) 모습을 회복할 수 있다는 것에 불과하다(雲峯胡氏曰: 此一全字, 即是本來全字, 不過能復其本然者耳。).

17 極言(극언): 힘주어 말하다(竭力陈说).

18《論語大全》'甚速'은 經文의 '一日'을 두고 한 말이고, '至大'는 經文의 '天下'를 두고 한 말이다(新安陳氏曰: 甚速, 以一日言; 至大, 以天下言。);《論語大全》극기복례하면, 일마다 모두 仁이니, 천하 사람들이, 그 사람이 하는 일을 듣고 보고, 모두 그의 인을 인정하지 않을 사람이 아무도 없다(朱子曰: 克己復禮, 則事事皆仁, 天下之人, 聞之見之, 莫不皆與其仁也。).

19 預(예): 참여하다. 간여하다(参与。通'与'。).

20 機(기): 활의 시위[줄]를 당겨 걸어놓은 갈고리. 기틀. 사물의 변화의 원인[출발점] 전조. 징조. 조짐(古代弩上發箭的裝置。事物变化之所由。先兆, 征兆。).

21《論語大全》'日日克之' 이하 다섯 구절은, 바로 주자가 경문의 뜻을 보충하여, 그 속뜻을 깊이 파고든 것이다. 사람들이 경문의 '一日'을 하루만 하면 된다고 생각할까 염려해서, 반드시 매일매일 이어서 공부하기를, '日三省'[學而 제4장]의 '日'처럼 매일매일 克己하여 조금의 틈이나 끊어짐도 없게 해야 하고, 仁을 행하는 기틀이 나에 의해 결정되니, 머뭇거리거나 어렵게 생각하지 않는다면, 私欲이 비로소 깨끗이 다 없어지고, 天理가 저절로 널리 퍼진다는 것이다(新安陳氏曰: 日日克之以下五句, 乃朱子補本文之意, 而究竟言之。恐人謂一日如此便了, 須是日日接續用功, 如日三省之日, 日日克己而無少間斷, 機決於己而無所留難, 則私欲方淨盡, 而天理自然流行矣。).

22 淨盡(정진): 한 점도 남김없이. 전부다. 깡그리. 깨끗이 다 없어지다(一点儿没剩).

23《孟子·盡心下·제31장》사람이 남에게 해를 끼치지 않으려는 마음으로 충만하다면, 인이 그 쓸 곳을 이루다 헤아릴 수 없다. 사람이 벽을 뚫거나 담을 타넘지 않으려는 마음으로 충만하다면 의는 그 쓸 곳을 이루다 헤아릴 수 없다(人能充無欲害人之心, 而仁不可勝用也。人能充無穿踰之心, 而義不可勝用也。).

또 '하루만이라도 자기의 사욕을 이겨내고 예(禮)로 되돌아간다면, 천하 사람들이 모두 그가 인(仁)하다고 인정할 것이다'라는 말씀은, 극기복례(克己復禮)의 효과가 아주 빠르고 지극히 크다는 것을 힘주어 말씀하신 것이다.

또 '인(仁)을 행하는 일은 자기에게 달려 있지, 남이 간여할 수 있는 일이 아니다'라는 말씀은, 또한 인(仁)을 행하는 기틀이 나에게 있으니 인(仁)을 행하는 일이 어려울 게 없다는 견해를 보이신 것이다. 매일매일 나의 사욕을 이겨내기를, 이를 어렵게 여기지 않는다면, 사욕은 한 점 남김없이 (내 몸에서) 깨끗이 없어지고, 천리는 널리 퍼져서, 인(仁)이 그 쓸 곳을 이루다 헤아릴 수 없게 된다.

程子曰:「非禮處便是私意。既是[24]私意, 如何得仁? 須是克盡己私, 皆歸於禮, 方始[25]是仁。」又曰:「克己復禮, 則事事皆仁, 故曰天下歸仁。」謝氏曰:「克己須從性偏難克處克將去。[26]」

정자(程子 · 伊川)가 말했다. "예(禮)에 맞지 않는 부분이 곧 사사로운 생각이다. 사사로운 생각인 이상, 어떻게 인(仁)을 얻을 수 있겠는가? 반드시 자기의 사사로운 생각을 이겨내서 모두 없애서, 하는 일이 다 예(禮)로 돌아가야, 비로소 인(仁)이다."

또 말했다. "극기복례 하면, 하는 일이 다 인(仁)이기 때문에, '천하 사람들이 모두 그를 인(仁)하다고 인정할 것이다'라고 하신 것이다."

사씨(謝氏 · 謝顯道)가 말했다. "극기는 반드시 자기의 기질의 성벽이 한쪽으로 치우쳐져 있어 이겨내기 어려운 부분부터 이겨 없애야 한다."

120102. 顏淵曰:「請問[27]其目[28]。」子曰:「非禮勿[29]視, 非禮勿聽, 非禮勿言, 非禮勿動[30]。」

---

24 既是(기시): ~인 이상. ~인 만큼(既然).

25 方始(방시): 방금에서야. 이제 금방. 지금 막(方才; 才).

26《論語大全》"謝氏가 말한 '性'은 氣質의 性인지요?" "그렇다."(問此性是氣質之性否。朱子曰。然。).

顔淵曰:「回雖不敏[31], 請事[32]斯語矣。」

안연(顔淵)이 말했다. "청컨대 극기복례의 덕목을 여쭙겠습니다." 선생님께서 말씀하셨다. "예(禮)가 아니면 보지 말고, 예(禮)가 아니면 듣지 말고, 예(禮)가 아니면 말하지 말고, 예(禮)가 아니면 움직이지 말거라." 안연(顔淵)이 말했다. "제가 비록 불민하지만, 부디 이 말씀을 좇아서 힘쓰겠습니다."

目, 條件[33]也。顔淵聞夫子之言, 則於天理人欲之際, 已判然[34]矣, 故不復有所疑問, 而直請其條目也。非禮者, 己之私也。勿者, 禁止之辭。是人心之所以爲主, 而勝私復禮之機也。私勝, 則動容周旋無不中禮[35], 而日用之間, 莫非天理之流行矣。事, 如事事[36]之事。

27《助字辨略》자기를 낮춰 이로써 높이 받들어 질문할 것이 있기 때문에 '請'이라 한 것이다(請, 以卑承尊, 有所啟請, 故云請也。);《文言虛詞》'請'은 허사로, 공경을 표시하는 부사로만 쓰인다('請'字作爲虛詞, 只用作敬副詞。);《古漢語語法》'請'은 동사 앞에 쓰여 공경을 표하는 방식을 써서 앞으로 취할 행동을 말한다(谦敬副词。'請'用于动词前, 用表敬的方式说出将要采取的行动。); 請問(청문): 가르침을 청하다(敬辞。表示请教询问。).

28《論語義疏》공자께 인을 행하는 방법을 여쭌 것이다(疏: 問孔子爲仁之道也。);《論語大全》극기복례의 조목을 청해 여쭌 것이다(請克己復禮之條目。); 目(목): 조목(條目。).

29《朱子語類41: 66》주자가《說文解字》를 예로 들어 말했다. "'勿'字의 형태는 기(旗)와 비슷하다. 기는 휘둘러서 금지할 것을 표시하는 물건이다. '勿'은 사람들에게 자기의 사욕을 금하게 하려는 것이다"(因舉說文云: '勿'字勢似旗。旗是揮止禁止之物。勿者, 欲人揮止禁約其私欲也。);《論語新解》네 개 '勿'字는 바로 '克己[約己]'의 공부이다. 視·聽·言·動은 모두 '由己'에 해당한다(此处四勿字, 即约己工夫。视, 听, 言, 动皆由己。);《文言虛詞》勿(물): 부정부사. 또한 '不'字의 용도와 같고, 서술의 부정에 쓰일 수 있다["예가 아니면……보지 않고……듣지 않고……말하지 않고……움직이지 않는 것이다"]('勿'字只作否定副詞用。'勿'字還可以當'不'字用, 用於敘述的否定。).

30《中庸 제20장》안으로는 마음을 가다듬어 엄정하게 하고 밖으로는 격식에 맞춰 의관을 차려입고서, 禮가 아니면 움직이지 않는 것이, 자신의 몸가짐을 닦는 방법입니다(齊明盛服, 非禮不動, 所以脩身也。); 動(동): 이동하다. 움직이다. 행동하다(移動, 振動。行動, 行爲。).

31《論語義疏》'敏'은 '達'이다. '제가 비록 仁·禮의 이치에 대해 잘 알지는 못하지만, 부디 이 말씀을 삼가 힘쓰겠습니다'라는 말이다. '事'는 '用'과 같다(疏: 敏, 達也…… 言回雖不達仁禮之理, 而請敬事此語。事, 猶用也。);《論語詞典》敏(민): 갑골문자형은 손으로 머리를 손질하는 모양이다. 동작이 재빠르다. 생각이 영리·예리하고, 반응이 재빠르다(甲骨文字形, 用手整理头发的样子。本义: 动作快。思想敏锐, 反应快。).

32 請事(청사): 종사하다. 좇아서 하다. 몸담다. 처리하다(从事。请: 愿意。);《王力字典》事(사): 종사하다(动词, 作, 从事於。).

33 條件(조건): 마땅히 갖춰야 할 사항(應具備的要項).

34 判然(판연): 차이가 아주 분명해지다(形容差别特别分明).

35《孟子·盡心下·제33장》행동거지가 절로 예에 맞는 것은, 성덕자의 지극한 경지이다(動容周旋中禮者,

請事斯語, 顏子默識其理, 又自知其力有以勝之, 故直以爲己任而不疑也。

'目'(목)은 '조목'[條件]이다. 안연(顏淵)이 선생님께서 하신 말씀을 듣고 보니, 천리와 인욕이 갈리는 경계의 구분에 대해, 이미 아주 분명해졌기 때문에, 다시는 의심나는 것이나 이해가 안 되는 게 없게 되어, 곧바로 극기복례의 조목을 청한 것이다. '非禮'(비례)라는 것은 나[己]라는 사(私)이다. '勿'(물)이라는 것은 금지하는 말이다. 이 '勿'(물)은 사람의 마음이 주인으로 삼는 것으로, 사(私)를 이기고 예(禮)로 돌아가는 기틀이다. 사(私)를 이기면, 행동거지 · 용모 · 진퇴읍양의 처신 등 어느 하나 예(禮)에 맞지 않은 게 없고, 일상생활을 하는 중에, 무슨 일이나 천리 유행 아닌 일이 없다. '事'(사)는 '事事'[일을 처리하다. 일삼다]의 앞의 '事'(사)자와 같다. '부디 이 말씀을 좇아서 힘쓰겠습니다'라는 말은 안연(顏淵)이 묵묵히 그러한 이치를 인식하고, 또 자기의 힘으로 나[己]라는 사(私)를 이겨낼 수 있다는 것을 스스로 알았기 때문에, 곧바로 자신의 임무로 일삼고 의심하지 않았다는 말이다.

○程子曰:「顏淵問克己復禮之目, 子曰,『非禮勿視, 非禮勿聽, 非禮勿言, 非禮勿動』, 四者身之用也。由乎中而應乎外, 制於外所以養其中也。顏淵事斯語, 所以進於聖人。後之學聖人者, 宜服膺而勿失也[37], 因箴以自警。

○정자(程子 · 伊川)가 말했다. "안연(顏淵)이 극기복례의 조목을 여쭈자, 선생님께서 말씀하시기를, '예(禮)가 아니면 보지 말고, 예(禮)가 아니면 듣지 말고, 예(禮)가 아니면 말하지 말고, 예(禮)가 아니면 움직이지 말라'고 하셨는데, 보는 것 · 듣는 것 · 말하는 것 · 움직이는 것, 이 네 가지는 몸의 작용이다. 심중에서 비롯되어 외물에 감응하니, 외물을 제어하는 것이 심중을 수양하는 방법이다. 안연(顏淵)이 '이 말씀을 좇아 힘쓴

盛德之至也。); 動容(동용): 얼굴에 드러나는 표정. 행동거지. 몸가짐(脸上显露出受了感动的表情。举止仪容; 内心有所感动而表现于面。); 周旋(주선): 빙 돌다. 돌아서다. 行禮 시에 나아가고 물러서고 읍하고 양보하는 등의 동작. 사람 간의 교제. 처신(回旋; 盘旋; 周回旋轉。古代行礼时进退揖让的动作。交际应酬。照顾。).

36 《書經 · 說命》 처리할 일마다 그 일이 갖춰야 할 것들이 있으니, 갖춰져 있으면 걱정이 없습니다(惟事事, 乃其有備, 有備無患。); 事事(사사): 일을 처리하다. 일마다(治事, 做事。每一件事。).

37 《中庸 제8장》 공자께서 말씀하셨다. "안회라는 위인은, 중용을 택해 한 가지라도 선을 얻으면, 늘 가슴속 깊이 간직해두고 잃지 않았다"(子曰: 回之爲人也, 擇乎中庸, 得一善, 則拳拳服膺而弗失之矣。); 服膺(복응): 마음에 새겨 잊지 않다(記在心中, 不會忘記。); 膺(응): 가슴. 마음속(胸腔, 胸。心间; 胸臆).

것'이, 성인의 경지를 향해 나아간 방법이었다. 후학 중에 성인이 되기를 배우는 자는 마땅히 (이 말씀을) 가슴속 깊이 간직해두고서 잃지 말아야 하니, 이에 이어서 잠(箴)을 지어 이로써 나 자신에게 경계한다.

其視箴[38]曰:『心兮本虛, 應物無跡。操之有要[39], 視爲之則。蔽交於前, 其中則遷。制之於外, 以安其內。克己復禮, 久而誠矣。』
그 시잠(視箴)은 말한다. '마음은 본래 텅 비어 있는 것, 외물에 감응해도 볼 자취 없네. 마음 붙잡아둘 요령 있으니, 보는 것으로 법칙 삼으리라. 외물이 눈앞 가리고 어른거리면, 마음인즉 외물 좇아 옮겨가리니, 외물일랑 억제하여, 마음속 안정시키리라. 나를 이겨 예(禮)로 돌아가리니, 오래 지나면 참된 것 꽉 차 있으리라.'

其聽箴曰:『人有秉彝[40], 本乎天性。知誘物化[41], 遂亡其正。卓彼先覺, 知止有定[42]。閑邪

38 箴(잠): 옷을 꿰매는 대바늘. =針, 鍼. 문체의 일종으로 훈계조로 표현된 글. 잠언(本义: 缝衣用的工具。后作'针'。文体的一种, 以规戒为表达的主题。); 箴銘(잠명): 잠언을 새긴 명문(文体名。箴是规戒性的韵文; 铭在古代常刻在器物上或碑石上, 兼用于规戒, 褒赞。).

39《孟子 · 告子上 제8장》 공자께서 말씀하시기를, '붙잡아두면 보존되고, 놓아두면 잃어버린다. 들고 나는데 일정한 때가 없고, 향하는 그곳을 알 수 없구나'라고 하셨는데, 이는 특별히 마음을 일컬어서 하신 말씀일 게다(孔子曰: '操則存, 舍則亡; 出入無時, 莫知其鄕.' 惟心之謂與?').

40 秉彝(병이): 불변의 도리를 견지하다. 인심이 붙잡고 지켜야 할 상도. 양심(持执常道。人心所持守的常道); 秉(병): 벼 모가지. 볏단. 잡다(禾把, 禾束。保持; 坚持); 彝(이): 비단실과 쌀을 두 손으로 받들어 신령에게 봉헌하다. 종묘에서 항상 쓰는 술을 담는 제기. 변치 않는 도리(为双手捧丝, 米奉献神灵。古代盛酒的器具, 亦泛指古代宗庙常用的祭器。常理。常规。).

41《禮記 · 樂記》 사람이 태어나서 (아직 외물에 접촉하지 않아) 잠잠히 고요한 마음은 天之性이고, 외물에 감응하여 움직이는 마음은 性之欲[情]이다. 외물이 다가오면 智가 알아차리고, 그 후에 好惡의 감정이 생긴다. 好惡의 감정이 안에서 절제되지 않으면, 智가 외물에 유혹당해, 자신의 본모습을 돌아보지 못하고, 천리가 소멸되고 만다. 대개 외물이 사람을 유혹하는 것은 끊임없는데, 사람의 好惡의 감정이 절제를 모르면, 이는 다가온 외물에 의해 사람이 物化되는 것이다. 物化된다는 것은 천리를 소멸시키고 인욕에 완전히 지배당한다는 것이다. 이렇게 되면 悖逆 · 詐僞하는 마음이 생기고, 淫泆 · 作亂하는 일이 생긴다. 이 때문에 강자는 약자를 위협하고, 다수는 소수를 폭압하고, 똑똑한 자는 우매한 자를 속이고, 드센 자는 겁많은 자를 괴롭히고, 병자는 치료받지 못하고, 노인 · 아이 · 고아 · 홀아비 · 과부는 각기 응당한 도움을 받지 못하게 되니, 이것이 천하 대란으로 가는 길이다(人生而靜, 天之性也; 感於物而動, 性之欲也。物至知知, 然後好惡形焉。好惡無節於內, 知誘於外, 不能反躬, 天理滅矣。夫物之感人無窮, 而人之好惡無節, 則是物至而人化物也。人化物也者, 滅天理而窮人欲者也。於是有悖逆詐僞之心, 有淫泆作亂之事。是故強者脅弱, 衆者暴寡, 知者詐愚, 勇者苦怯, 疾病不養, 老幼孤獨不得其所, 此大亂之道也。); 知誘(지유): 물욕에 의해 유혹을 받다(谓为物欲所诱导。).

存誠[43], 非禮勿聽。』

그 청잠(聽箴)은 말한다. '사람이면 지키고 따르는 양심, 천성에 그 뿌리 두고 있지만, 물욕에 유혹을 받아 외물에 휩쓸리면, 결국에는 그 바른 모습 없어지고 만다네. 탁월하신 저 선각들은, 가서 머물 곳 알고 정처 정했네. 삿된 것 목책치고 참된 것 보존코자 하니, 예(禮)가 아니면 듣질랑 아예 말리라.'

其言箴曰:『人心之動, 因言以宣。發禁躁妄, 內斯靜專。矧[44]是樞機[45], 興戎出好[46], 吉凶榮辱, 惟其所召。傷[47]易則誕[48], 傷煩則支, 己肆物忤[49], 出悖來違。非法不道[50], 欽[51]哉訓辭!』

42《大學》향해 가서 머물러야 할 곳을 알고 난 후에야 뜻의 定向이 있게 되고, 뜻의 定向이 있고 난 후에야 평정을 찾아 함부로 움직이지 않게 되고, 마음이 평정을 찾아 함부로 움직이지 않게 되고 난 후에야 편안해지고, 편안해지고 난 후에야 심사숙고하게 되고, 심사숙고하고 난 후에야 향해 가서 머물러야 할 곳을 얻게 될 것이다(知止而后有定, 定而后能靜, 靜而后能安, 安而后能慮, 慮而后能得。).

43《易經·☰乾·文言》"九二에, '숨어 있던 潛龍이 밭으로 나왔으니 대인을 보겠다'고 했는데, 무엇을 말한 것인지요?" 선생님께서 말씀하셨다. "대인은 성덕을 지닌 中正한 자이다. 평소의 말이 신실하고, 평소의 행실이 신중하고, 삿된 것을 들어 오지 못하게 목책을 쳐서 가로막고 참된 것을 보존하고, 선한 세상을 만들면서 자랑하지 않고, 덕이 세상을 널리 변화시킨다"(九二曰: '見龍在田, 利見大人', 何謂也? 子曰: 龍德而正中者也。庸言之信, 庸行之謹, 閑邪存其誠, 善世而不伐, 德博而化。); 閑邪存誠(한사존성): 邪惡을 방지하고, 誠敬篤實을 지킨다(指防止邪惡, 保持誠敬篤實。).

44 矧(신): 그 외. 하물며. 더군다나. 황차. 게다가. 또한(另外, 況且, 何況。也。).

45《周易·繫辭上》선생님께서 말씀하셨다. "군자가 방안에서 하는 말이 선하면, 천리 밖에서도 응하는데, 가까이 있는 자야 말해 무엇 하겠느냐? 군자가 방안에서 하는 말이 불선하면, 천리 밖에서도 거스르는데, 가까이 있는 자야 말해 무엇 하겠느냐? 말은 몸에서 나와 백성에게 미치고, 행실은 가까이에서 발하여 멀리까지 나타난다. 언행은, 군자의 樞機로, 樞機가 발동하면, 영욕이 결정된다. 언행은, 군자가 천지를 움직이는 수단이니, 신중하지 않으면 되겠느냐?"(子曰: 君子居其室, 出其言, 善則千里之外應之, 況其邇者乎, 居其室, 出其言不善, 則千里之外違之, 況其邇者乎, 言出乎身, 加乎民, 行發乎邇, 見乎遠。言行, 君子之樞機, 樞機之發, 榮辱之主也。言行, 君子之所以動天地也, 可不愼乎。); 樞機(추기): 사물의 중추부분. 지도리와 기틀(枢与机。比喻事物的关键部分。事物发生的枢纽。); 樞(추): 문의 경첩. 지도리. 힌지(户枢。门的转轴或承轴臼。); 機(기): 오늬. 기괄(機栝). 활시위에 화살을 끼우기 위해 도려낸 화살대 끝의 홈 부분으로 이 홈에 활시위를 걸어서 당긴다(弓弩上的发射机关).

46 興戎出好(흥융출호):《書經·虞書·大禹謨》에 나오는 말로,《堯曰 제1장》각주 참조; 興戎(흥융): 전쟁을 도발하다. 야기하다. 악인을 치다. 군대를 일으키다(挑起戰爭;《書經正義》好謂賞善, 戎謂伐惡。正義曰: '興戎'謂疾人而動甲兵, 故謂伐惡。).

47 傷(상): 도를 초과해서 싫증나다. 질리다. 물리다. 食傷하다(因过度而感到厌烦。以……产生厌烦。).

48 誕(탄): 과장되게 말하다. 황당하다. 터무니없다(说大话。虚妄; 荒唐); 虛誕(허탄): 황당무계하다. 근거가 전혀 없다(荒诞无稽).

49 肆(사): 벌여 놓다. 진열하다. 점포. 제멋대로 하다. 방자하다(摆设; 陈列。古时处死刑后陈尸示众。店铺(上古时代表示商店)。恣纵, 放肆。); 忤(오): 거스르다. 무례를 범하다(抵触, 不顺从。).

그 언잠(言箴)은 말한다. '사람 속마음 움직임은 말을 따라 밖으로 드러나니, 말할 때일랑 조급하거나 경솔치 말라. 속마음 곧 평정 찾고 모아져서 하나 되리라. 더군다나 사람 말은 추(樞)나 기(機) 같아서, 전쟁을 일으키기도 우호를 내기도 한다네. 길과 흉 · 영과 욕은 말만으로도 초래된다네. 지나치게 쉽게 하는 말 허황되고, 지나치게 번다한 말 지루하고, 내 말 남을 거스르면 남 말 나를 거스르고, 어그러져 나간 말 어그러져 돌아온다네. 법언 아니면 말하지 말고, 훈계 말씀 공손히 복종할지라.'

其動箴曰:『哲人知幾, 誠之於思; 志士勵行[52], 守之於爲。順理則裕, 從欲惟危; 造次克[53]念, 戰兢[54]自持。習與性成[55], 聖賢同歸[56]。』」

그 동잠(動箴)은 말한다. '철인(哲人)은 기미 알아, 생각에 정성 쏟고, 지사(志士)는 행실 힘써, 실행을 반드시 지킨다. 이치를 따르니 여유롭고, 욕심을 따르니 위험할 뿐, 경황 없는 중에도 충분히 생각하고, 전전하고 긍긍하며 나를 지켜내리. 오랫동안 익히다 보면 천성 되리니, 성현의 경지에 다 같이 이르리라.'"

---

50 《孝經 · 卿大夫》 선왕의 예법에 맞는 복장이 아니면 감히 입지 않고, 선왕의 예법에 맞는 말이 아니면 감히 말하지 않고, 선왕의 덕행이 아니면 감히 행실하지 않는다. 이 때문에 예법에 맞는 말이 아니면 말하지 않고, 예법에 맞는 도가 아니면 행실하지 않는다. 입에서는 뽑아내버릴 말이 한마디도 나오지 않고, 몸에서는 뽑아내버릴 행실이 한 가지도 나오지 않고, 한 말이 천하에 가득 차도 잘못된 말이 없고, 행실이 천하에 가득 차도 원망과 증오가 없다(非先王之法服不敢服, 非先王之法言不敢道, 非先王之德行不敢行。是故非法不言, 非道不行; 口無擇言, 身無擇行。言滿天下無口過, 行滿天下無怨惡。).

51 欽(흠): 하품. 경복하다. 탄복하다. 공경하다. 흠모하다(打呵欠的样。敬佩; 恭敬).

52 勵行(려행): 힘써 행하다. 덕행을 배양하다. 과오를 고치다. 덕행을 연마하다(勉力而行; 培养良好的品行或改过励行。砥砺德行。励, 通'礪'。).

53 克(극): 임무를 감당해내다. 할 수 있다(胜任; 足以承受或担任。能够。克, 能也。).

54 戰兢(전긍): 두려워 벌벌 떨고 경계하고 조심하는 모양(畏惧戒慎貌).

55 《書經 · 商書 · 太甲上》 왕[太甲]의 행실이 달라지지 않았다. 이윤이 말했다. "그분의 불의는, 오랜 습관으로 성격이 되었다. 나는 의를 좇지 않는 사람과는 가까이하지 않으니, 동 땅에 담을 쳐서 궁을 세우고, 선왕[成湯]의 묘에 가까이 있게 하여 그를 가르치게 해서, 평생토록 미혹되게 하지 않겠다." 왕은 동궁으로 가서 아버지의 무덤에서 복상하면서, 마침내 진실한 덕을 얻게 되었다(王未克變。伊尹曰: '玆乃不義, 習與性成。予弗狎于弗順, 營于桐宮, 密邇先王其訓, 無俾世迷。' 王徂桐宮居憂, 克終允德。); 習與性成(습여성성): 오랜 기간의 습관으로 형성된 성격. 습관은 제이의 천성이다(谓长期的习惯将会形成一定的性格).

56 《書經 · 周書 · 蔡仲之命》 행하는 선은 서로 달라도, 다 같이 다스림으로 귀결되고, 행하는 악은 서로 달라도, 다 같이 혼란으로 귀결된다(爲善不同, 同歸于治; 爲惡不同, 同歸于亂。); 同歸(동귀): (길은 달라도) 같은 결과를 얻다. 같은 곳에 이르다(有同样的结局或目的).

愚按: 此章問答, 乃傳授心法[57]切要[58]之言[59]。非至明不能察其幾[60], 非至健不能致其決。故惟顔子得聞之, 而凡學者亦不可以不勉也。程子之箴, 發明[61]親切, 學者尤宜深玩。

내가 생각건대, 이 장의 안회(顔回)와 선생님 사이의 문답은, 바로 심법(心法)의 정수를 전수하는 말씀이다. 지극히 총명한 사람이 아니었다면 인욕(人欲)과 천리(天理)가 싹트는 기미를 살필 수 없었고, 지극히 굳센 사람이 아니었다면 사물(四勿)을 자기 임무로 삼는 그런 결단에 이를 수 없었다. 그래서 오직 안자(顔子) 만이 가르침을 들을 수 있었지만, 모든 배우는 자들 역시 힘쓰지 않으면 안 된다. 정자(程子)의 잠언(箴言)은, 깨우침이 가깝게 와 닿으니, 배우는 자는 더욱 마땅히 곰곰이 생각해야 할 것이다.

---

57 心法(심법): 스승이 제자에게 전수하는 깨달음이나 방법. 존심양성의 방법(宋儒指存心養性的方法).

58 切要(절요): 요령. 강요. 가장 중요한 요점. 간절하고 긴요하다(要领; 纲要).

59《朱子學提綱》伊川은《中庸》을 孔門에서 전수한 心法이라 여겼지만, 주희의 이 注는 바로 공자께서 顔回의 問仁에 대해 고하신《論語》의 말씀을, 心法의 정수를 전수하는 말이라 여겼으니, 분명하게도 孔門의 心法의 지위를 옮긴 것이다(伊川以《中庸》爲孔門傳授心法, 此注乃以《論語》孔子告顔淵問仁語爲傳授心法切要之言, 顯已把孔門心法轉移了地位。)(錢穆 저/이완재 外 역,『주자학의 세계(原題: 朱子學提綱)』[이문출판사, 1990], 130).

60《論語大全》안자 같은 총명함이 아니었으면, '克己復禮 天下歸仁'을 말해주었어도, 결코 천리와 인욕이 싹트는 기미를 살피지 못해, 끝내 극기복례의 조목을 청하지 못했을 것이다. 안자 같은 굳셈이 아니었으면, '爲仁由己'와 '四勿'을 말해주었어도, 결코 이에 대해 용기 있는 결단에 이르지 못해, 끝내 仁을 자기의 임무로 삼지도 못했을 것이다(慶源輔氏曰: 非顔子之明睿, 則雖告以克己復禮, 天下歸仁之說, 必不能察天理人欲所由動之幾, 而遂請其條目。非顔子之剛健, 則雖告以爲仁由己, 與四勿之說, 必不能致勇決於此, 而遂以仁爲己任。).

61 發明(발명): 계발. 깨우침. 일깨우다. 천명하다. 명백히 밝히다(启发、阐明。).

[仲弓問仁章]

120201、仲弓問仁。子曰:「出門如見大賓[1], 使民如承大祭[2]。己所不欲, 勿施於人[3, 4]。在

---

1 [성]如見大賓(여견대빈): 귀빈을 만나 뵐 때처럼 하다. 일 처리가 귀빈을 접대하는 것처럼 공손하고 조심성 있고 진지하다(大宾: 贵宾。像会见贵宾一样。出外做事象接待贵宾那样认真谨慎。);《論語正義》'出門'은 대문 밖으로 나가 사람들과 서로 응대하고 대면하는 것을 말한다. '見'은 가서 손님을 맞이하는 것을 말한다. 손님을 맞이하는 예는, 손님이 자기보다 지위가 낮은 경우에는 문안에서 맞이하고, 자기와 대등하거나 높은 경우에는 모두 문밖으로 나가서 맞이한다. 이 장에서 '出門'이라고 하고 또 '大賓'이라고 했기 때문에, 손님이 자기보다 지위가 높은 사람임을 알 수 있다(正義曰: '出門', 謂出大門, 與人相接晤時也…… '見'謂往迎賓也…… 凡迎賓之禮, 賓降等者於門內, 賓敵者或尊者皆於門外。此言 "出門", 又言 "大賓", 故知是尊於己也。);《論語譯注》"문밖을 나가서 일할 때는 귀한 손님을 접대하듯이 한다"("出門[工作]好像去接待貴賓……");《論語新解》"평상시에는 문밖으로 나가서 큰손님을 맞이하는 듯이 하고, 윗자리에 앉아서는 백성을 부리기를 큰제사를 받드는 듯이 한다"("平常出门像见大宾般, 居上使民像临大祭般。").

2《論語集解》인을 행하는 방법으로는 敬보다 중시할 게 없다(注: 孔安國曰: 爲仁之道莫尚乎敬也。);《論語正義》《春秋左傳·僖公33年》[BC 627]에, '진나라 구계가 문공[BC 636~BC 627 재위]에게, 신이 듣기로는, 문밖으로 나가서 손님을 맞이하듯이 하고, 일을 받들기를 제사를 받들듯이 하는 것이 仁의 법도라 했습니다'라고 말하는 글이 나오는데, 역시 옛날에 이런 말이 있었기에, 구계와 공자가 이 말을 인용한 것이다. 춘추좌전에는 '承事'로 되어 있고, 논어에는 '使民'으로 되어 있으니, 약간 다르다(正義曰: 左僖三十三年傳: "晉臼季曰: '臣聞之, 出門如賓, 承事如祭, 仁之則也。'" 亦古有此語, 而臼季及夫子引之。傳言 "承事", 此言 "使民", 文略不同。); 承(승): 무릎을 꿇고 두 손으로 받아드는 형상의 글자. 두 손으로 받아들다. (윗사람이 내린 것을) 두 손으로 받다. 담당하다. 담임하다(上面象跽跪着的人, 下面象两只手。合起来表示人被双手捧着或接着。本义: 捧着。接受。承擔, 擔任。).

3《論語正義》翟灝(적호)[1736~1788]의《四書考異》에 말했다. "《管子·小問》에서, '옛말에, '자기가 하고 싶은 바가 아니면, 남에게 시키지 않는 것이, 仁이다'를 인용했는데, '己所不欲勿施於人' 역시 옛말이다"(正義曰: 翟氏灝考異: "管子小問篇引語曰: '非其所欲, 勿施於人, 仁也。'" 是'勿施'二句亦古語。");《論語集釋》宦懋庸[1842~1892]의《論語稽》에 말했다. "'己所不欲 勿施於人'은 子貢問一言章[衛靈公 제23장]에도 보이는데, 定公問興邦喪邦章[子路 제23장]으로 미루어보건대, 역시 옛말이다"(論語稽: 二語又見子貢問一言章, 以定公問興邦喪邦章推之, 則亦古語也。).

4 [성]己所不欲 勿施於人(기소불욕 물시어인): 내가 달갑게 여기지 않는 것은 남에게 억지로 하게 하지 말아야 한다. 남에게 받고 싶지 않은 대접을 자기도 똑같이 남에게 그렇게 대접하지 않는다(欲: 想要, 希望; 加: 给予。自己不愿意的, 不要加给别人。如果自己都不希望被人此般对待, 推己及人, 自己也不要那般待人。);《衛靈公 제23장》참조;《中庸 제13장》충서는 도와 떨어진 거리가 멀지 않으니, 자기 자신에게 베풀어 봐서 자기가 원하는 것이 아니라면, 똑같이 남에게도 베풀려고 하지 말라는 것이다(忠恕違道不遠, 施諸己而不願, 亦勿施於人。);《詞詮》勿(물): 금지부사. ~마라. '莫'과 같다('勿', 禁戒副詞。與'莫'同。);《王力漢語》'毋'와 '勿'은 통상 명령문에 쓰이며, 금지하거나 말리는 것을 표시한다('毋'和'勿'在詞彙意義上是相同的, 它們通常用於祈使句, 表示禁止或勸阻, 等於現代漢語'不要'或'别'。); 施(시): 하도록 (영향력을) 가하다(加: 施加。);《北京虛詞》於(어): 개사. ~에게. 동작 행위를 받는 자를 끌어들인다('於', 介词。引进动作行为的接受者。义即'给'。).

邦無怨,[5] 在家無怨。[6]」仲弓曰:「雍雖不敏, 請事斯語矣。」

중궁(仲弓)이 인(仁)에 대해 여쭈었다. 선생님께서 말씀하셨다. "문밖으로 나가서 큰손님 맞이하는 것같이 하고, 백성을 부릴 때의 큰제사 받드는 것같이 하거라. 내가 원하지 않는 것을 남에게 베풀려고 하지 말거라. (그러면) 제후의 나라에 가서도 원망 살 일이 없고, 경 · 대부의 집안에 가서도 원망 살 일이 없다." 중궁(仲弓)이 말했다. "제가 비록 불민하지만, 부디 이 말씀을 좇아 힘쓰겠습니다."

敬以持己, 恕以及物, 則私意無所容而心德全矣[7]。內外無怨, 亦以其效言之[8], 使以自考也。

5《論語義疏》'在邦'은 제후이고, '在家'는 경 · 대부이다(注: 苞氏曰: 在邦爲諸侯也, 在家爲卿大夫也。);《論語注疏》이미 敬하고 게다가 恕하다면, 제후가 되더라도 반드시 남의 원망을 살 일이 없고, 경 · 대부가 되더라도 남의 원망을 살 일이 없을 것이라는 말이다(疏: 正義曰: 言既敬且恕, 若在邦爲諸侯必無人怨, 在家爲卿大夫亦無怨也。);《論語正義》翟灝[1736~1788]의《四書考異》에 말했다. "'在邦'은 제후국에서 벼슬하는 것을 말하고, '在家'는 경 · 대부의 가에서 벼슬하는 것을 말한다.《顔淵 제20장》에서 자장이 士에 대해 여쭈자, 공자께서 在邦 · 在家를 가지고 말해준 것이 이를 증명한다. 苞咸은, '在邦'은 제후를 가리키고 '在家'는 경 · 대부를 가리킨다고 주를 달았는데, 잘못이다. 在邦 · 在家가 無怨하다는 것은, 仁者는 사람을 사랑하기 때문에, 다른 사람도 仁者를 사랑하여 더 이상 원망할만한 게 없다는 것이다"(在邦, 謂仕於諸侯之邦, 在家, 謂仕於卿大夫家也。觀下篇子張問士, 夫子告以在邦在家可證。包注以在邦指諸侯, 在家指卿大夫, 失之矣。在邦, 在家無怨者, 言仁者愛人, 故人亦愛之, 無可復怨也。");《論語新解》'無怨'은 舊說에서는 爲仁의 효과라고 했다. '仁을 구하여 仁을 얻었는데, 또 무엇을 원망했겠느냐?'[述而 제14장]의 뜻에 해당하는 것으로 보인다. 바로 하늘을 원망하지 않고 사람을 탓하지 않는 것으로[憲問 제37장], 在邦 · 在家 어디서든 원망할 게 없는 것은 물론이다. 남이 나를 원망하는 것이 아니고, 내가 남을 원망하지 않는 것이다. 여기에서 敬 · 恕 · 不怨은 모두 마음을 가리키는 말로 復禮 · 歸仁의 중요한 단서이다(无怨, 旧说谓是为仁之效。疑当如求仁得仁又何怨之义。乃指不怨天不尤人, 无论在邦在家皆无怨。非人不怨己, 乃己不怨人。此敬恕与不怨之三者, 皆指心言, 即复礼归仁之要端。).

6《論語義疏》敬 · 恕 두 일이 바로 仁이다(疏: 恕敬二事乃爲仁也。).

7《朱子語類12: 75》'出門如見大賓 使民如承大祭'와 같은 류는 모두 敬의 조목이다. 그런데 敬은 무엇일까? 다만 '畏'와 비슷하다. 돌덩이처럼 정좌한 채로, 귀로는 듣는 게 없고, 눈으로는 보는 게 없이, 일에 대해 전혀 성찰하지 않는 채로 있는 것이 아니다. 다만 마음과 몸을 수렴하여, 정돈하고 가다듬어 순일하게 하여, 아무렇게나 방종하지 않는 것이, 바로 敬이다(如說 '出門如見大賓, 使民如承大祭'等類, 皆是敬之目……然敬有甚物? 只如'畏'字相似。不是塊然兀坐, 耳無聞, 目無見, 全不省事之謂。只收斂身心, 整齊純一, 不恁地放縱, 便是敬。);《朱子全書(第22册) · 晦庵先生朱文公文集(卷49) · 答陳膚仲》소위 함양 공부라는 것은, (고요히 아무것도 하지 않을 때) 눈썹을 내리깔고 눈을 감고서, 마치 흙 인형처럼 하고 난 연후에, 이것을 함양이라고 하는 것이 아닙니다. 오직 일에 맞닥뜨리고 사물에 접했을 때, 그에 처해서 이 마음을 잃지 않아서, 각기 그 사물의 도리를 터득하는 것일 뿐입니다(所謂涵養功夫, 亦非是閉眉合眼, 如土偶人, 然後謂之涵養也。只要應事接物, 處之不失此心, 各得其理而已。)(李紱 저/조남호 外 역,『주희의 후기철학』[소명출판, 2009], 255);《論語大全》敬은, 내 마음이 안으로 주인으로 삼는 것으로 仁을

공경스러운 자세로써 자기를 지키고, 나를 미루어보는 자세로써 남에게 미치면, (안팎으로) 사사로운 생각이 용납될 곳이 없어서 마음의 덕인 인(仁)은 완전무결해진다. '제후의 나라에 가서도 경 · 대부의 집안에 가서도 원망 살 일이 없다'라는 말씀은, 또한 경(敬)과 서(恕)의 효과를 말씀하신 것으로, 스스로 시험해 보게 한 것이다.

○程子曰:「孔子言仁, 只說出門如見大賓, 使民如承大祭。看其氣象, 便須心廣體胖[9], 動容周旋中禮[10]。惟謹獨, 便是守之之法。」

○정자(程子 · 伊川)가 말했다. "공자(孔子)께서는 인(仁)에 대한 물음에 말씀하시기를, 단지 '문밖으로 나가서 큰손님을 맞이하는 것같이 하고, 백성을 부릴 때의 큰제사를 받드는 것같이 하라'라고만 설명하셨다. (그렇지만) 그 기상을 보면, 바로 모름지기 마음이 넓어지고 몸이 확 펴지고, 행동거지가 저절로 예(禮)에 들어맞는 경지이다. 오직 근독(謹獨)만이, 바로 그것을 지키는 방법이다."

或問:「出門使民之時, 如此可也; 未出門使民之時, 如之何?」曰:「此儼若思[11]時也, 有諸中而後見於外。觀其出門使民之時, 其敬如此, 則前乎此者敬可知矣。非因出門使民, 然後有此敬也。」

보존한다. 恕는, 내 마음이 이를 써서 밖으로 미치는 것으로 仁을 베푼다. 敬으로 주인 삼아 안으로 자기를 지키고, 恕를 행하여 밖으로 남에게 미치면, 안과 밖이 모두 사사로운 생각이 없어, 仁이 여기에 있게 된다(陳氏曰: 敬者, 吾心之所主而仁之存也。恕者, 吾心之所以達而仁之施也。主敬持己, 行恕及物, 則內外無私意, 而仁在是矣。).

8 《論語大全》 앞 장의 '天下歸仁'은, 이를 써서 克己復禮의 효과를 말씀한 것이고, 이 장의 '內外無怨'은, 이를 써서 主敬行恕의 효과를 말씀한 것이다(新安陳氏曰: 上章天下歸仁, 是以克己復禮之效言之。此章內外無怨, 亦以主敬行恕之效言之。); 《論語大全》 '己所不欲 勿施於人'은 '出門' '使民'에 긴밀하게 연결된다. '在邦無怨 在家無怨'은 '己所不欲 勿施於人'에 긴밀하게 연결된다["문밖을 나갔을 때나 백성을 부릴 때, 내가 원치 않는 것을 남에게 베풀려 하지 말라. 내가 원치 않는 것을 남에게 베풀려 하지 않으면, 제후國에 가서도 원망 살 일이 없고, 경 · 대부 家에 가서도 원망 살 일이 없다"](朱子曰: 己所不欲, 勿施於人, 緊接著那出門使民。在邦無怨, 在家無怨, 緊接著那己所不欲, 勿施於人。).

9 《子罕 제16장》 각주 《大學》 참조.

10 《孟子 · 盡心下 제33장》 행동거지가 저절로 예에 들어맞는 것은, 성덕자의 지극한 경지이다(動容周旋中禮者, 盛德之至也。).

11 《禮記 · 曲禮上》 곡례는 말한다: "불경하지 말고, 공경스러운 자세로 혼자 생각하고, 차분하고 신중하게 말하라." (그리하면) 백성들을 편안하게 할 수 있을 것이다(曲禮曰: '毋不敬, 儼若思, 安定辭.' 安民哉!); 儼若(엄약): 공경스러운 모양(恭敬貌).

어떤 사람이 물었다. "문밖을 나갔을 때나 백성을 부릴 때는, 이같이 하는 것이 옳습니다. 문밖을 나가지 않았을 때나 백성을 부리지 않을 때는, 어떠해야 하겠습니까?" 정자(程子)가 대답했다. "그때는 공경스러운 자세로 혼자 생각할 때이니, 심중에 간직된 것이 있고 나서야 밖으로 나타난다. 그 사람이 문밖을 나갔을 때나 백성을 부리는 때를 살펴보니, 그의 공경스러운 자세가 이와 같았다면, 이보다 앞선 문밖을 나가지 않았을 때나 백성을 부리지 않을 때의 자세가 공경스러웠다는 것을 알 수 있다. 문밖을 나가서나 백성을 부리는 일로 인해서, 그 연후에야 이러한 공경스러운 자세를 갖추는 것이 아니다."

愚按: 克己復禮, 乾道也; 主敬行恕, 坤道也。顏, 冉之學, 其高下淺深, 於此可見[12]。然學者誠能從事於敬恕之間而有得焉, 亦將無己之可克矣。

내가 생각건대, 자기[己]를 이겨 예(禮)로 돌아가는 것[克己復禮]은 하늘의 도이고, 경(敬)으로 주인을 삼고 서(恕)를 행하는 것[主敬行恕]은 땅의 도이다. 안자(顏子)와 중궁(仲弓)의 배움의 높고 낮음과 얕고 깊음의 수준을, 여기에서 알 수 있다. 그렇지만 배우는 자가 진실로 주경행서(主敬行恕)를 닦는 일에 종사해서 경(敬)할 수 있고 서(恕)할 수 있다면, 역시 앞으로는 이겨야[克] 할 대상으로서의 자기[己]라고 할 만한 것도 없을 것이다.

12《論語大全》乾道는 분연히 떨쳐 일어나서 (새로운 것을) 만들어내고, 坤道는 정적이고 둔중하여 (있는 것을) 잡아 지킨다. 선생님께서 두 제자에게 말씀해주신 것을 관찰해보면, 두 제자의 기상은 각기 그가 속한 부류가 있다. 중궁의 자질은 온화하고 순수했고, 안자의 자질은 강건하고 분명했다. 안자는 仁에 대해 강건하고 과감한 것이 하늘이 돌고 땅이 도는 것처럼 크게 변화했고, 천둥이 맹렬하게 치고 바람이 세차게 부는 것처럼 맹렬하고 신속했고, 중궁은 스스로 검속하고 안으로 간직하고 엄밀하고 조심스러웠다. 극기복례는 乾道로, 한 번의 복용으로 병을 한 번에 제거해버리는 것이고, 주경행서는 坤道로, 약을 먹고 몸조리를 하여 병을 점차로 갈아 없애는 것이다(朱子曰: 乾道奮發而有爲, 坤道靜重而持守。觀夫子告二子氣象, 各有所類。仲弓資質溫粹, 顏子資質剛明, 顏子於仁剛健果決, 如天旋地轉, 雷厲風行做將去, 仲弓則自斂藏嚴謹做將去……克復乾道, 是一服藥打疊了這病, 敬恕坤道, 是服藥調護, 漸漸消磨了這病。) 극기복례는, 한칼에 자르듯 곧바로 천리와 인욕을 분별하는 것이다. 옳으면 바로 행하고, 그르면 바로 제거한다. 주경행서는, 마치 이 안에서 (천리를) 보양하는 것과 같아서, 그에게 인욕이 안에 없다는 것을 보장하지 못한다. 장래 보양이 지극한 경지에 이르면, 그때 가서야 비로소 인욕이 없어지고 온전히 천리이다(……曰: 克己復禮, 是截然分別箇天理人欲。是則行之, 非則去之。敬恕, 則猶是保養在這裏, 未能保他無人欲在。若將來保養得至, 亦全是天理矣。).

[司馬牛問仁章]

120301、司馬牛[1]問仁。

사마우(司馬牛)가 인(仁)에 대해 여쭈었다.

司馬牛, 孔子弟子, 名犂, 向魋[2]之弟。
'司馬牛'(사마우)는 공자(孔子)의 제자로, 이름이 리(犂)이고, 상퇴(向魋)의 아우이다.

120302、子曰:「仁者其言也[3]訒[4]。」

선생님께서 말씀하셨다. "인자(仁者)는 그가 하는 말이 차마 하지 못 할 말인 듯이 한다."

訒, 音刃。○訒, 忍也, 難也。仁者心存而不放, 故其言若有所忍而不易發, 蓋其德之一端也。夫子以牛多言而躁[5], 故告之以此。使其於此而謹之, 則所以爲仁之方, 不外是矣。
'訒'(인)은 음이 '刃'(인, rèn)이다. ○'訒'(인)은 '참다'[忍], '어려워하다'[難]이다. 인자(仁者)는 마음이 보존되어 있어 달아나게 놓아두지 않기 때문에, 그가 하는 말이 마치 차마 하지 못할 말인 듯이 쉽게 나오지 않는데, 대개 인자(仁者)의 덕의 한 모습이다.

---

1 司馬牛(사마우): 姓 司馬, 名 耕, 犂, 字 子牛. ?~BC 481. 공자 제자. 司馬桓魋[述而 제22장] 동생. 성격이 조급했고, 말을 잘했고, 형 桓魋의 行惡을 늘 걱정했다[孔子家語 · 七十二弟子解].

2《述而 제23장》 참조.

3《論語句法》 주어 밑에 붙는 잠시 말을 멈추는 어기사('也'主語下的停頓語氣詞。).

4《說文 · 言部》 '訒'(인)은 '(말이) 지둔하다[굼뜨다]'이다(訒, 頓也。从言刃聲。《論語》曰: "其言也訒。"); 《論語義疏》 '訒'은 難[어려워하다]이다. 옛사람들이 말을 함부로 입 밖으로 내지 않았던 것은, 행동이 말을 따라잡지 못할까 봐 두려워서였다[里仁 제22장]. 그래서 仁者는 반드시 말을 쉽게 내놓지 않기 때문에, '其言也訒'이라 한 것이다(疏: 訒, 難也。古者言之不出, 恐行之不逮, 故仁者必不易出言, 故云其言也訒。); 訒(인): 말이 굼뜨다. 말을 조심해서 하다. 억누르다. 과묵하여 함부로 말하지 않다(言语迟钝。说话谨慎。按[抑制; 止住]).

5《史記 · 仲尼弟子列傳》 사마우는 말이 많았고 조급했다(牛多言而躁。); 躁(조): 냉정하지 못하고, 참을성이 없이 매우 급하다(性急, 不冷静。).

선생님께서는 사마우(司馬牛)가 말이 많고 조급했기 때문에, 그에게 이 말씀을 가지고 알려주신 것이다. 그로 하여금 이 말씀에 따라 말을 조심하게 하셨으니, 그렇다면 인(仁)을 행하는 방법이, 이것을 벗어나지 않는다.

120303、曰:「其言也訒, 斯謂之仁已乎?[6]」子曰:「爲之難[7], 言之得無[8]訒乎?」

사마우(司馬牛)가 여쭈었다. "그가 하는 말이 차마 하지 못할 말인 듯이 한다면, 그런 사람을 일러 인자(仁者)라 하겠습니까?" 선생님께서 말씀하셨다. "행하는 것이 어려운데, 말하는 것이 어찌 차마 하지 못할 말인 듯이 하지 않을 수 있겠느냐?"

牛意仁道至大, 不但如夫子之所言, 故夫子又告之以此。蓋心常存, 故事不苟[9], 事不苟, 故其言自有不得而易者, 非強閉之而不出也。楊氏曰「觀此及下章再問之語, 牛之易其

6《論語義疏》"말이 어려운 것, 바로 이것을 仁이라 말할 수 있겠는지요?"(疏: 牛又疑云, 言語之難, 便可謂此爲仁乎?);《論語句法》'之'는 '其言也仞的人'을 가리킨다('之'字稱代'其言也仞的人'。); 內閣本에는 '已乎'가 '矣乎'로 되어 있다;《論孟虛字》'已乎'는 의문문에 쓰여 의문어기사가 된다('已乎'在疑問句裡, 也就成爲疑問語氣詞。).

7《論語集解》仁을 행하기가 어려운데, 仁을 말하는 것 역시 어렵지 않을 수 없다(注: 孔安國曰: 行仁難, 言仁亦不得不難矣。);《論語義疏》'爲'는 '行'[행하다]과 같다. 일을 행하는 것이 쉽지 않은즉, 말이 어찌 함부로 어렵지 않게 발출될 수 있겠는가?(疏: 爲, 猶行也。凡行事不易, 則言語豈得妄出而不難乎?);《古今注》孔安國이 말하기를, '仁을 행하기가 어려우니, 仁을 말하는 것 역시 어렵지 않을 수 없다'고 했다. 예전에, 우리의 일생의 모든 일은 仁 한 글자를 벗어나지 않는다고 가만히 생각해본 적이 있었다. 왜냐하면, 仁은 인륜의 사랑이기 때문이다. 천하의 모든 일 중에, 인륜을 벗어나는 일이 있는가? 父子·兄弟·君臣·朋友부터, 천하 만민에 이르기까지, 모든 것이 인륜의 부류이다. 이것을 잘하는 것이 仁이고, 이것을 못 하는 것이 不仁이다. 공자께서 仁 외에는 어떤 일도 없다는 것을 깊이 인식하셨기 때문에, '爲之難'이라 하셨는데, 孔安國이 注를 달기를, '仁을 행하기가 어려우니, 仁을 말하는 것 역시 어렵지 않을 수 없다'고 했으니, 참으로 공자가 말씀하신 본뜻이다(孔曰, 行仁難, 言仁亦不得不難矣……竊嘗思之, 吾人之一生行事, 不外乎仁一字。何則仁者, 人倫之愛也。天下之事, 有外於人倫者乎? 父子,兄弟,君臣, 朋友, 以至天下萬民, 皆倫類也。善於此者爲仁, 不善於此者爲不仁。孔子深知仁外無事, 故曰爲之難, 孔安國注之, 曰行仁難, 誠亦中旨。).

8《助字辨略》'得無'는 '能無'[~하지 않을 수 있는가?]이다(得無, 能無也。);《北京虛詞》得無(득무): 부사. 어찌~하지 않을 수 있겠는가. 어찌~이 아니겠는가. 어찌 없을 수 있겠는가. 반문어기를 표시한다('得無', 副词。表示反诘语气。义即'能不'、'怎能没有'。);《許世瑛(二)》'無'는 부정부사로, '不'字의 용법과 같다('無', 否定限制詞, 和'不'字的作用相同。).

9 不苟(불구): 소홀히 하지 않다. 대충하지 않다(不随便; 不马虎).

言可知。」[10]

사마우(司馬牛)의 생각에 인(仁)의 도는 지대한 것이어서, 단지 선생님께서 말씀한 것 정도일 뿐만은 아닐 거라고 여겼기 때문에, 선생님께서 다시 그에게 이 말씀을 가지고 알려주신 것이다. 대개 (놓아 버리지 않고) 마음이 늘 보존되어 있기 때문에, 하는 일이 경솔하지 않고, 하는 일이 경솔하지 않기 때문에, 그가 하는 말에 자연히 쉽게 하지 못하는 말이 있는 것이지, 억지로 입을 닫고서 말이 못 나오게 하는 것은 아니다.

양씨(楊氏 · 楊中立)가 말했다. "이 장과 및 다음 장에서 사마우(司馬牛)가 되묻는 말을 관찰하면, 사마우(司馬牛)가 말을 쉽게 한다는 것을 알 수 있다."

○程子曰:「雖爲司馬牛多言故及此, 然聖人之言, 亦止此爲是。」

○정자(程子 · 伊川)가 말했다. "비록 사마우(司馬牛)의 다언(多言) 때문에 이 절의 말씀까지 언급하셨지만, 성인의 말씀이, 이 절의 말씀으로 그치신 것도 사마우의 다언(多言) 때문이었다."

愚謂牛之爲人如此, 若不告之以其病之所切, 而泛以爲仁之大概[11]語之, 則以彼之躁, 必不能深思以去其病, 而終無自以入德矣。故其告之如此。蓋聖人之言, 雖有高下大小之不同, 然其切於學者之身, 而皆爲入德之要, 則又初不異也。讀者其[12]致思[13]焉。[14]

10《論語大全》마음이 보존되어 있으면, 저절로 감히 경솔하게 말을 하지 못한다. 대개 쉽게 말하는 것은, 그 마음이 풀어진 것이다(朱子曰: 心存, 則自是不敢胡亂說話。大率說得容易底, 便是他心放了。);《論語大全》仁은 마음이 보존되어 있는 것으로 근본을 삼는다는 말이다. 마음이 보존되어 있으면 말하기가 쉽지 않고, 마음이 보존되어 있으면 일 처리가 경솔하지 않다. 集注가 이 장에서 '心存'을 두 번씩 언급한 까닭이다(新安陳氏曰: 言仁以心存爲本。心存則言不易, 心存則事不苟。所以集註於此章, 兩以心存言之。).

11 大概(대개): 대략. 개략(大約, 約略。大致内容或情况。); 槪(개): 말이나 되에 곡식을 담고 그 위를 평평하게 밀어 고르게 하는 데 쓰는 방망이 모양의 기구(量米粟时刮平斗斛用的木板。量米粟时, 放在斗斛上刮平, 不使过满。).

12 其(기): 명령을 표시한다. 마땅히~해야 한다(副詞。表示祈使。当, 可。).

13 致思(치사): 한 곳에 생각을 집중하다. 심혈을 기울여 사고하다(谓集中心思于某一方面。用心思考。致: 通'至'。极, 尽。).

14《論語大全》사마우가 어찌 안자나 중궁의 공부를 해낼 수 있겠는가? 모름지기 사람의 수준에 따라 이해시켜야 한다. 仁은, 그것을 집에 비유하자면, '克己'는 대문을 두드려 열고 곧바로 집 안으로 들어가는 것이고, '敬' · '恕'는 제이의 문이고, '言訒'은 작은 문으로, 비록 모두 집안으로 통하기는 하지만,

내가 생각건대, 사마우(司馬牛)의 사람 됨됨이가 이와 같았으니, 만일 그에게 그의 병폐 중에 몸에 절실히 와 닿는 병폐를 가지고 말씀해주지 않고, 인(仁)을 행하는 대강을 가지고 개략해서 말씀해주었더라면, 저 사마우(司馬牛)의 조급한 성질로는, 결코 깊이 숙고하여 이로써 자기의 병폐를 제거하지 못하고, 결국은 혼자 힘으로는 덕의 문에 들어갈 길이 없었을 것이다. 그래서 선생님께서 그에게 말씀해주시기를 이같이 하신 것이다. 대개 성인의 말씀은, 비록 수준의 고하와 범위의 대소의 차이는 있을지라도, 그 말씀이 배우는 자의 몸에 절실히 와 닿고, 그 말씀 모두가 덕의 문으로 들어가는 요소라는 점에는, 또한 애당초 차이가 없다. 공부하는 자는 그 점을 마땅히 깊이 숙고해야 할 것이다.

작은 문은 조금 돌아간다. 이것이 그들이 가진 병폐에 따라 말씀하신 것이다(朱子曰: 司馬牛, 如何做得顏子仲弓底工夫? 須是逐人理會。仁, 譬之屋, 克己, 是大門打透便入來。敬恕, 是第二門。言訒, 是箇小門, 雖皆可通, 然小門迂回得些。是隨他病處說。).

[司馬牛問君子章]

120401、司馬牛問君子。子曰:「君子不憂不懼。[1]」

사마우(司馬牛)가 군자에 대해 여쭈었다. 선생님께서 말씀하셨다. "군자는 걱정하지 않고 두려워하지 않는다."

向魋作亂, 牛常憂懼。故夫子告之以此。

(형인) 상퇴(向魋)가 난을 일으키자, 사마우(司馬牛)가 늘상 (형을) 걱정하고 (화를 당할까) 두려웠기 때문에, 선생님께서 그에게 이 말씀을 가지고 알려주신 것이다.

120402、曰:「不憂不懼, 斯謂之君子已乎[2]?」子曰:「內省不疚[3], 夫何憂何懼[4]?」

1《論語集解》사마우의 형 환퇴가 장차 난을 일으키려고 하자, 사마우가 송나라에서 와서 공부하면서, 늘 근심하고 두려워했기 때문에, 공자께서 이를 풀어주신 것이다(注: 孔安國曰: 牛兄桓魋將爲亂, 牛自宋來學, 常憂懼, 故孔子解之。);《論語義疏》군자는 마음이 늘 평탄하니 확 트여 있기에[述而 제36장] 걱정하지 않고 두려워하지 않는다(疏: 君子坦蕩蕩, 故不憂懼也。);《論語正義》'不憂不懼'는, 仁者는 근심하지 않고, 勇者는 두려워하지 않는다[子罕 제28장]는 뜻이다. 환퇴가 난을 모의해서, 멸족과 집안의 대가 끊기는 참화를 당하게 생기자, 동생으로서, 어찌 냉정하니 마음에 동요가 없겠는가?(正義曰: "不憂不懼", 即仁者不憂,勇者不懼之義。夫桓魋謀亂, 有覆宗絕世之禍, 牛爲之弟, 豈得漠然無動於心?);《古今注》'不憂不懼'의 가르침과 '死生有命'[顏淵 제5장]이라는 말은, 환퇴가 난을 일으킨 후에 있었을 것이다. 전이라면, 사마우는 다만 속으로 근심하고 남몰래 한숨을 쉬었지, 설마 이같이 남에게 누설하겠는가?(不憂不懼之誨,死生有命之語, 恐在亂作之後。亂之未作, 司馬牛但當隱憂竊歎, 豈忍宣言如是?).

2《王力漢語》已乎(이호): 진술어기사와 의문어기사의 연용으로, 어기의 중점은 일반적으로 맨 뒤의 어기사에 있다(直陳語氣詞和疑問語氣詞的連用。語氣的重點一般落在最後一個語氣上。).

3 [성]內省不疚(내성불구): 스스로 나를 반성하여 내심으로 결코 부끄러워 편치 못한 느낌이 없는 것, 즉 양심에 부끄러운 일이 없는 것을 가리킨다(指自我反省, 内心并不感到惭愧不安, 即没有做有愧于心的事。);《論語義疏》'內省'은 돌이켜서 스스로 자기 마음을 살피는 것을 말한다(內省, 謂反自視己心也。); 疚(구): 고질병. 만성병. 결함. 흠. 근심하고 고뇌하다. 자기의 잘못으로 인해 야기된 심적 고통. 양심에 가책을 느끼다(久病; 缺陷。忧苦, 特指因自己过失而造成的心内痛苦).

4《北京虛詞》夫(부): 조사. 문장 앞머리에 쓰이고, 뒤에는 일에 대한 의론이나 모종의 규율에 대한 자세한 설명이 많이 따라온다('夫', 助词。用于句首, 后面多为对某事的议论, 或对某种规律的阐释。);《論孟虛字》'夫'는 '而'과 같다. '還'[또. 게다가]에 해당한다('夫', 猶'而'。當白話'還'字。承接連詞。);《論語句法》'夫'는 문장 앞에 붙는 어기사이다('夫'是句首語氣詞。);《古漢語語法》'何'는 의문대사로 타동사의 목적어로 동사 앞에 위치한다('何'是疑问代词, 作及物动词宾语而位于动词前, 也有在动词后的。);《論語譯注》"스

사마우(司馬牛)가 여쭈었다. "걱정하지 않고 두려워하지 않는다면, 그런 사람을 일러 군자라 하겠습니까?" 선생님께서 말씀하셨다. "안으로 자신을 살펴보아서 흠이 될 게 없는데, 그 무엇을 걱정하고 그 무엇을 두려워하겠느냐?"

夫, 音扶。○牛之再問, 猶前章之意, 故復告之以此。疚, 病也。言由其平日所爲無愧[5]於心, 故能內省不疚, 而自無憂懼, 未可遽以爲易而忽之也。

'夫'(부)는 음이 '扶'(부, fú)이다. ○사마우(司馬牛)가 재차 여쭌 것은, 앞 장에서 사마우가 재차 여쭌 까닭과 같기 때문에, 다시 그에게 이 말씀을 가지고 알려주신 것이다. '疚'(구)는 '흠'[病]이다. 말씀인즉, 그가 평소에 행한 바가 마음에 부끄러울 게 없음으로 말미암아, 그 때문에 안으로 자신을 살펴보아서 흠이 될 게 없어서, 스스로 걱정되거나 두려울 게 없는 것이니, 성급하게 이것을 쉽다고 여겨서 소홀히 해서는 안 된다는 것이다.

○晁氏曰:「不憂不懼, 由乎德全而無疵[6]。故無入而不自得[7], 非實有憂懼而強排遣[8]之也。」

○조씨(晁氏 · 晁說之)가 말했다. "걱정하지 않고 두려워하지 않는 것은, 덕이 완전무결하여 흠이 될 게 하나도 없는 데서 말미암는다. 그러므로 어떤 처지에 들어가서도 그러한 처지에 편안하게 자족하지 못하는 경우가 없는 것이지, 걱정이나 두려움이 실제 있는데도 억지로 그것을 밀쳐내고 떨쳐내는 것은 아니다."

스로 양심에 물어 거리낄 게 없다면, 그 무슨 걱정거리나 무슨 두려워할 것이 있겠느냐?"("自己問心無愧, 那有什麽可以憂愁和恐懼的呢?").

5 愧(괴): 부끄럽다. 송구스럽다(本义: 惭愧).

6 疵(자): 흠. 하자. 과실. 결점(小毛病。引申为过失; 缺点).

7 《述而 제15장》 각주 《中庸 제14장》 참조; 自得(자득): 자족하다(自己感到得意或舒适。).

8 排遣(배견): 밀쳐내고 떨쳐내다. 마음을 달래다. 몰아내다(排除, 遣去; 消遣。犹斥逐。).

[司馬牛憂曰 章]

120501、司馬牛憂[1]曰:「人皆有兄弟, 我獨[2]亡。[3]」

사마우(司馬牛)가 걱정하면서 말했다. "다른 사람들은 모두 형제 있는데, 나만 유독 형제가 없습니다."

牛有兄弟而云然[4]者, 憂其爲亂而將死也。[5]

사마우(司馬牛)에게는 형제가 있었는데도 이렇게 말한 것은, 형제가 난을 일으키다 장차 죽을까 걱정했기 때문이다.

---

1 [성]司馬牛之歎(사마우지탄): 혈혈단신 · 고립무원에 대한 탄식을 비유한다(比喻对孑然一身, 孤立无援的感叹。).

2《古書虛字》'獨'은 '單'이다('獨', '單'也。); 北京虛詞》獨(독): 부사. 유독. 유달리. 공교롭게도. 전환복문의 뒷절에 쓰여 경미한 전환을 표시한다('獨', 副詞。用于转折复句的后一分句, 表示轻度转折。一般都有的, 唯独某一个体却没有。义即'却'、'偏偏'。).

3《論語集解》사마우의 형 환퇴가 행악을 일삼아, 죽을 날이 임박하자, 나만 유독 형제가 없다고 여긴 것이다(注: 鄭玄曰: 牛兄桓魋行惡, 死喪無日, 我獨爲無兄弟也。);《論語集釋》方觀旭[淸人]의《論語偶記》에 말했다. "사마우가 '獨亡兄弟'란 걱정을 한 것은, 향소 · 향퇴가 난을 일으켰다 달아난 뒤인 듯하다"(論語偶記: 牛獨亡兄弟之憂, 似發於向巢、向魋出奔之後。);《古今注》환퇴가 모의한 난이 이미 일어나서, 형제가 연달아 달아나고 의를 받드는 데 부합하지 않기 때문에, '我獨亡'이라 한 것이다. 난이 아직 일어나지 않았다면, 사마우로서는 단지 속으로 꾹 참고 혼자 마음 끓이고 있지, 이같이 남에게 누설할 아무런 연유가 없다(補曰: 禍亂旣作, 兄弟迭奔而秉義不合, 故曰我獨亡。亂之未作, 司馬牛但當隱忍自傷, 無緣宣言若是。);《論語新解》공자께서 돌아가신 때는 환퇴가 난을 일으킨 해[애공 14년] 2년 뒤로, 자하가 이 말을 한 때는, 공자께서는 이미 돌아가신 뒤이다. 환퇴 · 환소 등이 달아나거나 죽거나 했고, 사마우는 혼자 이국에 살고 있었기 때문에, '獨無兄弟'라는 걱정을 한 것이다(孔子卒在桓魋作乱后两年, 子夏言此时, 孔子当已卒。魋,巢等或奔或死, 牛身栖异国, 故有独无兄弟之感。).

4 云然(운연): 이같이 말하다(如此说).

5《論語大全》"사마우가 형제가 없다고 가설한 것은 무엇 때문인지요?" "기록으로 고찰해보면, 환퇴는 송경공[BC 516~BC 469 在位]을 시해하려 했고[春秋左傳 · 哀公 14년], 공자를 죽이려 했으니, 그 악행이 명백히 드러났고. 그의 동생 자기와 자차도 환퇴와 똑같이 악행을 저질렀다. 이것이 사마우가 근심한 까닭이었다"(問牛無令兄弟何也? 朱子曰: 以傳考之, 桓魋欲弑宋公, 而欲殺孔子, 其惡著矣, 而其弟子頎子車, 亦與之同惡。此牛所以憂也。);《春秋左傳》에 따르면, 환퇴의 형제는 向巢 · 桓魋 · 子牛(司馬牛) · 子頎 · 子車 5인으로, 애공 14년에 환퇴[환사마]가 송경공에게 반란을 일으키려 하자 좌사 향소가 경공을 도와 환퇴를 공격하고, 자기 · 자차는 환퇴에게 반란을 못 하도록 권유하는 일이 나온다.

120502、子夏曰:「商聞之矣[6]:

자하(子夏)가 말했다. "제가 선생님께서 하신 말씀을 들었는데,

蓋聞之夫子。

대개 그 말을 선생님께 들었을 것이다.

120503、死生有命[7], 富貴在天。[8,9]

6《論語集釋》錢大昕[1728~1804]의《潛硏堂文集》에 말했다. "논어를 해설하는 송나라 학자들은, 제자들이 한 말을 왕왕 의도적으로 폄하하고 찍어 누른다. 그렇지만 이 글을 세심히 살펴보면, '死生有命'부터 '四海之內皆兄弟也'까지가 모두 자하가 공자께 들은 말씀을 기술한 것이지, 애초에 한마디도 자하가 지어낸 말이 없다. 대개 사마우가 형제가 없는 것을 걱정거리로 삼았기 때문에, 공자의 '四海皆兄弟'를 끌어다가 증거로 삼아서, 자하가 '君子何患無兄弟也?'라는 말을 보충하여 말을 끝맺은 것이다. 만약 '死生有命 富貴在天'만 말했다면, 이 구절이 형제가 없는 걱정과 무슨 상관이 있겠는가? 공자께서는 '옛날 大道가 행해지던 세상에서는, 사람들은 자기 어버이만을 가까이하지 않았고, 자기 자식만을 사랑하지 않았다'[禮記 · 禮運]고 했고, 또 '성인께서는 능히 천하를 한 집안으로 여기고, 중국을 한 사람으로 여기신다'[禮記 · 禮運]고 했고, 장횡거의《西銘》에는 '만백성은 한배 속에서 태어난 내 형제이다'[《里仁 제8장》 각주 참조]라고 했으니, 바로 공자의 '四海皆兄弟'설이다. 자하가 들은 것은, 바로 공자의 導言인데, 이 말에 무슨 병폐가 있다는 것인가?"(潛硏堂文集: 宋儒說論語者, 於諸弟子之言, 往往有意貶抑。然細紬繹此文, 自「死生有命」至「四海之內皆兄弟也」, 皆子夏述所聞之言, 初無一語自造。蓋牛以無兄弟爲憂, 故以「四海皆兄弟」之文爲證, 乃以「何患無兄弟」足成之。若但云「死生有命, 富貴在天」, 則與無兄弟之憂何與焉? 孔子曰:「大道之行, 不獨親其親, 不獨子其子。」又曰:「聖人能以天下爲一家。」橫渠張氏西銘云「民吾同胞」, 卽四海皆兄弟之說也。子夏所聞, 卽孔子之緖論, 又何語病之有?);《論語正義》'商聞之'는 선생님께 그 말씀을 들었다는 말이다. 내 생각에 전대흔의 견해가 맞다.《論衡》의 命祿 · 辨祟 두 편에 이 글을 인용했는데, 모두 공자의 말씀임을 증거할 수 있다(正義曰: '商聞之', 謂聞諸夫子也…… 案: 錢說是也。論衡命祿, 辨祟篇引此文, 皆作孔子語可證。);《論語集釋》이 절의 어기를 곰곰이 생각해보면, '死生有命'부터 '皆兄弟也'까지가 공자께서 하신 말씀이고, '君子何乎無兄弟?' 한 구절만 자하가 한 말이다. 호씨는 끊어 읽기를 잘못해서, 감히 자하를 경솔하게 비판했지만, 터무니없는 비판이라 할 수 있다(按: 玩此節語氣, 自「死生有命」至「皆兄弟也」皆孔子語, 惟「君子何患乎」一句乃子夏語。胡氏句讀之不知, 敢於輕議前賢, 可謂妄已。);《論語句法》'之'가 가리키는 것은 아래 나오는 글이다('之'所稱代的卻是下面各句。);《北京虛詞》之(지): 대사. 아래에 나오는 대상으로 주로 명언이나 격언 등을 대신 가리킨다('之', 代词。指代对象出现在下文, 内容多为名言、格言之类。).

7《韓詩外傳 · 卷一》애공이 공자에게 물었다. "지혜로운 자는 장수하는지요?" 공자가 대답했다. "그렇습니다. 사람에게는 非命에 죽는 세 종류의 죽음이 있는데, 스스로 불러들이는 죽음입니다. 평소의 행동거지가 이치를 따르지 않고, 음식이 절제되지 않고, 과로하는 자는, 질병이 그를 죽입니다. 아랫사람으로서 윗사람을 범하기를 좋아하고, 누리고 싶은 욕구가 한이 없고, 탐하여 찾는 것이 끝이 없는 자는, 형벌이 그를 죽입니다. 적은 것을 가지고 많은 것에 대적하고, 약하면서 강한 사람을 업신여기고, 성을 내면서 자기 힘을 헤아리지 못하는 자는, 전쟁이 그를 죽입니다. 그래서 非命에 죽는 세 종류의 죽음이 있는데,

'죽고 사는 것에는 명이 있고, 부귀는 하늘에 달려 있다'라고 했습니다.

命稟於有生之初, 非今所能移[10]; 天莫之爲而爲[11], 非我所能必, 但當順受而已。
명(命)은 태어나는 처음에 받는 것이니, (죽고 사는 것이) 지금에 와서 바꿀 수 있는 것은 아니고, 하늘[天]은 아무도 그것을 하지 않았는데도 이루니, (부귀가) 내 힘으로 반드시 이룰 수 있는 것은 아니어서, 다만 마땅히 순순히 받아들이면 그만이다.

120504. 君子敬而無失[12], 與[13]人恭而有禮[14]。四海之內, 皆兄弟也[15, 16]。君子何患乎

스스로 불러들이는 죽음입니다"(哀公問孔子曰: "有智壽乎?" 孔子曰: "然。人有三死而非命也者, 自取之也: 居處不理, 飮食不節, 勞過者, 病共殺之。居下而好干上, 嗜慾不厭, 求索不止者, 刑共殺之。少以敵眾, 弱以侮強, 忿不量力者, 兵共殺之。故有三死而非命者, 自取之也.").

8 [성]死生有命 富貴在天(사생유명 부귀재천): 사람의 생사 등 일체의 처지가 천명에 따라 결정된다. 일의 형세가 막바지에 다다르면 인력으로는 되돌리지 못한다(旧时迷信指人的生死等一切遭际皆由天命决定。常用作事势所至, 人力不可挽回之意。); [성]死生有命(사생유명): 사람의 생사는 모두 운명으로 정해져 있다(指人的生死都是命中注定。);《論語義疏》死生 · 富貴는 모두 하늘의 품부를 받아 얻는 것으로, 때가 되면 응당 올 것인데 미리 걱정해서는 안 되고, 오지 않는데 미리 추구해서도 안 된다는 말로, 그래서 '有命' '在天'이라 한 것이다(言死生富貴, 皆稟天所得, 應至不可逆憂, 亦不至不可逆求, 故云有命在天也。).

9《論衡》의 命祿 · 命義 · 問孔 등 여러 편에, '孔子曰: 死生有命, 富貴在天.'이라는 구절이 나온다.

10 移(이): 변동하다. 고치다. 달라지다(变动; 改变).

11《孟子 · 萬章上 제6장》순 · 우 · 익이 임금을 보필한 기간의 길고 짧음과 그 아들의 어질고 못남은, 모두 하늘이 하는 일이지, 사람이 할 수 있는 일이 아니다. 아무도 그것을 하지 않았는데도 이루어지는 것은, 하늘이 한 일이고, 아무도 그것을 부르지 않았는데도 이르는 것은, 하늘이 내린 명이다(舜, 禹, 益相去久遠, 其子之賢不肖, 皆天也, 非人之所能爲也。莫之爲而爲者, 天也; 莫之致而至者, 命也。); 莫(모): ~않다. ~못하다. 아무~도 없다(副词。表示否定, 相当于'不'; 代词。没有谁; 没有什么(指处所或事物)).

12《論語平議》'失'은 ('過失'이 아니라) '佚'[안일함]로 해석되어야 한다. 군자는 [늘] 공경스러운 몸가짐을 지켜 감히 편안히 즐길 겨를이 없다는 말이다. '敬而無佚'과 '恭而有禮'는 對句이다. '無佚'은 '敬'을 거듭 말한 것이고[敬의 자세를 유지하여 佚이 없게 한다], '有禮'는 '恭'을 거듭 말한 것이다[恭의 자세를 유지하여 禮를 갖추도록 한다](失當讀爲佚……言君子敬而無敢佚樂也。'敬而無佚'與'恭而有禮', 對文。'無佚', 申言敬, '有禮', 申言恭也。);《古今注》'無失'은 나의 도리를 잃지 않는 것이다(補曰: 無失者, 無失在我之道。);《論語詞典》失(실): 과실. 실수(過失。);《論語譯注》"일을 다룰 때는 엄숙 · 진지하여 실수가 없다"("对待工作严肃认真, 不出差错。").

13《古今注》'與'는 '交'[사귀다]이다(與, 猶交也。).

14 [성]恭而有禮(공이유례): 공경되고 예를 갖추다(恭: 恭敬; 礼: 礼节。恭敬又有礼节。).

15《論語正義》'四海之內皆兄弟'는 四海之內가 모두 나와 가깝기가 형제 사이와 같다는 말이다.《大戴禮記 ·

無兄弟也?」

군자는 공경스러운 몸가짐을 지키되 (그러한 몸가짐을) 잠시도 잃지 않고, 남과 공손한 자세로 사귀되 예(禮)를 갖추는 자입니다. 세상 사람들이, 모두 형제 사이와 같습니다. 군자가 어찌 형제 없는 처지에 대해 걱정하겠습니까?"

既[17]安於命, 又當修其在己者[18]。故又言苟能持己以敬而不間斷, 接人以恭而有節文, 則

曾子制言上》에 말했다. "증자의 어떤 제자가 진나라에 가려는데, 그가, '저는 거기에 아는 사람이 없습니다'라고 하자, 증자가 '어찌 꼭 그렇겠느냐? 가거라! 아는 사람을 友라 하고, 모르는 사람을 主라 한다. 또 군자는 인을 붙잡고 뜻을 세우며, 먼저 행하고 나중에 말하니, 천리 밖이 모두 형제이다. 이렇게 하지 않는다면, 너의 어버이일지언정, 누가 능히 너를 가까이하겠는가?"《說苑 · 雜言》에 말했다. "공자께서 말씀하시길, '행동을 민첩하게 하고 예를 닦으면, 천리 밖이 가깝기가 형제와 같다. 행동이 민첩하지 않고, 예에 부합하지 않으면, 문을 마주한 사람이라도 서로 알고 지내지 않을 것이다'라고 했다." 두 글 모두 이 장의 글 뜻과 서로를 설명해준다(正義曰: '四海之內皆兄弟'言四海之內皆與吾親, 如兄弟也。大戴禮曾子制言上: "曾子門弟子或將之晉, 曰: '吾無知焉.' 曾子曰: '何必然! 往矣。有知焉謂之友, 無知焉謂之主。且夫君子執仁立志, 先行後言, 千里之外, 皆爲兄弟。苟是之不爲, 則雖汝親, 庸孰能親汝乎?'" 說苑雜言篇: "夫子曰: '敏其行, 修其禮, 千里之外, 親如兄弟。若行不敏, 禮不合, 對門不通矣'" 並與此文義相發。); 《論語集釋》 毛奇齡[1623~1716]의 《四書改錯》에 말했다. "《四書集注補》에, '공자께서, 행동을 민첩하게 하고 예를 닦으면, 천리 밖이 가깝기가 형제와 같다고 말씀하셨다'[說苑 · 雜言]라고 했는데, 논어의 자하의 이 말은 바로 공자의 이 말씀에서 나온 것이다"(四書改錯: 四書集注補曰:「夫子曰:『效其行, 修其禮, 千里之外, 親如兄弟。』」子夏之言正出自夫子。); 《補正述疏》 옛날 왕된 자는, 아버지가 하늘이고 어머니가 땅이었으니 '元子'[하늘의 큰아들]라 불렀고, 사해 만민은 모두 부모의 자식으로 모두가 형제였으니 '友民'[서로 우애가 좋은 백성][書經 · 召誥]이라 했다. 이것이 자하의 '四海兄弟'란 말이 나온 뿌리이다. 장자[張載]의 《西銘》에, '하늘은 내 아버지 땅은 내 어머니. 내 작은 이 한 몸에 하늘과 땅이 섞였으니 나 하늘과 땅 품속에 있네'[《里仁 제8장》 각주 참조]라고 했고, 또, '임금은 내 부모의 맏아들, 신하는 그 맏아들의 가신. 세상 모든 병약자 · 고아 · 무자식 노인 · 홀아비 · 과부는, 고생 중에도 하소연할 곳 없는 내 모든 형제들이다'라고 했으니, 그래서 '만백성은 한배 속에서 태어난 내 형제'라고 했는데, 이 역시 자하의 '四海兄弟'라는 말에 뿌리를 두고 그 견해를 확장한 것이다(述曰: 古之王者, 父天母地, 稱元子焉。四海之民, 皆父母之子, 皆兄弟也, 故爲友民, 此子夏之義所由也。張子《西銘》云: "乾稱父, 坤稱母; 予茲藐焉, 乃混然中處。" 又云: "大君者, 吾父母宗子; 其大臣, 宗子之家相也。凡天下疲癃殘疾、惸獨鰥寡, 皆吾兄弟之顚連而無告者也。" 故曰: "民吾同胞。"亦本子夏之義而推其說焉。).

16 [성]四海之內 皆兄弟(사해지내 개형제): 천하 사람들이 똑같이 형제다. 가깝기가 한집안 같다. 형제같이 서로 도우면서 화목하게 지내다(谓天下人皆同手足, 亲如一家。); 《爾雅 · 釋地》 九夷 · 八狄 · 七戎 · 六蠻을 四海라 한다(九夷, 八狄, 七戎, 六蠻, 謂之四海。); 《百度漢語》 원래는 범칭사로, 九州의 밖이 '四海'인데, 또 고대인들은 중국의 강토가 바다로 둘러싸여 있다고 여겨, 중국을 '四海'로 칭하고 외국을 '海外'로 칭했는데, '四海'는 천하를 가리킨다(原为泛指之词, 九州之外即为"四海", 又因古代人以为我国疆土四周环海, 故称中国为"海内", 外国为"海外", "四海"则指天下。).

17 《北京虛詞》 既……又……: ~하고 또~하다. 두 개의 병렬하는 단어나 구를 이어주어, 둘의 성질이나 상황이 동시에 구비되거나 존재하는 것을 표시한다('既……又……', 凝固格式。连接两个并列的词或分句, 表示两种性质或情况同时具备或存在。义即'既……且……'。).

天下之人皆愛敬之, 如兄弟矣。蓋子夏欲以寬牛之憂, 故[19]爲是不得已之辭, 讀者不以辭害意[20]可也。[21]

(천명에 달려 있는) 명(命)에 대해서는 편안히 받아들이면서도, 또한 자기에게 달려 있는 것에 대해서는 마땅히 닦아야 한다. 그래서 또 말하기를, 진실로 능히 공경스러운 자세로써 자기를 지키되 잠깐의 단절도 없고, 공손한 자세로써 사람을 사귀되 법식을 갖추면, 천하 사람들이 모두 그를 사랑하고 공경하는 것이, 마치 형제 사이와 같을 것이라고 한 것이다. 아마도 자하(子夏)는 이 말로써 사마우(司馬牛)의 걱정을 누그러뜨리고자 했기 때문에, 이러한 부득이한 말을 했을 텐데, 읽는 자는 어구에 얽매여 자하(子夏)가 말한 본래의 참뜻을 해치지 않는 것이 좋다.

○胡氏曰:「子夏四海皆兄弟之言, 特以廣司馬牛之意, 意圓而語滯者也[22], 惟聖人則無此病矣。且子夏知此而以哭子喪明[23], 則以蔽於愛而昧於理, 是以不能踐其言爾。」[24]

18《憲問 제41장》 각주《論語精義》 참조.

19 內閣本에는 '故'가 '而'로 되어 있다.

20《孟子 · 萬章上 제4장》 시를 해설하는 자는, 자구에 얽매여 시구의 참뜻을 잘못 풀이해서는 안 되고, 시구에 얽매여 시의 참뜻을 잘못 풀이해서도 안 된다. 자기의 생각으로 시인의 참뜻을 헤아리는 것이, 시의 참뜻을 얻는 방법이다(故說詩者, 不以文害辭, 不以辭害志。以意逆志, 是爲得之。).

21《論語大全》 死生과 富貴에 대해서는 오직 하늘이 하기에 달려 있는 命을 들어야 하고, 恭敬과 禮節에 대해서는 자기가 하기에 달려 있는 것을 다해야 한다. 공경스러운 몸가짐을 지키되 잠깐의 단절도 없고, 공손한 자세를 지니되 예의 근본을 갖추고 있는 자는 '皆兄弟'라고 한 자하의 말에는 하자가 있다. 集注는 '如兄弟'라고 하여, '천하가 모두 그를 사랑하고 공경하는 것이, 마치 형제 사이와 같다'고 했으니, 뜻이 만족스럽고 말이 합당하다(新安陳氏曰: 死生富貴, 惟當聽其在天, 恭敬禮節, 則當盡其在己。敬而無失, 又恭而有禮之本也, 子夏皆兄弟之語有疵。集註下一如字, 謂人皆愛敬之如兄弟, 則意足而辭當矣。).

22《論語大全》 자하의 처음 생각은, 사마우의 좁은 생각의 폭을 넓혀주려는 것뿐이었지만, '皆兄弟'라고 한 것은 합당하지 않은 말로, 친형제와의 차등을 무시하고 말았다(朱子曰: 子夏當初, 只要開廣司馬牛之意, 只不合下箇皆兄弟字, 便成無差等了。).

23《禮器 · 檀弓上》 자하는 자기 아들을 잃고서 자기 눈을 잃었다(子夏喪其子而喪其明。); 喪明(상명): 실명하다(眼睛失明).

24《論語新解》《春秋左傳 · 哀公 14年》[BC 481]에, 환퇴의 형제들이 난을 일으켰다가 패하여, 환퇴는 위나라로 달아났고, 사마우는 자기의 봉읍과 부절을 돌려주고 제나라로 갔다. 환퇴는 뒤에 제나라로 달아났고, 사마우는 다시 제나라의 봉읍을 돌려주고 오나라로 갔지만, 오나라 사람들이 그를 미워해서 송나라로 돌아왔다. 조간자가 그를 불렀고, 진성자도 그를 불렀는데, 가지 않고 노나라를 지나가다 노나라 성곽 문밖에서 죽었다. 사마우의 형제들은 모두 기가 포악했는데, 사마우만 처연하니 혼자 남아서, 이리저리 떠돌 뿐 돌아갈 곳이 없었으니, 그의 근심의 정도를 알 수 있다(今按:《左传》桓魋诸兄弟为乱而败, 魋奔卫, 牛致邑与珪而适齐。魋后奔齐, 牛复致邑而适吴。吴人恶之而返。赵简子召之, 陈成子

○호씨(胡氏 · 胡寅)가 말했다. "자하(子夏)가 '세상 사람들이 모두 형제이다'라는 말을 꺼낸 것은, 다만 이 말로써 사마우(司馬牛)의 좁은 생각의 폭을 넓혀주고자 한 것일 뿐으로, 말의 뜻에는 모난 데가 없지만, 말은 통하지 않고 막혀 있는데, 오직 성인의 경우에만 이러한 병폐가 없다. 게다가 자하(子夏)는 사해형제임을 알고도 아들의 죽음에 곡하다 실명했으니, 사랑에 가려지다 보니 이치에 눈이 멀어서, 이 때문에 자기가 한 말을 실천에 옮기지 못했다.

亦召之, 因过鲁而卒于鲁郭门之外。牛之诸兄弟, 全是戾气, 惟牛凄然孤立, 流离无归, 忧可知矣。). 이 편 제3 · 4 · 5장을 읽으면서, 공자와 자하가 당시에 스승과 벗으로서 사마우를 가르치고 인도하는 데 쏟은 정은, 2천 년이 지난 지금에도 눈에 선하다. 그런즉 이 장의 四海皆兄弟라는 말은, 당시에는 참으로 진실되고 간절한 한바탕 위로의 말이었을지언정, 자하의 四海皆兄弟라는 말이 또 무슨 병폐란 말인가? (读此三章, 孔子子夏当时师友诲导之情, 千载之下, 宛然可见。然则本章四海皆兄弟之语, 乃是当时一番极真挚恳切之慰藉。子夏之言此, 复何病?).

[子張問明章]

120601. 子張問明[1]。子曰:「浸潤之譖[2], 膚受之愬[3, 4], 不行焉[5], 可謂明也已矣。浸潤之譖, 膚受之愬, 不行焉, 可謂遠[6]也已矣。[7]」

1《論語正義》'明'은 현자임을 알고 임용하는 데 의심하지 않는다는 말이다.《荀子·解蔽》에 '傳에, 현자인지 아는 것을 明이라 한다'고 했고,《春秋繁露·五行五事》에 '視를 明이라 한다. 明은 賢·不肖者를 알고 흑백을 분명하게 가리는 것이다'라고 했고,《漢書·五行志》에 '그래서 요순은 여러 현자를 선발하여 입조시키고, 사흉을 멀리 내쫓아 제야로 추방했다. 공자께서는,「浸潤之譖 膚受之訴不行焉 可謂明矣」라고 했다. 반고의《漢書·五行志》의 말한 바를 살피건대, 이 明은 知人을 말한 것이다.《周書·謚法解》에 말했다. "헐뜯거나 하소연하는 말에 넘어가지 않는 것을 '明'이라 한다"(正義曰: '明'者, 言任用賢人, 能不疑也。荀子解蔽篇: "傳曰: '知賢之謂明。'" 春秋繁露五行五事篇: "視曰明。明者知賢不肖者, 分明黑白也。" 漢書五行志: "故堯舜擧群賢而命之朝, 遠四佞而放諸野。孔子曰: '浸潤之譖、膚受之訴不行焉, 可謂明矣。'" 觀班志所言, 是明謂知人。周書謚法解: "譖訴不行曰明。").

2 [성]浸潤之譖(침윤지잠): 슬그머니 남을 비방하는 험담(比喻暗中诽谤别人的坏话。); 浸潤(침윤): 차츰차츰 스며들다. 점점 물들다. 점점 배어 들어가다(渐渍。逐渐渗透。引申为积久而发生作用。); 譖(참): 본래 없는 것을 있다고 헐뜯다. 거짓으로 꾸며 헐뜯다. 무고한 사람을 죄인으로 몰다. 억울한 죄를 씌우다(无中生有地说人坏话。说别人的坏话, 诬陷, 中伤。).

3 [성]膚受之愬(부수지소): 참언. 중상모략하는 말. 피상적인 말. 실제에 부합되지 않은 공허한 말. 살을 찌르는 듯이 간절히 하는 하소연. 절실한 이해관계(指谗言。肤受, 指浮泛不实, 或指利害切身。);《論語集解》'膚受之愬'는 피부 밖의 말로, 실상과 맞지 않은 말이다(注: 馬融曰: 膚受之愬, 皮膚外語非其內實也。);《論語義疏》사람의 피부에 먼지가 붙으면, 당시에는 모르다가도, 오래도록 쌓이고 쌓이면 비로소 불결함을 목도하기 때문에, 참소로 남을 해치는 것을 '膚受之愬'라 한 것이다(疏: 如人皮膚之受塵垢, 當時不覺, 久久方覩不淨, 故謂能訴害人者爲膚受之愬也。);《王力字典》膚(부): 사람의 피부(身體的表皮。膚用於人, 皮、革用於禽獸。);《王力漢語》愬(소): 고통이나 억울함을 간절히 하소연하다(訴說[痛苦, 冤屈]。古代所謂'告訴(=告愬)', 不等於現代所謂'告訴'。前者是訴說痛苦或冤屈, 後者只是告知。).

4《古今注》'譖'은 남의 악한 행실을 들추어내는 것이고, '愬'는 나의 원통한 마음을 하소연하는 것으로, 그 실상은 하나이다(補曰: 譖者, 訐人之惡也, 愬者, 訴己之寃也, 其實一也。).

5《論語句法》'焉'은 구말어기사로, '可謂明也已矣'의 주어이다["움직이지 않는 것이 明이라 할 수 있다"]('焉'是句末語氣詞, 是'可謂明也已矣'的主語。);《許世瑛(二)》두 개의 '焉'은 '之'와 같고, '之'는 '浸潤之譖' '膚受之愬' 가리킨다('焉'字等於'之', '之'字稱代'浸潤之譖 膚受之愬'。).

6《論語正義》'遠'은 明이 멀리까지 미친다는 말로, 백성의 형편에 대해 두루 모르는 게 없는 것이다(正義曰: '遠'者, 言明之所及者遠, 凡民情事, 無不周知也。);《論語集釋》集注에서는 '遠'을 바로 '明'의 '遠'으로 말했다(按: 集注以遠卽明之遠而言。);《論語新解》'遠'은 '明'이 경지에 이른 것이다(远, 明之至也。).

7《論語正義》임금이 참소하는 말을 믿는 것은, 모두 임금의 마음이 의심이 많은 것으로 말미암아 초치된 결과로, 의심이 많은 것이 바로 不明이다.《荀子·致士》에, '한쪽 편의 의견만 듣지 않고 여러 방면의 의견을 듣고, 숨어 있는 현자는 드러내고 드러나 있는 현자는 거듭 밝히고, 간사한 자를 물러나게 하고 현량한 자를 나아오게 하는 방법'을 말하고 있는데, 한쪽 편의 의견만 듣지 않고 여러 방면의 의견을 듣고, 숨어 있는 현자를 드러내는 것이, 바로 譖·愬의 싹을 잘라내는 것이다(正義曰: 凡人君信譖愬之言,

자장(子張)이 밝히 살핌에 대해 여쭈었다. 선생님께서 말씀하셨다. "물이 차츰 스며들고 흘러들어 어느덧 축축하게 적시듯이 슬그머니 헐뜯는 말이나, 피부에 와 닿듯이 애절하게 하소연하는 말에도, 움직이지 않는다면, 밝히 살핀다고 할 수 있겠다. 물이 차츰 스며들고 흘러들어 어느덧 축축하게 적시듯이 슬그머니 헐뜯는 말이나, 피부에 와 닿듯이 애절하게 하소연하는 말에도, 움직이지 않는다면, 멀리까지 밝게 살핀다고 할 수 있겠다."

譖, 莊蔭反。愬, 蘇路反。○浸潤, 如水之浸灌[8]滋潤[9], 漸漬[10]而不驟[11]也。譖, 毁人之行也。膚受, 謂肌膚所受, 利害切身。如易所謂[12]「剝床以膚, 切近災」者也。愬, 愬己之冤[13]也。
'譖'(참, zèn)은 '莊'(장)과 '蔭(음)'의 반절이다. '愬(소, sù)'는 '蘇(소)'와 '路'(로)의 반절이다. ○'浸潤'(침윤)은 물이 스며들고 흘러들어 축축하게 적시듯이, 차츰차츰 젖어 들어가 푹 빠져드는 것이지 갑작스럽게 적시는 것이 아니다. '譖'(참)은 남의 행실을 거짓으로 꾸며 헐뜯는 것이다. '膚受'(부수)는 피부에 와 닿는 것으로, 이해가 몸에 절박한 것을 말한다. 《주역》(周易)에서 말한, '침상이 깎여나가 피부에 닿으니, 재앙이 매우 가깝다'라고 한 것과 같다. '愬'(소)는 자기의 억울한 일을 하소연하는 것이다.

毁人者漸漬而不驟, 則聽者不覺其入, 而信之深矣。愬冤者急迫而切身, 則聽者不及致[14]詳[15],

皆由君心多疑所致。多疑卽是不明也。荀子致士篇: 衡聽, 顯幽, 重明, 退奸, 進良之術……是衡聽, 顯幽, 乃絕譖愬之萌。).

8 浸灌(침관): 물을 뿌리다. 주입하다(漫进; 灌入); 浸(침): 물에 담가 두다. 물에 스며들다(泡在水里, 被水滲入); 灌(관): 대다. 주입하다. 뿌리다. 흘러들다(浇; 灌溉).

9 滋潤(자윤): 축축하다. 축축하게 적시다. 축축하게 하다(犹浸润; 使湿润); 滋(자): 더욱 더. 한층 더(更加, 愈益。表示程度).

10 漸漬(점지): 차츰 푹 잠기다. 물들이다. 감화되다(浸润。引申为渍染; 感化); 漬(지): 젖어 푹 잠기다. 흠뻑 젖다(浸泡).

11 驟(취): 쏜살같이 달리다. 말이 질주하다(迅疾, 猛快。骤, 马疾步也。).

12 《易經 · ䷖剝 · 象傳》 침상이 깎여나가서 피부에 닿으니, 재앙이 매우 가깝다(剝床以膚, 切近災也。); 剝床以膚(박상이부): 피부에 와 닿을 정도의 절박한 재해나 고통. 침상은 사람이 안식하는 곳으로, 침상이 깎여 사람의 몸까지 미칠 정도의 눈앞에 다가오는 재앙을 말한다(剥: 指伤害; 床: 卧具。损害到肌肤。形容迫切的灾害或深切的痛苦。); 剝床(박상): 충신을 해치다. 눈앞에 닥친 재앙(后用'剥床'称残害忠良或迫身之祸。).

13 冤(원): 원한. 억울한 일을 당하다. 원한. 원수(通'怨'。冤仇, 仇敌。); 伸冤(신원): 억울함을 풀다.

而發之暴矣。

사람을 헐뜯는 자가 물이 차츰차츰 스며들 듯이 말하고 갑작스럽게 말하지 않으면, 그 말을 듣는 자는 그가 그 말에 빠져드는 것을 미처 깨닫지 못하고, 그 말에 대한 믿음이 깊을 것이다. 억울한 일을 하소연하는 자가 몸에 당장 절박하듯이 말하면, 그 말을 듣는 자는 미처 자세히 살펴보지도 않고, 그 말에 감정이 갑자기 폭발할 것이다.

二者難察而能察之, 則可見其心之明, 而不蔽於近矣。此亦必因子張之失而告之, 故其辭繁而不殺, 以致丁寧[16]之意云。[17]

이 두 가지는 살피기 어렵기는 하지만 잘 살필 수 있다면, 그의 마음이 밝히 살핀다는 것을 알 수 있고, 가까운 사람들에 의해 가려지지 않고 멀리까지 밝히 살핀다는 것을 알 수 있다. 이 또한 틀림없이 자장(子張)의 단점으로 인하여 그에게 말씀해주신 것이기 때문에, 하신 말씀이 번다하지만 줄이지 않으셨으니, 이로써 간곡한 생각을 다 하여 말씀하신 것이다.

○楊氏曰:「驟而語之, 與利害不切於身者, 不行焉, 有不待[18]明者能之也。故浸潤之譖, 膚受之愬不行, 然後謂之明, 而又謂之遠。遠則明之至也。書曰[19]:『視遠惟明。』」

---

14 致(치): 아주. 극히. 몹시. 매우. 모두. 전부(通'至'。极, 尽。).

15 詳(상): 자세히 살펴보다(审察, 审理。).

16 丁寧(정녕): 간절히 재삼재사 부탁하다(言语恳切貌。叮咛, 反复地嘱咐。).

17 《論語大全》浸潤은 오는 것이 느리고, 膚受는 오는 것이 급박하다. 하나는 느리고 하나는 급하다. 느리면 알아차릴 겨를이 없고, 급하면 자세히 알아볼 겨를이 없다. 느린 것은 알아차려야 하고, 급한 것은 자세히 알아보아야 한다. 集注는 '틀림없이 자장의 단점으로 인하여 그에게 말씀해주셨다'고 했는데, 그의 단점이 과연 어디에 있을까? 대개 '必'은 추측하는 말이니. 자장은 (틀림없이) 쉽게 의심하고 쉽게 믿는 사람이었을 것이다. 쉽게 의심하면 참소를 낳고, 쉽게 믿으면 하소연을 낳는다(雙峯饒氏曰: 浸潤者其來舒緩, 膚受則其來急迫。一緩一急。緩則不暇覺, 急則不暇詳。一要覺, 一要詳……集註……因子張之失而告之, 其失果在何處? 蓋必者料想之辭, 子張是箇易疑易信底人。易疑生譖, 易信生愬。).

18 不待(부대): 필요로 하지 않다. 소용없다. 기다리지 않다(不必, 不用; 不等).

19 《書經 · 太甲中》이윤이 읍하고 이마를 땅에 대고 임금[태갑]에게 말했다. "임금님께서는 덕을 힘써 닦으시고, 선조들을 본받으시고, 언제나 편안하거나 게으르게 지내지 마십시오. 선조를 받들 때는 효도를 생각하시고, 아랫사람을 대할 때는 공손을 생각하십시오. 멀리 그리고 밝히 살피시고, 덕 있는 자 총명한 자의 말에 귀를 기울이십시오[멀리 살피시려면 눈이 밝아야 하고 덕 있는 말을 들으시려면 귀가 밝아야 합니다]. 그러면 저는 임금님의 복록을 받드는 데 게으름 피지 않을 것입니다"(伊尹拜手稽首曰: 王懋乃德, 視乃厥祖, 無時豫怠。奉先思孝, 接下思恭。視遠惟明; 聽德惟聰。朕承王之休無斁。).

○양씨(楊氏·楊中立)가 말했다. "갑작스럽게 하는 말이나, 이해가 절박하지 않는 하소연에, 움직이지 않는 것은, 밝히 살피는 자가 아니더라도 할 수 있다. 그래서 물이 차츰 스며들고 흘러들어 어느덧 축축하게 적시듯이 슬그머니 헐뜯는 말이나, 피부에 와 닿듯이 애절하게 하소연하는 말에 움직이지 않은 뒤에야, '밝히 살핀다'고 하시고, 또 '멀리 살핀다'고 하신 것이다. 멀리 살피는 것은 밝히 살피는 것의 최고의 단계이다. 《서경·태갑중》(書經 太甲中)에 말하기를, '멀리 그리고 밝히 살피십시오'라고 했다."

[子貢問政章]

120701、子貢問政。子曰:「足食。足兵[1]。民信之矣[2]。」[3]

자공(子貢)이 정치에 대해 여쭈었다. 선생님께서 말씀하셨다. "식량을 넉넉히 하는 것이다. 군비를 넉넉히 하는 것이다. (그런 후에) 백성이 신복(信服) 하는 것이다."

言倉廩[4]實而武備[5]修, 然後教化行[6], 而民信於我, 不離叛[7]也。[8]

말씀인즉, 식량창고가 차 있고, 군비가 갖춰지고, 그런 후에 교화가 행해지면, 백성들

---

1 [성]足食足兵(족식족병): 양식은 넉넉하고 병기는 정비되어 있다(粮食充足, 武备修整。);《論語正義》'兵'은 본래는 병기로, 이에 병기를 소지한 사람도 兵이라 했다(正義曰: 兵本戰器, 因而執兵之人亦曰兵。); 兵(병): 병기. 병기를 소지한 사람. 사병. 군대(兵器, 武器; 持兵器的人, 士兵, 軍隊。).

2《論語義疏》本에는, '令民信之矣'[백성으로 하여금 믿게 한다.]로 되어 있다;《論語正義》'民信之'의 '民'字는 생략하고 읽어야 한다. '信'은 위에서 백성에게 믿음을 주는 것을 말한다('民信之'者, '民'字當略讀。'信'謂上予民以信也。);《論語譯注》"백성이 정부에 대해 믿음을 갖는 것이다"["(백성에게) 믿음을 주는 것이다"]("百姓對政府就有信心了。");《論語新解》그런 후에 교화가 행해지면, 백성들로 하여금 위에 대해 믿음을 갖게 할 수 있다(然后教化行, 能使其民对上有信心。).

3《禮記·王制》나라에 9년치 식량이 쌓여 있지 않은 것을 '부족하다'고 하고, 6년치 식량이 쌓여 있지 않은 것을 '급하다'고 하고, 3년치 식량이 쌓여 있지 않은 것을 '나라 꼴이 아니다'라고 한다. 3년 농사에 1년치 식량이 쌓여야 하고, 9년 농사에 3년치 식량이 쌓여야 한다. 30년을 통해 10년치 식량이 쌓여 있으면, 흉년이나 가뭄이나 홍수의 피해가 있어도, 백성들에게는 굶주린 기색이 없고, 그런 후에야 천자의 식사는, 날마다 가축을 잡은 성찬을 먹고 음악으로 입맛을 돋울 수 있다(國無九年之蓄曰 不足, 無六年之蓄曰 急, 無三年之蓄曰 國非其國也。三年耕, 必有一年之食; 九年耕, 必有三年之食。以三十年之通, 雖有凶旱水溢, 民無菜色, 然後天子食, 日舉以樂。).

4 倉廩(창름): 미곡 저장창고(贮藏米谷的仓库); 廩(름): 쌀 창고(米仓, 亦指储藏的米。); 倉(창): 양곡창고(粮仓).

5 武備(무비): 군비. 무장 역량이나 군사 장비(军备。指武装力量、军事装备等。).

6《子路 제9장》참조.

7 離叛(이반): 마음이 떠나다. 등을 돌려 난을 일으키다(离心; 背叛).

8《論語大全》'民信之矣'는 효과로써 말씀한 것이다. 백성이 믿게 되는 근본에 대해서는, 공자께서 언급하지 않으셨다. 그래서 주자가 근본을 추론해서 '教化行'이라고 말한 것이다. 식량과 군비가 넉넉하게 된 연후에 가르침을 베풀어 변화되면, 백성들이 이에 그를 믿게 되는 것이다. 단지 식량을 넉넉히 하고 군비를 넉넉히 하는 것만으로는, 백성이 곧 그를 믿게 된다는 말이 아니다(新安陳氏曰: 民信之矣, 以效言之。民所以信之之本, 則孔子未之及。所以朱子推本而以教化行言之……兵食既足然後, 施教而化行, 民斯信之矣。非謂止足食足兵, 民便信之也。).

이 나에게 신복(信服) 하여, 인심이 떠나거나 배반하지 않는다는 것이다.

120702、子貢曰:「必不得已而去[9], 於斯三者何先[10]?[11]」曰:「去兵[12]。」

자공(子貢)이 여쭈었다. "만약 어쩔 수 없어서 버려야 한다면, 이 세 가지 중에서 무엇을 먼저 버려야겠습니까?" 선생님께서 말씀하셨다. "군비를 버린다."

去[13], 上聲, 下同。○言食足而信孚[14], 則無兵而守固矣。

'去'(거)는 상성[jǔ]으로, 뒷절에서도 이와 같다. ○말씀인즉, 식량이 넉넉하고 (내가) 믿음을 주어 (백성들이) 신복(信服) 하면, 군비가 없어도 방비가 견고하다는 것이다.

120703、子貢曰:「必不得已而去, 於斯二者何先?」曰:「去食[15]。自古皆有死, 民無信不立[16]。」

---

9 [성]必不得已(필부득이): 어찌해볼 도리가 없다(必然不能得止。指形势使得非如此不可。表示无可奈何的意思。);《古書虛字》'必'은 '如'와 같다('必'猶'如'也。);《論語正義》'不得已而去'란, 세 가지는 의당 버려서는 안 되지만, 흉년이 들거나 역병이 돌거나 재앙이 닥친 경우 등 어쩔 수 없는 경우는, 미처 준비하지 못한 것은 버린다는 말이다(不得已而去者, 言三者本不宜去, 若不得已, 如國凶札禍烖之類, 政不及備者乃去也。);《北京虛詞》必(필): 접속사. 가설문의 앞절에 쓰여, 가설을 나타낸다. 정말로 ~라면. 가령('必', 连词。用于假设复句的前一分句, 表示虚拟或假设。义即'果真'、'假使'。);《王力漢語》不得已(부득이): 정세압박으로 이렇게 하지 않을 수 없음을 표시한다(表示情勢所迫, 不能不這樣作(不能停止)。).

10《北京虛詞》於(어): 개사. ~면에서. ~중에서. 동작의 시행범위, 상황의 발생 범위를 끌어들인다('於', 介词。引进动作施行或情况发生的范围。义即'在……方面'、'在……中');《王力漢語》'者'(자)는 지시대명사로, 통상 형용사나 동사, 동사구의 뒤에 쓰여 명사구를 만들며, '~한 사람' '~한 사물'을 표시한다. 어떤 경우에는 또 수사 뒤에 쓰여 몇 사람, 몇 가지 일, 몇 가지 물건을 표시할 수 있다('者'字是一個特別的指示代詞, 它通常用在形容詞, 動詞或動詞詞組的後面組成一個名詞性詞組, 表示'……的人' '~的事物'。有時候, '者'字還可以用在數詞後面表示幾種人, 幾件事情, 或者幾樣東西。);《王力漢語》先(선): 먼저 행하다(動詞, 先行, 先做某事。).

11《論語集釋》'必不得已而去於斯, 三者何先?'으로 끊어 읽는 견해[經典釋文], '必不得已而去於斯三者, 何先?'으로 끊어 읽는 견해[論語後案]가 있다.

12《論語正義》'去兵'은 부역을 부과하지 않는 것을 말한다(正義曰: '去兵'謂去力役之征。);《王力漢語》去(거): 없애버리다. 빼버리다(除掉, 去掉。跟'取'相對。'去'經常帶賓語。).

13 去(거): [qǔ] 버리다. 없애다(去掉。除去。); [qù] 떠나다(往, 到。与「来」相对。离开。).

14 孚(부): 신임하다. 신복되다(相信; 信任。为人所信服, 使信任。).

15 [성]去食存信(거식존신): 식량을 버리고 굶어 죽을지언정 신의를 굳건히 지키다(比喻宁可失去粮食而饿死, 也要坚持信义。);《論語正義》'去食'은, 去兵을 했는데 형세가 여전히 어려워서, 세금을 걷지 않고

자공(子貢)이 여쭈었다. "만약 어쩔 수 없어서 버려야 한다면, 이 두 가지 중에서 무엇을 먼저 버려야겠습니까?" 선생님께서 말씀하셨다. "식량을 버린다. 자고로 사람은 모두 죽기 마련이지만, 백성은 (내가 주는) 믿음이 없으면 서지 못한다."

民無食必死, 然死者人之所必不免。無信則雖生而無以自立, 不若死之爲安。故寧死而不失信於民, 使民亦寧死而不失信於我也。

백성은 식량이 없으면 반드시 죽지만, 죽음이라는 것은 사람으로서 절대 피할 수 없는 것이다. 믿음이 없으면 비록 살아 있을지라도 스스로 설 방법이 없으니, 죽어서 편안한 것만 못하다. 그러므로 차라리 내가 죽을지언정 백성에게 (주는) 믿음[信]을 잃지 않는다면, 백성들도 차라리 그들이 죽을지언정 나에 대한 믿음[信服]을 잃지 않을 것이다.

○程子曰:「孔門弟子善問, 直窮到底, 如此章者。非子貢不能問, 非聖人不能答也。」

○정자(程子·伊川)가 말했다. "공자(孔子) 문하의 제자들은 묻기를 잘해서, 곧장 밑바닥까지 궁구하여 남김없이 캐묻는 것이, 이 장에서 한 것과 같았다. 자공(子貢)이 아니면 질문할 수 없고, 성인이 아니면 대답할 수 없다."

愚謂以人情而言, 則兵食足而後吾之信可以孚於民。以民德而言, 則信本人之所固有, 非兵食所得而先也。是以爲政者, 當身率其民而以死守之, 不以危急而可棄也。[17, 18]

모두 면제하는 것으로, 《周禮·地官司徒·均人》에 '흉년이 들거나 역병이 돌면, 부역을 없애고 세금을 걷지 않고, 산림·천택에 부과하는 세, 각 업종에 부과하는 세를 걷지 않는다'고 했다(正義曰: '去食'者, 謂去兵之後, 勢猶難已, 凡賦稅皆蠲除, 周官均人所謂"凶札, 則無力政, 無財賦, 不收地守地職。").

16 [성]民無信不立(민부신불립): 국가에 대한 백성의 신임이 결핍하면, 이런 국가는 굳건히 서지 못한다(无信: 缺乏信任; 不立: 立不起来。人民如果对国家缺乏信任, 这个国家就不稳固。); 《論語義疏》本에는 '民不信不立'으로 되어 있다; 《論語大全》 "백성이 스스로 서지 못한다는 것입니까? 나라가 서지 못한다는 것입니까?" "백성이 스스로 서지 못하는 것이다. 그렇지만 백성이 서지 못하면, 나라 역시 서지 못한다"(問: 是民自不立? 是國不可立? 朱子曰: 是民自不立。民不立, 則國亦不能以有立。); 《論語正義》 '民無信不立'은, 백성들이 제일 화급히 여기는 것은 믿음이라는 말이다(正義曰: '民無信不立', 言民所最急者, 信也。); 《論語譯注》 "백성이 정부에 대한 믿음이 족하면, 국가는 서지 못한다"("如果人民對政府缺乏信心, 國家是站不起來的。"); 《論語新解》 백성은 식량이 없으면 죽지만, 믿음이 없으면 무리가 되어 서지 못 하고, 풀어지고 흩어지고 싸우고 엉켜서, 결국에는 서로를 끌고 몰락으로 향해, 같이 멸망하고 만다(民无食必死, 然无信则群不立, 涣散斗乱, 终必相率沦亡, 同归于尽。); 《王力漢語》 접속사 '則'이 없는 경우에도, 문장의 의미상으로 조건과 결과의 관계임을 알 수 있다(有時候沒有用連詞'則'字, 從句子的意思上也可以看出是條件和結果的關係。).

내가 생각건대, 인정(人情)에 근거해서 말한다면, 군비와 식량이 넉넉한 뒤에야 내가 주는 믿음이 백성들을 신복(信服) 시킬 수 있다. 민덕(民德)에 근거해서 말한다면, 믿음은 본래부터 사람에게 고유한 것이어서, 군비와 식량은 (믿음보다) 앞설 수 있는 것이 아니다. 이 때문에 위정자는, 마땅히 몸소 자기 백성을 앞장서 이끌어야 하고 죽음으로써 (내가 백성에게 주는) 믿음을 지켜야지, 위급하다고 하여 (그 믿음을) 내버려서는 안 된다.

17《論語大全》이 장은 足食足兵으로 인해 이후에 民信이 있다는 것으로, 본래는 足食足兵과 民信 두 항목이다. 자공은 그런데 세 항목의 일로 인식했다. 信은 인심에서 다른 항목과 대체할 수 없는 불변 항목이다(朱子曰: 此只因足食足兵而後民信, 本是兩項事。子貢却做三項事認了。信字便是在人心不容變底。);《古今注》세 가지 일은 각각 하나의 일이지, 서로 연관되어 있지 않다. 그런 후에 세 가지는 정립되고 분립되어, 去·存을 논의할 수 있다. 만약 (주자의 말대로) 兵·食 때문에 民信을 얻는다고 한다면, 이는 두 가지 일이지 세 가지 일이 되지 못한다(案: 三者各爲一事, 不相牽連。然後三者可以鼎峙瓜分, 而議其去存。若以兵食之故得有民信, 則仍是二事不成三也。).

18《論語集釋》陳天祥[1230~1316]의《四書辨疑》에 말했다. "한 개 장에 두 개의 '信'字는 본래 한 개 뜻인데, 集注에서 '民信之矣'의 경우는 '民信於我'[백성이 나에게 신복한다]로 풀이했으니, 이는 '信'을 '國家之信'으로 이해한 것이다. '民無信不立'의 경우는 '民無食必死 然死者人之所不免 無信則雖生而無以自立'[백성은 식량이 없으면 반드시 죽지만, 죽음이라는 것은 사람이 절대 피할 수 없는 것이다. 믿음이 없으면 비록 살아 있을지라도 스스로 설 방법이 없다]으로 풀이했으니, 이는 또 '信'을 '民之信'으로 설명했고, '立' 또한 '民之自立'으로 설명했다. 또 '寧死而不失信於民 使民亦寧死而不失信於我'[차라리 내가 죽을지언정 백성에게 (주는) 믿음[信]을 잃지 않는다면, 백성들도 차라리 그들이 죽을지언정 나에 대한 믿음[信服]을 잃지 않을 것이다]에서, 앞 구절은 '信'이 國에 있고, 뒤 구절은 '信'이 民에 있다. 뒤에서는 또 '人情'과 '民德' 두 가지 설로 구분해서, '以人情而言 則兵食足而後吾之信可以孚於民'[인정에 근거해서 말한다면, 군비와 식량이 넉넉한 뒤에야 내가 주는 믿음이 백성들을 신복 시킬 수 있다]이라 했으니, 이 설은 '信'이 또 國에 있고, 계속해서 '以民德而言 則信本人之所固有 非兵食所得而先'[민덕에 근거해서 말한다면, 믿음은 본래부터 사람에게 고유한 것이어서, 군비와 식량이 믿음보다 앞설 수 있는 것이 아니다]이라고 했으니, 이 설은 '信'이 또 民에 있다. '信'字가 확정된 뜻이 없을 뿐 아니라, 兵·食·信의 선과 후에 대한 설명이 일치하지 않으니, 성인의 말씀의 본뜻은 과연 어디에 있는가?"(四書辨疑: 一章中兩'信'字本是一意, 注文解'民信之矣'則云'民信於我', 此以信爲國家之信也。解'民無信不立'則云'民無食必死, 然死者人之所不免, 無信則雖生而無以自立', 此卻說信爲民之信, 立亦民之自立也。又曰'寧死而不失信於民, 使民亦寧死而不失信於我', 前一句信在國, 後一句信在民。後又分人情民德二說。云'以人情而言, 則兵食足而後吾之信可以孚於民', 此說信亦在國也。繼云'以民德而言, 則信本人之所固有, 非兵食所得而先', 此說信又在民矣。不惟信字交互無定, 而兵食與信先後之說自亦不一, 聖人本旨, 果安在哉?). 王若虛[1174~1243]가 말했다. "'民信之'는 백성에 의해 신뢰받는 것이고, '民無信'은 백성에 의해 신뢰받지 못하는 것이다. 정치가 백성에 의해 신뢰받지 못하면, 호령은 날로 가벼워지고, 기강은 날로 해이해지고, 상은 이를 써서 권장하기에 족하지 못하고, 벌을 이를 써서 징계하기에 족하지 못하고, 쇠미·퇴락해서, 매사가 서지 못한다. 그러니 차라리 去食할지언정, 믿음을 잃어서는 안 된다." 이 견해는 두 '信'字 모두 國家之信이고, '立' 또한 國家之立으로 보았으니, 문리가 바르고 분명해서, 의심할 게 없다(王滹南曰:「民信之者, 爲民所信也。民無信者, 不爲民信也。爲政至於不爲民信, 則號令日輕, 紀綱日弛, 賞不足以勸, 罰不足以懲, 委靡頹墮, 每事不立矣。故寧去食, 不可失信。」此說二信字皆爲國家之信, 立亦國家之立也, 文直理明, 無可疑矣。).

[棘子成曰 章]

120801、棘子成曰:「君子質而已矣, 何以文爲[1]?」

극자성(棘子成)이 말했다. "군자는 자질이면 그만인데, 무엇에 문(文)을 쓰겠습니까?"

棘子成, 衛大夫。疾時人文勝, 故爲此言。

'棘子成'(극자성)은 위(衛)나라 대부이다. 당시 사람들 사이에서 문(文)이 기승을 부리는 것을 싫어했기 때문에, 이 말을 한 것이다.

120802、子貢曰:「惜乎! 夫子[2]之說, 君子也[3]。駟不及舌[4]。

---

1 《論語語法》'何以'는 '以何'의 도치형식이고, '以'는 원인을 소개하는 개사이다[이 경우 '文'을 술어로 보아 '무엇 때문에 꾸미겠습니까?'로 풀이할 수 있다]('何以'爲倒序的語法。'以'是介繫原因的介詞。);《論語正義》'以'는 '用'이다["어디에 문을 쓰겠습니까?"](正義曰: '以', '用'也。);《經傳釋詞》'爲'는 어조사이다(爲, 語助。);《詞詮》의문을 표시하는 어말조사('爲', 語末助詞。表疑問。);《論語譯注》'爲'는 의문어기사이다[子路 제5장]["그런 의절 · 형식으로 무엇을 하겠습니까?"]('爲', 表疑問的語氣詞; "要那些儀節、形式幹什麽?);《論孟虛字》"文을 써서 무엇을 하겠습니까?" 馬建忠[1845~1900]의《馬氏文通》은 '以文爲何'로 풀이했다('何以文爲', 是說'用文作什麽呢?' 馬氏文通解釋'以文爲何?');《王力漢語》'何以……爲'는 반문형식의 하나이다. 동사 '爲'의 의문대사 목적어인 '何'가 부사어로 쓰인 개사구조 '以文'의 앞에 놓인 것으로, '文을 써서 무엇을 하겠는가?'의 뜻이다('何以……爲'是表示反問的習慣說法中的一。這種句子, 實際上是動詞'爲'的疑問代詞賓語'何'放在作狀語的介詞結構前面了, 意思是'用……做什麽'。);《論語句法》'何以文爲'는 원래는 '以文何爲'인데, '以文'이 '何'와 '爲' 사이에 삽입된 것이다('何以文爲'原是'以文何爲', 把'以文'插在'何'與'爲'的中間。);《補正述疏》'何以文爲'는 도치문으로, '何爲以文'와 같다(述曰: 謹案: '何以文爲'倒而言之, 猶曰 '何爲以文'。).

2 《論語句法》'夫子'는 2인칭 존칭대사이다('夫子'是第二身稱代詞的尊稱。).

3 《論語義疏》그대가 앞에서 말한, '군자는 質을 쓰고 文을 쓰지 않는다'는 말은, 잘못이 심하다는 말로, 그래서 '惜乎 夫子之說君子'라고 한 것이다. '駟不及舌'은 이것이 유감스럽게 여기는 바인 일이다["유감스럽게도, 그대의 군자에 대한 잘못된 설명은 틀렸습니다. 駟不及舌입니다"](疏: 言汝所說君子用質不用文, 爲過失之甚, 故云'惜乎夫子之說君子'。駟不及舌者, 此所惜之事也。);《論語正義》공자께서, '文과 質이 알맞게 잘 조화를 이룬 뒤에야 비로소 군자이다'[雍也 제16장]라고 하셨는데, 극자성이 아마도 공자의 말씀을 듣고, 군자는 다만 質을 숭상해야지, 文을 쓸 필요가 없다고 함부로 말하자, 자공이 그의 군자에 대한 말이 경솔해서, 그 말을 후회한들 혀에서 나온 말을 주워 담을 수 없으니, 안타깝다고 한 것이다(正義曰: 夫子言 "文質彬彬, 然後君子", 棘子成或聞其語, 妄以君子但當尚質, 不必用文, 故子貢惜其說君子爲易

자공(子貢)이 말했다. "안타깝군요! 그대가 한 말이, 바로 군자의 의미이지만, 혀에서 한 번 나온 말은 네 필 말이 끄는 수레일지라도 주워 담을 수 없으니.

言子成之言, 乃君子之意[5]。然言出於舌, 則駟馬不能追之, 又惜其失言也。
말인즉, '극자성'(棘子成)이 한 말이 바로 군자의 의미이다. 그렇지만 말이 혀로 나와 버리면, 네 필 말이 끄는 수레로도 이미 나와버린 말을 뒤쫓아가 다시 주워 담을 수 없으니, 그가 실언한 것이 또한 안타깝다'는 것이다.

120803、文猶質也, 質猶文也[6]。虎豹之鞟[7]猶犬羊之鞟。」

言, 雖追悔之, 無及於舌也。);《論語集釋》陳天祥[1230~1316]의《四書辨疑》에 말했다. "극자성이 자공에게 말한 '君子質而已矣, 何以文爲?'는, 당시 사람들 사이에서 문이 기승하는 것을 싫어한 것이 아니라, 공자가 자공의 무리에게 가르친 바가 문이 기승한 것을 싫어한 것이다. 자공은 바로 성인의 가르침을 함부로 억측해서 비난한 것으로 보았기 때문에, 마음이 아파서 그에게 경계시킨 것이다. '惜乎'는 마음 아파하는 말이다. '說'은 '論'과 같다. 대개 그대가 이렇게 군자[공자]를 논한 것이 마음 아프다는 말이다. 이 말은 (자공이 공자를 폄하한 진자금에게) '군자는 한마디 말 때문에 지혜롭다 여겨지기도 하고, 한마디 말 때문에 지혜롭지 못하다 여겨지기도 한다'는 말과 뜻이 똑같다"(四書辨疑: 對子貢發如此之言, 非疾時人文勝, 乃是疾孔子所教子貢之徒文勝也。子貢正謂妄意譏毀聖人之教, 故傷歎而警之也。惜乎乃傷歎之辭。說, 猶論也。蓋言可惜乎子之所以論君子也, 此言既出, 駟馬不能追及其舌而返之也。此與「一言以爲知, 一言以爲不知」之意同。);《古今注》'惜乎夫子之說君子也'는 아홉 글자가 합해서 한 구절로, 극자성이 본래 군자에 대해 논한 것이다(補曰: 惜乎夫子之說君子也, 九字共一句, 棘子成本論君子。);《論語譯注》集注는 '惜乎! 夫子之說, 君子也.'로 두 구절로 끊어 읽었는데, 이 경우 번역은 '그대의 말이, 군자의 입에서 나왔지만, 애석하게도 틀린 말입니다'가 되어야 한다. 나는 '夫子之說君子也'는 주어, '惜乎'는 술어로 보고, 이 두 구가 도치된 문장으로 보았다["그대가 이렇게 군자에 관해 설명했는데, 잘못된 설명이 참으로 안타깝습니다"]('惜乎夫子之說君子也', 朱熹《集注》把它作兩句讀: '惜乎! 夫子之說, 君子也。' 便應該這樣翻譯: '先生的話, 是出自君子之口, 可惜說錯了。' 我則以爲'夫子之說君子也'爲主語, '惜乎'爲謂語, 此爲倒裝句; "先生這樣地談論君子, 可惜說錯了。");《論語新解》이 아홉 글자는 한 구절이다. 극자성이 논한 군자에 대한 설명이, 실언이어서 안타깝다는 것이다(此九字为一句。子贡谓棘子成之论君子, 失言可惜。).

4 [성]駟不及舌(사불급설): 말을 한 번 내뱉으면 주워 담을 방법이 없다. 말은 신중히 해야 한다(驷: 古时由四匹马拉的车; 舌: 指说的话。一句话说出口, 四匹马拉的车也追不回。比喻一句话说出来, 再也无法收回。谓说话当慎重。); [성]一言既出 駟馬難追(일언기출 사마난추): 말이 입 밖에 나와 버리면, 4필 말이 끄는 수레로도 따라잡기 어렵다. 한번 뱉은 말은 주워 담을 수 없으니 반드시 책임져야 한다(一句话说出了口, 就是套上四匹马拉的车也难追上。指话说出口, 就不能再收回, 一定要算数。) ;《王力漢語》네 필의 말이 끄는 수레. 두 필이 말이 끄는 수레는 '騈'(병), 세 필 말이 끄는 수레는 '驂'(참)이라 한다('駟', 四匹馬駕一輛車。又量詞; 古代駕二馬爲騈, 駕三馬爲驂。).

5《論語大全》(文보다) 본질을 높이 여기는 것이 군자의 의미이다(崇本質, 是君子之意。).

6《論語正義》'文猶質 質猶文'은, 禮는 본질을 없애면 확립되지 못하고, 형식을 없애면 실행하지 못한다는

문(文)은 질(質)과 (그 경중이) 같고, 질(質)은 문(文)과 (그 경중이) 같습니다. 털을 깎아 버린 호랑이나 표범의 가죽은 털을 깎아 버린 개나 양의 가죽과 다를 게 없습니다."

鞟, 其郭反。○鞟, 皮去毛者也。言文質等耳, 不可相無。若必盡去其文而獨存其質, 則君子小人無以辨矣。夫棘子成矯[8]當時之弊, 固[9]失之過; 而子貢矯子成之弊, 又無本末輕重之差, 胥[10]失之矣。[11]

것으로, 이 文・質은 모두 의당 써야 할 바이고, 그 경중은 같다는 것이다(正義曰: '文猶質, 質猶文'者, 禮無本不立, 無文不行, 是文, 質皆所宜用, 其輕重等也。).

7 《論語集解》 털을 제거한 가죽을 '鞹'(곽)이라 한다. 虎豹(호표)와 犬羊(견양)이 구별되는 것은, 바로 털 무늬의 차이 때문인데, 지금 文과 質을 같은 것이라고 하면, 무엇으로 虎豹와 犬羊을 구별하겠는가?(注: 孔安國曰: 皮去毛曰鞹。虎豹與犬羊別者, 正以毛文異耳, 今使文質同者, 何以別虎豹與犬羊耶?); 《論語義疏》本에는 '鞟'이 '鞹'으로 되어 있다; 《論語正義》 '鞟'(곽)은 '革'으로, 털을 없앤 것과 없애지 않은 것을 모두 칭하는 것으로, 오로지 털을 없앤 것으로만 풀이할 필요는 없다. 《易經・䷰革・象傳》에, '大人은 호랑이의 털갈이처럼 변하니 그 무늬는 선명하고, 君子는 표범의 털갈이처럼 변하니 그 무늬는 울창하다'고 했다. 이 장의 '虎豹之鞟'은 '文'을, '犬羊之鞟'은 '質'을 비유한 것이다. 虎豹・犬羊의 경우, 그 가죽은 각기 그에 맞는 쓸 데가 있다. 文・質 두 가지는 한쪽으로 치우치거나 어느 한쪽을 버리는 것은 맞지 않는다(正義曰: '鞟'爲'革', 凡去毛不去毛, 皆得稱之, 不必專主去毛一訓。周易象下傳: "大人虎變, 其文炳也; 君子豹變, 其文蔚也。" 此文'虎豹之鞟'喻文, '犬羊之鞟'喻質。虎豹, 犬羊, 其皮各有所用, 如文質二者不宜偏有廢置也。).

8 《荀子・性惡》 굽은 나무는 반드시 교정 목을 대고 나무를 쪄서 바로잡아야 그런 후에 곧아지고, 무딘 병기는 벼리고 갈아야 그런 후에 예리하게 된다(故枸木必將待檃栝, 烝, 矯然後直; 鈍金必將待礱, 厲然後利。); 矯(교): 화살대를 주물러 바르게 하는 기구. 휘어진 물체를 똑바르게 하다(把箭杆揉直的一种器具。引申为'正曲使直'。把弯曲的物体弄直。).

9 固(고): 원래. 본래. 당연히. 여전히. 원래대로. 이미(原来; 本来。当然; 仍然。已经。).

10 胥(서): 서로. 모두. 전부. 도적을 잡는 관리(相互。都; 皆。古代掌管捕捉盗贼的小官吏。).

11 《論語大全》 극자성은 質이 전부라고 말했으니, 당연히 완전한 설명으로는 미진했지만, 자공은 文이 전부라고 말해, 이로써 극자성의 말을 고치려 했으니, 또한 틀렸다. 호랑이 가죽과 양가죽에서 털을 제거할지라도, 필경 저절로 구별되기 마련이다. 대개 본디 文이 없으면 안 되지만, 그래도 당연히 質이 근본이니, 차라리 검소한 것이 낫고 차라리 슬퍼하는 것이 낫다[八佾 제4장]는 말의 뜻과 같다(朱子曰: 棘子成全說質, 固未盡善。子貢全說文, 以矯子成, 又錯。若虎皮羊皮, 雖除了毛, 畢竟自別……大率固不可無文, 亦當以質爲本, 如寧儉寧戚之意。); 《論語大全》 이 장은 세 가지 양상으로 보아야 한다. 극자성의 생각은 그 文을 다 없애고 그 質만 남겨두려는 것이고, 자공의 생각은 文과 質이 서로 동등하다고 보는 것이고, 주희는 質이 本이고 文이 末로서, 本이 重이고 末이 輕이라는 것이다. 그 文을 다 없애고 그 質만 남겨두려는 것은, 그 유폐가 장차 禮를 없애고 法을 멸하는 데로 흐르고, 文과 質이 서로 동등하다고 보는 것은, 本末을 구분하지 않고 輕重이 없기 때문에, 주희는 극자성과 자공이 모두 잘못했다고 평한 것이다(雙峯饒氏曰: 此章當作三樣看。棘子成之意, 欲盡去其文而獨存其質; 子貢之意, 則以爲文質相等; 集註則謂質爲本, 文爲末, 本則重, 末則輕。然盡去其文而獨存其質, 其流將有棄禮滅法之弊; 文

'鞟'(곽, kuò)은 '其'(기)와 '郭'(곽)의 반절이다. ○'鞟'(곽)은 가죽에서 털을 깎아 없앤 것이다. 자공(子貢)의 말인즉, '문(文)과 질(質)은 동등할 뿐이고, 서로 없어서는 안 된다. 만약 정말로 군자의 문(文)을 다 없애고 군자의 질(質)만을 남긴다면, 군자와 소인을 분별할 방법이 없다'는 것이다. 대체로 극자성(棘子成)이 당시의 폐단을 바로잡는 데는, 당연히 너무 과하게 바로잡는 잘못을 저질렀지만, 자공(子貢)이 극자성(棘子成)의 폐단을 바로잡는 데는, 또 본말 · 경중의 차이를 무시했으니, 둘 다 군자의 말뜻을 잘못 안 것이다.

質相等, 則不分本末而無所重輕, 故集註謂棘子成與子貢胥失之。).

[哀公問於有若章]

120901、哀公問於有若曰:「年饑[1], 用[2]不足, 如之何[3]?」[4]

애공(哀公)이 유약(有若)에게 물었다. "흉년이 들어서, 나라의 재정이 부족할 경우, 이를 어찌하면 좋을까요?"

稱有若者, 君臣之辭[5]。用, 謂國用[6]。公意蓋欲加賦以足用也。

'有若'(유약)이라고 이름을 칭한 것은 군신지간의 말이다. '用'(용)은 '나라의 재정'을 말한다. 애공(哀公)의 생각은 대개 세금을 더 거두어 이로써 나라의 재정을 풍족하게 하려는 것이었다.

---

1 年饑(년기): 농작물 수확이 흉작이다. 흉년이 들다(亦作'年飢'。年成荒歉。); 年(년): 수확. 작황. 오곡이 무르익다. 벼가 익어서 사람이 벼를 지고 있는 모습을 형상화한 글자이다(=秊。甲骨文字形, 上面是'禾', 下面是'人', 禾谷成熟, 人在负禾。本义: 年成, 五谷成熟。).

2《王力漢語》用(용): 지출. 비용. 재화(名詞。費用, 指錢財。).

3《王力漢語》'如……何' '若……何' '奈……何'라는 표현이 있는데, 가운데에는 대사나 명사 등이 들어가며, '무엇을 어떻게 하다' '무엇이 어떻다'라는 뜻이다(古代有'如……何' '若……何' '奈……何'的說法, 當中插入代詞, 名詞或其他詞語, 意思是'把(對)……怎麼樣(怎麼辦)'。).

4《論語集釋》吳昌宗[清人]의《四書經注集證》에 말했다. "哀公 12年 봄에 田賦를 시행했고, 9월에 메뚜기 떼로 인해 충해가 발생했다. 哀公 13년 9월에 충해가 발생했고, 11월에 또 충해가 발생했다. 또 매년 주나라를 정벌했고, 또 이런 충해가 있었으니, 이른바 '年饑用不足'이었다"(四書經注集證: 春秋哀公十二年春, 用田賦。其冬十二月, 有螽。十三年九月, 有螽。十二月, 又有螽。又連年用兵於邾, 又有此災, 所謂'年饑, 用不足'也。);《論語正義》생각건대, 이 장의 질문은 애공 12년 田賦를 채용하기 전으로, 그래서 '二, 吾猶不足'이라 말한 것은, 선공 때부터 私田에 대해 세금을 거둠에 따라 10의 2를 채용했음을 밝힌 것이다(愚謂此問當在十二年用田賦之前, 故云"二, 吾猶不足", 明據宣公稅畝爲用二也。);《古今注》'年饑用不足'은 가설적인 질문이다. 이 해에 바야흐로 흉년이 들어, 임금이 구급책을 묻는데, 유자가 대답하기를, 내년 가을부터, 철법을 시행해 구제하라고 말한다면, 천하에 이런 세상물정 모르는 유자가 있겠는가?(補曰: 年饑用不足, 設問之辭……年之方饑, 國君問救急之術, 儒者對之曰, 自來年秋, 用徹法以救之, 天下有如是迂儒乎?).

5《禮記 · 曲禮上》남자는 20세가 되면, 관을 쓰고 字로 부른다. 아버지 앞에서는, 아들은 자기를 이름으로 부르고, 임금 앞에서는, 신하는 자기를 이름으로 부른다. 여자는 혼인 승낙을 받으면, 비녀를 꽂고 字로 부른다(男子二十, 冠而字。父前, 子名; 君前, 臣名。女子許嫁, 笄而字。).

6《禮記 · 王制》총재가 지출예산을 편성하는 것은 반드시 연말에 가서 농작물이 국고에 다 들어온 뒤에 한다. 井田의 대소와 수확의 풍흉을 참작하고, 지난 30년간의 수입에 근거해서 편성하고, 수입을 헤아려서 지출의 기준을 정한다(冢宰制國用, 必於歲之杪, 五穀皆入然後制國用。用地小大, 視年之豐耗。以三十年之通制國用, 量入以爲出。); 國用(국용): 국가의 비용이나 경비(國家的費用或經費。).

120902. 有若對曰:「盍徹乎?」

유약(有若)이 대답했다. "어찌 철법(徹法)을 시행하지 않으십니까?".

徹, 通也, 均也[7]。周制[8]: 一夫受田百畝, 而與同溝共井之人通力合作[9], 計畝均收。大率[10]民得其九, 公取其一, 故謂之徹[11]。

'徹'(철)은 '통틀다'[通], '균등하다'[均]이다. 주(周)나라 제도에, 농부 한 사람이 농지 100 무(畝)씩을 받고, 도랑을 함께 쓰고 정전(井田)을 같이하는 농부들과 통틀어서 노동력을 합쳐 (900 무(畝)의 농지를) 함께 경작하고, 받은 농지의 무(畝)에 따라 균등하게 수확량을 배분한다고 되어 있다. 대체로 백성은 수확량의 9할을 갖고, 나라는 수확량의

7 《古今注》 '徹'이라는 글자는 본래 '取去'[걷어가다]라는 뜻이다. 주나라의 법은 은나라의 助法을 그대로 이어받았는데, 관에서 알아서 걷어갔기 때문에, '徹'이라 한 것이다((徹之爲字, 本是取去之意……周人之法, 因殷之助, 而官自取之, 故謂之徹也。).

8 《百度百科》 井田制(정전제): ①八家를 井으로 하고 公田이 있는 경우와 ②九夫를 井으로 하고 公田이 없는 경우, 두 제도가 있다. ①의 경우는 《孟子 · 滕文公上 제3장》에 기재되어 있고, ②의 경우는 《周禮 · 地官司徒 · 小司徒》에 기재되어 있다. 당시의 부역제도는 貢 · 助 · 徹이었는데, 모두 公田에 노역을 바쳐, 그 수입은 전부 영주의 소유로 했고, 私田의 수입은 전부 개인의 소유로, 부역은 일종의 公田에 대한 노역 제공이었다(井田制大致可分为八家为井而有公田与九夫为井而无公田两个系统。记其八家为井而有公田者, 如《孟子、滕文公上》载: "方里而井, 井九百亩。其中为公田, 八家皆私百亩, 同养公田。公事毕, 然后敢治私事。" 记其九夫为井而无公田者, 如《周礼、地官、小司徒》载: "乃经土地而井牧其田野, 九夫为井, 四井为邑……" 当时的赋役制度为贡、助、彻。皆为服劳役于公田, 其收入全部为领主所有, 而其私亩收入全部为个人所有是一种"劳役租税"。).

9 《周禮 · 冬官考工記》 九夫가 井이고, 井 사이에 파놓은 너비 4尺 깊이 4尺의 수로를 溝(구)라 한다(九夫爲井, 井間廣四尺, 深四尺謂之溝。); 《孟子 · 滕文公上 제3장》 사방 一里의 땅을 1개 井으로 하여, 1개 井의 땅은 구백 무인데, 그 한 가운데가 公田입니다. 여덟 가구가 각 백 무씩 私田을 경작하고, 공동으로 公田을 경작합니다. 公田 일을 끝마치고 나서야, 私田 일을 하는데, 이로써 나라의 몫과 野人의 몫을 구별하려는 것입니다(方里而井, 井九百畝, 其中爲公田。八家皆私百畝, 同養公田。公事畢, 然後敢治私事, 所以別野人也。); 通力合作(통력합작): 너나 가리지 않고, 마음을 쏟고 힘을 다해서 한 가지 일에 힘을 합치다. 힘을 합쳐 함께 일을 처리하다(彼此不分界限, 倾心尽力于同一件事。合力共治一事。); 通力(통력): 힘을 합치다(一起出力。不分彼此, 一齐出力。).

10 大率(대솔): 대개. 대략. 대체로(大概, 大致; 大体; 大略。約略估量之詞。); 率(솔): 경솔하다. 거칠다. 대략(轻率。粗鲁。大约, 大概。).

11 《論語大全》 徹法은 여덟 가구가 통틀어 노동력을 합쳐 900 畝 전체 땅을 함께 경작하고, 수익은 畝를 계산해서 균분하고, 나라는 그 1을 취하는 방식이고, 助法은 여덟 가구가 각기 100 畝의 땅을 경작하고, 함께 울력해서 公田을 경작하여 그 수확을 나라에 바치는 방식으로, 이것이 徹法과 助法의 차이이다(朱子曰: 徹是八家皆通力合作九百畝田, 收則計畝均分, 公取其一; 如助則八家各耕百畝, 同出力耕公田, 此助徹之別也。).

1할을 거두어 가기 때문에, 이것을 '徹'(철)이라고 말한다.

魯自宣公稅畝[12], 又逐[13]畝什取其一, 則爲什而[14]取二矣。故有若請但專行徹法, 欲公節用以厚民也。
노(魯)나라 선공(宣公) 때부터는 (처음으로) 각 사전(私田)에 대해 10에서 1을 거두었고, 또 정전(井田)마다 10에서 1을 거두어 갔으니, 그렇다면 10에서 2를 세금으로 거두어 간 것이다. 때문에 유약(有若)이 철법(徹法) 한 가지만 시행할 것을 청한 것으로, 애공(哀公)이 나라의 재정을 절약하여 이로써 백성의 살림을 넉넉하게 해주기를 바란 것이다.

120903、曰:「二, 吾猶不足, 如之何其[15]徹也?」
애공(哀公)이 말했다. "10에서 2조차도, 나는 여전히 부족한데, 어찌 철법(徹法)이겠소이까?"

二, 卽所謂什二也。公以有若不喻其旨, 故言此以示加賦之意。
'二'(이)는, 곧 이른바 10중에서 2라는 것이다. 애공(哀公)은 유약(有若)이 자기의 말뜻을 깨닫지 못했다고 생각했기 때문에, 이 말을 해서 이로써 세금을 더 거두려는 생각을 내보인 것이다.

120904、對曰:「百姓足, 君孰與不足[16]? 百姓不足, 君孰與足?[17] [18]」

12 《春秋左傳 · 宣公 14年》[BC 594] 가을에, 처음으로 私田에 대해 토지면적에 따라 세금을 징수했다(秋, 初稅畝。); 《論語大全》 公田제도는, 井田 내의 公田의 수확을 세금으로 걷는 것으로 10에서 1을 걷었는데, 지금 또다시 그 나머지 私田에 대해 세금을 부과하여, 다시 10에서 1을 거두었었기 때문에, '初稅畝'라 한 것이다(公田之法, 十取其一, 今又履其餘畝, 復十取其一……故曰初。); 宣公(선공): BC 608~BC 591 재위; 稅畝(세무): 토지면적에 따라 세금을 걷는 제도(古代按土地面积向田主征税的赋税制度).

13 逐(축): 순서대로. 한 마지기마다(依次, 按顺序。逐亩。).

14 而(이): ~의. ~중의. 편정 관계를 표시한다(表示偏正关系, 相当于'之', '的'。).

15 《論語詞典》 其(기): 의문문 중간에 위치하는 어기부사["어찌 철법일 수 있겠소이까?"]('其', 问句中的语气副词; '怎麽能十分抽一呢?'); 《論語句法》 '如之何'는 부사이고, 그 중간에 붙은 관계사가 '其'이다('如之何'是限制詞, 其間所加的關係詞是'其'字。); 《先進 제21장》의 '如之何其聞斯行之' 참조.

유약(有若)이 대답했다. "백성이 풍족한데, 임금 혼자만 어찌 풍족하지 않겠습니까? 백성이 풍족하지 아니한데, 임금 혼자만 어찌 풍족하겠습니까?"

民富, 則君不至獨貧; 民貧, 則君不能獨富。有若深言君民一體之意, 以止公之厚斂[19], 爲人上者所宜深念也。

백성이 부유하다면 임금 혼자만 가난하게 되지는 않을 것이고, 백성이 가난하다면 임

16《論語集解》'孰'(숙)은 '誰'[누구]이다(注: 孔安國曰: 孰, 誰也。);《論語正義》'與'는 '取與'[주고받다]의 '與'와 같다.《漢書 · 穀永傳》에는 ('百姓不足, 君孰予足?'으로 인용해) '與'를 '予'로 썼는데, '與'와 '予'는 서로 바꿔쓰는 글자이다(正義曰 :'與'如'取與'之與。漢書穀永傳'與'作'予', 通用字。);《漢書 · 穀永傳》의 顏師古 注에는, 「師古曰 :'言百姓不足, 君安得獨足乎?'」[백성이 부족한데, 임금이 어찌 혼자만 풍족하겠습니까?]로 되어 있다;《王力漢語》의문문의 의문대사인 목적어는 반드시 동사 앞에 놓이며, 의문대사가 개사의 목적어인 경우에도 이런 규율을 따른다(在古漢語裡, 疑問句裡的疑問代詞賓語也必須放在動詞的前面。疑問代詞用作介詞的賓語時, 也手這個規律的制約, 它們也必須放在介詞的前面。);《論語句法》'孰'는 의문지칭사로, 그래서 개사 '與' 앞에 놓인 것이다(因爲'孰'是疑問指稱詞, 所以放在'與'字之上了。);《論孟虛字》'孰'은 '曷'(갈)[어찌]과 같다. 뒤에 介詞 '與'를 붙여 통상 '孰與'로 쓰이며, 두 비교구 중의 관계사 역할을 한다. '孰與'는 '何如'와 같다. '怎么'에 해당한다('孰', 猶'曷'。通常和介詞'與'連成'孰與', 成爲兩相比較句中的關係詞。'孰與', 猶言'何如'。相當於'怎麼'。);《論語譯注》"백성의 쓰임이 풍족하다면, 임금께서 어찌 부족하겠습니까? 백성의 쓰임이 부족한데, 임금께서 또 어찌 풍족하겠습니까?"("如果百姓的用度够, 您怎麽會不够? 如果百姓的用度不够, 您又怎麽會够?");《古漢語語法》이 글을 글자 그대로 직역하면, 이렇다. "백성이 풍족한데, 임금께서는 어느 누구와 더불어 풍족하겠습니까? 백성이 부족한데, 임금께서는 어느 누구와 더불어 풍족하겠습니까?" 이런 풀이는 결코 원문의 본지를 전달할 수 없다. 그래서《論語譯注》는 '孰與'를 '怎么会'로 풀이했다(这句话若是死译, 应该是: 百姓富足, 您跟哪一个不富足? 百姓不富足, 您跟哪一个富足? 但这种死译并不能传达原文意旨, 所以《论语译注》把"孰与"活译为"怎么会"。).

17《論語新解》'孰與'(숙여)에는 깊은 뜻이 있다. 공자께서 말씀하시기를, '내가 이 사람들과 함께 무리 지어 살아가지 않고서 어느 누구와 함께 무리 지어 살아가겠느냐?'[微子 제6장]라고 하셨다(孰与之问, 甚有深意。孔子曰: "吾非斯人之徒与而谁与。");《論語今讀》유약이 주장하는 내용은 씨족사회의 '藏富于民'[백성에게 부를 저장해둔다]의 관념으로, 이 또한 儒家의 원시 인도주의의 구체적인 내용의 하나이다(有若主張的是氏族社會的藏富于民的舊觀念, 這也是儒家的原始人道主義的具體內容之一。).

18《說苑 · 政理》노나라 애공이 공자에게 정치에 대해 물었다. 공자께서 말씀하셨다. "정치는 백성을 부유하게 하고 천수를 누리게 하는 데 있습니다." 애공이 물었다. "무슨 말씀이신지요?" 공자께서 말씀하셨다. "세금을 적게 거두면 백성이 부유해지고, 나라에서 큰일을 일으키지 않으면 죄악을 멀리할 것입니다. 죄악을 멀리하면 백성은 천수를 누리게 될 것입니다." "그러면 과인은 가난해질 것입니다." "《詩經 · 大雅 · 泂酌》에 '다정다감한 군자님 백성의 부모일세'라고 했습니다. 그 자식이 부유한데 부모가 가난한 경우를 보지 못했습니다"(魯哀公問政於孔子, 對曰: "政有使民富且壽。" 哀公曰: "何謂也?" 孔子曰: "薄賦斂則民富, 無事則遠罪, 遠罪則民壽。" 公曰: "若是則寡人貧矣。" 孔子曰: "《詩》云: '凱悌君子, 民之父母', 未見其子富而父母貧者也。").

19 厚斂(후렴): 재물을 무겁게 거둬들이다. 세금을 많이 걷다(重斂財物。亦指征收重稅。).

금 혼자만 부유할 수는 없을 것이다. 유약(有若)은 군주와 백성은 한 몸뚱이라는 뜻을 마음속 깊이 와 닿게 말하여, 이로써 애공(哀公)이 세금을 많이 거두려는 생각을 그만 두게 한 것이니, 남의 위가 된 자들로서는 마땅히 깊이 생각하여야 할 바이다.

○楊氏曰:「仁政必自經界始[20]。經界正, 而後井地均, 穀祿[21]平, 而軍國之需皆量是以爲出焉[22]。故一徹而百度[23]擧矣, 上下寧憂不足乎? 以二猶不足而教之徹, 疑若迂矣。然什一, 天下之中正。多則桀, 寡則貉[24], 不可改也。後世不究其本而惟末之圖, 故征斂無藝, 費出無經[25], 而上下困矣。又惡知盍徹之當務而不爲迂乎?」[26]

20《孟子 · 滕文公上 제3장》등문공이 필전을 시켜 정전법에 대해 물었다. 맹자가 말했다. "그대의 임금께서는 장차 어진 정치를 행하시려고, 그대를 택하여 보내신 것이니, 그대는 반드시 이 일을 힘써야 합니다. 어진 정치는 반드시 땅의 경계에서부터 시작됩니다. 경계가 바르지 못하면, 정전이 고르지 못하고, 곡록이 공평하지 못하게 됩니다. 이 때문에 폭군이나 탐관오리들은 경계를 바르게 하기를 게을리하기 마련입니다. 경계가 바르게 되고 나면, 토지를 나누고 곡록을 제정하는 일은 가만히 앉아서도 정해질 것입니다"(使畢戰問井地。孟子曰: 子之君將行仁政, 選擇而使子, 子必勉之! 夫仁政, 必自經界始。經界不正, 井地不鈞, 穀祿不平。是故暴君汙吏必慢其經界。經界既正, 分田制祿可坐而定也。); 經界(경계): 토지 · 영토 경계선. 山海經 · 水經의 '經'은 모두 '경계'의 뜻이다(土地、疆域的分界).

21 穀祿(곡록): 봉록. 곡식의 양으로 봉록의 고하를 계산했다(犹俸禄。古代以谷量计俸禄的高下。).

22 앞절《禮記 · 王制》참조.

23 百度(백도): 온갖 일. 각종 제도(百事; 各种制度。);《禮記 · 樂記》에, '百度得數而有常'라는 구절이 나온다.

24《孟子 · 告子下 제10장》백규가 물었다. "나는 스물에서 하나를 취하고자 하는데, 어떻겠습니까?" "그대의 법은, 貊의 법입니다. 일만 가구의 나라에, 한 사람의 도공이면, 되겠습니까?" "안 됩니다. 그릇이 수요에 부족할 것입니다." "대개 貊에서는, 오곡이 나오지 않고, 기장만 나옵니다. 성곽 · 궁궐 · 종묘 · 제사의 예법이 없고, 제후 · 폐백 · 손님 접대가 없으며 백관 · 유사가 없으니, 스물에서 하나를 받아도 족합니다. 그렇지만 지금 중국에 살면서, 인륜을 버리고, 군자가 없는 것이, 어찌 가능하겠습니까? 도공의 수가 적은 경우에도, 나라를 다스릴 수 없는데, 하물며 군자가 없는 경우에 있어서이겠습니까? 요순의 법보다 세금을 가볍게 하려는 자는, 大貉이나 小貉입니다. 요순의 법보다 세금을 무겁게 하려는 자는, 大桀이나 小桀입니다"(白圭曰: 吾欲二十而取一, 何如? 孟子曰: 子之道, 貉道也。萬室之國, 一人陶, 則可乎? 曰: 不可, 器不足用也。曰: 夫貉, 五穀不生, 惟黍生之。無城郭, 宮室, 宗廟, 祭祀之禮, 無諸侯幣帛饔飧, 無百官有司, 故二十取一而足也。今居中國, 去人倫, 無君子, 如之何其可也? 陶以寡, 且不可以爲國, 況無君子乎? 欲輕之於堯舜之道者, 大貉小貉也; 欲重之於堯舜之道者, 大桀小桀也。);《揚子法言 · 先知》10의 1 법은, 천하에 가장 적정하고 올바른 법이다. 더 많이 거두면 桀의 법이고, 더 적게 거두면 貉의 법이다(什一, 天下之中正也。多則桀, 寡則貊。).

25《春秋左傳 · 昭公 20年》에, '布常無藝 徵斂無度'[정사를 시행하는 데 정해진 법제가 없고, 부세를 징수하는 데 정해진 법도가 없다]라는 晏子의 말이 나온다; 征斂(징렴): 세금을 징수하다(亦作'征歛'。征收赋税。); 藝(예): 한계. 기준. 준칙(极限。标准; 准则); 費出(비출): 비용. 지출(花费, 支出。); 經(경): 늘상 따르는 기준이나 법칙(常道。指常行的义理、准则、法制。).

26《論語大全》논어를 살펴보면, 유약의 말이 모두 4장이다. 하나는 仁을 말했고[學而 제2장], 하나는

○양씨(楊氏 · 楊中立)가 말했다. "인정(仁政)은 반드시 토지의 경계를 다스리는 데서부터 시작된다. 경계가 바르게 된 뒤에야, 정전(井田)이 균평해지고, 녹봉이 공평해지고, 군사와 국정의 수요가 모두 이 정전(井田)의 대소를 헤아려서 이로써 지출의 기준으로 삼는다. 그러므로 철법(徹法) 한 가지면 온갖 제도가 한꺼번에 다 처리되는데, 위나 아래나 어찌 부족을 걱정하겠는가? 10에서 2도 오히려 부족한데 철법(徹法)을 쓰라고 가르쳤으니, 세상 물정에 어두운 것 같이 보인다. 그렇지만 10의 1 법은, 천하의 적정하고 올바른 법이다. 더 많이 거두면 걸(桀)의 법이고, 더 적게 거두면 맥(貉)의 법이니, 고쳐서는 안 된다. 후세에 와서는 그러한 근본은 강구하지 않고 말단만을 도모했기 때문에, 세금을 거두는 데는 정해놓은 한계가 없었고, 비용을 지출하는 데는 정해놓은 기준이 없었으니, 위나 아래나 모두 곤궁했다. '어찌 철법(徹法)을 시행하지 않으십니까?'가 마땅히 힘써야 할 말이지, 세상 물정에 어두운 말이 아니라는 것을 또 어찌 알았겠는가?"

禮를 말했고[學而 제12장], 하나는 信義를 말했는데[學而 제13장], 모두 배움의 大本이다. 하나는 徹法을 말했는데, 정치의 大經이니, 體와 用이 모두 갖춰진 것이다(勿軒熊氏曰: 按論語有若之言, 凡四章。一言仁, 一言禮, 一言信義, 皆爲學之大本。一言徹法, 亦爲政之大經, 體用具矣。).

[子張問崇德辨惑章]

121001、子張問崇德、辨惑[1]。子曰:「主忠信[2], 徙義[3], 崇德也。

자장(子張)이 덕을 높이 쌓는 일과 미혹에서 벗어나는 일에 대해 여쭈었다. 선생님께서 말씀하셨다. "충(忠)과 신(信)으로 주관하게 하고 의(義)로 옮겨가는 것이, 덕을 높이 쌓는 일이다.

主忠信, 則本立, 徙義, 則日新。[4]

1《論語大全》'崇德' '辨惑'은 어째서 이 조목이 있어, 子張[顔淵 제21장]과 樊遲가 모두 이것을 질문으로 삼았는지를 물었다. 주자가 답했다. "胡氏는 옛말에 이 말이 있었거나, 세상에 이 말이 있어서, 성인께서 이 말을 드러내, 여러 제자에게 도에 들어가는 문으로 삼도록 한 것이라 여겼는데, 그의 견해가 설득력이 있다"(問崇德辨惑, 何以有是目, 而子張樊遲, 皆以爲問也? 朱子曰: 胡氏以爲或古有是言, 或世有是名, 而聖人標出之, 使諸弟子以爲入道之門戶也, 其說得之矣。);《論語正義》吳嘉賓[1803~1864]의《論語說》에 말했다. "'克己復禮' '崇德辨惑'은 모두 옛말이다." '崇德'은 다른 사람의 덕을 존숭하는 것을 말하고, '主忠信'은 忠信한 사람을 가까이하는 것을 말한다(正義曰: 吳氏嘉賓說: "克己復禮, 崇德辨惑, 皆古之言也……"案: '崇德'者……謂於人之有德, 尊崇之也。'主忠信'者……言於忠信之人親近之也。);《論語集解》'辨'(변)은 '别'[변별하다]이다(注: 苞氏曰: 辨, 别也。); 辨惑(변혹): 헷갈리거나 사리를 분간하기 힘든 문제를 명확하게 진면목을 드러나게 하다(使混淆迷惑的問題清楚地顯現出真面目);《說文 · 刀部》辨(변): 옛날에 辨 · 判 · 別 세 글자의 뜻이 같았다((段玉裁注)古辨判別三字義同也。);《秀文苑》辨(변): 刂(도)는 의미부로, 칼을 형상하여, 가르고 나누는 것을 표시하고, 辡(변)은 소리부이다. 辨은 양 죄인이 서로 양보하지 않고 싸우고 있어, 판단을 내려줄 필요가 있는 것이다. 변별하다(刀[刂]表意, 其形像把刀, 表剖析; 辡表聲。辨是兩罪人互相爭執, 需要給予評判。本義是辨別。).

2《學而 제8장》《子罕 제24장》참조.

3《論語平議》'主忠信'은, 주인으로 삼을 자는 반드시 忠信한 사람이어야 한다는 말로, 공자께서 사성정자를 주인으로 삼으신 것[孟子 · 萬章上 제8장]이 그 예이다. 包咸이 '徙義'를 '徙意從之'[뜻을 옮겨서 의를 좇아가다]로 해석한 것은 그 견해가 왜곡되어, 대체로 잘못된 것이다. '徙'는 '從'으로 해석해야 한다. 주인으로 삼을 자는 반드시 忠信해야 하고, 뒤따를 자는 반드시 義로워야 한다. 이것이 '崇德'이다. 忠信한 자를 주인으로 삼고, 의로운 사람을 뒤따르는 것은, 모두 사람을 사귀는 경우에 관해서 하신 말씀이다. 그러므로 아랫글의 '辨惑'도, 愛 · 惡한 사람을 들어 그것을 설명한 것이다. 공자의 말씀은, 모두 사람을 대하거나 사물을 접할 때의 구체적인 방법인데, 후대 유학자들의 개진한 뜻이 고상하기 하지만, 여기에는 미치지 못한 것이다(主忠信, 謂所主者, 必忠信之人, 如孔子主司城貞子之比。至包氏以徙義爲徙意從之, 其說迂曲, 殆非也。徙當爲從……所主者, 必忠信, 所從者, 必義。是崇德。主忠信, 從義, 皆以交際言。故下文辨惑, 亦舉愛惡明之。孔子所言, 皆待人接物之道, 後儒陳義, 雖高, 未見及此矣。);《百度漢語》徙義(사의): 義를 보면 즉시 생각을 바꿔 따르다(见义即改变意念而从之); 徙(사): 옮겨가다(迁移).

4《論語大全》'主忠信'은 발을 디디고 서 있을 곳이고, '徙義'는 진보해 갈 곳이다. 점점 진보해 가면, 덕이 저절로 높이 쌓인다(朱子曰: 主忠信是劄脚處, 徙義是進步處。漸漸進去, 則德自崇矣。).

충(忠)과 신(信)으로 주관하게 하면 근본이 서고, 의(義)로 옮겨가면 날로 새로워진다.

121002. 愛之[5]欲其生, 惡之欲其死[6]。既[7]欲其生, 又[8]欲其死[9], 是[10]惑也。

5《論孟虛字》이 구절의 두 개 '之'字는 훈이 '則'으로 승접사 '即' '就'의 뜻이다(此兩'之'字, 訓'則', 是承接詞 '即''就'之義。).

6 [성]愛之欲其生 惡之欲其死(애지욕기생 오지욕기사): 좋아할 때는 언제나 살아 있어 주기를 바라고, 미워할 때는 언제나 죽어버리기를 바라다. 극도로 다르게 애증에 따라 사람을 대하다(喜爱他时, 总想叫他活着; 讨厌他时, 总想叫他死掉。指极度地凭个人爱憎对待人。);《論語義疏》누군가 자기를 따르면, 나는 그를 사랑하게 된다. 그를 사랑하게 될 때는, 반드시 그가 세상에 살아 생활하기를 원한다. 똑같은 전에 사랑하던 사람인데, 그가 나를 소홀히 대하고 나를 따르지 않으면, 나는 그를 증오한다. 증오가 심해지면 그가 죽어버렸으면 한다. 똑같은 한 사람인데, 그에 대한 애·증과 생·사가 내 마음에서 일어나, 내 마음이 일정하지 않으니, 惑인 것이다(若有人從己, 己則愛之。當愛此人時, 必願其生活於世也; 猶是前所愛者而彼忽違己, 己便憎惡。憎惡之既深, 便願其死也。猶是一人, 而愛憎生死起於我心, 我心不定, 故爲惑矣。);《論語正義》'愛之欲其生 惡之欲其死'는, 그 사람에게 사랑할 만하거나 미워할 만한 실상이 없는데, 다만 자기감정에 따라 제멋대로 그를 사랑하고 미워하는 것을 말한다(正義曰: "愛之欲其生, 惡之欲其死"者, 言其人非有可愛可惡之實, 已但任情愛惡之也。);《論語集釋》劉台拱의《論語駢枝》에 말했다. "'愛之欲其生 惡之欲其死'는, '사람을 들일 때는 무릎에 앉힐 듯이 하다가도, 사람을 물리칠 때는 연못에 빠뜨릴 듯이 한다'[禮記·檀弓下]는 말로, 모두 비유하는 말이다. 주희 注는, 사람의 생사에는 천명이 있으니, 바래서는 안 될 것인데도 바라는 것, 이를 惑이라 했는데, 잘못 차용한 말을 써서 정론으로 삼은 것이다. 인지상정은 친척·골육에 대해서는, 그들이 살기를 바라지 않는 경우가 없고, 원수나 원한이 극에 달한 사람에 대해서는, 그가 죽기를 바라지 않는 경우가 없다. 오래 살기를 빌고, 다 죽어버리기를 저주하는 것은, 옛날부터 있었는데, 어찌 惑이라 뭉뚱그릴 수 있겠는가? 주희의 견해는 옳지 않은 듯하다. '愛之欲其生 惡之欲其死'는, 愛惡가 이랬다저랬다 하기를 일정한 기준이 없는 것을 말한다. '既欲其生 又欲其死'는, 앞 구절을 다시 들어서 말을 누르고 좁혀서, '惑'字를 일으킨 것으로, 두 가지 뜻이 아니다"(論語駢枝: 按愛之欲其生, 惡之欲其死, 猶言進人若將加諸膝, 退人若將墜諸淵, 皆形容譬況之辭。朱注謂死生有命, 不可欲而欲之, 是爲惑, 未免誤以借言爲正論。人情於親戚骨肉, 未有不欲其生者; 仇讐怨毒, 未有不欲其死者。壽考之祝, 偕亡之誓, 於古有之, 豈可概指爲惑? 此說恐非也。愛之欲其生, 惡之欲其死, 言愛惡反復無常。「既欲其生, 又欲其死」, 覆舉上文, 而迫窄其辭, 以起惑字, 非兩意也。);《論語集釋》생각건대, 集注의 愛·惡는 두 사람을 가지고 말한 것 같고, 형병의 소의 愛·惡는 한 사람을 가지고 말한 것 같고[황간의 소도 같다], 유태홍은 형병의 소를 썼다(按: 集注之愛惡似就兩人說, 邢疏之愛惡似就一人說, 劉說則用邢疏也。).

7《論語句法》'愛之' '惡之'는 모두 조건절이다('愛之''惡之'都做條件句。);《論孟虛字》'既'와 '又'가 서로 상응하여 대립 관계를 표시한다('既'與'又'相應, 表示對立關係。'既已要他生, 卻又要他死, 這就是迷惑了!'); 既(기): ~하고도. ~하기도 하고. 且·又·也·还 등과 짝을 이루어, 두 상황이 동시에 갖춰져 있는 경우를 표시한다(跟'且''又''也''还'等词配合, 表示同时具有两种情况。).

8《北京虛詞》又(유): 부사. 동시에. 또한. ~이고 또. 병렬관계인 두 구 사이에 쓰여 동시에 존재하는 상태를 표시한다('又', 副词。用于并列关系的两个短语之间, 表示两种状态同时存在。义即'也'。).

9《古今注》'既欲其生'은 땅을 나눠주는 것이고, '又欲其死'는 세금을 과중하게 걷어가는 것이다. 세금을 과중하게 걷어가는 정치는, 진실로 치부하지도 못한 채, 다만 선왕이 정한 제도를 어기는 것으로, 백성의

사랑한다고 해서 그가 살기를 바라고, 미워한다고 해서 또 그가 죽기를 바란다. 그가 살기를 바라다가도, 또 그가 죽기를 바라는 것, 이것이 미혹(迷惑)이다.

惡, 去聲。○愛惡, 人之常情也。然人之生死有命, 非可得而欲也。以愛惡而欲其生死, 則惑矣。既欲其生, 又欲其死, 則惑之甚也。[11]

'惡'(오)는 거성[wù]이다. ○사랑하는 것과 미워하는 것은 인지상정이다. 그렇지만 사람의 생사에는 천명이 있으니, 사람이 바랄 수 있는 것이 아니다. 사랑한다고 해서 그가 살기를 바라고, 미워한다고 해서 그가 죽기를 바라는 경우가, 미혹이다. 그가 살기를 바라다가도, 또 그가 죽기를 바라는 경우는, 더 심한 미혹이다.

121003.『誠不以富, 亦祇[12]以異。[13]』

《시경》(詩經)에 말하기를, '진실로 부유해서가 아니라, 다만 색달라서일 뿐이

눈에는 이상하게 보일 뿐이다. 사람이 사람에 대해, 사랑해서 살기를 바라면서, 또 미워서 죽기를 바라다니, 이런 이치가 있을까? 천하만사를 일일이 헤아려보니, 오직 땅을 나눠주고 세금을 과중하게 걷어가는 것만이, 이 항목에 해당할 수 있다. 이 일을 제외하고는, 사랑과 미움이 일시에 같이 일어나거나, 살기를 바라는 마음과 죽기를 바라는 마음이 일시에 같이 드는 일은, 다시 찾아볼 수 없을 것이다(既欲其生, 分田也, 又欲其死, 重斂也…… 取斂之政, 誠不足以致富, 適足以違先王之定制, 而見異於百姓也…… 人之於人, 既愛之欲生, 又惡之欲死, 有是理乎? 歷數天下萬事, 惟分田重斂, 可當此目。除此一事之外, 愛惡之一時並發, 生死之一時同欲者, 再不可得。).

10 《論語句法》'是'는 형식상의 주어이고, '既欲其生 又欲其死'가 실질상의 주어이다('是'字是形式上的主語, '既欲其生, 又欲其死', 是外位主語。); 《論語語法》'是'는 근지 지시대명사로, 명사(구) 앞에 쓰여, 앞글의 내용을 중복해서 가리키고, 끝에 '也'字를 두어 판단을 돕는다('是'是近指指示代詞, 用在名詞或名詞性詞組前, 復指前文內容, 句尾有'也'字幫助判斷。).

11 《論語大全》사랑 · 미움이라는 사적인 감정에 빠져, 저 사람의 생사의 정해진 분수를, 자기가 바라는 바대로 할 수 있다고 여기는 것, 더더구나 또 스스로의 생각도 갈피를 못 잡고, 살기를 바라는 마음과 죽기를 바라는 마음이, 속에서 서로 싸우면서, 어찌해볼 수 없는 일에 자기 힘을 허비하지만, 실제로는 저 사람에게 아무런 손해나 이익을 끼칠 수 없는 것, 이것을 惑이라 하지 않을 수 있겠는가?(朱子曰: 溺於愛惡之私, 而以彼之死生定分, 爲可以隨己之所欲, 且又不能自定, 而一生一死, 交戰於胸中, 虛用其力於所不能必之地, 而實無所損益於彼也, 可不謂之惑乎?).

12 祇(지): 단지(副词。只, 僅。); 《論孟虛字》'亦'는 어조사로 뜻이 없다. 辭氣를 도울 뿐 별다른 작용이 없어 번역할 필요가 없는 글자다. '祇(지)는 '但'과 같다. 단지~에 불과하다('亦'爲語助詞, 無義。祇是幫助辭氣, 別無作用, 白話是不用翻的: '祇', 猶'但', 爲止而不過之意。).

13 《論語譯注》"이러면, 참으로 자기에 대해서는 전혀 좋은 점은 없고, 단지 다른 사람을 이상하게 할 뿐이다"("這樣, 的確對自己毫無好處, 只是使人奇怪罷了。").

다'라고 했다."

此詩小雅我行其野[14]之辭也。舊說: 夫子引之, 以明欲其生死者不能使之生死。如此詩所言, 不足以致富而適足以取異也。
이 구절은《시경 · 소아 · 아행기야》(詩經 小雅 我行其野)의 가사이다. 옛 학설에는, '선생님께서 이 구절을 인용하여, 이로써 살기를 바라는 자나 죽기를 바라는 자를 살리거나 죽일 수 없다는 것을 밝히신 것이다. 이 시구에서 말한 바처럼, 부유하게 되기에는 부족하지만 색다른 것을 취하기에는 충분하다'고 했다.

程子曰:「此錯簡, 當在第十六篇齊景公有馬千駟[15]之上。因此下文亦有齊景公字而誤也。」
정자(程子 · 伊川)가 말했다. "이 구절은 죽간의 순서가 잘못된 것으로, 마땅히 제16편 제12장의 '齊景公有馬千駟'(제경공유마천사) 구절의 위에 들어가야 한다. 이 다음 제11장에도 '齊景公'(제경공)이라는 글자가 있는 것으로 인하여 착오가 생긴 것이다."

○楊氏曰:「堂堂乎張也, 難與並爲仁矣[16]。則非誠善補過[17]不蔽於私者, 故告之如此。」[18]
○양씨(楊氏 · 楊中立)가 말했다. "'(曾子가 子張에 대해) 위세 당당한 자장(子張)은 그와 함께 인(仁)을 행하기가 어렵다'고 했다. 그렇다면 자장(子張)은 진실로 잘못을 잘 고치고 사사로움에 의해 가려지지 않을 자가 아니었기 때문에, 그에게 이같이 말씀해주신 것이다."

14《詩經 · 小雅 · 我行其野》들판 길 가노라니 가죽나무 우거졌네. 혼례식 올린 터라 그대 집에 가건마는. 나를 아니 반겨주니 돌아가리 내 집으로. 들판 길 걷다가 소리쟁이 뜯고 있네. 혼례식 올린 터라 그대 집에 가건마는. 나를 아니 반겨주니 돌아가리 친정으로. 들판 길 걷다가 우엉나물 뜯고 있네. 옛 부인 버려두고 새 짝을 찾고 있네. 부유해서 아니라 색달라서 찾는구려(我行其野、蔽芾其樗。昏姻之故、言就爾居。爾不我畜、復我邦家。我行其野、言采其蓫。昏姻之故、言就爾宿。爾不我畜、言歸思復。我行其野、言采其葍。不思舊姻、求爾新特。成不以富、亦祇以異。).

15《季氏 제12장》참조.

16《子張 제16장》참조.

17《周易 · 繫辭上》허물이 없다는 것은, 잘못을 잘 고친다는 것이다(无咎者, 善補過也。); 補過(보과): 좋게 고쳐 바르게 하다. 과실을 보완하다(改善歸正, 彌補過失。).

18《論語大全》'誠善'은 '主忠信'의 일이다. '補過'는 '徙義'의 일이다. '不蔽於私'는 '辨惑'의 일이다. '堂堂難與並爲仁'은 대개 밖에만 힘쓰고 안에는 힘쓰지 않는다는 것으로, 그래서 이 말씀을 가지고 말해주신 것이다(慶源輔氏曰: 誠善, 主忠信之事。補過, 徙義之事。不蔽於私, 辨惑之事。堂堂難與並爲仁, 蓋務外不務內者, 故告以此。).

[齊景公問政章]

121101. 齊景公[1]問政於孔子。

제(齊)나라 경공(景公)이 공자(孔子)에게 정치에 관해 물었다.

齊景公, 名杵臼[2]。魯昭公末年[3], 孔子適齊。

제경공(齊景公)은 이름이 저구(杵臼)이다. 노(魯)나라 소공(昭公) 만년에, 공자(孔子)께서 제(齊)나라에 가셨다.

121102. 孔子對曰:「君君, 臣臣[4], 父父, 子子。[5]」

공자(孔子)께서 말씀하셨다. "임금은 임금으로서 도리를 다하고, 신하는 신하로서 도리를 다하고, 아버지는 아버지로서 도리를 다하고, 자식은 자식으로서 도리를 다하는 것입니다."

---

1 齊景公(제경공): BC 548~BC 490 재위. 姜姓, 呂氏, 名 杵臼. 齊靈公의 아들이고, 齊莊公의 아우. 崔杼가 莊公을 시해하고, 장공의 아우 杵臼를 임금[景公]으로 세웠다. 崔杼[?~BC 546], 晏嬰[?~BC 500]이 경공 때의 相國이었다.

2 杵臼(저구): 제경공의 이름. 절굿공이와 절구통.

3《述而 제30장》각주 '昭公' 참조: BC 517년 소공 25년 공자 35세 때이다.

4 [성]君君臣臣(군군신신): 임금 된 자는 임금 된 도리를 다하고, 신하 된 자는 신하 된 도리를 다하다(指为君者应尽君道, 为臣者应尽臣道。).

5《論語集解》이 당시 陳恒[田恒; 田常]이 제나라를 장악하고 있어서, 君不君 · 臣不臣 · 父不父 · 子不子 했기 때문에, 이렇게 대답한 것이다(注: 孔安國曰: 當此時陳恒制齊, 君不君, 臣不臣, 父不父, 子不子, 故以此對也。);《論語義疏》정치의 본보기를 말한 것으로, 임금은 임금의 덕을 베풀어야 하기 때문에, '君君'이라 한 것으로, 임금의 덕은 惠이고, 신하는 신하로서의 예를 갖춰야 하기 때문에, '臣臣'이라 한 것으로, 신하의 예는 忠이고, 아버지는 아버지로서의 법을 지켜야 하기 때문에, '父父'라 한 것으로, 아버지의 법은 慈이고, 자식은 자식으로서의 도리를 행해야 때문에, '子子'라 한 것으로, 자식의 도리는 孝이다(言爲風政之法, 當使君行君德, 故云君君也。君德謂惠也。臣當行臣禮, 故云臣臣也。臣禮謂忠也。父爲父法, 故云父父也。父法謂慈也。子爲子道, 故云子子也。子道謂孝也。);《論語正義》黃式三[1789~1862]의《論語後案》에서 狄惺庵[狄子奇]의《孔子編年》의 글을 인용하기를, '공자께서 제나라에 가신 것은, 제나라 경공 31년으로, 노나라 소공 25년[BC 517]에 해당한다. 해를 넘겨, 노나라로 되돌아오셨다'고 했다(正義曰: 黃氏式三後案引狄惺庵曰: "孔子至齊, 在景公三十一年, 當魯昭公二十五年。踰年, 即反魯。").

此人道之大經, 政事之根本也。是時景公失政[6], 而大夫陳氏[7]厚施於國[8]。景公又多內嬖[9], 而不立太子。其君臣父子之間, 皆失其道, 故夫子告之以此。

이것은 사람 된 도리 중에 가장 큰 원칙이고, 정치하는 일 중에 근본이 되는 원칙이다. 이 당시에 경공(景公)은 정치를 잘못하고 있었고, 대부 진씨(陳氏)는 백성들에게 후하게 은혜를 베풀고 있었다. 경공(景公)은 또 총애하는 여자가 많아서, 태자를 세우지 못했다. 경공(景公)의 임금으로서 신하와의 관계와 아버지로서 자식과의 관계가, 모두 군군・신신・부부・자자(君君 臣臣 父父 子子)의 도리를 잃고 있었기 때문에, 선생님께서 그에게 이 말씀을 가지고 알려주신 것이다.

121103、公曰:「善哉! 信如[10]君不君, 臣不臣, 父不父, 子不子, 雖有粟, 吾得而食諸[11]?」[12]

6《春秋左傳・昭公 3年》에, 안영이 晉나라 대부 숙향에게 하는 말 중에, '제나라는 이미 말세가 되었습니다. 잘은 모르겠지만 제나라는 아마도 陳氏의 나라가 될 것입니다. 제나라 임금이 그 백성을 버려 백성들이 陳氏에게 돌아갔습니다. 제나라에는 예로부터 네 종류의 量具가 있었는데, 豆・區・釜・鍾입니다. 4升이 1豆인데, 각각 네 배씩을 더하여 釜에 이르니 10釜가 1鍾입니다. 그런데 陳氏 집에서 私用하는 세 量具는 모두 1배씩을 추가했으니, 鍾이 公用의 鍾보다 큽니다. (백성들에게 곡식을) 꿔줄 때는 私用의 量具로 되어 주고, 받을 때는 公用의 量具로 받고, 산의 나무를 시장으로 운반해 와서도 값을 산에서보다 높게 받지 않고, 생선・소금・조개 등을 시장으로 운반해 와서도 값을 해변에서보다 높게 받지 않습니다. 그런데 제나라 임금은 백성들이 노력의 대가로 얻은 재물을 3분 해서 그 2분을 국가에 내게 하고, 나머지 1분으로 의식을 해결하게 하며, 제나라 임금의 축적은 부패해 벌레가 생기는데도, 三老는 추위와 굶주림에 시달리며, (발뒤꿈치 자르는 형벌[剕刑]을 받은 자가 많아서) 나라의 모든 시장에 신발값은 싸고 목발값은 비쌉니다. 인민들이 고통스러워하면 陳氏는 그들을 넉넉하게 도와주니, 백성들은 陳氏를 어버이처럼 사랑하여 물이 흐르듯이 그에게로 돌아가니, 백성의 마음을 얻지 않고자 한들, 장차 어찌 피할 수 있겠습니까?'라는 구절이 나온다.

7 陳氏(진씨): =전씨(田氏). 뒤에 가서 姜姓呂氏를 몰아내고 田氏가 제나라를 이어받게 되는데 田氏并齊[BC 489년 景公이 죽자 제나라 공족 國氏・高氏 두 가문이 公子 荼(도)를 임금으로 세웠으나, 田氏 가문이 國氏・高氏를 몰아내고, 公子 陽生을 세워 제나라 정치를 장악한 후에, BC 386년 田和가 제강공을 몰아내고 스스로 왕이 되어 田氏가 姜姓呂氏의 제나라를 계승한 일]라 한다.

8《春秋左傳・昭公 26年》에, 안영이 제경공에게 하는 말 중에, '陳氏가 비록 큰 덕은 없지만, 백성에게는 은혜를 베풀어, 豆・區・釜・鍾에 數種의 量具를 사용해, 公稅를 받을 때는 작은 量具로 되어 받고, 백성들에게 꿔줄 때는 큰 量具로 되어 주며, 임금님께서는 賦稅를 많이 걷는데, 陳氏는 은혜를 후하게 베푸니, 백성의 마음이 그에게 돌아갔습니다[公厚斂焉, 陳氏厚施焉, 民歸之矣]'라는 구절이 나온다.

9 內嬖(내폐): 임금의 사랑을 받는 첩(谓受君主宠爱).

10《論語句法》'信如'는 단지 '如果'의 의미를 가질 뿐이고, 여기에서 접속사로 쓰였다('信如'只有'如果'的意思了, 在這裡做關係詞用。);《論孟虛字》만약. 만약~라면. 정말~라면('信', 爲設如之詞。'信如'當'要是'、'果真'的意思。); 信(신): 진실로. 정말로. 술어 앞에 쓰여, 상황의 신실함을 표시한다(真心诚意。信, 诚也。

경공(景公)이 말했다. "훌륭하신 말씀이오! 진실로 임금이 임금으로서의 도리를 다하지 못하고, 신하가 신하로서의 도리를 다하지 못하고, 아버지가 아버지로서의 도리를 다하지 못하고, 아들이 아들로서의 도리를 다하지 못한다면, 비록 양식을 쌓아 두고 있다 한들, 내가 그것을 먹을 수 있겠소이까?"

景公善孔子之言而不能用, 其後果以繼嗣[13]不定, 啟陳氏弑君簒國[14]之禍。[15]
경공(景公)은 공자(孔子)의 말씀을 훌륭하다고 여겼지만, 공자(孔子)를 쓰지를 못했는데, 그 뒤에 과연 후계자를 정하지 못함으로써, 대부 진씨(陳氏)가 임금을 시해하고 나라를 탈취하는 화의 단초를 열어놓았다.

用于谓语前, 表示情况的信实。义即'确实'、'果真'、'的确'。).

11 《經典釋文》本에는, '吾焉得而食諸'로 되어 있고, 《論語義疏》本에는, '吾豈得而食諸'로 되어 있다; 《論語義疏》'諸'는 '之'이다[내가 어찌 그 양식을 먹을 수 있겠습니까?](疏: 諸, 之也…… 我豈得而食之乎?); 《文言語法》'諸'는 '之乎'의 합음. '之'는 지시대명사, '乎'는 감탄 표시 어기사('諸', '之乎'的合音。'之', 指示詞, '乎'表語氣詞。表感歎。).

12 《管子 · 形勢》 임금이 임금으로서의 도리를 다하지 못하면, 신하가 신하로서의 도리를 다하지 못하고, 아버지가 아버지로서의 도리를 다하지 못하면, 아들이 아들로서의 도리를 다하지 못한다. 윗사람이 자기가 지켜야 할 자리를 잃으면, 아랫사람은 자기가 지킬 절제를 넘어선다(君不君, 則臣不臣, 父不父, 則子不子。上失其位, 則下踰其節。); 《史記 · 太史公自序》 예와 의의 요지를 알지 못하니, 임금은 임금으로서의 도리를 다하지 못하게 되고, 신하는 신하로서의 도리를 다하지 못하게 되고, 아버지는 아버지로서의 도리를 다하지 못하게 되고, 아들은 아들로서의 도리를 다하지 못하게 되는 것입니다. 임금이 임금으로서의 도리를 다하지 못하면 신하로부터 범함을 당하고, 신하가 신하로서의 도리를 다하지 못하면 주살을 당하고, 아버지가 아버지로서의 도리를 다하지 못하면 무도한 아버지가 되고, 아들이 아들로서의 도리를 다하지 못하면 불효자식이 되는 것입니다. 이 네 가지 행위는 천하에서 가장 중대한 과오입니다(夫不通禮義之旨, 至於君不君, 臣不臣, 父不父, 子不子。夫君不君則犯, 臣不臣則誅, 父不父則無道, 子不子則不孝。此四行者, 天下之大過也。).

13 繼嗣(계사): 대를 잇다. 후계자. 후사(延续; 继续。传宗接代。后嗣; 后代。特指帝王的继位者。); 嗣(사): 대를 이어받을 적장자. 계승하다(诸侯传位给嫡长子。继承; 接续。君位或职位的继承人。).

14 簒(찬): 신하가 임금의 지위를 탈취하다(封建时代特指臣子非法地夺取君位).

15 《春秋左傳 · 哀公 5年》 제나라 경공의 처가 낳은 아들이 어려서 죽고 나서는 후사가 없자, 경공이 첩인 鬻姒(륙사)가 낳은 아들 晏孺(안유)를 사랑했는데, 대부들이 그가 태자가 될까 두려워해서, 경공에게 '임금께서 연세가 많으신데, 태자를 아직 세우지 않았으니, 어찌하시렵니까?'라고 묻자, '임금이 없다고 무슨 걱정이 있겠소?'라고 했다. 경공이 병들자 대부들이 晏孺를 태자로 세웠지만, 경공이 죽자, 陳乞[陳僖子]이 晏孺를 죽이고, 공자 陽生을 임금으로 세웠고[悼公], 陳乞이 죽고 그 아들 陳成子가 재상이 되어서는, 悼公(도공)을 죽이고 그의 아들을 임금으로 세웠고[簡公], 簡公을 죽이고 그의 동생을 임금으로 세웠다[平公]; 《憲問 제22장》 참조.

○楊氏曰:「君之所以君, 臣之所以臣, 父之所以父, 子之所以子, 是必有道矣。景公知善夫子之言, 而不知反求其所以然, 蓋悅而不繹[16]者。齊之所以卒於亂也。」

○양씨(楊氏·楊中立)가 말했다. "임금이 임금인 까닭, 신하가 신하인 까닭, 아버지가 아버지인 까닭, 자식이 자식인 까닭, 여기에는 반드시 도가 있다. 경공(景公)은 선생님의 말씀이 훌륭하다고 여길 줄은 알았지만, 자기가 임금인 까닭·아버지인 까닭을 돌이켜 찾을 줄 몰랐으니, 대개 기뻐하기는 하면서도 그 속에 숨은 뜻을 찾아내지 않는 사람이었다. 제(齊)나라가 난으로 망한 까닭이다."

16 《子罕 제23장》 참조.

[子路無宿諾章]

121201、子曰:「片言可以[1]折獄者[2], 其由也與?」

선생님께서 말씀하셨다. "다 말하지도 않았는데 (사람들이 그 말을 믿어) 이로써 송사를 끝맺음할 수 있는 사람은, 아마도 유(由)가 아닐까?"

1《論語語法》개사 '以'의 목적어 '片言'을 앞으로 당긴 것으로, 통상의 문장형식은 응당 '以片言可折獄者' [片言을 써서 송사를 판결할 수 있는 자]가 되어야 한다(本例將憑藉副賓語'片言'移位而提前, 常式句型應爲: '以片言可折獄者'。).

2 [성]片言折獄(편언절옥): 간단한 몇 마디로 송사를 판결하다. 몇 마디로 쌍방 간의 시시비비를 가리다. 한쪽 말만 듣고 소송을 판결하다. 신임을 얻고 있어서 사람들이 감히 속이지 않다(片言, 极少的几句话; 折狱, 判决诉讼案件。原意是能用简单的几句话判决讼事。后指能用几句话就断定双方争论的是非; 謂只聽一方面的訴詞即可判決獄訟。形容聽獄者能取信於人, 人不敢欺。);《論語集解》'片'(편)은 '偏'과 같다. 소송은 반드시 양쪽 당사자의 말[兩辭]을 듣고 시비를 결정하는데, 일방의 한쪽 말[單辭]을 믿고 판결할 수 있는 자는, 자로만이 할 수 있었다(注: 孔安國曰: 片, 猶偏也。聽訟必須兩辭以定是非, 偏信一言以折獄者, 唯子路可也。);《論語義疏》자로는 과단성이 있어서, 한쪽 당사자의 말만 듣고도 판결할 수 있었다. 一說: 자로는 성격이 솔직해서, 진정 숨기는 게 없었다. 자로가 판결하는 경우에도, 한 마디 말이면 족했다(子路既能果斷, 故偏聽一辭而能折獄也。一云: 子路性直, 情無所隱者。若聽子路之辭, 亦則一辭亦足也。);《論語正義》《太平禦覽 639 · 聽訟》에, 논어의 이 글에 대한 정현의 주를 인용하기를, "片'의 독음은 半이고, 半言은 單詞이다. '折'은 斷이다. 자로만이 다른 사람의 신임을 얻을 수 있어서, 사람들이 말하는 바가 반드시 정직했으니, 판결을 내리게 할 수 있었다'고 했다. '惟子路能取信'은 자로가 충신해서, 남의 신임을 얻을 수 있었다는 말이다. '所言必直 故可令斷獄'은, 사람들이 자로를 신임하여, 사람들이 스스로를 감히 속이지 않았기 때문에, 비록 한 쪽 당사자의 말일지라도, 반드시 정직했으니, 이에 의거해서 그로 하여금 판결을 내리게 할 수 있었다는 말이다(正義曰: 禦覽六百三十九引鄭注云: "片讀爲半, 半言爲單詞。折, 斷也。惟子路能取信, 所言必直, 故可令斷獄也。" '惟子路能取信'者, 言子路忠信, 能取信於人也。'所言必直, 故可令斷獄'者, 言人既信子路, 自不敢欺, 故雖片言, 必是直理, 即可令依此斷獄也。);《補正述疏》'片言'은 말을 다 끝내지 않았음을 과장된 표현을 써서 형용한 것이다.《論語》에, '譬如爲山, 未成一簣'[한 삼태기 흙 때문에 산이 완성되지 못한다][子罕 제18장], 또 '以吾一日長乎爾'[내 나이가 너희보다 하루 더 많다][先進 제25장], '示諸掌'[손바닥에서 천하를 본다][八佾 제11장] 등은 모두 과장된 표현을 써서 형용한 말들이다(述曰: 片言者, 極言其辭未畢而形容之也。《經》云'譬如爲山, 未成一簣', 又云 '以吾一日乎長爾', 其言天下者則以爲'示諸掌', 皆極言形容之辭也。);《論語詞典》片言(편언): 소송당사자 한쪽의 말(訴訟中單方面的言語。);《論語新解》'片言'은 '單辭' 즉 한쪽 당사자의 말과 같다(片言犹云单辞, 即片面之辞。); 片(편): 반. 전체 중의 일부분(半; 整体中的一小部分或较大地区内划出来的较小地区);《王力字典》片(편): 반쪽. 한쪽 편(一半, 偏。);《論語義疏》折獄(절옥): 소송사건을 판결하다(疏: 折獄, 謂判辨獄訟之事也。); 折(절): 손으로 도끼를 잡고 나무를 쪼개는 모양. 옳고 그름으로 둘로 나누다. 판단하다(右边是斧子(斤), 左边是断开的'木', 意即斤砍断木。后来断木演变为'手', 意为用手拿斧弄断东西。本义: 折断。判断; 裁决); 獄(옥): 소송사건(讼案).

折, 之舌反。與, 平聲。○片言, 半言[3]。折, 斷也。子路忠信明決, 故言出而人信服之, 不待其辭之畢也。

'折'(절, zhē)은 '之'(지)와 '舌'(설)의 반절이다. '與'(여)는 평성[yú]이다. ○'片言'(편언)은 '반쯤 말하다'[半言]이다. '折'(절)은 '판단을 내리다'[斷]이다. 자로(子路)는 충직했고 사람들에게 믿음을 주고 있었고 사리에 밝고 결단성이 있었으니, 그래서 그가 말을 하면 사람들이 믿고 복종하기를, 그의 말이 다 끝나기를 기다리지 않았다.

121202. 子路無宿諾。[4, 5]

자로(子路)는 승낙한 일을 묵혀두는 법이 없었다.

宿, 留也, 猶宿怨之宿[6]。急於踐言, 不留其諾也。記者因夫子之言而記此, 以見子路之所以取信於人者, 由其養之有素[7]也。

---

3 《論語大全》 '半言'은, 말이 아직 끝나지 않았는데 사람들이 이미 그 말을 믿는 것이다(朱子曰: 半言, 辭未畢而人已信之。).

4 《論語集解》 '宿'은 '豫'[미리]와 같다. 자로는 약속을 지키는 일에 확고하여, 그때 가서 여러 가지 연고가 생길까 [말을 해놓고 행하지 못할까] 염려했기 때문에, 미리 승낙하지 않았다(注: '宿', 猶豫也。子路篤信, 恐臨時多故, 故不豫諾也。); 《論語句法》 '諾'은 술어이고, '宿'은 '諾'을 수식하는 부사, '無'는 '不'와 같고, '宿諾'을 수식한다["미리 약속하지 않았다"]('諾'是述詞, '宿'是修飾它的限制詞, '無'等於'不', 是否定限制詞, 修飾'宿諾'的。); 宿諾(숙낙): 묵혀둔 약속. 제때 이행하지 못한 약속. 밤을 넘긴 약속(未及时兑现的诺言。隔夜的諾言); 《王力字典》 宿(숙): 하룻밤을 묵힌. 거른(隔夜的。); 諾(낙): 응낙하는 말. 약속을 이행하다. 청을 받아준 후에 승낙한 말을 이행하다(应允别人的话, 兑现和承诺后叫履行诺言。); 《大戴禮記 · 五帝德》 재아가 (공자께) 답했다. "전에 제가 선생님께 가르침을 들기를, '혹시라도 물어볼 게 있으면 묵혀두지 말라'고 하셨습니다"(宰我曰: '昔者予也聞諸夫子曰: 小子無有宿問。').

5 《經典釋文》 어떤 사람은 이 절을 나누어 별도의 장으로 구분했다(或分此为別章。); 《論語正義》 자로는 가르침을 들은 것이 있으면 곧바로 행했기 때문에[公治長 제31장], 제때 이행하지 않고 묵혀둔 약속이 없었다. 그것은 소송에서도 그러했다. 소송판결이 정해지면, 바로 풀어주어, 감옥에서 고생하지 않게 했다. 이것은 자로의 忠信의 사례로, 그래서 기록한 자가 같은 종류끼리 기록한 것이다(正義曰: 子路有聞即行, 故無留諾。其於折獄亦然。蓋折獄一定, 即予開釋, 不使訟者受羈累之苦。此子路忠信之事, 故記者類記於此。); 《補正述疏》 이 구절은 기록한 사람이 앞 구절의 공자의 말씀을 실증하려고 기록한 것이다(述曰: 此記者以徵上文子言之實。).

6 《孟子 · 萬章上 제3장》 맹자가 말했다. "어진 사람이 동생을 대함에 있어서는, 노여움을 마음속에 감춰두지 않고, 원한을 묵혀두지 않고, 그를 가까이 두고 사랑할 뿐이다"(孟子曰: 仁人之於弟也, 不藏怒焉, 不宿怨焉, 親愛之而已矣。).

7 養(양): 품덕을 도야하다(陶冶品德。); 有素(유소): 본유하다. 유래가 오래되다(本来具有, 原有。由来已久。).

'宿'(숙)은 '묵혀두다'[留]로, '宿怨'(숙원) [오래 묵혀둔 원한]의 '宿'(숙)자와 같다. 약속한 말을 실행으로 옮기는데 재빨라서, 그가 승낙한 일을 묵혀두지 않은 것이다. 기록한 자가 선생님이 자로(子路)에 대해 하신 앞절의 말씀에 이어서 이 글을 기록했으니, 이렇게 함으로써 자로(子路)가 남에게 신임을 얻게 된 까닭이, (승낙한 일을 묵혀두지 않는) 그러한 품덕의 도야가 본래부터 있었다는 데서 연유했음을 나타내 보인 것이다.

○尹氏曰:「小邾射以句繹奔魯, 曰:『使季路要[8]我, 吾無盟[9]矣。』千乘之國, 不信其盟, 而信子路之一言, 其見信於人可知矣。一言而折獄者, 信在言前, [10]人自[11]信之故也。不留諾, 所以全其信也。」[12]

○윤씨(尹氏·尹彦明)가 말했다. "(애공 14년[BC 481]에) 소주(小邾)의 대부 역(射)이, 구역(句繹) 땅을 가지고 노(魯)나라로 도망쳐 와서 말하기를, '계로(季路)로 하여금 나에게 언약(言約)하게 하면, 나는 맹약(盟約)이 필요 없다'고 했다. 천승의 나라인, 노(魯) 나라의 맹약(盟約)은 믿지 않고, 자로(子路)의 한 마디 언약(言約)은 믿었으니, 자로(子路)가

8 要(요): 언약. 서약. 맹약(约言。以明誓的方式就某事作出庄严的承诺或表示某种决心。亦指所订立的誓约、盟约。).

9 盟(맹): 아래는 쟁반과 주발의 형상이고, 그 안에 희생인 소의 귀가 놓여 있는 글자로[盟], 고대에는 맹약하는 자리에서 희생을 잡아 피를 마셨는데, 맹약을 주관하는 자가 직접 소의 귀를 잘라 피를 받고, 구덩이를 파서 희생을 묻었다. 희생의 소의 귀를 잘라 붉은 쟁반에 담고, 그 피를 받아 옥그릇에 담아 마셨다. 희생의 피를 마셔 서약하다(甲骨文字形, 下面象个盘盂, 中间放着牛耳。古代盟会要割牲歃血, 主盟人手执牛耳, 掘穴埋牲。割牛耳盛朱盘, 取其血歃于玉敦。盟, 歃血誓也。); 歃血(삽혈): 피를 마시다(盟约宣读后, 参加者用口微吸所杀牲之血, 以示诚意).

10《淮南子·繆稱訓》내게 없는 것을 남에게 요구한다는 말은, 고금에 듣지 못했다. 똑같은 말이라도 백성이 믿게 되는 것은, 믿음이 말하기 전부터 있었기 때문이고, 똑같은 명령이라도 백성이 감화되는 것은, 성심이 명령 밖에 있기 때문이다(無諸己, 求諸人, 古今未之聞也。同言而民信, 信在言前也; 同令而民化, 誠在令外也。).

11 自(자): 자연히. 당연히. 본래부터. 처음부터(自然, 当然。本是; 本来).

12《春秋左傳·哀公 14年》小邾(소주)의 대부 射(역)이, 句繹(구역) 땅을 가지고 노나라로 망명을 와서, 자로를 나오게 해서 나에게 言約하게 하면, 나는 盟約이 필요 없다고 말했다. 자로에게 언약을 하라고 시키니, 자로가 거절했다. 계강자가 염유를 시켜 자로에게 말하기를, '천승의 나라인, 이 나라의 맹약은 믿지 못하고, 그대의 언약은 믿겠다는데, 그대가 치욕으로 여길게 무엇인가?'라고 하자, 자로가 대답하기를, '노나라가 小邾와 전쟁을 벌인다면, 감히 이유를 묻지 않고, 그 성 밑에서 죽어도 괜찮지만, 저런 신하의 도리를 못 하는 자인데도 언약을 체결해준다면, 이는 저런 자가 하는 짓을 옳다고 승인하는 것이니, 나는 그리할 수 없습니다'라고 했다(小邾射以句繹來奔, 曰使季路要我, 吾無盟矣, 使子路, 子路辭, 季康子使冉有謂之曰, 千乘之國, 不信其盟, 而信子之言, 子何辱焉, 對曰, 魯有事于小邾, 不敢問故, 死其城下可也, 彼不臣而濟其言, 是義之也, 由弗能。).

남에게 믿음을 받았음을 알 수 있다. 다 말하지 않았는데도 송사를 판결한 것은, (그에 대한) 믿음이 말하기 전부터 있어서, 사람들이 처음부터 그를 믿었기 때문이었다. 승낙한 일을 묵혀두지 않은 것이, 그에 대한 전적인 믿음을 갖게 만든 까닭이었다."

[聽訟吾猶人也章*]

121301、子曰:「聽訟[1], 吾猶人也, 必也[2]使無訟乎[3]!」[4]

선생님께서 말씀하셨다. "송사를 듣고 판결하는 일은, 나도 남과 다를 게 없겠지만, 반드시 백성들로 하여금 송사가 없게 할 것이다."

范氏曰:「聽訟者, 治其末, 塞其流也。正其本, 清其源, 則無訟矣。」

1《周禮・秋官司寇・小司寇》소송당사자의 말소리・안색・숨소리・정신상태・눈빛 다섯 가지로 소송당사자의 속사정을 파악하여 시비를 가린다(以五聲聽獄訟, 求民情: 一曰 辭聽, 二曰 色聽, 三曰 氣聽, 四曰 耳聽, 五曰 目聽。);《王力漢語》聽(청): 다스리다. 판단하다. 소송을 처리하다. '聽'(청)은 자발적으로 귀로 외계의 소리를 받는 것을 가리키고, '聞'(문)은 가만히 있는데 외계의 것이 자기 귀에 전달되는 것을 가리킨다('聽', 治理, 判斷。特指處理訴訟; '聽'指主動用耳去感受外界的聲音, '聞'則指外界的東西傳到自己的耳朵裡。); 聽訟(청송): 소송을 심리하다. 소송을 듣고 처리하다(听理诉讼; 审案).

2《文言虛詞》'也'가 표태부사 '必' 밑에 쓰여 잠시 멈춤을 표시한다('也'字可以放於副詞之下, 它經常用於'古''今'諸時間詞之下, 也經常用於表態副詞'必'字之下。);《論語句法》'必'은 사역동사 '使'를 수식하는 부사로, 중요성을 강조하기 위해, '必'字 밑에 어기사 '也'를 붙여, 말을 여기에서 잠시 멈추게 한 것이다["반드시 소송을 없게 하겠다"]('必'是修飾致使述詞'使'的限制詞, 爲了要加強它的重要性, 所以在'必'字底下, 加了一個停頓語氣詞'也'字, 使語氣可以在此一頓。).

3《論語正義》無訟은 德敎로 말미암음을 말한 것으로, 이는 가장 어려운 일인데, 바로 잔인하고 포악한 사람을 교화시키고 사형을 없애는 데 백 년을 기다려야 하는 것과 같고[子路 제11장], 王者라도 반드시 한 세대가 지나서야 仁하게 되는데[子路 제12장], 모두 수년이 있어야 하고 하루아침에 가능한 일이 아니기 때문에, 다만 '必也'라고 말씀하여 그렇게 되길 바라신 것이다(正義曰: ……言無訟由於德敎, 此最是難能, 正如勝殘去殺, 必俟百年。王者必世而後仁, 皆須以歲年, 非可一朝能者, 故只言'必也'以期之。);《北京虛詞》也(야): 간을 나타내는 단어나 기타 부사어 성분 뒤에 쓰여 어기를 완만하게 하는 어기사('也', 语气词。用于时间词语或其它状语成分后, 舒缓语气。).

4《大戴禮記・禮察》사람의 知는 이미 그렇게 된 것은 볼 수 있지만, 장차 그렇게 될 것은 보지 못한다. 禮는 장차 그렇게 되기 전에 금하지만, 法은 이미 그렇게 된 후에 금한다. 이런 고로 法의 효용은 쉽게 보이지만, 禮가 일으키는 작용은 알기가 어렵다. 상을 주어 선을 권장하고, 형벌을 가해 악을 懲治(징치)하는 것은, 선왕이 이 원칙을 붙잡는 데 단단히 붙잡기가 금석과 같고, 행하는 데 순순히 행하기가 사시와 같고, 처리하는 데 공평무사하게 처리하기가 천지와 같았으니, 구태여 상벌을 쓰지 않을 필요가 있겠는가? 그러나 禮云禮云이라 말하는 것과 같은 것은, 싹트기 전에 악을 끊고, 미묘한 데서 믿음을 일으켜, 백성으로 하여금 날로 선을 따르게 하고 죄를 멀리하게 해도 스스로 알지 못한다. 공자께서 말씀하신, '聽訟, 吾猶人也, 必也使無訟乎.'는 이를 두고 하신 말씀이다(凡人之知, 能見已然, 不能見將然。禮者, 禁於將然之前; 而法者, 禁於已然之後。是故法之用易見, 而禮之所爲生難知也。若夫慶賞以勸善, 刑罰以懲惡, 先王執此之正, 堅如金石, 行此之信, 順如四時; 處此之功, 無私如天地爾, 豈顧不用哉? 然如曰禮云禮云, 貴絕惡於未萌, 而起信於微眇, 使民日從善遠罪而不自知也。孔子曰: '聽訟, 吾猶人也, 必也使無訟乎。' 此之謂也。);《爲政 제3장》각주《史記・酷吏列傳》참조.

범씨(范氏 · 范淳夫)가 말했다. "'聽訟'(청송)이라는 것은, 그 일의 말엽만을 다스리고, 그 일의 지류만을 막는 것이다. 그 일의 근본을 바로잡고, 그 일의 근원을 맑게 한다면, 송사 자체가 있을 리 없다."

○楊氏曰「子路片言可以折獄, 而不知以禮遜爲國[5], 則未能使民無訟者也。故又記孔子之言, 以見聖人不以聽訟爲難, 而以使民無訟爲貴。」

○양씨(楊氏 · 楊中立)가 말했다. "자로(子路)는 다 말하지도 않았는데 이로써 송사를 끝맺을 수 있었지만, 예양(禮讓)으로 나라를 다스릴 줄은 알지 못했으니, 그렇다면 백성들로 하여금 송사 자체가 없게 할 수 있는 자는 아니었다. 그래서 (기록하는 자가 윗장의 선생님이 자로(子路)를 평하신 말씀에 이어서) 또 공자(孔子)의 말씀을 기록하여, 이로써 성인께서 송사를 듣고 판결하는 것을 어렵게 여기셨다는 것이 아니라, 백성들로 하여금 송사 자체가 없도록 하는 것을 중하게 여기셨다는 것을 나타내 보인 것이다."

---

5 《先進 제25장》 참조.

[子張問政章]

121401、子張問政。子曰:「居之無倦[1], 行之以忠。[2]」

자장(子張)이 정치에 대해 여쭈었다. 선생님께서 말씀하셨다. "마음속에는 게으름을 피우지 말 것[無倦]을 간직하고, 일 처리에는 자기 마음을 다 바칠 것[忠]을 써라."

居, 謂存諸心。無倦, 則始終如一。行, 謂發於事。以忠, 則表裏如一。[3]

'居'(거)는 '그것을 마음에 간직한다'[存諸心]는 말이다. 게으름을 피우려는 마음이 없으면, 처음 시작과 마지막 끝이 한결같아진다. '行'(행)은 '일 처리에서 드러난다'[發於事]는 말이다. 자기 마음을 다 바칠 것[忠]을 쓰면, 겉모습과 속마음이 한결같아진다.

○程子曰「子張少仁。無誠心愛民, 則必倦而不盡心, 故告之以此。」

○정자(程子 · 程伊川[4])가 말했다. "자장(子張)은 인(仁)이 부족했다. 성심을 다해 백성을

---

1 無倦(무권): 게으르지 않다. 따분해하지 않다(不懈怠; 不厌烦。); 倦(권): 늘어지다. 따분하다. 권태롭다. 기진맥진하다(本义: 疲倦, 劳累。);《子路 제1장》 참조.

2《論語集解》정치의 도리를 말한 것으로, 정사를 다스리는 자리에 있을 때의 몸가짐에 대해서는 나태함이 없어야 하고, 정사를 시행함에 있어 백성을 대하는 자세에 대해서는 반드시 忠과 信을 써야 한다(注: 王肅曰: 言爲政之道, 居之於身, 無得懈倦, 行之於民, 必以忠信。);《論語譯注》"자리에 있을 때는 늘어지거나 게을러서는 안 되고, 정령을 집행할 때는 충심을 다해야 한다"("在位不要疲倦懈怠, 執行政令要忠心。");《論語新解》居之(거지): (1)관직을 맡다. (2)마음가짐; 行之(행지): (1)백성에게 행하다. (2)행사("관직에 있을 때는 마음은 나태해서는 안 되고, 일체의 정사를 시행할 때는 모두 충심을 발휘해야 한다")(居之, 一说居位, 一说居心; 行之, 一谓行之于民, 一谓行事; 居职位上, 心无厌倦。推行一切政事, 皆出之以忠心。);《論孟虛字》'之'는 훈이 '則'이다["평소의 경우에는 게으름 피지 말고, 일할 경우에는 충으로써 하라"]('之'訓'則'。).

3《論語大全》'居之無倦'은 마음가짐 면에서 말했고, '行之以忠'은 일 처리 면에서 말했다. '居之無倦'은 이 마음이 주인 노릇을 오래 계속하는 것으로, 이 마음을 놓아버리지 않으면, 무슨 일이든 다 대응해 나갈 수 있다. '行之以忠'은, 무슨 일이든지 확실하게 하려는 것으로, 集注에서는 '以忠則表裏如一'이라 했는데, 마음속이 忠하면, 외면으로 나타나는 것도 忠해서, 무슨 일이든 확실하게 해나가는 것을 말한다. '行'은 본래가 그 마음에 둔 바를 행하는 것이고, '居'는 늘 그렇게 이 안에 있는 것을 각성하는 것이다(朱子曰: 居之無倦, 在心上說; 行之以忠, 在事上說。居之無倦者, 便是要此心長在做主, 不放倒, 便事事都應得去。行之以忠者, 是事事要著實, 故集註云以忠則表裏如一, 謂心裏要如此, 便外面也如此, 事事靠實做去也。行, 固是行其所居; 居, 是常常恁地提省在這裏。).

사랑하는 마음이 없었으니, 그렇다면 틀림없이 게으르고 마음을 다 바쳐서 하지 않았을 것이기에, 그래서 그에게 이 말씀을 해주신 것이다."

4 《論語精義》에, 程伊川이 한 말로 되어 있다.

[博學於文章*]

121501、子曰:「博學於文[1], 約之以禮, 亦可以弗畔矣夫!」

선생님께서 말씀하셨다. "폭넓게 문(文)을 배우고, 자기 몸가짐을 예(禮)를 써서 지키면, 도에 위배되지 않을 수 있겠구나!"

重出[2]。

거듭 나왔다.

1《論語義疏》本에는 '君子博學於文……'로 되어 있다.

2《論語注疏》이 장은《雍也 제25장》과 같은데, 제자들이 각각 들은 바를 기록했기 때문에, 중복 기재된 것이다(疏: 正義曰: 此章及注與《雍也篇》同, 當是弟子各記所聞, 故重載之。).

[君子成人之美章]

121601、子曰:「君子成人之美, 不成人之惡[1]。小人反是[2][3]。[4]」

선생님께서 말씀하셨다. "군자는 남의 좋은 점은 이루어지게 도와주고, 남의 나쁜 점은 이루어지지 않게 도와준다. 소인은 이와 반대이다."

成者, 誘掖獎勸[5]以成其事也。君子小人, 所存既有厚薄之殊, 而其所好又有善惡之異。故其用心不同如此。

'成'(성)이라는 것은, 이끌어주고 부축해주고 칭찬해주고 북돋아 주어 이로써 그 사람의 일을 이루어주는 것이다. 군자와 소인 간에는, 그들 마음속에 간직한 것이 후덕한지

---

1 [성]君子成人之美 不成人之惡(군자성인지미 불성인지악): 군자는 남의 좋은 점을 도와서 성사시키고, 남의 나쁜 점을 성사되지 않도록 도와준다. 군자의 처세원칙은 남이 좋은 일을 하도록 돕는 것이다(君子成全别人的好事, 而不成全别人的坏事。表示君子处世有原则, 坚持与人为善。); [성]成人之美(성인지미): 남의 좋은 점을 도와서 성사시키다. 남의 아름다운 소원이 실현되도록 도와주다(成: 成全, 帮助; 美: 好事。道德高尚的人成全别人的好事。也指帮助别人实现其美好的愿望。);《王力漢語》成(성): 사실이 되다. 실현하다. (남을 도와) 성사시키다(成爲事實, 實現。引申爲成全。).

2《論語句法》反是(반시): 이와 서로 반대이다(白話翻譯'反是'這兩個字, 要說'跟這個相反'。) ; 反(반): 뒤집다. 뒤바뀌다. 상반되다. 대립하다(翻轉, 顛倒。相反, 對立。).

3《論語集釋》《春秋穀梁傳 · 隱公元年》에 '《춘추》는 남의 좋은 점을 이루어지게 도와주고, 남의 나쁜 점을 이루어지지 않게 도와준다'고 했고,《說苑 · 君道》에 哀公이 말하기를, '훌륭하신 말씀입니다. 내가 들었는데, 군자는 남의 좋은 점을 이루어지게 도와주고, 남의 나쁜 점을 이루어지지 않게 도와준다고 했습니다. 그대 공자가 아니면 내가 어찌 이 말을 듣겠소이까?'라고 했다. 생각건대, 이 말은 본래 옛사람의 成語이다(穀梁隱公元年傳曰: "春秋成人之美, 不成人之惡。"說苑君道篇: "哀公曰: '善哉!吾聞君子成人之美, 不成人之惡。微孔子[吾子], 吾焉聞斯言也哉?'"按: 此本古人成語。).

4《大戴禮記 · 曾子立事》군자는 남이 악하리라 예단하지 않고, 남을 믿지 못하여 의심하지 않는다. 남의 잘못을 말하지 않고, 남의 좋은 점을 이루어준다. 기왕의 잘못은 묻지 않고, 앞으로의 품행을 살피고, 아침에 한 잘못이라도 저녁에 고쳤으면 인정해주고, 저녁에 한 잘못이라도 아침에 고쳤으면 인정해준다(君子不先人以惡, 不疑人以不信; 不說人之過, 成人之美; 存往者, 在來者, 朝有過, 夕改, 則與之; 夕有過, 朝改, 則與之。).

5《傳習錄 · 門人溸丸川錄》王守仁[1472~1529] 선생께서 말씀하셨다. "대체로 친구 사이에는 깨우치는 말이나 충고하는 말이나 질책을 하거나 잘못을 지적하는 말은 적게 하고, 이끌어주고 부축해주고 칭찬해주고 북돋아 주는 말은 많이 해야 한다. 친구들과 학문을 토론할 때는, 자상하고 겸손하고 너그러운 마음으로 임해야 한다"(先生曰: 大凡朋友須箴規指摘處少, 誘掖獎勸意多……與朋友論學, 須委曲謙下, 寬以居之。); 誘掖獎勸(유액장권): 이끌어주고 부축해주고 칭찬해주고 북돋아 주다(引导扶持 奖励劝勉); 掖(액): 겨드랑이를 부축하다. 겨드랑이(用手扶着别人的胳膊。胳肢窝).

야박한지의 차이가 있는 데다가, 그들이 좋아하는 것이 선인지 악인지의 차이가 또 있다. 그래서 그들의 마음 씀씀이가 같지 아니한 것이 이와 같다.

[季康子問政章*]

121701、季康子問政於孔子。孔子對曰:「政者, 正也[1]。子帥[2]以正[3], 孰敢不正?[4]」[5]

계강자(季康子)가 정치에 대해 공자(孔子)에게 물었다. 공자(孔子)께서 말씀하셨다. "'정치한다'[政]는 것은 '바르게 한다'[正]는 것입니다. 그대가 앞장서서 바르게 한다면, 누가 감히 바르게 하지 않겠습니까?"

---

1 《論語詞典》 者(자): 어기사로 화제의 제시를 표시한다('者', 语气词, 表提示。); 《王力漢語》 진한시대 이전에는 판단문에 연결동사 '是'를 쓰지 않고, 술어 뒤에 어기사 '也'를 써서 판단을 도왔다. 또 주어 뒤에 어기사 '者'를 써서 잠시 멈춤을 표시하고, 다시 술어 뒤에 어기사 '也'를 썼다(在秦漢以前, 判斷句一般不用繫詞, 而是在謂語後面用語氣詞'也'字來幫助判斷。有時候在主語後面用語氣詞'者'字表示停頓, 然後再在謂語後面用語氣詞'也'字。); 《論孟虛字》 '~者, ~也' 형태의 판단문 형식('……者, ……也', 一種判斷句的格式。用'者'分隔主語和謂語。'者'放在主語後, 其下必爲說明解釋之語, 用'也'作判斷語氣詞, 和'者'前後呼應。).

2 《說文 · 巾部》 '帥'(수)는 '두건을 머리에 두르다'이다(帥, 佩巾也。); 《論語正義》 '帥'는 '率'[인솔하다] '先道'[앞장서다]이다(正義曰: 帥, 率, 先道也。); 帥(수): 통솔하다. 이끌다. 앞장서다(统率; 率领。引导; 带头).

3 《論語義疏》本에는 '子帥而正'으로 되어 있다.

4 《論語譯注》 "'政'字의 뜻은 '端正'[바르게 한다]입니다. 그대 스스로가 앞장서서 바르게 한다면, 누가 감히 바르게 하지 않겠습니까?"("政字的意思就是端正。您自己帶頭端正, 誰敢不端正呢?").

5 《禮記 · 哀公問》 애공이 물었다. "무엇이 정치인가요?" 공자가 대답했다. "정치한다[政]는 것은 바르게 한다[正]는 것입니다. 임금께서 바르게 정치를 하면, 백성들은 정치를 따를 것입니다. 임금께서 하시는 모든 행위는, 백성들이 본받아 따르게 되는 행위입니다. 임금께서 하지 않는 행위를, 백성들이 어찌 본받아 따르겠습니까?"(公曰: '敢問何謂爲政?' 孔子對曰: '政者正也。君爲正, 則百姓從政矣。君之所爲, 百姓之所從也。君所不爲, 百姓何從?'); 《孟子 · 離婁上 제20장》 임금이 어질면 어질지 않을 자가 없고, 임금이 의로우면 의롭지 않을 자가 없고, 임금이 올바르면 바르지 않을 자가 없다. 임금이 행실을 크게 바르게 하면 나라는 안정된다(君仁莫不仁, 君義莫不義, 君正莫不正。一正君而國定矣。); 《大戴禮記 · 主言》 윗사람은 백성이 表率[본보기]로 삼는 자다. 表率이 바르다면, 어떤 사람이라고 바르지 않겠는가?(上者, 民之表也。表正, 則何物不正?); 《論語集釋》 翟灝(적호)[1736~1788]의 《四書考異》에 말했다. "《書經 · 周書 · 君牙》에, 목왕[BC 976~BC 923]이 군아에게, '그대가 몸소 능히 바르게 한다면, 감히 바르게 하지 않을 자 없을 것이다'라고 했는데, 공자께서 이 글을 근거 삼아 계강자에게 말한 것이다. '政者, 正也'는 따로 《孝經緯》 및 《管子 · 法法》에 보이는데, 대개 옛 成語이다. 이 편에는 옛 성어를 거론한 것이 아주 많은데, 《周書》 및 《說苑》의 애공이 한 말을 살펴보면, 헐뜯는 말이나 하소연하는 말임을 알고 움직이지 않는 것[顏淵 제6장], 남의 좋은 점을 이루어지게 도와주는 것[顏淵 제16장]은, 모두 공자로부터 본뜬 말이 아니다"(翟氏考異: 書君牙篇:「爾身克正, 罔敢弗正。」孔子本書文告康子也。上文「政者, 正也」, 別見孝經緯及管子法法篇, 蓋亦古之成語。此篇中擧成語甚多, 觀周書及說苑哀公言, 則知譖愬不行, 成人之美, 皆不仿自孔子。).

范氏曰:「未有己不正而能正人者。」
범씨(范氏 · 范淳夫)가 말했다. "자기를 바르게 하지 못하면서 남을 바르게 할 수 있는 자는 없다."

○胡氏曰:「魯自中葉, 政由大夫, 家臣效尤[6], 據邑背叛, 不正甚矣。故孔子以是告之, 欲康子以正自克, 而改三家之故。惜乎康子之溺於利欲[7]而不能也。」
○호씨(胡氏 · 胡寅)가 말했다. "노(魯)나라 중엽부터는, 정치가 대부에게서 시작되었고, 대부의 가신들은 대부의 못된 짓을 본받아서, 읍(邑)을 근거지로 삼아 배반하여, 정치의 바르지 못한 정도가 심했다. 그래서 공자(孔子)께서 이것을 가지고 그에게 말씀해주어, 계강자(季康子)가 바른 것을 써서 스스로를 이겨내서, 삼가(三家)의 예전부터 내려오고 있는 못된 짓들을 고치길 바라셨다. 안타깝게도 계강자(季康子)는 이욕(利欲)에 빠져서 고치지 못했다."

6 效尤(효우): 나쁜 행위를 따라 하다. 본받다(仿效坏的行为).
7 利欲(이욕): 재물을 탐내고 이익을 꾀하려는 욕망(贪财图利的欲望).

[季康子患盜章]

121801、季康子患盜[1], 問於孔子。孔子對曰:「苟子之[2]不欲[3], 雖賞[4]之不竊。[5]」[6,7]

계강자(季康子)가 도둑을 걱정하여, 공자(孔子)께 물었다. 공자(孔子)께서 말씀하셨다. "진실로 그대가 욕심을 부리지 않는다면, 그들에게 상을 주면서 도둑질을 하라고 권할지라도 도둑질하지 않을 것입니다."

1《王力漢語》患(환): 염려하다. 시름하다. '憂'(우)는 엄중한 경우에 주로 쓰인다('患', 担心, 發愁: '憂'與'患'爲同義語。一般地說, '憂'多用於比較嚴重的場合。有時沒有分別, '內憂外患'。); '患'에 대해서는,《學而 제16장》각주《春秋繁露 · 天道無二》참조;《說文 · 次部》'盜'(도)는 利物을 貪愛하는 것이다. 次(연)[침]을 따르고, 皿(명)[그릇] 안에 든 물건을 군침을 흘리며 욕심내는 것이다(盜, 私利物也。从次, 次欲皿者。).

2《王力漢語》개사 '之'字의 용법의 하나로, 한 개 절의 주어와 술어 사이에 '之'字를 써서, 문장을 구형태로 변화시켜, 말의 의미가 아직 완결되지 않았고, 청자나 독자로 하여금 다음 글을 기다리게 하는 역할을 한다(介詞'之'字的用法: 在一個分句的主語謂語之間用'之'字, 使句子在形式上詞組化, 表示語意未完, 讓聽者火毒這等待下文。);《論語義疏》本에는 '之'字가 없다.

3《論語義疏》백성들이 도적질하는 까닭은, 그대의 탐욕이 물릴 줄 모름으로 말미암은 것으로, 그래서 백성들이 그대를 따라 도적질하는 것이라는 말이다["그대가 진정 탐욕이 없다면"](疏: 言民所以爲盜者, 由汝貪欲不厭, 故民從汝而爲盜耳。若汝心苟無欲……);《古今注》'不欲'은 계강자가 백성이 도둑질하는 것을 바라지 않은 것을 말한다. 백성이 도둑질하는 것은 궁핍 때문이다. 형벌을 덜어주고 세금을 적게 하여, 위로는 부모를 모시기에 족하게 하고, 아래로는 처자식을 기르기에 족하게 하고, 흉년에는 죽음을 면하게 한다면, 비록 상을 주면서 도둑질을 하라고 해도 하지 않을 것이니, 계강자 그대가 백성이 도둑질을 하는 것을 진정 바라지 않는다면, 반드시 이 같은 정치를 시행해야 한다(不欲, 謂康子不欲民之竊盜也…… 民之爲盜, 窮之故也。省刑罰, 薄賦斂, 使仰足以事父母, 俯足以畜妻子, 凶年免於死亡, 則雖賞之不竊, 康子誠能不欲其盜, 則必行此政。).

4 賞(상): 장려하다. 칭찬하다(獎勵有功的。嘉許。).

5 竊(절): 훔치다. 음모를 써서 탈취하다. 남몰래. 슬그머니(偷: 用阴谋手段夺取。暗中: 偷偷地。).

6《論語集解》백성은 윗사람에 의해 감화되어, 윗사람이 명령하는 바를 따르는 것이 아니라, 윗사람이 좋아하는 바를 따른다[禮記 · 緇衣]는 말이다(注: 孔安國曰: 言民化於上, 不從其所令, 從其所好也。).

7《大學》요임금과 순임금이 천하를 다스리길 仁으로써 하자 백성들이 따랐고, 걸왕과 주왕이 천하를 다스리길 暴(포)로써 하자 백성들이 따랐다. 그들이 겉으로 令으로 내세운 바가 속으로 좋아하는 바와 상반되면, 백성들은 그 令을 따르지 않았다. 이런 고로 군자는 그것이 내게 있고 나서야 남에게 있기를 요구하고, 그것이 내게 없고 나서야 남에게 없음을 책망한다. 내게 간직되어 있는 바로 미루어 남의 마음을 헤아려보지 않고서, 남을 깨우칠 수 있는 자는, 아직까지 없었다. 그러므로 나라를 다스리는 것은 자기 집안을 가지런하게 하는 데에 달려 있는 것이다(堯,舜率天下以仁, 而民從之; 桀, 紂率天下以暴, 而民從之。其所令反其所好, 而民不從。是故君子有諸己而後求諸人, 無諸己而後非諸人。所藏乎身不恕, 而能喻諸人者, 未之有也。故治國在齊其家。).

言子不貪欲, 則雖賞民使之爲盜, 民亦知恥而不竊。

말씀인즉, 그대가 탐욕을 부리지 않는다면, 비록 백성에게 상을 주면서 그들로 하여금 도둑질을 하라고 할지라도, 백성들은 그럼에도 부끄러운 줄을 알아 도둑질을 하지 않으리라는 것이다.

○胡氏曰「季氏竊柄, [8]康子奪嫡, 民之爲盜, 固其所[9]也。盍亦反其本耶[10]? 孔子以不欲啟之, 其旨深矣。」奪嫡事見春秋傳[11]。

○호씨(胡氏·胡寅)가 말했다. "계씨(季氏)는 노(魯)나라의 권력을 도둑질했고, 계강자(季康子)는 적자(嫡子)의 자리를 빼앗았으니, 백성들이 도둑질을 하는 것은, 본래부터 그에 맞는 당연한 귀결이었다. 어찌 그럼에도 그 근본으로 돌아가지 않겠는가? 공자(孔

---

8 柄(병): 자루. 그릇 손잡이. 권력(植物的花, 叶或果实跟枝茎连着的部分。器物的把儿。权力).

9 所(소): 귀결. 귀착. 결과(着落; 结果);《說苑 · 復恩》에, '嬰不肖, 罪過固其所也'[나 안영은 불초했으니 죗값을 받는 것이 당연한 귀결이다]라는 구절이 나온다.

10《孟子 · 梁惠王上 제7장》중국의 땅은 사방 천리가 되는 나라가 아홉인데, 제나라는 전부 합해 그 하나를 차지하고 있습니다. 하나를 가지고 여덟을 굴복시키는 것은, 소국인 추나라가 대국인 초나라를 대적하는 것과 무엇이 다르겠습니까? 대개 근본으로 돌아갈 뿐입니다. 이제라도 왕께서 법령을 발하고 인덕을 베푸셔서, 천하의 벼슬하는 사람들이 모두 왕의 조정에 서고 싶게 하고, 농사짓는 사람들이 모두 왕의 땅에서 농사짓고 싶게 하고, 장사꾼들이 모두 왕의 나라 시장에서 물건을 쌓아 두고 싶게 하고, 여행자들이 모두 왕의 나라의 길을 지나고 싶게 하고, 자기나라 임금을 미워하는 천하 사람들이 모두 왕에게 달려와 하소연하고 싶게 하십시오. 만약 이렇게 된다면, 누가 그들을 막아내겠습니까?……왕께서 이것을 행하고자 하신다면, 어찌 근본으로 돌아가지 않으십니까?(海內之地方千里者九, 齊集有其一。以一服八, 何以異於鄒敵楚哉? 蓋亦反其本矣。今王發政施仁, 使天下仕者皆欲立於王之朝, 耕者皆欲耕於王之野, 商賈皆欲藏於王之市, 行旅皆欲出於王之塗, 天下之欲疾其君者皆欲赴愬於王。其若是, 孰能禦之? …… 王欲行之, 則盍反其本矣?).

11《春秋左傳 · 哀公 3年》[BC 492] 가을에 계환자가 중병이 들자 시종 정상에게 명하기를, '나를 따라 죽지 말고, 남씨[南孺子]가 낳은 아들이 사내아이이면, 나의 유언을 임금께 고하여 이 아이를 후계자로 세우도록 하고, 딸아이이면 계강자를 후계자로 세우도록 하라'라고 했다. 계환자가 죽자, 계강자가 후계자의 자리에 올랐다. 계환자를 장사 지낸 뒤에, 계강자가 조정에 들어가 있는데, 남씨가 사내아이를 낳자, 정상이 그 아이를 수레에 태우고 조정으로 들어가서 고하기를, '계환자께서 저에게 유언하셨는데, '남씨가 사내아이를 낳거든 내 유언을 임금님과 대부들에게 고하여, 이 아이를 후계자로 세우도록 하라'고 하셨습니다. 지금 낳은 아기가 사내아이이므로 감히 아뢰옵니다'라고 하고 나서, 이에 위나라로 도망했다. 계강자가 후계자의 자리에서 물러나기를 청하자, 애공이 공유를 보내 가서 그 아이를 살펴보게 했는데, 알고 보니 어떤 자가 그 아이를 이미 죽였기에, 아이를 죽인 자를 토벌하고 정상을 불렀지만, 정상은 돌아오지 않았다(秋, 季孫有疾, 命正常曰, 無死, 南孺子之子, 男也, 則以告而立之, 女也, 則肥也可, 季孫卒, 康子即位, 既葬, 康子在朝, 南氏生男, 正常載以如朝, 告曰, 夫子有遺言, 命其圉臣曰, 南氏生男, 則以告於君, 與大夫, 而立之, 今生矣, 男也, 敢告, 遂奔衛。康子請退, 公使共劉視之, 則或殺之矣, 乃討之, 召正常, 正常不反。).

子)께서 '不欲'(불욕)이라는 말씀으로 그를 계도하셨으니, 그 말씀의 뜻이 마음 깊다. 적자(嫡子)의 자리를 빼앗은 일은 《춘추좌전》(春秋左傳)에 보인다."

[季康子問政章]

121901、季康子問政於孔子曰:「如殺無道, 以就[1]有道, 何如?」孔子對曰:「子爲政, 焉用殺? 子欲善, 而[2]民善矣[3]。君子之德, [4]風, 小人之德[5], 草。草上之風[6], 必偃。[7, 8, 9]」

1《論語集解》'就'는 '成'[성취하다]이다(注: 孔安国曰: 就, 成也。); 就(취): 높은 곳에 오르다. 성공하다. 목적에 도달하다(本义: 到高处去住完成; 完成: 成功。);《論語譯注》"악인을 죽이고 선인을 가까이한다면"("假若殺掉壞人來親近好人……");《論語新解》악인을 죽여 善道를 성취하다(以鋤悪成就善道).

2《論語詞典》而(이): 두 가지 일이 서로 관련된 일임을 표시한다. ~(하자마자) 곧. ~면(表兩事的相關連, 則, 就。).

3《論語義疏》백성의 有道・無道는 결국 그대로부터 말미암는다. 지금의 백성이 無道한 것은 그대가 無道한 때문이다(疏: 民有道無道, 終由於汝。今之無道, 由汝無道之故也。).

4《論語新解》'德'은 지금의 '품성'이란 말과 같다(德, 犹今言品质。).

5《論語詞典》小人(소인): 백성(老百姓。).

6《論語詞典》上(상): 동사. 가하다(動詞, 加也。);《論語句法》'草上之風'은 '以風上草'[바람을 써서 풀에 가하다]이 바뀐 것으로, '草'는 위치가 앞당겨진 목적어, '上'은 술어, '之'는 형식상의 목적어로 '草'를 가리키고, '風'은 목적어이다["풀은, 거기에 바람을 가하면"]('草上之風', 是由'以風上草'句, 轉變而成的, '草'是外位受詞, '上'是述詞, '之'稱代'草', 是形式上的受詞, '風'是止詞。).

7 [성]風行草偃(풍행초언): 바람이 불자 풀이 드러눕다. 일이 막힘없이 순조롭다. 덕교로 사람들을 감화시키는 사람. 덕교의 감화를 받아 임금에게 순종하다. 덕망 있는 자의 언행이 민심에 영향을 미치다(比喻道德文教的感化人。庶民被德教感化而顺从君上。有声望者的言行影响世态俗情。); [성]草偃風從(초언풍종): 풀이 바람에 따라 엎드리는 모양. 정치가 청명하면 백성이 복종한다(像草随风倒伏一样, 旧比喻政治清明, 百姓服从统治。); [성]化若偃草(화약언초): 교화의 진행이 바람에 풀이 눕는 것과 같다. 교화가 쉽게 널리 퍼지다(指教化推行如风吹草伏。形容教化之易推行。);《王力漢語》偃(언): 드러눕다. 뒤로 넘어지다. 仆(부): 엎드리다. 앞으로 고꾸라지다('偃', 仰臥。引申爲向後倒, 跟'仆'相對。伏而覆曰 仆, 仰而倒曰 偃; '偃'是向後倒, '仆'是向前倒。);《論語譯注》"바람이 어느 쪽으로 불면, 풀은 그 어느 쪽으로 눕는다"('風向哪邊吹, 草向哪邊倒。').

8《論語正義》《韓詩外傳・卷三》에, '노나라에 부자간에 송사가 있었는데, 계강자가 그 부자를 죽이려고 하자, 공자가 말하길, 죽이지 마십시오. 백성이 선하지 못한 것은, 이는 위에서 윗사람으로서 지켜야 할 도리를 잃어서입니다. 윗사람이 교화를 펴서 먼저 순복하게 하면, 백성을 윗사람의 덕의 감화를 따를 것입니다'라고 했는데, 이 부자간의 송사가 바로 계강자가 말한 '無道'한 일을 가리키는 것으로 보인다(正義曰: 韓詩外傳: "傳曰: 魯有父子訟者, 康子欲殺之。孔子曰: '未可殺也。夫民爲不善, 則是上失其道。上陳之教而先服之, 則百姓從風矣。'" 疑父子訟即此康子所指"無道"之事。).

9《書經・周書・君陳》그대가 바람이면, 백성은 풀이다(爾惟風, 下民惟草。);《孟子・滕文公上 제2장》맹자가 연우에게 말했다. "공자께서 말씀하시기를, '윗사람이 좋아하는 것은, 아랫사람은 분명 윗사람이 좋아하는 것을 윗사람보다 더 좋아하게 됩니다. 군자의 덕은 바람이고 소인의 덕은 풀입니다. 풀은 그 위로 바람이 불면, 반드시 눕게 마련입니다'라고 했습니다"(謂然友曰…… 孔子曰: 上有好者, 下必有甚焉者矣。君子之德, 風也, 小人之德, 草也。草尙之風必偃。);《說苑・君道》위에서 아래에 베푸는 德化는, 풀이 바람에 눕는 것과 같다. 동쪽에서 바람이 불어오면 풀은 서쪽을 향해 눕고, 서쪽에서 바람이

계강자(季康子)가 정치에 대해 공자(孔子)에게 물었다. "만약 무도(無道)한 자를 죽여, 이로써 유도(有道)한 세상을 이룩한다면, 어떻겠습니까?" 공자(孔子)께서 말씀하셨다. "그대는 정치를 하는데, 어찌 사람을 죽이는 방법을 쓰려 하십니까? 그대가 선하고자 하면, 백성은 선해집니다. 군자의 덕은 바람이고, 백성의 덕은 풀입니다. 풀은, 그 위로 바람을 가하면, 반드시 엎드리게 마련입니다."

焉, 於虔反。○爲政者, 民所視效[10], 何以殺爲? 欲善則民善矣。上, 一作尚[11], 加也。偃,

불어오면 풀은 동쪽을 향해 눕는다. 바람이 부는 방향으로 풀은 눕는다. 이런 까닭에 人君의 움직임은 신중하지 않으면 안 된다(夫上之化下, 猶風靡草, 東風則草靡而西, 西風則草靡而東, 在風所由而草爲之靡, 是故人君之動不可不愼也。).

10 《漢書 · 董仲舒傳》 무릇 하늘 또한 나누어서 준 것이 있으니, 이빨을 준 짐승에게는 뿔을 주지 않았고, 날개를 준 새에게는 발을 두 개만 주었으니, 이는 큰 것을 받은 것들은 작은 것까지 얻을 수 없었습니다. 옛날에 녹봉을 준 것은, 힘을 사용하여 밥을 벌어먹지 말고, 末業에 종사하지 말라는 것이었으니, 이 또 한 큰 것을 받은 사람은 작은 것을 얻을 수 없게 한 것으로, 하늘의 뜻과 같습니다. 이미 큰 것을 받고도 작은 것까지 얻는 것은 하늘로서도 충족을 허락하지 않았는데, 하물며 사람들이겠습니까? 이것이 백성들이 원성과 근심이 자자하고 부족함을 괴로워하는 까닭입니다(夫天亦有所分予, 予之齒者去其角, 傅其翼者兩其足, 是所受大者不得取小也。古之所予祿者, 不食於力, 不動於末, 是亦受大者不得取小, 與天同意者也。夫已受大, 又取小, 天不能足, 而況人乎! 此民之所以囂囂苦不足也。). 몸은 임금의 총애를 받아서 높은 자리에 앉아 있고, 집안은 따뜻하고 후한 녹봉을 먹으면서, 부와 높은 신분을 이용하여, 이로써 백성들과 아래에서 이익을 다툰다면, 백성이야 어떻게 그들을 당해낼 수 있겠습니까? 노비를 많이 두고, 소 · 양을 많이 기르고, 땅과 집을 넓히고, 곳간에 재물을 쌓기를, 힘써 그만두기를 잊어, 이로써 백성들을 핍박하고 내쫓으니, 백성들의 가산은 날로 깎이고 달로 줄어서, 점점 곤궁 속으로 빠져듭니다. 부자는 사치하고 남아돌고 넘쳐나고, 가난한 사람은 궁해지고 급해지고 근심하고 괴로워하는데, 그럼에도 위에서 구제해주지 않는다면, 백성들이 살아갈 낙이 없고, 살아갈 낙이 없으니, 죽음을 피할 길이 없고, 그러니 어찌 죄짓는 일을 피할 수 있겠습니까? 이것이 형벌이 많아지고 간사한 사람이 이루다 헤아릴 수 없이 많아지는 까닭입니다(身寵而載高位, 家溫而食厚祿, 因乘富貴之資力, 以與民爭利於下, 民安能如之哉!是故衆其奴婢, 多其牛羊, 廣其田宅, 博其産業, 畜其積委, 務此而亡已, 以迫蹴民, 民日削月朘, 寖以大窮。富者奢侈羨溢, 貧者窮急愁苦; 窮急愁苦而上不救, 則民不樂生; 民不樂生, 尙不避死, 安能避罪! 此刑罰之所以蕃而姦邪不可勝者也。). 이로 말미암아 보건대, 천자 · 대부는 가까이 백성이 보고 본받을 대상이고, 멀리 사방에서 받아들이길 바라는 대상입니다. 가까이 있는 자는 가까이서 보고 모방하고, 멀리 있는 자는 멀리서 바라보고 본받는데, 어찌 현인의 자리에 앉아 있으면서 서인이 할 일을 할 수 있겠습니까? 《易經 · ䷧解》에, '짐을 지고서 수레를 타면, 도적을 불러들인다'고 했습니다. 수레를 타는 자는 군자의 자리에 있는 자이고, 짐을 지는 것은 소인의 일입니다. 이는 군자의 자리에 있으면서 서인의 짓거리를 하는 자는, 그로 인한 환난과 재앙이 반드시 이른다는 말입니다(……由是觀之, 天子大夫者, 下民之所視效, 遠方之所四面而內望也。近者視而放之, 遠者望而效之, 豈可以居賢人之位而爲庶人行哉! ……《易》曰: '負且乘, 致寇至。' 乘車者君子之位也, 負擔者小人之事也, 此言居君子之位而爲庶人之行者, 其患禍必至也。).

11 《孟子 · 滕文公上 제2장》 참조.

仆[12]也。

‘焉’(언, yān)은 ‘於’(어)와 ‘虔’(건)의 반절이다. ○위정자는 백성이 보고 본받는 자인데, 어찌 사람을 죽이는 방법을 써서 정치를 하겠는가? 선하고자 하면 백성은 선해진다. ‘上’(상)은 어떤 책에는 ‘尙’(상)자로 되어 있는데, ‘더하다’[加]이다. ‘偃’(언)은 ‘엎드리다’[仆]이다.

○尹氏曰: 「殺之爲言, 豈爲人上之語哉? 以身教者從, 以言教者訟[13], 而況於殺乎?」
○윤씨(尹氏 · 尹彦明)가 말했다. “죽인다고 하는 말이, 어찌 윗사람 된 자로서 쓸 말이겠는가? 몸소 행함으로써 가르치는 자는 따르고, 말로써 가르치는 자는 다투는데, 하물며 죽이는 방법으로써 가르치는 자에 있어서는 어떠하겠는가?”

---

12 仆(복): 앞으로 넘어지다. 엎어지다. 엎드리다(向前跌倒).

13 《後漢書 · 第五鍾離宋寒列傳》‘(자기 몸가짐이 바르면, 명령을 내리지 않아도 행해지고) 자기 몸가짐이 바르지 못하면, 명령을 내려도 따르지 않는다’[子路 제6장]고 했다. 자기의 실제 행실로 모범을 보임으로써 가르치는 자는 따르고, 말로써 가르치는 자는 다툰다(故曰: ‘其身不正, 雖令不行。’ 以身教者從, 以言教者訟。); 身教(신교): 자기의 실제 행실로 모범을 보여 가르치다(以自己的实际行动做榜样, 对人进行教育。); 言教(언교): 말로 하는 교육(指用讲说方式进行的教育。).

[子張問士章]

122001、子張問:「士何如斯[1]可謂之達[2], [3]矣?」

자장(子張)이 여쭈었다. "선비가 어떠하면 그를 영달(榮達)했다고 할 수 있겠습니까?"

達者, 德孚[4]於人而行無不得[5]之謂。

'達'(달)이란, 나의 덕이 남을 신복(信服) 하게 하여 내가 행하는 일이 바라던 것을 얻지 못하는 경우가 없는 것을 일컫는 말이다.

122002、子曰:「何哉[6], 爾所謂達者?」

선생님께서 말씀하셨다. "무엇이냐, 네가 말한 영달(榮達)했다는 뜻이?"

---

1 《北京虛詞》 何如(하여): 생략문의 앞부분을 담당하고, 뒷부분과의 사이에 '斯' '則'을 이어 쓴다. 상황을 묻는다('何如', 短語。充当紧缩句的前一部分, 与后一部分间用'斯'、'则'连接。询问情状。义即'怎么样'、'什么样的'。); 斯(사): ~하면. 윗 구절을 이어받아 결론을 얻어낸다(则。就一表示承接上文, 得出结论); 《王力漢語》 斯(사): 접속사. ~면(連詞。那麼, 這樣……就。).

2 《論語義疏》 '達'은 명망이 어디서나 통하는 것을 말한다(疏: 達, 謂身命通達也。); 達士(달사): 식견이 출중하고 세속에 휩쓸리지 않는 사람(见识高超,不同于流俗的人).

3 '可+謂+之+목적어' 형식: '可謂之+목적어'는 겸어구인 '可謂之+(曰)+목적어(○○)'의 제이 술어인 '曰'을 생략한 것으로, '그것을 ○○라고 부를 수 있다'라는 뜻이다('可+謂+之+賓語': 此種用法, '可謂之+賓語'即兼語短語'可謂之(曰)+賓語(○○)' 省略了第二個述語'曰', 義思爲'可以稱它爲○○'。)(任永清, "《論語》'謂'字用法析論", 「臺北市立教育大學學報」 [2013]).

4 孚(부): 믿음성이 있다. 미덥다. 믿고 복종하게 하다(相信; 信任。为人所信服, 使信任).

5 《孟子 · 離婁上 제4장》 어떤 일을 했는데 바라던 것을 얻지 못한 경우가 있거든, 모두 돌이켜 자신에게서 원인을 찾으면, 자기 몸가짐이 올바르게 되어 천하가 그에게로 돌아갈 것이다(行有不得者, 皆反求諸己, 其身正而天下歸之。).

6 《助字辨略》 '何'는 힐난하는 말이다(何者, 詰難之辭也。); 《北京虛詞》 何(하): 의문대사. 무엇인가? 술어로 쓰여 보통 주어 뒤에 쓰인다. 주어 앞으로 와서 도치문을 구성하기도 한다('何', 疑问代词。用来询问事物, 义即'什么'。作谓语, 一般在主语后。也可提至主语前构成倒装句。); 《北京虛詞》 哉(재): 의문대사가 있는 특지의문문 끝에 쓰여, 의문의 어기를 표시한다('哉', 语气词。用于带有疑问代词的特指问句末, 表示疑问语气。义即'呢'。); 《古漢語語法》의문문에서 묻는 대상을 돌출시키려고, 술어를 앞으로 놓았다(在疑问句中, 为了突出所问的人或事, 把谓语放在前边。).

子張務外, 夫子蓋已知其發問之意。故反詰[7]之, 將以發其病而藥[8]之也。

'자장(子張)은 밖으로 드러나는 것에 힘썼기에, 선생님께서는 그가 질문을 꺼낸 뜻을 대체로 이미 알고 계셨다. 그래서 그에게 도리어 되물어서, 이로써 그의 병폐를 드러내 고치려고 하신 것이다.

122003、子張對曰:「在邦必聞, 在家必聞。[9]」

자장(子張)이 대답했다. "제후의 나라에서 벼슬하여 이름이 자자해지고, 경·대부의 집안에서 벼슬하여 이름이 자자해지는 것입니다."

言名譽著聞[10]也。

말인즉, 명예가 드러나게 알려진다는 것이다.

122004、子曰:「是[11]聞也, 非達[12]也。

---

7 反詰(반힐): 반문하다. 캐묻다. 따지다. 꾸짖다(反问。诘: 询问, 追问。责备; 质问).

8 藥(약): 약을 써서 치료하다(用药治疗).

9《論語義疏》'在邦'은 제후가 되는 것이고, '在家'는 경·대부가 되는 것이다. 자장이 답하기를, '제가 말한 達이란, 제후·경·대부가 되어, 반드시 명망이 멀리까지 떨치는 것, 이것이 達입니다'라고 한 것이다(在邦, 謂仕諸侯也, 在家, 謂仕卿大夫也。子張答云: 己所謂達者, 言若仕爲諸侯及卿大夫者, 必竝使有聲譽遠聞者, 是爲達也。);《論語正義》'在邦' '在家'는 선비가 邦·家에서 벼슬하는 것을 말한다(正義曰: "在邦"、"在家", 謂士之仕於邦家者也。);《論語譯注》"국가의 관리가 될 경우 필시 명망을 떨칠 것이고, 대부 가에서 일할 경우 필시 명망을 떨칠 것입니다"("做國家的官時一定有名望, 在大夫家工作時一定有名望。"); 聞(문): 명성이 알려지다. 이름을 떨치다. 날리다(闻名, 出名。).

10 著聞(저문): 저명하다. 유명하다(著名, 聞名。).

11《論孟虛字》이것은('是'相當於'這是'。).

12《論語義疏》무협이 말했다. "聞은 達의 밖으로 드러난 이름이고, 達은 聞의 참된 실상이다. 그런데 밖으로 드러나는 이름을 따르려는 자는 많지만, 실상을 충실히 하려는 자는 적다"(疏: 繆協云: 聞者達之名, 達者聞之實, 而殉爲名者衆, 體實者寡。);《論語正義》'達'은 通이다. 處人·處己의 도를 분명히 알기 때문에, 행하는 것마다 어그러지거나 방해받는 경우가 없어, 이른바 '말이 진실하고 믿음이 있고 행실이 독실하게 공경되면, 비록 蠻·貊같은 미개한 다른 나라에서 일지라도 행세한다'[衛靈公 제5장]는 것으로, '達義'[도리를 분명히 아는 것][禮記·禮運]이다(正義曰: '達'者, 通也。通於處人, 處己之道, 故行之無所違阻, 所謂"忠信篤敬, 蠻貊可行", 即達義也。).

선생님께서 말씀하셨다. "네가 말한 영달(榮達)은 문(聞)이지, 달(達)이 아니다."

聞與達相似而不同, 乃誠僞之所以分, 學者不可不審也。故夫子既明辨之, 下文又詳言之。
'문'(聞)과 '달'(達)은 서로 비슷하지만 같지 아니하고, 도리어 참[誠]과 거짓[僞]이 나뉘게 되는 까닭이니, 배우는 자가 상세히 살피지 않으면 안 된다. 그래서 선생님께서 이 둘의 차이를 분명하게 분별하시고 나서, 다음 글에서 또 더 상세히 말씀하신 것이다.

122005、夫[13]達也者, 質直而好義[14], 察言而觀色[15], 慮以下人[16]。在邦必達[17], 在家必達。[18]

13《北京虛詞》夫(부): 문장의 첫머리에 쓰이고, 뒷면에는 어떤 사실에 관한 의론이나 모종의 규율에 관한 자세한 설명이 따른다('夫', 助词。用于句首, 后面多为对某事的议论, 或对某种规律的阐释。).

14《論語義疏》자질이 정직하고, 좋아하는 것이 義이다(疏: 質性正直, 而所好者義也。);《補正述疏》'質直'은 直을 本質로 여긴다는 것이고, '質'은 '本'과 같다["자질이 정직하다"](述曰: 質直者, 主直以爲質也, 質猶本也。);《論語正義》達者의 사람 됨됨이는 꾸밈없이 소박하고 정직하고, 일을 행함에는 의에 합당하게 할 줄 안다('質直而好義'者, 謂達者之爲人樸質正直, 而行事知好義也。);《論語新解》'質直'은 마음속이 忠信이 주관하고 있어, 고의로 조작하여 진상을 부풀리거나 가려 덮지 않는 것이다["천성이 꾸밈없고, 정직하다"](质直, 内主忠信, 不事矫饰。; "天性质直");《論語譯注》"품성이 정직하다"("品質正直。");《百度漢語》質直(질직): 꾸밈없이 소박하고 정직하다(朴实正直).

15 [성]察言觀色(찰언관색): 말이나 표정을 관찰하여 그 사람의 생각을 헤아리다. 속마음을 탐색하다(察: 详审。观察别人的说话或脸色。多指揣摸别人的心意。).

16《周易 · 繫辭上》공자께서 말씀하셨다. "수고하고도 자랑하지 않고 공을 세우고도 덕이라 하지 않으니, 지극히 후덕한 경지로, 그 공이 있으면서도 남에게 나를 겸손히 낮출 수 있는 사람을 말한다. 덕 있는 말은 성대하고, 예를 갖춘 말은 공손하고, 겸손하다 함은, 지극한 공손으로 자기 자리를 지키는 것이다"(子曰: 勞而不伐, 有功而不德, 厚之至也, 語以其功下人者也。德言盛, 禮言恭, 謙也者, 致恭以存其位者也。);《論語平議》《廣雅 · 釋訓》에 '無慮는 都凡(도범)[도합. 모두]이다'라고 했고,《漢書 · 食貨志》에 '천하 사람들이 대체로 다 돈을 몰래 주조했다'고 했으니, '無慮'와 '大氐'[대체로]는 같은데, 옛사람들은 복음어로 썼을 뿐이다. 또한, 간혹 '慮'라고만 말하기도 한다. '慮以下人'의 '慮'는 바로 '無慮'의 '慮'로, '말을 살피고 얼굴빛을 관찰하여, 대체로 남에게 나를 낮춘다'는 말이다. 馬融이 '志慮'[생각. 사려]라는 견해는 잘못이다(廣雅釋訓曰:「無慮, 都凡也。」漢書食貨志曰:「天下大氐無慮皆鑄金錢矣。」無慮與大氐同, 古人自有複語耳。亦或比言慮……慮以下人之慮, 乃無慮之慮, 言察言觀色, 大氐以下人也。馬以志慮說之非是。);《論語正義》'察言而觀色 慮以下人'은, 남에 대한 경외의 마음을 간직하여, 감히 남을 거스르거나 업신여기지 않는 것이다. 이와 같으면, 가는 곳마다 모두 알맞고 마땅해서, 명예를 추구하지 않아도, 반드시 이름을 떨치게 된다(正義曰: '察言而觀色 慮以下人'者, 言心存敬畏, 不敢忤慢人也。如此, 則攸往咸宜, 雖不求名譽, 名必歸之。);《論語義疏》겸손히 사양하는 마음가짐으로, 남에게 나를 낮출 것을 생각한다(疏: 懷於謙退, 思以下人也。);《古今注》'慮'는 '思'이다. 남에게 자기를 낮출 것을 생각하는 것이다(慮, 思也。思以己下之也。);《論語新解》"늘 자기를 남의 밑에 놓기를 좋아한다"("总好把自己处在人下面。");

저 달(達)이라고 함은, (사람됨은) 꾸밈없고 정직하고 (일 처리는) 의(義)에 합당하게 하기를 좋아하고, (교제는) 남의 말을 살피고 얼굴빛을 관찰하고, 남을 생각해서 이로써 남에게 나를 낮춘다. (그리하면) 제후의 나라에서도 반드시 달(達)할 것이고, 경 · 대부의 집안에서도 반드시 달(達)할 것이다.

夫, 音扶, 下同。好, 下[19], 皆去聲。○內主忠信[20]。而所行合宜[21], 審於接物[22]而卑以自牧[23], 皆自修於內, 不求人知之事。然德修於己而人信之, 則所行自無窒礙[24]矣。

'夫'(부)는 음이 '扶'(부, fú)로, 뒷절에서도 이와 같다. '好'(호)와 '下'(하)는 모두 거성[hào; xià]이다. ○마음속은 충(忠)과 신(信)이 주관하게 한다. 그리고 행하는 일은 그 일의 의(宜)에 부합하게 하고, 교제하는 사람의 말이나 얼굴색을 잘 살피고 자기를 낮춰

《論語句法》'慮'는 주어로, 술어 '周詳'이 생략되어 말하지 않았다. '以'는 '而'字와 통하고, 지금의 '並且'와 같다. '下人'은 '下於人'의 줄임말이다["사려가 깊고 세심하고 또 남에게 나를 낮춘다"]('慮'是主語, 謂語'周詳'等字都省略沒說出來。'以'字, 通'而'字, 相當於白話的'並且'。'下人'是'下於人'的省說。); 下人(하인): 다른 사람 밑에 두다. 남에게 겸양하다(居于人下; 对人谦让。);《論語詞典》下(하): 동사. 남의 아래에 자리하다. 낮추다(動詞, "居於人下"之意。).

17 《論語譯注》"하는 일마다 형통할 것이다"("事事行得通。").

18 《大戴禮記 · 曾子制言上》 제자가 증자께 여쭈었다. "선비가 어떠하면 達하겠습니까?" 증자가 대답했다. "모르면 배우고, 의심이 들면 물어보고, 행하고 싶으면 현자를 보고 그와 같아지려고 하면, 비록 도중에 험한 길도 있겠지만, 좇아 행하면 통달하게 될 것이다. 지금 제자들은, 아랫사람에게 낮추는 것을 질색하고, 현자를 섬길 줄 모르고, 모르는 것은 부끄러워하면서도 묻지 않으니, 정작 행하려고 하면 부족하다는 것을 아는데, 이 때문에 미혹되고 어둠에서 벗어나지 못한 채 세상을 끝마치고 마는데, 이를 窮民[답답한데도 배우지 않는 백성]이라 하는 것이다"(弟子問於曾子曰: '夫士, 何如則可以爲達矣?' 曾子曰: '不能則學, 疑則問, 欲行則比賢, 雖有險道, 循行達矣。今之弟子, 病下人不知事賢, 恥不知而又不問, 欲作則其知不足, 是以惑闇終其世而已矣, 是謂窮民也。');《論語正義》 증자가 논한 達은, 공자와 대략 같은데, 모두 근신 · 독행하여, 명성을 추구하지 않는 것을 말한다(正義曰: 曾子之論達, 與夫子略同, 皆謂謹身篤行, 不求聲聞者也。).

19 下(하): [xià] 다른 사람 밑에 두다. 낮추다. 남에게 겸손하다(居人之下; 谦让。).

20 《學而 제8장》《子罕 제24장》《顔淵 제10장》 참조.

21 《論語大全》'主忠信'은 '質直'을 설명한 것이고, '所行合宜'는 '好義'를 설명한 것으로, 이는 마음속에 보존하여 이로써 외물에 응하는 것이다(慶源輔氏曰: 主忠信, 質直也。所行合宜, 好義也。此存乎中以應乎外也。).

22 《論語大全》'審於接物'은 '察言觀色'을 설명한 것이다(審於接物, 察言觀色也。); 接物(접물): 남과 교제하다(谓与人交往).

23 《易經 · ䷎謙》 겸손한 군자는 자기를 낮춰 이로써 자신을 지킨다(謙謙君子, 卑以自牧。); 卑以自牧(비이자목): 겸손히 낮춰 자기를 수양하다(以謙虛的態度修養自己。指以谦卑自守。).

24 窒礙(질애): 막히다. 막혀 통하지 않다. 얽매이다. 구애되다(障碍; 阻碍。执着; 拘泥).

이로써 자기의 할 바를 지키는 것은, 모두 (안으로) 내면의 자신을 수양하는 것으로, (밖으로) 남에게 알려지는 일을 추구하지 않는다. 그렇지만 자기 몸에 덕이 수양되면 남이 나를 믿게 되니, 그러면 행하는 일이 막혀 통하지 않는 일이 저절로 없어진다.

122006、夫聞也者, 色取仁而行違[25], 居之不疑[26, 27]。在邦必聞[28], 在家必聞。[29]」

저 문(聞)이라고 함은, 얼굴빛은 인(仁)을 취하지만 행실은 인(仁)에 위배되는데, (그럼에도) 인(仁)에 거처하고 있다고 전혀 의심하지 않는다. (그리하면) 제후의 나라에서도 반드시 문(聞)할 것이고, 경 · 대부의 집안에도 반드시 문(聞)할 것이다."

行, 去聲。○善其顏色以取於仁, 而行實背之, 又自以爲是而無所忌憚。此不務實而專務求名者, 故虛譽雖隆[30]而實德則病矣。[31]

---

25 [성]色仁行違(색인행위): 표면적으로는 인덕을 내세우지만, 실제 행동은 도에 배치된다[정반대 방향으로 가다](表面上主張仁德, 實際行動卻背道而馳。).

26 [성]居之不疑(거지불의): 자기 처지에 대해, 이치상 당연한 것으로 인식하고, 전혀 의심을 품지 않다(居: 处于; 不疑: 不疑惑。对自己所处的地位, 毫不怀疑。);《論語集解》이는 佞人을 말한 것으로, 佞人은 仁者의 얼굴색을 가장하지만, 행실은 인에 위배되는데, 자신의 거짓에 편히 안주하여, 스스로 인자임을 전혀 의심하지 않는 자이다(注: 馬融曰: 此言佞人也, 佞人, 假仁者之色, 行之則違, 安居其僞而不自疑者也。);《論語義疏》거짓을 꾸밀 수 있고, 꾸밀 수 있기 때문에, 이 거짓 속에 살면서도 남이 그를 의심하지 않게 할 수 있다. 남에게 의심받지 않을 뿐만 아니라, 스스로도 더 이상 스스로를 의심하지 않는다(疏: 既能爲假, 能爲假, 故居此假而能使人不疑之也。非唯不爲他所疑而已, 亦自不復自疑也。);《論語新解》거짓을 꾸미고 외면을 추구하는 데만 힘쓰면서, 또 스스로를 옳다 여기고, 거짓에 안주하면서, 또 스스로 의심하지 않는다(专务伪饰外求, 而又自以为是, 安于虚伪, 更不自疑。);《論語句法》'之'는 '仁'을 가리키는 대사로, '居'의 목적어이다('之'稱代'仁', 做'居'的止詞。).

27《大戴禮記 · 曾子立事》자기에게 맞는 자리가 아닌데 그 자리에 앉아 있는 것은, 남을 사칭하는 짓이다(非其事而居之, 矯也。);《荀子 · 大略》능력이 없으면서 그 자리에 앉아 있는 것은, 속이는 것이다(不能而居之, 誣也。).

28《論語譯注》"명망을 편취할 것이다"("會騙取名望。").

29《論語集釋》韓愈 · 李翶가 지은《論語筆解》에서 한유가 말했다. "이 구절은《先進 제20장》의 '色莊者乎?'[얼굴빛만 장중하게 꾸민 자일까?]와 같은 뜻이다"(筆解: 韓曰: 「此與上篇『色莊者乎』一義也。).

30 隆(융): 높다. 융성하다. 왕성하다. 기운차다(高。隆盛).

31《論語大全》'聞'은 가식적인 것으로, 밖으로 내보이는 데만 힘쓰고, 남에게 알려지기만을 추구한다. '色取仁而行違'의 경우는, 실질에는 힘쓰지 않고 외면에만 힘쓰는 것이고, '居之不疑'는 밖으로 내보이기만 하고 안으로 거두지를 못하는 것이다. '色取仁而行違'는, 겉으로만 사랑의 태도를 보이는 것뿐만이

'行'(행)은 거성[xìng]이다. ○자기 얼굴빛을 좋게 꾸며 이로써 인(仁)을 취하지만, 행실은 인(仁)에 위배되는데, 그럼에도 스스로는 이를 옳다고 여겨 기피하거나 꺼리는 바가 없다. 이것은 실질은 힘쓰지 않고 오로지 명성을 추구하는 데만 힘쓰는 것이기 때문에, 실속 없는 명예는 비록 높을지라도, 참된 덕은 병들어 있다.

○程子曰:「學者須是務實, 不要近名[32]。有意近名, 大本已失。更學何事? 爲名而學, 則是僞也。今之學者, 大抵爲名。爲名與爲利雖淸濁不同, 然其利心則一也。」
○정자(程子 · 伊川)가 말했다. "배우는 자는 모름지기 실질을 힘쓸 것이지, 명성을 추구해서는 안 된다. (배움의) 뜻이 명성을 추구하는 데 있으면, 큰 근본이 이미 상실된 것이다. 더 이상 무슨 일을 배우겠는가? 명성을 위해 배운다면, 이는 거짓 배움이다. 지금의 배우는 자들은, 대부분 명성을 추구한다. 명성을 추구하는 것과 이익을 꾀하는 것은, 비록 청하고 탁하고의 차이는 있을지라도, 그것이 탐하는 마음인즉슨 마찬가지이다."

尹氏曰:「子張之學, 病在乎不務實。故孔子告之, 皆篤實之事, 充乎內而發乎外者也。當時門人親受聖人之教, 而差失[33]有如此者, 況後世乎?」[34]
윤씨(尹氏 · 尹彦明)가 말했다. "자장(子張)의 배움은, 병폐가 실질을 힘쓰지 않는 데에

아니라, 예컨대 정색하는 얼굴빛이지만 믿음직스럽지 못한 것[泰伯 제4장], 위엄 있는 겉모습이지만 내심은 유약한 것[陽貨 제12장] 등이 모두 '色取仁而行違'이다. '色取仁而行違 居之不疑'는, 이는 단지 조악하고 기만적이면서, 남에게 의기양양한 모습을 보이는 것이다. 이 장의 대의는 名과 實을 벗어나지 않는다(朱子曰: 聞者, 是箇做作底, 專務放出外, 求人知而已。如色取仁而行違, 便是不務實而專務外, 居之不疑, 便是放出外而收斂不得……色取仁而行違, 不惟是虛有愛憐之態, 如正顔色而不近信, 色厲而內荏, 皆色取仁而行違也。色取仁而行違, 居之不疑, 這只是粗瞞將去, 專以大意氣加人……此章大意出不得一箇是名, 一箇是實。).

32 《莊子 · 內篇 · 養生主》 선을 행하되 명성을 추구하지 않는다(爲善無近名); 近名(근명): 명성을 좋아하다. 명예를 추구하다(好名; 追求名誉).

33 差失(차실): 착오. 실수. 잘못하다(差错; 失误).

34 《論語集釋》 자장의 학문은, 공문에서 독자적인 학파를 이루었다. 논어를 기록한 자들은 증자의 문인들로, 보수파에 가까웠기 때문에, 진취파인 자장에 대해서는, 항시 완곡한 비평이 많았다. 공자가 돌아가신 지 천년이 지났고, 책들은 분서갱유를 거쳤고, 하 · 은 · 주 3대의 일은, 있는 듯도 하고 없는 듯도 하여 제대로 알기도 어려운데, 황차 공문 제자들에 대하여, 어찌 임의로 우열을 가릴 수 있겠는가?(按: 子張之學, 在孔門獨成一派。因記論語者爲曾子門人, 近於保守派, 故對於進取派之子張, 恒多微詞。吾人生千載後, 書經秦火, 三代之事, 若存若亡, 況對於孔門弟子, 豈可任意軒輊乎?).

있었다. 그래서 공자(孔子)께서 그에게 말씀해주신 것은, 모두 실질을 돈독히 하는 일이었으니, 안으로 꽉 차면 밖으로 드러나는 것이다. 당시에 문인들은 성인의 가르침을 직접 받았는데도, 잘못이 이 같은 자가 있었는데, 하물며 (성인의 가르침을 직접 받지 못한) 후세는 어떠하겠는가?"

[樊遲從遊舞雩之下章]

122101、樊遲從遊[1]於舞雩之下[2], 曰:「敢問崇德、脩慝[3]、辨惑。[4]」

번지(樊遲)가 선생님의 뒤를 따라 무우(舞雩) 아래를 노닐다가, 여쭈었다. "덕을 높이 쌓는 일, 악이 숨어 있는 마음을 다스리는 일, 미혹에서 벗어나는 일에 대해 감히 여쭙겠습니다."

慝, 吐得反。○胡氏曰:「慝之字從心從匿, 蓋惡之匿於心者。脩者, 治而去之。」
'慝'(특, tè)은 '吐'(토)와 '得'(득)의 반절이다. ○호씨(胡氏·胡寅)가 말했다. "'慝'(특) 자(字)는 '心'(심)과 '匿'(익)에 딸린 글자로, 대개 악이 마음에 숨어 있는 것이다. '脩'(수)라는 것은 '다스려 이를 제거하다'[治而去之]이다."

122102、子曰:「善哉問!

선생님께서 말씀하셨다. "훌륭한 질문이다!

---

1 從遊(종유): 뒤를 따라 유람하다(随从出游);《王力漢語》遊(유): 한가로이 돌아다니다. 발길 닿는 대로 여행하다. '遊'는 도보에 관계된 것이고, '游'는 물에 관계된 것이다(閒逛, 隨意旅行; '遊'是關於行走的, '游'是關於水的。).

2《論語義疏》舞雩란 곳은 공자의 집 근처여서, 공자께서 그 제단의 나무 밑을 걸으면서 번지가 뒤따른 것이다(疏: 此舞雩之處近孔子家, 故孔子往游其壇樹之下而弟子樊遲從之。).

3《論語集解》'慝'(특)은 '惡'이다. '脩'(수)는 '治'이다. 악을 다스려 선을 행하다(注: 孔安國曰: 慝, 惡也, 修, 治也。治惡爲善也。); 慝(특): 못되고 악하다. 사특하다. 못된 생각(邪恶, 恶念。).

4《論語正義》'崇德·修慝·辨惑'은 기우제에서 기도할 때 하는 말이다. '德·慝·惑'은 韻으로, 탕임금이 큰 가뭄이 들자 상림에 가서 기도하면서 여섯 가지 일[정사가 적절하지 못했습니까? 백성을 괴롭게 했습니까? 궁궐이 사치스러웠습니까? 측근들이 청탁을 받았습니까? 남을 헐뜯는 것이 성행했습니까? 어찌 이토록 비를 내려주지 않으십니까?(政不節與? 使民疾與? 宮室榮與? 婦謁盛與? 苞苴行與? 讒夫興與? 何以不雨至斯極也!)]을 가지고 자신을 책망한 일[荀子·大略]과 같은 것이다(正義曰: '崇德、修慝、辨惑'者, 此當是雩禱之辭。以德、慝、惑爲韻, 如湯禱桑林, 以六事自責也。);《古今注》덕을 높이 쌓는 것은 仁의 일이고, 악이 숨어 있는 마음을 다스리는 것은 勇의 일이고, 미혹에서 벗어나는 것은 智의 일이다(崇德, 仁也, 脩匿, 勇也, 辨惑, 智也。);《顔淵 제10장》'子張問崇德辨惑' 참조.

善其切於爲己[5]。

그가 자기를 위한 일을 절실하게 여긴 점을 훌륭하게 보신 것이다.

122103、先事後得[6], 非崇德與? 攻其[7]惡, 無攻人之惡[8], 非脩慝與? 一朝之忿[9], 忘其身[10], 以及[11]其親, 非惑與?[12]」

5《憲問 제25장》 참조.

6《古今注》'先事後得'은 '勞苦는 남보다 앞에 서고, 利祿은 남보다 뒤에 선다'이다. '崇德'은 仁을 추구하는 것이다. 원래 仁을 추구하는 법은, 힘써 恕를 행하는 데 있다. 勞苦는 남보다 앞에 서고, 利祿은 남보다 뒤에 선다는 것은, 恕의 道이다(先事後得者, 勞苦先於人, 利祿後於人也…… 崇德者, 求仁也。原來求仁之法, 在於强恕。勞苦先於人, 利祿後於人, 恕之道也。);《論語詞典》後(후): 부사["먼저 일하고 뒤에 얻는다."](副詞; '首先付出勞動, 然後收穫').

7《古書虛字》'其'와 '己'는 서로 바꿔쓰는 글자이다. 여기의 '其'도 '己'字이다('其'與'己'既通用, 故假'己'爲'其', 亦假'其'爲'己'。此'其'亦即'己'字。);《文言語法》'其'字는 '己'字로 쓰이는 경우가 있다('其'字有時用來作'己'字。).

8《論語正義》《春秋繁露·仁義法》에, '攻其惡 無攻人之惡'을 풀이하기를, '군자는 仁으로는 남을 만들고, 義로는 나를 만든다'라고 했으니, 이른바 '躬自厚而薄責於外'[衛靈公 제14장]이다(正義曰: 春秋繁露仁義法篇解此文謂"君子以仁造人, 義造我", 所謂'躬自厚而薄責於外'也。).

9 [성]一朝之忿(일조지분): 순간적으로 격발하는 분노. 분기(朝: 早晨; 忿: 气忿。一时的气忿。一时激发的愤恨。);《論語詞典》일순간('一朝', 一时间。).

10《論語義疏》군자에게는 아홉 가지 생각할 것이 있으니, 분노가 치밀 때는 원한 살 것을 생각하기 때문에[季氏 제10장], 어떤 사람이 건드리고 위협을 가할 경우, 뒤에 가서 환난이 생길 것을 생각해서, 이에 제 분한 마음에 망동하여 저 사람에게 상해를 가하지 않는다. 제 분한 마음에 망동하여 내 몸가짐을 잃고, 또 재화가 자기 어버이에게 미칠 경우, 이것이 곧 자기가 무언가에 홀린 것이다(君子有九思, 忿則思難, 故若人觸戚者, 則思後有患難, 不敢遂肆我忿以傷害於彼也。若遂肆忿忘於我身, 又災禍及己親, 此則己爲惑。); 忘(망) : 도망하다. 잃다. 멸망하다(通'亡'。逃亡; 遺失; 灭亡).

11《論語正義》《春秋公羊傳·莊公20年》에, '及은 무슨 뜻인가? '累'[연루시키다]의 뜻이다'라고 했다(正義曰: 公羊傳云: "及者何? 累也。");《論孟虛字》'及'는 '連及'[연루되다. 말려들다]이다. '以'는 앞에 언급한 일이 계속 발전함을 표시하는 관계사["더욱이 자기 어버이까지도 연루시키다"]('及', 爲連及之詞。用作連累關係詞, 常和'以'連用, 構成'以及'一詞。'以'爲表示前事繼續發展的關係詞。'以及其親'猶言'還累到他的親人'。).

12《論語正義》《論衡·明雩》에 말했다. "번지가 선생님의 뒤를 따라 무우 아래를 노닐다가, 소공이 기우제를 지낸 일이 떠올라 여쭈어, 소공이 崇德[덕있는 자를 존숭하다]하지 못하고, 쓸데없이 기우제를 지낸 것을 풍자했다." 戴望[1837~1873]의《論語注》에 말했다. "《春秋左傳·昭公 25年》에, 秋7월 上辛日[음력 매월 첫 번째 辛일]에 소공이 기우제를 지내고, 下辛日에 또 기우제를 지냈다고 했는데, 傳에는, '又雩'는 또 기우제를 지낸 것이 아니고, 사람들을 모아 계씨를 축출하려고 한 것이라고 했다. 번지가 선생님의 뒤를 따라 노닐다가, 소공이 계씨를 축출하려다 제나라로 도망친 일이 떠올라, 이 때문에 여쭌 것이다. '事'는 勤[부지런히 힘쓰다]이다. 먼저 현자를 구하는 데 부지런히 힘쓰면, 그에게 정사를 맡겨 백성을 얻을 수 있다. 소공은 자가기를 등용하지 않아서 백성을 잃고 실정을 일삼다가 제나라로

일하는 것을 앞서서 하고 얻는 것을 뒤로 미뤄두는 것이, 덕을 높이 쌓는 일이 아니겠느냐? 자기의 악한 것은 책망하고, 남의 악한 것은 책망하지 않는 것이, 악이 숨어 있는 마음을 다스려 없애는 일이 아니겠느냐? 한순간의 격분은 자기 자신을 망치고, 더욱이 자기 어버이까지도 연루시키니, 미혹이 아니겠느냐?"

與, 平聲。○先事後得, 猶言先難後獲[13]也。爲所當爲而不計其功[14], 則德日積而不自知矣[15]。專於治己而不責人, 則己之惡無所匿矣。知一朝之忿爲甚微, 而禍及其親爲甚大,

---

도망치는 일을 불러들였으니, 이것이 '崇德'[덕있는 자를 존숭하다]하지 못한 것이다. 자가기가 말하기를, '제후들은 천자를 참칭하고, 대부들은 제후를 참칭했다'고 하자, 소공이, '내가 무슨 참칭을 했느냐?' 고 했으니, 이것이 '攻其惡 無攻人之惡'[자기의 악한 것은 책망하고, 남의 악한 것은 책망하지 않다]을 알지 못한 것이다. 소공이 자가기의 말을 따르지 않고 마침내 그를 죽이려다 패배해서 제나라로 도망쳤으니, 이것이 한순간의 격분을 참지 못하여 자기 자신을 망치고 종묘까지도 화가 미친 일로 미혹이 심한 것이다. 이때 애공 역시 三家를 제거하려고 했기 때문에, 은밀히 이 말씀으로 같은 일이 일어날까 두려워하신 것이다." 戴望의 견해는 본래 宋翔鳳[1779~1860]의 《論語發微》에 나오는데, 《論衡 · 明雩》에서 노나라 소공을 풍자한 글과 뜻이 아주 똑같다(正義曰: 論衡明雩篇: "樊遲從遊, 感雩而問, 刺魯不能崇德, 而徒雩也。" 戴氏望論語注云: "春秋昭廾五年: '秋七月上辛, 大雩。季辛, 又雩。' 傳曰: '又雩者, 非雩也。聚衆以逐季氏也。' 樊遲從遊, 有感昭公孫齊之事, 因以發問。事, 勤也。先勤求賢者, 任之以政, 乃能得民。昭公不用子家羈, 失民失政, 以致出奔, 是不能崇德也。子家駒曰: '諸侯僭於天子, 大夫僭於諸侯。' 公曰: '吾何僭乎哉?' 是攻人之惡, 不知攻其惡也。'昭公不從其言, 終弒之而敗焉, 走之齊。' 是不忍一朝之忿, 忘身以及宗廟, 惑之甚也。時哀公亦欲去三家, 故微其辭以危共事。" 案: 戴氏此說, 本之宋氏翔鳳發微, 與論衡刺魯之義極合。).

13 《雍也 제20장》 참조.

14 《雍也 제20장》 각주 《漢書 · 董仲舒傳》 참조.

15 《論語大全》 요즘 사람들이 일하는 것은, 이 일이 해야 하는지 해서는 안 되는지는 따지거나 비교하지 않고, 이 일이 무슨 공로가 있는지를 먼저 따지고 비교한다. 따지고 비교하는 마음이 이미 있다면, 이는 오로지 이익만을 위해서 하는 것으로, 이 일이 마땅히 해야 하는지를 다시는 모른다. 德은 이치가 마음속에 쌓인 것이다. 무릇 사람들이 마땅히 해야 할 일임을 알고, 이익을 추구하려는 마음이 없다면, 이런 사람들의 생각은 저절로 고상 · 원대해진다. 조금이라도 사소한 이해를 위하고, 사소한 편의를 추구하면, 이런 사람들의 생각은 저급해진다. 소위 '崇'은 덕이 여기서부터 더욱 높아지는 것을 말한다. 대개 마땅히 해야 할 일을 하는 것은 티 없이 순수한 천리이지만, 조금이라도 공로를 따지고 비교하는 마음이 있으면 인욕이다. 천리만을 좇아서 해나간다면, 덕은 저절로 높이 쌓이겠지만, 인욕이 있으면, 여기에서 한 푼 만큼의 덕을 얻었다가도, 저기에서 한 푼 만큼 결여되어, 이 덕은 없어지고 깎여나가고 만다. 어찌 높이 쌓을 수 있겠는가?(朱子曰: "今人做事, 未論此事當做不當做, 且先計較此事有甚功效。既有計較之心, 便是專爲利而做, 不復知事之當爲矣。德者, 理之得於心者也。凡人若能知所當爲而無爲利之心, 這意思便自高遠。纔爲些小利害, 討些小便宜, 這意思便卑下了。所謂崇者, 謂德自此而愈高也…… 蓋做合做底事, 便純是天理, 纔有一毫計較之心, 便是人欲。若只循箇天理做將去, 德便自崇, 纔有人欲, 便這裏做得一兩分, 却那裏缺了一兩分, 這德便消削了。如何得會崇。").

則有以辨惑而懲[16]其忿矣。樊遲麤鄙近利[17], 故告之以此, 三者皆所以救其失也。

'與'(여)는 평성[yú]이다. ○'일하는 것을 앞서서 하고 얻는 것을 뒤로 미뤄둔다'[先事後得]는 것은, '어려운 것을 앞서서 하고 얻는 것을 뒤로 미뤄둔다'[先難後獲]는 말과 같다. 당연히 해야 할 바는 하되 그 공효는 따지지 않는다면, 덕이 날로 쌓이는데도 스스로는 알지 못한다. 자기의 몸가짐을 다스리는 데 전념하고 남을 책망하지 않는다면, 자기의 악이 숨을 곳이 없다. 한순간의 격분은 아주 미미하지만, 그 화는 자기 어버이에게까지 미칠 정도로 아주 크다는 것을 알면, 미혹에서 벗어나서 자기의 분한 마음을 억제할 수 있다. 번지(樊遲)는 행실이 거칠고 속되고 눈앞의 이익을 탐했기에, 그래서 그에게 이 말씀을 가지고 알려주신 것이니, 이 세 가지는 모두 그의 잘못을 구제하는 방도들이다.

○范氏曰:「先事後得, 上義而下利也。人惟[18]有利欲之心, 故德不崇。惟不自省己過而知人之過, 故慝不脩。感物而易動者莫[19]如忿, 忘其身, 以及其親, 惑之甚者也。惑之甚者必起於細微, 能辨之於早, 則不至於大惑矣。故懲忿所以辨惑也。」

○범씨(范氏·范淳夫)가 말했다. "'일하는 것을 앞서서 하고 얻는 것을 뒤로 미뤄둔다'는 것은, 의(義)는 위로 높이고 이(利)는 아래로 낮춘다는 것이다. 사람에게는 여전히 재물을 탐하고 이익을 꾀하는 마음이 있기 때문에, 덕이 높이 쌓이지 못한다. 사람에게는 여전히 자기가 잘못한 것은 살피지 못하고 남이 잘못한다고만 알기 때문에, 악이 숨어 있는 마음을 다스려 없애지 못한다. 사물에 감응되어 마음이 움직이기 쉬운 것으로 격분만 한 게 없는데, 자기 자신을 망치고, 더욱이 자기 어버이까지도 연루시키니, 미혹 중에서도 아주 심한 미혹이다. 미혹 중에서도 아주 심한 미혹은 반드시 미세한 데서부터 기인하니, 이것을 조기에 분별할 수 있다면, 큰 미혹에까지는 이르지 않는다. 그래서 격분을 억제하는 것이 미혹에서 벗어나는 방법이다."

---

16 懲忿(징분): 분노를 억제하다(克制忿怒); 懲(징): 경계하다. 거울로 삼다. 제지하다(警戒; 鉴戒。克制; 制止).

17 《論語大全》 눈앞의 이익을 탐하면 따지고 비교하는 마음이 있어서, 先事後得하지 못하고, 행실이 속되면 자기를 책하는 데 인색하고, 거칠면 난폭해서 하찮은 분노도 참지 못한다(雙峯饒氏曰: 近利則有計較之心, 而不能先事後得。鄙則吝於責己, 粗則暴戾而不能忍小忿。); 麤鄙(추비): 거칠고 좁고 더럽고 낮다. 굵다. 매조미쌀(粗陋鄙俗。麤: 同'粗'。); 近利(근리): 눈앞의 이익을 탐하다. 이익을 따르다(逐利; 贪利).

18 惟(유): 아직. 여전히(相当于'犹'、'还'。).

19 莫(모): 아무도 없다. 아무것도 없다(代词。没有谁; 没有什么(指处所或事物)).

[樊遲問仁章]

122201、樊遲問仁。子曰:「愛人。」問知。子曰:「知人。」[1]

번지(樊遲)가 인(仁)에 대해 여쭈었다. 선생님께서 말씀하셨다. "사람을 사랑하는 것이다." 지(知)에 대해 여쭈었다. 선생님께서 말씀하셨다. "사람을 아는 것이다."

上知[2], 去聲, 下如字。○愛人, 仁之施。知人, 知之務。

앞의 '知'는(지) 거성[zhì]이고, 뒤의 '知'(지)는 본래 음[zhī]대로 읽는다. ○'愛人'(애인)은 인(仁)의 베풂이다. '知人'(지인)은 지(知)의 중요한 임무이다.

122202、樊遲未達。

번지(樊遲)가 선생님께서 하신 말씀의 뜻을 이해하지 못했다.

曾氏曰:「遲之意, 蓋以愛欲其周, 而知有所擇, 故疑二者之相悖爾。」

증씨(曾氏·曾幾)가 말했다. "번지(樊遲)의 생각에, 대개 애(愛)는 사랑을 여러 사람에게 빠짐없이 골고루 베풀려고 하지만, 지(知)는 여러 사람 중에 가려서 택하는 것이 있다고 여겼기 때문에, 이 두 가지는 서로 모순되는 것이 아닌가 하고 의심한 것이다."

---

1 《書經 · 虞書 · 皐陶謨》皐陶가 말했다. "정치는 知人에 달려 있으며, 安民에 달려 있습니다." 禹가 말했다. "모든 것이 잘 될 때도, 요임금께서는 이를 어려워하셨습니다. 사람을 아는 것이 곧 明哲이니, 사람을 그에 맞게 쓸 수 있습니다. 백성을 편안하게 하는 것이 恩惠이니, 백성들이 그런 임금을 그리워할 것입니다. 명철하고 은혜롭다면, 어찌 환두를 걱정하겠습니까? 어찌 삼묘를 추방하겠습니까? 어찌 듣기 좋게 하는 말 · 상냥하게 꾸민 얼굴빛 · 알랑거리는 행동을 두려워하겠습니까?"(皐陶曰: "都!在知人, 在安民。" 禹曰: "吁! 咸若時, 惟帝其難之。知人則哲, 能官人, 安民則惠, 黎民懷之。能哲而惠, 何憂乎驩兜? 何遷乎有苗? 何畏乎巧言令色孔壬?"); 《大戴禮記 · 主言》仁者에게는 사람을 사랑하는 것보다 더 큰 것이 없고, 知者에게는 현자를 아는 것보다 더 큰 것이 없고, 政者에게는 현자를 관직에 앉히는 것보다 더 큰 것이 없다(孔子曰: 仁者莫大於愛人, 知者莫大於知賢, 政者莫大於官賢。).

2 知(지): [zhì] 지혜. =智(智慧。同「智」。); [zhī] 이해하다. 식별하다(了解。识别。).

122203、子曰:「擧直錯諸枉[3], 能[4]使枉者直[5]。[6]」

선생님께서 말씀하셨다. "반듯한 사람을 들어서 여러 굽은 사람들 위에다 놓으면, 굽은 사람들을 반듯하게 할 수 있다."

擧直錯枉者, 知也。使枉者直, 則仁矣。如此, 則二者不惟不相悖而反相爲用矣。
반듯한 사람을 들어서 여러 굽은 사람들 위에다 놓는 것이 '지'(知)이다. 굽은 사람들을 반듯하게 하는 것이 '인(仁)이다. 이렇게 보면, 이 두 가지는 서로 모순되지 않을 뿐만 아니라 도리어 서로에게 쓸모 있게 된다.

122204、樊遲退, 見子夏。曰:「鄕也[7]吾見於夫子而問知, 子曰,『擧直錯諸枉, 能使枉者直』, 何謂也?」

번지(樊遲)가 물러 나와, 자하(子夏)를 만났다. 번지(樊遲)가 물었다. "조금 전에

3《論語義疏》'錯'(조)는 '廢'(폐)이다. '枉'(왕)은 '邪'(사)이다["정직한 사람을 등용하고, 정직하지 못한 사람을 버리다"](疏: 錯, 廢也。枉, 邪也。);《爲政 제19장 참조》;《王力漢語》枉(왕): 나무가 반듯하지 않다. 정직하지 못한 사람 · 행위([木]不直。跟'直'相對。引申爲不正直的, 邪惡的。).

4《論孟虛字》'能'은 '而'와 같다. '能'과 '而'는 옛 소리가 서로 가깝고 뜻도 서로 통한다['반듯한 사람을 들어서 여러 굽은 사람들 위에 놓아, 굽은 사람들로 하여금 반듯하게 한다']. '能夠'로 풀이해도 된다('能', 猶'而'。'能'與'而', 古聲相近, 義亦相通。亦作能夠解。).

5《春秋左傳 · 襄公 7年》(疏) 나의 마음을 바로잡는 것이 正이고, 남의 굽은 것을 바로잡는 것이 直이다(正直爲正 正曲爲直; 疏: 正者正己心, 直者正人曲。);《王力漢語》直(직): 휘어져 있지 않다. 반듯하다. 정직하다(不彎曲, 跟'曲'相對, 又跟'枉'相對。引申爲正直。).

6《論語大全》'直' '枉'은 오로지 사람을 가리켜 한 말이다. '諸'는 여럿[衆]이다. '여러 사람의 굽은 자'라는 말로, 아래 구절의 '選於衆'의 뜻이다(雙峯饒氏曰: 直枉, 專指人而言。諸, 衆也, 謂衆人之枉者。卽下文選於衆之意。);《論語正義》'擧直錯諸枉 能使枉者直'은, 네가 알고 있는 반듯한 사람을 들어[子路 제2장], 굽은 자의 윗자리에 놓는 것이, 바로 '知人'이라는 말이다(正義曰: '擧直錯諸枉, 能使枉者直'者, 言擧爾所知之直者, 錯諸枉者之上, 即是知人也。).

7《論語正義》《經傳釋文》에, '鄕은 曏(향)으로도 쓰는데, 같은 글자이다'라고 했다.《說文 · 日部》에, '曏은 不久[얼마 되지 않아. 얼마 전에]이다'라고 했는데, 不久는 日近[날짜가 가깝다]을 말한다(釋文: "鄕, 又作曏, 同。"說文云: "曏, 不久也。"不久者, 言日近也。);《古漢語語法》'向者' · '鄕也' · '向來'는 지난 지 얼마 되지 않은 시간을 나타내는 데 쓰인다(副词 '向者'、'鄕也'、'向來'常用于表示不久前的时间。);《北京虛詞》鄕(향): 부사. 전에. 방금. 과거에. 문장의 첫머리나 술어 앞에 쓰여 이미 지나간 시간을 나타낸다('鄕', 副词。用于句首或谓语前, 表示已经过去的时间。义即'从前'、'当初'、'刚才'、'过去'。);《論語語法》'也'는 부사어 뒤에 쓰여 강조를 표시한다(也, 用在狀語之後, 表示強調。).

선생님을 뵙고 지(知)에 대해 여쭈었더니, 선생님께서 말씀하시기를, '반듯한 사람을 들어서 여러 굽은 사람들 위에다 놓으면, 굽은 사람들을 반듯하게 할 수 있다'고 하셨는데, 무슨 말씀일까요?"

鄕[8], 去聲。見, 賢遍反。○遲以夫子之言, 專爲知者之事。又未達所以能使枉者直之理。
'鄕'(향)은 거성[xiàng]이다. '見'(현, xiàn)은 '賢'(현)과 '遍'(편)의 반절이다. ○번지(樊遲)는 선생님께서 하신 말씀이, 오로지 지자(知者)의 일이라고만 여겼다. 또 (반듯한 사람을 들어 굽은 사람들 위에 놓는 것이) 굽은 사람을 반듯하게 할 수 있는 까닭을 이해하지 못했다.

122205、子夏曰:「富哉言乎[9]!

자하(子夏)가 말했다. "말씀하신 뜻이 풍부하군요!"

歎其所包者廣, 不止言知。
그 말씀에 포함된 뜻이 넓어서, 지(知)를 말씀하는 것으로만 그치지 않은 것을 감탄한 것이다.

122206、舜有天下, 選於衆, 擧皐陶[10], 不仁者遠矣[11]。湯[12]有天下, 選於衆, 擧伊尹[13], 不

---

8 鄕(향): [xiàng] 접때. 저번에. 얼마 전에. 오래지 않은 과거의 어느 때(=嚮) ~를 향해. ~쪽으로(昔日。往日。朝向, 面向。); [xiāng] 본적. 고향. 농촌(祖籍, 出生地或长期居住过的地方。农村。).

9《論語義疏》本에는, '富哉是言乎'로 되어 있다;《論語集解》'富'(부)는 '盛'[풍성하다]이다(注: 孔安國曰: 富, 盛也。);《論語正義》'富'는 '備'[다 갖추다]이다[說文·宀部]. 舜임금이 皐陶(고요)를 등용한 것, 湯임금이 伊尹(이윤)을 등용한 것과 같이 한 이후에 用人의 법이 완비된다(正義曰: 富者, 備也。必如舜擧皐陶, 湯擧伊尹, 而後用人之法備。);《古書虛字》감탄사('乎', 感歎之詞。).

10 皐陶(고요): 순·우임금 때의 사람으로, 堯·舜·禹와 동렬의 四聖이고, 司法의 비조;《書經·虞書·舜典》舜임금이 말씀하셨다. "皐陶(고요)여, 蠻夷가 中夏를 어지럽히고 도둑 떼가 안팎에 들끓고 있소. 그대가 士[법관]로서, 다섯 형벌의 시행기준을 각각 정하고, 다섯 형벌의 시행은 신분에 따라 세 곳으로 나눠 행하고, 다섯 유배형에는 각각 머물 집의 종류를 정하고, 다섯 종류의 머물 집은 원근에 따라 세 곳으로 나눠 행하시오. 명찰하고 공정하여 신복하게 하시오"(帝曰: 皐陶, 蠻夷猾夏, 寇賊姦宄。汝作士, 五刑有服, 五服三就。五流有宅, 五宅三居。惟明克允!).

11《論語正義》불인한 자들이 스스로 굽은 줄 알고 모두 멀리 떠났다는 말이다(正義曰: 言不仁之人, 自知枉

仁者遠矣。[14]」

순(舜)임금이 천하를 소유하고는, 많은 사람 중에서 골라, 고요(皐陶)를 들어 쓰자, 불인(不仁)한 사람들이 멀리 사라졌습니다. 탕(湯)임금이 천하를 소유하고는, 많은 사람 중에서 골라, 이윤(伊尹)을 들어 쓰자, 불인(不仁)한 사람들이 멀리 사라졌습니다."

選, 息戀反。陶, 音遙。遠, 如字。○伊尹, 湯之相也。不仁者遠, 言人皆化而爲仁, 不見有不仁者, 若其遠去爾, 所謂使枉者直也。子夏蓋有以知夫子之兼仁知而言矣。

'選'(선, xuǎn)은 '息'(식)과 '戀'(련)의 반절이다. '陶'(요)는 음이 '遙'(요, yáo)이다. '遠'(원)은 본래 음[yuǎn]대로 읽는다. ○'伊尹'(이윤)은 탕(湯)임금의 재상이다. '불인(不仁)한 사람들이 멀리 사라졌다'는 것은, 불인(不仁)한 사람들이 모두 변화되어 인(仁)한 사람으로 되었기 때문에, 불인(不仁)한 사람들이 보이지 않는 것이, 마치 그들이 멀리 사라진 것과 같다는 말로, 앞서 말한 '굽은 사람들을 반듯하게 한다'는 것이다. 자하(子夏)는 대체로 선생님께서 인(仁)과 지(知)를 겸하여 말씀하셨다는 것을 알만한 능력이 있었을 것이다.

○程子曰:「聖人之語, 因人而變化。雖若有淺近者, 而其包含無所不盡, 觀於此章可見矣。非若他人之言, 語近則遺遠, 語遠則不知近也。」

曲, 皆遠去也。).

12 湯(탕): 成湯. 子 姓, 名 履(天乙) 鳴條에서 桀과 싸워 하나라를 멸하고, 亳에 도읍을 정하고, 商나라를 세운 개국임금.

13 伊尹(이윤): BC 1649~BC 1549. 伊 姓, 名은 摯. '尹'은 '右相'의 뜻이다. 상나라 초창기 湯 · 外丙 · 仲壬 · 太甲 · 沃丁 등 5대 임금을 50여 년간 모신 재상. 湯을 도와 夏 왕조를 무너뜨리고 商 왕조를 세워 강성하게 하는데 큰 공로를 세웠다. 《孟子 · 萬章上 제7장》에는 伊尹이 湯에게 등용되어 중책을 맡아 행한 일이 나오고, 《書經 · 商書 · 伊訓》편은 伊尹이 太甲을 가르치는 내용이다.

14 《論語集釋》 武億[1745~1799]의 《羣經義證》에 말했다. "《漢書 · 王貢兩龔鮑傳》에 말하기를, '순임금과 탕임금은 삼공 · 구경의 세습 귀족 자제를 쓰지 않고, 고요 · 이윤을 쓰자, 불인한 사람들이 멀리 사라졌다'라고 했는데, 이 삼공 · 구경의 세습 귀족 자제를 쓰지 않은 것이, 바로 '選於衆'이다. 고요와 이윤은 모두 세록 집안 출신이 아니고, 순임금은 출신이 미천한 사람을 들어서 썼고[史記 · 五帝本紀], 탕임금은 어진 자를 세우는데 부류를 따지지 않았으니[孟子 · 離婁下 제20장], 이 도를 따랐다"(羣經義證: 漢書王吉傳:「舜, 湯不用三公九卿之世, 而用皐陶, 伊尹, 不仁者遠。」此不用三公九卿之世, 卽選於衆也。皐, 伊皆非出自世冑, 舜之揚仄陋, 湯之立賢無方, 率是道也。).

○정자(程子·伊川)가 말했다. "성인의 말씀은, 사람에 따라 그에 맞게 변화한다. (말씀 중에) 깊이가 얕거나 흔하게 들을 수 있는 것들이 있는 경우에도, 그 말씀 안에 포함된 내용에는 빠진 것 없이 다 담겨 있으니, 이 장의 말씀을 보면 알 수 있다. 다른 사람이 하는 말의 경우, 가까운 것을 말하면 먼 것을 빠뜨리고, 먼 것을 말하면 가까운 것을 모르는 것과는 같지 않다."

尹氏曰:「學者之問也, 不獨欲聞其說, 又必欲知其方; 不獨欲知其方, 又必欲爲其事。如樊遲之問仁知也, 夫子告之盡矣。樊遲未達, 故又問焉, 而猶未知其何以爲之也。及[15]退而問諸子夏, 然後有以知之。使其未喩, 則必將復問矣。旣問於師, 又辨諸友, 當時學者之務實也如是。」

윤씨(尹氏·尹彦明)가 말했다. "배우는 자가 질문하는 것은, 단지 그 설명을 들으려는 것만이 아니라, 또한 그 방법을 반드시 알려는 것이고, 단지 그 방법을 알려는 것만이 아니라, 또한 그 일을 반드시 행하려는 것이다. 번지(樊遲)가 인(仁)과 지(知)에 대해 여쭌 경우, 선생님께서는 그에게 빠진 것 없이 다 말씀해주셨다. 번지(樊遲)가 이해하지 못해서, 또다시 선생님께 여쭈었지만, 그럼에도 여전히 그것이 어떻게 그렇게 되는지를 몰랐다. 물러나 있다가 또다시 자하(子夏)에게 그것을 물었고, 그런 뒤에야 그것을 알 수 있었다. 그가 이해하지 못했다면, 반드시 또다시 물었을 것이다. 선생님께 여쭙고 나서도, 또다시 그것을 벗에게 물어서 명백히 이해했으니, 당시의 배우는 자들이 실질에 힘쓰는 자세가 이와 같았다."

15 及(급): 기다리다. ~한 다음에(待, 等到。).

[子貢問友章]

122301、子貢問友。子曰:「忠告而善道之[1], 不可則止[2], 無自辱焉[3]。」

자공(子貢)이 교우(交友)에 대해 여쭈었다. 선생님께서 말씀하셨다. "자기 마음을 다해 타이르고 또 좋은 말로 권유하고 인도하되, 받아들이지 않으면 그만두어, 이로 인해 스스로에게 욕을 자초하지 말거라."

告, 工毒反。道[4], 去聲。○友所以輔仁[5], 故盡其心以告之, 善其說以道之。然以義合者也[6], 故不可則止。若以數而見疏, 則自辱矣。[7]

'告'(고, gào)는 '工'(공)과 '毒'(독)의 반절이다. '道'(도)는 거성[dào]이다. ○벗은 이를 써서 인(仁)을 보강하려는 것이기 때문에, 내 마음을 다하여 이로써 그를 타일러주고, 내 말을 친절하게 하여 이로써 그를 인도한다. 그렇지만 벗은 의(義)로써 하나로 합해진 관계이기 때문에, 받아들이지 않으면 그만둔다. 만약 잦은 충고 때문에 사이가 멀어지게 되면, 욕을 자초하는 일이다.

---

1 [성]忠告善道(충고선도): 진실한 마음으로 권고하고 선한 마음으로 인도한다(道: 同'导', 引导。真诚劝告, 善意引导。);《論語義疏》本에는, '忠告而以善導之'[善을 써서 그를 인도한다]로 되어 있다;《論語集解》자기 마음을 다해 이로써 是非를 알려주고, 이로써 그를 잘 인도한다(注: 苞氏曰: 忠告以是非告之也, 以善導之。);《古今注》자기 마음을 다해서 이로써 타이르고, 선을 베풀어서 이로써 인도한다(盡忠以告之, 陳善以導之也。);《王力漢語》告(고): 권유하다. 타이르다(規勸。);《論語詞典》告(고): 옛날에는 '곡'으로 읽었으며, 친구에게 마음과 힘을 다해 타이르는 것을 충고라 한다(旧读梏, 对朋友尽心力去规劝, 叫做忠告。).

2《論語義疏》本에는, '否則止'로 되어 있다;《論語義疏》'否'(부)는 저가 따를 뜻을 보이지 않으면, 그만두고 다시 충고하지 않는 것을 말한다(疏: 否, 謂彼不見從也, 便止而不重告也。).

3 自辱(자욕): 난처함을 자초하다. 스스로 망신을 당하다. 스스로 체면을 구기다(自讨没趣);《許世瑛(二)》'焉'은 '之'와 같고, '之'는 '自身'을 가리킨다('焉'字等於'之', '之'字稱代'自身'。).

4 道(도): [dào] 인도하다. 지도하다. 안내하다. =導(引导, 指引。通「导」。); [dǎo] 말하다. 다스리다(说, 谈。治。).

5《顏淵 제24장》참조.

6《里仁 제26장》각주 참조.

7《論語大全》타일러주는 마음은, 자기 마음을 다하는 것은 물론이거니와, 반드시 또 좋은 말로 가르쳐 권유하고 인도해야, 交友에 맞는 자세이다(朱子曰: 告之之意, 固是忠了, 須又教道得善始得。).

[君子以文會友章*]

122401、曾子曰:「君子以文會友[1, 2], 以友輔仁[3]。」[4]

증자(曾子)가 말했다. "군자는 문(文)을 써서 벗을 사귀고, 벗을 써서 인(仁)을 보강한다."

講學[5]以會友, 則道益明; 取善以輔仁, 則德日進。

학문을 토론하면서 이로써 벗을 사귀면, 도(道)가 더욱 명백해지고, 벗의 뛰어난 점을 취해서 이로써 자기의 인(仁)을 보강한다면, 덕(德)이 날로 증진될 것이다.

---

1 [성]以文會友(이문회우): 글을 통해 친구 관계를 맺다(通過文字來結交朋友。); 會友(회우): 벗으로 사귀다. 친구 관계를 맺다. 벗을 모으다(結交朋友。聚集朋友。).

2《論語集釋》李顒[1627~1705]의《四書反身錄》에 말했다. "'文'은 바로 '斯文'[子罕 제5장]의 '文', '在茲'[子罕 제5장]의 '文', '布帛菽粟'과 같은 입을 것, 먹을 것으로서 날마다 쓰는 필수 불가결한 '文'이지, '古文'의 '文', 과거 응시의 '時文'의 '文', '벌레를 새겨넣고 수초무늬를 그리는' '文'이 아니다. '會友'는 이를 써서 몸과 마음을 다잡는 것이니, 이것이 배우는 사람이 절실히 힘써야 할 제일의 일이다"(反身錄: 文乃斯文之文、在茲之文、布帛菽粟之文, 非古文之文、時文之文、雕蟲藻麗之文。會友以收攝身心, 此學人第一切務。).

3 輔仁(보인): 인덕을 배양하다(谓培养仁德);《說文 · 車部》'輔'(보)는 사람의 아래턱뼈이다(輔, 人頰車也。); 輔(보): 함께 거들어주다. 옆에서 도와주다. 무거운 짐을 실을 때 바퀴에 끼워, 바퀴살의 힘을 보강하는 나무(古代夹在车轮外旁的直木, 每轮二木, 用以增加车轮载重支力。车旁横木。辅所以益辐, 使之能重载。佐助, 从旁帮助。).

4《說苑 · 談叢》賢師 · 良友가 옆에 있고, 詩 · 書 · 禮 · 樂이 앞에 펼쳐져 있는데, 버려두고 不善을 행할 자는 드물다(賢師良友在其側, 詩書禮樂陳於前, 棄而爲不善者, 鮮矣。);《易經 · ䷹兌 · 象傳》군자는 벗을 써서 서로 토론하고 연구한다(君子以朋友講習。);《禮記 · 學記》혼자 공부하고 도움받을 친구가 없으면 고루해지고 과문해진다(獨學而無友, 則孤陋而寡聞。).

5 講學(강학): 학문을 연구하다. 공부하다. 학습하다(研习, 学习。).

《子路 第十三》

凡三十章。

모두 30장이다.

[子路問政章]

130101、子路問政。子曰:「先之, 勞之。[1]」

자로(子路)가 정치에 대해 여쭈었다. 선생님께서 말씀하셨다. "앞장서서 하고, 몸소 애쓰거라."

勞[2], 如字。○蘇氏曰:「凡民之行, 以身先之, 則不令而行。凡民之事, 以身勞之, 則雖勤[3]不怨。」

---

1 《論語集解》 먼저 덕으로써 백성을 앞장서 이끌어, 백성들을 믿게 하고, 그런 후에 백성들을 부린다. 《易經·䷹兌·彖傳》에, '기쁜 마음으로 백성에 앞장서서 하니, 백성이 괴로움을 잊는다'고 했다. '無倦'은, 이상의 일을 하는데, 게으름 피지 않으면 된다는 말씀이다(注: 孔安國曰: 先導之以德, 使民信之, 然後勞之。《易》曰:『說以先民, 民忘其勞。』…… 無倦者, 行此上事, 無倦則可也。); 《論語大全》 '先'은 '率他'이다. 백성들이 자기 부모를 친애하기를 바라면, 반드시 먼저 앞장서서 孝를 행하고, 백성들이 자기의 웃어른을 웃어른으로 모시기를 바라면 반드시 먼저 앞장서서 弟를 행한다. '勞'는 그들을 위해 애쓰는 것이다. 예컨대 논밭 사이의 길을 순행한다거나, 농업·잠업을 독려하는 부류이다(朱子曰: 先是率他。欲民親其親, 必先之以孝, 欲民長其長, 必先之以弟。勞是爲他勤勞, 如循行阡陌, 勸課農桑之類。); 《論語正義》 '先之'는 정치는 몸소 먼저 행하는 것을 귀하게 여긴다는 말로, '其身正 不令而行'[자기의 몸가짐이 바르면, 명령을 내리지 않아도 행해진다][子路 제6장]이 바로 이것이다. '勞之'는 노심초사 백성들을 교화시키지, 형을 사용해서 급박하게 하지 않는 것이다(正義曰: 言政貴身先行之, 所謂"其身正, 不令而行"是也…… '勞之'者, 勸勉民使率教, 不用刑趨勢迫也。); 《論語平議》 '先之勞之' 네 글자는 한 구절로 읽어야 한다. '使之聞之'[그로 하여금 듣게 하셨다][陽貨 제20장]와 같다. 두 개의 '之'字가 있다고 해서 두 개의 일로 나눌 수 없다. '先之勞之'는, '백성들에 앞서서 그 일을 맡아 애쓴다'라고 한 것이다. 천자가 몸소 경작하고 후비가 몸소 누에를 치는 일[穀梁傳·桓公 14年]들이 모두 이 사례이다. 아래에서 자로가 더 가르쳐 주기를 청하자, 게으름피우지 말라고 하신 것은, 대개 그 일을 맡아 애쓰다 보면, 쉽게 게을러지기 때문에, 이를 경계시킨 것이다(先之勞之, 四字作一句讀, 猶陽貨篇曰, 使之聞之。不得因有兩之字, 而分爲二事也…… 先之勞之, 謂先民而任其勞也。天子親耕后親蠶之類, 皆其事矣……下文子路請益, 而告以無倦, 蓋先任其勞, 則易倦, 故戒之也。); 《論語譯注》 '先之'는 '先有司'[유사에게 솔선수범을 보이다]의 뜻이다["백성들에게 솔선수범을 보이고, 그런 후에 백성들이 열심히 일하도록 한다"](先之: 就是下一章"先有司"之意; "自己給百姓帶頭, 然後讓他們勤勞地工作。"); 《論語新解》 '之'는 자기 백성을 가리킨다. 자기 백성에 앞서 몸소 수고하기 때문에, 백성이 고될지라도 원망하지 않는다[里仁 제18장]. 이 네 글자는 한 문장으로 읽어야 한다["몸소 백성에 앞장섬으로써 백성을 부린다"](之, 指其民……以身先其民而劳, 故民劳而不怨。此四字当作一句读: "以身先之, 以劳使民。").

2 勞(로): [láo] 수고롭게 하다. 애쓰다. 수고하다(使受辛苦。辛勤, 努力做事。勞勤。); [lào] 위로하다(勞慰); 《經典釋文》에, '勞'를 공안국은 본래 음대로 읽었다['수고롭게 하다'](勞, 孔如字。)고 했고, 集注도 본래 음대로 읽는다['애쓰다']고 했다.

3 勤(근): 고생스럽게 일하다. 고되다(劳累, 劳苦。劳倦, 辛苦。).

'勞'(로)는 본래 음[láo]대로 읽는다. ○소씨(蘇氏·蘇軾)가 말했다. "무릇 백성들이 지켜야 할 행실을 몸소 앞장서서 행하면, 명령하지 않아도 백성들은 행한다. 무릇 백성들이 해야 할 일을 몸소 애쓰면, 고될지라도 원망하지 않는다."

130102、請益[4]。曰:「無倦。[5]」

더 가르쳐 주시기를 청했다. 선생님께서 말씀하셨다. "게으름을 피우지 말거라."

無, 古本作毋。○吳氏曰:「勇者喜於有爲[6]而不能持久, 故以此告之。」

'無'(무)는 옛 책에는 '毋'(무)로 쓰여 있다. ○오씨(吳氏·吳棫)가 말했다. "(자로(子路) 같은) 용자(勇者)는 행동으로 옮기는 것은 좋아하지만 오래 지속하지는 못하기 때문에, 이것으로 그에게 말씀해주신 것이다."

○程子曰:「子路問政, 孔子既告之矣。及[7]請益, 則曰『無倦』而已。未嘗復[8]有所告, 姑使

4《禮記·曲禮上》스승을 모시고 앉아 있을 때, 스승이 물어보시는 경우, 질문이 끝나면 답변을 드린다. 스승께 수업을 청하려면 일어서서 청하고, 가르침을 더 주실 것을 청하려면 일어서서 청한다(侍坐於先生: 先生問焉, 終則對。請業則起, 請益則起。);《論語集解》정치에 대한 답변으로는 부족하다는 의심이 들어서, '請益'이라 한 것이다(注: 孔安國曰: 子路嫌其少, 故請益。); 請益(청익): 스승에게 가르침을 더 주기를 청하다(要求老师再讲一遍; 向人请教).

5《經典釋文》本에는 '毋卷'으로 되어 있다;《論語集解》'無倦'이라 하신 것은, 이 두 가지 일을 행하는데 게으름을 피우지 않으면 된다는 말씀이다(注: 孔安國曰: 曰 無倦者, 行此上事無倦, 則可也。);《論語大全》'先之'하고 '勞之'하는 것으로 爲政의 도리를 충분히 다한 것인데, 자로가 더 가르쳐 주기를 청하자, 게으름을 피우지 말라고 말씀해주셨으니, 그에게 이 두 가지를 돈독히 하라고 한 것일 뿐이다(南軒張氏曰: 先之勞之, 固足以盡爲政之道矣, 而子路猶請益焉, 則告之以無倦, 使之敦篤乎是二者而已。);《論語正義》胡炳文[1250~1333]의《四書通》에 말했다. "자장은 위세 당당했고[子張 제16장], 자로는 굽힐 줄 모르고 완강해서[先進 제12장] 모두 처음에는 쉽게 달궈졌지만, 마지막에 가서는 태만해졌기 때문에, 두 사람에게 모두 '無倦'을 써서 고해준 것이다"(正義曰: 胡炳文四書通曰: "子張堂堂, 子路行行, 皆易銳於始而怠於終, 故答其問政, 皆以'無倦'告之。");《論語譯注》'居之無倦'[顏淵 제14장]의 뜻이다(無倦: 也就是'居之無倦'之意。);《論語新解》"앞에 해준 말대로 실행하는데 게으름 피지 않으면 된다"("照上语行之无倦即可了。").

6 有爲(유위): 적극적으로 성과를 이루다. 행동에 옮기다. 성과를 이루다. 능력을 발휘하다(有作为).

7 及(급): 또. 다시. 더. 빈도를 표시한다(副詞。表示頻率, 相当于'又'。).

8《北京虛詞》復(부): 부사. 다시. 더 이상. 동사 앞에 쓰여, 동작의 재시행이나 상황의 연속 출현을 표시한

之深思也。」

○정자(程子 · 明道)가 말했다. "자로(子路)가 정치에 대해 여쭙자, 공자(孔子)께서 이미 그에게 말씀해주셨다. 더 말씀해주시기를 청하자, '게으름을 피우지 말라'라고만 하셨다. 더 이상 해주신 말씀이 없었으니, 잠시 그로 하여금 깊이 생각하게 하신 것이다."

다('復', 副词。表示动作或状况的再度施行, 或连续出现。义即'再'。).

[仲弓爲季氏宰章]

130201、仲弓爲季氏宰[1], 問政。子曰:「先有司[2], 赦小過[3], 擧賢才[4]。」[5]

1《論語義疏》 중궁이 장차 費邑에 가서 계씨의 채읍의 읍장을 맡게 되었기에, 먼저 공자께 자문한 것이다(疏: 仲弓將往費爲季氏采邑之宰, 故先諮問孔子, 求爲政之法也。);《論語正義》 '宰'(재)는 대부의 가신과 읍장의 통칭이다(正義曰: 正義曰: "宰"者, 大夫家臣及大夫邑長之通稱。).

2《論語集解》 정치하는 데 먼저 유사를 임명한 후에 그에게 일을 맡긴다(注: 王肅曰: 言爲政當先任有司而後責其事。);《古今注》 '先'은 '앞장서다'이다. 정치는, 몸소 솔선하여, 유사를 이끌어야 한다(先者, 先之也。爲政, 當躬自率先, 以爲有司倡。);《論語正義》 '有司'는 읍장의 관속이다(正義曰: '有司'者, 宰之羣屬。);《集注考證》 '先'은 平聲으로, 모든 일은 잠시 각 직책의 유사를 임명해 유사가 먼저 하게 하는 것을 말한다. 이 장은 앞 장과 이어져 있지만, 두 '先'字가 같지 않다. 자로는 일에 용감히 임하는 자여서, 공자께서 그가 사람들을 쉽게 책망할 것을 염려했기 때문에, 그가 스스로 솔선에 힘쓰라고 하신 것으로, 그렇다면 제1장의 '先'字는 去聲으로 읽어야 하고, 중궁은 조심스레 번다한 일을 다스리는 자여서, 공자께서 그가 번다한 일에 빠질까 염려했기 때문에, 그가 유사에게 먼저 하게 하는 데 힘쓰라고 하신 것으로, 그렇다면 이 장의 '先'字는 平聲으로 읽어야 한다(先, 平聲, 謂凡衆事且任有司爲之于前也。二章相連, 而二字不同。子路以勇臨事, 夫子恐其易于責人, 故勉其自已率先之, 則先當作去聲, 仲弓以敬治煩, 夫子恐其失于叢委, 故勉其使人先爲之, 則先當作平聲。);《論語譯注》 "유사에게 솔선수범을 보인다"("給工作人員帶頭");《論語句法》 유사에게 먼저 하게 하다('先有司'是從致使句'使有司先'轉變而成的。).

3《論語義疏》 또한 민간의 소소한 과오를 범한 자를 용서하여 풀어주어야 한다(疏: 又當放赦民間小小過誤犯之罪者也。);《論語譯注》 "사람들의 소소한 잘못을 시시콜콜 따지지 않는다"("不計較人家的小錯誤。"); 赦(사): 죄과를 면제하다. 너그럽게 용납하다(本义: 宽免罪过。宽容).

4《論語正義》 宋翔鳳[1779~1860]의 《論語發微》에 말했다. "경 · 대부가 세습되면서부터는, 賢才를 등용하는 정책이 행해지지 않았기 때문에, 중궁이 유독 '擧賢才'에 대해 의문을 갖고 질문한 것이다. '先有司'는 賢才를 등용하는 것을 전제로 하고, '擧賢才'는 賢才인지를 아는 것을 요체로 한다"(宋氏翔鳳發微云: "自世卿世大夫, 而擧賢之政不行, 故仲弓獨質其疑……是先有司者, 必以擧賢才爲本; 擧賢才者, 必以知其人爲要。");《論語正義》 재능이 뛰어난 자(正義曰: '賢才'謂才之賢者。).

5《論語正義》《呂氏春秋 · 審分覽》에 말했다. "무릇 직접 선을 행하기는 어렵지만, 남에게 맡겨 선을 행하기는 쉽다. 어째서 그렇다는 것을 알 수 있는가? 사람과 천리마가 같이 경주하면, 사람이 천리마를 이길 수 없지만, 수레 위에 앉아서 천리마를 부린다면, 천리마가 사람을 이길 수 없다. 군주가 관리들이 할 일을 직접 처리하길 좋아하면, 이는 천리마와 같이 경주하는 것이니, 반드시 여러 방면에서 그 관리에 미치지 못하는 바가 많을 것이다." 또 말했다. "군주라는 수레는, 이를 써서 물건을 싣는 것이다. 물건을 싣는 도리를 살핀다면, 곧 사해 끝까지라도 가질 수 있지만, 사물을 싣는 도리를 모른 체 스스로만 믿고 의지하여, 자기 지능을 과시하고, 여러 조칙을 잡다하게 내리고, 자기의 의도대로 하기를 좋아할 경우, 모든 관리가 한꺼번에 움직여 술렁거리고, 장유 사이의 차례가 없어지고, 각종 안 좋은 일들이 한꺼번에 일어나고, 권위는 분산되어 아래로 내려가서, 마무리를 못 짓고, 교화가 시행되지 못하니, 이는 나라를 망하게 하는 풍조이다." 이로 보건대, 모든 위정자는, 의당 먼저 유사에게 일을 맡겨 처리하게 해야지, 읍장 혼자뿐인 양 해서는 안 된다(正義曰: 呂氏春秋審分覽: "凡爲善難, 任善易。奚以知之? 人與驥俱走, 則人不勝驥矣; 居於車上而任驥, 則驥不勝人矣。人主好治人官之事, 則是與驥俱走也, 必多所不及矣。" 又云: "人主之車, 所以乘物也。察乘物之理, 則四極可有, 不知乘物而自怙恃, 奪其智能, 多其教詔,

중궁(仲弓)이 계씨(季氏)의 채읍(采邑)의 읍장을 맡게 되자, 정치에 대해 여쭈었다. 선생님께서 말씀하셨다. "각 직책의 유사(有司)에게 먼저 일을 하게 하고, 사소한 실책은 너그럽게 넘어가고, 덕이 있는 자·재능이 있는 자를 (유사(有司)로) 등용하도록 해라."

有司, 衆職也。宰兼[6]衆職, 然事必先之於彼, 而後考其成功, 則己不勞而事畢擧[7]矣。過, 失誤[8]也。大者於事或有所害, 不得不懲; 小者赦之, 則刑不濫[9]而人心悅矣。賢, 有德者。才, 有能者。擧而用之, 則有司皆得其人而政益修[10]矣。

'有司'(유사)는 여러 직책의 관리들이다. '宰'(재)는 여러 직책의 관리들을 총괄하는 자리지만, 일은 반드시 그들 각 직책의 유사(有司)에게 먼저 하게 하고, 그 후에 그들이 이루어낸 실적을 평가하면, 자신은 수고롭지 않으면서도 일이 모두 잘 완수될 것이다. '過'(과)는 '실책을 저지르다'[失誤]이다. 큰 실책은 일에 혹 해로울 수가 있기 때문에, 징계를 안 할 수는 없지만, 사소한 실책은 너그럽게 넘어가 준다면, 형벌이 남발되지 않아서 인심이 좋아할 것이다. '賢'(현)은 '덕이 있는 자'[有德者]이다. '才'(재)는 '재능이 있는 자'[有能者]이다. 이들을 들어 쓰면, 각 유사(有司)가 모두 그 직책에 맞는 적임자를 얻게 되어서, 정사가 더욱 정비될 것이다.

130202、曰:「焉[11]知賢才而擧之?」曰:「擧爾所知。爾所不知, 人其舍諸?[12] [13]」

而好自以, 若此, 則百官惆擾, 少長相越, 萬邪並起, 權威分移, 不可以卒, 不可以教, 此亡國之風也。" 觀此, 是凡爲政者, 宜先任有司治之, 不獨邑宰然矣。).

6 兼(겸): 여러 사무를 총괄하다(同时具有或涉及几种事务或若干方面).

7 畢擧(필거): 잘 끝마치다. 잘 처리하다. 완수하다(完全办好).

8 失誤(실오): 잘못하다. 실책을 저지르다(出现差错).

9 濫(람): 물이 차서 넘치다. 한도를 넘어서다. 지나치다(流水漫溢。过度; 超过限度; 漫无准则).

10 修(수): 정비하다. 손질하다(修治).

11《古書虛字》'焉'은 '何'이다('焉', '何'也。).

12《論語詞典》其(기): 반문을 표시하는 부사. 어찌. 설마["다른 사람이 설마 그를 묻혀 있게 놔두겠느냐?"](副詞, 表反問, 豈, 難道: '別人難道會埋没他嗎?');《論語句法》'其'는 반문을 표시하는 어기사로, '豈'와 같은 뜻이다('其'是表反詰的語氣詞, 與'豈'字同義。);《論孟虛字》어찌. 설마. 의문어기사('其', 猶'豈'。'其'表疑問語氣, 當白話'何'字。若表反詰語氣, 擇當'難道'。);《王力漢語》'諸'는 '之乎'의 합음자로, 문장 끝에

중궁(仲弓)이 여쭈었다. "어떻게 덕이 있는 자인지, 재능이 있는 자인지를 알아보고 등용하겠습니까?" 선생님께서 말씀하셨다. "네가 아는 덕이 있는 자·재능이 있는 자를 등용하도록 해라. 네가 모르는 덕이 있는 자·재능이 있는 자의 경우에는, 사람들이 설마 그를 내버려 두겠느냐?"

焉, 於虔反。舍, 上聲。○仲弓慮[14]無以盡知一時[15]之賢才, 故孔子告之以此。程子曰:「人各親其親, 然後不獨親其親[16]。仲弓曰『焉知賢才而擧之』, 子曰『擧爾所知, 爾所不知, 人其舍諸』便見仲弓與聖人用心之大小。推此義, 則一心可以興邦, 一心可以喪邦[17], 只在公私之間爾。」[18]

'焉'(언)은 '於'(어)와 '虔'(건)의 반절이다. '舍'(사)는 상성[shě]이다. ○중궁(仲弓)이 동시대의 덕이 있는 자·재능이 있는 자를 다 알 방법이 없는 것을 걱정했기 때문에, 공자(孔子)께서 그에게 이 말씀을 가지고 알려주신 것이다.

정자(程子)가 말했다. "사람들은 (먼저) 각기 자기가 친한 자를 자기 가까이에 두는데,

쓸 경우, 의문과 반문을 표시한다('諸'字是'之乎'的合音。'諸'字用於句尾的時候, 可以用'之乎'去解釋, 但是只表示疑問和反問。).

13 《論語義疏》 너는 백성의 주인이 되니, 네가 賢才를 등용하기를 좋아하면, 민심은 반드시 네가 좋아하는 바를 그대로 좇아, 각각 알아서 그들이 알고 있는 賢才를 천거할 것이니, 모두 이에 내버려 두지 않을 것이다(疏: 汝爲民主, 汝若好擧賢才, 則民心必從汝所好, 各各自擧其所知賢才, 皆遂不見捨弃。); 《論語正義》 宋翔鳳[1779~1860]의 《論語發微》에 말했다. "순임금이 고요를 들어 쓴 것, 탕임금이 이윤을 들어 쓴 것이[顏淵 제26장], 모두 '擧爾所知'이다. 不仁한 사람들이 멀리 사라졌으니[顏淵 제26장], 인자가 모두 앞으로 나오게 된다. 《易經·䷊泰》에, '띠풀 하나를 뽑아 올리니 밑에 뿌리가 덩어리 채 뽑혀 올라온다'[한 사람의 賢才를 뽑으면 그가 아는 賢才가 다 같이 따라온다]고 했는데, 이것이 '爾所不知人其舍諸'에 대한 설명이다"(正義曰: 宋氏翔鳳發微云: 如舜擧皐陶, 湯擧伊尹, 皆'擧爾所知'也。不仁者遠, 則仁者咸進。易曰: '拔茅茹以其彙, 征。' 此'爾所不知, 人其舍諸'之說也。).

14 慮(려): 고려하다. 구상하다. 걱정하다. 염려하다(思虑, 谋划。忧虑。).

15 一時(일시): 동시대(同一时候).

16 《述而 제5장》 각주 《禮記·禮運》 참조.

17 《子路 제15장》 참조.

18 《論語大全》 사람의 心量은 본디 크나크지만, 사사로움으로 좁아지고 작아진다. 사사로움에 가려지고 고착되다 보면, 나라를 잃을 수도 있다. 반드시 자기가 안 연후에만 등용하면, 버려지는 인재가 많을 것이니, 결코 이 때문에 나라를 잃지 않는다고는 못할 것이다(朱子曰: 人之心量本自大, 緣私故小。蔽固之極, 則可喪邦矣……必自知而後擧之, 則遺才多矣, 未必不由此而喪邦也。).

그런 후에는 자기가 친한 자만을 자기 가까이에 두는 것은 아니다. 중궁(仲弓)이, '어떻게 덕이 있는 자인지, 재능이 있는 자인지를 알아보고 등용하겠습니까?'라고 여쭙자, 선생님께서, '네가 아는 덕이 있는 자 · 재능이 있는 자를 등용하도록 해라. 네가 모르는 덕이 있는 자 · 재능이 있는 자의 경우에는, 사람들이 설마 그를 내버려 두겠느냐?'라고 말씀하셨으니, 곧 중궁(仲弓)과 성인의, 생각의 작고 큼을 볼 수 있다. 이 뜻을 미루어 나가면, 어떤 마음가짐은 나라를 흥하게 할 수도 있고, 어떤 마음가짐은 나라를 잃게 할 수도 있으니, (그것은 마음가짐이) 공정한지 사사로운지의 차이에 달려 있을 따름이다."

○范氏曰:「不先有司, 則君行臣職矣; 不赦小過, 則下無全[19]人矣; 不擧賢才, 則百職廢矣。失此三者, 不可以爲季氏宰, 況天下乎?」
○범씨(范氏 · 范淳夫)가 말했다. "각 직책의 유사(有司)에게 먼저 믿고 맡기지 않으면, 임금이 신하의 직분을 행사하게 되고, 사소한 실책을 너그럽게 넘어가지 않으면, 자기 밑에 사람이 살아남을 수 없게 되고, 덕이 있는 자 · 재능이 있는 자를 등용하지 않으면, 모든 직책이 제 역할을 못 해 버려진다. 이 세 가지를 잃으면, 계씨(季氏)의 채읍(采邑)의 읍장도 될 수 없는데, 하물며 천하를 다스리는 일에 있어서이겠는가?"

19 無全(무전): 살아남을 수 없다(謂不能存活。).

[子路曰 衛君待子章]

130301、子路曰:「衛君待子而爲政[1], 子將奚先[2]?」

자로(子路)가 여쭈었다. "위(衛)나라 임금이 선생님을 초빙하여 정치를 맡기신다면, 선생님께서는 무슨 일을 먼저 하시겠습니까?"

衛君, 謂出公輒也。是時魯哀公之十年[3], 孔子自楚反乎衛。

'衛君'(위군)은, 출공(出公) 첩(輒)을 말한다. 이때는 노(魯)나라 애공(哀公) 10년으로, 공자(孔子)께서 초(楚)나라에서 위(衛)나라로 돌아오신 때이다.

---

1 《論語正義》'衛君'은 출공 첩이다. '待'(대)는 아래 나오는 '齊景公待孔子'[齊景公이 공자를 가지 못하게 붙들다][微子 제3장], 《史記 · 孔子世家》의 '止孔子'[(齊景公이) 공자를 만류하다] 등의 '待' '止'의 뜻과 같다. 이 당시 공자께서 위나라에서, 公養之仕[孟子 · 萬章下 제4장]로 계셨는데, 위나라 임금이 장차 공자를 등용할 줄 알고서, 자로가 여쭌 것이다. 《史記 · 孔子世家》에 말하기를, '이 당시, 위나라 임금 첩의 부친 괴외가 임금의 자리에 오르지 못하고, 나라 밖에 있었는데, 제후들이 위나라 임금 첩에게 부친에게 양위할 것을 수차례 말했다. 그리고 공자의 여러 제자가 위나라에서 벼슬하고 있었고, 위나라 임금은 공자에게 정치를 맡기려고 했다. 자로가, '위나라 임금이 선생님을 초빙하여 정치를 맡기신다면, 선생님께서는 무슨 일을 먼저 하시겠습니까?'라고 여쭈었다'고 했다(正義曰: '衛君'者, 出公輒也。'待'者, 下篇"齊景公待孔子", 史記孔子世家作"止孔子"……是'待'、'止'同義。時孔子在衛, 爲公養之仕, 知衛君將留用孔子, 故子路擧以問也。史記孔子世家: "是時, 衛公輒父不得立, 在外, 諸侯數以爲讓。而孔子弟子多仕於衛, 衛君欲得孔子爲政。子路曰: '衛君待子而爲政'"云云。); 《讀四書大全說》 자로가 '위나라 임금이 선생님을 초빙하여 정치를 맡기신다'고 했는데, 선생님께서 거절하지 않고, 다만 '正名'을 말씀하셨으니, 위나라 출공 첩의 조정에 신복할 것임을 인정하신 것이다. 자공이 '선생님께서 위나라 임금을 도우실까요?'[述而 제14장]라고 말한 것은 출공 첩의 즉위 초기 때이다. 자로의 이 장의 질문은 출공 12년 뒤에 한 말이다(子路曰 "衛君待子而爲政", 夫子不拒, 而但言"正名", 則固許委贄於衛輒之廷矣。子貢 "夫子不爲"之說, 在輒初立之時; 子路此問, 在十二年之後。); 待(대): 대우하다. 초대하다(对待。招待。).

2 《王力漢語》將(장): 머지않아 곧 ~하다. 조건문에 쓰여, 모종의 조건하에서 모종의 상황이 출현할 것임을 표시한다(副詞。將要, 快要。又用於條件句, 表示在某種條件下將出現某種情況。); 《論語義疏》'奚'(해)는 '何'[무엇]이다(疏: 奚, 何也。); 《詞詮》의문대사. 무슨 일('奚', 疑問代名詞。何事也。); 《古漢語語法》'奚'는 사물 · 장소 · 원인을 물을 수 있다. 사람을 묻는 예는 안 보인다. '奚先'은 '무엇을 먼저 한다'는 의사로, '先'은 동사, '奚'는 목적어이다. 의문문에서 동사 앞에 '將'등의 부사가 출현할 경우, '부사+의문대사+동사' 형식으로 쓰인다('奚'可以问事物、问地方、问原因, 不见问人的例句。'奚先'是先做什么的意思。'先', 动词, '奚'作它的宾语; 疑问句中, 动词前若出现副词'将'等, 则一般格式是'副词+疑问代词+动词'。).

3 《孔子世家》에는, '노애공 6년[BC 489] 공자 나이 63세에 초나라에서 위나라로 돌아왔다'(孔子自楚反乎衛。是歲也, 孔子年六十三, 而魯哀公六年也。)고 되어 있다.

130302、子曰:「必也正名乎[4]![5]」[6]

선생님께서 말씀하셨다. "반드시 이름을 바로잡을 것이다!"

是時出公不父其父而禰[7]其祖[8], 名實紊[9]矣, 故孔子以正名爲先。謝氏曰「正名雖爲衛君

4 [성]必也正名(필야정명): 반드시 정통윤리 관념과 예의 관계에 따라 사회기강과 명분을 바로잡는다(指必须按照正统伦理观念和礼仪关系, 来端正纲纪名分。);《論語語法》'也'는 부사어 뒤에 쓰여 강조를 표시한다(也, 用在狀語之後, 表示強調。);《王力漢語》名(명): 명칭. 명분(名義。);《詞詮》감탄을 표시하는 어말조사('乎', 語末助詞。助句, 表感歎。);《文言虛詞》乎(호): 추측·의논을 표시할 수도 있다('乎'字爲語氣詞, 還可以表示推測或者商榷。);《王力漢語》'乎'가 의문을 표시하지 않고 감탄을 표시할 때가 있다(有時候, 疑問語氣詞'乎'字並不表示疑問, 而是表示感歎。).

5《論語集解》온갖 사물들의 이름을 (실질에 맞게) 바로잡는 것이다(注: 馬融曰: 正百事之名也。);《論語義疏》반드시 먼저 正名을 하겠다고 한 까닭은, 시대가 혼미해지고 예법이 혼란해지고, 언어가 번잡해져서, 사물들의 이름이 그 본래의 호칭을 잃었기 때문으로, 그래서 정치를 함에 반드시 正名을 우선으로 생각하신 것이다. 아래 나오는 '邦君之妻 君稱之曰 夫人'[季氏 제14장] 등속은, 이러한 正名의 부류이다(疏: 所以先須正名者, 爲時昏禮亂, 言語繇雜, 名物失其本號, 故爲政必以正名爲先也。所以下卷云邦君之妻君稱之曰 夫人之屬, 是正名之類也。);《論語正義》鄭玄의《論語注》에 말했다. "正名은 글자를 올바르게 쓰는 것을 말한다. 옛날에는 글자를 名이라 했고, 지금은 字라 한다.《儀禮·聘禮》에 '백 글자 이상은 죽간에 기록하고, 백 글자가 안 되면 목판에 기록한다'고 했다. 공자께서 時教가 더 이상 행해지지 않는 것을 보시고, 그 글자의 잘못을 바로잡고자 하신 것이다." 陳鱣[1753~1817]의《論語古訓》에 말했다. "《周禮·春官宗伯·外史》의 '掌達書名於四方'[사방에 글자를 읽고 쓰는 것을 관장한다]에 대한 鄭玄의 注에 '옛날에는 글자를 名이라 했고, 지금은 字라 한다. 사방에 적은 글자를 알게 하고, 그 글자를 읽을 수 있게 한 것이다'라고 했고, 賈公彦의 疏에 '옛날에는 글자의 수가 적어서, 곧바로 名이라 했는데, 후대에 와서 글자가 많아지다 보니 字라 했다. 字는 滋이다. 더욱 불어나서 새롭게 名이 생기기 때문에 다시 字라 고쳐 칭한 것이다. 그 名字를 바르게 잡아, 사방에서 알고 읽도록 한 것이다'라고 했다(正義曰: 鄭此注云: "正名謂正書字也。古者曰名, 今世曰字。儀禮曰: '百名已上, 則書之於策。' 孔子見時教不行, 故欲正其文字之誤。" 陳氏鱣古訓曰: "周禮外史'掌達書名於四方', 注: '古曰名, 今曰字, 使四方知書之文字, 得能讀之。' 賈疏: '古者文字少, 直曰名; 後代文字多, 則曰字。字者, 滋也。滋益而生, 故更稱曰字。正其名字, 使四方知而讀之也。'……");《論語譯注》"명분상의 잘못된 용어사용을 바로잡겠다"("那一定是纠正名分上的用詞不當罷!").

6《韓詩外傳·卷五》공자가 계손을 모시고 앉아 있었다. 계손의 가재가 기별하기를, '임금께서 사람을 보내 말을 빌려달라고 하십니다. 빌려드릴까요?'라고 하자, 공자가 말했다. "내가 알기로는 임금이 신하에게 요구할 때는 '취한다'고 하지 '빌린다'고 하지 않는다고 했습니다." 계손이 깨닫고는 가재에게 알렸다. "이제부터는 임금께서 요구하는 것을 '취한다'고 하지, '빌린다'고 하지 말라." 공자가 말했다. "'말을 빌린다'는 말부터 바로잡아야 군신 간의 의가 바르게 정해집니다." 論語에 말하기를, '반드시 이름을 바로잡겠다'고 했다. 詩에 말하기를, '군자는 경솔하게 말을 남발해서는 안 된다'고 했다(孔子侍坐於季孫。季孫之宰通曰: '君使人假馬, 其與之乎?' 孔子曰: '吾聞君取於臣, 謂之取, 不曰 假。' 季孫悟, 告宰通曰: '今以往, 君有取, 謂之取, 無曰 假。' 孔子曰 正假馬之言, 而君臣之義定矣。《論語》曰: '必也正名乎!'《詩》曰: '君子無易由言。').

7《論語大全》아버지를 모신 사당을 '禰'라 한다(新安陳氏曰: 父廟曰 禰。); 禰(녜): 사당에 위패를 모신 죽은 아버지(古代对已在宗庙中立牌位的亡父的称谓).

而言, 然爲政之道, 皆當以此爲先。」[10]

8《論語大全》괴외는 위나라에 들어가 위나라 임금이 되고자 했지만, 아들 첩이 거절했으니, 이것이 '不父其父'이다. 손자 첩이 영공의 뒤를 이어 임금이 되었으니, 이것이 '禰其祖'이다(新安陳氏曰: 蒯聵欲入君衛, 而輒拒之, 是不父其父。輒繼靈公。是禰其祖。).

9 紊(문): 문란하다. 실이 헝클어져 있다(乱。紊, 乱也).

10《論語正義》이 장의 '正名'은 괴외의 일을 가리킨다. '正名'은 무엇인가? '세자'라는 명칭을 고친다는 것이다.《春秋》에, '애공 2년[BC 493] 여름, 진나라 조앙이 군대를 거느리고 위나라 세자 괴외를 호위하여 척읍으로 들여보냈다'고 했다. 공영달의 소에, '세자란, 아버지가 살아 있을 때의 이름이다. 괴외는 아버지 영공이 이미 죽었는데도[BC 493년卒], 세자라 칭한 것은, 진나라가 척읍으로 그를 들여보내면서, 그를 세자라 고한 것인데, 이는 바로 세자가 의당 임금이 되어야 함을 보이려는 것이었다.《春秋》는, 그가 본시 세자였는데, 아직 위나라를 얻지 못했으니, 높일 수도 낮출 수도 없었기 때문에, 세자라고 써놓은 것일 뿐이다'라고 했다. 이에 근거하면, 이 세자란 명칭은 옳지 아니한데도《春秋》에 그대로 존속시켜서는 안 되는 것이었다. 그런즉 이 '正名'은 바로《春秋》에 써놓은 세자란 명칭을 고치는 것임을 알 수 있다.《史記 · 太史公自序》에, '남자가 괴외를 미워해서, 아들과 아버지의 명칭을 바꾸었다[아들을 임금이라 칭명하고 아버지를 세자라 칭명했다]'고 했는데, 아버지 괴외를 세자로 삼지 않고, 아들 첩을 임금으로 세운 것이다. 명칭이 전도된 것이 이보다 심한 경우가 없었다. 공자께서는 이를 누차 고치고자 한 것이고, 첩이 임금이 된 것이 부당하다는 것, 괴외와 나라를 다투는 것은 부당하다는 것, 이름을 보고 그대로 뜻을 떠올리게 되는 것은, 저절로 얻어지는 언외의 소득일 수 있다(正義曰: 是正名指蒯聵之事……正名者何? 正世子之名也。春秋: "哀二年夏, 晉趙鞅帥師納衛世子蒯聵於戚。" 孔疏: "世子者, 父在之名。蒯聵父既死矣, 而稱世子者, 晉人納之, 世子告之, 是正世子以示宜爲君也。春秋以其本是世子, 未得衛國, 無可褒貶, 故因而書世子耳。" 據此, 是世子之稱, 春秋不以爲非而存之。則此 "正名", 即世子之名可知。太史公自序云: "南子惡蒯聵, 子父易名。" 謂不以蒯聵爲世子, 而輒繼立也。名之顛倒, 未有甚於此者。夫子亟欲正之, 而輒之不當立, 不當與蒯聵爭國, 顧名思義, 自可得之言外矣。);《古今注》'名'은 아버지와 아들 · 임금과 신하라는 정해진 명칭을 말한다. 이 당시에, 아들 첩은 임금이라 칭명했고, 아버지인 괴외는 세자라 칭명했으니, 아버지와 아들 · 임금과 신하라는 명칭이 뒤바뀌어, 그 차례를 잃고 있었기 때문에, 이 명칭을 바로 잡으려면, 아들 괴첩이 마땅히 아버지 괴외를 영접하여 임금 자리를 양위하고는, 세자의 자리로 물러나야만 했다. (그런데) 하늘과 땅이 뒤바뀌고, 머리는 밑으로 가고 다리는 위에 붙은 채로, 12년을 보내면서도, 괴첩은 뻔뻔스럽게도 스스로 편안히 지내면서, 고칠 줄 몰랐으니, 이렇다면 위나라 정치에서, 명칭을 바로잡는 것만큼 시급한 것은 없는 것이다. 명칭은 바르지 않으면 안 되는데, 명칭이란 무엇인가? 명칭은 본래 인륜에서 생겨나온 말이다. 공자께서 제경공의 물음에 답한, '君君臣臣 父父子子'[顏淵 제11장]가, 바로 이 장에서 말하고 있는 '正名'이다(名, 謂父子,君臣之定名。是時, 蒯輒稱衛君, 蒯聵稱衛世子, 父子,君臣之名, 顛倒失倫, 欲正此名, 則輒當迎父以讓位, 退處世子之位也。[天翻地覆, 首下足上, 十有二年, 輒也靦然自安, 莫之知改, 是則衛國之政, 莫急於正名也。] 名不可不正也, 名之爲何物? …… 名之爲物, 本起人倫, 孔子對齊景公曰, 君君, 臣臣, 父父, 子子, 即所謂正名也。);《孔子傳》正名은 바로 父子의 명칭을 바로잡는다는 것으로, 자식이 아버지를 막는 것이 부당하다는 것이다. 그렇지만, 出公은 임금 자리에 앉은 지 이미 몇 년이 되었고, 위나라의 신하들은 모두 이렇게 되기를 바랐으니, 형세는 이미 정해져 있었다[공자께서 위나라에 되돌아온 때는, 위출공 즉위 4년 차로, 父子 간의 내외대치형세는 훨씬 전에 이미 형성되어 있었다]. 괴외는 먼저 아버지에게 친절하게 간언할 줄을 몰랐고, 대뜸 남자를 죽이려 했으니, 이미 불효자라는 이름을 지고 있었다. 그는 오히려 진나라 땅인 척에 의지하고 있었고, 또 아버지의 오랜 원수인 조앙의 힘을 빌렸으니[위나라 영공은 진나라 조앙과 오랜 원수로, 진나라를 반역하고 제나라와 가까이 지냈다], 그래서 더욱 위나라 신하들의 불만의 대상이었다(正名即是正父子之名, 不当以子拒父。然出公居君位已有年, 卫之群臣皆欲如此, 形势已定。[孔子重反卫,

이 당시에 출공(出公) 첩(輒)은 자기 아버지 괴외(蒯聵)를 아버지로 모시지 않고 자기 할아버지[靈公]를 아버지의 사당에 모셨으니, 이름이 실상과 맞지 않고 헝클어져 있었기 때문에, 공자(孔子)께서 이름을 바로잡는 일로 우선을 삼으신 것이다.

사씨(謝氏·謝顯道)가 말했다. "이름을 바로잡겠다는 말씀은 비록 위(衛)나라 임금 때문에 하신 말씀일지라도, 그렇지만 정치의 도리는, 모두 마땅히 이것을 우선으로 삼아야 한다."

130303、子路曰:「有是哉[11], 子之迂[12]也! 奚其正[13]?」

已在卫出公四年, 父子内外对峙之形势早已形成。] 蒯聩先不知善谏其父, 而遽欲杀南子, 已负不孝之名。其反而据戚, 又借其父宿仇赵鞅之力[灵公与晋赵鞅有夙仇, 叛晋昵齐。], 故更为卫之群臣所不满。). 그런데 지금 공자는 첩과 괴외의 父子의 명칭을 바로잡으려 한 것으로, 이것은 참으로 당시의 크나큰 난제였기 때문에, 자로가 또 어떻게 바로잡을지를 여쭌 것이다. 이하의 공자의 답변은, 단지 인심·대의·원리·원칙에 입각할 것을 말한 것이다. 공자의 생각은 인심·대의·원리·원칙의 소재를 파악하여 현실을 이끌어야지, 현실에 타협해서 인심·대의·원리·원칙에 반해 이를 버리고 상관하지 않는 것은 부당하다는 것이다. 공자께서 노나라에서 墮三都를 주장한 것도 바로 이러한 것이었다(今孔子乃欲正辄与蒯聩间父子之名, 此诚是当时一大难题, 故子路又有奚其正之问。此下孔子所答, 只就人心大义原理原则言。孔子意, 惟当把握人心大义原理原则所在来领导现实, 不当迁就现实, 违反人心大义原理原则而弃之于不顾。孔子在鲁主张堕三都, 即是如此。). 그런데 얼마 후 위출공 12년에 이르러, 괴외는 마침내 위나라에 들어와 임금이 되었고, 위출공 첩은 축출되어 노나라로 도망갔다. 공자께서 본래 앞서 이미 분명히 이를 말씀한 것이다. 그런데 자로는 공자의 당시의 말을 깊이 이해하지 못했고, 이후 이에 공회家의 읍장이 되었는데, 공회는 바로 첩을 옹호하고 괴외를 막은 자였다. 괴외를 옹립한 자들이, 자로를 죽였다(……然越后至于卫出公之十二年, 蒯聩终入卫, 而辄出亡于鲁……孔子固先已明言之……而子路未深明孔子当时之言, 此后乃仕为孔悝之家邑宰。孔悝即是拥辄拒蒯聩者。蒯聩之人, 子路死之。).

11 《論語注疏》"어찌 이러실 수 있습니까!"(疏: 正義曰: 豈有若是哉!); 《助字辨略》'有是哉'는 불만스러운 말이다(有是哉, 不足之辭。); 《論語譯注》"선생님께서 세상 물정 모르시는 게 놀랍게도 이 정도까지라니요!"("您的迂腐竟到如此地步嗎!"); 《王力漢語》'有是哉'는 술어이고, '子之迂也'는 주어이다["선생님께서는 뜻밖에도 세상 물정에 어두우신 게 이 정도이십니다!"]('有是哉'是谓语, '子之迂也'是主语。你竟然迂腐到了这种程度。); 《論語新解》당시 사람 중에는 공자를 세상 물정에 어두운 사람이라고 조롱한 자가 있었는데, 자로가 처음에는 믿지 않다가, 지금 공자의 말씀을 듣고 보니, 정말로 당시 사람들의 조롱하는 바와 같다고 말한 것이다["맞는 말이었군요. 선생님이 이 정도로 세상 물정에 어두운 분이라는 게!"](时人必有以孔子为迂者, 子路初不信, 今闻孔子言, 乃谓诚有如时人之所讥: "先生真个迂到这样吗!"); 《論孟虛字》'有'는 '如'와 같다. '有是'는 '如是'와 같다["정말 이렇습니까?"]('有', 猶'如'。'有是'猶'如是'或'若是'。'若是真要這樣嗎?').

12 《論語集解》'迂'(우)는 '遠'과 같다. 공자의 말씀이 일에서 소원해졌다는 말이다(注: 苞氏曰: 迂, 猶遠也。言孔子之言疏遠於事也); 《百度漢語》굽어지고 꺾어지다. 멀리 돌아가다. 외지고 멀다(迂: 本义: 曲折,

자로(子路)가 여쭈었다. "이리도, 선생님께서 세상 물정에 어두우시다니요! 어떻게 바로잡으시겠다는 것인지요?"

迂, 謂遠於事情, 言非今日之急務也。[14]
'迂'(우)는 '세상 물정에 어둡다'고 하는 말로, (이름을 바로잡는 것이) 지금 급히 서둘러야 할 일이 아니라는 말이다.

130304. 子曰: 「野哉[15]由也! 君子於其所[16]不知, 蓋闕如[17]也。

绕远。僻遠。); 《王力字典》 迂(우): 우활하다. 세상 물정에 어둡다(迂闊。).

13 《論語義疏》 '奚其正'은 '하필이면 正입니까?'라는 말이다(疏: 云奚其正, 言何須正也。); 《許世瑛(二)》 '其'는 지칭사로 볼 수 없다. '正'은 동사이기 때문에, 어기사로도 볼 수 없다. 어기사로 쓰이는 '其'는 그 위치가 '奚' 앞에 놓여야지, '奚' 뒤에 놓여서는 안 된다(여기의 '其'字는 부사와 동사 사이에 붙이는 관계사이다). '奚其正'의 '奚'字는 의문지칭사가 아니라 의문부사로, 동사 '正'을 수식하는 데 쓰인 것이다["어떻게 바로잡으시겠습니까?"]('其'字不能認爲是指稱詞, 因爲'正'字是個動詞, 也不能認爲語氣詞, 因爲做語氣詞用的'其'字, 它的位置該在'奚'字之前, 不該在'奚'字之後。'奚其正'裡的'奚'字卻不是疑問指稱詞, 而是疑問限制詞, 用來修飾動詞'正'的。)[論語中'其'字用法深究]; 《論語譯注》 "하필이면 바로잡는 것입니까?"("這又何必糾正?"); 《論孟虛字》 '왜 이름을 바로잡으려 하시는지요?'(爲什麼要正名呢?).

14 《論語大全》 공자의 정명론은 대개 첩을 임금으로 인정하지 않았다. 이때는 첩이 임금[出公] 자리에 오른 지 이미 12년(?)이 되었다. 자로가 세상 물정에 어둡다고 한 말은, 대개 첩이 재위한 지 12년이 된 것을 염두에 둔 말이었다(厚齋馮氏曰: 夫子正名之論, 蓋不與輒也。時輒已立十二年矣。子路之所謂迂者, 蓋爲輒也。).

15 《論語集解》 '野'(야)는 '不達'[(정명을) 이해 못 하다]이다(注: 孔安國曰: 野, 猶不達也。); 《論語新解》 '野'는 '粗鄙'[상스럽다. 몰상식하다. 예의가 없다]를 말한다(野谓粗鄙。); 《百度漢語》 野(야): 거칠다. 몰상식하다. 예의가 없다. 막돼먹다. 점잖지 못하다(粗鲁, 粗野, 野蛮, 不文雅。).

16 《王力漢語》 '所'는 지시대명사로, 통상 타동사 앞에 쓰여 타동사와 명사구를 만들며, '~한 사람' '~한 사물'을 표시하고, 일반적으로 행위의 대상을 가리킨다('所'字也是一個特別的指示代詞, 它通常用在及物動詞的前面和動詞組成一個名詞性的組詞, 表示'所……的人' '所……得事物', '所'字所指示的一般是行爲的對象。).

17 《論語正義》 《說文 · 敘》의 '(其於所不知)蓋闕如也.'에 대한 단옥재의 注에 말했다. "《論語》에서 '如'字를 붙여 말할 때, 어떤 경우는 한 개 글자로 말했는데, '勃如' '躩如'[鄕黨 제3장]가 이것이다. 어떤 경우는 겹글자로 말했는데, '申申如' '夭夭如'[述而 제4장]가 이것이다. 어떤 경우는 첩운쌍성자로 말했는데, '踧踖如'[鄕黨 제2장] '鞠躬如'[鄕黨 제4장] '蓋闕如'[子路 제3장]가 이것이다. '蓋'는 옛날 음이 '割'[gē]와 같다. 《漢書 · 儒林傳》에, '疑者, 丘蓋不言'['丘蓋不言'은 모른다는 뜻이다(丘蓋不言, 不知之意。)]라 했고, '丘蓋'가 《荀子 · 大略》에는 '區蓋'로 되어 있다. '丘' '區' '闕' 세 글자는 쌍성이다." 宋翔鳳[1779~1860]의 《過庭錄》에 말했다. "《論語》의 '蓋闕'은 《荀子 · 大略》의 '區蓋'와 같은 말로, 아직 보지 못해 불분명해서 의심스럽다는 뜻이다. 그러므로 '蓋闕如'는 '踧踖如'[조심조심하는 모습]와 같은 말이다. 《論語》에서

선생님께서 말씀하셨다. "버릇이 없구나, 유(由)는! 군자는 자기가 알지 못하는 것을 대할 때는, 함부로 단정하지 않고 빼먹은 듯이 입 다물고 있는 법이다.

野, 謂鄙俗。責其不能闕疑[18], 而率爾[19]妄對也。

'野'(야)는 '버릇이 없고 상스럽다'[鄙俗]라는 말이다. 자로(子路)가 의심스러운 것을 빼놓지 못하고, 버릇없이 함부로 대답하는 것을 책망하신 것이다.

130305、名不正, 則言不順[20, 21]; 言不順, 則事不成[22];

'闕如'를 연문으로 보는 것은 맞지 않다['蓋闕'을 連綿字[같은 음의 글자를 중복한 글자]로 볼 경우, '분명하게 몰라서 의심스러워하는 모습이다'로 풀이한다. '闕如'를 연문으로 볼 경우, '蓋'를 추측보사로 보고 '대개 빼먹은 듯한 모습이다'로 풀이한다]"("蓋闕如"者, 段氏玉裁說文敘注云: "論語言如, 或單字, 孛如, 躩如是; 或重字, 申申如, 夭夭如是; 或疊韻雙聲字, 踧踖如, 鞠躬如, 蓋闕如是。蓋舊音如割。漢書儒林傳曰: '疑者丘蓋不言。' ……'丘蓋', 荀卿書作'區蓋'。丘, 區, 闕三字雙聲。" 宋氏翔鳳過庭錄: "論語之'蓋闕', 即荀子之'區蓋', 爲未見闕疑之意。故曰'蓋闕如也', 與'踧踖如也'同辭。讀論語以'闕如'連文者, 非也。"); 《百度漢語》 蓋闕(개궐): 두 글자를 이어 써서, 모자라다. 의문스러운 것을 섣불리 단정하지 않고 보류해 둔다는 뜻을 가리킨다(連用, 指缺少, 闕疑。); 《論語句法》 '蓋'는 연결동사로, 지금의 '是'字에 해당한다('蓋'是繫詞, 相當於白話的'是'字。); 《論語詞典》 蓋(개): 부사. 불확정을 표시한다["대개 보류하는 태도를 취한다"](副詞, 表示不確定; '大概採取保留態度.'); 闕(궐): 의심나는 일이 있으면 잠시 결론을 내리지 않고, 고찰을 나중으로 미루다(有怀疑的事情暂时不下断语, 留待查考。); 闕遺(궐유): 빠뜨리다. 빼먹다(缺少; 遺漏).

18 《爲政 제18장》 참조; 闕疑(궐의): 의문이 있거나 어려운 문제를 보류해두고 주관적으로 추론하지 않다. 의문으로 남겨두다(把疑难问题留着, 不做主观推论; 存疑).

19 率爾(솔이): 경솔히. 버릇없이; 爾(이): 부사를 만드는 역할을 하는 접미사(词尾, 相当于'地''然'。).

20 《禮記 · 大傳》 이름을 짓는 것은, 인륜 가운데 대사인데, 신중하지 않을 수 있겠는가?(名者, 人治之大者也, 可無慎乎?).

21 [성]名不正 言不順(명부정 언불순): 명분이 바르지 않으면 명과 실이 부합하지 않는다. 명분상 용어가 잘못되면, 언어는 조리가 정연할 수 없다. 말이 자기의 지위와 걸맞지 않으면 도리상 이해시킬 수 없다(名: 名分; 顺: 合理。指名分不正或名实不符。原指在名分上用词不当, 言语就不能顺理成章。后多指说话要与自己的地位相称, 否则道理上就讲不通。); [성]名正言順(명정언순): 명분이 바르고 말이 사리에 맞다. 명분이 정당하면 말이 이치에 부합된다(原指名分正当, 说话合理。); 《論語正義》 '言'은 명령을 내고 정령을 선포하는 수단이다. 《呂氏春秋 · 審分覽》에 말했다. "이름이 그 실질과 맞지 않는 경우가 많고, 행하는 일이 그 용도에 적합하지 않은 경우가 많기 때문에, 임금이 명분을 분별하여 분명하게 밝히지 못하는 것이다. 지금 어떤 사람이, 소를 원하면서 말이라 말하고, 말을 원하면서 소라 말하면, 원하는 것은 결코 얻을 수 없다. 그럼에도 그가 이 때문에 화를 내면, 담당자는 반드시 비방하고 원망하고, 소 · 말은 필시 어지러울 것이다. 백관은 많은 담당자이다. 만물은 많은 소 · 말이다. 만물의 이름을 바르게 해놓지 않고서, 백관의 직분을 제대로 구별해놓지 않고서, 빈번하게 형벌을 부과하면, 혼란이

이름이 바르지 않으면, 말이 순리롭지 못해 막히고, 말이 순리롭지 못해 막히면, 행하고자 하는 일이 말대로 이뤄지지 못한다.

楊氏曰:「名不當其實, 則言不順。言不順, 則無以考實而事不成。」[23]

양씨(楊氏·楊中立)가 말했다. "이름이 그 실상과 맞지 않으면, 말이 순리롭지 못해 막힌다. 말이 순리롭지 못해 막히면, 실상을 살필 방법이 없어 행하고자 하는 일이 말대로

막대할 것이다. 그래서 이름이 바르지 않으면, 임금은 노심초사 힘들게 고생하지만, 관직은 난잡해지고 어긋나고 거스르게 되는데, 나라가 망하고, 이름이 손상을 받는 것은, 여기에서 초래되는 것이다." 《呂氏春秋·審分覽》의 이 말은, 이름이 바르지 않으면, 부과하는 형벌이 잘못되고 문란해진다는 말로, 이 장의 뜻과 같다(正義曰: '言'者, 所以出令布治也。呂氏春秋審分覽: "夫名多不當其實, 而事多不當其用者, 故人主不可以不審名分也。今有人於此, 求牛則名馬, 求馬則名牛, 所求必不得矣。而因用威怒, 有司必誹怨矣, 牛馬必擾亂矣。百官, 衆有司也; 萬物, 羣牛馬也。不正其名, 不分其職, 而數用刑罰, 亂莫大焉。故名不正, 則人主憂勞勤苦, 而官職煩亂悖逆矣, 國之亡也, 名之傷也, 從此生矣。" 呂覽此言名不正, 則刑罰失亂, 與此文意同。); 《論語譯注》 그 이름은 있는데, 그에 맞은 실상은 없는 것이 '名不正'이다. 공자가 바로잡고자 한 것은, 고대 예의 제도상·명분상의 용어사용에 관한 부당한 현상, 즉 윤리와 정치에 관한 문제였다(有其名, 無其實, 就是名不正……孔子所要糾正的, 只是有關古代禮制、名分上的用詞不當的現象……, 是有關倫理和政治的問題); 《古今注》 '言不順'은, 명칭이 순서에 부합하지 않은 것을 말한다. 아버지인 괴외는 나라 밖에서 세자라 칭명하고 있었고, 아들인 첩은 엄연히 스스로를 임금이라 칭명하고 있었으니, 이것이 '言不順'이었다(言不順者, 稱謂不順序也。父在外稱世子, 而輒儼自稱君, 言不順也。); 言不順(불순): 말이 사리에 맞지 않아 문장을 이루지 못하다. 조리가 서지 못하다(言语不能顺理成章); 順言(순언): 이치에 맞는 말(顺理的话).

22 《古今注》 '事不成'은, 시행한 일이 소기의 성과를 거두지 못한 것이다. 천자는 아니라고 하고, 제후는 이러쿵저러쿵 의논이 분분하니, 천자를 섬길 방법이 없고 제후들 간에 교린할 수 없고, 대부는 속으로 비방하고, 서민은 입으로 비방하여, 호령을 발동해도 시행할 도리가 없으니, 명칭을 바로잡지 않으면, 모든 일이 소기의 성과를 거두지 못한다(事不成者, 施爲無所成也。天子非之, 諸侯議之, 無以事大而交鄰。大夫心誹, 庶人口謗, 無以發號而施令, 不正名則百事不成。).

23 《論語大全》 集注에서는 正名·名不正을 모두 세 번 '實'字를 써서 말했다. 앞 제2절에서는 名과 實이 문란하다고 했고, 여기서는 名이 그 實과 맞지 않는다고 했고, 또 그 實을 고찰할 방법이 없다고 했다. 대개 名이 그 實과 맞으면, 名이 바른 것이고, 名과 實이 문란하면 名은 바르지 않은 것이다. 名은 實의 손님이고 實은 名의 주인이다. '實'字는 名에서 가장 중요한 것이다(新安陳氏曰: 集註於正名, 名不正, 凡三以實字言。前云名實紊, 此云名不當其實, 又云無以考其實。蓋名當其實, 則名正, 名實紊, 則名不正。名者實之賓, 實者名之主也。實字於名最緊切。); 《論語大全》 "'言'과 '事'는 서로 관계가 없는 듯합니다." 주자가 답했다. "어떤 사람이 불이 나서, 급히 물을 가져와 불을 꺼야 되는데, 그가 불을 가져오라고 시킨 경우, 이것이 곧 '言不順'이니, 일이 이루어질 리가 있겠느냐? 輒(첩)은 병력을 써서 아버지를 들어오지 못하게 막았으니, 아버지를 역적으로 여긴 것이다. 이 얼마나 不順한 일이냐? 그 무엇으로 나라를 다스리고, 무엇으로 백성을 다스리겠느냐?"(問言與事, 似不相干涉。朱子曰: 如一人被火, 急取水來救始得, 却教他取火來, 此便是言不順, 如何得事成? 輒以兵拒父, 以父爲賊。是多少不順? 其何以爲國, 何以臨民?).

이뤄지지 못한다."

130306、事不成, 則禮樂不興[24]; 禮樂不興, 則刑罰[25]不中; 刑罰不中, 則民無所措手足。[26]

행하고자 하는 일이 말대로 이뤄지지 못하면, 예악이 행해지지 못하고, 예악이 항해지지 못하면, 저지른 형(刑)과 벌(罰)이 각기 그 죄에 합당하지 못하고, 저지른 형(刑)과 벌(罰)이 각기 그에 합당하지 못하면, 백성들이 어찌해야 좋을지 모르게 된다.

中[27], 去聲。○范氏曰:「事得其序之謂禮, 物得其和之謂樂。事不成則無序而不和, 故禮樂不興。禮樂不興, 則施之政事皆失其道, 故刑罰不中。」

'中(중)'은 거성[zhòng]이다. ○범씨(范氏·范淳夫)가 말했다. "일이 그에 맞는 질서를 얻는 것이 '禮'(예)이고, 사물이 그에 맞는 조화를 얻는 것이 '樂'(악)이다. 일이 이루어지지 못하면, 질서를 얻지 못하고 조화를 얻지 못하기 때문에, 예악이 행해지지 못한다. 예악이 행해지지 못하면, 예악을 행하는 정사가 모두 그에 맞는 도리를 잃기 때문에, 저지른 형(刑)과 벌(罰)이 각기 그 죄에 합당하지 못하게 되는 것이다."

130307、故君子名[28]之必可言也, 言之必可行也。君子於其言, 無所苟[29]而已矣。」

24《論語義疏》'興'(흥)은 '行'[행하다]과 같다(疏: 興, 猶行也。);《論語詞典》興(흥): 행하다. 거행하다(舉辦。);《王力漢語》興(흥): 크게 발전하다. 번창하다(發達, 昌盛, 跟'廢'相對。).

25《論語正義》《周禮 · 秋官司寇 · 職金》에 '職金은 사법관이 판결한 벌금의 수령업무를 관장한다'고 했고, 鄭玄의 注에 '罰은 속죄로 내는 것이다'라고 했다.《說文 · 井部》에 '刑은 罰辠(벌죄)이다'라고 했고,《說文 · 井部》에 '罰은, 辠(죄)[罪의 古字] 중에 가벼운 것이다'라고 했다. '罰'이 罪 중에 가벼운 것이니, '刑'은 罪 중에 무거운 것임을 알 수 있다(正義曰: 周官職金"掌受士之金罰、貨罰", 注: "罰, 罰贖也。" 說文: "荆, 罰辠也。罰, 辠之小者。" "罰"是小辠, 則"刑"爲辠大可知。).

26 [성]無所措手足(무소조수족): =手足無措. 손발을 어디에 놓아둘지 모르다. 방법이 없어 어찌해야 좋을지 모르다(措: 放置。手脚没有地方放。形容没有办法, 不知如何是好。); [성]不知所措(부지소조): 어찌 처리해야 좋을지 모르다. 처지가 어렵다. 심란하다(不知道怎么办才好。形容处境为难或心神慌乱。); 措(조): 내려놓다. 놓아두다(放下, 放。).

27 中(중): [zhòng] 들어맞다. 과녁을 맞히다. 적당하다. 알맞다. 부합하다(正对上; 射中, 正着目标。合适, 适当。); [zhōng] 한복판. 속안. 불편부당(中心; 当中。里面。与"外"相对。不偏不倚, 正。).

28 名(명): 이름을 부르다. 이름 짓다(稱名, 命名。).

그래서 군자가 이름을 지어 붙였으면 반드시 그가 지어 붙인 이름에 맞게 말을 할 수 있고, 군자가 말을 했으면 반드시 그가 한 말대로 행할 수 있다. 군자는 자기 말에 대해, (근거가 궁색하거나 행하지 못하는) 떳떳하지 못한 경우가 없을 따름이다."

程子曰:「名實相須[30]。一事苟, 則其餘皆苟矣。」
정자(程子 · 明道)가 말했다. "이름과 실상은 서로 의존하는 불가분의 관계이다. 어느 한쪽이 떳떳하지 못하면 다른 한쪽도 모두 떳떳하지 못하다."

○胡氏曰:「衛世子蒯聵恥其母南子之淫亂, 欲殺之不果[31]而出奔[32]。靈公欲立公子[33]郢, 郢辭。公卒, 夫人立之, 又辭。乃立蒯聵之子輒, 以拒蒯聵。夫蒯聵欲殺母, 得罪於父, 而輒據[34]國以拒父, 皆無父[35]之人也, 其不可有國也明矣。
○호씨(胡氏 · 胡安國)가 말했다. "위(衛)나라 세자인 괴외(蒯聵)가 자기 어머니 남자(南子)의 음란한 행실을 보고, 남자(南子)를 죽이려다가 결행하지 못하고 외국으로 망명했다. 영공(靈公)이 서자인 영(郢)을 임금으로 세우려고 했지만, 영(郢)이 고사했다. 영공(靈公)이 죽자, 부인인 남자가 영(郢)을 임금으로 세웠지만, 또다시 고사했다. 이에 괴외(蒯聵)의 아들 첩(輒)을 임금으로 세워서, 이로써 괴외(蒯聵)가 돌아와 임금이 되는 것을 막았다. 대개 괴외(蒯聵)는 어머니를 죽이려 해서 아버지에게 죄를 지었고, 첩(輒)은 나라를 차지하고 이로써 아버지를 막았으니, 두 사람 모두 아버지가 없는 자로서, 그들이 나라를 차지해서는 안 되는 것이 분명했다.

29《論語譯注》"군자는 자기가 선택한 어휘나 말에 대해 조금도 대충하는 곳이 없어야 할 따름이다"("君子對於措詞說話要没有一點馬虎的地方才罷了。"); 苟(구): 아무렇게나 되는대로. 성의 없이, 건성으로, 대충(随便, 轻率。马马虎虎对待。).

30 相須(상수): 서로를 필요로 하다. 상호 의존하다. 서로 짝을 이루다(亦作'相需'。互相依存; 互相配合。); 须(수): 필요로 하다(通'需'。需要。).

31 果(과): 바라던 목표한 그대로 실현하다(实现。凡事与预期相合的称果, 不合的称不果。).

32《雍也 제14장》각주 '宋朝' 참조.

33 公子(공자): 제후의 庶子로, 世子와 구별해서 쓴다(古代称诸侯之庶子, 以别于世子。).

34 据(거): 점거하다. 차지하다. ~을 따르다(占有, 占据。根据).

35《孟子 · 滕文公下 제9장》참조.

夫子爲政, 而以正名爲先。必將具其事之本末, 告諸天王, 請于方伯, 命公子郢而立之。則人倫正, 天理得, 名正言順而事成矣。夫子告之之詳如此, 而子路終不喩也。故事輒不去, 卒死其難[36]。徒知食焉不避其難之爲義, 而不知食輒之食爲非義也。」[37]

선생님께서는 정사를 맡아 함에 있어, 이름을 바로잡는 것을 우선으로 삼으셨다. 반드시 그 일의 본말을 갖추어, 천자에게 아뢰고 제후에게 청하여, 공자(公子) 영(郢)을 명하여 임금으로 세우셨을 것이다. 그러면 인륜이 바르게 되고, 천리에 맞고, 이름이 바로잡히고 말이 순리롭게 통하고 일이 이루어졌을 것이다. 선생님께서 그에게 해주신 말씀이 이같이 자상했는데도, 자로(子路)는 끝내 깨닫지 못했다. 때문에, 첩(輒)을 섬겨 떠나지 않다가, 결국은 공회(孔悝)의 난에 죽었다. 그 사람의 녹을 먹고 있으면 그 사람이 당하고 있는 환난을 피하지 않는 것이 의(義)라고 안 것이 고작이었지, 첩(輒)의 녹을 먹는 것이 의(義)가 아니라는 것을 알지 못했던 것이다."

---

36 難(난): 孔悝(공회)의 난[BC 480] 공회는 위나라 태자 괴외의 누이인 공백희와 孔文子[孔圉] 사이에 태어난 아들로, 孔文子가 죽은 뒤 공백희는 孔文子[孔圉]의 노복인 혼량부와 사통했고, 또 태자 괴외와 공모하여, 위나라 出公[輒]의 왕위를 빼앗고자 공회를 협박하여 정변을 일으켰다. 자로는 공씨가의 읍장으로서 공회를 지키려다, '君不死 冠不免'[군자는 죽어도 관은 벗지 않는다]이라는 말을 남기고 죽었다;《先進 제12장》각주《春秋左傳 · 哀公 15年》참조.

37《論語大全》集注가 胡氏의 설을 인용한 것은, 대개 그 辭의 엄함과 義의 바름으로써, 만세토록 강상의 주재가 되게 할 만해서, 난신적자에게 두려워할 바를 알게 하려는 때문으로, 그래서 특별히 기록해 놓은 것이다. 만약 진짜로 이를 행하려 한다면, 반드시 공자가 위나라 世卿으로 권력을 지니고 있어야 하고, 영공이 죽은 초기로서, 첩이 아직 즉위하지 않았을 때라야 가능할 것이다(雙峯饒氏曰 :集註引胡氏說, 蓋以其辭嚴義正, 可爲萬世綱常作主, 使亂臣賊子, 知所警懼, 故特著之。若眞欲行此, 須是孔子爲衛世卿而有權力, 當靈公初死, 輒未立之時, 爲之則可。);《古今注》위출공 괴첩이 공자를 초빙해 정치를 맡기고자 하는데, 공자께서는 도리어 부자의 죄악을 나열해서, 천자에게 아뢰고, 제후에게 청하여, 공자 영을 임금으로 세운다는 것인데, 이럴 리가 있겠는가? 호씨의 견해는 비록 호쾌할지언정, 공자께서는 이렇게 하지 않으셨다. 공자께서 正名하고자 하신 것은, 출공 첩으로 하여금 부자의 이름을 스스로 바로잡게 해서, 인륜과 의리를 온전히 하고자 했을 뿐이다. 또 자로는 공회에게서 벼슬을 했지, 출공 첩을 섬긴 적이 없었다(案: 蒯輒欲待孔子爲政, 孔子乃反列父子之罪惡, 告于天王, 請于方伯, 以立公子郢, 有是理乎? 言之雖豪快, 夫子不爲是也。夫子之欲正名者, 欲使衛輒自正其父子之名, 使之全其有是理而已。且子路仕於孔悝, 未嘗事輒。).

[樊遲請學稼章]

130401、樊遲請學稼[1], 子曰:「吾不如老農[2]。」請學爲圃[3], 曰:「吾不如老圃。[4]」

번지(樊遲)가 농사를 짓는 법을 배우기를 청하자, 선생님께서 말씀하셨다. "나는 경험 많은 농사꾼만 못하다." 번지(樊遲)가 다시 채소를 가꾸는 법을 배우기를 청하자, 선생님께서 말씀하셨다. "나는 경험 많은 채소 농사꾼만 못하다."

---

1 《論語集解》 오곡을 가꾸는 것을 '稼'(가), 채소를 가꾸는 것을 '圃'(포)라 한다(注: 馬融曰: 樹五穀曰稼, 樹菜蔬曰圃。); 《論語義疏》 오곡은, 좁쌀[서숙] · 기장쌀 · 벼 · 수수 등속이다. 오곡을 가꾸는 것을 嫁(가), 거두는 것을 穡(색)이라 한다. '稼'는 '嫁'[시집가다]와 같은데, 곡식을 뿌려 모종이 번식하고 자라게 하고자 하는 것이, 마치 신랑 신부가 장가가고 시집가서 자식을 낳아 기르는 것과 같다는 말이다(疏: 五穀, 黍稷稻粱之屬。種之曰稼, 收斂曰穡。稼, 猶嫁也, 言種穀欲其滋長田苗, 如人嫁娶生於子孫也。).

2 老農(노농): 경험 많은 농부(年老的农民; 从事农业生产长久而经验丰富的农民); 老(노): 능숙한. 숙련된. 경험이 풍부한. 경험이 깊은(娴熟, 富有经验, 阅历深。).

3 《論語義疏》 채소를 가꾸는 것을 圃(포)라 한다. 과일을 가꾸는 경우는 園(원)이라 한다(疏: 種菜曰圃。若種菓實則曰園。).

4 《論語注疏》 농사짓는 법을 배워, 백성들을 가르치려고 한 것이다(疏: 正義曰: 學播種之法, 欲以教民也。); 《論語正義》《漢書 · 食貨志》에, '땅을 개간하여 곡식을 심는 것을 農이라 한다'고 했다. 춘추시대가 되어, 작위와 녹봉이 세습되면서 관리의 선발 등용 방식이 폐지되자, 賢者들 대부분이 벼슬자리를 갖지 못하고 녹봉을 받을 곳이 없었기 때문에, 번지가 선생님께 농사짓고 채소 가꾸는 법을 배우기를 청한 것으로, 공자를 이로써 은근히 비판한 것이다. 《書經 · 周書 · 無逸》에, (주공이 말하기를) '농사짓는 일의 힘듦을 안다면, 小人들이 의지해 살아가는 생업의 어려움을 알게 된다'고 했고, 또 '祖甲[帝甲]은 小人으로 지내셨고, 高宗은 小人들과 (밖에서 농사지으며) 지내셨다'고 했는데, 여기서 말한 小人이 바로 老農 · 老圃를 지칭한 것이다. 《孟子 · 滕文公上 제4장》에, '大人이 할 일이 있고, 小人이 할 일이 있다'고 했는데, 이와 같다(正義曰: 漢書食貨志: "闢土植穀曰農。" 當春秋時, 世卿持祿, 廢選擧之務, 賢者多不在位, 無所得祿, 故樊遲請夫子學稼, 學圃, 蓋諷子以隱也。書無逸云: "知稼穡艱難, 則知小人之依。" 又云: "舊爲小人, 爰曁小人。" 是小人即老農、老圃之稱。孟子滕文公篇"有大人之事, 有小人之事", 與此同也。); 《古今注》 번지는 아마도 신농 · 후직의 농사기술을 익혀, 이로써 사방의 백성을 불러 모으고 싶어 했을 것이다. 번지가 농사기술을 배우려 한 것은, 직접 농사를 지으려는 것이 아니었다. 후직이 직접 농사를 지으면서 천하를 소유한 것은, 본래 聖門에서도 칭찬한 일이었고[憲問 제6장], 또 당시 학문의 일종으로, 신농의 학설을 익혀, 순박한 데로 돌아갈 생각을 하는 자들이 원래 있었던 것이다. 번지는 도가 행해지지 않을 것을 알고, 농사기술을 배워 이로써 사방의 백성을 불러 모으려 한 것으로, 이 역시 선왕의 도를 배우는 자가, 별도로 익힐 수 있는 것이었다. 공자가 번지를 지적한 것은, 번지가 예의를 먼저 익히고 나서 농사짓는 법이나 생활용품 만드는 법을 익히기를 원해서일 뿐이었다(樊遲蓋欲治神農后稷之術, 以招徠四方之民……樊遲學稼, 非欲自修農業也。后稷躬稼而有天下, 本亦聖門之所稱述, 而當時一種學問, 原有治神農之說, 思以回淳而反朴者……樊遲知道不行, 欲學稼穡之術, 以來四方之民, 斯亦學先王之道者, 可以旁治者也。孔子斥之者, 欲先禮義後食貨而已。); 《論語新解》 이 장에서 번지가 稼 · 圃 배우기를 청한 것은, 또한 위정에 관한 일을 말한 것이지, 스스로 老農 · 老圃가 되어 살길을 모색하고자 한 것이 아니다(本章樊迟请学稼圃, 亦言为政之事, 非自欲为老农老圃以谋生。).

種五穀曰稼[5], 種蔬菜曰圃[6]。

오곡을 심는 것을 '稼'(가)라고 하고, 채소를 심는 것을 '圃'(포)라고 한다.

130402、樊遲出。子曰:「小人哉, 樊須[7]也!

번지(樊遲)가 나갔다. 선생님께서 말씀하셨다. "소인이구나, 번수(樊須)는!

小人, 謂細民[8], 孟子所謂[9]小人之事者也。

'小人'(소인)은 평민을 말하는 것으로, 맹자(孟子)가 말한, '소인의 할 일'이라는 것이다.

130403、上好禮, 則民莫[10]敢不敬; 上好義, 則民莫敢不服; 上好信, 則民莫敢不用情[11]。夫[12]如是, 則四方之民襁負[13]其子而至矣, 焉用稼[14]?」

5《論語注疏》'五穀'은 조[서숙]·기장쌀·참깨·보리·콩이다.《周禮·地官司徒·司稼》의 鄭玄의 注에, '곡식을 심어 가꾸는 것을 稼라 한다. 여자가 시집가면 낳은 자식이 있는 것과 같다'라고 했다(疏: 正義曰: 五穀者, 黍稷麻麥豆也。《周禮注》云: 種穀曰稼, 如嫁女, 以有所生也。);《論語正義》'五穀'은 밭벼·조[서숙]·기장·논벼·보리이다(正義曰: '五穀', 禾、黍、稷、稻、麥也。).

6《論語注疏》《周禮·天官冢宰·大宰》에 '園圃(원포)는 초목을 기르는 것이다'라고 했고, 鄭玄의 注에 '과실이 달리는 나무와 열매가 달리는 풀을 심어 가꾸는 곳을 圃라 하고, 園은 그 울타리이다'라고 했다. '蔬'는 '菜'이다.《周禮·天官冢宰·大宰》의 鄭玄의 注에, '疏材[蔬果]는 百草 중에 뿌리와 열매를 식용하는 것이다'라고 했다(正義曰:《周禮、大宰職》云: '園圃, 毓草木。' 注云: '樹果蓏曰圃。園, 其樊也。' 蔬則菜也。鄭云《周禮注》云: '百草根實可食者。').

7 樊須(번수): 번지의 이름. 번지는 원래 농민이었다. 공자의 제자가 되기 전에 계씨의 가신인 염구 밑에서 직책을 맡고 있었는데, 공자가 노나라로 돌아온 후에 선생님으로 모셨다(樊须是一个农民, 在其未拜孔子为师之前, 已在季氏宰冉求处任职。孔子回鲁后拜师。).

8 細民(세민): 평민(小民; 老百姓).

9《孟子·滕文公上 제4장》그렇다면 천하를 다스리는 일만은, 농사를 지으면서 겸해도 된다는 것입니까? 대인이 할 일이 있고, 소인이 할 일이 있는 법입니다(孟子曰: ……然則治天下, 獨可耕且爲與? 有大人之事, 有小人之事。).

10《論語語法》莫(막): 부정대사. 아무(것)도 없다(莫: 不定代詞。沒有人。沒有什麼東西。).

11《論語集解》'情'은 '情實'[진정. 진심]이다(注: 孔安國曰: 情, 情實也。);《論語義疏》'用情'은 盡忠'[진정을 다 쏟다]과 같다(疏: 李充曰: 用情, 猶盡忠也。);《論語正義》'情'은 좋아하고 싫어하는 것이 진실하여, 속이거나 숨기는 게 없는 것으로, 그래서 情實[진정]이라고 한다(正義曰: 情者, 好惡之誠, 無所欺隱, 故曰情實。); 用情(용정): 진실한 마음으로 대하다. 마음을 쓰다. 진정을 쏟다(以真实的感情相待).

윗사람이 예(禮)를 좋아하면, 백성 중에 감히 공경하지 않을 사람이 아무도 없고, 윗사람이 의(義)를 좋아하면, 백성 중에 감히 복종하지 않을 사람이 아무도 없고, 윗사람이 신(信)을 좋아하면, 백성 중에 진정을 쏟지 않을 사람이 아무도 없다. 저가 이같이 하면, 사방의 백성들이 포대기에 자기 자식을 싸 업고 모여들 것인데, 어디에다 농사짓는 법을 쓰겠느냐?"

好, 去聲。夫[15], 音扶。襁, 居丈反。焉, 於虔反。○禮, 義, 信, 大人之事也。好義, 則事合宜[16]。情, 誠實也。敬, 服, 用情, 蓋各以其類而應也。襁, 織縷[17]爲之, 以約小兒於背者[18]。[19]

'好'(호)는 거성[hào]이다. '夫'(부)는 음이 '扶'(부, fú)이다. '襁'(강, qiǎng)은 '居'(거)와 '丈'(장)의 반절이다. '焉'(언, yān)은 '於'(어)와 '虔'(건)의 반절이다. ○'禮'(예) · '義'(의) · '信'(신)은 대인의 일이다. 의(義)를 좋아하면 일이 그 일의 의(宜)에 부합하게 된다. '情'(정)은 '성실'(誠實)이다. '敬'(경) · '服'(복) · '用情'(용정)은, 대개 각각 그에 맞는 부류에 따라 대응한

---

12 《論語義疏》 '夫'는 말을 시작하는 발어사이다(疏: 夫, 發語端也。).

13 《論語義疏》 자식을 등에 업는 데 쓰는 기구를 '襁'이라 한다(疏: 負子以器曰襁。); 襁負(강부): 포대기를 써서 등에 업다(用襁褓背负); 襁(강): 포대기. 강보(包婴儿的被, 毯等。襁, 负儿衣也。).

14 《論語集解》 禮 · 義 · 信이면, 이로 족히 成德하여 교화시킬 수 있는데, 어찌 농사짓는 법을 배워 이로써 백성을 교화시키겠느냐?(注: 苞氏曰: 禮義與信, 足以成德, 何用學稼以教民乎?); 《論語義疏》 '焉'은 '何'[어찌]와 같다. "이 세 가지를 행하면 사방에서 절로 모여들 텐데, 그렇다면 어찌 농사짓는 법을 쓰겠느냐?"(疏: 焉, 猶何也。行此三事而四方自归, 则何用学稼乎?); 《論語譯注》 "어찌 손수 농사를 지으려고 하느냐?"("爲什麽要自己種莊稼呢?"); 《論語新解》 정치가 이렇게 되면, 사방의 백성들이 모두 포대기에 자기 자식을 싸 업고 나라로 모여들어, 농가는 날로 늘어나고, 경지는 날로 개간되어 늘어날 텐데, 어찌 꼭 손수 농사일을 배우려 하는가!(政治能做到这地步, 四方民众都会背负了他们的孩子来请入籍, 那就耕户日增, 耕地日辟, 何必自己学稼穑之事呀!).

15 夫(부): 대사. 그(代詞。他, 她, 它。).

16 合宜(합의): 의(宜)에 부합하다. 적합하다. 알맞다(合适, 恰当。).

17 織縷(직루): 포백을 짜다. 실. 누에고치 실은 '絲', 삼베 실은 '縷'이다(织作布帛。缕。段注: '凡蚕者为丝, 麻者为缕。').

18 《論語注疏》 張華[232~300]의 《博物志》에, '襁(강)은, 실로 짜서 만든 것으로, 폭 8척, 길이 2척으로, 이를 써서 아기를 등에 업어 묶는 것이다'라고 했다(疏: 正義曰: 《博物志》云: 織縷之, 廣八尺, 長丈二, 以約小兒於背。).

19 《論語大全》 자기에게 있는 것[禮 · 義 · 信]이, 모두 그 도리를 다하면, 밑에 있는 사람은, 각기 그에 맞는 부류[敬 · 服 · 用情]로 대응하니, 이른바 (大人이란 자로) 자기를 바르게 하여 만물이 바르도록 하는 자이다[孟子 · 盡心上 제19장](慶源輔氏曰: 在己者, 皆盡其道, 在下者, 各以其類應之, 所謂正己而物正者。).

것이다. '襁'(강)은 실로 짜서 만들어, 이를 써서 아기를 등에 업어 묶는 것이다.

○楊氏曰:「樊須遊[20]聖人之門, 而問稼圃, 志則陋[21]矣, 辭而闢之[22]可也。待其出而後言其非, 何也? 蓋於其問也, 自謂農圃之不如, 則拒之者至矣。須之學疑不及此, 而不能問。不能以三隅反[23]矣, 故不復。及其既出, 則懼其終不喻也, 求老農老圃而學焉, 則其失愈遠矣。故復言之, 使知前所言者意有在也。」

○양씨(楊氏·楊中立)가 말했다. "번수(樊須)가 성인의 문하에서 교유하면서도, 농사짓는 법과 채소 가꾸는 법을 여쭈었으니, 포부인즉슨 좁아서인데, 그의 청을 물리치고 좁은 포부를 넓게 열어주는 것이 옳다. (그런데) 그가 밖으로 나가길 기다린 후에 그의 잘못을 말씀하신 것은, 어째서인가? 대개 번수(樊須)의 물음에 대해서는, 경험 많은 농사꾼이나 채소 농사꾼만 못하다고 스스로를 말씀하셨으니, 그의 청을 거절하신 것이 아주 심했다. 번수(樊須)의 배움의 수준으로는 의문이 여기까지 미치지는 못했으니, (농사꾼만 못하다는 말씀의 뜻을) 번수(樊須)는 여쭙지를 못했다. 한 모퉁이를 가르쳐 준 것을 가지고 나머지 세 모퉁이를 유추하지 못했으니, 그래서 다시 말씀해주지 않으신 것이다[물리치기만 하고 넓게 열어주지 않았다] (그런데) 그가 밖으로 나가고 나서 보니, 그가 끝내 깨닫지 못하고, 경험 많은 농사꾼이나 채소 농사꾼을 찾아가 그들에게 배움을 구할 경우, 그가 잘못되어 더욱 멀어질 것을 염려하셨다. 그래서 다시 말씀하시어, 앞에 하신 (농사꾼만 못하다는) 말씀의 뜻이 (여기에) 있다는 것을 알게 하신 것이다."

---

20 遊(유): 교유하다(结交; 交游).

21 陋(루): (포부·견문·식견) 좁다. 누추하다. 초라하다(狭窄, 狭小。知识浅薄。).

22 《揚子法言·吾子》 옛적에 양주와 묵적이 길을 막자, 맹자가 물리쳐서 막힌 길을 열었으니, 넓게 뻥 뚫린 모습이었다(古者楊墨塞路, 孟子辭而辟之, 廓如也。); 闢(벽): 열다. 계몽하다. 개척하다. 개간하다. 내쫓다. 반박하다(打开, 开启。开辟; 开拓。开垦。驱除。驳斥).

23 《述而 제8장》 참조; 隅反(우반): 유추하다. 한 가지 단서를 들춰주면 나머지를 유추해 알아내다(指类推; 举一端即知其余).

[誦詩三百章]

130501、子曰:「誦[1]詩三百[2], 授之以政[3], 不達; 使[4]於四方, 不能專對[5], [6]; 雖多, 亦奚以爲?[7]」[8]

1《論語義疏》글자를 쓰지 않고, 외워서 소리 내어 읽는 것을 '誦'이라 하고, 입으로 읽는 것도 '誦'이라 한다(疏: 不用文, 背文而念曰誦, 亦曰 口讀曰誦。);《論語注疏》《周禮 · 春官宗伯 · 大司樂》의 鄭玄의 注에, '돌아앉아 읽는 것을 諷, 소리에 박자를 넣어 읽는 것을 誦이라 한다'고 했다(疏: 正義曰: 周禮注云: '倍文曰諷。以聲節之曰誦。);《論語正義》《墨子 · 公孟》에, '시 300을 읊고, 시 300을 연주하고, 시 300을 노래하고, 시 300을 춤춘다'고 했다. 이는 시를 배우는 법에는, 誦 · 弦 · 歌 · 舞가 있다는 것이다(正義曰: 學詩, 有誦、弦、歌、舞之法。墨子公孟篇: "誦詩三百, 弦詩三百, 歌詩三百, 舞詩三百。" 是學詩有誦、弦、歌、舞之法。).

2《論語集釋》梁章鉅[1775~1849]의《論語集注旁證》에 말했다. "《史記 · 孔子世家》에, '옛날에는 시가 3천여 편이었는데, 공자에 이르러서, 그중에 중복된 것은 빼고, 예의에 시행할 만한 것 305편을 취했다'고 했는데, 이는 잘못된 견해이다. 시는 단지 311편이 있었을 뿐이기 때문에[《爲政 제2장》 각주《毛詩正義》 참조], 시 3백 편을 암송한 것을 다 암송했다고 한 것이다"(梁氏旁證: 史記孔子世家云:「古詩三千篇, 孔子去其重, 取其可施禮義者三百五篇。」此謬說也。詩只有三百十一篇, 故以誦詩三百爲多。).

3《論語句法》'之'는 목적어로 '시 3백 편을 암송한 사람'을 가리킨다. '政'은 목적어로, 관계사 '以'를 그 위에 붙인 것이다["이 사람에게 정령을 수여하다"]('之'是受詞, 它稱代'誦詩三百的人'。'政'是止詞, 其上加了關係詞'以'字。).

4《王力漢語》使(사): 외교상의 사명을 받들다(奉使命[外交上的]。); 使(사): 사신. 사절로 가다(使臣。出使。)

5《論語正義》《春秋公羊傳 · 莊公19년》에 말했다. "빙례에서, 대부는 使命만 받고 구체적인 지시는 받지 않는다. 국경을 벗어나서는, 사직을 이롭게 하고 국가를 이롭게 할 수 있는 일이라면, 단독으로 처리해도 괜찮다." 胡炳文[1250~1333]의《四書通》에 말했다. "옛날에 사신을 보낼 때, 正使가 있었고 介使가 있었다. 正使가 다 하지 못하면, 介使가 正使를 도왔다. 正使가 혼자 다 처리할 수 있으면, 여러 介使의 도움을 빌리지 않았으니, 이것이 專對할 수 있음을 말한 것이다"(公羊傳: "聘禮, 大夫受命, 不受辭。出境, 有可以安社稷, 利國家者, 則專之可也。" …… 胡炳文四書通: "古者遣使, 有正有介。正使不能達, 則介使助之。如正使自能致辭, 不假眾介之助, 是謂能專對。"); 專對(전대): 사절을 맡아 혼자 힘으로 기회에 맞게 응답하다(谓任使节时独自随机应答).

6《韓詩外傳 · 卷八》제경공이 초나라에 사신을 보냈는데, 초나라 왕이 그와 9층 누대에 올라서, 사신을 돌아보며 말했다. "제나라에는 이런 누대가 있소이까?" 제나라 사신이 말했다. "저희 임금께서 다스리는 자리는, 흙 계단으로 된 3층이고, 띠풀로 엮은 지붕의 이엉은 끝을 가지런히 자르지 않았고, 상수리나무로 얹은 서까래는 다듬지 않았는데, 그럼에도 말씀하시기를 그것을 만든 자가 힘들었을 텐데, 거기에 거처하는 자는 평안하다고 하셨습니다. 저희 임금께 어찌 이런 누대가 있겠습니까?" 초나라 왕이 불안한 기색을 감추었다. 사신이 임금의 사명을 욕되게 하지 않으면[子路 제20장], 혼자 힘으로 사명을 받들어 완수했다 할 수 있을 것이다(齊景公使人於楚, 楚王與之上九重之臺, 顧使者曰:「齊有臺若此乎?」使者曰:「吾君有治位之坐, 土階三等, 茅茨不翦, 樸椽不斲者, 猶以謂為之者勞, 居之者泰, 吾君惡有臺若此者!」楚王蓋悒如也。使者可謂不辱君命, 其能專對矣。).

7 [성]雖多亦奚以爲(수다역해이위): 많다 한들 무슨 소용이 있겠느냐? 많기만 하고 써먹을 데가 없는데 대한 반문으로 쓴다. 실속이 없다(奚: 何, 什麼; 以: 用; 爲: 表疑問。雖然很多又有何用呢? 常用於對於多而

선생님께서 말씀하셨다. "시 3백 편을 다 암송한 자에게, 정사를 맡겼는데, 제대로 처리하지 못하고, 여러 나라에 사신으로 보냈는데, 혼자 힘으로 사명(使命)을 받들어 완수하지 못한다면, 비록 시를 많이 암송한다 한들, 또한 어디에 써먹겠느냐?"

使[9], 去聲。○專, 獨也。詩本人情, 該物理, 可以驗風俗之盛衰, 見政治之得失。其言溫厚和平, 長於風諭[10]。故誦之者, 必達於政而能言也。[11]

'使'(사)는 거성[shì]이다. ○'專'(전)은 '홀로'[獨]이다. 시(詩)는 사람의 인지상정에 뿌리를 두고 있고, 사물의 이치를 두루 갖추고 있어서, 풍속의 성쇠를 고찰할 수 있고, 정치의 잘잘못을 볼 수 있다. 그 시어(詩語)는 온후하고 화평하고, 풍자로 깨우치는 데 뛰어나다. 그래서 시(詩)를 외운 자는, 반드시 정치에 통달하고 말에 능통하다.

○程子曰:「窮經[12]將以致用[13]也。世之誦詩者, 果能從政而專對乎? 然則其所學者, 章

無當的反詰。);《論語義疏》'奚'는 '何'이다["반복해서 읽고 외우는 시가 많다 한들, 또 어느 곳에 쓰겠는가!"](疏: 奚, 何也。雖復誦詠之多, 亦何所爲用哉!);《論語句法》'亦'은 '又'로 풀이하며, 그 경우 부사로 술어 '爲'를 수식하고, '奚'는 '何'의 뜻으로, 목적어로 쓰인 의문지칭사이기 때문에, 그래서 술어인 '爲' 앞에 놓인 것이다["이를 써서 무엇을 하겠느냐?"]('亦'做'又'解, 那麼它是個限制詞, 修飾述詞'爲'的; '奚'等於'何', 是疑問指稱詞做止詞, 所以提在'爲'字之上。);《經傳釋詞》'以'는 '用'이다. '爲'는 어조사이다["외우는 시가 많은들 어디에 쓰겠느냐?"](以, 用也。爲, 語助。言誦詩雖多, 亦何用也。);《詞詮》爲(위): 의문을 표시하는 어말조사('爲', 語末助詞。表疑問。);《論語譯注》'以'는 동사로 '用'의 뜻이다. '爲'는 의문어기사이다('以', 動詞, 用也。'爲', 表疑問的語氣詞。).

8 학자들의 연구에 따르면,《春秋左傳》에서 대화 중에 시를 인용한 곳이 277곳, 인용된 시가 152편이라고 한다.

9 使(사): [shì] 사신으로 외국에 가다. 사신. 심부름꾼(出使。奉命到外国执行任务或留驻的外交长官。使者。); [shǐ] 시키다. 부리다(令。役用, 役使。).

10 風諭(풍유): 완곡한 말로 깨우치다. 비유로 암시하다(以委婉的言辞劝告开导).

11《論語大全》"시 3백 편을 다 암송한 자는, 그가 반드시 정사에 통달할 것임을 어떻게 아는지요?" "시 안에 실려 있는 내용으로 알 수 있다. 예컨대 서민이나 노예나 사람들이 모여 사는 마을 안의 일에서부터, 비속한 일에 이르기까지, 군자라면 평소 눈이나 귀로 듣거나 본적이 없는 것들을, 그 사정이나 형편에 대해 모두 이 시들로 인해 알게 된다. 어찌 정사에 통달하지 않겠느냐? 시를 읽고도 정사에 통달하지 않는다면, 이는 시를 읽은 적이 없는 것이다"(問: 誦詩三百, 何以見其必達於政? 朱子曰: 其中所載可見。如小夫賤隸閭巷之門, 至鄙俚之事, 君子平日耳目所不曾聞見者, 其情狀皆可因此而知之……如何於政不達。若讀詩而不達於政。則是不曾讀也。).

12 窮經(궁경): 경서를 깊이 연구하다(深入研究经籍); 窮(궁): 뿌리를 찾고 근원을 캐다(寻根究源).

13《周易・繫辭上》만물을 구비하여 모두 용도에 맞게 쓰게 하고, 도구를 만들어 천하를 이롭게 한

句[14]之末耳, 此學者之大患也。」

○정자(程子·伊川)가 말했다. "경서를 깊이 연구하는 것은 장차 용도에 맞춰 남김없이 다 쓰기 위해서이다. 세간의 시(詩)를 외우는 자들이, 과연 정사를 제대로 처리할 수 있고 혼자 응대할 수 있을까? 그렇다면 그들이 배운 것은, 장을 구분하고 구를 떼어내는 지엽의 일일 뿐이니, 이것이 배우는 자의 크나큰 병폐이다."

일로는, 성인보다 더 위대한 자는 없다(備物致用, 立成器以爲天下利, 莫大乎聖人。); 致用(치용): 남김없이 다 쓰다. 실용에 옮기다. 운용·이용하게 하다(尽其所用。用作付诸实用之意。供人運利用。); 致(치): 전부(通'至'。极, 尽。); 學以致用(학이치용): 배운 것을 다 써먹다. 배워서 실제로 써먹다.

14 章句(장구): 시의 장절과 문장. 장을 쪼개고 구를 나누다. 책에 주석을 달다. 疏를 달고 시의 뜻을 설명하는 것을 章句之學이라 한다(诗文的章节和句子。剖章析句。经学家解说经义的一种方式。亦泛指书籍注释。).

[其身正不令而行章*]

130601、子曰:「其身正, 不令[1]而行; 其不正, 雖令不從。[2]」[3]

선생님께서 말씀하셨다. "자기의 몸가짐이 바르면, 호령하지 않아도 행해지고, 자기의 몸가짐이 바르지 못하면, 호령해도 따르지 않는다."

1《論語集解》명령하다(注: 令, 教令也。);《爾雅 · 釋詁》邢昺疏: ' 命'은 사람을 시켜서 고하는 것이다. '令'은 호령을 내려 고하는 것이다(疏: 釋曰: 命者, 使告也。令, 發號以告也。); 令(령): 갑골문자형에서 위는 '集聚'의 '集'이고, 아래는 '人'으로, 사람이 무릎을 꿇고 명령을 듣는 형상의 글자이다. 군중을 모아 명령을 발포하는 것을 표시한다. 호령을 내리다(甲骨文字形, 上面是集聚的"集"; 下面是"人", 象跪在那里听命。从集从人, 表示集聚众人, 发布命令。本义: 发布命令。发号。).

2《論語義疏》형체를 똑바로 세우면, 그림자는 저절로 똑바로 서게 되는 것과 같다(疏: 如直形, 而影自直。).

3《史記 · 李將軍列傳》태사공이 말했다. "옛 책에, '자기 몸가짐이 바르면, 호령하지 않아도 행해지고, 자기 몸가짐이 바르지 않으면, 호령해도 따르지 않는다' 했는데, 혹시 이 장군[李廣[?~BC 119]]을 두고 한 말일까? 내가 이 장군을 보니 진실되고 순박하기가 시골 사람 같았고, 말도 잘하지 못했다. 그가 죽었을 때 천하 사람들은 알건 모르건, 모두 다 슬픔을 이기지 못했다. 그의 충실한 마음이 사대부들에 의해 진실로 믿게 했던 것이리라. 속담에, '복숭아나무와 자두나무는 말을 하지 않아도, 그 나무 밑으로는 저절로 작은 길이 생긴다'고 했다. 이 말은 비록 사소하지만, 큰 도리를 설명하는데 비유할 수 있을 것이다"(太史公曰: 傳曰: '其身正, 不令而行; 其身不正, 雖令不從.' 其李將軍之謂也? 余睹李將軍悛悛如鄙人, 口不能道辭。及死之日, 天下知與不知, 皆爲盡哀。彼其忠實心誠信於士大夫也? 諺曰 '桃李不言, 下自成蹊'。此言雖小, 可以諭大也。);《禮記 · 緇衣》아랫사람이 윗사람을 섬기는데, 윗사람이 명령하는 바를 따르는 것이 아니라, 윗사람이 좋아하는 바를 따른다. 윗사람이 좋아하는 물건이 있으면, 아랫사람은 반드시 윗사람보다 훨씬 더 좋아하게 된다. 그러니 윗사람의 호오는 신중하지 않으면 안 된다. 윗사람은 백성의 본보기이다(子曰:「下之事上也, 不從其所令, 從其所行。上好是物, 下必有甚者矣。故上之所好惡, 不可不慎也, 是民之表也。」);《大學》요임금과 순임금은 천하를 다스리길 仁으로써 했는데, 백성들은 따랐고, 걸왕과 주왕은 천하를 다스리길 暴(포)로써 했는데, 백성들은 따랐다. 그들이 令으로 겉에 내세운 바가 그들이 속으로 좋아하는 바와 상반되면, 백성들은 따르지 않았다. 이런 고로 군자는 그것이 내게 있게 하고 나서야 그것이 남에게 있기를 요구하고, 그것이 내게 없게 하고 나서야 그것이 남에게 없음을 책망한다(堯舜帥天下以仁, 而民從之, 桀紂帥天下以暴, 而民從之。其所令反其所好, 而民不從。是故君子有諸己而后求諸人, 無諸己而后非諸人。).

[魯衛之政兄弟也章*]

130701、子曰:「魯衛之政[1], 兄弟也。[2]」

선생님께서 말씀하셨다. "노(魯)나라와 위(衛)나라의 정치는, 형제지간이다."

魯, 周公之後。衛, 康叔之後。本兄弟之國[3], 而是時衰亂, 政亦相似, 故孔子歎之。[4]

---

1 [성]魯衛之政(노위지정): 상황이 서로 같거나 비슷하다(比喻情况相同或相似。两国的政治情况也像兄弟一样差不多。).

2《論語集解》노나라는 주공의 봉지이고, 위나라는 강숙의 봉지이다. 주공과 강숙은 형제이고, 강숙은 주공과 화목했으니, 두 나라의 정치 역시 형제와 같았다(注: 苞氏曰: 魯, 周公之封, 衛, 康叔之封也。周公, 康叔既爲兄弟, 康叔睦於周公, 其國之政, 亦如兄弟也。);《論語義疏》주공의 초기에는, 두 나라 풍속과 治教가 형제 사이 같았다. 주나라 말기에는, 두 나라의 풍속이 모두 악해졌으니, 역시 형제 사이 같았다. 그래서 위관이 '治 · 亂이 대략 똑같다는 말이다'라고 했다(疏: 當周公初時, 則二國風化, 政亦俱能治化如兄弟。至周末, 二國風化俱惡, 亦如兄弟。故衛瓘云: 言治亂略同也。);《論語正義》方觀旭[清人]의《論語偶記》에 말했다. "苞氏의 注는 쇠란에 입각해서 말한 것이 아니다. 내 생각에,《春秋左傳 · 定公 4年》의 '노공과 강숙 모두에게 상나라 政制로써 백성을 개도했다[皆는 魯 · 衛이다]'고 했고, 공자께서 '魯一變至於道'[雍也 제22장]라 말씀하신 적이 있고, 다섯 번씩 위나라에 가서는, '三年有成'[子路 제10장]이라는 말씀을 하셨고, 자천을 평하면서 '노나라에 군자가 많다'[公冶長 제2장]고 하신 것과 오나라 연릉계자가 '위나라에 군자가 많다'[春秋左傳 · 襄公 29年]고 칭찬한 것이, 같은 궤적의 말이다." 지금 생각건대, 방관욱의 견해는 경에 대해 심득한 의견이다. 주자의 집주는 衰世에 입각해서 말한 것으로, 경의 뜻이 아니다(正義曰: 方氏觀旭偶記: "包注不就衰亂言。案: 左氏定四年傳: '皆啟以商政。' 注: '皆, 魯, 衛也。' 又夫子嘗言'魯一變至於道', 而五至衛國, 則有'三年有成'之語。又論子賤而以魯爲多君子, 與季劄稱'衛多君子', 辭轍……"今案: 方說深得經注之意。朱子集注就衰世言, 則語涉詼諧, 非其理矣。);《論語新解》①두 나라의 정치나 풍속이 다른 나라보다 뛰어나서, 이른바 '노나라가 한 번 변화하면, 선왕의 도에 이를 수 있다'[雍也 제22장]는 것이다. ②두 나라의 쇠퇴 · 혼란의 상황이 서로 비슷하다. ②설을 따르는 게 타당할 듯하다. 아마 이 장은 공자의 탄식의 글일 것이다(或说: 两国政俗犹贤于他国, 所谓鲁一變至于道。或说: 两国衰乱相似。恐当从后说。盖此章乃孔子之叹辞。).

3 주문왕은 10명의 아들을 낳았는데, 武王이 둘째, 周公旦이 넷째, 康叔이 아홉째이다(太姒与周文王生有十子, 依次是长子伯邑考, 次子周武王姬发, 三子管叔鲜, 四子周公旦, 五子蔡叔度, 六子曹叔振铎, 七子郕叔武, 八子霍叔处, 九子康叔, 十子冉季載。).

4《論語大全》蘇軾[1037~1101]의《論語解》에 말했다. "이해[BC 488]는 노나라 애공 7년이고, 위나라 출공[輒] 5년이다. 위나라의 정치는, 아버지는 아버지가 아니었고, 아들은 아들이 아니었고, 노나라의 정치는 임금은 임금이 아니었고, 신하는 신하가 아니었다. 결국에 가서는 애공은 邾(주)나라로 망명했다가, 월나라에서 죽었고, 출공은 송나라로 달아났다가 역시 월나라에서 죽었다. 서로 멀지 않음이 이와 같았다"(蘇氏曰: 是歲魯哀公七年, 衛出公五年也。衛之政, 父不父子不子; 魯之政, 君不君臣不臣。卒之哀公, 孫于邾, 而死于越; 出公奔宋, 而亦死于越。其不相遠如此。);《古今注》(노나라는) 계손이 소공을 축출하고, 세자를 폐하고, 정공[BC 509~BC 495 재위]을 임금으로 앉혀놓고 전횡으로 국정을 처리하고

노(魯)나라는 주공(周公)의 후예이다. 위(衛)나라는, 주공(周公)의 동생인 강숙(康叔)의 후예이다. 본래 형제 사이의 나라였는데, 이 당시에 와서는 쇠약해지고 혼란에 빠져서, 정치 상황 또한 서로 (형제 사이같이) 비슷했기 때문에, 공자(孔子)께서 이를 탄식하신 것이다.

있었고, (위나라는) 석만고가 제나라 세력을 업고, 세자의 입국을 막고, 출공[BC 492~BC 481 재위]을 위협하여 전횡으로 국정을 처리하고 있어서, 군신 · 부자간의 윤리가 모두 없어졌으니, 두 나라의 정치가 마치 형제같이 닮아 있었다. 공자의 말씀은 두 나라가 쇠란한 모습을 근거로 하신 말씀이다(季孫逐昭公, 廢世子, 立定公而擅國政, 石曼姑挾齊勢, 拒世子, 脅出公而擅國政, 君臣, 父子之倫, 皆亡矣, 其政如兄弟然……孔子之言, 據衰亂也。).

[子謂衛公子荊章]

130801、子謂衛公子荊[1], 「善居室[2]。始有, 曰:『苟合[3]矣。』少有, 曰:『苟完[4]矣。』富有, 曰『苟美[5]矣。』[6]」

1《補正述疏》甯武子[公冶長 제20장]·蘧伯玉[憲問 제26장]·史魚[衛靈公 제6장], 세 사람도 모두 위나라 현능한 대부인데,《論語》에서는 '衛'를 쓰지 않았지만, 公子荊만은 '衛公子荊'이라 쓴 것은, 노나라 公子荊(애공의 서자)[春秋左傳·哀公 24年]과 구별한 것이다(述曰: 甯武子, 蘧伯玉, 史魚, 三人皆衛國賢大夫,《經》不書衛焉, 今公子荊書衛, 何也, 别乎魯公子荊也。);《春秋左傳·襄公 29年》[BC 544] (오나라 공자 계찰이) 위나라로 가서, 거백옥·사구·사어·공자형·공숙문자·공자조를 만나보고 기뻐하기를, 위나라에 군자가 많으니 환란이 없을 것이다'라고 했다(吳公子札來聘……適衛, 說蘧瑗, 史狗, 史鰌, 公子荊, 公叔發, 公子朝, 曰, 衛多君子, 未有患也。);《論語集解》사어·거백옥·공자형은 모두 위나라 군자들이다(注: 王肅曰: 荊與蘧瑗史鰌竝爲君子也。); 公子荊(공자형): 衛獻公[BC 546~BC 544 재위]의 아들. 名이 荆, 字가 南楚이다;《論語義疏》제후의 적장자 외의 모든 자식들은 모두 '公子'라 칭한다(疏: 諸侯之庶子竝稱公子。).

2《論語新解》'居室'은 가사를 다스리는 것이다. '治家'는 人事를, '居室'은 집안 살림의 경영을 가리킨다(居室犹云治理家室。治家指人事, 居室指财务器物之经营。);《論語譯注》살림을 장만하고 집안일을 하면서 보내다. '奇貨可居'[진귀한 물건은 쌓아 둘 만하다]의 '居'로 읽는다('居室', 此則爲積蓄家業居家度日之義。"居"讀爲"奇貨可居"之"居"。).

3《論語義疏》'苟'는 '苟且'이고, '苟且'는 本意가 아니라는 말이다. 당시 사람들이 모두 전혀 없는 데도 있는 체하고, 비어 있는 데도 가득 차 있는 체하고[述而 제25장], 사치스럽고 화려함이 실상을 지나쳐 있었다. 공자 형은 처음에 재화가 있었는데, 감히 자기의 능력으로 끌어모은 것이 아니고, 다만 본의 아닌 우연히 그리된 것뿐이라고 말한 것이다(疏: 苟, 苟且也。苟且, 非本意也。于時人皆無而爲有, 虚而爲盈, 奢華過實。子荊初有財帛, 不敢言己才力所招, 但云是苟且遇合而已。);《經傳釋詞》'苟'는 '且'[대충]이다(苟, 且也。);《論語平議》논어에서 '苟'字가 쓰인 예는, '苟有用我者'[진실로 나를 쓰는 사람이 있다면][子路 제10장], '苟正其身矣'[진실로 자기 몸가짐을 바르게 한다면][子路 제13장]라는 구절이 있는데,《論語注疏》에서는 둘 다 '苟는 誠이다'라고 했다. 이 장의 '苟'의 뜻도 똑같아야 한다. 이제 겨우 있을 때는, 아직 충분하지 않은데도, 공자 형은 진심으로 충분하다고 말한 것이다. 또《論語注疏》에서는, '合'을 '聚合'[모으다]으로 해석했는데, 옳지 않다. '合'은 '足'과 같다. 이제 겨우 있을 때는, 혹 때때로 궁핍해서, 아직 흡족할 수 없었지만, 공자 형의 생각에는, 이미 흡족하다 여겼던 것이다(論語苟字, 如苟有用我者, 苟正其身矣, 正義並曰, 苟, 誠也。此苟字, 義亦當同。始有之時, 未必合也, 荊則曰誠合矣…… 又按正義, 以合爲聚合, 非是。合猶足也…… 始有之時, 或時匱乏, 未能給足, 而荊之意已以爲足也。);《論語正義》'苟'는 '誠' '信'이다. '合'은 예에 합당한 것으로, 검소한 것을 싫어하지 않은 것이다(正義曰: '苟'者, 誠也, 信也。'合'者, 言己合禮, 不以儉爲嫌也。);《百度漢語》苟合(구합): 그런대로 모으다. 그럭저럭 끼워 맞추다(苟且聚合; 凑合);《論語譯注》넉넉하다. 흡족하다('合', 給也, 足也。).

4 苟完(구완): 대체로 갖출 것을 다 갖추다(大致完备).

5 苟美(구미): 그런대로 훌륭한 셈이다(犹言差不多算美好了).

6《論語集釋》李顒[1627~1705]의《四書反身錄》에 말했다. "公子 荊은 권문세가 호족의 자손으로서, 사는 집에 화려함을 추구하지 않았으니, 그 평소의 마음가짐이 고요하고 욕심이 없었음을 알 수 있다.

선생님께서 위(衛)나라의 공자(公子) 형(荊)을 평하여 말씀하셨다. "그는 집안 살림을 잘 꾸렸다. 이제 겨우 갖춰졌을 때는, '아쉬운 대로 그럭저럭 모아졌다'고 했고, 조금 늘어나서는, '아쉬운 대로 그럭저럭 갖추어졌다'고 했고, 넉넉해져서는, '아쉬운 대로 그럭저럭 훌륭해졌다'고 했다."

公子荊, 衛大夫。苟, 聊且粗略[7]之意。合, 聚也。完, 備也。言其循序而有節, 不以欲速[8]盡美累其心。
'公子荊'(공자 형)은 위(衛)나라 대부이다. '苟'(구)는 '아쉬운 대로 그럭저럭'[聊且粗略]이라는 뜻이다. '合'(합)은 '모으다'[聚]이다. '完'(완)은 '다 갖추다'[備]이다. 말씀인즉, 그가 순서를 따르고 절제가 있었으니, 서둘러 이루려고 하고 완전무결한 아름다움을 갖추려고 하는데 자기 마음을 얽어매지 않았다는 것이다.

○楊氏曰:「務爲全美, 則累物而驕吝之心生。公子荊皆曰 苟而已, 則不以外物爲心, 其欲易足故也。」
○양씨(楊氏·楊中立)가 말했다. "완전무결한 아름다움을 갖추는 데 힘을 쏟는 경우는, 외물에 얽매이고 교만하고 인색한 마음이 생긴다. 공자(公子) 형(荊)은 모두 '아쉬운 대로 그럭저럭'이라고 말했을 뿐이니, 그렇다면 이 경우는 외물로써 마음을 삼지 않은 것으로, 그가 바라는 수준이 쉽게 충족된 때문이었다."

참으로 '훌륭한 풍격을 지닌 혼탁한 세상의 佳人 公子'[史記·平原君虞卿列傳]였다. 세상에는 벼슬길에 들어서자마자 집을 싹 바꾸기 시작해서, 벼슬길에서 돌아오기까지도 토목공사가 아직 끝나지 않은 사람이 있으니, 이로써 공자 형을 보면, 그 賢·不肖가 어떠한가? 사람이 거처하는 집은, 몸을 가릴 정도이면 족하다. 거처는 웅장하고 화려하게 꾸미고, 주택은 구름 속을 뚫고 높이 치솟고, 이로써 제 딴에는 남한테 우쭐대고 自高自大하니, 아! 이것을 가지고 의기양양하게 여기다니, 그 사람됨을 알 수 있겠다"(反身錄: 公子荊以世家豪胄, 居室不求華美, 其居心平淡可知, 真翩翩濁世之佳公子也。世有甫入仕而宅舍一新, 宦遊歸而土木未已, 以視子荊, 其賢不肖爲何如耶? 人於居室, 足以蔽身足矣。乃輪奐其居, 甲第連雲, 以鳴得意, 噫! 以此爲得意, 其人可知。); 《論語譯注》 어떤 사람이 말했다. "이 장은 공자 형이 집안 살림을 잘 꾸린 것을 취해, 이로써 지위에 있는 자들을 풍자한 것이다." 당시의 경·대부들이 탐욕이 많고 부정한 짓을 일삼았으며, 사치풍조가 널리 퍼져있어서, 이 때문에 공자께서 청렴으로 탐욕을 풍자하고, 검약으로 사치를 풍자했다는 것이다(有人說: '此取荊之善居室以風有位者也。' 因爲當時的卿大夫, 不但貪汙, 而且奢侈成風, 所以孔子以廉風貪, 以儉風侈。).

7 聊且(료차): 우선은 그런대로. 잠시. 아쉬운 대로. 부족하나마 그런대로(姑且; 暫且); 聊(료): 우선. 잡담하다(姑且, 暫且。闲谈。); 粗略(조략): 대략적인(大略的).

8 《子路 제17장》 참조.

[子適衛章]

130901、子適[1]衛, 冉有僕[2]。

선생님께서 위(衛)나라에 가실 때에, 염유(冉有)가 수레를 몰았다.

僕, 御車也。

'僕'(복)은 '수레를 몰다'[御車]이다.

130902、子曰:「庶矣哉[3]!」

선생님께서 말씀하셨다. "백성들이 많구나!"

庶, 衆也。

'庶'(서)는 '많다'[衆]이다.

130903、冉有曰:「既庶矣, 又何加焉[4]?」曰:「富之。」[5]

1《論語義疏》'適'(적)은 '往'[~로 향해가다]이다(適, 往也。).

2 僕(복): 수레를 몰다(驾车).

3《文言虛詞》矣哉(의재): 강하게 긍정하는 어투에 감탄어기를 더하는 연용어기사('矣哉'是在堅強肯定下再加感歎。).

4《論語義疏》"무엇을 거기에 보태야 할까요?"(疏: 言……何以滋之也。);《經傳釋詞》'焉'은 '乎'와 같다('焉', 猶'乎'也。);《王力漢語》'焉'(언)은 의문문에도 쓸 수 있는데, 이 경우 '焉'은 지시대명사와 어기사를 겸하는 뜻을 여전히 가지고 있으며, 문장 안에 의문사가 있는 데 불과하고, 그래서 '焉'은 의문어기를 도와줄 뿐이다('焉'字也可以用於疑問句, 在這種情況下, '焉'字仍然保持著原來的語法意義, 不過由於句子裡有疑問代詞或疑問副詞, 所以'焉'字似乎也幫助表示疑問語氣罷了。);《論語句法》'焉'은 문장 끝에 쓰이는 의문어기사이다('焉'是句末表疑問的語氣詞。).

5《孟子 · 梁惠王上 제7장》현명한 군주는 백성들의 생업을 정해서, 반드시 그들로 하여금 위로는 족히 부모를 섬기고, 아래로는 족히 처자를 먹이고, 풍년에는 내내 배부르고, 흉년에는 굶어 죽는 것을 면케 했습니다. 그렇게 하고 나서 인도해 선한 길로 이끌기 때문에, 백성들이 군주를 따르기가 쉬웠습니다(明君制民之產, 必使仰足以事父母, 俯足以畜妻子, 樂歲終身飽, 凶年免於死亡。然後驅而之善, 故民之從之也

염유(冉有)가 말했다. "백성이 많아졌으니, 또 무엇을 거기에 더해야 하겠습니까?" 선생님께서 말씀하셨다. "백성들의 살림을 넉넉하게 해주어야지."

庶而不富, 則民生不遂[6], 故制田里[7], 薄賦斂以富之[8]。
백성은 많은데 넉넉하지 못하면, 백성이 생계를 꾸려나가기가 뜻대로 이루어지지 않기 때문에, 땅과 집을 마련해 주고, 세금을 적게 걷어 이로써 그들의 살림을 넉넉하게 해줘야 한다.

130904、曰:「既富矣, 又何加焉[9]?」曰:「教之。」

輕。);《管子 · 治國》 나라를 다스리는 길은, 반드시 백성을 부유하게 만드는 것을 우선으로 해야 한다. 백성이 부유해야 다스리기 쉽고, 백성이 가난하면 다스리기 어렵다. 어떻게 그런지 알 수 있는가? 백성이 부유하면 사는 마을이 평화로워지고 가정을 중시하게 되고, 마을이 평화롭고 가정을 중시하면, 윗사람을 공경하고 죄짓는 것을 두려워하고, 윗사람을 공경하고 죄짓는 것을 두려워하니, 나라를 다스리기가 쉽다. 백성이 가난하면 마을이 위태로워지고 가정을 소홀히 여기게 되고, 마을이 위태로워지고 가정을 소홀히 여기면, 윗사람을 업신여기고 법을 어기게 되고, 윗사람을 업신여기고 법을 어기니, 나라를 다스리기가 어렵다. 그래서 잘 다스려지는 나라는 늘 부유하고, 어지러운 나라는 늘 가난하다. 이 때문에 나라를 잘 다스리는 사람은, 반드시 백성을 부유하게 만드는 것을 우선으로 하고, 그런 후에 다스리는 것이다(凡治國之道, 必先富民; 民富則易治也, 民貧則難治也; 奚以知其然也? 民富則安鄉重家, 安鄉重家, 則敬上畏罪; 敬上畏罪, 則易治也; 民貧則危鄉輕家; 危鄉輕家, 則敢陵上犯禁; 陵上犯禁, 則難治也。故治國常富, 而亂國常貧; 是以善爲國者, 必先富民, 然後治之。);《管子 · 牧民》 창고가 가득 차야 예절을 차릴 줄 알고, 의식이 풍족해야 명예와 치욕을 안다(倉廩實, 則知禮節; 衣食足, 則知榮辱。);《王力漢語》 富(부): 형용사가 사역동사처럼 쓰여, 목적어로 하여금 형용사가 표시하는 성질이나 상태를 구비하게 한다(在古代漢語裡, 形容詞也常常被用如使動, 使賓語所代表的人或事物具有這個形容詞所表示的性質或狀態。).

6 不遂(불수): 뜻대로 되지 않다. 뜻을 이루지 못하다; 遂(수): 성공하다. 순조롭게 이룩하다. 뜻대로 되다. 순순히 따르다(称心如意; 使得到满足。顺利地完成; 成功。顺从, 如意。).

7 《孟子 · 盡心上 제22장》 백성들에게 농지와 집을 정해주고, 뽕나무를 심는 법과 가축을 기르는 법을 가르쳐주고, 처자식들을 가르쳐 자기 늙은이를 봉양하게 한다(制其田里, 教之樹畜, 導其妻子, 使養其老。);《論語大全》 '田'은 농사짓는 땅이다. 맹자가 말한, '백묘 넓이의 밭을 일궈 그 농사철을 빼앗지 않으면 여덟 식구의 가정이 굶주리는 일을 없앨 수 있다'[梁惠王上 제7장]는 것이 바로 이것이다. '里'는 거주하는 택지이다. 맹자가 말한, '다섯 묘 넓이의 택지에 담장 밑으로 뽕나무를 심어 아낙네가 누에를 치면 늙은이가 족히 비단옷을 입을 수 있다'[盡心上 제22장]는 것이 바로 이것이다. 농지에서는 곡식이 나오고, 택지에서는 포백[옷감]이 나온다. 곡식이 있으면 굶지 않고, 포백이 있으면 추위에 떨지 않는다. 이 두 가지가 부자가 되는 길이다(雙峯饒氏曰: 田, 是所耕之田。孟子所謂百畝之田, 勿奪其時是也。里, 是所居之地。孟子所謂五畝之宅, 樹墻下以桑是也。田出穀粟, 里出布帛。有穀粟則不飢, 有布帛則不寒。二者富之之道。); 田里(전리): 땅과 주택(田地和住宅).

8 《顏淵 제9장》 각주 《說苑 · 政理》 참조; 賦斂(부렴): 토지세. 세수. 부세를 징수하다(田賦 税收。征收賦税).

염유(冉有)가 말했다. "살림이 넉넉해진 다음에는, 또 무엇을 거기에 더해야 하겠습니까?" 선생님께서 말씀하셨다. "백성들을 가르쳐야지."

富而不教, 則近於禽獸[10]。故必立學校[11], 明禮義以教之。
살림이 넉넉해졌지만 가르치지 않으면, 짐승에 가깝다. 그래서 반드시 학교를 세우고, 예(禮)와 의(義)를 밝혀 이로써 백성들을 가르쳐야 한다.

○胡氏曰:「天生斯民, 立之司牧[12], 而寄以三事。然自三代之後, 能擧[13]此職者, 百無一二。漢之文明, 唐之太宗, 亦云庶且富矣, 西京[14]之教無聞焉。明帝尊師重傅, 臨雍[15]拜老[16], 宗戚[17]子弟莫不受學; 唐太宗大召名儒, 增廣[18]生員[19], 教亦至矣, 然而未知所以教也。三代之教, 天子公卿躬行於上, 言行政事皆可師法[20], 彼二君者其能然乎?」
○호씨(胡氏·胡寅)가 말했다. "하늘이 이 백성을 내고, 이 백성을 맡아 기를 임금을 세우고, 서(庶)·부(富)·교(教) 이 세 가지 일을 맡겼다. 그렇지만 삼대(三代) 이후로는, 능히

---

9 《經典釋詞》'焉'은 의문 어기사인 '乎'와 같다(焉, 猶'乎'也。)

10 《學而 제7장》 각주 《孟子·滕文公上 제4장》 참조; 《爾雅·釋鳥》 다리가 둘이고 날개가 달린 것을 禽이라 하고, 다리가 넷이고 털이 난 것을 獸라 한다(二足而羽謂之禽, 四足而毛謂之獸。).

11 《孟子·滕文公上 제3장》 상·서·학·교를 세워서 백성들을 가르칩니다. 상은 노인을 봉양하는 것입니다. 교는 백성을 가르치는 것입니다. 서는 활쏘기를 익히는 것입니다. 하나라는 교라 했고 은나라는 서라 했고 주나라는 상이라 했습니다. 학은 하·은·주 삼대가 이름이 같았는데, 모두 인륜을 밝히는 수단이었습니다(設爲庠、序、學、校以教之: 庠者, 養也; 校者, 教也; 序者, 射也。夏曰 校, 殷曰序, 周曰庠, 學則三代共之, 皆所以明人倫也。).

12 司牧(사목): 통치하다. 군주. 관리(管理, 统治。君主; 官吏。).

13 擧(거): 일으켜 세우다. 처리하다. 성취하다(兴起; 发动。施行; 办理。成就; 成功).

14 《論語大全》 西漢[BC 206~AD8] 문제 때 도읍이 장안인데 이곳이 서경이다(前漢文帝都長安, 是爲西京。); 西京(서경): 西漢의 도읍인 장안. 東漢[25~220] 때 낙양으로 옮기고, 동경이라 부르자, 서한의 도읍 장안을 서경이라 했다(西汉都长安, 东汉改都洛阳, 因称洛阳为东京, 长安为西京。).

15 雍(옹): =辟雍. 西周시기에 천자가 세운 대학. 국자감(=辟雍。西周天子所设大学).

16 三老(삼로): 한나라 때 마을의 교화를 담당하는 관리. 나이가 많고 덕이 높은 퇴직관리(職官名。漢時掌一鄉之教化).

17 宗戚(종척): 왕실의 친족(泛称皇室亲族).

18 增廣(증광): 늘리다. 증원하다(增加, 扩大。).

19 生員(생원): 학생 정원 수(唐国学及州, 县学规定学生员额, 因称生员。).

20 師法(사법): 스승으로부터 받은 가르침. 본받다(老师传授的学问和技术。效法, 学习。).

이 직분을 성취한 자가, 백에 한둘도 없었다. 서한(西漢)의 문제(文帝, BC 180~BC 157 재위)와 동한(東漢)의 명제(明帝, 57~75 재위), 당(唐)나라의 태종(太宗, 626~649 재위) 때가 그래도 백성이 많았고 또 살림이 넉넉했다고 하는데, 서경(西京)의 교육에 대해서는 알려진 게 없다. 명제(明帝)는 스승을 높이고 사부를 중시했고, 벽옹(辟雍)에 왕림하여 삼로(三老)에게 절하니, 왕실의 자제 중에 배우지 않는 사람이 없었다. 당(唐)나라 태종(太宗)은 이름난 학자들을 크게 불러 모으고, 학생의 정원을 늘렸고, 교육 또한 지극했지만, 가르치는 방법을 알지 못했다. 삼대(三代)의 교육은, 천자 · 공 · 경이 몸소 위에서부터 실행하여, 언행과 정사가 모두 본받을 만했었는데, 저 두 군주 명제(明帝)와 태종(太宗)은 능히 그럴 수 있었는가?"

[苟有用我章]

131001、子曰:「苟[1]有用我者, 朞月[2]而已可[3]也, 三年有成[4]。[5]」

선생님께서 말씀하셨다. "나를 쓰는 사람이 있다면, 1년 후면 이미 웬만해지고, 3년이면 치적(治績)의 성과가 있을 것이다."

朞月, 謂周[6]一歲之月也。可者, 僅辭, 言綱紀[7]布也。有成, 治功[8]成也。

'朞月'(기월)은 한 해 12개월이 한 바퀴를 도는 것을 말한다. '可'(가)는 '겨우 괜찮다'[僅]라는 말로, 다스림의 대강이 반포되는 것을 말한다. '有成'(유성)은 치적(治績)이 완성되는 것이다.

---

1 苟(구): 가정을 표시하는 접속사. 만약 ~라면(假說連詞。如果, 假使。).

2《論語義疏》'朞月'은 해가 한 바퀴 도는 것을 말한다(疏: 朞月謂年一周也。); 朞(기): 1주년. 시간이 한 바퀴 돌아서 다시 시작하는 것을 가리킨다(同'期'。朞, 指时间周而复始。朞日, 即三百六十五日。一周年, 一整月。).

3《論孟虛字》'已'는 '既'와 같다. 시간의 여정을 표시한다('已', 猶'既', 表示時間歷程的限制。);《助字辨略》'可'는 겨우 괜찮다는 말이다(可, 僅可之辭).

4 [성]期月有成(기월유성): 일 처리의 효과가 빨라서 1개월이면 현저하게 된다. 치국의 효과가 신속하고 현저하다(期: 整月, 整年。形容办事见效迅速, 一个月便功效显著。後用以形容辦事治國的功效迅速顯著。);《論語正義》《漢書 · 食貨志》에, '백성이 3년을 경작하면 1년치 곡식을 남겨 비축할 수 있다. 의식이 족하면 영욕을 알고, 염치와 양보의 마음이 생기면 쟁송이 종식된다. 그래서 3년마다 실적을 평가했던 것이다[書經 · 舜典]. 공자 말씀에, '苟有用我者 期月而已可也 三年有成'이라 했는데, 3년이면 이 실적을 이룩한다는 것이다'라고 했다. 그렇다면 '三年有成'은 풍족한 살림과 교화의 방도를 겸유한 것이다. 그래서 앞 장에서 공자와 염유의 대화를 실어, 문장을 완비하여 그것을 보인 것이다(正義曰: 漢書食貨志: "民三年耕, 則餘一年之畜。衣食足而知榮辱, 廉讓生而爭訟息。故三載考績。孔子曰: '苟有用我者, 期月而已可也, 三年有成。' 成此功也。" 然則三年有成, 兼有富教之術。故上章載夫子與冉有語, 備文見之。); 有成(유성): 성공하다. 성과가 있다. 성취를 얻다(成功; 有成效; 有成就。).

5《論語集解》진실로 나를 정사에 등용하는 자가 있다면, 1년이 지나면 정치와 교화를 행할 정도이고, 반드시 3년은 지나야 비로소 성공이 있다는 말이다(注: 孔安國曰: 言誠有用我於政事者, 朞月而可以行其政教, 必三年乃有成功也。).

6 周(주): 돌다(回).

7 綱紀(강기): 다스리다. 법률제도. 요강. 대강(治理。法律制度。纲要; 提纲); 綱(강): 그물을 들어 올리는 벼릿줄(提网的总绳); 紀(기): 그물망. 실마리. 실의 첫머리(网罟。散丝的头绪).

8 治功(치공): 법을 만들고 시행해서 거둔 치적. 국가를 다스린 업적(谓制订法则并有效实施之政绩。泛指治理国家的政绩。).

○尹氏曰:「孔子歎當時莫能用己也, 故云然[9]。」愚按: 史記,[10]此蓋爲衛靈公不能用而發。[11]
○윤씨(尹氏·尹彦明)가 말했다. "공자(孔子)께서는 당시에 아무도 자신을 등용하지 못하는 것을 탄식하셨기 때문에, 이렇게 말씀한 것이다."

내가 생각건대, 《사기》(史記)에는, 이것이 대체로 위(衛)나라 영공(靈公)이 등용해주지 않았기 때문에 꺼내신 말씀으로 되어 있다.

---

9 云然(운연): 이같이 말하다(如此说).

10 《史記·孔子世家》 위나라 영공이 나이가 들어, 정사를 게을리하고, 공자를 등용하지 않았다. 공자가 크게 한숨을 쉬고 탄식하며 말했다. "만약 나를 쓰는 사람이 있다면, 1년이 지난 후면 이미 웬만해지고, 3년이면 치적의 성과가 있을 것이다." 그러고 나서 위나라를 떠났다(靈公老, 怠於政, 不用孔子。孔子喟然歎曰: '苟有用我者, 朞月而已, 三年有成。' 孔子行。); 《史記·儒林列傳》 세상이 혼탁해서 아무도 쓰지 않았으니, 이 때문에 중니는 70여 군주에게 유세했지만 받아주는 군주가 없자 말하기를, '苟有用我者, 期月而已矣'라고 했다(世以混濁莫能用, 是以仲尼干七十餘君無所遇, 曰 "苟有用我者, 期月而已矣。"); 《論語正義》《史記·孔子世家》의 말씀은, 위나라에 계실 때 하신 말씀이기 때문에, 차례를 適衛章의 뒤에 둔 것이다. 춘추 당시, 노나라·위나라의 정치는, 여전히 형제였기 때문에, 공자께서 노나라를 떠난 후, 위나라에 혼자 오래 계시면서, 위나라를 다스리길 바라신 것이다(正義曰: 史記孔子世家云: "靈公老, 怠於政, 不用孔子。孔子喟然歎曰: '苟有用我者, 朞月而已, 三年有成。'" 是此語爲在居衛時, 故次於適衛章之後。當春秋時, 魯、衛之政, 尚爲兄弟, 故夫子去魯後, 獨久居衛, 願治之也。).

11 《論語大全》 선생님께서는 '有用我者'라는 말씀을 두 번 하셨는데, 한 번은 위나라가 등용하지 못했을 때였고, 한 번은 노나라가 등용하지 못했을 때[陽貨 제5장]였다(雲峯胡氏曰: 夫子言有用我者二, 一爲衛不能用, 一爲魯不能用。).

[善人爲邦章]

131101、子曰:「善人爲邦百年, 亦[1]可以勝殘去殺[2]矣。誠[3]哉是言也![4]」

1《北京虛詞》亦(역): 부사. ~하면. 곧. 동작 행위가 일정 조건을 갖추었거나 어떤 상황에서는, 자연스레 어떻게 된다는 것을 강조한다('亦', 副詞。强调动作行为具备了一定条件时或在某种情况下, 自然会怎样。义即'就'、'则'。);《論孟虛字》'亦'은 '則'과 같다. 윗글을 이어주는 글자이다('亦', 猶'則'。用承接詞, 爲'即''就'之義。);《古今注》'善人'은 어떤 한 가지 일에 뛰어난 자를 말한다. '亦'는 '겨우 가능하다'는 말이다. 아무리 나라를 다스리는 데 뛰어난 자라도, 백 년을 다스린 후에야 겨우 풍속을 바꿀 수 있으니[禮記 · 樂記], 하루아침에 할 수 있는 일이 아님을 말한 것이다(善人, 謂善於其事者。亦者, 僅可之辭。雖善爲國者, 必百年而後, 乃可以移風易俗, 言非一朝之所能爲也。).

2 [성]勝殘去殺(승잔거살): 인정을 시행해서, 잔인 · 포학한 사람을 교화시켜 선하게 하고, 이에 따라 사형을 폐지할 수 있다. 덕으로 백성을 교화시켜 태평하게 잘 다스리다(實行仁政, 使殘暴的人化而爲善, 因而可以廢除刑殺。也指以德化民, 太平至治。);《論語集解》'勝殘'은 잔인 · 포학한 사람을 눌러, 악한 짓을 못 하게 하는 것이고, '去殺'은 사형을 쓰지 않는 것이다(注: 王肅曰: 勝殘者, 勝殘暴之人, 使不爲惡也; 去殺者, 不用刑殺也。);《論語平議》'殺'과 '虐'은 뜻이 같다. '勝殘去殺'은 '勝殘去虐'으로, 선인이 나라를 다스려서 백 년이 되면, 잔인 · 포학한 일들을 이겨 없앨 수 있다는 말이다. '勝殘去殺'은 실제로는 한 가지 의미인데, 王肅은 이를 나누어서 두 가지 일로 하여, 경문의 뜻을 벗어나게 되었다(殺與虐, 義同……勝殘去殺者, 勝殘去虐也, 言善人爲邦百年, 則殘虐之事, 可以勝而去之也。勝殘去殺, 實止一義, 分而爲二, 轉非經旨。);《論語譯注》"잔인 · 포학한 사람을 억제해 학살을 없앨 수 있다"("可以克服殘暴免除虐殺了。");《孟子 · 梁惠王下 제8장》인을 해치는 자를 賊(적)이라 하고, 의를 해치는 자를 殘(잔)이라 한다(孟賊仁者謂之賊, 賊義者謂之殘。); 殘(잔): 상해하다. 잔인한. 흉악한. 악독한. 잔학무도한 사람(本义: 伤害。凶恶; 狠毒。也指凶暴的人, 暴虐无道的人。).

3 誠(성): 진심이다. 속이는 게 없다. 거짓이 없다. 확실히. 참으로. 실로(真心, 不詭詐, 不虛僞。跟'詐'相對, 又跟'僞'相對; 副詞。實在, 的確。).

4《論語正義》정현의 주에 말했다. "善人은 居中하여, 踐跡하지 않고, 入室하지 않는다. 善人의 정치는, 조기에 성공할 수 없고, 백 년이 지나야 잔인 · 포학한 사람을 없앨 수 있다." 내 생각에, '居中'은 아래 12장의 '王者'에 대한 對句로 말한 것이다. 위로는 王者에 미치지 못하고, 아래로는 당시의 임금과 같지 않기 때문에, '中'이라 말한 것이다. 정현의 주는 '善人之道 不踐跡 亦不入於室'[先進 제19장]에 뿌리를 두고 있고, '入室'로 '王者'를 비유했다.《漢書 · 刑法志》에, '공자께서, 천명을 받은 王者가 있다면, 반드시 한 세대가 지난 후면 천하 사람들이 인(仁)하게 될 것이다[子路 제12장]. 善人은 백 년을 다스려야, 勝殘去殺 할 수 있다고 말씀했는데, 이는 聖王이 衰世를 이어받아 亂政을 바로잡아 나라를 일으켜서, 백성들에게 덕교를 입히고, 그들을 변화시킨다면, 반드시 한 세대 후면 仁道가 성취될 것이고, 善人이 入室하지 아니한 경우에도, 백 년이 되면 勝殘去殺할 수 있다는 말씀이다. 이것이 나라를 다스리는 자의 법칙이다'라고 했는데[《刑法志》에 따르면, 善人은 (예악을 배우지 않은 선량한) 제후를 가리켜 말한 것이다], 정현과《刑法志》모두 善人이 入室하지[王者가 되지] 않는 이상, 조기에 성공할 수 없기 때문에, 반드시 백 년을 기약해야 함을 말한 것이다. 善人이 나라를 다스려서 백 년이 되면, 잔인 · 포학한 사람이 온전히 없어질 수는 없어도, 정치를 통해 족히 그들을 제압하여, 포학한 행위를 하지 못 하게 하기 때문에, 그래도 악한 행위의 정도가 사형이란 형벌을 쓰는 정도까지는 이르지 않는다는 말이다. 사형은 중형이다. '去殺'을 말한 것은, 다른 가벼운 형벌을 쓰는 것까지는 피할 수 없다는 것을

선생님께서 말씀하셨다. "(옛말에) '선인(善人)이 나라를 다스려서 백 년이 되면, 그래도 잔인하고 포학한 사람을 억지시켜 사형에 처하는 일을 없게 할 수 있다'라고 했는데, 이 말이 정말이구나!"

勝[5], 平聲。去[6], 上聲。○爲邦百年, 言相繼[7]而久也。勝殘, 化殘暴之人, 使不爲惡也。去殺, 謂民化於善, 可以不用刑殺[8]也。蓋古有是言, 而夫子稱之。

'勝'(승)은 평성[shēng]이다. '去'(거)는 상성[jǔ]이다. ○'나라를 다스려서 백 년이 된다'[爲邦百年]라는 것은, 대를 이어가면서 오래 다스리는 것을 말한다. '勝殘'(승잔)은 잔인하고 포학한 사람을 교화시켜, 그들로 하여금 악한 짓을 하지 않도록 하는 것이다. '去殺'(거살)은 백성이 선한 쪽을 향해 변화되어, 사형제도를 쓸 필요가 없게 된 것을 말한다. 대개 옛날에 이 말이 있었는데, 선생님께서 이 말을 칭찬하신 것이다.

程子曰「漢自高, 惠至于文, 景, 黎民[9]醇厚[10], 幾致刑措[11], 庶乎其近之矣。」

밝힌 것이다(正義曰: 鄭注云: "善人居中, 不踐跡, 不入室也。此人爲政, 不能早有成功, 百年乃能無殘暴之人。" 案: "居中"者, 對下"王者"言之。上不及王者, 下不同時君, 故言中也。上篇言 "善人之道, 不踐跡, 亦不入於室", 此注本之, 而以入室喻王者。漢書刑法志: "孔子曰: '如有王者, 必世而後仁。善人爲國百年, 可以勝殘去殺矣。' 言聖王承衰撥亂而起, 被民以德教, 變而化之, 必世然後仁道成焉。至於善人不入於室, 然猶百年勝殘去殺矣。此爲國者之程式也。" 並謂善人既未入室, 不能早有成功, 故必期之百年也…… 言善人爲邦百年, 殘暴之人不能盡絕, 但其政治足以勝之, 使不爲惡, 故亦不至用刑殺也。殺是重刑。言 "去殺", 明諸輕刑未能免矣。).

5 勝(승): [shēng] 이겨낼 수 있다. 감당하다. 다 없애다. 이루다(禁得起, 承受得了。尽; 完。); [shèng] 우세하다. 이기다. 억제하다. 명승지(占优势。勝利。克制。特指優美的山水或古跡。); 勝殘去殺(승잔거살): 잔폭한 사람을 억제하여 사형제도를 없애다.

6 去(거): [qǔ] 버리다. 없애다(去掉。除去。); [qù] 떠나다(往, 到。与「来」相对。离开。).

7 相繼(상계): 끊기지 않고 계속 이어지다(一个跟着一个; 连续不断; 相承袭; 递相传授); 相(상): 잇따라. 차례로(递相; 先后).

8 刑殺(형살): 사형에 처하다(处以死刑).

9 黎民(여민): 백성. 서민(民众, 百姓。指庶民, 泛指普通百姓, 就是平民百姓。); 黎(려): 많다. 검정색(众多, 数目很多。黑色).

10 醇厚(순후): 순박하고 인정이 두텁다(指淳朴厚道, 形容为人淳厚谦逊。); 醇(순): 맛이 걸쭉하다. 진하다(酒味浓厚); 淳朴(순박): 순박하다(质朴).

11《史記 · 周本紀》周成王[BC 1042~BC 1021 재위]과 周康王[BC 1020~BC 996 재위]이 다스리던 시기에는, 천하가 평화로웠고, 형법을 방치해 두고 40여 년을 쓰지 않았다(故成康之際, 天下安寧, 刑錯四十餘年不用。); 刑措[錯]不用(형조불용): 형법을 방치해 두고 쓰지 않다(措: 设置, 设施。刑法放置起来而

정자(程子·明道)가 말했다. "한(漢)나라는 고조(高祖, BC 206~BC 195 재위)·혜제(惠帝, BC 195~BC 188 재위) 때부터 문제(文帝, BC 180~BC 157 재위)·경제(景帝, BC 157~BC 141 재위) 때까지, 백성이 순박하고 인정이 두터워서, 거의 형벌을 방치해 두고 쓰지 않는 상황에 이르렀으니, 거의 이 말에 가까웠을 것이다."

○尹氏曰:「勝殘去殺, 不爲惡而已, 善人之功如是。若夫[12]聖人, 則不待百年, 其化亦不止此。」[13]
○윤씨(尹氏·尹彦明)가 말했다. "잔인하고 포학한 자를 교화시키고 사형을 없애는 것은, 악한 짓을 하지 않게 할 뿐으로, 선인(善人)이 나라를 다스리는 효과는 이 정도이다. 성인(聖人) 같았으면, 백 년까지 가지도 않고, 그의 교화의 효과도 이 정도에서 그치지 않았을 것이다."

不用。形容政治清平。); 措(조): 폐기하다. 방치해 두다. 내버려 두다. 백성이 범법하지 않아서, 형법을 쓸 곳이 없다(废弃; 搁置; '措', 置也。民不犯法, 无所刑也。).

12 若夫(약부): ~에 관해서는. 문장의 첫머리나 단락 개시에 쓰여, 다른 사례를 제시한다는 것을 표시한다(至于。用于句首或段落的开始, 表示另提一事。).

13 《論語大全》 경문의 '亦可'라는 말에는, 부족하다는 뜻이 약간 깃들어 있는데, 잔인하고 포학한 사람을 마지막까지 다 이기지는 못하고, 사형이 마지막까지 다 없어지지는 못한다는 뜻과 같다. 대개 이른바 '형벌을 방치해 두고 쓰지 않는 상황에 거의 도달한'(幾致刑措) 정도인 것이다. 선인의 역량은, 그 최대한 공효가 이런 정도에 도달할 수 있을 뿐이고, 그 이상 더 도달할 수 없다(雙峯饒氏曰: 謂之亦可者, 微寓不足之意, 似有未能必其殘果盡勝, 殺果盡去之意。蓋亦所謂幾致刑措者也。善人力量。其極功只到得此地位。以上更去不得。).

[如有王者章]

131201、子曰:「如有王者[1], 必世[2]而後[3]仁。[4][5]」

1《春秋繁露 · 王道通三》옛날에 글자를 만든 자가, 세 획을 긋고 그 가운데를 이어주는 획을 그어서, 이를 王이라 했다. 세 획은 하늘 · 땅 · 사람이고, 가운데를 이어주는 획은 道를 통행시킨다는 것이다. 하늘 · 땅 · 사람의 가운데를 취해 뚫어서, 셋 사이에 도를 통행시키게 했으니, 王者가 아니면 누가 능히 이를 담당해 내겠는가? 이 때문에 王者는 오직 하늘의 베풂을 본받는 자이니, 하늘의 時[天時]를 그대로 따라서 사람의 時를 완성시키고, 하늘의 命[天命]을 본받아서 사람들을 따르게 하고, 하늘의 數[天數]를 본받아서 사람들의 사업을 일으키고, 하늘의 道[天道]를 본받아서 사람들을 다스릴 법을 만들어내고, 하늘의 뜻[天志]을 본받아서 사람들을 仁으로 돌아가게 하는 것이다(古之造文者, 三書而連其中, 謂之王。三書者, 天地與人也, 而連其中者, 通其道也。取天地與人之中以爲貫而參通之, 非王者孰能當是? 是故王者唯天之施, 施其時而成之, 法其命而循之諸人, 法其烽[數]而以起事, 治其道而以出法, 治其誌而歸之於仁。);《王力漢語》王(왕): 천자. 殷周시대는 천자만이 '王'이라 칭할 수 있었지만, 춘추시대 제후인 楚 · 吳 · 越 등이 '王'이라 칭했다(帝王, 天子。注意: 本來殷周時代, 只有天子才可稱'王', 但春秋時的諸侯國楚, 吳, 越等稱了'王'。).

2《論語集解》30년을 世라 한다(注: 孔安國曰: 三十年曰 世。);《古今注》'世'는 아버지와 아들이 서로 이어지는 것을 말한다(世, 謂父子相承也。).

3《古書虛字》'而後'는 '然後'와 같다('而後'猶'然後'也。).

4《論語正義》包愼言[淸人]의《論語溫故錄》에 말했다. "《漢書 · 食貨志》에, '백성이 3년을 경작하면 1년 먹을 곡식을 남겨 비축한다. 의식이 족하면 영욕을 알고, 염치와 양보의 마음이 생기면 쟁송이 종식된다. 그래서 3년마다 실적을 평가하여, 강급 · 면직 · 승급을 결정하고[書經 · 舜典], 3년 먹을 곡식을 남기면, 위로 올리는데 처음 올리는 것을 登, 두 번째 3년 먹을 곡식을 남겨 올리는 것을 平, 세 번째 3년 먹을 곡식을 남겨 올리는 것을 太平이라 했으니, 27년이면, 9년치 곡식을 남겨 비축하게 된다. 그런 후에 덕화가 두루 미치고, 예악이 성취된다. 그래서 공자께서는, '如有王者 必世而後仁'이라 하셨으니, 이러한 도리에 근거한 말씀이다'라고 했다(正義曰: 包氏愼言溫故錄: "漢書食貨志云: '三年耕則餘一年之畜, 衣食足而知榮辱, 廉讓興而爭訟息, 故三載考績, 三考黜陟, 餘三年食, 進業曰登。再登曰平, 餘六年食。三登曰太平, 二十七歲, 餘九年食。然後以德化流洽, 禮樂成焉。故曰'如有王者, 必世而後仁', 繇此道也。'). 생각건대,《食貨志》에 따르면, '必世後仁'은 대개 백성을 먹여 기른 후에 교화할 수 있음을 말한 것이다. 食은 백성의 근본이다. 기아와 추위가 한꺼번에 닥치면, 요 · 순이 임금으로 있어도, 백성이 도적이 되는 것을 막을 수 없고, 부자가 가난한 자의 재산을 겸병하면, 고요가 만들 법일지라도, 강한 자가 힘을 앞세워 약한 자를 능욕하는 것을 막을 수 없다[韓非子 · 姦劫弑臣] 그래서 왕자가 처음 일어나면, 반드시 먼저 백성들에게 농지와 집을 정해주고, 뽕나무 심는 법과 가축 기르는 법을 가르쳐주고[孟子 · 盡心上 제22장], 백성으로 하여금 집집마다 넉넉하게 해주고 사람마다 풍족하게 해주고, 그런 후에 예의로써 그들을 교화했던 것이다. '必世'란 말은, 백성의 재력 범위를 재량 해두어, 궁박하게 하지 않는다는 것이다.《刑法志》역시 이 경을 인용하여 풀이하기를, '이는 성왕이 衰世를 이어받아 亂政을 바로잡아 나라를 일으켜서, 백성들에게 덕교를 입혀, 그들을 변화시킨다면, 반드시 한 세대 후면 仁道가 성취될 것이라는 말씀이다'라고 했는데, 뜻이 역시 대략 같다"(案: 依志言'必世後仁', 蓋謂養而後教。食者, 民之本。饑寒並至, 雖堯,舜在上, 不能使民無寇盜; 貧富兼並, 雖皋陶制法, 不能使強不淩弱。故王者初起, 必先制田里, 教樹畜, 使民家給人足, 然後以禮義化導之。言'必世'者, 量民力之所能, 不迫切之也。刑法志亦引此經解之云: '言王者承衰撥亂而起, 被民以德教, 變而化之, 必世然後仁道成焉。' 義亦略同。").

선생님께서 말씀하셨다. "만일 천명을 받은 왕자(王者)가 있다면, 반드시 한 세대가 지난 후면 (천하 사람들이) 인(仁)하게 될 것이다."

王者謂聖人受命而興也。三十年爲一世。仁, 謂教化浹[6]也。程子曰:「周自文武至於成王, 而後禮樂興, 即其效也。」

'王者'(왕자)는, 성인이 천명을 받아 일어나는 것을 말한다. 30년이 '한 세대'(一世)이다. '인하게 된다'[仁]는 것은, 교화가 두루 미치는 것을 말한다.

정자(程子 · 明道)가 말했다. "주(周)나라는 문왕(文王)과 무왕(武王) 때부터 성왕(成王) 때에 이른 후에, 예악이 흥성했는데, 바로 仁(인)의 효과였다."

○或問:「三年, 必世, 遲速不同, 何也?」程子曰:「三年有成, 謂法度紀綱有成而化行也。漸民以仁, 摩民以義[7], 使之浹於肌膚, 淪[8]於骨髓, 而禮樂可興, 所謂仁也。此非積久[9],

5《漢書 · 董仲舒傳》신이 듣건대, 요임금은 천명을 받았는데, 천하를 걱정거리로 여겼고, 천자의 자리를 悅樂거리로 여기지 않았습니다. 나라를 어지럽히는 신하를 죽이거나 추방하고, 현자와 성인을 열심히 찾았으니, 이로써 순 · 우 · 후직 · 설 · 고요를 얻었습니다. 여러 성인이 천자의 덕행을 보좌했고, 현자들이 천자의 직분을 보좌하여, 교화가 크게 행해졌고, 천하가 화목하고 잘 어울려 지냈고, 만민이 모두 인을 편안해하고 사람으로서 해야 할 도리를 즐겁게 여겼고, 각기 그에 맞는 적절한 도리를 얻었고, 행동거지가 예에 화응했고, 조용하게 도에 맞았습니다. 그래서 공자께서는, '만일 천명을 받은 왕자가 있다면, 반드시 한 세대가 지난 후면 (천하 사람들이) 仁하게 될 것이다'라 하셨으니, 이를 말씀하신 것입니다(仲舒對曰: 臣聞堯受命, 以天下爲憂, 而未以位爲樂也, 故誅逐亂臣, 務求賢聖, 是以得舜, 禹, 稷, 卨, 咎繇。衆聖輔德, 賢能佐職, 教化大行, 天下和洽, 萬民皆安仁樂誼, 各得其宜, 動作應禮, 從容中道。故孔子曰 '如有王者, 必世而後仁', 此之謂也。).

6 浹(협): 흠뻑 젖다. 푹 적시다. 두루 미치다. 이해하다(湿透。通达, 理解。).

7《漢書 · 董仲舒傳》무릇 만민들이 이로움을 좇는 것은, 물이 아래로 흘러가는 것과 같아서, 교화를 써서 제방을 쌓지 않으면, 그 흐름을 중지시킬 수 없습니다. 옛날에 왕들은 이를 잘 알고 있었기 때문에, 남면하여 천하를 다스리면서, 교화를 대임으로 삼지 않은 자가 아무도 없었습니다. 대학을 세워 國都를 가르치고, 庠 · 序를 세워 邑을 교화시켜, 백성을 인으로써 푹 적시고, 의로써 연마하고, 예로써 조절했기 때문에, 형벌은 아주 가벼웠음에도 금법을 범하지 않은 것은, 교화가 시행되어 습속이 아름다워졌기 때문입니다(仲舒對曰: ……夫萬民之從利也, 如水之走下, 不以教化隄防之, 不能止也…… 古之王者明於此, 是故南面而治天下, 莫不以教化爲大務。立大學以教於國, 設庠序以化於邑, 漸民以仁, 摩民以誼, 節民以禮, 故其刑罰甚輕而禁不犯者, 教化行而習俗美也。); 漸(점): 흘러 들어가다. 물에 푹 잠기다. 점점(流入; 入。淹没, 浸泡。逐渐); 摩(마): 문지르다. 연마하다. 갈고 닦다. 어루만지다(摩擦。切磋; 研究。磨炼。抚摸).

8 淪(륜): 잔물결. 빠지다. 가라앉다. 몰락하다(小波。水起微波。沉沦; 没落).

何以能致?」

○어떤 사람이 물었다. "(제10장에서는) 3년이면 성과가 있다고 말씀하시고서, (이 장에서는) 또 반드시 한 세대가 지나야 한다고 말씀하셨는데, 하나는 더디고 하나는 빠른 것은, 어째서입니까?"

정자(程子·伊川)가 말했다. "3년이면 성과가 있다고 말씀하신 것은, 법도와 기강이 완성되고 교화가 행해진다는 것이다. 백성을 인(仁)으로써 푹 적시고, 백성을 의(義)로써 연마하여, 그들로 하여금 인(仁)과 의(義)가 피부에 두루 스며들고, 골수까지 푹 빠져 적시도록 하면, 예악이 흥성할 수 있게 되는데, 이것이 이 장에서 말씀한 '仁(인)'이다. 인(仁)과 의(義)가 오랜 기간 쌓이지 않고서야, 어떻게 이런 경지에 이를 수 있겠는가?"

9 積久(적구): 오랜 시간 동의 누적(长时间的累积).

[苟正其身章]

131301、子曰:「苟[1]正其身矣, 於從政乎[2]何有[3]? 不能正其身, 如正人何[4]?[5]」

선생님께서 말씀하셨다. "자기 몸가짐을 바르게 한다면, 정치를 맡아 하는 데 무슨 어려움이 있겠느냐? 자기 몸가짐을 바르게 하지 못하는데, 어떻게 남을 바로잡겠느냐?"

---

1 《論語注疏》'苟'는 '誠'[진실로]이다(疏: 正義曰: 苟, 誠也。).

2 《論語正義》'政'은 '正'이다. 爲政은 먼저 자기 몸가짐을 바르게 해야 한다는 말씀이다["자기 몸가짐을 바르게 한다면, (남으로 하여금) 바른 것을 따르게 하는 데 무슨 어려움이 있겠느냐?"](正義曰: '政'者, 正也。言爲政當先正其身也。);《論語句法》'乎'는 말을 잠시 멈추는 어기사이다('乎'是停頓語氣詞。).

3 《論語句法》'何有'는 '何難之有'의 준말이고, '何'가 목적어이고, '何'는 의문지칭사가 목적어로 쓰임으로 인해 앞당겨진 것이다('何有'是'何難之有'的省說, 以'何'爲止詞, 因它是疑問指稱詞做止詞而提前了。); 何有(하유): 반문의 어기를 사용하여 어렵지 않음을 표시한다(用反问的语气表示不难).

4 《王力漢語》'如……何' '若……何' '奈……何'라는 표현이 있는데, 가운데에는 대사나 명사 등이 들어가며, '무엇을 어떻게 하다' '무엇이 어떻다'는 뜻이다(古代有'如……何' '若……何' '奈……何'的說法, 當中插入代詞, 名詞或其他詞語, 意思是'把(對)……怎麼樣(怎麼辦)'。);《論孟虛字》'如'는 '將'[~일 것이다]과 같다["장차 무엇으로[어떻게] 사람을 바로잡을 것이냐?"]('如', 猶'將'。亦是用作準繫詞, 是擬而未定之詞。爲'欲要'。言'將何以正人呢?' '將要怎麼樣去正人呢?').

5 《論語義疏》자기의 몸가짐이 바르지 못하면, 호령해도 따르지 않기 때문에[子路 제6장], '如正人何'라고 한 것이다. 그래서 江熙가 말하기를, '從政은 사람을 바르게 하는 것을 일로 삼는데, 자기 몸가짐이 바르지 않고서, 어찌 남을 바르게 할 수 있겠는가?'라고 했다(疏: 其身不正, 雖令不從, 故云如正人何也。故江熙曰: 從政者, 以正人爲事也, 身不正, 那能正人也?);《論語大全》'이 장과 제6장의 '자기의 몸가짐이 바르면, 호령을 하지 않아도 행해지고, 자기의 몸가짐이 바르지 못하면, 호령을 해도 따르지 않는다'라는 말씀과는, 무슨 차이가 있기에 두 번씩 나왔는지요?' 주자가 답했다. "조씨는, 이 장은 오로지 신하를 위해서 하신 말씀이라고 했는데, 이치상 혹 맞는 것 같다"(問此章與第六章, 其身正 不令而行 其身不正 雖令不從, 何異而復出之? 朱子曰: 晁氏以爲此章專爲臣而發, 理或然也。);《論語大全》'從政'과 '爲政'은 다르다. '爲政'은 임금의 일이고, '從政'은 대부의 일이다(雙峯饒氏曰: 從政與爲政不同。爲政, 是人君事, 從政, 是大夫事。).

[冉子退朝章*]

131401、冉子退朝[1]。子曰:「何晏[2]也?」對曰:「有政。」子曰:「其[3]事也。如有政, 雖不吾以[4], 吾其[5]與聞[6]之。」

염자(冉子)가 조정에서 돌아왔다. 선생님께서 물었다. "어찌 늦었느냐?" 염자(冉子)가 대답했다. "나랏일이 있었습니다." 선생님께서 말씀하셨다. "계씨(季氏) 가의 일이었겠지. 나랏일이 있었다면, 비록 나를 쓰고 있지 않지만, 내가 필시 그 일에 관해 들었을 게다."

朝, 音潮。與, 去聲。○冉有時爲季氏宰。朝, 季氏之私朝也。晏, 晚也。政, 國政。事, 家事[7]。

1《論語義疏》'退朝'(퇴조)는 아침에 조정의 일이 끝나고 집으로 돌아가는 것을 말한다(疏: 退朝, 謂旦朝竟而還家。).

2《論孟虛字》'何'는 '何其'의 축약어로, 경탄과 아울러 물어보는 어기를 가지고 있다('何', 爲'何其'之省文, 是驚歎而兼詢問的語氣詞。);《論語義疏》'晏'(안)은 '晚'[늦다]이다(疏: 晏, 晚也。);《論語正義》方觀旭[淸人]의《論語偶記》에 말했다. "《禮記 · 玉藻》에, '(대부가 公朝에 들어가기 위해 조회복 차림으로) 가신과 읍하고 행차하는데, 새벽녘 희미하게 밝아올 때이다. 수레에 오르면 하늘이 밝아지기 시작한다'고 했고, 또, '公朝에 들어갈 때는, 하늘이 밝아지기 시작해 사물을 변별할 수 있을 즈음에 입궐한다'고 했다. 생각건대, 먼저 私朝의 일을 보고, 그 후에 公朝에 참석하는 때가, 하늘이 막 밝아지기 시작할 때라면, 家臣의 경우는 私朝에서 퇴조하는 시기가 의당 이른 아침일 것이므로, 이것이 공자께서 염유에게 퇴조가 늦은 것을 물은 까닭이다"(正義曰: 方氏觀旭偶記: "禮玉藻云: '揖私朝, 煇如也, 登車則有光矣。' 注: '揖其臣乃行。' 玉藻又云: '朝, 辨色始入。' 案: 先視私朝, 然後朝君, 猶當辨色之時, 則家臣之退, 自然宜蚤, 此子所以問冉有退朝之晏。").

3《古書虛字》'其'는 '必'과 같다('其', 猶'必'也。);《論語句法》'其'는 여기에서 추측을 나타내는 어기사이다. 아마~일 것이다('其'在這裡是表猜測的語氣詞, 相當於白話的'恐怕'或'大概'。);《論語新解》'也'는 '邪'와 같다. 의문사. '事'는 '私事'로 계씨 가의 일을 말한다["계씨의 집안일이었을 테지!"](也, 亦同邪, 疑问辞。事指私事, 谓季氏之家事; "怕是季氏的家事吧!");《論語譯注》"그것은 단지 사무일 뿐이다"("那只是事務罷了。").

4《論語義疏》'以'(이)는 '用'[쓰다]이다(疏: 以, 用也。);《論語句法》'吾'는 앞당겨진 목적어이다('吾'是提前的止詞。).

5《論語句法》'其'는 필연을 나타내는 어기사이다. 필시. 분명. 응당('其'是表必然與其的語氣詞, 相當於於白話的'必然'或'應該'。).

6 與聞(여문): 일에 참여해서 듣다. 내막을 알다(谓参与其事并且得知内情).

7《論語大全》'政'과 '事'는, 일반적으로 말하면 통용되지만, 구별해서 말하면 큰일을 '政', 작은 일을 '事', 조정의 일을 '政', 私家의 일을 '事'라 한다(吳氏曰: 政事, 泛言之則通, 別言之, 則大曰政; 小曰事, 公朝之事曰政; 私家之事曰事。).

以, 用也。禮: 大夫雖不治事, 猶得與聞國政[8]。

'朝'(조)는 음이 '潮'(조, cháo)이다. '與'(여)는 거성[yù]이다. ○염유(冉有)는 이 당시에 계씨(季氏) 가의 가신으로 있었다. '朝'(조)는 계씨(季氏) 가의 조정이다. '晏'(안)은 '늦다'[晩]이다. '政'(정)은 '나랏일'[國政]이다. '事'(사)는 '집안일'[家事]이다. '以'(이)는 '쓰다'[用]이다. 《예》(禮)에 '물러난 대부는 비록 정사를 처리하지는 않을지라도, 국정의 내막을 듣는다'라고 했다.

是時季氏專魯, 其於國政, 蓋有不與同列議於公朝, 而獨與家臣謀於私室者。故夫子爲不知者而言, 此必季氏之家事耳。若是國政, 我嘗爲大夫, 雖不見用, 猶當與聞。今旣不聞, 則是非國政也。語意與魏徵獻陵之對[9]略相似。其所以正名分, 抑季氏, 而教冉有之意深矣。

이 당시에 계씨(季氏)는 노(魯)나라 권력을 혼자서 제 마음대로 하여, 그가 국정에 대해, 동렬의 대부들과 나라의 조정에서 의논하지 않고, 혼자서 자기의 가신들과 자기 집안에서 도모했다. 그래서 선생님께서 모르는 것처럼 하여 말씀하시길, '이는 반드시 계씨(季氏)의 집안일일 뿐이다. 만일 그것이 나랏일이었다면, 내가 예전에 대부였으니, 비록 지금은 쓰이고 있지는 않을지라도, 여전히 참여해서 듣는 것이 마땅하다. 그런데

8 《論語大全》 선생님의 이 말씀으로 미루어 볼 때, 옛날에는 대부가 비록 벼슬에서 물러나 있어도, 나라에 큰 정사가 있으면, 반드시 참여해 같이 의논했을 것으로 생각되는데, 대체로 노인에게 자문한다는 뜻이다. 선생님께서는 애공 11년 겨울에, 노나라로 돌아오셨는데, 그때 연세가 예순아홉이었으니, 다음 해가 일흔으로 노인임을 알리고 벼슬에서 물러나는 해였다. 《春秋左傳 · 哀公 12年》[BC 483] 봄에 田畝의 다소에 따라 부세를 징수하는 田賦제도를 시행했는데, 그전 해 겨울에 계강자가 염유를 (세 번씩) 보내 선생님께 여쭙기를, '그대가 나라의 원로이시니, 그대의 자문을 기다려 시행하겠습니다'라는 기록이 있는데, 대개 이때 이르러서는 다시는 알려오지 않았을 것이다(吳氏曰: 以夫子此語推之, 意古者大夫雖致仕, 國有大政, 亦必與之共謀, 蓋詢黃髮之意……夫子哀公十一年冬反魯, 年六十九, 明年爲告老之年。左傳哀公十二年春用田賦, 康子使冉有問曰, '子爲國老, 待子而行。' 蓋至是不復以告矣。).

9 《新唐書 · 魏徵列傳》 당태종은 문덕황후[당태종의 부인]를 장사지내고 나서, 바로 후원에 2층 전망대를 만들어 소릉[문덕황후의 능]을 볼 수 있게 하고는, 위징을 데리고 올라가 무엇이 보이는지 물었다. 위징이 '제가 눈이 어두워서 보이지 않습니다'라고 하자, 태종이 소릉을 가리켰다. 위징이 말했다. "이 소릉 말입니까?" "그렇소." 위징이 말했다. "신은 폐하께서 헌릉[태종 어머니의 능]을 보고 계시는 줄 알았습니다. 소릉이라면 신도 물론 보이지요." 당태종이 눈물을 흘리면서 전망대를 헐었다(文德皇后旣葬, 帝即苑中作層觀, 以望昭陵, 引徵同升, 徵孰視曰: '臣毛昏, 不能'帝指示之, 徵曰: '此昭陵邪?' 帝曰: '然。' 徵曰: '臣以爲陛下望獻陵, 若昭陵, 臣固見之。' 帝泣, 爲毁觀。); 新唐書(신당서): 北宋시기에 歐陽修 등에 의해 편찬된 당나라 역사서(北宋时期宋祁, 欧阳修, 范镇, 吕夏卿等合撰的一部记载唐朝历史的纪传体断代史书, '二十四史'之一。).

지금 듣지 못했으니, 이는 나랏일이 아니다'라고 하신 것이다. 말씀하신 뜻이, 위징(魏徵)이 당태종(唐太宗)에게 헌릉(獻陵)을 보고 있는 줄 알았다고 대답한 것과 대략 서로 비슷하다. 선생님께서 '政'과 '事'의 이름을 바로잡는 방법을 써서, 계씨(季氏)를 억누르고, 염유(冉有)를 가르치려 하신 뜻이 마음 깊다.

[定公問一言興邦章]

131501、定公問:「一言而可以興邦[1], 有諸?」孔子對曰:「言不可以若是其幾也[2]。

노(魯)나라 정공(定公)이 물었다. "한마디 말로 나라를 흥하게 할 수 있는, 그런 경우가 있을까요?" 공자(孔子)께서 말씀하셨다. "말이란 이 같은 효과를 기대할 수 없습니다.

幾, 期也。詩曰:「如幾如式。」言一言之間, 未可以如此而必期其效。

'幾'(기)는, '기대하다'[期]이다.《시경 · 소아 · 초자》(詩經 小雅 楚茨)에, '기대한 그대로

---

1 [성]一言興邦(일언흥방): 한마디 말로 나라를 일으킬 수 있다(指一句话可以兴国。).

2《論語集解》'幾'는 '近'이다(注: 幾, 近也。);《論語義疏》'若是'는 '如此'와 같다. 한마디 말이 비록 흥하게 할 수는 없을지라도, 흥하게 하는 데 가까울 수 있는 말은 있기 때문에, '其幾'라 한 것이다(疏: 若是者, 猶如此也。然一言雖不可即使興, 而有可近於興邦者, 故云其幾也。);《論語正義》한마디 말이, 나라를 이같이 흥하게 할 수 없으니, 이는 '言不可以若是, 其幾也'로 끊어 읽어 풀이하는 문장이다.《論語集解》의 注 '幾, 近也'는《爾雅 · 釋詁》의 글이다.《易經 · ☴小畜 》에 '月幾望'[달이 보름달에 가까워지다]이라고 했고,《詩經 · 大雅 · 瞻卬》에 '維其幾矣'[그 시기가 가까워지다]라고 했는데, '幾'는 모두 '近'으로 풀이했다. 이 글은 한마디 말이 (이같이 나라를 흥하게 할 수는 없지만) 그에 가까운 경우는 있음을 말한 것이다(正義曰: 一言祇是大要, 不能正興國, 此釋"言不可以若是"之文也。"幾, 近", 爾雅釋詁文。易"月幾望", 詩"維其幾矣", "幾"並訓近。此謂有一言近於興國也。);《論語集釋》王若虛[1174~1243]의《論語辨惑》에 말했다. "幾는 近이다. 바로 아래 '不幾乎'의 '幾'이다. '其幾也' 세 글자는 한 개 구이다. 한마디 말의 득실이, 어찌 급거 興 · 喪에 이르게 하겠는가마는 그에 가까운 것은 있다는 것으로, 그 뜻이 매우 명백하다"(論語辯惑: 幾, 近也。卽下文「不幾乎」之幾耳。「其幾也」三字自爲一句。一言得失, 何遽至於興喪? 然有近之者, 其意甚明。);《論語句法》주희는 한 문장으로 '言不可以若是其幾也'라고 읽었는데, 그럴 경우 '其'는 반드시 '若是'와 '幾' 사이에 붙은 관계사로 간주한 것이다["말이란 이 같은 기대를 할 수 없다"]. 王若虛[1174~1243]의《論語辨惑》에 따라, 두 개의 문장으로 해서 띄어 읽으면, '言不可以若是, 其幾也'는 바로 전환관계 복문으로, '言不可以若是'는 준판단문, '言'은 주어, '是'는 술어, '若'은 준연결동사, '其幾也'는 판단문, 主語는 위를 이어받아 생략되었고, 술어는 '幾'['近'의 뜻이다], '其'는 연결동사로, 지금의 '是'와 같다["말이란 이와 같을 수 없지만, 가깝다(그에 가까운 말은 있다)"](朱注作一句讀, 那麼'其'字就必須看做關係詞, 加在'若是'跟'幾'字間, 今依王若虛論語辨惑做兩句看, 那就是轉折關係的複句, '言不可以若是'是準判斷句, '言'是主語, '是'是謂語, '若'是準繫詞……'其幾也'是一句判斷句, 主語也乘上省略, 謂語是'幾'('近'字的意思), '其'是繫詞, 相當于白話的'是'字。);《論語詞典》其(기): '之'와 같다["말이란 이렇게 간단한 기계 같을 수 없다"]('其', 同'之'; '說話不可以像這樣地簡單機械。');《古漢語語法》'如[若]+지시대명사[是 · 此 · 彼 · 斯 · 玆]'가 부사어로 쓰인 경우, 피수식어와의 사이에 '之' 또는 '其'를 항상 추가한다(在'如(若)+指代词(是、此、彼、斯、玆)'作状语时, 与被修饰语之间常加'之'或'其'。);《文言虛詞》'其'字가 가끔 소품사 '之'로 쓰인 경우, 구어의 '的'에 해당하며, 대부분 '若是' '如彼'의 후면에 쓰인다('其'字偶爾用作小品詞'之'字, 就是口語'的'字, 多半用在'若是''如彼'這類短語的後面。).

법식 그대로'라고 했다. 말씀인즉, 한마디 말 사이에 이같이 그러한 효과를 꼭히 기대할 수는 없다는 것이다.

131502、人之言曰:『爲君難, 爲臣不易。』[3]

사람들이 하는 말에, '임금 노릇 어렵고, 신하 노릇 쉽지 않다'고 했습니다.

易, 去聲。○當時有此言也。

'易'(이)는 거성[yi]이다. ○당시에 이런 말이 있었다.

131503、如知爲君之難也, 不幾乎[4]一言而興邦乎?」

(이 말대로) 임금 노릇 어렵다는 것을 안다면, (이 한마디 말이야말로) '한마디 말로 나라를 흥하게 한다'고 기대하지 않겠습니까?"

因此言而知爲君之難, 則必戰戰兢兢[5], 臨深履薄, 而無一事之敢忽。然則此言也, 豈不

3《書經 · 虞書 · 大禹謨》禹가 말했다. "임금님께서 그 임금 노릇을 어렵게 여기고, 신하가 그 신하 노릇을 어렵게 여긴다면, 정사가 이에 바로 다스려지고, 백성이 덕을 닦는 데 민첩할 것입니다"(曰: 后克艱厥后, 臣克艱厥臣, 政乃乂, 黎民敏德。);《韓詩外傳 · 卷十》왕 노릇 쉽지 않다고 한다. 천명이 이르면, 太宗 · 太史 · 太祝이 흰옷을 입고 책을 잡고서, 북면해서 천자를 위로하여, 말하기를, '천명이 이르렀습니다. 어찌할까요? 걱정이 끊이지 않을 텐데'라고 하고, 천자에게 첫 번째 책을 준다. 또 말하기를, '공경되게 제사를 바치고, 천명을 영원히 주인 삼아, 한없이 두려워하고, 그 몸을 감히 편안히 두지 마십시오'라고 하고, 두 번째 책을 준다. 또 말하기를, '근신하시고, 밤낮으로 늘 그 몸을 태만히 두지 않도록 비십시오. 만백성이 보고 있습니다'라고 하고, 세 번째 책을 준다. 또 말하기를, '천자께서는 남면하여 제위를 받으십시오. 다스림을 걱정거리로 삼으시고, 자리를 悅樂거리로 삼으시면 안 됩니다'라고 한다. 시에 말하기를, '하늘 믿음 얻기 어렵고, 임금 노릇 쉽지 않구나'[詩經 · 大雅 · 大明]라고 했다(傳曰: 言爲王之不易也。大命之至, 其太宗太史太祝斯素服執策, 北面而弔乎天子, 曰:「大命既至矣, 如之何憂之長也!」授天子策一矣。曰:「敬享以祭, 永主天命, 畏之無疆, 厥躬無敢寧。」授天子策二矣。曰:「敬之, 夙夜伊祝, 厥躬無怠, 萬民望之。」授天子策三矣。曰:「天子南面受於帝位, 以治爲憂, 未以位爲樂也。」詩曰:「天難忱斯, 不易惟王。」).

4《詞詮》형용사. 가깝다('幾', 形容詞。近也。);《論語新解》앞 구절에 나온 '幾'와 이 구절에 나온 '幾'의 뜻이 다르다[錢穆은, 앞의 '其幾'의 '幾'는 期望[기대하다]의 뜻이고, 뒤의 '不幾乎'의 '幾'는 庶幾[가깝다]의 뜻으로 풀이한다](与下"不几乎", 两几字义别。);《論語句法》'乎'는 지금의 '跟'에 해당한다[~와 가깝다]('乎'字相當於白話的'跟'。).

可以必期於興邦乎? 爲定公言, 故不及臣也。

이 말대로 임금 노릇이 어려운 줄 안다면, 반드시 두려워하고 조심하기를, 깊은 못에 다가가듯이 살얼음을 밟듯이 하여, 한 가지 일이라도 감히 소홀히 하는 법이 없을 것이다. 그렇다면 이 한마디 말이야말로, 어찌 반드시 기어코 나라를 흥하게 할 수 없겠는가? 정공(定公)을 위하여 말씀하셨기 때문에, '신하 노릇 쉽지 않다'라는 말에 대해서는 언급하시지 않았다.

131504. 曰:「一言而喪邦[6], 有諸?」孔子對曰:「言不可以若是其幾也。人之言曰:『予無[7]樂乎爲君, 唯其言而莫予違也[8]。』[9, 10]

5《述而 제10장》각주《詩經 · 小雅 · 小旻》참조: 戰戰兢兢(전전긍긍): 아주 두려워서 부들부들 떠는 모양(战战: 恐惧的样子; 兢兢: 小心谨慎的样子。形容非常害怕而微微发抖的样子。也形容小心谨慎的样子); 臨深履薄(임심리박): 깊은 연못에 다가가듯이 살얼음을 밟듯이 조심조심하다(深: 深渊; 履: 踩踏; 薄: 薄冰。面临深渊, 脚踩薄冰。比喻小心谨慎, 惟恐有失).

6 [성]一言喪邦(일언상방): 한마디 말로 나라를 망하게 할 수 있다(指一句话可以亡国。).

7《古書虛字》'無'는 '何'와 같다["임금 노릇을 하는 것이, 무엇이 즐겁겠는가!"]('無'猶'何'也。);《論語句法》'乎'는 관계사로 '對於'[~에 대해]의 뜻이다('乎'是關係詞, '對於'的意思。).

8《論語義疏》本에는, '唯其言而樂莫予違也'로 되어 있다;《論語集解》임금 노릇을 하는 데에 달리 즐거운 것은 없고, 즐거운 것이라곤, 임금인 내가 한 말을 즐거워해 아무도 거역하지 않는다는 것뿐이다(注: 孔安國曰: 言無樂於爲君, 所樂者, 唯樂其言而不見違也。);《古漢語語法》莫(막): 가리키는 대상이 정해져 있지 않은 부정성 대사로, '누구도 없다' '무엇도 없다'는 뜻이다. 부정문[부정부사나 부정대사가 반드시 있다]에서 목적어가 대사['予']인 경우, 항상 동사['違'] 앞에 위치한다('莫'用作否定性的无定代词, 表示'没有谁'、'没有什么'的意思。在否定句中(句中必须有表示否定副词或否定代词), 如果宾语是代词, 常有位于动词前面的。).《論語句法》'其言'은 '予之言'이다('其言'是'予之言'。).

9《韓非子 · 難一》진나라 평공[BC 557~BC 532 재위]이 신하들과 술을 마시고 있다가, 술자리가 한창 무르익을 즈음에, 한숨을 쉬면서 말하기를, '임금 노릇을 하는 데 달리 즐거운 것은 없고, (즐거운 것이라곤) 오직 임금인 내가 한 말에 아무도 거역하는 이가 없다는 것뿐이다'라고 했다. 사광[BC 572~ BC 532][진나라 악사]이 앞에 앉아 시중들고 있다가 거문고를 들어서 평공을 쳤는데, 평공이 옷섶을 풀어헤친 채로 피하자, 거문고가 벽에 부딪혀 부서졌다. 평공이 말했다. "태사는 누구를 친 것인가?" 사광이 말했다. "지금 제 옆에서 지껄이는 어떤 소인배를 친 것입니다." 평공이 말했다. "과인이다." 사광이 말했다. "아! 이는 군주로서 하실 말씀이 아닙니다." 측근이 부서진 거문고를 치우겠다고 하자, 평공이 말했다. "그대로 두어라. 그것을 과인을 경계하는 도구로 삼을 것이다"(晉平公與群臣飮, 飮酣, 乃喟然歎曰: "莫樂爲人君!惟其言而莫之違。" 師曠侍坐於前, 援琴撞之, 公披衽而避, 琴壞於壁。公曰: "太師誰撞?" 師曠曰: "今者有小人言於側者, 故撞之。" 公曰: "寡人也。" 師曠曰: "啞! 是非君人者之言也。" 左右請除之。公曰: "釋之, 以爲寡人戒。").

10《論語集釋》翟灝(적호)[1736~1788]의《四書考異》에 말했다. "이 절의 말씀은 공자께서 진평공이 했던

정공(定公)이 물었다. "한마디 말로 나라를 잃는, 그런 경우가 있을까요?" 공자(孔子)께서 말씀하셨다. "말이란 이 같은 효과를 기대할 수 없습니다. 사람들이 하는 말에, '내가 임금 노릇을 하는 데에 달리 즐거운 것은 없고, (즐거운 것이라곤) 오직 임금인 내가 한 말에 아무도 나를 거역하는 이가 없다는 것뿐이다'라고 했습니다.

喪, 去聲, 下同。樂, 音洛。○言他無所樂, 惟樂此耳。
'喪'(상)은 거성[sàng]으로, 뒷절에서도 이와 같다. '樂'(락)은 음이 '洛'(락)이다. ○그가 달리 즐거운 것은 없고, 오직 이것만을 즐거워할 뿐이라는 말이다.

131505、如其[11]善而莫之違也, 不亦善乎? 如不善而莫之違也, 不幾乎一言[12]而喪邦乎?」
임금께서 하시는 말이 선해서 아무도 그 말을 거역하는 이가 없는 것이라면야, 이야말로 선하지 않겠습니까? 선하지 않은데도 아무도 그 말을 거역하는 이가 없는 것이라면, (이 한마디 말이야말로) '한마디 말로 나라를 잃는다'고 기대하지 않겠습니까?"

范氏曰:「言不善而莫之違, 則忠言不至於耳。君日驕而臣日諂, 未有不喪邦者也。」
범씨(范氏·范淳夫)가 말했다. "임금이 하는 말이 선하지 않은데도 거역하는 이가 아무도 없다면, 충언이 임금의 귀에 가 닿지 않을 것이다. 임금은 날로 교만해지고 신하는 날로 아첨할 것이니, 나라를 잃지 않을 자가 없을 것이다."

○謝氏曰:「知爲君之難, 則必敬謹以持之。惟其言而莫予違, 則讒諂面諛之人至矣。[13] 邦

말을 들어 정공을 경계시킨 것이다. 앞절의 興邦에 관한 말씀은, 《書經·大禹謨》에서 禹가 '임금은 그 임금 노릇을 어렵게 여기고, 신하는 그 신하 노릇을 어렵게 여긴다'고 한 말을 바꿔 말한 것으로, 족히 서로를 밝혀준다. 集注에서 '당시에 이런 말이 있었다'는 것은 바로 이를 말한다"(四書考異:「此夫子舉晉平公成言以爲定公戒也。上文興邦之言, 亦卽大禹謨『后克艱厥后, 臣克艱厥臣, 政乃乂, 黎民敏德。』二語之變, 足以相明。集注謂蓋古有是言是也。」).

11《論語句法》'其'는 연결동사이다('其'是繫詞。).

12《論語新解》'樂乎莫予違'란 一言이다(即'乐乎莫予违'之一言也。).

未必遽興喪也, 而興喪之源分於此。然此非識微之君子[14], 何足以知之?」[15]

○사씨(謝氏)가 말했다. "임금 노릇이 어려운 줄을 안다면, 반드시 공경되고 조심해서 이로써 임금 자리를 지킬 것이다. (즐거운 것이라고는) 오로지 임금인 내 말이면 아무도 나를 거역하는 이가 없다는 것이라면, 헐뜯고 아첨하고 면전에서 비위를 맞추는 자들이 모여들 것이다. (그렇다고) 꼭히 급작스레 나라가 흥하게 되거나 나라를 잃거나 하지는 않겠지만, 나라를 흥하게 하는 일과 나라를 잃는 일의 근원이 여기에서부터 갈라진다. 그렇지만 이것은 은미한 조짐을 알아채는 군자가 아니고서는, 어찌 족히 알겠는가?"

---

13 《孟子 · 告子下 제13장》 만약 선을 좋아한다면, 온 세상 사람들이 모두 장차 천리를 멀다 하지 않고 와서는 그에게 선한 일에 관해 말할 것이다. 만약 선을 좋아하지 않는다면, 사람들이 장차 말하기를, '잘난 체하는 꼴이라니, 내 이미 알아봤지'라고 할 것이다. 잘난 체하고 떠드는 소리와 안색이, 사람들을 천리 밖에 머무르게 한다. 선비들이 천리 밖에 머무르면, 헐뜯고 아첨하고 면전에서 비위를 맞추는 자들이 모여든다. 참소하고 아첨하고 면전에서 비위를 맞추는 자들과 거처하는데, 나라가 다스려지길 바라는 것이 가당하겠느냐?(孟子曰: ……夫苟好善, 則四海之內, 皆將輕千里而來告之以善。夫苟不好善, 則人將曰: '訑訑, 予既已知之矣。' 訑訑之聲音顏色, 距人於千里之外。士止於千里之外, 則讒諂面諛之人至矣。與讒諂面諛之人居, 國欲治, 可得乎?); 讒諂(참첨): 다른 사람을 헐뜯어 아부하다(说他人坏话以巴结奉承别人); 讒(참): 다른 사람의 험담을 하다(在别人面前说陷害某人的坏话。谗, 谮也); 諂(첨): 자기 뜻을 굽혀 남의 의견에 맞추다(谄媚, 曲意迎合。); 面諛(면유): 면전에서 비위를 맞추다(當面阿諛).

14 《周易 · 繫辭下》 군자는 사리의 은미한 부분도 알고 밝게 드러난 부분도 알고, 부드러운 면도 알고 강한 면도 알고 있어, (막힘없이 통하고 자유자재로 응변할 수 있으니) 천하의 사내들이 우러르는 대상이다(君子知微知彰, 知柔知剛, 萬夫之望。); 識微(식미): 사물의 싹을 보고 그 본질과 발전 방향을 살필 수 있다(指看到事物的苗头而能察知它的本质和发展趋向。).

15 《論語大全》 '幾'는 구설에서는 '近'[가깝다]으로 풀이하기도 했고 '微'[은미하다]로 풀이하기도 했는데, '近'은 '不幾乎'의 '幾'의 뜻과는 같지만, '若是其幾'의 '幾'와는 뜻이 어울리지 않는다. '微'의 경우 그 글의 뜻이 모두 읽을 수 없어서, 따를 수 없다. 謝氏의 설명 중에, '邦未必遽興喪'의 경우는 '幾'를 '近'으로 해석한 것으로 보이고, 또 '興喪之源分於此 非識微者不足以知之'의 경우는 '幾'를 '微'로 해석한 것으로 보인다(胡氏曰: 幾, 舊說或以爲近, 或以爲微。近, 與不幾乎之義同, 與若是其幾之幾不協。微則其文義皆不可讀, 故不可從也。謝氏說邦未必遽興喪, 則似以幾爲近, 又曰 興喪之源分於此, 非識微者不足以知之, 則又似以幾訓微。).

[葉公問政章]

131601、葉公問政。

섭공(葉公)이 정치에 대해 물었다.

音義並見第七篇。[1]

'葉公'(섭공)의 음과 뜻은 모두 제7편에 보인다.

131602、子曰:「近者[2]說, 遠者來[3]。」[4]

---

1 《述而 제18장》 참조.

2 《古書虛字》 '者'는 '則'과 같다. "가까이 있으면 기뻐하고 멀리 있으면 찾아온다"('者'猶'則'也。).

3 [성]近悅遠來(근열원래): 가까이 있는 자들은 은택을 받아 기뻐하고, 멀리 있는 자들은 풍문을 듣고 와서 몸을 의탁하다. 권력자가 은혜를 베풀어 인심을 농락하다(近: 指境内; 远: 指境外。使近处的人受到好处而高兴, 远方的人闻风就会前来投奔。旧指当权者给人恩惠, 以便笼络人心。); [성]邇安遠至(이안원지): 가까이 있는 백성은 깨끗한 정치로 즐거워하고, 멀리 있는 백성은 풍문을 듣고 와서 몸을 의탁한다. 청명한 정치(谓近居之民以政治清明而欢乐, 远地之民则闻风而附。指政治清明。).

4 《論語集釋》 閻若璩[1638~1704]의 《四書釋地》에서 《括地志》를 인용해 말했다. "초나라가 중국을 쟁패한 적이 있었는데, 산으로 둘러쳐지고 암벽으로 둘러싸여 견고해서, 方城이라 했고, 長城이라 했으니, 춘추시기 초나라 제일의 요충지였기 때문에, 심제량을 시켜 그곳을 진무하게 했다"(四書釋地引括地志云: 楚嘗爭霸中國, 連山累石以爲固, 號曰方城, 一謂之長城, 蓋春秋時楚第一重地也, 故以沈諸梁鎮撫焉。); 《孔子家語·辯政》 공자께서 말씀하시기를, '[초나라] 땅은 넓으나 도읍은 협소해서, 백성들이 그곳을 떠날 마음을 품고 있고, 아무도 그 거처를 편안하게 여기지 않았기 때문에, 정치는 가까이 있는 자를 기쁘게 하고 멀리 있는 자를 찾아오게 하는 데 있다고 말한 것이다'라고 말씀하신 것이다(夫荊之地廣而都狹, 民有離心, 莫安其居, 故曰: 政在悅近而來遠。); 《論語集釋》 梁章鉅[1775~1849]의 《論語集注旁證》에 말했다. "徐纘高가 말하기를, '초나라가 백성들을 고달프게 해서, 중국을 잠식해 들어갔는데, 공자께서 섭공의 질문으로 인해 이를 저지시킨 것이다'라고 했다"(梁氏旁證: 徐氏纘高曰:「楚疲其民, 以蠶食中國, 夫子因葉公之問以止之。」); 《孔子傳》 《春秋左傳》에 따르면, 초나라는 許나라를 葉으로 이주시켰고[성공 15년], 또 城父로 이주했다가[소공 9년] 析으로 이주했는데[소공 18년] 葉은 이에 초나라 方城 밖의 요새가 되었다. 애공 2년, 채나라가 초나라를 피해 州來로 이주했다. 애공 4년, 초나라는 채나라의 유민 중 이주하지 않은 자를 負函으로 이주시켰는데, 葉公 沈諸梁이 그 일을 맡아서 했다. 공자가 葉公을 만났을 때, 이 때문에 정치에 대해 '近者悅 遠者來'라고 한 것이다. 대개 그 당시 초나라가 바야흐로 먼 나라를 칠 계략에 힘썼는데, 葉公이 초나라 북쪽으로 중원을 향한 중책을 맡고 있었던 것이다. 허나라 백성이나 채나라 백성의 경우, 모두 제하의 유민으로, 지금은 모두 섭공의 통치를 받고 있었기 때문에, 공자께서 가까이 있는 이들 백성을 기쁘게 해줄 일을 찾는 것이 급선무라고 고하신 것이다(据《左传》:

선생님께서 말씀하셨다. "가까이 있는 자가 (은택을 입어) 기뻐하고, 멀리 있는 자가 (그 소문을 듣고 의탁하러) 찾아오는 것입니다."

說, 音悅。○被其澤則悅, 聞其風則來。然必近者悅, 而後遠者來也。
'說'(열)은 음이 '悅'(열)이다. ○그의 은택을 입으면 기뻐하고, 그에 관한 소문을 들으면 찾아온다. 그렇지만 반드시 가까이 있는 자가 먼저 기뻐해야, 그 후에 멀리 있는 자들이 찾아오는 것이다.

楚迁许于叶。又迁城父, 迁析, 而叶遂为楚方城外重地。鲁哀公二年, 蔡避楚迁州来。四年, 楚遂招致蔡之遗民未迁者为置新邑于负函, 叶公诸梁主其事而兼治之。孔子见叶公, 告以为政必近悦而远来。盖其时楚方务远略, 而叶公负其北门面向诸夏之重任。如许如蔡, 皆诸夏遗民, 今皆归叶公所治, 故孔子告以当先务求此辈近民之悦也。);《論語集釋》錢坫(전점)[1744~1806]의《論語後錄》에 말했다. "공자께서 채나라에서 葉으로 옮긴 일이, 애공 6년에 있었다"(論語後錄: 夫子自蔡遷葉, 在哀公六年。).

[子夏爲莒父宰章*]

131701、子夏爲莒父[1]宰, 問政。子曰: 「無[2]欲速, 無[3]見小利。欲速, 則不達[4]; 見小利, 則大事不成。」

자하(子夏)가 노(魯)나라 거보(莒父) 읍의 읍장이 되어, 정치에 대해 여쭈었다. 선생님께서 말씀하셨다. "서둘러 이루려고 하지 말고, 작은 이익을 넘보려고 하지 말거라. 서둘러 이루려고 하다 보면 오히려 이루지 못하고, 작은 이익을 넘보다 보면 오히려 큰일이 이루어지지 않는다."

父, 音甫。○莒父, 魯邑[5]名。欲事之速成, 則急遽[6]無序, 而反不達。見小者之爲利, 則所就者小, 而所失者大矣。

'父'(보)는 음이 '甫'(보)이다. ○거보(莒父)는 노(魯)나라 읍의 이름이다. 일이 서둘러 이루어지길 바라면, 급히 서두르게 되고 순서가 없어서, 도리어 이루지 못한다. 작은 부분의 이익을 넘보면, 성취하는 것은 작고 잃는 것은 크다.

○程子曰: 「子張問政, 子曰[7]: 『居之無倦, 行之以忠。』子夏問政, 子曰: 『無欲速, 無見小

1 《論語正義》《春秋左傳 · 定公 14年》[BC 496]에, '거보와 소에 성을 쌓았다'고 했는데, 杜預의 注에, '거보는 노나라 읍이다. 정공이 진나라에 반기를 들고 범씨를 도왔는데, 이 때문에 두려워서 두 읍에 성을 쌓았다'고 했다(春秋定公十四年: "城莒父及霄。" 杜注: "莒父, 魯邑。公叛晉, 助範氏, 故懼而城二邑。"); 莒父(거보): 魯나라의 食邑으로 지금의 山東省의 莒縣에 속함.

2 《經典釋文》에는 '毋欲'으로 되어 있다; 《王力漢語》 고서에서 '毋'字는 자주 '無'字로 쓰고 있다(古書上'毋'字常常寫作'無'字。),

3 《論語義疏》本에는 '無見小利'가 '毋見小利'로 되어 있다.

4 [성]欲速不達(욕속부달): 빨리 가는 길을 추구하다 도리어 목적에 도달하지 못한다. 빠른 것만 추구하다 보면, 도리어 일을 이루기가 어렵다(欲: 想要。想求快速, 反而不能达到目的。一味求速, 反难成事。); 《北京虛詞》 則(즉): 접속사. 도리어. 전환관계를 표시한다. 도달하고자 하는 목적에 상반되거나 의외의 결과가 나오는 경우에 쓰인다('則', 连词。表示转折关系。所连接的后一部分与前一部分想达到的目的正相反, 或出乎意料之外。义即'反而'、'却'。); 《論語義疏》 사리를 이해하지 못한다(疏: 不通達於事理也。); 《古今注》 이루다(達, 遂也。),

5 邑(읍): 왕이 제후에게 또는 제후가 대부에게 준 봉지(通称诸侯的封地、大夫的采地。),

6 急遽(급거): 몹시 빠르다. 분주하다(快速、急速); 遽(거): 역말. 갑자기. 황급히(送信的快车或快马。急忙, 匆忙。快, 迅速。).

利。』子張常過高而未仁, 子夏之病常在近小, 故各以切己之事告之。」
○정자(程子·明道)가 말했다. "자장(子張)이 정치에 대해 여쭙자, 선생님께서는 '마음에는 게으름을 피우지 말 것[無倦]을 늘 간직하도록 하고, 일 처리에는 자기 마음을 다 바칠 것[忠]을 쓰도록 하거라'라고 말씀하셨고, 자하(子夏)가 정치에 대해 여쭙자, 선생님께서는 '서둘러 이루려고 하지 말고, 작은 이익을 넘보려고 하지 말거라'라고 말씀하셨다. 자장(子張)은 항상 지나치게 높은 것을 좇아서 인(仁)하지 못했고, 자하(子夏)의 병폐는 항상 가까운 것 · 작은 것에 있었기 때문에, 각자에게 절실한 사례를 가지고 그들에게 말씀해주신 것이다."

7 《顏淵 제14장》 참조,

[吾黨有直躬者章*]

131801、葉公語孔子曰:「吾黨有直躬[1]者, 其父攘[2]羊, 而子[3]證[4]之。」[5]

섭공(葉公)이 공자(孔子)에게 말했다. "우리 고을에 정직한 자가 있는데, 그자의 아버지가 양을 훔치자, 그자가 이 일을 고해바쳤습니다."

語, 去聲。○直躬, 直身而行者。有因而盜曰攘。

1《論語集解》'直躬'(직궁)은 몸가짐을 바르게 하여 행동하는 것이다(注: 孔安國曰: 直躬, 直身而行也。); 《經典釋文》 정현의 책에는, '躬'은 '直'한 사람의 이름이 '躬'이라고 되어 있다(鄭本作躬云直人名躬。); 《論語平議》 정현의 견해가 옳다. '直躬'이 '直身而行'[정직한 몸가짐으로 행동한다]이라고 하면, 공자께서도 당연히, '吾黨之直躬者'라고 말씀하셨을 텐데, 아랫글에는 '躬'字가 없으니, '躬'이 사람 이름이라는 것을 알 수 있다. 그가 정직해서 '直躬'이라 이름 지은 것이다(鄭說是也…… 若以直躬爲直身而行, 則孔子亦當云, 吾黨之直躬者, 下文無躬字, 知躬是人名也。因其直而名之。); 《古今注》 그 사람의 이름이 躬인데, 정직해서, 直躬이라 불렀다(其人名躬, 以直, 故號曰直躬。); 直躬證父(직궁증부): 곧이곧대로 아비를 고발하고 증인이 된다는 말로, 지나친 정직은 도리어 정직이 아님을 비유한다.

2《論語集解》 까닭이 있어 훔친 것을 '攘'(양)이라 한다(注: 周生烈曰: 有因而盜曰攘。); 《論語義疏》 남의 물건이 자기 집에 들어와서 숨겨놓고 자기가 가지는 것을 말한 것으로, 이를 '攘'이라 한 것이다(疏: 謂他人物來己家而藏隱取之, 謂之攘也。); 攘(양): 배척하다. 물리치다. 훔치다(排斥, 努力消去。偷, 盗窃。),

3《論孟虛字》'其父'의 '其'와 '而子'의 '而'는 같은 뜻의 글자로 모두 지시사이다('其'與'而'爲互文同義。均爲指示詞, 作'他的'講。); 《古書虛字》'子'는 훈이 '之'이다. '直躬者'를 가리킨다('子'訓'之'。指'直躬者'言。)

4《論語譯注》《說文·言部》에, '證은 告[알리다]이다'라고 했는데, 바로 이 '證'의 뜻이다. 《韓非子·五蠹篇》에, 이 일을 서술하면서 '謁之吏'[이를 관리에게 알리다]라고 했고, 《呂氏春秋·當務篇》에, '謁之上'이라 했다. '證明'의 '證'은, 고서에는 일반적으로 '征'字를 써서 표현했다('證', 《說文》云: '證, 告也。' 正是此義。《韓非子·五蠹篇》述此事作'謁之吏', 《呂氏春秋·當務篇》述此事作'謁之上'……'證明'的'證', 古書一般用'征'字爲之。); 證(증): 직간하다. 고발하다. 대놓고 잘못을 지적하다. 대조해서 확인하다(谏正。证, 谏也。告发。直爽地说出人的过错, 劝人改正。验证; 证实),

5《呂氏春秋·仲冬紀·當務》 초나라에 直躬이라는 자가 있었는데, 그자의 아버지가 양을 훔치자, 이 일을 관아에 고해바쳤다. 관아에서 그의 아버지를 잡아 처형하려 하자, 직궁이 아비를 대신하여 자기를 처형할 것을 청했다. 처형하려고 하자, 직궁이 관리에게 말하기를 '아버지가 양을 훔친 일을 고해바쳤으니 이 또한 정직하지 않습니까? 아버지가 당할 처형을 대신 당할 것을 청했으니 이 또한 효성스럽지 않습니까? 정직하고 또 효성스러운 자인데 처형하면 나라에 장차 처형당하지 않을 자가 있겠습니까?'라고 했다. 초나라 왕이 이 말을 듣고 그를 처형하지 않았다. 공자께서 이 일을 듣고 말씀하셨다. "이상하구나, 직궁의 정직이란 것이. 아버지의 한 가지 잘못으로 두 번씩 명성을 취했다." 그래서 직궁의 정직은 정직하지 않음만 못한 것이다(楚有直躬者, 其父竊羊而謁之上, 上執而將誅之。直躬者請代之。將誅矣, 告吏曰: '父竊羊而謁之, 不亦信乎? 父誅而代之, 不亦孝乎? 信且孝而誅之, 國將有不誅者乎?' 荊王聞之, 乃不誅也。孔子聞之曰: '異哉直躬之爲信也, 一父而載取名焉。' 故直躬之信, 不若無信。).

'語'(어)는 거성[yù]이다. ○'直躬'(직궁)은 정직한 몸가짐으로 행동하는 것이다. 까닭이 있어 훔치는 것을 '攘'(양)이라 한다.

131802、孔子曰:「吾黨之直者異於是。父爲子隱[6], 子爲父隱[7], 直在其中矣。」[8]

공자(孔子)께서 말씀하셨다. "우리 고을의 정직한 자는 이와 다릅니다. 아버지는 자식을 위해서 숨겨주고, 자식은 아비를 위해서 숨겨주는데, 정직이란 그 가운데 있습니다."

爲, 去聲。○父子相隱[9], 天理人情之至也。故不求爲直, 而直在其中。

'爲'(위)는 거성[wèi]이다. ○아버지와 자식이 서로 숨겨주는 것은, 천리와 인정의 지극한 도리이다. 그래서 정직하기를 추구하지 않아도, 정직은 그 가운데 있다.

○謝氏曰:「順理爲直。父不爲子隱, 子不爲父隱, 於理順邪? 瞽瞍殺人, 舜竊負而逃, 遵海濱而處[10]。當是時, 愛親之心勝[11], 其於直不直, 何暇計哉?」[12]

---

6 [성]父爲子隱(부위자은): 부모는 자식을 위해 못된 행적을 숨긴다(父亲为儿子隐藏劣迹。).

7 [성]子爲父隱(자위부은): 자식은 부모를 위해 못된 행적을 숨긴다(儿子为父亲隐瞒劣迹。).

8《韓詩外傳 · 卷四》자식이 어버이를 위해 숨겨주면 義가 바르게 되지 못하고, 임금이 불의한 자를 죽이면 仁이 받아들여지지 못하니, 仁에 어긋나고 義를 해치지만, 效法으로 삼을 것은 그 가운데 있다(子爲親隱, 義不得正; 君誅不義, 仁不得受。雖違仁害義, 法在其中矣。).

9《春秋穀梁傳 · 成公9年》존자를 위해서는 부끄러운 일을 피휘하여 기록하지 않고, 현자를 위해서는 과오를 피휘하여 기록하지 않고, 어버이를 위해서는 결점을 피휘하여 기록하지 않는다(爲尊者諱恥, 爲賢者諱過, 爲親者諱疾。).

10《孟子 · 盡心上 제35장》도응이 물었다. "순임금이 천자이고 고요가 사사인데, 고수가 사람을 죽였다면 고요는 어떻게 해야 하겠습니까?" 맹자가 말했다. "집행하면 된다." "그렇다면 순임금은 못 하게 하지 않았겠습니까?" "순임금이 어찌 못하게 하겠느냐? 전수받은 게 있는데." "그렇다면 순임금은 어떻게 하겠습니까?" "순임금은 천하를 버리기를, 마치 헌신짝 버리듯이 여기고는, 몰래 아버지를 업고 도망가서, 바닷가를 따라 살면서, 죽을 때까지 흔쾌히 즐거워하면서 천하를 잊었을 것이다"(桃應問曰: 舜爲天子, 皋陶爲士, 瞽瞍殺人, 則如之何? 孟子曰: 執之而已矣。然則舜不禁與? 曰: 夫舜惡得而禁之? 夫有所受之也。然則舜如之何? 舜視棄天下, 猶棄敝蹝也。竊負而逃, 遵海濱而處, 終身訢然, 樂而忘天下。); 遵(준): ~을 따라서. 따르다. 지키다(介詞。本义: 顺着, 沿着。遵照; 遵从); 海濱(해빈): 바닷가(与海邻接的陆地).

11 勝(승): ~보다 낫다. 앞지르다. 앞서다(胜过; 超过); 不可勝數(불가승수): 이루 다 셀 수 없다. 何可胜道也哉! 어찌 이루 다 말할 수 있으리오!

○사씨(謝氏 · 謝顯道)가 말했다. "리(理)에 순복하는 것이 '정직[直]'이다. 아버지가 자식을 위해서 숨겨주지 않고, 자식이 아버지를 위해서 숨겨주지 않는 것이, 리(理)에 순복하는 것일까? 고수(瞽瞍)가 사람을 죽였다면, 순(舜)임금은 아버지를 몰래 업고 도망가서 바닷가를 따라 살았을 것이다. 이런 때를 당하면, 어버이를 사랑하는 마음이 앞서는데, 자기 행위가 정직한지 정직하지 않는지에 대해 어느 겨를에 따지겠는가?"

---

12 《論語大全》 '直躬'은 사람의 小節이지만, '父子' 관계는 사람의 大倫이다. 일신의 小節을 꼿꼿이 하려고 人道의 大倫을 해치면, 이는 천리가 아니다. 부자 관계는 은혜로 주를 삼는다. 작은 것을 버리고 굽혀서 이로써 어버이에 대한 은혜를 온전히 지키는 행위를, 딱히 정직하다고 평할 수는 없지만, 그럼에도 도리상 그렇게 해야 맞았고, 그 도리에 순복하여 행했으니, 그 정직한 모습을 잃지 않았다(胡氏曰: 蓋直躬, 人之細行; 父子人之大倫。伸一己之細行, 傷人道之大倫, 非天理也。父子主恩。委曲以全其恩, 雖不得正謂之直, 然亦理所當然, 順理而行, 不失其爲直也。); 《論語大全》 진사패는 임금의 악한 행실을 숨긴 행위를 편든다고 여겼고[述而 제30장], 섭공은 아버지의 잘못을 고발한 행위를 정직하다고 여겼으니, 단지 정직한 것이 공이고, 편드는 것이 사인 줄만 알았지, 君臣之義 · 父子之親은 오히려 살피지 못했다(吳氏曰: 陳司敗以隱君之惡爲黨, 葉公以證父之惡爲直, 徒知直之爲公, 黨之爲私, 而君臣之義,父子之親, 乃有不察。).

[樊遲問仁章]

131901、樊遲問仁。子曰:「居處[1]恭, 執事[2]敬[3], 與[4]人忠。雖之[5]夷狄, 不可棄也[6][7]。」

번지(樊遲)가 인(仁)에 대해 여쭈었다. 선생님께서 말씀하셨다. "일상에서 처신할 때는 공손하고, 일을 맡아서 처리할 때는 공경되고, 사람들과 교유할 때는 자기 마음을 다하도록 하거라. 비록 이적(夷狄)의 나라에 가더라도, (이 세 가지를) 버려서는 안 된다."

恭主容, 敬主事。恭見於外, 敬主乎中。之夷狄不可棄, 勉其固守而勿失也。

'恭'(공)은 용모를 위주로 한 말이고, '敬'(경)은 일을 위주로 한 말이다. '恭'(공)은 외면으로 나타나고, '敬'(경)은 속마음을 주관한다. '이적(夷狄)의 나라에 가더라도 버려서는

---

1 《論語義疏》 '居'는 늘상 거주하는 것을 말한다(疏: 居謂常居。); 《古今注》 '居處'는 앉고 눕고 일어서고 머물고 하는 일상생활이다(居處, 謂坐臥起居。); 《論語正義》 '居處'는 거처하는 곳을 말한다(正義曰: "居處"謂所居之處。); 《論語譯注》 "평소의 용모 태도는"("平日容貌態度……"); 《論語新解》 '居處'는 혼자 있을 때이다(居处, 一人独居。); 《百度漢語》 居處(거처): 평소의 용모나 행동거지(指平日的仪容举止。).

2 《論語正義》 '執'은 '行'과 같다(正義曰: '執'猶行也。); 執事(집사): 일을 맡아서 하다. 주관하다. 직분이 있는 사람. 집사. 종복(从事工作; 主管其事。有职守之人; 官员。指供役使者, 仆从。).

3 《說文 · 心部》 '恭'(공)은 肅[엄숙하다]이다. [단옥재 주] 肅(숙)은 일을 주관함에 있어 공경된 것이다. 《書經 · 周書 · 洪範》에, '공손하면 엄숙한 태도를 짓는다'고 했다. 이는 肅으로 恭을 풀이하는 것으로, 나누어 말해 구별한 것이고, 합쳐서 말하면 서로 밝혀준다. 《論語》에서는 매번 恭과 敬을 나누어서 말하는데, 예컨대 '居處恭,執事敬'[子路 제19장] '貌思恭,事思敬'[季氏 제10장]이 이것이다(肅也。从心共聲。段玉裁注: 肅者, 持事振敬也。尙書曰: "恭作肅。" 此以肅釋恭者, 析言則分別。渾言則互明也。論語每恭敬析言。如居處恭執事敬, 貌思恭, 事思敬皆是。).

4 《論語義疏》 벗과 교유할 때를 말한다(疏: '與人忠'謂交接朋友時。); 《古今注》 '與'는 '교유하다'이다(與, 交與也。); 《論語譯注》 "다른 사람을 위해 자기 마음을 다하다"("爲别人忠心诚意。").

5 《論語譯注》 之(지): 동사. 이르다. 가다('之', 動詞, 到也。).

6 《論語句法》 술어 '棄' 앞에 피동을 표시하는 글자가 붙지 않았는데, 지금 이 '棄'字를 번역하기를 '被棄'[버림받다]라고 해야 한다(述詞'棄'上沒加表被動的詞頭, 白話翻譯這個'棄'字, 就要說成'被棄'了。); 《論語新解》 혹자는, '이적의 나라에 가서라도 공경 · 충신할 수 있으면, 이적에게도 역시 버림받지 않는다'고 풀이했는데, 이는 오히려 효과를 말한 것으로, 공자께서 평소 가르치신 뜻과 다르다(或曰: 虽至夷狄之邦, 能恭敬忠信, 亦不为夷狄所弃。则转言效应, 与孔子平日教人意不类。).

7 《論語義疏》 恭 · 敬 · 忠은 군자의 본성에 따른 행실로, 인을 행하는 방법이다. 본래 외물이 아니기 때문에, 夷狄 때문에 버리고 행하지 아니해서는 안 된다(疏: 江熙曰: 恭敬忠, 君子任性而行己, 所以爲仁也。本不爲外物, 故以夷狄不可棄而不行也。).

안 된다'라는 것은, 이 세 가지를 굳게 지켜 잃지 말 것을 권면하신 것이다.

○程子曰:「此是徹上徹下[8]語。聖人初無二語也, 充之則睟面盎背[9]; 推而達之, 則篤恭而天下平[10]矣。」

○정자(程子 · 二程)가 말했다. "이 말씀은 위에도 통하고 아래에도 통하는 말씀이다. 성인께서는 애초부터 두 말씀이 없으셨으니, 이 세 가지가 충만하면 '윤기 나는 모습으로 얼굴로 나타나고 등으로 넘친다'는 것이고, 이 세 가지를 미루어 나가 통달하면, '공손함을 안으로 두텁게 하여 천하가 태평해진다'는 것이다."

胡氏曰:「樊遲問仁者三[11]: 此最先, 先難次之, 愛人其最後乎?」

호씨(胡氏 · 胡寅)가 말했다. "번지(樊遲)가 인(仁)에 대해 여쭌 것이 세 번인데, 이 장의 '공손하고, 공경되고, 자기 마음을 다한다'는 것이 맨 처음이고, 《옹야(雍也) 제20장》의 '어려운 것을 앞장서서 한다'는 것이 그 다음이고, 《안연(顏淵) 제22장》의 '사람을 사랑한다'는 것은 아마 맨 나중이 아닐까?"

---

8 《論語大全》'徹上徹下'는, 범인이든 성인이든 모두 이 이치가 적용된다는 말이다. 작은 것은 번지가 쓸 수 있고, 큰 것은 요순도 이를 벗어나지 않는다(陳氏曰: 徹上徹下, 謂凡聖皆是此理。小則樊遲可用, 大則堯舜不過。); 徹上徹下(철상철하): 위와 아래 모두에 통하다. 처음부터 끝까지 통하다(徹: 貫通。貫通上下。).

9 《孟子 · 盡心上 제21장》 군자의 본성은, 큰일을 행한다고 늘어나지 않고, 쪼들리게 산다고 줄어들지 않는다. 분수가 정해져 있기 때문이다. 군자의 본성에는, 인의예지가 마음속에 뿌리내려 있어서, 그것이 색을 띠면 윤기 나는 모습으로 얼굴로 나타나고, 등으로 넘쳐흐르고, 사지로 퍼져나가 사지는 말하지 않아도 깨닫게 된다(孟子曰: ……君子所性, 雖大行不加焉, 雖窮居不損焉, 分定故也。君子所性, 仁義禮智根於心。其生色也, 睟然見於面, 盎於背, 施於四體, 四體不言而喻。); 睟面盎背(수면앙배): 덕성이 밖으로 표현된 모습으로, 온화한 용모와 돈후한 태도를 보이다. 유덕자의 용모를 지칭함(指德性表现于外, 而有温润之貌, 敦厚之态。指有德者的仪态。); 睟(수): 윤이 나다. 반질반질하다. 순수하다. 맑다(外表或面色润泽的。颜色纯。); 盎(앙): 질그릇으로 된 물동이. 물동이에 물이 차서 넘쳐흐르다(本义: 腹大口小的盛物洗物的瓦盆。充溢。).

10 《中庸 제33장》 군자가 공손함을 안으로 두텁게 하면 천하가 태평해진다(君子篤恭而天下平。).

11 《雍也 제20장》《顏淵 제22장》 참조.

[子貢問士章]

132001、子貢問曰:「何如斯[1]可謂之士[2]矣[3]?」子曰:「行己有恥[4], 使[5]於四方, 不辱君命,[6] 可謂士矣。」[7]

자공(子貢)이 여쭈었다. "어떠하면 그를 선비라고 부를 수 있겠습니까?" 선생님께서 말씀하셨다. "자기의 행동에 염치가 있고, 여러 나라에 사신으로 가서 임금의 명을 욕되게 하지 않으면, 선비라고 부를 수 있다."

---

1 斯(사): ~하면. 위 구절을 이어받아 결론을 도출한다(则。就一表示承接上文, 得出结论。).

2《論語正義》'士'는 이미 벼슬하고 있는 자를 말한다. 聘問의 경우, '士'는 擯을 돕는 일을 담당하기 때문에, '使於四方'이라 한 것이다(正義曰: '士'謂已仕者也。聘使之事, 士爲擯相, 故言'使於四方'。).

3《論語詞典》矣(의): 어기사. 의문사와 같이 쓰일 경우, 의문을 표시한다(語氣詞。表疑問, 但句中必有疑問詞。);《王力漢語》'矣'는 의문문에도 쓸 수 있는데, 이 경우, '矣'는 여전히 (동작의 변화발전상태를 표시하는) 원래의 의의를 그대로 가지고 있고, 문장 안에 의문사가 있는 것에 불과해서, '矣'는 의문어기를 도와주는 것 같을 뿐이다('矣'字又可以用於疑問句, 在這種情況下, '矣'字仍保持著原來的語法意義, 不過由於句子裡有疑問代詞或疑問副詞, 所以'矣'字似乎幫助表示疑問語氣罷了。).

4 [성]行己有恥(행기유치): 사람에게 수치심이 있으면, 부끄럽다고 생각되는 짓은 하지 않을 것이다(人有羞恥心, 凡認爲可恥的事就不去做。);《孟子 · 盡心上 제6장》맹자가 말했다. "사람은 부끄러워할 일이 없으면 안 된다. 부끄러워할 일이 없음을 부끄러워하면, 부끄러워할 일이 없어진다"(孟子曰: 人不可以無恥。無恥之恥, 無恥矣。); 行己(행기):《公冶長 제15장》참조;《論語集解》'有恥'는 '有所不爲'[子路 제21장]이다(注: 孔安國曰: 有恥, 有所不爲也。); 有恥(유치): 수치를 아는 마음을 지니고 있다(有知耻之心。).

5《王力字典》使(사): 외교사절로, 국가를 대표하여 외국에 가다(出使, 代表国家到外国去。).

6《王力漢語》命(명): 사신이 받은 명령(使命。).

7《論語正義》趙佑[1727~1800]의《四書溫故錄》에 말했다. "이 장은 향리에서의 천거법에 대해 말한 것이다.《周禮 · 地官司徒》에 보면, 比 · 閭 · 族 · 黨 · 六鄉 · 六遂에 모두 학교를 세웠고, 각각의 鄉師 · 鄉大夫는 司徒에게 교육을 받아서, 그가 다스리는 마을을 가르치고, 덕행 · 도예의 수준을 평가했고, 黨正[黨의 長]은 각기 자기의 당에 대한 정령과 교육을 관장해, 백성들을 모아 가르치고, 연령에 따라 순서를 정했고, 族師는 그 族民 중 부모 형제에게 효도하고 우애하는 자 · 친척과 화목하게 지내는 자 · 학식이 있는 자를 기록해서, 순서에 따라 대학으로 올렸다. 선비의 육성은, 반드시 이에 따라 바르게 되었다. 생각건대, 춘추시기에는 경 · 대부는 모두 대대로 관직을 세습하여, 천거법이 이미 폐지되었고, 이 장에 말한 것은 옛날의 선비의 천거법으로, 그래서 자공이 다시 '今之從政'을 여쭌 것으로, 앞에 거론한 바가 모두 옛날에는 그러했음을 밝힌 것이다. '稱孝' '稱弟'는, 바로 맹자가 말한 '한 고을의 훌륭한 선비'[萬章下 제8장]이다"(趙氏佑溫故錄: "此以鄉舉里選之法言。周禮自比、閭、族、黨、六鄉、六遂皆立學。鄉師,鄉大夫'各受教法於司徒, 以教其所治, 考其德行道藝', 黨正'各掌其黨, 以屬民, 正齒位', 族師'掌書其孝友睦婣有學者', 以次而升於大學。士之造就, 必由此爲正。案春秋之時, 卿大夫皆世官, 選舉之法已廢, 此文所言猶是舊法, 故子貢復問'今之從政', 明前所舉皆是昔時有然也。稱孝、稱弟, 卽孟子所謂「一鄉之善士」。).

使, 去聲。○此其志有所不爲[8], 而其材足以有爲[9]者也。子貢能言, 故以使事告之。蓋爲使之難, 不獨貴於能言而已。[10]

'使'(사)는 거성[shǐ]이다. ○이 구절의 선비는 그 지조는 (염치가 있어) 하려 하지 않는 것이 있고, 그 재질은 충분히 큰일을 해낼 수 있는 자이다. 자공(子貢)은 말에 능했기 때문에, 사신의 일을 가지고 말씀해주신 것이다. 대개 사신 노릇이 어려운 것은, 단지 말에 능한 것을 중시하기 때문만이 아니다.

132002、曰:「敢問其次。」曰:「宗族[11]稱孝焉[12], 鄕黨稱弟焉。」

자공(子貢)이 여쭈었다. "감히 그다음 선비를 여쭙겠습니다." 선생님께서 말씀하셨다. "친척들이 그를 효성스럽다 칭찬하고, 마을 사람들이 그를 공손하다 칭찬하는 자이다."

弟[13], 去聲。○此本立[14]而材不足者, 故爲其次。

'弟'(제)는 거성[dì]이다. ○이 구절의 선비는 근본은 갖춰져 있지만, 재질은 부족한 자이기 때문에, 그다음이다.

132003、曰:「敢問其次。」曰:「言必信, 行必果[15,16], 硜硜然[17]小人哉! 抑亦可以爲次矣[18]。」

8《子路 제21장》 각주《孟子 · 盡心下 제37장》,《憲問 제1장》 각주《孟子 · 離婁下 제8장》 참조.

9 有爲(유위): 적극적으로 참여해 성과를 이루다. 행동으로 옮기다. 능력을 발휘하다(有作为).

10《論語大全》 자기 행동에 염치가 있으면, 자기 몸을 욕되게 하지 않고, 사신으로 가서 그 직책을 다 할 수 있으면, 임금의 명을 욕되게 하지 않는다(朱子曰: 行己有恥, 則不辱其身; 使能盡職, 則不辱君命。).

11 宗族(종족): 부친과의 혈연관계로 맺어진 가족(以父亲为血源纽带划定的家族);《王力漢語》 族(족): (동성의) 친족(親屬。一般指同姓的親屬。).

12《許世瑛(二)》 '焉'은 '於是'와 같다('焉'字等於'於是'。).

13 弟(제): [dì] 형 · 웃어른을 공경하여 잘 섬기다. 형제간에 우애하다. =悌(儒家称敬顺兄长, 友爱兄弟的伦理道德为「弟」。同「悌」。); [dǐ] 동생(称同胞男子先生者为「兄」, 后生者为「弟」。).

14《學而 제2장》 참조.

15《孟子 · 離婁下 제11장》 대인인 자는, 말에 대해 무턱대고 지키겠다고 하지 않고, 행동에 대해 무조건 끝장을 보겠다고 하지 않는다. 다만 의가 있는 곳을 따를 뿐이다[集注: '必'은 '期'[기약하다]와 같다.

자공(子貢)이 여쭈었다. "감히 그다음 선비를 여쭙겠습니다." 선생님께서 말씀하셨다. "꺼낸 말은 반드시 그대로 지킬 것을 기약하고, 시작한 일은 반드시 끝장을 보고야 마는, 고집불통인 소인이지! 그렇긴 해도 그다음 선비는 될 수 있다."

行, 去聲。硜, 苦耕反。○果, 必行也。硜, 小石之堅確[19]者。小人, 言其識量[20]之淺狹也。

대인의 언행은, 반드시 지키고 반드시 결과를 내놓기를 미리 기대하지 않고, 다만 의가 있는 곳이라면, 반드시 따를 뿐이지만, 마침내는 또한 말한 대로 지키고 결과를 내놓지 않은 적이 없었다](孟子曰: 大人者 言不必信, 行不必果, 惟義所在。[集注] 必, 猶期也。大人言行, 不先期於信果, 但義之所在, 則必從之, 卒亦未嘗不信果也。).

16 [성]言必信 行必果(언필신 행필과): 말했으면 반드시 신용을 지켜야 하고, 하는 일은 반드시 끝까지 처리해내야 한다[질질 끌어서는 안 된다. 굳게 일관된 바가 있어야 한다](信: 守信用; 果: 果断, 坚决。说了就一定守信用, 做事一定办到, 不拖拉。); 《論語義疏》 '果'는 '成'이다. 말은 반드시 믿음에 부합해야 하고, 행동은 반드시 성공을 기약할 수 있어야 한다(疏: 繆協曰: 果, 成也。言必合乎信, 行必期諸成。); 《論語注疏》 사람이 믿음으로 의를 행하지는 못하지만, 말한 것은 반드시 지키려고 고집하고, 행동은 때를 살피고 의에 합당한 지를 헤아리지는 못하지만, 행하고자 하는 일은, 반드시 과감하게 한다(疏: 正義曰: 若人不能信以行義, 而言必執信。行不能相時度宜, 所欲行者, 必果敢爲之。); 《論語新解》 "한번 말을 했으면 반드시 그대로 하지, 번복하거나 후회하지 않고, 한번 일을 시작했으면 반드시 과단성 있게 결행하지, 돌아서거나 바꾸지 않는다"("出一言必信, 不反悔。做一事必果决, 不转变。"); 《論語詞典》 果(과): 끝까지 관철시키다. 끝장을 보다(對一件事情堅持到底, 貫徹到底。); 《論孟虛字》 반드시 실행하다. 확고부동하여 조금도 흔들림이 없다. 이미 정한 생각을 결코 바꾸지 않는다('果'爲必行之詞, 即堅定不移之意。凡行事決不改變其既定之意念叫果。).

17 硜硜(갱갱): 식견이 얕고 좁고 고집불통인 사람(形容浅薄固执); 《論語正義》 '硜硜'은, 《孟子 · 公孫丑下 제12장》의 '悻悻然見於其面'(발끈한 노기가 그대로 얼굴에 드러나다)에 대한 趙岐의 注에서, 논어의 이 글을 '悻悻然小人哉!'로 인용했다(正義曰: '硜硜', 孟子公孫丑下: "悻悻然見於其面。" 趙注引此文作'悻悻'。); 《論語譯注》 시비나 흑백을 가리지 않고 일관된 언행만 고집하는 소인(硜硜然小人: 不问是非黑白而只管自己贯彻言行的小人); 硜(경): 돌을 두들기는 소리(敲打石头的声音); 《王力漢語》 '然'字가 형용사 뒤에 놓이면, 지시성이 희석되고 접미사의 성질로 변하고, 생동감 있고 구체화된 색채를 증가시킬 수 있다(當'然'字放在形容詞後面的時候, 它的指示性就減輕了, 變了詞尾的性質, 能增加形象化的色彩。).

18 《論語義疏》 이런 소소한 행실은, 굳이 집어넣는다면 다음가는 선비라 할 수 있다(疏: 言此小行, 亦強可爲士之次也。); 《經傳釋詞》 '抑亦' 또한 어기를 전환하는 어기사이다. '意亦' '噫亦' '億亦'으로도 쓰는데, 소리와 뜻이 모두 같다(抑亦, 亦詞之轉也…… 或作'意亦', 或作'噫亦', 或作'億亦', 聲義並同也。); 《古書虛字》 '抑'은 '然' '然而'과 같다. 어기를 전환시킨다('抑'猶'然''然而'也。轉語詞也。); 《論孟虛字》 그렇지만서도. 하지만. 앞 문장을 이어받는 연결동사. 뒤에 언급한 일이 앞에 언급한 일보다 못함을 표시한다('抑亦'和'抑', 都是和白話'然而''但是'相當。'亦'字, 是承上文的繫詞, 可以譯做'也'字, 和'抑'字合用, 爲表後事遜於前事的關係詞。).

19 堅確(견확): 단단하다. 견고하다(坚硬).

20 識量(식량): 식견과 도량(识度。见识, 器度。).

此其本末皆無足觀, 然亦不害其爲自守也, 故聖人猶有取焉, 下此則市井之人[21], 不復可爲士矣。

'行'(행)은 거성[xìng]이다. '硜'(갱, kēng)은 '苦'(고)와 '耕'(경)의 반절이다. ○'果'(과)는 '반드시 실행하다'[必行]이다. '硜'(갱)은 작은 돌중에 단단한 것이다. '小人'(소인)은 그의 식견과 도량이 얕고 좁은 사람을 말한다. 이 구절의 선비는 그 근본이나 재질이나 모두 볼만한 것은 없지만, 그렇긴 해도 그가 스스로의 몸가짐을 지키는 데는 지장이 없기 때문에, 성인께서 그래도 뽑으신 것이고, 이다음 구절에서 언급한 사람은 시정잡배(市井雜輩)로서, 더 이상 선비라 할 수 없다.

132004、曰:「今之從政者何如?」子曰:「噫[22]! 斗筲之人[23], 何足算也。」

자공(子貢)이 여쭈었다. "지금의 정치를 맡고 있는 자들은 어떻습니까?" 선생님께서 말씀하셨다. "에이! 도량이 한 됫박 정도밖에 안 되는 자들인데, 어떻게 셈에 넣겠느냐?"

筲, 所交反。算, 亦作筭[24], 悉亂反。○今之從政者, 蓋如魯三家之屬。噫, 心不平聲。斗, 量名, 容十升。筲, 竹器, 容斗二升。斗筲之人, 言鄙細[25]也。算, 數也。子貢之問每下, 故夫子以是警之。

'筲'(소, shāo)는 '所'(소)와 '交'(교)의 반절이다. '算'(산, suàn)은 '筭'(산)으로 쓰기도 하며, '悉'(실)과 '亂'(란)의 반절이다. ○'지금의 정치를 맡고 있는 자들'이란 대개 노(魯)나

21《論語大全》말은 허탄하여 믿을 수 없고 행동은 제멋대로여서 종잡을 수 없다(言誕行縱。); 市井之人(시정지인): 범속하고 식견이 천박한 사람(指城市中庸俗鄙陋之人); 市井(시정): 매매가 이루어지는 곳. 市는 교역이 이루어지는 곳이고, 井은 공동으로 물을 긷는 곳이다(古代城邑中集中买卖货物的场所。市, 交易之处; 井, 共汲之所。).

22《論語集解》'噫'(희)는, 마음에 불만스러운 탄성이다(注: 鄭玄曰: 噫, 心不平之聲也。);《說文 · 口部》噫(희): 口를 따르고 소리가 '意'이다. 於(어)와 介(애)의 반절이다(从口意聲。於介切。).

23 [성]斗筲之人(두소지인): 도량이 좁고 작고 식견이 짧고 얕은 사람. 협량한 사람(斗: 容器, 一斗=十升; 筲: 竹器, 容一斗两升。形容人的气量狭小、见识短浅。).

24 筭(산): =算. 계산용 산가지. 계산하다(古同'算', 计算。本义: 计算用的筹码。).

25 鄙細(비세): 미천하다. 지위가 낮다(微贱); 鄙(비): 보잘것없다. 좁다. 식견이 천박하다(小; 狭。见识浅薄, 行为低下; 细: 小).

라 삼가(三家)의 족속과 같은 자들이다. '噫'(희)는 마음이 편치 못하여 나오는 소리이다. '斗'(두)는 도량형 이름으로, 용량이 10되이다. '筲'(소)는 대나무로 만든 그릇으로, 용량이 1말 2되이다. '斗筲之人'(두소지인)은 식견이 얕고 좁은 소인을 말한다. '算'(산)은 '수로 세다'[數]이다. 자공(子貢)의 물음이 매번 아래로 내려갔기 때문에, 선생님께서 이 말씀을 가지고 깨우치신 것이다.

○程子曰:「子貢之意, 蓋欲爲皎皎[26]之行, 聞於人者。夫子告之, 皆篤實自得之事。」
○정자(程子·伊川)가 말했다. "자공(子貢)의 생각은, 대체로 깨끗한 행실을 하여, 남에게 알려지고 싶은 것이었다. 선생님께서 그에게 말씀해주신 것은, 모두 독실하게 스스로 터득할 일들이었다."

26 皎皎(교교): 티 없이 깨끗하다. 청백하다(浩白貌; 淸白貌。).

[不得中行而與之章]

132101、子曰:「不得中行[1]而與之, 必[2]也狂狷[3]乎! 狂者進取[4], 狷者有所不爲[5]也。[6]」

선생님께서 말씀하셨다. "중도를 지켜 행하는 사람을 얻어서 함께 할 수 없으면, 반드시 품은 뜻이 원대한 사람이나 지조가 고집스러운 사람과 함께 하겠다! 품은 뜻이 원대한 사람은 진취적이고, 지조가 고집스러운 사람은 하려 하지 않는 것이 있다."

狷, 音絹。○行, 道也。狂者, 志極高而行不掩[7]。狷者, 知未及而守有餘。蓋聖人本欲得中道之人而教之, 然既不可得, 而徒得謹厚[8]之人, 則未必能自振拔[9]而有爲也。故不若得此狂狷之人, 猶可因其志節, 而激[10]厲[11]裁抑之以進於道, 非與其終於此而已也。

1《論語集解》'中行'(중행)은 행동거지가 중도에 들어맞는 자이다(注: 苞氏曰: 中行, 行能得其中者也。);《百度漢語》中行(중행): 행동거지가 중용의 도에 부합하는 사람(行止合乎中庸之道的人).

2《論孟虛字》양보 · 가설을 나타낸다. 아마도. 대략. 어쩔 수 없이. ~할 밖에 없다('必', 推設之詞, 但不做'假如'解, 是'大概''只好'之意。).

3《論語義疏》'狂'은 응당 곧바로 나아갈 줄만 알고 물러나지 않는 자이고, '狷'은 응당 물러앉아 앞으로 나아가지 않는 자이다(疏: 狂, 謂應直進而不退也。狷, 謂應退而不進者也。); 狂狷(광견): 지나치게 진취적인 사람과 지나치게 보수적인[守節하는] 사람. 고원한 것을 지향하는 사람과 아주 근신하면서 자기를 지키는 사람(過於激進與過於保守的人。亦作'狂獧'。指志向高远的人与拘謹自守的人。);《孟子 · 盡心下 제37장》《孟子 · 離婁下 제8장》참조.

4 進取(진취): 적극적으로 앞을 향해 나아가 성취를 꾀하다(努力上进, 力图有所作为。).

5《論語今讀》'有所不爲'는 바로 세상의 흐름에 동조하고 더러움에 물든 세속에 영합하거나[孟子 · 盡心下 제37장], 줏대 없이 세상의 흐름에 이리저리 휩쓸리거나 하지 않는 것이다("有所不為"即不同流合污,隨波逐流……).

6《論語集解》狂者는 세상에 나가서 善道를 적극적으로 취하려는 자이고, 狷者는 세상에 나가지 않고 대쪽 같은 절개를 지키려는 자로, 이 두 사람을 얻으려고 한 것은, 이 당시 주견 없이 출사와 은퇴가 빈번했기에, 항심을 가지고 진퇴가 일관된 사람을 취한 것이다(注: 苞氏曰: 狂者, 進取於善道, 狷者, 守節無爲, 欲得此二人者, 以時多進退, 取其恒一者。);《古今注》狂者는 빨리하려 하고 얽매임이 없어서, 진취할 수 있고, 狷者는 더러운 것을 묻히려 하지 않고 하려고 하는 바가 협소해서, 하려고 하지 않는 것이 있다(補曰: 狂者, 躁而肆, 故能進取, 狷者, 潔而狹, 故能有所不爲。).

7 掩(엄): 가리다. 덮다. 엄폐(遮蔽).

8 謹厚(근후): 조심스럽고 중후하다(謹慎笃厚).

9 振拔(진발): 떨치고 스스로 발을 빼고 빠져나오다(振奋自拔).

10 激(격): 흥분시키다. 감발하게 하다. 자극하다(鼓动人心, 使有所感发。).

'獧'(견)은 음이 '絹'(견, juàn)이다. ○'行'(행)은 '도'(道)이다. '狂者'(광자)는 품고 있는 뜻이 원대하지만 행실이 그가 품고 있는 뜻을 다 덮지 못하는 사람이다. '獧者'(견자)는 아는 것은 미치지 못하지만 자기 몸가짐을 지키는 것은 충분히 하고도 남을 사람이다. 대개 성인께서는 본래 중도를 지켜 행하는 사람을 얻어 가르치려고 했지만, 얻을 수 없게 되자, 그렇다고 한갓 말조심하는 사람이나 행동이 무거운 사람만 얻는다면, 필시 떨치고 스스로 발을 빼고 빠져나와 큰일을 해내지는 못할 것이었다. 그래서 이들 품은 뜻이 원대한 사람이나 지조가 고집스러운 사람을 얻는 것만 못했는데, 이들이라면 그래도 그 품고 있는 원대한 뜻과 고집스러운 지조는 그대로 이어받되, (그들에게 모자라는 것은) 자극하고 격려하고 (그들에게 남는 것은) 잘라내고 억눌러서, 이로써 중도로 나아가게 할 수 있겠다는 것이지, 그들을 끝내 광(狂)·견(獧)의 상태에 머물도록 그대로 놔두려는 것은 결코 아니었다.

○孟子曰[12]:「孔子豈不欲中道哉? 不可必得, 故思其次也。如琴張, 曾晳, 牧皮者, 孔子之

---

11 厲(려): 날카롭게 하다. 갈고 닦다. 권면하다(磨, 磨快。砥砺, 磨练。激励, 勉励。).

12《孟子·盡心下 제37장》만장이 물었다. "공자께서 진나라에 계실 때 말씀하시기를, '어찌 돌아가지 않으랴! 품은 뜻은 원대하지만 일 처리는 꼼꼼하지 못하고, 진취적이면서, 그 처음을 잊지 않는다'고 하셨습니다. 공자께서는 진나라에 계실 때, 무엇 때문에 노나라의 품은 뜻이 원대한 선비들을 그리워하셨습니까?"(萬章問曰: "孔子在陳曰: '盍歸乎來!吾黨之士狂簡, 進取, 不忘其初。' 孔子在陳, 何思魯之狂士?") 맹자가 말했다. "공자께서는 말씀하시기를, '중도를 지켜 행하는 사람을 얻어 함께 할 수 없으면, 반드시 품은 뜻이 원대한 사람이나 고집이 센 사람과 함께 하겠다. 품은 뜻이 원대한 사람은 진취적이고, 고집이 센 사람은 하려 하지 않는 것이 있다'고 하셨다. 공자께서 어찌 중도를 지켜 행하는 사람을 얻으려 하지 않으셨겠느냐? 필시 얻을 수 없었기에 다음 가는 사람을 생각하셨던 것이다"(孟子曰: "孔子'不得中道而與之, 必也狂獧乎! 狂者進取, 獧者有所不爲也'。孔子豈不欲中道哉? 不可必得, 故思其次也。"). "감히 묻겠습니다. 어떤 사람을 곧 품은 뜻이 원대한 사람이라 할 수 있겠습니까?" "금장·증석·목피와 같은 자들이, 공자께서 말씀하신, '狂士'들이었다." "무엇 때문에 그들을 狂士라 했습니까?" "그들은 품은 뜻은 거대하고 하는 말은 거창하기를, 말할 때마다 '옛사람들은 옛사람들은'이라고 했다. 평소 그들의 행실을 살펴보면 그들이 말한 것을 실행으로 다 덮지 못하는 자들이었다. 품은 뜻이 원대한 사람을 또 얻을 수 없다면, 청렴하지 못한 것을 달갑잖게 여기는 선비를 얻어 함께 하고자 하셨으니, 이 사람이 고집이 센 사람인데, 이 사람은 또한 품은 뜻이 원대한 사람의 다음 가는 사람이다. 공자께서는 말씀하시기를, '내 집 문 앞을 지나면서 내 집에 들어오지 않더라도, 내가 그를 서운해 하지 않은 사람은, 아마도 향원뿐일 것이다. 향원은 덕을 해치는 도적이다'라고 하셨다"("敢問何如斯可謂狂矣?" 曰: "如琴張, 曾晳, 牧皮者, 孔子之所謂狂矣。" "何以謂之狂也?" 曰: "其志嘐嘐然, 曰 '古之人, 古之人。' 夷考其行而不掩焉者也。狂者又不可得, 欲得不屑不潔之士而與之, 是獧也, 是又其次也。孔子曰: '過我門而不入我室, 我不憾焉者, 其惟鄉原乎! 鄉原, 德之賊也。'"). "어떤 사람이면 향원이라 할 수 있겠습니까?" "향원들은 말하기를, '어찌하여 저들은 이처럼 품은 뜻만 거대하고 하는 말만 거창한가? 저들이 하는 말은 실행을

所謂狂也。其志嘐嘐[13]然, 曰:『古之人! 古之人!』夷[14]考其行而不掩焉者也。狂者又不可得, 欲得不屑不潔之士而與之, 是獧也, 是又其次也。」

○맹자(孟子)가 말했다. "공자(孔子)께서 어찌 중도를 지켜 행하는 자를 얻으려고 하지 않으셨겠느냐? 필시 얻을 수가 없었으니, 그래서 어쩔 수 없이 다음 가는 사람을 생각하신 것이다. 금장(琴張) · 증석(曾皙) · 목피(牧皮)와 같은 자가 공자(孔子)께서 말씀하신 광자(狂者)이다. 그들의 품은 뜻은 원대하고 하는 말은 거창하기를, '옛사람들은! 옛사람들은!'이라 하지만, 평소에 그들의 행실을 살펴보면 그들의 행실이 그들이 품고 있는 뜻을 다 덮지 못하는 자들이다. 광자(狂者)도 얻을 수 없다면, 청렴하지 못한 것을 달갑잖게 여기는 선비를 얻어 함께 하려고 하셨으니, 이러한 사람이 견자(獧者)로, 이들은 또 광자(狂者)의 다음 가는 사람이다."

염두에 두지 않고, 저들이 하는 행동은 저들이 한 말을 염두에 두지 않으면서, 입만 열면, '옛사람들은 옛사람들은'이라고 한다. 저들의 행동거지는 어째서 혼자만 잘난 체하고 쌀쌀맞게 구는가? 이 세상에 태어났고, 이 세상 사람이 되었으니, 세상으로부터 좋은 사람이라는 말만 들으면 된다'고 한다. 자신을 숨기고 세상에 아부하는 자, 이들이 향원이다"(曰: "何如斯可謂之鄉原矣?" 曰: "'何以是嘐嘐也? 言不顧行, 行不顧言, 則曰: 古之人, 古之人。行何爲踽踽涼涼? 生斯世也, 爲斯世也, 善斯可矣.' 閹然媚於世也者, 是鄉原也。"). "한 고을에서 모두 그를 공손한 사람이라 한다면, 가는 곳마다 공손한 사람으로 여기지 않을 수 없는데, 공자께서 덕을 해치는 도적이라 하신 것은, 무엇 때문입니까?"(萬子曰: "一鄉皆稱原人焉, 無所往而不爲原人, 孔子以爲德之賊, 何哉?"). "비난할 거리를 들 수 없고, 공격하려 해도 공격거리가 없다. 풍속에 동조하고, 세상에 영합하여, 사람됨은 충성스러운 것 같고 신실한 것 같고, 행실은 청렴한 것 같고 결백한 것 같아서, 일반 사람들이 모두 그를 좋아하고, 그 스스로도 옳다고 여기지만, 요순의 도에 함께 들어갈 수 없으니, 그래서 덕을 해치는 도적이라 하신 것이다. 공자께서는 말씀하시기를, '비슷하면서 아닌 것을 싫어한다. 피를 싫어하는 것은, 그것이 벼의 싹을 어지럽힐까 걱정이 되어서이다. 간교한 말재주를 싫어하는 것은, 그것이 의를 어지럽힐까 걱정이 되어서이다. 교묘한 말솜씨를 싫어하는 것은, 그것이 믿음을 어지럽힐까 걱정이 되어서이다. 정나라 음악을 싫어하는 것은, 그것이 정악을 어지럽힐까 걱정이 되어서이다. 자주색을 싫어하는 것은, 그것이 붉은색을 어지럽힐까 걱정이 되어서이다. 향원을 싫어하는 것은, 그것이 덕을 어지럽힐까 걱정이 되어서이다'라고 하셨다. 군자는 떳떳한 도를 회복할 뿐이다. 떳떳한 도가 바로잡히면, 여러 백성들이 감흥하고, 여러 백성들이 감흥하면, 사특이 없어질 것이다"(曰: "非之無擧也, 刺之無刺也; 同乎流俗, 合乎汙世; 居之似忠信, 行之似廉潔; 衆皆悅之, 自以爲是, 而不可與入堯舜之道, 故曰德之賊也。孔子曰: '惡似而非者: 惡莠, 恐其亂苗也; 惡佞, 恐其亂義也; 惡利口, 恐其亂信也; 惡鄭聲, 恐其亂樂也; 惡紫, 恐其亂朱也; 惡鄉原, 恐其亂德也.' 君子反經而已矣。經正, 則庶民興; 庶民興, 斯無邪慝矣。").

13 嘐嘐(효효/교교): (효) 포부가 크고 과장되게 말하다. (교) 닭이 꽥꽥 우는 소리(形容言語誇張, 言行不一致。形容志大而言夸。鸡叫声。).

14 夷(이): 평소. 늘상(往常。经常).

[南人有言章]

132201、子曰:「南人有言[1]曰:『人而[2]無恆[3], 不可以作[4]巫醫[5][6]。』善夫[7]!」[8]

---

1 有言(유언): 명언이 있다. 훌륭한 말이 있다(有名言, 有善言。).

2《王力漢語》접속사 '而'가 주어와 술어 사이에 쓰인 경우, 가정의 의미를 가지며, '만약~이면'으로 번역할 수 있다(有時候, 連詞'而'字用在主語和謂語之間, 含有假說的意思, 可以譯爲'如果'。).

3《王力字典》恆(항): =恒. 평소. 늘상. 항심. 보통(亦作'恒'。經常。恒心。平常, 普通。).

4 作(작): 종사하다(做。从事某种活动).

5《論語義疏》'巫'는 接神하여 귀신을 섬기는 자이고, '醫'는 병을 치료하는 자이다(疏: 巫接事鬼神者, 醫能治人病者。);《說文 · 巫部》'巫'는 祝이다. 여자는 형상이 없는 것을 섬길 수 있으니, 춤으로 신을 내리는 자이다. 사람의 양 옷소매가 춤을 추는 모습을 형상화한 글자이다(說文: 巫, 祝也。女能事無形, 以舞降神者也。象人兩褎舞形。);《說文 · 酉部》'醫'는 병을 다스리는 장인이다. 殹(예)[yì]는 아파서 내는 앓는 소리이다(治病工也。殹, 惡姿也。; 段玉裁注: 周禮有醫師、食醫、疾醫、瘍醫、獸醫。);《論語譯注》'巫醫'는 한 단어로, 점을 치는 巫와 병을 고치는 醫로 따로 보면 안 된다. 고대에는 기도의 방법으로 사람의 치료를 대신했는데, 이런 사람이 바로 巫醫라 불렸다(巫醫是一詞, 不應分爲卜筮的巫和治病的醫兩種。古代常以禳禱之術替人治療, 這種人便叫巫醫。).

6《論語集解》巫醫(무의)라도 항심이 없는 사람은 고치지 못한다는 말이다(注: 鄭玄曰: 言巫醫不能治無常之人也。);《論語正義》巫와 醫는 모두 士의 직분이 하는 일로[천한 일이 아니다], 대대로 전수되었기 때문에, 그 방도가 정밀해서 항심이 없는 사람이 할 수 있는 직이 아니었다(正義曰: 巫醫皆以士爲之, 世有傳授, 故精其術, 非無恒之人所能爲也。);《論語注》무당은 귀신과 接神하고, 의원은 질병을 다루기 때문에, 그 일에 종사한 지 오래되지 않으면, 정밀할 수 없다. 그래서《禮記 · 曲禮下》에, '의원이 삼대를 이어서 계속하지 않았다면, 그 의원의 약을 복용하지 않는다'고 했으니, 그 일에 오래 종사하길 바란 것이다(巫所以交鬼神, 醫所以治疾病, 非久于其道, 則不能精, 故記曰: 醫不三世, 不服其藥, 欲其久也。);《論語新解》①항심이 없는 사람은 巫醫같이 천한 업조차도 할 수 없다. ②옛사람들은 巫醫를 천한 업으로 여기지 않았으니,《周禮 · 春官宗伯》에 司巫 · 司醫는 모두 사대부의 업이었다. 이 장은 바로 항심이 없는 사람은 巫醫가 될 수 없음을 말한 것이다(此有两说: 一谓无恒之人, 即巫医贱业亦不可为。又一说: 古人不以巫医为贱业, 周礼司巫司医, 皆由士大夫为之。此乃谓无恒之人, 亦不可作巫医。).

7《北京虛詞》夫(부): 감탄문의 끝에 쓰여, 높이 평가하여 칭찬하거나 감탄의 어기를 표시한다('夫', 语气词。用于感叹句末, 表示赞赏或感叹语气。义即'啊'、'呀'。).

8《禮記 · 緇衣》남쪽 나라에 사는 사람들 말에, '사람으로서 항심이 없으면, 그를 위해 점을 칠 수가 없다'라는 말이 있다. 옛사람이 남긴 말일 텐데, 점을 쳐도 (이런 사람의 길흉은) 알 수가 없는데, 하물며 사람이야 말할 것이 있겠느냐?(子曰: 南人有言曰: '人而無恒, 不可以爲卜筮。' 古之遺言與? 龜筮猶不能知也, 而況於人乎?);《論語集釋》毛奇齡[1623~1716]의《論語稽求篇》에 말했다. "돌아가신 내 둘째 형님이 말했다. "《禮記 · 緇衣》에는 '공자께서 말씀하시길, 남쪽 나라에 사는 사람들 말에, 사람으로서 항심이 없으면, 그를 위해 점을 칠 수가 없다는 말이 있다. 옛사람이 남긴 말인 것 같다'고 했고,《易經 · ䷟恆》에는 '자기의 덕행을 늘 지니지 못하면, 누군가 그에게 부끄러운 일을 올린다'고 했는데, 앞뒤에 인용한 일은 모두 卜筮로 점을 치는 일이다. 그러므로 '不占而已'라고 하신 것이다. '不占'은 바로 卜筮로 점을 칠 수 없다는 말이다. 그렇다면 '巫醫'는 '卜筮'의 誤字인 듯하다. '巫醫' 두 字를 '卜筮'로 고치면 '不占'이란

선생님께서 말씀하셨다. "남쪽 나라에 사는 사람들 말에, '사람이 되어 가지고 항심(恒心)이 없으면, 무당이나 의원 같은 천한 노릇조차도 할 수 없다'는 말이 있는데, 훌륭한 말이구나!"

恆, 胡登反。夫, 音扶。○南人, 南國之人。恆, 常久[9]也。巫, 所以交鬼神。醫, 所以寄死生。故雖賤役, 而猶[10]不可以無常, 孔子稱其言而善之。

'恆'(항, héng)은 '胡'(호)와 '登'(등)의 반절이다. '夫'(부)는 음이 '扶'(부, fú)이다. ○'南人'(남인)은 남쪽 나라 사람이다. '恒'(항)은 '오래 지속하다'[常久]이다. '巫'(무)는 이 사람을 써서 귀신과 교감한다. '醫'(의)는 이 사람을 써서 사람의 생사를 맡긴다. 그래서 비록 천한 역할이지만, 그럼에도 항심이 없어서는 안 되기 때문에, 공자(孔子)께서 그 말을 칭찬하시고 좋다고 하신 것이다.

132202. 「不恆其德, 或承之羞。[11]」

(주역(周易)에) '자기의 덕행을 늘 변함없이 지니고 있지 못하면, 누군가 그에게 부끄러운 일을 올린다'고 했다.

글귀의 뜻이 더욱 분명해진다"(先仲氏曰: 緇衣曰: "子曰: 南人有言曰: 人而無恒, 不可以爲卜筮。古之遺言與。" 易曰: "不恒其德, 或承之羞" …… 凡前後所引, 皆卜筮之事。故曰'不占而已'。'不占'者, 正言不可爲卜筮也。則似巫醫爲卜筮之誤。易'卜筮'二字, 則'不占'句更較明白。);《論語平議》《禮記 · 緇衣》의 '卜筮'란 말과 《論語》의 '巫醫'는 그 뜻이 같다. 아래 구절에서 《易經 · ䷟恆》의 爻辭를 인용하시고, 또 '不占而已矣'라고 말씀하신 것은, 모두 卜筮로써 말씀하신 것으로 '醫'와는 관련이 없다. 형병의 정의는 巫醫를 나누어서 둘로 보았는데, 옛 뜻이 아니다(禮記緇衣篇……彼言卜筮, 此言巫醫, 其義一也。下文引易恒卦之辭, 又曰, 不占而已矣, 皆以卜筮言, 與醫不涉。正義分巫醫而二之, 非古義矣。).

9 常久(상구): 길고 오래 가다. 장구하다(长久).

10 內閣本에는 '猶'가 '尤'로 되어 있다; 尤(우): 특히. 더욱더. 한층 더(尤其, 更加。).

11 《論語集解》 덕이 일정하지 않으면, 수치와 모욕이 그에게 전해진다는 말이다(注: 孔安國曰: 言德無常, 則羞辱承之也。);《論語義疏》 '或'은 '常'이다["부끄러운 일이 늘 그에게 이어진다"](疏: '或'者: 或, 常也。言羞辱常承之也。);《論語譯注》 '不恒其德'에는 두 가지 뜻이 있다. ①오래 지속하지 못하고 하다 말다 하다. ②변하지 않는 일정한 성품이 없다["우유부단하게 이랬다저랬다 하면, 결국 누군가 수치를 불러들인다"]('不恒其德', 這有兩種意義: (甲)不能持久, 時作時輟; (乙)没有一定的操守; "三心二意, 翻云覆雨, 總有人招致羞耻。");《論孟虛字》 ~면. 앞 문장을 이어받는 연결동사('或', 猶'則'、'即'。當白話'就'或'就是'字, 爲承接上文的繫詞。);《論語新解》 "늘상 부끄러운 일이 뒤이을 수 있다"("常会有羞辱随后。").

此易恆卦九三爻辭[12]。承, 進也[13]。

이 구절은《주역 · 항괘》(周易 恒卦)의 구삼효(九三爻)의 글이다. '承'(승)은 '진헌하다'[進]이다.

132203、子曰:「不占而已矣。[14]」

선생님께서 말씀하셨다. "(항심이 없으면) 점을 치지 않아도 된다."

復加「子曰」, 以別易文也, 其義未詳。楊氏曰:「君子於易苟玩其占, 則知無常之取羞矣。其爲無常也, 蓋亦不占而已矣。」意亦略通。[15]

다시 '子曰'(자왈)을 덧붙여, 앞 구절의《주역》(周易)의 글과 구별했는데, 이 글의 뜻은 알 수 없다.

양씨(楊氏 · 楊中立)가 말했다. "군자가《주역》(周易)에서 그 점괘를 곰곰이 생각해 보면,

12《易經 · ䷟恆》자기의 덕행을 늘 지니지 못하면, 누군가 그에게 부끄러운 일을 올린다. 점을 치니 어려운 일을 당한다. 자기의 덕행을 늘 지니지 못하면, 용납될 곳이 없다(不恆其德, 或承之羞, 貞吝。不恆其德, 無所容也。).

13《論語大全》'承'은 奉承[받들어 올리다]의 承과 같다. 누군가 그에게 수치와 모욕을 보내는 것과 같은 것이다(朱子曰: 承, 如奉承之承。如人送羞辱與之也。).

14《論語集解》易은 길흉을 점치는 데 쓰는 것인데, 항심이 없는 사람은 易으로 점을 칠 수 없는 대상이다(注: 鄭玄曰: 易所以占吉凶, 無恆之人, 易所不占。);《論語義疏》항심이 없는 사람은 비단 무당이나 의원 노릇조차도 할 수 없을 뿐만 아니라, 점을 칠 수도 없고, 귀갑이나 시초도 항심이 없는 사람은 점을 칠 수 없기 때문에, '不占而已矣'라 한 것이다(疏: 言無恒人非唯不可作巫醫而已, 亦不可以爲卜筮, 卜筮亦不能占無恒之人, 故云不占而已矣。);《論語集釋》崔適[1852~1924]의《論語足徵記》에 말했다. "經으로 經을 증거해보면,《論語》의 '不可以作巫醫'는《禮記 · 緇衣》의 '不可以爲卜筮'[鄭玄注: 점괘의 징조로는 그 사람의 속을 몰라, 길흉을 정할 수 없다]라는 말과 같고,《論語》의 '不占而已矣'는《禮記 · 緇衣》의 '龜筮不能知也'라는 말과 같다. 集注의 '巫醫雖賤役 猶不可以無常'은《禮記 · 緇衣》의 말과 통할 수 없다"(論語足徵記: 以經證經, 則此云'不可以作巫醫', 猶言'不可以爲卜筮'(鄭玄注: 不可爲卜筮, 言卦兆不能見其情, 定其吉凶也。)也。此云'不占而已矣', 猶曰 '龜筮不能知也。' 集注:「巫醫雖賤役, 猶不可以無常。」則於緇衣不可通矣。);《論語新解》이 장은, 南人의 말을 인용해, 사람이 항심이 없으면 사업을 이룰 수 없음을 나타냈고, 또 주역의 爻辭를 인용해, 항심이 없는 사람은 그를 도울 길이 없음을 말한 것이다(本章孔子引南人言, 见人之无恒, 不可成业。又引易爻辞, 言无恒之人亦无可为之助。).

15《論語大全》항심이 없으면 수치를 불러들인다는 것은, 점을 치지 않아도 확실하다는 말이다(新安陳氏曰: 言無常取羞。不待占筮而信然矣。).

항심을 지니고 있지 못하면 부끄러운 일을 초치한다는 것을 알게 된다. 아마도 항심이 없다면야, 대개 또한 점을 치지 않아도 그만일 것이다." 뜻이 역시 대략 통하는 말이다.

[君子和而不同章]

132301、子曰:「君子和而不同[1], 小人同而不和。[2]」[3], [4]

---

1 [성]和而不同(화이부동): 화목하게 함께 어울리지만, 주견이 있어 아무렇게나 따르지 않는다. 진정으로 화합하여 서로 어울리면서도, 또한 각기 주견이 있어 무작정 맞장구치지 않는다(和睦地相处, 但不随便附和。谓和衷相济, 而又各有所见, 不苟同于人).

2《論語正義》和는 義로 인해 일어나고, 同은 利로 인해 야기된다. 義는 宜로, 각각의 그 宜에 합당한 것인데, 비교 대상이 없기 때문에 각기 똑같지 않다. 그렇지만 똑같지 않음은 각각의 義에서 기인하지만 자기의 입장을 고집하지 않아서, 和를 손상시키는 일이 없다. 利는 사람이면 똑같이 바라는 바다. 백성들이 利에 힘쓰면 다투는 마음이 일어나기 때문에, 똑같이 바라면서도 화합하지 못한다. 이것이 군자와 소인의 차이이다(正義曰: 和因義起, 同由利生。義者宜也, 各適其宜, 未有方體, 故不同。然不同因乎義, 而非執己之見, 無傷於和。利者, 人之所同欲也。民務於是, 則有爭心, 故同而不和。此君子, 小人之異也。); 《論語譯注》"군자는 자기의 정확한 의견을 피력하여 다른 사람의 잘못된 의견을 바로잡아, 모든 것이 꼭 맞도록 해내지, 부화뇌동하지 않는다. 소인은 부화뇌동하지, 자기의 다른 의견을 피력하려 들지 않는다"("君子用自己的正確意見來糾正別人的錯誤意見, 使一切都做到恰到好處, 却不肯盲從附和。小人只是盲從附和, 却不肯表示自己的不同意見。").

3《國語 · 鄭語》鄭나라 桓公[周 幽王의 庶弟로 정나라에 봉해짐. BC 806~BC 771 재위]이 말했다. "周나라는 피폐해질까요?" 太史 伯陽父가 대답했다. "아마 틀림없이 피폐해질 것입니다.《書經 · 周書 · 泰誓上》에, '백성들이 원하는 바, 하늘은 반드시 그것을 따른다'고 했습니다. 지금 왕[幽王]은 고명하고 뛰어난 자를 버리고, 헐뜯고 간특하고 우매한 자를 좋아합니다. 현명하고 너그러운 자를 미워하고, 우둔하고 극악무도한 자를 가까이합니다. 和를 버리고 同을 취하고 있습니다. 무릇 和는 실로 만물을 생산하지만, 同의 경우는 더 이상 이어가지 못합니다. 서로 다른 것이 서로 조화 균형을 이루는 것을 和라고 하는데, 그 때문에 풍성하고 장구할 수 있습니다. 만일 同에다 同을 보탠다면, 모든 것이 버려지게 될 것입니다. 그래서 선왕들께서는 흙에다 金 · 木 · 水 · 火를 섞어서, 온갖 기물들을 만들었습니다. 이 때문에 五味를 맞추어 입맛에 맞게 함으로써, 사지를 건강하게 해서 몸을 보양했고, 六律을 조율하여 귀를 밝게 했습니다. 이에 선왕들께서는 다른 성씨에서 后妃를 맞이했고, 사방각처에서 재물을 구하고, 직간하는 사람을 가려 택해 관리로 쓰고 여러 사안을 비교하고 검토했으니, 和하게 하고 同하지 않도록 힘썼던 것입니다. 소리가 한가지면 들을 게 없고, 물건이 한 가지 색이면 무늬랄 게 없고, 맛이 한가지면 맛이랄 게 없고, 물건이 한가지면 비교하고 검토할 게 없습니다. 그런데 지금 유왕은 이러한 和는 버리고 하나같이 똑같은 同만을 허여하고 있습니다. 하늘이 그의 총명함을 빼앗아 우둔한 임금으로 만들 터인데, 피폐해지고 싶지 않은들, 그렇게 되겠습니까?"(公曰:「周其弊乎?」對曰:「殆於必弊者也。《泰誓》曰:『民之所欲, 天必從之。』今王棄高明昭顯, 而好讒慝暗昧; 惡角犀豐盈, 而近頑童窮固。去和而取同。夫和實生物, 同則不繼。以他平他謂之和, 故能豐長而物歸之; 若以同裨同, 盡乃棄矣。故先王以土與金木水火雜, 以成百物。是以和五味以調口, 更四支以衛體, 和六律以聰耳……于是乎先王聘后于異姓, 求財于有方, 擇臣取諫工而講以多物, 務和同也。聲一無聽, 物一無文, 味一無果, 物一不講。王將棄是類也而與剸同。天奪之明, 欲無弊, 得乎?).

4《春秋左傳 · 昭公 20年》[BC 522] 제경공이 사냥터에서 돌아오자, 晏子가 천대에서 시중을 들고 있었는데, 子猶[梁丘據]가 말을 달려 천대에 도착했다. 경공이 말했다. "오직 據만이 나와 和하는구려!" 안자가 대답했다. "據는 同한 것이지, 어찌 和한 것이겠습니까?" 경공이 물었다. "和와 同이 다른가요?" 안자가

선생님께서 말씀하셨다. "군자는 서로 어울리되 휩쓸려 뇌동(雷同)하지 않고, 소인은 휩쓸려 뇌동(雷同)하되 서로 어울리지 못한다."

대답했다. "다릅니다. 和는 탕을 끓이는 것과 같아서, 물 · 불 · 식초 · 육젓 · 소금 · 매실을 넣어 생선을 조리하는데, 땔감으로 불을 때고, 주방장이 간을 맞추기를, 모자라는 것은 더 타고, 많은 것을 덜어냅니다. 군자는 이 음식을 먹음으로써 평온해집니다. 임금과 신하 간에도 그렇습니다. 임금이 가하다고 하더라도 불가한 점이 있으면, 신하는 불가한 점을 상주해서, 그 불가한 점을 덜어낼 수 있습니다. 이로써 정치가 화평해지고 예의에 어긋나려고 하지 않고, 백성들은 다투어 빼앗으려는 마음이 없어집니다. 그래서 시에, '맛깔난 탕이 있으니, 온갖 맛 조화 이루었네! 탕을 올려 말없이 빌었으니 다투는 사람이 없이 조용하네!'[商頌 · 列祖]라고 했습니다. 선왕들께서는 五味를 맞추고, 五聲을 조율해서, 이를 써서 사람의 마음을 평온하게 하고, 善政을 이루었습니다. 聲音 역시 맛과 같아서, 소리는 一氣 · 二體 · 三類 · 四物 · 五聲 · 六律 · 七音 · 八風 · 九歌가 서로 짝을 맞춤으로써 완성되고, 淸濁 · 大小 · 長短 · 疾徐 · 哀樂 · 剛柔 · 遲速 · 高下 · 出入 · 周疏가 서로 조절함으로써 이루어집니다. 군자가 이 소리를 들으면 마음이 평온해지고, 마음이 평온해지면 덕이 조화롭게 됩니다. 그래서 시에, '덕이 가득한 소리에는 흠결이 없네'[豳風 · 狼跋]라고 했습니다. 지금 據는 그렇지 않습니다. 임금이 가하다고 하면 그도 가하다고 하고, 불가하다고 하면 그도 불가하다고 합니다. 물에 물을 타면, 누가 이를 먹으려 하겠으며, 두 대의 금슬이 똑같은 소리를 타면 누가 이를 들으려 하겠습니까? 和하지 않고 同해서는 안 된다는 것이 바로 이와 같습니다"(齊侯至自田, 晏子侍于遄臺, 子猶馳而造焉, 公曰: "唯據與我和夫!" 晏子對曰: "據亦同也, 焉得爲和?" 公曰: "和與同異乎?" 對曰: "異。和如羹焉, 水火醯醢鹽梅, 以烹魚肉, 燀之以薪, 宰夫和之, 齊之以味, 濟其不及, 以洩其過。君子食之, 以平其心。君臣亦然。君所謂可而有否焉, 臣獻其否以成其可; 君所謂否而有可焉, 臣獻其可以去其否。是以政平而不干, 民無爭心。故詩曰, 亦有和羹, 既戒既平, 鬷假無言, 時靡有爭。先王之濟五味,和五聲也, 以平其心, 成其政也。聲亦如味, 一氣, 二體, 三類, 四物, 五聲, 六律, 七音, 八風, 九歌, 以相成也。淸濁, 大小, 長短, 疾徐, 哀樂, 剛柔, 遲速, 高下, 出入, 周疏, 以相濟也。君子聽之, 以平其心, 心平德和。故詩曰, 德音不瑕。今據不然, 君所謂可, 據亦曰可, 君所謂否, 據亦曰否。若以水濟水, 誰能食之? 若琴瑟之專壹, 誰能聽之? 同之不可也如是。"); '和'는 不同한 것을 조화시켜 잘 어울리는 통일을 이뤄내는 것이다. 《春秋左傳 · 昭公 20年》에는 晏子[晏嬰][?~BC 493]의 이야기 한 구절이 실려 있는데, 그 안에서 '和'와 '同'을 구분해놓았다. 안자는 말하기를, '和는 마치 탕을 끓이는 것과 같다. 물 · 불 · 식초 · 육젓 · 소금 · 매실을 가지고 생선을 조리하는 것과 같다'(和, 如羹焉, 水火醯醢鹽梅, 以烹魚肉。)고 했는 바, 이들 양념으로 인해 새로운 맛이 만들어지는데, 그 맛은 이미 식초만의 맛도 아니고, 또 육젓만의 맛도 아니다. 이와 달리, '同'은, 안자는 말하기를, '물에 물을 타는 것과 같다'(若以水濟水) '두 대의 금슬로 똑같은 소리를 타는 것과 같다'(若琴瑟之專壹)고 했는 바, 이로 인해서는 새롭게 만들어지는 어떠한 물질이 없다. '同'과 '異'는 양립할 수 있는 것이 아니다. '和'와 '異'는 양립하지 못하지 않는데, 상반되는 異種이 한데 합해져 통일을 형성할 때에만 비로소 '和'가 생긴다. 그렇지만 '和'에 도달하려면 한데 합해진 각종 異種이 모두 적당한 비례를 따라야 하는데, 이것이 바로 '中'이다. 그래서 '中'의 작용은 '和'를 이뤄내는 것이다(和是調和不同以達到和諧的統一。《左傳》昭公二十年記載晏子一段話, 其中區分了'和'與'同'. 他說: '和, 如羹焉. 水, 火, 醯, 醢, 鹽, 梅, 以烹魚肉', 由這些作料產生了一種新的滋味, 它既不只是醯(醋)的味, 也不只是醢(醬)的味。另一方面, 同, '若以水濟水', '若琴瑟之專壹', 沒有產生任何新的東西. 同, 與異是不相容的. 和與異不是不相容的, 相反, 只有幾種異合在一起形成統一時才有和. 但是要達到和, 合在一起的各種異都要按適當的比例, 這就是中。所以中的作用是達到和。)(馮友蘭/정인재 역, 『中國哲學簡史』, [형설출판사, 1993], 233).

和者, 無乖戾[5]之心。同者, 有阿比[6]之意。

'和'(화)라는 것은, 어깃장을 놓거나 비뚤어진 마음이 없는 것이다. '同'(동)이라는 것은, 편을 가르고 패거리 짓는 마음이 있는 것이다.

○尹氏曰:「君子尚義, 故有不同。小人尚利, 安得而和?」

○윤씨(尹氏 · 尹彥明)가 말했다. "군자는 의(義)를 숭상하기 때문에, 뇌동(雷同)하지 않는다. 소인은 이(利)를 숭상하는데, 어찌 어울릴 수 있겠는가?"

---

5 乖戾(괴려): 어긋나고 비뚤어지다. 어깃장을 놓다. 삐딱하다(乖悖违戾, 抵触而不一致。今称急躁, 易怒为性情乖戾。).

6 阿比(아비): 편을 가르고 패거리를 짓다. 한쪽을 편들어 한통속이 되다(偏袒勾结).

[鄕人皆好之章*]

132401、子貢問曰:「鄕人皆[1]好之, 何如[2]?」子曰:「未可[3]也。」「鄕人皆惡之, 何如?」子曰:「未可也。不如[4]鄕人之善者好之, 其不善者惡之。[5]」

자공(子貢)이 여쭈었다. "한 마을 사람들이 다 그를 좋아하면, 어떻겠습니까?" 선생님께서 말씀하셨다. "아직 안 된다." "한 마을 사람들이 다 그를 싫어하면, 어떻겠습니까?" 선생님께서 말씀하셨다. "아직 안 된다. 한 마을 사람 중에 선량한 사람은 그를 좋아하고, 마을 사람 중에 선량하지 못한 사람은 그를 싫어하는 만큼에는 미치지 못한다."

好, 惡, 並去聲。○一鄕之人, 宜有公論[6]矣, 然其間亦各以類自爲好惡也。故善者好之而惡者不惡, 則必其有苟合[7]之行。惡者惡之而善者不好, 則必其無可好之實。

'好'(호)와 '惡'(오)는 둘 다 거성[hào; wù]이다. ○한 마을 사람들이면, 마땅히 공정한 여론이 있겠지만, 그들 사이에서도 각기 부류에 따라 각자 호오(好惡)가 갈린다. 그러므로 선량한 자가 그를 좋아하는데 악한 자도 그를 싫어하지 않는다면, 필시 그에게는 원칙 없이 누구에게나 환심을 사려는 행실이 있을 것이다. 악한 자가 그를 싫어하고 선량한 자도 그를 좋아하지 않는다면, 필시 그에게는 좋아할 만한 실상이 없을 것이다.

---

1 《北京虛詞》皆(개): 부사. 모두. 주어가 가리키는 사람이나 사물이 모두 어떤 동작을 시행하거나 어떤 상태를 具有함을 표시한다('皆', 副词。表示主语所指的人或事物都施行某一动作或具有某种情态。义即'都'。).

2 《北京虛詞》何如(하여): 당신 생각에 어떻겠습니까? 괜찮습니까? 술어로 쓰여 상대방 의견이나 견해를 구하는 질문에 쓰인다('何如', 征询对方的意见和看法。义即'[你看]怎么样'、'行不行'。作谓语。).

3 未可(미가): 안 된다(不可).

4 《古書虛字》'如'는 '及'과 같다('如'猶'及'也。).

5 《論語集解》선인은 나를 좋아하고, 악인은 나를 싫어하니, 선을 좋아하는 것이 분명히 드러난 것이고, 악을 싫어하는 것이 뚜렷이 드러난 것이다(注: 孔安國曰: 善人善己, 惡人惡己, 是善善明, 惡惡著也。); 《衛靈公 제27장》 참조.

6 公論(공론): 공정한 여론. 공중의 평론(公正或公众的评论).

7 苟合(구합): 원칙 없이 맞장구치다. 영합하다. 환심을 사다(无原则地附合。附和; 迎合).

[君子易事而難說章]

132501、子曰:「君子易事而難說也[1]: 說之不以道, 不說也[2]; 及其使人也[3], 器之[4]。小人難事而易說也: [5]說之雖不以道, 說也; 及其使人也, 求備焉[6,7]。」

1《說苑·雅言》증자가 말했다. "내가 선생님의 세 가지 가르침을 들었는데, 아직 행하지 못하고 있다. 선생님께서는 사람의 한 가지 착한 일을 보시면 그의 백 가지 잘못을 잊어버리시는데, 이것이 선생님이 섬기기 쉬운 점이다. 선생님은 사람들이 간직한 착한 심성을 보면 마치 당신이 간직하고 있는 것 같이 여기시는데, 이것이 선생님이 다투지 않으시는 점이다. 선생님께서는 착한 일을 보시면 반드시 친히 그것을 행하시고, 그런 후에 말씀하시는데, 이것이 선생님이 애쓰시는 점이다. 나는 선생님의 이 세 가지 가르침을 배웠지만 아직 행하지 못하고 있다"(曾子曰: 吾聞夫子之三言, 未之能行也。夫子見人之一善而忘其百非, 是夫子之易事也。夫子見人有善若已有之, 是夫子之不爭也。聞善必躬親行之, 然後道之, 是夫子之能勞也。夫子之能勞也, 夫子之不爭也, 夫子之易事也, 吾學夫子之三言而未能行。);《論語集解》한 사람이 두루 다 갖춰져 있기를 요구하지 않기 때문에[子張 제10장], 모시기가 쉽다(注: 孔安國曰: 不責備於一人, 故易事也。);《論語正義》그 사람의 그릇에 맞게 사람을 쓰기에, 모시기가 쉽다(正義曰: 使人器之, 所以易事也。);《論語大全》公的이어서 기쁘게 하기가 어렵고, 너그러워서 모시기가 쉽다(公, 故難說, 恕, 故易事。).

2《論語義疏》이 구절은 '難說'을 해석한 것이다(此釋難悅也。);《論語正義》'說之不以道, 不說也; 及其使人也, 器之.'는 易事難說한 까닭을 다시 해석한 것이다.《禮記·曲禮上》의 '예에서는, 함부로 남을 기쁘게 하지 않는다'에 대해, 정현이 '佞媚(영미)[알랑거리고 사근거리다]에 가깝기 때문이다. 군자는 그를 기쁘게 하기를 도리에 맞는 방법을 써서 하지 않으면, 기뻐하지 않는다'고 주를 달았으니, '不以其道'는 바로 알랑거리고 사근거리는 것이고, 함부로 기쁘게 하는 것이다. 공영달의 소에, '說'을 '言說'로 풀이했는데, 옳지 않다(正義曰: '說之不以道'四句, 即申釋易事難說之故。禮記曲禮云: "禮, 不妄說人。" 鄭注: "爲近佞媚也。君子說之不以其道, 則不說也。" 不以其道即是佞媚, 即是妄說。孔疏以"言說"解之, 非矣。).

3《許世瑛(二)》'及'은 본래 동사로 여기서는 관계사로 쓰였고, '其使人'은 '君子使人'으로, 주어 '其'와 술어 '使人'으로 구성된 구이다('及'本是動詞, 而在這裡做關係詞用。'其使人'是由'君子使人', 利用'其'字構成的組合式詞結。)[論語中'其'字用法深究];《論孟虛字》'及其'는 '若其'와 같다. 뜻이 '至於'[~에 관해서는]와 가깝다. 앞일의 서술을 막 끝내고, 또 비슷한 다른 일을 언급할 때 쓴다('及', 猶'若'。常和'其'連用。'及其'猶言'若其', 意思和'至於'相近。爲敘前事方畢, 而又類及別事時用之。).

4 [성]因材[才]器使(인재기사): 구비하고 있는 재능에 따라 사람을 부리다(依所具备的才干, 加以任用。通常用来说明主管用人的原则。);《論語義疏》'器'는 '能'[능력대로 쓰다. 능력을 발휘시키다]과 같다. 군자는 한 사람이 두루 다 갖추기를 요구하지 않기 때문에, 능력대로 쓰고, 그 분수를 넘어 그에게 요구하지 않기 때문에 모시기 쉽다(疏: 器, 猶能也。君子既不責備於一人, 故隨人之能而用之, 不過分責人, 故易事。);《古漢語語法》명사 뒤에 '之'가 붙어 목적어 역할을 하는 경우, 자연스레 동사로 간주해야 한다(如果名词后带'之'作宾语, 自然也应看作动词。).

5《論語義疏》도리를 모르니 모시기 어렵다(疏: 小人不識道理, 故難事也。);《論語大全》私的이어서 기쁘게 하기 쉽고, 각박해서 모시기 어렵다(私, 故易說, 刻, 故難事。).

6《書經·商書·伊訓》오호, 선왕[탕임금]께서는 처음으로 인륜을 닦으셨고, 간언을 따르고 어기지 않았고, 앞선 성현들의 말에 순종했습니다. 윗자리에서는 명철하셨고, 아랫사람에게는 마음을 다하셨고, 사람들

선생님께서 말씀하셨다. "군자는 모시기는 쉬워도 기쁘게 하기는 어렵다. 그를 기쁘게 하기를 도리에 맞는 방법을 써서 하지 않으면, 기뻐하지 않는다(그러니 기쁘게 하기가 어렵다). 군자가 사람을 쓸 때는, 그 사람의 그릇에 맞게 쓴다(그러니 모시기가 쉽다). 소인은 모시기는 어려워도 기쁘게 하기는 쉽다. 그를 기쁘게 하기를 비록 도리에 맞는 방법을 쓰지 않을지라도, 기뻐한다. (그러니 기쁘게 하기가 쉽다.) 소인이 사람을 쓸 때는, 그 사람에게 두루 다 갖춰져 있기를 요구한다. (그러니 모시기가 어렵다.)"

易, 去聲。說, 音悅。○器之, 謂隨其材器[8]而使之也。君子之心公而恕, 小人之心私而刻。天理人欲之間, 每相反而已矣。

'易'(이)는 거성[yì]이다. '說'(열)은, 음이 '悅'(열, yuè)이다. ○'器之'(기지)는 그 사람의 재능과 기량에 따라 그에 맞게 그 사람을 부리는 것을 말한다. 군자의 마음은 공정하고 너그럽고, 소인의 마음은 사사롭고 각박하다. 천리와 인욕의 간극 만큼이나, 매양 상반될 뿐이다.

에게는 다 갖추고 있기를 바라지 않았고, 자신을 검속하기를 아직 미치지 못한 듯이 하심으로써, 만방을 소유하시는 데까지 이르렀으니, 이 얼마나 어려운 일입니까?(嗚呼! 先王肇修人紀, 從諫弗咈, 先民時若。居上克明, 爲下克忠, 與人不求備, 檢身若不及, 以至于有萬邦, 茲惟艱哉!);《微子 제10장》 참조; 求備(구비): 어느 일이나 완전무결하게 끝낼 것을 요구하다. 완전무결하게 다 갖추었기를 요구하다(事事要求做到完善無缺。谋求完善齐备。); 備(비): 완비하다. 모두 갖추다. 고루 갖추다(完备; 齐备);《許世瑛(二)》 '焉'은 '於是'와 같고, '是'는 소인 밑에서 일하는 그 사람을 가리킨다('焉'字等於'於是', '是'字稱代拿在小人手下做事的人。).

7《論語大全》 군자는 사람들이 순리를 따르는 것을 기뻐하고, 소인은 사람들이 자기를 따르는 것을 기뻐한다(慶源輔氏曰: 子說人之順理, 小人說人之順己。).

8 材器(재기): 재능과 기량(才能器度).

[君子泰而不驕章]

132601、子曰:「君子泰而不驕[1], 小人驕而不泰[2]。[3]」

선생님께서 말씀하셨다. "군자는 느긋하지만 건방지지 않고, 소인은 건방지지만 느긋하지 못하다."

君子循理, 故安舒而不矜肆[4]。小人逞欲[5], 故反是。[6]

1《論語集解》군자는 자유분방하고 느긋하여, 건방진 것 같지만 그렇지 않다. 소인은 스스로 제약하고 기피하지만, 실은 건방지고 잘난체한다(注: 君子自縱泰, 似驕而不驕。小人拘忌, 而實自驕矜也。);《論語義疏》군자는 마음이 평탄하니 확 트여 있어서, 마음과 외모가 즐겁고 평탄하기 때문에, 느긋하면서도 건방지지 않은 것이고, 소인은 가볍고 업신여기기를 좋아하지만, 마음에는 늘 걱정을 안고 살기 때문에, 건방지면서도 느긋하지 못한 것이다(疏: 君子坦蕩蕩, 心貌怡平, 是泰而不爲驕慢也…… 小人性好輕淩, 而心恒戚戚, 是驕而不泰也。);《古今注》'泰'는 속이 꽉 차 있어서, 밖에서 구할 게 없는 것이고, '驕'는 속이 텅 비어 있어서, 밖으로 허세를 부리는 것이다(泰者, 內實而無求於外, 驕者, 內虛而使氣於外。); 驕(교): 건장하고 튼튼하게 생긴 말. 교만하다. 스스로를 치켜세우고 잘난 체하다. 뻐기다. 건방지다(六尺高的马。泛指高大雄壮。傲慢; 骄矜);《堯曰 제2장》에, '君子無衆寡, 無小大, 無敢慢, 斯不亦泰而不驕乎?' 구절이 있다.

2《論語義疏》스스로 제약하고 기피하는 것이 不泰이다(疏: 多拘忌, 是不泰也。).

3《論語正義》焦循[1763~1820]의《論語補疏》에 말했다. "泰는 通이다. 군자는 알고 있는 것, 할 수 있는 것을, 세상에 다 풀어 내놓고 세상과 소통하기 때문에, 자유분방하고 느긋하여 건방진 것 같이 보이지만, 실은 건방진 것이 아니다. 소인은 알고 있는 것, 할 수 있는 것을, 숨겨놓고 드러내지 않기 때문에, 건방지지 않은 것 같이 보이지만, 내놓기를 망설이고 꺼리는 것이 실은 건방진 것이라는 것을 모르는 것이다. 군자는 스스로를 잘난 체하지 않고, 세상과 소통하지만, 소인은 스스로를 옳다고 여기면서, 세상과 소통하지 못한다. 이것이 건방진 것과 느긋한 것의 차이다"(正義曰: 焦氏循補疏: "案泰者, 通也。君子所知所能, 放而達之於世, 故云'縱泰似驕', 然實非驕也。小人所知所能, 匿而不露, 似乎不驕, 不知其拘忌正其驕矜也。君子不自矜, 而通之於世; 小人自以爲是, 而不據通之於人。此驕泰之分也。").

4 矜肆(긍사): 잘난 체하며 멋대로 행동하다. 잘난 체하며 주제넘게 굴다(骄矜放纵).

5 逞欲(령욕): 욕심을 절제하지 못하다. 욕망을 다 채우다. 하고 싶은 대로 다 하다(犹纵欲; 极欲); 逞(령): 마음에 들어 하다. 흡족해하다. 의지하다. 기대다(快意, 实现, 使称心。仗恃; 倚仗).

6《論語大全》이치를 따르는 것이 느긋함의 뿌리이고, 욕심을 절제하지 못하는 것이 건방짐의 뿌리이다. 군자는 오직 이치만을 따르므로, 부귀나 빈천을 만나서도 편안하여, 어떤 상황에 들어가서도 자득하지 않는 경우가 없기 때문에, 항상 편안하고 느긋하다. 소인은 오직 욕심만을 채우려 하므로, 구하기를 탐하고 취하는 데 구차하고, 원하는 것을 얻어야 만족하고, 늘 스스로 과시하기 때문에, 늘 건방지고 뽐낸다(胡氏曰: 循理者, 泰之本。逞欲者, 驕之根。君子惟理是循, 富貴貧賤, 安於所遇, 無入而不自得, 故常舒泰。小人惟欲之逞, 貪求苟取, 意得志滿, 常以自誇, 故常驕矜。).

군자는 이치[理]를 따르기 때문에, 편안하고 느긋하면서도 잘난 체하거나 제멋대로 굴지 않는다. 소인은 욕심[欲]을 절제하지 못하기 때문에, 이와 반대이다.

[剛毅木訥近仁章]

132701、子曰:「剛、毅、木、訥[1], 近仁。[2]」

선생님께서 말씀하셨다. "단단함 · 굳건함 · 소박함 · 어눌함은 인(仁)에 가깝다."

程子曰:「木者, 質樸[3]。訥[4]者, 遲鈍[5]。四者, 質之近乎仁者也。」楊氏曰:「剛毅則不屈於物欲, 木訥則不至於外馳[6], 故近仁。」[7]

---

1 [성]剛毅木訥(강의목눌): 의지가 굳고, 과감히 결단하고, 꾸밈이 없고, 말수가 적은 사람(剛: 堅強; 毅: 果決; 木: 質樸; 訥: 說話遲鈍, 此處指言語謹慎。孔子稱頌人的四種品質。);《論語集解》'剛'은 '無欲'이고[公冶長 제10장], '毅'는 '果敢'이다(注: 王肅曰: 剛, 無欲也, 毅, 果敢也。);《朱子語類43: 62》"剛과 毅는 어떻게 분별하는지요?" "剛은 체질이 완강한 것으로, 단단한 물체와 같아, 연약하지 않고 구부러지지 않는다. 毅는 분발 홍기하는 기상이 있다"(問: "'剛毅木訥近仁', 剛與毅如何分別?" 曰: "剛是體質堅强, 如一箇硬物一般, 不軟不屈; 毅卻是有奮發作興底氣象。");《論語新解》'剛'은 굳센 의지가 굽히거나 흔들리지 않는 것을 말한다(刚, 谓强志不屈挠。);《王力漢語》剛(강): 단단하다. (성격 · 의지가) 굳세다. 꿋꿋하다('剛', 堅硬。與'柔'相對。引申爲性情的剛強。);《古今注》'毅'는 붙잡고 지키기를 굳세게 하는 것이다(毅者, 執守之强也。);《王力漢語》毅(의): (입장 · 주장 · 의지가) 확고부동하다. 결단력이 있다(堅定, 果斷。).

2《論語義疏》剛者는 탐욕을 추구하지 않고, 仁者는 깨끗하기에, 剛者는 仁에 가깝다. 毅者는 과감하고, 仁者는 용감해서, 궁핍한 자를 보전해주고 위급한 자를 구제해주고, 살신성인하기에, 毅者는 仁에 가깝다. 木者는 질박하고, 仁者는 화려하게 꾸미는 것을 숭상하지 않기에, 木者는 仁에 가깝다. 訥者는 말이 느리고 둔하고, 仁者는 말에 신중하기에, 訥者는 仁에 가깝다(疏: 剛者性無求欲, 仁者静, 故剛者近仁也, 毅者性果敢, 仁者必有勇, 周窮濟急, 殺身成仁, 故毅者近仁也。木者質樸, 仁者不尚華飾, 故木者近仁也。訥者言語遲鈍, 仁者慎言, 故訥者近仁也。);《論語集釋》焦循[1763~1820]의《論語補疏》에 말했다. "'듣기 좋게 하는 말과 상냥하게 꾸민 얼굴빛에는, 仁이 드물다!'[學而 제3장]고 했으니, 이 장의 질박 · 지둔이 仁에 가까운 까닭이다."《唐書 · 刑法志》에 말했다. "仁者는 난을 제압하고, 弱者는 난을 내버려 둔다." 그렇다면 剛強은 不仁이 아니고, 柔弱者는 仁의 적으로, 이러한 果敢이 仁에 가까운 까닭이다(論語補疏: 「巧言令色, 鮮矣仁」, 此質樸遲鈍所以近仁也。唐書刑法志云:「仁者制亂, 而弱者縱之。」然則剛強非不仁, 而柔弱者仁之賊也, 此果敢所以近仁也。);《論語大全》'近仁'설에 대한 성인의 생각을 탐구해보면, 이 네 가지에서 仁을 체득하라고 가르치신 것이 아니고, 이 네 가지를 갖춘 사람이 求仁에 가까이 다가가 있다는 것을 말씀하신 것뿐이다(朱子曰: 近仁之說, 原聖人之意, 非是教人於此體仁, 乃是言如此之人, 於求仁爲近耳。).

3 質朴(질박): 소박하다. 꾸민 데가 없이 수수하다(朴素).

4 訥(눌): 더듬거리다. 어눌하다(表示有话在肚里, 难以说出来。语言迟钝。).

5 遲鈍(지둔): 반응이 느리다. 굼뜨다(谓思想、感官、行动等反应慢, 不灵敏。).

6 馳(치): 질주하다. 내달리다. 추구하다. 뒤쫓다. 동경하다. 지향하다(车马疾行。追逐。向往。).

7《論語大全》거꾸로 이 말씀을 관찰하면, 柔[쉽게 구부러짐] · 脆[쉽게 부서짐] · 華[화려함] · 辨[능변]이 仁에서 먼 것들임을 알 수 있다(新安陳氏曰: 反觀之, 則柔脆華辨之遠於仁可知矣。).

정자(程子·伊川)가 말했다. "'木'(목)이라는 것은 '행실이 꾸민 데가 없이 수수하다[質樸]'이다. '訥'(눌)이라는 것은 '말이 느리고 둔하다'[遲鈍]이다. 이 네 가지는, 바탕이 인(仁)에 가까운 것들이다."

양씨(楊氏·楊中立)가 말했다. "단단하고 굳건하면 물욕에 굴하지 않고, 소박하고 어눌하면 외물에 마음이 빼앗겨 밖으로 내달리는 데까지 가지 않는데, 그 때문에 인(仁)에 가깝다."

[子路問士章]

132801、子路問曰:「何如斯可謂之士矣?[1]」子曰:「切切、偲偲[2]、怡怡如[3]也, 可謂士矣。朋友切切、偲偲, 兄弟怡怡。[4]」[5]

자로(子路)가 여쭈었다. "어떠하면 그를 선비라 부를 수 있겠습니까?" 선생님께서 말씀하셨다. "간곡하게 말해주고, 자상하게 권면하고, 서로 어울리고 즐거워하면, 선비라 부를 수 있다. 교우들에게는 간곡하게 말해주고 자상하게 권면하고, 형제들과는 서로 어울려 기뻐하고 즐거워하도록 하거라."

胡氏曰:「切切, 懇到[6]也。偲偲, 詳勉也。怡怡, 和悅也。皆子路所不足, 故告之。又恐其混於所施, 則兄弟有賊恩之禍[7], 朋友有善柔之損[8], 故又別而言之。」

---

1 《子路 제20장》에도 子貢의 같은 질문이 있다.

2 《論語大全》 '切切'(절절)은 가르쳐주고 알려주기를 간절하고 정성 되게 하되, 그 잘못을 떠벌리지 않는 것이다. '偲偲'(시시)는 권유하고 격려하기를 상세하고 곡진하게 하되, 그가 따르기를 강요하지 않는 것이다. 둘 다 진실로 忠愛하는 마음을 지니고 있지만, 강권하거나 들춰내는 폐해는 없다(朱子曰: 切切者, 教告懇惻, 而不揚其過。偲偲者, 勸勉詳盡, 而不强其從。二者皆有忠愛之誠, 而無勁訐之害。);《王力漢語》 切切(절절): 매우 간절한 모양(懇切的様子。);《百度漢語》 切切(절절): 서로 존중 · 연마 · 격려하는 모습. 간절하고 진지하다. 재삼재사 권고하다(相互敬重切磋勉励貌。深切。恳挚。再三告诫之词。); 偲偲(시시): 서로 격려하다. 갈고 닦아주다(互相勉励。相互切磋, 相互监督。).

3 怡怡(이이): 기뻐하고 즐거워하는 모습. 편안 · 만족한 모양. 형제간에 화목한 모습(形容喜悦欢乐的样子。安适自得貌。特指兄弟和睦的样子。).

4 《論語正義》 공자의 말씀은 '切切偲偲, 怡怡如也, 可謂士矣'에서 끝났고, 당시에 모두 익숙한 말들이기 때문에, 공자께서 이 말들을 묶어서 말씀하셨는데, 기록한 자가 사람들이 분명히 알지 못할까 봐서 풀어 설명하기를, '朋友切切偲偲, 兄弟怡怡.' 라고 한 것으로, 이른바 (공자께서 돌아가시고 칠십 제자들도 죽고 나면 공자 말씀에 대한 다른 견해가 생길까 봐) '칠십 제자가 밝힌 성인의 大義[漢書 · 藝文志]이다(正義曰: "切切偲偲, 怡怡如也, 可謂士矣", 夫子語止此, 當時皆習見語, 故夫子總言之。記者恐人不明, 故釋之曰: "朋友切切偲偲, 兄弟怡怡." 所謂'七十子之大義'也。);《論語集釋》 유보남의 견해가 맞다. 이로 보건대 集注의 胡氏의 견해가 틀렸음을 더욱 알 수 있다(按: 劉氏之說是也。觀此益知集注胡說之謬。).

5 《大戴禮記 · 曾子立事》 집안에서는 화목하고, 집 밖에서는 공경하고, 형제에게는 화락하고, 친구에게는 간곡하고, 사이가 먼 이에게는 예의를 갖추고, 사이가 가까운 이에게는 다정스레 대한다(宮中雍雍, 外焉肅肅, 兄弟憘憘, 朋友切切, 遠者以貌, 近者以情……).

6 懇到(간도): 간곡하다. 매우 자상하다. 알뜰살뜰하다(犹恳至。).

7 《孟子 · 離婁下 제30장》 책선은 친구 간의 도리이지, 부자간에 책선은, 은혜를 해치는 것 중에 큰 것이다(孟子曰: 責善, 朋友之道也; 父子責善, 賊恩之大者。);《論語大全》 형제간에 간곡히 충고하고 자상하게

호씨(胡氏·胡寅)가 말했다. "'切切'(절절)은 '간곡하다'[懇到]이다. '偲偲'(시시)는 '자상하게 권면하다'[詳勉]이다. '怡怡'(이이)는 '화목하고 즐거워하다'[和悅]이다. 이것들은 모두 자로(子路)에게 부족한 것들이기 때문에, 그에게 말씀해주신 것이다. 또 자로(子路)가 切切(절절)·偲偲(시시)·怡怡(이이)를 실행할 대상을 혼동하면, 형제간에는 은혜를 해치는 화를 초래하고, 교우 간에는 굽실거리길 잘하는 해가 될까 염려하셨기에, 그래서 다시 교우와 형제로 구별을 지어 말씀해주신 것이다."

권면하다 보면 은혜를 해치기 쉽고, 교우 간에 어울리고 즐거워하다 보면 굽실거리길 잘하는 잘못을 저지른다(兄弟切偲, 則易賊恩; 朋友怡怡, 則失於善柔。).

8 善柔(선유): 굽실거리기를 잘하는 사람(阿谀奉承的人); 《季氏 제4장》 참조.

[善人教民七年章]

132901、子曰:「善人[1]教民七年[2], 亦可以[3]即戎[4]矣。」

선생님께서 말씀하셨다. "선인(善人)이 백성을 7년 가르치면, 전쟁터에 내보낼 정도는 된다."

教民者, 教之孝悌[5]忠信之行, 務農講[6]武之法。即, 就也。戎, 兵也。民知親其上, 死其長[7], 故可以即戎。

'백성을 가르친다'[教民]는 것은 효(孝)·제(悌)·충(忠)·신(信)의 행실과 농사를 짓고 무예를 익히는 방법을 가르치는 것이다. '即'(즉)은 '나아가다'[就]이다. '戎'(융)은 '전쟁'[兵]이다. 백성이 자기 윗사람을 가깝게 여기고 자기 윗사람을 위하여 죽을 줄을 알기 때문에, 전쟁터에 내보낼 수 있다.

---

1 《古今注》'善人'은 어떤 한 가지 일에 뛰어난 자를 말한다(善人, 謂善於其事者。).

2 《論語正義》吳嘉賓[1803~1864]의 《論語說》에 말했다. "대개 수를 간략하게 하는 경우, 모두 1·3·5·7·9와 같은 홀수를 취했다. 9는 수의 극이다. 옛사람들은 3년 단위로 성적을 평가하고, (9년 동안) 세 번 평가하여 강급·면직·승급을 결정했으니[書經·舜典], 5년이면 두 번 평가하고, 7년이면 세 번 평가했다. 그래서 3년이면 처음 평가이고, 7년이면 마지막 평가이다. 《禮記·學記》에, '격년으로 시험을 시행했다'고 했다"(正義曰: 吳氏嘉賓說: "凡以數爲約者, 皆取諸奇, 若一, 若三, 若五, 若七, 若九。九者, 數之究也。古人三載考績, 三考而後黜陟, 皆中間一年而考, 五年則再考, 七年則三考。故三年爲初, 七年爲終。記曰: '中年考校。'").

3 《論語義疏》繆協이 말했다: "'亦可以即戎'은 아직 盡善하지는 못하다는 뜻이다"(疏: 繆協曰: 亦可以即戎, 未盡善義也。); 《論孟虛字》아직 만족스럽지는 못하지마는 그럭저럭 괜찮다('亦可以', 表意有未盡, 僅是可以而已。); 《論語語法》개사 '以' 뒤에 개사목적어 '民'이 생략되었다(介詞'以'後面省略'民'這個副賓語。).

4 《論語義疏》'即戎'은 전쟁에 나가는 것을 말한다(疏: 即戎, 謂就兵戰之事。); 《論語正義》《說文·戈部》에, '戜(융)은 兵이다. 戈와 甲에 딸린 글자이다'라고 했다. 지금은 '戎'으로 쓴다(正義曰: 說文: "戜, 兵也。從戈從甲。" 今作"戎"。); 《百度漢語》即戎(즉융): 군사를 부리다. 전쟁에 나가 싸우다(用兵; 作战); 《百度漢語》戎(융): '戈'(과)는 병기, '十'은 갑옷을 나타낸다. 병기의 총칭. 전쟁('戈'是兵器,'十'是铠甲的'甲'。本义: 古代兵器的总称。战争。敌对双方的军事行动。); 《論語詞典》即(즉): 다가가다. 가까이 가다['離'의 반대] 향해 가다(動詞, 就, 湊近去, 往那兒前去。).

5 孝悌(효제): =孝弟。

6 講(강): 훈련하다. 익히다(练习; 操练).

7 《孟子·梁惠王下 제12장》"왕[鄒나라 穆公]께서 仁政을 행하시면 이 백성들은 자기 윗사람을 친애하고 자기 윗사람에게 목숨 바칠 것입니다"(君行仁政, 斯民親其上, 死其長矣。).

○程子曰:「七年云者, 聖人度其時可矣。如云期月[8]、三年[9]、百年[10]、一世[11]、大國五年、小國七年[12]之類, 皆當思其作爲[13]如何乃有益。」

○정자(程子·伊川)가 말했다. "7년이라 말씀하신 것은, 성인께서 그 정도 기간이면 될 것이라고 헤아리신 것이다. '1년'·'3년'·'백 년'·'한 세대'·'대국 5년, 소국 7년'이니 하는 부류는, 모두 하려고 하는 그 일이 어떤 일인가를 생각해야 비로소 도움이 될 것이다."

8《子路 제10장》참조.

9《先進 제25장》참조.

10《子路 제11장》참조.

11《子路 제12장》참조.

12《孟子·離婁上 제7장》에, '師文王, 大國五年,小國七年, 必爲政於天下矣.'[방책에 기록되어 있는 문왕의 정사를 정치에 펼칠 경우, 대국은 5년 소국은 7년이면, 반드시 천하에 정치를 펼치게 될 것이다]라는 구절이 나온다.

13 作爲(작위): 하는 일. 모든 행위(所作所为; 行为。).

[以不教民戰章]

133001、子曰:「以不教民[1]戰, 是謂[2]棄之。」[3]

선생님께서 말씀하셨다. "가르치지 않는 백성을 써서 전쟁하는 것, 이것은 백성을 버리는 짓이다."

以, 用也。言用不教之民以戰, 必有敗亡之禍, 是棄其民也。

'以'(이)는 '쓰다'[用]이다. 말씀인즉, 가르치지 않은 백성을 써서 전쟁하면, 반드시 패망의 화가 있으니, 이는 자기 백성을 버리는 짓이라는 것이다.

1《論語譯注》'不教民' 세 글자는 한 단어로, 의미는 '가르치지 않은 백성'이다('不教民'三字構成一個名詞語, 意思就是'不教之民'。).

2《論語句法》'謂'는 준연결동사이다('謂'是準繫詞。);《論孟虛字》'是謂'는 '是爲'와 같다. '이는 곧 그들을 버리는 짓이다'('是謂', 猶'是爲'。'這就是拋棄他們。'); '外位主語+是[代詞; 主語]+謂+賓語' 형식(任永清, "《論語》'謂'字用法析論", 「臺北市立教育大學學報」[2013]).

3《孟子 · 告子下 제8장》"백성을 가르치지 않고 전쟁에 쓰는 것, 이것을 殃民(앙민)이라 했습니다. 백성에게 재앙을 초래하는 자는 요 · 순의 세상에서는 용납되지 않았습니다"(孟子曰: 不教民而用之, 謂之殃民。殃民者, 不容於堯舜之世。);《春秋穀梁傳 · 僖公23年》[BC 637] 송나라 양공[BC 650~BC 637 재위]이 세상을 떠났다. 양공을 장사지내지 않은 것은 무엇인가? 자기 백성을 잃었기 때문이다. 자기 백성을 잃었다는 것은 무엇인가? 자기의 가르치지 않는 백성을 써서 전쟁을 일으킨다면, 이는 자기 군사들을 버리는 짓이다. 백성의 임금이 되어 가지고 자기 군사들을 버렸으니, 그 백성은 누구를 임금으로 여기겠는가?(宋公茲父卒。茲父之不葬何也? 失民也。其失民何也? 以其不教民戰, 則是棄其師也。爲人君而棄其師, 其民孰以爲君哉?).

《憲問 第十四》

胡氏曰:「此篇疑原憲所記。[1]」凡四十七章。

호씨(胡氏·胡寅)가 말했다. "이 편은 원헌(原憲)이 기록한 것으로 보인다." 모두 47장이다.

1《論語集釋》趙順孫[1215~1277]의《四書纂疏》에 말했다. "'憲問恥'는 성을 쓰지 않고 곧바로 이름을 썼으니, 원헌이 이 편을 기록했다는 첫째 증거이다. 다른 장은 공자께서 제자를 부른 경우는 이름을 불렀고[學而 제15장], 증자·유자·염자의 문인이 기록한 경우는 子를 붙여 불렀고[學而 제2장], 자기 스승이 아닌 경우는 모두 字로 불렀고[子張 제3장], 원사가 가재가 되었을 경우 역시 字로 불렀다[雍也 제3장]. 그런데 이 편에서는 이름을 썼으니, 원헌이 이 편을 기록했다는 둘째 증거이다. 다음 장 '克伐怨欲不行'을 여쭈면서, 별도의 起語를 붙이지 않고 간략하게 기록했으니, 원헌이 이 편을 기록했다는 셋째 증거이다"(趙順孫四書纂疏: 憲問恥,不書姓而直書名, 其爲自記之證一也。他章夫子稱弟子則名之, 曾子, 有子, 冉子門人之所記則以子稱, 非其師者皆稱字, 如原思爲之宰, 亦以字稱。而此書名, 其爲自記之證二也。下章問克伐怨欲不行, 不別起端而聊書之, 其爲自記之證三也。).

[憲問恥章]

140101、憲[1]問恥。子曰:「邦有道[2], 穀[3]; 邦無道, 穀, 恥也。」[4]

1《雍也 제3장》 참조.

2《論語集解》 나라에 도가 있으면, 나라의 의당 녹을 받아먹어야 하지만, 임금이 무도한 데도 그 조정에 있으면서, 녹을 받아먹는 것, 이것이 치욕이다(注: 孔安國曰: 邦有道, 當食其祿……君無道而在其朝, 食其祿, 是恥辱也。); 《論語義疏》 부끄러워할 일을 말하기에 앞서, 부끄럽지 않은 일을 예로 든 것이다(疏: 將言可恥者, 先擧不恥者也。); 《論語大全》 나라에 도가 있는데 적극적으로 자기 능력을 발휘하지 못하고, 단지 사소한 청렴이나 소소한 근신만 따진다면 무슨 일을 이루어낼 수 있겠는가? 나라에 도가 없는데 녹을 먹는 것은 물론 안 되지만, 도가 있는데 구차하게 녹만 먹는 것도 안 된다(邦有道而不能有爲, 只小廉曲謹, 濟得甚事? 邦無道而受祿, 固不可, 有道而苟祿, 亦不可也。); 《朱子語類24: 49》 원헌의 경우에는, 단지 채소 뿌리만 먹고 사는 인간이어서, 나라에 도가 있는데, 세상에 나와서 아무 일도 하지 못했고, 나라에 도가 없는데, 혼란을 평정하여 바르게 돌려놓지도 못했다(如原憲只是一箇喫菜根底人, 邦有道, 出來也做一事不得; 邦無道, 也不能撥亂反正。); 《古今注》 군자의 도는, 모나지 둥글지 않다. 치세에는 합하지만, 난세에는 어긋난다. 만약 치세이든 난세이든, 가서 녹을 먹지 않는 경우가 없다면, 그 사람이 어떤 사람인지 알 수 있으니, 이것이 부끄러운 것이다. '恥也' 두 글자는, '邦有道穀 邦無道穀' 여덟 글자를 이어받은 것으로, 중간에 끊어서 두 단으로 나누면 안 된다['나라에 도가 있을 때는 녹을 받아먹어도 되지만, 나라에 도가 없을 때는 녹을 받아먹는 것은 부끄러운 일이다'로 풀이해서는 안 된다](君子之道, 方而不圓。合於治世, 違於亂世。若治世亂世, 無往而不食祿, 則其人可知, 是恥也…… 恥也二字, 上承八字, 不可中截爲二段。); 《論語正義》 吳嘉賓[1803~1864]이 말했다. "원헌의 대쪽 같은 절개는, 나라에 도가 있을 때조차도, 나라의 녹을 먹기를 원치 않았으니, 그가 공자께서 녹으로 주는 곡식을 사양한 것[雍也 제3장]을 보면 알 수 있다. 그래서 공자의 '邦有道 穀'이라는 말씀은, 그의 생각의 폭을 넓혀주시는 말씀이다"(正義曰: 吳氏嘉賓說: "憲之狷介, 雖邦有道, 且不願祿, 觀其辭子之與粟可見也。故曰: '邦有道, 穀.' 廣之也。"); 《論語集釋》 方觀旭[清人]의 《論語偶記》에 말했다. "《泰伯 제13장》에는 양 구절에 '恥也'字를 붙였으니, 이는 두 가지 일이 모두 부끄러워할 일임을 밝힌 것이고, 이 장에서는 '邦有道穀' 아래에는 '恥也'字가 없으니, '邦無道穀' 만이 부끄러워할 일임을 밝힌 것으로, 공안국의 注가 옳은 견해에 가깝다."(論語偶記: 泰伯篇兩加「恥也」字, 是明爲二事俱可恥, 憲問恥, 於「邦有道穀」下無「恥也」一語, 明惟邦無道穀爲可恥, 孔注近是。); 《論語新解》 《泰伯 제13장》에, '나라에 도가 있을 때는, 가난한 처지와 미천한 신분이 부끄럽고, 나라에 도가 없을 때는, 부유한 처지와 존귀한 신분이 부끄럽다'에는, 두 개의 '恥'가 놓여 있다. 이 장에는 한 개의 '恥'字만 놓여 있으니, 오로지 아래 구절을 가리켜 말한 것이다["나라에 도가 있을 때는, 의당 출사하여 녹을 먹어야 한다. 나라에 도가 없는데, 여전히 출사하여 녹을 받아먹는 것, 이것이 부끄러운 일이다"](泰伯篇, "邦有道, 贫且贱焉, 耻也。邦无道, 富且贵焉, 耻也。" 下两耻字。此条只下一耻字, 当专指下句言: "国家有道, 固当出仕食禄。国家无道, 仍是出仕食禄, 那是可耻呀。").

3《論語大全》 '穀' 한 글자에는 '食祿'[녹을 받아먹다]의 뜻이 있다. 말인즉, 나라에 도가 있을 때든, 나라에 도가 없을 때든, 녹을 받아먹을 줄만 알고, 대략이나마 건의나 주장이라도 없다면, 어찌 깊이 부끄러워할 만하지 않겠는가라는 것이다(朱子曰: 穀之一字, 有食祿之義。言有道無道, 只會食祿, 略無建明, 豈不可深恥?); 穀(곡): 곡식. 온갖 곡식. 녹봉(谷类植物或粮食作物的总称。百谷之总名。官俸。古人常以谷物计禄。).

4《泰伯 제13장》 참조.

원헌(原憲)이 부끄러움에 대해 여쭈었다. 선생님께서 말씀하셨다. "나라에 도가 있는데 녹만 받아먹고, 나라에 도가 없는데 녹을 받아먹는 것이, 부끄러운 일이다."

憲, 原思名。穀, 祿[5]也。邦有道不能有爲[6], 邦無道不能獨善[7], 而但知食祿[8], 皆可恥也。憲之狷介[9], 其於邦無道穀之可恥, 固知之矣; 至於邦有道穀之可恥, 則未必知也。故夫子因其問而并言之, 以廣其志, 使知所以自勉, 而進於有爲也。[10]

'憲'(헌)은 원사(原思)의 이름이다. '穀'(곡)은 '녹'(祿)이다. 나라에 도가 있을 때는 자기 능력을 충분히 발휘해 큰일을 이뤄내지[有爲] 못하고, 나라에 도가 없을 때는 홀로라도 자기 몸가짐을 선하게 지켜내지 못하고, 다만 녹을 받아먹을 줄만 아는 것은, 모두 부끄러워할 만한 일이다. 원헌(原憲)의 대쪽 같은 절개로는, 그는 나라에 도가 없을 때 녹을 받아먹는 것이 부끄러워할 만한 일임에 대해서는, 당연히 알고 있었겠지만, 나라에 도가 있을 때 (자기 능력을 충분히 발휘해 큰일을 이뤄내지 못하고) 녹을 받아먹는 것이, 부끄러워할 만한 일임에 대해서까지는, 반드시 알지는 못했을 것이다. 그래서 선생님께서 그가 질문하자 이를 계기로 이것까지 아울러 말씀하시어, 이로써 그의 뜻을 넓혀, 그로 하여금 스스로 힘써야 할 까닭을 알게 하여, (고고한 절개만 지키려는 불위(不爲)를 넘어서서, 자기 능력을 발휘해 큰일을 이뤄내고자 하는) 유위(有爲)의 세계로 나아가게 하신 것이다.

---

5 祿(록): 복. 행운. 관리의 봉급. 봉급을 주다. 작록(福气, 福运。官吏的俸给。给予俸禄。爵祿).

6 有爲(유위): 적극적으로 참여해 성과를 이루다. 행동으로 옮기다. 성과를 이루다. 능력을 발휘하다(有作为).

7 《孟子 · 盡心上 제9장》 옛사람들은, 뜻을 이루면 은택이 백성에게 가고, 뜻을 이루지 못하면 자신을 닦아서 세상에 드러냈습니다. 궁하면 홀로 자기 몸가짐을 선하게 지켜내고, 영달하면 천하가 함께 선하게 했습니다(孟子曰: 古之人, 得志, 澤加於民; 不得志, 修身見於世。窮則獨善其身, 達則兼善天下。); 獨善(독선): 관직에 나아가지 않고 자신을 수양하다. 자기 생각만 하고 남을 고려하지 않다(独: 唯独; 善: 好, 维护。原意是做不上官就修养好自身。现指只顾自己, 不管别人。).

8 《史記 · 循吏列傳》 (노나라 公儀休는) 녹을 받아먹는 자는 백성들과 이익을 다투지 못하게 했고, 높은 자리에 있는 자는 사소한 이익을 탐하지 못하게 했다(使食祿者不得與下民爭利, 受大者不得取小。); 食祿(식록): 봉록을 받아먹다(享受俸禄).

9 狷介(견개): 홀로 고상하게 몸가짐을 깨끗하게 하여 절개를 지키다. 대쪽 같은 절개(孤高洁身).

10 《孟子 · 離婁下 제8장》 사람으로서 지조가 있어 하려 하지 않는 것이 있고 나서야, 큰일을 이뤄낼 수 있다(孟子曰: 人有不爲也, 而後可以有爲。).

[克伐怨欲不行章]

140201.「克、伐、怨、欲[1]不行焉[2], 可以爲仁矣[3]?」[4]

(원헌(原憲) 여쭈었다.) "지기 싫어함 · 잘난 체함 · 원한을 품음 · 만족을 모름, 이러한 것들을 (억제하여) 행해지지 못하게 하면, 이를 인(仁)이라고 할 수 있겠

---

1 克伐怨欲(극벌원욕): 지기 싫어함 · 잘난 체함 · 시기하고 각박함 · 만족할 줄 모름(指好胜、骄傲、忌刻、贪婪四种恶德); 克(극): 능히 감당하다. 어깨에 물건을 지는 것을 克이라 한다. 할 수 있다. 정복하다. 물리치다(胜任。克, 肩也。按, 以肩任物曰克。能够。攻下; 战胜; 打败); 伐(벌): 도끼로 죽이다. 벌목하다. 토벌 · 정벌하다. 자화자찬하다. 자기 과시하다(砍杀。砍伐。讨伐, 进攻。自吹自擂, 夸耀自己。);《論語集解》'克'은 남을 이기기를 좋아하는 것이다. '伐'은 스스로 자기의 공을 자랑하는 것이다. '怨'은 소소한 일로 시기하고 원한을 품는 것이다. '欲'은 탐욕이다(注: 馬融曰: 克, 好勝人也。伐, 自伐其功也。怨, 忌小怨也。欲, 貪欲也。);《論語注疏》《書經 · 虞書 · 大禹謨》에 '그대가 자랑하지 않아도, 천하에 아무도 그대와 공을 다툴 자 없다'고 했고,《老子道德經》에 '스스로 자기 공을 자랑하는 것은 공을 없애는 것이다'라고 했는데, 공이 있다고 과시하면, 사람들이 인정해주지 않으니, 공을 없애는 것이라 한 것이다. 이는 자기의 공을 베어내는 것이, 마치 나무를 베어내는 것과 같기 때문에, 경전에서 공을 과시하는 것을 '伐'이라 했으니, 스스로 자기의 공을 베어내는 것을 말하는 것이다(疏 正義曰:《書》曰: '汝惟不伐, 天下莫與汝爭功.'《老子》曰: '自伐者無功.' 言人有功, 誇示之, 則人不與, 乃無功也。是伐去其功, 若伐去樹木然, 故經傳謂誇功爲伐, 謂自伐其功也。);《古今注》내게 없는 것을 억울해하는 것을 '怨'이라 하고, 남에게 있는 것을 탐내는 것을 '欲'이라 한다. 내 생각에, 先儒들은 모두 克伐怨欲을 네 가지 일로 삼았다. 그렇지만 이기기 좋아하고 잘난 체하는 것에 대해 무슨 근거로 '不行'이라는 말을 쓸 수 있겠는가? 싸워서 남을 이기지 못하면 克은 행해지지 않는다. 잘난 체해도 남이 믿지 않으면 伐은 행해지지 않는다. 원한을 품고 해독을 주면 怨이 이에 행해진다. 욕심을 좇아 탐욕 하면 欲이 이에 행해진다. 이를 토대로 말하자면, 克 · 伐이 행해지지 않는 것은 남에게서 말미암는 것이고, 怨 · 欲이 행해지지 않는 것은 자기에게서 말미암는 것이니, 이 넷은 같은 종류가 아니다. '克伐怨欲'이란 '그러한 怨 · 欲의 싹을 克伐해서 그것이 행해지지 못하게 한다'는 말이다(補曰: 恨己之所無曰怨貪人之所有曰欲……案, 先儒皆以克伐怨欲, 爲四事。然好勝自伐, 何以謂之不行焉? 鬪而不勝, 則好勝之心不行矣。誇而不信, 則自伐之言不行矣。含怨而施其毒, 則怨斯行矣。從欲而施其貪, 則欲斯行矣。由是言之, 克伐之不行, 由於人, 怨欲之不行, 由於己, 四者非一類也。克伐怨欲者, 克伐其怨欲之萌, 使之不行也。);《論語正義》《說文 · 克部》에, '克은 肩(견)이다'라고 했는데, 어깨로 일을 짊어지는 것을 말한 것으로, 여기에서 파생되어 '勝'의 뜻이 생겨났다(正義曰: 說文: "克, 肩也。" 謂以肩任事也, 引申之有勝義。).

2《論語句法》'焉'은 '之'와 같다('焉'等於'之'。).

3《論語正義》'矣'와 '乎'는 같은 뜻이다(正義曰: '矣'與'乎'同義。).

4《集注考證》이 장의 머리에는 起語가 없는데, 대개 이 장을 앞 장 '憲問'字로 같이 덮어씌운 것으로, 같은 때에 두 질문을 함께 기록한 것이다(章首無起語, 蓋冒上文憲問字, 一時並記二問。);《補正述疏》이 절에서 '憲問'을 말하지 않은 것은, 앞절을 이어받아 생략한 것이다. 이 절은 '憲問恥……'와 합해서 한 장으로, 질문한 내용을 한 데 묶은 것으로 원헌이 직접 기록한 것이다(述曰: 謹案: 此不言憲問者, 承上而省文爾。此合'憲問恥'爲章, 統以所問者自記之。).

는지요?"

此亦原憲以其所能而問也[5]。克, 好勝。伐, 自矜。怨, 忿恨[6]。欲, 貪欲[7]。
이 장도 원헌(原憲)이 자신이 할 수 있는 것들을 가지고 여쭌 것이다. '克'(극)은 '이기기를 좋아하다'[好勝]이다. '伐'(벌)은 '스스로 자랑하다'[自矜]이다. '怨'(원)은 '분을 내고 원한을 품다'[忿恨]이다. '欲'(욕)은 '만족할 줄 모르고 욕심부리다'[貪欲]이다.

140202. 子曰:「可以爲難矣, 仁則吾不知也[8]。」

선생님께서 말씀하셨다. "(이러한 것들을 억제하여 행해지지 못하게 하는 것이) 어렵다고 할 수는 있지만, 인(仁)이라 할 수 있는지 묻는다면 나는 모르겠다."

有是四者而能制之, 使不得行, 可謂難矣。仁則天理渾然, [9]自無四者之累, 不行不足以

---

5 1·2장이 모두 원헌이 묻고 공자가 답한 것이어서, 이 두 장을 합해 한 장으로 한 경우도 있다.

6 忿恨(분한): 분노하고 원한을 품다(忿怒怨恨。).

7 貪欲(탐욕): 끝없이 욕심부리다. 만족할 줄 모르고 탐하는 욕망(无休止地求取。贪得无厌的欲望).

8 焦循[1763~1820]의《論語補疏》에 말했다. "맹자는, 공유가 재물을 좋아했고 태왕이 여인을 좋아했지만, 백성과 함께하여 뒤에 남은 백성에게 노적과 창고에 식량을 쌓아놓았고, 배필을 구하지 못해 원한을 품고 사는 여인이나 홀로 사는 남자가 없게 한 것을 칭송했다[梁惠王下 제5장]. 맹자의 학문은, 온전히 그것을 공자에게서 이어받은 것이다. 그것은 바로 자기가 현달하고 싶어서 남을 현달하게 해주고, 자기가 서고 싶어서 남을 서게 해준다는 뜻이다[雍也 제28장]. 꼭 처첩을 다 물리치고, 복식을 줄이면서도, 백성의 굶주림·추위·남녀의 이별에 대해 냉담하니 무관심하다면, 이는 곧 너무 단단해서 뚫지 못해 아무것도 담지 못하는 표주박[韓非子·外儲說左上]과 다름없다. 그래서 지기 싫어하는 행위·잘난 체하는 행위·원한을 품는 행위·만족할 줄 모르는 행위를 하지 않고, 온갖 궁리를 다 해서 몸가짐만 깨끗하게 하려는 선비를, 공자는 취하지 않았다. 자기의 욕망으로 인해 남의 욕망을 미루어 알고, 자기가 싫어하는 것으로 인해 남이 싫어하는 것을 미루어 아는 것만 못하다. 나를 써서 남을 헤아리고 가까이서 취하기를 어려워하지 않으면, 仁이 이미 와 있다. 자기의 욕망을 끊어버린다면 세상 사람들이 지향하는 바를 이해하지 못하니, 仁을 행하는 방법이 아니다"(焦循曰: "孟子稱公劉好貨, 太王好色, 與百姓同之, 使有積倉而無怨曠。孟子之學, 全得諸孔子。此卽己達達人, 己立立人之義。必屏妃妾, 減服食, 而於百姓之飢寒仳離, 漠不關心, 卽堅瓠也。故克伐怨慾不行, 苦心絜身之士, 孔子所不取。不如因己之欲, 推以知人之欲, 卽己之不欲, 推以知人之不欲。絜矩取譬不難, 而仁已至矣。絶己之欲則不能通天下之志, 非所以爲仁也。")(馮友蘭/박성규 역,『중국철학사(상)』[까치글방, 2009], 118).

9 渾然(혼연): 모든 것이 완전무결하게 갖춰져 있어 나눌 수 없는 모습. 모두 갖추고 있어 잡된 것이 섞여 있거나 빠지거나 이지러진 데가 없다(完整不可分割貌。全然; 完全).

言之也。[10]

이 네 가지가 마음속에 들어 있지만 능히 이를 억제하여, 행해지지 못하게 하는 것은, 어렵다고 평할 수 있다. 인(仁)은 곧 천리의 완전무결한 모습이어서, 네 가지 폐단 자체가 아예 없으니, (마음속에는 들어 있지만) 행하지 않는 것만으로는 인(仁)이라 말하기에는 부족하다.

○程子曰:「人而無克、伐、怨、欲, 惟仁者能之。有之而能制其情使不行, 斯亦難能也, 謂之仁則未也。此聖人開示[11]之深, 惜乎憲之不能再問也。」[12]

○정자(程子·伊川)가 말했다. "사람으로서 지기 싫어하는 것 · 잘난 체하는 것 · 원한을 품는 것 · 만족할 줄 모르는 것이 아예 없는 것은, 인자(仁者)만이 그리할 수 있다. 이 네 가지가 마음속에는 들어 있지만, 능히 그러한 감정을 억제하여 행해지지 못하게 하는 것, 이 역시 어렵지만, 그것을 인(仁)이라고 하기에는 미흡하다. 이는 성인께서 깊숙한 곳을 열어 보이신 말씀이었는데, 애석하게도 원헌(原憲)은 (이를 놓치고) 더 해야 할 질문을 하지 못했다."

或曰:「四者不行, 固不得爲仁矣。然亦豈非所謂克己之事, 求仁之方乎?」曰[13]:「克去己私以復乎禮, 則私欲不留, 而天理之本然者得矣。若但制而不行, 則是未有拔去病根之意, 而容其潛藏[14]隱伏[15]於胸中也。豈克己求仁之謂哉? 學者察於二者之間, 則其所以求仁之功, 益親切而無滲漏[16]矣。」[17]

10《論語集釋》阮元[1764~1849]의《揅經室集 · 論語論仁論》에 말했다. "이것들은 다만 다른 사람에게 손해가 없을 뿐이고, 이익은 있을 수 없어, 立人 · 達人[雍也 제28장]하게 할 수 없기 때문에, 공자께서 인이라 인정하지 않으신 것이다"(阮元論仁篇: 此但能無損於人, 不能有益於人, 未能立人達人, 所以孔子不許爲仁。).

11 開示(개시): 분명하게 가리켜 보이다. 깨우치다. 열어 보이다. 계발하다(指明。启示, 启发。).

12《論語大全》맹자가 말하기를 '사람으로서 지조가 있어 하려 하지 않는 것[不爲]이 있고 나서야, 큰일을 이뤄낼[有爲] 수 있다'[離婁下 제8장]고 했는데, 원헌은 단지 '不爲'만 하려고 했을 뿐, '有爲' 한 구절은 이해하지 못했던 것 같다(그래서 더 해야 할 질문을 하지 못했다)(朱子曰: 孟子曰, '人有不爲也, 而後可以有爲。' 原憲却似只要不爲, 却不理會有爲一節。).

13《集注考證》둘째 구절은 누구 말인지 모르겠다(二條未詳).

14 潛藏(잠장): 숨어 있다(藏在隐蔽处).

15 隱伏(은복): 엎드리다. 깊이 숨다(潜伏: 隐藏).

어떤 사람이 물었다. "네 가지가 행해지지 못하게 하는 것은, 논할 것도 없이 인(仁)이라고 할 수 없습니다. 그렇지만 어찌 이른바 '극기(克己)의 일'이나 '구인(求仁)의 방법'이 아니겠습니까?"

대답했다. "자신의 사사로움을 이겨 없애 이로써 예(禮)로 돌아가면, 사욕이 속에 남아 있지 않아, 천리의 본모습이라고 하는 것이 얻어집니다. (이와 달리 사사로움을 이겨 없애 버리지는 못하고) 다만 억제해 행해지지 못하게 할 뿐이라면, 이는 병의 근원을 뿌리째 뽑아 없애려는 생각이 없는 것으로, 그것들이 가슴속 깊이 숨어 엎드려 있도록 용납하는 것입니다. 어찌 '극기(克己)의 일이다' '구인(求仁)의 방법이다' 할 말이겠습니까? 배우는 자가 억제해 행해지지 못하게 하는 것[不行]과 자기의 사사로움을 이겨 없애는 것[克己], 이 둘 사이의 간극을 살핀다면, 그가 이를 써서 구인(求仁)하는 공부가 몸에 더욱 가깝게 와 닿아서 물샐틈없게 될 것입니다."

---

16 滲漏(삼루): 스미어 나오다. 새다(气体或液体通过孔隙流失).

17《論語大全》'克己'는 근원으로 가서 한칼에 두 쪽 내고, 베어내고 끊어내서, 다시는 싹이 트지 않게 하는 것이고, '不行'은 단지 못 나오게 억눌러서 나오지 못하게 할 뿐, 그것을 하고 싶어 하는 마음은 아직 잊지 못하는 것이다(朱子曰: 克己者, 是從根源上一刀兩斷, 便斬絶了, 更不復萌。不行底, 只是禁制他, 不要出來, 那欲爲之心, 未嘗忘也。).

[士而懷居章*]

140301、子曰:「士而懷居[1], 不足以爲士矣[2]。」[3]

선생님께서 말씀하셨다. "선비가 되어 가지고 안일에 미련을 두면, 이를 선비라 하기에 부족하다."

居, 謂意所便安處也。

'居'(거)는 자기 생각에 편안하다고 여기는 것들을 말한다.

1《古今注》'懷'는 '그리워하다'이다. '居'는 가정생활의 안락을 말한다. '居'는 몸이 있는 곳이다. 가정생활의 한자리에 모이는 즐거움이나 전원생활의 심고 가꾸는 이로움은, 인지상정이 마음으로 품고 그리워하는 모습이다. 공자가 수레를 타고 천하를 돌아다니신 것, 맹자가 제후들을 일일이 찾아다닌 것, 이는 안락한 가정생활에 미련을 두지 않았음을 말한다(懷, 戀也。居, 謂室家生居之樂……居者, 身所處也。室家團圞之樂、田園植藝之利, 蓋人情之所懷戀也。孔子轍環天下、孟子歷聘諸侯, 斯之謂不懷居。);《論語譯注》'懷'는 '懷思'[그리워하다] '留戀'[미련을 두다. 연연하다]이다. '居'는 '安居'[편안히 지내다. 안일]이다(懷, 懷思, 留戀; 居, 安居。); 懷居(회거): 안일에 미련을 두다. 옛집을 그리워하다(留恋安逸; 怀念故居).

2《論語集解》선비라면 의당 도에 뜻을 두고, 안일을 추구해서는 안 되는데[學而 제14장], 安居에 미련을 두면, 선비가 아니다(注: 士當志道, 不求安, 而懷其居, 非士也。);《論語義疏》'懷居'는 아무 탈 없이 지내기를 추구하는 것이다(疏: 懷居, 猶求安居也。);《論語新解》'居'는 '居室' '居鄉'을 말한다. 선비라면 의당 의지를 단련하고 행실을 닦아 세상에 쓰임 받도록 해야지, 오로지 집안의 안일에만 미련을 두면, 선비라 하기에 부족하다(居谓居室居乡。士当厉志修行以为世用, 专怀居室居乡之安, 斯不足以为士矣。).

3《禮記 · 射義》남자아이가 태어나면, 뽕나무로 만든 활로 쑥대로 만든 화살 여섯 발을, 天地四方 여섯 방향을 향해 발사했다. 天地四方이란 남자가 할 일이 있는 곳이다. 그러므로 반드시 먼저 그가 할 일이 있는 곳에다 뜻을 두고, 그런 연후에야 비로소 녹을 받았으니, 밥을 먹었다는 말이다(男子生, 桑弧蓬矢六, 以射天地四方。天地四方者, 男子之所有事也。故必先有志於其所有事, 然後敢用穀也。飯食之謂也。);《論語正義》吳英[清人]의《經句說》에 말했다. "선비는 남자아이가 태어나면, 문 왼쪽에 활을 걸어놓는데[禮記 · 內則], 장차 천지사방에 일이 있다는 뜻이다. 체력이 한창일 때, 천지사방을 경영하는 것이, 선비의 포부이다. 집에서 편히 지내는 것에 연연하고, 안일을 탐하고 인간 세상을 경영할 뜻이 없는 자를, 공자가 경계시킨 것이다"(正義曰: 吳氏英經句說: "士初生時, 設弧於門左, 爲將有事於四方也。膂力方剛, 經營四方, 士之志也。若繫戀所居, 乃偷安而偷安者, 故孔子警之。").

[邦有道危言危行章*]

140401、子曰:「邦有道, 危言危行[1]; 邦無道, 危行言孫[2]。」[3]

선생님께서 말씀하셨다. "나라에 도가 있을 때는, 말을 높이고 행동을 높이고, 나라에 도가 없을 때는, 행동은 높이되 말은 낮춘다."

行[4], 孫[5], 並去聲。○危, 高峻[6]也。孫, 卑順[7]也。尹氏曰:「君子之持身不可變也, 至於言則

---

1 [성]危言危行(위언위행): 정직한 말을 하고 정직한 일을 하다. 정직한 언행(危: 正直。说正直的话, 做正直的事。); 《論語集解》'危'는 '厲'[엄격하다]이다(注: 苞氏曰: 危, 厲也。); 《論語集解》'遜'은 '順'이다. 행실은 엄격히 해서 풍속을 따르지 않고, 말씨는 공순히 해서 재앙을 피한다(注: 遜, 順也。厲行不隨俗, 順言以遠害也。); 《論語詞典》危(위): 동사. 고준하게 하다. 보통 사람과 남다르게 하다(動詞, 使高峻, 使與衆不同。); 《論語新解》'危'에는 '嚴厲' '高俊' '方正'의 뜻이 있다. 여기서는 '正'으로 풀이하는 것이 맞다. 고담준론은 치우치고 과격해지고, 고상한 행실은 또 正을 잃는다. 군자는 오로지 바르게 말하고 바르게 행동할 뿐, 고담준론과 고상한 행실을 立言 · 制行의 준칙으로 삼지 않는다(危, 有严厉义, 有高峻义, 有方正义。此处危字当训正。高论时失于偏激, 高行时亦失正。君子惟当正言正行, 而世俗不免目之为厉, 视之为高, 君子不以高与厉为立言制行之准则。); 《王力字典》危(위): 높다(高。); 《論孟虛字》'危'는 '正'과 같다. '危言危行'은 '正言直行'의 뜻이다('危', 猶'正', 爲'嚴正''正直'之義。'危言危行', 就是'正言直行'的意思。).

2 《論語正義》行은, 항심을 지니고서, 有道 · 無道에 따라 달라지지 않는 것을, 귀하게 여긴다. 戴望[1837~1873]의 《論語注》에 말했다. "행실은 올바르게 해서 常道를 준행하고, 말은 겸손하게 해서 權道를 행한다." 《春秋繁露 · 楚莊王》에 말했다, "의리를 따져가며 윗사람을 비방하지 않고, 지혜를 내세워서 자기 몸을 위험에 빠뜨리지 않는다. 그래서 먼 세대의 일은 의리를 쓰는 것을 피휘하고, 가까운 세대의 일은 지혜를 쓰는 것을 두려워했다. 두려움과 의리가 겸비되면, 세대가 가까워질수록 말이 더욱 신중해진다. 이것이 정공 · 애공 代에 《春秋》의 말을 은미하게 한 까닭이다. 이런 까닭에 쓰이면 천하가 화평해지지만, 쓰이지 않으면 그 몸을 편안히 보존하는 것이 《春秋》의 도이다." 한나라 · 명나라 말에, 학자들이 절개를 숭상했는데, 이를 견지하는 데 과격해서, 당쟁의 화를 초치했으니, 말을 낮춰 해를 멀리한다는 취지에 몽매했다(正義曰: 行貴有恒, 不以有道無道異也。戴氏望注曰: "正行以善經, 言孫以行權。" …… 繁露楚莊王篇: "義不訕上, 智不危身, 故遠者以義諱, 近者以智畏。畏與義兼, 則世逾近而言逾謹矣。此定,哀之所以微其辭, 以故用則天下平, 不用則安其身, 春秋之道也。" …… 漢、明之末, 學者知崇氣節, 而持之過激, 釀爲黨禍, 毋亦昧於遠害之旨哉。); 《論語集釋》汪烜(왕훤)[1692~1759]의 《四書詮義》에 말했다. "말을 낮추는 것은 화를 당할까 두려워해서가 아니고, 화를 자초해도 전혀 무익하니, 군자는 하지 않는다"(四書詮義: 非畏禍也, 賈禍而無益, 則君子不爲矣。); 《論語今讀》이 장은 바로 난세에 처해 몸과 목숨을 보전한다는 뜻이다(這也就是處亂世保身全生意。).

3 《禮記 · 緇衣》(공자께서 말씀하셨다) 대인은 허황되고 실없는 말을 주창하지 않는다. 말할 수는 있는데, 행할 수 없으면, 군자는 말하지 않는다. 행할 수는 있는데, 말할 수 없으면, 군자는 행하지 않는다. 그러면 백성의 말은 行보다 높지 않게 되고, 行은 말보다 높지 않게 된다(大人不倡遊言。可言也, 不可行, 君子弗言也; 可行也, 不可言, 君子弗行也。則民言不危行, 而行不危言矣。).

4 行(행): [xìng] 행동거지. 행실. 품행(行为举止。); [xíng] 걸어가다. 걷다. 가다. 움직이다. 운행하다(走,

有時而不敢盡, 以避禍也。然則爲國者使士言孫, 豈不殆哉?」[8]

'行(행)'과 '孫'(손)은 둘 다 거성[xìng; xùn]이다. ○'危'(위)는 '엄정하고 준엄하다'[高峻]이다. '孫'(손)은 '자세를 낮추고 고분고분하다'[卑順]이다.

윤씨(尹氏 · 尹彦明)가 말했다. "군자가 지키는 몸가짐은 바꿔서는 안 되지만, 말의 경우에는 때로는 감히 할 말을 다 하지 아니해서, 이로써 화를 피하는 경우가 있다. 그러한즉 나라를 다스리는 자가 선비로 하여금 고분고분하게 말하게 하는 것이, 어찌 (나라를) 위태롭게 하는 일이 아니겠는가?"

走路。往。移动, 流动。).

5 孫(손): [xùn] =遜. 겸손하다. 사양하다. 달아나다(古同'遜'。辞让; 退让。逃遁); [sūn] 손자(用以称儿子的子女。).

6 高峻(고준): 높고 가파르다. 엄정하고 준엄하다. 성격이 부드럽지 않아 접근할 수 없다(高耸峭拔。严整冷峻。性格不随和, 不可接近。).

7 卑順(비순): 자세를 낮추고 고분고분하다(謙恭馴順。).

8《論語大全》洪氏는, '危는 과격하게 말하는 것이 아니라, 솔직하게 말하는 것일 뿐이다. 孫은 비위를 맞추려는 것이 아니라 초래될 해를 피하려는 것일 뿐이다'라고 했다. 吳氏는, '孫은 올바름을 잃는 것이 아니라, 다만 약간 에둘러서 말하는 것으로, 예컨대 공자께서 陽貨[陽貨 제1장] · 王孫賈[八佾 제13장]에게 하신 것처럼 말하는 것이다'라 했다(朱子曰: 洪氏云, 危非矯激也, 直道而已。孫非阿諛也, 遠害而已。吳氏云, 言孫者, 亦非失其正也, 特少置委曲, 如夫子之對陽貨王孫賈云爾。).

[有德者必有言章]

140501、子曰:「有德者必有言[1], 有言者不必有德[2]; 仁者必有勇[3], 勇者不必有仁。[4]」

선생님께서 말씀하셨다. "덕이 있는 자는 반드시 후세에 훌륭한 말을 남기지만, 훌륭한 말을 남긴 자가 반드시 덕이 있는 것은 아니다. 인(仁)한 자는 반드시 용기가 있지만, 용기 있는 자가 반드시 인(仁)을 지니고 있는 것은 아니다."

有德者, 和順積中, 英華發外[5]。能言者, 或便佞[6]口給[7]而已。仁者, 心無私累, 見義必爲[8]。勇者, 或血氣之強而已。

'덕이 있는 자'[有德者]는 화순한 덕이 마음에 쌓여, 꽃으로 피어 밖으로 드러난다. '훌륭한 말을 남긴 자'[有言者]는 혹 말로 환심을 사는 자이거나 말재간만 좋은 자일 수 있다. 인(仁)한 자는 마음에 사사로운 얽매임이 없어, 의(義)를 보면 반드시 행한다. 용기 있는 자는 혹 혈기만 강한 자일 수 있다.

---

1 《古今注》'有言'은 후세에 교훈으로 남길만한 명언을 말한다(有言, 謂立言垂後。);《百度漢語》有言(유언): 명언을 남기다. 훌륭한 말을 남기다. 내세우는 주장(有名言, 有善言。).

2 《古今注》신불해 · 한비자 · 등석 · 여불위는, 立言이 후세에 전해지지 아니함이 없었는데, '有言者不必有德'은 이런 류의 사람들을 두고 한 말인 듯하다(申, 韓, 鄧, 呂, 無不立言垂後, 有言者不必有德, 恐是此類。).

3 《淮南子 · 說林訓》새끼가 있는 어미 개는 호랑이를 물어뜯고, 알을 품고 있는 닭은 살쾡이와 싸운다. 사랑을 베푸는 데는, 자기 힘을 헤아리지 않는다(乳狗之噬虎也, 伏雞之搏狸也, 恩之所加, 不量其力。).

4 《論語新解》有德者는 말을 귀하게 여기지 않지만, 德 안에 본래부터 말이 있고, 仁者는 勇을 귀하게 여기지 않지만, 仁 안에 본래부터 勇이 있다(有德者不贵言而自有之。仁者不贵勇而自有之。).

5 《禮記 · 樂記》덕은 성품의 한 모습이다. 음악은 덕의 꽃이다. 金 · 石 · 絲 · 竹은 음악의 도구이다. 시는 그 뜻을 문자로 나타낸 것이고, 노래는 그 소리를 가락으로 나타낸 것이고, 춤은 그 모습을 움직임으로 나타낸 것이다. 시 · 노래 · 춤 이 세 가지는 모두 마음의 덕에 뿌리를 두고 있다. 그런 후에 악기는 이를 따라 울린다. 이 때문에 정이 깊으면 음악의 소릿결이 분명하고, 기가 왕성하면 신을 감화시킨다. 화순의 덕이 마음속에 쌓이면 꽃으로 피어나 밖으로 나타나니, 음악만큼은 거짓으로 할 수 없다(德者性之端也。樂者德之華也。金石絲竹, 樂之器也。詩言其志也, 歌詠其聲也, 舞動其容也。三者本於心, 然後樂器從之。是故情深而文明, 氣盛而化神。和順積中而英華發外, 唯樂不可以爲僞。); 英華(영화): (초목의) 가장 중요하고 좋은 부분. 꽃. 아름다운 마음이 밖으로 나타난 것(精英华彩).

6 便佞(편영): 교묘한 말주변으로 환심을 사다(巧言善辩, 阿谀逢迎。).

7 口給(구급): 말재간이 빠르다. 말솜씨가 좋다(口才敏捷, 能言善辯。).

8 《爲政 제24장》참조.

○尹氏曰「有德者必有言, 徒能言者未必有德也。仁者志必勇, 徒能勇者未必有仁也。」
○윤씨(尹氏·尹彥明)가 말했다. "덕이 있는 자는 반드시 후세에 훌륭한 말을 남기지만, 한갓 말만 잘하는 자는 반드시 덕이 있는 것은 아니다. 인(仁)한 자는 뜻이 반드시 용감하지만, 쓸데없이 용감하기만 한 자는 반드시 인(仁)을 지니고 있는 것은 아니다."

[南宮适問於孔子章]

140601、南宮适問於孔子曰:「羿[1]善射, 奡[2]盪舟[3], 俱[4]不得其死然[5]; 禹稷躬稼[6], 而有天

1《孟子 · 告子上 제20장》“예가 사람들에게 활 쏘는 법을 가르치는데, 반드시 활시위를 팽팽하게 당기는 데 전념하게 했다”(孟子曰: 羿之教人射, 必志於彀……。);《春秋左傳 · 襄公 4年》위장자[晉나라 경 · 대부 魏絳]가 晉나라 悼公(도공)에게 말했다. “옛날 하나라가 쇠약해지자, 后羿(후예)가 鉏(서)에서 窮石(궁석)으로 옮겨와서, 하나라 백성을 차지하고 하나라 정사를 대신했습니다. 자기의 활 솜씨에만 의지한 채, 정사에는 힘쓰지 않고, 맹수 사냥에만 빠져 있었으며, 武羅 · 伯因 · 熊髡 · 尨圉 등의 현자를 제거하고, 참언을 일삼는 寒浞(한착)에게 믿고 맡겼습니다. 寒浞(한착)은 안으로는 아첨하고, 밖으로는 뇌물을 뿌리고, 백성들을 우롱하고, 羿(예)를 사냥에 빠지게 하고, 사특한 무리를 심어, 羿(예)의 나라를 탈취했는데도, 임금 羿(예)는 전혀 뉘우치지 않았습니다. 사냥터에서 돌아오는 羿(예)를 죽여 솥에 삶아, 羿(예)의 아들들에게 먹이니, 한 아들은 차마 먹지 못하고, 자결했고, 다른 아들 靡(미)는 有鬲氏(유격씨)에게로 달아났습니다(魏莊子……對曰: “昔有夏之方衰也, 后羿自鉏遷于窮石, 因夏民以代夏政。恃其射也, 不脩民事, 而淫于原獸, 棄武羅, 伯困, 熊髡, 尨圉, 而用寒浞……浞行媚于內, 而施賂于外, 愚弄其民, 而虞羿于田, 樹之詐慝, 以取其國家……羿猶不悛。將歸自田, 家衆殺而亨之, 以食其子, 其子不忍食諸, 死于窮門, 靡奔有鬲氏。). 寒浞(한착)은 羿(예)의 처첩을 차지해, 두 아들 澆(요)와 豷(희)를 낳았고, 자신의 사특하고 간사한 사술에만 의지한 채 백성들에게 덕을 베풀지 않았습니다. 아들 澆(요)를 시켜 군사를 일으켜, 斟灌氏(짐관씨)와 斟尋氏(짐심씨)를 멸망시키고는, 澆(요)[=奡(오)]를 過(과)에, 豷(회)를 戈(과)에 살게 했는데, 有鬲氏(유격씨)에게로 달아난 靡(미)가, 멸망한 斟灌氏(짐관씨)와 斟尋氏(짐심씨)의 유민들을 수습해서, 이들을 데리고 寒浞(한착)을 멸망시키고, 少康(소강)을 임금으로 세웠고, 少康(소강)은 過(과)에서 澆(요)를 멸망시켰고[少康의 부친은 하나라 임금 姒相(사상)이었는데, 澆가 斟灌氏를 침략했을 때 자문해 죽었고, 그의 처는 임신한 채 친정 有仍氏에게로 도망쳐서 소강을 낳았다], 少康의 아들 杼(저)는 戈(과)에서 豷(회)를 멸망시켰습니다. 有窮氏(유궁씨)[하나라 임금 姒相을 죽이고 나라이름을 有窮氏로 고쳤다]가 이로부터 마침내 사라졌으니, 인심을 잃었기 때문이었습니다”(浞因羿室, 生澆及豷, 恃其讒慝詐僞而不德于民。使澆用師, 滅斟灌及斟尋氏, 處澆于過, 處豷于戈, 靡自有鬲氏, 收二國之燼以滅浞, 而立少康, 少康滅澆于過, 后杼滅豷于戈。有窮由是遂亡, 失人故也。);《論語譯注》‘奡’字는 ‘澆’로도 쓴다(奡……字又作‘澆’。”).

2《史記正義 · 夏本紀》帝王紀에 다음과 같이 말했다. “寒浞(한착)이 드디어 하나라의 대를 이어 즉위했다. 寒浞(한착)이 有窮氏(유궁씨)라는 국호를 이어받고, 羿(예)의 처첩을 차지하여, 奡(오)와 豷(회)를 낳았다. 奡(오)는 힘이 세서, 능히 육지에서 배를 끌고 다닐 정도였다. 奡(오)를 시켜 군사를 거느리게 해서 斟灌氏(짐관씨) · 斟尋氏(짐심씨)를 멸망시켰고, 하나라 임금 姒相(사상)을 죽이고, 奡(오)를 過(과)에, 豷(회)를 戈(과)에 봉했다. 자기의 사술에 의지한 채, 백성의 일을 구제하지 않았다. 奡(오)가 하나라 임금 姒相(사상)을 살해했을 당시, 姒相(사상)의 왕비로 后緡(후민)이라는 有仍氏(유잉씨)의 딸이 있었는데, 친정 有仍氏(유잉씨)에게 돌아가서, 小康(소강)을 낳았다. 하나라의 遺臣 靡(미)는, 羿(예)를 섬기다가 羿(예)가 죽자 有鬲氏(유격씨)에게 도망가서, 멸망한 두 나라 斟灌氏(짐관씨) · 斟尋氏(짐심씨)의 遺民들을 수습해서, 寒浞(한착)을 죽이고, 小康(소강)을 세웠고, 過(과)에서 奡(오)를 멸망시켰고, 后杼(후저)는 戈(과)에서 豷(회)를 멸망시켰으니, 有窮氏(유궁씨)는 드디어 사라졌다”(帝王紀云: ……浞遂代夏, 立爲帝。寒浞襲有窮之號, 因羿之室, 生奡及豷。奡多力, 能陸地行舟。使奡帥師滅斟灌, 斟尋, 殺夏帝相, 封奡於過, 封豷於戈。恃其詐力, 不恤民事。初, 奡之殺帝相也, 妃有仍氏女曰 后緡, 歸有仍, 生少康。

下。」夫子不答, 南宮适出。子曰:「君子哉若人[7]! 尚德哉若人![8]」

初, 夏之遺臣曰靡, 事羿, 羿死, 逃於有鬲氏, 收斟尋二國餘燼, 殺寒浞, 立少康, 滅奡於過, 后杼滅豷於戈, 有窮遂亡也。).

3《論語義疏》'盪'(탕)은 '推'[밀다]이다(疏: 盪, 推也。);《論語正義》顧炎武[1613~1682]의《日知錄 · 奡蕩舟》에 말했다. "《竹書紀年 · 帝相》에, '하나라 帝相[姒相] 27년, 澆[奡]가 斟鄩(짐심)을 정벌했는데, 濰(유)에서 큰 전투를 벌여, 배를 뒤엎어 斟鄩을 멸했다'고 했고,《楚辭 · 天問》에, '(澆는) 배를 뒤엎어 斟鄩氏를 멸했는데, (小康은) 어떤 방법으로 澆[奡]를 취했는가?'라고 했는데, 바로 이것을 말한다." 또 말했다. "옛사람들은 좌충우돌하면서 적진으로 돌격하여 필사적으로 죽이는 것을 盪陣(탕진)이라 했고, 그 정예 병사를 跳盪(도탕)이라 했고, 그 특수부대의 장수를 盪主(탕주)라 했다.《晉書 · 載紀 · 第三章》에, 隴上健兒가 노래하길, '장팔 사모 마구 휘둘러 열 번 적진 돌격하여 열 번을 휘저으니 맞서는 자 없다'고 했는데, 盪舟는 대체로 이런 뜻을 겸하고 있다"(顧氏炎武日知錄: "竹書紀年'帝相二十七年, 澆伐斟鄩, 大戰於濰, 覆其舟滅之.' 楚辭天問: '覆舟斟鄩, 何道取之?' 正謂此也." 又云: "古人以左右沖殺爲盪陣, 其銳卒謂之跳盪, 別帥謂之盪主。晉書載紀: '隴上健兒歌曰: "丈八蛇矛左右盪, 十盪十決無當前。"' 盪舟蓋兼此義……。");《百度漢語》盪舟(탕주): 손으로 배를 밀어 육지로 옮기다. 배로 적진 깊숙이 돌격하여 함락시키다(以手推舟, 行于陆地。一说, 以舟船冲锋陷阵。见清顾炎武《日知录 · 奡盪舟》); 盪(탕): 그릇을 씻다. 그릇에 물을 담아 흔들어 씻다. 움직이다. 흔들다. 충격을 주다(洗涤。动; 摇动; 震动).

4《北京虛詞》俱(구): 부사. 모두. 전부. 다 같이. 주어가 대표하는 사람이나 사물이 공동으로 모종의 동작을 시행하거나 모종의 상황을 구유하는 것을 표시한다('俱', 副词。表示主语代表的人或事物共同施行某种动作或具有某些情状。义即'都'、'一起'。).

5《集注考證》'俱不得其死'가 한 문장이다. 흔히 '然'字를 붙여 읽는데, 옳지 않다.《先進 제12장》의 경우는 자로가 아직 죽기 전에 말한 것이기 때문에, '不得其死然'이라 한 것으로, 앞으로 일어날 것을 말한 것이고, 이 장의 경우는 두 사람이 이미 죽은 후에 기술한 것이기 때문에, '不得其死'에서 끊어 읽고, 단정하는 말이다(俱不得其死, 句。俗讀連然字者, 非。十一篇言由于未死之前, 故曰不得其死然, 期辭也, 此章述二人于既死之後, 故止曰不得其死, 斷辭也。);《古書虛字》'然'은 '也'와 같다('然'猶'也'也。決定之詞。);《詞詮》단정을 나타내는 어말조사('然', 語末助詞。表斷定, 用同'焉'。);《論語新解》'然'을 아래 구절에 붙여 읽는 견해도 있다["그렇지만 禹와 稷은……"](或说: 当连下句。).

6 躬稼(궁가): 손수 농사를 짓다(亲身务农).

7《論語義疏》'若人'은 '이러한 사람'이다(疏: 若人, 如此人也。);《詞詮》若(약): 지시형용사. 이('若', 指示形容詞。此也。);《北京虛詞》若(약): 근지 지시대명사. 이. 이것('若', 指示代词。表示近指。义即'此'、'这'。).

8《論語正義》淩鳴喈(능명계)의《論語解義》에 말했다. "남궁괄은 당시의 임금들이 힘써 전쟁하기를 좋아하고 백성의 일을 다스리지 않는 것을 싫어해서 여쭈었는데, 선생님께서는 윗사람을 위해 피휘했기 때문에 대답하지 않았다. 선생님께서 남궁괄이 당시 임금들의 일을 직접 가리켜 말하지 않고, 옛사람들의 고사를 끌어다 지금의 일을 비판하는 것을 훌륭하게 여겼으니, 천하를 덕으로 복종하게 하고 힘으로 복종하게 하지 않으리라는 것을 알았던 것이다." 생각건대, 남궁괄의 말은, 바로 선을 행하면 복을 내리고 악을 행하면 재앙을 내린다는 도리로[書經 · 商書 · 伊訓], 그가 우 · 직을 들어서 말한 것은, 바로 당시 임금들이 백성의 일에 진력하지 않는 것을 비판한 것이었다. 馬融의 注에, '우와 직을 가지고 공자와 비교한 것이다'라고 했는데 틀렸다(正義曰: 淩氏鳴喈解義: "适疾時君好力戰, 不修民事而問, 夫子爲尊者諱, 故不答。夫子善其不斥言時事, 得古人援古諷今之義, 知有天下以德服, 不以力服也。" …… 案: 适之言, 乃降祥降殃之理, 其稱禹,稷, 正以諷時君當盡心民事也。注謂 "以禹, 稷比孔子", 誤。);《論語譯注》남궁괄이 고대의 일에 의탁해서 공자께 여쭈었는데, 마음속 생각은 지금은 무력을 숭상하고 덕을 숭상하지 않지만, 역사를 고찰해 볼 때, 무력을 숭상하는 자는 끝이 좋지 못했고 덕을 숭상하는 자가 결국은

남궁괄(南宮适)이 공자(孔子)께 여쭈었다. "예(羿)는 뛰어난 궁사(弓士)였고, 오(奡)는 뭍에서 배를 끌 정도로 힘센 역사(力士)였지만, 모두 제 명대로 죽지 못했습니다. 우(禹)와 직(稷)은 손수 농사를 지었는데, 그럼에도 천하를 소유했습니다." 선생님께서 잠자코 계시자, 남궁괄(南宮适)이 나갔다. 선생님께서 말씀하셨다. "군자구나, 이 사람은! 덕을 숭상하는구나, 이 사람은!"

适[9], 古活反。羿, 音詣。奡, 五報反。盪, 土浪反。○南宮适, 卽南容[10]也。羿, 有窮[11]之君, 善射, 滅夏后相而篡[12]其位。其臣寒浞[13]又殺羿而代之。奡, 春秋傳[14]作「澆[15]」, 浞之子也, 力能陸地行舟, 後爲[16]夏后少康所誅[17]。禹平水土暨[18]稷播種[19, 20], 身親[21]稼穡[22]之事。禹受舜禪而有天下, 稷之後至周武王亦有天下。

천하를 소유했다는 것으로, 이 때문에 공자가 남궁괄을 칭찬한 것이다(南宫适托古代的事来问孔子, 中心思想是当今尚力不尚德, 但按之历史, 尚力者不得善终, 尚德者终有天下。因之孔子称赞他。).

9 适(괄/적): [kuò] 재빠르다(速疾。); [shì] 쾌적하다. 만족하다(舒服, 自得。).

10《公冶長 제1장》《先進 제5장》참조.

11 有窮(유궁): 하나라 때 산둥지역에 있던 나라(夏代国名。其地在今山东省德州市南。有, 词头。).

12 簒(찬): 신하가 임금의 자리를 빼앗다(非法地夺取。特指臣子夺取君位).

13 寒浞(한착): 하나라 군주. 有窮氏(유궁씨) 부락의 수령인 后羿(후예)의 재상이었는데, 뒤에 后羿를 죽이고 수령이 되었고, 하나라 임금 姒相을 제거하고, 太康이 후예에게 나라를 빼앗기고 나서 54년 동안 유궁씨와 하나라로 있던 천하를 다시 통일했다. 만년에 교만 · 사치 · 방종 · 방탕하여, 정사를 돌보지 않다가, 하나라 임금 相의 유복자인 少康의 나라 회복 전쟁 중에 죽었다.

14《春秋左傳 · 襄公 4年》을 말한다.

15 澆(요): 성씨(姓氏).

16《北京虛詞》爲(위): 개사. ~에 의해. 피동문에 쓰여, 동작을 하는 자를 소개한다['爲' 뒤에 출현하지 않을 수도 있다]('爲', 介词。用于被动句中, 介绍施动者。'爲'后施动者也可不出现。义即'被'。).

17 誅(주): 죄를 물어 죽이다(声讨, 谴责。杀戮。夺去生命。).

18 水土(수토): 산천. 국토(山川; 国土); 暨(기): ~와(和, 与。).

19 播種(파종): 종자를 땅에 심다(把种子植入土中).

20《史記 · 五帝本紀》순임금이 말했다 "음, 그래! 우, 그대가 산천을 다스리되, 오로지 열심히 하시오." 우는 머리를 조아리며, 후직 · 설 · 고요에게 양보했다. 순임금이 말했다. "됐소! 부임지로 가시오!" 순임금이 말했다. "기, 백성들의 소출이 좋지 않으니, 그대 후직을 맡아 백곡을 파종하고 재배하는 일을 관장하시오"(舜曰: "嗟, 然! 禹, 汝平水土, 維是勉哉。" 禹拜稽首, 讓於稷、契與皋陶。舜曰: "然, 往矣。" 舜曰: "棄, 黎民始饑, 汝后稷播時百穀。").

21 身親(신친): 몸소. 직접(亲自; 亲身).

22 稼穡(가색): 농사일. 봄에 씨 뿌리는 것을 '稼'(가), 가을에 추수하는 것을 '穡'(색)이라 한다(农事的总称。春耕为稼, 秋收为穑, 即播种与收获, 泛指农业劳动。).

'适'(괄, kuò)은 '古'(고)와 '活'(활)의 반절이다. '羿'(예)는 음이 '詣'(예)이다. '奡'(오, ào)는 '五'(오)와 '報'(보)의 반절이다. '盪'(탕, dàng)은 '土'(토)와 '浪'(랑)의 반절이다. ○'南宮适'(남궁괄)은 바로 (《公冶長》[공야장]편에 나오는) 남용(南容)이다. '羿'(예)는 유궁씨(有窮氏) 국의 임금으로, 뛰어난 궁사였다. 하(夏)나라 임금 사상(姒相)을 멸하고 그 나라의 왕위를 찬탈했다. 그의 신하 한착(寒浞)이 또 예(羿)를 죽이고 그 자리를 대신 차지했다. '奡'(오)는 《춘추좌전》[春秋左傳]에는 '澆'(요)로 되어 있는데, 한착(寒浞)의 아들로, 힘이 능히 육지에서 배를 끌고 다닐 정도였지만, 뒤에 하(夏)나라 임금 소강(少康)에 의해 죽임을 당했다. '禹'(우)는 산천을 잘 다스렸고 직(稷)과 함께 씨를 뿌려, 손수 농사를 지었다. '禹'(우)는 순(舜)임금으로부터 임금의 자리를 선양 받아 천하를 소유했고, '稷'(직)의 후손도 주(周)나라 무왕(武王) 때에 이르러서 마찬가지로 천하를 소유했다.

适之意蓋以羿奡比當世之有權力者, 而以禹稷比孔子也。故孔子不答。然适之言如此, 可謂君子之人, 而有尚德之心矣, 不可以不與。故俟其出而贊美之。

남궁괄(南宮适)의 말의 의도는 아마도 예(羿)와 오(奡)를 가지고는 당시의 권력자와 비교하고, 우(禹)와 직(稷)을 가지고는 공자(孔子)와 비교하는 것이었을 것이다. 그래서 공자(孔子)께서 대답하지 않으신 것이다. 그렇지만 남궁괄(南宮适)의 말이 이와 같았으니, 군자다운 사람이고, 덕을 숭상하는 마음을 가진 사람이라 평할 만했기에, 인정하지 않을 수 없었다. 그래서 그가 밖으로 나가길 기다려 그를 칭찬하신 것이다.

[君子而不仁者章]

140701、子曰:「君子而[1]不仁者有矣夫[2], 未有小人而仁者也。[3]」

선생님께서 말씀하셨다. "군자이면서 인(仁)하지 아니한 자는 있겠지만, 소인이면서 인(仁)한 자는 아직까지 없었다."

夫, 音扶。○謝氏曰:「君子志於仁矣, 然毫忽[4]之間, 心不在焉[5], 則未免爲不仁也。」

'夫'(부)는 음이 '扶'(부, fú)이다. ○사씨(謝氏 · 謝顯道)가 말했다. "군자의 뜻은 인(仁)을 향해 있지만, 아주 미세한 틈이라도, 마음이 인(仁)에 가 있지 않으면, 불인(不仁)임을 면치 못한다."

---

1 《王力漢語》 접속사 '而'가 주어와 술어 사이에 쓰인 경우, 말뜻을 자세히 살펴보면, 실제로는 역접 관계이다(有時候, 連詞'而'字用在一句話的主語和謂語之間, 細玩文意, 實際上也是一種逆接。).

2 《論語集解》 군자라 할지라도, 다 갖추고 있는 것은 아니다(注: 孔安國曰: 雖曰 君子, 猶未能備也。); 《論語義疏》 여기에서 '君子'는, 현인 이하의 불인한 군자를 말한 것이다(疏: 此謂賢人已下不仁之君子也。); 《論語義疏》 '夫'는 어조사이다(疏: 夫, 語助也。); 《論語大全》 '夫'는 완곡한 말이다(吳氏曰: 夫, 婉辭。); 《北京虛詞》 矣夫(의부): ~이겠구나! 감탄의 어기와 함께 추측의 의미를 겸한다('矣夫', 语气词连用。'矣'表示肯定语气, '夫'表示感叹语气。连用后, 主要表示感叹语气, 同时兼有测度的意味。义即'吧'、'了吧'。).

3 《論語正義》 仁道는 완성이 어렵기 때문에, 영윤자문의 忠, 진문자의 淸[雍也 제18장]으로도, 仁하다 할 수 없었으니, 바로 克 · 伐 · 怨 · 欲이 행해지지 못하게 하는 것 역시 '不知其仁'이라 말씀하신 것으로[憲問 제2장], 군자일지라도 不仁이 있는 것이다. 《周易 · 繫辭下》에, '소인은 조그만 선행을 무익하다 여겨 행하지 않고, 사소한 악행을 무해하다 여겨 버리지 않는다. 그러니 악이 쌓이면 가릴 수가 없고, 죄가 커지면 풀 수가 없다'고 했는데, 이것이 소인 중에는 결코 仁한 자가 없는 것이다(正義曰: 仁道難成, 故以令尹子文之忠,陳文子之淸, 猶不得爲仁, 即克伐怨欲不行, 亦言 "不知其仁", 故雖君子有不仁也。易繫辭傳: "小人以小善爲無益而弗爲也, 以小惡爲無傷而弗去也, 故惡積而不可掩, 罪大而不可解。" 是小人必無有仁也。); 《論語新解》 군자는 혹 不仁한 점이 있겠지만, 이것은 단지 군자의 흠으로, 소위 '觀過知仁'[빠지는 잘못을 살펴보면, 仁한지를 안다][里仁 제7장]이다(君子或偶有不仁, 此特君子之过, 亦所谓"观过斯知仁"也。).

4 毫忽(호홀): 아주 미세한 한 개의 점. 가장 작은 길이 · 무게 단위. 10忽=絲, 10絲=毫, 10毫=厘[=0.3mm] (谓极微小的一点点。忽, 毫均是微小的度量单位。十忽为丝, 十丝为毫, 十毫为厘。).

5 《大學》 마음이 거기에 가 있지 않으면 보고 있어도 보지 못하고 듣고 있어도 듣지 못하고 먹고 있어도 그 맛을 알지 못한다(心不在焉, 視而不見, 聽而不聞, 食而不知其味。).

[愛之能勿勞乎章]

140801、子曰:「愛之[1], 能[2]勿勞乎[3]? 忠焉[4], 能勿誨[5]乎?[6] [7]」

1《古書虛字》'之'는 일을 가리키는 단어인데, 여기서는 자식을 가리킨다. 아래 '忠焉能勿誨乎'의 '焉'도 '之'로, 임금을 가리킨다('之', 指事之詞也。'之'指'子'言。下文'忠焉能勿誨乎'的'焉'亦'之'也, 指君焉。);《論語譯注》《國語 · 魯語下》에, '대저 백성은 고생스레 일하다 보면 검약할 것을 생각하게 되고, 검약할 것을 생각하게 되면, 선한 심성이 생기게 된다. 할 일 없이 놀면 방자하게 되고, 방자하게 되면 선한 심성을 잊고, 선한 심성을 잊으면 악한 마음이 생긴다' 했는데, '能勿勞乎'의 注로 삼을 수 있다(國語魯語下說: "夫民勞則思, 思則善心生; 逸則淫, 淫則忘善, 忘善則惡心生。" 可以爲"能勿勞乎"的註脚。).

2《古書虛字》'能'은 어떤 경우에는 '而'로 쓰인다('能', 或作'而'。);《論孟虛字》'能'은 '而'와 같다('能', 猶'而', 古聲相近, 義亦想通。).

3《經義述聞》'勞'의 훈은 '勉'으로, 일상적인 언어이다.《子路 제1장》의 '勞之'는 '勉之'이고,《憲問 제8장》의 '愛之 能勿勞乎'의 '勞' 역시 '勉'으로, '사랑한다면 그에게 권면해야 한다[알아듣게 타일러 인도하고 고무하여 힘쓰게 한다]'는 말이다. '勉'과 '誨'는 뜻이 서로 가까워서, '勞' '誨'를 병칭했다(引之謹案: 勞訓爲勉, 常語也…… '子路問政子曰 先之勞之', '先之', 導之也, '勞之', 勉之也…… '愛之, 能勿勞乎'……'勞'亦勉也。謂愛之則當勸勉之也。'勉'與'誨'義相近, 故勞, 誨並稱。);《論語正義》이 장의 '勞' '誨'는 서로 친척 관계에 있는 글자이다(正義曰: 此爲勞者, 誨者表也。);《古今注》'勞'는 그의 근육과 뼈마디를 피곤하게 하는 것[孟子 · 告子下 제15장]을 말한다. '誨'는 그의 잘못을 지적하는 것을 말한다(勞, 謂疲其筋骨, 誨, 謂責其過失。);《論語譯注》"그를 사랑하면서, 그를 고생시키지 않을 수 있겠느냐?"("愛他, 能不叫他勞苦嗎?"); '그를 사랑한다면서, 그럼에도 (그를 위해) 내가 애쓰지 않을 수 있겠느냐? 그에게 내 몸과 마음을 다한다면서, 그럼에도 (그를 위해) 내 마음을 다해 타이르지 않을 수 있겠느냐?'(我爱着他, 我能不(为他)付出操劳吗? 我忠于他, 我能不(为他)尽心劝导吗?)로 풀이하는 견해도 있다.

4《論語詞典》焉(언): 그에게(於他。);《北京虛詞》焉(언): 겸사. 여기에서. 그들을 향해. 이것과 비교해서. 문장 끝에 쓰여 개사 '于'와 대사 '是' '之' 등의 작용을 겸한다('焉', 兼词。用于句末, 兼有介词'于'和代词'是'、'之'等的作用。义即'在这里'、'向他们'、'比这个'等。);《論孟虛字》'焉'과 '之'는 모두 지시대명사로서 같은 뜻이다. '愛之'는 '자기 자식을 사랑하다'이고, '忠焉'은 '임금에게 충성하다'이다('焉'與'之'亦互文同義, 用作指代詞。'愛之', 謂愛其子, '忠焉', 謂忠於君。).

5 誨(회): 가르치다. 가르쳐 인도하다. 알아듣게 타이르다. 지적하다(教导, 明示。).

6《王力漢語》의문어기사 '乎'가 의문대사 · 부정사 · '豈' · '寧'와 호응 시에는 왕왕 반문을 표시한다(疑問語氣詞'乎'字跟疑問代詞, 否定詞以及常見的'豈'字, '寧'字相呼應時, 往往表示反問。);《論孟虛字》두 개의 '乎'字는 사랑하는 사람 · 충성을 바치는 사람을 가리키는 지시대명사이면서, 아울러 홍정을 붙이는 어기도 들어 있다(兩'乎'字, 也是指代所愛所忠之人, 並含有商量語氣。).

7《孟子 · 告子下 제15장》그러므로 하늘이 장차 이런 사람에게 큰일을 내릴 때는, 반드시 먼저 그들의 심지를 괴롭게 하고, 그들의 근육과 뼈마디를 지치게 하고, 그들의 육체를 굶주리게 하고, 그들의 몸을 궁핍하게 하고, 행하는 일마다 그들이 하고자 하는 바와 어긋나게 한다. 그래서 마음을 분발시키고 성정을 참을성 있게 하고, 그들이 해낼 수 없는 일을 더욱더 늘린다. 사람은 항상 잘못하고 난 후에야 고치고, 마음속에 풀리지 않아 답답하고, 생각이 가로막히고 나서, 그 후에야 분기하고, 얼굴빛에 의해 나타나고, 목소리에 의해 표출되고 나서, 그 후에야 깨닫게 된다(故天將降大任於是人也, 必先苦其心志,

선생님께서 말씀하셨다. "그를 사랑한다면서, 고생시키지 않을 수 있겠느냐? 그에게 몸과 마음을 다한다면서, 깨우쳐주지 않을 수 있겠느냐?"

蘇氏曰:「愛而勿勞, 禽犢之愛[8]也; 忠而勿誨, 婦寺[9]之忠也。愛而知勞之, 則其爲愛也深矣; 忠而知誨之, 則其爲忠也大矣。」

소씨(蘇氏 · 蘇軾)가 말했다. "사랑한다면서 고생시키지 않는 것은, 새나 송아지의 사랑이고, 내 몸과 마음을 다한다면서 깨우쳐주지 않는 것은, 부녀자나 시종의 충성이다. 사랑하면서도 그를 고생시킬 줄 알면, 사랑하는 그 마음은 깊고, 내 몸과 마음을 다하면서도 그를 깨우쳐줄 줄 알면, 충성하는 그 마음은 크다."

勞其筋骨, 餓其體膚, 空乏其身, 行拂亂其所爲, 所以動心忍性, 曾益其所不能。人恒過, 然後能改; 困於心, 衡於慮, 而後作; 徵於色, 發於聲, 而後喻。).

8 禽犢之愛(금독지애): 자기 자식을 끔찍이 귀여워하다(比喻人疼愛自己的子女。); 禽犢(금독): 새와 송아지. 선물용 예물. 벼슬이나 출세용 물건[荀子 · 勸學](禽和犊。古代用作馈赠的礼品, 因以喻干禄进身之物。).

9 婦寺(부사): 궁중의 부녀자와 측근시종(宮中的妇女近侍).

[爲命章]

140901、子曰:「爲命[1]: 裨諶[2]草創[3]之, 世叔[4]討論[5]之, 行人[6]子羽[7]脩飾[8]之, 東里子產[9]潤色[10]之。」

선생님께서 말씀하셨다. "정(鄭)나라에서 임금의 외교문서를 작성할 때에, 비심(裨諶)이 초안을 만들고, 세숙(世叔)이 검토해 의견을 내고, 사신을 관장하는 자우(子羽)가 보태거나 덜어내고, 동리(東里)에 사는 자산(子產)이 꾸미고 다듬었다."

---

1 《論語義疏》'爲'는 '作'[작성하다]이다. '命'은 '君命'[사신이 지참하는 임금의 명]이다(疏: 爲, 作也, 命, 君命也。); 《古今注》'命'은 이웃 나라에 조빙을 갈 때 가져가는 문서이다. '辭'와 '命'은 다른데, '辭'는 사신이 혼자 알아서 대처하는 말이고, '命'은 사신이 받거나 바치는 문자이다(命者, 鄰國朝聘之文……辭與命不同。辭者, 使臣專對之言語也, 命者, 使臣受賫之文字也。); 命(명): 법령이나 조약문서(撰写政令,盟会的文辞。).

2 《春秋左傳 · 襄公 29年》[BC 544년]에, 비심이 정나라 대부들이 맹약하는 자리에서, 군자 간에 맹약을 자주 하는 것은 변란을 조장하는 길이어서 화가 그치지 않을 것인데, 자산[BC 522년 죽을 때까지 26년간 정나라 국정을 담당했다]이 정권을 맡게 되면, 화를 종식시켜 나라를 안정시킬 수 있다고 말하는 글이 나온다.

3 草創(초창): 처음 시작하다. 창건하다. 초안. 초안 기초하다(开始兴办; 创建。起草。起稿。); 《論語正義》'草'는 처음 만든다는 말로, 이 풀 저 풀이 무성하니 우거지고 뒤엉켜 자라고 있어 조리가 없는 것과 같다(正義曰: '草'者, 言始制之, 若草蕪雜也。).

4 世叔(세숙): 子大叔. 游吉. ?~BC 507. 姬姓, 游氏이고, 名은 吉, 字는 大叔. 정나라 正卿으로, 외교역량이 뛰어나서, 여러 차례 晉 · 楚나라에 가서 외교사절로 활약했다; 《集注考證》고어에서 '世'字와 '太'字는 서로 바꿔썼다(古語世字與太字通用。).

5 《論語集解》'討'는 '治'이다. 비심이 만든 계획을, 세숙이 다시 이를 다듬고 논평하고, 자세히 검토한 것이다(注: 馬融曰: 討, 治也。裨諶既造謀, 世叔復治而論之, 詳而審之也。); 《王力漢語》'討'(토): 연구하다; 論(론): 평론하다('討', 研究。'論', 評論。).

6 《論語集解》'行人'은 사신을 관장하는 벼슬아치이다(注: 馬融曰: 行人, 掌使之官也。); 《周禮 · 秋官司寇》에 大行人 · 小行人의 직책이 나온다.

7 子羽(자우): 이름 公孫暉(공손휘). 정나라 재상 자산을 도와 외교사절 업무를 담당한 외교관.

8 《古今注》빼버리거나 바꾸는 것을 '修'(수), 모자란 것을 보태거나 있는 것을 늘리는 것을 '飾'(식)이라 한다(删改曰修, 補益曰 飾。); 《王力漢語》飾(식): 문장을 아름답게 다듬다(文辭方面的加工。); 修飾(수식): 고치고 가다듬다. 윤색하다(修改润饰, 使语言文字明确生动。).

9 《論語集解》자산이 東里에 살았기에, 이것을 호로 삼은 것이다(注: 馬融曰: 子產居東里, 因以爲號也。); 子產(자산): 《公冶長 제15장》참조.

10 《論語正義》미사여구를 보태, 화려하고 아름답게 꾸미다. 볼만하게 하다(正義曰: '潤色'者, 謂增美其辭, 使有文采可觀也。); 潤色(윤색): 꾸며서 화려하고 아름답게 하다(修饰文字, 使有文采。).

裨, 婢之反。諶, 時林反。○裨諶以下四人, 皆鄭大夫。草, 略也。創, 造也, 謂造爲草藁[11]也。世叔, 游吉也, 春秋傳[12]作子太叔。討, 尋究[13]也。論, 講議[14]也。行人, 掌使之官。子羽, 公孫揮也。修飾, 謂增損之[15]。東里地名, 子產所居也。潤色, 謂加以文采也。

'裨'(비, bì)는 '婢'(비)와 '之'(지)의 반절이다. '諶'(심, chén)은 '時'(시)와 '林'(림)의 반절이다. ○'裨諶'(비심) 이하 네 사람은 모두 정(鄭)나라 대부이다. '草(초)'는 '대략'[略]이다. '創'(창)은 '만들다'[造]로, 처음으로 초고를 만드는 것을 말한다. '世叔'(세숙)은 유길(游吉)인데, 《춘추좌전》(春秋左傳)에는 '子太叔'(자태숙)으로 되어 있다. '討'(토)는 '연구하다'[尋究]이다. '論'(논)은 '논의하다'[講議]이다. '行人'(행인)은 사신을 관장하는 벼슬아치이다. '子羽'(자우)는 공손휘(公孫揮)이다. '脩飾'(수식)은 '보태거나 덜어낸다'[增損]는 말이다. '東里'(동리)는 지명으로, 자산(子產)이 살던 곳이다. '潤色'(윤색)은 '화려하고 아름답게 꾸미다'[加以文采]는 말이다.

鄭國之爲辭命[16], 必更[17]此四賢之手而成, 詳審精密, 各盡所長。是以應對諸侯, 鮮有敗事。孔子言此, 蓋善之也。[18]

---

11 藁(고): =稿. 원고. 초고(同'稾[稿]'。稿子, 草稿。); 藁草(고초): 초고(草稿).

12《春秋左傳 · 襄公 31年》을 말한다.

13 尋究(심구): 조사하다. 탐구하다(查考; 研求).

14 講議(강의): 논의하다. 각자 의견을 제시하다. 의견을 교환하다(讲究论议; 谈论商讨).

15《論語正義》 대개 '增'으로 '飾'을 풀이하고, '損'으로 '修'를 풀이한 것이다(正義曰: 蓋以"增"訓"飾", 以"損"訓"修"也。).

16 辭命(사명): 외교문서(辞令。社交, 外交场合中得体的应对言辞。).

17 更(갱): 거치다. 경유하다. 경과하다(经过, 经历。).

18《春秋左傳 · 襄公 31年》[BC 542] 자산은 정치를 맡으면서, 현능한 자들을 골라 일을 시켰다. 풍간자는 중대사를 결단할 수 있었고, 자태숙[세숙]은 용모가 훌륭하고 재주가 뛰어났고 문채가 있었고, 공손휘[자우]는 사방 제후들의 원하는 바를 잘 알고 있었고, 그 나라 대부들의 族姓 · 班位 · 貴賤 · 能否를 잘 알고 있었고, 사령을 잘 작성했고, 비심은 계책을 잘 세웠는데, 야외 계책은 성공했고, 성읍 계책은 실패했다. 정나라와 제후국과의 처리할 일이 생기면, 자산은 곧 제후국의 원하는 바를 자우에게 묻고 사령의 작성을 대부분 맡기고, 비심과 수레를 타고 야외로 가서 그에게 가부를 계획하게 하고, 풍간자에게 그 계책을 알려 결단하게 하고, 계책이 완성되면, 곧 자태숙에게 주어 실행에 옮기게 해, 이로써 빈객을 응대하게 했으니, 이 때문에 실패하는 일이 드물었다(子產之從政也, 擇能而使之。馮簡子能斷大事, 子大叔美秀而文, 公孫揮能知四國之爲, 而辨於其大夫之族姓, 班位貴賤能否, 而又善爲辭令, 裨諶能謀, 謀於野則獲, 謀於邑則否。鄭國將有諸侯之事, 子產乃問四國之爲於子羽, 且使多爲辭令, 與裨諶乘以適野, 使謀可否, 而告馮簡子使斷之, 事成, 乃授子大叔使行之, 以應對賓客, 是以鮮有敗事。).

정(鄭)나라에서 임금의 외교문서를 작성할 때는, 반드시 이 네 현자의 손을 거쳐 완성했는데, 상세하고 주도면밀했으니, 각기 저마다의 장점을 남김없이 다 발휘했다. 이 때문에 여러 제후국의 외교 사무를 처리하는 데 있어, 실패하는 일이 드물었다. 공자(孔子)께서 이를 말씀하신 것은 대개 이를 훌륭하게 보신 것이다.

[或問子產章]

141001、或問子產。子曰:「惠人也。[1]」

어떤 사람이 자산(子産)에 대해 여쭈었다. 선생님께서 말씀하셨다. "은혜를 베푼 사람이었습니다."

子產之政, 不專於寬[2], 然其心則一以愛人爲主。故孔子以爲惠人, 蓋擧其重而言也[3]。[4]

1《論語集解》'惠'는 '愛'이다. 자산은 '옛사람들의 사랑의 유풍을 간직한 사람'[春秋左傳 · 昭公 20年]이었다(注: 孔安國曰: 惠, 愛也。子產古之遺愛也。); 惠(혜): 은혜. 이익. 재물이나 편익을 베풀다(恩, 好处。施于惠人。给人财物或好处。).

2《春秋左傳 · 昭公 20年》[BC 522] 정나라 자산이 병에 걸리자, 자태숙에게, '내가 죽으면 그대가 필시 정치를 맡을 것입니다. 오직 덕 있는 자만이, 너그러운 정치로 백성을 복종시킬 수 있고, 그다음은 엄하게 다스리는 것만 한 게 없습니다. 불은 사나우니, 백성들이 보고는 두려워하기 때문에, 불에 타 죽는 자는 적지만, 물은 나약하니 사람들이 만만하게 보고 함부로 대하기 때문에, 물에 빠져 죽는 자가 많습니다. 그러므로 너그러운 정치로 다스리기가 어려운 것입니다'라고 했다. 병을 앓은 지 몇 달이 되어 자산이 죽자, 자태숙이 정치를 맡았는데, 차마 엄한 정치를 하지 못하고 너그러운 정치를 하니, 정나라에 도적이 많이 생겨, 추부의 늪에 모여 살면서 사람들의 재물을 겁탈했다. 자태숙이 후회하며 말하기를, '내가 일찍이 그의 말을 따랐더라면, 지금의 사태에 이르지는 않았을 것이다'라고 하고서, 병사를 일으켜 추부의 도적을 공격해서 다 죽이니, 도적질이 조금 그쳤다(鄭子產有疾, 謂子大叔曰: "我死, 子必爲政, 唯有德者, 能以寬服民, 其次莫如猛, 夫火烈, 民望而畏之, 故鮮死焉, 水懦弱, 民狎而翫之, 則多死焉, 故寬難." 疾數月而卒, 大叔爲政, 不忍猛而寬, 鄭國多盜, 取人於萑苻之澤。大叔悔之, 曰, 吾早從夫子, 不及此, 興徒兵以攻萑苻之盜, 盡殺之, 盜少止。). 중니가 말했다. "훌륭하다. 정치가 너그러우면 백성들이 태만해지고, 태만해지면 엄한 정치로 바로잡고, 정치가 엄하면 백성이 상해를 입게 되고, 상해를 입으면 너그러운 정치를 써서 베푼다. 너그러움으로 엄함을 구제하고, 엄함으로 너그러움을 구제하니. 정치가 이로 인해 화평해진다." 자산이 죽자, 공자께서 들으시고는, 눈물을 흘리며 말했다. "옛사람들의 사랑의 유풍을 간직한 사람이었다"(仲尼曰 , 善哉!政寬則民慢, 慢則糾之以猛, 猛則民殘, 殘則施之以寬, 寬以濟猛, 猛以濟寬, 政是以和……及子產卒, 仲尼聞之, 出涕曰: "古之遺愛也。").

3《集注考證》공자께서 자산에 대해 '군자의 도 네 가지[恭 · 敬 · 惠 · 義]를 갖추었다'[公冶長 제15장]고 하셨는데, '惠'는 그중 한 가지만을 차지할 뿐이다. 그의 평생의 일을 논평하면서, 또 '惠'만을 가지고 말씀으로 삼았으니, 대개 그의 높이 살 점만을 들어 말씀하신 것이다(夫子稱子產君子之道四, 惠居其一耳。論其始終之事, 而又特以惠爲言, 蓋擧其重而言之也。).

4《孟子 · 離婁下 제2장》자산이 정나라 국정을 맡고 있을 때, 사람들을 자기 수레에 태워 진수와 유수를 건네주었다. 맹자가 말했다. "인자하지만 정치를 모른다. 십일월에 도강교를 놓아주고, 십이월에 여량교를 놓아준다면, 백성들이 강 건너는 일을 괴로워하지 않을 것이다. 군자가 정사를 공평하게 편다면, 행차할 때 행인들에게 길을 비키게 해도 괜찮을 터인데, 어찌 일일이 건네줄 수 있겠는가? 그러므로 위정자가 사람마다 기쁘게 해주려 하면, 날수 또한 모자랄 것이다"(子產聽鄭國之政, 以其乘輿濟人於溱洧。孟子曰: "惠而不知爲政。歲十一月徒杠成, 十二月輿梁成, 民未病涉也。君子平其政, 行辟人可也。焉得

자산(子產)의 정치는, 오로지 너그러움을 베푸는 일에만 몰두하지는 않았지만, 그의 마음은 한결같이 사람을 사랑하는 것으로 주를 삼았다. 그래서 공자(孔子)께서 그를 은혜를 베푼 사람이었다고 했는데, 대개 그의 높이 살 점만을 들어 말씀하신 것이다.

141002、問子西[5]。曰:「彼哉[6]! 彼哉!」

人人而濟之? 故爲政者, 每人而悅之, 日亦不足矣。"); 《孔子家語 · 正論解》 자유가 공자께 여쭈었다. "선생님께서 자산이 은혜를 베푼 사람이라고 극찬하시니, 가르침을 들려주시겠는지요?" 공자께서 말씀하셨다. "백성을 사랑했을 뿐이라는 말이다." 자유가 여쭈었다. "백성을 사랑하는 것을 일러 덕으로 가르치는 것이라 합니다. 어찌 은혜를 베풀 뿐이라 말씀하시는지요?" 공자께서 말씀하셨다. "저 자산이란 사람은, 많은 사람의 어머니와 같았다. 그들을 먹여주기는 했지만, 가르쳐주지는 못했다." 자유가 여쭈었다. "그 일을 말씀해주시겠는지요?" 공자께서 말씀하셨다. "자산은 많은 사람을 자기 수레에 태워서 차가운 겨울 물을 건너게 해주었으니, 이것이 사랑했을 뿐 가르쳐주지는 않은 것이다"(子游問於孔子曰: "夫子之極言子產之惠也, 可得聞乎?" 孔子曰: "謂在愛民而已矣。" 子游曰: "愛民謂之德教。何翅施惠哉?" 孔子曰: "夫子產者, 猶衆人之母也。能食之, 而不能教也。" 子游曰: "其事可言乎?" 孔子曰: "子產以所乘之車濟冬涉, 是愛而無教也。").

5 《論語集解》 자서는 정나라 대부이다. 어떤 사람은 초나라 영윤 자서라고 했다(注: 馬融曰: 子西, 鄭大夫。或曰 楚令尹子西也。); 《論語正義》 정나라 子西는 바로 공자 騑의 아들 公孫夏이고, 초나라 子西는 바로 공자 申으로, 두 사람 모두 字가 子西인데, 실은 정나라 자서는 행사에서 칭할만한 게 없고, 초나라 자서는 나라를 사양한 미덕이 있고[春秋左傳 · 昭公 26年], 소왕[BC 515~BC 489 재위]이 나라를 되찾고, 정치를 개혁하는 데도 큰 공을 세웠기 때문에[春秋左傳 · 定公 6年], 어떤 사람이 그에 대해 여쭌 것이다(正義曰: 鄭子西即公子騑之子公孫夏, 楚子西即公子申, 二人俱字子西, 故注兼存其義。實則鄭子西無行事可稱, 楚子西有遜國之美德, 昭王復國, 改紀其政, 亦有大功, 故或人問之也。); 《論語集釋》 毛奇齡[1623~1716]의 《論語稽求篇》에 말했다. "돌아가신 내 둘째 형님이 이렇게 말한 적이 있다. '이 장의 '或人'이 인물들을 비교한 것은, 당연히 齊 · 晉 · 鄭 · 衛나라를 벗어나지 않았을 것이다. 초나라는 아득히 멀리 떨어져 있는 나라인데, 어찌 같이 무리를 지을 수 있겠는가? 더구나 이 장의 사람들은 모두 정공 · 애공 이전에 살았던 인물들로, 그들의 풍모와 훌륭한 미덕이 아직 희미해지지 않았으니, 평론할 수 있지만, 초나라 申의 경우는 공자보다 뒤에 죽었는데, 어찌 그에 대해 논급할 수 있겠는가?'"(論語稽求篇: 先仲氏嘗曰:「或人方物, 當不出齊晉鄭衛之鄉, 荊楚曠遠, 焉得連類? 況其人皆在定哀以前, 風徽未沫, 可加論騭。楚申後夫子而死, 安能及之?」); 《論語新解》 춘추시기에 세 사람의 자서가 있었다. ①자산의 동종형제로, 자산과 자서 두 사람은 같은 일로 우열을 보였고, 서로 이어서 정치를 맡았으니, 제 · 노나라 사람들이 이 두 사람을 잘 알고 있었기 때문에, 연이어서 여쭌 것이다. 이 장은 앞의 爲命章을 이어받은 것으로, 모두 정나라 일을 논했으니, 이 장의 자서는 필시 정나라 자서임을 알 수 있다. ②나머지 두 자서는 모두 초나라 대부이다(春秋时有三子西。一子产之同宗兄弟, 此两人常以同事见优劣, 且相继执政, 齐, 鲁间人熟知此两人, 故连带问及。本章与上为命章相承, 皆论郑事, 此子西必系郑子西可知。其他二子西, 皆楚大夫。).

6 [성]彼哉彼哉(피재피재): 사람에 대해 경멸을 표시할 때 쓰는 말(对人表示鄙视之词。); 《論語集解》 일컬을 만한 사람이 못 된다는 말이다(注: 馬融曰: 彼哉彼哉, 言無足稱也。); 《論語正義》 '彼'는 爾汝[경멸 · 천시할 때 쓰는 칭호]라는 칭호다(正義曰: '彼'者, 爾汝之稱。); 《王力漢語》 '彼'는 원칭으로, 경시의 의미를 띠기도

자서(子西)에 대해 여쭈었다. 선생님께서 말씀하셨다. "그깟 사람이야! 그깟 사람이야!"

子西, 楚公子申, 能遜楚國, 立昭王, 而改紀其政, 亦賢大夫也[7]。然不能革[8]其僭王之號。昭王欲用孔子, 又沮止之[9]。其後卒召白公[10]以致[11]禍亂, 則其爲人可知矣。彼哉者, 外之

한다(古代漢語的指示代詞有'是''此''斯''茲''彼'等。'彼'是遠稱。'彼'又常常帶著輕視的意味。).

7 《春秋左傳·昭公 26年》 9월, 초나라 平王이 죽었다. 영윤 子常이 平王의 서장자인 子西를 계승할 왕으로 세우고자 하여, 말했다. "태자 壬은 유약하고, 그 어머니는 적실이 아닙니다. 子西는 장성했고 선을 좋아하니, 연장자를 세우는 것이니 순리에 맞고, 선인을 세우는 것이니 나라가 잘 다스려질 일입니다. 왕이 순리에 맞고 나라가 잘 다스려지는 일이니, 힘쓰지 않을 수 있겠습니까?" 子西가 화를 내며 말했다. "이는 나라를 어지럽히고 군왕에게 악행을 저지르는 일입니다. 나라에는 밖으로는 도와주는 나라가 있으니, 업신여겨서는 안 되고, 선왕께는 계승할 적자가 있으니, 어지럽혀서는 안 됩니다. 친족을 해치면 원수를 초치하게 되고, 계승의 법통을 어지럽히면 상서롭지 못합니다. 내가 그런 악명을 뒤집어쓸 텐데, 나에게 천하를 준다 해도, 나는 더욱 따를 수 없습니다. 초나라가 나에게 무슨 소용이 있겠습니까? 반드시 영윤을 죽일 것일 것입니다." 영윤이 두려워서, 이에 태자 壬을 昭王으로 세웠다(九月, 楚平王卒。令尹子常欲立子西, 曰: "大子壬弱, 其母非適也。子西長而好善, 立長則順, 建善則治, 王順國治, 可不務乎。" 子西怒曰: "是亂國而惡君王也, 國有外援, 不可瀆也, 王有適嗣, 不可亂也, 敗親速讎, 亂嗣不祥。我受其名, 賂吾以天下, 吾滋不從也。楚國何爲? 必殺令尹。" 令尹懼, 乃立昭王。).

8 革(혁): 털을 제거한 짐승가죽. 변혁하다. 고치다. 제거하다(去毛的兽皮。变革, 更改。免除或丢掉).

9 《史記·孔子世家》 초나라 소왕이 書社 700을 공자에게 봉하려 했는데, 영윤 자서가 소왕에게 신하 중에 자공·안연·자로·재여와 같은 현능한 신하가 있는지 묻고 소왕이 없다고 하자, 자서가 말했다. "초나라의 조상이 처음 주나라에서 봉지를 받을 때 자남의 작위에 사방 50리 땅에 불과했습니다, 지금 공구는 삼황오제의 법을 말하고, 주공과 소공의 위업을 밝히고 있으니, 왕께서 만약 그를 등용하시면 초나라가 어찌 자자손손 사방 수 천리 되는 나라를 보존하겠습니까? 문왕은 풍 땅에서, 무왕은 호 땅에서 100리 되는 땅의 군주였는데 마지막에는 천하를 얻었습니다. 지금 공구가 봉지를 근거지로 삼고 현능한 제자들의 보좌를 받게 하는 것은 초나라의 앞날에 복된 일이 아닙니다." 소왕이 이에 공자의 등용계획을 그만두었다(昭王將以書社地七百里封孔子。楚令尹子西曰: '王之使使諸侯有如子貢者乎?' 曰: '無有。' '王之輔相有如顏回者乎?' 曰: '無有。' '王之將率有如子路者乎?' 曰: '無有。' '王之官尹有如宰予者乎?' 曰: '無有。' '且楚之祖封於周, 號爲子男五十里。今孔丘述三五之法, 明周召之業, 王若用之, 則楚安得世世堂堂方數千里乎? 夫文王在豐, 武王在鎬, 百里之君卒王天下。今孔丘得據土壤, 賢弟子爲佐, 非楚之福也。' 昭王乃止。).

10 白公(백공): 초나라 平王[BC 528~BC 516 재위]의 太子 建[惠王의 伯父]의 아들. 이름이 勝. 太子 建이 참소를 당해 정나라로 도망쳤다가 정나라에 의해 살해되자, 초나라 영윤 子西가 오나라에 있던 勝을 불러들여, 白縣의 尹으로 임명해서 白公이 되었다. 白公은 정나라에 대해 원한을 품고 토벌할 생각을 하고 있었는데, 진나라로부터 침공당한 정나라의 구원요청을 받고, 초나라 子西가 정나라를 구원하고 돌아오는 도중에, 白公이 난을 일으켜[BC 479] 子西를 살해하고 惠王[BC 488~BC 432 재위]을 가두고 스스로를 초나라 왕으로 세웠는데, 葉公 沈諸梁이 이를 듣고 白公을 공격하자, 목을 매어 죽었다[春秋左傳·哀公 16년].

11 致(치): 부르다. 초래하다. 불러들이다. 조성하다. 야기하다(招引; 招致。造成; 导致).

之辭。

'子西'(자서)는, 초(楚)나라 공자(公子)인 신(申)으로, 능히 초(楚)나라를 사양하고, 소왕(昭王, BC 515~BC 489 재위)을 세워, 정치의 기강을 바로잡았으니, 역시 현능한 대부였다. 그렇지만 신분에 맞지 않게 왕이란 칭호를 쓰는 것을 고치지 못했다. 소왕(昭王)이 공자(孔子)를 등용하려 하자, 또 이를 저지했다. 그 후에 결국에는 백공 승(白公 勝)을 초(楚)나라로 불러들였다가 백공(白公)의 난을 초치했으니, 그렇다면 그 사람됨을 알 수 있다. '彼哉'(피재)라는 것은, 그를 외면하는 말씀이다.

141003、問管仲。曰:「人也[12], 奪伯氏駢邑三百[13], 飯疏食, 沒齒無怨言[14]。」

12《論語集解》'人也'는《詩經·白駒》의 '所謂伊人'[이 사람]과 같다(注: 鄭玄曰: 猶詩言所謂伊人也。);《論語義疏》《詩經·小雅·白駒》에 '所謂伊人 於焉逍遙'라 했는데, 이 사람을 찬미한 것이다. 여기에서는 '管仲人'[관중이라는 사람은]이라고 말한 것으로, 관중을 찬미한 것이다(疏: 詩曰 , 所謂伊人, 於焉逍遙, 是美此人。今云管仲人也。是美管仲也。);《論語注疏》《毛詩正義》에 '伊는 維이다'라고 했고, 鄭玄의 箋에 '伊는 緊(예)로 써야 맞고, 緊는 是와 같다. 伊人은 是人이란 말과 같다'고 했다(疏: 正義曰: 毛《傳》云: '伊, 維也。' 鄭《箋》云: '伊當作緊, 緊猶是也。伊人, 若言是人也。');《論語正義》《禮記·表記》에 (공자께서) '仁은 人이다'라고 했고, 鄭玄의 注에 '人은 사랑과 은혜를 베푸는 것을 말한다'고 했다.《釋名·釋形體》에, '人은 仁이다. 仁은 만물을 살게 하는 것이다'라고 했다. 이는 人을 仁으로 풀이한 경우이다. 朱彬[1753~1834]의《經傳考證》에 말했다. "공자는 자산에 대해서는 은혜를 베푼 사람이라 칭했고, 관중에 대해서는 仁者라 칭했다. 伯氏가 죽을 때까지 원망하는 말이 없었던 것으로 볼 때, 管仲이 仁者임을 알 수 있다. 그래서 자로와 자공이 그가 仁者가 아니라고 의문을 제기했지만, 공자께서는 특별히 그를 인정했던 것이다[憲問 제18장]"(正義曰: 禮表記云: "仁者, 人也。" 注: "人也, 謂施以仁恩也。" 釋名釋形體: "人, 仁也。仁, 生物也。" 是人有仁訓……朱氏彬經傳考證: "孔子於子產稱其惠, 於管仲稱其仁。觀伯氏之沒齒無怨, 則仲之仁可知。故子路,子貢疑其非仁, 而孔子特信之。");《論語集釋》논어에서 '人'과 '仁'은 서로 바뀌었는데, '井有仁焉'[雍也 제30장], '孝弟爲仁之本'[學而 제2장]과 같이, 그러한 예가 매우 많다.《孔子家語·致思》에, '자로가 공자께 관중의 사람됨이 어떤지를 여쭈자, 공자께서 仁했다고 했다'고 했다(按: 論語人, 仁通用, 如'井有仁焉'、'孝弟爲仁之本'之類, 其例甚多。朱氏義爲長。家語致思篇: '子路問管仲之爲人。子曰: 仁也。');《論語新解》'人也'는 아래 문장을 일으킨다. ①'人' 위에 '夫'字가 빠져 있다. ②'人'은 '仁'으로 써야 맞다. ③앞에 '惠人'의 예에 따라, '仁人'으로 써야 맞는데, '仁'字가 빠진 것이다["이 사람은"](起下文。或说人上脱一夫字。或说人当作仁。或说: 依上惠人也之例, 当作仁人也, 脱一仁字。"这人呀");《論語譯注》"그는 인재였다"["他是人才。"].

13《論語正義》焦循[1763~1820]의《論語補疏》에 말했다. "《周禮·天官冢宰·大宰》에 '태재에게는 군신을 부릴 수 있는 여덟 개의 권력이 있는데[《述而 제11장》 각주《周禮·天官冢宰·大宰》 참조], 여섯째 권력은 박탈로, 이로써 군신의 가난을 제어한다'고 했고, 정현의 주에 '奪은, 신하가 대죄를 지었을 때, 가산을 몰수하는 것을 말한다'고 했다"(正義曰: 焦氏循補疏: "天官大宰'八柄': '六曰 奪, 以馭其貧。' 注云: '奪謂臣有大罪, 沒人家財者。');《集注考證》'伯氏'라는 인명과 '駢'이라는 지명이, 다른 책에는 보이지 않는데, 경문을 자세히 살펴보면, '伯氏駢'은 사람의 姓과 名인 듯하고, '邑三百'은 식읍의 숫자로,

관중(管仲)에 대해 여쭈었다. 선생님께서 말씀하셨다. "이 사람은 (환공[桓公]이 관중[管仲]에게 주려고) 백씨(伯氏)의 병읍(騈邑) 삼 백 사(社)를 빼앗았는데, 백씨(伯氏)는 거칠게 찧은 곡식으로 지은 밥을 먹으면서도, 생을 마칠 때까지 원망하는 말이 없었습니다."

人也, 猶言此人也[15]。伯氏, 齊大夫。騈邑, 地名。齒, 年也。蓋桓公奪伯氏之邑以與管仲, 伯氏自知己罪, 而心服管仲之功, 故窮約[16]以終身而無怨言。荀卿[17]所謂[18]「與之書社[19]

춘추시기에 '騈'을 이름으로 쓴 자가 다수 있으니, '王子伯騈'[春秋左傳 · 襄公 8年] 같은 류가 바로 이것이다. 옛날에 4井이 邑이고, 邑은 32家로, 采邑을 가진 자가 그 읍의 公田의 租를 받는데, 1邑의 公田은 400畝이니까, 300邑은 公田이 12만畝로, 지금의 5만畝에 해당하고, 그 호수는 9600家이니 1만家의 읍이다(人名與地名, 他書無所見, 然玩本文, 又似伯氏騈是人姓名, 邑三百是食邑之數, 蓋春秋時以騈爲名者多有之, 如王子伯騈之類是也…… 古者四井爲邑, 則三十二家, 食邑者收其公田之租, 一邑公田則四百畝, 邑三百, 公田十二萬畝, 當今五萬畝矣, 其戶數則九千六百家, 所謂萬家之邑也。); 騈邑(병읍): 지금의 산동성 임구현을 말한다(在今 山东省 临朐县。).

14 [성]沒齒無怨(몰치무원): 죽을 때까지 원망하는 말을 하지 않다(比喻永无怨言); 沒齒(몰치): 종신. 평생. 늙어서 이가 다 빠지고 없다(终身。老而無恥。);《王力漢語》齒(치): 치아. 치아가 나서 자라고 빠지는 것은 나이가 들어감에 따른 표지가 되기에, '치아'의 의미에서 파생되어 '나이'의 뜻도 가진다(牙齒。人的牙齒的生長與脫落, 標幟着年齡的增長, 所以'齒'又引申爲歲數, 年齡。).

15《論語大全》"'人也'에 대해, 范氏 · 楊氏는 모두 '盡人道'[사람으로서 도리를 다했다]라 했는데, 集註에서는 '此人也'란 말과 같다고 했습니다. 어째서 인지요?" "古本에 이같이 설명하기를,《詩經 · 小雅 · 白駒》의 '所謂伊人'[이 사람],《莊子 · 內篇 · 逍遙遊》의 '之人也'과 같다고 했다. '盡人道'라고 하면, 관중 한 사람을 제외하고, 다른 사람은 모두 사람이 아니다. 게다가 관중은 '盡人道'하지 못했다"(問: 管仲曰 人也, 范楊皆以爲盡人道, 集註以爲猶云此人也如何? 朱子曰: 古本如此說, 猶詩所謂伊人, 莊子所謂之人也。若作盡人道說, 除管仲是箇人, 他人便都不是人。更管仲也未盡得人道。).

16 窮約(궁약): 곤궁하다. 빈천하다(穷困; 贫贱).

17 荀卿(순경): 名이 况, 字가 卿. 荀子. 荀況. 孫卿. BC 313~BC 238. 전국시대 월나라 사람. 韓非 · 李斯가 그에게 사사했다.

18《荀子 · 仲尼》제환공은 五霸 중에서 가장 대단했던 사람으로, 그가 한 일이나 행실이 음흉하고 비루하고 음란하고 안하무인이었다. 이러했는데도 망하지 않고, 결국에 가서는 霸者가 된 것은 어째서인가? 아아! 제환공은 천하의 품덕을 지니고 있었는데, 어느 누가 그를 망하게 할 수 있었겠는가? 관중의 재능이 족히 나라를 맡길 만하다는 것을 한 치의 의심도 없이 알아보았으니, 이는 천하의 지혜였다. 그에 대한 분노를 잊고, 그에 대한 원한을 잊고, 이에 仲父라고 불러 그를 높였으니, 이는 천하의 결단이었다. 仲父라고 불러 그를 높였지만, 환공의 貴戚들 중에 아무도 감히 질투하는 자가 없었고, 그에게 高씨나 國씨와 동등한 명문 세가의 지위를 주었지만, 조정의 신하 중에 아무도 감히 싫어하는 자가 없었고, 그에게 書社三百을 주었지만, 부자 중에 아무도 감히 거역하는 자가 없었고, 신분이 낮든 높든, 나이의 많든 적든, 차례대로, 모두 환공을 따라 그를 존경했으니, 이것이 천하의 품덕이었다. 제후로서 이러한 품덕을 한 가지만이라도 지니고 있다면, 아무도 그를 망하게 할 수 없을 터인데, 환공은 이러한 수가지 품덕을 겸하여 모두 지니고 있었으니, 어찌 망할 수 있겠는가?(齊桓五伯之盛者也…… 其事行

三百, 而富人莫之敢拒」者, 即此事也。

'人也'(인야)는 '이 사람'[此人]이라는 말과 같다. '伯氏'(백씨)는 제(齊)나라의 대부이다. '駢邑'(병읍)은 지명이다. '齒'(치)는 '나이'[年]이다. 대개 환공(桓公)이 백씨(伯氏)의 식읍을 빼앗아 관중(管仲)에게 주었는데, 백씨(伯氏)는 스스로 자기가 지은 죄를 알았고, 관중(管仲)의 공로에 심복했기 때문에, 곤궁했으면서도 생을 마칠 때까지 원망하는 말이 없었다. 순경(荀卿)이 말한, '관중(管仲)에게 서사(書社) 3백 호를 주었는데, 부자 중에 감히 거역하는 이가 아무도 없었다'고 했는데, 바로 이 일이다.

○或問:「管仲子產孰優?」曰:「管仲之德, 不勝其才。子產之才, 不勝其德。然於聖人之學, 則概乎[20]其未有聞也。」

○어떤 사람이 물었다. "관중(管仲)과 자산(子產) 중에 누가 나았습니까?" 내가 말했다. "관중(管仲)의 덕은 그 자신의 재주를 뛰어넘지 못했다. 자산(子產)의 재주는 그 자신의 덕을 뛰어넘지 못했다. 그렇지만 성인의 학문에 대해서는, 개략이나마 그들이 들어 알고 있는 게 없었다."

也…… 險汙淫汏也…… 若是而不亡, 乃霸, 何也? 曰: 於乎! 夫齊桓公有天下之大節焉, 夫孰能亡之? 倓然見管仲之能足以託國也, 是天下之大知也。安忘其怒, 出忘其讎, 遂立爲仲父, 是天下之大決也。立以爲仲父, 而貴戚莫之敢妒也; 與之高國之位, 而本朝之臣莫之敢惡也; 與之書社三百, 而富人莫之敢距也; 貴賤長少, 秩秩焉, 莫不從桓公而貴敬之, 是天下之大節也。諸侯有一節如是, 則莫之能亡也; 桓公兼此數節者而盡有之, 夫又何可亡也?).

19 書社(서사): 25가구[里]마다 社를 세우고, 社 안의 사람 수를 장부에 등록해 놓았는데, 이를 '書社'라 한다. 社마다 장부에 등록된 사람과 토지(古制二十五家立社, 把社内人名登录簿册, 谓之'书社'。亦以指按社登记入册的人口及其土地。); 書社三百은 7500家의 백성 및 토지를 말한다.

20 《論語大全》'概'는 두 사람이 똑같이 모두 성인의 학문에 대해 들어 알고 있는 게 없었음을 말한 것이다(新安陳氏曰: 概, ……謂二人平等, 皆未有聞於聖學也。); 概(개): 일률적으로. 예외 없이. 한결같이. 모조리. 대략(一律, 一概。大致, 大略地); 乎(호): 문장 중간에 쓰여 어기를 부드럽게 해준다.

[貧而無怨章]

141101、子曰:「貧而無怨難, 富而無驕易。[1]」

선생님께서 말씀하셨다. "가난하면서도 원망하지 않기는 어렵지만, 부유하면서도 교만하지 않기는 쉽다."

易, 去聲。○處貧難, 處富易, 人之常情。然人當勉其難, 而不可忽其易也。[2]

'易'(이)는 거성[yì]이다. ○가난하게 살아가기는 어렵지만, 부유하게 살아가기는 쉬운 것이, 인지상정이다. 그렇지만 사람은 마땅히 그 둘 중에 어려운 것에 힘쓰고, 그 둘 중에 쉬운 것도 소홀히 해서는 안 된다.

---

1 《論語正義》 東晉의 역사가 습착치[328~412]의 《漢晉春秋》에, '예전에 관중이 백씨의 병읍 삼백을 빼앗았는데, 백씨는 죽을 때까지 원망하는 말이 없었으니, 성인께서 이를 어렵다고 하셨다'고 했다. 초순[1763~1820]의 《論語補疏》에, '습착치가 인용한 논어 글에는, 아래의 '貧而無怨'을 이어 써서 한 장으로 했다'고 했다. 그렇다면, 無怨 · 無驕는 백씨와 관중에 대해 無怨 · 無驕하다고 한 것이다(正義曰: 習鑿齒漢晉春秋: "昔管仲奪伯氏駢邑三百, 沒齒而無怨言, 聖人以爲難。" 焦氏循補疏謂 "習氏所引, 連下'貧而無怨'爲一章"。若然, 則無怨, 無驕謂使之無怨無驕也。); 《古今注》 이 말씀은 부자들을 위해 하신 말씀이다. 쉬운데도 범하는 것은 그 죄가 더욱 무겁다. 먼저 '貧'을 말하고 뒤에 가서 '富'를 말한 경우, '富'에 중점이 있다(此爲富者說也。易而犯之, 其罪彌重……先言貧後言富, 則重在富矣。); 《論語新解》 가난한 처지에 편안할 수 있으면 원망이 없고, 부유하다고 으스대지 않을 수 있으면 교만이 없다(能安于贫, 斯无怨。不恃其富, 斯无骄。); 《學而 제15장》 참조,

2 《論語大全》 '富而無驕'는 외물을 자랑으로 내세우지 않는 자라면 할 수 있지만, '貧而無怨'은 안으로 지키고 있는 것이 있는 자가 아니면 할 수 없다(朱子曰: 富而無驕, 不矜於外物者能之, 貧而無怨, 非內有所守者不能也。).

[孟公綽章*]

141201、子曰:「孟公綽[1]爲趙魏老[2]則優[3], 不可以爲滕薛大夫[4]。」

선생님께서 말씀하셨다. "맹공작(孟公綽)은 조(趙)씨 가(家)와 위(魏)씨 가(家)에 가신의 장은 충분히 되고도 남지만, 등(滕) 나라나 설(薛) 나라의 대부는 될 수 없다."

公綽, 魯大夫。趙魏, 晉卿之家[5]。老, 家臣之長。大家[6]勢重, 而無諸侯[7]之事; 家老望尊[8], 而無官守[9]之責。優, 有餘也。滕薛, 二國名。大夫, 任國政者。滕薛國小政繁, 大夫位高責重。然則公綽蓋廉靜寡欲[10], 而短於才者也。

'孟公綽'(맹공작)은 노(魯)나라 대부이다. '趙·魏'(조·위)는 진(晉)나라 경(卿)의 가문이다.

---

1 孟公綽(맹공작): 三桓 중의 孟孫氏의 族人. 노나라 襄公 25년[BC 548] 때 대부로 있었다;《史記·仲尼弟子列傳》공자가 스승으로 섬긴 사람으로, 주나라 노자·위나라 거백옥·제나라 안평중·초나라 노래자·정나라 자산·노나라 맹공작이 있었다. 여러 번 칭찬한 사람으로는, 장문중·유하혜·동제의 백화·개산의 자연이 있었는데, 공자는 그들보다 후대 사람이어서, 동시대를 같이 살지 못했다(孔子之所嚴事: 於周則老子; 於衛, 蘧伯玉; 於齊, 晏平仲; 於楚, 老萊子; 於鄭, 子產; 於魯, 孟公綽。數稱臧文仲, 柳下惠, 銅鞮伯華, 介山子然, 孔子皆後之, 不并世。);《憲問 제13장》참조.

2《論語義疏》'老'는 대부의 채읍의 가신의 장이다(疏: 老者, 采邑之室老也。).

3《王力漢語》優(우): (보수·대우가) 좋다. 후하다. 넉넉히 적시다. 비가 충분히 내리다. 충족하다. 충분하다. (은혜, 우의가) 깊다(優渥, 雨水充沛。引申爲充足。又爲深厚[指君恩, 友誼]。).

4 滕(등): 주무왕이 문왕의 아들에게 분봉한 나라로, 지금의 山東省 兗州府 滕縣 서남쪽에 滕城이 있다; 薛(설): 우임금이 車服大夫 奚仲에게 수레를 발명한 공로로 분봉한 나라인데, 주무왕이 상나라를 멸한 후, 그 자손에게 다시 분봉했다. 지금의 山東省 滕縣 동남쪽에 薛城이 있다.

5 진나라는 줄곧 六卿으로 韓·魏·趙·智·范·中行씨가 있었는데, 趙씨가 范·中行씨를 멸했고, 魏씨가 智씨를 멸했고, BC 376 韓·趙·魏 세 나라로 분할되었다.

6 大家(대가): 경·대부의 집안(犹巨室, 古指卿大夫之家。); 家(가): 대부가 통치하는 정치구역(大夫统治的政治区域, 即卿大夫或卿大夫的采地食邑。).

7 諸侯(제후): 제왕이 분봉한 군주. 제후는 정기적으로 제왕을 예방하여 공물을 바치고, 봉지의 상황을 보고하고, 군대와 세금과 복역의 의무를 진다(古代帝王所分封的各国君主。在其统辖区域内, 世代掌握军政大权, 但按礼要服从王命, 定期向帝王朝贡述职, 并有出军赋和服役的义务。).

8 望尊(망존): 명망이 높다(声望高); 德高望尊(덕고망존): 덕망이 높고 명망이 높다.

9 官守(관수): 국가의 관리로서의 지위 및 직책(官位职守; 官吏的职责).

10《憲問 제13장》의 '公綽之不欲' 참조.

'老'(노)는 가신의 우두머리이다. 큰 가문은 세력은 크지만, 제후로서의 사무는 없고, 가신의 장은 명망은 높지만, 관리로서 책임은 없다. '優'(우)는 '다 채우고도 남다'[有餘]이다. '滕薛'(등 · 설)은 두 나라의 이름이다. '大夫'(대부)는 국정을 맡은 자이다. 등(滕) 나라나 설(薛) 나라는 나라가 작지만, 정사는 번거롭게 많고, 대부는 지위가 높고 책임이 무겁다. 그렇다면 맹공작(孟公綽)은 대체로 청렴하고 조용하고 욕심이 적지만, (대부를 맡을) 재능은 부족한 자일 것이다.

○胡氏曰[11]:「知之弗豫, 枉其才[12]而用之, 則爲棄人矣。此君子所以患不知人也[13]。言此, 則孔子之用人可知矣。」

○호씨(胡氏)가 말했다. "미리 파악해 놓지 못해서, 그 사람의 재능에 맞지 않게 쓰면, 인재를 버리는 것이다. 이것이 군자가 사람을 알지 못하는 것을 근심하는 까닭이다. 이렇게 말씀하신 것을 보면, 공자(孔子)께서 사람 쓰시는 법을 알 수 있다."

---

11 《論語精義》에는 楊氏[楊中立]의 말로 기록되어 있다.

12 枉才(왕재): 썩힌 인재. 인재를 썩히다. 인재를 잘못 쓰다(指被埋没的人才).

13 《學而 제16장》 참조.

[子路問成人章]

141301、子路問成人[1]。子曰:「若[2]臧武仲[3]之知, 公綽[4]之不欲, 卞莊子[5]之勇, 冉求之藝[6], 文之[7]以禮樂, 亦可以[8]爲成人矣[9]。」

1《論語義疏》사람이 어떻게 덕을 행하면 완성된 인간이 될 수 있는지 여쭌 것이다(疏: 問人何所行德可爲成人乎。);《論語譯注》"어찌해야 완전무결한 인간인지 여쭈었다"("問怎樣才是全人。");《論語句法》'成人'은 '成德之人'의 뜻이다('成人'是'成德之人'的意思。).

2《論語句法》'若'은 준연결동사이다('若'是準繫詞。).

3 臧武仲(장무중): 臧孫紇(장손흘). 臧氏, 名 紇, 시호 武. 臧文仲의 손자. 노나라 대부. 防은 그의 봉지이다. 노양공[BC 572~BC 542 재위] 23년[BC 550], 季武子[季孫]에 의해 노나라에서 쫓겨나 邾나라로 달아났다가, 防邑을 점거하고 자기를 후사로 세워 줄 것을 청했는데, 노나라가 臧爲를 臧氏의 후사로 세우자, 防邑을 노나라에 바치고 제나라로 달아났다.《春秋左傳 · 襄公 22年》의 杜預의 注에, '장무중은 지혜가 많아서, 당시 사람들이 그를 성인이라 불렀다'(武仲多知, 時人謂之聖。)고 했다;《春秋左傳 · 襄公 23年》공자께서 말씀하셨다. "지혜롭기가 어렵다. 장무중이 지닌 지혜로도 노나라에서 용납되지 못하고 제나라로 달아난 것은 그 까닭이 있었으니, 순서 아닌 자를 세웠고 관대하지 못한 일을 베풀었기 때문이다"(仲尼曰, 知之難也。有臧武仲之知, 而不容於魯國, 抑有由也, 作不順而施不恕也。).

4《論語集解》노나라 대부 孟公綽[憲問 제12장 참조]을 말한다(注: 馬融曰: 魯大夫孟公綽也。).

5《荀子 · 大略》제나라는 노나라를 정벌하고 싶어 했지만, 변장자를 기피하여, 감히 변읍을 지나가지 못했다. 진나라는 위나라를 정벌하고 싶어 했지만, 자로를 두려워하여, 감히 포읍을 지나가지 못했다(齊人欲伐魯, 忌卞莊子, 不敢過卞。晉人欲伐衛, 畏子路, 不敢過蒲。);《史記 · 張儀列傳》진진이 초 혜왕에게 말했다. "변장자가 두 마리 호랑이를 찔러 죽인 일을 임금께 들려준 이가 있었습니까? 변장자가 호랑이를 찌르려 하자, 여관의 童子가 저지하면서, '두 놈이 서로 소를 잡아먹으려 할 것입니다. 소의 맛을 보면 반드시 다툴 것이고, 다투면 반드시 싸울 것이고, 싸우면 큰놈은 상처를 입고, 작은놈은 죽게 될 것이니, 그때 가서 상처 입은 놈을 찔러 죽이면, 일거에 두 마리 호랑이를 잡은 성과를 올릴 것입니다'라고 하자, 변장가가 옳다 여기고, 서서 기다렸습니다. 얼마 있자, 두 마리 호랑이가 과연 서로 싸우더니, 큰놈은 상처를 입고, 작은놈은 죽었고, 변장자가 상처 입은 큰놈을 추격해 찔러 죽이니, 일거에 과연 두 마리 호랑이를 잡은 공로를 세웠습니다"(陳軫對[惠王]曰:「亦嘗有以夫卞莊子刺虎聞於王者乎? 莊子欲刺虎, 館豎子止之, 曰:『兩虎方且食牛, 食甘必爭, 爭則必鬭, 鬭則大者傷, 小者死, 從傷而刺之, 一擧必有雙虎之名。』卞莊子以爲然, 立須之。有頃, 兩虎果鬭, 大者傷, 小者死。莊子從傷者而刺之, 一擧果有雙虎之功……」);《韓詩外傳 · 卷十》에는, 변장자가 어머니가 살아계실 때는 세 번 전쟁에 나가 세 번 모두 패하고서 온갖 모욕을 참았지만, 어머니가 돌아가시고 나서는 받은 모욕을 설욕하고자, 세 번 적과 싸워 세 번 모두 갑병의 머리를 베어왔고, 70명의 적의 목을 베고서야 죽었다는 고사가 나온다.

6《雍也 제6장》참조.

7《論語句法》'之'는 위에서 말한 바 네 사람의 자질을 갖춘 사람을 가리키고, 술어 '文'의 목적어이다('之'稱代那上面所說的具備那四個人的特點的人, 做述詞'文'的止詞。);《王力漢語》文(문): 꾸미다. 장식하다. 문채 내다(動詞, 裝飾, 增添文采。).

8《論語義疏》'亦可'는 아직 만족스럽지 못하다는 말이다(疏: 亦可, 未足之辭。);《論孟虛字》아직 만족스럽지 못하지만, 그럭저럭 괜찮다('亦可以', 表意有未盡, 僅是可以而已。).

자로(子路)가 성인(成人)에 대해 여쭈었다. 선생님께서 말씀하셨다. "장무중(臧武仲)의 지혜, 맹공작(孟公綽)의 청렴, 변장자(卞莊子)의 용기, 염구(冉求)의 기예를 갖추고, 그것들을 예악을 써서 조화·절제시킨다면, 그래도 이를 성인(成人)이라 할 정도는 된다."

---

9 《論語正義》《說苑·辨物》에 말했다. "안연이 공자께, '成人의 행실은 어떠한지요?'라고 여쭈자, 공자께서는 '成人의 행실은, 성정의 도리에 통달하고, 사물의 변화에 능통하고, 幽의 세계와 明의 세계로 갈리는 원인을 알고[周易·繫辭上], 떠다니는 구름의 근원을 살필 수 있으니, 이와 같아야 成人이라 부를 수 있다. 천도를 이미 알고 있고, 仁義를 몸소 행하고, 예악으로 처신을 바르게 한다. 仁義禮樂은 成人의 행실이고, 窮神知化[사물의 신묘함을 궁구하고 사물의 변화를 통달하다][周易·繫辭下]는 成人의 盛德이다'라고 하셨다." 成人은 成德之人으로, 가장 도달하기 어려운 경지이다. 이 장에서 자로에게 알려 준 것은, 다만 노나라 네 사람을 거명했으니, 成人의 경지의 등급을 낮춰서 논한 것으로, 그래서 '亦可'라고 말씀한 것이다. 《禮記·禮器》에 말했다. "예라는 것은, 사람의 몸체와 같다. 몸체가 갖춰져 있지 않으면, 군자는 그를 성인이 아니라고 한다. 행례가 맞지 않은 것은, 예가 갖춰져 있지 않은 것과 같다." 《春秋左傳·昭公 25年》에 자태숙이 말하기를, '사람이 스스로 시비곡직을 써서 예를 향해 나아가는 자를 成人이라 한다'고 했다. 예악을 갖춰야 비로소 成人이라 할 수 있다. 이때 네 사람이 벼슬하고 있었지만, 아직 학문한 적이 없었으니, 예악으로 문채 낼 수 있다면, 이 역시 예악에 있어 후진이다[先進 제1장](正義曰: 說苑辨物篇: "顔淵問於仲尼曰: '成人之行, 何若?' 子曰: '成人之行, 達乎情性之理, 通乎物類之變, 知幽明之故, 睹遊氣之源, 若此而可謂成人。既知天道, 行躬以仁義, 飭身以禮樂。夫仁義禮樂, 成人之行也, 窮神知化, 德之盛也。'" 是成人爲成德之人, 最所難能。此告子路, 但舉魯四人, 是降等論之, 故言'亦可'也。禮禮器云: "禮也者, 猶體也。體不備, 君子謂之不成人。設之不當, 猶不備也。" 左氏傳: "子大叔曰: '人之能自曲直以赴禮者, 謂之成人。'" 是備禮樂乃可爲成人。於時四子已出仕, 未嘗學問, 若能文以禮樂, 是亦後進於禮樂者也。); 《古今注》 살펴보건대, 이 장은 공자께서 자로가 예악에 힘쓰지 않는 점을 기롱하여 농담으로 답하신 것이고, 문인들이 자로가 스스로 자신의 능한 바를 이야기하면서 성인이신 스승의 가르침을 따르지 않는 점을 기롱한 것이다. 장무중은 임금을 위협하여 강요했으니[憲問 제11장], 그의 지혜는 칭찬할 것이 못 되고, 맹공작은 등·설나라의 대부로 적합하지 않았으니[憲問 제12장], 그의 청렴은 칭찬할 것이 못 되고, 변장자는 맨손으로 호랑이를 잡았지만, 그의 용맹은 군자의 용기가 아니었다. 염구는 백승의 가에서 그 가의 부세를 맡아 다스리게 할 수 있지만[公冶長 제7장], 그의 재예는 자로에 미치지 못했다(按, 此章孔子譏子路不務禮樂, 以戲答之, 而門人譏子路自述其所能, 不遵聖師之誨也。臧武仲要君, 其知不足多也。孟公綽不中滕薛大夫, 其廉不足多也。卞莊子暴虎, 其勇非君子之勇也。冉求百乘之家, 可使治其賦, 其藝不及子路。). 공자께서 이 네 사람을 들어 말한 것은, 자로를 기롱한 것이다. 자로는 알지 못하는 것을 아는 것처럼 여겼고[爲政 제17장], 탐내지 않는 것을 청렴으로 여겼고[子罕 제26장], 맨손으로 호랑이를 잡는 용맹을 자부했고[述而 제10장], 부세를 다스릴 재능을 믿었으니[公冶長 제7장], 이는 공자께서 말씀하신 바 네 사람의 장점으로, 모두 자로가 스스로 인정한 것이지만 예악에 대해서는 미비한 바가 있었던 것이다. 공자께서는 자로를 기롱하여 말씀하시기를, '너는 지혜·청렴·용맹·재예를 자부하고 스스로 믿지만, 그 이른바 지혜·청렴·용맹·재예는 그럼에도 이 네 사람 정도에 불과하다. 그렇지만 이 네 가지에 예악을 써서 조화·절제시킨다면, 그래도 成人이라 할 정도는 될 수 있을 것이다'라고 하신 것이다(……孔子必舉四子而言之者, 譏子路也。子路以不知爲知, 以不求爲廉, 負暴虎之勇, 恃治賦之藝, 孔子所言四子之長, 皆子路之所自許也。然且子路於禮樂, 有所未備…… 孔子譏之曰, 爾以知廉勇藝自負自恃, 而其所謂知廉勇藝, 亦不過四子者類。然苟於是文之以禮樂, 猶可以爲成人。).

知, 去聲。○成人, 猶言全人。武仲, 魯大夫, 名紇。莊子, 魯卞邑大夫。[10]
'知'(지)는 거성[zhì]이다. ○'成人'(성인)은 '완전무결한 사람[全人]'이라는 말과 같다. '臧武仲'(장무중)은 노(魯)나라 대부로, 이름이 흘(紇)이다. '卞莊子'(변장자)는 노(魯)나라 변읍(卞邑)의 대부이다.

言兼此四子之長, 則知足以窮理, 廉足以養心, 勇足以力行, 藝足以泛應[11], 而又節之以禮, 和之以樂, 使德成於內, 而文見乎外。則材全德備, 渾然不見一善成名之跡[12]; 中正和樂, 粹然[13]無復偏倚駁雜之蔽[14], 而其爲人也亦成矣。
말씀인즉, '이 네 사람의 장점을 겸해서 갖추면, 지혜는 이치를 궁구하기에 충분하고, 청렴은 마음을 수양하기에 충분하고, 용기는 힘써 실행하기에 충분하고, 기예는 광범하게 응용하기에 충분한데, 거기에 더해 그것들을 예(禮)를 써서 절제시키고, 그것들을 악(樂)을 써서 조화시켜, 덕(德)이 안으로 완성되게 하고, 문(文)이 밖으로 드러나게 한다. 그러면 재능도 다 갖추고 덕도 다 갖추어, 어느 한 군데 모자라거나 이지러진 데가 없이 완전무결한 모습이어서 한 가지 분야만으로 이름을 떨친 자취는 보이지 않고, 중정하면서 화락하고, 티 없이 깨끗하여 더 이상 치우치거나 기울거나 뒤섞여 있거

10 《論語大全》 특별히 네 사람을 들어 말씀하신 것은, 네 사람이 모두 자로와 같은 노나라 사람이고, 변장자는 자로와 고향이 같은 변읍 사람이고, 염구는 자로의 벗으로, 그들이 가까운 사이여서 쉽게 알 수 있는 자들이기 때문이다. 변장자를 말씀하신 것은, 대개 (용기 측면에서) 자로와 서로 비교될 수 있는 자이기 때문이다(洪氏, 以爲特以四子爲言者, 四子皆魯人, 而莊子與子路皆卞人, 冉求又朋友也, 其近而易知者爾。; 胡氏, 以爲言卞莊子, 蓋以况子路爾。); 《集注考證》 네 사람은 모두 바로 자로가 눈으로 보고 귀로 들어서 알고 있는 사람으로 이들을 써서 자로에게 보여준 것이다. 장무중은 직접 들어서 이미 알고 있는 사람이고, 맹공작은 노나라 맹손씨의 대부이고, 자로는 변읍 사람인데, 변장자는 그의 고향의 대부이고, 염구는 같은 동문의 벗으로, 모두 가까이서 그가 배워서 다 갖출 수 있었다(四子皆即子路耳目所接以示之, 臧武仲接聞既近, 公綽魯孟氏之賢, 子路卞人, 莊子其鄉大夫, 冉求其同門之友, 皆近其可學以兼之。).

11 泛應(범응): 덧붙여 알기 쉽게 자세히 설명하다. 다방면에 응수하다(犹敷衍。多方应酬。); 泛應曲當(범응곡당): 광범한 면에서도 잘 맞게 응하고, 세세한 부분에서도 잘 맞지 않은 데가 없다(谓广泛适应, 无不恰当。).

12 《子罕 제2장》 참조.

13 粹然(수연): 순수하고 올바른 모양. 사람이 얼굴이나 마음이 꾸밈이 없고 순박하다(纯正的样子); 粹(수): 벼를 껍질을 벗겨내서 희게 찧은 쌀. 도정한 쌀. 잡것이 섞여 있지 않다. 깨끗하고 순수한 알짜(精米。纯一不杂。精华).

14 《論語大全》 禮로써 절제하면, '中正'하여 '偏倚'가 없고, 樂으로써 조화시키면, '和樂'하여 '駁雜'이 없다(新安陳氏曰: 節以禮, 則中正而無偏倚, 和以樂, 則和樂而無駁雜。).

나 잡스러운 결점이 없으니, 그 사람됨이 또한 완전무결해진다'는 것이다.

然亦之爲言, 非其至者, 蓋就子路之所可及而語之也。若論其至, 則非聖人之盡人道[15], 不足以語此。

그렇지만 '亦'(역)이라는 말뜻은, 성인(成人)의 최고의 경지는 아니라는 것으로, 대개 자로(子路) 정도면 미칠 수 있는 정도에 즉 하여 그에게 말씀해주신 것이다. 만일 성인(成人)의 최고의 경지를 논한다면, 사람으로서 도리를 다해 천성(天性)을 몸에 체현한 성인(聖人)이 아니고서는, 성인(成人)이라 말하기에 족하지 않다.

141302、曰[16]:「今之成人者何必然?[17] 見利思義[18], 見危授命[19], 久要不忘平生之言[20],

---

15 다음 제2절 각주《孟子 · 盡心上 제38장》참조.

16《經傳釋詞》어떤 사람이 말을 하고 스스로 자문 · 자답하는 경우에, '曰'字를 붙여 앞뒤 말을 구별한다. 문답이 아닌데도 '曰'字를 붙여 앞뒤 말을 구별하는 경우가 있는데, '曰'字를 붙여 말머리를 돌린 것이다(有一人之言而自爲問答者, 則加'曰'字以別之……有非問答而亦加'曰'字以別之者, 語更端也。);《疑義擧例》'曰'字를 덧붙여서, 말머리를 돌린 것이다(加'曰'字, 以別更端之語也。).

17《論語注疏》앞서 말해준 것은, 옛날의 성인을 말했을 뿐이고, 지금의 성인의 경우라면, 그럴 필요가 없다(疏: 向之所答, 是說古之成人耳, 若今之成人, 亦不必然也。);《論語新解》'何必然'은 바로 공자의 감개어이다. 세풍이 날로 전보다 못해지고, 인재는 날로 전보다 떨어지고 있는데, 이러한 세상의 흐름에서 조금이라도 빠져나올 수 있다면, 더 이상 비난하지 않으니, 그래서 성인이라 평할 수 있다(何必然, 乃孔子感慨语。世风日下, 人才日降, 稍能自拔于流俗, 即不复苛责, 故亦可谓之成人。);《助字辨略》'何必然'은 '반드시 이와 같아야 하는 것은 아니다'라는 말이다(何必然, 言不必定如此。).

18 [성]見利思義(견리사의): 재물을 보면 의에 합당한지 생각하다. 이익될 일이 있어도 의를 잊지 않다. 도의를 중시하다(看到利益[货财], 想到道义。谓以道义为重。).

19 [성]見危授命: 위험한 고비에서 자기 목숨을 바치는 데 용감하다(授命: 献出生命。在危急关头勇于献出自己的生命。);《論語正義》'授命'은 '致命'이란 말과 같다(正義曰: '授命', 猶言致命。).

20 [성]久要不忘(구요불망): 오래전에 한 약속 또는 오래전에 맺은 친구를 잊지 않다(久要: 旧约, 旧交。不忘旧约或旧交。);《論語集解》'久要'는 오래전 약속이다. '平生'은 어린 시절과 같다(注: 孔安國曰: 久要, 舊約也。平生, 猶少時也。);《論語義疏》成人은 어린 시절 맺은 약속이 오래되어 지금에 이르렀을지라도, 어린 시절의 약속을 잊어서는 안 된다는 말이다(疏: 言成人平生期約雖久至今, 不得忘少時之言。);《論語疏證》'要'는 '約'으로 읽는다. '貧困'이다["오래도록 곤궁한 가운데 처해있어도, 평소에 한 약속을 잊지 않는다"](樹達按: 要讀爲約, 貧困也。'雖久居困約而能不忘其平日之諾言');《論語詞典》要(요): '約'의 가차자. 곤궁하다("約"的借字, 窮困。);《論語譯注》"오랜 기간 곤궁한 생활을 거치면서도, 평소에 한 약속을 잊지 않는다"("經過長久的窮困日子都不忘記平日的諾言。");《論語句法》'久要'와 '不忘平生之言'이 전환관계로 구성된 복문이고, 부사 '久'는 술어 '要'를 수식한다["오래도록 곤궁해도, 平生之言을 잊지 않는다"]('久要不忘平生之言'是以轉折關係構成複句, 限制詞'久'來修飾述詞'要', '平生之言'是述詞'忘'的止詞。);

亦[21]可以爲成人矣。[22]」

선생님께서 말씀하셨다. "오늘날의 성인(成人)이야 어찌 꼭 그런 정도까지일 필요가 있겠느냐? 이득이 되는 것이 보이면 의(義)에 합당한지를 생각하고, 위태로운 것이 보이면 목숨을 내맡기고, 오래전에 맺은 약속일지라도 평소 늘 그 말을 잊지 아니하면, 그래도 이를 성인(成人)이라 할 정도는 된다."

復加「曰」字者, 旣答而復言也。授命, 言不愛其生, 持以與人也。久要, 舊約也。平生, 平日也。有是忠信之實, 則雖其才知禮樂有所未備, 亦可以爲成人之次也。

다시 '曰'(왈) 자(字)를 더한 것은, 답변을 다 마치고 나서 다시 말씀하신 것이다. '授命'(수명)은 자기 목숨을 아끼지 않고, 그것을 남에게 가져다 바친다는 말이다. '久要'(구요)는 '오래전의 약속'[舊約]이다. '平生'(평생)은 '평소'[平日]이다. 이러한 (자기 목숨을 아끼지 않는) 충(忠)과 (오래전 약속을 잊지 않는) 신(信)의 실상을 갖추고 있으면, 비록 앞절에서 말씀하신 재지(才知)와 예악(禮樂) 중에 비록 갖추지 못한 것이 있을지라도, 그럼에도 성인(成人)의 다음 정도는 될 수 있다는 것이다.

○程子曰:「知之明, 信之篤, 行之果, 天下之達德[23]也。若[24]孔子所謂成人, 亦不出此三者。武仲, 知也; 公綽, 仁也; 卞莊子, 勇也; 冉求, 藝也。須是合此四人之能, 文之以禮樂, 亦可以爲成人矣。然而論其大成, 則不止於此。若今之成人, 有忠信而不及於禮樂, 則又其次者也。」

'見利思義' '見危授命' '久要不忘平生之言' 세 구를 병렬관계로 보지 않고, '久要'는 '見利思義'와 '見危授命' 두 일의 실천이고, '平生之言'으로서 오래도록 곤궁해도 잊지 않을 것은 앞에 언급한 '見利思義'와 '見危授命'을 가리킨다고 보고, '오래도록 곤궁해도, 평생 지켜야 할 말인 見利思義 · 見危授命을 잊지 않는다'로 풀이하는 견해도 있다(俞平伯[1900~1990]의 『久要不忘平生之言解』).

21 《論語句法》 '亦'은 '則'의 뜻으로, 관계사로 쓰였다('亦'是'則'字的意思, 做關係詞。).

22 《論語正義》 이 절은 모두 忠信한 사람을 말한 것으로, 예악을 써서 조화 · 절제시키지 않아도, 성인의 다음은 될 수 있다는 것이다(正義曰: 案: 此皆謂忠信之人也, 雖未文以禮樂, 亦可次於成人。).

23 《中庸 제20장》 천하 어디에서나 통하는 도가 다섯이고, 그 도를 행하는 방법이 셋입니다. 말하건대 군신이요, 부자요, 부부요, 형제요, 붕우의 사귐이라고 하는 이 다섯이, 천하 어디에서나 통하는 도이고, 知 · 仁 · 勇이라고 하는 이 셋이, 천하 어디에서나 통하는 덕인데, 그 덕을 행하는 방법은 단 한 가지입니다(天下之達道五, 所以行之者三: 曰君臣也, 父子也, 夫婦也, 昆弟也, 朋友之交也: 五者天下之達道也。知,仁,勇三者, 天下之達德也, 所以行之者一也。); 達德(달덕): 어디서나 통하는 보편불변의 도덕(通行不变之道德).

24 若(약): 비록~이지만. 단문을 연결하는 역할을 하면 양보를 나타낸다.

○정자(程子 · 伊川)가 말했다. "지혜의 밝음, 믿음의 독실함, 행동의 과감함은, 천하의 공통된 덕이다. 공자(孔子)께서 말씀하신 성인(成人)의 경우도, 이 세 가지를 벗어나지 않는다. 장무중(臧武仲)은 지혜로웠고, 맹공작(孟公綽)은 인(仁)했고, 변장자(卞莊子)는 용감했고, 염구(冉求)는 기예가 있었다. 모름지기 이 네 사람의 능력을 합치고, 예악을 써서 조화 · 절제시킨다면, 또한 성인(成人)이라 할 수 있다. 그렇지만 그 대성(大成)을 논한다면, 이 정도에서 그치지 않는다. 오늘날의 성인(成人)의 경우에는, 충(忠)과 신(信)은 있지만, 예악(禮樂)에는 미치지 못하니, 또한 그다음 정도인 자이다."

又曰:「臧武仲之知, 非正也。若文之以禮樂, 則無不正矣。」又曰:「語成人之名, 非聖人孰能之? 孟子曰[25]:『惟聖人然後可以踐形。』如此方可以稱成人之名。」
정자(程子 · 明道)가 말했다(又曰). "장무중(臧武仲)의 지혜는 올바른 지혜가 아니었다. 만약 그것을 예악을 써서 조화 · 절제시킨다면, 올바르지 않은 부분이 없었을 것이다."

정자(程子 · 伊川)가 말했다. "성인(成人)이라는 명칭을 붙여 부르려면, 성인(聖人)이 아닌 누구에게 성인(成人)이라는 명칭을 붙여 부를 수 있겠는가? 맹자(孟子)가 말하기를, '오직 성인(聖人)인 연후에야 천성(天性)을 자기 몸에 체현해 낼 수 있다'고 했는데, 이와 같아야 비로소 성인(成人)이란 명칭을 붙여 부를 수 있다."

○胡氏曰:「今之成人以下, 乃子路之言。蓋不復聞斯行之[26]之勇, 而有終身誦之[27]之固矣。」未詳是否?[28]

25《孟子 · 盡心上 제38장》 사람의 형체와 용모는 天性이다. 성인인 연후에만, 天性을 몸에 체현해 낼 수 있다(集注: 정자[伊川]가 말했다. "이 장은 성인만이 사람으로서 도리를 다해 사람의 형체를 (천성으로) 채울 수 있다는 말이다. 대개 사람은 천지의 올바른 기를 얻어 태어나, 만물과는 같지 않으니, 이미 사람이 된 이상, 사람으로서 도리를 다해야, 연후에 사람이라는 이름에 걸맞게 된다. 중인은 가지고 있지만 알지 못하고, 현인은 실천하지만 미진하고, 능히 사람의 형체를 (천성으로) 채울 수 있는 자는 성인뿐이다")(孟子曰: 形色, 天性也; 惟聖人, 然後可以踐形; [集注]程子曰: 此言聖人盡得人道而能充其形也。蓋人得天地之正氣而生, 與萬物不同。既爲人, 須盡得人理, 然後稱其名。衆人有之而不知, 賢人踐之而未盡, 能充其形, 惟聖人也。); 踐形(천형): 천성을 자기 몸에 체현하다(体现人所天赋的品质).

26《先進 제21장》 참조.

27《子罕 제26장》 참조.

28《論語大全》 趙順孫[1215~1277]의《四書纂疏》에 말했다. "何必然 세 글자는 앞의 선생님께서 하신

○호씨(胡氏·胡寅)가 말했다. "今之成人(금지성인) 이하는, 바로 자로(子路)가 한 말이다. (자로(子路)의 이 말에는) 대체로 '들으면 곧바로 그것을 행하는'[聞斯行之] 용기는 더 이상 보이지 않고, 다만 '종신토록 그것을 외우는'[終身誦之] 완고한 타성만 보인다." 호씨(胡氏) 말이 맞는지는 잘 모르겠다.

말씀에 대해 의구심을 표시하고 있는 말인 듯하다. 見利思義 · 見危授命 · 久要不忘平生之言 이 세 가지는 모두 자로가 잘했던 것들이기 때문에, 胡氏가 이 구절을 자로가 한 말이라고 생각한 것이다. 見利思義 · 見危授命 · 久要不忘平生之言 이 세 가지는 자로가 이미 잘했던 것들이고, 선생님께서 바야흐로 자로를 成人의 경지로 진보하게 하시려는데, 어찌 또 자로가 이미 잘했던 것들을 취해 그것을 중복해서 장려해서 말씀했겠는가?"(趙氏曰: 何必然三字, 似以前說爲疑。三者皆子路之所能, 故胡氏疑其爲子路之言; 胡氏曰: 此子路所已能, 夫子方進子路於成人之域, 豈又取其已能者而重獎之?);《古今注》살펴보건대, '何必然' 세 글자는 분명히 자로의 말투이다. 자로가 공자의 말에 본래 '何必'이란 두 글자 구로 응대한 것이다. '어찌 꼭 서책을 읽어야, 그런 후에만 배웠다 하겠습니까?'[先進 제24장]라는 말과 '하필이면 공산씨에게 가려 하십니까?'[陽貨 제5장]라는 말, '지금의 성인의 경우에는 어찌 꼭 그럴 필요가 있겠습니까?'라는 것도 역시 이것들과 같은 한 예문이다(又按, 何必然三字, 明是子路口氣。子路於孔子之言, 本以何必二字句當。何必讀書然後爲學, 何必公山氏之之, 今之成人何必然, 亦此一例。);《論語集釋》陳天祥[1230~1316]의《四書辨疑》에 말했다. "답변을 다 마치고 나서 다시 말씀하신 것이라고 한다면, 고금의 글 중에는 이런 문리가 없다. 자로의 말이라고 한다면, 이는 바로 공자의 말씀이 잘못이라고 면전에서 지적하는 것인데, 공자께서 한마디라도 그에 대해 어떻다는 답이 다시 없으셨을까? 이 두 견해는 모두 취할 수 없다. 이 절과 앞 절은 단지 한 단락으로 된 말씀일 뿐이고, 다만 '曰'자가 없으면 앞뒤 절의 뜻이 저절로 통하니, '曰'자는 연문이다"(四書辨疑: 若爲既言而複答,古今文字中皆無如此文理。若爲子路之言, 乃是面折孔子之非, 孔子再無一言以答之何也? 二說皆不可取。此一節與上文只是一段話, 但無「曰」字則上下之義自通, 「曰」字衍。).

[子問公叔文子章]

141401、子問公叔文子[1]於公明賈曰:「信乎夫子[2]不言、不笑、不取乎?[3]」

선생님께서 공명가(公明賈)에게 공숙문자(公叔文子)에 대해 물으셨다. "정말로 그분은 말씀도 없었고, 웃지도 않았고, 받지도 않았습니까?"

公叔文子, 衛大夫公孫拔也。公明姓, 賈名, 亦衛人。文子爲人, 其詳不可知, 然必廉靜之士, 故當時以三者稱之。

'公叔文子'(공숙문자)는 위(衛)나라 대부 공손발(公孫拔)이다. '公明賈'(공명가)는 공명(公明)이 성이고, 고(賈)가 이름으로, 역시 위(衛)나라 사람이다. 공숙문자(公叔文子)의 사람됨에 대해서는, 그 상세한 내용은 알 수 없지만, 필시 청렴하고 조용한 선비였을 것이기 때문에, 당시에 이 세 가지를 가지고 그를 칭찬했을 것이다.

141402、公明賈對曰:「以告者過也[4]。夫子時[5]然後言, 人不厭其言; 樂然後笑, 人不厭其

1 公叔文子(공숙문자): 위나라 대부. 名 拔, 시호 文 또는 貞惠文子. 公叔發. 衛獻公[BC 546~BC 544 재위]의 손자로 영공[BC 534~BC 493 재위] 때 활동했던 것으로 보인다. ?~BC 497; 《子路 제8장》 각주 《春秋左傳 · 襄公 29年》[BC 544] 참조; 《憲問 제19장》 각주 《禮記 · 檀弓下》 참조.

2 《論語詞典》 夫子(부자): 대부 이상의 관리에 대한 존칭. 그 어르신. 그 분(封大夫以上的官的尊稱。"他老人家"之義。); 夫子(부자): 선생님. 그분. 남자인 상대방에 대한 존칭(古代対男子的敬称).

3 《論語義疏》 공자께서 믿지 않았기 때문에, 공명가를 보자 그에게 물으신 것이다(疏: 孔子未信, 故見公明賈而問之也。); 《王力字典》 信(신): 정말이다. 확실하다["정말입니까?"](形容词。真的, 的确。); 《論語句法》 '信'은 앞당겨진 술어, '乎'는 구말어기사, '夫子不言不笑不取'는 주어구, 그 밑에 붙은 '乎'는 주어 뒤에 붙는 잠시 멈추는 어기사이다('信'是提前的謂語, '乎'是句末語氣詞, 主語'夫子不言不笑不取', 其下'乎'字本是主語後面加的停頓語氣詞。).

4 《論語譯注》 以(이): 지시대명사. '此'. 양우부[楊樹達][1885~1956]선생의 《詞詮》에서 지시대명사로 쓰인 사례를 참고할 수 있다(以: 代詞, 此也。例證可參考楊遇夫先生的詞詮。); 《古漢語語法》 '以'를 지시대명사로 쓴 경우가 있는데, 주어나 목적어 심지어 부사어로도 쓸 수 있다["이것은 고해바친 자의 잘못입니다"](古书偶有用'以'为指代词的, 可作主语,宾语, 甚至可作状语。"這是傳話的人說錯了。"); 《論孟虛字》 '以'는 '此'와 같다('以', 猶'此'。); 《論語句法》 주어가 나오지 않았고, '告者過'는 술어 '以'의 목적어이고, '以'는 지금의 '由於' '因爲'에 해당한다["고해바친 자의 잘못 때문이다"](主語沒說出來。'告者過'是表態簡句, 做述詞'以'的止詞; 這個'以'字相當於白話的'由於'或者是'因爲'。); 《論語義疏》 '過'는 '誤'이다(疏: 過, 誤也。).

笑; 義然後取[6], 人不厭其取。」子曰:「其然[7], 豈[8]其然乎?」

공명가(公明賈)가 대답했다. "이 말은 고해바친 자가 잘못 전했습니다. 그분은 때가 된 뒤에야 말씀하셨으니, 사람들은 그분이 말하는 것을 싫어하지 않았고, 즐거운 뒤에야 웃으셨으니, 사람들은 그분이 웃는 것을 싫어하지 않았고, 의(義)에 맞은 뒤에야 받으셨으니, 사람들은 그분이 받는 것을 싫어하지 않았습니다." 선생님께서 말씀하셨다. "그랬습니까? 설마 그랬겠습니까?"

厭者, 苦其多而惡之之辭。事適其可[9], 則人不厭, 而不覺其有是矣。是以稱之或過, 而以爲不言, 不笑, 不取也。然此言也, 非禮義充溢於中, 得時措之宜[10]者不能。文子雖賢, 疑未及此, 但君子與人爲善[11], 不欲正言其非也。故曰「其然豈其然乎」, 蓋疑之也。[12]

'厭'(염)이라는 것은 많은 것을 괴로워하고 싫어한다는 말이다. 일이 그 정도면 괜찮다고 하는 정도에 맞다 보니, 사람들이 싫어하지 않아서, 그에게 말하거나 웃거나 받은 일이 있었는지를 사람들이 깨닫지 못한 것이다. 이 때문에 그에 대한 칭찬이 혹 과장돼

5 《論語正義》'時'는 때가 돼서 말하는 것을 말한다(正義曰: '時'謂時當言也。).

6 [성]時然後言 義然後取(시연후언의연후취): 때가 돼서 말하고 의에 합당해야 취하다.

7 《論語集解》그가 득도했음을 찬미한 것이다(馬融曰: 美其得道……。);《論語義疏》'然'은 '如此'이다["그가 그랬었군요!"](疏: 其然者, 然, 如此也。言今汝所說者, 當如此也。);《助字辨略》'其然'은 아직 믿지 못하겠다는 말이다["그랬습니까?"](其然, 未信之辭也。);《論語句法》'其'는 연결동사로, 지금의 '是'字이고, '然'은 술어이다["그랬습니까?"]('其'是繫詞, 相當於白話的'是'字, '然'是謂語。);《論孟虛字》'其然'의 '然'은 '如此'와 같다["그분이 그랬었군요!"]('其然'的'然', 是'如此, 這樣'的意思。'其然', 是說'他能這樣嗎!').

8 《助字辨略》'豈'는 확정 짓지 못하는 말이다. '寧'과 뜻이 통한다(豈, 辭之未定, 與寧義通。);《古書虛字》설마. 어찌. 반어사('豈', 反詰之詞也。口語謂'豈'曰 '難道'。);《詞詮》반어부사. 설마. 전혀 의문이 없이 반문할 때 쓴다('其', 反詰副詞。寧也。無疑而反詰用之。);《文言虛詞》반어문에 쓰이는 부사. 설마('豈'作副詞, 用於反詰句。難道).

9 適可(적가): 적합하다. 적당하다. 알맞다(适合; 适宜).

10 《子罕 제29장》각주《中庸 제25장》참조.

11 《述而 제31장》각주《孟子 · 公孫丑上 제8장》참조; 與人爲善(여인위선): 남이 좋은 일을 하게 도와 성공시키다. 남과 같이 좋은 일을 하다. 남에게 선을 행하다. 선의로 남을 돕다(与: 赞许, 赞助; 为: 做; 善: 好事。指赞成人学好。同别人一起做好事。现指善意帮助人。).

12 《古今注》생각건대, 공숙문자는 어진 대부였다. 貞 · 惠 · 文, 三德을 갖춘 것이《禮記 · 檀弓下》에 보이고, 대부 선의 일이 아래 제19장에 보이고, 또 사추가 말하기를 '부유하면서 교만하지 않은 사람이 드문데, 나는 오직 그대에게서만 그런 점을 보았습니다'[春秋左傳 · 定公 13年]라고 했으니, 본시 어진 대부였다. 어찌 그의 선량한 행실을 믿지 못하고 의심하겠는가?(按: 公叔文子, 賢大夫也。貞惠文三德見於檀弓, 大夫僎之事見於下章, 又史鰌之言曰: 富而不驕者, 鮮, 吾惟子之見。本是賢人。豈得不信其善行乎?).

서, '말씀이 없다' '웃음이 없다' '받지 않는다'고 한 것이다. 그렇지만 이 말은, 예(禮)와 의(義)가 속에 차고 넘쳐서, 때에 맞춰 그에 맞는 적절한 조치를 할 수 있는 자에 대해서가 아니면, 쓸 수 없다. 공숙문자(公叔文子)가 비록 현자였을지라도, 이 정도 경지에는 미치지 못했을 것으로 보이는데, 다만 군자께서는 남과 함께 선을 행하실 뿐, 남의 잘못은 곧이곧대로 지적하려 하지 않으셨다. 그래서 '그랬습니까? 설마 그랬겠습니까?'라고 하신 것이니, 대개 그것을 의심하신 것이다.

[臧武仲以防求章*]

141501、子曰:「臧武仲以[1]防[2]求爲後[3]於魯[4], 雖曰 不要[5]君, 吾不信也。[6]」

선생님께서 말씀하셨다. "장무중(臧武仲)이 방읍(防邑)을 점거하고, 노(魯)나라에 자기의 후계자를 세워달라고 요구했으니, 비록 임금에게 강요하지 않았다고 말하지만, 나는 믿지 못하겠다."

要[7], 平聲。○防, 地名, 武仲所封邑也。要, 有挾[8]而求也。武仲得罪奔邾, 自邾如[9]防, 使請立後而避[10]邑。以示若不得請[11], 則將據邑以叛, 是要君也。

1《憲問 제13장》 참조;《論語義疏》 邾(주)나라로 달아났다, 뒤에 邾나라에서 防읍으로 돌아온 것이다(疏: 出奔邾, 後從邾還防。);《論語注疏》 방읍을 점거하고 후계자를 청했기 때문에, 공자께서 '要君'이라 하신 것이다(疏: 正義曰: 據邑請後, 故孔子以爲要君。);《論語譯注》 以(이): ~을 기반 삼다. 구실삼다["제나라로 달아나기 전에, 채읍 防城을 근거지로 삼다"](以: 介詞, 表憑藉; "逃到齊國之前, 憑借著他的采邑防城。");《論孟虛字》 '以'는 '如'와 같다. '往'[가다]으로 풀이한다('以', 猶'如'。'如'作'往'解。).

2 防邑(방읍): 지금의 산동성 비현 비성진 동북쪽에 있다(在今山东费县费城镇东北方).

3《論語集解》 '爲後'는 '立後'[후계자를 세우다]이다(注: 孔安國曰: 爲後, 立後也。);《論孟虛字》 '爲'는 '立'와 같다. '爲後'는 '그를 이어서 후대를 세워주다'이다('爲……於……'格式。這'爲'猶'立'的意思。'爲後'是代他立後代。).

4《春秋左傳 · 襄公 23年》[BC 550]에 나온다.

5《論語正義》 '要'는 '約'이다. 임금에게 자기가 구하는 바를 따르기를 속박하는 것이다.《禮記 · 表記》에, '임금을 섬기는 데 임금과 세 차례 의견이 어긋났는데도 사직하고 국경 밖으로 떠나지 않으면, 봉록을 바라서이다. 다른 사람들이 비록 임금을 속박한 게 아니라고 말할지라도, 나는 믿지 못하겠다'고 했는데, 이 장의 '要君'과 뜻이 같다.《孝經 · 五刑》에, '要君者無上'이라고 했다(正義曰: 案: 要, 約也, 言約君如己所求也。表記: "子曰: '事君三違而不出竟, 則利祿也。人雖曰 不要君, 吾弗信也。'" 與此言'要君'義同。孝經五刑章: "要君者無上。"); 要(요): 강요하다. 협박하다. 압박하다. 요구하다. 원하다(要挟。讨。想要。希望).

6《論語新解》 장무중이 후계자를 세워줄 것을 청하는 내용이《春秋左傳 · 襄公 23年》[BC 550]에 나오는데, 장무중의 청하는 말이 너무 겸손했기에, 당시 사람 중에 대개 그가 잘못했다고 말한 사람이 없었지만, 공자께서는 죄를 지어 달아났는데, 여전히 자기 읍을 점거해서 후계자를 세워줄 것을 청해서는 안 되고, 이것은 일종의 협박이라고 말씀한 것이다(臧武仲请立后之辞见于《左传》其辞甚逊, 时人盖未有言其非者, 孔子则谓得罪出奔, 不应仍据己邑以请立后, 此即一种要挟。).

7 要(요): [yāo] 으르다. 협박하다. 약속하다. 맹약하다(通'约'。胁迫。约束。盟约。); [yào] 부탁하다. 필요로 하다. 요약하다. 중요하다(请求, 拜托。需要。概括, 总括。重要的。).

8 挟(협): 팔로 끼다. 억누르다. 기대다. 믿는 구석이 있다(用胳膊夹住。挟制。倚仗, 依恃。).

9 如(여): 가다. ~로 가다(去, 往。).

10 避(피): 떠나가다(离去).

'要'(요)는 평성[yāo]이다. ○'防'(방)은 지명으로, 장무중(臧武仲)이 봉지로 받은 읍이다. '要'(요)는 믿는 구석이 있어서 요구하는 것이다. 장무중(臧武仲)이 죄를 짓고 주(邾)나라로 달아났다가, 주(邾)나라에서 방(防)읍으로 가서, 사람을 시켜 청하기를 후계자를 세워주면 방(防)읍을 떠나겠다고 했다. 이로써 청을 들어주지 않으면, 읍을 거점으로 반란을 일으키겠다는 뜻을 내보였으니, 이것이 '要君'(요군)이다.

范氏曰:「要君者無上, 罪之大者也[12]。武仲之邑, 受之於君。得罪出奔, 則立後在君, 非己所得專也。而據邑以請, 由其好知而不好學也[13]。」
범씨(范氏 · 范淳夫)가 말했다. "임금에게 강요하는 것은 임금을 무시하는 행위로, 죄 중에서 크나큰 죄이다. 장무중(臧武仲)의 읍은, 그것을 임금에게서 받은 것이다. 죄를 지어 나라 밖으로 달아났으면, 다음 후계자를 세우는 일은 임금에게 달린 것이지, 자기가 마음대로 할 수 있는 것이 아니었다. 그런데도 읍을 점거하고 이로써 후계자를 청했으니, 그가 지혜는 좋아하면서 배우기는 좋아하지 않았기 때문이었다."

楊氏曰:「武仲卑辭請後, 其跡非要君者, 而意實要之。夫子之言, 亦春秋誅意[14]之法也。」
양씨(楊氏 · 楊中立)가 말했다. "장무중(臧武仲)이 겸손한 말로 후계자를 청했으니, 그의 행적은 임금에게 강요한 것이 아닐지라도, 그의 뜻은 실상 임금에게 강요한 것이다. 선생님의 말씀은, 또한《춘추》(春秋)에서 말하는, 실제 행위 여부는 불문하고 의도가 있었는지를 가지고 처벌한다는 원칙을 말씀하신 것이다."

---

11 得請(득청): 요청한 것의 허가를 얻다(犹言所请获准).

12《孝經 · 五刑》공자께서 말씀하셨다. "오형에 속해있는 죄가 삼천인데, 죄 중에 불효보다 큰 죄는 없다. 임금에게 강요하는 사람은 임금을 무시하고, 성인을 비난하는 사람은 법을 무시하고, 효행을 비난하는 사람은 부모를 무시하는 것이니, 이것들은 천하 대란으로 가는 길이다"(子曰: "五刑之屬三千, 而罪莫大於不孝。要君者無上, 非聖人者無法, 非孝者無親。此大亂之道也。").

13《陽貨 제8장》참조.

14 誅意之法(주의지법): 단지 의도와 동기만을 가지고 죄의 유무를 따지고, 실제 결과가 어떠했는지를 불문한다. 뜻을 처벌하지, 행위를 처벌하지 않는다(單以意圖和動機論罪, 不問實際結果如何。); 誅(주): 징벌하다. 처벌하다(懲罰).

[晉文公譎而不正章]

141601、子曰:「晉文公[1]譎而不正[2], 齊桓公[3]正而不譎。[4]」

선생님께서 말씀하셨다. "진(晉)나라 문공(文公)은 속임수를 써서 정직하지 못했고, 제(齊)나라 환공(桓公)은 정직해서 속임수를 쓰지 않았다."

譎, 古穴反。○晉文公, 名重耳。齊桓公, 名小白。譎, 詭[5]也。二公皆諸侯盟主[6], 攘夷狄以尊周室者也[7]。雖其以力假仁[8], 心皆不正, 然桓公伐楚[9], 仗義執言[10], 不由詭道, 猶爲彼善於

---

1 晉文公(진문공): BC 636~BC 628 재위. 姬姓, 名 重耳. 晋献公의 아들. 제2대 춘추5패.

2 [성]譎而不正(휼이부정): 교활하고 못되다(谲: 欺诈。诡诈而不正派); 譎(휼): 속이다. 속여 취하다. 교활하다. 말이 자주 바뀌다(欺骗; 诈骗。诡诈。言行多变化).

3 齊桓公(제환공): BC 685~BC 643 재위. 姜姓, 吕氏, 名 小白. 제1대 춘추 5패. 公子 糾를 몰아내고 왕위에 올랐으며, 관중을 재상으로 임명하여 개혁을 추진했고, '尊王攘夷'의 기치 아래 戎狄 등의 이민족을 몰아냈고, 제후 회맹을 통해 첫째 패주가 되었다.

4《論語正義》王引之[1766~1834]의《經義述聞》에 말했다. "'譎'은 '權'이고, '正'은 '經'이다. 진문공은 權을 행할 수는 있었지만, 經을 지키지는 못했고, 제환공은 經을 지킬 수는 있었지만, 權을 행하지는 못했으니, 각기 장점을 지니고 있으면서 또한 단점이 지니고 있다는 말이다"(正義曰: 王氏引之經義述聞: 論語 '晉文公譎而不正, 齊桓公正而不譎', 譎, 權也。正, 經也。言晉文能行權而不能守經, 齊桓能守經而不能行權, 各有所長, 亦各有所短也。).

5 詭(궤): 속이다. 사칭하다(欺诈; 假冒); 詭道(궤도): 속임수(诡诈之术).

6 盟主(맹주): 회맹의 영수(古代诸侯盟会中的领袖或主持者; 泛指同盟首领或倡导者); 盟(맹): 제후끼리 맹약하는 자리에서 희생을 베어 피를 마시는데, 맹약을 주관하는 자가 손으로 희생의 귀를 잡고 구덩이를 파서 희생을 묻는다(古代盟会要割牲歃血, 主盟人手执牛耳, 掘穴埋牲。).

7 尊王攘夷(존왕양이): 왕실을 존중하고 이적을 배척하다(谓尊崇王室, 排斥夷狄。); 攘(양): 물리치다. 내쫓다(排斥).

8《孟子 · 公孫丑上 제3장》힘으로 인을 가장하는 것이 패도로, 패도는 대국을 필요로 한다. 덕으로 인을 행하는 것이 왕도로, 왕도는 대국일 필요가 없다. 탕임금은 사방 칠십 리의 땅으로도 왕도정치를 했고, 문왕은 사방 백 리의 땅으로 왕도정치를 했다. 힘으로 남을 굴복시킨 자는, 사람들이 마음으로 복종하는 것이 아니라, 힘이 부족해서이다. 덕으로 남을 순복시킨 자는, 사람들이 마음속에서 기쁨이 우러나와 진심으로 복종하기를, 칠십 명의 제자들이 공자에게 복종하는 것과 같다. 시경에, '서쪽에서 동쪽에서 남쪽에서 북쪽에서, 마음으로 복종하지 않는 이 없네'라고 했는데 이를 두고 말한 것이다(孟子曰: 以力假仁者霸, 霸必有大國, 以德行仁者王, 王不待大。湯以七十里, 文王以百里。以力服人者, 非心服也, 力不贍也; 以德服人者, 中心悅而誠服也, 如七十子之服孔子也。詩云: '自西自東, 自南自北, 無思不服.' 此之謂也。).

9《春秋左傳 · 僖公 4年》[BC 656]에 나온다.

10 仗義執言(장의집언): 정의를 지팡이로 삼고 공정한 말을 견지하다. 대의를 구실로 삼고 명분을 내세우다

此[11]。文公則伐衛以致楚[12], 而陰謀以取勝, 其譎甚矣。二君他事亦多類此[13], 故夫子言此以發其隱。

'譎'(휼, jué)는 '古'(고)와 '穴'(혈)의 반절이다. ○'晉文公'(진문공)은 이름이 중이(重耳)이다. '齊桓公'(제환공)은 이름이 소백(小白)이다. '譎'(휼)은 '속이다'[詭]이다. 이 두 임금은 모두 제후들의 맹주(盟主)로서, 이적(夷狄)들을 물리치고 이로써 주(周)나라 왕실을 받든 자들이다. 비록 그들이 힘으로써 인(仁)을 가장하여, 마음이 둘 다 바르지 못했지만, 환공(桓公)이 초(楚)나라를 친 경우에는, (초(楚)나라가 주(周) 왕실에 제사용품을 공납하지 않는다는 것을) 구실로 삼고 명분으로 내세웠고, 속임수를 따르지 않았으니, 제환공(齊桓公)이 진문공(晉文公)보다 그래도 낫다. 진문공(晉文公)의 경우에는 (초(楚)나라와 혼인관계인) 위(衛)나라를 쳐서 이로써 초(楚)나라를 싸움에 끌어들였고, 음모를 꾸며 이로써 승리를 취했으니, 그 속임수가 심했다. 두 임금의 다른 일들도 대부분 이와 비슷한 부류였기 때문에, 선생님께서 이를 말씀하시어 이로써 그들의 숨은 속을 드러내셨다.

(仗义, 主持正义。执言, 说公道话。执, 坚持。).

11《孟子 · 盡心下 제2장》 맹자가 말했다. "《춘추》에 의로운 전쟁이란 없다. 저 전쟁이 이 전쟁보다 나은 경우라면 있다(孟子曰: 春秋無義戰。彼善於此, 則有之矣。).

12《春秋左傳 · 僖公28年》[BC 632]에 나온다.

13 類此(유차): 이와 비슷하다.

[子路曰 桓公殺公子糾章]

141701、子路曰:「桓公殺公子糾, 召忽[1]死[2]之, 管仲不死。」曰[3]:「未仁乎[4]?」

자로(子路)가 말했다. "제(齊)나라 환공(桓公)이 공자(公子) 규(糾)를 죽이자, 소홀(召忽)은 (주군인) 공자(公子) 규(糾)에게 자기 목숨을 바쳐 죽었지만, 관중(管仲)은 죽지 않았습니다." 자로(子路)가 여쭈었다. "(관중은) 인(仁)하지 못한 자이지요?"

糾, 居黝反。召, 音邵。○按春秋傳[5], 齊襄公無道, 鮑叔牙奉公子小白奔莒。及無知[6]弑襄公, 管夷吾召忽奉公子糾[7]奔魯。魯人納之, 未克, 而小白入, 是爲桓公。使魯殺子糾而請管, 召, 召忽死之, 管仲請囚。鮑叔牙言於桓公以爲相。子路疑管仲忘君事讎, 忍心害理[8],

1 召忽(소홀): 제나라 사람으로, 관중과 함께 양공의 아들 공자 규를 섬겼는데, 양공이 죽고 내란이 발생하자, 공자 규를 따라 노나라로 달아났다. 공자 소백을 죽이는 모의에 참여했는데, 소백이 죽은 체하고, 먼저 제나라에 들어와 환공[BC 685~BC 643 재위]으로 즉위하고, 뒤이어 노나라 사람에게 공자 규를 죽이게 하고, 소홀은 스스로 목숨을 끊었다.

2 死(사): ~을 위해[때문에] 생명을 바치다(为某事或某人而牺牲性命。).

3 《論語義疏》'曰'은 '謂'[평하다]이다. 당시 사람들이 모두 말하기를, '(관중은 죽지 않았으니) 관중은 불인한 사람이다'라고 한 것이다(疏: 曰者, 謂也。是時人物議者, 皆謂管仲不死, 是不仁之人也。);《論語正義》자로가 물음을 제기했기에, 다시 '曰'字를 붙인 것이다. 황간은 당시 사람들이 한 말이라 했는데, 아니다(正義曰: 此起子路問詞, 故加"曰"字。皇疏以爲時議, 非也。);《論語新解》앞은 서술이고 뒤는 의문이기 때문에, 다시 '曰'字를 붙인 것이다(上是叙述语, 下是询问语, 故又加一曰 字。).

4 乎(호): ~아닌가요? 의문이나 반문의 어기를 나타낸다(表示疑问或反诘).

5 《春秋左傳 · 莊公 9년》[BC 685]에 나온다.

6 無知(무지): 양공의 사촌 형제로 BC 685년 양공을 죽이고 임금의 자리에 올랐는데, 大夫 雍廩(옹름)에 의해 살해되고, 그 후 小白이 귀국해서 임금의 자리에 올랐다.

7 公子糾(공자규): ?~BC 685. 제나라 희공[BC 731~BC 698 재위]에게 아들 제아, 규[어머니가 노나라 사람이다], 소백[어머니가 제나라 사람이다]이 있었는데, 희공이 죽자 큰아들 제아가 즉위하여 양공[BC 698~BC 686 재위]이 되었다. 공자 규는 혼란스러운 정치 상황으로 인해 살해될까 두려워, BC 686년 관중과 소홀을 데리고 노나라로 달아났는데, 제나라 양공이 살해된 후 내란이 터지자, 노나라가 공자 규를 호송해서 왕위를 쟁탈하게 제나라로 보냈다. 관중이 화살을 쏘아 소백의 옷 단추를 맞히었는데, 소백이 엎드려 죽은 체하자, 관중은 제나라에 승리의 소식을 전했고, 이에 노나라는 공자 규를 제나라로 들여보내는 데 꾸물대다가, 소백이 먼저 귀국해 환공[BC 685~BC 643 재위]으로 즉위했다.

8 忍心害理(인심해리): 마음씨가 매우 모질어 양심을 다 상실하다(忍: 殘忍。心地殘忍, 喪盡天良。).

不得爲仁也。

‘糾’(규, jiū)는 ‘居’(거)와 ‘黝’(유)의 반절이다. ‘召’(소)는 음이 ‘邵’(소)이다. ○《춘추좌전》(春秋左傳)을 고찰해 보면, 제(齊)나라 양공(襄公)의 행실이 무도하자, 포숙아(鮑叔牙)는 공자(公子) 소백(小白)을 주군으로 받들고 거(莒)나라로 망명했다. 양공(襄公)의 동생인 공손무지(公孫無知)가 양공(襄公)을 시해하자, 관중(管仲)과 소홀(召忽)은 공자(公子) 규(糾)를 주군으로 받들고 노(魯)나라로 망명했다. 노(魯)나라 사람들이 공자(公子) 규(糾)를 제(齊)나라 임금으로 받아들이려 했지만, 성공하지 못하고, 공자(公子) 소백(小白)이 제(齊)나라로 들어갔는데, 이 사람이 바로 환공(桓公)이다. 환공(桓公)이 노(魯)나라로 하여금 공자(公子) 규(糾)를 죽이게 하고 관중(管仲)과 소홀(召忽)을 보내줄 것을 청하자, 소홀(召忽)은 이 때문에 자기 목숨을 바쳐 죽었고, 관중(管仲)은 죄수로 갇히기를 청했다. 포숙아(鮑叔牙)가 환공(桓公)에게 말하여 관중(管仲)을 재상으로 삼았다. 자로(子路)는 관중(管仲)이 주군을 잊고 원수를 섬긴 것은, 마음이 모질어서 도리를 해친 것이니, 인(仁)하다 할 수 없는 것이 아닌가 하고 의심한 것이다.

141702、子曰:「桓公九合諸侯[9], 不以[10]兵車[11], 管仲之力[12]也。如其仁[13]? 如其仁?」

9《論語大全》‘九合諸侯’가 ‘糾合諸侯’인 것은, 《春秋左傳》에서 展喜가 말한 ‘糾合諸侯’[僖公26年]와 ‘糾合宗族’[僖公24年]과 같은 말이, 또한 그 증거이다. 설명하는 자가 그러한 것을 고찰하지 않고, 곧바로 ‘九會諸侯’라 한 것이다. 환공의 회합을 세어보니 아홉 번에 그치지 않자, 또 ‘不以兵車’라는 문구를 근거로 설명하기를, 衣裳之會가 아홉 번이고, 나머지는 兵車之會라고 했다. 공양전이나 곡량전 이래로 모두 이렇게 풀이했는데, 견강부회라 할 수 있다(朱子曰: 九之爲糾, 展喜之詞, 而糾合宗族之類, 亦其證也。說者不考其然, 乃直以爲九會諸侯。至數桓公之會不止於九, 則又因不以兵車之文而爲之說曰, 衣裳之會九, 餘則兵車之會也。公穀以來, 皆爲是說, 可謂鑿矣。);《史記 · 齊太公世家》환공이 말했다. “과인이 병거를 타고 회합하기를 세 번, 수레를 타고 회합하기를 여섯 번, 모두 아홉 번 제후들과 회합하고, 천하를 바로 잡았소.”(桓公稱曰: “……寡人兵車之會三, 乘車之會六, 九合諸侯, 一匡天下……”);《春秋穀梁傳 · 莊公 27年》[BC 667] 장공이 제후 · 송공 · 진후 · 정백과 유에서 회합했다. 衣裳之會가 11번이고, 歃血之盟은 없었으니, 신뢰가 두터웠다(公會齊侯, 宋公, 陳侯, 鄭伯, 同盟於幽……衣裳之會十有一, 未嘗有歃血之盟也, 信厚也。);《論語譯注》제환공이 제후를 규합한 것은 모두 11차례였다. ‘九’는 허수로, 그 수가 많았음을 표시한 것에 불과하다(齊桓公糾合諸侯共計十一次。這一‘九’字實是虛數, 不過表示其多罷了。);《論語新解》春秋左傳과 國語의 다른 곳에는, 여전히 九合諸侯[左傳 · 襄公 11年] · 七合諸侯[國語 · 晉語7] · 再合諸侯[左傳 · 昭公 1年] · 三合大夫[左傳 · 昭公 1年]라는 말이 있으니, 이 九合는 확실히 가리키는 것이 있는데, 다만 그 상세한 내용을 알 수 없을 뿐이다(按: 内外传他处, 尚有言九合诸侯七合诸侯再合诸侯三合大夫之语, 则此九合确有指, 惟今不得其详耳。);《王力漢語》고한어에서는, 행위수량의 표시 방법은 수사를 직접 동사 앞에 놓아 표시하지, 동량사를 쓰지 않았다(在古漢語裡, 表示行爲數量的句法, 一般

是把數詞直接放在動詞的前面, 而不用表示動量的量詞。); [성]九合一匡(구합일광): 여러 차례 회합을 주도하여 혼란스러운 정국을 안정시키다. 탁월한 정치 능력을 지니다(合: 聚集。匡: 救助, 帮助, 拯救。'九合諸侯, 一匡天下'的省略语。原指春秋时代齐桓公多次会合各国诸侯, 称霸华夏, 使混乱不安的政局得以安定。后用以形容有卓越的治国才能。); 《百度漢語》 九合(구합): 여러 번 모여 맹약하다(多次会盟).

10 《論語正義》 '以'는 '用'이다. 환공이 인의를 빌어 제후들을 복종시켜, 제후들이 모두 오자 환공이 회맹하면서 무력을 써서 강요하지 않은 것이다(正義曰: 以者, 用也。桓公假仁義以服諸侯, 諸侯皆來就桓會盟, 不用兵車驅迫之也。); 《論孟虛字》 '以'는 '依'와 같다. '因依'[의탁하다. 기대다]의 뜻이다('以', 猶'依', 爲'因依'之意。).

11 《論語譯注》 "여러 차례 회합을 주재하여 전쟁을 멈췄다"("停止了战争。"); 兵車(병차): 군대의 위력. 무력(兵威, 武力。).

12 《王力字典》 力(력): 공로(功劳。).

13 《論語集解》 "누가 관중의 仁만 하겠느냐!"(注: 孔安國曰: 誰如管仲之仁矣!); 《助字辨略》 '如其仁'은 글자가 생략된 문장으로, '何如其仁'[누가 관중의 仁만 하겠느냐!]이다(愚案: 此亦省文, 言何如其仁也。); 《經傳釋詞》 '如'는 '乃'와 같다["관중이 무력을 쓰지 않고 천하를 안정시켰으니, (이것이 바로) 관중의 仁이다"](如, 猶'乃'也…… 言管仲不用民力而天下安, 乃其仁, 乃其仁也。); 《論語集釋》 陳天祥[1230~1316]의 《四書辨疑》에 말했다. "王若虛[1174~1243]는, '如其……는 거의 가까운 것을 말한다'고 했는데, 이는 '如其' 두 자의 뜻을 '近'으로 풀이한 것이다. 대저 '如'의 뜻은, 원래 모습에 아주 비슷한 것을 말한다. 如其父 · 如其兄 · 如其所聞 등과 같이, 문어 중에는 이같이 이러한 '如其'를 사용한 것이 적지 않다. 관중은 仁을 가장한 사람이지[孟子 · 公孫丑上 제3장], 진실된 仁을 지닌 자가 아닌데, 이룬 것은 仁과 다르지 않았기 때문에, '如其仁'[인에 가깝다]이라 말씀하신 것이다"(四書辨疑: 王滹南曰: 『如其云者, 幾近之謂也。』此解如其二字意近……大抵如之爲義, 蓋極似本真之謂。如云如其父, 如其兄, 如其所聞, 文字語話中似此用如其字者不少……管仲乃假仁之人, 非有仁者真實之仁, 所成者無異, 故曰如其仁也。); 《論語正義》 《經傳釋詞》에서, "'如'는 '乃'와 같다'고 했는데, 이 풀이가 가장 알맞다. 곧바로 '爲仁'이라 하지 않고 '如其仁'이라 한 것은, 오로지 그가 이룩한 업적에만 근거해서 평가한 것이다. 俞樾[1821~1907]의 《諸子平議》에, '揚子의 《法言》은 《論語》를 모방했는데, 그 안에 나오는 '如其富,如其富' · '如其智,如其智' · '如共寢,如其寢'은 모두 인정을 거부하는 말이다. 그렇다면 《論語》의 '如其仁 如其仁'은 대개 그의 인을 인정하지 않은 것이다. 관중은 다만 그의 공을 논하는 것은 可하지만, 반드시 그의 인을 논할 것은 아니다'라고 했다. 俞樾의 견해는 揚子의 뜻에 부합하지만, 논어의 본지와 꼭히 부합하는 것은 아니다(正義曰: 經傳釋詞: "如, 猶乃也." 此訓最當。蓋不直言 "爲仁", 而言 "如其仁", 明專據功業言之……俞氏樾諸子平議謂 "法言是擬論語, 其中所云'如其富, 如其富'; '如其智, 如其智'; '如共寢, 如其寢', 皆不予之辭。則'如其仁, 如其仁', 蓋不許其仁也。言管仲但論其事功可也, 不必論其仁也。" 俞君此說, 深得楊子之意, 其與論語本旨, 不必合也。); 《古今注》 '如'는 '當'과 같다. '其仁'은 소홀의 仁을 가리킨다. 관중의 功이 족히 소홀의 仁과 대등하다는 말이다. 자로는 소홀이 살신성인한 것만 생각하고, 관중의 공이 장차 仁이 천하를 덮을 만한 정도임을 몰랐기 때문에, 공자께서 관중의 공을 한껏 칭찬하시기를, 관중은 죽지 않았지만, 소홀의 죽음에 대등할 수 있다. 그 경중을 저울로 재서 꼼꼼하게 헤아려도, 그것이 대등하지 않다고 볼 수 없기 때문에, 두 번씩이나 '如其仁'[소홀의 仁과 대등하다]이라 하신 것이다. 자로는 한목숨 죽는 것으로 仁을 삼았지만, 공자께서는 만민을 살린 것으로 仁을 삼았으니, 누구의 仁이 크다고 할 것이고 누구의 仁이 작다고 할 것이겠는가?(如猶當也。其仁謂召忽之仁也。言管仲之功足以當召忽之仁……子路獨以召忽爲殺身成仁, 而不知管仲之功將仁覆天下, 故孔子盛稱其功曰, 管仲雖不死, 亦可以當召忽之死也。秤其輕重, 細心商量, 而終不見其不相當, 故再言之曰如其仁……子路以一身之死爲仁, 夫子以萬民之生爲仁, 孰大孰小?); 《論語詞典》 如(여): 연결동사. 바로~이다. 즉~이다["이것이 바로 관중의 인이다"]

선생님께서 말씀하셨다. "환공(桓公)이 제후들을 규합하는 데 있어, 무력을 쓰지 않았던 것은, 관중(管仲)의 공이었다. 누가 그의 인(仁)만 하겠느냐? 누가 그의 인만 하겠느냐?"

九, 春秋傳[14]作「糾[15]」, 督[16]也, 古字通用。不以兵車, 言不假威力也。如其仁, 言誰如其仁者, 又再言以深許之。蓋管仲雖未得爲仁人, 而其利澤[17]及人, 則有仁之功矣。

'九'(구)는 《춘추좌전》(春秋左傳)에는 '糾'(규)로 되어 있는데, '통솔하다'[督]이고, 옛날 글자는 서로 바꿔 썼다. '不以兵車'(불이병차)는 '무력을 빌리지 않았다'는 말이다. '如其仁'(여기인)은 '누가 그의 인(仁)만 하겠느냐?'는 말이다. 또 두 번 계속해서 말씀하여 이로써 그가 인(仁)하다는 것을 깊이 인정하신 것이다. 대개 관중(管仲)이 비록 인(仁)한 사람은 못 되어도, 그가 베푼 은덕이 사람들에게 미쳤으니, 그렇다면 인(仁)한 공적은 있었다.

(連繫性動詞, 就是, 乃是: '這就是管仲的仁德.').

14 《春秋左傳 · 僖公 26年》[BC 634] (제나라 효공[BC 642~BC 633 재위]이 노나라를 쳐들어오자 노나라 대부 전희가 효공에게 가서 말했다.) "옛날에 주공 단과 태공망이 주나라 왕실의 수족이 되어 성왕을 부축하여 보좌하니, 성왕은 두 분의 공로를 위로하시고 두 분에게 결맹하도록 명하시길, '자자손손 서로 해치지 말라'고 하셨으니, 그 문서가 盟府에 보관되어, 태공이 태사로서 그 직분을 맡았습니다. 환공이 이 때문에 제후를 규합하여 제후 사이 불협화음의 해결을 도모하고, 제후들 사이 간극을 때우고 그들 사이의 재앙을 구제했으니, 이는 옛날 태공의 직분을 밝힌 것입니다"(展喜對曰: 昔周公, 大公, 股肱周室, 夾輔成王, 成王勞之, 而賜之盟曰, 世世子孫, 無相害也, 載在盟府, 大師職之。桓公是以糾合諸侯, 而謀其不協, 彌縫其闕, 而匡救其災, 昭舊職也。).

15 《古今注》'糾'(규)는 새끼를 세 가닥으로 꼰 것이다. '糾'는 '얽어매다. 새끼를 꼬다'이다. 宗族이 마음이 맞지 않아 멀어지면 宗臣이 서로서로 얽어매서 하나로 합하고, 제후가 흩어지면 覇諸侯가 서로서로 얽어매서 하나로 합한다(糾者,繩三合也…… 糾也者, 繆也。宗族離心, 則宗臣糾而合之, 諸侯泮散, 則伯主糾而合之。): 糾(규): 모으다. 감독 · 지휘하다(纠集: 集结。督察).

16 督(독): 통솔하다. 지휘하다(统率, 指挥。).

17 利澤(이택): 이익과 은택. 은덕(利益恩泽。恩德。).

[子貢曰 管仲非仁章]

141801、子貢曰:「管仲非[1]仁者與? 桓公殺公子糾, 不能死, 又[2]相之。」[3]

자공(子貢)이 말했다. "관중(管仲)은 인(仁)한 자가 아니지요? 환공(桓公)이 공자(公子) 규(糾)를 죽였는데, 자기 주군인 규(糾)를 따라 목숨을 바쳐 죽지 못하고, 게다가 환공(桓公)을 돕기까지 했습니다."

與, 平聲。相, 去聲。○子貢意不死猶可[4], 相之則已甚矣。

'與'(여)는 평성[yú]이다. '相'(상)은 거성[xiàng]이다. ○자공(子貢)의 생각에, 자기 주군을 따라 죽지 않은 것은 그래도 괜찮지만, 환공(桓公)을 돕기까지 한 것은 너무 심하다고 여긴 것이다.

141802、子曰:「管仲相桓公, 霸[5]諸侯, 一匡天下[6], 民到于今受其賜[7]。微[8]管仲, 吾[9]其[10]

1《王力漢語》'非'는 부정부사로서, '非'를 사용한 판단문으로, 술어와 주어의 관계를 부정한다('非', 否定副詞。用'非'的判斷句。否定謂語和主語的關係。).

2《論孟虛字》'既'와 '又'가 서로 상응하여 대립 관계를 표시한다. 도리어('既'與'又'相應, 表示對立關係。這個'又'訓'而又', 和'反而'同義。); 又(유): 게다가. 그 위에. 또한(再加上, 还有。).

3《春秋左傳・莊公 9年》[BC 685] 양공이 제나라 임금에 즉위했을 당시[BC 697] 정치가 안정되지 못하고 혼란스러웠다. 포숙아가 '양공이 백성을 부리는 데 거만하니, 장차 난리가 날 것이다'라고 말하고, 공자 소백[양공의 동생]을 받들고 거나라로 도망갔다. 난리가 일어나 양공이 살해되고 공손무지가 임금에 오르자[BC 686년] 관이오와 소홀은 공자 규를 받들고 노나라로 도망왔다. 노나라 장공 9년 봄, 제나라 雍廩(옹름)이 공손무지를 죽였다. 여름, 장공이 (임금이 없는) 제나라를 정벌하고, 공자 규를 들여보내 임금으로 세우려 했지만, 공자 소백[환공]이 거나라에서 먼저 제나라로 들어가 왕이 되었다. 가을, 노나라 군대가 제나라 군대와 乾時(건시)에서 싸워 노나라 군대가 패하자, 포숙아가 노나라 장공에게 와서, '공자 규는 환공의 형제이니 임금께서 죽여주십시오. 관이오와 소홀은 환공의 원수이니 우리가 인수하여 적절히 처분하겠습니다'라고 했다. 노나라는 공자 규를 生竇(생두)에서 죽였고, 소홀도 따라 죽었다. 관이오가 포로가 되기를 청하자, 포숙아는 그를 인수해 오다가 堂阜(당부)에서 포박을 풀어주고는, 돌아와 환공에게, '관이오의 정치적 능력이 高傒(고혜)보다 낫습니다. 재상으로 삼을 만합니다'라고 하니, 환공이 그의 말을 따랐다.

4 猶可(유가): 그래도 괜찮다. 오히려 괜찮다(尚可; 还可以).

5《論語注疏》《春秋左傳・成公2年》의 '五伯之霸'에 대한 鄭玄의 注에, "천자의 힘이 약해지고, 제후의 세력이 강해져서, '霸'(패)라고 한다. '霸'는 '把'(파)[손아귀에 쥐다]로, 제후가 왕자의 정치를 손아귀에

被髮左衽[11]矣[12]。

선생님께서 말씀하셨다. "관중(管仲)은 환공(桓公)을 도와서, 제후들의 패자(霸者)가 되게 했고, 혼란스러운 천하를 모조리 바로잡게 했으니, 백성들은 오늘에 이르기까지 그의 은사(恩賜)를 입고 있다. 관중(管仲)이 없었더라면, 우리 중국은 아마도 머리는 풀어 헤치고 옷섶은 왼쪽으로 여미고 있었을 것이다.

被, 皮寄反。衽, 而審反。○霸, 與伯[13]同, 長也。匡, 正也。尊周室, 攘夷狄, 皆所以正天下

쥐고 있다는 말로, 이 때문에 '伯'으로 쓰기도 하고, '霸'라고 쓰기도 한다"고 했다(疏: 正義曰: 鄭玄云: 天子衰, 諸侯興, 故曰霸。霸者, 把也, 言把持王者之政教, 故其字亦作伯, 或作霸也。);《論語詞典》霸(패): 힘에 의지해 제후들을 호령하다(憑藉實力以號令諸侯。).

6 [성]一匡天下(일광천하): 혼란을 바로잡아 천하를 안정시키다(匡: 纠正。纠正混乱局势, 使天下安定下来。);《論語集解》'匡'은 '正'이다(注: 馬融曰: 匡, 正也。);《論語義疏》'一匡天下'는 천하 일체가 모조리 바로잡힌 것이다(疏: 一匡天下, 天下一切皆正也。);《論語詞典》一(일): 부사. 일체. 모두(副詞, "一切"也。).

7《古今注》'民到于今'은, 후세에 남긴 은택이 지금에까지 흘러내려, 그 기간이 거의 200년에 이르렀다는 말이다(民到于今, 謂流澤遠也, 其間殆二百年。);《論語義疏》'賜'는 '恩惠'와 같다(疏: 賜, 猶恩惠也。); 賜(사): 내려주다. 하사하다. 하사품(给予; 上给予下。赏给的东西, 给予的好处。).

8《論語集解》'微'는 '無'[없다]이다(注: 馬融曰: 微, 無也。);《古書虛字》'微'는 '非'[아니다]이다('微', '非'也。);《文言語法》'微'는 뜻이 '若無'와 같지만, 주어가 없는 문장의 절에만 쓸 수 있고, 기정사실과 상반되는 가정만을 표시한다('微', 意義也同於'若無', 但只能用於無主語的假說語氣的分句, 而且只表示與既定事實相反的假說。).

9《論語正義》'吾'는 '吾中國'이다(正義曰: "吾"者, 吾中國也。).

10《王力漢語》어기사 '其'가 문장의 맨 앞이나 중간에 쓰여, 완곡한 어기를 표시한다. 진술문이나 의문문에서는 '대개' '아마'의 의미이고, 명령문에서는 단순히 완곡한 어기를 표시하는데, 현대 한어의 문장 끝에 쓰이는 '吧' '啊'가 표시하는 완곡한 어기와 같다(語氣詞'其'字用於句首或句中, 表示委婉的語氣。在陳述句或疑問句裡, 它表示'大概''恐怕'等意思; 在祈使句裡, 它就簡單地表示委婉的語氣, 略等於現代漢語句末語氣詞'吧'字或'啊'字表示的委婉語氣。);《許世瑛(二)》'其'는 필연의 어기를 표시하는 어기사이다('其'字是個表必然與其的語氣詞。)[論語中'其'字用法深究].

11 [성]被髮左衽(피발좌임): 이민족 옷차림. 이민족의 침입. 이민족에 의해 멸망당하다(古代某些少数民族的服装。左衽: 衣襟向左掩。披头散发, 衣襟左开, 借指异族入侵为主。也指沦为夷狄。);《論語義疏》'被髮'은 머리를 결발하지 않은 것이다. '左衽'은 옷 앞이 오른쪽에서 왼쪽으로 향하는 것이다(疏: 被髮, 不結也。左衽, 衣前從右來向左也。);《古今注》'被髮'은 머리카락이 정수리를 덮어 내려오다가 그 끝을 땋은 것을 말한다(被髮, 謂髮蒙於頂而辮其末也。);《百度漢語》被髮(피발): 상투를 틀거나 쪽을 하지 않고 머리를 풀어 헤치다(散发不作髻);《論語譯注》풀어헤치다('被', 同'披'。); 左衽(좌임): 옷섶을 왼쪽으로 여미다. 이민족의 통치를 받다(前襟向左掩, 異於中原一帶的右衽。用以指受外族的統治。).

12《王力漢語》矣(의): 동작의 상태를 표시하는 어기사. 대다수의 경우, 편정복문으로, 앞의 편구(수식구)는 가설을, 뒤의 正句는 가설조건 下에서의 결과를 표시한다('矣', 表示動態的語氣詞。在多數情況下, 這是一個偏正複句, 偏句表示一個假說, 正句表示在這個條件下的後果。).

13 伯(백): '霸'(패)와 통하며, 제후의 우두머리(通'霸'。原指春秋时诸侯的首领。).

也。微, 無也。衽, 衣衿[14]也。被髮左衽, 夷狄之俗也。

'被'(피, pī)는 '皮'(피)와 '寄'(기)의 반절이다. '衽'(임, rèn)은 '而'와(이) '審'(심)의 반절이다. ○'霸'(패)는 '伯'(백)과 같으니, '우두머리'[長]이다. '匡'(광)은 '바로잡다'[正]이다. 주(周)나라 왕실을 받든 것, 이적(夷狄)을 물리친 것, 이 모두가 천하를 바로잡는 데 쓴 것들이다. '微'(미)는 '없다'[無]이다. '衽'(임)은 '옷섶'[衣衿]이다. '머리를 풀고 옷섶을 왼쪽으로 여미는 것'[被髮左衽]은 이적(夷狄)의 풍속이다.

141803、豈若[15]匹夫匹婦[16]之爲諒[17]也, 自經[18]於溝瀆[19]而莫之知[20]也[21]?」

---

14 衣衿(의금): 상의 또는 두루마기의 앞부분(上衣或袍子前面部分).

15 豈若(기약): 어찌~만 하겠는가? ~만 못하다(犹何如。表示不如。);《王力漢語》若(약): ~와 같다(動詞, 像。);《論語句法》'若'은 준연결동사, '匹夫匹婦……'는 술어이다('若'是準繫詞。'匹夫匹婦……知也'是謂語。).

16 [성]匹夫匹婦(필부필부): 평민 남녀. 일반 백성(平民男女。泛指平民。泛指普通百姓。);《書經 · 商書 · 咸有一德》임금은 백성 아니면 부릴 사람이 없고, 백성은 임금 아니면 섬길 사람이 없습니다. 자기의 식견은 광박하고 남의 식견은 편협하다고 여기지 마십시오. 한 명의 지아비 한 명의 지어미라도 자기의 의견을 다 진술하지 못한다면, 백성의 군주는 그의 공을 이룰 수 없습니다(后非民罔使; 民非后罔事。無自廣以狹人。匹夫匹婦, 不獲自盡, 民主罔與成厥功。).

17 [성]匹夫之諒(필부지량): =匹夫小諒. 보통의 백성들이 마음에 간직하고 지키는 사소한 지조나 신념(指普通老百姓所抱守的小节小信。);《論語正義》宋翔鳳[1779~1860]의《論語發微》에 말했다. "'匹夫匹婦'는, 소위 독단적으로 행동하는 선비로, 한 개인의 절개는 중시하면서 천하는 고려하지 않는 자이니, 匹夫를 비천한 사람으로 여긴 말이 아니고 그의 독단적인 행동을 비판한 것이다. 필부필부가 말로 약속하고, 그 약속을 반드시 실천하는 것을 '諒'이라 말한 것이다"(正義曰: 宋氏翔鳳發微云: 匹夫者, 所謂獨行之士, 惜一己之節, 不顧天下者也, 非以匹夫爲賤而非之……匹夫匹婦以言許人, 必踐其言, 是之謂諒。);《王力漢語》諒(량): 성실하다. 도의 방면에서 고집스럽다(誠實。引申爲固執[指道義方面]); 諒(량): 신실하다. 신의가 있다. 고집부리다. 자기 견해를 고집하다. 이해해주다(诚实; 信实。固执, 坚持己见。谅解。).

18 經(경): 목매달아 죽다. 줄로 목을 졸라 죽다(上吊, 缢死。).

19 [성]匹夫溝瀆(필부구독): 보통 사람이 소소한 신념이나 지조를 지키는 데 집착하다(指拘守普通人的小信小节); 經(경): 목매어 자살하다(上吊, 缢死。);《論語正義》宋翔鳳[1779~1860]의《論語發微》에 말했다. "《좌전》에는 '공자 규를 生竇(생두)에서 죽였다'[莊公9年]고 했고,《사기》에는 '笙瀆'(생독)으로 되어 있다[齊太公世家].《사기집해》에서 賈逵(가규)는 '노나라 땅 句瀆(구독)이다'라고 했고,《사기색은》에는 '莘瀆'(신독)으로 되어 있는데, '莘' '笙'은 소리가 서로 가깝고, '笙'은 如字이고, '瀆'은 음이 '豆'이다.《논어》에는 '溝瀆'(구독)으로 되어 있는데, 후대에 소리가 바뀌면서 글자가 달라져서 책마다 글자가 달라진 것으로, 요컨대 '生竇' '笙瀆' '句瀆' '溝瀆'은 모두 같은 지명이다"(正義曰: 發微又云: "左傳'乃殺子糾於生竇', 杜注: '生竇, 魯地。' 史記作'笙瀆'。集解賈逵曰: '魯地句瀆也。' 索隱按鄒誕生本作'莘瀆'。'莘'、'笙'聲相近, 笙如字, 瀆音豆。論語作'溝瀆', 蓋後代聲轉而字異, 故諸文不同……要之, 生竇, 笙瀆, 句瀆與溝瀆是一地。"); 溝瀆(구독): (봇)도랑. 수로(犹沟洫).

필부필부가 사소한 신의를 지키려고, 스스로 도랑에서 목을 매어 죽어도, 아무도 그를 알아주는 사람이 없는 것과 어떻게 같겠느냐?"

諒, 小信[22]也。經, 縊[23]也。莫之知, 人不知也。後漢書引此文[24], 莫字上有人字。
'諒'(량)은 '사소한 신의'[小信]이다. '經'(경)은 '목을 매어 죽다'[縊]이다. '莫之知'(막지지)는 '사람들이 모르다'[人不知]이다. 《후한서》(後漢書)에서 이 글을 인용했는데, '莫'(막)자 앞에 '人'(인)자가 있다.

○程子曰:「桓公, 兄也。子糾, 弟也[25]。仲私於所事, 輔之以爭國, 非義也。桓公殺之雖過,

20 《論語正義》 '莫之知'는 남이 알아줄 만한 공적이 없다는 말이다(正義曰: '莫之知'者, 言無功績爲人所知也。); 《論語句法》 '莫之知'의 '莫'은 부정을 표시하는 불확정지칭사로, 주어이고, '之'는 '匹夫匹婦自經於溝瀆'의 일을 가리키고, 술어 '知'의 목적어로, 이 문장은 부정문인데 '之'가 또 지칭사여서, 앞당겨진 것이다('莫之知'裡的'莫'字是表否定的無定指稱詞, 做起詞, '之'稱代'匹夫匹婦自經於溝瀆'的這件事, 做述詞'知'的止詞。因爲這句是否定句, 而'之'又是指稱詞, 所以提前了。); 《王力漢語》 '莫'(막)은 대신 지칭하는 것이 정해져 있지 않은 부정대명사로, '아무(것/일)도~없다'로 번역할 수 있다. '莫'字 앞에 부정대명사가 대체하는 명사가 출현할 수도 있다(用否定代詞'莫'的否定句。'莫'字是一個否定性的無定代詞。如果要把它的意義譯成現代漢語, 可以譯爲'沒有誰''沒有哪一種東西(事情)。'莫'字前面可以出現它所代替的名詞, 也可以不出現。).

21 《論語集解》 관중 · 소홀과 공자 규는, 군신의 관계가 아직 성립되지 않았기 때문에, 죽는 것이 아주 가상한 일이 아니었고, 죽지 않는 것이 크게 비난할 일이 아니었다. 죽는다는 것은 어려운 일인데다가, 또 분수에 지나쳤기 때문에, 공자께서는 관중의 공은 찬미하시면서도, 소홀이 부당하게 죽었다고는 말씀하지 않으신 것이다(注: 王肅曰: 管仲, 召忽之於公子糾, 君臣之義未正成, 故死之未足深嘉, 不死未足多非。死事既難, 亦在於過厚, 故仲尼但美管仲之功, 亦不言召忽不當死也。).

22 小信(소신): 사소한 예절에 구애받아 신의를 지키다(小事情上的诚信; 在小节上拘泥守信).

23 縊(액): 목매 죽다. 줄로 목을 졸라서 기를 막히게 해서 죽다(吊死。用绳子勒颈绝气而死).

24 《後漢書 · 楊李翟應霍爰徐列傳》 옛날에 소홀이 공자 규의 난에 자살했는데, 공자께서 말씀하시기를, '도랑에서 목을 매어 죽었는데, 사람들이 아무도 그를 알아주지 않았다'고 하셨다(昔召忽親死子糾之難, 而孔子曰 '經於溝瀆, 人莫之知').

25 《荀子 · 仲尼》 제환공은 오패 중에 가장 강성한 자였는데, 패자가 되기 전에는 형을 죽이고 나라를 빼앗았다(齊桓五伯之盛者也, 前事則殺兄而爭國。); 《論語集釋》 毛奇齡[1623~1716]의 《論語稽求篇》에 말했다. "규와 소백은 모두 제나라 희공의 아들이고, 양공의 동생이었다. 그런데 규가 형이고, 소백이 동생이다. 《春秋左傳 · 莊公 9年》에는 '제나라 소백이 제나라에 들어왔다'고 했고, 《春秋公羊傳 · 莊公9年]》에는 '(소백이) 찬탈했다'고 했고, 《春秋穀梁傳 · 莊公9年》에는 '(소백이) 양위하지 않았다'고 했으니, 모두 공자 규를 형으로 소백을 동생으로 여겼기 때문이다"(論語稽求篇: 子糾,小白皆齊僖之子, 齊襄之弟。然子糾, 兄也。小白, 弟也。春秋傳書'齊小白入于齊', 公羊曰簒, 穀梁曰不讓, 皆以糾兄白弟之故。); 《古今注》 환공이 동생이고, 공자 규가 형이다. 《史記 · 齊太公世家》에는, '양공의 동생이 규이고, 그 동생이 소백이다'라고 했다(桓公, 弟也, 子糾, 兄也。史記曰, 襄公次第糾, 次第小白。); 《百度百科》 공자 규[?~BC

而糾之死實當。仲始與之同謀, 遂與之同死, 可也; 知輔之爭爲不義, 將自免以圖後功亦可也。故聖人不責[26]其死而稱其功。[27]

○정자(程子·伊川)가 말했다. "환공(桓公)은 형이었다. 공자(公子) 규(糾)는 동생이었다. 관중(管仲)은 모실 대상을 선택하는 데 사사로웠으니, 공자(公子) 규(糾)를 보필해서 환공(桓公)과 나라를 다툰 것은, 의(義)가 아니다. 환공(桓公)이 공자(公子) 규(糾)를 죽인 것은 비록 잘못일지라도, 공자(公子) 규(糾)의 죽음은 실로 마땅했다. 관중(管仲)은 처음에 공자(公子) 규(糾)와 함께 모의했으니, 이에 그가 죽을 때 같이 죽는 것도 괜찮았고, 규(糾)를 보필해서 환공(桓公)과 나라를 다툰 것이 의(義)가 아니라는 것을 알고, 장차 스스로 불의(不義)를 피하고 후일의 공(功)을 도모하는 것도 또한 괜찮았다. 그래서 성인(聖人)께서는 그의 죽음을 요구하지 않고 도리어 그의 공(功)을 칭찬하신 것이다.

若使[28]桓弟而糾兄, 管仲所輔者正, 桓奪其國而殺之, 則管仲之與桓, 不可同世[29]之讐也。

685]는 제나라 양공의 동생이고, 환공의 형이다(公子纠 春秋时齐国人。齐襄公之弟, 齐桓公之兄。).

26 責(책): 요구하다. 명령을 내리다(要求).

27《論語新解》이 장은 (관중이) 필부필부의 사소한 절개를 버리고 이룬 크나큰 공적을 논한 것으로, 공자의 생각이 아주 분명히 드러나 있다. 송나라 유학자들은 관중의 공적에 대해 功利를 두둔한다는 혐의를 받을까 봐 인정하기를 꺼리다 보니, 이에 환공이 형이고, 공자 규는 동생이라고 억지 말을 만들어, 이것으로 관중이 자기 주군을 따라 죽지 않은 죄를 경감시켜보려고 했다. 그들은 공자의 뜻이, 더욱이 임금과 형은 신하와 동생의 위라는 생각의 너머에 가 있으시다는 것을 알지 못했다. 인의 도는 쉽다고 말한 것으로는, 공자께서 '내가 仁을 바라면, 仁은 아주 가까이에 있다'[述而 제29장]고 한 말씀이 있고, 인의 도는 크다고 말한 것으로는, 이 장에서 그 예가 보인다. 요컨대 공문에서 말한 인이란 것이, 밖으로 드러난 공업을 거부하고 오로지 일심만을 가리켜 말한 것이 결코 아님을, 여기에서 알 수 있다(本章舍小节, 论大功, 孔子之意至显。宋儒嫌其偏袒功利, 乃强言桓公是兄, 子纠是弟, 欲以轻减管仲不死之罪。不知孔子之意, 尤有超乎君兄弟臣之上者。言仁道之易, 孔子有"我欲仁斯仁至"之说。论仁道之大, 则此章见其一例。要之孔门言仁, 决不拒外功业而专指一心言, 斯可知也。). 또 생각건대, 앞 제15장에서는 제나라 환공을 정직하다고 인정했고, 이 제16장, 제17장 두 장에서는 관중을 인하다고 인정했으니, 이 세 장은 모두 공자께서 인을 논하고 도를 논하면서 크게 주안점을 두신 곳이다. 맹자가 처음으로 '공자의 제자 중에는 환공과 문공의 일에 관해 말한 자가 없었다'[梁惠王上 제7장]고 말하고, 또 '관중은 증서조차도 되려고 하지 않았던 인물이었다'[公孫丑上 제1장]고 말한 뒤로, 후세의 유학자들은 대부분 맹자에 근거해서 이 두 사람을 경시했고, 아울러 논어의 이 세 장에 대해서도 역시 대부분 의심하였으니, 이는 진실로 변론하지 않을 수 없다(又按: 前章以正许齐桓, 此两章以仁许管仲, 此皆孔子论仁论道大着眼处。自孟子始言 "仲尼之徒无道桓, 文之事者"。又云: "管仲, 曾西之所不为。" 后儒多本孟子轻此两人, 并《论语》此三章亦多置疑, 此诚不可不辨。).

28 若使(약사): 만약(假使, 假如, 如果。).

若計其後功而與其事桓, 聖人之言, 無乃[30]害義之甚, 啟萬世反覆不忠之亂乎? 如唐之王珪魏徵, 不死建成之難, 而從太宗, 可謂害於義矣。後雖有功, 何足贖[31]哉?」 愚謂管仲有功而無罪, 故聖人獨稱其功; 王魏先有罪而後有功, 則不以相掩[32]可也。

만일 환공(桓公)이 동생이고 규(糾)가 형이었다면, 관중(管仲)이 규(糾)를 보필한 것은 올바른 것이고, 환공(桓公)이 형의 나라를 빼앗고 형을 죽인 것이 되니, 그렇다면 관중(管仲)은 환공(桓公)과는, 함께 세상을 같이 살 수 없는 원수이다. (그런데도 성인께서) 관중(管仲)이 후일에 세웠던 공을 참작해서 관중(管仲)이 환공(桓公)을 섬긴 일을 인정해주신 것이라면, 성인의 말씀은, 의(義)를 심히 해쳐, 만세에 두고두고 불충(不忠)의 난이 반복되는 길을 열어놓은 것이 어찌 아니겠는가? 당(唐)나라의 왕규(王珪)와 위징(魏徵) 같은 경우는, 건성(建成)의 난에 형인 건성(建成)을 따라 죽지 않고, 동생인 태종(太宗)에게 순종했으니, 의(義)를 해쳤다고 할 수 있다. 뒤에 비록 공이 있었지만, 그렇다 해도 어찌 족히 그것으로 속죄가 되겠는가?"

내가 생각건대, 관중(管仲)은 공은 있었지만 죄는 없었기 때문에, 성인께서 그의 공에 대해서만 칭찬하신 것이고, 왕규(王珪)와 위징(魏徵)은 먼저 죄가 있고 나서 뒤에 공이 있었으니, 그렇다면 공으로 죄를 상쇄시키지 않는 것이 옳다.

29 《韓非子 · 難一》 어떤 창이라도 뚫을 수 없는 방패와 어떤 방패라도 다 뚫을 수 있는 창은, 세상에 양립할 수 없는 법이다(夫不可陷之楯與無不陷之矛, 不可同世而立。).

30 無乃(무내): 혹시~이 아닐까? 설마~는 아니겠지?(相当于'莫非'、'恐怕是', 表示委婉测度的语气。).

31 贖(속): 재물을 써서 사람이나 저당물을 되찾다. 재물을 써서 죄를 벗거나 과실을 공제하다. 속죄하다(用财物换回人或抵押品。用财物脱罪或抵免过失。).

32 相掩(상엄): 서로 비기다. 상쇄하다. 맞먹다(相抵).

[公叔文子之臣大夫撰章*]

141901、公叔文子[1]之臣大夫僎[2], 與文子同升諸公[3]。

공숙문자(公叔文子)의 가신(家臣)이었던 선(僎)이 대부가 되어, 공숙문자(公叔文子)와 동반해서 공조(公朝)에 올랐다.

僎, [4]士免反。○臣, 家臣。公, 公朝[5]。謂薦之與己同進爲公朝之臣也。[6]

'僎'(선, zhuàn)은 '士'(사)와 '免'(면)의 반절이다. ○'臣'(신)은 '가신'(家臣)이다. '公'(공)은 '공조'(公朝)이다. 그를 (대부로) 천거해 자기와 동반해서 나아가 공조(公朝)의 신하가

1 《憲問 제14장》 참조.

2 《論語集解》 대부 선은 본래는 공숙문자의 가신이었는데, 그를 천거해 그로 하여금 자기와 나란히 대부가 되게 하여, 함께 공조에 올랐다(注: 孔安國曰: 大夫僎本文子家臣, 薦之使與己並爲大夫, 同升在公朝。); 《論語正義》 毛奇齡[1623~1716]의 《四書賸言》에 말했다. "臣大夫는, 바로 家大夫이다. '同升諸公'은 가신이 대부에 오른 경우의 史家의 필법일 뿐이다." 또 그가 쓴 《經問》에서는 先仲氏의 설을 인용해서 말하기를, '臣大夫 세 글자는 붙여 읽는다'고 하면서, 대개 家에서 벼슬하는 자를 家大夫, 邑에서 벼슬하는 자를 邑大夫, 통틀어서 臣大夫라 한다'고 했다. 생각건대, 가신 중에, 서열이 높은 자가 大夫이고, 다음이 또 士이다. 그래서 여기서는 그것을 구별해 大夫僎이라 하여, 僎이 '臣' 중에 대부인 자임을 밝힌 것이다. 모기령이 '臣大夫 세 글자를 붙여 읽는다'라고 한 것은, 너무 어색하다. 《漢書 · 古今人表》에는 '大夫選'으로 되어 있으니, 한인들은 '大夫'를 '臣'字에 붙여 읽지 않았다["공숙문자의 가신 중에, 대부 직급인 僎이, (공실의 대부가 되어) 공숙문자와 동반해서 조정에 올랐다"](正義曰: 毛氏奇齡四書賸言: "臣大夫, 即家大夫也。其曰 '同升諸公', 則家臣升大夫之書法耳。" 又經問引先仲氏說謂'臣大夫'三字不分……蓋仕於家曰家大夫, 仕於邑曰邑大夫, 而統爲臣大夫。今案: 家臣之中, 爵秩不同, 尊者爲大夫, 次亦爲士。故此別之云大夫僎, 明僎爲家臣中之爲大夫者也。毛氏謂"臣大夫"三字不得分, 殊泥。漢書古今人表作"大夫選", 則漢人讀不以大夫連"臣"字也。); 《補正述疏》 이것은 史家의 필법으로, 말인즉, 공숙문자의 私家의 가신이, 지금은 公朝의 신하인 대부 僎이 되었다는 것으로, 이것이 '與文子同升諸公'이다(述曰: 此書法也, 言公叔文子私家之臣, 今爲公朝之臣大夫僎者, 是與文子同升諸公焉。).

3 [성]文子同升(문자동승): 가신과 주인이 함께 관직에 오르다(指家臣奴仆与主人同居官职。): 《王力字典》 同(동): ~와 함께. 동반해서(偕同, 共同。); 《論語義疏》 '升'은 '朝'[입조해 알현하다]이다. '諸'는 '之'이다. '公'은 衛君이다["함께 입조해서 그를 임금에게 알현시켰다"](疏: 升, 朝也。諸, 之也。公, 衛君也。); 《論語譯注》 '諸'는 용법이 '於'와 같다(諸, 用法同'于'。); 公(공): 조정. 국가(朝廷; 国家).

4 僎(준/선): [zūn] 예식을 진행하다. 사회자. =遵[따르다](通「遵」。赞礼。即典礼饮宴时辅佐主人行仪节的人。); [zhuàn] 구비하다(具备。).

5 公朝(공조): 조정(古代官吏在朝廷的治事之所, 借指朝廷。).

6 《論語大全》 그의 재덕이 대부가 되기에 충분해서, 그를 대부로 천거한 것이다(胡氏曰: 其才德足以爲大夫, 而薦之爲大夫。).

된 것을 말한다.

141902、子聞之曰:「可以爲文矣[7]。」[8]

선생님께서 이 말을 들으시고 말씀하셨다. "문(文)이라는 시호를 받을 만했다."

文者, 順理而成章[9]之謂。謚法亦有所謂錫[10]民爵位曰文者。[11]

'文'(문)이란, 사리를 따라 행하여 모범이 된 것을 일컫는다.《시법》(謚法)에는 '백성에게 작위를 내려주는 것을 문(文)이라 한다'는 규정도 있다.

○洪氏曰:「家臣之賤而引之使與己並, 有三善焉: 知人, 一也; 忘己, 二也; 事君, 三也。」

○홍씨가 말했다. "가신이라는 낮은 신분임에도 그를 이끌어 자기와 나란히 서게 한 것은, 세 가지 잘한 점이 있는데, 사람을 알아본 것이 하나이고, 자기를 잊은 것이 둘이고, 임금을 섬긴 것이 셋이다."

7《論語集解》행실이 이와 같았으니, 文이란 시호를 받을 만하다는 말씀이다(注: 孔安國曰: 言行如是, 可謚爲文也。).

8《禮記 · 檀弓下》공숙문자가 죽자 그의 아들 戍(수)가 임금에게 시호를 청하여 말했다. "시일이 정해져 있어서, 곧 장례를 치르고자 합니다. 청컨대 시호를 내려주시어 그 이름을 대신하게 해주십시오." 영공[BC 534~BC 493 재위]이 말했다. "옛날 위나라에 흉년이 들어서 굶주리고 있을 때, 夫子[공숙문자]가 죽을 끓여 굶주린 자에게 주었으니, 이것은 惠가 아니겠는가? 옛날에 위나라[노소공 20년, BC 522]가 난을 당했을 때, 夫子가 죽기를 다해서 과인을 지켰으니 또한 貞이 아니겠는가? 夫子가 위나라의 정사를 맡았을 때, 그 존비의 차례를 잘 다듬어 시행했고, 사방 이웃 나라와 외교를 잘해서 위나라의 사직을 욕되게 하지 않았으니, 또한 文이 아니겠는가? 그러니 夫子를 '貞惠文子'라 한다"(公叔文子卒, 其子戍請謚於君曰: "日月有時, 將葬矣。請所以易其名者。" 君曰: "昔者衛國凶饑, 夫子爲粥與國之餓者, 是不亦惠乎? 昔者衛國有難, 夫子以其死衛寡人, 不亦貞乎? 夫子聽衛國之政, 修其班制, 以與四鄰交, 衛國之社稷不辱, 不亦文乎? 故謂夫子'貞惠文子'。").

9 顺理成章(순리성장): 글쓰기 · 일 처리를 조리에 따라 잘 처리하다. 상황 전개에 따라 자연스럽게 생기는 결과. 사리에 맞게 해서 모범을 이루다. 말 · 일이 도리에 맞고 常例에 어긋남이 없다(写文章, 做事情顺着条理就能做好。比喻随着某种情况的发展而自然产生的结果。语本的《朱子全書》'文者, 顺理而成章之谓也。' 原指写作遵循事理, 自成章法。后多用以指说话, 做事合乎情理, 不悖常例。).

10 錫(석): 하사하다. 주다(通'赐'。给予; 赐给).

11《公冶長 제14장》각주《逸周書 · 謚法解》참조.

[子言衛靈公之無道也章*]

142001、子言衛靈公[1]之無道也, 康[2]子曰:「夫[3]如是, 奚而[4]不喪[5]?」

선생님께서 위(衛)나라 영공(靈公)의 행실이 무도했다고 말씀하시자, 계강자(季康子)가 물었다. “저가 이와 같았는데도, 어찌했기에 임금의 자리를 잃지 않았는지요?”

夫[6], 音扶。喪, 去聲。○喪, 失位也。

‘夫’(부)는 음이 ‘扶’(부, fú)이다. ‘喪(상)’은 거성[sàng]이다. ○‘喪’은(상) ‘임금의 지위를 잃다’[失位]이다.

142002、孔子曰:「仲叔圉[7]治賓客, 祝鮀[8]治宗廟, 王孫賈[9]治軍旅。[10] 夫如是, 奚其[11]喪?[12] [13]」

1《逸周書 · 謚法解》 혼란스럽지만, 害가 뿌리까지는 닿지 않은 것을, ‘靈’이라 한다(亂而不損曰 靈。).

2《論語義疏》本에는 ‘子曰 衛靈公之無道久也’로 되어 있다;《論語正義》‘子言……’이라 기록한 것은, 공자께서 계강자에게 이 말을 언급했음을 말한다(正義曰: 記‘子言’者, 謂子與康子言及之也。).

3《論語義疏》‘夫’는 위영공을 가리킨다(疏: 夫, 指衛靈公也。);《論語句法》‘夫’는 어기사이다(‘夫’是句首語氣詞。);《論孟虛字》‘夫’는 ‘其’와 같다. 지시사(‘夫’, 猶‘其’。相當於彼, 用作指示詞, 是‘那, 那人, 那些’等意思。).

4《論語平議》‘奚而’는 ‘奚爲’[어찌하여]와 같다(奚而, 猶奚爲也。);《古書虛字》‘而’는 ‘爲’와 같다(‘而’, 猶‘爲’也。);《論語語法》‘奚而’는 접미사 ‘而’가 붙어, 의문부사 역할을 했다(‘奚而’是帶詞尾詞, 用作疑問副詞。);《百度漢語》奚而(해이): 의문사. 무엇 때문에. 어찌하여(疑问词。犹为何; 如何。);《論語句法》은, ‘而’을 의문부사 ‘奚’와 동사 ‘不喪’을 연결해주는 관계사로 보고 있다. 다음 구절의 ‘奚其喪’의 ‘其’도 마찬가지다.

5《論語義疏》“영공은 어찌 무도하니 자기 하고 싶은 대로 했는데 자기 나라를 잃지 않았습니까?”(疏: 靈公奚無道行意不喪亡其國乎?);《論語注疏》“어찌 나라가 망하지 않았습니까?”(疏: 正義曰: ……何爲而國不亡乎?)

6 夫(부): [fú] 삼인칭대사(“夫”假借为“彼”。他, 她, 它, 他们[第三人称代词]。).

7 仲叔圉(중숙어): =孔文子;《公冶長 제14장》 참조.

8 祝鮀(축타):《雍也 제14장》 참조.

9 王孫賈(왕손가):《八佾 제13장》 참조.

10 軍旅(군려): 군대. 군사(军队, 也指军事。).

11《許世瑛(二)》‘奚而不喪’과 제2절의 ‘奚其喪’의 ‘奚’는 모두 의문부사로, 하나는 중간에 관계사 ‘而’를 쓰고, 다른 하나는 관계사 ‘其’를 써서 서로 다르게 한 것은, 무미건조하고 판에 박은 듯이 똑같게 표현하

공자(孔子)께서 말씀하셨다. "중숙어(仲叔圉)는 빈객의 접대에 관한 일을 잘 처리했고, 축타(祝鮀)는 종묘에 관한 일을 잘 처리했고, 왕손가(王孫賈)는 군대에 관한 일을 잘 처리했습니다. 저가 이와 같았으니, 어찌 임금의 자리를 잃겠습니까?"

仲叔圉, 即孔文子[14]也。三人皆衛臣, 雖未必賢, 而其才可用[15]。靈公用之, 又各當其才[16]。

지 않은 것이다. 어떤 사람이, '奚其喪'은 반어의문문으로, '其'를 반문어기사로 간주할 수 있는지 없는지 묻을 수 있는데, 필자 생각에는 반문어기사로 간주할 수 없는 것이, '其'가 반문어기사라면, 그 위치가 '奚' 앞에 있어야 해서, '其奚喪'으로 되기 때문이다('奚而不喪'和'奚其喪'裡的'奚'字都是疑問限制詞, 一個中間加'而'這個關係詞, 另一個用'其'這個關係詞, 使得上下文有了不同, 就不會顯得平淡呆板了。或許有人會問: '奚其喪'是一句反詰問句, 可不可以把這個'其'字看做反詰語氣詞? 筆者以爲不可以, 因爲'其'字如果是反詰語氣詞, 它的位置該在'奚'字之上, 說成'其奚喪'。)[論語中'其'字用法深究];《論孟虛字》'其'는 '以'와 같다["어찌 임금 자리를 잃겠습니까?"]('其', 猶'以'。'奚其', 猶'何以'。'怎麼會失位呢?');《百度漢語》奚其(해기): 무엇 때문에. 어찌하여(疑问词。犹言为何, 为什么。).

12《論語集解》"무도했지만, 맡은 직책이 각기 그들의 재능에 맞았으니, 어찌 망하겠는가?"(注: 孔安國曰: 言雖無道, 所任者各當其才, 何爲當亡?).

13《說苑 · 尊賢》노나라 애공이 공자에게 물었다. "지금의 임금 중에 누가 賢君일까요?" 공자가 대답했다. "위나라 영공입니다." "내가 듣기로는, 그가 규중에서는, 고종사촌, 자매의 구별이 없다고 하던데요." "저로서는 조정 안의 政事를 살피지, 조정 밖의 私事는 살피지 않습니다. 영공의 동생 거모는, 그 지혜는 족히 천승의 나라를 다스릴만하고, 그의 신의는 족히 그 나라를 지킬만한데, 영공은 그를 사랑합니다. 또 왕재라는 선비가 있는데, 나라에 현인이 있으면, 반드시 나아가 임용하는데, 현달하지 않는 이가 없고, 현달하지 못하면, 물러나 자기 녹봉을 나누어주었는데, 영공은 그를 존경합니다. 또 경족이란 선비가 있는데, 나라에 대사가 있으면, 반드시 나아가 다스려, 구제하지 못한 경우가 없는데, 영공은 그를 좋아합니다. 사추가 위나라를 떠나자, 영공이 관사에서 3개월을 머무르면서, 금슬을 타지 않다가, 사추가 들어오길 기다려서야 집으로 들어갔습니다. 제는 이 때문에 그가 賢君이라고 알고 있습니다"(魯哀公問於孔子曰: "當今之時, 君子誰賢?" 對曰: "衛靈公。" 公曰: "吾聞之, 其閨門之內, 姑姐妹無別。" 對曰: "臣觀於朝廷, 未觀於堂陛之間也。靈公之弟曰公子渠牟, 其知足以治千乘之國, 其信足以守之, 而靈公愛之。又有士曰王林, 國有賢人, 必進而任之, 無不達也; 不能達, 退而與分其祿, 而靈公尊之。又有士曰慶足, 國有大事, 則進而治之, 無不濟也, 而靈公說之。史鰌去衛, 靈公邸舍三月, 琴瑟不御, 待史鰌之入也而後入, 臣是以知其賢也。").

14《公冶長 제14장》참조.

15《古今注》중숙어는 인륜을 어지럽혔고[公冶長 제14장], 축타는 말재주를 부렸고[雍也 제14장], 왕손가는 권세를 팔았으니[八佾 제13장], 모두 현덕하지는 않았지만, 그들의 재능과 식견이 족히 나라를 보전할 만했다(仲叔圉亂倫, 祝鮀爲佞, 王孫賈賣權, 皆非賢者, 然其才識足以保邦。);《論語集釋》許謙[1270~1337]의《讀四書叢說》에 말했다. "공자께서 평소에는 이 세 사람을 모두 인정하지 않았는데, 이 장의 말씀은 이와 같으니, 성인께서는 그들의 단점 때문에 그들의 장점을 버리지 않으신다는 것을 볼 수 있으니, 참으로 至公無私의 마음이시다"(讀四書叢說: 夫子平日語此三人皆所不許, 而此章之言乃若此, 可見聖人不以其所短棄其所長, 至公之心也。).

'仲叔圉'(중숙어)는 바로 공문자(孔文子)이다. 세 사람은 모두 위(衛)나라 임금의 신하로, 비록 현덕하지는 않았지만, 그들의 재능이 쓸 만했다. 영공(靈公)이 이들을 쓴 것, 또한 각각 그들의 재능에 맞게 쓴 것이다.

○尹氏曰「衛靈公之無道宜喪也, 而能用此三人, 猶足以保其國, 而況有道之君, 能用天下之賢才者乎? 詩曰[17]: 『無競維人, 四方其訓之。』」
○윤씨(尹氏 · 尹彦明)가 말했다. "위영공(衛靈公)의 무도(無道)한 행실로는 마땅히 임금의 자리를 잃었어야 했는데, 그럼에도 이 세 사람을 잘 써서, 여전히 자기 나라를 족히 보전할 수 있었으니, 하물며 유도(有道)한 임금이 천하의 현재(賢才)를 쓰는 경우에 있어서이겠는가? 《시경》(詩經)에, '현재(賢才) 써서 나라 강성해지니, 사방 제후들 귀순해오네'라고 했다."

16《先進 제2장》集注 참조.

17《詩經 · 大雅 · 抑》賢才 써서 나라 강성해지니 사방 제후들 귀순해오네. 군자의 덕행 올바르고 올곧으니 사해 제후들 순종해오네. 나라 세울 대계 방침을 정했으니 장구한 나라 계책 여러 신하에게 알려주었네. 공경되고 근신하고 위엄있고 중후하니 백성들의 본이 되네(無競維人、四方其訓之。有覺德行、四國順之。訏謨定命、遠猶辰告。敬愼威儀、維民之則。): 無競維人 四方其訓之(무경유인 사방기훈지): 현인을 모셔 나라가 강성해지니, 사방에서 제후들이 귀순해오다(無: 發語詞。競: 強盛。維人: 由於賢人。訓: 順從。有了賢人國強盛, 四方諸侯來歸誠。).

[其言之不怍章*]

142101、子曰:「其言之[1]不怍[2], 則爲之也難。[3]」[4]

선생님께서 말씀하셨다. "자기가 하는 말에 부끄러워하지 않는다면, 그 말을 실행에 옮기기는 어렵다."

大言不慙[5], 則無必爲之志, 而不自度其能否矣。欲踐其言, 豈不難哉?

큰소리치면서 부끄러워하지 않는다면, 반드시 그 말을 실행에 옮기겠다는 생각이 없는 것이어서, 그 말의 실행 가능 여부를 스스로 헤아려보지 않는다. (그러니) 자기가 한 말을 실행에 옮기고자 한들, 어찌 어렵지 않겠는가?

---

1 《論語句法》은, '之'를 주어와 술어 사이에 쓰이는 결구조사로 보고 있다('其言之不怍'是表態句, 採組合式詞結的形式。); 《論孟虛字》 '之'는 '若'와 같다('之', 猶'若'。爲設詞。當白話'假如''如果'講。).

2 《論語集解》 '怍'(작)은 '慙'(참)[부끄러워하다. 창피하다]이다(注: 馬融曰: 怍, 慙也。).

3 《論語義疏》本에는 '則其爲之難'으로 되어 있다; 《論語集解》 안으로 그만한 실상을 갖추고 있으면, 말이 부끄럽지 않지만, 그만한 실상을 쌓는 것, 그것이 어렵다["(그만한 행실이 있어) 말이 부끄럽지 않게 하는 것, 바로 그렇게 하는 것이 어렵다"](注: 馬融曰: 內有其實, 則言之不慙, 積其實者, 爲之難也。); 《古今注》 말이 실상을 벗어나지 않으면 부끄러울 게 없다. 말을 실상과 같게 하는 것이니, 이야말로 어렵지 않겠는가?(補曰: 言不過實乃無怍矣。方其實也, 不亦艱乎?); 《古今注》 마융은 先行後言을 말했고, 주희는 先言後行을 말했다. 공자께서, '행하는 것이 어려운데, 말하는 것이 어찌 차마 하지 못할 말인 듯이 하지 않을 수 있겠느냐?'[顔淵 제3장]라고 하셨다. 생각건대, 《顔淵 제3장》과 이 장의 '爲之難'은 의당 뜻이 달라서는 안 된다. 集注의 견해를 따를 경우, 뜻이 같을 수 없다. 《集解》는 積功이 어렵다고 했고, 《集注》는 人品이 어렵다고 했다. 어찌 같을 수 있겠는가? 이로 미루어 보면, 《集解》의 견해를 따르는 것이 맞다(案: 舊說謂先行而後言也, 集注謂先言而後行也。子曰: 爲之難, 言之得無訒乎? 案: 上下'爲之難'宜無異義。若從集注, 則不得同也。集解以積功爲難, 集注以人品爲難。豈可同乎? 以此推之, 當從舊說。); "말을 부끄럽지 않게 하는 것, 그렇게 한다는 것은 어렵다"(동양고전연구회 편, 『논어』 [지식산업사, 2005]).

4 《大戴禮記 · 文王官人》 큰 소리로 떠벌리는 자는 믿음이 부족하다(揚言者寡信); 《里仁 제22장》《顔淵 제3장》 참조.

5 大言不慙(대언불참): 허풍을 떨면서 조금도 부끄러워하지 않다. 뻔뻔하게 큰소리를 치다(说大话, 不感到难为情。说大话而不觉羞愧。); 大言(대언): 큰 소리로 말하다. 과장하다. 큰소리치다. 허풍떨다(高声地说。夸大的言辞, 大话。); 慙(참): =慚(참) 부끄럽다. 창피하다.

[陳成子弑簡公章]

142201、陳成子[1]弑[2]簡公[3, 4]。

진성자(陳成子)가 제(齊)나라 간공(簡公)을 시해했다.

成子, 齊大夫, 名恆。簡公, 齊君, 名壬。事在春秋哀公十四年[5]。

'陳成子'(진성자)는 제(齊)나라 대부로, 이름이 항(恒)이다. '簡公'(간공)은 제(齊)나라 임금으로, 이름이 임(壬)이다. 이 사실이 《춘추좌전 · 애공 14년》(春秋左傳 · 哀公 14年)에 기록되어 있다.

142202、孔子沐浴[6]而朝, 告於哀公曰:「陳恆弑其君, 請討[7]之。」

공자(孔子)께서 목욕재계하시고 조정에 나가, 애공(哀公)에게 아뢰었다. "진항(陳恒)이 자기 임금을 시해했으니, 그를 토벌하실 것을 청하옵니다."

朝[8], 音潮。○是時孔子致仕[9]居魯, 沐浴齊戒以告君, 重其事而不敢忽也。臣弑其君, 人倫

---

1 陳成子(진성자): 陳(田)成子. 名 恒(常), 시호 成. 제나라 전씨 가문의 계승자로, BC 485년 悼公이 시해되고 즉위한 簡公이 BC 481년 陳成子에 의해 시해되었다.

2 《王力字典》'弑'(시)는 아랫사람이 자기 윗사람을 죽인 경우에 쓰이고, '誅'(주)는 윗사람이 밑에 사람을, 유도한 사람이 무도한 자를, 죄 있는 자를 죽인 경우에 쓰이고, '殺'(살)은 그런 구분이 없다('弑'用於下殺上, '誅'用於上殺下-有道殺無道-誅殺有罪者, '殺'是個中性詞。).

3 齊簡公(제간공): BC 484~BC 481 재위. 姓은 姜, 吕氏이고, 名은 壬. 悼公[BC 488~BC 484 재위]의 아들. 제나라 대부 鮑息에 의해 悼公이 시해되고 뒤이어 즉위했지만, BC 481년 陳成子에 의해 시해되었다. 그 후 그의 동생 平公[BC 480~BC 455 재위]이 즉위했다.

4 《史記 · 太史公自序》 춘추시기[BC 770~BC 476]에, 시해된 임금은 36명, 망한 나라는 52개국이고, 제후가 달아나서 사직을 지키지 못한 일은 이루다 셀 수가 없었다(春秋之中, 弑君三十六, 亡國五十二, 諸侯奔走不得保其社稷者不可勝數。).

5 魯哀公 14년[BC 481], 공자 71세 때이다: 《顏淵 제11장》 각주 《春秋左傳 · 哀公 5年》 참조.

6 沐浴(목욕): 머리를 감고 몸을 씻다(濯发洗身。泛指洗澡。沐: 洗头发); 《論衡 · 譏日 》'沐'(목)은 머리를 감는 것이고, '洗'(세)는 다리를 씻는 것이고, '盥'(관)은 손을 씻는 것이고, '浴'(욕)은 몸을 씻는 것이다. 모두 몸의 때를 씻는 것이다(沐者, 去首垢也。洗,去足垢, 盥,去手垢, 浴, 去身垢, 皆去一形之垢).

7 《王力漢語》討(토): 공개적으로 규탄하다. 성토하다. 정벌하다(聲討。引申爲'征伐, 征討'。); 《論語詞典》討(토): 공명정대한 도리와 예리한 언사로 죄 있는 자를 병력을 써서 주벌하다(義正詞嚴地用兵力誅伐有罪者。).

之大變, 天理所不容, 人人得而誅之, 況鄰國乎? 故夫子雖已告老[10], 而猶請哀公討之。
'朝'(조)는 음이 '潮'(조, cháo)이다. ○이때는 공자(孔子)께서 벼슬을 그만두시고 노(魯)나라에 계실 때였는데, 목욕재계하시고 임금에게 아뢴 것은, 그 일을 중히 여겨 감히 소홀히 하지 않으신 것이다. 신하가 자기 임금을 시해하는 것은, 인륜의 크나큰 변고이고, 천리가 용납할 수 없는 일이어서, 사람이면 누구나 그를 주벌할 수 있는데, 하물며 이웃 나라인 경우이겠는가? 그래서 선생님께서 비록 이미 연로해서 벼슬을 그만두신 처지였지만, 그럼에도 애공(哀公)에게 그를 토벌하기를 청하신 것이다.

142203、公曰:「告夫三子!」

애공(哀公)이 말했다. "저 삼가(三家)에게 가서 말하시오!"

夫, 音扶, 下「告夫」同。○三子, 三家也。時政在三家, 哀公不得自專, 故使孔子告之。
'夫'(부)는 음이 '扶'(부, fú)로, 뒷절의 '告夫'(고부)도 같다. ○'三子'(삼자)는 '삼가'(三家)이다. 당시에 정권이 삼가(三家)에게 있어서, 애공(哀公)이 혼자 마음대로 처리할 수 없었기 때문에, 공자(孔子)로 하여금 그들에게 말하라고 한 것이다.

142204、孔子曰[11]:「以吾從大夫之後[12], 不敢不告也。君曰『告夫三子』者[13]。」

---

8 朝(조): [zhāo] 아침. 동틀 무렵(早晨。); [cháo] 조현하다. 신하・제후가 임금・천자를 찾아뵙다. ~를 향하다. 임금이 정무를 처리하는 곳. 조정(古代见人皆称「朝」。多用于卑见尊, 下见上。如臣下进见君长, 晚辈问候长辈。诸侯相拜见也称为「朝」。对, 向。旧时君王听政, 办事的地方。).

9 致仕(치사): 공직을 그만두다. 물러나다(辞去官职).

10 告老(고로): 관리가 연로해서 관직을 그만두고 물러나다(旧指官吏年老辞官退休).

11《論語正義》공자의 이 말씀은 물러 나와서 다른 사람에게 한 말임을 주의해야 한다(正義曰: 注意謂夫子此語是退而語人也。);《論語新解》이 이하는 공자께서 퇴조하고 나서 혼잣말로 이같이 말씀하신 것이다(此下……乃孔子退于朝而自言如此。).

12《先進 제7장》에도 이 구절이 나온다.

13《助字辨略》'者'는 종결사이다(者, 語已辭也);《論語句法》'者'는 구말어기사로, 상의의 어기를 띠기 때문에, 지금의 '吧'字에 해당한다('者'字, 是句末語氣詞, 而略帶商量的口氣, 所以也相當於白話的'吧'字。);《論孟虛字》'者'는 '焉'과 같다. 어말조사('者', 猶'焉'。爲語末助詞, 表感傷語氣。).

공자(孔子)께서 말씀하셨다. "내가 대부의 뒤를 따르는 자이기 때문에, 감히 아뢰지 않을 수 없었다. (그럼에도) 임금께서는, '저 삼가(三家)에게 가서 말하시오!'라고 하시는구나."

孔子出而自言如此。意謂弑君之賊, 法所必討。大夫謀國, 義所當告。君乃不能自命三子, 而使我告之邪[14]?

공자(孔子)께서 물러 나와 혼잣말로 이같이 말씀하신 것이다. 공자(孔子)께서 생각하시기에, '임금을 시해한 역적은, 법규상으로는 반드시 토벌하게 되어 있다. 대부는 국사를 도모하는 자리이니, 의리상으로는 마땅히 아뢰게 되어 있다. 임금께서는 그럼에도 자기가 삼가(三家)에 명령을 내리지 못하고, 나로 하여금 그들에게 말하라고 하시는 건가?'라고 여기신 것이다.

142205、之[15]三子告, 不可。孔子曰[16]:「以吾從大夫之後, 不敢不告也。」[17]

삼가(三家)에게 가서 말하자, 반대했다. 공자(孔子)께서 말씀하셨다. "내가 대부의 뒤를 따르는 자이기 때문에, 감히 고하지 않을 수 없었다."

以君命往告, 而三子魯之強臣, 素有無君之心, 實與陳氏聲勢[18]相倚, 故沮[19]其謀。而夫

---

14 邪(야): ~인가? 의문사(古同'耶', 疑问词。).

15《論語義疏》'之'는 '往'[~로 가다]이다(疏: 之, 往也。).

16《論語新解》이 이하는 공자께서 三家로부터 물러 나와 또 혼잣말로 이같이 말씀하신 것이다(此下乃孔子退自三家, 而又自言之如此。).

17《論語大全》기린을 잡은 일은, 애공 14년 봄의 일이었고, 진성자 토벌을 청한 일은 이해 여름의 일이었다(新安陳氏曰: 獲麟, 在哀公十四年之春; 請討, 在是年之夏。);《論語正義》吳嘉賓[1803~1864]의《論語說》에, '춘추는 '獲麟'(획린)에서 절필했으니, 이해 여름 진항이 임금을 시해하는 일이 있었고, 당시 한 사람도 감히 그의 죄를 바로잡으려 하지 않았기 때문에, 춘추를 차마 더 이상 기록하지 못하신 것이다'라고 했는데, 그의 견해에 무리가 없다(吳氏嘉賓說謂: "春秋絕筆於獲麟, 即以是年夏有陳恒執君弑君之事, 當時無一人敢正其罪, 故弗忍更書之。" 其說未爲無理矣。);《補正述疏》공자께서《春秋》를 '獲麟'에서 절필했지만, 그 밑에는 진항이 자기 임금을 시해한 일이 나오는데, 공자께서 진항의 무리를 토벌할 수 없어 상심하셨기 때문에, '獲麟'을 핑계 삼아 절필하신 것이다(述曰: 孔子《春秋》於獲麟絕筆焉, 其下有陳恆弑其君之事矣, 孔子以不能討賊而傷之, 所由託獲麟而絕筆也。).

18 聲勢(성세): 위세. 명망. 권세(声威气势。犹权势。声望与势力).

子復以此應之, 其所以警之者深矣。

임금의 명령을 가지고 가서 고했는데, 삼가(三家)는 노(魯)나라의 실권을 쥐고 있는 신하여서, 평소 임금을 무시하는 마음이 있었고, 실상은 진씨(陳氏)와 함께 세력을 서로 의지하고 있었기 때문에, 선생님의 토벌계획을 저지한 것이다. 그래서 선생님께서 다시 이 말씀을 가지고 삼가(三家)에게 응대하셨으니, 선생님께서 이를 가지고 그들을 깨우치려 하시는 바가 마음 깊다.

○程子曰:「左氏記[20]孔子之言曰:『陳恆弑其君, 民之不予[21]者半。以魯之衆, 加齊之半, 可克也。』此非孔子之言。誠若此言, 是以力不以義也。若孔子之志, 必將正名其罪, 上告天子, 下告方伯, 而率與國[22]以討之。至於所以勝齊者, 孔子之餘事[23]也, 豈計魯人之衆寡哉? 當是時, 天下之亂極矣, 因是足以正之, 周室其復興乎? 魯之君臣, 終不從之, 可勝[24]惜哉!」[25]

---

19 沮(저): 저지하다. 막다. 그치게 하다(同"阻"。阻止, 阻遏; 终止。).

20《春秋左傳 · 哀公 14年》[BC 481] 갑오일에, 제나라 진항[陳成子]이 서주에서 자기 나라 임금 간공을 죽이자, 공자가 3일을 목욕재계하고, 애공을 찾아가 제나라를 정벌할 것을 세 번 청하자, 임금이 '노나라는 제나라 때문에 쇠약해진 지 오래인데, 그대가 제나라를 정벌한다면 어떻게 하겠소?'라고 하자, 공자가 대답하기를 '진항이 자기 나라 임금을 시해했는데, 백성 중에 이에 참여하지 않은 자가 반이니, 노나라의 백성을 제나라의 반에 더하면, 이길 수 있습니다'라고 하자, 임금이 '그대가 계손에게 고하시오'라고 해서, 공자가 하직하고 물러 나와 사람들에게 말하기를, '내가 대부의 뒤를 따르는 자이기 때문에, 감히 말하지 않을 수 없었다'고 했다(甲午, 齊陳恆弑其君壬于舒州, 孔丘三日齊, 而請伐齊, 三, 公曰, 魯爲齊弱久矣, 子之伐之, 將若之何, 對曰, 陳恆弑其君, 民之不與者半, 以魯之衆, 加齊之半, 可克也, 公曰, 子告季孫, 孔子辭, 退而告人曰, 吾以從大夫之後也, 故不敢不言。).

21 予(여): 찬동하다. 칭찬하다(赞许, 称誉。).

22 與国(여국): 동맹국. 우방(盟国; 友邦).

23 餘事(여사): 중요하지 않은 일. 본업이 아닌 일(无须投入主要精力的事; 正业或本职工作之外的事。多馀的事, 不重要的事。).

24 可勝(가승): 어찌 이겨낼 수 있겠는가. 참고 받아들일 수 있겠는가(岂能忍受).

25《洙泗考信錄》내 생각은 이렇다. 좌전의 앞부분에서 '3일을 목욕재계하고 제나라를 정벌할 것을 세 번 청했다'고 했으니, 그렇다면 애공에게 의리상으로 정벌해야 한다는 것을 이미 청한 것이다. 그런데도 애공이 '노나라는 제나라로 인해 쇠약해진 지 오래되었다'는 이유를 들어 의문을 표시했기 때문에, 다시 이 말씀을 하여 이로써 애공의 의문을 풀어준 것이지, (정자가 말한) '무력을 쓰는 것이고, 義를 쓰지 않은 것'(以力不以義)이 아니다. 애공이 두려워한 것은, 이기지 못하는 것이니, 이길 수 있는 까닭을 고해주지 않으면, 더더구나 어떻게 애공의 정벌하려는 마음을 기대할 수 있겠는가!(余按: 傳文前云'三日齊而請伐齊, 三', 則已告哀公以義之當討矣; 而公以'魯爲齊弱'致疑, 故復言此以釋其疑, 非以力不以義也。哀公之所懼者不克, 若不告以可克之故, 尚何望哀公之肯討耶!). 공자께서는 '맨손으로 호랑이를 잡

○정자(程子 · 伊川)가 말했다. "좌씨(左氏)가 공자(孔子)께서 하신 말씀이라고 기록하기를, '진항(陳恒)이 자기 임금을 시해했는데, 제(齊)나라 백성 중에 이에 참여하지 않은 자가 절반이니, 노(魯)나라의 백성으로 제(齊)나라의 절반에 더하면, 이길 수 있습니다'라고 했는데, 이는 공자(孔子)께서 하신 말씀이 아니다. 정말로 이렇게 말씀했다면, 이는 무력을 쓰는 것이고, 의(義)를 쓰지 않는 것이다. 공자(孔子)의 뜻이라면, 반드시 장차 그의 죄의 잘못을 바로잡고자, 위로는 천자에게 아뢰고, 아래로는 제후에게 고하여, 동맹국을 거느리고 그를 토벌하는 것이었다. 제(齊)나라를 이길 방도에 관해서는, 공자(孔子)께서 중요시한 일이 아닌데, 어찌 노(魯)나라 사람의 많고 적음을 계산했겠는가? 이 당시에 천하의 혼란이 극에 달했는데, 이를 계기로 천하의 혼란을 충분히 바로잡을 수 있었으니, (그렇게 했다면) 주(周)나라 왕실은 아마도 다시 일어설 수 있지 않았을까? 노(魯)나라의 임금과 신하가 끝내 공자의 청을 따르지 않았으니, 애석함을 어찌 견딜 수 있겠는가!"

胡氏曰「春秋之法, 弑君之賊, 人得而討之。仲尼此擧, 先發後聞[26]可也。」[27]

고 맨몸으로 강을 건너고, 죽는다고 해도 후회하지 않을 자와는, 나는 함께 하지 않는다. (함께 할 자는) 반드시 일에 맞닥뜨리게 되면 두려워하고, 계책을 잘 세워서 성사시키는 자이다'[述而 제10장]라고 했고, '선생님께서 조심하신 것이 있었으니, 재계와 전쟁과 질병이었다'[述而 제12장]라고 했으니, 성인께서 거사하실 때는 진실로 의에 주안점을 두시지만, 그럼에도 자신을 알고 남을 아는 명철을 지니고, 철저히 계획을 세운 후에 전쟁에 임하시지, 어찌 수만 사람의 목숨을 걸고, 무모하게 내던진 채 그 일의 결말을 고려하지 않을 수 있겠는가!(……孔子曰: '暴虎馮河, 死而無悔者, 吾不與也! 必也臨事而懼, 好謀而成者也。' 子之所愼: '齊戰疾。' 聖人擧事固主於義, 然亦必有知己知彼之明, 謀定而後戰, 烏有擧數萬人之命, 冒然一擲而不慮其事之所終乎哉!). 무릇 의는 민심으로 주를 삼기 때문에, 공자께서 '제나라 백성 중에 이에 참여하지 않은 자가 반이다'라고 말씀하신 것은, 힘을 논한 것이 아니라, 바로 의를 논한 것이었다. 정자는 제나라 백성의 절반에 의지하면 무력을 쓰는 것이고 '동맹국을 거느리고(率擧國)' 하면 의를 쓰는 것이라 여겼는데, 거사를 논함에 있어서 세상 물정을 모를 뿐 아니라, 또한 의를 논함에 있어서도 엉성하니. 이는 바로 송나라 학자들의 잘못이지, 左傳의 오류가 아니다(……蓋義以民心爲主, 故孔子以'民之不與'言之, 非論力, 正論義也…… 謂因齊民爲以力而率擧國則爲以義, 非獨迂於論事, 抑亦疎於論義矣, 此乃宋儒之失, 非左傳之謬。).

26 聞(문): 위에 보고하다(报告上级).

27 《古今注》 모기령이 말했다. "공자께서는 벼슬에서 물러난 노인이고, 또 70이 넘은 나이로, 손에는 조그만 병기도 없고, 집에는 며칠 먹을 식량도 없고, 제자들은 모두 품이 넓은 옷을 입고 넓은 허리띠를 차고 있어, 병사가 될 수 없는데, 어찌 먼저 토벌을 일으킬 수 있겠는가?" 생각건대, 호씨의 春秋之法의 설은, 헛된 의리를 늘어놓고, 헛된 언사를 떠벌린 것으로, 이런 류의 견해가 많다(毛曰: 夫子以致仕之老, 且七十餘歲, 手無寸鐵, 家無宿糧, 門弟子裒衣博帶, 不可爲兵, 焉能先發? …… 案: 胡氏春秋之說, 張虛義, 敢爲大言, 多此類也。).

호씨(胡氏 · 胡寅)가 말했다. "춘추(春秋)의 법에, 군주를 시해한 역적은, 사람이면 누구나 그를 토벌할 수 있었다. 중니(仲尼)가 이 토벌을 일으켜, 먼저 시작하고 뒤에 임금에게 결과를 고해바쳐도 되었다."

[子路問事君章]

142301、子路問事君。子曰:「勿欺也[1], 而犯之。[2, 3][4]」

1《論語義疏》本에는 '勿欺之'로 되어 있다;《論語義疏》事君은 먼저 忠을 다하고 속이지 않아야 한다(疏: 事君當先盡忠而不欺也);《古今注》실상을 숨겨 벽을 쌓아 가리는 것을 '欺'(기)라 한다(隱情壅蔽曰欺。);《小學集註·明倫》거짓으로 말하고 솔직하지 않은 것이 '欺'이고, 솔직하게 말하고 숨기지 않는 것이 '犯'으로, '欺'와 '犯'은 서로 정반대이다(西山眞氏曰: 僞言不直謂之欺, 直言無隱謂之犯, 欺與犯, 正相反。).

2《論語集解》임금을 섬기는 도리는, 의리상 속여서는 안 되니, (속이지 말고 솔직하게) 犯顏諫爭할 수 있어야 한다(注: 孔安國曰: 事君之道, 義不可欺, 當能犯顏色諫爭也。);《論語平議》'能'과 '而'는 옛날에 서로 바뀌었다. 공안국이 본 논어에는 '能犯之'로 되어 있었기 때문에, '能犯顏色諫爭'이라 注를 단 것으로 보인다. 이 장의 뜻은, '信而後諫'[신임을 얻은 후에 간언한다][子張 제10장]라는 뜻으로, 신임을 얻지 못했으면, 간언하는 것을 자기를 비방하는 것으로 여기기 때문에, 오직 속이지 않는 자라야 犯諫할 수 있다는 것이다. 공자께서 諫言에 대해 논하시면서, '나는 그중에 諷諫을 따르겠다'[孔子家語·辯政]고 하셨는데, 애초부터 犯諫을 취할 뜻이 없었고, 부득이해서 犯諫을 해야 할 경우는, 반드시 '勿欺'가 앞서야 한다는 것으로, (간언이 받아들이여지지 않으면 싫어하는 안색을 무릅쓰면서) 노기가 발끈한 그대로 얼굴에 드러나는 소장부[孟子·公孫丑下 제12장]와는 다르다(能與而, 古通用, 孔氏所據本疑作『能犯之』, 故有能犯顏諫爭之說。此章之旨, 蓋即信而後諫之意, 未信則以爲謗己, 故惟勿欺者能犯之也。孔子論諫曰, 吾從其諷諫, 本無取乎犯, 不得已而犯, 必以勿欺先之, 異乎悻悻小丈夫矣。);《論語新解》①犯顏諫諍이 바로 勿欺이다["속이지 말고 솔직하게 간언해라"]. ②간언이 실상을 과장해서 이로써 임금이 반드시 들어주기를 추구할 경우, 비록 임금을 사랑하는 마음에서 나온 경우에도, 그러한 간언은 '欺'에 가깝다[朱子語類44: 63]. 자로 같은 현인은, 임금을 속이리라 우려할 게 없고, 더구나 犯顏諫諍을 못하리라 우려할 게 없다. 그렇지만 용맹이 과해서, 혹 모르는 것을 안다고 여겨[爲政 제17장] 진언하는 경우가 있었기 때문에 공자께서 이 말로 그를 가르친 것이다(一说: 犯颜谏诤即勿欺。一说: 如言过其实以求君之必听, 虽出爱君之心, 而所言近于欺。以子路之贤, 不忧其欺君, 更不忧其不能犯。然而子路好勇之过, 或有以不知为知而进言者, 故孔子以此诲之。); 犯(범): 무릅쓰다. 실례하다. 비위를 거스르다(触犯, 冒犯。).

3《論語正義》맹자가 말하기를, '제나라 사람들이 말하기를, 우리 임금이 어찌 인의를 함께 말할 만한 자이겠는가라고 하는데, 이는 불경이다'[公孫丑下 제2장]라고 했고, 또 '우리 임금은 하지 못한다고 말하는 자는, 이는 자기 임금을 해치는 것이다'[公孫丑上 제6장]라고 했는데, 이 장의 '欺'와 같다[자기 임금에 대해 그렇게 말하는 자는 임금을 속이는 것이다]. 자로는 계씨 가에서 벼슬을 했는데, 공자께서 그를 具臣으로 보았고[先進 제23장], 또 계씨가 전유를 치려 하자, 자로의 능력으로는 못 하게 간언하지 못했기 때문에[季氏 제1장], 자로에게 '勿欺'를 말씀하셨고, 그런데 말씀의 뜻이 분명하지 못했을까 의심스러워서, 다시 '而犯之'라 하신 것이다(正義曰: 孟子言 "齊人謂其君何足語仁義, 是爲不敬"。又言 "謂其君不能者, 是賊其君", 與此言 "欺"同也。子路仕季氏, 夫子恐其爲具臣, 又季氏伐顓臾, 子路力未能諫止, 故此告子路以"勿欺", 而又嫌其意不明, 故更云"而犯之"。).

4《禮記·檀弓上》어버이를 모실 때는 허물을 숨겨드리고 싫어하는 안색을 무릅쓰면서까지 간언하지 말라. 임금을 모실 때는 싫어하는 안색을 무릅쓰면서까지 간언하고 (임금의 허물을) 숨기지 말라. 선생님을 모실 때는 싫어하는 안색을 무릅쓰면서까지 간언하지 말되 (허물을) 숨기지도 말라(事親有隱而無犯……事君有犯而無隱……事師無犯無隱。).

자로(子路)가 임금을 섬기는 도리에 대해 여쭈었다. 선생님께서 말씀하셨다. "속이지 말고 고하도록 하고, 싫어하는 안색을 무릅쓰면서 간하도록 해라."

犯, 謂犯顔諫爭。[5] ○范氏曰:「犯非子路之所難也, 而以不欺爲難。故夫子教以先勿欺而後犯也。」[6]
'犯'(범)은 임금의 싫어하는 안색을 무릅쓰고 간쟁하는 것을 말한다.

○범씨(范氏 · 范淳夫)가 말했다. "싫어하는 안색을 무릅쓰고 간쟁하는 것은 자로(子路)가 어렵게 여긴 일이 아니었고, 속이지 않고 고하는 것을 어려운 일로 여겼다. 그래서 선생님께서 먼저 속이지 말고 고하라고 말씀하시고 그 뒤에 싫어하는 안색을 무릅쓰고 간하라고 가르치신 것이다.

5《韓非子 · 外儲說左下》 환공이 관리의 임용에 대해 묻자, 관중이 대답했다. "시시비비를 잘 가리고, 재물에 청렴결백하고, 세상 물정에 밝은 사람으로는, 저 夷吾는 弦商만 못하니, 그를 大理[사법관리]로 세우십시오. 당을 오르내리며, 공경 · 겸양하고 예를 환히 알아 그에 맞게 빈객을 접대하는 사람으로는, 臣은 隰朋만 못하니, 그를 大行[외교관리]으로 세우십시오. 황무지를 개간하여 촌락을 확충하고, 토지를 개척하여 곡물을 재배하는 사람으로는, 臣은 甯武만 못하니, 그를 大田[농사관리]으로 세우십시오. 삼군이 싸우려고 진을 펼치고 있는데, 병사들로 하여금 싸우다 죽는 것을, 떠나온 집으로 되돌아가는 것처럼 보게 하는 사람으로는, 臣은 公子 成父만 못하니, 그를 大司馬[국방관리]로 세우십시오. 임금의 안색을 무릅쓰고 극력 간쟁하는 사람으로는, 臣은 東郭牙만 못하니, 그를 諫臣으로 세우십시오. 제나라를 다스리는 데 이 다섯 사람이면 족합니다만, 장차 霸王의 업을 성취코자 하신다면, 저 夷吾가 있습니다"(桓公問置吏於管仲, 管仲曰: '辯察於辭, 清潔於貨, 習人情, 夷吾不如弦商, 請立以爲大理。登降肅讓, 以明禮待賓, 臣不如隰朋, 請立以爲大行。墾草仞邑, 辟地生粟, 臣不如甯武, 請以爲大田。三軍既成陳, 使士視死如歸, 臣不如公子成父, 請以爲大司馬。犯顔極諫, 臣不如東郭牙, 請立以爲諫臣。治齊此五子足矣, 將欲霸王, 夷吾在此。'); 犯顔極諫(범언극간): 권위를 무릅쓰고 잘못을 고칠 것을 극력 권고하다(敢于冒犯君主或尊长的威严而极力规劝其改正错误); 犯顔(범안): 왕의 위엄을 무릅쓰다. 싫어하는 안색을 무릅쓰다(敢于冒犯君王或尊长的威严); 諫諍(간쟁): 곧바른 말로 권고하다(直言规劝).

6《朱子語類44: 64》"자로는 성품이 용감해서, 대체로 임금에게 말을 할 때, 자기의 주장을 강요하여, 혹 지나치게 과장되게 말하다 보니, 거짓에 가까웠을 것이다"(曰: 子路性勇, 凡言於人君, 要他聽, 或至於說得太過, 則近乎欺。);《古今注》생각건대, 이 장의 말씀은 아마도 (자로의) 병통에 대해 약을 처방해주는 글은 아닌 듯하다. (자로가) 문인들로 하여금 장례를 치를 가신 노릇을 하게 한 것[子罕 제11장] 역시 속이려는 뜻이 아닌 듯한데, 공자께서는 속이는 것은 하늘을 속이는 것이라 하시면서, 심하게 꾸짖었지만, 이것을 가지고 자로를 ('속이지 않고 고하는 것을 어려워했다'고) 평가해서는 안 된다. 자로는 평생 속이지 않는 사람으로 칭찬을 받았기 때문에, 소주의 대부 역이, 구역 땅을 가지고 노나라로 망명을 와서, 천승의 노나라의 盟約은 믿지 못하겠고 자로가 言約한다면 믿겠다[春秋左傳 · 哀公 14年]고 했는데, 하물며 임금을 속이겠는가?(案: 此章恐未必是對病發藥。門人爲臣亦恐非欺罔。孔子謂行詐欺天者, 責厲之深, 不可以此案子路也。子路生平, 以不欺見稱, 故小邾射以句繹來奔, 不信千乘之盟, 而欲信子路之一言, 况於欺君者乎?).

[君子上達章]

142401、子曰:「君子上達, 小人下達。[1]」

선생님께서 말씀하셨다. "군자는 높은 데로 나아가고, 소인은 낮은 데로 빠져든다."

君子循天理, 故日進乎[2]高明; 小人殉人欲, 故日究乎汙下。[3]

군자는 천리(天理)를 따르기 때문에, 날로 높은 데로 밝은 데로 나아가고, 소인은 인욕(人欲)을 따르기 때문에, 날로 더러운 데로 낮은 데로 파고든다.

---

1 《論語義疏》'上達'은 仁義에 통달하는 것이고, '下達'은 財利에 통달하는 것으로, 그래서 군자와 상반된다(疏: 上達者, 達於仁義也。下達, 謂達於財利, 所以與君子反也。); 《論語新解》①'上達'은 道에, '下達'은 器에 통달하는 것이다. 예컨대 農·工·商·賈는, 소인의 일이지만, 그래도 각기 일에 따라, 맡은 직분이 있고 통달하는 것이 있다. 악하고 불의한 일을 저지르는 경우, 이는 파렴치한 소인의 짓거리로, '達'이 아니다. ②군자는 날로 고명한 데로 나아가고, 소인은 날로 더럽고 낮은 것을 추구하니, 한 가지 생각의 조그만 차이가, 날로 갈라지고 날로 멀어지게 되는 것이다. ①설은 군자와 소인을 맡은 직분을 가리켜 말했고, ②설은 군자와 소인을 지니고 있는 품덕을 가리켜 말했다. ②설을 따른다(一说: 上达达于道, 下达达于器。如为农工商贾, 虽小人之事, 亦可各随其业, 有守有达。若夫为恶与不义, 此乃败类之小人, 无所谓达也。一说: 君子日进乎高明, 小人日究乎污下, 一念之歧, 日分日远也。前解君子小人指位言。后解君子小人指德言。今从后解。); 《論語今讀》'군자는 의리[義]에 밝고, 소인은 잇속[利]에 밝다'[里仁 제16장]와 같다. '達'은 '成功'으로 풀이할 수 있으니, 바로 '군자는 큰일에서 공을 이루고, 소인은 작은 일에서 공을 이룬다'이다("君子喻於义, 小人喻于利。" 同, 亦可参考14.35解。"达"有译作"成功", 即"君子大处成功, 小人小处成功"。).

2 乎(호): ~에 따라. ~대로. 동작이나 행위의 준칙을 이끈다(介绍动作, 行为遵循的准则。).

3 《論語大全》군자는 하루하루 위로 진보하고, 소인은 하루하루 밑바닥으로 가라앉는다. '究'字는 '究竟'이라는 뜻이다. 결국에는 갈 데까지 간다는 말이다. 처음에는 사소한 차이일 뿐이지만, 얼마 지나지 않아 끝에 이르러서는 더욱 차이가 벌어진다(朱子曰: 君子一日長進似一日, 小人一日沈淪似一日。究者, 究竟之義, 言究竟至於極也。初間只差些子, 少間究竟將去, 越差得多。).

[古之學者爲己章]

142501、子曰:「古之學者爲己, 今之學者爲人。[1][2]」

선생님께서 말씀하셨다. "옛날의 배우는 자는 자기를 다스리기 위해서 배웠는데, 지금의 배우는 자는 남을 다스리려고 배운다."

爲, 去聲。○程子曰:「爲己, 欲得之於己也。爲人, 欲見知於人也。」

'爲'(위)는 거성[wèi]이다. ○정자(程子 · 伊川)가 말했다. "'爲己'(위기)는 배운 것을 자기

1《論語集解》'爲己'는 도를 실제로 실행하는 것이고, '爲人'은 쓸데없이 도를 남에게 말로만 하는 것이다(注: 孔安國曰: 爲己, 履道行之也, 爲人, 徒能言之也。);《論語義疏》옛사람들이 배운 것은, 자기가 아직 선량하지 못하기 때문으로, 선왕의 도를 배워, 자기 스스로 그 도를 행하여, 자기를 완성하려는 것뿐이었다. 지금 사람들은, 자기의 행실의 부족한 부분을 보완하기 위해서가 아니라, 단지 남을 이기려는 의도로, 남이 자기의 아름다움을 찬미하게 하기 위한 것이지, 자기의 행실의 부족 때문이 아니다(疏: 古人所學, 己未善, 故學先王之道, 欲以自己行之, 成己而已也。今之世, 學非復爲補己之行闕, 正是圖能勝人, 欲爲人言己之美, 非爲己行不足也。);《論語今讀》"옛날의 배우는 자는 자기를 향상하기 위해서였는데, 지금의 배우는 자는 남에게 훈계하기 위해서이다"("古時的學者是爲了改進自己, 今天的學者是爲了教訓別人。");《論語集釋》陳天祥[1230~1316]의《四書辨疑》에 말했다. "爲己는, 자기를 다스리려는 데 힘쓰고, 爲人은 남을 다스리려는 데 힘쓴다"(四書辨疑: 蓋爲己, 務欲治己也。爲人, 務欲治人也。);《古今注》'爲'는 助[돕다]와 같다(補曰: 爲, 猶助也。); 張栻[장경부, 1133~1180]의《癸巳論語解》배움은 이것을 써서 자기를 완성한다. 成物은[中庸 제25장] 단지 成己의 확장일 뿐으로, 그래서 옛날의 배우는 자들은 자기를 위했을 뿐이다. 자기가 확립되면, 남을 위하는 길은 그 가운데 있기 마련이다. 남을 위해서라는 마음 자세라면, 이는 밖을 좇는 것으로 그 근본을 잃은 것이다. 근본이 확립되지 않고는, 자신을 완성할 방법이 없는데, 또 장차 무엇으로 남에게 미치겠는가!(學以成己也, 所爲成物者, 特成己而推而已, 故古之學者爲己而已。己立, 而爲人之道固亦在其中矣。若存爲人之心, 則是循於外而遺其本矣。本旣不立, 無以成身, 而又將何以及人乎!)(이수태,『논어의 발견』에서 재인용).

2《荀子 · 勸學》군자의 학문은, 귀로 들어와서, 마음에 착 달라붙어 있다가, 四體로 두루 퍼져서, 動靜으로 나타난다. 한마디 말 조그만 행동이, 하나같이 모범이 될 만하다. 소인의 학문은, 귀로 들어와서 바로 입으로 나간다. 귀와 입 사이의 거리는 겨우 네 치이니, 어찌 일곱 자나 되는 체구를 아름답게 할 수 있겠는가! 옛날의 배우는 자는 나를 위해 배웠는데, 지금의 배우는 자는 남을 위해 배운다. 군자의 학문은 자기 몸가짐을 아름답게 가꾸는 데 쓰고, 소인의 학문은 녹봉을 구하고 입신출세하기 위한 용도로 쓴다. 그래서 묻지도 않았는데 얘기하니 잘난 체한다고 하고, 하나를 물었는데 둘을 얘기하니 지껄여댄다고 하는 것이다. 군자의 행동은 메아리와 같다(君子之學也, 入乎耳, 著乎心, 布乎四體, 形乎動靜。端而言, 蝡而動, 一可以爲法則。小人之學也, 入乎耳, 出乎口; 口耳之間, 則四寸耳, 曷足以美七尺之軀哉! 古之學者爲己, 今之學者爲人。君子之學也, 以美其身; 小人之學也, 以爲禽犢。故不問而告謂之傲, 問一而告二謂之囋。傲, 非也, 囋, 非也; 君子如嚮矣。);《孟子 · 離婁上 제23장》맹자가 말했다. "사람의 병폐는 남의 스승 노릇 하기를 좋아한다는 데 있다"(孟子曰: 人之患 在好爲人師).

몸에 얻고자 하는 것이다. '爲人'은(위인) 배워서 남에게 알려지고자 하는 것이다."

○程子曰:「古之學者爲己, 其終至於成物[3]。今之學者爲人, 其終至於喪己。」
○정자(程子·伊川)가 말했다. "옛날의 배우는 자는 나를 위해서 배웠는데, 그것이 결국에는 남을 성취시켜 주는 데까지 이르렀다. 오늘날의 배우는 자는 남을 위해서 배우는데, 그것이 결국에는 나를 잃어버리는 데까지 이른다."

愚按: 聖賢論學者用心得失之際, 其說多矣, 然未有如此言之切而要者。於此明辨而日省之, 則庶乎其不昧於所從矣。
내가 생각건대, 성현께서 배우는 자의 마음가짐에 따라 득실이 갈리는 분기점을 논한 것은, 그 말씀이 많이 있지만, 이 말씀만큼 절실하고 긴요한 것은 없었다. 이 두 가지 마음가짐에 대해 분명하게 분별하고 날마다 성찰하면, 어느 쪽을 따를지에 대해 거의 어둡지 않게 될 것이다.

3《中庸 제25장》誠者는 스스로 자기의 본모습을 온전히 구현해낼 뿐 아니라, 이로써 物의 본모습을 온전히 구현해낸다(誠者, 非自成己而已也, 所以成物也。);《伊川易傳》'物'은 '人'이다. 옛말의 '人物' '物論'[여론]은 모두 '人'을 말한다(物, 人也, 古語云人物, 物論, 謂人也。).

[蘧伯玉使人於孔子章]

142601、蘧伯玉[1]使人於[2]孔子。

거백옥(蘧伯玉)이 공자(孔子)께 사람을 보내왔다.

使, 去聲, 下同。○蘧伯玉, 衛大夫, 名瑗。孔子居衛, 嘗主於其家。既而[3]反魯, 故伯玉使人來也。

'使'(사)는 거성[shì]으로 뒷절에서도 이와 같다. ○'蘧伯玉'(거백옥)은 위(衛)나라 대부로, 이름이 원(瑗)이다. 공자(孔子)께서 위(衛)나라에 계실 때, 그의 집에서 기거하신 적이 있었다. 얼마 있다가 노(魯)나라로 돌아오셨기 때문에, 거백옥(蘧伯玉)이 사람을 보내온 것이다.

142602、孔子與之坐而問焉,[4] 曰:「夫子[5]何爲[6]?」對曰:「夫子欲寡其過而未能也。[7]」使

---

1 蘧伯玉(거백옥): BC 585?~BC 484? 姓 蘧, 名 瑗, 字 伯玉. 衛나라 蒲邑사람. 위나라 殤公[BC 558~BC 547 재위]·獻公[BC 546~BC 544 재위]·靈公[BC 534~BC 493 재위]을 모신 대부. 공자가 주유열국할 당시 오갈 데가 없는 처지에 있을 때, 여러 차례 거백옥의 집에서 몸을 의탁했다. 공자가 스승으로 섬겼다고 한다(《憲問 제12장》 각주 《史記·仲尼弟子列傳》 참조); 《論語集釋》 毛奇齡[1623~1716]의 《論語稽求篇》에 말했다. "정공 14년[BC 496]에 공자께서 노나라를 떠난 후에, 두세 차례 위나라에 가셨는데, 비로소 거백옥의 집에 묵으셨으니, 이때 거백옥은 이미 백 살이 넘었다"(當定公十四年, 夫子去魯之後, 再三適衛, 始主伯玉家, 則此時伯玉已百年餘矣。).

2 於(어): ~쪽으로 향하다. 가다(往。).

3 既而(기이): 머지않아. 조금 지나서. 얼마 있다가(不久, 一会儿, 副词。指上件事情发生后不久。).

4 《論語正義》 使者가 비록 미천한 자이지만 반드시 그에게 자리를 권한 것은, 賓主의 예를 갖춘 것이다. '與'는 '授'[주다]와 같다(正義曰: 使雖微者, 必與之坐, 爲賓主禮也。"與"猶授也。); 《論語句法》 '與'는 '之'의 개사이다["그와 함께 앉아"]('與'是介進它的關係詞。); 《文言語法》 '焉'은 他指詞로, 눈앞 이외의 사물을 가리키며, 동사의 목적어로만 쓰인다('焉', 他指, 指眼前以外的事物。'焉'只能作动词的宾语。).

5 夫子(부자): 상대방 남자에 대한 존칭(古时对男子的尊称).

6 《論語句法》 '何'는 의문지칭사로, 술어 '爲'의 목적어인데, 앞당겨진 것이다('何'是疑問指稱詞做'爲'的止詞, 而提前了。).

7 《論語正義》 《淮南子·原道訓》과 《莊子·雜篇·則陽》에 나오는 거백옥에 관한 글로 볼 때, '허물을 줄이려고 하지만 아직 잘 안 된다'고 한 使者의 말은 사실에 입각한 말로, 그가 평소의 수양에 자만하지 않고

者出。子曰:「使乎! 使乎![8]」

공자(孔子)께서 그 사람에게 앉을 자리를 권하고 나서 거백옥(蘧伯玉)에 대해 물으셨다. "주인께서는 무엇을 하고 지내시는가?" 그 사람이 대답했다. "제 주인께서는 당신의 허물을 줄이려고 하시지만, 아직 잘 안되시나 봅니다." 그 사람이 나갔다. 선생님께서 말씀하셨다. "사자(使者)답구나! 사자(使者)답구나!"

與之坐, 敬其主以及[9]其使也。夫子, 指伯玉也。言其但欲寡過而猶未能, 則其省身克己, 常若不及之意[10]可見矣。使者之言愈[11]自卑約[12], 而其主之賢益彰[13], 亦可謂深知君子之心, 而善於詞令[14]者矣。故夫子再言使乎以重美之。

그 사람에게 앉을 자리를 권한 것은, 그 사람의 주인에 대한 공경된 태도가 그 사자(使者)에게까지 미친 것이다. '夫子'(부자)는 거백옥(蘧伯玉)을 가리킨다. 사자(使者)가 단

있음을 볼 수 있다. 使者는 사실에 입각한 솔직한 대답으로 자기 주인을 높인 것이지, 단지 겸사로 한 말이 아니었다(正義曰: 觀此, 是伯玉欲寡過而常若未能無過, 亦是實語, 其平居修省不自滿假之意可見。使者直對以實, 能尊其主, 非只爲謙辭。); 《論語新解》 '欲無過'[허물을 하나도 없이하려고 하다]라고 하지 않고, '欲寡過'[허물을 줄이려고 하다]라고 했고, 또 '未能焉'이라 한 것이다(不曰 '欲无过', 而曰 '欲寡过', 又曰 '未能焉'。).

8 《論衡 · 問孔》 공자께서 '使乎 使乎!'라고 말씀했는데, 使者를 비판한 것이다. 논어를 설명하는 자들은, '使者를 비판하신 것은, 그가 주인에게 전달받은 말이 아닌데 주인을 대신해서 겸사를 쓴 것을 비판하신 것이다'라고 했다(孔子曰: '使乎! 使乎!' 非之也。說論語者曰: '非之者, 非其代人謙也。'); 《漢書 · 藝文志》 공자께서 말씀하시기를, '시 3백 편을 다 암송한 자에게, 정사를 맡겼는데, 제대로 처리하지 못하고, 여러 나라에 사신으로 보냈는데, 혼자 힘으로 使命을 받들어 완수하지 못한다면, 비록 시를 많이 암송한다 한들, 또한 어디에 써먹겠느냐?'[子路 제5장]라고 했고, 또 말씀하시기를, '使者답구나! 使者답구나!'라고 하셨는데, 그가 마땅히 그 상황에 따라 그에 맞는 적절한 조치를 하여, 使命만 받고 구체적인 지시는 받지 않는 것, 이것이 사신의 훌륭한 점이라는 말이다(孔子曰:「誦詩三百, 使於四方, 不能專對, 雖多亦奚以爲?」又曰:「使乎, 使乎!」言其當權事制宜, 受命而不受辭, 此其所長也。); 《論語集解》 두 번씩 '使乎'라 말씀하신 것은, 그를 훌륭하게 본 것으로, 使者로서 그에 맞는 품덕을 얻어 갖추었다는 말이다(注: 陳群曰: 再言使乎, 善之也, 言使得其人也。); 乎(호): ~이구나! 아! 감탄문 끝에 쓰여 비분 · 찬양 · 감격의 어기를 나타낸다.

9 以及(이급): ~에 이르기까지. ~까지. 시간이나 범위의 연장을 표시한다(连词。表示在时间, 范围上的延伸。犹言以至, 以至于。).

10 《泰伯 제17장》 참조.

11 愈(유): 더욱. 한층 더(更加; 越发).

12 卑約(비약): 겸손하게 낮추어 억누르다(谦让克制).

13 彰(창): 분명하게 드러나다. 칭찬하다. 드러내 보이다(明显, 显著。表扬, 表彰。揭示, 表露。).

14 詞令(사령): 그에 맞게 적절하게 응대하는 말(=辞令。应对得宜的言词).

지 '당신의 허물을 줄이려고 하시지만, 여전히 아직 잘 안 된다'고만 말했는데, 그렇다면 거백옥(蘧伯玉)이 자기 몸가짐을 살피고 자기를 이기기를, 항상 거기에 아직 미치지 못한 것같이 하는 배움의 자세를 알 수 있다.

사자(使者)의 말은 자기를 더욱 겸손히 낮추고 억눌렀지만, 그럴수록 자기 주인의 어짊은 더욱 뚜렷하게 드러내 보였으니, 역시 군자의 마음을 속 깊이 알아보고, 그에 맞게 적절한 언사로 훌륭하게 응대한 자라고 평할 만하다. 그래서 선생님께서 두 번이나 '사자(使者)답구나!'라고 말씀하시어 이로써 거듭 그를 찬미하신 것이다.

○按莊周稱[15]「伯玉行年[16]五十而知四十九年之非」。又曰[17]:「伯玉行年六十而六十化[18]。」蓋其進德之功, 老而不倦。是以踐履[19], 篤實, 光輝宣著[20]。不惟使者知之, 而夫子亦信之也。

○생각건대, 장주(莊周)가 거백옥(蘧伯玉)을 칭하기를, '산 햇수 50해에 지난 햇수 49해가 잘못이었음을 알았다'고 했다. 또 말하기를, '거백옥(蘧伯玉)은 산 햇수 60해인데 60번 변화했다'고 했으니, 대개 그가 덕을 증진하는 공부를, 늙어서도 게을리하지 않았던 것이다. 이 때문에 실천이 독실했고 그의 덕의 광휘가 사방으로 드러났다. 사자(使者)만 안 것이 아니라, 선생님께서도 그것을 믿으신 것이다.

---

15 《淮南子 · 原道訓》 上壽[100세] 다음의 中壽는 대개 70세인데, 자기가 하는 취사선택 · 행동거지에 대해, 날로달로 후회하고 뉘우치기를, 죽을 때에 이르기까지 한다. 그래서 거백옥은 산 햇수 50해에 지난 49해가 잘못이었음을 알았다. 왜냐하면 먼저 가는 사람이 알기는 어렵지만, 뒤에 가는 사람은 쉽게 효과를 취득할 수 있기 때문이다(凡人中壽七十歲, 然而趨舍指湊, 日以月悔也, 以至於死。故蘧伯玉年五十, 而有四十九年非。何者? 先者難爲知, 而後者易爲攻也。); 莊周가 한 말이 아니고, 《淮南子 · 原道訓》에 나오는 말이다.

16 行年(항년): 먹은 나이. 당시 나이(经历的年岁, 指当时年龄。).

17 《莊子 · 雜篇 · 則陽》 거백옥은 산 햇수 60해인데 60번 변화했으니, 매년 옳다고 하는 데서 시작했는데 끝에 가서는 그르다고 해서 물리치지 않은 적이 없었다. 그러니 60세가 된 지금이 옳다고 하는 것이 59해 동안이 그릇되었다고 하는 것이 아닌지는 알 수 없다(蘧伯玉行年六十而六十化, 未嘗不始於是之而卒詘之以非也, 未知今之所謂是之非五十九年非也。).

18 《論語大全》 '化'는, 옛일들이 모두 풀리고 녹아버려서, 굳거나 막힌 게 없는 것이다(朱子曰: 化, 是舊事都消融了, 無固滞。).

19 踐履(천리): 밟다. 디디다. 걷다. 이행하다. 실천하다. 몸소 이행하다. 앞으로 나아가다(踩; 踏。行走。履践; 前往).

20 宣著(선저): 현저하다. 밖으로 드러나다(显著; 外露); 宣(선): 넓다. 분명하다. 밝다. 전면적인. 온통. 사방(宽大, 空敞。明白的; 明亮的。周遍; 普遍).

[不在其位不謀其政章*]

142701、子曰:「不在其位, 不謀其政。」

선생님께서 말씀하셨다. "그 자리에 있지 않으면, 그 자리의 정사를 도모하지 않는다."

重出。[1]

거듭 나왔다.

1《泰伯 제14장》참조.

[君子思不出其位章*]

142801、曾子曰:「君子思不出其位[1]。[2][3]」

증자(曾子)가 말했다. "군자는 생각이 그가 있는 자리를 벗어나지 않는다."

此艮卦之象辭也。曾子蓋嘗稱之, 記者因上章之語而類記之也。[4]

---

1 [성]思不出位(사불출위): 자기의 직무 범위 내에서 생각하다. 규정에 충실하다. 본분을 지키다. 돌파력이 부족하다(思: 考慮; 位: 职位。考虑事情不超过自己的职权范围。比喻规矩老实, 守本分。也形容缺乏闯劲。).

2《論語大全》앞 장은 정사를 도모하는 자를 위한 말씀이고, '不在其位'의 '位'는 직위를 가리켜 한 말이다. 이 장은 군자의 생각하는 바는 그가 있는 자리를 벗어나지 않는다는 일반론적인 말이다. '位'字가 말하는 범위가 앞 장과 비교하면 매우 넓은데, 예컨대 자식 된 자리에 있는 자는 효를 생각하고, 신하 된 자리에 있는 자는 충을 생각하고, 지금 부귀의 자리에 있으면 부귀를 따라 행동할 것을 생각하고, 지금 빈천의 자리에 있으면 빈천을 따라 행동하기를 생각하는 것이, 모두 바로 이것이다(雙峯饒氏曰: 上章爲謀政者言, 不在其位之位, 指職位而言也。此章泛言君子之所思不出其位, 位字比上章又說得闊, 如爲人子則思孝, 爲人臣則思忠, 素富貴則思所以行富貴, 素貧賤則思所以行乎貧賤, 皆是也。);《論語義疏》本은, 이 장이 앞 장에 묶여 한 장으로 되어 있다;《論語集釋》翟灝[1736~1788]의《四書考異》에 말했다. "이 절과《子罕 제6장》의 '牢曰'절은 같은 예이다. 옛날에 이 절은 원래 앞절의 '不謀其政'와 합해서 한 장이었는데, 송나라 때 와서 어떤 책에서 두 장으로 나눠진 것이다. 주자가 이 장에 주를 달기를, '기록한 자가 앞 장의 글을 이어서 같은 종류끼리 기록한 듯하다'고 했으니, 그렇다면 장은 비록 달라도 뜻은 이어진다는 것인데, 어찌 앞절에 '重出'이라는 注를 달았겠는가? 아마도 '重出'이라는 注는 주자의 문인이 기록을 전하는 중에 잘못 들어간 글자일 것이다"(翟氏考異: 此與子罕篇『牢曰』節同例。舊原合上『不謀其政』爲一章, 宋時本或分爲二。朱子注此云:『記者因上章之語而類記之。』則章雖別而義仍承, 何乃有重出二字注在上章? 竊疑二字是門人傳錄之衍。);《論語集釋》毛奇齡[1623~1716]의《四書改錯》에 말했다. "集注에서 '因上章之語而類記之'라고 했으니, 앞 구절은 重出이 아니다. 이 장은 본래 한 장으로, 증자의 말을 (공자 말씀에 이어서) 기록한 것은, 증자가 공자의 앞 구절 말씀을 들었을 때, 특별히 주역의 이 구절 공자의 말씀을 인용해서 증명했기 때문으로,《子罕 제6장》의 '牢曰'절과 같은 예이고,《泰伯 제14장》에 나온 두 구가 重出이다(既云『因上章之語而類記之』, 則上章非重出矣。此本是一章, 其記曾子文者, 以曾子聞子語時, 特引子象辭以證明之, 與『牢曰子云』同一記例, 其在泰伯篇二句則複簡也。);《論語新解》앞 장은 泰伯편에 이미 나왔고, 이 장은 앞 장을 이어받아서 같은 종류끼리 기록한 것이다. 혹시 泰伯편의 기록자는 증자의 이 장의 말이 있다는 것을 몰랐지만, 이 편의 기록자는 증자의 이 장의 말을 알고 있었기 때문에, 이에 같이 기록한 것일 수 있다(上章已见《泰伯》篇, 本章承上章而类记之。或是《泰伯》篇记者未知有曾子此语, 而记此篇者知之, 故遂并著之。).

3《易經 · ䷳艮 · 象傳》두 산이 겹친 것이 艮卦(간괘)이다. 군자는 이를 써서 생각이 그가 있는 자리를 벗어나지 않는다(兼山, 艮; 君子以思不出其位。);《述而 제15장》각주《中庸 제14장》참조.

4《論語正義》毛奇齡[1623~1716]의《論語稽求篇》에 말했다. "공자께서 (앞에서) 이미 직분의 엄격한 구분을 말씀했기에, 증자가《易經》에 贊한 공자의 글을 끌어다가 그 말씀을 증명한 것이다." 또 말했다. "'思不出位'는《易經 · ䷳艮 · 象傳》의 글이다. 세상 사람들은, 象傳에 '以'字가 많이 나오는데, 혹 옛날부터

이 장은《주역 · 간괘 · 상전》(周易 艮卦 象傳)의 글이다. 증자(曾子)가 아마도 전에 이 글을 말한 적이 있어서, 기록한 자가 앞 장의 글을 이어서 같은 종류끼리 기록한 듯하다.

○范氏曰:「物各止其所, 而天下之理得矣[5]。故君子所思不出其位, 而君臣, 上下, 大小, 皆得其職也。」

○범씨(范氏 · 范淳夫)가 말했다. "사물이 각자 제 있을 자리에 머무르면, 천하의 모든 이치가 터득된다. 그러므로 군자의 생각하는 바가 그가 있는 자리를 벗어나지 않으면, 군신 · 상하 · 대소가 모두 그에 맞는 직분을 얻게 된다."

원래 이 말이 있었는데, 공자께서 이 말을 끌어다가 象辭를 지으신 것으로 보인다고 했다. 증자는 또 이 말을 끌어다가 '不在其位'라는 말씀을 증명했기 때문에, 이 장의 말 앞에 '象曰: 子曰:'을 붙이지 않은 것으로 보이는데 아직 알 수 없다"(正義曰: 毛氏奇齡稽求篇: 夫子既言位分之嚴, 故曾子引夫子贊易之詞以爲證。又曰: "'思不出位', 繫艮卦象辭。世疑象傳多'以'字, 或古原有此語, 而夫子引以作象辭。曾子又引以證'不在其位'之語, 故不署'象曰'、'子曰'二字, 亦未可知。").

5《周易 · 繫辭上》乾은 만물의 처음 시작을 알리고[주재하고], 坤은 만물을 만들고 이룬다. 乾은 만물을 용이하게 알고, 坤은 만물을 간단하게 이룬다. 용이하니 쉽게 알고, 간단하니 쉽게 따른다. 용이하게 알 수 있으니 가까이 있고, 간단하게 이룰 수 있으니 공이 있다. 가까이 있으니 오래 갈 수 있고, 공이 있으니 크게 이룰 수 있다. 오래 할 수 있으니 현인의 덕이고, 크게 이룰 수 있으니 현인의 사업이다. 용이하게 알 수 있고 간단하게 이룰 수 있으니, 천하의 모든 이치가 터득되고, 천하의 모든 이치가 터득되니 그 바른 위치[三才로서의 위치]에 자리를 잡는다(乾知大始, 坤作成物。乾以易知, 坤以簡能。易則易知, 簡則易從。易知則有親, 易從則有功。有親則可久, 有功則可大。可久則賢人之德, 可大則賢人之業。易簡, 而天下之理得矣: 天下之理得, 而成位乎其中矣。).

[君子恥其言過其行章]

142901、子曰:「君子恥其言而[1]過其行。[2]」[3]

선생님께서 말씀하셨다. "군자는 자기가 할 말을 감히 다 말하지 않고, 자기가 할 실행을 자기가 한 말보다 넘치게 하려고 한다."

行, 去聲。○恥者, 不敢盡之意[4]。過者, 欲有餘之辭[5]。

---

1 《詞詮》 '而'은 陪從連詞로 '之'字와 용법이 같다["그 말이 그 행보다 과한 것을 부끄러워한다"]('而', 陪從連詞。與'之'字用同。); 《論語譯注》 '而'는 용법이 '之'와 같다["말은 많고 행동은 적은 것(그 말이 행실보다 과한 것), 군자는 이것을 부끄럽게 여긴다"]('而', 用法同'之'; "說得多, 做得少, 君子以爲恥。"); 《論孟虛字》 개사 '而'는 '之'와 같다. '的'과 같다('而', 猶'之'。用作介詞的'而', 當白話'的'字。).

2 《論語義疏》本에는, '君子恥其言之過其行也'[군자는 그 말이 그 행실보다 과한 것을 부끄러워한다]로 되어 있다; 《論語大全》 어떤 사람은 '그의 말이 행실보다 과한 것을 부끄러워한다'고 풀이했는데, 굳이 통하기는 하지만, 반드시 集注와 같이 두 개의 일로 풀이해야, 선생님의 立言의 본뜻에 맞는다(胡氏曰: 或謂恥其言之過於行, 固通, 必如集註釋爲兩事, 斯得夫子立言之本意。); 《疑義擧例 · 兩語似平而實側例》 邢昺의 疏에, '이 장은 사람들이 말과 행실이 서로 맞게 할 것을 권면한 것이다. 군자는 말하고는 자기가 한 행실을 돌아보고, 행동하고는 자기가 한 말을 돌아보는데, 말이 그의 행실보다 과한 경우, 말한 게 행실에 맞지 않는다고 평하고, 군자가 치욕으로 여긴 바였다'고 했는데, 내 생각에는 '恥其言而過其行'은 말은 앞쪽과 뒤쪽의 어구가 동등하지만, 뜻의 무게감은 뒤쪽 어구로 기울어져 있다([邢昺疏]'正義曰: 此章勉人使言行相副也。君子言行相顧, 若言過其行, 謂有言而行不副, 君子所恥也。' 按: '恥其言而過其行', 亦語平而意側。); 《論語新解》 '恥其言'과 '過其行'을 분리해서 두 항목으로 풀이하는 것은 타당하지 않다(不当分耻其言与过其行作两项解。); 言行相副(언행상부): 말한 것과 행동한 것이 서로 부합하다(说的和做的相符合。); 言行相顧(언행상고): 언행이 서로 모순되지 않다(指言行不互相矛盾。).

3 《禮記 · 雜記下》 그가 한 말은 있는데, 그에 맞는 행실이 없는 것을, 군자는 부끄러워한다(有其言, 無其行, 君子恥之。); 《禮記 · 表記》 군자는 그 복장을 갖춰 입었으면, 그에 맞는 용모를 갖추고, 그 용모를 갖췄으면, 그에 맞는 말을 하고, 그 말을 했으면, 그에 맞는 덕을 채운다. 이 때문에 군자는 갖춰 입은 복장에 맞는 용모를 갖추지 않고, 그 용모를 갖추고도 그에 맞는 말을 하지 않고, 그 말을 하고도 그에 맞는 덕이 없고, 그 덕이 있는데도 그에 맞는 행실이 없는 것을 부끄러워한다(子曰: 君子服其服, 則文以君子之容; 有其容, 則文以君子之辭; 遂其辭, 則實以君子之德。是故君子恥服其服而無其容, 恥有其容而無其辭, 恥有其辭而無其德, 恥有其德而無其行。); 《論語正義》 이 장과 《里仁 제22장》의 '古者言之不出, 恥躬之不逮'는 글의 의미가 정확히 같다(正義曰: 此與里仁篇"古者言之不出, 恥躬之不逮", 語意正同。).

4 《中庸 제13장》 공자께서 말씀하셨다. "평상의 덕을 행하고, 평상의 말을 삼가기를, (덕을 행함에는) 부족한 것이 있으면, 감히 빈둥거리지 않고, (말을 삼감에는) 하고 싶은 말이 남아 있어도 감히 다하지 않는다. 말할 때는 앞으로 행할 것을 헤아려서 말하고, 행할 때는 앞서 말한 것을 돌이켜서 행하니, 군자가 어찌 독실하지 않을 수 있겠는가!"(子曰: ……庸德之行, 庸言之謹, 有所不足, 不敢不勉, 有餘不敢盡; 言顧行, 行顧言, 君子胡不慥慥爾!).

5 《論語大全》 '過'는, 《易經 · ䷽小過 · 象傳》에, '喪過乎哀 用過乎儉'[喪은 슬픔 쪽으로 넘치고, 用은 검약

‘行’(행)은, 거성[xìng]이다. ○‘恥’(치)라는 것은, ‘감히 다하지 않는다’[不敢盡]는 뜻이다. ‘過’(과)라는 것은, ‘넘치게 하려고 한다’[欲有餘]는 말이다.

쪽으로 넘친다]의 ‘過’와 같으니, 力行을 말한다. ‘過其行’은 ‘恥其言’과 對句로, 실행은 한 말보다 넘쳐야 함을 말한 것이다. 예컨대 말은 할 말의 7할만 하고 실행은 10할을 다 한다는 것과 서로 비슷하다(朱子曰: 過, 猶易喪過乎哀, 用過乎儉之過, 謂力行也…… 雙峯饒氏曰。過其行與恥其言對。謂行當過於其言。如云說七分而行十分相似。).

[君子道者三我無能焉章*]

143001、子曰:「君子道者三[1], 我無能焉[2]: 仁者不憂, 知者不惑, 勇者不懼。」
선생님께서 말씀하셨다. "군자가 힘쓰는 도가 셋인데, 나는 그중에서 잘하는 게 없다. 인자(仁者)는 근심하지 않고, 지자(知者)는 미혹되지 않고, 용자(勇者)는 두려워하지 않는다."

知, 去聲。○自責以勉人也。[3]
'知'(지)는, 거성[zhì]이다. ○자책하여 이로써 사람들을 권면하신 말씀이다.

143002、子貢曰:「夫子自道[4]也。」

1《論語義疏》"군자가 행하는 도에 셋이 있다"(疏: 言君子所行之道有三。);《論語集釋》王夫之[1619~1692]의《四書訓義》에 말했다. "'道者三'은 '君子之道三'이 아니다. 仁·智·勇은 덕이지 도가 아니다. '道'字의 풀이는 '由'로, 이 셋을 경유해서 덕을 완성한다"(四書訓義: 道者三, 非君子之道三也, 仁智勇是德不是道。此道字解作由也, 由之以成德也。).

2《王力漢語》焉(언): 지시대명사 겸 어기사(指示代詞兼語氣詞。).

3《論語大全》道體는 무궁해서, 성인께서는 도를 여유 있게 할 수 있는 것으로 보신 적이 없었다. 또 배우는 자에게 힘써 정진하라는 뜻도 있다(朱子曰: 道體無窮, 聖人未嘗見其有餘也。亦有勉進學者之意。).

4 [성]夫子自道(부자자도): 자기가 자기에 대해 말하다. 본뜻은 다른 사람의 훌륭한 점에 대해 말하고 있지만 실은 오히려 자기에 대해 말하고 있다. 자기를 과시하다. 남의 결점을 지적한다면서 오히려 자기 결점을 지적하다. 말하자면 사람이 겸허한 태도를 지니고 있으면, 그의 품격이 자연스레 여러 사람의 인정을 받게 되는 것을 가리키는 것으로, 이른바 '복숭아나무와 자두나무는 말을 하지 않아도, 그 나무 밑으로는 저절로 작은 길이 생긴다'[史記·李將軍列傳]는 것이다(自道: 自己說自己。指本意是說別人好處, 而事實上却正說著了自己。也用在不好的一面, 意思是指摘别人, 却正指摘了自己。也就是指人如果有一个谦虚的态度, 他的品格自然会得到大家的肯定, 所谓桃李不言, 下自成蹊。);《古今注》군자는 도를 향해 나아가기를, 가는 도중에 더 이상 나아갈 힘이 없어서 쓰러지는데, 군자로서 자족하는 경우가 없기 때문에, 군자의 겸손은 모두 참된 겸손이다(君子向道而行, 中道而廢, 未有君子而自足者也, 故君子之謙, 皆眞謙也。);《論語正義》'自道'는 선생님의 몸에 능히 도가 다 갖춰져 있다는 말이다["선생님 그 자체가 도이다"]. 맹자가 '인하고 또 지혜로우시니, 선생님께서는 이미 성인이십니다'를 자공의 말이라고 인용했는데[公孫丑上 제2장], 자공의 말들은 모두 소위 '지혜가 족히 성인을 알아볼 수 있는 자'로서 한 말이다(正義曰: '自道'者, 言夫子身能備道也。孟子引子貢語, 以夫子"仁且知"爲"既聖", 皆所謂"知足知聖"也。);《論語集釋》王夫之[1619~1692]의《四書訓義》에 말했다. "自道는, 단지 스스로 이같이 말씀했다는 뜻일 뿐이다"(四書訓義: 自道也, 祇是自言如此意。);《補正述疏》《詩經·小雅·正月》에, '다들 자기가

자공(子貢)이 말했다. "선생님께서 당신 자신에 대해 낮춰서 하신 말씀이었다."

道, 言也。自道, 猶云謙辭。[5]

'道'(도)는 '말하다'[言]이다. '自道'(자도)는 겸사[謙辭]라는 말과 같다.

○尹氏曰: 「成德以仁爲先, 進學以知爲先。故夫子之言, 其序有不同者以此。[6]」

○윤씨(尹氏 · 尹彦明)가 말했다. "덕의 완성은 인(仁)으로 우선을 삼고, 배움의 증진은 지(知)로 우선을 삼는다. 그래서 선생님의 말씀이, 그 언급하신 순서가 (앞에 나온 말씀과) 서로 다른 것은 이 때문이다."

성인이라고들 하지만, 누가 까마귀의 암수를 알아보겠는가?'라고 하여, 시인이 그들을 풍자했는데, 그래서 공자일지라도 스스로 자책하기를 이같이 하신 것이다(述曰:《詩經 · 小雅》云: "具曰予聖、誰知烏之雌雄。" 詩人刺之, 故雖孔子而自責如斯也。);《論語新解》'自道'는 '自述'[스스로에 대해 술회하다]과 같다. 성인께서 스스로를 보시기에, 늘 마음에 차지 않았기 때문에, '我無能焉'이라 하셨으니, 이것이 바로 日進이 멈추지 않은 까닭이었다. 자공이 보기에, 공자께서는 이 세 도를 다 갖추고 계셨기 때문에, '夫子自道'라고 한 것이다(自道犹云自述。圣人自视常欿然, 故曰'我无能焉', 此其所以日进不止也。自子贡视之, 则孔子三道尽备, 故曰'夫子自道'。);《王力漢語》道(도): 진술하다(述說。).

5《論語大全》(이 장의) 仁으로 우선을 삼는 것은 (성인의 덕의 모습인) '自誠而明'[中庸 제21장]과 같고, 知로 우선을 삼는 것[子罕 제28장]은 (현인의 배움의 모습인) '自明而誠'[中庸 제21장]과 같다. '自誠而明'은 (성인으로서) 공자의 일이어서, 자공이 이를 '夫子自道'라 여긴 것이다. 앞 구절 '我無能焉'이 (주희가 말한) 겸사이다. 覺軒蔡氏는 '自道'를 集注와 조금 다르게 풀이했다(覺軒蔡氏曰: 以仁爲先, 猶自誠而明, 以智爲先, 猶自明而誠。自誠而明, 夫子之事, 故子貢以爲夫子自道也。上文我無能焉, 乃是謙辭; 新安陳氏曰: 覺軒解自道, 與集註小異。).

6《子罕 제28장》 참조.

[子貢方人章]

143101、子貢方人[1]。子曰:「賜也賢[2]乎哉?[3] 夫[4]我則不暇[5]。」

1《論語集解》'方'은 사람을 비교하는 것이다(注: 孔安國曰: 方, 比方人也。);《論語義疏》자공이 甲을 乙과 비교하여, 둘의 우열을 논한 것이다(疏 子貢以甲比乙論彼此之勝劣者也。);《論語正義》《經典釋文》에, '方人이 鄭玄本에는 謗人[남을 악평하다. 깎아내리다]으로 되어 있는데, 다른 사람의 과오를 지적하는 것을 말한다'고 했다. 생각건대,《三國志 · 王昶傳》에, 왕창이 자식들에게 편지를 보내 경계시켜 말하기를, '남을 깎아내리고 치켜세우는 것은 애증의 근원이고, 화복의 기틀이다. 이 때문에 성인께서는 이를 신중히 하셨다. 공자께서 말씀하시기를, '내가 사람들을 대하는 데 있어, 누구는 깎아내리고 누구는 치켜세우더냐? 만약 누군가 치켜세운 사람이 있었다면, 그 사람은 겪어 본 것이 있어서였다'[衛靈公 제24장]라고 하셨고, 또 말씀하시기를, '자공이 사람들을 깎아내리자, 賜(사)는 남들보다 뛰어난가 보구나? 나 같은 경우에는 그럴 틈이 없다'고 하셨다. 성인의 덕을 지니시고도 오히려 이와 같았거늘, 하물며 평범하고 용렬한 무리로서 경솔하게 남을 깎아내리고 치켜세워서야 되겠느냐?'고 했는데, '方人'을 '毁人'으로 본 것으로, 이 책 또한 '方'을 '毁'로 읽었으니, 정현의 뜻풀이를 사용했다(正義曰: 經典釋文云: "方人鄭本作謗, 謂言人之過惡." …… 案: 三國志王昶傳昶戒子書曰: "夫毁譽, 愛惡之原, 而禍福之機也。是以聖人慎之。孔子曰: '吾之於人, 誰毁誰譽: 如有所譽, 必有所試。' 又曰: '子貢方人。賜也賢乎哉? 我則不暇。' 以聖人之德, 猶當如此, 況庸庸之徒而輕毁譽哉?" 以方人爲毁, 是亦讀"方"爲"謗", 用鄭義也。). 배움은 서로 도와서 이루어가는 것이기 때문에, 친구 간에는 서로 갈아주고 닦아주는 것이, 도를 배우는데, 가장 유익하다. 공자께서는, '너[자공]와 안회 중에 누가 더 나으냐?'[公冶長 제8장]고 물어보신 적이 있고, 또 자공은 '자장과 자하 중에 누가 더 나은가요?'[先進 제15장]라고 여쭌 적이 있었다. 공자께서도 당치않은 질문이라고 배척하신 적이 없었으니, 이는 그가 사람을 비교할 수 있음을 옳다고 받아들인 것이다. 이 장의 공자 말씀이 어찌 사람을 비교한 것을 오히려 책망하는 것인가? 공안국의 注가 '方'을 '比'[비교하다]로 풀이했는데 잘못 풀이했다(……學以相俌而成, 故朋友切磋, 最爲學道之益。夫子嘗問子貢與回孰愈? 又子貢問子張, 子夏孰愈? 夫子亦未斥言不當問, 是正取其能比方人也。此文何反譏之? 注說誤。);《論語平議》《廣雅 · 釋詁》에, '方은 正이다'라고 했으니, '方人'은 '正人'이라는 말과 같다. '子貢方人'은 이른바 '(諫이란) 도리로써 다른 사람의 행동을 바로잡아 준다'(以道正人行)는 것으로, 대개 또한 친구끼리 서로 절차탁마하여 바로잡아준다는 뜻이다.《經典釋文》에는, '鄭本에는 '謗人'으로 쓰여 있는데, 謗은 다른 사람의 과실을 지적하는 것이다'라고 했고,《春秋左傳 · 襄公 14年》의 孔穎達의 正義에는, '謗은 다른 사람의 과실을 지적하는 것을 말한다. 윗자리에 있는 자가 듣게 하여 스스로 고치게 하는 것으로, 또한 간언의 종류이다'라고 했다. 그렇다면 '方人'과 '謗人'은 그 뜻이 다르지 않다(廣雅釋詁曰, 方正也, 方人猶言正人……子貢方人, 即所謂以道正人行者, 蓋亦朋友相切直之義。釋文曰, 鄭本作謗人, 謗者, 言人之過失也…… 正義曰, 謗謂言人過失, 使在上聞之, 而自改, 亦是諫之類也。然則方人謗人其義不殊。);《論語詞典》方(방): 동사. 비방하다. 헐뜯다(動詞, 同"謗"。); 方人(방인): 사람을 풍자하고 비방하다. 품평하다(讥评他人); 方(방): 비교하다. 남의 잘못을 지적하다(比拟。通'谤'。指责别人的过失。).

2《古今注》'賢'은 '~보다 낫다'이다(賢, 愈也。).

3《論語義疏》本에는 '賜也賢乎我夫哉, 我則不暇。'로 되어 있다;《論語句法》'乎'는 의문을, '哉'는 감탄을 나타내는 어기사이다. ~인가 보구나?('乎'是表疑問的語氣詞, '哉'表感嘆的語氣詞。);《百度漢語》乎哉(호재): ~이구나. 감탄을 표시하는 어기조사(语气助词。表感叹。).

4《論語新解》'夫'는 '彼'와 같다. '方人'[인물을 비교하는 일]을 가리키는 말이다["그런 일에 대해서"](夫,

자공(子貢)이 사람들을 비교했다. 선생님께서 말씀하셨다. "사(賜)는 남들보다 뛰어난가 보구나? 나 같은 경우에는 그럴 틈이 없다."

夫, 音扶。○方, 比[6]也。乎哉, 疑辭。比方[7]人物而較[8]其短長, 雖[9]亦窮理之事。然專務爲此, 則心馳[10]於外, 而所以自治者疏矣。故褒[11]之而疑其辭, 復自貶[12]以深抑之。

'夫'(부)는 음이 '扶'(부, fú)이다. ○'方'(방)은 '비교하다'[比]이다. '乎哉'(호재)는 의문사이다. 인물을 비교하고 그들의 장단점을 따져보는 것은, 본래 이 또한 이치를 궁리하는 일이다. 그렇지만 오로지 이것만 힘써 하면, 마음이 밖으로만 내달려서, 자신을 다스리는 일에 소원해지게 된다. 그래서 자공(子貢)을 칭찬하는 말씀을 하면서도 칭찬의 말씀을 미심쩍게 하시고, 또 당신 자신을 낮추어 이로써 그를 깊이 억누르신 것이다.

○謝氏曰:「聖人責人, 辭不迫切而意已獨至如此[13]。」

○사씨(謝氏·謝顯道)가 말했다. "성인께서 사람을 꾸짖으시는데, 말씀은 쌀쌀맞지 않으면서도, 뜻은 이미 홀로 경지에 가 계심이 이와 같다."

犹彼。指方人言: '对于那些'); 《論語句法》 '夫'는 문장 앞머리에 쓰이는 어기사이다('夫'是句首語氣詞。); 《北京虛詞》 夫(부): 조사. 문장 앞머리에 쓰이며, 뒤쪽에는 주로 모종의 일에 대한 의론이나 모종의 규율에 대한 설명이 나온다(助词: 用于句首, 后面多为对某事的议论, 或对某种规律的阐释。); 《論孟虛字》 '夫'는 '於'와 같다. '在'[~에 있어서는]에 해당한다. '夫'가 전환관계를 표시할 경우, '至於'[~의 경우에는], '至若'[~로 말하면]에 해당한다('夫', 猶'於'。當白話'在'字。若是說它表轉折關係, 和'至於''至若'相當。).

5 《論語大全》 배우는 자는 '~할 틈이 없다[不暇]'는 말이 무슨 뜻인지를 생각해 보아야 한다. 자기에 대해서 몸소 세심하게 살펴야 비로소 알 수 있다(朱子曰: 學者須思量不暇箇甚麽。須於自己體察方可見。); 《古今注》 '我則不暇'는, 나의 경우는 自修가 아직 미진해서 이같이 한가한 짓을 할 틈이 없다는 것이다(我則自修未盡, 弗暇爲此閑漫。); 暇(가): 비어 있다. 한가하다. 겨를이 있다(本义: 空闲, 闲暇。).

6 比(비): 비교하다. 고증하여 바로잡다. 대조하다(比较; 考校, 核对。).

7 比方(비방): 비교하다(比拟).

8 較(교): 수레 좌석 양옆의 판자 위에 대는 횡목. 비교하다. 따지다(车箱两旁板上的横木。较量).

9 雖(수): 본래(通"須"。副詞。本, 本來。).

10 馳(치): 질주하다. 치닫다. 추구하다. 향하다(车马疾行。追逐。向往).

11 褒(포): 장려하다. 칭찬하다. 표창하다. 포상하다(嘉奖, 表扬。褒賞).

12 貶(폄): 낮게 평가하다. 깎아내리다. 낮추다(给予低的评价。与'褒'相对。抑退; 谦退).

13 《孟子題辭》 맹자는 비유에 능했고, 언사는 쌀쌀맞지 않으면서도, 그 안에 온축된 뜻은 이미 홀로 경지에 이르러 있었다(孟子長於譬喻, 辭不迫切, 而意已獨至。).

[不患人之不己知章*]

143201、子曰:「不患人之不己知, 患其不能也[1]。」

선생님께서 말씀하셨다. "남이 자기 능력 알아주지 않는 것을 근심하지 말고, 자기 능력 없는 것을 근심하도록 해라."

凡章指同而文不異者, 一言而重出也。文小異者, 屢[2]言而各出也。此章凡四見[3], 而文皆有異。則聖人於此一事, 蓋屢言之, 其丁寧之意亦可見矣。
대개 장의 뜻이 같고 글귀도 다르지 않은 것은, 한 번 하신 말씀이 여러 번 나온 것이다. 글귀가 조금씩 다른 것은, 여러 번 하신 말씀이 따로따로 나온 것이다.

이 장의 말씀은 모두 네 번 나오는데, 글귀가 모두 다르다. 그렇다면 성인께서 이 한 가지 일에 대해, 대개 여러 번 말씀하셨다는 것이니, 그 말씀에 대한 선생님의 간곡하신 뜻을 또한 볼 수 있다.

---

1 《論語義疏》本에는 '患己無能也'로 되어 있다; 《古書虛字》 '其'와 '己'는 서로 바꿔썼는데, 그래서'己'를 '其'로, 또 '其'를 '己'로 썼다. 이 장의 '其'도 '己'이다('其'與'己'既通用, 故假'己'爲'其', 亦假'其'爲'己'。此'其'亦即'己'字。); 《論孟虛字》 '其'는 '己'를 대체한 글자로, 글자를 바꿔 써서 중복을 피한 것이다('其', 代'己', 變文以避重複。).

2 屢(루): 한 번으로 그치지 않고 계속되다(接连着, 不止一次。).

3 《學而 제16장》《里仁 제14장》《憲問 제32장》《衛靈公 제18장》 참조; 《論語大全》 네 번 나오는 중에, 《學而 제16장》이 한 개의 뜻으로, 중점이 '知人'에 있다. 나머지 셋이 모두 한 개의 뜻으로, 중점이 '能'字에 있는데, (남이) 알아줄 정도가 되기를 구하는 방법은, 그것을 나의 '能'에서 구할 뿐이다(雲峯胡氏曰: 四見之中, 學而篇是一意, 重在知人。餘三見共是一意, 重在能字, 所以求爲可知者, 求諸我之能而已。); 《論語新解》 논어 중에 두 장의 문자가 완전히 같은 경우는, 한 장이 중복해서 나온 것이다. 문자가 약간 다른데 장의 뜻은 완전히 같은 경우는, 공자께서 여러 차례 말씀하셨고, 들은 자들이 각자 기록한 것이다. 이 장의 경우 모두 네 번 보이는데, 문장이 각각 차이가 있으니, 이는 필시 공자께서 재삼재사 반복하신 것으로, 여러 차례 늘 그 말씀을 하셨을 것이다(《论语》有两章文字全同者, 当是一章重出。有文字小异而章义全同者, 当是孔子屡言之, 而闻者各自记之。如本章凡四见, 文各有异, 是必孔子之丁宁反复而屡言常道之也。).

[不逆詐章]

143301、子曰:「不逆詐[1], 不億[2]不信。抑亦[3]先覺者, 是賢乎[4]![5]」[6]

선생님께서 말씀하셨다. "남이 나를 속인다고 지레짐작하지 말고, 남이 나를 믿지 않는다고 어림짐작하지 말거라. 그렇긴 해도 먼저 깨닫는 사람, 이런 사람이 현명한 사람일 것이다!"

逆, 未至而迎之也。億, 未見而意[7]之也。詐, 謂人欺己。不信, 謂人疑己。抑, 反語辭。言雖不逆不億, 而於人之情僞[8], 自然先覺, 乃爲賢也。

'逆'(역)은 아직 도착하지 않았는데 미리 나가서 맞이하는 것이다. '億'(억)은 아직 보지 못했는데 그럴 것이라 생각하는 것이다. '詐'(사)는 남이 나를 속이는 것을 말한다. '不

---

1 逆詐(역사): 남이 속일 것이라고 지레 의심을 품다(事前或者预先怀疑别人的欺诈); 逆(역): 나아가서 맞이하다. 예측하다. 지레짐작하다(迎, 迎接, 迎着。预测; 揣度).

2 億(역): 억측하다. 근거 없이 추측하다(通'臆'。臆测, 预料。).

3《論語句法》'抑'은 정하지 못했다는 어기를 표시하는 어기사로 지금의 '或許'와 같고, '亦'은 '抑'의 어기를 강화시키는 어기사이다. '是'는 형식상의 주어이다["혹여 미리 알아채는 것, 이것이 현명함일까?"]('抑'是表示不定語氣的語氣詞, 相當於我們現代說'或許', '亦'是語氣詞加強'抑'字的語氣。'是'是形式上的主語。);《古漢語語法》抑(억): 비교적 완곡한 전환을 표시한다('抑', 表示较委婉的转折。);《論孟虛字》'抑'은 '然而'이다. '亦'은 윗글을 이어받는 연결동사로, '也'로 번역할 수 있고, '抑亦'로 붙여 써서 뒤의 일이 앞의 일보다 못함을 표시하는 관계사이다('抑'猶'然而'。'亦'字, 是承上文的繫詞, 可以譯做'也'字, 和'抑'字合用, 爲表後事遜於前事的關係詞。).

4《論語句法》'是'는 형식상 주어, '賢'는 술어, '乎'는 추측 · 흥정을 표시하는 어기사이다('是'是形式上的主語, '賢'是謂語, '乎'是句末表測度或商量的語氣詞。);《論語新解》"이런 사람이 현명한 사람이 아니겠는가?"("这不是贤人吗?").

5《論語集解》(지레짐작하고 어림짐작해서) 남의 마음을 미리 알아채는 자가, 어찌 현자일 수 있겠는가? 어떤 때는 도리어 남에게 억울한 누명을 씌운다(注: 孔安國曰: 先覺人情者, 是寧能爲賢乎? 或時反怨人也。);《論語正義》공안국의 주는 '先覺'을 '逆' '億'이라고 본 것이다. '先覺'은 '詐'와 '不信'이 아직 행해지지 않았는데, '詐'와 '不信'을 이미 깨닫는 것이다(正義曰: 注以'先覺'即逆億。'先覺'者, 詐與不信, 未容施行, 已覺之也。).

6《大戴禮記 · 曾子立事》군자는 남이 악하다고 지레짐작하지 않고, 남이 신용이 없다고 의심하지 않는다(君子不先人以惡, 不疑人以不信。).

7 意(의): 추측하다. ~라고 생각하다. 알아맞히다(意料; 猜测).

8 情僞(정위): 진위. 진실과 허위(真假; 真诚与虚伪。).

信'(불신)은 남이 나를 의심하는 것을 말한다. '抑'(억)은 반어사이다. 말씀인즉, 비록 지레짐작하지 않고 어림짐작하지 않을지라도, 남의 진정이나 거짓에 대해, 자연스레 먼저 깨닫는 사람이, 바로 현명하다는 것이다.

○楊氏曰:「君子一於誠而已, 然未有誠而不明者。故雖不逆詐, 不億不信, 而常先覺也。若夫不逆不億而卒爲小人所罔焉, 斯亦不足觀也已。」

○양씨(楊氏 · 楊中立)가 말했다. "군자는 시종여일 진실할 뿐이지만, 진실하면서 명철하지 못한 자는 아직까지 없었다. 그러므로 비록 남이 나를 속인다고 지레짐작하지 않고, 남이 나를 믿지 않는다고 어림짐작하지 않고서도, 항상 먼저 깨닫는다. 만일 지레짐작하지 않고, 어림짐작하지 않다가 끝내 소인에게 속임을 당했다면, 이 또한 잘 살핀다고 하기에는 부족하다."

[微生畝謂孔子章]

143401、微生畝[1]謂孔子曰:「丘何爲是[2]栖栖[3]者[4]與[5]? 無乃[6]爲佞乎?」

미생무(微生畝)가 공자(孔子)에게 물었다. "구(丘), 그대는 무엇 때문에 이렇게도 바쁘게 이리저리 옮겨 다니시는 겐가? 말재주를 부리는 게 아닌 겐가?"

---

1 微生畝(미생무): 姓이 微生, 名이 畝로, 노나라 隱士.

2《經典釋文》어떤 책에는 '丘何', 鄭玄의 本에는 '丘何是', 지금 책에는 '丘何爲是'으로 되어 있다(或作丘何, 鄭作丘何是, 本今作丘何爲是。);《論語語法》'何爲'는 도치 형식으로, 의문대명사 '何'가 개사목적어로 쓰일 경우, 개사 '爲' 앞으로 앞당겨진다('何爲'爲倒序的語法, 疑問代詞'何'作副賓語時, 提前在介詞'爲'之前。);《文言語法》是(시): 부사 역할을 하는 지시사. 이렇게('是', 指示词当副词的。);《論語譯注》'是'가 여기서는 부사로 쓰였는데, '이처럼'으로 풀이했다('是', 這裏作副詞用, 當'如此'解。);《論語句法》'是'는 '此'와 같고 부가성분[구별사]이다('是'等於'此'是加詞。).

3《論語集釋》潘維城[淸人]의《論語古注集箋》에 말했다. "《說文解字》에 '棲'字는 없고, '㢴'[西]字 제하에 말하기를, '새가 둥지 위에 있는 형상으로, 해가 서쪽으로 기울면 새가 둥지에 깃들기 때문에 東西의 西를 쓴 것이다. 棲는, 西 또는 木·妻를 따른다'고 했다. 西는 棲의 본래자이다.《春秋左傳·哀公 11年》[BC 484], 공자께서 공문자가 장차 태숙질을 공격할 것을 아시고, 수레에 말을 메우라 명하여 떠나면서 말하기를, '새가 나무를 택하지, 나무가 어찌 새를 택하겠는가?'라고 했다. 이는 공자께서 鳥棲를 가지고 당신 스스로를 비유하신 것이다"(潘氏集箋: 說文無『棲』字, 其『㢴』字下云:『鳥在巢上。象形。日在西方而鳥棲, 故因以爲東西之西。棲, 西或從木妻。』是『西』爲『棲』之本字。左哀十年傳, 孔子以孔文子將攻太叔, 命駕而行。曰:『鳥則擇木, 木豈能擇鳥?』是夫子曾以鳥棲自喻矣。);《論語集釋》蕭統[501~531]이 편찬한《文選》에 수록된 班固의《答賓戲》에 말했다. "聖哲의 다스림은, 분망하고 황급해서 편안할 틈이 없었으니, 공자가 앉은 자리에는 따스한 온기가 스밀 겨를이 없었고, 묵자가 묵은 집 굴뚝에는 그을음이 낄 틈이 없었다"(班固答賓戲曰: 聖哲之治, 棲棲遑遑, 孔席不暖, 墨突不黔。);《論語注疏》"무엇 때문에 이처럼 동서남북으로 다니면서 바쁘고 다급하신가?"(疏: 正義曰: 何爲如是東西南北而栖栖皇皇者與?);《論語大全》'栖栖'는 새가 떠나지 못해 연연해하는 모양이다(雙峯饒氏曰: 栖栖, 如鳥之栖栖而不去。);《王力字典》栖栖(서서): 정신없이 바빠서 안절부절못하는 모양. 편안할 겨를이 없는 모양(忙碌不安貌。); 栖(서): 쉬다. 쉬는 곳. 서식처. 새가 이리저리 옮겨 다니며 바쁜 모양(鸟类歇息。棲息處。忙忙碌碌; 不安定).

4 者(자): ~입니까? 의문사와 짝을 이루어 의문을 표시한다(在句末, 与疑问词相配合表示疑问。).

5《王力漢語》시비의문문에서 '與'의 의문어기는 그리 강하지 않지만, 의문대사가 있는 문장이나 선택의문문에서는 '與'字의 의문어기는 월등히 강해진다(是非問句中, '與'的疑問語氣不是很強的。但是在有疑問代詞的句子裡, 或者在選擇問句裡, '與'字的疑問語氣強得多。);《文言虛詞》'與'는 일반적으로 특지의문문에 쓰이며, 의문문에는 별도로 의문을 표시하는 글자가 있고, '呢'字를 써서 번역한다('與'一般用於特指問句, 問句另有表示疑問的詞, 口語用'呢'字譯它。).

6《文言語法》'無乃'는 '不是'와 같지만, 반어문에만 쓰인다('無乃', 相當於'不是', 但只用於反詰句中。);《論孟虛字》'無乃' '蓋乃'형태로 결합하고, 발어사로서, 추측어기를 표시한다. 아마~이 아닐까? 아무래도('乃', 結合成'無乃''蓋乃', 並爲發端語詞, 用以表推測語氣, 相當於'恐怕''只怕''未免'之意。).

與, 平聲。○微生, 姓, 畝, 名也。畝名呼夫子而辭甚倨[7], 蓋有齒德[8]而隱者。栖栖, 依依[9]也。爲佞, 言其務爲口給以悅人也。

'與'(여)는 평성[yú]이다. ○'微生'(미생)은 성이고, 무(畝)는 이름이다. 미생무(微生畝)가 이름으로 공자(孔子)를 부르고 말씨가 매우 거만하니, 아마 나이가 많고 덕망이 있는 은자(隱者)인 듯하다. '栖栖'(서서)는 미련이 남아 연연해하는 모양이다. '爲佞(위녕)은 그가 말재주를 부려 이로써 남을 기쁘게 하는 데 힘쓴다는 말이다.

143402、孔子曰[10]:「非敢爲佞也, 疾固也。[11]」

---

7 倨(거): 거만하다. 겸손하지 않다(傲慢。不逊。).

8《孟子 · 公孫丑下 제2장》천하 모든 사람이 높이 받드는 세 가지가 있는데, 벼슬이 하나, 나이가 하나, 덕이 하나입니다. 조정에서는 벼슬만 한 게 없고, 마을에서는 나이만 한 게 없고, 임금을 보조하고 백성을 다스리는 데는 덕만 한 게 없습니다(天下有達尊三: 爵一, 齒一, 德一。朝廷莫如爵, 鄉黨莫如齒, 輔世長民莫如德。); 齒德(치덕): 나이가 많고 덕망이 있는 사람(指年龄与德行。).

9 依依(의의): 나뭇가지가 약해서 바람에 이리저리 흔들리는 모양. 미련이 남아 아쉬워하는 모양(形容树枝柔弱, 随风摇摆。依恋不舍的样子。).

10《論語義疏》本에는 '孔子對曰'로 되어 있다.

11《論語集解》세상의 고루함을 싫어해서, 도를 행해서 그런 세상을 바꾸고자 한다(注: 苞氏曰: 疾世固陋, 欲行道以化之也);《論語大全》선생님을 오히려 이리저리 바쁘게 옮겨 다니며 말만 나불대는 사람이라고 평했으니, 미생무가 꼿꼿하고 고집불통인 사람임을 상상할 수 있다(新安陳氏曰: 以夫子而尙謂其栖栖爲佞, 則畝之耿介固執可想矣。);《論語正義》공자께서는 천하 주유를 그치지 않았으니, 그 거처가 편안할 겨를이 없이, 가는 곳마다 예의의 도를 임금에게 설명했는데, 미생무는 공자가 단지 말재주로 당시 임금들에게 유세한다고 의심했기 때문에, '佞'이라고 한 것이다. '固陋'는, (당시 임금들이) 仁義의 도를 알지 못해서, 그릇된 것에 익숙해지다 보니 그릇된 것을 옳다 여기게 되었다는 것이다[揚子法言 · 學行]. 선생님께서 도를 행하여 이를 바꾸고자, 임금들에게 간구하지 않을 수 없었다. 이것이 栖栖의 뜻인 것이 자명하다(正義曰: 夫子周流無已, 不安其居, 所至皆以禮義之道陳說人主, 微生疑夫子但爲口才以說時君, 故曰也…… '固陋'者, 昧於仁義之道, 將以習非勝是也。夫子欲行道以化之, 不得不干人主。此自明栖栖之意。);《古今注》'固'는 '막히다' '좁다'이다. 숨어지내면서 혼자만 착하게 하여 세상을 버리고 사람을 끊고 지내는 자는, 그 도가 막혀 있고 좁기 때문에, 군자께서 그런 사람을 싫어한다는 것이다. 내 생각에, 공자께서 스스로 당신의 본래 가진 생각을 말씀했을 뿐, 꼭 반박하는 것처럼 하여 미생을 기롱하신 것은 아니다(補曰: 固, 塞也, 陋也。隱居獨善棄世絕物者, 其道塞而陋, 故君子惡之……案: 孔子自言其本意而已, 未必是譏切微生如反駁然也。);《論語新解》①'固執'은 한 가지에만 집착하여 변통이 없는 것이다. 공자께서 미생무의 執一[도가 행해지지 않음을 알고 세상을 버리고, 사람을 끊고 사는 것을 고집하는 것][孟子 · 盡心上 제26장]을 지적해서, 그의 비판을 받아들이지 않고 도리어 그를 비판한 것이다. ②내가 이리저리 바쁘게 옮겨 다니는 것은, 다만 세상의 고루함을 근심해서, 도를 행해 변화시키고자 해서이다(固字有两解。一说: 固执, 执一而不通。孔子斥微生为执一, 有反唇相讥之嫌。一说: 孔子言, 我之栖栖皇皇, 特病世之固陋, 欲行道以化之。); "병[공자의 병은 천하의 타락의 구제를 스스로의 과제로 삼음

공자(孔子)께서 말씀하셨다. "감히 말재주를 부리는 게 아니고, 꽉 막혀 말이 통하지 않는 고집불통을 싫어해서입니다."

疾, 惡也。固, 執一[12]而不通也。聖人之於達尊[13], 禮恭而言直如此, 其警之亦深矣。
'疾'(질)은 '싫어하다'[惡]이다. '固'(고)는 한 가지에만 집착하여 변통이 없는 것이다. 성인께서 나이 많은 어른을 대하심에, 예의는 공손하지만, 말씀은 솔직하게 하시는 태도가 이와 같으셨으니, 선생님께서 그를 깨우치심이 또한 깊다.

에서 비롯되었다]이 고질이 되어서입니다"(이수태, 『새번역 논어』[생각의 나무, 1999]).

12 《孟子 · 盡心上 제26장》 양자는 爲我說을 취했으니, 털 하나를 뽑아서 온 천하를 이롭게 한다 해도, 그렇게 하지 않았다. 묵자는 兼愛說을 취했으니, 정수리부터 발끝까지 갈아서라도 천하를 이롭게 하는 일이라면, 그렇게 했다. 자막은 그 중간을 잡았으니, 중간을 잡은 것은 성인의 도에 가깝지만, 중간을 잡고 權이 없다면, 한쪽을 잡은 것과 같다. 한쪽만 잡는 것을 미워하는 것은, 그것이 도를 해치기 때문이니, 한 가지만 잡고 백 가지를 폐기한다(孟子曰: 楊子取爲我, 拔一毛而利天下, 不爲也。墨子兼愛, 摩頂放踵利天下, 爲之。子莫執中, 執中爲近之, 執中無權, 猶執一也。所惡執一者, 爲其賊道也, 擧一而廢百也。).

13 《孟子 · 公孫丑下 제2장》 참조: 達尊(달존): 모든 사람이 존경하는 것(谓众所共尊).

[驥不稱其力章]

143501、子曰:「驥[1]不稱其力, 稱其德也[2,3]。[4]」

선생님께서 말씀하셨다. "驥(기)는 그의 (하루에 천리를 달리는) 힘을 칭찬하는 것이 아니고, 그의 (잘 조련되어 양순한) 덕을 칭찬하는 것이다."

驥, 善馬之名。德, 謂調良[5]也。○尹氏曰:「驥雖有力, 其稱在德。人有才而無德, 則亦奚足尚哉?」

'驥(기)'는 뛰어난 말의 이름이다. '德(덕)'은 조련이 잘 되어 성질이 양순한 것을 말한다. 윤씨(尹氏 · 尹彥明)가 말했다. "기(驥)는 비록 힘이 있을지라도, 그에 대한 칭찬은 덕에 있는 것이다. 사람이 재주는 있는데 덕이 없다면, 이 어찌 족히 숭상할 수 있겠는가?"

1《春秋左傳 · 昭公 4年》冀州의 북쪽 땅에서, 말이 난다(冀之北土, 馬之所生。);《說文 · 馬部》'驥'는 천리마이다. 天水郡[지금의 甘肅省天水市]에 驥縣이 있다(驥, 千里馬也。天水有驥縣。); 驥(기): 冀(기)에서 나는 좋은 말. 천리마(按左传, 冀(在今山西省河津县东北)之北上, 马之所生。本义: 好马; 良马。骥, 千里马也。).

2《論語集解》'德'은 '調良'의 덕을 말한 것이다(注: 鄭玄曰: 德者, 謂調良之德也。).

3《論語義疏》당시의 덕을 경시하고 힘을 중시하는 풍조에 대해, 공자께서 비유를 끌어들여 이를 억제하신 것이다(疏: 于時輕德重力, 故孔子引譬抑之也。).

4《荀子 · 哀公》애공이 공자에게 물었다. "인재를 얻는 법에 대해 청해 듣고 싶습니다." 공자께서 대답하셨다. "탐욕스러운 자 · 잔악한 자 · 표리부동한 자를 취하지 마십시오. 그러기에 활은 조율이 이뤄진 이후에야 당기는 힘이 강하기를 구하고, 말은 길이 들여진 이후에야 잘 달리기를 구하고, 선비는 반드시 성실한 이후에야 지혜와 능력이 있기를 구합니다. 성실하지 못하면서 다능한 사람은, 그것을 비유하자면 승냥이나 이리와 같으니, 가까이해서는 안 됩니다"(魯哀公問於孔子曰: '請問取人。' 孔子對曰: '無取健, 無取詌, 無取口啍。健、貪也; 詌、亂也; 口啍、誕也。故弓調而後求勁焉, 馬服而後求良焉, 士信愨而後求知能焉。士不信愨而有多知能, 譬之其豺狼也, 不可以身邇也。).

5 調良(조량): 조련이 잘 되어 양순하다(驯服善良); 調(조): 길들이다. 조련하다(调教; 训练).

[以德報怨章]

143601、或曰:「以德報怨[1], 何如?」[2]

어떤 사람이 말했다. "은덕으로 품은 원한을 갚는다면, 어떻겠습니까?"

或人所稱, 今見老子書[3]。德, 謂恩惠也。

'或人'(혹인)이 한 말이, 지금 노자(老子)의 책에 보인다. '德'(덕)은 은혜를 말한다.

143602、子曰:「何以[4]報德?

선생님께서 말씀하셨다. "(그러면) 무엇으로 받은 은덕을 갚겠습니까?

言於其所怨, 旣以德報之矣; 則人之有德於我者, 又將何以報之乎?

말씀인즉, '내게 원한을 품게 한 그자에게, 은덕으로 원한을 갚고 나면, 내게 은덕을 베푼 자에게는, 또 장차 무엇으로 받은 은덕을 갚을 것인가?'라는 것이다.

---

1 [성]以德報怨(이덕보원): 원한을 기억하지 않고 도리어 은덕을 베풀다(德, 恩惠。怨, 仇恨。不记别人的仇, 反而给他好处。);《文言虛詞》以(이): 개사. 공구 · 방법 · 근거 등을 소개하며, '用' '拿' '把'로 표현할 수 있다('以'字當介詞, 當'用''拿''把'諸字講的。介紹工具或者方法或者凭借的。);《王力漢語》報(보): 보은하다. 보복하다(回答別人的恩惠或仇恨, 即报恩或报仇。).

2《禮記 · 表記》仁은 천하의 표준이고, 義는 천하의 裁決이고, 報는 천하의 공리이다. 덕으로 은덕을 갚는 경우는, 백성에게 권면할 일이고, 원한으로 원한을 갚는 경우는, 백성에게 징계를 내릴 일이다.《詩經 · 大雅 · 抑》에, '어떤 말도 응답을 받지 못하는 말은 없고, 어떤 덕도 보답을 받지 못하는 덕은 없다'라고 했다. 덕으로 원한을 갚는 경우는, 구차하게 몸을 보전하려는 사람이고, 원한으로 덕을 갚는 경우는, 형벌에 처해야 할 백성이다(子言之: "仁者, 天下之表也; 義者, 天下之制也; 報者, 天下之利也。" 子曰: "以德報德, 則民有所勸; 以怨報怨, 則民有所懲。《詩》曰: '無言不讎、無德不報。'" …… 子曰: "以德報怨, 則寬身之仁也; 以怨報德, 則刑戮之民也。").

3《道德經 제63장》에는 '報怨以德'[원한을 갚기를 덕으로 한다]로 되어 있다.

4《北京虛詞》何(하): 의문대사. 개사목적어로 주로 개사 앞에 쓰이지만, 개사 뒤에 쓰이기도 한다('何', 疑问代词。作介词宾语, 多在介词前, 也有在介词后者。汉代以后, '何'在介词后的情况始多见。).

143603、以直報怨, 以德報德。[5]」

정직으로 품은 원한을 갚고, 은덕으로 받은 은덕을 갚아야 합니다."

於其所怨者, 愛憎取舍[6], 一以至公而無私, 所謂直也[7]。於其所德者, 則必以德報之, 不可忘也。

내게 원한을 품게 한 그 자에 대해서는, 애증과 처신이, 한결같이 지극히 공정하고 조금의 사심도 없는 것이, 이른바 '直'(직)이다. 내게 은덕을 베푼 그 자에 대해서는, 반드시 은덕으로 받은 은덕을 갚을 것을 잊어서는 안 된다.

○或人之言, 可謂厚矣。然以聖人之言觀之, 則見其出於有意之私, 而怨德之報皆不得

---

5 [성]以直報怨 以德報德(이직보은 이덕보덕): 공정한 방법으로 원한을 되갚고, 받은 은덕에 은덕으로 보답하다(直: 公正, 正直。以公道的态度对待自己怨恨的人, 把恩惠施与对自己有恩的人。); [성]以德報德(이덕보덕): 받은 은덕에 은덕으로 보답하다(德: 恩惠。用恩惠报答恩惠。);《論語新解》내게 덕을 베푼 사람이 있으면, 나는 그에게 덕으로 갚아야 하는 것이 정도이다. 그렇지만 갚는 덕이 후한지 박한지는 문제 삼지 않는다. '누가 말했나, 한 치 풀의 조그만 마음으로도 한 철 봄의 기나긴 햇빛에 보답할 수 있다고'[당나라 孟郊[751~814]의 '遊子吟'[먼 길 떠나는 아들의 노래]의 싯구이다]고 했다. 후한지 박한지를 그 양을 계산해서 그 양만큼 보답하고, 시비를 가려서 덕을 갚는 것은, 利로써 利를 갚는 것이다(人之有德于我, 我必以德报之, 亦即直道也。然德不论厚薄, '谁言寸草心, 报得三春晖'。若计较厚薄以为报, 是非以德报德, 乃以利偿利矣。).

6 取舍(취사): 행동거지. 처신(行止).

7《論語或問》어떤 사람이 물었다. "은덕으로 원한을 갚는 것 또한 忠厚하다 할 수 있는데, 공자께서는 그것을 허락하지 않으신 것은 무엇입니까?" "이는 公이 아닌 私의 마음을 따른 것으로, 천리를 따른 것이 아니다. 원한 · 은덕은 인지상정이 잊을 수 없는 것이지만, 그것을 갚는 방법은, 각기 그에 맞는 마땅한 바가 있으니, 천리는 멈춰서는 안 된다. 받은 은덕의 경우에는 크든 작든, 모두 갚아야 할 대상이지만, 원한의 경우에는 公私 · 曲直의 차이가 있기 때문에, 성인께서는 '以直報怨 以德報德'할 것을 가르치신 것이다. '以直'이라 하신 것은, 私로 公을 해쳐서는 안 된다는 것이고, 曲으로 直을 이겨서는 안 된다는 것이고, 갚아야 하면 갚고, 갚지 않아도 되는 원한이라면 갚지 말고 놔두라는 것이니, 천리의 의당 그래야 하는 모습으로, 자기의 私의 마음에 의해 가려진 것이 아니다. 이 경우는 비록 원한을 갚았다고 말하지만, 어찌 公平 · 忠厚를 해쳤겠는가? 그럼에도 성인께서는 끝내 원한을 잊지 말도록 하고 그 보복이라는 말을 없애지 않으셨으니, 이로써 임금이나 부친의 원수를 보복하지 않으면 안 된다는 것을 보이신 것으로, 충신 · 효자의 맺힌 마음을 풀어주신 것뿐이다"(論語或問: 或問: "以德報怨, 亦可謂忠且厚矣, 而夫子不之許, 何哉?" 曰: "是亦私意之所爲, 而天理之正也。夫有怨有德, 人情之所不能忘, 而所以報之, 各有所當, 亦天理之不能已也。顧德有大小, 皆所當報, 而怨則有公私曲直之不同, 故聖人之教, 使人以直報怨, 以德報德。以直云者, 不以私害公, 不以曲勝直, 當報則報, 不當則止, 一視夫天理之當然, 而不爲己之私意所罔耳。是則雖曰 報怨, 而豈害其爲公平忠厚哉? 然而聖人終不使人忘怨, 而沒其報復之名者, 亦以見夫君父之讐, 有不得不報者, 而伸乎忠臣孝子之心耳。").

其平也。必如夫子之言, 然後二者之報各得其所。然怨有不讐, 而德無不報, 則又未嘗[8] 不厚也。此章之言, 明白簡約, 而其指意曲折反復[9]。如造化之簡易易知[10], 而微妙無窮, 學者所宜詳玩也。

○'或人'(혹인)이 한 말은, 마음이 너그럽다고 평할 만하다. 그렇지만 성인께서 하신 말씀에 의거해서 或人(혹인)이 한 말을 살펴보면, 그 말은 의도가 있는 사심에서 나왔기에, 원한에 대한 보답이나 은덕에 대한 보답이 모두 그에 맞는 형평성을 얻지 못했다는 것이 드러난다. 반드시 선생님의 말씀과 같아야, 그런 후에 원한과 은덕 두 가지에 대한 보답이 각기 그에 맞는 자리를 얻게 될 것이다. 그렇지만, 원한 중에는 복수하지 않는 경우가 있지만, 은덕 중에는 보은하지 않는 은덕은 없으니, 그렇다면 또한 꼭히 너그럽지 못하다고 할 것은 아니다. 이 장의 말씀은, 명백하고 간략하지만, 그 가리키는 뜻은 구부러지고 꺾이고 뒤집어지고 했다. 마치 천지조화가 간이 해서 알기 쉽지만, 미묘하기가 끝이 없는 것과 같으니, 배우는 자로서 마땅히 자꾸 되새겨 음미해보아야 할 말씀이다.

8 未嘗(미상): 꼭 ~한 것은 아니다. 부정사 앞에 쓰여 이중 부정을 표시한다(用于否定词前, 构成双重否定, 使语气委婉。犹并非, 未必。).

9 內閣本에는 '反復'이 '反覆'으로 되어 있다; 反覆(반복): 여러 번 되풀이하다. 변화무쌍하다. 뒤바꾸다(亦作'反復'。重复再三。变化无常。翻转, 颠倒。).

10 簡易易知(간이이지):《憲問 제28장》각주《周易 · 繫辭上》참조.

[莫我知也夫章]

143701、子曰:「莫[1]我知也夫[2]!」[3]

1《論語義疏》'莫'(막)은 '無'[없다]이다(疏: 莫, 無也。);《詞詮》莫(막): 無指대명사. 사람 · 장소 · 사물이 없다('莫', 無指代名詞。爲'無人''無地''無物'之義。).

2《論語正義》'莫我知'는, 공자께서 세상 사람들이 나를 알아주지 않는 까닭으로 말미암아, 쓰임 받지 못하는 것을 탄식하는 말씀이다(正義曰: '莫我知'者, 夫子歎已不見用, 由世人莫我知故也。);《古今注》이 말은 이 세상에 쓰임 받지 못하는 것과는, 아무런 상관이 없다. 당시 세상 사람들이 모두 공자의 성덕을 칭찬하는 말을 듣고는, 모두 나를 알지 못하고 하는 말일 뿐이라고 말씀하신 것이다(案: 此與見用於斯世者, 無所當矣。時人皆稱夫子盛德, 夫子聞之曰, 彼皆不知我而言之耳。);《論語句法》'我'는 '知'의 목적어인데, '知'字 앞으로 당겨진 것이다('我'是'知'的止詞, 而提在'知'之前了。);《文言虛詞》긍정어기에 더해 감탄어기까지 표시할 경우, '也夫'를 쓰거나 '也哉'를 쓰기도 한다(既表肯定, 又表感歎, 有時可用'也夫'兩字, 以'也'表肯定, 以'夫'表感歎; 有時可用'也哉'兩字。);《北京虛詞》也夫(야부): 비교적 긍정적인 추단과 감탄어기를 표시한다(表示较为肯定的推断和感叹语气。义即"吧"、"啊").

3《史記 · 孔子世家》노나라 애공 14년[BC 481년] 봄, 大野에서 사냥을 했다. 숙손씨의 수레를 모는 저상이 짐승을 잡았는데, 불길한 느낌이 들었다. 공자가 이 짐승을 보고, 기린이라고 했다. 공자가 말했다. "황하에서 그림이 나오지 않고, 낙수에서 그림이 나오지 않으니, 난 끝났는가 보다!" 안연이 죽자, '하늘이 나를 버리시는구나!'라고 했고, 서쪽 지방으로 사냥을 하러 가서 기린이 잡힌 것을 보고는, '나의 도가 이제 끝났다!'고 하고, 깊이 한숨을 쉬면서, '아무도 나를 알아주는 사람이 없구나!'라고 했다(魯哀公十四年春, 狩大野。叔孫氏車子鉏商獲獸, 以爲不祥。仲尼視之, 曰: "麟也。" 取之。曰: "河不出圖, 雒不出書, 吾已矣夫!" 顏淵死, 孔子曰: "天喪予!" 及西狩見麟, 曰: "吾道窮矣!" 喟然嘆曰: "莫知我夫!" 子貢曰 ……);《論語正義》《說苑 · 至公》에 말했다. "공자께서 70여 제후들에게 가서 유세하시느라, 일정한 처소가 없었으니, 천하 모든 백성이 각기 제 있을 자리를 얻게 되기를 의욕 하셨지만, 도가 행해지지 못했다. 물러나서 춘추를 편수하시어, 털끝만큼의 작은 선이라도 채택하셨고, 털끝만큼의 작은 악이라도 폄하하셨고, 인사가 두루 통하고, 왕도가 완비되고, 옛 성인의 제도를 정밀하게 조화시켰으니, 위로 하늘에 통해서 기린이 나타난 것으로, 기린이 나타난 것은 하늘이 공자를 알아준 것이다. 이에 깊이 한숨을 쉬고 탄식하시면서 말씀하시기를, '하늘은 지극히 밝아서 가려질 수가 없는데, 해에 어찌 일식이 생기는가? 땅은 지극히 안온하여 위험할 수가 없는데, 땅에 어찌 지진이 생기는가?'라고 하셨다. 하늘인데도 땅인데도 일식으로 가려지고 지진으로 움직이고, 이런 까닭에 賢聖이 세상에 유세해도 그 도가 행해지지 못하기 때문에, 天災와 地異가 함께 일어나는 것이다. 공자께서 말씀하시기를, '하늘을 원망하지 않았고, 사람을 탓하지 않았고, 아래서부터 배워서 위에까지 도달했으니, 나를 알아주는 자는 아마도 하늘이겠구나!'라고 하셨다." (《공자세가》와 마찬가지로) 《설원》에서도 이 말씀을 기린이 잡혀서 하신 말씀으로 여겼다. '下學上達'은 춘추를 지으신 취지로, 배워서 하늘에 통했기 때문에, 하늘만이 공자를 알아준 것이다(正義曰: 案: 說苑至公篇: "夫子行說七十諸侯, 無定處, 意欲使天下之民各得其所, 而道不行。退而修春秋, 采毫毛之善, 貶纖介之惡, 人事浹, 王道備, 精和聖制, 上通於天而麟至, 此天之知夫子也。於是喟然而歎曰: '天以至明爲不可蔽乎, 日何爲而食? 地以至安爲不可危乎, 地何爲而動?' 天地而尚有動蔽, 是故賢聖說於世而不得行其道, 故災異並作也。夫子曰: '不怨天, 不尤人, 下學而上達, 知我者其天乎?'" 亦以此節爲獲麟而發, "下學上達"爲作春秋之旨, 學通於天, 故惟天知之。);《論語集釋》宋翔鳳[1779~1860]의《論語發微》에 말했다. "이 장은 공자께서 춘추를 편수하신 뜻을 스스로 말씀하신 것이다"(論語發微: 此孔子自

선생님께서 말씀하셨다. "아무도 나를 알아주는 사람이 없는가 보구나!"

夫, 音扶。○夫子自歎, 以發子貢之問也。

'夫'(부)는 음이 '扶'(부, fú)이다. ○선생님께서 혼자 탄식하여, 이로써 자공(子貢)의 질문을 유발하신 것이다.

143702、子貢曰:「何爲其莫知子也?[4]」子曰:「不怨天, 不尤人[5]。下學而上達[6]。知我者其天乎[7]!」[8]

言修春秋之志也。).

4《論語義疏》"어떻게 아무도 선생님을 모른다고 말씀하시는지요?" '何爲'는 '若爲'[어떻게]와 같다(疏: 云何謂莫知子乎? 何爲, 猶若爲也。);《文言虛詞》'其'는 부사로서, 의문어기를 표시한다('其'字作爲副詞, 表示疑問語氣。);《論語句法》'其'는 지금의 '是'로, 판단문의 연결동사로 쓰였다["어찌 아무도 선생님을 모른다는 것인지요?"]('其'相當於白話的'是', 做這句判斷句的繫詞。).

5 [성]怨天尤人(원천우인): (좌절하거나 문제가 생기면 무턱대고) 하늘에다 원망을 퍼붓고 남을 탓하다. 매사에 남 탓만 한다. 뜻한 바대로 되지 않으면 무턱대고 상황 탓으로 돌리고 남을 원망하다(天: 天命, 命运; 尤: 怨恨, 归咎。指遇到挫折或出了问题, 一味报怨天, 责怪别人。形容遇到不称心的事情一味归咎客观, 埋怨别人。);《論語集解》공자께서는 세상에 쓰임 받지 못했지만, 하늘을 원망하지 않았고, 사람들이 당신을 알아주지 않았지만, 사람들을 탓하지도 않으셨다(注: 馬融曰: 孔子不用於世, 而不怨天; 人不知己, 亦不尤人也。);《經典釋文》不尤(불우): 정현이, '尤는, 非[비난하다]이다'라고 했다(鄭云: 尤, 非也。); 尤(우): (남을)탓하다. 원망하다. 과실. 죄과(责备; 怪罪。过失, 罪过。).

6 [성]下學上達(하학상달): 인정이나 사리를 배우고 더 나아가서 천리를 인식하다(下指学习人情事理, 进而认识自然的法则。);《論語義疏》'下學'은 인사를 배우는 것이고, '上達'은 천명에 통달하는 것이다. 나는 이미 인사를 배웠는데, 인사에는 순리에 맞는 경우도 있고, 순리에 맞지 않는 경우도 있기에, 나는 사람을 원망하지 않는다. 위로 천명에 통달했는데, 천명에는 궁한 경우도 있고, 통한 경우도 있기에, 나는 하늘을 원망하지 않는다(疏: 下學, 學人事, 上達, 達天命。我既學人事, 人事有否有泰, 故不尤人。上達天命, 天命有窮有通, 故我不怨天也。);《古今注》'下學'은 도를 배우는 데 인사에서부터 시작하는 것을 말한다. 즉 효제와 인의이다. '上達'은 공부를 쌓아 천덕에 이르러서 마치는 것을 말한다. 즉 事親에서 시작하여, 事天에서 마친다는 말이다. '下學'은 행사로 나타나므로 사람이 알 수 있지만, '上達'은 사람이 알 수 있는 바가 아니다. ['不怨天 不尤人'은 곧 마음 가운데서의 은밀한 공부이니, 남이 알 수 있는 바가 아닌 것이다.] 여기에서 저기에 도달하는 것을 '達'이라 한다. 군자의 도는 事天에 도달해서 마치니, 이것을 '達'이라 한다(下學, 謂學道自人事而始。即孝弟仁義。上達, 謂積功至天德而止。即所云始於事親, 終於事天。下學人所知(見於行事者), 上達非人之所知。[不怨天, 不尤人, 乃心內之密功, 非人所知。]; 自此至彼曰 達。君子之道, 終於事天, 此之謂達也。);《論語新解》공자의 배움은 먼저 知人에서 시작되었으니, 이것이 바로 下學이다. 점차 통달하여 知天에 이르렀으니, 이것이 上達이다. 배움이 知天에 이르렀으니, 이에 하늘만이 나를 알 것이라 탄식한 것이다. 이 장의 중점은 下學 두 글자에 있다. 《論語》는 모두 下學을 말하고 있다. 下學할 수 있으면, 저절로 上達할 수 있다. 無怨·無尤, 또한 下學으로, 그런즉 이미 上達했다는 증거이다. 공자께서는 反己自修하면서, 순서에 따라 점차 나아가서, 그 知에 이르셨다. 知가 깊을수록 怨·尤가 저절로 없어지고, 점차 사람들은 알지 못하는 하늘만이 아는 경지에 이르신

자공(子貢)이 여쭈었다. "어찌 선생님을 알아주는 사람이 아무도 없겠습니까?" 선생님께서 말씀하셨다. "하늘을 원망하지 않았고, 사람을 탓하지 않았고, 아래서부터 배워서 위에까지 도달했으니, 나를 알아주는 이는 아마도 하늘이겠구나!"

不得[9]於天而不怨天, 不合於人而不尤人, 但知下學而自然上達。此但自言其反己自修, 循序漸進[10]耳, 無以甚異於人而致[11]其知也。然深味其語意, 則見其中自有人不及知而天獨知之之妙[12]。蓋在孔門, 惟子貢之智幾足以及此, 故特語以發之。惜乎其猶有所未達也!

하늘에 의해 납득받지 못했어도 하늘을 원망하지 않았고, 사람들에 의해 받아들여지지 못했어도 사람을 탓하지 않았고, 다만 아래서부터 배워나가면 자연히 위에까지 도달하리라는 것만 알았을 뿐이다. 이 말씀은 다만 스스로에게 말씀하신 것으로, '당신께서는 (하늘을 향한 원망이나 사람을 향한 탓함이 없이) 자기에게로 돌이켜 스스로를 닦아서, 순서를 따라 (아래서부터 배워 위에까지 도달하게) 차츰차츰 나아갔을 뿐, 남과 아주 다른 방법을 써서 상달(上達)의 지(知)에 도달하지 않았다'는 것이다. 그렇지만 그 말씀의 뜻을

것이다. 그래서 성인께서 인사에 대해서는 그 충심을 다하고, 천명에 대해서는 그 믿음을 다하신 것이다(孔子之学先由于知人, 此即下学。渐达而至于知天, 此谓上达。学至于知天, 乃叹惟天为知我……本章重在下学两字。一部《论语》, 皆言下学。能下学, 自能上达。无怨无尤, 亦下学, 然即已是上达之征。孔子反己自修, 循序渐进, 以致其知。知愈深而怨尤自去, 循至于无人能知惟天独知之一境。故圣人于人事能竭其忠, 于天命能尽其信。).

7 《論語句法》'其'는 물론 추측어기사이지만, 동시에 다른 연결동사가 없으니, 그래서 여기 '其'字는 연결동사의 역할을 겸비하고 있다고 말할 수 있다(這個'其'字固然是表測度的語氣詞, 同時因爲沒加別的繫詞, 所以'其'字就可以說兼備繫詞的作用了。); 《北京虛詞》乎(호): 어기사. ~이겠지? 어기사 '其' 등과 짝을 이루어, 추측의문의 어기를 돕는다('乎', 语气词。用于句末, 助测度疑问语气。句中常有'其'、'殆'、'得无'、'无乃'、'或者'、'庶'等语气副词与之相配合。义即'吧'。).

8 《述而 제15장》 각주 《中庸 제14장》 참조.

9 得(득): 알게 되다. 알다(得知).

10 循序漸進(순서점진): 학습이나 작업 등에서 일정한 순서에 따라 차츰차츰 깊이 들어가거나 수준을 높이다(指学习工作等按照一定的步骤逐渐深入或提高。).

11 致(치): 추구하다. 획득하다(求取; 获得).

12 《論語大全》 그 上達에 미쳐서 하늘과 하나가 되면, 또 사람들은 미칠 바 아닌 것이 있는데, 이것이, 사람들은 알지 못하고 하늘만이 그것을 아는 까닭이다(朱子曰: ……及其上達而與天爲一焉, 則又有非人之所及者, 此所以人莫之知而天獨知之也。).

깊이 음미해보면, 그 말씀 속에는 사람들이 미치지 못하는 지(知)가 본래부터 있는데 하늘만이 그 지(知)를 안다는 오묘한 뜻이 보인다. 대개 공자(孔子)의 문하에서는, 자공(子貢)의 지혜만이 '상달'(上達)의 경지에 미칠 정도가 거의 되었기 때문에, 특별히 말씀하여 자공의 질문을 유발하신 것이다. (그럼에도) 애석하게도 자공(子貢)도 여전히 깨닫지 못한 바가 있었구나!

○程子曰:「不怨天, 不尤人, 在理當如此。」又曰:「下學上達, 意在言表[13]。」又曰:「學者須守下學上達之語, 乃學之要。蓋凡下學人事, 便是[14]上達天理。然習而不察[15], 則亦不能以上達矣。」[16, 17]

13《論語大全》"'하학으로 상달한다는 말은, 뜻이 말 밖에 있다'는 것은 무슨 뜻인지요?" "만일 하학이 단지 하학으로 끝날 뿐이라면 어떻게 상달할 수 있겠느냐? 이에 관해서는 본래 언어로 표현할 수가 없다. 하학과 상달은 비록 두 가지 일이지만, 투철하게 이해하면 서로 합해져서 단지 하나의 일이다. 하학은 일이고, 상달은 理이다. 理는 일 속에 있고 일은 理의 밖에 있는 것이 아니다. 하나의 일 속에 모두 하나의 理를 갖추고 있으니, 저 일 중에서 한 개의 理를 깨치는 것이 곧 상달이다"(問下學上達, 意在言表, 是如何? 曰: 如下學只是下學, 如何便會上達? 自是言語形容不得。下學上達, 雖是兩件, 理會得透, 廝合只是一件。下學是事, 上達是理。理在事中, 事不在理外。一物之中, 皆具一理, 就那物中見得箇理, 便是上達。); 意在言表(의재언표): 나타내고자 하는 의미가 말 밖에 있다. 함축적으로 말하다(=意在言外。其意在言语, 文辞之外。语言的真正用意没有明白说出来, 细细体会就知道。).

14 便是(편시): 곧. 바로~이다(即是, 就是。).

15《孟子 · 盡心上 제5장》맹자가 말했다. "행하면서도 명확히 알지 못하고, 익숙하게 행하면서도 자세히 살피지 못하고, 종신토록 따르면서도 그 길을 알지 못하는 자가 많다"(孟子曰: 行之而不著焉, 習矣而不察焉, 終身由之而不知其道者, 衆也。); 習而不察(습이불찰): 익숙하게 늘상 접하는 일인데, 도리어 그 속에 있는 문제를 눈치채지 못하다(指经常接触某种事物, 反而觉察不到其中存在的问题。).

16《論語大全》배운다는 것은, 人事를 배우는 것으로, 形而下者이지만, 그 일의 理는 본래 하늘의 理로, 形而上者이다. 이 일을 배워 그 理를 이해한다는 것은, 形而下者에 즉해서 形而上者를 이해하는 것으로, 天理를 이해하는 것이 아니고 무엇이겠는가?(朱子曰: 學者, 學夫人事, 形而下者也, 而其事之理, 則固天之理也, 形而上者也。學是事而通其理。卽夫形而下者而得夫形而上者焉。非達天理而何哉?).

17《文史通義 · 原學上》《周易 · 繫辭上》은 이렇게 말한다. "하늘의 상을 본뜬 것을 乾이라 하고, 땅의 법칙을 본뜬 것을 坤이라 한다." 學이라는 것은 땅의 법칙을 본뜬 것이고, 道라는 것은 하늘의 상을 본뜬 것이다. 공자는 이렇게 말한다. "아래서부터 배워서 위에까지 도달한다." 아마도 形 이후의 器를 배우면 形 이전의 道를 저절로 통달한다는 말일 것이다. '선비는 현인을 본받길 바라고, 현인은 성인을 본받길 바라고, 성인은 하늘을 본받길 바란다'[通書 · 志學]고 했다. 선비가 현인을 본받고 현인이 성인을 본받는 경우라면, 그런 이치가 있다. (성인이 하늘을 본받는 경우라면) '하늘이 하는 일은, 소리도 없고 냄새도 없다'[中庸 제33장]고 했는데, 성인은 어떤 방법으로 하늘을 본받는 것일까? 아마 하늘이 사람을 낳으면서, 仁 · 義 · 禮 · 智의 본성을 부여하지 않은 사람이 없을 것인데, 이것이 하늘이 부여한 덕성[天德]이고, 君臣 · 父子 · 夫婦 · 兄弟 · 朋友라는 인륜을 부여하지 않은 사람이 없을 것인데, 이것이 하늘이 부여한 자리[天位]이다. 하늘이 부여한 덕성[天德]을 써서 하늘이 부여한 자리[天位]를 갈고닦는

○정자(程子·伊川)가 말했다. "하늘을 원망하지 않았고 사람을 탓하지 않았다고 하셨는데, 이치에 있어 마땅히 이와 같아야 한다."

정자(程子·明道)가 말했다(又曰) "하학(下學)으로 상달(上達)한다는 말은, 뜻이 말 밖에 있다."

정자(程子·伊川)가 말했다(又曰) "배우는 자는 하학(下學)해서 상달(上達)한다는 말씀을 반드시 준수해야 한다. 이것이 바로 배움의 요체이다. 대개 아래로 인사(人事)를 배우는 것이, 바로 위로 천리(天理)에 도달하는 길이다. 그렇지만 (인사[人事]에 대해) 익숙한 대로 처리하기만 하고 자세히 살피지 않는다면, 역시 이를 써서는 천리(天理)에 도달할 수 없다.

다면, 비록 사람들 간의 교류가 아직 미미한 사회일지라도, 이미 그 사회의 크기에 맞는, 지나치거나 모자람이 없는 준칙을 갖추게 되는데, 이른바 '하늘의 상을 본뜬다'[道]는 것이다. 평소에 하늘의 상을 몸소 익혀, 사람들 간의 교류가 이루어지는 곳에, 하나같이 그 준칙을 써서 참여하게 되는데, 이른바 '땅의 법칙을 본뜬다'[學]는 것이다. 이것이 성인이 하늘을 본받는 방법이고, 이것이 성인이 아래에서 배워 위로 통달하는 방법이다(《易》曰: '成象之謂乾, 效法之謂坤.' 學也者, 效法之謂也。道也者, 成象之謂也。夫子曰: '下學而上達。' 蓋言學於形下之器, 而自達於形上之道也。士希賢, 賢希聖, 聖希天。希賢希聖, 則有其理矣。'上天之載, 無聲無臭', 聖如何而希天哉? 蓋天之生人, 莫不賦之以仁義禮智之性, 天德也; 莫不納之於君臣父子夫婦兄弟朋友之倫, 天位也。以天德而修天位, 雖事物未交隱微之地, 已有適當其可, 而無過與不及之准焉, 所謂成象也。平日體其象, 事至物交, 一如其准以赴之, 所謂效法也。此聖人之希天也, 此聖人之下學上達也。).

[公伯寮愬子路章]

143801、公伯寮[1]愬[2]子路於[3]季孫。子服景伯[4]以告, 曰:「夫子固[5]有惑志[6]于公伯寮[7], 吾力猶能肆[8]諸市朝[9]。」

1《論語集解》 공백료는, 노나라 사람으로, 공자 제자이다(注: 馬融曰: 伯寮, 魯人, 弟子也。); 公伯寮(공백료): 公伯氏, 名 寮, 字 子周. 자로와 함께 계씨 가의 가신으로 일했다;《史記·仲尼弟子列傳》에도 공자 제자로 나오지만,《孔子家語·弟子解》에는 이름이 없다;《論語或問》"공백료가 공자 문하에서 배웠는데, 하는 행동이 이와 같은 것은, 무엇입니까?" "호씨는 공백료가 공자 제자가 아니고, 단지 계씨 가의 일당일 뿐이라고 보았다. 공자 문하에서 교유했다면, 어찌 자기 벗을 모함하는 짓거리를 하겠는가?"(或問: 公伯寮學於孔門, 而所爲若是, 何也? 曰: 胡氏以爲寮非孔子弟子, 特季氏之黨耳。若遊於孔門, 則豈至於陷其朋友哉?).

2 愬(소): 있는 사실에 근거해서 사람에 대해 나쁜 말을 하다(同'诉'。有事实根据地说人坏话。).

3《詞詮》於(어): 개사. 동작의 상대방을 나타낸다('於', 介詞。表動作之對象。);《論語句法》'於'는 지금의 '向'[~를 향해] '對'[~에 대해]에 해당한다('於'字, 相當於白話的'向'字或'對'字。).

4 子服景伯(자복경백): 子服何. 姓 子服, 名 何, 시호 景. 哀公[BC 494~BC 468 재위]을 섬겼으며, 계강자와 동시대의 노나라 대부로,《春秋左傳·哀公》에 그에 관한 기록이 나온다.

5《論孟虛字》'固'는 '既'와 같다('固', 猶'既'。爲'已經'之意。);《論語新解》"계손이 공백료의 참소를 듣고, 이미 자로에 대해 의혹을 품고 있습니다"("季孙听了公伯寮谗诉, 已对子路有疑惑。").

6《論語集解》 계손이 참소를 믿어, 자로에게 노한 것이다(注: 孔安國曰: 季孫信讒, 恚子路。);《論語義疏》'惑志'는 계손이 자로를 참소하는 공백료의 말을 믿는 것을 말한다(疏: 惑志, 謂季孫信伯寮之讒子路也。);《百度漢語》惑志(혹지): 의심(疑心).

7《論語義疏》本은 '於公伯寮'를 뒷 구절에 붙여 읽었다["계손 그분은 이미 (자로에 대해) 의심을 품고 있지만, 공백료에 대해서 제힘은 아직 그의 주검을 저잣거리에 늘어놓을 수 있습니다"]; 于(우): ~로 인해. ~로 말미암아. ~ 때문에. 동작시행이나 상황출현의 원인을 끌어들인다(引进动作施行或情况出现的原因。义即'因为'、'由于'。);《論語義疏》자복경백이 공자께, 계손이 (자로에 대해) 의심을 품고 있다고 말하고서, 또 말하기를, 자로를 도와서 자로는 무죄로 해주고, 공백료는 죽이겠다고 한 것이다(疏: 景伯既告孔子云: 季子猶有惑志, 而又說此助子路, 使子路無罪, 而伯寮致死。);《論語新解》이 구절은 두 가지 구두법이 있다. ①'有惑志'에서 끊고, '于公伯寮'를 아래 구절에 붙여 읽는다. ②'有惑志于公伯寮'까지를 한 구절로 읽는다. 계손이 공백료의 참언으로 의심을 품고 있다는 말이다(此句有两读: 一读于有惑志断, 此下四字连下句。一读至公伯寮为一句。夫子指季孙, 言其受惑于寮之谗言。).

8《周禮·秋官司寇·掌戮》자기 부모를 죽인 자는 불태워 죽이고, 왕의 친척을 죽인 자는 사지를 찢어 죽인다. 사람을 죽인 자는 저잣거리에다 주검을 진열하되, 3일간 늘어놓는다(凡殺其親者, 焚之; 殺王之親者, 辜之。凡殺人者, 踣諸市, 肆之三日。);《論語集解》죄를 지어 사형을 집행하고, 그 주검을 진열해 놓는 것을 '肆'(사)라 한다(注: 鄭玄曰: 有罪既刑, 陳其尸曰肆也。).

9 '凡殺人者 踣諸市 肆之三日'(사람을 죽인 자는, 저잣거리에다 목을 베어 높이 매달아 놓고, 3일을 늘어놓는다)[周禮·秋官司徒·鄉士]에 대한 賈公彥의 疏:《憲問 제36장》의 鄭玄의 注에, '大夫의 주검은 朝에, 士의 주검은 市에 늘어놓는다. 公伯寮는 士이니, '肆諸市'까지 말하고 그쳤어야 하는데, '肆諸市朝'라고 한 것은 '朝'를 이어붙여서 말했을 뿐이다'라고 했다(疏:《論語·憲問篇》……注云: "大夫於朝, 士於市。

공백료(公伯寮)가 계손(季孫)에게 자로(子路)를 헐뜯는 말을 했다. 자복경백(子服景伯)이 이를 선생님께 고해바쳤다. "계손(季孫) 그분은 이미 공백료(公伯寮)가 한 말 때문에 (자로(子路)에 대해) 의심을 품고 있지만, 제힘은 아직 (공백료(公伯寮)를 죽여) 그의 주검을 저잣거리에 늘어놓을 수 있습니다."

朝, 音潮。○公伯寮, 魯人。子服氏[10], 景謚, 伯字, 魯大夫子服何也。夫子, 指季孫。言其有疑於寮之言也。肆, 陳尸也。言欲誅寮。

'朝'(조)는 음이 '潮'(조, cháo)이다. ○'公伯寮'(공백료)는 노(魯)나라 사람이다. '子服景伯'(자복경백)은 '子服'(자복)은 씨(氏)이고, '景'(경)은 시호이고, '伯'(백)은 자인데, 노(魯)나라 대부 자복하(子服何)이다. '夫子'(부자)는 계손(季孫)을 가리킨다. 말인즉, 계손(季孫)이 공백료(公伯寮)가 고해바친 말 때문에 자로(子路)에 대해 의심을 품고 있다는 것이다. '肆'(사)는 '주검을 늘어놓다'이다. 공백료(公伯寮)를 죽이겠다는 말이다.

143802、子曰:「道之將行也與[11]? 命也。道之將廢也與? 命也。公伯寮其[12]如命何!」[13]

公伯寮是士, 止應云'肆諸市', 連言'朝'耳。"); 《周禮 · 冬官考工記 · 匠人》 도성 안 왕궁의 왼쪽에는 종묘가 있고 오른쪽에는 사직이 있고, 앞에는 남면해서 조정이 있고 뒤에는 북면해서 저자가 있다. 저자와 조정은 일 묘 즉 사방 백 보(步)의 넓이로 한다(國中……左祖右社, 面朝後市。市朝一夫。); 市朝(시조): 시장과 조정을 아울러 말하거나 시장만을 말한다(市场和朝廷。众人合集的场所; 公共场合。偏指'市', 谓市集, 市场。).

10 氏(씨): 고대 귀족이 하나의 혈족 관계를 나타내는 성(姓)에서 갈라진 계통을 표식하는 칭호로서, 3대 이후부터 혈족의 인구가 늘고 거주지역이 확산되면서, 하나의 성(姓)에서 갈라진 支派가 분봉받은 국 · 읍의 지명이나 관직 또는 조상의 자나 시호 · 작위 · 거주지 등을 따서, 자신들을 구별할 새로운 칭호로 氏를 사용하기 시작했다. 남자는 姓 대신 氏를 칭했고, 부인은 姓을 칭했다. 氏는 이를 써서 귀천을 구별하려는 것이다. 신분이 낮은 자는 이름은 있지만, 氏는 없었다(古代贵族标志宗族系统的称号; 也有以邑, 官职, 祖父的谥号或字为氏的; 三代之前, 姓氏分而为二。男子称氏, 妇人称姓。氏所以别贵贱, 贵者有氏。贱者有名无氏。).

11 《文言虛詞》 '也與'가 말을 잠시 멈춤을 표시할 수 있다('也與'還可以表示停頓。); 也與(야여): 의문어기조사(語氣助詞。表疑問。).

12 《論語句法》 '其'는 연결동사로, 지금의 '是'와 같다["공백료가 명을 어찌할 수 있겠느냐?"]('其'是繫詞, 相當於白話的'是'字; '公伯寮是能拿明怎麼樣呢?'); 《論孟虛字》 '其'는 '將'과 같다('其', 猶'將'。表將然之義。).

13 《論語大全》 공자께서 공백료의 참소를 '吾道'의 行 · 不行과 연결시킨 것은 무엇 때문인가? 노나라 공실의 해충은, 계씨만 한 자가 없었다. 공자께서는 노나라에서 정치하시면서, 계씨의 주제 넘은 행실을 제재코자 하는 생각을 가지셨는데, 용감하게 명령을 받들어서, 숨긴 무기를 풀어 郈와 費를 무너뜨린

선생님께서 말씀하셨다. "(나의) 도(道)가 장차 행해질까요? 명(命)입니다. (나의) 도(道)가 장차 버려질까요? 명(命)입니다. 공백료(公伯寮)가 명(命)을 어쩌겠습니까?"

與, 平聲。○謝氏曰:「雖寮之愬行, 亦命也。其實[14]寮無如之何[15]。」愚謂言此以曉景伯, 安子路, 而警伯寮耳。聖人於利害之際, 則不待決於[16]命而後泰然也。[17]

자는, 자로였다. 공백료가 자로를 계씨에게 참소한 것은, 진실로 이를 빌어 공자의 이런 생각을 꺾으려는 것이었다. 그래서 공자께서는 자로의 화복을 염두에 두지 않고, '吾道'의 興廢를 염두에 두신 것이었다. 그렇지만 '吾道'의 行·不行은, 하늘의 도움 여부에 달린 것이지, 공백료의 참소 여부에 달린 것이 아니다. 자복경백은 '吾道'의 行·不行을 사람 탓으로 돌렸지만, 공자께서는 하늘에 맡기신 것이었다(齊氏曰: ……孔子以公伯寮之愬爲關吾道之行止, 何也? 魯爲公室之蠹者, 莫如季氏。孔子爲政於魯, 大率欲裁其僭, 而勇於承令, 以出藏甲墮郈費者, 子路也。公伯寮愬子路, 固將假以沮孔子也。故孔子不爲子路禍福計, 而爲吾道興廢計。然……吾道之行與不行, 繫於天之祐不祐, 而不繫於寮之愬不愬也。景伯尤諸人, 而孔子委之天。);《論語正義》자로는 충신한 사람으로 알려졌는데, 공백료가 참소한 것이 무엇인지 알 수 없지만 계손 또한 공백료의 말을 믿었다. 주자는《論語或問》에서, '이 일은 三都를 허물고 병력을 몰수할 때의 일이다'라고 했는데, 이 견해가 상당히 이치에 부합한다. 당시에 자로는 이 거사가 공실의 힘을 강화시키고, 계씨 가의 힘을 약화시켜, 계씨 가에 장차 불리할 것이라 틀림없이 생각했을 것이기 때문에, 계손이 의심을 품은 것이다. 공자께서 '도가 행해질까요? 버려질까요?'라고 하신 것은, 자로가 三都를 허무는 일은 공자께서 시킨 일인데, 지금 자로가 참소당해, 도가 버려진다면, 공자 또한 노나라에서 안전하지 못할 수 있었기 때문이다. 그렇지만 도의 '行' '廢'는 모두 천명의 대상으로, 하늘이 도를 버리지 않는다면, 공백료의 참소가 있더라도, 계손이라도 듣지 않을 것이고, 하늘이 도를 행하려 하지 않는다면, 이는 스스로 받아들이는 것이 당연하여, 공백료의 참소가 관여할 바가 아니다. 이를 말한 것은, 이를 통해 자로를 위로하고 자복경백의 분을 억지하려는 것이었다(正義曰: 案: 子路以忠信見知於人, 不知寮何所得愬, 而季孫且信之。朱子或問以爲"在墮三都, 出藏甲之時", 說頗近理。當時必謂子路此擧, 是強公室, 弱私家, 將不利於季氏, 故季孫有惑志。夫子言道"將行","將廢"者, 子路墮都, 是夫子使之, 今子路被愬, 是道之將廢, 而己亦不能安於魯矣。然行廢皆天所命, 若天不廢道, 雖寮有愬, 季孫且不聽之。若天未欲行道, 此自命所受宜然, 非關寮愬。言此者, 所以慰子路而止景伯之憤也。);《洙泗考信錄》자복경백이 고해바치자, 공자께서 '도가 장차 행해질까요? 버려질까요?'라고 말한 것은, 단지 자로를 위해 한 말은 아닌 것으로 보인다. 대개 공자께서 노나라 사구가 된 것과 자로가 계씨의 가신이 된 것은, 실상 서로 표리관계로서, 三都를 허문 일을 살피면 알 수 있다. 자로가 의심받았다는 것은, 바로 공자께서 쓰이지 않을 까닭이 된다. 그렇다면 공백료의 참소는 마땅히 공자가 노나라를 떠나려하기 전의 일일 것이다(景伯之告, 孔子以道之行廢言之, 似不僅爲子路發者, 蓋孔子爲魯司寇, 子路爲季氏宰, 實相表裏, 觀墮都之事可見。子路見疑, 卽孔子不用之由, 然則伯之愬寮當在孔子將去魯之前。).

14 其實(기실): 사실은. 실제로는. 실제 사정(承上文转折, 表示所说的是实际情况。实际上, 事实上。).

15 無如之何(무여지하): 어찌해도 방법이 없다(没有任何办法); 如之何(여지하): 어찌합니까?(怎么).

16 於(어): ~에 의해. 피동문에서 동작 행위의 주동자를 끌어들인다(在被动句中, 引进动作, 行为的主动者, 相当于'被'。).

17《論語大全》성인께서는 命을 말씀하지 않았다. 대체로 命을 말씀하신 경우는, 衆人들 때문에 하신 것이다. 사람의 힘으로는 어찌해볼 도리가 없는 처지에 닥쳐서야 비로소 命을 말씀했는데, 이 장의

'與'(여)는 평성[yú]이다. ○사씨(謝氏 · 謝顯道)가 말했다. "비록 공백료(公伯寮)가 고해바친 말이 행해질지라도, 역시 명(命)이다. 기실은 공백료(公伯寮)로서는 그것을 어찌할 수 없는 것이다."

내가 생각건대, 이를 말씀하여 이로써 자복경백(子服景伯)을 깨우치고, 자로(子路)를 안심시키고, 공백료(公伯寮)를 경계시키신 것일 뿐이다. 성인(聖人)께서는 이해관계에 맞닥뜨려서, 명(命)에 의해 결정지어지고 나서야 태연해지시는 것은 아니다.

命이 그런 경우이다. 성인께서는 써주면 나가 행하고, 버리면 숨어지내는 분이어서[述而 제10장], 어찌 해볼 도리가 없는 처지에 닥친 적이 없으셨으니, 어찌 命을 말씀하실 필요가 있으셨겠는가? 어떤 사람은 命이 있는지도 모르고, 어떤 사람은 命이 있다는 것을 알지만 여전히 따지고 비교하고, 中人 이상은 命을 편안히 여기지만, 聖人의 경지에 이르러서는 命을 말할 필요가 없다(朱子曰: 聖人不言命。凡言命者, 皆爲衆人言也。到無可奈何處始言命, 如此章命也…… 聖人用之則行, 舍之則藏, 未嘗到無可奈何處, 何須說命? 如下一等人, 不知有命, 又一等人知有命, 猶自去計較, 中人以上, 便安於命, 到得聖人, 便不消得言命。);《論語大全》 성인은 순수하니 의리 그 자체이시니, 의리상 행해야 할 것이면 행하시고, 의리상 그만둬야 할 것이면 그만두신다. 이해관계에 처해서도, 오직 그 의일 뿐, 다시 하늘의 명이 무엇인지 묻지 않으셨다. 지금 여기에서 명을 말한 것은, 景伯을 깨우치고, 伯寮를 경계시키려는 것뿐이다(慶源輔氏曰: 聖人純是義理, 義所當行則行, 義所當止則止。處利害之際, 唯其義而已, 更不問命之如何。今此言命者, 以曉景伯, 警伯寮耳。).

[賢者辟世章]

143901、子曰:「賢者辟世[1],

선생님께서 말씀하셨다. "현자는 천하를 피하고,

辟[2], 去聲, 下同。○天下無道而隱[3], 若伯夷太公[4]是也。

'辟(피)'는 거성[pì]으로, 뒷절에서도 이와 같다. ○천하가 무도하면 숨어 지낸다는 것으로, 백이(伯夷)와 태공(太公) 같은 경우가 바로 이것이다.

143902、其次[5]辟地[6],

(현자는) 그다음으로는 나라를 피하고,

---

1 《古今注》 이름을 감추고 자취를 숨겨, 세상에 살면서도 세상이 알지 못하게 하는 것, 이것이 '辟世'이다. 이 세상에 살면서, 무지렁이들 속에 섞여 지내면서, 사람들이 아무도 알아보지 못하는 것, 이것을 일러 '辟世'라 한다(韜名晦跡, 居世而不令世知, 是辟世也…… 居斯世也, 混於甿隷, 人莫之知, 斯之謂辟世也。); 辟世(피세): 난세를 피해 은거하여 벼슬을 맡지 않다(避世。谓逃避浊世, 隐居不仕。); 辟(피): 피하다. 숨어서 나서지 않다(通"避"。回避, 躲避。).

2 辟(벽/피): [bì](音: 璧) 임금. 법(君主。法。); [pì](音: 僻) 회피하다. 내쫓다. 열다. 개벽하다. 개간하다. 편파적이다. 편애하다(回避, 躲避。屏除; 驱除。开辟; 开拓。偏颇,偏私。).

3 《泰伯 제13장》 참조.

4 《孟子 · 離婁上 제13장》 맹자가 말했다. "백이는 주왕을 피하여 북쪽 바닷가에서 살았고, 태공은 주왕을 피하여 동쪽 바닷가에서 살았다"(孟子曰: 伯夷辟紂, 居北海之濱……太公辟紂, 居東海之濱。).

5 《論語義疏》 중급의 현자를 말한다. 은거해서 세상을 끊고 지내지는 못하고, 단지 거처할 땅을 택해, 어지러운 나라를 떠나 다스려지는 나라로 가는데, 이 사람이 避地之士이다(疏: 謂中賢也。未能高栖絶世, 但擇地處, 去亂就治, 此是避地之士也。); 《集注考證》 '其次'는 '辟世'의 다음을 가리킨다(其次是指避世之次。); 《論語正義》 현자가 피하는 바에, 이 네 경우가 있는 것은, (우열이 있는 것이 아니라) 우연히 처한 상황이 서로 다른 까닭이다(正義曰: 賢者所辟, 有此四者, 當由所遇不同。); 《論語新解》 '辟地' 이하 세 '其次'는 우열을 논한 것이 아니다. 즉 공자께서 '뗏목을 타고 바다로 떠나고 싶다'[公冶長 제6장], '九夷 땅에 가서 살고 싶다'[子罕 제13장]고 한 것과 같은 것으로, 이는 '辟世'하고 싶지만 하지 못한 것이다. '次'는 '辟'의 정도에 즉해서 한 말이다(避地以下, 三言其次, 固不以优劣论。即如孔子, 欲乘桴浮于海, 欲居九夷, 是欲避世而未能。所谓次者, 就避之深浅言。); 《論語譯注》 "다음 등급의 현자는 땅을 가려 거처한다"("次一等的擇地而處。").

6 辟地(피지): 다른 곳으로 옮겨 화를 피하다(迁地以避祸患).

去亂國, 適治邦。
어지러운 나라를 떠나, 다스려지는 나라로 간다.

143903、其次辟色,
다음으로는 임금의 안색을 피하고,

禮貌衰而去[7]。
임금이 자기에게 예의를 갖추는 모습이 쇠약해지면 떠난다.

143904、其次辟言[8]。」
그다음으로는 임금의 말을 피한다.

有違言[9]而後去也。
심기를 거스르는 말이 있으면 그 후에 떠난다.

---

7 《孟子 · 告子下 제14장》 진자가 물었다. "옛날의 군자는 어떤 경우에 벼슬을 했습니까?" 맹자가 말했다. "벼슬에 나아가는 경우가 세 가지 있고, 벼슬에서 물러나는 경우가 세 가지 있다. 영접하기를 공경을 다해 예의를 갖추고, 장차 그의 말대로 시행하겠다고 언약하면, 벼슬에 나아간다. 예의를 갖추는 모습이 아직 약해지지는 않았어도, 말대로 시행하지 않으면, 물러난다. 그다음은 비록 그의 말대로 시행하겠다고 하지는 않더라도, 영접하기를 공경을 다해 예의를 갖추면, 벼슬에 나아간다. 예의를 갖추는 모습이 약해지면, 물러난다. 마지막으로, 아침도 먹지 못하고, 저녁도 먹지 못하여, 굶주려서 문밖에도 나갈 수 없는데, 임금이 듣고서는 '내가 크게는 당신의 도를 시행하지 못했고, 또 당신의 말을 따르지는 못했지만, 내 나라에서 굶주리게 하는 것은, 나의 수치입니다'라고 하고 구휼해준다면, 또한 받아도 되는데, 죽음을 면할 정도면 된다"(陳子曰: "古之君子何如則仕?" 孟子曰: "所就三, 所去三。其目在下。迎之致敬以有禮, 言將行其言也, 則就之; 禮貌未衰, 言弗行也, 則去之。其次, 雖未行其言也, 迎之致敬以有禮, 則就之; 禮貌衰, 則去之。其下, 朝不食, 夕不食, 飢餓不能出門戶。君聞之曰: '吾大者不能行其道, 又不能從其言也, 使飢餓於我土地, 吾恥之。' 周之, 亦可受也, 免死而已矣。").

8 辟言(피언): 악담을 하거나 불손한 말을 하면 피하다(谓他人恶言相加或口出不逊则走避之。).

9 違言(위언): 불만스러운 말이나 서운한 말. 당치않은 말. 말이 서로 어긋나서 원한을 품다(不满的, 伤和气的话。不合情理的话。以言語相違恨。).

○程子曰:「四者雖以大小次第[10]言之, 然非有優劣也, 所遇不同耳。」
○정자(程子·明道)가 말했다. “이 네 가지는 비록 크고 작음을 기준으로 순서대로 언급되었지만, 서로 간에 우열이 있는 것은 아니고, 닥친 상황이 서로 다를 뿐이다.

10 次第(차제): 순서. 차례(次序; 顺序).

[作者七人矣章*]

144001、子曰[1]:「作者七人矣。[2]」

선생님께서 말씀하셨다. "일어나서 숨으러 떠난 자가 일곱 사람이었다."

李氏曰:「作, 起也。言起而隱去者, 今七人矣。不可知其誰何[3]。必求其人以實之, 則鑿[4]矣。」
이씨(李氏·李郁)가 말했다. "'作'(작)은 '일어서다'[起]이다. 일어나서 숨으러 떠난 자가, 지금 일곱 사람이라는 말이다. 그들이 누구누구인지는 알 수 없다. 그들을 굳이 찾아서 일곱을 채우려 한다면, 억지로 끌어다 붙이는 것이다."

---

1 《論語義疏》本은, 이 장을 앞 장에 붙여 한 장으로 했다; 《論語正義》 다시 '子曰'을 칭한 것은, 잠시 지난 뒤에 말씀하신 것이다(正義曰: 復稱"子曰"者, 移時乃言也。).

2 《論語集解》 '作'은 '爲'[(그렇게) 하다]이다. 辟世·辟地·辟色·辟言를 한 사람이 모두 7인인데, 밭을 갈던 長沮와 桀溺[微子 제6장], 작대기에 삼태기를 걸어 어깨에 멘 노인[微子 제8장], 石門의 성문지기[憲問 제41장], 삼태기를 어깨에 메고 공자가 묵고 있던 집 앞을 지나던 사람[憲問 제42장], 儀읍의 국경을 지키는 관원[八佾 제24장], 초나라 광인 接輿[微子 제5장]이다(注: 苞氏曰: 作, 爲也。爲之者凡七人, 謂長沮、桀溺、丈人、石門、荷蕢、儀封人、楚狂接輿也。); 《論語義疏》 王弼은 '7인은 伯夷·叔齊·虞仲·夷逸·朱張·柳下惠·少連이다'라고 했고, 鄭玄은 '伯夷·叔齊·虞仲은 辟世者이고, 荷蓧·長沮·桀溺은 辟地者이고, 柳下惠·少連은 辟色者이고, 荷蕢·楚狂接輿는 辟言者이다. 七은 十을 잘못 쓴 것이다'라고 했다(疏: 王弼曰: 七人, 伯夷、叔齊、虞仲、夷逸、朱張、柳下惠、少連也; 鄭康成曰: 伯夷、叔齊、虞仲避世者, 荷蓧、長沮、桀溺避地者, 柳下惠、少連避色者, 荷蕢、楚狂接輿避言者也。七當爲十字之誤也。); 《論語正義》 '作'은 '見幾而作'[기미를 알아채고 일어서다][周易·繫辭下]의 '作'과 같다(正義曰: 作, 如"見幾而作"之作。).

3 誰何(수하): 누구. 어느(谁人; 哪个).

4 鑿(착): 억지로 끌어다 붙이다. 견강부회하다(穿凿附会).

[子路宿於石門章]

144101、子路宿於[1]石門[2]。晨門[3]曰:「奚自[4]?」子路曰:「自孔氏[5]。」曰:「是[6]知其不可而爲之者[7]與[8]?」

1《王力漢語》於(어): 장소를 끌어들이는 개사. ~에서. '於+목적어'구는 많은 경우 동사 뒤에 놓인다(介詞'於', 引進處所。略等於現代的'在'; '於+賓'詞組, 更多的是放在動詞之後。).

2《論語義疏》'石門'은 지명이다. 자로가 石門에 가서 유숙한 것이다. 一說: 石門은 노나라 성문 밖이다(石門, 地名也。子路行住石門宿也。一云石門者, 魯城門外也。);《論語正義》石門는 노나라 도성 남쪽의 외곽문이다.《水經注》에 '洙水는 북에서 흘러들어, 孔里를 지나, 남쪽으로 石門으로 들어간다. 石門 오른쪽에 돌들을 묶어서 水門을 만들었는데, 洙水 위에 놓여 있다'고 했는데, 閻若璩[1638~1704]의《四書釋地》에는 '이곳이 바로 자로가 유숙했던 곳이다'라고 했다. 樂史[930~1007]의《太平寰宇記》에는 '옛 노나라 도성에는 모두 일곱 개 문이 있었는데, 남쪽 제2문의 이름이 石門이었다'고 했다(正義曰: 鄭注云: "石門, 魯城外門也。" 水經洙水注: "洙水北流, 逕孔里, ……而南入石門。門右結石爲水門, 跨於水上。" 閻氏若璩釋地謂"此即子路宿處"是也。太平寰宇記: "古魯城凡有七門, 次南第二門名石門。").

3《論語義疏》本에는 '石門晨門曰'로 되어 있고, 疏에 '守石門晨昏開閉之吏也, 魯人也.' [새벽과 야밤에 石門의 개폐를 지키는 관리로, 노나라 사람이다]라고 했다; 晨門(신문): 새벽과 야밤에 성문을 여닫는 일을 관장하는 관리(掌管城门开闭的人).

4《詞詮》奚(해): 의문대명사. 어느 곳('奚', 疑問代名詞。何處也。);《古漢語語法》'奚自' 뒤에 동사가 생략되었다["어디에서 오셨습니까?"]('奚自'省略动词, 可解为'从何处来?');《文言語法》의문대사가 개사목적어로 쓰인 경우도 동사목적어인 경우와 같이 도치된다(以疑問代詞作介詞賓語, 也和作動詞賓語一樣, 一般用倒裝。);《論語義疏》'自'는 '從'이다(疏: 自, 從也。).

5《論語正義》'孔氏'는 '孔家'로, 가까이 살고 있어서, 사람들이 익숙하게 알고 있기 때문에, 거명하지 않은 것이다(正義曰: '孔氏'猶言孔家, 以居相近, 人所習知, 故不擧名字也。).

6《論語句法》'是'는 주어로, '孔氏'를 지칭한다('是'是主語, 指稱'孔氏'。).

7 [성]知其不可而爲之(지기불가위이위지): 해내지 못할 줄 분명히 알면서도 고집스레 해내려 하다. 고집이 아주 세다(明知做不到却偏要去做。表示意志坚決。有时也表示倔强固执。);《論語集解》공자가 세상이 다스려질 수 없다는 것을 알고도 고집스레 했다는 말이다(注: 苞氏曰: 言孔子知世不可爲而強爲之也。);《論語注疏》성문지기는 자로가 공씨 문하에서 왔다는 말을 듣고, 공씨가 누구인지를 살피지 않고도, 옛날부터 공자의 행적을 알고 있었기 때문에, '공씨라고 하면은 세상이 안 되는 줄 알면서도, 천하를 주유하면서, 고집스레 하려는 자인데, 그 孔氏 말인가요?'라고 물은 것으로, 속으로 공자가 은둔 피세하지 못하는 것을 비난한 것이다(疏: 正義曰: 晨門聞子路云從孔氏, 未審孔氏爲誰, 又舊知孔子之行, 故問曰"是知其世不可爲, 而周流東西, 彊爲之者, 此孔氏與" 意非孔子不能隱遯辟世也。);《古今注》성문지기의 말은 기롱이지만, 속마음은 사랑의 마음으로 가득했다. 그 말속에 드러난 애정이, 천년이 지난 지금도 눈앞에서 보고 있는 듯 선하다(其言則譏, 其心則相愛之至也。情見于辭, 千載如覿。);《論語今讀》康有爲[1858~1927]의《論語注》에 말했다. "仁人의 마음은, 차마 그렇게 무관심하지 못했으니[孟子 · 萬章上 제1장], 이것이 성인인 까닭이다. 성문지기는 참으로 성인을 알아본 자였다. 그렇지 않다면 제경공 · 위영공과 같은 어둡고 용렬한 임금, 필힐 · 공산불뉴의 반란, 진 · 채와 같은 미약하고 쇠잔하고 혼란스러운 나라는, 범인에게조차도 조롱거리였는데, 성인께서 어찌 깊이 모르셨겠는가? 그런데, 연연해 하며 떠나

자로(子路)가 석문(石門)에서 하룻밤을 묵었다. (다음 날 아침 석문(石門)을 들어서는데) 성문지기가 물었다. "어디에서 오셨습니까?" 자로(子路)가 말했다. "공씨(孔氏) 문하에서 왔습니다." 성문지기가 말했다. "공씨(孔氏)라고 하면은 그것이 안 될 줄 알면서도 그것을 해보려는 자 말인가요?"

與, 平聲。○石門, 地名。晨門, 掌晨啟門, 蓋賢人隱於抱關[9]者也。自, 從也, 問其何所從來也。胡氏曰「晨門知世之不可而不爲[10], 故以是譏孔子。然不知聖人之視天下, 無不可爲之時也。」[11]

'與'(여)는 평성[yú]이다. ○'石門'(석문)은 지명이다. '晨門'(신문)은 새벽에 성문을 여는

지 못하고 그 주위를 서성이셨으니, 그 어리석음은 무엇을 위해 이러셨던 것인가?"(康注: ……仁人之心, 不忍若是恝, 此所以爲聖人也。知不可而爲, 晨門乃真知聖人者, 不然齊景, 衛靈公之昏庸, 佛肸, 公山之反叛, 陳蔡之微弱衰亂, 此庸人之所識, 聖人豈不深知? 而戀戀徘徊, 其愚何爲若是哉?);《補正述疏》'知其不可'는 智이다. '知其不可而爲之'는 智而能仁이다. 성문지기는 '知其不可而爲之'라는 한마디 말로 성인임을 알아본 것이다. 성문지기가 성인임을 알아본 것은, 의봉인이 '하늘이 선생님을 목탁으로 삼으려 하신 것이다'[八佾 제24장]라고 한 것과 같다(述曰: 夫知其不可者, 智也。知其不可而爲之者, 智而能仁也。晨門一言斯得聖人心矣。……晨門知聖人, 其若儀封人也夫!");《論語新解》성문지기의 한 마디는 한평생 동안의 성인의 마음을 그대로 드러내 보인 말이고, 의봉인의 한 마디는 수천 년 동안의 하늘의 뜻에 조금도 어긋나지 않는 말이었으니, 그들의 지혜는 따라갈 수 없다(晨門一言而聖心一生若揭, 封人一言而天心千古不爽, 斯其知皆不可及。).

8《論語句法》'其不可'는 구로서, '知'의 목적어로 쓰였다["그것의 불가함을 알고도"]('其不可'是組合式詞組, 做'知'的止詞。);《文言虛詞》'與'는 의문어기사로서, 어떤 때는 시비의문문을 표시하는 데 쓰이며, '嗎' '么'에 해당한다('與'作爲疑問語氣詞, 有時用以表示是非問, 相當于口語的'嗎''么'。).

9 抱關(포관): 성문지기(监门。借指小吏的职务。亦借指职位卑微。).

10《百度知道》張岱[1597~1689]의《四書遇》에 말했다. "할 수 있는 일이 아님을 모르고 하는 사람은 愚人이고, 할 수 있는 일이 아님을 알고 하지 않는 사람은 賢人이고, 할 수 있는 일이 아님을 알고도 하는 사람은 聖人이다"(不知不可爲而爲之, 愚人也; 知其不可爲而不爲, 賢人也; 知其不可爲而爲之, 聖人也。).

11《論語精義》불가하다는 것을 알고 하지 않은 것은 성문지기였고, 불가하다는 것을 알면서도 한 자는 공자였다. 가불가는 하늘에 달려 있고, 하느냐 마느냐는 자기에게 달려 있으니, 성인은 천명을 경외하기 때문에, 자기에게 달린 것을 닦아, 이로써 천명을 듣고, 천하를 내버려 두지 않으셨다. 성인은 천하를 감히 잊지 않으시니, 그것이 불가함을 알면서도 하지 않을 수 없었다!(范曰: 知其不可而不爲者晨門也知其不可而爲之者孔子也…… 夫可不可在天, 而爲不爲在己, 聖人畏天命, 故修其在己者, 以聽之天, 未嘗遺天下。聖人亦不敢忘天下, 雖知其不可得不爲哉!);《論語大全》성인께서 도가 행해지지 않을 것임을 아시면서도[中庸 제4장], 이 세상을 이리저리 방황하신 것은, 만물을 낳는 것으로 마음을 삼는 천지의 마음이시다. 성문지기는 현인인데 문지기로 숨어 지냈으니, 세상이 안 되는 때임을 알고 이에 멈추고 만 것이지만, 도란 멈출 수 없는 것임을 알지 못했던 것이다(南軒張氏曰: 聖人非不知道之不行, 而皇皇於斯世者, 天地生物之心也。晨門, 賢而隱於抱關, 知世之不可爲而遂已, 而未知道之不可以已。).

일을 관장하는 자로, 아마도 현인인데 성문지기로 숨어지내는 사람이었을 것이다. '自'(자)는 '~로부터'[從]로, 자로(子路)가 어디서 왔는지를 물은 것이다.

호씨(胡氏·胡寅)가 말했다. "성문지기는 세상을 바로잡는 것이 불가하다는 것을 알고 바로잡으려 하지 않는 자였기 때문에, 이 말로 공자(孔子)를 조롱했다. 그렇지만 성인께서 보시기에 천하는, 안 되는 때란 없다는 것을, 성문지기는 알지 못한 것이다."

[子擊磬於衛章]

144201、子擊磬於衛[1]。有荷蕢[2]而過孔氏之門者，曰：「有心[3]哉！擊磬乎！」

선생님께서 위(衛)나라에 계실 때 경쇠를 치고 계셨다. 삼태기를 어깨에 메고 공자(孔子)께서 묵고 있는 집의 문 앞을 지나던 사람이 있었는데, 그가 말했다. "유심(有心)하구나, 경쇠 치는 소리가!"

荷[4]，去聲。○磬，樂器。荷，擔也。蕢，草器也。此荷蕢者，亦隱士也。聖人之心未嘗忘天下，此人聞其磬聲而知之，則亦非常人矣。

'荷'(하)는 거성[hè]이다. ○'磬'(경)은 옥으로 만든 악기이다. '荷'(하)는 '어깨에 메다'[擔]이다. '蕢'(궤)는 '풀로 만든 그릇'[草器]이다. 이 장의 삼태기를 어깨에 멘 사람도, 숨어 지내는 선비이다. 성인의 마음은 아직까지 천하를 마음에서 잊어 본 적이 없는데, 이 사람이 성인께서 치는 경쇠 소리 듣고 성인의 그러한 마음을 알았으니, 그렇다면 역시 범상한 사람이 아니다.

144202、既而[5]曰：「鄙哉！硜硜乎[6]！莫己知也[7]，斯已而已矣[8]。深則厲，淺則揭[9]。」

---

1 《論語正義》 翟灝(적호)[1736~1788]의 《四書考異》에 말했다. "《史記 · 孔子世家》에서는 이 일을 세 번 위나라에 갔을 때에다 묶고 있다. 대개 영공이 늙어, 정사에 태만해서, 공자를 등용하지 않았기 때문에, 하궤장인이 '莫己知'라는 말을 했을 것이다"(翟氏灝考異云: "世家系此事於三至衛時。蓋靈公老, 怠於政, 不用孔子, 故荷蕢有莫己知之語。"); 《古今注》 노나라 정공 13년 공자께서 위나라에 가셨다. 이때가 55세였으니, 위나라 영공 38년이었다(魯定公十三年, 孔子適衛。時五十五歲, 即衛靈公三十八年也。); 磬(경): 경쇠. 틀에 옥돌을 달아, 뿔망치로 쳐서 소리를 내는 타악기(古代乐器。用石或玉雕成。悬挂于架上, 击之而鸣。); 《詞詮》 於(어): 개사. 동작이 소재한 곳을 표시한다. ~의 곳에서('於', 介詞。表動作之所在。可譯爲'在'。).

2 荷(하): 어깨에 짊어지거나 메다. 등에 지다. 짐(用肩扛或担; 背负。担子); 蕢(궤): 흙을 담는 데 쓰는, 풀로 짜서 만든 광주리. 삼태기. 바작(用草编的筐子, 一般用来盛土。).

3 《論語集解》 '有心'은 근심하고 고뇌하는 모습을 말한다(注: 有心, 謂契契然也。); 《論語正義》 공자께서 당시의 쇠란한 세상에 대한 감개한 느낌으로, 세상과 같이하려는 마음이 경쇠 소리에 깃들어 있었으니, 하궤가 그 소리를 알아듣고, 좋게 본 것이다(正義曰: 夫子感時衰亂, 共心一寓於音。荷蕢聞知其聲, 故善之也。); 有心(유심): 마음에 어떤 생각을 품고 있다(谓怀有某种意念或想法。).

4 荷(하): [hè] 어깨에 메다(用肩膀扛着。); [hé] 연꽃. 부용꽃(也称莲, 别称芙蕖, 芙蓉。).

5《論語義疏》'既而'는 '既畢'[끝마치다]이다(疏: 既而, 猶既畢也。);《論語正義》'既'는 '終' '卒'이다["경쇠 치는 소리가 끝나자"](正義曰: "既", 終也, 卒也。);《論語語法》'既而'은 접미사 '而'을 붙여, 시간을 표시하는 부사로, '조금 지나서'의 뜻이다('既而'是帶詞尾詞, 爲表示時間的副詞, 義爲'過一會兒'。);《百度漢語》既而(기이): 술어 앞 또는 문장의 첫머리에 쓰여, 서술한 사실이 앞의 사실이 출현한 후 얼마 지나지 않아서 출현했음을 표시한다. 조금 지나서. 얼마 지나지 않아서(用于谓语前或句首, 表示所述事实是在前一事实出现后不久出现的。义即'不久'、'很快'。).

6 [성]硜硜之愚(경경지우): 자기 소신을 굳건하게 지키다(硁硁, 浅陋而又固执的样子。坚持自己看法的谦词。);《補正述疏》《史記·樂書》에, '돌이 부딪히는 소리가 硜이다'라고 했는데, 대개 硜은 경쇠 치는 소리이다(述曰:《史記、樂書》云: '石聲硜。' 蓋硜者, 磬聲也。);《論語正義》대개 슬픔에 젖어, 그 소리가 약해져서, 억눌러서 소리를 크게 드러내지 않았기 때문에, 하궤가 '鄙'하다 한 것이다. '罄' '磬' '硜'은 모두 통한다["나직하니 애잔하구나, 경쇠 소리가!"](凡感於哀心, 其聲衰減, 抑而不揚, 故荷蕢以爲鄙也…… "罄"與"磬"、"硜"並通。);《論語譯注》"경쇠 딱딱거리는 소리가 비루한 게, 마치 나를 알아주는 사람이 아무도 없다고 하는 것 같다"("磬聲踁踁的, 可鄙呀, [它好像在說, 没有人知道我呀!]");《論語新解》공자께서 경쇠를 치는데, 그 소리가 확고부동하여, 하궤가 공자가 세태에 따라 그에 맞게 변화하지 못한다고 평했기 때문에, '鄙哉'라고 한 것이다(孔子击磬, 其声坚确, 荷蒉谓其不随世宜而通变, 故曰鄙哉也。).

7《論語正義》'莫己知'는 사람들이 아무도 공자를 알아보고 그를 쓰지 않는다는 말이다(正義曰: '莫己知'者, 言人莫知夫子而用之也。).

8《論語義疏》本에는 '斯已'의 '已'(이)가 '己'(기)로 되어 있고, '斯'를 '徒' '唯'로 訓하여, 이 구절을 '공자가 (아무도 알아주는 사람이 없는데) 고집스럽게도 세태 변화에 따르려 하지 않고, 오로지 자기를 믿을 뿐이다'(疏: 孔子硜硜不肯隨世變, 唯自信己而已矣。)라고 풀이한다;《經典釋文》'莫己'의 '己'는 음이 紀(기)로, 아래의 '斯己'와 같다(莫己, 音紀, 下斯己同。);《論語注疏》'莫'은 '無'이다. '斯'는 '此'이다["아무도 자기를 알아주는 사람이 없는데, 이 硜硜者는 쓸데없이 자기만 믿을 뿐이다"](疏: 正義曰: 莫, 無也。斯, 此也。無人知己, 此硜硜者, 徒信己而已。);《論語正義》'斯已'는 (자기를 알아주는 사람이 아무도 없으면) 다만 자기를 위하면 될 뿐, 남을 위할 필요가 없다는 말로, 맹자가 말한 '(궁하면) 홀로 그 자신을 선하게 지킨다'[盡心上 제9장]는 것이다. 集注에서는, '斯已'의 '已'(기)를 '以'(이)로 읽었는데, 옳지 않다(正義曰: '斯已'者, 言但當爲己, 不必爲人, 即孟子所云 "獨善其身"者也。朱子集注讀'斯已'爲'以', 非是。);《論語句法》'斯'는 '則'과 같다('斯'等於'則'。);《論語新解》'斯已'의 '已'는 紀(기)로 읽는다. 하궤의 말의 뜻은, 남이 자기를 알아주지 않으면, 자기만 지키면 되고, 더 이상 남에게 마음 쓸 필요가 없다는 것이다(斯已之已读如纪。荷蒉之意, 人既莫己知, 则守己即可, 不必再有意于为人。);《論語語法》'而已矣'는 '而已'와 '矣' 두 어기사의 연용으로, 고한어에서 늘 보이는 어법으로, 어기의 중심은 '矣'에 있다('而已矣', '而已'、'矣'兩個語氣詞連用, 古漢語里常常見到的, 語氣的重心在'矣'字上。).

9 [성]深厲淺揭(심려천게): 얕은 물을 건널 때는 옷을 걷어 올리고, 깊은 물을 건널 때는 옷을 입은 채로 건너다[옷을 걷는 것이 소용없다]. 각각 그 상황이나 실정에 따라 그에 맞는 적절한 조치를 취하다(厉: 连衣涉水; 揭: 撩起衣服。意思是涉浅水可以撩起衣服; 涉深水撩起衣服也没有用, 只得连衣服下水。比喻处理问题要因地制宜。);《論語譯注》深厲淺揭(심려천게): 물이 깊은 것은 세상이 대단히 어두운 것을 비유한 것으로, 다만 그냥 내버려 둘 뿐이고, 물이 얕은 것은 어두운 정도가 덜한 것을 비유한 것으로, 스스로 물들지 않게 할 수 있으면, 옷을 걷어서 적시는 것을 피해도 무방하다는 것이다(水深比喻社會非常黑暗, 只得聽之任之; 水淺比喻黑暗的程度不深, 還可以使自己不受沾染, 便無妨撩起衣裳, 免得濡濕。);《論語新解》'厲'(려)는 '砅'(예)[징검다리]로도 쓰는데, 징검다리를 밟고 물을 건너는 것이다. 或說: '厲'는 옷을 벗어들고 건너는 것이다. 물이 깊어 옷을 벗어 그것을 등에 지거나 머리에 이고 (잠방이를 입고) 건너는 것이다. '揭'는 손으로 아래옷을 걷어 올리고 물을 건너는 것이다['물이 깊으면 징검다리를 밟고 건너고, 물이 얕으면

얼마 있다가 또 말했다. "나직하니 애잔하구나! 딱딱거리는 소리가! 자기를 알아주는 사람이 아무도 없으면, 관두면 그만이다. 물이 깊으면 옷을 입은 채로 건너고, 물이 얕으면 옷을 걷어 올리고 건넌다고 했다."

硜, 苦耕反。莫己之己, 音紀, 餘音[10]以。揭, 起例反。○硜硜, 石聲, 亦專確之意。以衣涉水曰厲, 攝衣涉水曰揭[11]。此兩句, 衛風匏有苦葉之詩[12]也。譏孔子人不知己而不止, 不能適淺深之宜[13]。

'硜'(갱, kēng)은 '苦'(고)와 '耕'(경)의 반절이다. '莫己'(막기)의 '己'(기)는 음이 '紀'(기)이고, 여음(餘音)이 '以'(이)이다. '揭'(게, jiē)는 '起'(기)와 '例'(례)의 반절이다. ○'硜硜'(갱갱)은 '경석(磬石)을 두드릴 때 나는 소리'[石聲]로, 역시 '아주 딱딱하다'[專確]라는 뜻이다. 옷을 입은 채로 물을 건너는 것을 '厲'(려)라고 하고, 옷을 걷어 올리고 물을 건너는 것을 '揭'(게)라고 한다. 이 두 구절은,《시경 · 위풍 · 포유고엽》(詩經 衛風 匏有苦葉)의 시구이다. 공자(孔子)께서 남들이 자기를 알아주지 않는데도 그만두지 못하고, 얕고

옷을 걷어 올리고 건넌다']（厉字亦作砅, 履石渡水也。或说: 厉, 以衣涉水。谓水深, 解衣持之, 负戴以涉……揭者, 以手褰裳过水: "水深, 履石而渡。水浅, 揭裳而过。");《百度漢語》厲(려): 옷을 입은 채로 건너다(连衣涉水); 揭(게): 높이 들다. 위에 덮인 물건을 걷어 내다. 옷을 걷어 올리다(本义: 高举。把盖在上面的东西拿起。提起衣裳。).

10 餘音(여음): 끝소리(尾音).

11《爾雅 · 釋水》'深則厲 淺則揭'의 '揭'(게)는 아래옷을 걷어 올리는 것이다. 옷[잠방이]을 입고 건너는 것을 厲(려), 물이 무릎까지 차는 것을 揭(게), 무릎 위까지 차는 것을 涉(섭), 허리 위까지 차는 것을 厲(려), 물속으로 건너가는 것을 泳(영)이라 한다(深則厲, 淺則揭, 揭者, 揭衣也。以衣涉水爲厲, 繇膝以下爲揭, 繇膝以上爲涉, 繇帶以上爲厲, 潛行爲泳。);《集注考證》'衣'는 속옷을 말한다. 옛사람들은 옷을 다 벗은 채로 물을 건너지 않았으니, 물이 사타구니 이상의 깊이인 경우, 속옷을 벗지 않고 입은 채로 건넜다(衣, 謂裏衣也。古人不裸涉, 水及跨以上, 則不脫裏衣而涉。); 攝(섭): 계단을 오를 때 긴 옷자락을 들어 올리다(上台阶时提起长衣).

12《詩經 · 邶風 · 匏有苦葉》호리병 박은 이미 잎 시들어지고, 濟水가 나루터 물은 불어 오르네. 물 깊으면 입은 채로 건너면 되지, 물 얕으면 걷어 올리고 건너면 되지. 濟水 물은 불어나 넘실대고, 까투리는 끼룩끼룩. 물 불어나도 수레바퀴까진 아직 차오르지 않고, 까투리는 울어 울어 자기 짝 수컷 찾네. 기러기는 짝을 찾아 서로 울음 울고, 막 떠오르는 태양은 아침햇살 드러내네. 님이여 내게 장가들려면, 얼음 얼어 뱃길 닫히기 전에 날 맞으러 오기를. 뱃사공은 배 타라고 어이어이 부르는데, 남들일랑 다 건너도, 나는 여기 남아 기다리리. 남들일랑 다 건너도, 나는 여기 그대로 남아, 내 님 건너오기만 기다리리(匏有苦葉、濟有深涉。深則厲、淺則揭。有瀰濟盈、有鷕雉鳴。濟盈不濡軌、雉鳴求起牡。雝雝鳴鴈、旭日始旦。士如歸妻、迨冰未泮。招招舟子、人涉卬否。人涉卬否、卬須我友。).

13 適宜(적의): 알맞고 마땅하다. 적합하다(合适, 相宜。).

깊음에 따라 그에 맞게 적응하지 못하는 것을 조롱한 것이다.

144203、子曰:「果哉! 末之難矣[14]。」

선생님께서 말씀하셨다. "과단성이 있군요! 그야 어렵게 여길 게 없지요."

果哉, 歎其果於忘世也。末, 無也。聖人心同天地, 視天下猶一家, 中國猶一人[15], 不能一

14《論語集解》나의 뜻을 알지도 못하면서 공자를 기롱하니까, 과감하다고 한 것이다. '末'은 '無'이다. 어려울 게 없다고 하신 것은, 그가 나의 도를 이해하지 못하기 때문이다(注: 未知己志, 而便譏己, 所以爲果也。末無也。無難者, 以其不能解己道也。);《論語平議》《淮南子·道應》의 '令不果往[진실로 가게 할 수 없다]'에 대한 高誘[東漢人]의 주에, '果는 誠이다'라고 했다. '果哉末之難矣'는 '정말이지 어려울 게 없지요'라고 한 것과 같다. 대개 하궤의 말은, 세태를 따라 행동하다가, 공자의 행동을 보니, 둘 사이의 難易의 차이가 어찌 천양지차일 뿐이냐는 것이다. 그래서 공자가 그 말을 듣고 탄식하기를, 하궤같이 세태에 따라 행동하는 것이 쉽다는 것을 기뻐하는 듯이 하면서, 그럼에도 자신의 행동의 어려움을 감수하겠다는 뜻이 말속에 숨어 있다. 성인의 말씀은 뜻이 은미·완곡하여, 처음부터 하궤의 말을 받아들이지 않고 맞받아 반박하는 것이 아니었다(淮南子道應篇'令不果往', 高誘注: '果, 誠也。' 果哉末之難矣, 猶曰 誠哉無難矣。蓋如荷蕢者之言, 隨世以行己, 視孔子所爲, 難易相去何啻天壤? 故孔子聞其言而歎之, 一若深喜其易者, 而甘爲其難之意自在言外。聖人辭意微婉, 初非與之反唇也。何解失之。);《古今注》'果哉'는 그 말이 이치에 맞다고 인정하는 말이다[과연 그렇지요]. '莫之難矣'는 대꾸할 말이 없다는 말이다. '難'은 힐난하다이다(補曰: 果哉者, 許其言之中理也[果然如所言]。末之難矣, 謂無辭可答也。難者詰辨也。);《助字辨略》'之'는 '所'이다. '末之難'은, 어려울 게 없다는 말하는 것과 같다('之'字, 所辭也。末之難, 猶云無所難也。);《論孟虛字》'末之難'은 '無所難'와 같다["이 사람은 과연 세상사를 잊고 지내는데, 그야 뭐 어려울 게 없지요"]('末之難', 猶言 '無所難', 意思就是'不難'或'沒有難'。是說, '這人果真把世事忘了, 那也沒有什麼難哩。');《論語譯注》"그를 설복할 방법이 없다"(沒有辦法說服他了。);《論語新解》(1)이 하궤가 과감하게 세상을 잊고 산다면, 이것을 가지고 그를 힐난할 게 없다고 한 것이다. 이것은 '道不同不相爲謀'[추구하는 도가 서로 같지 않으면, 서로 함께 일을 도모하지 않는다][衛靈公 제39장]이다. (2)여기의 '難'은 '難易'의 '難'字로, 과감하게 잊고 산다면, 그 일이 어려울 게 없다고 한 것이다. 그런데 '之'는 하궤를 가리킨다. 앞의 견해를 따르는 게 맞다["그대를 반박하거나 책망할 말이 없다"](末, 无义。谓此荷蒉者果决于忘世, 则亦无以难之。此所谓道不同不相为谋……或曰: 此难字是难易之难, 谓若果于忘世, 则于事无所难。然句中之字应指荷蒉, 当从前解: '我没有话可驳难他。');《論語句法》'之'는 근지지칭사로, 부가성분[구별사]으로 쓰였다["그야 어렵게 여길 게 없다"]('之'是近指指稱詞, 做加詞。).

15《禮記·禮運》성인께서는 능히 천하를 한 집안으로 여기고, 중국을 한 사람으로 여기는데, 이유 없이 억측하는 것이 아니고, 人情을 분명히 알고, 人義를 명확히 깨닫고, 人利를 분명히 알고, 人患을 익히 알고 나서, 그런 후에야 그리할 수 있는 것이다. 무엇을 人情이라 하는가? 喜·怒·哀·懼·愛·惡·欲으로, 이 七情은 배우지 않아도 알 수 있다. 무엇을 사람의 義라 하는가? 아버지로서는 자애롭고, 아들로서는 효순하고, 형으로서는 다정하고, 동생으로서는 공손하고, 남편으로서는 정이 넘치고, 부인으로서는 청종하고, 윗사람으로서는 너그럽고, 아랫사람으로서는 순종하고, 임금으로서는 인애하고, 신하로서는 충성스러운 것, 이 열 가지를 사람의 義라 한다. 서로 간에 신뢰를 강구하고 화목을 쌓는

日忘也。故聞荷蕢之言, 而歎其果於忘世。且言人之出處[16], 若但如此, 則亦無所難矣。[17]
'果哉'(과재)는 그 사람이 세상을 잊고 지내는 데 있어 과단성이 있는 것을 감탄한 것이다. '末'(말)은 '없다'[無]이다. 성인께서는 마음이 천지와 하나여서, 천하를 한 집안으로 보고, 중국을 한 사람으로 보기에, 하루도 잊고 지내지 못하셨다. 그래서 삼태기를 어깨에 멘 사람이 하는 말을 듣고는, 그 사람이 세상을 잊고 지내는 데 있어 과단성이 있는 것을 감탄하셨다. 또 말씀하시길, 사람이 나아가 벼슬하거나 물러나 은거하는 것이, 단지 물이 얕거나 깊음에 따라 옷을 걷거나 입은 채로 건너는 것과 같을 뿐이라면, 아무것도 어려울 게 없다고 하신 것이다.

것, 이를 사람의 利라 하고, 다투고 빼앗고 서로 죽이는 것, 이를 사람의 患이라 한다(聖人耐以天下爲一家, 以中國爲一人者, 非意之也, 必知其情, 辟於其義, 明於其利, 達於其患, 然後能爲之。何謂人情? 喜怒哀懼愛惡欲七者, 弗學而能。何謂人義? 父慈, 子孝, 兄良, 弟弟, 夫義, 婦聽, 長惠, 幼順, 君仁, 臣忠十者, 謂之人義。講信修睦, 謂之人利。爭奪相殺, 謂之人患。). 그러므로 성인께서 사람들의 七情을 다스리고, 十義를 기르고, 서로 간에 신뢰를 강구하고 화목을 쌓고, 사양하는 마음을 높이 받들고, 다투고 빼앗는 짓을 그만두게 하는 방법으로, 禮를 버려두고 무엇을 써서 그것들을 다스리겠는가? 먹고 마시고 남녀가 서로 좋아하고 짝짓는 것, 사람의 가장 큰 욕망이 거기에 존재하고, 죽음과 빈곤, 사람의 가장 큰 혐오가 거기에 존재한다. 욕망과 혐오는 마음 씀씀이의 가장 큰 실마리인데, 숨기고 있어서 그 정도를 헤아릴 수 없고, 그 본색을 겉으로 내보이지 않으니, 한결같이 그것들을 뿌리째 밝히는 데 있어, 禮를 버려두고 무엇을 쓰겠는가?(故聖人所以治人七情, 修十義, 講信修睦, 尚辭讓, 去爭奪, 舍禮何以治之? 飲食男女, 人之大欲存焉; 死亡貧苦, 人之大惡存焉。故欲惡者, 心之大端也。人藏其心, 不可測度也; 美惡皆在其心, 不見其色也, 欲一以窮之, 舍禮何以哉?); 猶(유): ~와 같다. 마치~과 비슷하다(如同。好比。).

16 出處(출처): 벼슬을 맡는 것과 물러나 숨어 지내는 것(谓出仕和隐退).

17《論語大全》성인의 마음은, 하루도 천하를 잊고 지내지 못하신다. 천지의 마음이 하루도 만물을 잊고 지내지 못하는 것과 같다. 천지가 만물을 낳는 마음은, 閉塞成冬[天氣는 올라가고 地氣는 내려가, 天氣와 地氣가 서로 통하지 않고, 닫히고 막혀 추운 겨울이 되다][禮記 · 月令]의 계절이라고 하여 쉬지 않는다. 성인께서 천하를 인도하고 구제하는 마음은, 天氣와 地氣가 통하지 않아 닫히고, 현인이 숨는 때[易經 · ☷坤 · 文言]라고 하여 쉬지 않으신다(新安陳氏曰: 聖人之心, 不能一日忘天下。亦如天地之心, 不能一日忘萬物。天地生物之心, 不以閉塞成冬之時而息。聖人道濟天下之心, 不以天地閉, 賢人隱之時而息也。).

[書云高宗諒陰章*]

144301、子張曰:「書云[1]:『高宗[2]諒陰[3], 三年不言。』何謂[4]也?」

1《書經・商書・說命上》왕[武丁]이 거상 기간에, 亮陰에서 3년을 지냈다. 삼년상이 끝나고도, 말을 하지 않자, 여러 신하가 왕에게 간했다. "지혜로운 자를 명철이라 하고, 명철한 자는 실로 법칙을 제정합니다. 천자만이 만방의 임금이시고, 백관이 법칙으로 본받고, 왕의 말씀만이 명령을 제정하시니, 왕께서 말씀하지 않으시면 신하들은 명령을 받을 길이 없나이다." 왕이 글을 써서 고했다. "나를 써서 사방을 바르게 하라고 했는데, 나는 덕이 불초하여 이 때문에 말을 하지 않는 것이오. 공경하고 묵묵히 도를 생각하는 중에, 꿈에 상제께서 내게 훌륭한 보필을 내려주었소. 그가 나를 대신해서 말을 할 것이오." 이에 꿈에 본 형상을 그리게 하여, 방방곡곡 천하에서 찾게 했다. 부열이 부암의 들판에서 집을 짓고 있었는데, 바로 그 초상이었다. 이에 그를 재상으로 세워 왕이 그를 곁에 두었다(王宅憂, 亮陰三祀。既免喪, 其惟弗言, 群臣咸諫于王曰: "嗚呼! 知之曰明哲, 明哲實作則。天子惟君萬邦, 百官承式, 王言惟作命, 不言臣下罔攸稟令。" 王庸作書以誥曰: "以台正于四方, 惟恐德弗類, 茲故弗言。恭默思道, 夢帝賚予良弼, 其代予言。" 乃審厥象, 俾以形旁求于天下。說築傅巖之野, 惟肖。爰立作相。王置諸其左右。);《禮記・喪服四制》《書經》에, 고종이 양암에 있으면서 3년을 말하지 않았다 했는데, 이는 그를 칭찬한 말이다[鄭玄注: '闇'은 무덤가에 지은 초막을 말한다](《書》曰: '高宗諒闇, 三年不言', 善之也; 鄭玄注: '闇, 謂廬也。');《史記・殷本紀》소을제가 붕어하자, 아들 무정이 즉위했다. 무정이 즉위하여, 은나라를 부흥시킬 생각을 품었지만, 도와줄 인물을 얻지 못하고 있었다. 3년 동안 말을 하지 않고, 정사의 결정은 총재에게 맡기고, 나라의 풍속을 살폈다. 무정이 꿈에 성인을 만났는데 이름이 부열이라고 했다. 꿈에 본 부열을 여러 신하와 관리들 중에 찾아보았지만, 모두 아니었다. 이에 백공들을 시켜 들에 가서 찾아보게 했는데, 부암에서 부열을 찾아냈다. 이때 부열은 죄를 짓고 노역에 끌려가, 부암에서 집을 짓고 있었다. 무정에게 보이자, 무정이 바로 이 사람이라고 했다. 그와 말해보니 과연 성인이었고, 등용하여 재상으로 삼으니, 은나라가 훌륭히 다스려졌다(帝小乙崩, 子帝武丁立。帝武丁即位, 思復興殷, 而未得其佐。三年不言, 政事決定於冢宰, 以觀國風。武丁夜夢得聖人, 名曰 說。以夢所見視群臣百吏, 皆非也。於是乃使百工營求之野, 得說於傅險中。是時說爲胥靡, 筑於傅險。見於武丁, 武丁曰是也。得而與之語, 果聖人, 舉以爲相, 殷國大治。).

2 高宗(고종): 상나라 제23대 왕 무정의 廟號. 소을의 아들. BC 1250~BC 1192 재위. 刑徒출신인 傅說 및 甘盤・祖己 등의 유능한 신하들의 도움을 받아, 나라를 잘 다스릴 방법을 강구하여, '武丁盛世'를 이루었다.

3 諒陰(양음): 어버이의 상중에 있을 때 거처하는 방 또는 그 기간. 이 기간에는 임금은 정사를 모두 총재에게 맡기고 묵묵히 지냈다(=諒闇。居丧时所住的房子。古代天子居喪, 政事全權委託大臣處理, 默而不言。);《百度百科》《文選・潘岳》에 대한 李善[630~689]의 주에, '諒闇'은 지금의 무덤가에 지은 초막 안의 춥고 서늘하고 깊고 어두컴컴한 곳을 말한다고 했다(《文選・潘岳》'今天子諒闇之際, 領太傅主簿.' 李善注: '諒闇, 今謂凶廬裏寒涼幽闇之處, 故曰諒闇。'); 廬幕(여막): 부모나 스승의 사후 복상 기간에 지내기 위해, 무덤 주변에 지은 초막(古人于父母或老师死后, 服丧期间守护坟墓, 在墓旁搭盖的小屋居住。庐舍和坟墓。).

4《禮記・檀弓下》에 나오는, '자장이, 서경에 고종이 3년을 말하지 않았다고 했는데 그런 일이 있었는지 공자께 여쭈었다'는 구절에 대한 정현의 주에, '당시 임금들이 삼년상을 지내지 않아서, 이런 예법이 있는지 여쭌 것으로, 괴이하게 여긴 것이다'라고 했다(《禮記、檀弓下》子張問曰: "《書》云: '高宗三年不言……'有諸?" 鄭玄注: '時人君無行三年之喪, 禮者問有此與? 怪之也。'); 何謂(하위): 무엇을 가리키는가?

자장(子張)이 말했다. "《서경》(書經)에, '상(商)나라 고종(高宗)이 상중에 무덤가 초막에서 거처하면서, 3년 동안 정사에 관해 말을 하지 않고 지냈다'고 했습니다. 무엇을 말한 것인지요?"

高宗, 商王武丁也。諒陰, 天子居喪[5]之名, 未詳其義。
'高宗'(고종)은 상(商)나라 왕인 무정(武丁)이다. '諒陰'(양암)은 천자가 상(喪) 중에 거처하는 곳의 명칭인데, 그 뜻이 분명하지 않다.

144302、子曰:「何必[6]高宗, 古之人皆然[7]。君薨[8], 百官[9]總己[10]以聽[11]於冢宰[12]三年[13]。」

무슨 뜻인가? 무엇을 말하는가?(指什么; 是什么意思。用于询问).

5 居喪(거상): 상중에 있다. 어버이상을 입었을 때 상복을 벗기 전까지 집 밖을 나가지 않고, 오락과 교제를 끊고 애도를 표시하다(守孝: 尊亲死后, 服满以前, 居住在家, 断绝娱乐和交际, 以示哀思。).

6 《助字辨略》'何必然'은 '豈但'[어찌 비단~뿐이겠는가?]라는 말과 같다(何必, 猶云豈但。);《古書虛字》'必'은 '但'과 같다. '何必'은 '豈但'과 같다('必'猶'但'也。'何必'猶云'豈但'。);《論孟虛字》'何必'는 '豈但'과 같다["어찌 고종만이 이러했겠느냐?"]('何必', 猶言'豈但', 是說'何必高宗如此?').

7 《論語義疏》 공자께서 자장에게 옛날 임금들에 대해 대답하신 것이다(疏: 孔子答子張古之人君也。言古之人君有喪者, 皆三年不言, 何必獨美高宗耶?);《文言語法》'然'은 '如此'의 뜻이고, 겸사로서 술어의 역할을 한다('然'字若用作'如此'义, 便是兼词。'如'是动词, '此'是指示代词。'然'字用作谓语。).

8 《禮記 · 曲禮下》 天子의 죽음을 '崩'(붕), 諸侯는 '薨'(훙), 大夫는 '卒'(졸), 士는 '不祿'(불록), 庶人은 '死'(사)라고 한다(天子死曰崩, 諸侯曰薨, 大夫曰卒, 士曰不祿, 庶人曰死。).

9 《王力漢語》 官(관): 행정기관 건물. 행정기관의 장. '官'이 가리키는 것은 행정기구와 행정기관의 직무이고, '吏'가 가리키는 것은 사람이다('官', 行政機關(指處所)。又引申爲行政機關的首長。'官'字在上古用於'行政機構'和'職務'的意義最多。'官'一般指的是機構和職務, '吏'指的是人。).

10 《書經 · 伊訓》 각 부문의 모든 수장이 각자 자기 직무를 주관하고, 총재에게서 명령을 받았다(百官總己以聽冢宰。);《論語集解》'己'는 자기인 백관이다(注: 馬融曰: 己, 己百官也。); 總己(총기): 자기 직무를 주관하다. 자기를 통솔하다(总摄己职。率己。).

11 聽(청): (명령 · 의견 등을) 이르는 대로 받아들이다(聽從, 接受。).

12 《書經 · 周書 · 周官》 총재는 국정을 관장하고 백관을 통솔하고 사해를 조정한다(冢宰掌邦治, 统百官, 均四海。); 冢宰(총재): 6경[太宰 · 大司徒 · 大宗伯 · 大司馬 · 大司寇 · 大司空]의 우두머리로, 太宰라고도 한다(为六卿之首, 亦称太宰。).

13 《論語新解》 조정 백관들이, 각자 자기 직무를 주관하고 총재에게 명을 받았으니, 도합 햇수로 3년이었다(朝廷百官, 便各自总摄己职去听命于冢宰, 共历三年。);《論語今讀》'聽冢宰三年'은, 내 생각에는 그 원뜻이 새로운 임금이 처음 자리에 오르면, 정사에 익숙하지 않기 때문에, 함부로 말하지 않고, 경험이 있는 총재가 정무를 대리해서, 일을 처리하는 것일 것이다(听冢宰三年, 我以为其愿意是新"君"初立, 不谙政事, 所以必须不乱讲话(发号命令), 而由有经验的冢宰代理政务, 处理事情。);《論語句法》 주어가 '百官總

선생님께서 말씀하셨다. "어찌 비단 고종(高宗)뿐이었겠느냐? 옛날 임금들은 모두 그렇게 (무덤가 초막에서 거처하면서 3년 동안 말을 하지 않고) 지냈다. 임금이 죽으면, 각 부문의 수장들이 각자 자기 직무를 주관하고 이로써 총재(冢宰)에게 명령을 받은 기간이 3년이었다."

言君薨, 則諸侯亦然。總己, 謂總攝[14]己職。冢宰, 太宰也。百官聽於冢宰, 故君得以[15]三年不言也。

'임금이 죽으면'[君薨]이라고 말했는데, 제후가 죽은 경우에도 그렇다. '總己'(총기)는, 자기의 직무를 주관하는 것을 말한다. '冢宰'(총재)는 '태재'(太宰)이다. 각 부문의 관리들이 총재(冢宰)에게 명령을 받았기 때문에, 임금은 3년 동안 말을 하지 않고 지낼 수 있었다.

○胡氏曰:「位有貴賤, 而生於父母無以[16]異者。故三年之喪, 自天子達[於庶人][17]。子張非疑此也, 殆[18]以爲人君三年不言, 則臣下無所稟令[19], 禍亂或由以[20]起也。孔子告以聽於冢宰, 則禍亂非所憂矣。」

○호씨(胡氏·胡寅)가 말했다. "지위에는 귀천의 차이가 있지만, 부모에게서 태어나는 것은 무슨 차이가 있을 리 없다. 그러므로 삼년상은, 천자에서부터 서인에 이르기까지 모두 통용되었다. 자장(子張)이 이것을 의심한 것은 아니고, 임금으로서 3년 동안 말을 하지 않으면, 신하가 명령을 받을 곳이 없어서, 화란(禍亂)이 혹 이로 말미암아 일어나

己以聽於冢宰', 술어가 '三年'이다(主語是'百官總己以聽於冢宰', 謂語是'三年'。).

14 總攝(총섭): 주재하다. 주관하다(主宰; 主持).

15 得以(득이): ~할 수 있다. 의지하다(可以; 賴以).

16 無以(무이): 무엇 · 누구 · 방법이 없다(没有什么, 谁, 办法。).

17 《孟子 · 滕文公上 제2장》 내가 예전에 들은 바로는, 부모의 삼년상에는, 거친 삼베로 만든 상복을 입고 죽을 먹는 것이, 천자로부터 일반 백성에 이르기까지, 하 · 은 · 주 삼대가 공히 그렇게 했습니다(孟子曰: ……吾嘗聞之矣, 三年之喪, 齊疏之服, 飦粥之食, 自天子達於庶人, 三代共之。); 《中庸 제18장》 삼년상은 제후부터 천자까지 통용되었으며, 부모상은 귀천과 관계없이 한가지였다(三年之喪 達乎天子, 父母之喪 無貴賤一也。); 중화서국본에는 '自天子達' 다음에 '於庶人'이 빠져 있다.

18 殆(태): 대개. 거의. ~하게 될 것이다(表推测, 相当于'大概''几乎'。表示时间, 相当于'将'、'将要'。).

19 이 장의 《書經 · 商書 · 說命上》 참조; 稟令(품령): 명령을 받다(犹受命。).

20 由以(유이): 이로 인해서(因而).

게 될 것이라고 여긴 것이다. 공자(孔子)께서 총재(冢宰)에게서 명령을 받는다고 말씀해주셨으니, 그렇다면 화란(禍亂)은 걱정할 문제가 아니다."

[上好禮章]

144401、子曰:「上好禮, 則民易使[1]也。[2]」

선생님께서 말씀하셨다. "윗사람이 예(禮)에 따라 행하기를 좋아하면, 백성은 부리기가 쉽다."

好, 易, 皆去聲。○謝氏曰「禮達而分定[3], 故民易使。」

'好'(호)와 '易'(이)는 모두 거성[hào; yì]이다. ○사씨(謝氏 · 謝顯道)가 말했다. "예(禮)가 위나 아래에 모두 통하게 되면 각기 제 분수가 정해지기 때문에, 백성은 부리기가 쉽다."

---

1 《古今注》'民易使'는, 몸통이 팔을 움직이고 팔이 손가락을 움직이는 것 같이, 혈맥이 부드럽고 막힘이 없어, 뻣뻣하거나 마비되는 병이 없다는 것이지, 백성을 부역에 내보낸다는 것이 아니다(民易使者, 如身使臂, 如臂使指, 血脉調暢, 無强硬不仁之病也, 非使之赴征役。).

2 《論語譯注》"윗사람이 일에 닥쳐서 예에 따라 처리하면, 백성으로 하여금 앞장서 이끄는데 뒤따르게 하기가 쉽다"("在上位的人若遇事依禮而行, 就容易使百姓聽從指揮。"); 《論語今讀》'풀은 그 위로 바람을 가하면 반드시 엎드리게 마련이다'[顏淵 제19장]와 같은 뜻이다(於風行草偃同義。).

3 《禮記 · 禮運》예가 위나 아래에 모두 통하게 되어 각기 제 분수가 정해지면, 사람들은 (예에 맞고 제 분수에 맞으면) 모두 죽음을 달게 여기고 (예에 맞지 않고 분수에 맞지 않게) 구차히 목숨을 부지하는 것을 걱정한다(禮達而分定, 人皆愛其死而患其生。); 《論語正義》《易經 · ䷉履 · 象傳》에 말했다. "하늘은 위에 있고 연못은 아래에 있는 것이, 이(履)괘이니, 군자는 이로써 상하를 분별하여 민의를 정한다"(正義曰: 易象傳云: "上天下澤, 履, 君子以辨上下, 定民志。").

[子路問君子章]

144501、子路問君子。子曰:「脩己以敬[1]。」曰:「如斯而已乎[2]?」曰:「脩己以[3]安人[4]。」曰:「如斯而已乎?」曰:「脩己以安百姓。脩己以安百姓, 堯舜其猶病諸[5]![6]」

1《論語集解》 자기 몸가짐을 공경되게 하다(注: 孔安國曰: 敬其身也。);《論語義疏》 몸가짐이 바르면 백성이 따르기 때문에, 군자는 자기 몸가짐을 닦아서 스스로 공경되게 한다(疏: 身正則民從, 故君子自修己身而自敬也。);《論語譯注》 "자기를 수양해서 엄숙하고 진지하게 일에 대처하다"("修養自己來嚴肅認真地對待工作。");《論語新解》 "경을 가지고 나를 다스린다"("把敬來修已。");《論語句法》 '己'는 술어 '脩'의 목적이고, '敬'은 보어로, 그 위에 관계사 '以'字를 붙인 것이다["자기를 수양하는데 敬에 의지한다"]('己'是述詞'脩'的止詞, '敬'是憑藉補詞, 其上加了關係詞'以'字。).

2《論語譯注》 "이 정도면 됩니까?"("這樣就够了嗎?");《論語句法》 판단문 '如此'와 표태문 '已'로 구성된 시간관계 복문이고, 중간에 관계사 '而'을 두 문장을 연계시킨 것이다(一句準判斷簡句'如斯'跟一句表態簡句'已', 以時間關係構成複句, 中間用關係詞'而'字聯繫。);《論語語法》 '而已乎'는 '而已'와 '乎' 두 어기사의 연용으로, '而已'는 제한의 어기를 표시하고, '乎'는 의문어기를 표시하며, 중심은 의문어기에 남아있다["이 정도뿐인가요?"]('而已乎', '而已'、'乎'兩種語氣詞連用, '而已'表示限止語氣, '乎'表示疑問語氣, 重心落在疑問的語氣。);《北京虛詞》 而已乎(이이호): 의문문 끝에 쓰이며, '而已'는 제한의 어기를 표시하고, '乎'는 의문이나 반문의 어기를 표시한다(语气词连用。用于疑问句末, "而已"表限止语气, "乎"表疑问或反诘语气。).

3《論孟虛字》 '以'는 '又'의 뜻이다. 한 단계 더 진행되어 이어짐을 표시하는 관계사('以'爲'又'義。在文義上'以'是表進層連接的關係詞。).

4《論語集解》 '人'은 친구와 九族[高祖・曾祖・祖父・父親・己・子・孫・曾孫・玄孫]을 말한다(注: 孔安國曰: 人, 謂朋友九族也。);《論語正義》 '修己'는 修身이다. '以敬'은 禮無不敬이다. '安人'은 '齊家'이고, '安百姓'은 '治國平天下'이다. 《易經・䷤家人・彖傳》에, '한 집안에서, 여자는 안에서 바르게 자리하고, 남자는 밖에서 바르게 자리하여, 남녀가 바르게 자리하는 것이 천지의 大義이다'라고 했는데, 이것이 '安人'의 뜻이다. '安人' '安百姓'은 모두 修己以敬에 근본을 두고 있기 때문에, 군자가 공경을 안으로 두텁게 하면 천하는 태평해진다[中庸 제33장]고 말한 것이다(正義曰: '修己'者, 修身也。'以敬'者, 禮無不敬也。'安人'者, 齊家也。'安百姓', 則治國平天下也。易家人彖傳云: "家人, 女正位乎內, 男正位乎外, 男女正, 天地之大義也。" 此安人之義也。凡安人,安百姓, 皆本於修己以敬, 故曰"君子篤恭而天下平"。);《論語譯注》 여기에서 '人'은 사대부 이상의 계층을 가리키고, '백성'을 그 안에 포함하고 있지 않다(人: 這個"人"字顯然是狹義的"人"(狹義的人只指士大夫以上各階層的人), 沒有把"百姓"包括在內。).

5《雍也 제28장》에도, '堯舜其猶病諸!' 구절이 나온다;《文言虛詞》 其(기): 부사. 추측・짐작을 표시한다. 아마도. 어쩌면('其'字作副詞, 表示推測, 估計, 可以譯爲'大概''或者'。);《論語句法》 '其'는 연결동사로 지금의 '是'와 같다('其'是繫詞, 相當於白話的'是'字。);《論語集解》 '病'(병)은 '難'[어려워하다]과 같다(注: 孔安國曰: 病, 猶難也。);《論語新解》 "요순조차도 여전히 역량 부족을 걱정했을 것이다!"("连尧舜也还怕力量不足呀!").

6《古今注》 '修己以敬'은 誠意・正心이고, '修己以安人'은 修身・齊家이고, '修己以安百姓'은 治國・平天下이다. 자기 몸가짐이 잘못돼서, 백성을 편하게 해주지 못한 것을 병으로 여겼고, 백성에게 편하지 못한 곳이 있는 것은, 곧 자기 몸가짐이 아직 잘못된 것으로 본 것이다(修己以敬者, 誠意正心也, 修己以安人者,

자로(子路)가 군자에 대해 여쭈었다. 선생님께서 말씀하셨다. “자기 몸가짐을 닦아서 이로써 (나를) 공경되게 한다.” 자로(子路)가 여쭈었다. “이 정도만 하면 끝입니까?” 선생님께서 말씀하셨다. “자기 몸가짐을 닦아서 이로써 남을 편안하게 한다.” 자로(子路)가 여쭈었다. “이 정도만 하면 끝입니까?” 선생님께서 말씀하셨다. “자기 몸가짐을 닦아서 이로써 백성을 편안하게 한다. 자기 몸가짐을 닦아서 이로써 백성을 편안하게 하는 일은, 요(堯)임금이나 순(舜)임금 같은 성인(聖人)조차도 아마 여전히 그 일을 자기의 부족한 점으로 여기셨을 것이다!”

脩己以敬[7], 夫子之言至矣盡矣[8]。而子路少之, 故再以其充積之盛, 自然及物者告之, 無他道也。人者, 對己而言。百姓, 則盡乎人矣。堯舜猶病, 言不可以有加於此。以抑子路, 使反求諸近也。

‘자기 몸가짐을 닦아서 이로써 (나를) 공경되게 한다’[脩己以敬]는, 선생님의 말씀은, 지

修身齊家也, 修己以安百姓者, 治國平天下也…… 病己之不修, 無以安百姓也, 百姓有未安處, 乃己未修也。); 《論語譯注》《雍也 제28장》에서 ‘博施於民……堯舜其猶病諸’라 했고, 이 장에서 ‘修己以安百姓, 堯舜其猶病諸’라 했으니, 이 장에서 말한 ‘修己以安百姓’이 바로 ‘博施於民’임을 알 수 있다(雍也篇說: ‘博施于民……堯舜其猶病諸。’, 這里說: ‘修己以安百姓, 堯舜其猶病諸。’ 可見這里的‘修己以安百姓’就是‘博施于民’。).

7 《論語大全》 ‘敬’은, 聖學이 이를 써서 처음을 시작하고 끝맺음한 글자로, 聖學은 모두 이 글자에서부터 시작되기 때문에, ‘脩己以敬’이라 하신 것이다. 다음 글에 ‘安人’ ‘安百姓’의 일들은, 모두 ‘脩己以敬’에서부터 시작된다. 다만 자로의 질문이 그치지 않았기 때문에, 선생님께서 다시 이를 써서 질문에 답하신 것뿐이다. 요컨대 단지 ‘脩己以敬’이면, 그 일들은 모두 끝난다. 敬이란 비단 외면의 공경된 모습으로 그치는 것이 아니라, 반드시 내면이 조금이라도 바르지 못한 부분이 없어야 비로소 이 敬이다. 이른바 ‘敬以直內’[敬을 써서 안의 마음을 곧게 한다][易經 · ䷁坤 · 文言]라는 것이 바로 이것이다. ‘脩己以敬’은, 말은 비록 아주 간략하지만, 齊家 · 治國 · 平天下의 근본이, 이 말에 다 들어 있다(朱子曰: 敬字, 聖學之所以成始成終者, 皆由此, 故曰脩己以敬。下面安人安百姓, 皆由於此。只緣子路問不置, 故夫子復以此答之。要之, 只是箇脩己以敬, 則其事皆了……敬者非但是外面恭敬而已, 須是要裏面無一毫不直處方是。所謂敬以直內者是也。脩己以敬。語雖至約, 而所以齊家治國平天下之本, 擧積諸此。).

8 《莊子 · 內篇 · 齊物論》 옛사람은, 그 지혜가 최고 경지에 도달해 있었다. 어떤 경지가 최고의 경지인가? 아직 어떤 사물도 없는 생겨나기 전의 경지를 인식한 사람이 있었으니, 지극하고 완전하여, 더 이상 덧붙일 수가 없다. 그다음은 사물이 생겨났지만, 아직 그 봉계(封界)가 나뉘어 있지 않은 경지를 인식한 사람이다. 그다음은 봉계가 나뉘어 있지만, 아직 시비가 나뉘어 있지 않은 경지를 인식한 사람이다. 시비가 나뉘어 드러나는 것은 도가 이지러지는 까닭이다. 도가 이지러지는 것은 애착이 생성되는 까닭이다. 과연 생성과 이지러짐이란 있는 것일까? 과연 생성과 이지러짐이란 없는 것일까?(古之人, 其知有所至矣。惡乎至? 有以爲未始有物者, 至矣盡矣, 不可以加矣。其次以爲有物矣, 而未始有封也。其次以爲有封焉, 而未始有是非也。是非之彰也, 道之所以虧也。道之所以虧, 愛之所以成。果且有成與虧乎哉? 果且無成與虧乎哉?); 至矣盡矣(지의진의): 지극하고 완전하여 더 이상 덧붙일 게 없다(至: 到。矣: 语气助词。尽: 极点。到了极点, 无以复加。).

극하고 완전하여 더 이상 덧붙일 말이 없다. 그런데 자로(子路)는 이것으로는 부족하다고 여겼기 때문에, 다시 '수기이경(脩己以敬)을 통해 가득 쌓인 성대한 그 덕이, 자연스레 남에게 미친 경우들을 말씀해주신 것이지, 이 수기이경(脩己以敬) 외에 다른 도(道)가 있는 것이 아니다. '人'(인)은 '己'(기)와 대구(對句)로 말한 것이다. '百姓'(백성)은 '人'(인)을 전부 다 모은 것이다. '요(堯)임금이나 순(舜)임금조차도 여전히 그것을 자기의 부족한 점으로 여기셨을 것이다'라는 것은, 그것에다 더 이상 덧붙일 것이 있을 수 없다는 말씀이다. 이 말씀으로 자로(子路)의 불만을 억눌러서, 돌이켜서 가까운 데서 구하라고 하신 것이다.

蓋聖人之心無窮, 世雖極治, 然豈能必知四海之內, 果無一物不得其所哉? 故堯舜猶以安百姓爲病。若曰 吾治已足, 則非所以爲聖人矣。
대개 성인의 마음에는 이만하면 충분하다는 만족이 없는지라, 세상이 비록 아무리 잘 다스려지고 있을지라도, 사해 안에 각기 제 있을 자리를 얻지 못한 사물이 정말로 하나도 없다고, 어찌 장담할 수 있겠는가? 그래서 요(堯)임금이나 순(舜)임금조차도 여전히 백성을 편안하게 하는 일을 자기의 부족한 점으로 여기신 것이다. 만약 말씀하기를 나의 다스림이 이미 충분하다고 했다면, 성인으로 여길 바가 아니다.

○程子曰:「君子修己以安百姓, 篤恭而天下平[9]。惟上下一於恭敬, 則天地自位, 萬物自育[10], 氣無不和, 而四靈[11]畢至矣。此體信達順[12]之道, 聰明睿知[13]皆由是出, 以此事天饗帝[14]。」

9《中庸 제33장》 시는 노래하기를, '드러나지 않는 至德이여! 임금들 모두 그를 본받으리'라고 했으니, 이렇기에 군자가 공경을 안으로 두텁게 하면 천하는 태평해지는 것이다(詩曰: 不顯惟德!百辟其刑之。是故君子篤恭而天下平。).

10《中庸 제1장》 中과 和의 상태에 이르면, 하늘과 땅은 저 있어야 할 자리에 자리를 잡고, 만물은 저 있어야 할 모습대로 삶을 성취하게 된다(致中和, 天地位焉, 萬物育焉。).

11《禮記 · 禮運》 무엇을 네 가지 영물이라 하는가. 봉황 · 기린 · 거북 · 용을 일러서 네 가지 영물이라 한다(何謂四靈? 鳳麟龜龍, 謂之四靈。).

12《禮記 · 禮運》 사지가 바르고, 피부와 근육이 충일하니, 한 사람이 살찐 것이다. 부자간에 돈독하고, 형제간에 화목하고, 부부간에 화합하니, 한 집안이 살찐 것이다. 대신은 법도 있고, 소신은 청렴하고, 관직은 차례 있고, 군신은 서로 바르니, 한 나라가 살찐 것이다. 천자는 덕으로 수레 삼고, 음악으로 御者 삼고, 제후는 예로써 서로 함께하고, 대부는 법으로 서로 질서 지키고, 선비는 믿음으로 서로 살피고, 백성은 화목으로 서로 지키니, 천하가 살찐 것이다. 이것을 大順이라 한다(四體既正, 膚革充盈, 人之肥也。父子篤, 兄弟睦, 夫婦和, 家之肥也。大臣法, 小臣廉, 官職相序, 君臣相正, 國之肥也。天子以德爲

○정자(程子 · 伊川)가 말했다. "군자는 자기 몸가짐을 닦아서 이로써 백성을 편안하게 하고, 공경을 안으로 두텁게 쌓으면 천하가 태평해진다. 오로지 위와 아래가 하나같이 공경하기만 하면, 천지는 제 있어야 할 자리에 자리를 잡고, 만물은 제 있어야 할 모습대로 삶을 성취하고, 음과 양의 기운은 어울리지 않는 일이 없고, 네 영물(靈物)이 반드시 나타날 것이다. 이 공경이 참된 믿음을 체현하여 이로써 대순(大順)에 도달하는 길이고, 총명예지한 지성(至聖)이 모두 이것에서 말미암아 나오고, 이것을 써서 하늘을 섬기고 상제로 하여금 드리는 제사를 흠향하게 한다."

車,以樂爲御, 諸侯以禮相與, 大夫以法相序, 士以信相考, 百姓以睦相守, 天下之肥也。是謂大順。). 大順이란, 산 사람을 봉양하고 죽은 사람을 장송하고, 귀신을 섬기는 常道이다. 그러므로 일이 많이 쌓여도 막히지 않고, 병행해도 뒤엉키지 않고, 조그만 일도 놓치는 일이 없다. 깊어도 통하고, 무성해도 틈이 있다. 연이어지지만 서로 따라잡히지 않고, 움직이지만 서로 해치지 않는다. 이것이 順의 지극한 모습이다. 그러므로 순리에 밝은 연후에, 위험한 자리를 지켜낼 수 있다. 그러므로 예는 구별하지 똑같지 않고, 검소하지 풍성하지 않고, 많아지지 줄어들지 않으니, 그래서 인정을 유지하고 위험한 자리를 지키는 데 부합한다(大順者, 所以養生送死, 事鬼神之常也。故事大積焉而不苑, 并行而不繆, 細行而不失。深而通, 茂而有間。連而不相及也, 動而不相害也, 此順之至也。故明於順, 然後能守危也。故禮之不同也, 不豐也, 不殺也, 所以持情而合危也。). 그러므로 성왕은 順理한 까닭에, 산에 사는 자를 하천으로 옮겨 살게 하지 않고, 물가에 사는 사람을 중원에 옮겨 살게 하지 않고, 그래서 피폐하게 하지 않는다. 물 · 불 · 쇠 · 나무를 사용하는 것, 먹고 마시는 것은, 반드시 때에 맞게 한다. 남녀를 짝짓게 하는 것, 작위를 하사하는 것은, 반드시 나이와 덕에 맞도록 한다. 백성을 쓰는 것은 반드시 順理에 맞게 한다. 그러기에 홍수와 가뭄과 해충의 재해가 없고, 백성은 흉년의 기근이나 귀신에 씌우는 일 없게 된다(故聖王所以順, 山者不使居川, 不使渚者居中原, 而弗敝也。用水火金木, 飲食必時。合男女, 頒爵位, 必當年德。用民必順。故無水旱昆蟲之災, 民無凶饑妖孽之疾。). 그러므로 하늘은 도를 펼치기를 아끼지 않고, 땅은 보화를 내기를 아끼지 않고, 사람은 정을 베풀기를 아끼지 않는다. 그러므로 하늘은 감로를 내리고, 땅은 예천을 내고, 산에서는 기거를 내고, 강에서는 용마가 등에 그림을 지고 나온다. 봉황과 기린은 모두 숲속에서 노닐고, 거북과 용은 궁소에서 헤엄치고, 그 밖의 새들과 짐승들이 알을 낳고 새끼를 낳는 것은, 모두 엎드려 엿볼 수가 있다. 이것은 달리 까닭이 없고, 선왕이 예를 잘 닦아 이로써 의에 통달하고, 참된 믿음을 체현하여 이로써 大順의 경지에 도달해서이니, 이것이 順의 참된 모습이다(故天不愛其道, 地不愛其寶, 人不愛其情。故天降膏露, 地出醴泉, 山出器車, 河出馬圖, 鳳凰麒麟皆在郊棷, 龜龍在宮沼, 其餘鳥獸之卵胎, 皆可俯而窺也。則是無故, 先王能修禮以達義, 體信以達順, 故此順之實也。).

13 《中庸 제32장》에 '唯天下至聖 爲能聰明睿知足以有臨也'(천하의 至聖만이, 밝게 듣고 환히 보고 멀리 내다보고 꿰뚫어 알기에, 넉넉히 맡아 다스릴 수 있다)라는 구절이 나온다; 聰明叡智(총명예지): 예민한 귀와 밝은 눈과 밝은 지혜.

14 《禮記 · 禮器》 하늘이기에 하늘을 섬기고, 땅이기에 땅을 섬기고, 명산이기에 산에 올라 封禪祭를 올리고, 운이 길하고 기운이 상서로운 땅이기에 郊에서 상제께 제사드린다. (이 때문에) 산에 올라 封禪祭를 올리자 봉황이 내려오고, 거북과 용이 도래하고, 郊에서 상제께 제사드리자 비바람이 조절되고, 추위와 더위가 때에 맞는다. 이 때문에 성인이 왕위에 오르면 천하가 태평해진다(是故因天事天, 因地事地, 因名山升中于天, 因吉土以饗帝于郊。升中于天, 而鳳凰降、龜龍假; 饗帝於郊, 而風雨節、寒暑時。是故聖人南面而立, 而天下大治。).

[原壤夷俟章]

144601、原壤[1]夷俟[2]。子曰:「幼而不孫弟[3], 長[4]而無述[5]焉[6], 老而不死[7], 是爲賊[8]!」以杖叩[9]其

1《論語集釋》魏收[507~572]의《魏書 · 李業興傳》에서 정현의《論語注》를 인용하기를, '원양은 공자의 어릴 적 옛친구이다'라고 했다(魏書李業興傳引論語注: 原壤, 孔子幼少之故舊。);《禮記 · 檀弓下》공자의 친구 중에 원양이란 자가 있었는데, 어머니가 돌아가시자, 공자께서 그를 도와서 관곽을 손질하고 있었다. 원양이 관곽을 두드리면서, '오래되었구나! 내가 소리 가락에 몸을 맡기지 않은지가'라고 하고는 '너구리 머리털 알록달록한 모습인 듯, 만지고 있는 여인 말아 쥔 손인 듯'이라고 노래를 불렀다. 공자가 못들은 체하고 지나가자, 뒤따르는 자가 '선생님께서는 아직 끊어내지 못하셨는지요?'라고 묻자, 공자께서 대답하셨다. "내가 듣기로, 친척 된 자는 자기 친척에 대한 정을 끊어내지 않고, 친구 된 자는 자기 친구에 대한 정을 끊어내지 않는다고 했다"(孔子之故人曰原壤, 其母死, 夫子助之沐槨。原壤登木曰: '久矣予之不托於音也。' 歌曰: '狸首之斑然, 執女手之卷然。' 夫子爲弗聞也者而過之, 從者曰: '子未可以已乎?' 夫子曰: '丘聞之: 親者毋失其爲親也, 故者毋失其爲故也。');《論語義疏》'原壤'이란 자는 속세 밖의 성인이었으니, 禮敬에 구애받지 않았다(疏: 原壤者, 方外之聖人也, 不拘禮敬。);《四書人物》原壤은 老壯에 빠진 사람으로, 방탕하여 구속받지 않고, 자잘한 예법에 스스로를 묶지 않은 자이다. 공자 제자 중에 원항 · 원사 등이 바로 그의 족속인데, 원양은 원사 등보다 연장자로, 공자의 故友이다(原壤溺於老莊之流, 放蕩不羈, 不以小節約束自己。孔子弟子中有原亢、原思, 即其族也, 而原壤則較原思等年長, 爲孔子之故友。).

2 夷俟(이사): 두 다리를 펴서 쭉 뻗고 앉다. 오만불손하고 버릇없는 태도를 취하다(伸两足箕踞而坐。古人视作倨傲无礼之态。);《論語譯注》'夷'(이)는 엉덩이를 땅에 대고 다리를 쭉 뻗은 자세로 앉아 있는 것이다["양다리를 八字 모양으로 쭉 뻗고 땅에 앉아서 공자를 기다렸다"](夷, 箕踞; "兩腿像八字一樣張開坐在地上, 等着孔子。");《論語新解》옛사람들은 양 무릎을 땅에 대고 다리를 깔고 앉았는데, 무릎을 굽혀 땅에 대고 엉덩이를 발에서 띄워 세우고 허리와 허벅지를 곧추세운 자세인 '跪'(궤)와 비슷했다. 무릎을 세워 쭈그린 자세를 '踞'(거) '蹲'(준)이라 하고, 엉덩이를 땅에 대고 양다리를 앞으로 뻗은 자세를 곡식을 까부는 키[箕]와 형상이 비슷하다 하여 '箕踞'[기거]라고 했다. '夷'는 바로 '蹲踞'[쭈그리고 앉다]이다. 옛날 동방 이민족에게 이런 자세로 앉는 풍속이 있어 '夷'라고 했다(古人两膝着地而坐于足, 与跪[屈膝, 单膝或双膝着地, 臀部抬起, 伸直腰股]相似。但跪者直身, 臀不着踝。若足底着地, 臀后垂。竖膝在前, 则曰 踞。亦曰 蹲。臀坐地, 前伸两脚, 形如箕, 则谓箕踞。夷即蹲踞。古时东方夷俗坐如此, 故谓之夷。).

3 孫弟(손제): 웃어른에게 공순하다(同'逊悌', 敬顺长者。).

4《王力漢語》長(장): 번식하다. 자라나다. 장성하다(滋生, 滋長, 生長。引申爲人的成長。).

5《論語精義》'無述'은 품덕이 남에 의해 칭술 받을 게 없다는 말이다(正義曰: "無述"者, 言無德爲人所稱述也。); 無述(무술): 칭송할만한 게 없다. 이렇다 할 행적이 없다(无可称道。).

6《許世瑛(二)》'焉'字는 '於是'와 같고, '是'字는 '原壤之身'을 가리킨다('焉'字等於'於是', '是'字稱代'原壤之身'。)

7 [성]老而不死(노이불사): 나이가 들어서 사회나 국가에 보탬이 되지 못하거나 후배에게 걸림돌이 되다(本是孔子骂旧友原壤年老无德可称术的话, 后亦指年老而不利于社会国家或拖累后辈。); [성]老而不死是爲賊(노이불사시위적): 늙어서 덕이 없는 자를 책망하는 말(责骂老而无德行者的话。).

8《古今注》세상에 아무런 보탬도 없이 메뚜기나 좀처럼 죽지 않고 노년에 이르렀으니, '賊'이라 희롱한 것이다(無補於世而蝗蠹至老, 故戲之曰 賊。);《論語詞典》賊(적): 풍속을 어지럽히거나 사회질서를 무너

脛[10][11]。

원양(原壤)이 쭈그리고 앉아서 공자(孔子)를 기다리고 있었다. 선생님께서 말씀하셨다. "어려서는 웃어른에게 공손하지 못하고, 나이 들어서는 그에 대해 칭술할 만한 게 없고, 늙어서는 죽지도 않으니, 이것은 도적이다." (그러시고는) 지팡이를 가지고 그의 정강이를 툭툭 치셨다.

孫, 弟, 並去聲。長, 上聲。叩, 音口。脛, 其定反。○原壤 孔子之故人[12]。母死而歌, 蓋老氏之流, 自放於禮法之外者。夷, 蹲踞[13]也。俟, 待也。言見孔子來而蹲踞以待之也。述, 猶稱也。賊者, 害人之名。以其自幼至長[14], 無一善狀[15], 而久生於世, 徒足以敗常亂俗[16], 則是賊而已矣。脛, 足骨也。孔子既責之, 而因以所曳[17]之杖, 微擊其脛, 若[18]使勿蹲踞然。

'孫'(손)과 '弟'(제)는 둘 다 거성[xùn; tì]이다. '長'(장)은 상성[zhǎng]이다. '叩'(구)는 음이 '口'(구)이다. '脛'(경, jìng)은 '其'(기)와 '定'(정)의 반절이다. ○'原壤'(원양)은 공자(孔子)

뜨리는 행위 또는 그런 사람(風氣道德或者社會秩序的破壞的行爲或者破壞的人。).

9 叩(고): 두들기다. 머리를 조아리다(击, 敲打。叩头、拜。).

10《論語義疏》'脛'(경)은 '정강이'이다. 무릎 위가 '股'(고), 무릎 아래가 '脛'(경)이다(疏: 脛, 脚脛也。膝上曰股, 膝下曰脛。): 脛(경): 소퇴부. 무릎부터 발꿈치까지(小腿, 从膝盖到脚跟的一段。).

11《大戴禮記 · 曾子立事》어려서 공손하지 않다는 말을 듣는 것은 부끄러울 일이고, 장년이 되어서 품덕이 없다는 말을 듣는 것은 욕먹을 일이고, 노년이 되어서 예의가 없다는 말을 듣는 것은 벌 받을 일이다(少稱不弟焉, 恥也; 壯稱無德焉, 辱也; 老稱無禮焉, 罪也。);《論語今讀》원양은 말하는 바에 따르면 공자의 옛친구로, 공자에게 예모를 차리지 않았고, 공자도 그에게 스스럼없이 대했지만, 친밀했기 때문에, 농담으로 말한 것으로, 음성과 모습에 눈에 보이는 듯하다(塬壤据说是孔子的老朋友, 对孔子不很礼貌, 孔子对他也不客气, 但因熟悉, 故开玩笑, 声貌如见。).

12 故人(고인): 친구(旧交, 老朋友。).

13《論語大全》'蹲踞'(준거)는 올빼미가 쭈그리고 잘 앉아 있기 때문에, '蹲鴟'[쭈그리고 앉아 있는 올빼미]라고도 하고, '鴟夷'[올빼미가 쭈그리고 앉아 있다]라고도 한다. '夷'는 '蹲'이다(雙峯饒氏曰: 蹲踞, 鴟鳥好蹲, 故謂之蹲鴟, 又或謂之鴟夷。夷, 卽蹲也。); 蹲踞(준거): 쭈그리고 앉다. 야만 무례한 거동으로 여긴다(踞坐。古人以此为野蛮无礼的举动。).

14 內閣本에는 '長'이 '老'로 되어 있다.

15 善狀(선장): 훌륭한 일의 자취(好的事迹).

16《書經 · 周書 · 君陳》간악한 짓과 도적질에 버릇된 자, 법도를 무너뜨리는 자, 풍속을 어지럽히는 자는, 조그마한 죄과도 용서하지 않는다(狃于奸宄, 敗常亂俗, 三細不宥。); 敗常亂俗(패상란속): 인륜의 상도를 훼손시키고 부수고, 풍속을 무너뜨리고 어지럽히다(毁敗倫常, 壞亂風俗。).

17 曳(예): 끌다. 끌어당기다(拖, 牵引。).

18 若(약): 마치~과 같다(如同; 像).

의 친구이다. 어머니가 죽었는데도 노래를 불렀는데, 대개 노자(老子)의 부류로, 스스로 예법의 테두리를 벗어나 멋대로 하던 자이다. '夷'(이)는 '쭈그리고 앉다'[蹲踞]이다. '俟'(사)는 '기다리다'[待]이다. 공자(孔子)가 오는 것을 보고도 쭈그리고 앉아서 공자(孔子)를 기다렸다는 말이다. '述'(술)은 '일컫다'[稱]와 같다. '賊'(적)이라는 것은 사람을 해치는 자의 명칭이다. 그가 어려서부터 어른이 되어서까지, 무엇 하나 잘한 행적이 없이, 오래도록 세상에 살아 있는 것은, 아무런 쓸데없이 상도(常道)를 망치고 풍속을 어지럽힐 뿐이니, 그렇다면 이는 도적일 따름이다. '脛'(경)은 '정강이'[足骨]이다. 공자(孔子)께서 그를 꾸짖으시고 나서, 이어서 끄시는 지팡이를 가지고, 그의 정강이를 툭툭 쳐, 그로 하여금 그렇게 쭈그리고 앉지 말라는 듯이 하신 것이다.

[闕黨童子將命章]

144701、闕黨[1]童子將命[2]。或問之曰:「益者與?」[3]

권(闕) 고을의 한 아이가 공자(孔子)의 말 심부름을 했다. 어떤 사람이 그 아이에 대해 여쭈었다. "배움에 더욱 정진하는 아이입니까?"

與, 平聲。○闕黨, 黨名。童子, 未冠者之稱。將命, 謂傳賓主之言。或人疑此童子學有進

---

1 《論語正義》'闕黨'은 공자께서 사시던 곳이다(正義曰: 闕黨, 孔子所居。); 《論語譯注》 顧炎武[1613~1682]의 《日知録》에서, '《水經注 · 泗水》에 '공자묘 동남쪽 500보 거리에 한 쌍의 石闕[사당 앞에, 죽은 사람의 관작 · 공적을 새긴, 돌로 축조해 세운 장식문]이 있기에, 闕里라 불렀다'고 했고, 《史記 · 魯世家》에 '양공[BC 993~BC 988 재위]이 모궐문[공적을 기리기 위해 돌로 축조하고 그 위에 띠풀을 엮어 덮은 문]을 세웠다'고 했는데, 아마도 궐문 아래에 있는 그 마을 이름이 궐리로, 공자의 집이 거기에 있었고, 그곳을 궐당이라고도 했다'고 했다. 顧炎武의 이 설은 옳고, 《荀子 · 儒效篇》에도 공자께서 궐당에서 사셨다는 기록이 있는 것으로 볼 때, 궐당이 공자께서 사시던 곳의 지명이라는 것을 알 수 있다(顧炎武的《日知録》說: '《水經注》『孔廟東南五百步有雙石闕, 故名闕里。』《史記、魯世家》『煬公築茅闕門』, 蓋闕門之下, 其里卽名闕里, 夫子之宅在焉。亦謂之闕黨。' 案: 顧氏此說很對, 《荀子、儒效篇》也有孔子居於闕黨的記載, 可見闕黨爲孔子所居之地名。); 《百度漢語》 闕黨(궐당): 공자가 살던 고향으로, 지금의 山東城 曲阜 闕里街를 말한다. 마을에 돌로 축조한 한 쌍의 궐문이 있어서, '궐리'라는 마을 이름이 붙었다(=闕里。孔子故里。在今山东曲阜城内阙里街。因有两石阙, 故名。); 酈道元[472~527]의 《水經注 · 泗水》에 '공자께서 洙泗之間에서 제자들을 가르쳤다. 궐리는 뒤로는 洙水가 흐르고, 앞으로는 泗水가 흐른다. 남북으로 120보, 동서로 60보이고, 네 개 문에는 각각 돌로 된 성곽 문이 있다'고 했다(夫子教于洙、泗之間……闕里, 背洙面泗, 南北百二十步, 東西六十步, 四門各有石閫。).

2 《論語義疏》'將命'은 손님과 주인의 말을 전달하는 것이다(疏: 將命, 是傳賓主之辭。); 《論語新解》 ①공자께서 이 아이에게 말 심부름을 시킨 것이다. ②이 아이는 궐당 사람을 위해 말 심부름을 하러 공자의 집에 온 것이다(一说: 孔子使此童子将命。或曰: 此童子为其党之人将命而来孔子之门。); 《論語正義》 이 아이가 스스로 궐당 사람을 위해 말 심부름을 한 것이다(正義曰: 此童子自爲黨人將命也。); 《論語平議》 이 아이가 스스로 궐당 사람을 위해 말 심부름을 한 것이지, 공자를 위해 말 심부름을 한 것이 아니고, 공자께서 그에게 말 심부름을 시킨 것도 아니다(此童子自爲其黨之人將命, 非爲孔子將命, 亦非孔子使之將命也。); 《王力漢語》 將(장): 받들다. 받다(奉, 承。).

3 《論語義疏》"이 아이가 말 심부름을 했는데, 스스로 정진의 길을 추구하는 아이인가요?"(疏: 此童子而傳辭, 是自求進益之道也與?); 《論語注疏》 이 장은 사람들에게 마땅히 어린아이와 어른 사이의 행해야 하는 예법을 경계시킨 것이다. '將命'은 손님과 주인 사이의 말을 주고받는 것을 전달하는 것이다. 이 당시 궐당의 어린아이가 손님과 주인의 말을 전달할 수 있었다. 어떤 사람이 그 어린아이가 말을 전달할 수 있음을 보았기 때문에, 이 어린아이가 스스로 정진의 길을 추구하는 아이인지를 물은 것이다(正義曰: 此章戒人當行少長之禮也…… 將命, 謂傳賓主之語出入。時闕黨之童子能傳賓主之命也…… 或人見其童子能將命, 故問孔子曰: 此童子是自求進益之道也與?).

益[4], 故孔子使之傳命以寵[5]異之也。

'與'(여)는 평성[yú]이다. ○'闕黨'(궐당)은 고을 이름이다. '童子'(동자)는 관례(冠禮)를 아직 올리지 않은 아이를 일컫는 말이다. '將命'(장명)은 손님과 주인의 말을 전달하는 것을 말한다. 어떤 사람이 이 아이가 배움에 더욱 정진하는 아이일 것으로 보고, 그래서 공자(孔子)께서 그 아이에게 말 심부름을 시켜 이로써 그 아이를 총애하여 남달리 여기실 것으로 생각한 것이다.

144702、子曰:「吾見其居於位也[6], 見其與先生[7]並行[8]也。非求益[9]者也, 欲速成者也。」

선생님께서 말씀하셨다. "그 아이가 어른이 앉는 자리를 차지하고 앉아 있는 것을 보았고, 그 아이가 부형들과 어깨를 나란히 하여 걸어가는 것을 보았습니다. 배움에 더욱 정진을 구하는 아이가 아니고, 빨리 이루고 싶어 하는 아이입니다."

禮, 童子當隅坐[10]隨行[11]。孔子言吾見此童子, 不循此禮。非能求益, 但欲速成爾。故使之

---

4 進益(진익): 학문이나 품덕의 진보(指学业, 品德上的进步。).

5 寵(총): 총애하다. 편애하다. 사랑하다(宠爱).

6《論語集解》동자는 구석에 가서 앉고 정해진 자리가 없고, 어른이 되어서야 정해진 자리가 있다(注: 童子隅坐無位, 成人乃有位也。).

7《論語集解》'先生'은 성인이다(注: 苞氏曰: 先生, 成人也。);《論語義疏》'先生은 성인이다'라고 했는데, 자기보다 먼저 태어난 사람을 말한 것이지, 스승을 말한 것이 아니다. '與先生並行'이라 하신 것이다(疏: 先生者成人, 謂先己之生也, 非謂師也, 禮, 父之齒隨行, 兄之齒雁行, 此童子行不讓於長, 故云與先生並行也。);《論語正義》何晏의 注에서, '先生'을 '成人'으로 풀이했는데, 바로 先生이 이 아이보다 먼저 태어난 까닭에, 先生을 성인이라 한 것이다. 16세부터가 성인이다(正義曰: 注以'成人'解之者, 正以先生先此童子而生, 當爲成人也。年十六以上爲成人。);《論語詞典》연장자('父兄', 年長者).

8《論語集解》'並行'은 조금도 뒤떨어져 걷지 않는 것이다(注: 苞氏曰: 竝行, 不差在後也。).

9《論語詞典》益(익): (학문 도덕면에) 진보가 있다(長進。).

10《禮記·檀弓上》증자가 와병 중이었는데, 병세가 위독했다. 악정자춘은 침상 밑에 앉아 있었고, 증원과 증신은 발치에 앉아 있었고, 어린아이는 구석에 앉아서 촛대를 잡고 있었다(曾子寢疾, 病。樂正子春坐於床下, 曾元、曾申坐於足, 童子隅坐而執燭。); 隅坐(우좌): 깔아놓은 자리의 모서리 부분에 앉다. 높은 사람은 앞자리에, 낮은 사람은 옆자리에 앉는다(坐于席角旁。古无椅, 布席共坐于地, 尊者正席, 卑者坐于旁位。).

11《禮記·王制》길을 갈 때, 남자는 여자의 오른쪽에서 걷고, 여자는 남자의 왼쪽에서 걷고, 수레는

給使令之役, 觀長少之序, 習揖遜[12]之容[13]。蓋所以抑而教之, 非寵而異之也。

예(禮)에 따르면, 어린아이는 구석에 앉고 부형의 뒤를 따라 걷게 되어 있다. 공자(孔子)께서 말씀하시기를, '내가 이 아이를 보니, 이러한 예(禮)를 따르지 않았다. 배움에 더욱 정진하기를 추구하는 아이가 아니고, 다만 빨리 이루고 싶어 할 뿐이다'라고 하신 것이다. 그래서 어린아이에게 말 심부름하는 일을 시켜, 어른과 아이 간의 차례를 살피도록 하고, 사양과 겸손의 예절을 익히도록 한 것이다. 대개 이를 써서 그 아이의 태도를 억눌러서 가르치려는 것이지, 그 아이를 총애하여 남달리 여기신 것이 아니다.

가운데로 통행한다. 아버지의 연배와 걸을 때는 뒤를 따라가고, 형의 연배와 걸을 때는 옆으로 조금 뒤처져서 가고, 친구와 갈 때는 서로 앞서가지 않는다. 가벼운 짐은 모아서 어린 사람이 들고, 무거운 짐은 서로 나눠서 들고, 반백 노인은 짐을 들지 않는다. 군자는 노인이 되어서는 걸어 다니지 않고, 서인은 노인이 되어서는 고기반찬 없이 밥을 먹지 않는다(道路: 男子由右, 婦人由左, 車從中央。父之齒隨行, 兄之齒雁行, 朋友不相逾。輕任并, 重任分, 斑白者不提挈。君子耆老不徒行, 庶人耆老不徒食。); 《禮記 · 曲禮上》 나이가 두 배 정도로 연장이면 아버지를 섬기듯이 섬기고, 10년 연장이면 형을 섬기듯이 섬기고, 5년 연장이면 조금 뒤처져서 따른다(年長以倍則父事之, 十年以長則兄事之, 五年以長則肩隨之。).

12 揖遜(읍손): 두 손을 공손히 모아 양보하다(犹揖让。宾主相见的礼仪。).

13 容(용): 예의. 예절(礼仪; 礼法).

《衛靈公 第十五》

凡四十一章。

모두 41장이다.

[衛靈公問陳章]

150101、衛靈公問陳[1]於孔子[2]。孔子對曰:「俎豆[3]之事, 則嘗[4]聞之矣; 軍旅[5]之事, 未之[6]學也。」明日遂[7]行。[8]

1《論語集解》군대의 진 · 대오 · 행렬의 법칙이다(注: 孔安國曰: 軍陳行列之法也。);《王力漢語》'陳'은 '陣'과 통한다('陳', 通'陣'。古代文獻中, '陣'多作'陳'。);《論語正義》《太公六韜》에, 天陳 · 地陳 · 人陳 · 鳥雲之陳 등의 진법이 나오는데, 모두 군대 행렬의 이름이다(正義曰: 太公六韜有天陳、地陳、人陳、鳥雲之陳, 皆軍行陳列之名。).

2《論語正義》이 일이 노애공 2년[BC 493](공자 58세)에 있었다(此事在魯哀二年。);《古今注》당시에, 위나라 임금이 무도하여, 진나라와 사이가 나빠서, 해마다 교전했는데, 공자께 진법을 물어 묵은 원한을 갚으려 했던 것이다(時, 衛侯無道, 與晉交惡, 連歲搆兵, 問陳將以修怨。);《孔子傳》노애공 원년, 여름 4월, 제경공과 위영공이 감단을 구원하기 위해, 진나라의 오록을 포위했다. 가을 8월, 제경공과 위영공이 진나라 건후에서 회맹하고, 범씨를 구원했다. 제경공은 진정공과 패권을 다투고자 했고, 위영공은 노정공 7년부터 제경공과 회맹하여 진나라를 배반했는데, 이때는 위영공이 50세가 안 된 때로, 정력이 왕성해서, 매년 빈번하게 외국으로 출정했으니, 이에 진나라를 정벌하고 범씨를 구원하고자 했다. 그래서 영공이 이때 공자에게 군대의 진법에 관해 물은 것이다. 영공이 진법에 대해 물은 일은 응당 노애공 1년 가을 · 겨울에 있었을 것이다(鲁哀公元年, 夏四月, 齐侯卫侯救邯郸, 围五鹿。秋八月, 齐侯卫侯会于乾侯, 救范氏……齐景公意欲与晋争霸, 卫灵公自鲁定公七年即会齐叛晋, 时灵公年未达五十, 精力尚旺, 连年仆仆在外, 至是乃欲伐晋救范氏……而灵公乃以是时问兵陈之事于孔子……灵公问陈, 其事应在鲁哀公元年之秋冬间。).

3 俎豆(조두): 俎와 豆. 제사 · 연회 때 음식을 담는 두 종류의 그릇. 제사 지내다(俎和豆。古代祭祀,宴飨时盛食物用的两种礼器。亦泛指各种礼器; 谓祭祀, 奉祀。);《說文 · 且部》'俎'(조)는 제례 · 빙례 등에 쓰이는 그릇이다. 肉의 절반을 따르고, 고기가 且(차) 위에 놓여 있는 것이다; '且'(차)는 薦(천)[(음식을) 올리다. 진설하다]이다. 几(궤)를 따르고, 다리가 횡으로 두 개가 있고, 맨 밑의 一은 궤가 놓여 있는 땅이다(說文: 俎, 禮俎也。從半肉在且上。且, 薦也。從几, 足有二横, 一, 其下地也。);《說文 · 豆部》'豆'(두)는 고대의 고기를 담아 먹는 그릇이다(豆, 古食肉器也。);《古今注》陳(진)은 행군 시의 대와 오를 짜는 방법이다. 俎豆(조두)도 진열하는 물건들이다. 그 진열의 형태가 군대의 진을 펼치는 것과 같다. 공자의 말씀인즉, 제기의 진열법은 들을 적이 있지만, 군대의 진열법은 전에 배운 적이 없다는 것이다. '俎'는 희생을 담는 그릇이고, '豆'는 김치와 육젓을 담는 그릇이다(陳者, 行軍列伍之法。俎豆亦陳列之物。其形如布陳。補曰, 俎豆陳列之法 曾所聞之, 軍旅陳列之法 舊未學焉。俎升牲之器, 豆菹醢之器。).

4《詞詮》嘗(상): 시간부사. 일찍이. 이전에.《說文 · 旨部》의 '嘗'에 대한 단옥재의 注에, '이미 경험한 것이 嘗이고, 아직 경험하지 않은 것이 未嘗이다'라고 했다('嘗', 時間副詞。《廣韻》云: 嘗, 曾也。《說文段注》云,《說文》本義之引伸, 凡經過者爲嘗, 未經過者爲未嘗。).

5 軍旅(군려): 군대. 군사(军队。军事).

6《論語句法》'之'는 '軍旅之事'를 가리키고, '學'의 목적어로, 술어 '學'字 앞으로 당겨진 것이다('之'稱代'軍旅之事'是'學'的止詞, 而提在述詞'學'之前。).

7《論語譯注》"다음 날 곧바로 위나라를 떠나셨다"("第二天便離開衛國。");《論語詞典》遂(수): 부사. 이에. 이로 인해. 그리하여. 그 결과로. 드디어('遂', 副詞, 因而, 於是。); 遂(수): 곧. 즉시. 결국. 마침내(就;

위(衛)나라 영공(靈公)이 공자(孔子)에게 군대의 진법에 대해 물었다. 공자께서 말씀하셨다. "제기의 진열에 관한 일은 예전에 그에 대해서 들은 일이 있습니다마는, 군대의 진법에 관한 일은 아직 그에 대해 배운 적이 없습니다." 공자께서 다음 날 이로 인해 위(衛)나라를 떠나셨다.

陳[9], 去聲。○陳, 謂軍師[10]行伍[11]之列。俎豆, 禮器。尹氏曰:「衛靈公, 無道之君也[12], 復有志於戰伐[13]之事, 故答以未學而去之。」

'陳'(진)은 거성[zhèn]이다. ○'陳'(진)은 군대의 대오의 행렬을 말한다. '俎豆'(조두)는 예식에 쓰는 기물이다. 윤씨(尹氏·尹彥明)가 말했다. "위영공(衛靈公)은 무도한 임금이고, 다시 전쟁을 벌일 일에 뜻을 두고 있었기 때문에, 아직 배운 적이 없다고 대답하고

于是。表示最后的结果, 终于, 到底。).

8《史記·孔子世家》 영공이 군대의 진법에 대해 묻자, 공자께서 말씀하셨다. "제기의 진열에 관한 일은, 들은 것이 있습니다마는, 군대의 진법에 관한 일은, 배운 적이 없습니다." 다음날 영공이 공자와 대화하다가 날아가는 기러기를 쳐다보면서, 공자에게 눈길을 주지 않자, 공자께서 드디어 위나라를 떠나, 다시 진나라로 가셨다(他日, 靈公問兵陳。孔子曰: "俎豆之事則嘗聞之, 軍旅之事未之學也。" 明日, 與孔子語, 見蜚鴈, 仰視之, 色不在孔子。孔子遂行, 復如陳。);《論語正義》'俎豆'는 제후가 천자나 맹주를 알현할 때 쓰는 것이다.《新序·雜事五》에 말했다. "예전에 영공이 군대의 진법을 묻자, 공자는 제기의 진열을 말했는데, 무력을 천시하고 예를 중시한 것이다. 그래서《春秋穀梁傳·莊公8年》에 '나라를 잘 다스리는 자는 군대를 출병시키지 않는다'고 했다"(正義曰: '俎豆'者, 朝聘禮所用也。新序五: "昔衛靈公問陳, 孔子言'俎豆', 賤兵而重禮也。故春秋曰: '善爲國者不師。'");《古今注》이 당시 영공이 늙어 정신이 혼미하고 무도했으니, 음탕한 사람들을 불러들이고 세자를 내쫓아, 원망과 비방이 분분하게 일어났고[정공 14년], 수년 사이에, 전란의 화가 끊이지 않았으니, 조나라를 치고 진나라를 쳐서[애공 1년], 전쟁이 거의 해마다 끊이지 않았다. 공자께서 만약 이때, 혹시라도 軍事에 대해 위나라 임금의 자문에 응했다면, 위나라에 화가 미칠 뿐만 아니고, 공자 신변에도 족히 위해가 미칠 수 있으니, 이것이 거절하고 자문에 응하지 않으신 까닭이다. 이는 공문자가 태숙질을 치려고 공자께 자문을 구했을 때의 문답[《公冶長 제14장》 각주《春秋左傳·哀公 11年》참조]과 앞뒤가 똑같은 투로, 공자의 생각은 전쟁의 화가 미칠 것을 두려워하는 데 있었지, 단지 위영공이 예의를 버리고 갑병을 숭상하여, 공자께서 싫어하신 바였기 때문만이 아니었다(此時靈公耄亂無道, 召淫人逐世子怨讟紛興[定十四], 而數年之間, 兵連禍結, 伐曹伐晉[哀元年], 殆無虛歲。孔子若於此時, 或以軍旅之事, 言於衛侯, 則不但禍衛, 亦足戕身, 斯其所以拒絕而不言也。此與孔文子之問答, 前後一套, 明孔子之意在於畏禍, 不但舍禮義而崇甲兵, 爲君子之所惡也。).

9 陳(진): [zhèn] =陣. 군대 대오. 전투대형(军队作战时布置的队伍行列。同「阵」。); [chén] 배열하다. 진열하다. 차리다. 진술하다. 펼치다. 왕조명(排列。述说。张扬, 显示。朝代名。).

10 軍師(군사): 군대(军队).

11 行伍(항오): 군대 병제. 대열(我国古代兵制, 五人为伍, 五伍为行, 因以指军队。).

12《憲問 제20장》참조.

13 戰伐(전벌): 전쟁하다. 전쟁터에 나가다(征战; 战争).

떠나신 것이다."

150102、在陳絶糧[14]，從者病[15]，莫[16]能興[17]。[18, 19]

---

14 [성]在陳之厄(재진지액): 기아와 빈곤 등으로 곤경에 처하다(指饥贫等困境。);《論語集解》공자께서 위나라를 떠나 조나라로 가셨는데, 조나라가 받아주지 않자, 다시 송나라 가셨다. 송나라에서 광 땅의 사람들의 난리를 만나서, 다시 (정나라를 거쳐) 진나라로 가셨다. 때마침 오나라의 침공으로, 진나라가 전쟁으로 혼란스러운 상황이었기 때문에, 식량이 다 떨어진 것이었다(注: 孔安國曰: 孔子去衛如曹, 曹不容, 又之宋。遭匡人之難, 又之陳, 會吳伐陳, 陳亂, 故乏食也。); 絶糧(절량): 양식이 떨어지다(断绝粮食。);《周禮注疏》出行 중에 먹을 음식을 糧(량)이라 하는데, 말린 음식을 말한다. 머물러 사는 집에서 먹을 음식을 食(사)라 하는데, 쌀을 말한다(周官廩人注: "行道曰 糧, 謂備[糒]也。止居曰 食, 謂米也。").

15《論語集解》'從者'는 제자들이다(注: 孔安國曰: 從者, 弟子。);《論語譯注》"뒤를 따르던 자들이 굶주림 병으로 배가 곯아서 자리에서 일어나지 못했다"("跟隨的人都餓病了, 爬不起床來。").

16 莫(막): 무지대사(無指代詞。沒有人, 東西。).

17 興(흥): 몸을 일으키다. 일어나다(起身; 起來。).

18《史記·孔子世家》채나라가 州來로 도읍을 옮긴 지 3년, 오나라가 진나라를 침공했다[哀公 6年]. 초나라는 진나라를 도와 성보에 군대를 보냈다. 초나라는 공자가 진나라와 채나라 사이에 있다는 소식을 듣고, 사람을 보내 공자를 초빙했다. 공자가 초나라에 가려 하자, 진나라와 채나라의 대부들이 논의하기를, '공자는 현자로서, 그가 지적한 것은 모두 제후의 잘못된 행실이었다. 지금 진나라와 채나라 사이에서 오래 머물고 있는데, 대부들이 시행한 일들은 모두 공자의 생각과 맞지 않았다. 지금 초나라는 대국인데 공자를 초빙했다. 공자가 초나라에 등용되면, 진나라와 채나라의 권력을 쥐고 있는 대부들은 위태롭게 될 것이다'라고 했다. 이에 부역꾼들을 징발하여 들판에서 공자를 포위했다(孔子遷于蔡三歲, 吳伐陳。楚救陳, 軍于城父。聞孔子在陳蔡之間, 楚使人聘孔子。孔子將往拜禮, 陳蔡大夫謀曰: '孔子賢者, 所刺譏皆中諸侯之疾。今者久留陳蔡之間, 諸大夫所設行皆非仲尼之意。今楚, 大國也, 來聘孔子。孔子用於楚, 則陳蔡用事大夫危矣。' 於是乃相與發徒役圍孔子於野。). 공자는 초나라에 갈 수 없었고, 식량이 다 떨어졌다. 따르는 자들은 굶주려 배가 곯아서 아무도 일어나지 못했다. 공자는 강론하고 시를 읊고 슬을 타고 노래를 부르면서 조금도 약한 모습을 보이지 않았다. 자로가 화가 나서 선생님을 뵙고 여쭈었다. '군자인데도 곤궁할 때가 있습니까?' 선생님께서 말씀하셨다. "군자도 물론 곤궁한 때가 있지만, 소인은 곤궁하면 견디지 못하고 함부로 날뛴다." 자공의 얼굴색이 변했다. 공자가 말했다. "賜야, 너는 내가 많이 배웠고 배운 것을 다 기억하고 있는 자라고 생각하느냐?" 자공이 대답했다. "그렇습니다, 아닙니까?" 공자가 말했다. "아니다, 나는 배운 것을 하나로써 꿰뚫었다"(不得行, 絶糧。從者病, 莫能興。孔子講誦弦歌不衰。子路慍見曰: '君子亦有窮乎?' 孔子曰: '君子固窮, 小人窮斯濫矣。' 子貢色作。孔子曰: '賜, 爾以予爲多學而識之者與?' 曰: '然。非與?' 孔子曰: '非也。予一以貫之。');《孔子家語·在厄》공자께서 陳蔡之間에서 곤액을 당해, 따르는 자들이 7일을 밥을 먹지 못했다. 자공이 품에 감춰두고 있던 돈으로, 몰래 포위망을 뚫고 나가, 시골 사람에게 식량을 팔기를 청해, 쌀 한 섬을 사가지고 왔다. 안회와 자로가 쓰러져가는 집 아래서 밥을 지었다(孔子厄於陳, 蔡, 從者七日不食。子貢以所齎貨, 竊犯圍而出, 告糴於野人, 得米一石焉。顏回, 仲由炊之於壞屋之下。);《論語大全》춘추시대를 살펴보면, 그 당시 진나라는 초나라에 복종하고, 채나라는 오나라에 복종했으니, 오나라와 초나라 사이에 전쟁이 해마다 끊이지 않았다. 공자께서는 아마도 초나라 소왕 때문에, 陳蔡之間을 배회하시다가, 전쟁통에 식량이 떨어진 것이다(齊氏曰: 考春秋, 則其時陳服楚, 蔡服吳, 吳楚交戰無虛歲。孔子蓋爲楚昭王, 徘徊陳蔡, 而絶糧於兵間也。); 진채지간의 일에

진(陳)나라에 계실 적에는 식량이 다 떨어져, 따르던 제자들이 굶주림에 배가 곯아서, 아무도 자리에서 일어나지 못했다.

從, 去聲。○孔子去衛適陳[20]。興, 起也.
'從'(종)은 거성[zòng]이다. ○공자(孔子)께서 위(衛)나라를 떠나 진(陳)나라로 가셨다. '興'(흥)은 '일어나다'[起]이다.

150103、子路慍見[21]曰:「君子亦有窮乎?」子曰:「君子固窮[22], 小人窮斯[23]濫[24]矣。」

관해서는《子罕 제27장》각주《莊子·雜篇·讓王》참조.

19《論語正義》高誘[東漢人]가 注한《呂氏春秋》에는, 問陳과 在陳絶糧의 두 사건을 연이어 합해서 인용하여, 장을 구분하지 않았다. 그리고 황간·형병의 책에는 (두 장으로 구분하고) 또 '明日遂行'을 在陳絶糧 장의 앞머리에 두었는데, 그렇지만 두 사건은 동일한 시기에 있던 일이 아니었으니, 그렇다면 두 장을 한 장으로 합해서는 안 되고, '明日遂行'은 問陳장에 속해야 한다는 것이 틀림없다(正義曰: 高注呂氏春秋連引問陳, 絶糧兩事, 當時簡編相連, 未有分別。而皇, 邢本又以「明日遂行」屬此節之首, 然……兩事既非在一時, 則不得合爲一節, 而"明日遂行"必屬上節無疑矣。);《論語正義》식량이 떨어진 이 일이, 애공 6년[BC 489]에 있었다(正義曰: 是絶糧事, 在哀公六年。);《古今注》사기에 따르면, 공자께서 진나라에 계실 때 식량이 떨어진 것은, 위나라를 떠난 지 7년 뒤이니, 별도로 한 장이 되어야 맞다(按史記, 在陳絶糧, 在去衛七年之後, 宜別爲一章。).

20《集注考證》공자께서는 모두 세 번 위나라를 떠나셨다. 정공 14년[BC 496] 위나라에 계셨는데 10월에 떠나 진나라로 가려고, 광 땅을 지나시다, 포위당했다가, 빠져나와, 포땅을 거쳐, 한 달여 만에, 위나라로 돌아와 거백옥의 집에 거처하셨다[先進 제22장 참조]. 또 위나라를 떠나, 조나라를 지나, 송나라로 가시다가, 제자들과 큰 나무 아래에서 禮를 익히고 있었는데, 송나라 사마 환퇴가 공자를 죽이려고, 그 나무를 뽑아버리는 화를 겪으셨고[述而 제22장 참조] 정공 15년[BC 495] 정나라에서 진나라로 가셨다가, 애공 2년[BC 493] 위나라로 돌아오셨는데, 진법을 묻자 위나라를 떠나 진나라로 다시 가셨다[衛靈公 제1장](按, 孔子凡三去衛。定公十四年, 居衛, 十月, 去衛, 將適陳, 過匡, 爲匡人所圍, 得去, 適蒲, 月餘, 復反衛。又去衛, 過曹, 適宋, 遭伐木之禍, 十五年, 自鄭適陳, 哀公二年, 反于衛, 因問陳而行復如陳。).

21《論語新解》①심중에 품은 화가 안면에 나타난 것이다. ②심중에 화를 품고 공자를 찾아뵌 것이다. 자로가 화를 품은 것은, 대개 군자임에도 도가 궁할 때가 있다는 데 있었는데, 더욱이 공자의 도임에도 역시 궁할 때가 있다는 데 더욱 화를 품게 된 것이다. 이는 天意는 헤아릴 수 없는데, 자로는 아직 공자의 知命之學에 들어가지 못했기 때문에, 화를 품은 것이다(此有两解: 一是心中愠意见于颜面。一是心怀愠意而来见孔子。子路之愠, 盖愠于君子而竟有道穷之时, 更愠于如孔子之道而竟亦有穷时。此天意之不可测, 子路尚未能进于孔子知命之学, 故愠。).

22 [성]君子固窮(군자고궁): 빈궁한 상태를 편히 지키다. 군자는 안빈낙도하며 절개를 잃지 않는다(君子: 有教养, 有德行的人; 固穷: 安守贫穷。指君子能够安贫乐道, 不失节操。);《論語集解》군자도 물론 궁할 때가 있지만, 소인처럼 궁하면 견디지 못하고 함부로 날뛰어 못된 짓을 저지르지 않는다(注: 君子固亦有窮時, 但不如小人窮則濫溢爲非也。);《朱子語類45: 2》"'固窮'에 두 견해가 있는데, 어느 견해가 나은지

자로(子路)가 화가 나서 선생님을 만나 뵙고 여쭈었다. "군자도 곤궁할 때가 있습니까?" 선생님께서 말씀하셨다. "군자도 물론 곤궁한 때가 있거니와, 소인은 곤궁하면 견디지 못하고 함부로 날뛴다."

見, 賢遍反。○何氏曰:「濫, 溢也。言君子固有窮時, 不若小人窮則放溢[25]爲非。」程子曰:「固窮者, 固守其窮。」亦通。

'見'(현, xiàn)은 '賢'(현)과 '遍'(편)의 반절이다. ○하씨(何氏·何晏)가 말했다. "'濫'(람)은

모르겠습니다." "'固守其窮'[그 곤궁한 처지를 고수한다]은, 옛사람 중에 이 견해를 따르는 학자가 많은데, 그렇지만 앞 문장을 가지고 보건대, 이는 공자께서 어느 특정 시기의 문답한 말인 듯하니, 성급하게 이렇게까지 뜻을 확대시킬 것은 아니다. 자로가 방금 '군자도 곤궁할 때가 있습니까?'라고 여쭈었을 때, '군자도 곤궁한 때가 있는 것은 물론이거니와, 소인처럼 곤궁하면 견디지 못하고 함부로 날뛰지는 않는다'라고 답하셨을 뿐이다. '固'字를 써서, 자로의 질문인 '亦有'[~도 있습니까?] 字에 답하신 것으로, 문세가 그래야 상응한다"(周問: "'固窮'有二義, 不知孰長?" 曰: "固守其窮, 古人多如此說, 但以上文觀之, 則恐聖人一時答問之辭, 未遽及此。蓋子路方問'君子亦有窮乎?' 聖人答之曰: '君子固是有窮時, 但不如小人窮則濫爾。' 以'固'字答上面'有'字, 文勢乃相應。"); 《論語正義》 '固窮'은 곤궁을 고수한다는 말이다. 전국시대 제자백가인 尸佼(시교)[BC 390~BC 330]가 지은 《尸子·散見諸書文匯輯》에 말했다. "도를 지키고 곤궁을 고수하면 왕공이라도 가벼이 대할 수 있다"(正義曰: '固窮'者; 言窮當固守也。尸子曰: "守道固窮, 則輕王公。"); 《古今注》 자로가 군자가 곤궁하자 놀라서 군자가 곤궁한 것은 도리에 맞지 않는다고 의혹을 제기했고, 공자께서는 군자가 곤궁한 것은 당연한 도리라고 답변하신 것이다. 정자의 견해처럼 곤궁을 고수한다는 견해의 경우, 자로의 의혹을 깨뜨리는 답변이 아니다(案: 子路以君子之窮愕爲非理, 孔子答之爲常理。若作固守說, 非所以破其惑也。); 《論語平議》 '君子固窮'은 '君子故窮'과 같고, '군자이기 때문에 곤궁하다'라는 말이다. 군자는 함부로 구하지 않기 때문에, 당연히 곤궁한 상태에 이른다는 것을 밝힌 것으로, 바로 '亦有窮乎'라는 자로의 질문과 對句가 된다(君子固窮, 猶君子故窮, 言惟爲君子, 故窮困也。明君子不妄干求, 宜至窮困, 正與亦有窮乎問, 意相對。); 《論語今讀》 '窮'은 빈궁뿐만 아니라, 빈궁을 포괄하는 '어쩔 도리가 없다'는 것을 가리킨다("穷"不仅指贫穷, 指包括贫穷在内的"没有办法"。); 《論語詞典》 고수하다('固', 用作動詞, "固守"之意。); 《論孟虛字》 '固'는 '固然'[本來就如此: 본래 그렇다]과 같다["군자는 본래가 곤궁하다"]('固', 猶'固然', 爲本然之詞。); 《百度漢語》 固窮(고궁): 빈곤을 달게 여기고, 기개를 잃지 않다. 도의를 준수하고 빈천·곤궁을 편안히 여기다(释义为形容甘于贫困, 不失气节。信守道義, 安於貧賤窮困。); 《王力漢語》 窮(궁): 생활이 곤란하다. 의지할 데가 없다. '貧'(빈)은 의식·금전 등이 부족한 것을 말하고, '窮'(궁)은 영달하지 못한 것을 말한다('窮', 生活困難, 無依靠; 缺乏衣食金錢, 叫'貧', 跟'富'相對, 不能顯貴只能叫'窮', 跟'通'或'達'。'困窮'連用時, 包括有'貧困'的意思。).

23 斯(사): ~하면. 그렇다면(则。就一表示承接上文, 得出结论。).

24 《論語正義》 '濫'(람)은 '竊'[훔치다]이다. 《禮記·坊記》에 말했다. "소인은 가난하면 오그라들고, 오그라들면 훔친다"["군자는 곤궁해도 그 처지를 고수하지만, 소인은 곤궁하면 훔친다"](正義曰: 鄭注云: 濫, 竊也。坊記: "小人貧斯約, 約斯盜。"); 濫(람): 도를 넘다. 무절제하다. 아무런 준칙이 없다(过度; 超过限度; 漫无准则。); 《論語譯注》 "군자는 곤궁해도, 변함없이 그대로 견뎌내지만, 소인은 한번 곤궁하면 못하는 짓이 없다"("君子雖然窮, 還是堅持著; 小人一窮便無所不爲了。").

25 放溢(방일): 범람하다. 제멋대로 거리낌이 없다(泛滥。犹放纵。).

'濫'[넘치다]이다. 말씀인즉, 군자도 물론 곤궁할 때가 있지만, 소인처럼 곤궁하면 제멋대로 넘쳐흘러 못된 짓을 하지는 않는다는 것이다." 정자(程子·伊川)가 말했다. "'固窮'(고궁)이라는 것은, 자기의 곤궁한 처지를 고수한다." 역시 통하는 말이다.

○愚謂聖人當行而行, 無所顧慮[26]。處困而亨[27], 無所怨悔。於此可見, 學者宜深味之。[28]
○내가 생각건대, 성인께서는 마땅히 떠나야 할 경우라면 떠나시기를, 뒤돌아보거나 주저하는 경우가 없었다. 곤경에 처해서도 막힘이나 거침이 없으셨고, 원망하거나 후회하는 일이 없으셨다. 여기서 볼 수 있으니, 배우는 자로서 의당 깊이 음미해야 한다.

---

26 顧慮(고려): 의심되거나 염려되는 일이 있는지 앞뒤를 재다. 망설이다(思前顾后, 有所疑虑。).

27《易經·䷮困·彖傳》困(곤)은 剛(강)이 가려 덮여 있는 것이다. 험난해도 기쁨을 잃지 않고, 곤고해도 자기의 모습을 잃지 않으니, 막힌 데가 없다. 군자만이 그럴 수 있을 것이다(困, 剛掩也。險以說, 困而不失其所, 亨。其唯君子乎?) 困亨(곤형): 곤궁과 窘塞(군색)이 막바지에 이르면 통달로 바뀐다. 군자가 곤궁에 처해도 형통한 도를 잃지 않는다(谓困窘至极则转向通达; 君子处困而不失其自通之道, 故曰困亨也。); 亨(형): 통달하다. 막힌 데가 없다. 형통하다. 거침없다(通达).

28《論語大全》'當行而行 無所顧慮'는 '明日遂行'을 풀이한 것이다. '處困而亨 無所怨悔'는 '在陳絶糧' 이하를 풀이한 것이다. '顧'(고)는 과거를 돌아보는 것이고, '慮'(려)는 앞날을 염려하는 것이고, '怨'(원)은 남을 원망하는 것이고, '悔'(회)는 자신을 후회하는 것이다(雙峯饒氏曰: 當行而行, 無所顧慮, 是說明日遂行。處困而亨, 無所怨悔, 是說在陳絶糧以下。顧, 是顧後; 慮, 是慮前。怨, 是怨人; 悔, 是自悔。).

[子曰 賜也章]

150201、子曰:「賜也[1], 女以予爲多學而識之者與?[2]」

선생님께서 말씀하셨다. "사(賜)야, 너는 내가 많이 배웠고 배운 것을 다 기억하고 있는 자라고 생각하느냐?"

女, 音汝。識[3], 音志。與, 平聲, 下同。○子貢之學, 多而能識矣。夫子欲其知所本也, 故問以發之。

'女'(녀)는 음이 '汝'(녀)이다. '識'(지)는 음이 '志'(지)이다. '與'(여)는 평성[yú]으로, 뒷절에서도 이와 같다. ○자공(子貢)에게 배움이란, 많이 배우고 잘 기억하는 것이었다. 선생님께서는 그가 근본이 되는 것을 알기를 바랐기 때문에, 질문을 던져 의문을 유발케 하신 것이다.

150202、對曰:「然, 非[4]與?[5]」

자공(子貢)이 대답했다. "그렇습니다, 아닙니까?"

方信而忽疑, 蓋其積學功至, 而亦將有得[6]也。

---

1 《古書虛字》 '也'는 부르는 단어이다('也'爲呼召之詞。).

2 《論語正義》 이 장도 식량이 떨어졌을 때의 문답이다(正義曰: 此節亦絕糧時問答語。); 《史記 · 孔子世家》에는 이 장의 문답이 제1장의 문답과 마찬가지로 陳蔡之間에서 있었던 일로 기록하고 있다(《衛靈公 제1장》 각주 《史記 · 孔子世家》 참조); 《洙泗考信錄》 '多識' '一貫'[衛靈公 제2장]의 경우, '絕糧' '固窮'[衛靈公 제1장]의 의미와는 털끝만큼도 서로 부합하는 점이 없으니, 응당 별도로 한 장이 되어야 한다. 주자가 이를 두 개의 장으로 나눈 것은, 옳다(至於論語'多識''一貫'之文, 與'絕糧''固窮'之義毫不相蒙, 自當別爲一章。今朱子集注分之, 是也。).

3 識(지): 기억해두다(通"志"。记住。).

4 《論孟虛字》 반신반의하는 부정사('非與'的'非', 是將信將疑的否定詞。).

5 《論語譯注》 여기에서 알 수 있듯이, 자공이 중시한 것은 공자의 박학다재였지만, 공자가 중시한 것은 충서의 도를 써서 이것으로 그의 모든 學과 行의 중심을 꿰뚫어내는 데 있었다(從這里可以看出, 子貢他們所重視的, 是孔子的博學多才……而孔子自己所重視的, 則在於他的以忠恕之道貫穿於其整個學行之中。).

방금 (그렇다고) 믿었다가 갑자기 (아닌가 하고) 의심을 가진 것은, 대개 그의 배움을 쌓아가는 공부가 지극해서, 또한 머지않아 터득할 것이 있게 된 것이다.

150203、曰:「非也, 予一以貫之。[7]」

6《里仁 제15장》集注 '將有所得' 참조.

7《論語集解》모든 가지가지 善에는 처음 시작되는 하나의 근원으로서 善이 있고, 모든 가지가지 일에는 결국에 가서 하나로 만나는 지점이 있다. 천하의 모든 길이 달라도 귀착되는 곳은 한 곳이고, 백 가지 생각도 처음 근원은 한 곳이다[周易 · 繫辭下]. 그 근원을 알면 많은 선이 다 낱낱이 들춰지기 때문에, 多學하지 않아도 그 하나를 써서 그것을 다 알게 된다(注: 善有元, 事有會, 天下殊塗而同歸, 百慮而一致。知其元, 則衆善擧矣, 故不待多學, 一以知之也。);《論語集釋》고염무[1613~1682]의《日知錄》에 말했다. "好古敏求[述而 제19장], 多見而識[述而 제27장]은, 공자께서 스스로에 대해 말씀하신 것이었다. 그렇지만 이보다 더 나아가는 자는 六爻之義인 變通에 심오해지니, '知者가 그 彖辭(단사)를 살피면 이미 태반을 깨우친다'[周易 · 繫辭下]고 하셨고, 300편의 시가 매우 광범해도, '한마디 말로써 그것을 개괄한다면, (시를 읽는) 사람들의 생각 속에 바르지 못한 게 없게 하려는 것[思無邪]이다'[爲政 제2장]라고 하셨고, 禮儀 3백 조문 威儀 3천 조문이 아무리 많아도, '禮는 지나치게 치장하려 하기보다는, 차라리 검소하게 치르는 것이 낫다'[八佾 제4장]고 하셨고, 십 세 뒤의 일이 아주 멀어도, '은나라는 하나라의 예를 그대로 이어받았기에, 은나라에 의해 덜거나 더해진 부분을 알 수 있고, 주나라는 은나라의 예를 그대로 이어받았기에, 주나라에 의해 덜거나 더해진 부분을 알 수 있으니, 비록 백 세 뒤의 일일지라도 알 수 있다'[爲政 제23장]고 하셨고, 백왕의 다스림이 다 달라도, '길은 두 가지, 인과 불인뿐이다'[孟子 · 離婁上 제2장]라고 하셨으니, 이것이 이른바 '予一以貫之'이다(日知錄: 好古敏求, 多見而識, 夫子之所自道也。然有進乎是者, 六爻之義至賾也, 而曰知者觀其彖辭, 則思過半矣; 三百之詩至汎也, 而曰一言以蔽之, 曰思無邪; 三千三百之儀至多也, 而曰禮與其奢也寧儉; 十世之事至遠也, 而曰殷因於夏禮, 周因於殷禮, 雖百世可知; 百王之治至殊也, 而曰道二, 仁與不仁而已矣; 此所謂予一以貫之者也。);《論語正義》阮元[1764~1849]의《揅經室集 · 論語一貫說》에 말했다. "貫은 行이다["나는 배운 것을 충서 한 마디 말로써 행했다"]. 이 장은 공자께서 자공이 단지 博學多識 면에서 성인을 배울 뿐 行事 면에서 성인을 배우지 않는 것을 걱정한 것이다. 공자께서 증자에게는 곧바로 말씀하셨고, 자공에게는 약간의 질문을 하고 말씀하셨다. 결국에는 자공에게 '予一以貫之'라고 말씀하셨으니, 역시 모두 行事로써 가르침을 삼고 있음을 말한 것으로, 역시 곧 충서의 도였다"(正義曰: 阮氏元一貫說: "貫, 行也。此夫子恐子貢但以多學而識學聖人, 而不於行事學聖人也。夫子於曾子則直告之, 於子貢則略加問難而出之。卒之告子貢曰: '予一以貫之。' 亦謂壹皆以行事爲教也, 亦即忠恕之道也。"). 지금 고찰하건대, 공자께서는, '군자는 폭넓게 文을 배운다'[顔淵 제5장]고 하셨고, 또 '보고 들은 것을 묵묵히 마음속에 새긴다'[述而 제2장]고 하셨으니, 이는 공자께서 '多學而識之'를 귀중하게 여기신 것으로, 그래서 자공이 '然'이라고 답한 것이다. 그런데 공자께서는 또 말씀하시기를, '文이라면 어쩌면 나도 남만큼은 되는데, 군자로서의 도리를 몸소 행하는 것이라면, 나는 아직까지 그것을 해낸 게 없다'[述而 제32장]고 하셨으니, 이것이 성문의 가르침으로, 행동을 더욱 귀중하게 여긴 것이다.《中庸 · 제20장》에, '널리 배우십시오, 자세하게 물으십시오, 신중하게 생각하십시오, 분명하게 변별하십시오, 철두철미하게 행하십시오'라고 했는데, 배우는 것 · 묻는 것 · 생각하는 것 · 변별하는 것이, '多學而識之'이고, 철두철미 행하는 것이 '一以貫之'이다(今案: 夫子言 "君子博學於文", 又自言 "默而識之", 是孔子以多學而識爲貴, 故子貢答曰 "然"。然夫子又言: "文莫吾猶人, 躬行君子, 未之有得。" 是聖門之教, 行尤爲要。中庸云: "博學之, 審問之, 愼思之, 明辨之, 篤行之。"學問思辨, 多學而識之也; 篤行, 一以貫之也。);《古今

선생님께서 말씀하셨다. "아니다, 나는 한 꿰미로 많이 배운 것을 꿰었다."

說見第四篇。[8] 然彼以行言, 而此以知言也。[9]

注》 본래 사람이 이 세상을 살아가는데, 땅에 떨궈진 첫날부터 관에 덮이는 마지막 날에 이르기까지, 그가 함께하는 것은 사람뿐이다. 가까이는 父子·兄弟, 멀리는 朋友·鄕人, 아래로는 臣僕·幼穉(유치)[어린 아이], 위로는 君師·耆老이다. 무릇 나와 함께 둥그런 머리와 네모난 발로 하늘을 이고 땅을 밟는, 모두 나와 서로 필요로 하고 서로 돕고 서로 사귀고 서로 접촉하고, 서로 바로잡으면서 살아가는 자들이다. 나 한 사람과 저 한 사람 이 두 사람 간에는 교제가 생겨나는데, 교제를 잘한 것은 孝·弟·友·慈·忠·信·睦·婣(인)[혼인]이 되고, 못한 것은 悖·逆·頑·嚚(은)[어리석음]·奸·慝·元惡·大憝(다대)[극악무도]가 된다(原夫人生斯世, 自落地之初, 以至盖棺之日, 其所與處者, 人而已。其近者曰父子兄弟, 其遠者曰 朋友鄕人, 其卑者曰臣僕幼穉, 其尊者曰君師耆老。凡與我同圓顱而方趾, 戴天而履地者, 皆與我相須相資相交相接, 胥匡以生者也。我一人彼一人, 兩人之間, 則生交際, 善於際, 則爲孝爲弟爲友爲慈爲忠爲信爲睦爲婣, 不善於際, 則爲悖爲逆爲頑爲嚚爲奸爲慝爲元惡爲大憝。). 우리의 도는 무엇을 하자는 것인가? 사람 간에 교제를 잘하자는 것에 불과할 뿐이다. 교제를 잘한다는 것을 무엇을 말하는가? 아랫사람으로서 윗사람에게 느꼈던 싫어하는 바로써, 아랫사람을 부리지 말고, 윗사람으로서 아랫사람에게 느꼈던 싫어하는 바로써, 윗사람을 섬기지 말고, 나를 앞질러 간 사람에게 느꼈던 싫어하는 바로써, 뒷사람을 앞질러 가지 말고, 나를 뒤쫓아 오던 뒷사람에게 느꼈던 싫어하는 바로써, 앞사람을 뒤쫓아 가지 말고, 내 오른편에 있던 사람에게 느꼈던 싫어하는 바로써, 내 왼편 사람에게 넘기지 말고, 내 왼편 사람에게 느꼈던 싫어하는 바로써, 내 오른편 사람에게 넘기지 말라는 것이다[大學 傳제10장]. 이것이 교제를 잘한다는 것이다. 한 글자로 묶으면, 바로 '恕'가 아니겠는가? 그렇다면 恕라고 하는 것은, 천만 개의 동전을 꿸 수 있는 한 개의 노끈과 같은 것이니, 공자께서 말씀하신 바 一以貫之란 이것을 일러 말하는 것이 아니겠는가?(吾道何爲者也? 不過爲善於其際耳……善於際, 何謂也? 所惡於上, 毋以使下, 所惡於下, 毋以事上, 所惡於前, 毋以先後, 所惡於後, 毋以從前, 所惡於右, 毋以交於左, 所惡於左, 無以交於右。斯之謂善於際也。括之以一字, 非即爲恕乎? 然則恕之爲物, 如一條繩索, 貫得千萬箇錢, 孔子所謂一以貫之, 非是之謂乎?);《論語新解》'多學'은 下學이라는 말과 같고, '一貫'은 上達이다. 上達는 下學으로부터 오고, 一貫은 多學으로부터 온다. 多學하지 않으면, 一貫할 수 없다. 一貫를 추구하려면, 먼저 多學해야 한다. 多學은 一貫을 추구해야 하고, 오로지 多學하고 기억하는 것만 힘써서는 안 되고, 또 多學과 별도로 一貫을 추구하는 것도 안 된다. 이 장의 一以貫之와《里仁 제15장》의 一以貫之의 '之'字가 가리키는 바는 조금 다르다.《里仁 제15장》의 '之'는 道를 가리키고, 이 장의 '之'는 學을 가리킨다. 그렇지만 道와 學은 一以貫之해야 된다. 道라는 소득은 學에 그 뿌리가 있고, 學이 추구하는 바는 道에 있다. 배우는 자는 이 두 장에서 공자의 一貫의 뜻을 재차 깊이 추구해야 비로소 얻는다(多学, 即犹言下学。一贯, 则上达矣。上达自下学来, 一贯自多学来。非多学, 则无可贯……故求一贯, 须先多学。多学当求一贯, 不当专务多学而识, 亦不当于多学外别求一贯。本章一以贯之, 与孔子告曾子章一以贯之, 两章之字所指微不同。告曾子是吾道一以贯之, 之指道。本章告子贡多学一以贯之, 之指学。然道与学仍当一以贯之。道之所得本于学, 学之所求即在道。学者当由此两章再深求孔子一贯之义始得。).

8《論語大全》자공은 언제나 지식을 통해 도에 들어갔기에, 선생님께서 깨우치길, '너는 내가 많이 배웠고 배운 것을 다 기억하고 있는 자라고 생각하느냐? 아니다, 나는 배운 것을 하나로써 꿰뚫었다'라고 하셨으니, 대개 나의 '多識'이란 한 개의 이치에 불과하다는 말씀이셨다. 증자는 언제나 실천과 이행을 통해 도에 들어갔기에, 事親孝의 경우에는[孝經·廣揚名] 이 효를 실행했고, '爲人謀'의 경우에는[學而 제4장] 진실로 정성 그 자체였고, '與朋友交'의 경우에는[學而 제4장] 진실로 진술 그 자체였기에, 선생님께서는 그를 깨우치길, '네가 평소 행하는 것들이, 모두 한 개의 이치일 뿐이다'[里仁 제15장]라고 하신 것이다(朱

'一以貫之'에 대한 설명은《里仁 제15장》에 보인다. 그렇지만 거기에서는 행(行)을 가지고 말씀하셨고, 이 장에서는 지(知)를 가지고 말씀하셨다.

○謝氏曰:「聖人之道大矣, 人不能遍觀而盡識, 宜其以爲多學而識之也。然聖人豈務博者哉? 如天之於衆形, 匪物物刻而雕之也。[10] 故曰:『予一以貫之。』『德輶如毛, 毛猶有倫。上天之載, 無聲無臭。[11]』至矣!」[12]

子曰: 子貢尋常自知識而入道, 故夫子警之曰: '汝以予爲多學而識之者歟。對曰 然。非歟。曰。非也。予一以貫之。', 蓋言吾之多識, 不過一理耳。曾子尋常自踐履入道, 事親孝則眞能行此孝, 爲人謀則眞箇忠, 與朋友交則眞箇信, 故夫子警之曰, 汝平日之所行者, 皆一理爾。).

9《論語大全》성인께서 理會·博學多識하지 않은 것은 아니지만, 성인께서 성인이신 까닭은, 오히려 博學多識에 있지 않고, 一以貫之에 있다. 그렇지만 博學多識하지 않으면 또 꿸 것들이 없다. 공자께서는 실로 多學하신 분이셨고, 한 가지도 이해하지 않고 지나치신 법이 없으셨지만, 다만 多學한 가운데 一以貫之가 있으신 것뿐이다. 자공은 늘상 지식을 통해 도에 들어가는 길을 찾았기 때문에, 선생님께서 그를 경계시키길, '予一以貫之'라고 하셨으니, 나의 多識은 一理에 불과할 뿐이라는 말씀이었다. 그런데 자공은 지식을 깨치는 것으로 끝나고, 더 이상 하나로 요약하지 않는 경우가 많았다(朱子曰: "聖人也不是不理會博學多識。只聖人之所以爲聖, 却不在博學多識, 而在一以貫之……然不博學多識。則又無物可貫。孔子實是多學。無一事不理會過。只是於多學中, 有一以貫之耳……子貢尋常就知識而入道, 故夫子警之曰, 予一以貫之, 蓋言吾之多識, 不過一理耳。但子貢多是曉得了便了, 更沒收殺。). 대개 자공 역시 박학했지만, 단지 한 가지 사물마다, 각각 그에 맞는 이치가 있다고만 생각했을 뿐, 만 가지 각각의 이치가 하나가 되고, 확연히 만 가지에 다 통하지 않는 바가 없다는 것을 알지 못했다. 성인께서 이 말씀으로 이를 알려주어, 그에게 소위 만 가지 이치라는 것이 그 뿌리는 一理이고, 이를 써서 꿰면 천하 만물이 모두 이것에서 벗어나지 않고 통하지 않는 게 없다는 것을 알게 하신 것이다(……蓋子貢之學亦博矣, 然意其特於一事一物之中, 各有以知其理之當然, 而未能知夫萬理之爲一, 而廓然無所不通也。聖人以此告之, 使之知所謂衆理者, 本一理也, 以是而貫通之, 則天下事物之多, 皆不外乎是, 而無不通矣。").

10《莊子·內篇·大宗師》上古보다 더 오래되었으면서도 늙었다 하지 않고, 하늘을 이고 있고 땅을 싣고 있고 온갖 만물의 갖가지 형상을 깎고 새기면서도 솜씨 있다 하지 않는다(許由曰: ……長於上古而不爲老, 覆載天地、刻彫衆形而不爲巧。);《揚子法言·問道》어떤 사람이 하늘에 대해 묻기에 내가 말했다. "내가 하늘에 대해, 아는 것은 無爲之爲라는 것이다." "장자가 말한 '雕刻衆形'한 것이 하늘이 아니라는 말씀인가요?" "하늘은 지금껏 깎고 새기지 않았기 때문이다. (하늘이) 만물을 깎고 또 새기고 한다고 친다면, 그 어디에 그 많은 힘이 있어 많은 만물을 제공하겠느냐?"(或問天曰: "吾於天與, 見無爲之爲矣!" 或問: "雕刻衆形者匪天與?" 曰: "以其不雕刻也。如物刻商雕之, 焉得力而給諸?"); 衆形(중형): 온갖 만물의 형상(各种物体的形象。); 匪(비): ~이 아니다(假借为'非', 表示否定。).

11《中庸 제33장》《詩經·大雅·皇矣》편은 노래하길, '내가 아끼는 것은 드러내지 않는 至德이니, 크게 소리치거나 노기 띤 낯빛일랑 하지를 말라'고 했고, 공자께서는 말씀하시기를, '소리치거나 노기 띤 낯빛은 백성을 교화하는 데는, 말단이다'라고 했고,《詩經·大雅·烝民》편은 노래하길, '덕은 가볍기가 터럭과 같다'고 했는데, 터럭은 그래도 맞대볼 것이라도 있다.《詩經·大雅·文王》편은 노래하길, '化育萬物하는 하늘 일은, 소리도 없고 냄새도 없다'고 했으니, 그 말의 형용이 참으로 적절하구나!(詩云: '予懷明德、不大聲以色。' 子曰: '聲色之於以化民, 末也。' 詩曰: '德輶如毛', 毛猶有倫。'上天之載、無聲無臭。' 至矣!); 載(재): 일. 사업(事; 事业。).

○사씨(謝氏 · 謝顯道)가 말했다. "성인의 도는 크고 또 커서, 사람들은 두루 다 볼 수도 없고 다 알 수도 없으니, 의당 성인이라면 많이 배우고 그것을 다 기억하는 분일 것이라고 여긴다. 그렇지만 성인께서 어찌 박학에 힘쓰는 분이겠는가? 마치 하늘이 온갖 만물의 갖가지 형상에 대하여, 하나하나마다 깎고 새기고 한 것이 아닌 것과 같다. 그래서 '나는 한 꿰미로 많이 배운 것을 꿰었다'고 말씀하신 것이다. '덕은 가볍기가 터럭과 같다'고 했는데, 터럭은 그래도 맞대볼 것이라도 있다. '하늘이 하는 일은 소리도 없고 냄새도 없다'고 했으니, 그 말의 형용이 참으로 적절하구나!"

尹氏曰:「孔子之於曾子, 不待其問而直告之以此, 曾子復[13]深諭之曰『唯』。若子貢則先發其疑而後告之, 而子貢終亦不能如曾子之唯也。二子所學之淺深, 於此可見。」
윤씨(尹氏 · 尹彥明)가 말했다. "공자(孔子)께서 증자(曾子)에게는, 그가 여쭙기를 기다리지 않고 곧바로 그에게 이 말씀을 가지고 알려주셨는데도, 증자(曾子)는 그 말씀을 깊이 깨닫고 복명하기를 '예'[唯]라고 대답했다. 자공(子貢)에게는 먼저 그에게 질문을 유발한 뒤에 말씀해주셨는데도, 자공(子貢)은 끝내 증자(曾子)의 '예'[唯] 같은 답변을 하지 못했다. 두 사람의 배움의 수준의 깊고 얕은 정도를, 여기서 볼 수 있다."

愚按: 夫子之於子貢, 屢有以發之[14], 而他人不與焉。則顏曾以下諸子所學之淺深, 又可見矣。
내가 생각건대, 선생님께서 자공(子貢)에게는, 여러 번 질문을 유발하는 말씀을 해주신 적이 있었지만, 다른 제자들은 여기에 함께하지 못했다. 그렇다면 안자(顏子) · 증자(曾子) 밑으로 여러 제자의 배움의 수준의 깊고 얕은 정도를, 또한 볼 수 있다.

12《論語大全》이는 중용의 글로 증거 삼아서, 다만 천리의 자연 유행의 오묘함은 사물 하나하나마다 깎고 새기고 한 흔적이 없다는 것을 형용한 것으로, 이 글로써 앞글의 뜻을 매듭지은 것일 뿐이다(陳氏曰: 此以中庸語證, 乃形容天理自然流行之妙, 無雕刻之迹, 卽所以結前意耳。).

13 復(복): 회답하다. 아뢰다. 복명하다(回答).

14《憲問 제37장》《陽貨 제19장》참조.

[由知德者鮮矣章*]

150301、子曰:「由! 知德者鮮矣。[1]」

선생님께서 말씀하셨다. "유(由)야! 덕을 알아보는 사람이 드물구나."

鮮, 上聲。○由, 呼子路之名而告之也。德, 謂義理之得於己者。非己有之, 不能知其意味之實也。

'鮮'(선)은 상성[xiǎn]이다. ○'由'(유)는 자로(子路)의 이름을 부르고 이 말씀을 해주신 것이다. '德'(덕)은 의리가 자기 내면에 쌓여 있는 것을 말한다. 자기 내면에 덕이 쌓여 있지 않으면, 덕의 의미의 실상을 알 수 없다.

○自第一章至此, 疑皆一時之言[2]。此章蓋爲慍見發也。[3, 4]

1《論語集解》군자도 물론 곤궁할 때가 있는데, 자로가 화가 나서 선생님을 만나 뵙고 여쭈었기 때문에[제2장], 그가 知德에 부족하다고 평하신 것이다(注: 王肅曰: 君子固窮, 而子路慍見, 故謂之少於知德也。);《論語義疏》자로를 불러서 말하기기를, 대체로 덕을 알아보는 사람을 얻기가 어렵기 때문에, 적다고 말씀한 것이다(자로가 知德이 부족하다고 하신 말씀이 아니다)(疏: 呼子路語之云夫知德之人難得, 故爲少也。);《論語集釋》陳澧[1810~1882]의《東塾讀書記》에 말했다. "내가 생각건대, 왕숙의 견해가 맞지 않기 때문에, 황간의 소가 그의 견해를 따르지 않은 것이다. 공자께서 자로에게 한 말은, 知德者이 적다는 말씀으로, '중용의 덕됨은, 아마도 지극하리라! 백성 중에 이 덕을 지닌 자가 드물어진 지가 오래되었다'[雍也 제27장]는 말씀과 같다. 앞 장에서는, '能者鮮'이라 했고, 이 장에서는 '知者鮮'이라 했는데, 그 뜻은 하나이다. 황간의 소에서 '知德者'를 '知德之人'으로 풀이했는데, 뜻이 가장 확실하다. 왕숙의 견해대로라면, '者'字는 누구를 가리키는 것인가?"(東塾讀書記: 澧案王肅說非是, 故皇疏不從之也。夫子告子路, 言知德之人鮮, 猶言中庸之爲德, 其至矣乎, 民鮮能久矣。彼言能者鮮, 此言知者鮮, 其意一也。皇疏解知德者爲知德之人, 文義最明。若如王肅說, 則者字何所指乎?);《論語正義》중용의 덕은, 백성 중에 할 수 있는 자가 드물기 때문에[雍也 제27장], (중용의) 덕을 알아보는 자는 드물다(正義曰: 中庸之德, 民所鮮能, 故知德者, 鮮。).

2 '歲寒松柏'章[子罕 제27장]도 같은 때 하신 말씀으로 나온다[《子罕 제27장》각주《莊子·雜篇·讓王》참조];《論語集釋》陳天祥[1230~1316]의《四書辨疑》에 말했다. "제1장의 위영공이 진법을 물은 절은, 공자께서 위나라에 계셨고, 자로가 화가 나서 물은 절은, 공자께서 진나라에 계셨는데, 위나라와 진나라는 떨어진 거리가 수백 리로, 두 절의 일은 같은 때가 아닌 것이 더욱 분명하다. 제2장과 이 제3장이 과연 어느 때의 일인지, 고찰할 수 없는데, 제1·2·3장을 모두 같은 때 하신 말씀으로 지칭하는 것은, 믿지 못하겠다"(四書辨疑: 第一章衛靈公問陳一節, 孔子在衛; 子路慍見一節, 孔子在陳, 衛與陳相去數百里, 兩節非一時甚明。第二與此第三章果在何時, 無文可考, 今通指爲一時之言, 未敢信也。).

3《論語大全》선생님께서 '知道'라 하지 않고, '知德'이라 하신 것은 어째서인가? 德과 道는 다르다. 行에

○제1장부터 이 장까지는, 모두 같은 때 하신 말씀인 것으로 보인다. 이 장은 아마도 자로(子路)가 화가 나서 선생님을 뵌 일 때문에 꺼내신 말씀일 것이다.

앞서 道에 대한 知가 있는 것이 '知道'이고, 行 뒤에 道에 대한 知가 생기는 것이 '知德'이다. 行에 앞서 道에 대한 知가 있으면, 道가 아직 나의 소유가 아니어서, 아직 가깝게 와 닿지 않는다. 行한 뒤에 道에 대한 知가 생기면, 이 道가 실로 나의 것이 되어서, 道에 대한 知가 깊어지고, 道의 속 맛을 알고 나면, 외면의 세상의 맛으로는, 그 맛을 빼앗기에는 부족하다. 맹자가, '인의에 의해 배불렀기에, 기름진 음식 맛을 돌아보지 않는다'[告子上 제17장]고 했는데, 자로는 아직 이 덕을 자기 것으로 하지 못했기에, 식량이 떨어지자, 곧 화를 낸 것이다(雙峯饒氏曰: 夫子不曰知道, 而曰知德, 何也? 德與道不同。知在行先, 曰知道, 知在行後, 則曰知德。知在行先, 則道未爲我有, 猶未親切。知在行後, 則此道實爲我有, 而知之也, 深旣知得這裏面滋味, 則外面世味, 自不足以奪之。孟子曰, 飽乎仁義, 所以不願人之膏粱之味也, 子路未能實有是德於己, 所以纔絶粮, 便慍見。).

4 《古今注》'鮮矣' 두 글자는, 본래 세상 사람들에 대해 서운해하고 아쉬워하는 말이다. 자로에 대해 서운해하고 아쉬워했다면 어찌 '鮮矣'[드물다. 적다]라고 말씀했겠는가? 자로가 덕을 알지 못해서 '知德者鮮矣'라고 말씀하셨다면, 이는 자로를 용서하는 말씀이지 어찌 자로를 꾸짖는 말씀이겠는가? 이 장은 주자가 말한 '慍見'과는 상관이 없다. 제자 중에, 가장 심하게 질책을 받은 자는 자로였다. 그렇지만 그의 골똘히 도를 행하려는 의지와 확고히 스승을 따르려는 충성심은, 모든 제자 중에서 가장 열렬했고 가장 맹렬했다. 그래서 공자께서 뗏목을 타고 바다를 떠도는데 지금처럼 변함없이 따를 것이라고 인정하셨으니, 이를 알 수 있다. 스승과 제자 두 사람은 사방 여러 나라를 두루 돌아다니다가, 끝내 알아주는 사람을 만나지 못한 채, 두 사람이 다 늙다 보니, 그제서야 울적하니 서운한 마음에, '知德者鮮矣!'라고 말씀하신 것인데, 어찌 자로를 질책하는 말이겠는가?(鮮矣二字, 本是慨惜世人之辭。若慨惜於子路, 則豈云鮮矣? 子路不知德, 而語之曰知德者鮮矣, 則是恕子路也, 豈責子路乎? 此章與慍見無涉。孔門弟子, 其最受切責者子路。然其汲汲行道之志, 斷斷從師之忠, 於諸弟子中, 最熱最猛。故孔子許之以乘桴浮海, 猶然相從, 斯可知也。師弟二人, 周流四國, 卒無所遇, 及其遲暮也, 悵然感慨曰, 知德者鮮矣! 斯豈切責之言乎?); 《論語新解》이 장에 대해 구설은 대부분 '子路慍見' 때문에 (자로가 知德이 부족하다고) 하신 말씀으로 보는데, 자공의 多學章으로 중간에 끊어졌으니, 통틀어서 같은 때의 일로 보는 것은 부당하다. 이 장은 단지 공자께서 자로에게 덕을 아는 자를 얻기가 어렵다고 말씀했을 뿐이다. 덕은 반드시 스스로를 수양하여 마음에 쌓여 있는 것으로, 스스로 덕을 실제로 지니고 있지 아니하면, 덕의 깊은 의미를 알 수 없기 때문에, 아는 자가 드문 것이다(此章旧说多疑为子路愠见而发。然有告子贡多学一章间断, 自不当通为一时事。此章只是孔子告子路, 言知德之人难得。德必修于己而得于心, 非己之实有之, 则不能知其意味之深长, 故知者鲜也。).

[無爲而治者章*]

150401、子曰:「無爲而治[1]者, 其舜也與? 夫何爲哉[2], 恭己[3]正[4]南面而已矣。[5]」[6]

1 [성]無爲而治(무위이치): 작위 없이 천하가 다스려지게 하다. 덕으로 백성을 변화시키다(无为: 无所作为; 治: 治理。自己无所作为而使天下得到治理。原指舜当政的时候, 沿袭尧的主张, 不做丝毫改变。后泛指以德化民。).

2《論語譯注》"그분이 무엇을 하셨는가?"("他幹了什麼呢?");《論語詞典》夫(부): 대명사. 그, 저(代詞。他, 那。);《論孟虛字》'夫'는 지칭사의 의미를 띠고 있고, '何'와 합성해서 의문발어사를 만든다. '夫何'는 이어 써서 '做什么'의 의미이다. '夫何爲哉'는 '그가 무엇을 했겠느냐?'는 말이다('夫'帶有指稱詞的意味, 跟'何'合成發端疑問語詞, '夫何'連續是'做什麼'的意思。'夫何爲哉', 是說'他做些什麼呢?');《論語句法》'夫'는 발어사이다('夫'是首語氣詞。);《古書虛字》'哉'는 '乎'와 같다. 의문사이다('哉'猶'乎'也。爲疑問之詞。).

3《論語正義》'恭己'는 '修己以敬'[憲問 제45장]이다.《中庸 · 제33장》에 말했다. "詩는 노래하길, '드러나지 않는 至德이여! 여러 임금 모두 그를 본받으리'라고 했으니, 이렇기에 군자가 篤恭하면 천하가 태평해진다"(正義曰: "恭己"者, 修己以敬也…… 禮中庸云: "詩云: '不顯惟德, 百辟其刑之.' 是故君子篤恭而天下平。"); 恭己(공기): 공손하고 조심스레 자기를 다스리다(谓恭谨以律己).

4《論語詞典》正(정): 동사. 똑바로 마주 보고 있다(動詞, 正對着。).

5《論語集解》관직에 맞는 적임자를 얻어서 일을 맡겼기 때문에, 아무 한 일이 없었는데도 세상이 다스려졌던 것이다(注: 言任官得其人, 故無爲而治也。);《論語義疏》蔡謨[281~356]가 예전에 부친의 가르침을 들었는데, 말씀하셨다. "요임금이 無爲할 수 없었던 것은, 성인이 아닌 임금에게 자리를 물려받았기 때문이다. 우임금이 無爲할 수 없었던 것은, 성인이 아닌 임금에게 자리를 물려주었기 때문이다. 요 · 순 · 우, 세 성인 임금이 서로 자리를 물려주는데, 순임금은 그 가운데 처하여, 요임금에게 물려받아서 우임금에게 물려주었으니, 무엇을 했겠는가? 도는 같았고 다스림이 다른 것은, 때였다. 자고 이래로, 태평성세를 물려 주고받는데, 두 성인의 사이를 연결했던 분은, 순임금뿐이었기 때문에, 특별히 그분을 無爲했다고 칭한 것이다"(疏: 蔡謨曰: 謨昔聞過庭之訓於先君曰: 堯不得無爲者, 所承非聖也。禹不得無爲者, 所授非聖也。今三聖相係, 舜居其中, 承堯授禹, 又何爲乎? 夫道同而治異者, 時也。自古以來, 承至治之世, 接二聖之間, 唯舜而已, 故特稱之焉。);《論語集釋》黃式三[1789~1862]의《論語後案》에 말했다. "無爲는 직접 일에 힘쓰지 않는 것을 말한다.《荀子 · 王霸》에, '덕 있는 자를 선발하고 능력 있는 자를 사용해서 벼슬자리에 임용하는 것이, 聖王의 할 일이다. 전하는 말에, 농부는 농지를 분담해 경작하고, 상인은 재화를 분담해 판매하고, 백공은 일을 분담해 물건을 만들고, 사대부는 직무를 분담해 처리하고, 제후는 봉토를 분담해 지키고, 삼공은 각 방면을 총괄해 논의하니, 천자는 자기 몸가짐을 공경되게 할 뿐이다'라고 했다"(黃氏後案: 無爲者, 謂不親勞於事也…… 荀子王霸篇曰:『論德使能而官施之, 聖王之道也。傳曰: 農分田而耕, 賈分貨而販, 百工分事而勸, 士大夫分職而聽, 建國諸侯分土而守, 三公總方而議, 則天子共己而已。』);《古今注》이는 순임금이 22인을 얻어, 각각에 맞는 직책을 주어, 천하가 이로써 잘 다스려졌으니, 이 같은 잘 다스려진 때가 되어서야, 자기 몸가짐을 공경되게 하고 똑바로 남면하고 계셨다는 것을 말씀한 것이다. 공자께서 '無爲'를 말씀하신 것은, 인재를 얻은 효과로, 편안하고 조용해질 수 있었다는 점을 극언하신 것으로, 극구 찬양하신 말씀이다(此謂舜得二十二人, 各授以職, 天下以治, 當此之時, 惟當恭己南面……孔子言無爲者, 甚言得人之效, 可以寧謐, 贊歎揄揚。).

6《大戴禮記 · 主言》參아! 너는 明君이 수고하고 애쓴다고 생각하느냐? 옛날에 순임금은 우를 왼쪽에 두고 고요를 오른쪽에 두고, 자리에서 내려온 적이 없는데도 천하가 다스려졌다(子曰: 參!女以明主爲勞

선생님께서 말씀하셨다. "앞에 나서서 한 일이 없었는데 천하를 잘 다스렸던 분은, 아마도 순(舜)임금이었겠지? 저분이 뭘 하셨는가? 자기 몸가짐을 공경되게 하고 똑바로 남면하고 계셨을 뿐이다."

與, 平聲。夫, 音扶。○無爲而治者, 聖人德盛而民化, 不待其有所作爲也。獨稱舜者, 紹[7]堯之後, 而又得人以任衆職, 故尤不見其有爲之跡也[8]。恭己者, 聖人敬德[9]之容。既無所爲, 則人之所見如此而已。

'與'(여)는 평성[yú]이다. '夫'(부)는 음이 '扶'(부, fú)이다. ○'無爲而治'(무위이치)라는 것은 성인이 덕이 꽉 차면 백성은 저절로 변화되니, 성인의 작위(作爲)가 필요 없었다는 것이다. 유독 순(舜)임금만을 일컬은 것은, 순(舜)임금은 요(堯)임금 뒤를 이었고, 또 인재를 얻어서 여러 직책을 맡겼기 때문에, 그가 직접 나서서 뭘 이뤄냈다는 흔적을 더더욱 볼 수 없어서이다. '자기 몸가짐을 공경되게 했다'는 것은 성인이 덕을 공경하는 모습이다. 나서서 뭘 했다는 흔적이 이미 없었으니, 그렇다면 사람들이 본 것이라고는 이것뿐이었다.

乎? 昔者舜左禹而右皋陶, 不下席而天下治。);《漢書 · 董仲舒傳》 공자께서, '앞에 나서서 한 일이 없이 천하를 잘 다스렸던 분은 아마도 순임금이실 게야!'라고 하셨는데, 순임금이 正朔을 고치고, 복색을 바꾸어, 천명에 순종했을 뿐, 그 나머지는 모두 요임금의 도를 그대로 따랐으니, 무엇을 고쳤습니까?(孔子曰: '亡爲而治者, 其舜虖!' 改正朔, 易服色, 以順天命而已; 其餘盡循堯道, 何更爲哉?);《論語譯注》 劉向(BC 77~BC 6)의 《新序 · 雜事四》에 말했다. "그러므로 왕은 사람을 구할 때는 수고롭지만, 현능한 사람을 얻고 난 후에는 편안하다. 순임금이 여러 현능한 사람을 등용해서 자리에 앉혔으니, 의상을 가지런히 드리우고 자기 몸가짐을 공경되게 하고 앞에 나서서 한 일이 없었어도 천하가 잘 다스려졌다[周易 · 繫辭下]"(新序雜事四云: "故王者勞於求人, 佚於得賢。舜舉衆賢在位, 垂衣裳恭己無爲而天下治。").

7 紹(소): 계승하다. 긴밀하게 이어지다. 소개하다(继承; 紧密连续。介绍, 为人引见, 使相互认识。).

8 《論語大全》《書經 · 舜典》에 즉해서 고찰해보면, 순의 통치의 자취는, 전부 요임금을 섭정한 28년에 있고, 천자의 자리에 오른 (50년) 동안에는, 서경의 기록에는, 九官[禹司空, 棄后稷, 契司徒, 皐陶士[獄官], 垂共工, 益朕虞, 伯夷秩宗, 夔典樂, 龍納言]과 十二牧을 임명한 것에 불과하고, 그 후에는 다른 일이 없었다(朱子曰: 卽書而考之, 則舜之所以爲治之迹, 皆在攝政二十八載之間, 及其踐天子之位, 則書之所載, 不過命九官十二牧而已, 其後無他事也。).

9 《百度百科》'敬德'과 '保民'은 주왕조의 통치원칙의 두 노선으로[《尚書 · 周書》에 '敬德', '保民' 字가 자주 나온다], '敬德'은 '敬天'을 말하고, '保民'은 '敬德'의 필연적인 결과이고 구체적인 표현이다('敬德'和'保民'是周王朝政治路线不可分割的两个方面。它是周王朝'敬德保民'政治路线的理论概括。'德'是'天'的至善性, '敬德'就是'敬天'; '保民'是周王朝政治路线的实践表征, '保民'是'敬德'的必然结果和具体表现。).

[子張問行章]

150501、子張問行[1,2]。

자장(子張)이 행세에 대해 여쭈었다.

猶問達[3]之意也。

자장(子張)이 '達(달)'에 대해 여쭈었을 때의 뜻과 같다.

150502、子曰:「言忠信, 行篤敬, 雖蠻貊[4]之邦行[5]矣[6]; 言不忠信, 行不篤敬, 雖州里[7]行乎哉?[8]

1《論語譯注》"어떤 재능이면 어디서나 통하게 할 수 있게 되겠습니까?"(如何才能使自己到处行得通); 《論語新解》대개 어떻게 하면 행한 바가 뜻한 대로 될 수 있는지를 여쭌 것이다["어떻게 해야 밖으로 통할 수 있는가?"](盖问如何而能所行如意; "如何始可向外行得通?").

2《史記 · 仲尼弟子列傳》에는, 이 장의 문답 역시 陳蔡之間에서 식량이 떨어졌을 때 있었던 것으로[子張……他日從在陳蔡閒, 困, 問行。孔子曰: "言忠信, 行篤敬, 雖蠻貊之國行也……"] 되어 있다.

3《顏淵 제20장》참조;《集注考證》'問達'은 名이 주가 되고, '問行'은 事가 주가 된다. 達은 남에게 이름이 알려지기를 바라는 것이고, 行은 하는 일마다 뜻을 이루지 못하는 경우가 없기를 바라는 것으로, 모두 밖의 것을 얻기를 바란다는 뜻이다(問達主于名, 問行主于事。達欲名聞于人, 行欲動無不遂, 皆欲得于外之意。).

4《補正述疏》《周禮 · 夏官司馬 · 職方氏》의 정현의 주에, '동쪽 종족을 夷, 남쪽 종족을 蠻, 서쪽 종족을 戎, 북쪽 종족을 貉狄이라 한다'고 했다(述曰:《周官、職方氏》注云: "東方曰夷, 南方曰蠻, 西方曰戎, 北方曰貉狄。"); 蠻貊(만맥): 남방과 북방의 낙후부족(古代称南方和北方落后部族。亦泛指四方落后部族。).

5《論語詞典》行(행): (막힘없이) 통할 수 있다(做得通。).

6《荀子 · 脩身》몸이 공경되고 마음이 충신하고, 방법은 예의를 따르고 성정은 사람을 사랑하면, 천하를 두루 돌아다니는 중에, 四夷에서 곤경에 처할 경우에도, 사람들이 아무도 그를 귀하게 여기지 않는 자가 없을 것이다(體恭敬而心忠信, 術禮義而情愛人; 橫行天下, 雖困四夷, 人莫不貴。).

7 州里(주리): 2500家를 州, 25家를 里라 한다. 지방고을을 州里라 한다. 지방고을. 고향(古代二千五百家爲州, 二十五家爲里。州里爲舊時地方行政區域州和里的合稱, 后泛指乡里或本土。);《論語詞典》州里(주리): 고향(本鄉本土。).

8《論語大全》'篤'에는 重厚[묵직하고 듬직하다] · 深沈[깊이 가라앉다]의 뜻이 있다. '敬'하지만 '篤'하지 못하면, 구애되거나 급박할 염려가 있다; '篤敬'은 敬을 돈독히 하는 것이다. '言忠信'하면, 말에 알맹이가 있고, '行篤敬'하면, 行에 늘 변치 않는 항상성이 있어서, 이를 써서 행하면, 어딜 가든 안 되는 게 없다; 모든 일에 자세히 살펴서 경솔히 나서지 않는 것, 이것이 '篤'의 의미이다. 경계하고 조심하고 염려하고

선생님께서 말씀하셨다. "말이 진실되고 믿음이 있고, 행실이 독실하고 공경되면, 비록 만(蠻)이나 맥(貊) 같은 미개한 다른 나라에서 일지라도 행세하겠지만, 말이 진실되지 못하고 믿음이 없고, 행실이 독실하지 못하고 공경되지 못하면, 비록 지방 고을에서인들 행세하겠느냐?

行篤, 行不之行, 去聲。貊, 亡百反。○子張意在得行於外, 故夫子反於身而言之, 猶答干祿問達[9]之意也。篤, 厚也。蠻, 南蠻。貊, 北狄。二千五百家爲州。

'行篤'(행독)과 '行不'(행불)의 '行'(행)은 거성[xìng]이다. '貊'(맥, mò)은 '亡'(망)과 '百'(백)의 반절이다. ○자장(子張)의 관심은 밖으로 행세할 수 있는지에 있었기 때문에, 선생님께서는 안으로 자기의 몸가짐을 돌이켜보라고 이 말씀을 하셨으니, 자장(子張)이 녹(祿)을 구하는 법과 달(達)에 대해 여쭌 것에 대한 선생님의 답변하신 뜻과 같다. '篤'(독)은 '두텁다'[厚]이다. '蠻'(만)은 남쪽의 만(蠻)족이다. '貊'(맥)은 북쪽의 적(狄)족이다. 2천5백 가구가 '州'(주)이다.

150503、立, 則見其參[10]於前也; 在輿[11], 則見其倚於衡[12]也。夫然[13]後行。」

두려워하여, 잃을까 봐 염려하는 마음, 이것이 '敬'의 의미이다(朱子曰: 篤有重厚深沈之意。敬而不篤, 則有拘迫之患; 南軒張氏曰: 篤敬者, 敦篤於敬也。言忠信, 則言有物, 行篤敬, 則行有恒, 以是而行, 何往不可; 雙峯饒氏曰: 凡事詳審不輕發, 是篤底意思。戒謹恐懼, 惟恐失之, 是敬底意思。);《論語大全》'忠'과 '信'은 모두 '實'로 풀이한다. '忠'은 속마음에서 우러나오는 것이고, '信'은 일로 내보여지는 것이다. 입으로는 이렇게 말하지만, 속마음으로는 이렇지 않은 것, 이것이 不忠이다. 입으로는 이렇게 말하지만, 일로 내보여지는 것은 이렇지 않은 것, 이것이 不信이다. '忠'은 앞절의 일이고, '信'은 뒷절의 일이다. 앞절은 진실이지만, 뒷절이 빈껍데기이면 안 된다(朱子曰: 忠信都訓實。忠是出於心者, 信是見於事者。如口裏如此說, 心下不如此, 是不忠也。口裏如此說, 驗之於事, 却不如此, 是不信也。忠是前一截事, 信是後一截事, 若前一截實, 後一截虛, 便不可。).

9《爲政 제18장》《顏淵 제20장》 참조.

10《論語義疏》'參'(삼)은 '森'이다. 눈앞에 빽빽하게 가득 뻗어 있어 보이는 것 같다는 것이다(疏: 參, 猶森也。自想見……森森滿亘於己前也。);《論語正義》王引之[1766~1834]의《經義述聞》에 말했다. "내 부친께서는, '參'은 '直'으로 풀이할 수 있으니, '參於前'은 앞에 양쪽으로 쭉 뻗어 있는 것을 말한다고 하셨다"(正義曰: 王氏引之經義述聞: "家大人曰: 參字可訓爲直……論語'參於前', 謂相直於前也。");《論語平議》'參'은 '厽'(루)로 쓰는 게 맞다.《說文 · 厽部》에, '厽는 흙덩이를 차곡차곡 쌓아 올려서 담장을 만드는 것으로, 그 모습을 형상화한 글자이다'라고 했다. 厽는 絫[累](루)로, '見其厽於前也'는 (서 있으면) 충신 · 독경이 앞에 차곡차곡 쌓여 있는 것을 본다는 말이다('參'當作'厽'……說文厽部: "厽, 絫坺土爲牆壁, 象形。" …… 厽之言絫也…… 立則見其厽於前也, 言見其積絫於前也。);《論語詞典》參(삼): 나란히

서 있으면, 충신(忠信)·독경(篤敬)이라는 그 글귀가 내 눈앞에 끼어 있어 보이고, 수레를 타고 있으면 충신(忠信)·독경(篤敬)이라는 그 글귀가 멍에에 걸려 있어 보인다. 그런 연후에야 행세할 수 있다."

參[14], 七南反。夫, 音扶。○其者, 指忠信篤敬而言。參, 讀如毋往參焉[15]之參, 言與我相參也。衡, 軛[16]也。言其於忠信篤敬念念不忘[17], 隨其所在, 常若有見, 雖欲頃刻離之而不可得。然後一言一行, 自然不離於忠信篤敬, 而蠻貊可行也。[18]

줄지어 서 있다["서 있으면 마치 忠信篤敬이란 글자가 눈 앞에 보이는 것 같다"](並排站着: '站立的時候, 就 彷彿]看見'忠誠老實忠厚嚴肅'幾個字在我們面前。');《論語新解》'參'은 '直'으로 풀이하는 경우, '參於前'은 '앞에 마주치다'와 같다. '絫'[累]로 풀이하는 경우, '앞에 쌓여 있다'와 같다. 지금 '累'의 뜻을 따른다["앞에 차곡차곡 쌓여 있다."](此参字或训直, 参于前, 犹云相值于前。或训絫, 犹云积累在前……今从累义: "累累在前。"); 參(삼): 빽빽하게 늘어서 있는 모습(叢立貌).

11《王力漢語》수레의 사람이 타는 객실을 '輿'(여)라 한다(古代馬車的車廂叫輿, 這是乘人的部份。).

12 [성]參前倚衡(참전의형): 언행에 있어 충신·독경을 중시해야 함을 가리킴. 서 있으면 충신·독경이란 글자가 눈앞에 전시되어 있는 것같이 하고, 수레를 타고 있으면 충신·독경이라는 글자가 가로목에 보이는 것같이 하는 것을 가리킨다. 일거수일투족이 한결같음을 가리킨다(意指言行要讲究忠信笃敬, 站着就仿佛看见'忠信笃敬'四字展现于眼前, 乘车就好像看见这几个字在车辕的横木上。泛指一举一动, 一。); 倚(의): 기대다. 의지하다(靠着。仗恃。); 衡(형): 수레 끌채의 앞단과 연결되는, (두 마리 소의) 멍에 위에 걸치는 가로목(车辕前端的横木).

13《論語句法》'夫'은 문장 앞머리에 쓰이는 어기사이다('夫'是句首語氣詞。); 夫然(부연): 대명사. 추론의 조건을 표시한다. 이러하다. 바로 이렇기 때문에(代词性结构。表推论的条件。可译为"这样"、"正因为这样"等。).

14 參(참/삼): [cān] 나란히 열 지어 서다. 참여하다. 참배하다(羅列; 並立。參與; 參加。 猶問候。參拜。); [shēn] 인삼. 별자리. 공자 제자 증삼(人參。星座名。曾參。); [cēn] 들쑥날쑥하다(參差).

15《禮記·曲禮上》두 사람이 짝지어 나란히 앉아 있거나 서 있는데, 가서 그 사이에 끼어들지 말라(離坐離立, 毋往參焉。).

16 軛(액)은 수레를 끄는 소나 말의 목 위에 얹는 '人'字 모양의 나무[멍에]이고, 衡(형)은 차체에서 뻗어 나온 轅[끌채]의 끝에 묶는 가로목으로 衡(형)의 양쪽에 두 개의 軛[멍에]을 묶어서 소의 목에 얹는다(衡、軛本二物。軛是略呈"人"字形的木杈, 駕在牛頸上; 衡是與轅相連的一根橫木。).

17 念念不忘(념념불망): 잊지 않도록 마음에 단단히 새기고 언제나 생각하다. 마음에 새겨두고 한시도 잊지 않다(念念: 时刻思念着。形容牢记于心, 时刻不忘。).

18《論語大全》'參前倚衡'이란, 말은 반드시 진실되고 믿음 있게 하려고 하고, 행실은 독실하게 공경되게 하려고 하기를, 마음에 새겨두고 한시도 잊지 않다 보니, 눈앞에 형상으로 나타날 수 있음을 말한 것이다(朱子曰: 參前倚衡……此謂言必欲其忠信, 行必欲其篤敬, 念念不忘, 而有以形於心目之間耳。);《朱子全書(第23册)·晦庵先生朱文公文集(卷59)·答吳斗南》參前倚衡이란, 마치 '옛날 요임금이 죽은 후에, 순임금이 앙모하기를 3년, 앉아 있을 때면 요임금이 담벼락에 어른거려 보였고, 밥을 먹을 때면 요임금이 국그릇 속에 나타나 보였다'(參前倚衡……昔堯殂之後, 舜仰慕三年, 坐則見堯於牆, 食則睹堯於羹。)[後漢書·李杜列傳]라고 한 말과 같습니다(如言見堯於羹, 見堯於牆。)(李紱 저/조남호 外 역, 『주희

'參'(참, cān)은 '七'(칠)과 '南'(남)의 반절이다. '夫'(부)는 음이 '扶'(부, fú)이다. ○'其'(기)라는 것은 충신(忠信)·독경(篤敬)을 가리켜서 한 말이다. '參'(참)은 발음이 '毋往參焉'[가서 그 사이에 끼어들지 말라]의 '參'(참)과 같은데, 나와 서로 사이에 끼어드는 것을 말한다. '衡'(형)은 '멍에'[軛]이다. 말씀인즉, '그가 충신(忠信)·독경(篤敬)에 대해 마음에 새겨두고 한시도 잊지 아니하고, 그가 있는 곳마다 따라다녀, 항상 눈앞에 보고 있는 듯해서, 잠시라도 떠나려고 해도 떠날 수 없다. 그런 연후에 한마디 말이나 한 가지 행실이라도, 저절로 충신(忠信)·독경(篤敬)에서 떠나지 않게 되어, 만(蠻)이나 맥(貊) 같은 미개한 다른 나라에서 일지라도 행세할 수 있다'는 것이다.

150504、子張書諸紳。[19]

자장(子張)이 이 말씀을 허리띠에 적었다.

紳, 大帶之垂者。書之, 欲其不忘也。

'紳'(신)은 허리띠를 묶고 나서 그 나머지가 아래로 드리워진 부분이다. 선생님의 말씀을 띠에다 적은 것은, 그 말씀을 잊지 않고자 해서였다.

○程子曰:「學要鞭辟近裏[20], 著己而已。博學而篤志, 切問而近思[21]; 言忠信, 行篤敬: 立

의 후기철학』[소명출판, 2009], 286).

19《說文·敍》 죽간이나 비단에 쓰는 것을 書라 한다(著於竹帛謂之書。);《詞詮》 諸(제): 대명사 겸 개사. '之於' 두 글자를 합친 합성어('諸', 代名詞兼介詞。'之於'二字之合聲。): 諸(제): 대명사인 '之'와 전치사인 '於'의 合音合義詞로, 뒤에 장소를 나타내는 명사가 오고, '之'는 앞에 나온 동사의 목적어로서 앞에서 나온 사물이나 사람을 대신하고. '於'는 뒤의 명사(구)와 함께 보어가 된다; 紳(신): 사대부가 허리에 묶던 띠(古代士大夫束腰的大带子, 引申为束绅的人。).

20《論語大全》'鞭辟近裏'(편벽근리), 이는 낙양지방의 말로, '辟'은 驅辟[몰고 쫓다]와 같은 말이다. 어떤 곳에는 '鞭約近裏'라고 쓰여 있는데, 채찍으로 몰고 쫓아서 안쪽으로 향해가야 한다는 것이다. 지금 사람들은 모두 바깥쪽을 향해서 공부하고 있는데, 정자가 아래에 말한 '切問近思 言忠信 行篤敬' 중에 어느 한 구절의 말이라도 바깥쪽을 향하는 것이 있는가? 단지 자기 몸에 즉해서 이해하는 것이, 바로 '近裏著己'이다(朱子曰: 鞭辟近裏, 此是洛中語, 辟, 如驅辟一般。一處說作鞭約, 是要鞭督向裏去。今人皆就外面做工夫, 下云切問近思, 言忠信, 行篤敬, 何嘗有一句說向外去? 只就身上理會。便是近裏著己。); 鞭辟近裏(편벽근리): 깊숙한 곳까지 절개하고 쪼개서 가장 깊은 곳까지 다가가다. 탐구하는 자세가 투철하고, 깊이 파고드는 자세가 정미하다. 내면적으로 깊이 성찰하고 연구하다. 송유들의 상용어(鞭辟: 鞭策,

則見其參於前, 在輿則見其倚於衡, 只[22]此是學。質美者明得盡, 查滓便渾化[23], 卻[24]與天地同體。其次惟莊敬以持養之, 及其至則一也。」

○정자(程子·明道)가 말했다. "배움은 채찍으로 몰고 쫓아서 아주 깊숙한 곳까지 가까이 가, 내 몸에 착 달라붙게 하려는 것일 뿐이다. '널리 배우고 뜻을 확고히 하고 당장 절실한 것부터 묻고 가까운 것부터 생각하는 것', '말이 진실하고 믿음이 있고, 행실이 독실하게 공경되도록 하는 것', '서 있으면 충신(忠信)·독경(篤敬)이라는 글귀가 내 눈앞에 끼어 있어 보이고, 수레를 타고 있으면 충신(忠信)·독경(篤敬)이라는 글귀가 멍에에 걸려 있어 보이는 것', 단지 이것이 배움이다. 자질이 뛰어난 사람은, 명철의 투철함이 최고 경지에 도달하여, (사의(私意)나 인욕(人欲) 같은) 약간의 남은 찌꺼기마저도 곧바로 온전히 녹아 없어져서, 금방 천지와 한 몸뚱이가 된다. 그다음 자질의 사람은, 오직 엄숙하고 공손하게 해서 이로써 몸가짐을 지키고 길러야 하지만, 최고의 경지에 도달하게 되면 자질이 뛰어난 사람과 똑같아진다."

激励; 里: 最里层。意指深入剖析, 使靠近最里层。形容探求透彻, 深入精微。宋儒常用语。);《集注考證》鞭辟(편벽): '行辟人'(행차할 때에 행인들을 몰아내 길을 비키게 하다)[孟子·離婁下 제2장]의 '辟'으로, 앞서가는 자가 채찍으로 길가는 행인들을 비껴나게 해서 길을 틔우는 것을 말한다(如行辟人之辟, 謂猶前驅者以鞭攔約人使開向一邊也。).

21《子張 제6장》 참조.

22 內閣本에는 '只'가 '即'으로 되어 있다.

23《論語大全》'天地同體'인 부분이 의리의 정수이다. '查滓'(사재)는 私意와 人欲이 아직 없어지지 않고 남아 있는 부분이다. 사람은 천지와 본래 한 몸뚱이인데, 다만 查滓가 아직 없어지지 않은 까닭에, 그래서 둘 사이에 간격이 생긴다. '查滓'가 없으면, 곧바로 '天地同體'이다(朱子曰: 天地同體處, 是義理之精英。查滓, 是私意人欲之未消滅者。人與天地本一體, 只緣查滓未去, 所以有間隔。若無查滓, 便與天地同體。); 查滓(사재): 남은 찌꺼기. 잔재(物品提出精华后剩下的东西。殘滓。); 渾化(혼화): 혼연일체가 되다. 온전히 하나로 되다. 하나로 녹아들다(浑然化一, 融为一体。).

24 卻(각): 금방. 바로. 없애 버리다(刚刚。去掉。); '却'을 동사 '渾化' 뒤에 붙여 읽어, 동작의 완성을 표시하는 조사로 보아서, '불타고 남은 재까지도 한 덩이 안에 녹아 없어져버려, 천지와 한 몸뚱이가 된다'고 해석하는 견해도 있고, '與天地同體'를 수식하는 부사로 보아서, '불타고 남은 재까지도 혼연히 일체가 되어, 금방 천지와 한 몸뚱이가 된다'고 해석하는 견해도 있다.

[直哉史魚章]

150601、子曰:「直哉史魚[1]! 邦有道, 如矢; 邦無道, 如矢。

선생님께서 말씀하셨다. "곧은 사람이었다, 사어(史魚)는! 나라에 도(道)가 있을 때도 화살같이 곧았고, 나라에 도(道)가 없을 때도 화살같이 곧았다.

史, 官名。魚, 衛大夫, 名鰌。如矢, 言直也。史魚自以不能進[2]賢退不肖[3], 既死猶以尸諫[4], 故夫子稱其直。事見家語。[5]

'史'(사)는 관직 이름이다. '魚'(어)는 위(衛)나라 대부로, 이름이 추(鰌)이다. '如矢(여시)'는 '곧다'[直]는 말이다. 사어(史魚)는 스스로 현능한 자를 천거하지 못했고 현능하지

---

1 史魚(사어): 위나라 대부. 名 佗, 字 子魚. 史鰍(사추)라고도 불린다. 위영공[BC 534~BC 493 재위] 때 祝史를 맡았기 때문에 祝佗(축타)라 불렀다. 오나라 延陵季子[BC 577~BC 485]가 위나라를 지나가면서 사어를 칭찬하기를, 위나라의 군자[衛國君子], 위나라를 떠받치는 신하[柱石之臣]라고 했다. 사어는 여러 번 위영공에게 거백옥[~BC 484?]을 천거했다. 죽음에 임해서 가솔들에게 정실에서 상을 치르지 말라고 하여, 이로써 위영공에게 현인인 거백옥을 천거하고 간신인 미자하를 내칠 것을 권고했는데, 역사에서는 이를 '屍諫'(시간)이라 한다.

2 進賢(진현): 현명하고 재능이 있는 선비를 천거하다(谓进荐贤能之士); 進(진): 추천하다(推荐).

3 不肖(불초): 재목감이 못 되는 자. 쓸모없는 인간. 행실이 그른 자. 못나고 어리석은 자(不成材; 不正派).

4 尸諫(시간): 주검을 펼쳐놓고 간하다. 죽음으로써 임금에게 간하다(陳屍以諫。後泛指以死諫君。).

5《孔子家語 · 困誓》위나라 거백옥은 현능했지만, 영공이 쓰지 않았고, 미자하는 무능했지만, 반대로 그를 썼다. 사어가 여러 차례 간했지만 따르지 않았다. 사어가 병이 들어 죽게 되자, 아들에게 명하기를, '내가 위나라 조정에 있으면서, 거백옥을 추천하지 못하고, 미자하를 물리치지 못했으니, 이는 내가 신하로서 임금을 바르게 하지 못한 것이다. 살아서 임금을 바르게 하지 못했으니, 죽어서 예를 다 갖출 도리가 없다. 내가 죽으면 너는 주검을 덕석에 둘둘 말아 창문 밑에 놓아두는 것으로, 빈소 차리는 것을 끝내라'라고 했다. 아들이 아버지 유언대로 했다(衛蘧伯玉賢, 而靈公不用; 彌子瑕不肖, 反任之。史魚驟諫而不從。史魚病將卒, 命其子曰: '吾在衛朝, 不能進蘧伯玉, 退彌子瑕, 是吾爲臣不能正君也。生而不能正君, 則死無以成禮。我死, 汝置屍牖下, 於我畢矣。' 其子從之。). 영공이 조문하러 와서는 괴이하게 여겨 이에 대해 물었다. 아들이 아버지의 말을 영공에게 고하자, 영공이 놀라 얼굴빛이 변해서 말하기를, '이것은 과인의 잘못이다'라고 하고, 곧 이어서 손님 자리에 빈소를 차리도록 명하고, 거백옥을 등용하고 미자하를 물리쳐 멀리 두었다. 공자가 이를 듣고 말씀했다. "옛날의 수많은 간언하는 자들은 죽으면 그것으로 끝이었지, 사어처럼 죽어서도 주검으로 간하여, 자기 임금을 진실로 감동케 한 자는 없었다. 절개가 곧은 사람이라고 하지 않을 수 있겠느냐?"(靈公弔焉, 怪而問焉。其子以其父言告公。公愕然失容, 曰: '是寡人之過也。' 於是命之殯於客位, 進蘧伯玉而用之, 退彌子瑕而遠之。孔子聞之, 曰: '古之列諫之者, 死則已矣, 未有若史魚死而屍諫, 忠感其君者也。可不謂直乎?').

못한 자를 물리치지 못했다 하여, 죽고 나서도 여전히 주검으로서 간언했기 때문에, 선생님께서 그의 곧은 절개를 칭찬하셨다. 이 일이 《공자가어》(孔子家語)에 보인다.

150602、君子哉蘧伯玉! 邦有道, 則仕; 邦無道, 則可卷而懷之[6]。」[7]

군자였다, 거백옥(蘧伯玉)은! 나라에 도(道)가 있을 때면 벼슬을 했고, 나라에 도(道)가 없을 때면 몸을 거두어서 숨길 수 있었다."

伯玉出處, 合於聖人之道, 故曰君子。卷, 收也。懷, 藏也。如於孫林父甯殖放弑之謀[8], 不對而出[9], 亦其事也。

'蘧伯玉'(거백옥)이 벼슬에 나아가는 것과 벼슬에서 물러나는 것이, 성인의 도(道)와 부

6 《論語平議》 '之'는 《漢石經》에는 '也'로 쓰여 있다. 《後漢書 · 周黃徐姜申屠列傳》의 序에도, '孔子稱蘧伯玉, 邦無道則可卷而懷也。' 라고 했다. 古本이 이와 같으니, 따라야 한다. '卷'의 뜻은 '收'이다. '懷'의 뜻은 '歸'이다. '邦有道, 則仕, 邦無道, 則可卷而懷也。' 는, 나라에 도가 있으면 나가서 벼슬을 하고, 도가 없으면 거둬들이고 돌아온 것을 찬미한 것이다(之字, 漢石經作也。後漢書周黃徐姜申屠傳序, 亦曰, 孔子稱'蘧伯玉, 邦無道則可卷而懷也。' 是古本如此, 當從之。卷之義爲收……懷之義爲歸……邦有道, 則仕, 邦無道, 則可卷而懷也, 美其有道則出仕, 無道則卷收而歸也。); 《古書虛字》 '之'는 '也'와 같다('之', 猶'也'也。爲決定之詞。); 《論孟虛字》 '之'는 '也'와 같다. 동사의 접미사('之', 猶'也'。爲動詞的詞尾。表決定語氣。按唐石經'之'作'也'。); 《論語譯注》 "자기의 재능을 거둬들여 간직해둘 수 있었다"("可以把自己的本領收藏起來。"); 卷懷(권회): 둘둘 말아서 숨기다. 몸을 숨기거나 관직을 벗고 은거하다. 마음을 가라앉히고 걱정을 식히다(《論語正義》'卷, 收也。怀, 与'褱'同, 藏也.'; 后以'卷怀'谓藏身隐退, 收心息虑。).

7 《論語正義》《韓詩外傳 · 卷二》에 말했다. "밖으로는 남에게 관대하게 하고 안으로는 스스로를 곧바르게 했으니, 사악하고 굽은 것을 교정하는 기구를 자기 안에 설치해 두고, 자기는 곧바르게 교정하지만 남은 교정하지 않고, 자주 버림을 받아도 울적해하지 않는 것이 거백옥의 행실이었다." 거백옥도 직도를 지켰지만, 사어가 지킨 직도와는 같지 않았다. 사람들이 유도한지 무도한지를 묻지 않았고, 또 그 출처의 도리가 '천하에 도가 있을 때면 드러내서 지내고, 천하 어디에도 도가 없을 때면 숨어서 지낸다'[泰伯 제13장]는 공자의 말씀에 깊이 부합했다. 사어에 비추어 더욱 현자였기 때문에, 공자께서 '군자'라고 거백옥을 칭찬하신 것이다(正義曰: 韓詩外傳: "外寬而內直, 自設於隱括之中, 直己不直人, 善廢而不悒悒, 蘧伯玉之行也。" 是伯玉亦守直道, 但不似史魚之直。人不問有道無道, 又其出處, 深合"有道則見, 無道則隱"之義。視史魚爲更賢, 故夫子以君子許之。); 《孔子傳》 史魚 · 蘧伯玉 두 사람은 모두 나이가 공자보다 30세 이상 많았다. 그렇지만 공자가 위나라에 이르렀을 때는, 두 사람이 아직 살아 있었기 때문에, 공자께서 특별히 끌어대서 언급하신 것이다(此两人皆当长孔子三十以上。然孔子至卫, 两人当尚在, 故孔子特称引及之。).

8 《春秋左傳 · 襄公 14年, 26年》[BC 559, 547]에 나온다.

9 《補正述疏》 '不對而出'은 '不與而出'로 써야 맞다(述曰: 《集注》'不對而出', 當作'不與而出'。).

합했기 때문에, 군자라고 말씀하신 것이다. '卷'(권)은 '거두다'[收]이다. '懷'(회)는 '숨기다'[藏]이다. 예컨대 손임보(孫林父)와 영식(甯殖)이 자기 임금 위(衛) 헌공(獻公, BC 576~BC 559, BC 546~BC 544 재위)을 축출할 것을 모의하는 모임과 殤公(상공, BC 558~BC 547)을 시해할 것을 모의하는 모임에, 거백옥(蘧伯玉)이 대답 없이 빠져나온 것도, 그러한 사례이다.

○楊氏曰:「史魚之直, 未盡君子之道。若蘧伯玉, 然後可免於亂世。若史魚之如矢, 則雖欲卷而懷之, 有不可得也。」

○양씨(楊氏 · 楊中立)가 말했다. "사어(史魚)의 곧은 절개는, 군자의 도(道)에는 미진했다. 거백옥(蘧伯玉)같이 한 뒤에야, 난세를 피할 수 있었다. 사어(史魚)의 화살같이 곧은 절개의 경우에는, 비록 몸을 거두어 숨기고 싶을지라도, 그렇게 하지 못하는 경우가 생긴다."

[失人失言章*]

150701、子曰:「可與言而不與之言[1], 失人; 不可與言而與之言, 失言[2]。知者不失人, 亦不失言。[3][4]」

선생님께서 말씀하셨다. "함께 말해도 될 만한 사람인데도 그와 함께 말을 하지 않으면 사람을 잃고, 함께 말해서는 안 되는 사람인데도 그와 함께 말을 하면 말을 잃는다. 지자(知者)는 사람을 잃지도 않고, 또 말을 잃지도 않는다."

知, 去聲。

'知'(지)는 거성[zhì]이다.

---

1 《論語集釋》 황간의 《論語義疏》와 《唐石經》에는, '不與之言'의 '之'字가 모두 없다(皇本, 唐石經本引『不與之言』俱無之字。).

2 [성]失言失人(실언실인): 실없거나 해서는 안 되는 말로 인해 말을 잃어버리고, 터놓고 말을 하지 않음으로 인해 사람을 잃는다; 失言(실언): 말을 걸어서는 안 되는 사람에게 말을 걸다. 해서는 안 될 말을 하다(谓不该对某些人说某些话。说了不该说的话。); 失人(실인): 인재를 놓치다. 인재를 잘못 쓰다(谓错过人才; 错用人才。).

3 《論語義疏》 함께 말할 만한 사람인데도, 내가 그와 함께 말을 하지 않으면, 이 사람은 다시는 나를 대하지 않을 것이기 때문에, 이것이 말할 만한 사람을 잃는 것이고, 함께 말해서는 안 되는 사람인데도 함께 말하면, 이는 나의 말을 잃는다는 말이다(疏: 謂此人可與共言, 而已不可與之言, 則此人不復見顧, 故是失於可言之人也; 言與不可言之人共言, 是失我之言者也。).

4 《荀子 · 勸學》 못된 것을 묻는 자에게는 대답하지 말고, 못된 것을 말하는 자에게는 묻지 말고, 못된 것을 말하는 자의 말은 듣지 말라. 다투려는 자와는 논변하지 말라. 그러므로 그에 맞는 도를 따라 좇은 연후에 가까이 대하고, 그에 맞는 도가 아니면 피한다. 그러므로 예가 공손한 이후에 함께 도의 방법을 말할 수 있고, 말이 순순한 이후에 함께 도의 이치를 말할 수 있고, 낯빛이 부드러운 이후에 함께 도의 극치를 말할 수 있다. 그러므로 함께 말해서는 안 되는 사람인데도 함께 말하는 것을 '傲'(오), 함께 말해도 될 만한 사람인데도 함께 말하지 않는 것을 '隱'(은), 기색을 살피지 않고 말하는 것을 '瞽'(고)라고 한다. 그래서 군자는 不傲 · 不隱 · 不瞽하고, 그 사람이 함께 말할만한 사람인지 아닌지를 조심스레 살펴 그에 따른다(問楛者, 勿告也; 告楛者, 勿問也; 說楛者, 勿聽也。有爭氣者, 勿與辯也。故必由其道至, 然後接之; 非其道則避之。故禮恭, 而後可與言道之方; 辭順, 而後可與言道之理; 色從而後可與言道之致。故未可與言而言, 謂之傲; 可與言而不言, 謂之隱; 不觀氣色而言, 謂之瞽。故君子不傲, 不隱, 不瞽, 謹順其身。).

[志士仁人章]

150801、子曰:「志士仁人[1], 無求生以[2]害仁[3], 有殺身以成仁[4]。」[5, 6]

---

1 [성]志士仁人(지사인인): 원대한 포부와 고상한 도덕을 지닌 사람. 인자하고 지조가 있어 정의를 위해 생명을 바칠 수 있는 사람(有遠大志向和高尚道德的人。原指仁爱而有节操, 能为正义牺牲生命的人。); 《論語平議》'志士'는 바로 '知士'[학식있는 선비]이다. 논어에서는 매번 仁과 知를 함께 언급하는데, 여기에서 말한 '志士仁人'은 '知士仁人'과 같다. 仁者는 仁을 편안히 여기고, 知者는 仁을 이롭게 여겨 꾀하기 때문에[里仁 제2장], 몸뚱이를 죽여서 이로써 仁을 이루는 일이 있고, 살기를 구하여 이로써 仁을 해치는 일은 없는 것이다. 《論語注疏》에서는 '志士'를 '선에 뜻을 둔 선비'(志善之士)라고 했는데, 옳지 않다(志士, 即知士也…… 論語, 每以仁知竝言, 此云志士仁人, 猶云知士仁人也。仁者安仁, 知者利仁, 故有殺身以成仁, 無求生以害仁。正義以爲志善之士, 非是。).

2 《王力漢語》 접속사 '以'가 동사 · 동사구를 연결할 경우, 동사 행위의 선후 관계를 표시하며, 뒤의 행위는 왕왕 앞의 행위를 하게 된 목적이거나 앞의 행위가 낳은 결과이다(用連詞'以'字連接動詞或動詞性詞組的時候, 它表示在時間上一先一後的兩種行爲的聯系, 後一行为往往是前行爲的目的, 或者是前一行为所產生的結果。); 《論孟虛字》 '以'는 '而'과 같다. '以' 아래에 표시한 행동은 '以' 위의 행동의 목적이고, 결과를 표시한 것은 아니다(這兩個'以'字的作用, 和用'而'字一樣, 是在轉變語氣。表示'以'下的行動, 爲'以'上的行動的目的, 不是表結果的。) .

3 [성]求生害仁(구생해인): 목숨을 부지하기를 구하다가 인덕을 해치다(因谋求活命而有伤仁德).

4 [성]殺身成仁(살신성인): 몸을 바쳐 인을 이루다. 의로운 일을 수호하기 위해 자기 목숨을 버리다(成: 成全; 仁: 仁爱, 儒家道德的最高标准。泛指为了维护正义事业而舍弃自己的生命。); [성]取義成仁(취의성인): =成仁取義. 정의로운 일을 위해 목숨을 바치다(指为正义而牺牲生命。).

5 《論語正義》 張栻[1133~1180]의 《論語解》에 말했다. "사람 중에 아무도 자기 목숨을 중히 여기지 않을 사람은 없으니, 군자 역시 어찌 사람들과 다르겠는가? 그렇지만 목숨 때문에 仁을 해칠 경우라면 목숨을 구하려 하지 않고, 목숨 때문에 仁을 이룰 경우라면 자기 몸을 죽이는 것도 피하지 않으니, 대개 그러한 죽음에는 목숨보다 중히 여기는 것이 있기 때문이다. 仁은, 사람이 이 때문에 살아가는 그 무엇이다. 이 때문에 살아가는 그 무엇인 仁을 해치는 경우, 그렇게 산들 무엇 하겠는가? 증자가 말한 '바른 죽음을 맞이할 수 있으면 그만이다'[禮記 · 檀弓上]라고 한 것이, 바로 이 뜻이다"(正義曰: 張栻解: "人莫不重於其生也, 君子亦何以異於人哉? 然以害仁則不敢以求生, 以成仁則殺身而不避, 蓋其死有重於生故也。夫仁者, 人之所以生者也。苟虧其所以生者, 則其生也亦何爲哉, 曾子所謂'得正而斃'者, 正此義也。").

6 《大戴禮記 · 曾子制言上》 부유하지만 구차스러운 것은, 가난하지만 명예스러운 것만 못하다. 살아서 치욕스러운 것은, 죽어서 영광스러운 것만 못하다. 치욕은 피할 수 있으면 피하면 좋지만, 피할 수 없는 지경에 이르러서는, 군자는 죽는 것을 집으로 돌아가는 것처럼 평상의 일로 여긴다[淮南子 · 兵略訓](富以苟, 不如貧以譽; 生以辱, 不如死以榮。辱可避, 避之而已矣; 及其不可避也, 君子視死若歸。); 《孟子 · 告子上 제10장》 맹자가 말했다. "물고기 요리도 내가 좋아하는 것이고, 곰 발바닥 요리도 내가 좋아하는 것이다. 이 둘 다 얻을 수 없다면, 물고기 요리를 놔두고 곰 발바닥 요리를 취할 것이다. 목숨도 내가 원하는 것이고, 의로움도 내가 원하는 것이다. 이 둘 다 얻을 수 없다면, 목숨을 버리고 의로움을 택할 것이다. 목숨도 내가 원하는 바이지만, 원하는 것이 목숨보다 더 원하는 것이 있기에, 구차하게 목숨을 얻으려 하지 않는다. 죽음 또한 내가 싫어하는 것이지만, 싫어하는 것이 죽음보다 더 싫어하는 것이 있기에, 환난을 피하지

선생님께서 말씀하셨다. "지조(志操) 있는 선비와 인(仁)한 사람은, 살기를 구하여 이로써 인(仁)을 해치는 일은 없고, 몸뚱이를 죽여서 이로써 인(仁)을 이루는 일은 있다."

志士, 有志之士。仁人, 則成德之人也。理當死而求生, 則於其心有不安矣, 是害其心之德也。當死而死, 則心安而德全矣。[7]

'志士'(지사)는 뜻을 품은 선비이다. '仁人'(인인)은 덕을 완성한 사람이다. 도리상 마땅히 죽어야 하는데도 살기를 구한다면, 그 마음에는 편치 못한 구석이 있을 것인데, 이것이 그의 마음의 덕을 해친다. 마땅히 죽어야 해서 죽는다면, 마음은 편안하고 덕은 온전히 그대로 있다.

○程子曰:「實理[8]得之於心自別。實理者, 實見得是, 實見得非也。古人有捐軀[9]隕命[10]者,

않는 경우가 있는 것이다(孟子曰: 魚, 我所欲也; 熊掌, 亦我所欲也, 二者不可得兼, 舍魚而取熊掌者也。生, 亦我所欲也; 義, 亦我所欲也, 二者不可得兼, 舍生而取義者也。生亦我所欲, 所欲有甚於生者, 故不爲苟得也; 死亦我所惡, 所惡有甚於死者, 故患有所不辟也。). 가령 사람들이 원하는 것으로 목숨보다 더 원하는 것이 아무것도 없다고 한다면, 목숨을 얻을 수 있는 것이라면 무엇인들 못 하겠느냐? 가령 사람들이 싫어하는 것으로 죽음보다 더 싫어하는 것이 아무것도 없다고 한다면, 죽음의 환난을 피할 수 있는 것이라면 무엇인들 못 하겠느냐? 이것을 따르면 살 수 있는 데도 쓰지 않는 경우가 있고, 이것을 따르면 환난을 피할 수 있는 데도 하지 않는 경우가 있다. 그래서 원하는 것이 목숨보다 더 원하는 것이 있고, 싫어하는 것이 죽음보다 더 싫어하는 것이 있다는 것이다. 비단 현자만이 이러한 마음을 지니고 있는 것은 아니고, 사람이라면 누구나 지니고 있지만, 현자는 능히 잃지 않을 뿐이다"(如使人之所欲莫甚於生, 則凡可以得生者, 何不用也? 使人之所惡莫甚於死者, 則凡可以辟患者, 何不爲也? 由是則生而有不用也, 由是則可以辟患而有不爲也。是故所欲有甚於生者, 所惡有甚於死者, 非獨賢者有是心也, 人皆有之, 賢者能勿喪耳。).

7 《論語大全》 죽어야 해서 죽는다면 도리에 맞고, 마음에 비로소 편안함을 느끼기 때문에, 그러한 죽음을 '殺身成仁'이라고 한다. 그렇지만 志士 · 仁人으로 구별해 말씀하신 것은, 뜻을 품은 사람은 격앙된 감정으로 죽음으로 나아가고, 덕을 완성한 사람은 조용한 마음으로 죽음으로 나아가기 때문이다(胡氏曰: 當死而死, 於理爲是, 於心始安, 故謂之成仁。然必曰 志士仁人者, 有志之士, 慷慨就死, 成德之人, 從容就死也。); 《論語大全》 어떤 사람이 이 장에 대해 묻기에 주자가 답했다. "仁이라는 것은 마음의 본유한 덕이고, 모든 이치가 仁 안에 갖춰져 있습니다. 하나라도 이치에 맞지 않은 것이 있으면 마음이 편안할 수 없어 마음의 덕을 해칩니다. 이 이치에 순종해서 어기지 않으면 몸뚱이는 비록 죽일 수 있을지라도, 이 마음의 온전함과 이 이치의 올바름은, 호연히 하늘과 땅 사이를 가득 채울 것이니, 누가 없앨 수 있겠습니까?"(或問此章曰: 仁者心之德, 而萬理具焉。一有不合於理, 則心不能安, 而害於德矣。順此理而不違, 則身雖可殺, 而此心之全, 此理之正, 浩然充塞天地之間, 夫孰得而亡之哉?).

8 實理(실리): 진실된 도리. 실재하는 도리. 실상이 있는 도리(真實的道理。).

9 捐軀(연구): 국가나 정의를 위해 목숨을 버리다(为国家, 为正义而舍弃生命。).

若不實見得, 惡能如此? 須是[11]實見得生不重於[12]義, 生不安於死也。故有殺身以成仁者, 只是[13]成就一箇是而已。[14]」[15, 16]

○정자(程子 · 伊川)가 말했다. "실리(實理)임을 마음으로 깨치고 나면 자연히 남과 다르게 된다. 실리(實理)라는 것은, 실제로 보고 나서 이치에 맞는다는 것을 안 것이고, 실제로 보고 나서 이치에 맞지 않는다는 것을 안 것이다. 옛사람 중에는 몸을 바치고 목숨을 끊는 자가 있었으니, 만약 실제로 보고 알지 못했다면, 어찌 이같이 할 수 있었겠는가? 목숨을 부지하는 것이 의(義)보다 중하지 못하다는 것, 사는 것이 죽는 것보다

---

10 隕命(운명): 목숨을 잃다(丧失生命); 隕(운): 죽다. 잃다(古同'殞', 死亡。丧失, 失去。).

11 须是(수시): 반드시. 틀림없이(必须; 定要).

12 於(어): ~에 비해. ~보다(引进比较对象, 意思相当于'比'。).

13 只是(지시): 단지. ~에 불과하다(仅仅是, 不过是。表示轻微的转折。不过; 但是).

14 《論語大全》 정자가 말했다. "선생님께서는 '아침에 도를 들었다면, 저녁에 죽어도 여한이 없다'[里仁 제8장]고 하셨다. 사람으로서 삶보다 더 귀중한 게 없는데, 삶을 버리고 죽음을 취하는 지경에 이르렀다면, 도는 반드시 삶만큼 대단히 좋은 것이다." "이미 죽었는데 좋을 것이 무엇이겠습니까?" "성인께서는 다만 한 가지 옳음만 보신 것뿐이다"(程子曰: 夫子曰, 朝聞道夕死可矣。人莫重於生, 於捨得死, 道須大段好如生也。曰: 旣死矣, 敢問好處如何? 曰: 聖人只睹一箇是。); 《論語大全》 단지 죽는 것이 옳고, 사는 것이 옳지 않기 때문에, 단지 옳다는 것 그 한 가지만을 성취한 것에 불과하다(朱子曰: 只爲死便是, 生便不是, 不過就一箇是。).

15 《近思錄 · 出處類》 사람이 '아침에 도를 들었다면, 저녁에 죽어도 여한이 없다'[里仁 제8장]는 마음을 품고 있다면, 편치 않은 처지에 하루도 편히 지내려 하지 않을 것이다. 어찌 하루를 지내겠는가? 잠시도 지내지 못할 것이다. 증자가 누워있던 침상을 바꾸었던 것처럼[禮記 · 檀弓上], 반드시 그렇게 해야 비로소 마음이 편안해진다. 사람이 이같이 하지 못하는 것은, 다만 實理를 실제로 보지 못했기 때문이다. 實理라는 것은 옳다는 것을 실제로 보고 안 것이고, 그르다는 것을 실제로 보고 안 것이다. 實理임을 마음속에 알고 나면 자연히 달라진다. 귀로 듣고 입으로 말하는 것 같은 것은, 마음이 실제로는 보지 않은 것들이다. 만약 실제로 보고 안 것이라면, 편치 않은 처지에 편히 지내려 하지 않는다. 물 속이나 불 속으로 뛰어드는 일은[衛靈公 제34장], 사람들이 모두 그것을 피하는데, 이것이 실제로 보고 안 것이다. 반드시 不善을 보고는 끓는 물에 손을 대보는 것 같이 가까이하기를 꺼리는[季氏 제11장] 마음을 품고 있다면, 자연히 남과 다르게 된다(伊川先生曰 ……人苟有'朝聞道, 夕死可矣'之志, 則不肯一日安於所不安也。何止一日, 須臾不能。如曾子易簀, 須要如此乃安。人不能若此者, 只爲不見實理。實理者, 實見得是, 實見得非。凡實理得之於心自別。若耳聞口道者, 心實不見。若見得, 必不肯安於所不安……及其蹈水火, 則人皆避之。是實見得。須是有'見不善如探湯'之心, 則自然別。).

16 《論語大全》 정자는, 공자의 말씀에서 '實見' 두 자를 더 추론해 내서 말하기를, 반드시 먼저 실제로 보고 나서, 죽는 것이 확정적으로 옳다는 것, 죽지 않는 것이 확정적으로 옳지 않다는 것을 알아야, 비로소 기꺼이 달게 죽음에 나아가서, 이 옳음을 성취하지, 아직까지 실제로 본 적이 없어, 죽는 것이 확정적으로 옳음에 부합한다는 것을 알지 못한다면, 결코 기꺼이 달게 죽음에 나아가지 않을 것이라고 한 것이다. 이는 또 성인께서 이 말씀을 하신 의미를 추론해, 이로써 사람들을 깨우친 것이다(汪氏曰: 程子是因夫子之言, 更推出實見二字, 謂必先能眞實見得死便定是, 不死便定不是, 方肯甘心就死, 以成就這箇是, 若不曾眞實見得定合如此, 則必不肯甘心就死矣。此又推聖人所以言此之意, 以曉人也。).

편치 못하다는 것을 틀림없이 실제로 보고 안 것이다. 그래서 몸뚱이를 죽여서 이로써 인(仁)을 이룬 경우가 있는데, 다만 옳다는 것 한 가지만을 성취할 뿐이다."

[子貢問爲仁章]

150901、子貢問爲仁[1]。子曰:「工欲善其事, 必先利其器[2]。居是邦也[3], 事其大夫之賢者, 友[4]其士之仁者。[5]」

자공(子貢)이 인(仁)을 행함에 대해 여쭈었다. 선생님께서 말씀하셨다. "뛰어난 장인(匠人)은 자기의 맡은 일에 최선을 다하려고, 일에 앞서 반드시 자기의 공구를 예리하게 벼린다. 이 나라에 거주하고 있으면, 이 나라의 대부 중에서 (너보다) 현능한 자를 섬기고, 이 나라의 선비 중에서 (너보다) 인(仁)한 자를 사귀어라."

賢以事言, 仁以德言。夫子嘗謂子貢悅不若己者[6], 故以是告之。欲其有所嚴憚切磋以成

1《論語正義》'爲仁'의 '爲'는 '行'[행하다]과 같다(正義曰: "爲仁"者, 爲猶行也。).

2 [성]工欲善其事 必先利其器(공욕선기사 필선이기기): 장인이 맡은 일을 잘하려고 하면, 먼저 도구를 예리하게 다듬어야 한다. 어떤 일을 잘하려고 하면, 사전 준비가 대단히 중요하다(器: 工具。要做好工作, 先要使工具锋利。比喻要做好一件事, 准备工作非常重要。);《論語義疏》'工'(공)은 '巧師'[뛰어난 장인]이다(疏: 工, 巧師也。);《論語詞典》工(공): 각종 수공기술에 종사하는 공인들의 총칭(從事各種手工技術勞動者的總稱。);《文言虛詞》'其'(기)가 명사 앞에 쓰인 경우, '그의' '그것의'로 풀이할 수 있다('其', 如果用在名詞前, 可以譯爲'他的''它的'。);《王力漢語》利(리): (병기 · 공구) 예리하다. 날이 뾰족하다. 날카롭다. '銳'(예)는 끝이 뾰족하고 날카로운 것이고, '利'(리)는 날이 예리한 것이다('利', 銳利, 快。一般指兵器或工具的銳利。跟'鈍'相對。古代對於刀刃鋒利這個衣衣只用'利', 不用'快'; '銳'指鋒芒尖銳, '利'指刃口快。).

3《論語正義》'居是邦'이라 했으니, 그렇다면 공자께서는 주유열국 중이신 것이다(正義曰: 言'居是邦', 則在夫子周遊時。).

4《古漢語語法》명사 뒤에 명사나 대사가 목적어로 쓰여, 動賓關系를 구성한다(名词后有名词或代词作宾语, 构成一般动宾关系。).

5《論語集解》장인은 예리한 공구를 도구로 삼고, 사람은 현능한 벗으로 조력자로 삼는다(注: 孔安國曰: 言工以利器爲用, 人以賢友爲助也。);《論語義疏》사람이 비록 賢才 · 美質을 갖추고 있어도, 이 나라에 있으면서, 事賢 · 友仁하지 않는다면, 그의 행실은 완성되지 않는 것이, 공구가 예리하지 않은 것과 같다는 말이다. 대부는 지위가 높아 '섬긴다'고 했고, 선비는 지위가 낮아 '사귄다'고 했다. '賢'과 '仁'은 같은 뜻인데 글자를 달리 써서 말한 것이다(疏: 言人雖有賢才美質, 而居住此國, 若不事賢不友於仁, 則其行不成, 如工器之不利也…… 大夫貴, 故云事, 士賤, 故云友也。大夫言賢, 士云仁, 互言之也。);《論語注疏》이 구절은 비유로 답하신 것으로, 장인이 예리한 공구를 도구로 삼듯이, 사람은 현능한 벗을 조력자로 삼는다는 말이다(疏: 正義曰: 此答譬也, 言工以利器爲用,人以賢友爲助。).

6《孔子家語 · 六本》공자께서 말씀하셨다. "내가 죽고 나면, 商[자장]은 날로 늘어날 것이고, 賜[자공]은 날로 줄어들 것이다." 증자가 여쭈었다. "무슨 말씀이신지요?" 공자께서 말씀하셨다. "商은 자기만큼

其德也。[7]

'賢'(현)은 일[事]을 가지고 말한 것이고, '仁'(인)은 덕(德)을 가지고 말한 것이다. 선생님께서 예전에 자공(子貢)을 평하시기를 자기만 못한 자와 함께하기를 좋아하는 자라고 하셨기 때문에, 이것을 가지고 그에게 말씀해주신 것이다. 그가 엄밀하고 조심하고 자르고 다듬는 마음가짐으로써 인(仁)의 덕을 성취하기를 바라신 것이다.

○程子曰:「子貢問爲仁, 非問仁也, 故孔子告之以爲仁之資而已。」

○정자(程子·伊川)가 말했다. "자공(子貢)은 인(仁)을 행함에 대해서 여쭈었고, 인(仁)에 대해서 여쭌 것이 아니었기 때문에, 공자(孔子)께서 그에게 인(仁)을 행하는 데 도움이 되는 자료를 말씀해주셨을 뿐이다."

현능한 자와 함께하기를 좋아하고, 賜는 자기만 못한 자와 함께하기를 좋아한다. 자식을 모르겠거든 아버지를 살피고, 사람을 모르겠거든 친구를 살피고, 임금을 모르겠거든 사신을 살피고, 토양을 모르겠거든 거기서 자라는 초목을 살핀다고 했다. 그래서 말하기를, '선인과 함께하는 것은, 향기 나는 난초가 있는 방에 들어가는 것과 같아서, 오래되면 그 향기를 맡지 못하지만, 그 향기와 동화된다. 선하지 못한 자와 함께하는 것은, 어패류 가게에 들어가는 것과 같아서, 오래되면 그 냄새를 맡지 못하지만, 그 냄새와 동화된다. 붉은색 모래가 속에 품고 있는 색은 붉은색이고, 옻나무가 속에 품고 있는 것은 검은색이다. 이 때문에 군자는 자기와 함께할 자를 택하는 데 조심한다'고 했다"(孔子曰: "吾死之後, 則商也日益, 賜也日損。' 曾子曰: '何謂也?' 子曰: '商也好與賢己者處, 賜也好說不若己者。不知其子, 視其父; 不知其人, 視其友; 不知其君, 視其所使; 不知其地, 視其草木。故曰: 與善人居, 如入芝蘭之室, 久而不聞其香, 即與之化矣; 與不善人居, 如入鮑魚之肆, 久而不聞其臭, 亦與之化矣。丹之所藏者赤, 漆之所藏者黑。是以君子必愼其所與處者焉。").

7 《論語大全》 대부 중에서 현능한 자를 섬기는 경우에는, 법도에 맞는지 살피는 바가 있어서, 엄밀하고 조심하는 마음이 일어나고, 선비 중에서 仁한 자를 사귀는 경우에는, 자르고 다듬는 바가 있어서, 힘쓰고 분발하는 마음이 생긴다(慶源輔氏曰: 事大夫之賢者, 則有所觀法, 而起嚴憚之心。友其士之仁者, 則有所切磋, 而生勉勵之意。); 《論語大全》 '嚴憚'은 대부 중에서 현능한 자를 섬기는 것을, '切磋'는 선비 중에서 인한 자를 사귀는 것을 가리킨다(新安陳氏曰: 嚴憚, 指事大夫之賢; 切磋, 指友士之仁。).

[顏淵問爲邦章]

151001、顏淵問爲邦[1]。

안연(顏淵)이 나라를 다스리는 일에 대해 여쭈었다.

顏子王佐之才, 故問治天下之道。曰 爲邦者, 謙辭。[2]
안연(顏淵)은 왕자(王者)를 보좌할 만한 재질이었기 때문에, 천하를 다스리는 도를 여쭌 것이다. '나라를 다스리는 일'이라고 말한 것은 겸손한 말이다.

151002、子曰:「行夏之時[3],

선생님께서 말씀하셨다. "하(夏)나라의 역법을 시행하고,

夏時, 謂以斗柄[4]初昏[5]建寅[6]之月爲歲首[7]也。天開於子, 地闢於丑, 人生於寅[8], 故斗柄建

---

1 《論語義疏》'爲'는 '治'[다스리다]와 같다. 안연은 노나라 사람으로, 당시 노나라의 예법이 무질서해서, 노나라를 다스리는 법을 여쭌 것이다(疏: 爲, 猶治也。顏淵, 魯人, 當時魯家禮亂, 故問治魯國之法也。); 《論語正義》'爲邦'은, 주나라를 계승해서 왕[천자]이 되어, 어떤 도를 써서 나라를 다스릴지를 말한 것이다(正義曰: '爲邦'者, 謂繼周而王, 以何道治邦也。); 《論語新解》'爲'는 창제한다는 뜻이다. 대개 예악을 제작하는 것, 혁명흥신의 뜻이 모두 그 안에 포함되어 있어, 보통의 나라를 다스리는 방법을 묻는 것과는 구별되는데, 아래 공자의 답변을 보면 알 수 있다(为, 创制义。盖制作礼乐, 革命兴新之义皆涵之, 与普通问治国之方有辨, 观下文孔子答可知。).

2 《古今注》안연은 단지 나라를 다스리는 일에 대해 여쭈었지만, 공자께서는 그에게 王道를 말해주었으니, 대개 안자가 왕[천자]을 보좌할만한 재질임을 인정하신 것이다(顏淵但問爲邦, 而夫子告之以王道, 蓋許顏子以王佐也。).

3 《論語集解》만물의 싹이 트는 것을 보고, 이를 따라 사계절의 처음으로 삼았으니, 그것의 쉽게 알 수 있음을 취한 것이다(注: 據見萬物之生, 以爲四時之始, 取其易知也。); 《論語義疏》'行夏之時'는 하나라 때의 절기를 써서 농사일하는 것을 말한다(行夏之時, 謂用夏家時節以行事也。).

4 斗柄(두병): 북두칠성의 자루 부분을 구성하는 세 개의 별로 술을 푸는 국자의 손잡이를 닮았다 하여 '두병'이라 칭했으며, 오랜 세월 변함없이 운행하므로 옛사람들은 '두병'이 가리키는 방향에 근거하여 시간과 계절을 정했다(北斗七星中, 第五至七顆星, 排列成弧狀, 形如酒斗之柄, 故稱爲'斗柄'。常年運轉, 古人即根據斗柄指向, 來定時間和季節。).

5 初昏(초혼): 해 질 무렵. 초저녁(黃昏).

6 建寅(건인): 《爲政 제23장》 각주 '建寅'(건인) 참조.

此三辰[9]之月, 皆可以爲歲首。而三代迭用之, 夏以寅爲人正, 商以丑爲地正, 周以子爲天正也。然時以作事, 則歲月自當以人爲紀[10]。故孔子嘗曰[11], 「吾得夏時[12]焉」而說者以爲謂夏小正[13]之屬。蓋取其時之正與其令[14]之善, 而於此又以告顏子也。

'夏時'(하시)는, 북두칠성의 손잡이 부분이 초저녁에 12개의 방위 중에 인방(寅方)을 가리키는 달을 정월달로 삼는 것을 말한다. 하늘은 자방(子方) 때에 처음 열렸고, 땅은 축방(丑方) 때에 처음 열렸고, 사람은 인방(寅方) 때에 처음 생겼기 때문에, 북두칠성의 손잡이 부분이 이 세 방위를 가리키는 달을 모두 정월달로 삼을 수 있다. 그런데 하(夏)·은(殷)·주(周) 삼대는 번갈아 가며 다른 방위를 썼는데, 하(夏)나라는 인방(寅方)을 정월달로 삼았으니 인정(人正)이고, 상(商)나라는 축방(丑方)을 정월달로 삼았으니 지정(地正)이고, 주(周)나라는 자방(子方)을 정월달로 삼았으니 천정(天正)이다.

그렇지만 때[時]를 기준으로 농사일을 시작하는 것으로 보면, 역법은 자연히 인정(人正)으로 법칙을 삼는 것이 마땅하다. 그래서 공자(孔子)께서 전에 말씀하시기를, '나는 기(杞)나라에서 하(夏)나라 역법을 얻었다'고 하셨는데, 이를 설명한 자들은 하소정(夏小正)의 부류를 말하는 것이라고 여겼다. 대개 하(夏)나라 역법의 타당함과 하(夏)나라 월령의 뛰어난 점을 취하신 것인데, 여기에서 또다시 이것을 가지고 안자(顏子)에게

---

7 歲首(세수): 연초. 정월(一年开头的一段时间, 通常指正月。).

8 《集註典據考》에는, '天開於子 地闢於丑 人生於寅'이, 邵康節[1011~1077]의 《皇極經世書》에 나오는 글이라 했다(見於邵康節皇極經世書。); 《皇極經世書》에 따르면, 1世가 30년, 1運이 12世로 360년, 1會가 30運으로 10,800년, 1元이 12會로 129,600년인데, 맨 처음 子會 기간에 하늘이 열렸고, 다음 丑會 기간에 땅이 열렸고, 다음 寅會 기간에 사람과 만물이 생겨났다[開物]. 卯會·辰會·巳會 기간을 지나서, 지금은 午會 기간에 해당한다. 未會·申會·酉會 기간을 지나서, 戌會 기간에 이르면 사람과 만물이 소멸되고[閉物], 亥會 기간이 끝나면 천지가 소멸되고, 또 다른 천지가 열린다[開闢]. 천지가 처음 열리고부터 소멸될 때까지의 기간이 1元[우주의 1년]으로, 一元이 끝나면, 다시 천지개벽이 되어 새 세상이 열리는 新紀元이 시작된다고 한다.

9 辰(신): 12방위의 총칭(十二地支的通稱。); 三辰은 建寅·建子·建丑 세 방위를 가리킨다.

10 紀(기): 헝클어진 실의 첫머리. 기강. 법칙(本义: 散丝的头绪。纲纪。法则; 准则。).

11 《八佾 제10장》 각주 《禮記·禮運》 참조.

12 夏時(하시): 하나라 시기의 역법[농사력](夏代的历法。).

13 夏小正(하소정): 하나라 달력으로, 《禮記·禮運》에서, 공자가 杞나라에 가서 얻어왔다고 말한 하나라 역법을 말한다. 《大戴禮記》의 한 편명으로 월별로 농사에 관한 일이 기록되어 있다.

14 令(령): 월별 농사와 관련한 행사를 기록한 표. 월령(时令, 季节。犹月令。古时按季节制定有关农事的政令。).

말씀해주신 것이다."

151003、乘殷之輅[15],

은(殷)나라의 수레를 타고,

輅, 音路, 亦作路。○商輅, 木輅也。輅者, 大車之名。古者以木爲車而已, 至商而有輅之名[16], 蓋始異其制也。周人飾以金玉, 則過侈而易敗, 不若商輅之樸素渾堅而等威[17]已辨, 爲質而得其中也。

'輅'(로)는 음이 '路'(로)로, '路'(로)라고 쓰기도 한다. ○상(商)나라 수레는 나무 수레[木輅]이다. '輅'(로)는 큰 수레 이름이다. 옛날에는 나무로 수레를 만들었을 뿐인데, 상(商)나라 때에 이르러 수레 종류별 이름이 있었으니, 대개 이때 와서 처음으로 수레 종류별로 제작법을 달리한 것이다. 주(周)나라 사람들은 수레를 금과 옥으로 꾸몄는데, 그러고 보니 지나치게 사치스럽고 쉽게 망가져서, 상(商)나라 수레처럼 소박하고 전체가 견고하면서도 신분상의 위의가 대단히 잘 분별 되고, 실질적이면서도 수레로서의 본래의 기능에 맞는 만큼은 못 했던 것이다.

151004、服周之冕[18],

주(周)나라의 면류관을 쓰고,

周冕有五[19], 祭服之冠也。冠上有覆, 前後有旒[20]。黃帝[21]以來, 蓋已有之, 而制度儀等, 至

15《釋名 · 釋車》 천자가 타는 수레를 '輅'(로)라 하는데, 옥으로 장식한다. '輅' 역시 수레이다. '輅'라 한 것은, 도로를 다닌다는 말이다(天子所乘曰玉輅, 以玉飾車也。輅亦車也。謂之輅者, 言行於道路也。); 輅車(로차): 천자가 타는 수레(天子的乘车); 輅(로): 왕이 타던 큰 수레(引申为古代的大车, 多指帝王用的。).

16《周禮 · 春官宗伯 · 巾車》에 보면, 왕이 타는 수레[輅]에는 玉路 · 金路 · 象路 · 革路 · 木路 다섯 종류가 있다; 名(명): 명칭. 종류(名目; 種類。).

17 等威(등위): 威儀의 차등(威仪之等差).

18《王力漢語》 服(복): 동사로 쓰였다. 착용하다(用作動詞, 表示穿或戴。); 冕(면): 제왕과 대부 이상이 예식 때 쓰던 모자(中国古代帝王及地位在大夫以上的官员们戴的礼帽, 后专指帝王的皇冠。).

周始備。然其爲物小, 而加於衆體之上, 故雖華而不爲靡[22], 雖費而不及奢。夫子取之, 蓋亦以爲文而得其中也。

주(周)나라의 면류관(冕旒冠)에는 다섯 종류가 있었는데, 제의(祭衣)를 입을 때 머리에 쓰는 관이었다. 관 위에는 (繸延(수연)이라 불리는) 덮개를 씌웠고, 앞뒤로는 옥구슬을 꿴 술[旒]을 달아 드리웠다. 황제 이래로, 대체로 이미 면류관이 있었지만, 제도 · 의식 · 신분에 따른 구분이, 주(周)나라 때에 이르러 비로소 갖추어졌다. 그렇지만 면류관은 그 물건의 크기가 작고, 여러 부분의 신체 중의 맨 위에 얹는 것이기 때문에, 화려하게 꾸며도 호사스럽게 보지 않고, 비용이 들어도 사치에까지 이르지는 않는다. 선생님께서 이것을 취하신 것은, 대개 또한 잘 꾸몄으면서도 면류관으로서의 본래의 기능에 맞는다고 여기신 것이다.

---

19 《論語注疏》 다섯 가지 색깔의 실을 합쳐 꼰 술에 다섯 가지 색깔의 옥을 꿰서 앞뒤로 드리운, 천자가 쓰던 다섯 종의 면류관으로, 앞뒤에 드리운 술의 개수에 따라 곤면[12개] · 별면[9개] · 취면[7개] · 치면[5개] · 현면[3개]이 있었다. 《周禮 · 夏官司馬 · 弁師》에, 弁師는 왕의 五冕을 관장한다고 되어 있다(疏: 正義曰: 其古禮, 鄭玄注《周禮、弁師》云天子袞[衮]冕, 以五采繅, 前後十二斿, 斿有五采玉十有二。鷩冕, 前後九斿。毳冕, 前後七斿。希冕, 前後五斿。玄冕, 前後三斿。斿皆五采玉十有二。); 《周禮 · 春官宗伯 · 司服》에, 제사 지내는 대상에 따라, 각기 大裘冕(대구면) · 衮冕(곤면) · 鷩冕(별면) · 毳冕(취면) · 希冕(희면) · 玄冕(현면)을 쓴다고 되어 있다.

20 《禮記 · 玉藻》 천자의 옥조[면류관의 앞뒤에 드리운 옥구슬을 꿴 오색찬란한 술]에는, 열두 가닥의 옥구슬을 꿴 술을 달아 드리고, 면류관 위에는 邃延(수연)이라고 불리는 앞뒤로 돌출된 판을 덮개로 씌우고, 곤룡포를 입고 제사를 지낸다(天子玉藻, 十有二旒, 前後邃延, 龍卷[衮]以祭。); 《大戴禮記 · 子張問入官》 옛날에 면류관 앞에 술을 드리운 것은, 이를 써서 눈의 밝음을 가리려는 것이었고, 솜으로 귀를 막은 것은, 이를 써서 귀의 밝음을 막으려는 것이었다. 물이 너무 맑으면 사는 고기가 없고, 사람이 너무 살피면 따르는 무리가 없기 때문이다(古者冕而前旒, 所以蔽明也; 統絖塞耳, 所以弇聰也。故水至清則無魚, 人至察則無徒。); 旒(류): 제왕의 면류관 앞뒤에 옥을 꿰어 드리운 줄. 술(古代帝王礼帽前后悬垂的玉串).

21 黃帝(황제): 중국 상고시대 五帝[黃帝 · 顓頊 · 帝嚳 · 堯 · 舜]로서, 본래 성은 公孫이었는데, 후에 姬로 바꿨기 때문에 姬軒轅(희헌원)으로 일컬었다. 軒轅의 언덕에서 살아서 軒轅氏, 有熊에 도읍을 건설해서 有熊氏이라고도 한다. 黃帝는 땅의 덕의 상서로움을 가지고 있었기 때문에, 호를 黃帝라 했다. 華夏(화하)의 부락들을 통일하고 이민족을 정벌하여 중국을 통일한 업적이 사료에 기재되어 있다. 온갖 곡식을 심고, 생산량을 증대하고, 의관을 제정하고, 배와 수레를 만들고, 음률을 제정하고 의학을 창시했다(BC 2717~BC 2599。古华夏部落联盟首领, 中国远古时代华夏民族的共主。五帝之首。被尊为中华'人文初祖'。据说他是少典与附宝之子, 本姓公孙, 后改姬姓, 故称姬轩辕。居轩辕之丘, 号轩辕氏, 建都于有熊, 亦称有熊氏。也有人称之为'帝鸿氏'。史载黄帝因有土德之瑞, 故号黄帝。黄帝以统一华夏部落与征服东夷, 九黎族而统一中华的伟绩载入史册。黄帝在位期间, 播百谷草木, 大力发展生产, 始制衣冠, 建舟车, 制音律, 创医学等。).

22 靡(미): 낭비하다. 사치하다(浪费, 奢侈。).

151005、樂則韶舞[23]。

음악은 소무(韶舞)를 본보기로 삼고,

取其盡善盡美[24]。

소무(韶舞)의 진선진미함을 취하신 것이다.

151006、放鄭聲, 遠佞人。鄭聲淫[25], 佞人殆。」[26]

23《論語義疏》'韶舞'(소무)는 순임금 음악이다(疏: 韶舞, 舜樂也。);《論語大全》'韶舞'는 음악과 춤을 겸해서 말한 것이다(新安陳氏曰: 韶舞, 以樂聲兼樂容而言也。);《論語平議》'舞'는 마땅히 '武'로 읽어야 한다. 옛사람들은 舞와 武를 서로 바꿔썼다. '樂則韶武'의 '則'의 뜻은 '法'으로, 음악은 순임금의 韶樂과 무왕의 武樂을 취하여 본받아야 한다는 말이다. 夏時·殷輅·周冕은 모두 시대의 선후에 맞게 차례지었다. '韶舞'가 오로지 舜樂만을 가리킬 경우, 맨 앞에 위치시키는 것이 맞다. 韶樂과 武樂이 한 시대의 음악이 아니기 때문에, 맨 뒤에 배열한 것이다. 또 역법은 하나라를 말했고, 수레는 은나라를 말했고, 면류관은 주나라를 말했으면서, 韶舞에 대해서는 우나라를 언급하지 않았으니, 순임금의 음악에 그친 것이 아니라는 것이 분명하다(舞當讀爲武……古人舞武通用……樂則韶武者, 則之言法也, 言樂當取法韶武也…… 夏時, 殷輅, 周冕, 皆以時代先後爲次。若韶舞專指舜樂, 則當首及之。惟韶, 武非一代之樂, 故列於後。且時言夏, 輅言殷, 冕言周, 而韶舞不言虞, 則非止舜樂明矣。);《論語譯注》'韶'는 순임금의 음악이고, '舞'는 '武'와 같고, 무왕의 음악이다('韶'是舜時的音樂, '舞'同'武', 周武王時的音樂。);《論語新解》或說은 '則'은 '取法'[본받다]의 뜻과 같다고 하지만, '則'을 허사로 보는 것이 문리상 더 원만하다(或说: 则字犹取法义, 谓乐当取法于韶。然以则为虚辞, 文理更圆。).

24《八佾 제25장》참조: 盡善盡美(진선진미): 최고의 선과 미의 경지에 이르다(极其完善, 极其美好。指完美到没有一点缺点。).

25 淫(음): 도가 지나쳐서 적당함을 잃다. 무절제하다. 넘쳐흐르다(过度, 无节制; 滥。引申为过失。).

26《禮記·樂記》音이란 사람의 마음에서 생겨난다. 사물에 대한 정감이 마음을 움직여서, 소리로 나타난다. 소리가 결을 이루는 것을 音이라 한다. 이런 까닭에 治世之音은 평안하고 즐거우니, 그 정치가 화평해서이고, 亂世之音은 원망하고 분노하니, 그 정치가 인심과 괴리되어서이고, 亡國之音은 슬프고 근심에 젖어 있으니, 그 백성이 困苦해서이다. 정·위나라의 음악은 亂世之音으로, 慢音에 가깝고(궁[君]·상[臣]·각[民]·치[事]·우[物] 五音이 모두 어지러워서 서로 어울리지 못하고, 서로를 업신여기고 넘보는 것을 慢音이라 한다), 위나라 상간 복상 지역의 음악은 亡國之音으로, 그 정치가 황폐하고, 그 백성이 유리걸식하고, 윗사람을 속이고 사욕을 꾀하는데도 막지를 못한다(凡音者, 生人心者也。情動於中, 故形於聲。聲成文, 謂之音。是故治世之音安以樂, 其政和。亂世之音怨以怒, 其政乖。亡國之音哀以思, 其民困……鄭衛之音, 亂世之音也, 比於慢矣。桑間濮上之音, 亡國之音也, 其政散, 其民流, 誣上行私而不可止也。);《禮記·樂記》魏文侯[BC 445~BC 396 재위]가 물었다. "음란·탐닉한 음악은 어디에서 나온 것입니까?" 자하가 대답했다. "정나라 음악은 방탕하여 음탕하게 하고, 송나라 음악은 살살 녹이며 아첨하여 탐닉하게 하고, 위나라 음악은 빨라서 정신을 사납게 하고, 제나라 음악은 오만하고 사벽하여 교만하게 합니다. 이 네 나라의 음악은 모두 색정에 치중하여 도덕을 해치는 까닭에 제사에 쓰지 않습니다"(文侯曰: "敢問溺音何從出也?" 子夏對曰: "鄭音好濫淫志, 宋音燕女溺志, 衛音趨數煩志, 齊音敖辟喬志;

정(鄭)나라 음악을 내쫓고, 말재주 부리는 사람을 멀리하도록 해라. 정(鄭)나라 음악은 무절제하고, 말재주 부리는 사람은 위태롭다."

遠, 去聲。○放, 謂禁絶之。鄭聲, 鄭國之音。佞人, 卑諂辯給[27]之人。殆, 危也。

'遠'(원)은 거성[yuàn]이다. ○'放'(방)은 금하여 끊는 것을 말한다. '鄭聲'(정성)은 정(鄭)나라 음악이다. '佞人'(영인)은 남에게 낮은 목소리로 아첨하고 말재주가 좋은 사람이다. '殆'(태)는 '위태롭다'[危]이다.

○程子曰:「問政多矣, 惟顔淵告之以此。蓋三代之制, 皆因時損益[28], 及其久也, 不能無弊。周衰, 聖人不作, 故孔子斟酌[29]先王之禮, 立萬世常行之道, 發此以爲之兆爾[30]。由是

此四者皆淫於色而害於德, 是以祭祀弗用也。");《白虎通義 · 禮樂》 공자께서 정나라 음악이 음탕하다고 하신 것은 어째서인가? 정나라 땅 백성들은, 산에서 살고 골짜기에서 목욕하면서, 남녀가 서로 구분 없이 섞여 지내고, 정나라 음악을 연주함으로써 서로 환락을 즐겼기 때문에, 사악하고 부정한 소리가 모두 음탕한 소리뿐이었다(孔子曰: 鄭聲淫何? 鄭國土地民人, 山居谷浴, 男女錯雜, 爲鄭聲以相悅懌, 故邪僻聲, 皆淫色之聲也。);《詩集傳》 정 · 위나라 음악은 모두 음탕한 음악이다. 그런데 시를 가지고 고찰해보면, 위나라 시는 39편인데, 음란 방탕한 시는 겨우 넷에 하나뿐이다. 정나라 시는 21편인데, 음란 방탕한 시는 이미 일곱에 다섯으로 그치지 않는다. 위나라 시는 남자가 여자를 기쁘게 하는 가사인데, 정나라 시는 모두 여자가 남자를 유혹하는 가사이다. 위나라 시는 그래도 풍자 · 징계 · 각성의 뜻이 대다수이지만, 정나라 시는 방탕에 가까워 부끄러움이나 뉘우침의 싹이라고는 전혀 없다. 이러한즉 정나라 음악의 음탕한 정도는 위나라보다 심하다. 그래서 공자께서 爲邦에 대해 논하실 때, 유독 정나라 음악은 경계의 대상으로 삼으면서, 위나라 음악은 언급하지 않으신 것은, 대개 중한 것을 들어 말씀하신 것이다(鄭,衛之樂, 皆爲淫聲。然以詩考之, 衛詩三十有九, 而淫奔之詩才四之一。鄭詩二十有一, 而淫奔之詩已不翅七之五。衛猶爲男悅女之詞, 而鄭皆爲女惑男之語。衛人猶多刺譏懲創之意, 而鄭人幾乎蕩然無復羞愧悔悟之萌。是則鄭聲之淫, 有甚于衛矣。故夫子論爲邦, 獨以鄭聲爲戒, 而不及衛, 蓋擧重而言。); 鄭聲(정성): 정나라 음악. 아악과 배치되는 음악(原指春秋战国时郑国的音乐。因与孔子等提倡的雅乐不同, 故受儒家排斥。).

27 卑諂(비첨): 낮은 목소리로 기운을 낮춰 아첨하고 알랑거리다(謂低聲下氣, 諂媚奉承。); 辯給(변급): 말재주가 있다. 언변이 뛰어나다(便言捷给, 能言善辩。).

28 《爲政 제23장》 참조.

29 斟酌(짐작): 술을 따르는데 아직 차지 않는 것을 '斟', 너무 따라서 넘치는 것을 '酌'이라 한다. 술 따르기를 여러 번 하여 알맞게 채우는 것을 '斟酌'이라 한다(倒酒不满曰斟, 太过曰酌, 贵适其中。故凡事反复考虑, 择善而定, 亦称斟酌。);《荀子 · 富國》 농지와 농촌은 재물이 나오는 뿌리이고, 창고와 곳간은 재화가 나가는 말단이다. 백성들이 때에 따라 서로 힘을 합치고, 일에 차례가 있는 것은 재화의 원천이고, 세금의 등급을 정하고 쌓아놓는 것은 재화의 말류이다. 그러기에 명철한 임금은 반드시 백성들이 힘을 합치도록 조심해서 증진하고, 그 말류를 막고, 원천을 개척하고, 때에 따라 그에 맞춰 흘려보내기도 하고 가득 채우기도 한다(田野縣鄙者, 財之本也; 垣窌倉廩者, 財之末也。百姓時和, 事業得敘者, 貨之源也; 等賦府庫者, 貨之流也。故明主必謹養其和, 節其流, 開其源, 而時斟酌焉。).

求之, 則餘皆可考也。」

○정자(程子·伊川)가 말했다. "정사에 대해 여쭌 사람은 많았지만, 오직 안연(顏淵)만은 그에게 이 말씀을 가지고 알려주신 것이다. 대개 삼대 시대의 제도는, 모두 시대에 맞춰 덜어내거나 보태거나 했지만, 오래되어서는, 폐단이 없을 수 없었다. 주(周)나라는 쇠하고, 성인은 나오지 않았기 때문에, 공자(孔子)께서 선왕의 예를 덜어내거나 보태거나 해서, 만세토록 변치 않고 늘상 시행될 대법을 세우시고, 이 네 가지를 말씀하여 이로써 나라를 다스리는 준칙으로 삼게 하셨다. 이것들로 말미암아서 (나라를 다스리는 일을) 찾는다면, 그 나머지 일들도 모두 고찰할 수 있을 것이다."

張子曰:「禮樂, 治之法也。放鄭聲, 遠佞人, 法外意也。一日不謹, 則法壞矣。虞夏君臣更相飭戒[31], 意蓋如此。」又曰「法立而能守, 則德可久, 業可大。鄭聲佞人, 能使人喪其所守, 故放遠之。」

장자(張子·張橫渠)가 말했다. "예악은 다스림의 법규범이다. 정(鄭)나라 음악을 내쫓으라는 것과 말재주 부리는 사람을 멀리하라는 것은, 예악이라는 법규범이 표창하는 법정신이다. 하루라도 조심하지 않으면, 법은 무너진다. 우(虞)나라와 하(夏)나라의 군신들이 대가 바뀌면서 서로 경계한 것은, 뜻이 대개 이와 같았다."

또 말했다. "법이 서고 잘 지켜지면, 덕은 오래 갈 수 있고, 업적은 커질 수 있다. 정(鄭)나라 음악과 말재주 부리는 사람은, 사람들로 하여금 그 지켜야 할 법을 잃게 할 수 있기 때문에, 이것들을 내쫓고 멀리하라 하신 것이다."

尹氏曰:「此所謂百王不易之大法[32]。孔子之作春秋, 蓋此意也。孔顏雖不得行之於時, 然

30《論語大全》'兆'는 '準則'과 같다(朱子曰: 兆猶準則也。); 兆(조): 예시. 단서(预示; 显现。); 內閣本에는 '爾'가 '耳'로 되어 있다.

31 內閣本에는 '飭戒'가 '戒飭'으로 되어 있다; 飭戒(칙계): 가르치고 훈계하다(教诲告诫); 戒飭(계칙): 훈계하다(告戒); 飭(칙): 훈계하다. 칙령(告诫。飭令=敕令).

32《近思錄·致知類》이천 선생이《春秋傳序》에서 말했다. "하늘이 낸 만백성 중에는, 반드시 출중한 재주가 있는 자가 있으니, 일으켜 세워 그를 君長으로 삼았다. 그가 백성을 다스리니 싸우고 빼앗는 일이 종식되었고, 이끄니 생장과 번식이 이루어졌고, 가르치니 윤리가 밝아졌고, 그런 뒤에 人道가 확립되었고, 天道가 완성되었고, 地道가 균평해졌다. 二帝[요순] 이전에는, 성현이 대를 이어 나와,

其爲治之法, 可得而見矣。」

윤씨(尹氏 · 尹彦明)가 말했다. "이것이 이른바 '어느 왕이라도 바꾸지 못하는 대법'[百王不易之大法]이라고 한《춘추》(春秋)의 법이다. 공자(孔子)께서《춘추》(春秋)를 지으신 것은, 대개 이러한 뜻이었다. 공자(孔子)와 안연(顔淵)이 비록 시행해 볼 때를 얻지는 못했지만, 두 분이 시행해 보고자 했던 그 치법(治法)은, 볼 수 있다."

각각 때에 맞게 정치를 세웠다. 마땅한 풍속을 따랐고, 天時에 앞서서 사람을 열지 않았고, 각각 때에 맞게 政事를 세웠다. 三王[夏 · 商 · 周]이 번갈아 일어나서, 三重[議禮 · 制度 · 考文]이 갖추어졌고, 각각 子月 · 丑月 · 寅月을 正月로 세웠고, 忠 · 質 · 文을 번갈아 숭상했으니, 人道는 갖추어졌고, 天運은 두루 운행했다. (그 뒤로) 성왕이 다시는 일어나지 않았으니, 천하를 소유한 자가 옛 선왕들의 자취를 따르고자 한들 (고증할 문헌들이 없으니) 역시 사사로운 생각에 따라 제멋대로 하는 것에 불과했다. 일이 어긋나서는, 진나라는 亥月을 正月로 세웠고, 道가 어그러져서는, 한나라는 지혜와 권력만으로 천하를 유지했으니, 어찌 더 이상 선왕의 道를 알았겠는가? 선생님께서는 주나라 말년에, 성인이 다시는 일어나지 않으니, 하늘을 따르고 때에 맞게 응하는 다스림은 더 이상 없으리라 생각하시고, 이에《春秋》를 지어 百王不易之大法을 만드셨다. 소위 '三王에게 고증해본다 해도 틀림이 없고, 天地에 세워놓고 검증해본다 해도 어긋남이 없고, 鬼神에게 대질시켜본다 해도 의심이 없고, 백 세대 뒤의 聖人이 오기를 기다려 여쭤본다 해도 의혹이 없다'[中庸 제29장]라는 것이다"(伊川先生《春秋傳、序》曰: "天之生民, 必有出類之才, 起而君長之。治之而爭奪息, 導之而生養遂, 教之而倫理明, 然後人道立, 天道成, 地道平。二帝而上, 聖賢世出, 隨時有作。順乎風氣之宜, 不先天以開人, 各因時而立政。暨乎三王疊興, 三重既備, 子丑寅之建正, 忠質文之更尚, 人道備矣, 天運周矣。聖王既不復作, 有天下者, 隨欲仿古之迹, 亦私意妄爲而已。事之繆, 秦至以建亥爲正; 道之悖, 漢專以智力持世。豈複知先王之道也? 夫子當周之末, 以聖人不復作也, 順天應時之治不復有也, 於是作《春秋》爲百王不易之大法。所謂"考諸三王而不謬, 建諸天地而不悖, 質著鬼神而無疑, 百世以俟聖人而不惑"者也。").

[人無遠慮必有近憂章*]

151101、子曰:「人無遠慮[1], 必有近憂。[2]」[3]

선생님께서 말씀하셨다. "사람이 먼 앞날을 내다보는 생각이 없으면, 반드시 눈앞에 바로 닥치는 근심이 있게 된다."

蘇氏曰:「人之所履者, 容足之外[4], 皆爲無用之地, 而不可廢也。故慮不在千里之外, 則患在几

1《論語義疏》本에는 '人而無遠慮'로 되어 있다.

2 [성]人無遠慮 必有近憂(인무원려 필유근우): 멀리까지 내다보고 생각해놓지 않으면, 반드시 눈앞에 근심이 닥친다. 상황을 봐가며 일을 처리하는데 먼 안목과 주밀한 사고를 가져야 한다(虑, 考虑; 忧, 忧愁。人没有长远的考虑, 一定会出现眼前的忧患。表示看事做事应该有远大的眼光, 周密的考虑。);《論語義疏》사람이 살아가면서 사려를 멀리까지 하여, 닥칠 우환을 미리 예방하면, 우려스러운 일이 가까이 닥치지 않는다(疏: 人生當思漸慮遠, 防於未然, 則憂慮之事不得近至。);《論語注疏》이 장은 뜻밖에 닥칠 일에 미리 대비할 것을 경계시킨 것이다(疏: 正義曰: 此章戒人備豫不虞也。);《論語正義》張栻[1133~1180]의《論語解》에 말했다. "생각이 먼 앞날까지 가 있지 않으면, 우환이 바로 닥치기 때문에, '近憂'라 하신 것이다"(正義曰: 張栻解: "慮之不遠, 其憂即至, 故曰近憂。");《王力漢語》'無'가 부정하는 대상은 명사나 명사구로, 동사 '無'의 목적어이다(用否定動詞'無'的否定句。'無'所否定的是名詞或名詞性詞組。這名詞或名詞性詞組是'無'字的賓語。);《王力漢語》慮(려): 생각하다. 고려하다. '慮'는 반복해서 생각해 보는 것으로 어떤 일에 대해 철저하게 사고한다는 데 중점이 있다(思量, 打算, 考慮。'慮'是反復思考, 著重在把事情想透。'圖'是考慮后有所決定。'計'是心中盤算, 著重在訂計畫或定計策。);《北京虛詞》必(필): 부사. 반드시. 가설복문의 뒷절에 쓰여 앞절의 사실이 출현할 경우 반드시 뒷절의 결과가 발생함을 표시한다('必', 副词。用于假设复句(包括紧缩复句)的后一分句, 表示如果出现前一分句所述的事实, 必然产生后一分句所述的结果。义即'必定'、'必然'。); 近憂(근우): 눈앞에 바로 닥쳐있는 우환(谓近在眼前的忧患).

3《荀子·大略》일이 닥치기에 앞서 닥칠 일을 생각하고, 근심이 생기기에 앞서 생길 근심을 생각하라. 先事慮事를 接[미리 나아가 맞이하다]이라 하는데, 미리 나아가 맞이하면 일이 넉넉하게 이루어지고, 先患慮患을 豫[미리 준비하다]라 하는데, 미리 준비해 놓으면 화가 발생하지 않는다(先事慮事, 先患慮患。先事慮事謂之接, 接則事優成。先患慮患謂之豫, 豫則禍不生。);《論語集釋》王應麟[1223~1296]의《困學紀聞》에 말했다. "생각은 가까운 것을 하려고 하고, 가까운 것을 생각하면 정밀해지고, 고려는 먼 것을 하려고 하고, 먼 것을 고려하면 두루두루 빠짐없이 갖춰지게 된다"(困學紀聞: 思欲近, 近則精; 慮欲遠, 遠則周。).

4《莊子·雜篇·外物》장자가 말했다. "쓸모없음을 알면 비로소 쓸모 있음을 함께 말할 수 있다. 땅은 넓고 크지 않은 것이 아니지만, 사람에게 쓸모 있는 땅은 두 발 붙이고 설 수 있을 만큼의 공간일 뿐이다. 그렇지만 두 발 붙이고 설 수 있을 만큼의 공간만 남기고 주위의 나머지 땅을 움푹 파내길, 황천에 이르기까지 파버리면, 그럼에도 사람들에게 여전히 쓸모 있는 땅이겠는가? 그렇다면 쓸모없는 것이 쓸모 있는 것임이 또한 분명하다"(莊子曰: 知無用而始可與言用矣。夫地非不廣且大也, 人之所用容足耳。然則廁足而墊之, 致黃泉, 人尚有用乎? …… 然則無用之爲用也亦明矣。); 容足(용족): 단지 두 발만 붙이고 설 수 있는 정도로 아주 좁은 땅(仅能立足, 形容所处之地极狭小。).

席[5]之下矣。」[6]

소씨(蘇氏 · 蘇軾)가 말했다. "사람이 밟는 땅은, 두 발 붙이고 설 수 있을 만큼 이외에는, 모두 쓸모없는 땅이지만, 그렇다고 버릴 수는 없다. 그러므로 생각이 천리 밖에 있지 않으면, 근심이 궤석(几席) 밑에 있게 된다."

5 几席(궤석): 기대거나 앉거나 누울 때 쓰는 가구(几和席, 为古人凭依、坐卧的器具。); 几(궤): 바닥에 앉을 때 기대는 등받이 가구(古人席地而坐时有靠背的坐具); 席(석): 앉거나 누울 때 까는 용구(供坐卧铺垫的用具).

6 《補正述疏》 '遠'은 공간적 · 시간적 의미를 모두 겸하고 있다. 왕숙은 '군자는 환난을 생각해서 미리 예방해야 한다'고 주를 달았는데, 集注는 의당 왕숙의 주를 채택했고, 소씨의 견해는 그다음으로 언급한 것이다(述曰: 謹案: 遠, 則時地皆兼矣。王注云: '君子當思患而豫防之。' 集注宜采王注, 而蘇氏說次焉。); 《古今注》 '遠'(원)은 (시간적으로) 아직 닥치지 않은 아주 먼 미래이고, '近'(근)은 이미 급박하게 닥쳐있는 것이다. (蘇氏의 말처럼) 공간적으로 말한다면, 군자가 생각해야 할 대상은 항시 '近'한 곳에 있는 것이지, '遠'한 곳에 있는 것이 아니다(遠者, 未來之永久也。近者, 已到之迫急也…… 若以地言君子所計, 恆在乎近, 而不在乎遠。); 《論語新解》 이 장의 遠 · 近에 대해서는 두 가지 견해가 있다. ①공간적인 遠 · 近으로 풀이하는 견해. ②시간적인 遠 · 近으로 풀이하는 견해. 일상의 의미에 따라, ②설을 따르는 것이 타당하다(此章远近有两解: 一以地言……一以时言……两解皆可通。依常义, 从后说为允。); 《集注考證》 遠近을 공간적으로 말하면 두루두루 빠짐없이 갖추는 것이고, 시간적으로 말하면 미리미리 예비하는 것이다(王文憲曰: 遠慮以地言則周, 以時言則豫。).

[子曰 已矣乎章]

151201、子曰:「已矣乎[1]! 吾未見好德如好色者也。[2]」

선생님께서 말씀하셨다. "끝내 못 보고 마는가 보다! 나는 아직까지 덕(德)을 좋아하기를 색(色)을 좋아하듯이 좋아하는 사람을 보지 못했다."

好, 去聲。○已矣乎[3], 歎其終不得而見也。

'好'(호)는 거성[hào]이다. ○'已矣乎'(이의호)는 선생님께서 끝내 그러한 사람을 못 보고 마는가 보다 하고 탄식하신 것이다.

---

1 《文言虛詞》 矣乎(의호): 이미 끝난 상태에 더해 탄식이나 의문의 어기를 더하는 연용 어기사('矣乎'是在表既成狀態下再加感慨或者疑問。).

2 《論語集釋》 宦懋庸[1842~1892]의 《論語稽》에 말했다. "이 장은 《子罕 제17장》과 기록된 내용이 똑같지만, '已矣乎' 세 글자가 더 많은데, 계환자가 제나라 여자 가무단을 받아들이고 교제를 지내고 제사 지낸 고기를 보내주지 않자, 공자께서 이때 노나라를 떠나려 하면서 하신 말씀으로 보인다. '已矣乎'에는, 하고자 한 일을 이루지 못한 데 대한 애석함, 내 도가 받아들여지지 못하는구나 하는 생각이 들어 있다"(論語稽: 此章與子罕篇所記同, 而多『已矣乎』三字, 疑因季桓子受女樂而郊不致膰, 孔子時將去魯而發也。曰已矣乎, 有惜功業不就, 吾道不行之意。); 《古今注》 '德'은 도심이 좋아하는 것이고, '色'은 인심이 좋아하는 것이다. 도심은 늘 미약하기에 정성을 쏟기 어렵고, 인심은 늘 왕성하기에 거짓을 꾸미는 일이 없다(德者, 道心之所好也。色者, 人心之所好也。道心恆弱, 故難誠, 人心恆熾, 故無僞。).

3 《公冶長 제26장》 참조.

[臧文仲其竊位者與章*]

151301、子曰:「臧文仲[1]其竊位[2]者與[3]? 知柳下惠[4]之賢, 而不與立[5]也。」

선생님께서 말씀하셨다. "장문중(臧文仲)은 벼슬자리를 훔친 자가 아니었을까? 유하혜(柳下惠)가 현능한 줄을 알았는데, 그럼에도 조정의 자리에 함께 서지를 않았다."

者與之與, 平聲。○竊位, 言不稱其位而有愧於心, 如盜得而陰據之也。柳下惠, 魯大夫展獲, 字禽, 食邑[6]柳下, 謚曰 惠。與立, 謂與之並立於朝。

'者與'(자여)의 '與'(여)는 평성[yú]이다. ○'竊位'(절위)는 맡고 있는 자리가 그의 능력에 어울리지 않아서 마음에 느끼는 부끄러운 생각이, 마치 그 자리를 도둑질로 얻어, 몰래 차지하고 있는 것과 같다는 말이다. '柳下惠'(유하혜)는 노(魯)나라 대부 전획(展獲)으로, 자는 금(禽)이고, 식읍은 유하(柳下)이고, 시호는 혜(惠)라 했다. '與立'(여립)은 그와 나란히 조정에 서는 것을 말한다.

范氏曰:「臧文仲爲政於魯, 若不知賢, 是不明也; 知而不擧, 是蔽賢也。不明之罪小, 蔽賢

---

1 《公冶長 제17장》 참조.

2 《論語集解》 현능한 줄 알면서도 천거하지 않았으니, '竊位'이다(注: 孔安國曰: 知其賢而不擧, 爲竊位也。); 竊位(절위): 재덕이 걸맞지 않게 명예·지위를 차지하다(窃位谓才德不称, 窃取名位。); 竊(절): 훔치다. 찬탈하다. 부정한 방법으로 취득하다(偷。篡夺。指非其有而取之; 不当受而受之).

3 《詞詮》 與(여): 감탄을 표시하는 어말 조사. '歟'로 쓰는 경우가 있다('與', 語末助詞。表感歎, 惑作歟。); 與(여): 일반적으로 추측을 나타내는 부사인 '其'와 같이 쓰여 추측의 어기를 나타낸다.

4 柳下惠(유하혜): 노나라 대부. 展獲. BC 720~BC 621. 姬姓, 展氏, 名 獲, 字 子禽, 채읍 柳下, 시호 惠. 盜跖의 형. 노나라 莊公·閔公·僖公·文公 4대 임금을 모셨다. 臧文仲[?~BC 617]과 동시대인이다; 《微子 제2장》 참조; 《論語正義》 李惇[1734~1784]의 《群經識小》에 말했다. "장씨 가문이 대대로 사구 직책을 세습한 것으로 볼 때, 장문중 스스로 사구를 담당했거나, 사공·사구 직을 겸직했을 것이다. 유하혜는 사사로서, 바로 장문중의 속관이었으니, 유하혜가 현능한 줄 알지 못한 것을 용납받을 여지가 없다. 이 장과 '文子同升'장[憲問 제19장]의 일은 정반대이다"(正義曰: 李氏惇群經識小: "案臧氏世爲司寇, 文仲當己爲之, 或爲司空而兼司寇也。柳下惠爲士師, 正其屬官, 無容不知。此與文子同升事正作一反照。").

5 《疑義擧例·上下文異字同義例》 古文에서 '位'와 '立'은 같은 자이다. 이 장의 '立'은 '位'로 읽어야 한다. '不與立'은 '不與位'[祿位를 주지 않았다]이다(古文'位'、'立'同字。此章'立'字當讀爲'位', '不與立', 即'不與位'。).

6 食邑(식읍): 임금이 신하에게 준 봉지. 채읍(指古代君主赐予臣下作为世禄的封地。即"采邑"。).

之罪大[7]。故孔子以爲不仁[8], 又以爲竊位。」

범씨(范氏 · 范淳夫)가 말했다. "장문중(臧文仲)은 노(魯)나라에서 정치를 했는데, 만약 현능한 자를 알지 못했다면, 이는 명철하지 못한 것이고, 알고도 천거하지 않았다면, 이는 현능한 자를 가려 덮은 것이다. 명철하지 못한 죄는 작지만, 현능한 자를 가려 덮은 죄는 크다. 그래서 공자(孔子)께서 불인(不仁)하다 하시고, 또 벼슬자리를 훔친 자일 것이라 여기신 것이다."

7《國語 · 齊語》정월에 朝見할 때, 향대부들이 업무보고를 하는데, 환공이 친히 물었다. "그대의 향리에, 평소 호학하는 자, 부모에게 공경하고 효성스러운 자, 총명하고 어진 자, 향리에 명성이 있는 자는 있으면 보고하시오. 있는데도 보고하지 않으면, 이는 명철한 자를 가려 덮는 것으로, 오형의 죄로 다스릴 것이오." 유사가 업무보고를 마치자, 환공이 또 물었다. "그대의 향리에, 용감하고 용력이 출중한 자는, 위로 보고하시오. 있는데도 보고하지 않으면, 이는 현능한 자를 가려 덮는 것으로, 오형의 죄로 다스릴 것이오"(正月之朝, 鄕長復事。君親問焉, 曰:「于子之鄕, 有居處好學, 慈孝于父母, 聰慧質仁, 發聞于鄕里者, 有則以告。有而不以告, 謂之蔽明, 其罪五。」有司已于事而竣。桓公又問焉, 曰:「于子之鄕, 有拳勇股肱之力秀出于衆者, 有則以告。有而不以告, 謂之蔽賢, 其罪五。」).

8《公冶長 제15장》각주《春秋左傳 · 文公 2年》참조.

[躬自厚章]

151401、子曰:「躬自厚而薄責於人[1], 則遠怨矣。[2]」[3]

선생님께서 말씀하셨다. "자기 스스로에게 묻는 책임은 무겁게 하고 남에게

---

1 [성]躬自厚而薄責於人(궁자후이박책어인): 자기에 대해서는 엄격하게 요구하고, 남에 대해서는 가혹하게 요구하지 않는다(躬自: 自己; 薄: 少; 责: 责备, 责问。对自己严格要求, 对他人不苛刻要求。);《論語集釋》王引之[1766~1834]의《經義述聞》에 말했다. "'躬自厚'는 '躬自責'이다. 아래의 '薄責於人' 때문에, '責'을 생략했다"(經義述聞: 躬自厚者, 躬自責也。因下『薄責於人』而省責字。);《文言語法》'厚' 뒤에 '責'字가 생략되었다;《論語譯注》'躬自'는 쌍음절 부사이다. 자기 자신('躬自'是一雙音節的副詞。);《百度漢語》自厚(자후): 자기 책임을 무겁게 하다(意谓重于自责。);《論語句法》'自'는 복합지칭사로, 부사로 쓰여, 술어 '厚'를 수식하고, '躬'도 부사로, '自厚'를 수식한다["스스로 자기를 무겁게 책하다"]('自'是複指指稱詞, 做限制詞用, 修飾述詞'厚', '躬'也是限制詞, 修飾'自厚'的。); 薄(박): 줄이다. 경감하다(減少, 减损, 减轻。);《論語詞典》責(책): 책임을 추궁하다. 과실을 지적하다(追究責任, 指摘過失。).

2《論語義疏》남에게 묻는 책임을 무겁게 하면 사람들에게 원망의 대상이 된다. 蔡謨[281~356]가 말했다. "어떤 자는 '自厚'를 '責己'라 하는데, 말이 순하지 못하다. '厚'는 자기의 덕을 후덕하게 베푸는 것이다. 그리고 사람들이 자기는 잘하지 못하면서 남한테는 잘하라고 질책하기 때문에, 인심이 복종하지 않는다. 스스로 자기의 덕을 후덕하게 베풀고 남에게 많은 것을 요구하지 않으면, 원망의 마음은 끊어진다. 자기를 책망하는 아름다움은 마음속에 존재하지만, 자기의 덕을 후덕하게 베푸는 의는 자기를 책망한다고 베풀어지는 것이 아니다"(疏: 責人厚, 則爲怨之府……蔡謨曰: 何者, 以自厚者爲責己, 文不辭矣。厚者, 謂厚其德也。而人又若己所未能而責物以能, 故人心不服。若自厚其德而不求多於人, 則怨路塞。責己之美雖存乎中, 然自厚之義不施於責也。);《論語正義》董仲舒[BC 179~BC 104]의《春秋繁露・仁義法》에 말했다. "仁으로는 남을 다스리고 義로는 나를 다스린다, '躬自厚而薄責於外'는 이것을 말한 것이다. 또《論語》에 이미 나와 있지만, 사람들이 살피지를 못하는데, 남의 악한 것을 공격하지 않는 것이[顏淵 제21장], 仁의 관대함 아니겠는가? 스스로 자기의 악한 것을 책망하는 것이, 義의 완전함 아니겠는가? 이것을 말하여 仁으로는 남을 만들고, 義로는 나를 만든다는 것이니, 무엇을 가지고 다르다 하겠는가? 그러므로 자기의 악함을 말하는 것을 진실하다 하고, 남의 악함을 말하는 것을 해친다 하고, 나에게서 탓할 것을 찾는 것을[衛靈公 제20장] 돈독하다 하고, 남에게서 탓을 찾는 것을 각박하다 하고, 스스로 완벽하기를 구하는 것을 명찰하다 하고, 남에게 완벽하기를 구하는 것을 미혹이라 한다"(正義曰: 春秋繁露仁義法篇: "以仁治人, 義治我, '躬自厚而薄責於外', 此之謂也。且《論》已見之, 而人不察, 不攻人之惡, 非仁之寬與? 自攻其惡, 非義之全與? 此謂之仁造人, 義造我, 何以異乎? 故自稱其惡謂之情, 稱人之惡謂之賊; 求諸己謂之厚, 求諸人謂之薄; 自責以備謂之明。責人以備謂之惑。");《古今注》責己가 두터우면 내가 남을 원망하지 않고, 責人이 박하면 남이 나를 원망하지 않는다(補曰: 責己厚則我不怨人, 責人薄則人不怨我。);《論語新解》진실로 자기를 다스리는데 엄격하면, 남을 책망할 겨를이 없다[남에 대한 원망이 없다] 옛날에는 이 '怨'를 남이 자기를 원망하는 것으로 풀이했는데, 그래도 통한다(诚能严于自治, 亦复无暇责人。旧解此怨为人怨己, 亦通。).

3《孟子・盡心下 제32장》사람들의 병폐는 자기 밭에 매야 할 김은 버려두고 남의 밭에 난 김을 매고 있다는 것이다. 남에게 요구하는 것은 무겁게 하면서, 이로써 자신에게 책임 지우는 것은 가볍게 하는 것이다(人病舍其田而芸人之田。所求於人者重, 而所以自任輕也。).

묻는 책임은 가볍게 하면, 남의 원망 살 일을 멀리할 수 있다."

遠, 去聲。○責己厚, 故身益修; 責人薄, 故人易從。所以人不得而怨之。

'遠'(원)은 거성[yuàn]이다. ○자기에게 묻는 책임은 무겁기 때문에, 자기 몸가짐이 더욱 수양 되고, 남에게 묻는 책임은 가볍기 때문에, 사람들이 쉽게 따른다. 그래서 사람들이 그를 원망할 수 없는 것이다.

[不曰 如之何章]

151501、子曰:「不曰『如之何如之何』者, 吾末[1]如之何也已矣。[2]」

선생님께서 말씀하셨다. "'이를 어찌하면 될까? 이를 어찌하면 될까?'라고 궁리하지 않는 사람은, 나로서도 그를 어찌할 도리가 없다."

1《詞詮》末(말): 무지 지시대명사('末', 無指指示代名詞。);《古漢語語法》否(부): 동사 앞에 부정부사로 쓰여, '不'나 '無'의 뜻을 표시한다('否', 否定副詞。用于动词前, 表'不'或'无'意。);《論孟虛字》末(말): 방법이 없다. 어쩔 수 없다('末'爲'無法''沒法'之意。);《子罕 제23장》참조.

2《論語義疏》本은 '不曰如之何'에서 끊어 읽고, '如之何者'를 뒷절에 붙여 읽었다["'이를 어쩌나'라고 말하지 말라. '이를 어쩌나'라는 것은, 禍難이 이미 이루어져, 나로서도 어쩔 도리가 없다는 말이다(注: 孔安國曰: (不曰 如之何!) 如之何者, 言禍難已成, 吾亦無如之何也。)"];《論語義疏》'如之何'는 일이 갑자기 닥쳐서, 자기의 역량으로는 어찌할 수 있는 일이 아닌 것을 말한다. 李充이 말했다. "조짐이 보이기 전에 도모하고, 혼란이 싹트기 전에 다스려야지, 어찌 당장 난이 앞에 닥치고서야 '이를 어찌나'라고 말하는가?"(疏: 如之何, 謂事卒至, 非己力勢可柰何者也…… 李充曰: 謀之於其未兆, 治之於其未亂, 何當至於臨難而方, 曰如之何也?);《朱子語類45: 41》'不曰如之何'에 대해 물었다. "단지 재삼재사 반복해서 곰곰이 생각해야 한다는 것일 뿐이다. 멋대로 생각하고 함부로 행동한다면, 성인께서도 어찌할 수 없다"(林問"不曰如之何"。曰: "只是要再三反復思量。若率意妄行, 雖聖人亦無奈何。");《論語正義》《春秋繁露 · 執贄》에, "(옥은 군자와 비슷한 점이 있다.) 공자께서는, 사람이 되어 가지고 '如之何如之何'라고 말하지[남에게 묻지] 않는 사람은, 나로서도 어떻게 해볼 도리가 없다고 말씀하셨다. 그러므로 병을 숨기는 자는 훌륭한 의원을 얻을 수 없고, 남에게 물어보기를 부끄럽게 여기는 자는 성인께서 멀리하셨으니, 이는 공을 멀리하고 재앙을 가까이 두는 짓이다. (군자는 옥처럼 자기 단점을 숨기지 않으니, 모르는 것은 묻고, 못하는 것은 배우는데, 이를 옥에서 취한 것이다.)"라고 했는데, 여기에서는 '如之何'를 남에게 묻는 말로 본 것으로, 일반적으로 '何如'[어떻습니까?]라는 말이 바로 이것이다. 주희의 集注에서는, '如之何'를 속으로 혼자서 곰곰이 생각하는 것으로 보았는데, 그래도 통한다(正義曰: 春秋繁露執贄篇: "子曰: '人而不曰如之何、如之何者, 吾莫如之何也矣。' 故匿病者不得良醫, 羞問者聖人去之, 以爲遠功而近有災。" 此以"如之何"爲問人之辭, 凡稱"何如"是也。朱子集注……此以"如之"爲心自審度, 亦通。);《古今注》'如之何 如之何'는 (곰곰이 생각하고 빈틈없이 살펴서 처리한다는 말이 아니고) 근심하고 상심하는 말이다. 배우는 자는 스스로 근심하고 스스로 상심하여, '如之何 如之何'라고 하지 않으면, 聖師인 공자로서도 이 사람에 대해, 또한 어찌할 수가 없다. 선을 향해 나아가는 사람은, 학업이 진전이 없는 것을 근심하고, 세월이 함께하지 않는 것을 슬퍼하기를, 아침저녁으로 근심하고 탄식하고, 스스로 상심하여, '如之何如之何'라고 한다. 그가 애타고 답답해서 스스로 떨쳐 일어남이, 이와 같지 않은 자는, 성인으로서도 어찌할 수 없다. (이 장의 말씀은) 의당 배움에 종사하는 자는 덕을 증진하고 학문에 충실해야 한다는 측면에서 말씀하신 것으로 보아야 한다(補曰: 如之何如之何者, 憂傷之辭。學者不自憂自創曰如之何如之何, 則聖師於此人, 亦末如之何也矣……向善之人, 憂學業之不進, 悲歲月之不與, 夙夜憂歎, 自傷自創曰如之何如之何也。渠之憤悱自振, 不如是者, 聖人亦末如之何也…… 宜從學者, 進德修業上看。);《論語譯注》'不曰 如之何'의 의미는 자기 머리를 쓰지 않는다는 뜻이다["'어쩌지? 어쩌지?'라고 생각해 보려 하지 않는 사람에 대해서는, 나로서도 어찌해 볼 도리가 없다"]('不曰如之何'意思就是不動腦筋; "[一个人]不想想'怎么办, 怎么办'的, 对这种人, 我也不知道怎么办了。").

如之何如之何者, 熟思而審處[3]之辭也。不如是而妄行, 雖聖人亦[4]無如之何矣。
'이를 어찌하면 될까? 이를 어찌하면 될까?'라는 것은, (혼자서) 곰곰이 생각하고 빈틈없이 살펴서 처리한다는 말이다. 이같이 생각하지 않고 함부로 행하면, 비록 성인일지라도 그런 사람을 어찌할 도리가 없다.

---

3 熟思審處(숙사심처): 곰곰이 생각하고 면밀하고 신중하게 기획하다. 심사숙고하다(反复思考, 审慎筹划。); 審處(심처): 면밀하고 신중하게 처리하다(审慎处理).

4《北京虛詞》亦(역): 부사. '虽……亦' 형태로 쓰여, '비록~일지라도'. 양보 복문이나 생략문의 뒷절(부분)에 쓰여, 어떤 상황이 출현하든 모두 모종의 결과를 가져옴을 표시한다. 양보를 표시하는 접속사인 '雖'나 부사 '自' '唯'가 앞에 나와 '亦'과 짝을 이룬다('亦', 副词。用于让步复句的后一分句或紧缩句的后一部分, 表示无论出现什么情况, 都会导致某种结局或结果。前一分句或紧缩句的前一部分常有表示让步的连词'虽'或副词'自'、'唯'等与'亦'相配合。义即'(即使)……也……'、'(就是)……也……'。).

[群居終日章*]

151601、子曰:「羣居終日[1], 言不及義[2], 好行小慧, [3]難矣哉![4]」

선생님께서 말씀하셨다. "여럿이서 한데 모여 온종일 붙어 있으면서, 하는 말이라고는 의(義)에 관련된 말은 한마디도 언급하지 않고, 좋아하는 것이라고는 잔머리를 굴리는 것이니, 난감한 노릇이로구나!"

好, 去聲。○小慧, 私智[5]也。言不及義, 則放辟邪侈[6]之心滋[7]。好行小慧, 則行險僥倖[8]之

1 羣居(군거): 떼 지어서 모여 있다(众人共处。);《論語義疏》세 사람 이상 모여 있는 것이 '羣居'이다(疏: 三人以上爲羣居。).

2 [성]羣居終日 言不及義(군거종일 언불급의): 온종일 한데 모여 올바른 일을 중시하지 않다(及, 涉及; 义, 正经的道理。意为整天成群地聚在一起, 不讲正经事。); [성]言不及義(언불급의): 쓸데없는 잡담만 하고 올바른 말은 한마디도 없다. 말이 이치에 닿지 않다. 쓸데없는 소리만 하다(指净说些无聊的话, 没有一句正经的。說話不涉及正經道理。); 及(급): 언급하다. 관련되다(涉及; 牽連。).

3 [성]好行小慧(호행소혜): 잔머리를 잘 굴리다(爱耍小聪明); 小慧(소혜): 잔머리. 잔꾀(小聪明);《論語義疏》本에는 '小慧'가 '小惠'로 되어 있고, 鄭玄의 注에는 '小惠란 소소한 재능이나 지혜를 말한다'(小惠謂小小才智也)고 되어 있다;《論語句法》'行小慧'는 술어 '好'의 목적어이다["잔머리 굴리기를 좋아하다"]('行小慧'是述詞'好'的止詞。).

4《論語正義》이 장은 공자께서 家塾에 있는 제자들에게 행한 경계 말씀이다.《說文·羊部》에, '群은 輩(배)이다'라고 했다. '群居'는 함께 공부하고 기거하는 자들을 말한다. 공자께서 말씀하시기를, '함께 모여 있으면 바른길로 인도해주고 서로 갈고 닦아줘야지, 의가 아닌 소소한 지혜로 서로 유인해서는 안 된다'라고 하신 것이다(正義曰: 此章是夫子家塾之戒。說文云: "群, 輩也。" "群居"謂同來學共居者也。夫子言人群居當以善道相切磋, 不可以非義小慧相誘引也。).

5 私智(사지): 한 개인의 작은 지혜. 공정하지 못한 사사로운 데 치우친 지혜(个人的智慧。常与公法相对, 指偏私的识见。).

6《孟子·滕文公上 제3장》백성들이 살아가는 방도는, 일정한 생업을 가진 자는 한결같은 마음을 지니지만, 일정한 생업이 없는 자는 한결같은 마음을 지니지 못합니다. 한결같은 마음을 지니지 못하면, 제멋대로이고 삐딱해지고 악독해지고 무절제해져서, 못하는 짓이 없게 됩니다. 백성을 죄에 빠뜨리고 나서, 뒤를 쫓아 처벌한다면, 이는 백성이 걸려들도록 그물을 치는 짓입니다. 어찌 仁한 사람이 벼슬자리에 있으면서, 백성들이 죄에 걸려들도록 그물을 치는 짓을 할 수 있겠습니까?(孟子曰: 民之爲道也, 有恒產者有恆心, 無恆產者無恆心。苟無恆心, 放辟邪侈, 無不爲已。及陷乎罪, 然後從而刑之, 是罔民也。焉有仁人在位, 罔民而可爲也?); 放辟邪侈(방벽사치): 거리낌 없이 온갖 나쁜 짓을 저지르다(肆意爲非作歹。).

7 滋(자): 증식하다. 번식하다. 불어나다(通'孳'。滋生; 繁殖).

8《述而 제15장》각주《中庸 제14장》참조; 僥倖(요행): 분에 넘치는 것을 바라다(企求非分); 僥(요): 탐욕이 끝이 없다. 일확천금이나 요행을 바라다((謂貪求不止。引申指希求意外獲取成功或倖免。); 倖(행): 운이 좋다(=幸。侥幸。).

機[9]熟。難矣哉者, 言其無以入德, 而將有患害[10]也。

'好'(호)는 거성[hào]이다. ○'小慧'(소혜)는 '사사로운 지혜'[私智]이다. 하는 말이 의(義)에 관련된 말은 한마디 언급하지 않으면, 제멋대로이고 삐딱해지고 악독해지고 무절제해지는 마음이 불어날 것이다. 잔머리 굴리기를 좋아하면, 위험을 무릅쓰고 요행을 바라는 눈치에 익숙해질 것이다. '難矣哉'(난의재)는 그가 덕에 들어갈 도리가 없고, 장차 골칫거리가 될 것이라는 말씀이다.

9 機(기): 기틀, 기미, 기회, 속셈, 계략(事物变化之所由; 机会; 心计, 心意。).

10 患害(환해): 화근. 환난. 골칫거리. 문제를 일으키는 사람(祸害).

[君子義以爲質章]

151701、子曰:「君子義以爲質[1], 禮以行之[2], 孫以出之[3], 信以成之。君子哉![4]」

선생님께서 말씀하셨다. "군자는 의(義)를 써서 밑바탕을 삼고, 예(禮)를 써서 의(義)를 행하고, 겸손을 써서 의(義)를 드러내고, 성실을 써서 의(義)를 이룬다.

---

1 《經典釋文》'義以爲質'이 어떤 책에는 '君子義以爲質'로 되어 있는데, ('君子'가 빠져 있는) 鄭玄本과는 대략 같다(一本作君子義以爲質, 鄭本畧同。);《論語新解》"군자는 의를 모든 일 처리의 본질로 여긴다"("君子把义来做他一切行事的本质。");《論語句法》'禮' '孫' '信'은 모두 憑藉補詞이고, 관계사 '以'는 모두 그 아래에 놓인 것이다('禮''孫''信'都是憑藉補詞, 關係詞'以'都放在它們之下。).

2 《論語新解》세 '之'字는 '義'를 가리키기도 하고, '事'를 가리키기도 한다(下三之字指义, 亦指事。).

3 《論語集解》'義以爲質'은 품행[자질]을 말하고, 遜以出之는 언어를 말한다(注: 鄭玄曰: 義以爲質謂操行也; 遜以出之謂言語也。);《論語譯注》말을 꺼내다["겸손한 말을 써서 義를 말하다"]('出'謂出言。"用謙遜的言語說出它。").

4 《論語正義》'義'는 '宜'로, 일 처리가 그 일의 도리에 맞는 것이다.《禮記·禮運》에 말했다. "무엇을 사람의 義라 하는가? 아버지로서는 자애롭고, 아들로서는 효순하고, 형으로서는 다정하고, 동생으로서는 공손하고, 남편으로서는 정이 넘치고, 부인으로서는 청종하고, 윗사람으로서는 너그럽고, 아랫사람으로서는 순종하고, 임금으로서는 인애하고, 신하로서는 충성스러운 것, 이 열 가지를 사람의 義라 한다. 서로 간에 신뢰를 강구하고 화목을 쌓는 것, 이를 사람의 利라 하고, 다투고 빼앗고 서로 죽이는 것, 이를 사람의 患이라 한다. 그러므로 성인께서 사람들의 七情을 다스리고, 十義를 기르고, 서로 간에 신뢰를 강구하고 화목을 쌓고, 사양하는 마음을 높이 받들고, 다투고 빼앗는 짓을 그만두게 하는 방법으로, 禮를 버리고 무엇을 써서 그것들을 다스리겠는가?" 또 말했다. "각자의 자리에서 그에 맞는 도리를 하는 것을 義라 한다. 그 실행은 재화·노력·사양·음식·관혼·상제·사어·조빙으로 나타난다." 무릇 禮는 모두가 이를 써서 義를 실행하는 것이다. 禮는, 사양하는 마음은 높이 받들고, 다투고 빼앗는 짓은 그만두게 하기 때문에, '孫以出之'[사양을 써서 의를 드러낸다]라고 한 것이다. '信'은 '申'[약속]이다. 말로 한 약속을 서로 어기지 않게 하기 때문에, '信以成之'[약속을 써서 의를 이룬다]라 한 것이다(正義曰: 義者, 宜也, 人行事所宜也。禮運云: "何謂人義? 父慈子孝, 兄良弟弟, 夫義婦聽, 長惠幼順, 君仁臣忠, 十者謂之人義。講信修睦謂之人利, 爭奪相殺謂之人患。故聖人之所以治人七情, 修十義, 講信修睦, 尚辭讓, 去爭奪, 舍禮何以治之?" 又云: "其居人也曰養[義], 其行之以貨力, 辭讓, 飮食, 冠昏, 喪祭, 射禦, 朝 聘。" 是凡禮皆以行義也。禮尚辭讓, 去爭奪, 故"孫以出之"。"信"者, 申也。言以相申束, 使不相違背, 故"信以成之"。);《論語集釋》陸隴其[1630~1692]의《松陽講義》에 말했다. "세 개의 '之'字는 정자의 주에 따라 '義'를 가리킨다는 설명이 맞다. 蔡清[1453~1508]의《四書蒙引》에서는 모두 '之'字는 '그 일'을 가리키는 말이라 했는데, 아니다. 林希元[1480~1560]의《四書存疑》에 따르면, 또 '行之'의 '之'字는 '義'를, '出之'의 '之'字는 '禮'를, '成之'의 '之'字는 '義' '禮' '孫'을 가리킨다고 했는데, 역시 반드시 이럴 필요는 없다"(松陽講義: 三之字只依程注指義說爲是, 蒙引謂皆指其事言, 非也。據存疑, 則又似行之之字指義, 出之之字指禮, 成之之字指義禮孫, 亦不必如此。);《論語新解》세 개의 '之'字는 '義'를 가리키기도 하고, '事'를 가리키기도 한다. 그것을 행하는 데 반드시 예가 있어야 하고, 그것을 드러내는 데 반드시 겸손을 써야 하고, 그것을 이루는 것은 성실에 달려 있다(下三之字指义, 亦指事。行之须有节文, 出之须以逊让, 成之则在诚信。).

이런 사람이 군자다!"

孫, 去聲。○義者制事[5]之本, 故以爲質幹[6]。而行之必有節文, 出之必以退遜[7], 成之必在誠實, 乃君子之道也。

'孫'(손)은 거성[xùn]이다. ○'義'(의)라는 것은 일을 다스리는 근본이기 때문에, 이를 써서 일의 몸체로 삼는다. 그리고 의(義)를 행하는 것은 반드시 형식을 갖춰야 하고, 의(義)를 드러내는 것은 반드시 겸손하게 해야 하고, 의(義)를 이루는 것은 반드시 성실함에 달려 있으니, 바로 군자의 도(道)이다.

○程子曰:「義以爲質, 如質幹然。禮行此, 孫出此, 信成此。此四句只是一事, 以義爲本。」又曰:「『敬以直內, 則義以方外[8]。』『義以爲質, 則禮以行之, 孫以出之, 信以成之。』」[9]

○정자(程子·明道)가 말했다. "'의(義)를 써서 밑바탕을 삼는다'는 것은, 몸체같이 여긴다는 것이다. (의(義)로는 밑바탕을 삼고) 예(禮)로는 이 의(義)를 행하고, 겸손으로는 이 의(義)를 드러내고, 성실로는 이 의(義)를 이룬다. 이 네 구절은 단지 바로 한 가지 일로, 의(義)를 써서 근본을 삼는다."

정자(程子·明道)가 또 말했다. "'경(敬)을 써서 안의 마음을 곧바르게 하고, 의(義)를 써서 밖의 일을 방정하게 한다'고 했고, '의(義)를 써서 밑바탕을 삼으면, 예(禮)를 써서 의(義)를 행하고, 겸손을 써서 의(義)를 드러내고, 성실을 써서 의(義)를 이룬다'고 했다."

---

5 《荀子·君子》 성왕을 법으로 삼으면, 무엇이 존귀하게 여길 것인지를 알고, 의를 써서 일을 제어하면, 무엇이 이익되게 여길 것인지를 안다(論法聖王, 則知所貴矣; 以義制事, 則知所利矣。); 《書經·仲虺之誥》 의를 써서 일을 제어하고 예를 써서 마음을 제어한다(以義制事, 以禮制心。); 制事(제사): 정치·군사 등 중대 사건을 처리하다. 일을 제어하다(谓处理政治, 军事等重大事件。).

6 質幹(질간): 몸뚱이. 신체의 주요 부분(躯体。泛指事物的主体。); 幹(간): 줄기(=干。主干。).

7 退遜(퇴손): 뒤로 물러나 양보하다. 겸손하다(退让; 谦逊。).

8 《易經·☷坤·文言》 君子는 敬을 써서 안의 마음을 곧게 하고, 義를 써서 밖의 일을 방정하게 한다. 敬과 義가 확립되면 德은 (敬과 義가 함께 해서) 외롭지 않다(君子敬以直內, 義以方外, 敬義立而德不孤。); 直內方外(직내방외): 안으로 마음을 정직하게 하고, 밖으로 일을 방정하게 하다(形容內心正直,做事方正。).

9 《近思錄·爲學類》 敬과 義가 서로 겨드랑이를 끼고 부축하면 인욕에 붙잡힘 없이 곧장 위를 향해, 천덕에 도달함이, 이로부터 시작된다(敬義夾持直上, 達天德, 自此。).

[君子病無能焉章*]

151801、子曰:「君子病[1]無能焉[2], 不病人之不己知也。[3]」

선생님께서 말씀하셨다. "군자는 자기 능력이 없는 것을 근심하지, 남이 자기 능력을 알아주지 않는 것을 근심하지 않는다."

---

1 《論語義疏》 '病'은 '患'[근심하다]과 같다(疏: 病, 猶患也。); 病(병): 근심하다. 우려하다(担心, 忧虑。担忧。).

2 《論語集解》 성인의 도가 없는 것을 근심한다(注: 苞氏曰: 病無聖人之道。); 《論語義疏》 자기가 재능이 없는 것을 근심할 뿐이다(疏: 患己無才能耳。); 《論孟虛字》 '焉'은 군자 자신을 가리키는 지시대명사이다 ["군자가 탓할 것은, 자기에게 재덕이 없는 것이다"]('焉', 猶'於是'或'於之'。'焉'指代君子自身。是說'君子憾恨的, 在於自身沒有才德。'); 《論語語法》 焉(언): 확인의 어기를 표시하는 어기사(焉, 表示確認的語氣。).

3 《論語正義》 《憲問 제32장》과 뜻이 같다(正義曰: 憲問篇: "子曰: 不患人之不己知, 患其不能也。" 義同。); 《學而 제16장》 《里仁 제14장》 《憲問 제32장》 참조.

[君子疾沒世而名不稱焉章*]

151901、子曰:「君子疾[1]沒世[2]而名不稱焉。[3]」[4]

---

1 《論語集解》'疾'은 '病'[근심하다]과 같다(注: 疾, 猶病也。).

2 《論語義疏》'沒世'는 죽고 난 이후를 말한다(疏: 没世謂身没以後也。); 《論語大全》'沒世'는 관뚜껑이 덮이고 나서야 정해진다는 말이다(雙峯饒氏曰: 言沒世者, 蓋棺事乃定。); 《古今注》'沒'은'沒階'[계단을 다 내려오다][鄕黨 제4장]의 '沒'[沒은 盡이다]로 읽는다. '沒世'는 '畢世'[한평생 다 마치도록]라는 말과 같다(補曰: 沒讀之如沒階之沒[沒, 盡也。]。沒世, 猶言畢世也[盡其世]。); 《論語譯注》"죽을 때에 이르도록"("到死而……"); 《論語句法》'沒世'는 '死'의 뜻이다["죽고 나서"]('沒世'是'死'字的意思。).

3 [성]沒世無稱(몰세무칭): =沒世無聞. 죽어서 명성이 남의 칭송을 받지 못하다. 세상에 알려지지 않다(死后名声不能为人所颂扬。指死后没有名声, 不为人所知。亦作'没世无闻'。); 《傳習錄 · 薛侃錄》'疾沒世而名不稱'의 '稱'字는 거성으로 읽는다. '명성이 실상에 걸맞지 않고 지나친 것, 군자는 이를 부끄럽게 여긴다'는 뜻이다. 실상이 명성에 걸맞지 않은 것은 살면서 보충할 수 있다. 죽어버리면 손쓸 방법이 없다. '四十五十而無聞'[子罕 제22장]의 '無聞'은 도를 듣지 못한 것이지 명성이 없는 것이 아니다. 공자께서는, '是聞也非達也'[顏淵 제20장]라고 하셨다. 어찌 이런 (명성 같은) 것을 사람들에게 기꺼이 바라셨겠느냐?(先生曰: "'疾沒世而名不稱'。稱字去聲讀。亦'聲聞過情, 君子恥之'之意。實不稱名, 生猶可補。沒則無及矣。'四十五十而無聞', 是不聞道, 非無聲聞也。孔子云, '是聞也, 非達也'。安肯以此望人?"); 《論語新解》名 역시 孔門의 큰 가르침이다. 공자께서 《春秋》를 짓자 난신적자가 두려워했는데, 이 名을 두려워했을 뿐이다. 세상이 名을 중히 여기지 않으면 사람들은 모두 利를 향해 앞으로 달릴 뿐, 더는 뒤를 돌아보고 염려할 거리가 없어지는 것이다. 或說에, 名不稱이란 바로 聲聞過情의 뜻이라고 했다. 그렇지만 살아서는 浮名을 낚거나 虛譽를 훔쳤을지라도, 죽어서는 천년만년 그의 名實을 따져 논정할 터인데, 어찌 이러한 聲聞過情이 영원할 수 있겠는가? 이것이 바로 人道의 至公至直으로, 이와 싸우기는 무력하다. 宋儒들은 사람들에게 務實을 가르쳤는데, 도가 · 석가의 영향을 받아, 불가피하게 사후의 名을 경시했기 때문에, 聲聞過情으로 이 장을 설명한 것이다. 그렇지만 名을 좋아함을 금기시하는 것이 지나쳐서, 世道를 상하게 하고, 인심을 망칠 수 있으니, 변별하지 않으면 안 된다(名亦孔门之大教。孔子作《春秋》而乱臣贼子惧, 惧此名而已。世不重名, 则人尽趋利,更无顾虑矣。或曰 :名不称, 乃声闻过情之义。然生时可以弋浮名, 剽虚誉, 及其死, 千秋论定, 岂能常此声闻过情? 此乃人道之至公至直, 无力可争。宋儒教人务实, 而受道、释之影响, 不免轻视身后之名, 故以声闻过情说此章。然戒好名而过, 亦可以伤世道, 坏人心, 不可不辨。); 《論語平議》이 장은 시호법에 대해 말씀한 것이다. 《周書 · 謚法解》에, '큰 업적을 행하면 큰 이름을 받고, 작은 업적을 행하면 작은 이름을 받는다. 행함은 자기에게서 나오지만, 이름은 다른 사람에게서 나온다'고 했다. 춘추시대 열국의 대부들은, 대부분 아름다운 시호를 얻었는데, 작은 업적을 행했음에도 큰 이름을 얻었으니, 이름이 업적에 걸맞지 않았다. 그래서 공자께서 이를 말씀하신 것으로, 주공의 시법을 따라야지 업적에 넘치는 아름다운 시호를 얻어서는 안 됨을 밝히신 것이다(此章言謚法也。周書謚法篇曰, 大行受大名, 細名[行]受細名, 行出於己, 名生於人。春秋時, 列國大夫, 多得美謚, 細行而受大名, 名不稱矣, 故孔子言此, 明當依周公謚法, 不得溢美也。); 《論語正義》張栻[1133~1180]의 《論語解》말했다. "이러한 실질이 있으니 이러한 이름이 있게 되는 것이다. 이름이란, 이를 써서 그 실질에 붙이는 것이다. 종신토록 이름을 붙일만한 실질이 없는 것, 군자는 그것을 걱정한다는 말이지, 남에 의해 이름이 나기를 추구한다는 말이 아니다"(正義曰: 張栻論語解: "有是實則有是名。名者, 所以命其實也。終其身而無實之可名, 君子疾諸; 非謂求名於人也。").

선생님께서 말씀하셨다. "군자는 세상을 다 마친 다음에 이름이 세상에 일컬어지지 않을 것을 걱정한다."

范氏曰:「君子學以爲己, 不求人知。然沒世而名不稱焉, 則無爲善之實可知矣。」
범씨(范氏 · 范淳夫)가 말했다. "군자는 배워서 이로써 자기를 위하고, 남에게 알려지는 것을 추구하지 않는다. 그렇지만 세상을 다 마친 다음에 이름이 세상에 일컬어지지 않는다면, 선을 행한 실상이 없었다는 것을 알 수 있다."

4 《史記 · 孔子世家》 공자가 말했다. "안 되겠다, 안 되겠다. 군자는 세상을 다 마친 다음에 이름이 세상에 일컬어지지 않을 것을 걱정한다. 나의 도가 행해지지 못했으니, 나는 무엇으로 후세에 나 자신을 드러낼까?" 이에 사관의 기록에 따라 《春秋》를 지었으니, 위로 은공으로부터 시작해서 아래로 애공 14년에까지 이르렀다(子曰: "弗乎弗乎, 君子病沒世而名不稱焉。吾道不行矣, 吾何以自見於後世哉?" 乃因史記作春秋, 上至隱公, 下訖哀公十四年。).

[君子求諸己章*]

152001、子曰:「君子求諸[1]己, 小人求諸人。[2, 3][4]」

선생님께서 말씀하셨다. "군자는 그 탓을 자기에게서 찾고, 소인은 그 탓을 남에게서 찾는다.

謝氏曰:「君子無不反求諸己, 小人反是。此君子小人所以分也。」

사씨(謝氏·謝顯道)가 말했다. "군자는 무엇이나 돌이켜 자기 안에서 찾지 않는 게 없고, 소인은 이와 반대이다. 이것이 군자와 소인이 구분되는 까닭이다."

---

1 《北京虛詞》 諸(제): =之于。대명사 '之'와 전치사 '于'의 합음으로, '諸' 뒤에는 사람을 나타내는 명사가 오고, '之'는 앞에 나온 동사의 목적어로서 앞에서 나온 사물·사람을 대신하고. '于'는 뒤의 동작 행위와 관련 있는 대상을 이끌어 보어가 된다('諸', 合音词。'诸'为代词'之'和介词'于'的合音。'诸'后为表人物的名词, '诸'相当于'之于'。'之'代前面已出现的人或事物; '于'引进动作行为的有关对象。).

2 [성]求人不如求己(구인불여구기): 남의 도움을 간청하는 것은, 자기가 노력하는 것만 못하다. 남의 도움을 바라는 것보다 자신에게 바라는 것이 낫다(仰求别人, 不如自己努力。谓恳求别人帮助还不如依靠自己。).

3 《論語集解》 군자는 자기를 탓하고, 소인은 남을 탓한다(注: 君子責己, 小人責人也。); 《論語義疏》 '求'는 '責'이다. 군자는 자기의 덕행이 부족한 것을 탓하지, 남을 탓하지 않는다. 소인은 자기를 탓하지 않고 남을 탓한다(疏: '求', 責也。君子自責己德行之不足, 不責人也。小人不自責己而責人也。); 《論語正義》 《禮記·大學》에, '군자는 그것이 내게 있고 나서야 남에게 있기를 요구한다'고 했는데, 자기를 먼저 탓하는 것을 말한다. 소인의 경우에는 나를 써서 남을 헤아려보지 않고[大學 제9장], 바로 남을 깨우치려 들기 때문에, 남을 탓할 뿐이다. 《孟子·盡心下 제20장》에서 말한 바, 지금의 자기의 어둠을 가지고 남을 밝게 하려 드는 자들이다(正義曰: 禮大學云: "君子有諸己而後求諸人。" 謂先責諸己也。若小人則藏身不恕, 而即欲喻諸人, 故但責人。孟子所謂"今以其昏昏, 使人昭昭"者也。); 《古今注》 '求'는 仁을 추구하는 것을 말한다. 이 장은 (楊氏처럼) 앞 제19장에 연결해서 설명하는 것은, 본뜻이 아닌 듯하다["군자는 인을 자기에게서 추구하고, 소인은 인을 남에게서 추구한다"](求, 謂求仁……此連上章說, 其義恐非也。); 《論語譯注》 "군자는 자기에게 요구하고, 소인은 남에게 요구한다"("君子要求自己, 小人要求別人。").

4 《禮記·射義》 활쏘기는 仁의 도이다. 활쏘기는 바른 자세를 자기에게서 구하여, 자기를 바르게 하고 나서 화살을 쏜다. 쐈는데 가운데 맞지 않았으면, 자기를 이긴 자를 탓하지 않고, 돌이켜서 자기의 자세에서 원인을 찾을 뿐이다(射者, 仁之道也。射求正諸己, 己正然後發, 發而不中, 則不怨勝己者, 反求諸己而已矣。); 《孟子·公孫丑上 제7장》 仁은 활쏘기와 같다. 활을 쏘는 자는 몸가짐을 바르게 하고 나서 화살을 쏜다. 쐈는데 과녁을 맞히지 못하면, 자기를 이긴 자를 원망하지 않고 돌이켜 자기에게서 찾을 뿐이다(孟子曰: 仁者如射, 射者正己而後發。發而不中, 不怨勝己者, 反求諸己而已矣。); 《荀子·大略》 소인은 안으로는 불성실하고 밖으로 추구한다(小人不誠於內而求之於外。); 《大學》 군자는 그것이 내게 있고 나서야 남에게 있기를 요구하고, 그것이 내게 없고 나서야 남에게 없음을 책망한다(君子有諸己而後求諸人, 無諸己而後非諸人。).

○楊氏曰:「君子雖不病人之不己知[5], 然亦疾沒世而名不稱[6]也。雖疾沒世而名不稱, 然所以求者, 亦反諸己而已。小人求諸人, 故違道干譽[7], 無所不至[8]。三者文不相蒙[9], 而義實相足[10], 亦記言者之意。」[11, 12]

○양씨(楊氏·楊中立)가 말했다. "군자는 비록 남이 자기를 알아주지 않는 것을 근심하지는 않을지라도, 그럼에도 세상을 다 마친 다음에 이름이 일컬어지지 않는 것은 싫어한다. 비록 세상을 다 마친 다음에 이름이 일컬어지지 않는 것을 싫어하기는 할지라도, 그렇지만 그 탓을 찾는 방법은, 다만 돌이켜 자기 안에서일 뿐이다. 소인은 그 탓을 남에게서 찾기 때문에, 도리를 어겨가면서까지 명예를 구하기를, 무슨 짓이든 못하는 짓이 없다. 제18·19·20장 이 세 장의 경우, 글은 한 장으로 이어져 있지는 않지만, 뜻은 실상 서로를 완성시키니, 선생님의 말씀을 기록한 자의 의도이다."

---

5 《衛靈公 제18장》 참조.

6 《衛靈公 제19장》 참조.

7 《書經·虞書·大禹謨》 익이 우임금에게 말했다. "도리를 어겨가면서 백성의 칭송을 구하지 마시고, 백성을 거스르면서 자기의 욕심을 채우지 마십시오"(益曰: ……罔違道以干百姓之譽, 罔咈百姓以從己之欲。).

8 無所不至(무소부지): 안 가본 데가 없다. 무슨 나쁜 짓이든 남김없이 다하다(至: 到。指没有不到的地方。也指什么坏事都做绝了。); 《陽貨 제15장》 참조.

9 蒙(몽): 계승하다. 이어받다(承继, 继承。).

10 足(족): 완성하다(完成。).

11 《論語大全》 이름나기 좋아하는 것을 경계하는 것, 이는 응당 그래야 하지만, 이것을 너무 편벽되게 지키는 것은, 바른 행실에 대한 병적인 집착으로 피곤해질 염려가 있으니, 그 폐단은 이름나기 좋아하는 것보다 심할 수 있다. 그래서 군자는 세상을 다 마친 다음에 이름이 일컬어지지 않을 것을 걱정하지만, 또 군자는 그 탓을 자기에게서 구한다고 말씀하신 것이다. 이 말씀을 자세히 음미해보면, 편중되거나 기울어지지 않고, 안과 밖이 모두 다 갖춰져 있다. 이 말씀이 성인의 말씀이 되는 까닭일 것이다(朱子曰: 以好名爲戒, 此固然矣, 然偏持此論, 將恐廉隅毁頓, 其弊有甚於好名。故君子疾沒世而名不稱焉, 而又曰, 君子求諸己。詳味此言, 不偏不倚, 表裏該備。此其所以爲聖人之言歟。); 《論語大全》 范氏는 제18·19장을 합해 하나의 뜻으로 했고, 楊氏는 여기에 또 제18·19·20장을 합해 하나의 뜻으로 했다(胡氏曰: 范氏合上二章爲一意, 楊氏於此又合三章爲一意。).

12 《論語新解》 군자라고 구하는 게 없는 것은 아니지만, 다만 반드시 돌이켜서 그것을 자기에게서 구한다[제20장]. 남이 자기를 알아주지 않는 것을 걱정하지 않지만[제18장], 그래도 죽고 나서 불릴 이름이 없을 것을 걱정한다[제19장]. 죽고 나서 불릴 이름이 없을 것을 걱정하지만, 그것을 구하는 방법은 여전히 자기 안에서이다[제20장]. 소인은 그것을 남에게서 구하려고 애쓴다. 그래서 도를 어겨가며 명예를 구하려다 못하는 짓이 없으니, 결국에는 죽고 난 뒤 악명을 얻을 뿐이다. 제18·19·20장은, 뜻이 실상은 서로를 충족시키기 때문에, 편자가 세 장의 글을 끌어다 이어 붙여 언급한 것이다(君子非无所求, 惟必反而求诸己。虽不病人之不己知, 亦恨没世而名不称。虽恨没世无名, 而所以求之者则仍在己。小人则务求诸人。故违道干誉无所不至, 而卒得没世之恶名。以上三章, 义实相足, 故编者牵连及之。).

[君子矜而不爭章]

152101、子曰:「君子矜而不爭,[1]羣而不黨。[2]」[3, 4]

선생님께서 말씀하셨다. "군자는 당당하지만 다투지는 않고, 여럿이 어울리지만 패거리 짓지는 않는다."

莊以持己曰 矜。[5] 然無乖戾[6]之心, 故不爭。和以處衆曰 羣。然無阿比[7]之意, 故不黨。

당당한 모습으로 자기 몸가짐을 지키는 것을 '矜'(긍)이라고 한다. 그렇지만 거스르거

---

1 矜而不爭(긍이부쟁): 잘 참아내서 다른 사람과 다투지 않고, 여러 사람과 서로 잘 어울리면서도 사적인 정에 치우치지 않다(善于忍耐而不与人争斗, 与众相和而不偏私。);《論語集解》'矜'은 '矜莊'[긍지]이다(注: 苞氏曰: 矜, 矜莊也。); 南懷瑾[1918~2012]의《論語別裁》'矜'(긍)은 내심의 '傲'(오)이다. ['驕'(교)와 '傲'(오)는 서로 별개의 일로, 능력이 없는데 다른 사람을 깔보는 것이 '驕'이고, 능력이 있어 자기 스스로를 높게 보는 것이 '傲'이다.] '傲'는 '傲'가 내면에 있을 것을 요하고, 외면적으로는 다른 사람에게 '傲'를 보여 줄 필요 없이 내면으로만 지조를 간직하고 있어, 고생하다 죽거나 굶어 죽을 수는 있어도 절대 머리를 굽히지 않는다. 이것이 '矜'이다('矜'是内心的傲, [骄傲是两回事, 没有真本事, 看不起别人, 是骄; 有真本事而自视很高, 是傲。]傲要傲在骨子里, 外面对人不必傲, 内在有气节, 穷死饿死可以, 绝不低头, 这是矜。).

2 [성]群而不黨(군이불당): 여러 사람과 어울려 함께 잘 지내지만, 패거리를 결성하지는 않는다. 여러 사람이 모여 화합하고 정실에 치우치지 않는다(群: 合群。与众合群, 不结私党。和以處衆而不阿私。);《論語集解》'黨'은 '助'[돕다]이다. 군자는 비록 여럿이 있어도, 사사로이 끼리끼리 돕지 않고, 의에 맞으면 이를 따른다(注: 孔安國曰: 黨, 助也。君子雖衆, 不相私助, 義之與比也);《論語譯注》'羣而不黨'은 '周而不比'[爲政 제14장]와 '和而不同'[子路 제23장] 양쪽 의미를 포함한다('羣而不党'可能包含着'周而不比'以及'和而不同'两个意思。).

3《論語正義》당당하면 다투기 쉽고, 여럿이 어울리면 당파를 형성하기 쉽기 때문에, 군자는 이를 끊는다. 劉宗周[1578~1645]의《論語學案》에 말했다. "'矜'은 당당하니 스스로를 지키는 것이다. '不爭'하면 사람을 끊지 않는다. '群'은 남과 매끄럽게 잘 지내는 것이다. '不黨'하면 몸을 굽혀 세속을 따르지 않는다. 이것이 군자가 견지하는 기준이다"(正義曰: 矜易於爭, 群易於黨, 故君子絕之。劉氏宗周論語學案: "矜者, 斬斬自持。不爭, 則非絕物矣。群者, 油油與人。不黨, 則非徇物矣。此君子持世之准也。");《論語新解》'矜'은 자기를 잃지 않는 것이고, '群'은 자기를 고집하지 않는 것이다(矜不失己。群不专己。).

4《荀子 · 堯問》군자는 힘이 소와 같아도, 소와 힘을 다투지 않고, 달리기가 말과 같아도 말과 달리기를 다투지 않고, 지식이 선비와 같아도, 선비와 지식을 다투지 않는다(周公曰: ……君子力如牛, 不與牛爭力; 走如馬, 不與馬爭走; 知如士, 不與士爭知。).

5《論語大全》'矜'은 스스로 붙잡아둔다는 뜻이다. 그래서《書經 · 周書 · 旅獒》에, '사소한 잘못을 붙잡아두지 않으면, 결국에는 대덕에 누가 된다'고 했다(朱子曰: 矜是自把捉底意思。故書曰, 不矜細行, 終累大德。).

6 乖戾(괴려): 성격이나 말이나 행동이 비뚤어지다([性情、言语、行为]别扭, 不合情理。).

7 阿比(아비): 편들고 결탁하다(偏袒勾结).

나 어그러뜨리려는 마음이 없기 때문에, 다투지를 않는다. 어울려서 여러 사람과 지내는 것을 '羣'(군)이라고 한다. 그렇지만 편들거나 결탁하려는 뜻이 없기 때문에, 패거리 짓지를 않는다.

[君子不以言擧人章*]

152201、子曰:「君子不以[1]言擧人[2], 不以人廢言[3,4]。」

선생님께서 말씀하셨다. "군자는 말 때문에 사람을 등용하지 않고, 사람 때문에 말을 폐기하지 않는다."

1《王力漢語》개사 '以'의 두 가지 주요용법 중 첫째는 행위가 어떤 사물을 공구로 쓰거나 어떤 사물에 근거함을 표시하며, '~써서' '~을 가지고'로 번역할 수 있다. 둘째는 원인을 끌어들이며, '~때문에'로 번역할 수 있다(介詞'以'字的二個主要用法的第一種, 表示行爲以某物爲工具或憑藉, 在意義上可以譯成現代的'用'或'拿'。第二種, 引進原因, 在意義上略等於現代的'因爲'。);《論語詞典》以(이): 개사. ~로 인해. ~때문에(介詞, 因。);《古漢語語法》'以'는 동사 앞에 쓰여 원인을 이끌며, '~때문에'라는 뜻을 표시한다. 개사구 '以+목적어'는 관형형식의 하나이다('以'用在动词前, 引进动作行为的原因, 表'因为……'义。'以+宾'表原因有一些固定格式, 如: '以是'、'是以'、'以此'、'此以'、'以故'等。);《論語語法》以(이): 원인을 소개하는 개사(以: 介繫原因的介詞。).

2 [성]以言擧人(이언거인): 언론에 근거해서 인재를 천거하다(根据言论来举荐人才);《論語集解》훌륭한 말을 하는 자가 반드시 덕이 있는 것은 아니기 때문에[憲問 제5장], 말 때문에 사람을 등용해서는 안 된다(注: 苞氏曰: 有言者不必有德, 故不可以言擧人也。); 擧(거): 천거하다. 발탁하다. 등용하다(擧薦, 提拔。).

3 [성]不以人廢言(불이언폐언): 부족한 점이 있는 사람이라고 해서 올바른 의견까지 불채택하지는 않는다(废: 废弃。不因为这个人有不足的地方而不采纳他的正确意见。); [성]以人廢言(이인폐언): 낮은 지위나 과거의 잘못 때문에 그 사람의 올바른 의견조차 받아들이지 않다(因为说话人的地位的低下或犯有错误就不采纳他所说的正确的意见。);《論語集解》덕이 없는 사람이라고 해서 훌륭한 말을 버려서는 안 된다(注: 王肅曰: 不可以無德而廢善言也。);《論語義疏》(先人이 한 말에) 꼴꾼이나 땔나무꾼에게도 묻는다[詩經·大雅·板]라고 했는데, 아랫사람에게 묻는 것을 부끄러워하지 않는 것이다[公冶長 제14장](李充曰: 詢於芻蕘, 不恥下問也。).

4《論語集釋》陸隴其[1630~1692]의《四書困勉錄》에 말했다. "이 장은 군자의 用人法·聽言法에 대한 말씀이다"(四書困勉錄: 此君子用人聽言之道。);《古今注》黃會稽가 말했다. "두 구절은 한사람에게 일어난 것으로 생각된다. 군자는 그 사람이 한 말 때문에 그를 등용하지는 않지만, 그렇다고 어찌 그 사람이 등용되지 못한다 해서 그가 한 말까지 폐기하겠는가?"(黃會稽云: 兩句作一個人看, 謂君子固不以其人之言而擧其人, 亦豈以人之不可擧而幷廢言也?).

[子貢問有一言可以終身行之章]

152301、子貢問曰:「有一言[1]而可以終身行之者乎[2]?」子曰:「其恕乎[3]! 己所不欲, 勿[4]施於人。[5, 6][7]」

1《論語正義》'一言'은 '一字'를 말한다. 옛사람들이 지은 책의 분량을 말할 때 數萬言·數十萬言이라 하고, 詩의 형식을 말할 때 四言·五言·七言이라 했는데, 모두 一字를 一言으로 본 것이다(正義曰: '一言'謂'一字'……古人稱所箸書若數萬言, 數十萬言, 及詩體四言, 五言, 七言, 並以一字爲一言也。).

2《論語句法》'終身'은 여기에서 시간사 역할을 하고, 그 위의 개사 '以'는 '終身'을 소개하는 역할을 한 것이다. '之'는 '一言'을 가리키고, 술어 '行'의 목적어이다('終身', 在這裡做時間補詞, 其上的關係詞'以'字, 既可以用來介進這個補詞; '之'字, 稱代'一言', 做述詞'行'的止詞。);《論語句法》'者'는 구말어기사이고, 그 밑에 의문어기사 '乎'를 덧붙였다('者'字是句末語氣詞, 下面又加了一個表詢問語氣詞的'乎'字。).

3《王力漢語》의문어기사 '乎'가 '其' '無乃' '得無' 등과 서로 호응할 경우, 완곡한 어기를 표시하는데, '吧'와 대략 같다(疑問語氣詞'乎'字跟'其'(表示委婉語氣)、'無乃'(表示恐怕是的意思)、'得無'(表示該不會的意思)等詞相呼應的時候, 表示一種委婉語氣, 略等於現代的'吧'字。).

4《助字辨略》'勿'은 '莫'으로 금지사이다(勿, 莫辭也, 禁止辭也。);《文言虛詞》勿(물): 부정부사. 금지를 표시한다. ~하지 말라. ~해서는 안 된다('勿'字只作否定副詞用。'勿'字用得最多的, 是表禁戒, 相當今天的'莫''不要'。).

5《論語集釋》蕉袁熹[清人]의《此木軒四書說》에 말했다. "성현의 학문에 남과 나의 접촉이 수반되지 않는 공부는 없다. 이 몸이 있는 바에야, 남과 관련되어 있지 않을 리가 결코 없으니, 자기에서부터 한 나라와 천하에 이르기까지, 어느 곳이든 사람이 없는 곳이란 없고, 어느 곳이든 恕를 받들어 행하지 못할 곳이란 없다"(此木軒四書說: 聖賢學問無不從人己相接處做功夫。既有此身, 決無與人不交關之理, 自家而國而天下, 何處無人, 何處不當行之以恕。).

6《北溪字義·忠恕》忠은 자기의 마음의 측면에서 말한 것으로, 자신의 마음을 극진히 하여 진실하지 않음이 없는 것이다. 恕는 다른 사람을 대하고 사물과 접촉하는 측면에서 말한 것으로, 단지 자기 마음의 진실한 바를 확장시켜서 다른 사람이나 사물에 미치게 하는 것일 뿐이다. 글자의 뜻으로 본다면 '中'과 '心'이 합해서 忠이 되는 것이니, 자기의 마음의 중심을 극진히 하여 진실하지 않음이 없는 것이 忠이 된다. 한편 '如'와 '心'이 합해 恕가 되는 것이니, 자기의 마음이 원하는 바와 똑같아지도록 하는 것이 恕이다(忠是就心說, 是盡己之心無不真實者。恕是就待人接物處說, 只是推己心之所真實者以及人物而已。字義中心爲忠, 是盡己之中心無不實, 故爲忠。如心爲恕, 是推己心以及人, 要如己心之所欲者, 便是恕。). 공자께서 말씀하신 '己所不欲 勿施於人'은, 단지 한 (소극적인) 측면만을 논하신 것이지만, 기실은 자신이 원하지 않는 것을 남에게 베풀지 말라는 데만 그치지 않는다. 자신이 원하는 것을 남에게 베풀어야 비로소 옳다. 예컨대 '己欲立而立人 己欲達而達人'[雍也 제28장]의 말씀처럼, 자기가 서고 싶어 하면 남도 서고 싶어 하고, 자기가 현달하고 싶어 하면 남도 현달하고 싶어 할 것이니, 반드시 서고 싶어 하고 현달하고 싶어 하는 자신의 바람을 남에게까지 확장시켜, 남의 서고 싶어 하고 현달하고 싶어 하는 바람도 이루어 줄 수 있게 해야 한다. 이것이 恕이다(夫子謂'己所不欲, 勿施於人', 只是就一邊論。其實不止是勿施己所不欲者, 凡己之所欲者, 須要施於人方可。如……己欲立, 人亦欲立, 己欲達, 人亦欲達, 必欲推己之欲立, 欲達者以及人, 使人亦得以遂其欲立欲達之心, 便是恕。). 대개 忠恕는 하나인데 그 가운데를 두 조각으로 자르면 둘이 된다. 上蔡[謝良佐]는, '忠과 恕의 관계는 형체와 그림자의 관계와 같다'(忠恕猶形影)라고 했는데 좋은 말이다. 왜냐하면, 마음속에 간직되어 있는 것이 이미 忠하다면,

자공(子貢)이 여쭈었다. "한 글자이지만 종신토록 받들어 행할 만한 글자가 있겠습니까?" 선생님께서 말씀하셨다. "서(恕)라는 글자일 게다! 자기가 원하지 않는 것을, 남에게 베풀려고 하지 말거라."

推己及物[8], 其施不窮, 故可以終身行之。

바깥으로 발출되어 나오는 것이 곧바로 恕가 되기 때문이다. 그 반대로 사물에 감응하고 접촉하는 곳에서 恕하지 않다면, 내 안에 있는 것이 분명 충분히 忠하지 못하기 마련이다. 그러므로 忠의 마음이 드러나는 것이, 곧 恕의 일이고, 恕의 일을 이루는 것이, 곧 忠의 마음인 것이다(……大概忠恕只是一物, 就中截作兩片則爲二物。上蔡謂: 忠恕猶形影。說得好。蓋存諸中者既忠, 則發出外來便是恕。應事接物處不恕, 則在我者必不十分真實。故發出忠底心, 便是恕底事。做成恕底事, 便是忠底心。). 한나라 이래로 恕 字의 뜻이 아주 불분명해졌다. 그래서 '자신을 용서하고 임금의 뜻을 헤아리기를 잘한다'(善恕己量主)고 말하는 사람이 나오기에 이르렀다. 宋朝의 范忠宣公 역시 '(자제들에게 경계시켜 말하기를, 사람이 아무리 어리석더라도 남을 꾸짖는 데는 밝고, 아무리 총명하더라도 자기를 용서하는 데는 어둡다. 너희들은 다만 항상 남을 꾸짖는 마음으로 자신을 꾸짖고) 자신을 용서하는 마음으로 남을 용서하라. (그러면 성현의 경지에 이르지 못함을 근심하지 않을 것이다)'(戒子弟曰, 人雖至愚, 責人則明, 雖有聰明, 恕己則昏。爾曹但常以責人之心責己, 恕己之心恕人, 不患不到聖賢地位也。)라고 했으니[朱熹의《宋名臣言行錄·後集卷11·范純仁 忠宣公》에 나오는 글로,《小學·嘉言71》에서 인용했다], '恕'라는 글자는 '己'字 앞에는 붙일 수 없다는 것을 알지 못한 것이다. 그가 말한 '恕'字는 다만 '남을 용서한다'(饒人)는 뜻이었던 것 같다. 이같이 한다면 자신에게 잘못이 있으면 또 스스로를 용서하고, 남에게 잘못이 있으면 또 똑같이 남을 용서할 것이다. 이는 서로를 못나고 어리석은 곳으로 이끄는 것이다. 어찌 이것이 자신을 확장시켜서 자기 마음과 같이한다는 옛사람들의 뜻이겠는가?(……自漢以來, 恕字義甚不明, 至有謂'善恕己量主'者。而我朝范忠宣公亦謂'以恕己之心恕人', 不知恕之一字就己上著不得。據他說, 恕字只似個饒人底意, 如此則是己有過且自恕己, 人有過又並恕人, 是相率爲不肖之歸, 豈古人推己如心之義乎?);《論語譯注》'忠'은 적극적인 '己欲立而立人 己欲達而達人'의 도덕으로, 사람마다 조건을 갖추고 반드시 해야 하는 것은 아니다. '恕'는 단지 소극적인 '己所不欲, 勿施于人'의 도덕으로, 누구나 이렇게 할 수 있다. 이 때문에 공자가 여기에서는 '恕'만 말하고 '忠'은 말하지 않았다('忠'(己欲立而立人, 己欲達而達人)是有積極意義的道德, 未必每個人都有條件來實行。'恕'只是'己所不欲, 勿施於人', 則誰都可以這樣做, 因之孔子在這裏言'恕'不言'忠'。).

7《中庸 제13장》忠恕는 도와 떨어진 거리가 멀지 않으니, 자기 자신에게 베풀어 봐서 자기가 원하는 것이 아니라면, 똑같이 남에게도 베풀지 말라(忠恕違道不遠, 施諸己而不願, 亦勿施於人。);《韓詩外傳·卷三》옛날에, 문밖을 출입하지 않고도 천하를 알았고, 창문을 열어보지 않고도 천도를 보았으니, 눈이 천리 밖까지 볼 수 있어서가 아니고, 귀가 천리 밖까지 들을 수 있어서가 아니고, 자기의 진정을 써서 그것을 헤아린 것이다. 자기가 굶주림과 추위를 싫어하는 것으로, 천하가 입고 싶어 하고 먹고 싶어 한다는 것을 알고, 자기가 힘들고 고통스러운 일을 싫어하는 것으로, 천하가 편안해지고 싶어 하고 놀고 싶어 한다는 것을 알고, 자기가 쇠락하고 궁핍한 것을 싫어하는 것으로, 천하가 부유하고 싶어 하고 풍족해지고 싶어 한다는 것을 안다. 이 세 가지를 아는 것이 성왕이 자리를 내려오지 않고도 천하를 바로잡을 수 있는 까닭이다. 그래서 군자의 도는, 충서일 뿐이다(昔者, 不出戶而知天下, 不窺牖而見天道, 非目能視乎千里之前, 非耳能聞乎千里之外, 以己之情量之也。己惡飢寒焉, 則知天下之欲衣食也; 己惡勞苦焉, 則知天下之欲安佚也; 己惡衰乏焉, 則知天下之欲富足也。知此三者, 聖王之所以不降席而匡天下。故君子之道, 忠恕而已矣。);《公冶長 제11장》각주《大學 傳제10장》참조;《顏淵 제2장》참조.

자기를 미루어서 남에게 미치는 것, 그것의 행하는 방법은 끝이 없으니, 그러므로 종신토록 이 한 글자를 받들어 행할 수 있다.

○尹氏曰:「學貴於知要。子貢之問, 可謂知要矣。孔子告以求仁之方也[9]。推而極之, 雖聖人之無我[10], 不出乎此。終身行之, 不亦宜乎?」

○윤씨(尹氏·尹彦明)가 말했다. "배움은 요점을 아는 것을 귀중하게 여긴다. 자공(子貢)의 질문은 요점을 알았다고 평할 수 있다. 공자(孔子)께서는 인(仁)을 추구하는 방법을 말씀해주셨다. 그것을 미루어 끝까지 나아가면, 비록 성인의 '사사로운 나가 없는' 경지일지라도, 여기에서 벗어나지 않는다. 종신토록 이 한 글자를 행하는 것이, 당연히 맞지 않겠는가?"

---

8 《里仁 제15장》 集注 참조.

9 《雍也 제28장》 참조.

10 《論語大全》 남을 대하기를 나같이 대하는 것, 똑같이 대하고 똑같이 사랑하는 것, 이것이 '聖人之無我'이다(新安陳氏曰: 視人猶己, 一視同仁, 此聖人之無我也。); 《子罕 제4장》 '毋我' 참조.

[吾之於人也章]

152401、子曰:「吾之於人也, 誰毁誰譽[1]? 如[2]有所譽者, 其[3]有所試[4]矣。[5]

1《古漢語語法》'誰'는 타동사의 목적어로서 동사 앞에 놓인다('誰'做及物动词宾语, 一般放在动词之上。); 毁(훼): 헐뜯다. 험담하다(毁謗。); 譽(예): 칭찬하다(本义: 称赞, 赞美。).

2《論語正義》'如'는 '而'[그렇지만]와 같다(正義曰: '如'與'而'同。);《論語句法》'如'는 가설을 표시하는 관계사이다('如'是加在假設小句頭上的關係詞。).

3《論語新解》필시 그 사람은 앞서 겪어본 바가 있었다(必其人先有所试);《論語句法》'其'는 관계사로, 역할이 '則'字와 서로 같다('其'是加在後果小句頭上的關係詞, 作用跟'則'字相同。);《論孟虛字》틀림없이. 반드시('其', 猶'必'。爲'一定'之義。).

4 [성]譽必待試(예필대시): 칭찬받는 사람은 반드시 검증을 거쳤음을 말한다(谓被赞誉的人必须经过检验。); 試(시): 시험해보다. 시험하다(尝试。试验。).

5《論語集解》칭찬한 것은 항상 일을 겪어보아서이지, 근거 없이 칭찬한 것이 아니다(注: 苞氏曰: 所譽輒試以事, 不空譽而已矣。);《論語集釋》毛奇齡[1623~1716]의《論語稽求篇》에 말했다. "이 장은 관리의 擧錯[임용과 파면]의 공정성에 대한 말씀이다.《後漢書 · 伏侯宋蔡馮趙牟韋列傳》에, 후한 章帝 건초7년[AD82], 조서를 내려 공 · 경 · 대부로 하여금 여러 나라의 인재 천거 제도에 대해 의논하게 했는데, 위표[?~89年]가 올린 내용에, '나라는 현자를 선발하는 것을 급선무로 삼고, 현자는 효행을 첫째로 삼습니다. 공자께서 말씀하시기를, '부모를 섬기는 데 효성스럽기 때문에, 忠이 임금에게로 옮겨갈 수 있다'[孝經 · 廣揚名]고 했습니다. 이것이 충신은 반드시 효자의 가문에서 찾는 까닭입니다. 사람의 재주와 행실은 두 가지 모두 겸하는 경우가 적기 때문에, 맹공작은 조씨가와 위씨가의 가신의 장은 충분히 되고도 남지만, 등나라나 설나라의 대부는 될 수 없다[憲問 제12장]고 했습니다. 충성하고 효도하는 사람은, 마음가짐이 후덕에 가깝고, 일에만 숙달된 관리는, 마음가짐이 박덕에 가깝습니다. 三代가 直道而行할 수 있었던 까닭은, 현자를 등용함에 모두 시험해 보고 선발해서 수련시킨 데 있었습니다'라고 했다. '磨'는 '試'이다. 이현의 주에, '위표가 直道而行을 인용한 것은, 옛날에 현자를 등용함에 시험해 보고 선발해서 수련시킨 연후에 등용했음을 말한 것이다'라고 했는데, 반드시 시험해 본 후에 등용했다는 말이다. 또《漢書 · 薛宣朱博傳》에, 곡영[?~BC 9]이 설선을 천거하는 소에 말하기를, '제왕의 덕은 인물을 아는 것보다 더 큰 게 없습니다. 설선을 어사중승으로 삼으시면, 擧措가 모두 합당하니, 그를 부풀린 것은, 그를 시험해 본 것['所試']이 있기 때문입니다'라고 했으니, 모두 이 장을 인용해서 용인법의 설명으로 삼은 것이다"(論語稽求篇: 此言擧錯之當公也。後漢建初七年, 詔下公卿大夫議郡國貢擧, 韋彪上議, 有云:『夫國以簡賢爲務, 賢以孝行爲首。孔子曰:『事親孝, 故忠可移於君, 是以求忠臣必於孝子之門。』夫人才行少能相兼, 故孟公綽優爲趙魏老, 而不任爲滕薛大夫。忠孝之人, 持心近厚, 鍛鍊之吏, 持心近薄。三代之所以直道而行者, 在其所以磨之之故也。』磨, 試也。李賢注韋彪傳曰:『彪引直道而行者, 言古之用賢皆磨勵選鍊然後用之。』謂必試而後用也。又前漢谷永薦薛宣疏:『帝王之德莫大於知人……以宣爲禦史中丞, 擧錯皆當, 如有所譽, 其有所試。』皆引此作用人解。);《論語集釋》劉逢祿[1776~1829]의《論語述何》에 말했다. "《春秋》는 훌륭한 점을 근거 없이 덧붙이지도 않았고, 나쁜 점을 숨기지도 않고 실상대로 기록했다. 좋고 나쁨을 평하고, 칭찬하고 지적하는 것이, 모두 삼대의 법에 근본 했으니, 근거 없이 덧붙인 말이 없었다. 동중서가 말하기를, '《春秋》는 시비를 판단하여 바로잡았기 때문에, 사람을 다스리는 데 뛰어나다'[春秋繁露 · 玉杯]고 했다"(論語述何: 春秋不虛美, 不隱惡。褒貶予奪, 悉本三代之法, 無虛加之辭也。董子曰:『春秋辨是非, 故長於治人。』).

선생님께서 말씀하셨다. "내가 사람들을 대하는 데 있어서, 누구는 깎아내리고 누구는 부풀리더냐? 만약 누군가 부풀린 사람이 있었다면, 그 사람은 겪어 본 것이 있어서였다.

譽[6], 平聲。○毁者, 稱[7]人之惡而損其真。譽者, 揚人之善而過其實[8]。夫子無是也。然或有所譽者, 則必嘗有以試之, 而知其將然[9]矣。聖人善善[10]之速, 而無所苟如此。若其惡惡[11], 則已[12]緩矣。是以雖有以前知其惡, 而終無所毁也。

'譽'(예)는 평성[yú]이다. ○'毁'(훼)라는 것은 남의 나쁜 점을 들춰내어 그 실상을 깎아내리는 것이다. '譽'(예)라는 것은 남의 좋은 점을 치켜세워 그 실상을 부풀리는 것이다. 선생님께서는 이런 일이 없었다. 그렇지만 혹 누군가의 좋은 점을 부풀린 경우가 있었다면, 반드시 예전에 그 사람을 겪어 본 적이 있어서, 그가 앞으로도 그러할 것임을 아신 것이다. 성인께서는 좋은 점을 좋다고 하시는 데는 빠르셨지만, 대충대충 하는 법이 없음이 이와 같으셨다. 성인께서 나쁜 점을 나쁘다고 하시는 데는 아주 더디셨다. 이 때문에 비록 그 사람의 나쁜 점을 미리 알고 계시는 것이 있을지라도, 깎아내리는 일은 끝내 없으셨다.

152402、斯民也[13], 三代之所以直道而行[14]也。[15]」

---

6 譽(예): [yú] 칭찬하다(称赞; 赞美。); [yù] 명예. 명성(名誉; 声誉。).

7 稱(칭): 공공연히 말하다. 밝히다(述说; 声称).

8《史記·仲尼弟子列傳》학자들은 70여 공자 제자들에 대해 많은 말들을 하기를, 칭찬하는 자들은 혹 그 실상을 초과하기도 하고, 폄훼하는 자들은 혹 그 실상을 깎아내기도 하는데, 모두 다 제자들의 용모를 직접 목도하지 못했으니, 의론한 것이다. 제자들에 대한 기록은 공자의 고문[논어]이 실상에 가깝다. 나는 제자들의 성명과 관련 글들을 모두 논어의 제자들의 문답에서 취해, 차례대로 엮었고, 의심나는 것들은 빼놓았다(太史公曰: 學者多稱七十子之徒, 譽者或過其實, 毁者或損其真, 鈞之未睹厥容貌, 則論言。弟子籍出孔氏古文近是。余以弟子名姓文字悉取論語弟子問并次爲篇, 疑者闕焉。); 譽過其實(예과기실): 명성이 실상을 초과하다(誉: 声誉, 声名。名声超过了其人的实际情况。).

9 將然(장연): 장차 발생한 일(指将要发生的事).

10 善善(선선): 장점 · 미덕을 칭찬하다(赞扬人家的优点, 美德。); 善(선): 칭찬하고 인정하다(赞许).

11 惡惡(오악): 악함을 미워하다(憎恨邪恶).

12 已(이): 아주. 대단히. 너무(太。表示程度。).

13 也(야): 앞 구절의 끝에 쓰여 잠시 멈춰 어기를 완만하게 하여, 뒷 구절이 앞 구절의 대해 해설을

지금 이 백성들은, 삼대 때의 곧은길을 따라 나아간 그 백성들이다."

斯民者, 今此之人也。三代, 夏、商、周也。直道, 無私曲也。言吾之所以無所毀譽者, 蓋以此民, 即[16]三代之時所以善其善, 惡其惡而無所私曲之民。故我今亦不得而枉其是非之實也。[17]

가할 것임을 표시한다. 뒷 구절에 대한 강조역할을 한다(用在前半句的末了, 表示停顿一下, 舒缓语气, 后半句将对前半句加以解说。对后半句有强调作用。).

14 [성]直道而行(직도이행): 바른길을 따라 걷다. 일 처리가 사심 없이 공정하다. 정도를 따라 일 처리하다(直道: 正路。沿着直的道路走。比喻办事公正。按照正道行事。);《論語句法》'所以直道而行'은 접두사 '所'의 단어조합이고, '以直道'는 부사로 술어 '行'을 수식한 것이고, 부사와 술어 사이에 관계사 '而'을 붙인 것이다["直道를 써서 나아간 바"]('所以直道而行'是帶詞頭'所'的詞結……'以直道'做限制詞, 來修飾述詞'行'的, 其間加了關係詞'而'字。).

15《論語正義》包慎言[清人]의《論語溫故録》에 말했다. "'斯民' 두 글자는, 바로 위에 나온 '所試'를 재차 밝힌 것이다["겪어본 이 백성들"]. '如'는 '而'와 같다. '以'는 '用'이다. 말씀인즉, '나는 사람들에 대해 깎아내리거나 부풀린 적이 없는데, 그렇지만 누군가 부풀린 사람이 있어, 좋은 점은 부풀리고 나쁜 점은 줄인 것은, 이 사람들이 모두 권장해서 선으로 들어갈 수 있었던 사람으로, 옛적의 성과가 목도되었기 때문이다'라는 것이다. '斯民'은 바로 삼대의 백성이다. 삼대는 이 백성을 써서 곧은길로 나아갔는데, 이들이 모두 앞다투어 선에 힘썼던 사람들이니, 어찌 지금에 있어 함께 선을 행할 수 없겠는가? '其有所試'는 삼대가 이미 그들을 겪어본 적이 있음을 말한 것이지, 공자가 직접 그들을 겪어봤다는 말이 아니다.《漢書 · 藝文志》에, '공자께서 말씀하시기를, '만약 누군가 부풀린 사람이 있었다면, 그 사람은 겪어본 것이 있어서였다'고 했는데, 요순시대의 태평성세, 은나라 · 주나라의 흥성, 공자의 사업은, 이미 성과를 겪어 본 것이다'라고 했다"(正義曰: 包氏慎言溫故錄: "'斯民'兩語, 正申明上文'所試'句。'如'與'而'同。以, 用也。言我之於人, 無毀無譽。而或有所譽, 稱揚稍過者, 以斯人皆可奬進而入於善之人, 往古之成效可覩也。蓋'斯民'即三代之民。三代用此民直道而行, 而人皆競勸於善, 安在今之不可與爲善哉? '其有所試', 謂三代已嘗試之, 非謂身試之也。漢書藝文志儒家敘略云: 「孔子曰: 『如有所譽, 其有所試。』唐虞之隆, 殷周之盛, 仲尼之業, 已試之效也。」"……). 생각건대,《論衡 · 率性》에 말했다. "傳에, '요 · 순이 다스리던 백성은 집집마다 벼슬을 할 만했고, 걸 · 주의 백성은 집집마다 처형을 당할 만했다'라고 했고, 공자께서, '이 백성들은, 삼대 때의 곧은길을 따라 나아간 그 백성들이다'라고 했으니, 성인이 다스리는 백성은 저와 같고, 악한 군주가 다스리는 백성은 이와 같은 것은, 결국에는 교화에 달려 있는 것이지 본성에 달려 있는 것은 아니다." 이 역시 요 · 순은 덕으로 백성을 교화시켰으니, 바로 '直道而行'으로, 걸 · 주의 포학과는 다름을 말한 것이다(案: 論衡率性篇: "傳曰: '堯,舜之民, 可比屋而封; 桀,紂之民, 可比屋而誅。' '斯民也, 三代所以直道而行也。' 聖主之民如彼, 惡主之民如此, 竟在化不在性也。" 此亦謂堯,舜以德化民, 即是直道而行, 異於桀,紂之暴虐。);《論語譯注》"삼대 때의 백성은 모두 이와 같은 백성이었으니, 삼대가 곧은길로 나아갈 수 있었던 까닭이었다"("夏, 商, 周三代的人都如此, 所以三代能直道而行。");《論語新解》'斯民'은 바로 지금 나와 같이 살아가는 백성들이다. 지금의 백성은, 또한 삼대 때부터 내려온 백성이기도 하다. '三代之所以直道而行'은, 삼대의 곧은 도가 바로 당시의 백성에게 행해졌다는 말도 되고, 당시의 백성을 써서 이 곧은 도를 행했다는 말도 된다(斯民, 即今世与吾同生之民。今日之民, 亦即自古三代之民。三代之所以直道而行, 谓三代之直道即行于当时之民, 亦谓即以当时之民而行斯直道。).

16 即(즉): 곧, 그러니까, 다시 말하면(那就是说, 那就是。).

'斯民'(사민)은 '지금 이 사람들'이다. '三代'(삼대)는 하(夏) · 상(商) · 주(周)이다. '直道'(직도)는 사사로운 왜곡이 없다는 것이다. 말씀인즉, '내가 깎아내리거나 부풀린 사람이 없는 까닭은, 대개 이 백성들 때문으로, 이 백성들은, 바로 삼대 때의 곧이곧대로 좋은 점은 좋다 하고 나쁜 것은 나쁘다 하여 사사로운 왜곡이 없었던 백성들이다. 그래서 나 역시 지금 이 백성들의 시비(是非)의 실상을 (깎아내리거나 부풀리거나 해서) 왜곡시킬 수 없다'는 것이다.

○尹氏曰:「孔子之於人也, 豈有意於毁譽之哉? 其所以譽之者, 蓋試而知其美故也。斯民也, 三代所以直道而行, 豈得容私於其間哉?

○윤씨(尹氏 · 尹彦明)가 말했다. "성인께서 사람을 대하는 데 있어서, 어찌 실상을 깎아내리거나 부풀리거나 하실 생각이 있으셨겠는가? 성인께서 부풀리신 까닭은, 대개 겪어보고 그 사람의 훌륭한 점을 아셨기 때문이었다. 지금 이 백성들은, 삼대 때의 곧은 길을 따라 나아간 백성들인데, 거기에 사사로운 왜곡이 끼어드는 것을 어찌 용납할 수 있겠는가?"

---

17 《論語大全》 말씀인즉, 지금의 이 백성은, 삼대 때의 백성과 같은 백성이지만, 다만 삼대 때는 교화가 행해지고 풍속이 아름다워, (곧이곧대로 좋은 점은 좋다 하고 나쁜 점은 나쁘다 하여) 호오의 감정이 진실했지만, 후세에 와서는 교화가 밝지 못하고, 풍속이 아름답지 못해서, 곧은 것이 변해 굽은 것이 되었으니, 그래서 나쁜 점은 들춰내서 그 진실을 줄이고, 좋은 점은 치켜세워서 그 실상을 부풀리는 경우가 있는데, 내가 사람들을 대하는 경우는 그렇지 않으니, 대개 지금의 이 사람들을, 삼대 때의 곧은길을 걷던 백성이지, 후세의 굽은 길을 걷는 백성으로 보지 않는다는 것이다(雙峯饒氏曰: ……言今此之民, 與三代之民一般, 但三代化行俗美, 好惡得其眞, 後世教化不明, 風俗不美, 直變爲枉, 所以有稱人惡而損其眞, 揚人善而過其實者, 吾之於人則不然, 蓋視今此之人, 爲三代直道之民, 而不視之爲後世枉道之民也。); 《論語大全》 곧이곧대로 좋은 점은 좋다 하고 나쁜 점은 나쁘다 하여 사사로운 왜곡이 없는 것이, 바로 인심과 천리의 소재처인 것은, 옛날이나 지금이나 똑같다. 삼대 때의 인심이 이렇고, 지금의 인심 역시 이렇다. 성인께서는 거기에 사사로운 왜곡을 용납할 수 없었다. 그렇지만 좋은 점을 좋다고 하는데 재빠른 경우는 있어도, 나쁜 점을 나쁘다 하는데 재빠른 경우는 없으셨으니, 좋은 점을 좋다 하는 데는 급급하고 나쁜 점을 나쁘다 하는 데는 더딘 마음이, 거기에 행해지지 않는 적이 없었다(新安陳氏曰: 善善惡惡無所私曲, 乃人心天理所在, 萬世如一日也。三代之人心如此, 今日之人心亦如此。聖人不得容私於其間也。然有先褒之善, 而無豫詆之惡, 善善急惡惡緩之心, 未嘗不行乎其間焉。).

[吾猶及史之闕文也章*]

152501、子曰:「吾猶及[1]史之闕文也[2], 有馬者借人乘之[3]。今亡矣夫![4]」

1《論語句法》'猶'는 '尙'[아직]과 같은 뜻이다('猶'是和'尙'字同義。);《王力字典》及(급): 시대에 늦지 않다(赶得上时代。);《論孟虛字》'及'은 '趕得及'[늦지 않다]이다["나는 아직 闕文을 볼 수 있었다"]('及'就是'趕得及'。是說'我還趕得及見到歷史的闕文'。);《論語新解》공자께서 어렸을 적만 해도 이 두 가지를 볼 수 있었다(孔子早年犹及见此二事。).

2《論語義疏》'史'는 기록을 관장하는 관리이다. 옛날의 사관들은 글을 적는데, 글자에 대해 모르는 것이 있으면, 그 글자를 게시하여 빼놓고 아는 사람을 기다렸지, 감히 제멋대로 만들어 쓰지 않았다(疏: 史者, 掌書之官也。古史爲書, 若於字有不識者, 則懸而闕之以俟知者, 不敢擅造爲者也。);《說文·敍》공자께서, '吾猶及史之闕文 今亡矣夫!'라고 했는데, 대개 모르면서 물어보지 않은 것을 비판한 것이다. 사람들이 자기의 주관적인 생각을 쓰면, 시비가 바르게 규명되지 못하고, 교묘하고 이상한 언사를 쓰면, 천하 학자들이 모두 의심을 품게 만든다. 대개 문자는, 경서의 근본이고, 왕정의 시작으로, 선인들은 이를 써서 후세에 내려주고, 후인들은 이를 써서 옛것을 알게 되기 때문에, '근본이 확립되면 도가 생겨난다'[學而 제2장]고 하고, '천하의 오묘한 도리를 알면 혼란스러울 수 없다'[周易·繫辭上]고 한 것이다(孔子曰: '吾猶及史之闕文, 今亡矣夫.' 蓋非其不知而不問。人用己私, 是非無正, 巧說邪辭, 使天下學者疑。蓋文字者, 經藝之本, 王政之始, 前人所以垂後, 後人所以識古, 故曰「本立而道生」,「知天下之至賾而不可亂也。」); 宋翔鳳의《論語發微》에 말했다: "《漢書·藝文志》에 말하기를, '옛 제도에서는, 기록할 때는 같은 글자로 통일해서 썼고, 모르면 뒤로 빼놓고 원로들에게 물었는데, 쇠퇴한 세상이 되자, 시비가 바르게 규명되지 못하고, 사람들이 자기의 개인적인 생각대로 썼다. 그래서 공자가, 吾猶及史之闕文也 今亡矣夫!라고 했으니, 대개 점차 잘못되어가는 것을 상심한 것이다'라고 했다. '史之闕文'은 '不知蓋闕'[子路 제13장]과 같은 뜻이다"(宋氏翔鳳發微云: "班氏藝文志云: '古制, 書必同文, 不知則闕, 問諸故老, 至於衰世, 是非無正, 人用其私。故孔子曰: 吾猶及史之闕文也, 今亡矣夫! 蓋傷其寖不正。' 其引論語'史之闕文', 即上子路篇'不知蓋闕'同義。");《論語新解》①사관이 기록하면서 의심나는 것은 빼놓는다. ②글자를 모르는 경우 빼놓고 묻기를 기다리지, 함부로 자의로 글자를 써서 대신하지 않는다(一说: 史官记载, 有疑则阙。一说: 史者掌书之吏, 遇字不知, 阙之待问, 不妄以己意别写一字代之。).

3《論語集解》말을 소유한 자가 말을 길들일 수 없으면, 사람을 빌어서 수레를 끌도록 자기 말을 조련시켰다(注: 苞氏曰: 有馬者不能調良, 則借人使乘習之。);《論語正義》《荀子·禮論》편에 말했다. "임금이 타는 큰 수레[大輅]를 끄는 말은, 반드시 갑절로 조련하여 양순하게 길들여, 그런 후에 수레를 끌게 하는데, 천자의 안전을 보전하려는 까닭이다." 그렇다면 말을 소유한 자가 반드시 사람을 빌어 (말을 조련해서) 수레를 끌게 한다는 것은, 바로 조련하여 양순하게 한다는 것으로, 이것은 禦를 배우는 자의 일이다(荀子禮論篇: "故大路之馬, 必信至教順,然後乘之,所以養安也。" 注: "信至, 謂倍加精至也。" 則有馬須借人乘之, 乃得教順, 此學禦之事。);《論語大全》'借人乘之'는 대체로 자로가 車馬를 벗들과 함께 썼다[公冶長 제25장]는 것과 같은 뜻이다(齊氏曰: 借人乘之, 蓋有子路車馬與朋友共之意。);《論語新解》①자로처럼 車馬를 벗들과 함께 쓰는 것이다. ②말이 길들지 않아서, 다른 사람을 빌어 자기 말을 조련시키는 것이다. '借'는 '藉'의 뜻과 같다. 남의 능력을 빌어 자기 말을 길들이는 것이다(一说: 如子路车马与朋友共。一说: 马不调良, 借人服习之。借, 犹藉义。借人之能以服习己马也。); 借(차): 빌리다. 차입하다. 빌려주다. 대출하다(暫時取用別人提供的錢物, 指借入。將自己的錢物暫時供人使用。指借出。).

4《古今注》'史闕文'은 삼가는 자세이고, '馬借人'은 인정이 후한 것이다. 세상이 내려오면서 삼가는 자세와

선생님께서 말씀하셨다. "나 때까지만 해도 사관이 의심스러운 것은 기록을 보류해 빈칸으로 남겨놓거나, 말 주인이 사람을 빌어 수레를 끌도록 자기 말을 조련시키는 일을 볼 수 있었다. 지금 와서는 없어졌는가 보구나!"

夫, 音扶。○楊氏曰:「史闕文, 馬借人, 此二事孔子猶及見[5]之。今亡矣夫, 悼時之益偷[6]也。」愚謂此必有爲[7]而言。蓋雖細故[8], 而時變之大者可知矣。

'夫'(부)는 음이 '扶'(부, fú)이다. ○양씨(楊氏 · 楊中立)가 말했다. "사관이 의심스러운 곳을 기록을 보류해 빈칸으로 남겨놓는 것, 말이 다른 사람을 빌어 조련되는 것, 이 두 가지 일은 공자(孔子)께서는 그때까지만 해도 전해 내려와서 볼 수 있었다. '지금 와서는 없어졌는가 보구나!'라는 말씀은 세상인심이 더욱 각박해진 것을 마음 아파하신 것이다."

내가 생각건대, 이 말씀은 반드시 까닭이 있어서 하신 말씀일 것이다. 비록 하찮은 일이긴 하지만, 시대가 크게 변했다는 것을 알 수 있다.

○胡氏曰:「此章義疑, 不可強解。」

○호씨(胡氏 · 胡寅)가 말했다. "이 장은 글 뜻이 의심스러운데, 억지로 풀이해서는 안 된다."

후덕한 풍속이 쇠퇴해진 것이다(史闕文, 謹也, 馬借人, 厚也。世降而謹厚之風衰。);《論語集釋》焦循[1763~1820]의《論語補疏》에 말했다. "'史闕文'은 六藝 중의 書에 속하고, '借人乘'은 六藝 중의 御에 속하는 것으로, 이 장은 공자께서 六藝를 배우는 자를 위해 하신 말씀이다"(論語補疏: 史闕文屬書, 借人乘屬禦, 此孔子爲學六藝者言也。);《論語新解》이 두 가지는 모두 신중 · 독실하고 선한 말을 마음에 새겨 잊지 않는 풍조이다. 하나는 육예의 書에 속하고, 하나는 御에 속하는데, 공자께서 이를 들어 육예를 배우는 자를 위해 말씀하신 것으로, 바로 배움에 종사하는 자를 위해 하신 말씀이다. 공자께서는 어릴 때까지만 해도 이 두 가지 일을 보셨는데, 후에 마침내 없어졌으니, 이것들을 예로 들어서 세상이 변했음을 진술하신 것이다(此皆谨笃服善之风。一属书, 一属御, 孔子举此为学六艺者言, 即为凡从事于学者言。孔子早年犹及见此二事, 后遂无之, 亦举以陈世变。).

5 及見(급견): 편승해서 보다. 보다. 만나다. 보게 되다(见面).

6 偷(투): (풍속. 인심) 각박하다. 야박하다(浅薄; 不厚道).

7 有爲(유위): 연고가 있다. 까닭이 있다(有缘故).

8 細故(세고): 아주 하찮아서 따질 가치가 없는 일(细小而不值得计较的事).

[巧言亂德章]

152601、子曰:「巧言亂德, 小不忍則亂大謀。[1]」

선생님께서 말씀하셨다. "듣기 좋도록 교묘하게 꾸민 말은 덕을 어지럽히고, 작은 일인데 차마 참지 못하면 큰 계획을 어지럽힌다."

巧言, 變亂[2]是非, 聽之使人喪其所守。小不忍, 如婦人之仁[3], 匹夫之勇[4]皆是。[5]

---

1 [성]小不忍則亂大謀(소불인즉난대모): 작은 일에 참지 못하면 큰일을 망칠 수 있다. 작은 일로 따지다 보면 대세를 그르칠 수 있다(小事不忍耐就会坏了大事。指计较小事, 会影响大局。);《論語疏證》不忍에는 세 가지가 있다. 분노를 참지 못하는 것이 하나, 인정을 참지 못해 의로써 인정을 잘라내지 못하는 것이 둘, 재물을 아까워해서 차마 포기하지 못하는 것이 셋이다(樹達按: 不忍有三義: 不忍忿, 一也; 慈仁不忍, 不能以義割恩, 二也。吝財不忍棄, 三也。);《論語正義》吳嘉賓[1803~1864]의《論語說》에 말했다. "선왕들에게는 남에게 차마 모질게 하지 못하는 정치가 있었지만[孟子 · 公孫丑上 제6장], 그것이 '小不忍'을 말하는 것은 아니었다. 그래서 말씀하시기를, '오직 仁者 만이, 사람을 좋아할 수 있고, 사람을 미워할 수 있다'[里仁 제3장]고 하신 것이다. 한 사람을 차마 미워하지 못하면, 장차 큰 계획을 어지럽힐 수 있다. 성인이 미워하신 것은 늘 '비슷한 것 같지만 아닌 것'[孟子 · 盡心下 제37장]에 대해서였다"(正義曰: 吳氏嘉賓論語說: "先王有不忍人之政, 然非小不忍之謂也。故曰'惟仁者能愛人, 能惡人'。苟不忍於惡一人, 則將有亂大謀者矣。聖人之所惡, 常在於似之而非者。);《論語譯注》'小不忍'은 사소한 분노를 참아내지 못하는 것뿐만 아니라, 사소한 인정이나 은혜에 연연해하는 것을 포함하고, '살모사가 손가락을 물었으면 팔을 잘라내는 장사'[三國志 · 魏書 · 陳泰傳]의 용기가 없고, 재물을 아까워해 차마 버리지 못하는 것, 사소한 이익을 넘보고 탐하는 것을 포함한다('小不忍'不僅是不忍小忿怒, 也包括不忍小仁小恩, 沒有'蝮蛇螫手, 壯士斷腕'的勇氣, 也包括吝財不忍舍, 以及見小利而貪。).

2 變亂(변란): 변경하다. 문란하게 하다. 어지럽히다(变更, 使紊乱。).

3《史記 · 淮陰侯列傳》項王[항우]이 사람을 대하는 태도는, 공경스럽고 자애롭고, 말씨도 따뜻하고 부드럽습니다. 누가 병에 걸리면 눈물을 흘리면서 음식을 나누어 줍니다. 그렇지만 자기가 부리는 사람이 공을 이루어 마땅히 작위를 봉해야 할 때 이르러서는, 그 인장의 모서리가 떨어져 나갈 때까지, 차마 내주지를 못합니다. 이것은 이른바 아녀자의 仁일 뿐입니다(項王見人恭敬慈愛, 言語嘔嘔, 人有疾病, 涕泣分食飲, 至使人有功當封爵者, 印刓敝, 忍不能予, 此所謂婦人之仁也。); 婦人之仁(부인지인): 사소한 은혜는 베풀면서도 큰 줄기는 놓치는 아녀자의 연약한 마음. 관대해서 결단력이 부족함을 비유함(施小惠而不識大體。比喻姑息少決斷。).

4《孟子 · 梁惠王下 제3장》맹자가 대답했다. "왕께 바라건대, 작은 용기를 좋아하지 마십시오. 칼을 만지작거리면서 노려보며, '네가 감히 나와 맞서겠느냐?'라고 말한다면, 이는 필부의 용기로 한 사람만을 대적하는 것입니다. 왕께 바라건대 용기를 크게 가지십시오"(對曰: '王請無好小勇。夫撫劍疾視曰, '彼惡敢當我哉! 此匹夫之勇, 敵一人者也。王請大之!);《史記 · 淮陰侯列傳》項王이 성내어 큰소리로 꾸짖으면 천 사람이 모두 엎드리지만, 어진 장수를 믿고서 병권을 맡기지 못하니, 이는 필부의 용기일 따름입니다(項王喑噁叱咤, 千人皆廢, 然不能任屬賢將, 此特匹夫之勇耳。); 匹夫之勇(필부지용): 지혜와 계략을 쓸 줄 모르는 혼자만의 용기(指不用智谋单凭个人的勇力).

듣기 좋도록 교묘하게 꾸민 말은, 시비(是非)의 판단을 어지럽히고, 그 말을 들으면 사람들로 하여금 그가 지킬 바를 잃어버리게 한다. '小不忍'(소불인)은 아녀자의 차마 하지 못하는 연약한 마음이나, 필부의 차마 참지 못하는 혈기 같은 것이 모두 이것이다.

5《論語大全》'忍'의 뜻은 억눌러서 나오지 못하게 하는 것이다. '婦人之仁'은 애착을 차마 참지 못하는 것이고, '匹夫之勇'은 분노를 차마 참지 못하는 것이다(朱子曰: 忍之義, 禁而不發之謂。婦人之仁, 不能忍其愛也。匹夫之勇, 不能忍其忿也。).

[衆惡之必察焉章*]

152701、子曰:「衆惡之, 必察焉[1]; 衆好之, 必察焉。[2]」[3]

1 [성]衆好衆惡(중호중오): 모두가 좋아하거나 모두가 싫어하다(众人喜爱或众人厌恶。); [성]衆惡必察(중오필찰): 모두가 미워해도 꼭 나쁜 사람이 아닐 수 있으니, 반드시 살핀 후에 결론을 내려야 한다. 사람들의 호오에 부화뇌동하지 말고 자신이 직접 살펴서 판단한다(恶: 厌恶; 察: 考察。大家都不喜欢的, 未必就坏, 一定要调查后才可下结论。); [성]衆好必察(중호필찰): 모두가 좋아해도 꼭 좋은 사람이 아닐 수 있으니, 반드시 살핀 후에 결론을 내려야 한다(好: 喜爱; 察: 调查。大家都喜欢的未必就好, 必须要调查后才能下结论。);《古書虛字》'焉'은 '衆惡之'의 '之'를 나타낸다('焉', 作'之'。);《詞詮》지시대명사. 용법이 '之'와 같다('焉', 指示代名詞。用與'之'同。).

2《論語集解》혹은 끼리끼리 작당해서 서로서로 편들어주는 사람일 수 있고, 혹은 그 사람의 품성이 특출하게 고결해서 세상과 어울리지 못하는 사람일 수 있기 때문에, 모두가 좋아하는 사람이거나 모두가 미워하는 사람일지라도 잘 살피지 않으면 안 된다(注: 王肅曰: 或衆阿黨比周, 或其人特立不羣, 故好惡不可不察也。);《論語注疏》이 장은 사람을 알아보는 일을 논한 말씀이다. 사람을 알아보기는 쉽지 않으니, 가령 어떤 사람이 있는데, 대중에 의해 미움을 받는다고 해도, 곧바로 대중의 의견에 뇌동해서 그를 미워해서는 안 된다. 혹여 그 사람이 품성이 특출하게 고결해서 세상 풍속에 영합하지 않는 사람일 수 있으니, 반드시 그를 잘 살펴봐야 한다. 또 가령 어떤 사람이 있는데, 대중에 의해 호감을 받는다고 해도, 곧바로 대중의 의견에 추종하여 그를 좋아해서는 안 된다. 혹여 이 사람이 행실이 나쁜 사람인데, 대중이 같은 한 패거리가 되어 거들고 있는 사람일 수도 있으니, 잘 살피지 않으면 안 된다(疏: 正義曰: 此章論知人之事也。夫知人未易, 設有一人, 爲衆所惡, 不可即從雷同而惡之。或其人特立不羣, 故必察焉。又設有一人, 爲衆所好, 亦不可即從衆而好之。或此人行惡, 衆乃阿黨比周, 故不可不察。).

3《禮記 · 孔子閒居》자하가 말했다. "삼왕의 덕은 하늘 · 땅과 더불어 나란히 셋이라 했습니다. 여쭙겠습니다. 어떠해야 하늘 · 땅과 더불어 나란히 셋이라 하겠습니까?" 공자께서 말씀하셨다. "三無私를 힘써 천하의 인재를 끌어모으는 것이다. 자하가 다시 물었다. "무엇이 三無私입니까?" 공자께서 말씀하셨다. "하늘은 사사로움이 없이 모든 만물을 덮어주고, 땅은 사사로움이 없이 모든 만물을 실어주고, 일월은 사사로움이 없이 모든 만물을 비춰준다. 이 세 가지를 힘써 천하의 인재를 끌어모으는 것을 三無私라 한다"(子夏曰: "三王之德, 參於天地, 敢問: 何如斯可謂參於天地矣?" 孔子曰: "奉三無私以勞天下。" 子夏曰: "敢問何謂三無私?" 孔子曰: "天無私覆, 地無私載, 日月無私照。奉斯三者以勞天下, 此之謂三無私。");《孟子 · 梁惠王下 제7장》좌우 모두가 현자라고 말해도 아직 안 됩니다. 여러 대부가 모두 현자라고 말해도 아직 안 됩니다. 온 나라가 모두 현자라고 말한 연후에야 살펴보고, 그에게서 현자라는 것을 확인하고 나서 등용하십시오. 좌우 모두가 아니라고 말해도 듣지 마십시오. 여러 대부가 모두 아니라고 말해도 듣지 마십시오. 온 나라가 모두 아니라고 말한 연후에야 살펴보고, 그에게서 아니라는 것을 확인하고 나서 버리십시오. 좌우 모두가 죽여도 된다고 말해도 듣지 마십시오. 여러 대부가 모두 죽여도 된다고 말해도 듣지 마십시오. 온 나라가 모두 죽여도 된다고 말한 연후에야 살펴보고, 그에게서 죽여도 될 만하다는 것을 확인하고 난 연후에 죽이십시오. 그렇게 하니까 '온 나라가 그를 죽인 것이다'라고 말하는 것입니다. 이같이 한 연후에 백성의 부모가 될 만합니다(左右皆曰賢, 未可也; 諸大夫皆曰賢, 未可也; 國人皆曰賢, 然後察之; 見賢焉, 然後用之。左右皆曰不可, 勿聽; 諸大夫皆曰不可, 勿聽; 國人皆曰不可, 然後察之; 見不可焉, 然後去之。左右皆曰可殺, 勿聽; 諸大夫皆曰可殺, 勿聽; 國人皆曰可殺, 然後察之; 見可殺焉, 然後殺之。故曰, 國人殺之也。如此然後可以爲民父母。);《子路 제24장》참조.

선생님께서 말씀하셨다. "많은 사람이 그를 미워해도, 반드시 그를 잘 살펴봐야 하고, 많은 사람이 그를 좋아해도, 반드시 그를 잘 살펴봐야 한다."

好, 惡, 並去聲。○楊氏曰:「惟仁者能好惡人[4]。衆好惡之而不察, 則或蔽於私矣。」[5]
'好'(호)와 '惡'(오)는 둘 다 거성[hào; wù]이다. ○양씨(楊氏·楊中立)가 말했다. "인자(仁者)만이 사람을 좋아하거나 사람을 미워할 수 있다. 많은 사람이 그를 좋아한다거나 미워한다고 해서 잘 살펴보지 않는다면, (그가) 혹 (그를 좋아하거나 미워하거나 하는 사람들의) 사사로움에 덮여 가려져 (있는데도 보지 못하는 경우가) 있을 수 있다."

---

4 《里仁 제3장》 참조.

5 《論語大全》 많은 사람이 좋아하거나 미워하는 것은, 본디 잘 살펴보아야 하지만, 내 마음에 사심이 없어야 비로소 잘 살펴볼 수 있다. 사심이 있는 경우, 많은 사람이 좋아하거나 미워하는 것이 맞는데도, 나는 도리어 그것을 틀리다 여기게 된다. 仁者만이 사람을 좋아하거나 사람을 미워할 수 있는 까닭이다[里仁 제3장](雙峯饒氏曰: 衆好惡, 固當察, 然我心無私意, 方能察之。若有私意, 則衆好惡之得其當者, 我反以爲非矣。所以惟仁者能好惡人也。).

[人能弘道章]

152801、子曰:「人能弘道[1], 非道弘人。[2]」

1《古今注》'弘'이라는 글자의 형상은, '弓' 변에 '厷(굉)' 성으로, '厷'은 '肱'(굉)이다. 사람이 팔로 활을 당기는 형상의 글자로, 어떤 것을 아주 크게 넓히는 것이다(弘之爲字, 從弓而厷聲, 厷者肱也。象人以肱引弓, 廓而廣之也。);《王力字典》弘(홍): 크다. 크게 하다(大, 引申爲動詞, 使大。).

2《論語集解》재능이 큰 자는, 도가 그에 따라서 커지고, 재능이 작은 자는, 도가 그에 따라서 작아지기 때문에, 도가 사람을 크게 할 수 없다(注: 才大者, 道隨之大; 才小者, 道隨小, 故不能弘人。);《論語集釋》鄭浩[1863~1947]의《論語集注述要》에 말했다. "이 장은 가장 해석하기 어렵고 가장 의문스럽다. 주자는 '도가 부채라면 사람은 손이다. 손이 부채를 흔들 수 있지만, 부채가 어찌 손을 흔들 수 있겠는가?'[朱子語類45: 67]라고 했다. 이 말은 누가 모르겠는가마는, 주자는 하필 이런 한담을 한 것인가? 意에는 반드시 한 가지 義가 있다. 인류가 생긴 이래, 처음에는 무지몽매했을 뿐이지만, 시간이 지나면서 사람들의 지력은 서로 쌓여져 갔고, 문물은 찬연해져 갔다. 한 사람이 처음 태어나 커가면서, 학문과 사유가 축적됨으로써, 도가 나날이 명백히 규명되어가는 것, 역시 마찬가지인데, 이것이 '人能弘道'설이다. 공자 당시에, 老氏 부류들은, 사람은 하늘을 본받고 하늘은 도를 본받고 도는 자연을 본받는다고 하고, 도는 함도 없고 또 하지 않음도 없다 했는데, 이것이 '道能弘人'설이다. 저들은 예의를 인위에서 나온 것이어서 귀하지 않다 여기고, 인력에 기대지 않는 것을 원했는데, 도의 자연함에 모두 내맡겨버리면, 결국에 가서는 인사는 반드시 날로 퇴화해갈 것인데, 이것이 '非道弘人'설이다(論語述要: 此章最不煩解而最可疑。朱子謂道如扇, 人如手, 手能搖扇, 扇如何能搖手。此誰不知, 夫子何必爲此閒言?意必有一義也。蓋自有人類以來, 初只渾渾噩噩, 久而智力相積, 文物燦然; 一人由始生至長大, 積以學思, 道日推闡, 亦然, 是人能弘道之說也。夫子之時, 老氏之流曰 人法天, 天法道, 道法自然。曰 道無爲而無不爲, 是道能弘人之說也。彼以禮義爲出於人爲而不足貴, 而欲不藉人力, 一任道之自然, 究必人事日就退化, 是夫子非道弘人之說也。);《論語正義》행하면서도 그것을 명확히 알지 못하고, 익숙하면서도 그것을 자세히 살피지 못하고, 종신토록 따르면서도 그 길을 알지 못한다면[孟子·盡心上 제5장], 많은 사람들 중의 한 사람임을 면치 못한다.《中庸 제27장》에, '지극한 덕을 가진 자가 아니면, 지극한 道는 응결된 그 모습을 드러내 보이지 않는다'고 했는데, 바로 이러한 뜻이다.《漢書·董仲舒傳》에 말했다. "주나라의 도가 유왕·려왕 때에 와서 쇠했으니, 도가 망한 것이 아니고, 유왕·려왕이 도를 따르지 않은 것입니다. 선왕 때에 와서 옛날 왕들의 덕을 그리워하여, 침체한 것을 일으키고 해진 것을 기워서, 문왕·무왕의 업적을 밝혀서, 주나라의 도가 찬연히 부흥했으니, 이는 밤낮으로 게으름 피지 않고 선을 행한 소치입니다. 공자께서는, '사람이 도를 넓히는 것이지, 도가 사람을 넓히는 것이 아니다'라고 하셨습니다"(正義曰: 行之不著, 習矣不察, 終身由之, 而不知其道, 則仍不免爲衆。中庸記所云 "苟不至德, 至道不凝焉", 即此意也。漢書董仲舒傳: 夫周道衰於幽厲, 非道亡也, 幽厲不繇也。至於宣王, 思昔先王之德, 興滯補弊, 明文武之功業, 周道粲然復興……此夙夜不解行善之所致也。孔子曰「人能弘道, 非道弘人」也。);《論語今讀》노신이, '세상에는 본래 길이란 없었으니, 길은 사람이 다니면서 생겨난 것이다'라는 취지의 말을 했는데, 이 또한 '人能弘道'를 이어받아 계승한 것이다(鲁迅说, 世上本没有路, 路是人走出来的, 亦"人能弘道"的传承。); 노신이 쓴《故鄕》이라는 글의 末尾에 다음과 같은 글이 있다. "희망이란 본시 있다고도 할 수 없고, 없다고도 할 수 없다. 그것은 마치 땅 위에 난 길과 같은 것이다. 기실은 땅 위에는 본래 길이 없었는데, 다니는 사람이 많다 보니, 길이 생겨난 것이다"("希望是本无所谓有, 无所谓无的。这正如地上的路; 其实地上本没有路, 走的人多了, 也便成了路"。)(張基槿 역,『魯迅短篇集』[범조사, 1980], 107);《論語新解》도가 사람을 넓힐 수 있다고

선생님께서 말씀하셨다. "사람이 도를 넓히는 것이지, 도가 사람을 넓히는 것이 아니다."

弘, 廓[3]而大之也。人外無道, 道外無人。然人心有覺, 而道體無爲; 故人能大其道, 道不能大其人也。

'弘'(홍)은 '넓게 하고 크게 하다'이다. 사람을 벗어나서는 도가 없고, 도를 벗어나서는 사람이 없다. 그렇지만 사람의 마음은 지각이 있지만, 도의 몸체[體]는 작위가 없기 때문에, 사람은 그 도를 넓힐 수 있지만, 도가 그 사람을 넓힐 수는 없다.

○張子曰:「心能盡性, 人能弘道也; 性不知檢[4]其心, 非道弘人也。」[5]

한다면, 사람은 누구나 다 군자가 되고, 어느 세상이고 다 태평성세이고, 학문은 논할 필요가 없고, 덕은 쌓을 필요가 없이, 가만히 앉아서 도가 넓어짐을 기대할 수 있게 될 것이다(若道能弘人, 则人人尽成君子, 世世尽是治平, 学不必讲, 德不必修, 坐待道弘矣。).

3 廓(곽): 외성. 외곽. 확대하다. 넓히다. 비우다(本义: 通'郭'。外城。开拓, 扩大, 清除。).

4 檢(검): 봉투에 넣고 꿰매다. 편지가 완성되면, 가죽끈이나 실로 뚫어 꿰맨 후 매듭을 짓고 매듭지은 부분을 진흙을 발라 봉하고, 진흙을 바른 부분에 날인을 하는 것(封緘。古書以竹木簡爲之, 書成, 穿以皮條或絲繩, 於繩結處封泥, 在泥上鈐印, 謂之檢。).

5 《朱子學提綱》 주자가 말했다. "장횡거가 '마음은 본성을 전부 다 발휘할 수 있기에, 사람은 도를 넓힐 수 있지만, 본성은 그 마음을 단속할 줄 모르니, 도가 사람을 넓힐 수는 없다'[正蒙 · 誠明]고 했다. 이 생각이 딱 좋다"[朱子語類97: 107]. 우주계에 즉해서 말하면, 理와 氣는 함께 가고, 혼연일체를 이루어, 어느 한쪽도 다른 한쪽을 주재하지 못한다. 도가에서는 이것을 자연이라고 했다. 사람은 자연의 한 부분으로 존재하지만, 사람의 경우에는 心이 있고, 心은 性을 검속할 수 있으니, 이는 곧 心은 理를 검속할 수 있다는 말이다. 먼저 우주계부터 말하면, 理는 곧 우주계의 유일한 주재자인 것처럼 보인다. 그렇지만 이 유일한 주재자는, 소극적인 주재자일 뿐으로, 다만 氣의 일체의 활동이 理의 통제범주를 벗어나지 않도록 할 뿐, 氣을 주재하여 모종의 적극적인 활동을 하도록 하지는 못한다. 그렇지 않다면 이 우주계는 일찌감치 하나의 이상적인 세상을 이룩했을 것이지, 자연적인 세상이 아니었을 것이다. 다음에 인간계에 즉해서 말하면, 心은 理를 주재할 수 있으니, 이는 곧 이 理를 적극적으로 단속할 수 있다는 것으로, 인간계의 이상과 짝이 되어, 그것을 최대한도로 발휘하도록 해서, 이상적인 인간계를 거쳐 하나의 이상적인 우주계에 도달하게 할 수 있게 한다. 이같이 말하면, 氣가 도리어 理를 주재하는 것이 된다. 이 氣는 오로지 心을 가리켜 말한 것이기 때문에, 그래서 또 주자가 말하기를 '心은, 氣의 정령이다'[朱子語類5: 28]라고 한 것이다(朱子曰: 橫渠說, 心能盡性, 人能弘道也。性不知檢其心, 非道弘人也。此意卻好。……就宇宙界言, 理氣兩行, 一體渾成, 誰也主宰不得誰, 所以道家謂之爲自然。在自然中有人類, 人則有心, 心能檢性, 即是說心能檢點理。從宇宙界言, 似乎理乃是一主宰。但此一主宰, 乃是消極性的, 只能使氣之一切活動不能越出理之範疇, 卻不能主宰氣使作某等活動。否則此宇宙早成爲一理想的, 而非是一自然的。今就人生界言, 則心能主宰理, 即是能檢點此理, 配合於人生理想, 而使其盡量獲得發揮, 由理想的人生界來達到一理想之宇宙界。如是言之, 則轉成爲氣能主宰理。此氣則專指心言, 故又曰心者氣之精爽。)(錢穆 저/이완재 外 역, 『주자학의 세계(原題: 朱子學提綱)』[이문출판사, 1990], 65).

○장자(張子·張橫渠)가 말했다. "마음은 본성을 전부 다 발휘할 수 있기에, 사람은 도를 넓힐 수 있지만, 본성은 그 마음을 단속할 줄 모르니, 도가 사람을 넓힐 수는 없다."

[過而不改章*]

152901、子曰:「過而不改, 是謂過矣[1]。[2]」

선생님께서 말씀하셨다. "잘못하고서도 고치지 않는 것, 이것이 비로소 잘못이다."

過而能改[3], 則復於無過[4]。惟不改則其過遂成, 而將不及改矣。

잘못했지만 바로 고쳤으면, 잘못이 없는 상태로 돌아간다. 고치지 않아야만, 그 잘못이 이에 완성되어, 장차 고칠 기회를 놓치고 마는 것이다.

1《論語句法》'是'는 형식상의 주어, '謂'는 준연결동사이다('是'是形式上的主語, '謂'是準繫詞。).

2《論語義疏》잘못은 고치게 되면, 일식이 다시 밝아지는 것과 같아서, 사람들이 모두 그 덕을 우러르기에[子張 제20장], 잘못이 아니다. 잘못하고도 고치지 않으면 잘못으로 변한다(人有過能改, 如日食反明, 人皆仰之, 所以非過。過而不改, 則成過也。).

3《春秋左傳 · 宣公 2年》[BC 607] 士季가 晉나라 靈公[BC 620~BC 607 재위]에게 대답하기를, '잘못이 없는 사람이 어디 있겠습니까? 잘못을 했지만 바로 고친다면, 이보다 큰 善이 없습니다. 임금께서 스스로의 잘못을 능히 고치신다면, 임금의 자리가 버려지지 않을 것입니다'라고 했다(稽首而對曰, 人誰無過, 過而能改, 善莫大焉……君能補過, 衮[衮]不廢矣。); 能(능): 곧. 동작이나 행위가 일정한 조건을 갖춘 후에야 비로소 발생함을 나타낸다.

4《孔子家語 · 執轡》잘못은, 사람으로서 없는 사람이 없지만, 잘못을 했어도 고치면, 이는 잘못이 없어지는 것이다(過失, 人情莫不有焉; 過而改之, 是謂不過。).

[吾嘗終日不食章]

153001、子曰:「吾嘗終日[1]不食, 終夜[2]不寢, 以[3]思, 無益, 不如學也。[4] [5]」

선생님께서 말씀하셨다. "내가 예전에 종일토록 먹지도 않고, 밤새도록 자지도 않은 채로, 사념에만 잠겨본 적이 있었지만, 무익했고, 배우느니만 못했다."

此爲思而不學者[6]言之。蓋勞心以必求, 不如遜志[7]而自得也。李氏曰:「夫子非思而不學

---

1 終日(종일): 온종일(整天。).

2 終夜(종야): 밤새도록(通宵; 彻夜。).

3《古漢語語法》부사와 피수식어 사이에 접속사 '而' '以', 조사 '之' '其' 등의 성분이 들어가는 경우가 있다(在状语和被修饰语之间有时有连词'而'、'以', 助词'之'、'其'等成分。);《論語句法》'以'는 '終日不食終夜不寢'과 '思'를 수단과 목적의 관계로 표시해주는 관계사이다('以'是表示目的關係的關係詞。);《論孟虛字》'以'는 '唯'와 같다. 헛되이. 단지('以', 猶'唯', 是'徒然''只有'。用在主從複句上面, 表示部分相反之意。).

4《論語義疏》내가 전에 종일토록 밤새도록 먹지도 않고 잠자지도 않고, 천하의 이치를 궁리해 보니, 배움만이 유익하고, 여타의 일에는 모두 유익한 게 없기 때문에, '不如學'라 한 것이다(疏: 言我嘗竟日終夕不食不眠, 以思天下之理, 惟學益人, 餘事皆無益, 故云不如學也。);《論語正義》'思'는 배운 것에 대해 생각하는 것이다. 그런데 생각해도 답이 나오지 않는데, 그럼에도 시종 생각에만 빠져 있으면, 도리어 무익하기 때문에, '생각만 하고 배우지 않으면 위태해진다'[爲政 제15장]고 한 것이다(正義曰: '思'者, 思其所學也。然思之不達, 而一於思, 反爲無益, 故曰"思而不學則殆"。).

5《荀子 · 勸學》내가 예전에 종일토록 생각한 적이 있었지만, 잠깐 동안 공부하느니만 못했다. 내가 예전에 발돋움해서 멀리 바라본 적이 있었지만, 높은 곳에 올라서 두루 바라보느니만 못했다. 높은 곳에 올라 손짓해 부르면, 팔 길이가 더 길어지는 것은 아니지만, 보이는 것이 멀고, 바람결을 따라 소리쳐 부르면, 소리가 더 빨라지는 것은 아니지만, 들리는 것이 뚜렷하다. 수레나 말을 이용하는 자는 발걸음이 빠른 것은 아니지만, 천리 먼 데까지 가고, 배와 노를 이용하는 자는 헤엄을 칠 줄 모르지만, 강이나 개천을 건널 수 있다. 군자는 태어나면서부터 우리와 다른 사람이 아니고, 사물을 잘 이용할 줄 아는 사람이다(吾嘗終日而思矣, 不如須臾之所學也。吾嘗跂而望矣, 不如登高之博見也。登高而招, 臂非加長也, 而見者遠; 順風而呼, 聲非加疾也, 而聞者彰。假輿馬者, 非利足也, 而致千里; 假舟楫者, 非能水也, 而絕江河。君子生非異也, 善假於物也。).

6《爲政 제15장》참조.

7《書經 · 商書 · 說命下》(부열이 무정에게 말했다.) 오직 배움에 있어서는, 마음을 겸허히 하고 언제나 민첩하기를 힘쓰면, 왕의 학문은 닦아질 것입니다. 진실로 그렇게 할 마음을 품고 있다면, 도는 왕의 몸에 쌓일 것입니다. 가르치는 것[斅(교)]도 그 가운데 배우는 것[學]이 절반입니다. 시종을 언제나 배움에 힘쓸 것을 생각한다면, 왕의 덕은 자기도 모르는 사이에 쌓일 것입니다(惟學, 遜志務時敏, 厥修乃來。允懷于茲, 道積于厥躬。惟斅[教]學半, 念終始典于學, 厥德脩罔覺。); 遜志(손지): 마음을 겸허히 하다. 비우다(指謙虛其心); 遜志时敏(순지시민): 마음을 겸허하게 하고 언제나 배움에 힘쓰기를 게을리하지 않는 향학열. 겸허히 배우기를 좋아하여, 매 순간 자기를 채찍질하다(指謙虛其心, 且時時勤勉不懈的努力

者, 特垂語以教人爾。」[8]

이것은 생각만 하고 배우지 않는 자를 위하여 말씀하신 것이다. 대개 애를 태워 가면서 반드시 구하겠다고 하는 것은, 뜻을 겸허하게 하여 저절로 터득되는 것만 못하다.

이씨(李氏·李郁)가 말했다. "선생님께서 생각만 하고 배우지 않은 분이라는 말이 아니고, 다만 말씀을 내려주어 이로써 사람들을 가르치신 것뿐이다."

向學。谦虚好学, 时刻策励自己。).

8 《論語大全》'思'는 기어코 해내려는 것이다. '學'은 책에 의거하고, 집착하는 마음을 줄이고 일이 되어감에 따라 순리대로 하는 것이다. '遜志'는 그 뜻을 낮추고 겸손히 하여, 집착을 내려놓고 한 발짝 물러나, 여유 있는 마음가짐으로 추구하는 것이다(朱子曰: 思, 是硬要去做。學, 是依這本子, 小著心隨事順理去做。遜志, 是卑遜其志, 放退一著, 寬廣以求之。).

[君子謀道不謀食章]

153101、子曰:「君子謀[1]道不謀食。耕[2]也, 餒[3]在其中矣[4]; 學也, 祿在其中矣。君子憂道不憂貧。[5]」

선생님께서 말씀하셨다. "군자는 도를 도모하지, 먹을 것을 도모하지 않는다. 농사짓는 것은 그 안에 굶주림(을 면하려는 마음)이 있고, 배우는 것은 그 안에 봉록(을 구하려는 마음)이 있다. (그렇지만) 군자는 (배움에 있어서는) 도를 (얻지 못할까를) 걱정하지, 가난을 (벗어나지 못할까를) 걱정하지 않는다."

餒, 奴罪反。○耕所以謀食, 而未必得食。學所以謀道, 而祿在其中。然其學也, 憂不得乎道而已; 非爲憂貧之故, 而欲爲是以得祿也。

'餒'(뇌, něi)는 '奴'(노)와 '罪'(죄)의 반절이다. ○농사는 이것을 써서 먹을 것을 도모하는 것이지만, 그렇다고 반드시 먹을 것을 얻게 되는 것은 아니다. 배움은 이것을 써서 도를 도모하는 것이지만, 봉록을 구하려는 마음이 그 가운데 있다. 그렇지만 그 배움은, 도를 얻지 못할까를 걱정할 뿐이지, 가난이 걱정되는 까닭으로, 이것을 해서 이로

---

1 謀(모): 고려하다. 계획하다. 꾀하다. 도모하다. 강구하다(本义: 考虑; 谋划。图谋; 营求。).

2《論語正義》《說文 · 耒部》에, '耕은 犁(리)이다'라고 했다. 소를 써서 밭을 가는 것을 말한다(正義曰: "耕"者, 說文云"犁也"。謂以牛犁田也。).

3 餒(뇌): 굶주리다(饥饿).

4《論語大全》모든 '在其中'[爲政 제18장 · 述而 제15장 · 子路 제18장 · 衛靈公 제31장 · 微子 제6장]이라는 말은, 대체로 그 안에 반드시 있다는 것은 아니고 반드시는 아니지만, 거기에 있다는 것을 말한다(朱子曰: 凡言在其中, 蓋言不必在其中而在焉者矣。).

5《論語正義》춘추시기에, 선비 중에 학자는, 대부분 녹을 얻지 못했기에, 다른 업에 뛰어들었다. 그래서 농사를 익힌 자들이 많았으니, 농사짓는 법 · 채소 가꾸는 법을 배우기를 청한 번지나[子路 제4장], 장저 · 걸닉 · 하조장인 등의 부류를 살펴보면, 비록 농사일에 몸을 숨겼다고는 해도, 다들 謀食의 생각을 피할 수 없었다. 그렇다면 당시 학자들이 謀食을 절박하게 여기면서, 謀道에는 혹 전념하지 않았음을 알 수 있다. 공자께서는 사람들에게 군자로서는 마땅히 도를 도모해야 하고, 배우면 마땅히 봉록을 얻을 수 있다는 이치를 보여주고, 농사를 지어도 혹 굶주림을 면할 수 없지만, 배우면 봉록을 얻을 수 있으니, 이를 써서 사람들을 배움으로 나오도록 이끌어주고 부축해주신 것이다(正義曰: 春秋時, 士之爲學者, 多不得祿, 故趨於異業。而習耕者衆, 觀於樊遲以學稼,學圃爲請, 而長沮, 桀溺, 荷蓧丈人之類, 雖隱於耕, 而皆不免謀食之意。則知當時學者以謀食爲亟, 而謀道之心或不專矣。夫子示人以君子當謀之道, 學當得祿之理, 而耕或不免餒, 學則可以得祿, 所以誘掖人於學。).

써 봉록을 얻으려는 것이 아니다.

○尹氏曰:「君子治其本而不卹[6]其末, 豈以在外至者爲憂樂哉?」
○윤씨(尹氏 · 尹彦明)가 말했다. "군자는 그 근본을 다스릴 뿐 그 말단을 구휼하지 않는데, 어찌 밖에서 오는 것들로, 걱정거리나 낙을 삼겠는가?"

6 卹(휼): 우려하다, 염려하다. 구제하다. 돌보다(同 '恤'。忧虑; 周济; 顾念).

[知及之章]

153201、子曰:「知及之, 仁不能守之; 雖得之, 必失之[1]。

선생님께서 말씀하셨다. "지(知)의 수준이 이 이치를 아는 데까지 미치더라도, 인(仁)으로 이 이치를 지키지 못하면, 비록 이 이치를 얻었다 할지라도, 반드시 잃는다.

知, 去聲。○知足以知此理, 而私欲間之, 則無以有之於身矣。

'知'(지)는 거성[zhì]이다. ○지(知)의 수준이 이 이치를 알기에 충분해도, 사욕이 사이

---

1 《論語集解》 지혜가 그 관직을 다스릴 수준에 이르다(注: 苞氏曰: 智能及治其官。); 《論語大全》 '及之' '守之' '得之' '失之' 의 '之'는 理를, '涖之' '動之' '之'는 民을 가리키는 말이다(雙峯饒氏曰: 及之,守之,得之, 失之, 此四之字, 指理而言, 涖之動之, 此二之字, 指民而言。); 《論語正義》 이 장의 11개의 '之'字를, 包咸의 注는 '位'를 가리키는 말로 보았는데, '動之'의 '之'에 대해서는 통하지 않는다. 毛奇齡[1623~1716]의 《四書賸言補》에서는, '民'을 가리키는 말로 보았다. 생각건대, '知及之'는 政令 · 教條의 집행이 충분히 백성에게 미치는 것을 말한다. '仁不能守之'는 仁으로 백성을 지키지 못하는 것을 말한다. '仁'字를 문장의 맨 앞에 둔 것은, '知及之'와 짝이 되도록 문장을 만든 것일 뿐이다. 《大戴禮記 · 武王踐阼》에 말했다. "사상보가 말하기를, '또 신이 들었는데, 인으로 얻고 인으로 지키면 百世를 헤아리고, 불인으로 얻고 인으로 지키면 十世를 헤아리고, 불인으로 얻고 불인으로 지키면 當世를 가지 못한다고 했습니다'라고 했다." 이는 백성을 얻는 것을 말한 것으로, 모두 인으로 지켜야 한다. 이 장의 得之 · 失之는 바로 得民 · 失民을 말한 것이다(正義曰: 此章十一'之'字, 包注指位言, 但於'動之'句不可通。毛氏奇齡賸言補指民言……。案: '知及之', 謂政令條教足以及民也。'仁不能守之', 謂不能以仁守之。'仁'字置句首, 與'知及之'配儷成文耳。大戴禮武王踐阼篇: "師尚父曰: '且臣聞之, 以仁得之, 以仁守之, 其量百世。以不仁得之, 以仁守之, 其量十世; 以不仁得之, 以不仁守之, 必及其世。'" 是言凡得民者, 皆當以仁守之也…… 此文得之, 失之, 即謂得民, 失民也。); 《古今注》 '知及之'는, 예지가 높은 지위에 앉아 있어도 될 만큼 충분할 정도로, 미치지 못하는 게 없는 것을 말한다. '得之' '失之'는 분명히 천자나 제후의 지위를 가지고 말한 것이다(知及之, 謂睿知足以居大位, 無不逮也…… 得之, 失之, 明以天子諸侯之位。); 《古書虛字》 '之'는 다음에 나오는 글을 찾아 가리키는 것이다. 제1절과 제2절에 나오는 '之'는 모두 제2절에 나오는 '民'을 가리킨다('之'或有探下文而指者。此上七'之'字皆指'民'言。); 《論語集釋》 이 장의 11개 '之'字는 모두 '民'을 가리키는 말로, 모기령의 견해가 맞다(按: 此章十一之字皆指民言, 毛氏之說是也。); 《論語譯注》 '知及之' 등의 '之'가 도대체 무엇을 가리키는지 원문에는 나오지 않는다. '不莊以涖之' '動之不以禮' 등으로 볼 때, 작게는 녹위를 크게는 천하 국가를 가리키는 듯하다. 아니라면, 백성을 다스리고 동원하는 것을 언급하지 않았을 것이다('知及之'諸'之'字究竟何指, 原文未曾說出。以'不莊以涖之''動之不以禮'諸句來看, 似是小則指卿大夫士的祿位, 大則指天下國家。不然, 不會涉及臨民和動員人民的。); 《論語新解》 이 장의 11개 '之' 중에, '蒞之' '動之'의 3개의 '之'는 民을, 이외 8개의 '之'는 '治民之道'를 가리킨다(本章十一之字当分指民与治民之道言。莅之动之三之字指民, 此外八之字指道。).

에 끼어들면, 이 이치를 몸에 지닐 도리가 없다.

153202、知及之, 仁能守之, 不莊以涖之[2], 則民不敬。[3]

지(知)의 수준이 이 이치를 아는 데까지 미치고, 인(仁)으로 이 이치를 지킬 수 있다 해도, 위엄을 갖춰 백성을 다스리지 않으면, 백성이 공경하지 않는다.

涖, 臨也。謂臨民[4]也。知此理而無私欲以間之, 則所知者在我而不失矣。然猶有不莊者, 蓋氣習[5]之偏, 或有厚於內而不嚴於外者, 是以民不見其可畏而慢易[6]之。下句放此。

'涖'(리)는 '다스리다'[臨]이다. 백성을 다스리는 것을 말한다. 이 이치를 알고 사욕이 사이에 끼어드는 일이 없으면, 아는 바의 것이 내게 머물러 있고 잃어버리지 않는다. 그렇지만 그래도 위엄이 없는 자가 있는데, 대개 기질과 습관의 편향으로, 어떤 사람의 경우에는 안으로는 후덕하지만, 밖으로는 위엄이 없는 사람이 있어, 이 때문에 백성이 그에게서 두려워할 만한 것을 보지 못해, 버릇없이 그를 대하는 것이다. 아래 구절도 이와 같다.

153203、知及之, 仁能守之, 莊以涖之, 動之不以禮[7], 未善也。」

---

2 《論語義疏》'莅'(리)는 '臨'이다(疏: 莅, 臨也。); 《論語正義》'莊以涖之'는 위의를 갖춘 모습을 말한다(正義曰: '莊以涖之', 謂威儀也。); 涖(리): =莅. 도래하다. 왕림하다. 임석하다. 다스리다(到; 来临。治理; 管理); 《爲政 제20장》 참조.

3 《論語集釋》毛奇齡[1623~1716]의 《論語稽求篇》에 말했다. "盧東元이 말하기를, '이 장은 천하 국가를 소유한 자를 위해 하신 말씀이다. 《周易 · 繫辭下》에 '무엇으로 자리를 지키는가? 仁이다'라고 했고, 《孟子 · 離婁上 제3장》에 '천자가 不仁해서는 사해를 보존하지 못하고, 제후가 不仁해서는 사직을 보존하지 못한다'고 했는데, 모두 이 뜻이다. 아래에 나오는 涖之不莊 動之不以禮는, 모두 벼슬자리에 있는 자의 일로, 문리가 밀접하게 관통하고 있어, 바꿀 수 없다'고 했다"(論語稽求篇: 盧東元曰: 『此爲有天下國家者言。易曰: 「何以守位曰 仁。」孟子曰: 「天子不仁, 不保四海。諸侯不仁, 不保社稷。」皆此意也。下文涖之不莊, 動之不以禮, 皆有位者之事, 文理接貫, 不可移易。』); 《論語集釋》黃式三[1789~1862]의 《論語後案》에 말했다. "이 장은 백성을 다스리는 도를 말씀한 것이다"(黃氏後案: 此章言治民之道也。).

4 臨民(임민): 백성을 다스리다(治民。).

5 氣習(기습): 기풍과 습속. 기질. 습성(风气和习俗。氣質; 習性。).

6 慢易(만이): 소홀히 대하다, 오만불손하게 굴다, 버릇없이 굴다(怠忽; 轻慢).

지(知)의 수준이 이 이치를 아는 데까지 미치고, 인(仁)으로 이 이치를 지킬 수 있고, 위엄을 갖춰 백성을 다스린다 해도, 백성을 고무하고 진작시켜 예(禮)를 갖추도록 하지 못하면, 아직 잘한 것이 아니다."

動之, 動民也。猶曰鼓舞而作興之云爾。[8] 禮, 謂義理之節文。[9]
'動之'(동지)는 '백성을 움직이게 하다'[動民]이다. 백성을 고무하고 진작시킨다는 말과 같다. '禮'(예)는 의리에 관한 규정을 말한다.

○愚謂學至於仁, 則善有諸己而大本立矣。涖之不莊, 動之不以禮, 乃其氣稟學問之小疵, 然亦非盡善之道也。故夫子歷[10]言之, 使知德愈全則責愈備[11], 不可以爲小節而忽之也。
○내가 생각건대, 배움이 인(仁)에 이르게 되면, 선(善)이 자기 몸에 간직되니 큰 근본은 확립된 것이다. 백성을 다스리는 데 위엄있게 하지 못하고, 백성을 고무하고 진작시켜 예(禮)를 갖추도록 하지 못하는 것은, 다만 그의 기품과 학문의 사소한 흠이긴 하지만, 그렇다 해도 진선(盡善)의 도는 아니다. 그래서 선생님께서 차례대로 이것들을 말씀하여, 덕이 더욱 완전무결해지면 그럴수록 사소한 흠도 없도록 더욱 완비할 것을 요구받

---

7 《論語正義》 '動之以禮'는 예로써 백성들을 느껴 움직이게 하는 것을 말한다(正義曰: '動之以禮', 謂以禮感動於民, 使行之也。); 《論語譯注》 "예에 맞지 않게 백성들을 동원한다면"("假若不合理合法地動員百姓……").

8 《大學或問》 무왕이 그의 아우 강숙에게 (옛 상나라 땅을) 봉지를 주었는데, 봉지의 유민들이 주왕에게 물들고 나쁜 습속에 더러워져 본심을 잃어버린 상태에 있었다. 그래서 '康誥'(강고)라는 글을 지어 이 글로 강숙에게 고하길 '作新民'하라 했는데, 강숙이 그들을 고무하고 진작시키고, 분발시키고 펄쩍 뛰게 하여, 이로써 악을 버리고 선으로 옮겨오게 하고, 옛것을 버리고 새것으로 나아갈 수 있게 하길 바란 것이었다([朱子]曰: 武王之封康叔也, 以商之餘民, 染紂汙俗而失其本心也。故作康誥之書而告之以此, 欲其有以鼓舞而作興之, 使之振奮踴躍, 以去其惡而遷於善, 舍其舊而進乎新也。); 鼓舞(고무): 북을 두들겨 춤추게 하다(击鼓跳舞。); 云爾(운이): 이러이러하다. ~등등. 생략하는 말을 가리킨다. 대개 대화 또는 인용문에서 쓰인다.

9 《論語大全》 '動'字는 '感動'의 '動'이 아니고, '백성을 부리다'는 뜻으로, 백성을 부려 이 일을 하게 하는데도 또한 禮를 갖추도록 한다는 말로, 백성으로 하여금 예를 쓰게 한다는 것이다. '禮'字는 백성의 몸가짐 쪽에 귀속된다(朱子曰: 動字, 不是感動之動, 是使民底意思, 謂使民去做這件事亦有禮, 是使之以禮。下箇禮字, 歸在民身上。).

10 歷(역): 일일이, 하나하나, 차례대로(逐一; 逐个地).

11 責備(책비): 완전무결에 이르도록 결점이 없을 것을 요구하다(要求做到完美的地步, 而沒有缺點。); 求全責備(구전책비): 완전무결을 요구하다(对人对事要求十全十美, 毫无缺点。).

으니, 사소한 규정이라고 여겨서 소홀히 해서는 안 된다는 것을 알게 하신 것이다.

[君子不可小知章]

153301、子曰:「君子不可小知[1], 而可大受[2]也; 小人不可大受, 而可小知也。」[3]

선생님께서 말씀하셨다. "군자는 작은 일로는 (그 기량을) 살필 수 없지만, 큰일을 받을 수 있고, 소인은 큰일을 받을 수 없지만, 작은 일로는 (그 기량을) 살필 수 있다."

此言觀人之法[4]。知, 我知之也。受, 彼所受也。蓋君子於細事未必可觀, 而材德足以任重; 小人雖器量淺狹, 而未必無一長可取[5]。

---

1 《論語集解》 작은 일로써 다 알 수는 없다(注: 不可以小了知。); 《古今注》 '可小知'는 한 가지 기술 한 가지 재능에 따라, 모두 재량 해서 직분을 줄 수 있다는 것을 말한다(可小知者, 謂一藝一能, 皆可以量材而授職也。); 《百度漢語》 小知(소지): 작은 일로 살펴 알다(从细事上察知。).

2 大受(대수): 중책을 맡다(承担重任; 委以重任。受: 被委任, 任用, 或托付。).

3 《淮南子 · 主術訓》 사슴이 산에 올라갈 때는 노루도 이를 따라잡지 못하지만, 산에서 내려갈 때는 목동도 따라잡을 수 있다. 재능에는 장단점이 있다. 이 때문에 원대한 계략이 있는 자에게는 민첩함과 기교를 따져서는 안 되고, 자잘한 지혜를 부리는 자에게는 큰일을 맡겨서는 안 된다. 사람에게는 각기 그에 맞는 재능이 있고, 생물에게는 각기 그에 알맞은 형체가 있어서, 한 개를 맡겨도 너무 무거워하는 자가 있고, 백 개를 맡겨도 오히려 가벼워하는 자가 있다. 이 때문에 아주 세밀한 부분까지 따져가면서 계획을 세우는 자는 필시 천하의 대세를 빼먹고, 자잘한 물건의 선택에 실수가 없는 자는 대세를 선택하는 데서는 헤맨다. 비유하자면 살쾡이로는 소를 때려잡게 할 수 없고, 호랑이로는 쥐를 붙잡게 할 수 없는 것과 같다. 이는 도끼로 터럭을 자르는 것과 같고, 칼로 벌목하는 것과 같아서, 모두 각각에 맞는 마땅함을 잃은 것이다(鹿之上山, 獐不能跂也, 及其下, 牧豎能追之; 才有所修短也。是故有大略者, 不可責以捷巧; 有小智者, 不可任以大功。人有其才, 物有其形, 有任一而太重, 或任百而尚輕。是故審毫釐計者, 必遺天下之大數; 不失小物之選者, 惑於大數之擧。譬猶狸之不可使搏牛, 虎之不可使捕鼠也…… 是猶以斧劗毛, 以刀抵木也, 皆失其宜矣。); 《古今注》 큰 인재를 작은 일에 쓰면, 구석구석 세밀하게 아는 게 없어서, 그 직책을 잘 수행하지 못하고, 작은 그릇을 큰일에 쓰면, 그 일을 이겨낼 역량이 없어서, 반드시 그 일을 실패한다(大才小用, 則知有所不周, 而不善其職, 小器大用, 則力有所不勝, 而必敗乃事。).

4 공자의 觀人法에 대해서는, 《爲政 제10장》 및 각주 《莊子 · 雜篇 · 列御寇》, 《公治長 제9장》 각주 《韓非子 · 顯學》 등 참조.

5 《楚辭 · 卜居》 첨윤이 이에 시초를 내려놓고 사양하며 (굴원에게) 말했다. "한 자로도 짧아서 모자랄 때가 있고, 한 치로도 길어서 남을 때가 있고, 물건으로도 부족할 때가 있고, 지혜로도 밝히지 못할 때가 있고, 점괘로도 맞추지 못할 때가 있고, 신명으로도 통하지 못할 때가 있습니다. 그대 정성 다하고 그대 품은 생각대로 하십시오. 거북점이나 시초점으로도 참으로 사리를 맞추지 못하겠습니다"(詹尹乃釋策而謝, 曰: 夫尺有所短, 寸有所長, 物有所不足, 智有所不明, 數有所不逮, 神有所不通。用君之心, 行君之意, 龜策誠不能知事。).

이 장은 관인법(觀人法)을 말씀하신 것이다. '知'(지)는 내가 그를 살피는 것이다. '受'(수)는 군자나 소인이 받는 일이다. 대개 군자는 작은 일로는 꼭 (그 기량을) 살필 수 있다고 할 수는 없지만, 재질과 덕은 중한 일을 맡기에 족하고, 소인은 비록 기량이 얕고 좁기는 할지라도, 한 가지 장점도 취할 만한 게 없는 것은 결코 아니다.

[民之於仁也甚於水火章*]

153401、子曰:「民之[1]於仁也, 甚於[2]水火。水火, 吾見蹈[3]而[4]死者矣, 未見蹈仁而死者也。[5]」

선생님께서 말씀하셨다. "백성에게 있어 인(仁)은 물이나 불보다 더 중하다. (그런데) 물속이나 불 속에 뛰어들었다가 죽은 사람은 내가 보았지만, 인(仁)에 뛰어들었다고 죽은 사람은 아직까지 보지 못했다."

民之於水火, 所賴以生[6], 不可一日無。其於仁也亦然。但水火外物, 而仁在己。無水火, 不過害人之身, 而不仁則失其心。是仁有甚於水火, 而尤不可以一日無也。況水火或有時而殺人, 仁則未嘗殺人, 亦何憚而不爲哉?

백성에게 있어 물이나 불은, 그것들에 힘입어 생활하기 때문에, 하루라도 없어서는 안 된다. 백성에게 있어 인(仁) 또한 그러하다. 다만 물이나 불은 외물이지만, 인(仁)은 자기 안에 있다. 물이나 불이 없으면, 사람의 몸을 상하게 하는 데 지나지 않지만, 인(仁)이 없으면 그 마음을 잃는 것이다. 이것이 인(仁)이 물이나 불보다 더 중한 이유이

---

1 《北京虛詞》之(지): 조사. 주어와 부사어 역할을 하는 개사+목적어 사이에 쓰여, 구를 구성하여, 문장의 주어나 목적어 역할을 한다('之', 助词。用于主语和充当状语的介宾短语之间, 构成小句, 充当句子的主语或宾语。).

2 甚(심): 중요하다. ~보다 앞서다. 낫다(重要。超过, 胜过。).

3 蹈(도): 밟다. 디디다. 왕왕 모험의 의미를 지니고 있음. ~를 향해 가다(踩, 踏。往往有冒险的意味。朝某方向走。).

4 《論孟虛字》'而'는 '之'와 같다. 水火를 가리킨다('它''而', 猶'之', 是指代水火的指事詞。).

5 《論語集解》물 · 불 · 인은, 모두 백성들이 바라고 그에 의지해서 살아가는 것들로, 그중 인이 가장 중요하다. 물 · 불에는 뛰어들었다가 죽은 자는 봤어도, 인에는 뛰어들었다고 죽은 자는 아직까지 보지 못했다(注: 馬融曰: 水火與仁, 皆民所仰而生者也, 仁最爲甚也。水火, 吾見蹈而死者矣, 未見蹈仁而死者也。);《論語義疏》백성이 인을 멀리하는 것이, 물 · 불을 멀리하는 것보다 심하다. 물 · 불을 밟는 자가 있는 것을 보았지만, 인을 밟는 자를 아직까지 보지 못했다(疏: 王弼云: 民之遠於仁, 甚於遠水火也。見有蹈水火者, 未嘗見蹈仁者也。);《古今注》공자께서 탄식해 말씀하시길, '백성들이 인을 멀리하는 것이, 물 · 불을 멀리하는 것보다 심하다. 저 물 · 불에는 뛰어들어 죽는 자가 있어도, 이 仁에는 뛰어들어 죽는 자가 없다'라고 하신 것이다(孔子歎曰, 民之違仁, 甚於水火矣。彼有蹈而死者, 此無蹈而死者。).

6 《孟子 · 盡心上 제23장》백성은 물과 불이 아니면 생활하지 못한다(民非水火不生活。); 賴(뢰): 덕을 보다. 이익을 얻다(得益; 赢利). 의존하다. 힘입다. 기대다(依靠; 依赖; 依恃,凭藉).

니, 하루라도 없어서는 더욱 안 된다. 하물며 물이나 불의 경우에는 간혹 어떤 때는 사람을 죽이지만, 인(仁)의 경우에는 아직까지 사람을 죽인 적이 없으니, 그럼에도 무슨 꺼릴 게 있어서 인(仁)을 행하지 않는 것인가?

李氏曰:「此夫子勉人爲仁之語。」下章放此。
이씨(李氏·李郁)가 말했다. "이 장은 선생님께서 사람들에게 인(仁)을 행할 것을 권면하신 말씀이다. 아래 장도 이와 같다."

[當仁不讓於師章]

153501、子曰:「當仁不讓[1]於師。[2]」

선생님께서 말씀하셨다. "인(仁)을 임무로 맡음에 있어서는, 스승에게도 양보하지 아니한다."

當仁, 以仁爲己任也。雖師亦無所遜, 言當勇往而必爲也。蓋仁者, 人所自有而自爲之, 非有爭也, 何遜之有?

---

1 [성]當仁不讓(당인불량): 인을 임무로 삼는데 양보하지 않는다. 응당 해야 할 일을 만나면 적극적이고 주도적으로 하고, 남에게 떠넘기지 않다(原指以仁为任, 无所谦让。后指遇到应该做的事就积极主动去做, 不推让。);《論語集解》"인을 행하는 일을 마주해서는"(注: 孔安國曰: 當行仁之事……);《論語正義》이른바 '들었으면 곧바로 들은 것을 행한다'[先進 제21장]이다(正義曰: 所謂"聞斯行之"也。);《論語新解》當(당): ①만나다. 당면하다[인을 행하는 일을 마주치다]. ②담당하다. 맡다[인으로 자기의 임무를 삼다](当字有两解: 一, 值义。谓值为仁则不让。二, 担当义。犹云仁以为己任。);《王力漢語》當(당): 향하다. 마주하다(對著, 面對。);《論語義疏》'仁'이란 궁핍한 자를 보전해주고 위급한 자를 구제해주는 것을 말한다(疏: 仁者, 周窮濟急之謂也。).

2《論語正義》이 장은 공자께서 제자들에게 제시한 말씀이다. 대개 스승을 모시는 예는, 반드시 하명을 청한 후에 행하는데, 유독 인에 당면한 경우만큼은 의당 급하게 행해야 하기 때문에, 스승의 하명을 받지 않는 도리를 말씀하신 것으로, 예에 따른 절차를 밟게 되면 사람의 생사를 그르칠까 염려하신 것이다(正義曰: 此章是夫子示門人語。蓋事師之禮, 必請命而後行, 獨當仁則宜急行, 故告以不讓於師之道, 恐以展轉誤人生死也。);《論語正義》《春秋繁露 · 竹林》에, (《公羊傳 · 宣公 15年》[BC 594], 초나라 장왕의 군대가 송나라 도성을 포위한 지 아홉 달이 되어, 장왕이 사마 자반에게 송나라 도성 형편을 살피게 했는데, 거기서 만난 송나라 화원으로부터, 송나라가 자식을 식량과 바꾸어 먹고, 해골을 쪼개어 밥을 짓는 땔감으로 쓴다는 말을 듣고는, 자반이 화원에게 초나라 군대도 7일분 식량 밖에 남아 있지 않아서 7일 뒤에 철군하겠다고 말하고 장왕에게 돌아와 송나라의 이런 형편과 함께 철군을 약속한 사실을 고하자, 이에 장왕이 군대를 철수하고) 송나라와 화의 체결을 허락한 일에 대해 논하면서 말하기를, '지금 자반이 가서 송나라를 살피니, 사람끼리 서로를 잡아먹는다는 말을 듣고는, 대경실색하고 그런 형편을 슬퍼하여, 의도치 않게 이에 이르렀으니, 이는 아연실색해서 상례를 어긴 것이었다. 예는 仁에 가깝고, 형식과 본질이 합해서 예의 體를 이룬다. 지금 사람끼리 서로를 잡아먹으니, 크게 仁을 잃은 것인데, 어찌 禮를 드러내겠는가? 이제 겨우 예의 본질인 仁을 구제하려는데, 어찌 예의 형식을 구휼할[갖출] 겨를이 있겠는가? 그래서 공자께서는 '當仁不讓'이라 하셨으니, 이를 말한 것이다'라고 했다.《春秋繁露》에서 자반이 자기 임금 장왕에게 (먼저) 허락받지 않고 7일 뒤에 돌아가겠다고 송나라에 (먼저) 말한 것이, 이 말씀과 뜻이 대략 같아서, 이 말씀을 인용해서 설명한 것이다(正義曰: 春秋繁露竹林篇論楚子反許宋平事云: "今子反往視宋, 聞人相食, 大驚而哀之, 不意之至於此也, 是以心駭目動而違常禮。禮者, 庶於仁文質而成體者也。今使人相食, 大失其仁, 安著其禮? 方救其質, 奚恤其文? 故曰'當仁不讓', 此之謂也。" 彼言子反不讓於君, 與此義略同, 故引文說之。).

'當仁'(당인)은 '인(仁)을 자기 임무로 삼는다'이다. 비록 스승일지라도 양보하는 경우가 없다는 것은, 마땅히 용감하게 가서 반드시 해야 한다는 말이다. 대개 인(仁)이라는 것은 사람이 스스로 지니고 있는 것이고, 스스로 알아서 하는 것이어서, 경쟁상대가 있는 것이 아닌데, 무슨 양보할 것이 있겠는가?

○程子曰:「爲仁在己, 無所與遜。若善名爲[3]外, 則不可不遜。」
○정자(程子·明道)가 말했다. "인(仁)을 행하는 것은 자기에게 달려 있는 일이니, 남에게 준다거나 양보한다거나 할 게 없다. 뛰어난 명성의 경우는 밖에 있는 일이니, 양보하지 않으면 안 된다."

3 內閣本에는 '爲'가 '在'로 되어 있다.

[君子貞而不諒章]

153601、子曰:「君子貞而不諒。[1]」

선생님께서 말씀하셨다. "군자는 올곧게 지키지만 무턱대고 지키지는 않는다."

貞, 正而固也。諒, 則不擇是非而必於信。[2]

'貞'(정)은 '올바르고 확고하다'이다. '諒'(량)은 시시비비를 가리지 않고 반드시 자기가 믿고 있는 바에 따라 행하는 것이다.

---

1 [성]貞而不諒(정이불량): 지조를 굳게 지키되 자기 견해를 고집하지 않는다(贞: 坚贞。谅: 固执。形容节操坚贞但并不固执己见。);《論語集解》 군자는 자기의 도를 바르게 할 뿐, 말이 꼭 믿음이 있어야 하는 것은 아니다(注: 孔安國曰: 君子之人正其道耳, 言不必有信也。);《論語正義》 焦循[1763~1820]의 《孟子正義》에 말했다. "《論語》에 '好信不好學 其蔽也賊'[陽貨 제8장]이라 했는데, '好信不好學'하면, 고집스레 한 쪽만 붙잡고 있을 뿐 변통할 줄 몰라[孟子 · 盡心上 제26장], 결국에는 도를 그르치고야 만다. '君子貞而不諒'은 바로 그가 고집스레 한 쪽만 붙잡고 있다가 일을 그르치게 됨을 보지 못할까 염려하신 말씀이다. 벗은 신실하고 견문도 넓어야 하는데[季氏 제4장], 견문이 호학으로 말미암아 넓어진다면, 일을 그르치는 데 이르지 않는다." 생각건대, 《子路 제20장》의 공자께서 자공에게 답해주신 '말은 반드시 믿음성이 있게 하고, 행동은 반드시 과단성이 있게 하는, 고집불통인 소인이지!'와 《孟子 · 離婁下 제11장》의 '말에 대해 무턱대고 지키겠다고 하지 않고, 행동에 대해 무조건 끝장을 보겠다고 하지 않는다. 다만 의가 있는 곳을 따를 뿐이다'의 '言必信'이 바로 孔安國이 말한 '小信'으로, 또한 '諒'이다(正義曰: 焦氏循孟子正義: "論語云'好信不好學, 其蔽也賊', 蓋好信不好學, 則執一而不知變通, 遂至於賊道。'君子貞而不諒', 正恐其執一而蔽於賊也。友諒兼友多聞, 多聞由於好學, 則不至於賊。" 案: 上篇夫子答子貢曰: "言必信, 行必果, 硜硜然小人哉!" 孟子離婁下: "大人者, 言不必信, 行不必果, 唯義所在。" "言必信", 即此注所云"小信"也, 亦即"諒"也。);《論語譯注》 賈誼[BC 200~BC 168]의 《新書 · 道術》에 '언행이 한 가지 원칙을 견지하는 것을 貞이라 한다'고 했다["군자는 大信을 중시하지 小信을 중시하지 않는다"](賈子道術篇云: "言行抱一謂之貞。"; "君子講大信, 却不講小信。"); "군자는 원칙을 지키고 무조건 양해하지는 않는다"(이수태, 『새번역 논어』 [생각의 나무, 1999]); 諒(량): 완고하다, 자기 의견을 고집하다. 양해하다. 용인하다(固执, 坚持己见。谅解。宽恕或容忍。).

2 《論語大全》 '貞'(정)은 도리가 이렇다는 것을 깨치고, 다만 그대로 하는 것이다. '諒'(량)의 경우는, 시시비비를 가리지 않고 이렇게만 하려고 하는 것이다. 때문에 '貞'은 올바르고 확고히 지킨다는 의미이고, '諒'은 고집스럽게 꼭 이렇게만 하려고 한다는 의미이다(朱子曰: 貞者見得道理是如此, 便只恁地做去……若諒者, 是不擇是非, 必要如此。故貞者是正而固守之意, 諒則有固必之意焉。).

[事君敬其事而後其食章*]

153701、子曰:「事君, 敬其事[1]而後其食[2]。」

선생님께서 말씀하셨다. "임금을 섬김에, 그가 맡은 일을 온 마음을 기울여 처리하고 그가 받을 녹은 그 뒤에 둔다."

後, 與後獲[3]之後同。食, 祿也。君子之仕也, 有官守[4]者修其職, 有言責[5]者盡其忠[6], 皆以

1《論語義疏》나랏일임을 알고서는 진력으로 하지 않는 일이 없는 것[春秋左傳 · 僖公9年], 이것이 '敬其事'이다(疏: 國家之事, 知無不爲, 是敬其事也。).

2 [성]敬事後食(경사후식): 먼저 일에 진력하여 공적이 있고 나서 봉록을 누릴 것을 기다리다(凡事应当先尽力去做, 待有功绩后才能享受俸禄。);《論語平議》《說文 · 茍部》에, '茍(극)은 스스로 급선무로 정성스레 한다는 뜻이다'라고 했다. '敬'字는 '茍'字에서 뜻이 나왔기 때문에, 뜻 역시 '茍'과 통한다. '敬其事'는 '急其事'[그가 맡은 일을 먼저 급선무로 처리하다]로, 바로 뒤의 '後其食'과 서로 對句로서,《禮記 · 儒行》의 '先勞而後祿'과 같다(說文茍部:『茍, 自急敕也。』敬字從茍爲意, 故義亦與茍通。敬其事者, 急其事也, 正與後其食相對, 猶禮記儒行篇『先勞而後祿』矣。);《論語正義》'敬'는 스스로 급선무로 정성스레 처리한다는 뜻이다[說文 · 茍部].《禮記 · 表記》에 말했다. "임금을 섬김에는, 군대의 일은 위험을 회피하지 않고, 조정의 일은 천한 일을 사양하지 않는다. 맡은 자리에 처해서 맡은 일을 이행하지 않으면, 혼란스러워진다. 그래서 임금이 일을 시키면, 힘이 닿는 일이면 신중히 생각하여 그 명을 따르고, 힘에 부치는 일이면 신중히 생각하여 그 명을 따르고, 일을 마친 후에 자리에서 물러난다. 이것이 신하의 충후한 태도이다." 이것이 '敬其事'이다.《禮記 · 檀弓下》에, '벼슬을 하고 있지만 녹을 아직 받지 못한 자'를 말했는데, 당시 벼슬을 하면서, 녹을 받지 못한 경우가 있음을 알 수 있다. 그렇지만 벼슬을 그만두는 것을 괜찮지만, 자리에 있으면서 받은 녹만큼만 일하고, 임금이 시킨 일을 소홀히 하는 것은, 절대 안 된다(正義曰: "敬"者, 自急敕也。禮表記云: "子曰: '事君, 軍旅不辟難, 朝廷不辭賤。處其位而不履其事, 則亂也。故君使其臣, 得志則慎慮而從之, 否則孰慮而從之, 終事而退, 臣之厚也。'" 是言事君當敬其事也。檀弓云: "仕而未有祿者"。可見當時人臣居位, 有不得祿。然祇去位則可, 若在位而但計及食祿, 不復敬君之事, 則大不可。);《學而 제5장》참조.

3《雍也 제20장》참조.

4 官守(관수): 관리로서의 직위와 직책. 관리(官位职守; 官吏的职责。官吏。).

5 言責(언책): 간언을 올릴 책임. 잘못을 간언하는 관리(进言劝谏的责任。指諫官。).

6《孟子 · 公孫丑下 제5장》맹자가 말했다. "내가 듣기로는, 관직을 맡고 있는 자는 그 직책을 다하지 못하면 물러나고, 진언할 책임이 있는 자는 그 진언이 받아들여지지 않으면 물러난다고 했다. 나는 맡은 관직이 없고 나는 진언할 책임이 없다. 그런즉슨 내가 나아가든 물러가든, 어찌 餘裕綽綽(여유작작)하지 않겠느냐?"(曰: 吾聞之也: 有官守者, 不得其職則去; 有言責者, 不得其言則去。我無官守, 我無言責也, 則吾進退, 豈不綽綽然有餘裕哉?);《漢書 · 谷永杜鄴傳》신[谷永]이 임금을 섬기는 도리에 대해 들었는데, 진언할 책임이 있는 자는 자기의 충성을 다하고, 관직을 맡은 자는 자기가 맡은 직책을 잘 다스리는 것이라 했습니다(臣聞事君之義, 有言責者盡其忠, 有官守者修其職。).

敬吾之事而已, 不可先有求祿之心也。

'後'(후)는 '仁者先難而後獲後獲'[인자는 어려운 것을 앞서서 하고 얻는 것을 뒤로 미뤄둔다]의 '後'(후)자와 같다. '食'(식)은 '녹'(祿)이다. 군자가 벼슬을 함에는, 관직을 맡고 있는 사람은 자기가 맡고 있는 직책을 잘 다스리고, 진언할 책임이 있는 사람은 자기의 충성을 다하여, 모두 이로써 자기 맡은 일을 온 마음을 기울여 처리할 뿐, 녹을 구하는 마음이 앞서 있어서는 안 된다.

[有教無類章*]

153801、子曰:「有教無類[1]。[2]」[3]

선생님께서 말씀하셨다. "가르침을 들으면 선한 자·악한 자라는 유별(類別)이 없어진다."

---

1 《說文·犬部》'類'(류)는 종족이 서로 닮은 것으로, 유독 개가 더욱 심하다(種類相似, 唯犬爲甚。).

2 [성]有教無類(유교무류): 누구든지 막론하고 교육받을 수 있다. 귀천·현우에 관계없이, 어떤 부류든지 가르친다(类: 类别。不管什么人都可以受到教育。不管贵贱贤愚,哪一类人都给予教育。);《論語集解》사람은 가르침을 받는 데 있어, 종류의 구별이 없다는 말이다(注: 馬融曰: 言人在見教, 無有種類。);《論語義疏》사람에게는 귀천이 있지만, 똑같이 가르침을 제공해야지, 종류·존비를 이유로 가르치지 않아서는 안 된다. 가르치면 선해지는 데는, 종류의 구별이란 본래 없다(疏: 人乃有貴賤, 同宜資教, 不可以其種類庶鄙而不教之也。教之則善, 本無類也。);《古今注》부류에는 두 가지가 있다. 하나는 족류[신분]로 백관·만민이 귀천으로 구별되고, 하나는 종족으로 九州·四夷가 원근으로 구별된다. 가르침을 들으면 모두 대도로 하나가 되니 이러한 부류의 구별이 없어진다. 《荀子·勸學》에 말했다. "干·越·夷·貉의 아이들이, 태어나서는 울음소리가 같은데, 장성해서는 풍속이 서로 달라지니, 가르침이 그렇게 만든 것이다." 내 생각에, 가르침을 들으면 서로 다른 풍속이 없어지는 것이 '無類'이다(補曰: 類有二: 一曰: 族類, 百官萬民以貴賤別也; 一曰: 種類, 九州四夷以遐邇別也。有教則皆可以歸於大道是無類也…… 荀子曰: 干越夷貉之子, 生而同聲, 長而異俗, 教使之然也。案: 有教則無異俗斯無類矣。);《論語譯注》사람이면 누구나 가르치고, 빈부·지역 등을 구별하지 않는다. '육포 한 묶음이라도 예를 갖춰 행하는 자는, 나는 지금까지 그자를 가르쳐 주지 않은 적이 없다'[述而 제7장]가 바로 '有教無類'이다(人人我都教育, 没有[貧富,地域等等]區別; '自行束脩以上, 吾未嘗無誨焉', 便是'有教無類。');《論語句法》'有教' '無類' 두 단문이 전환 관계로 구성된 복문이다["가르침만 있을 뿐, 종류의 구별이란 없다"](兩句有無簡句以轉折關係構成複句。);《論孟虛字》'有'는 '惟'와 같다. 다만["모든 사람을 위해 교육을 세울 뿐, 교육을 받는 자에 대해 貴賤·賢愚 등의 어떤 구분도 하지 않는다"]('有', 猶'惟', 當白話'祗'; '祗是爲公衆立教, 受教者, 不分貴賤賢愚等類。').

3 《荀子·法行》남곽혜자[魯人]가 자공에게 물었다. "공자의 제자들은 어찌 그리 각양각색인가요?" 자공이 말했다. "군자께서는 몸을 바르게 하시고 기다리실 뿐, 오고 싶어 하는 자 막지 않으시고, 가고 싶어 하는 자 잡지 않으십니다. 하물며 훌륭한 의원의 문 앞에는 병자들이 많이 몰려들고, 굽은 나무를 바로잡는 기구 옆에는 굽은 나무가 가득 쌓여 있는 법이니, 이 때문에 제자들이 각양각색인 것이지요"(南郭惠子問於子貢曰: "夫子之門何其雜也?" 子貢曰: "君子正身以俟, 欲來者不距, 欲去者不止。且夫良醫之門多病人, 檃栝之側多枉木, 是以雜也。");《論語新解》사람에게는 貴賤·貧富·智愚·善惡과 같은 류의 차별이 있지만, 교육으로 말할 것 같으면, 각지의 실정에 맞게 조치를 취하고 각자 재능에 맞게 가르침을 베풀어, 부축해서 향상시키고, 감동시켜 변화시키고, 도와서 성공시켜야 할 뿐, 더 이상 종류의 구별은 있지 않다. 공자 문하에 염유·자공 같은 부유한 자, 안연·원사 같은 가난한 자, 맹의자 같은 노나라 귀족, 자로 같은 변읍의 미개인, 증삼 같은 노둔한 사람, 고시 같은 우둔한 사람이, 모두 훌륭한 제자가 되었기 때문에, 남곽혜자가 자공에게, '공자의 제자들은 어찌 그리 각양각색인가요?'[荀子·法行]라고 의문을 품었던 것이다(人有差别, 如贵贱、贫富、智愚、善恶之类。惟就教育言, 则当因地因材, 掖而进之, 感而化之, 作而成之, 不复有类。孔门富如冉有、子贡, 贫如颜渊、原思, 孟懿子为鲁之贵族, 子路为卞之野人, 曾参之鲁, 高柴之愚, 皆为高第弟子, 故南郭惠子有"夫子之门何其雜"之疑。).

人性皆善, 而其類有善惡之殊者, 氣習之染也。故君子有教, 則人皆可以復於善, 而不當復論其類之惡矣。[4]

사람의 본성은 다 선한데, 사람의 부류에 선한 자와 악한 자의 차이가 있는 것은, 기질과 습관에 물든 차이이다. 그러므로 군자의 가르침을 들으면, 사람이라면 누구나 선한 본성으로 되돌아올 수 있으니, 사람의 부류 중의 악한 자에 대해 다시 논하는 것은 옳지 않다.

---

4 《論語大全》 성인의 가르침은, 비와 이슬의 은택이 모든 만물에 내리는 것과 같다. 어찌 가르칠 대상을 가려서 택할 리가 있겠는가?(洪氏曰: 聖人之教, 如雨露之於萬物。夫豈有所擇哉?).

[道不同不相爲謀章*]

153901、子曰:「道不同, 不相爲謀。[1]」[2]

1 [성]道不相謀(도불상모): 지향하는 사상이 같지 않은 사람과는 함께 일을 도모할 수 없다(指思想志向不同的人不会在一起共事。); [성]不相爲謀(불상위모): 피차간에 관점이 같지 않으면, 의당 함께 일을 도모하지 않는다(谋: 商量。相互之间没法商量。指彼此观点不同, 不宜共同谋划事情。); [성]各不相謀(각불상모): 서로 의논하지 않고, 각자 자기 의사에 따라 일을 처리하다(各自按照自己的意思办事, 不互相商量。); 《古書虛字》'爲'는 '與'와 같다('爲'猶'與'也。); 《論語句法》'爲'는 '與'字와 역할이 같다. '不相爲謀'는 바로 '不相與謀'이고, 다시 말하면 '不相同謀'의 뜻이다('爲', 和'與'字的作用相同。'不相爲謀'就是'不相與謀', 也就是'不相同謀'的意思。).

2 《史記 · 伯夷列傳》 공자가, '道不同 不相爲謀'라 했는데, 각기 자기가 추구하는 뜻을 따른다는 것이다. 그래서 '富貴如可求 雖執鞭之士 吾亦爲之 如不可求 從吾所好'[述而 제11장]라고 했고, '歲寒 然後知松柏之後凋'[子罕 제27장]라고 한 것이다. 세상이 온통 혼탁하면, 청백한 선비가 그제서야 보인다. 어찌해서 그들이 중시한 것은 저 道 같은 것이었고, 그들이 경시한 것은 이 富貴 같은 것이었는가?(子曰 '道不同, 不相爲謀', 亦各從其志也。故曰'富貴如可求, 雖執鞭之士, 吾亦爲之。如不可求, 從吾所好''歲寒, 然後知松柏之後凋'。擧世混濁, 清士乃見。豈以其重若彼, 其輕若此哉?); 《論語正義》 吳嘉賓[1803~1864]의 《論語說》에 말했다. "맹자가 말하기를, '백이 · 이윤 · 유하혜는 추구하는 도가 달랐다'[告子下 제6장]고 했는데, 도란 지향처의 취사선택으로, 出處 · 語默과 같은 종류이다." 맹자가 또 말하기를, '성인들의 행위라고 모두 같지는 않다. 혹은 멀리 물러나 있고 혹은 가까이 있고, 혹은 떠나고 혹은 떠나지 않고 그대로 머물러 있지만, 결국은 자기 몸을 깨끗하게 하는 데로 귀결될 뿐이다'[萬章上 제7장]라고 했다. 자기 몸을 깨끗하게 하는 데로 귀결시키는 것이, '道'이고, 혹은 멀리 물러나 있고 혹은 가까이 있고, 혹은 떠나고 혹은 떠나지 않고 그대로 머물러 있어, 행동이 각기 다르다 보면, '相爲謀'할 수는 없다. 《史記 · 伯夷列傳》에서 논어의 이 글을 인용하면서, '각기 자기가 추구하는 뜻을 따른다는 것이다'라고 했으니, 이는 바로 맹자가 말한, 백이 · 이윤 · 유하혜는 추구하는 도가 각기 달랐지만 좇는 길은 하나였다'는 것이다(正義曰: 吳氏嘉賓說: "孟子曰: '伯夷, 伊尹, 柳下惠, 三子者不同道。' 道者, 志之所趣舍, 如出處語默之類……。" 案: 孟子又言 "聖人之行不同也。或遠或近, 或去或不去, 歸潔其身而已矣。" 歸潔其身, 道也, 而遠近,去不去, 行各不同, 則不能相爲謀也。史記伯夷列傳引此文云: "亦各從其志也。" 即孟子不同道之說。). 《史記 · 老子韓非列傳》에, '세상에서 노자를 배우는 자들은 유학을 물리치고, 또 유학을 배우는 자들 역시 노자를 물리쳤다. '道不同 不相爲謀'가 어찌 이를 두고 한 말이겠는가?'라고 했다. 노자와 유학이 서로 다르다는 것 때문에, 크게 비난할 수는 없다. 때에 따라 그에 맞춰 행동하고[易經 · ☰乾 · 文言], 무얼 해야 한다는 것도 없고 무얼 해서는 안 된다는 것도 없고[微子 제8장], 집대성했다고 일컫던 분인데[萬章下 제1장], (추구하는 도가 다르다고) 어찌 소위 '不相謀'가 있겠는가? '不相謀'는 도의 고유의 특성이고, '相爲謀'는 성인의 운용능력이다. 그런데, 후세 학자들은 한 가지만 잡고 백 가지를 폐기했으니[盡心上 제26장], 이에 도의 異同에 대한 견해가 비롯되었고, 자기의 견해가 옳다 여기고 상대방의 견해를 서로 공격했는데, (서로 다른) 만물일지라도 모두 다 지탱해주고 실어주고 덮어주고 가려주는 성인의 도량[中庸 제30장]이 이미 아니었으니, '不相爲謀'의 요지에 대단히 무지했던 것이다(老莊申韓列傳: "世之學老子者, 則絀儒學, 儒學亦絀老子。'道不同不相爲謀'豈謂是耶?" 亦以老子之學與儒不同, 未可厚非也。若夫"與時偕行", "無可無不可", 夫子之謂"集大成", 安有所謂"不相謀"哉? 不相謀者, 道之本能; 相爲謀者, 聖人之用。後世儒者, 擧一廢百, 始有異同之見, 而自以爲是, 互相攻擊, 既非聖人覆幬持載之量, 亦大昧乎"不相爲謀"之旨。).

선생님께서 말씀하셨다. "추구하는 도가 서로 같지 않으면, 서로 도와서 일을 도모하지 않는다."

爲[3], 去聲。○不同, 如善惡邪正之異。[4]

'爲'(위)는 거성[wèi]이다. ○'不同'(부동)은 (피차의 추구하는 도가) 선한지 악한지의 차이, 사악한지 정직한지의 차이 같은 것이다.

---

3 爲(위): [wèi] ~때문이다. ~를 위해서. ~를 대신해서. 돕다(因, 表示原因。替, 给。帮助。); [wéi] 하다. 다스리다. 담임하다. ~에 의해. ~와 함께(做事。治理。担任。被。与, 同。).

4 內閣本에는 '異'가 '類'로 되어 있다.

[辭達而已矣章]

154001、子曰:「辭達而已矣。[1]」[2]

선생님께서 말씀하셨다. "말은 뜻이 전달되면 그만이다."

辭, 取達意[3]而止, 不以富麗[4]爲工。[5]

---

1 [성]辭不達意[義](사불달의): (말 · 글이) 뜻을 정확하게 전달하지 못하다. 뜻이 통하지 않다(辞: 言辞; 意: 意思。指词句不能确切地表达出意思和感情。); 辭達(사달): 말이나 글의 설명이 막힘없이 잘 통하다. 명쾌하다. 쓸데없이 일이나 내용과 무관한 수식을 할 필요가 없다(谓文辞或言辞的表述明白畅达。主要是指文学作品能用准确的语言表达作品的内容, 不必徒事与内容无关的文饰。);《古今注》대부가 이웃 나라를 빙문할 때, 소지하는 국서를 '命'이라 하고, 그가 도착해서 혼자 알아서 대처하는 말을 '辭'라 하는데, '辭'와 '命'이 통칭되는 경우도 있었다(大夫聘於隣國, 其國書謂之命……其到彼專對之語, 謂之辭……然辭命有時乎通稱。);《論語新解》'辭'는 辭命을 가리킨다. 외교 사신은 사명의 전달을 주로 한다. 나라의 상황을 충분히 전달했으면, 사명을 욕되지 않게 완수한 것이다(辞, 指辞命。奉使者主要在传达使命。国情得达, 即是不辱君命。);《王力漢語》辭(사): 언사. 말(言詞, 話);《北京虛詞》而已矣(이이의): 진술구의 끝에 쓰여 제한의 어기를 표시한다. 단지~일 뿐이다. ~면 된다. ~면 그만이다. 끝난다('而已矣', 语气词连用。用于陈述句末, 表示限止语气。义即'罢了'、'就行了'。).

2《儀禮 · 聘禮》(빙례에서 하는) 말에는 정해진 형식은 없지만, 겸손하고 상냥해야 한다. 말이 많으면 번드르르하기만 하고, 말이 적으면 뜻이 전달되지 않는다. 말이 진실로 뜻을 충분히 전달하는 것이, 말의 최고의 의의이다(辭無常, 孫而說。辭多則史, 少則不達。辭苟足以達, 義之至也。);《易經 · ☰乾 · 文言》군자는 덕을 증진하고 업적을 쌓는다. 忠과 信을 써서, 덕을 증진하고, 脩辭立其誠[말을 잘 가다듬어서 자기의 진실한 마음을 드러낸다]을 써서, 업적을 쌓는다(子曰: 君子進德脩業, 忠信, 所以進德也, 脩辭立其誠, 所以居業也。);《論語集解》일은 실질을 과장하지 않은 것으로 족하고, 말은 뜻이 전달되는 것으로 족하지, 장황하고 미사여구를 써서 꾸미지 않는다(注: 孔安國曰: 凡事莫過於實足, 辭達則足矣, 不煩文豔之辭。).

3《史記 · 滑稽列傳》공자가 말했다. "육예는 국가를 다스린다는 점에서는 그 작용이 같다.《禮記》는 이를 써서 사람의 행위를 단속하고,《樂記》는 이를 써서 화목하게 하는 마음을 유발하고,《書經》는 이를 써서 옛일을 기술하고,《詩經》은 이를 써서 생각을 전달하고,《易經》은 이를 써서 신묘한 변화를 엿보고,《春秋》는 이를 써서 시비곡직을 가리게 한다"(孔子曰: 六藝於治一也。禮以節人, 樂以發和, 書以道事, 詩以達意, 易以神化, 春秋以義。); 達意(달의): (말이나 문자로) 의사 · 생각을 전달 · 표현하다(表达心意; 表达意愿).

4 富麗(부려): 웅장하고 화려하다. 풍부하고 화려하다(宏丽; 华丽。富饶美丽; 丰富华丽。).

5《蘇軾 · 答謝民師書 》공자께서는 '말에 文彩를 가하지 않으면, 멀리까지 유전하지 못한다'[春秋左傳 · 襄公 25年]고 하셨고, 또 '말은 뜻이 전달되면 그만이다'라고도 하셨다. 무릇 말은 뜻이 전달되는 것으로 그친다는 것은, 곧 文彩를 가하지 않는다는 뜻같이 보이는데, 이것은 전혀 그렇지 않다. 사물의 오묘한 모습을 표현해내고자 하는 것은 마치 바람을 붙들어 매고 그림자를 붙잡는 것과 같아서, 그 사물을 마음으로 명료하게 그려내는 자는 천만인 중에 한 사람도 만나기 어려운데, 하물며 입과 손짓으로 명료하

'말'[辭]은 뜻의 전달이라는 결과를 얻었으면 그만이고, 뜻이 풍부하고 수식이 화려한 것을 뛰어난 말이라고 여기지 않는다.

게 표현해내는 자임에랴? 이것을 일러 辭達(사달)이라 한다. 말이 뜻을 (명료하게) 전달할 수 있게 되기까지는, 文彩는 이루 다 쓰지 못한다(孔子曰: '言之無文, 行而不遠。' 又曰: '辭達而已矣。' 夫言止於達意, 即疑若不文, 是大不然。求物之妙, 如繫風捕影, 能使是物了然於心者, 蓋千萬人而不一遇也, 而況能使了然於口與手者乎? 是之謂辭達。辭至於能達, 則文不可勝用矣。);《春秋左傳 · 襄公 25年》 중니께서 말씀하셨다. "옛 기록에, '말로써 바라는 뜻을 충분히 드러내고, 文彩로써 하고자 하는 말을 충분히 드러낸다'는 글이 있다. 말을 하지 않는데 누가 그의 뜻을 알겠는가? 말에 文彩를 가하지 않으면, 멀리까지 유전하지 못한다. 文辭에 신중해야 하리라!"(仲尼曰: 志有之, 言以足志, 文以足言。不言, 誰知其志? 言之無文, 行而不遠……愼辭哉!).

[師冕見及階章*]

154101、師冕[1]見[2], 及階[3], 子曰:「階也。」及席, 子曰:「席也。」皆坐, 子告之曰:「某[4]在斯, 某在斯。[5]」

소경인 악사 면(冕)이 선생님을 만나 뵈러 와서, 계단 앞에 이르자, 선생님께서 말씀하시기를, '계단입니다'라고 하셨다. 자리에 이르자, 선생님께서 말씀하시기를, '자리입니다'라고 하셨다. 모두 자리에 앉자, 선생님께서 그에게 일러주시기를, '아무개는 여기에 있고, 아무개는 여기에 있습니다'라고 하셨다.

見, 賢遍反。○師, 樂師, 瞽[6]者。冕, 名。再言某在斯, 歷擧在坐之人以詔[7]之。

'見'(현, xiàn)은 '賢'(현)과 '遍'(편)의 반절이다. ○'師'(사)는 '악사'(樂師)로 소경이다. '冕'(면)은 이름이다. '아무개는 여기에 있습니다'라고 두 번 말씀하신 것은, 자리에 앉아 있는 사람들을 차례대로 이름을 들어가면서 그에게 알려주신 것이다.

1《王力漢語》師(사): 악관. 옛날에 악사는 맹인이 맡아 했다(樂官。上古樂師一般用盲人充任。).

2《論語義疏》'見'은, 와서 공자를 뵌 것이다(疏: 見, 來見孔子也。).

3《論語義疏》'階'는 공자의 집의 당 아래 계단이다. 악사 면이 공자를 뵈러 와서, 공자의 집의 당 아래 계단에 이른 것이다(疏: 階, 孔子家堂階也。師冕來見, 至孔子家階也。).

4《詞詮》某(모): 虛指指示代名詞('某', 虛指指示代名詞。).

5《禮記 · 少儀》등불이 없어 어두컴컴해 앞이 보이지 않은데 뒤에 도착한 자가 있으면, 이미 와서 앉아 있는 자를 그에게 소개한다. 맹인을 인도할 때도 그렇게 한다[맹인은 앞이 보이지 않으므로 등불이 없는 경우와 같이 그를 인도해 소개하는 것이다](其未有燭而有後至者, 則以在者告。道瞽亦然。);《論語集解》'某'는 여기에 있고 '某'는 여기에 있다고 하면서, 좌중에 있는 사람들의 姓과 앉아 있는 곳을 일일이 알려준 것이다(注: 孔安國曰: 某在斯某在斯, 歷告以座中人姓字及所在處也。);《論語正義》《廣雅 · 釋詁》에, '某는 이름이다'라고 했는데, 某를 써서 그 사람을 거명했다는 말이다. 공안국의 주에서 일일이 姓을 거명하면서 역시 姓을 '某'라 표현한 것은, 좌중에 있는 사람들이 한 사람이 아니어서, 공자께서 원래는 姓을 써서 악사에게 일러주셨는데, 기록한 자가 일일이 다 기술할 수 없었기 때문에, '某'를 중복해 말해 그 사람들을 일괄한 것이다(正義曰: 廣雅釋詁: "某, 名也。" 言以某名其人也。此曆擧姓字亦云"某"者, 坐中非止一人, 夫子本以姓字告之, 記者不能盡述, 故重言"某"以括之。).

6 瞽(고): 맹인. 악사. 옛날에는 맹인을 악사로 시켰다(盲人, 瞎子: 古代乐师。古代以目盲者为乐官, 故为乐官的代称。).

7 詔(조): (윗사람이) 알려주다. 가르쳐주다. 조칙(告知, 告诉。多用于上告下。皇帝颁发的命令文告。).

154102、師冕出。子張問曰:「與師言之道與[8]?」

악사 면(冕)이 나갔다. 자장(子張)이 여쭈었다. "소경인 악사와 말하는 도리입니까?"

與, 平聲。○聖門學者, 於夫子之一言一動, 無不存心省察如此。

'與'(여)는 평성[yú]이다. ○성인의 문하에서 배운 자들은, 선생님의 말씀 한마디 한마디 거동 하나하나에 대해, 어느 하나도 마음에 두고 꼼꼼히 살피지 않은 게 없는 자세가 이와 같았다.

154103、子曰:「然。固相[9]師之道也。」

선생님께서 말씀하셨다. "그렇다. 본래 소경인 악사를 돕는 자의 도리이다."

相, 去聲。○相, 助也。古者瞽必有相, 其道如此。蓋聖人於此, 非作意[10]而爲之, 但盡其道而已。

'相'(상)은 거성[xiàng]이다. ○'相'(상)은 '돕다'[助]이다. 옛날에 소경은 반드시 옆에서 도와주는 사람이 있었는데, 그 도리가 이와 같았다. 대개 성인께서는 이 일에 대해, 일부러 그렇게 하신 게 아니고, 다만 소경을 돕는 일에 맞는 도리를 다하신 것뿐이었다.

○尹氏曰:「聖人處己爲人[11], 其心一致, 無不盡其誠故也。有志於學者, 求聖人之心, 於斯亦可見矣。」

8《論語新解》는 '與師言之, 道與?'[악사와는 이렇게 말하는 것이, 도리입니까?]로 끊어 읽었다.

9《論語集解》'相'은 '導'[안내하다]이다(注: 馬融曰: 相, 導也。);《古今注》어떤 사람이, '相은 지팡이다'라고 했는데, '相'이라는 글자의 형태는, '木'변에 '目'을 붙여 만든 글자로, 맹인이 눈이 안 보여, 지팡이를 가지고 눈으로 삼았음을 형상화한 것이다(或曰, 相者杖也, 相之爲字, 從木從目, 象瞽人無目, 以杖爲目也。); 相(상): 관찰하다. 꼼꼼히 살피다. 보좌하다. 부축하다. 맹인의 보행을 돕는 사람(本义: 察看; 仔细看。辅佐, 扶助。引盲人行走的人。).

10 作意(작의): 의도를 개입시키다. 주의하다. 일부러, 특별히(着意; 加意。指故意, 特意。).

11 處(처): 대우하다. (어떤 처지 · 상황에) 몸을 두다. 처치하다. 처리하다(對待。置身在(某地, 某种情况等)。处置; 办理); 爲人(위인): 사람 됨됨이나 처세 · 교제의 태도(做人處世接物。).

○윤씨(尹氏·尹彥明)가 말했다. "성인께서 스스로를 대하는 자세에 있어서나 남을 대하는 자세에 있어서나, 그 마음이 똑같은 것은, 어느 한 가지 일이라도 당신의 정성을 다하지 않는 경우가 없었기 때문이다. 배움에 뜻을 둔 자가, 성인의 마음을 찾는다면, 여기에서도 볼 수 있을 것이다."

范氏曰:「聖人不侮鰥寡[12], 不虐無告[13], 可見於此。推之天下, 無一物不得其所矣。」
범씨(范氏·范淳夫)가 말했다. "성인께서는 홀아비와 과부를 업신여기지 않으셨고, 하소연할 데 없는 이를 홀대하지 않으셨음을, 여기에서 볼 수 있다. 이 마음을 천하를 다스리는 일에까지 확장해 나간다면, 어느 한 가지라도 제 있어야 할 자리를 얻지 못하는 게 없을 것이다."

12《禮記·王制》어려서 아버지가 없는 자를 孤(고), 늙어서 자식이 없는 자를 獨(독), 늙어서 처가 없는 자를 鰥(환), 늙어서 남편이 없는 자를 寡(과)라 한다. 이 네 사람은, 천하의 백성 중에 가장 곤궁하고 어디에도 하소연할 데가 없는 자들이니, 모두 일정한 식량을 보내준다(少而無父者謂之孤, 老而無子者謂之獨, 老而無妻者謂之矜, 老而無夫者謂之寡。此四者, 天民之窮而無告者也, 皆有常餼。); 鰥寡(환과): 늙어서 처가 없거나 남편이 없는 사람. 홀아비와 과부. 노약하고 의지할 데 없는 사람(老而无妻或无夫的人。引申指老弱孤苦者。).

13《書經·虞書·大禹謨》여러 사람과 의논하여 자기주장을 고집부리지 않고 남을 따르고, 하소연할 데 없는 이들을 홀대하지 않고, 곤궁한 이들을 버려두지 않는 일은, 오직 요임금만이 해낼 수 있었다(稽于衆, 舍己從人, 不虐無告, 不廢困窮, 惟帝時克。); 虐(학): 괄시하다, 홀대하다. 잔혹하게 상해를 가하다. 못쓰게 만들다(轻视; 忽视。侵害; 残害); 無告(무고): 의지할 데 없고 하소연할 데 없는 사람(孤苦无处投诉。亦指无处投诉的人。).

#《季氏 第十六》

洪氏曰:「此篇或以爲齊論。[1, 2]」凡十四章。[3]

홍씨(洪氏 · 洪興祖)가 말했다. "이 편은 어떤 사람이 제(齊)나라 논어(論語)라 했다." 모두 14장이다.

1《論語大全》齊論語라고 의심하는 것은, 모두 '孔子曰'이라고 칭하고 있고, 三友 · 三樂 · 九思의 조항의 體例가 위아래 편과 다르기 때문이다(胡氏曰: 疑爲齊論, 以皆稱孔子曰, 且三友三樂九思等條例與上下篇不同。);《論語序說》각주《論語集解 · 序》참조.

2《古今注》魯論語와 齊論語는 책을 전한 자가 다를 뿐, 경문은 다르지 않다. 兩家가 전한 것은 각기 전부 논어이지, 제논어와 노논어를 합해 만든 한 부 논어가 아니다. 제논어에만《問王》·《知道》두 편이 더 있는데, 지금은 전해지지 않고, 나머지 20편은 노논어와 제논어가 똑같은데, 어찌《季氏》한 편만 가지고, 특별히 집어서 제논어라고 할 수 있겠는가? 각기 문체가 다른 것은, 기록한 자가 각기 달라서 그런 것뿐이다(案: 魯論、齊論, 傳者不同, 經則不殊。兩家所傳, 各爲全部, 非合齊、魯而爲一部論語也。惟齊論有問王、知道二篇, 今所不傳, 餘二十篇魯、齊之所同, 豈得以季氏一篇, 特拈爲齊論乎? …… 其文體不同者, 記者各殊爾。).

3《論語大全》제15편은 '衛靈公'을 첫머리로 해서 제후의 잘못을 기록했고, 이 편은 '季氏'를 첫머리로 해서 대부의 잘못을 기록했고, 제17편은 '陽貨'를 첫머리로 해서 陪臣의 잘못을 기록했다(厚齋馮氏曰: 上篇首衛靈公, 以識諸侯之失, 此篇首季氏, 以識大夫之失, 下篇首陽貨, 以識陪臣之失也。).

[季氏將伐顓臾章]

160101、季氏[1]將伐顓臾[2]。

계씨(季氏)가 멀지 않은 장래에 전유(顓臾)를 정벌하려고 했다.

顓, 音專。臾, 音俞。○顓臾, 國名。魯附庸[3]也。

'顓'(전)은 음이 '專'(전)이다. '臾'(유)는 음이 '俞'(유)이다. ○'顓臾'(전유)는 나라 이름이다. 노(魯)나라에 딸린 부용국(附庸國)이다.

160102、冉有、季路見[4]於孔子曰:「季氏將有事[5]於顓臾[6]。」

1《論語正義》'季氏'는 '季康子'를 말한다(正義曰: 季氏, 謂康子。);《論語新解》'季氏'는 '季康子'를 말한다(季氏谓康子。).

2《春秋左傳·僖公21年》任·宿·須句·顓臾는 風姓으로, 복희씨의 후손으로 복희씨와 濟水의 제사를 실질적으로 주관했다(任、宿、須句、顓臾, 風姓也, 實司大皞與有濟之祀。);《論語集解》'顓臾'는 伏義氏의 후손으로, 風씨 성의 나라이다(注: 孔安國曰: 顓臾, 宓犧之後, 風姓之國。);《論語義疏》그 땅이 계씨의 채읍과 인접해있어 정벌해서 병합하려 한 것이다(疏: 其地與季氏采邑相近, 故季氏欲伐而并之也。); 顓臾(전유): 춘추시대의 나라로 성이 풍씨이고 伏義氏의 후손으로 전해진다. 지금의 산동성 비현 서북쪽에 도성이 있었다. 지금의 平邑县 颛臾村이다(春秋国名。风姓, 相传是伏義之后。故城在今山东省费县西北。).

3《禮記·王制》天子의 땅은 사방 천리이고, 公侯의 땅은 사방 백 리이고, 伯의 땅은 사방 칠십 리이고, 子男의 땅은 사방 오십 리이다. 사방 오십 리가 안 되는 땅을 가진 나라는, 천자의 회합에 가지 못하고, 제후에 딸려서 그 땅에서의 일을 천자에게 보고하는데, 이를 附庸(부용)이라 한다(天子之田方千里, 公侯田方百里, 伯七十里, 子男五十里; 不能五十里者, 不合於天子, 附於诸侯曰附庸; 郑玄注: 附庸者, 以国事附於大国, 未能以其名通也。); 附庸(부용): 천자에 속하지 못하고, 제후국에 부속된 소국(指附属于诸侯大国的小国).

4 見(현): 알현하다. 찾아뵙다(謁見, 拜見。).

5《論語義疏》'有事'는 정벌하는 일이 있을 것을 말한다(疏: 有事。謂有征伐之事也。);《王力漢語》'事'는 위아래 문장의 차이에 따라, '軍事' '戰事' '急事' 등 비교적 특수한 의미를 띤다('事', 事情。注意: '事'字隨着上下文的不同, 而帶有比較特殊的意義, 如'軍事'、'戰事'、'急事'等。);《論語詞典》有事(유사): 전쟁이나 상사·제사에 쓰인 고대의 관용어(古代成語, 用於戰争或者喪祭。).

6《論語義疏》염유와 계로는 모두 천자를 보좌할 재질을 갖추었으니, 계씨의 가재의 직임을 맡아서, 계씨에게 간언하지 않음으로써 그런 악행을 저지르게 하는 일이 어찌 있었겠는가? 계씨의 모의에 동참한 데에는 필시 까닭이 있었을 것이다. 자기의 능력을 헤아리고 형세를 짐작해 보니, 전유를 정벌하려는 계씨의 마음을 제지할 수 없자, 계씨의 의도를 그대로 공자께 말씀드려, 실로 대성의 가르침을 받아

염유(冉有)와 계로(季路)가 공자(孔子)를 찾아뵙고 말씀드렸다. "계씨(季氏)가 전유(顓臾)에 대해 일을 벌이려 하고 있습니다."

見, 賢遍反。○按左傳, 史記, 二子仕季氏不同時[7]。此云爾[8]者, 疑子路嘗從孔子自衛反魯, 再仕季氏[9], 不久而復之衛也。[10]

그 폐단을 구제하려 한 것이다. 두 제자를 비판하고 있지만 서도, 뜻은 계손에게 향해있다(疏: 蔡謨云: "冉有、季路並以王佐之姿, 處彼家相之任, 豈有不諫季孫以成其惡? 所以同其謀者, 將有以也。量己揆勢, 不能制其悖心於外, 順其意以告夫子, 實欲致大聖之言以救斯弊……雖文譏二子, 而旨在季孫。").

7 《集注考證》 정공 12년[BC 498]에 자로가 계씨의 家宰였고, 애공 11년[BC 484]에 염구가 계씨의 家宰였다(定公十二年, 子路爲季氏宰, 哀公十一年, 冉求爲季氏宰。).

8 云爾(운이): 이같이 말하다(如此说).

9 《集注考證》 계환자[~BC 492]가 죽으면서, 공자를 부르라는 유언을 남겼는데, 계강자가 이에 염구를 불렀고, 그 후에 공자께서 노나라로 돌아오시면서, 자로가 같이 따라왔는데, 자로는 계씨의 옛 가재였으니, 필시 계씨를 주인으로 모셨을 것이고, 계씨가 주는 음식을 먹으면서 그 집의 일에 관해 들었을 것이다(季桓子死, 遺言召孔子, 康子乃召冉求, 其後孔子反魯, 子路從, 既季氏故宰, 必復主季氏家, 受其供饋而與聞其事爾。).

10 《集註典據考》 趙順孫[1215~1277]이 《論語纂疏》에 말했다. "노애공 10년 공자께서 초나라에서 위나라로 돌아오셨고, 애공 11년 노나라에서 예를 갖추어 공자를 초치하자 곧 노나라로 돌아오셨다. 자로는 공자를 따라 노나라로 돌아왔는데 이때 돌아온 것이 맞다. 애공 14년 소주의 대부 射(역)이 노나라로 도망을 와서는, '계로로 하여금 내게 언약을 하게 하면, 맹약을 하지 않겠다'고 했는데, 자로가 거절했다. 그렇다면 자로는 아직 노나라에 있었던 것이다. 필시 이 해에 위나라로 다시 갔고, 이듬해에 공회의 난에 죽은 것이다"(趙順孫云, '愚案, 魯哀公十年, 孔子自楚反乎衛。十一年魯以幣召之, 乃歸。子路從孔子反魯, 當在此時。十四年小邾射來奔曰, 使季路要我, 我無盟矣。使子路, 子路辭。則子路尚在魯也。必是此年, 復之衛, 次年死於孔悝之難。'); 《補正述疏》 염유가 계씨 가의 벼슬을 한 것은 애공 3년이고, 계로가 계씨 가의 벼슬을 한 것은 정공 12년으로, 그때는 두 제자의 벼슬한 때가 같은 시기가 아니었다. 《春秋左傳 · 哀公 14년》에, '小邾(소주)의 대부 射(역)이, 句繹(구역) 땅을 가지고 노나라로 망명을 와서, 자로를 나오게 해서 나에게 언약하게 하면, 나는 맹약이 필요 없다고 말했다. 자로에게 언약을 하라고 시키니, 자로가 거절했다. 계강자가 염유를 시켜 자로에게 말하기를, '천승의 나라인, 이 나라의 맹약은 믿지 못하고, 그대의 언약은 믿겠다는데, 그대가 치욕으로 여길 게 무엇인가?'라고 했다'고 했다. 이때는 두 제자가 같이 계씨 가에서 벼슬했다. 《春秋左傳 · 哀公 15年》에, '가을, 제나라 진관이 초나라에 갈 때, 위나라를 지나는데, 중유가 그를 만났다'고 했는데, 가을에 계로가 위나라에 있었고, 겨울에 계로가 위나라의 공리의 난으로 죽었으니, 그렇다면 전유를 정벌하려고 할 때가 언제쯤인지를, 따라서 알 수 있다(冉有仕季氏在哀三年, 季路仕季氏在定十二年, 彼其時二子仕不同時矣。哀十四年左傳云: 「小邾射以句繹來奔, 曰: 『使季路要我, 吾無盟矣。』 使子路, 子路辭。季康子使冉有謂之曰: 『千乘之國, 不信其盟, 而信子之言, 子何辱焉?』」 此其時則二子同仕季氏也。哀十五年左傳云: 「秋, 齊陳瓘如楚, 過衛, 仲由見之。」 則季路在衛焉, 其冬而季路死衛難矣, 然則將伐顓臾之時, 可從而知也。); 《論語集釋》 張椿의 《四書辨證》에 말했다. "계자연이 중유 · 염구가 대신할만한 감인지를 물은 것[先進 제23장], 계강자가 중유 · 염구가 정치를 맡을 만한지를 물은 것[雍也 제6장]이, 바로 이때이다"(四書辨證: 子然問可謂大臣, 康子問可使從政, 正此時也。).

'見'(현, xiàn)은 '賢'(현)과 '遍'(편)의 반절이다. ○《춘추좌전》(春秋左傳)과 《사기》(史記)를 살펴보면, 염유(冉有)와 계로(季路) 두 사람이 계씨(季氏) 가(家)에서 벼슬한 시기가 서로 같지 않다. (그런데) 이 장에서 이같이 말한 것을 보면, 자로(子路)가 예전에 공자(孔子)를 따라 위(衛)나라에서 노(魯)나라로 돌아와서는, 다시 계씨(季氏) 가(家)에서 (염유(冉有)와 같이) 벼슬을 하다가, 오래지 않아 다시 위(衛)나라로 갔을 것으로 보인다.

160103、孔子曰:「求! 無乃[11]爾是過與[12]?

공자(孔子)께서 말씀하셨다. "구(求)야! 네가 잘못한 것이 아니겠느냐?"

與, 平聲。○冉求爲季氏聚斂[13], 尤用事[14]。故夫子獨責之。

'與'(여)는 평성[yú]이다. ○염구(冉求)는 계씨(季氏)를 위해 가혹하게 세금을 거둬들였고, 더욱이 권력까지 행사했다. 그래서 선생님께서 유독 염구(冉求)만을 책망하신 것이다.

160104、夫[15]顓臾, 昔者先王以爲東蒙[16]主[17], 且在邦域[18]之中矣, 是[19]社稷之臣[20]也。何

---

11 《文言語法》'無乃'(무내)는 '不是'[~이 아니다]와 같고, 반어문에만 쓰인다('無乃', 相當於'不是', 但只用於反詰句中。); 無乃(무내): 추측 · 반문어기를 표시한다. 아마~일 것이다. 설마~란 말인가? 설마~ 일까?(相当于"莫非","恐怕是", 表示委婉测度的语气。).

12 《論語義疏》"이 일은 너의 죄과이지 않으냐?"(疏: 此征伐之事, 無乃是汝之罪過與?); 《經典釋詞》'是'는 '寔'(식)[지시대명사]과 같다. '求, 無乃爾是過與?'는 '爾寔過'[네가 이것을 잘못했다]라는 말이다(是, 猶'寔'也…… '求, 無乃爾是過與?' 言爾寔過也。); 《論語平議》'是'는 '寔'(식)[지시대명사]으로 읽어야 맞다["네가 이것을 잘못한 게 아니냐?"]('是'當讀爲'寔'…… 猶曰 無乃爾寔過與); 《古書虛字》'是'는 '的'와 같다('是'同口語之'的'。); 《論語句法》'爾是過'는 '爾之過'와 같다('爾是過', 等於'爾之過'。); 《論孟虛字》'是'는 '之'와 같다. '的'와 같다. '爾是過'는 '爾之過'와 같다["너의 잘못이 아니냐?"]('是', 猶'之', 當白話'的'字。'爾是過', 猶言'爾之過', 下文有'誰之過與'一語, 可證'是'是相同於'之'的); 《論語譯注》'爾之過'로 풀이할 수 없고, '過'를 동사로 볼 수 있고, '是'는 도치 표시 용어로['是'를 동사 '過'와 전치된 대사목적어 '爾' 사이에 쓰이는 결구조사로 본 것이다], '너를 책망하다' '너에게 잘못이 있다'는 뜻이다(不能解作'爾之過'……這里'過'字可看作動詞, '是'字是表示倒裝之用的詞, 順裝便是'過爾', '責備你'、'歸罪於你'的意思。); 《論語語法》'是'는 목적어와 술어의 순서를 도치시키는 결구조사로, '無乃爾是過'는 바로 '無乃過爾'[너를 책망해야 하는 것 아니냐?]의 뜻이다('是'是倒序助詞, '無乃爾是過與'即'無乃過爾'之意。).

13 《先進 제16장》 참조.

14 用事(용사): 정권을 잡다. 권력을 장악하다(执政; 当权).

15 《論語句法》'夫'는 원지 지칭사이다('夫'是遠指指稱詞。); 《論孟虛字》 문장 앞머리에 쓰인 '夫'字는 모두 발어사로, 아랫글을 바로 일으키고, 아울러 제시의 어기를 가진다(句首的'夫'字, 皆爲發言之端, 用它以逕

以伐爲[21]?」

저 전유(顓臾)로 말하자면, 옛날에 선왕께서 그를 써서 동몽(東蒙) 산의 제주(祭主)로 삼으셨고, 게다가 노(魯)나라 강토 안에 있으니, 이는 노(魯)나라 사직의 신하이다. 무엇 때문에 정벌하려는 것이냐?

夫, 音扶。○東蒙, 山名。先王封顓臾於[22]此山之下, 使主其祭, 在魯地七百里之中[23]。社

起下文, 而兼有提示語氣。).

16《論語正義》'蒙山'은 바로 '東蒙'으로, 산이 노나라 동쪽에 있기 때문에, '東蒙山'이라 했다(正義曰: 蒙山卽東蒙, 山在魯東, 故云。); 東蒙(동몽): 산동성 몽음현 남쪽에 있는 몽산으로, 비현의 경계에 접해있다. 옛 노나라 동쪽에 있는 산이어서, 동몽산이라 했는데, 東山이라고도 불리며, 주봉은 龜蒙峰으로 해발 1156m이다(在山东省蒙陰縣南, 接費縣界。蒙山的别称。因在鲁东, 故名。蒙山亦称'东山', 主峰龟蒙顶(因状如巨龟而名)海拔1,156米。);《孟子 · 盡心上 제24장》맹자가 말했다. "공자께서 동몽산에 오르시고 나서는 노나라를 작다고 여기셨고, 태산에 오르시고 나서는 천하를 작다고 여기셨다. 그러므로 바다를 본 사람은 좀처럼 물이라 여기지 못하고, 성인의 문하에서 배운 사람은 좀처럼 말이라 여기지 못한다"(孟子曰: 孔子登東山而小魯, 登太山而小天下。故觀於海者難爲水, 遊於聖人之門者難爲言。).

17《論語義疏》전유는 옛날에 선왕이 세운 나라로, 이 나라를 써서 몽산의 제사를 주관하게 했다는 말이다(疏: 言顓臾是昔先王聖人之所立, 以主蒙山之祭。);《論語句法》'夫顓臾'는 본래 술어 '以'의 목적어로 '以' 뒤에 있어야 맞는데, 강조하고자 앞당긴 것이다('夫顓臾'本當在'以'字下的, 因爲它是'以'的止詞, 但是, 爲了要加重它的身分, 把它提在前面了。);《論孟虛字》'以爲' 두 글자 사이에 지시대명사 '之'[顓臾]가 생략되었으며, '用……作……'[~를 써서~로 삼다]의 뜻이다(這'以爲'二字之間, 省卻指代詞'之'字, '以爲'猶'以之爲', 當白話'用……作……', 是說'從前先王用他作東蒙山的主祭人'。).

18《經典釋文》'邦域'의 '邦'은 간혹 '封'으로 쓴다(邦域: 邦或作封。); 邦域(방역): 강토. 국경(疆土; 国境; 区域。).

19《王力漢語》'是'는 지시대명사로서 판단문의 주어나 술어로 쓰이는데, 여기서는 주어로 쓰였다(在先秦時代, '是'實際上是指示代詞作判斷句的主語或謂語。'是'字用作主語, '社稷之臣'是謂語。).

20 [성]社稷之臣(사직지신): 부용국. 국가의 중책을 맡은 신하(称春秋时附庸于大国的小国。也称身负国家重任的大臣。);《論語義疏》국가는 사직을 주관하는데, 전유는 이미 노나라에 속해있기 때문에, 社稷之臣이다(疏: 國主社稷, 顓臾既屬魯國, 故是社稷之臣也。); 社稷(사직): 토지신과 곡물신. 국가(古代帝王所祭的土神和谷神, 代指国家。).

21《論語義疏》本에는, '何以爲伐也'[무엇 때문에 정벌하느냐?]라고 되어 있다;《經傳釋詞》'以'는 '用'이다. '爲'는 어조사이다["무엇 때문에 정벌하느냐?[어찌 정벌할 필요가 있느냐?]"](以, 用也。爲, 語助。言何用伐也。);《論語正義》'何以伐爲'는 '何以文爲'[무엇에 文을 쓰겠습니까?][顏淵 제8장]와 동일 형식의 문장이다(正義曰: "何以伐爲", 與"何以文爲"同一句法。);《論語句法》주어는 '以伐'이고, 술어는 '何爲'인데, 주어 '以伐'를 술어 '何' '爲' 두 글자 사이에 삽입시켜, 특수구문으로 된 것이다["정벌을 사용하는 것은 무엇 때문이냐?"](主語是'以伐', 謂語是'何爲', 現在卻將主語'以伐'插在謂語'何爲'兩字的中間, 成爲一種特殊的句式。);《詞詮》의문을 표시하는 어말조사('爲', 語末助詞。表疑問。);《文言虛詞》爲(위): 어기사로 쓰였으며, 의문사 '何' '奚'와 함께 쓰여, 의문을 표시한다('爲'字作語氣詞, 常和疑問詞'何''奚'諸字并用, 表疑問。).

稷, 猶云公家[24]。是時四分魯國, 季氏取其二, 孟孫叔孫各有其一[25]。獨附庸之國尚爲公臣, 季氏又欲取以自益。故孔子言顓臾乃先王封國, 則不可伐; 在邦域之中, 則不必伐; 是社稷之臣, 則非季氏所當伐也。此事理之至當, 不易之定體[26], 而一言盡其曲折[27]如此, 非聖人不能也。

'夫'(부)는 음이 '扶'(부, fú)이다. ○'東蒙'(동몽)은 산 이름이다. 선왕이 전유(顓臾)에게 이 산 아래 땅을 봉지로 주어, 東蒙(동몽) 산의 제사를 주관하게 했는데, 노(魯)나라 7백 리 땅 안에 있었다. '社稷'(사직)은 '국가'[公家]라는 말과 같다. 이 당시에 노(魯)나라를 4분 하여, 계씨(季氏)가 그 둘을 차지하고, 맹손(孟孫)과 숙손(叔孫)이 각각 그 하나씩을 차지했다.

부용국(附庸國)인 전유(顓臾) 만은 여전히 노(魯)나라의 신하였는데, 계씨(季氏)가 또 이 나라를 차지하여 자기 땅에 보태려고 한 것이다. 그래서 공자(孔子)께서 말씀하시길, '전유(顓臾)는 바로 선왕이 봉한 나라이니 정벌해서는 안 되고, 노(魯)나라 국경 안에 있으니 굳이 정벌할 필요가 없고, 사직의 신하이니 계씨(季氏)가 정벌할 대상이 아니다'라고 하신 것이다. 이것은 사리 상 너무나 당연하고, 이미 정해져서 바꿀 수 없는 체제로서, 한마디 말씀으로 그 자세한 내막을 모두 다 표현하시기를 이같이 하셨으니, 성인이 아니면 불가능하다.

---

22 於(어): ~에. ~까지. ~면에서. 시간, 장소를 이끄는 개사(引进动作、行为的时间、处所、意义相当于'在'、'到'或'在……方面(上、中)'。).

23《集注考證》《孟子 · 告子下 제8장》에는, (주나라 성공에게서) 주공이 노나라를 봉지로 받은 것이 사방 1백 리라고 했는데, (이 경우는) 아마도 농토 면적만을 계산한 것으로, 山川과 附庸은 이 면적에 포함되지 않았을 것이다.《禮記 · 明堂位》에는, 주나라 성공이 주공에게 봉지로 준 땅이 사방 7백 리라고 했는데, (이 경우는) 아마도 山川과 附庸도 이 면적에 포함되었을 것이다(孟子謂周公封于魯, 爲方百里, 蓋以田計也, 山川附庸不在此數, 禮記, 魯境七百里, 蓋通山川附庸計之也。).

24 公家(공가): 공실. 제후국. 조정. 국가(犹公室。指诸侯王国。指朝廷、国家或官府。).

25《春秋左傳 · 昭公 5年》[BC 537] 정월에 중군을 철폐하고, 공실의 세력을 약화시켰다. 中軍을 철폐함에 따라, 공실의 군대를 四分하여, 계손씨가 二分을 골라 취하고, 맹손씨와 숙손씨가 각각 一分 씩 취하여, 모두 징세하고, 징세의 일부는 공실에 바쳤다(五年春王正月, 舍中軍, 卑公室也…… 及其舍之也, 四分公室, 季氏擇二, 二子各一, 皆盡征之, 而貢于公。).

26 定體(정체): 고정불변의 형태나 성질, 격식이나 체제(固定不变的形态或性质。固定的体例、体式。).

27 曲折(곡절): 구불구불하고 꺾이고 하다. 자세한 내막(委曲, 详细情况。).

160105、冉有曰:「夫子欲[28]之, 吾二臣者[29]皆不欲也。」

염유(冉有)가 말했다. "제 주인이 정벌을 원하는 것이지, 저희 두 사람의 경우에는 모두 원하지 않습니다."

夫子, 指季孫。冉有實與謀, 以孔子非之, 故歸咎於季氏。

'夫子'(부자)는 계손(季孫)을 가리킨다. 염유(冉有)는 실제로는 모의에 관여했는데, 공자(孔子)께서 그 일을 잘못했다고 하시니까, 계씨(季氏)에게 잘못한 책임을 돌린 것이다.

160106、孔子曰:「求!周任[30]有言曰[31]:『陳力就列[32], 不能者止[33]。』危而不持[34], 顚而不扶[35], 則將焉用彼相[36]矣[37]?

28《王力漢語》欲(욕): 타동사. 얻고자 어떤 일을 희망하다(及物動詞。想要得到, 希望有某事。).

29《古漢語語法》대사 다음에 수량사를 붙여 여러 사람을 가리키는 데 쓴다(古人用代词是指一人或指多人, 如果必要, 便在代词下加数量词。).

30《春秋左傳 · 隱公 6年》[BC 717] 군자께서 말씀하셨다. "주임이 했던 말 중에, '국가를 다스리는 자가 악을 보면 마치 농부가 힘써 잡초를 제거하기를, 잡초를 제거하여 한 곳에 쌓아놓고, 그 뿌리를 근절하여, 다시는 증식할 수 없게 하듯이 하면, 선량한 자들이 믿을 것이다'라는 말이 있다"(君子曰: "……周任有言曰: '爲國家者, 見惡如農夫之務去草焉, 芟夷蘊崇之, 絕其本根, 勿使能殖, 則善者信矣。'"); 《春秋左傳 · 昭公 5年》[BC 537] 공자께서 말씀하셨다. "주임이 했던 말 중에, '위정자는 사사로운 공로를 보상하지 않고, 사사로운 원한을 징벌하지 않는다'는 말이 있다"(孔子曰: "……周任有言曰: '爲政者不賞私勞, 不罰私怨。'……").

31《補正述疏》는 '陳力就列……則將焉用彼相矣'를 모두 주임이 한 말로 보고 있다.

32 [성]陳力就列(진력취열): 재능과 힘을 다 바쳐 직무를 맡다. 각자 자기가 맡은 직책에서 재능을 펼치다(陈力: 贡献才力; 就: 担任; 列: 官职, 职位。能贡献才力, 担任相应的官职; 指各人在自己的工作崗位上施展才能。); 《論語集解》'자기가 가진 능력을 펼쳐놓고, 자기가 맡은 소임을 헤아려, 자기 능력에 맞는 자리에 나아가야 하고, 자기 능력으로 감당할 수 없다면 그만둬야 한다'(注: 馬融曰: 言當陳其才力, 度己所任, 以就其位, 不能則當止也。); 陳(진): 펼쳐놓다. 차려놓다. 진열하다(陈设; 陈列。); 列(열): 대열. 자리(行列, 位次。).

33《古書虛字》'者'는 '則'과 같다('者'猶'則'也。); 《論語正義》'止'는 맡고 있는 관직을 그만두고 떠나는 것을 말한다(正義曰: "止"謂去位也。); 《論語譯注》"못하겠으면 자리를 그만둔다"("如果不行, 就該辭職。").

34 [성]危而不持(위이부지): 사람이 곧 넘어지려 하는데 붙잡아주지 않다(爲人即將跌倒而不搀扶); 危(위): 높다. 위태하다. 든든하지 못하다. 불안정하다(高。不穩, 不安定。); 持(지): 붙잡고 있다. 쥐고 있다. (추락하지 않게 넘어지지 않게) 붙잡아주다(本义: 拿着; 握着。搀扶。).

35 [성]持危扶顚(지위부전): 위급 곤란한 상황을 지탱하고 부축하다(意为扶持危困局面。); 扶(부): 부축해주다. 붙잡아주다(本义: 搀扶。); 顚(전): 정수리. 앞으로 고꾸라지다(本义: 头顶。'颠'假借为'蹎'。仆倒。).

공자(孔子)께서 말씀하셨다. "구(求)야! 주임(周任)이 한 말 중에, '자기가 가진 능력을 펼쳐놓고 헤아려봐서 (감당할 수 있겠으면) 반열(班列)에 나가 맡은 소임을 다하고, 감당하지 못하겠으면 그만둔다'고 했다. 위태로운데도 (저가) 버팀목이 되어 주지 않고, 넘어지는데도 (저가) 손잡아 주지 않는데, 그렇다면 장차 어찌 저런 돕는 자를 쓰려고 하겠느냐?

任, 平聲。焉, 於虔反。相, 去聲, 下同。○周任, 古之良史。陳, 布也。列, 位也。相, 瞽者之相也[38]。言二子不欲則當諫, 諫而不聽, 則當去也。

36《論語集解》보좌하는 자는 의당 持危·扶顚할 수 있어야지, 할 수 없다면, 어찌 보좌하는 자를 쓰겠느냐는 말이다(注: 苞氏曰: 言輔相人者當能持危扶顚, 若不能何用相爲也。);《論語義疏》너는 지금 신하이고, 신하의 쓸모는, 바로 匡正輔弼하고 持危扶顚하는 데 있다. 지금 계씨가 쓸데없이 정벌하려고 하는데, 이는 危顚之事로 너는 의당 간해서 저지해야 하는데, 너는 간언해서 저지하지는 않고, '夫子欲之 吾等不欲' 운운하니, 그렇다면 어찌 너를 저를 보좌하는 자로 쓰겠느냐?(疏: 汝今爲人之臣, 臣之爲用, 正在匡弼, 持危扶顚。今假季氏欲爲濫伐, 此是危顚之事, 汝宜諫止; 而汝不諫止, 乃云夫子欲之, 吾等不欲, 則何用汝爲彼之輔相乎?);《古漢語語法》彼(피): 먼 것을 가리키는 대사('彼'是远指代词, 作定语。);《論語注疏》'相'은 '輔相'[거들어주다]을 말한다(疏: 正義曰: 相, 謂輔相。);《論語集釋》陳天祥[1230~1316]의《四書辨疑》에 말했다. "集注의 '瞽者之相'이라는 견해는 아마도 앞 편의 '相師'[衛靈公 제41장]의 '相'을 취한 견해일 것이다. 相은 본래 助·扶로 풀이하고, 원래부터 扶持·輔佐의 뜻으로, 앞에서 공자의 '相師'의 말씀이 있었기 때문에, 그 후에 비로소 이 풀이가 있게 된 것이 아니다. '舜之相堯, 禹之相舜, 伊尹相湯'[孟子·萬章上 제6장] '周公相武王'[孟子·滕文公下 제9장]이, 어찌 모두 '瞽者之相'이겠는가? 구설은 '相'은 '輔相'을 말한다고 했고, 輔相人이라면 자기 주인의 기울어지려는 위험을 지탱해줘야 하고, 자기 주인의 걸려 넘어지려는 것을 붙잡아주어야 하는데, 그리하지 못한다면 어찌 저의 도움을 쓰겠는가?"(四書辨疑: 瞽者之相, 蓋取上篇相師之相爲說也。相本訓助, 訓扶, 元是扶持輔佐之義, 非因先有孔子相師之言, 然後始有此訓也。凡其言動之間, 相與扶持輔佐之者, 通謂之相。如舜之相堯, 禹之相舜, 伊尹相湯, 周公相武王, 豈皆瞽者之相耶? 舊說相謂輔相, 言其輔相人者, 當持其主之傾危, 扶其主之顚躓; 若其不能, 何用彼相?). 생각건대, 陳天祥의 견해가 맞다. 이 절의 '相'字는 바로 아래 제12절의 '相夫子'의 '相'으로, 集注는 '瞽者之相'이라 했는데, 뜻은 통하기는 하지만, 다른 견해를 내세우기를 좋아한다는 비판을 면할 수 없고, 게다가 아래 '相夫子'와 뜻이 서로 갈라지니, 구설만 못하다(按: 陳氏之說是也。此相字卽下相夫子之相, 集注謂瞽者之相, 義雖可通, 未免好爲立異, 且與下文相夫子互岐, 不如舊說之善。);《百度漢語》相(상): 맹인의 보행을 돕는 사람(引盲人行走的人。).

37《經傳釋詞》'矣'는 '乎'와 같다(矣, 猶'乎'也。);《論語正義》'矣'는 '邪'와 같다(正義曰: "矣"與"邪"同。);《詞詮》의문을 표시하는 어말조사('矣', 語末助詞。助一句, 表疑問。);《王力漢語》고대문장은 의문대사나 의문어기사 또는 의문대사와 의문어기사 모두의 도움이 있어야, 비로소 의문을 나타낼 수 있었다(在古代漢語裡, 句子一般須有疑問詞的幫助, 方能發出疑問。有時候用疑問代詞, 有時候用疑問語氣詞, 有時候是二者都用。).

38《集注考證》내 생각에, 맹인은 다른 사람이 본 것으로 눈[目]으로 삼고, 다른 사람의 부축을 받은 것으로 지팡이[杖]로 삼기 때문에, '相'字가 '木'과 '目'을 따른 것이다(按, 瞽者憑人視以爲目, 憑人扶以爲杖, 故相字從木目。).

'任'(임)은 평성[rén]이다. '焉'(언, yān)은 '於'(어)와 '虔'(건)의 반절이다. '相'(상)은 거성[xiàng]으로, 뒷절에서도 이와 같다. ○'周任'(주임)은 옛날의 훌륭한 사관이다. '陳'(진)은 '펼치다'[布]이다. '列'(열)은 '직위'[位]이다. '相'(상)은 소경을 도와주는 사람이다. 말씀인즉, 두 사람이 원하지 않는 것이라면 마땅히 간언해야 하고, 간언해도 듣지 않으면, 마땅히 떠나야 한다는 것이다.

160107、且[39]爾言過矣[40]。虎兕出於柙[41]，龜玉毀於櫝[42]中，是誰[43]之過與?」

게다가 네 말에도 잘못이 있다. 호랑이나 들소가 우리 안에서 달아났거나, 귀갑(龜甲)이나 보옥(寶玉)이 궤짝 속에서 깨어졌다면, 이는 누구의 잘못이겠느냐?"

39《助字辨略》'且'(차)는 화제전환어로, '抑'(억)[게다가]과 같다(且, 轉語, 猶云抑也。);《經典釋詞》화제를 바꾸는 語辭이다('且', 更端之詞也。);《古書虛字》윗글에 이어 한 단계 더 들어가는 말('且', 承上而深入一層之詞。).

40《論語義疏》네가 '吾二臣者皆不欲也'라고 했는데, 이는 너의 죄과이다. 너는 보좌하는 相이니, 임금의 잘못을 간하는 것이 주된 임무가 되어야 한다(疏: 言汝云吾二臣皆不欲也, 此是汝之罪也。汝爲人輔相, 當主諫君失。).

41 [성]虎兕出柙(호시출합): 호랑이와 들소가 우리에서 도망치다. 악인이 달아나거나 나쁜 일을 하는데 책임을 다하지 않다. 담당자는 응분의 책임을 져야 한다(虎、兕从木笼中逃出。比喻恶人逃脱或作事不尽责, 主管者应负责任。); [성]開柙出虎(개합출호): 우리를 열어 호랑이를 달아나게 놔두다. 감시책임자가 책임을 다하지 않다. 불량배를 달아나게 내버려 두다(原指负责看管的人未尽责任。后多比喻放纵坏人。);《論語義疏》'兕'(시)는 소와 같은데 청색이다(疏: 兕, 如牛而色青。);《論語注疏》《爾雅 · 釋獸》에는 '兕는 들소이다'라고 했고, 郭璞[276~324]의 注에는 '외뿔에, 청색으로, 몸무게가 천근이다'라고 했고,《說文 · 舄部》에는, '兕는 들소와 같은데, 청색으로, 가죽이 질기고 두꺼워서, 갑옷을 만들 수 있다'고 했다(疏: 正義曰:《爾雅》云: '兕, 野牛。' 郭璞云: '一角, 青色, 重千斤。'《說文》云: '兕如野牛, 青毛, 其皮堅厚, 可制鎧。');《百度漢語》兕(시): 암코뿔소(本义: 雌性犀牛。); 柙(합): =匣(갑). 맹수를 가둬두는 우리, 죄수 호송차(关闭猛兽的笼槛, 亦指押解犯人的囚笼或囚车。).

42 [성]龜玉毀櫝(귀옥훼독): 귀중한 보물인 귀갑과 보옥이 궤 안에서 깨지다. 보좌하는 신하가 맡은 일을 잘못해서 국운이 기울다(龟甲和宝玉在匣中被毁坏。比喻辅佐之臣失职而使国运毁败。);《論語正義》《周禮 · 地官司徒》에, 囿人(유인)은 동산 울타리 안에 있는 짐승의 구금과 방목을 관장한다고 했다. '龜'는 점치는 거북 등껍질을 말하고,《周禮 · 春官宗伯》의 龜人이 이를 관장한다. '玉'은 命圭를 말하고,《周禮 · 春官宗伯》의 典瑞가 命圭의 보관을 관장한다(周官囿人職: "掌囿遊之獸禁, 牧百獸。" …… '龜'謂守龜, 龜人掌之。'玉'謂命圭, 典瑞掌之。); 毀(훼): 훼손하다. 파괴하다. 부수어 무너뜨리다(毁坏; 破坏。); 櫝(독): 궤짝(柜子, 匣子).

43《王力漢語》'誰'와 '何' 모두 관형어로 쓸 수 있지만, '誰' 뒤에는 '之'字를 쓰고, '何' 뒤에는 쓰지 못한다('誰'和'何'都可以用作定語('孰'字不能), 但是'誰'字一般用'之'字, '何'字後面不能用'之'字。).

兕, 徐履反。柙, 戶甲反。櫝, 音獨。與, 平聲。○兕, 野牛也。柙, 檻[44]也。櫝, 匱[45]也。言在柙而逸[46], 在櫝而毁, 典守[47]者不得辭其過。明二子居其位而不去, 則季氏之惡, 己不得不任其責也。

'兕'(시, sì)는 '徐'(서)와 '履'(리)의 반절이다. '柙'(합, xiá)은 '戶'(호)와 '甲'(갑)의 반절이다. '櫝'(독)은 음이 '獨'(독)이다. '與'(여)는 평성[yú]이다. ○'兕'(시)는 '들소'[野牛]이다. '柙'(합)은 '우리'[檻]이다. '櫝'(독)은 '궤짝'[匱]이다. 말씀인즉, 우리 안에서 달아났거나, 궤짝 속에서 깨어졌다면, 책임자는 자기의 잘못을 핑계 대서는 안 된다는 것이다. 두 사람이 그 자리를 차지한 채 떠나지 않는다면, 계씨(季氏)의 악행은, 그들 자신이 그 책임을 지지 않으면 안 된다는 것을 밝히신 것이다.

160108、冉有曰:「今夫[48]顓臾, 固[49]而近於費[50]。今不取, 後世[51]必爲子孫憂[52]。」

염유(冉有)가 말했다. "지금 저 전유(顓臾)로 말하자면, 성곽이 견고한 데다가 계씨(季氏)의 비읍(費邑)에서 가깝기까지 합니다. 지금 차지하지 않는다면, 후

---

44 檻(함): 함거, 호송차(檻车; 囚车).

45 匱(궤): 궤짝(柜子).

46 逸(일): 도망가다. 잃어버리다(逃跑。散失, 亡失。).

47 典守(전수): 주관하다. 보관하다. 책임자(主管; 保管).

48《王力漢語》어기사 '夫'가 문장의 앞에 쓰여, 논의를 시작할 것임을 표시하는 발어사 역할을 한다. '今夫'는 '今'과 대략 같지만, 어기사 '夫'字를 앞에 붙여 마찬가지로 논의가 시작될 것임[장차 어떤 일의 진행에 대한 판단]을 표시한다(句首語氣詞。語氣詞'夫'字用於句首, 表示要發議論[將對某事進行判斷]; '今夫'略等於說'今', 但是增加了'夫'字, 也是表示要發議論。);《百度漢語》今夫(금부): 발어사(发语词。).

49《論語集解》'固'는 성곽이 견고하고 병기가 예리한 것을 말한다(注: 馬融曰: 固, 謂城郭完堅, 兵甲利也。); 固(고): 단단하다. 견고하다. 특히 지세가 험준하고 성곽이 견고한 것을 가리킨다(本义: 坚, 坚固。特指地势险要和城郭坚固。).

50《論語集解》'費'는 계씨의 채읍 이름이다(注: 費, 季氏之邑也。);《論語正義》전유와 비읍은 가까워서, 閻若璩[1638~1704]의《四書釋地又續》에는, 떨어진 거리가 7십 리에 불과하다고 했다(正義曰: 顓臾與費相近, 閻氏釋地又續謂相距僅七十里。); 費邑(비읍): 지금의 산동성 임기시 비현(在今山东省临沂市费县。).

51《王力漢語》世(세): 父와 子가 대를 잇는 것이 一世, 世代이다. 넓게는 선대 또는 후대를 가리킨다(父子相繼爲一世, 世代。也泛指前代或後代。).

52《論語義疏》'子孫'은 계씨의 자손이다(疏: 子孫, 季氏之子孫也。);《王力漢語》접속사 '則'이 없는 경우에도, 문장의 의미상으로 조건과 결과의 관계임을 알 수 있다(有時候沒有用連詞'則'字, 從句子的意思上也可以看出是條件和結果的關係。).

세에 반드시 계씨(季氏) 자손들의 근심거리가 될 것입니다."

夫, 音扶。○固, 謂城郭[53]完固[54]。費, 季氏之私邑。此則[55]冉求之飾辭[56], 然亦可見其實與季氏之謀矣。

'夫'(부)는 음이 '扶'(부, fú)이다. ○'固'(고)는 성곽이 무너진 데가 없고 견고하다고 하는 말이다. '費'(비)는 계씨(季氏)의 사읍(私邑)이다. 이 말은 단지 염유(冉有)가 구실을 붙여 꾸며댄 말이지만, 또한 그가 실제로 계씨(季氏)의 모의에 관여했다는 것을 알 수 있다.

160109、孔子曰:「求!君子疾夫[57]舍曰 [58]欲之, 而必爲之辭[59]。

---

53 城郭(성곽): 내성과 외성. 성읍(城是内城的墙, 郭是外城的墙。泛指城邑。).

54 完固(완고): 무너진 데가 없고 견고하다(完好坚固).

55 則(즉): 단지. 어떤 범위에 한정되어 있음을 표시한다(表示仅限于某一范围。义即'仅'、'只'。).

56 飾辭(식사): 구실을 붙이거나 사실을 숨겨서 꾸며대는 말(托辞掩饰).

57《論語集解》疾夫(질부): 너처럼 그렇게 말하는 것을 미워한다['君子疾夫'에서 끊어 읽었다](注: 孔安國曰: 疾夫, 疾如汝之言也。);《論語義疏》'夫'는 저 염유가 한 말이다(疏: 夫, 夫冉有之言也°);《王力漢語》夫(부): 지시대명사. 비교적 복잡한 문장의 목적어로 쓰이고, '夫'字가 동사와 전체 목적어의 사이에 놓인 경우에도 지시대명사이다('夫'是一個指示代詞。這, 那。有時候, 一個比較複雜的結構被用作賓語, '夫'字放在動詞和賓語的中間, 還是指示代詞。);《古漢語語法》'夫'는 远指代词로, 목적어이고 동격어가 있다('夫'是远指代词, 作宾语, 并有同位语。).

58《助字辨略》'舍曰'은 '不曰'이라 말하는 것과 같다. '舍'에는 취하지 않는다는 뜻이 있기 때문에, '不'과 통할 수 있다(舍曰, 猶云不曰。舍是不取之義, 故可通爲不也。);《論語譯注》'舍'는 '捨'[버려두다]와 같다["군자는 자기의 탐욕이 만족할 줄 모른다고 말하지 않고, 도리어 반드시 구실을 찾는 그런 태도를 미워한다"]('舍', 同'捨'。; "君子就討厭[那種態度,] 不説自己貪心無厭, 却一定另找藉口。"); 舍(사): 한쪽으로 밀어 놓다. 버려두다(放在一边; 丢开).

59《論語集解》탐한다는 말을 버려두고, 다른 구실을 다시 지어내는 것[《論語義疏》本에는 '而必更爲之辭'로 되어 있다], 이것이 공자께서 미워하신 것이다(注: 孔安國曰: 舍其貪利之說, 而更作他辭, 是所疾也。);《論語義疏》계씨가 정벌하려는 것은, 실은 전유의 땅을 탐해서인데, 지금 너는 계씨가 전유를 탐해서 정벌해 취하려 하는 것이라고 말하지 않고, 전유가 성곽이 견고하고 비읍에서 가까워서 자손들의 근심거리가 될 것인 양 운운하는데, 너의 이 같은 말이 내가 싫어하는 말이다. 염유가 계씨의 탐욕·남벌을 말하지 않은 것, 이것이 '舍曰 欲之'이고, 전유의 견고한 성곽과 비읍에서 가까운 것으로 구실을 붙이는 것, 이것이 '而必爲之辭'이다(疏: 季氏欲伐, 實是貪顓臾之地, 今汝不言季孫是貪顓臾欲伐取之, 而假云顓臾固而近費, 恐爲子孫憂, 如汝此言, 是君子之所謂疾也…… 冉有不道季氏貪欲濫伐, 是舍曰欲之, 而假稱顓臾固近費, 是是而必爲之辭。).

공자(孔子)께서 말씀하셨다. "구(求)야! 군자는 저렇게 '(정벌하기를) 원합니다'[欲之]라고 (솔직하게) 말하지 않고, '반드시 (근심거리가) 될 것입니다'[必爲]라고 (구실을 붙여) 말하는 것을 미워한다."

夫, 音扶。舍, 上聲。○欲之, 謂貪其利。[60]

'夫'(부)는 음이 '扶'(부, fú)이다. '舍'(사)는 상성[shě]이다. ○'欲之'(욕지)는 그 이(利)를 탐한다고 하는 말이다.

160110、丘[61]也聞有國有家[62]者, 不患寡而患不均, 不患貧而患不安[63]。蓋[64]均無貧, 和無

60《論語大全》염구가 '夫子欲之 吾二臣者皆不欲也'라고 했기 때문에, 공자께서 '欲'字로부터 밝혀 그를 책망한 것이다(梅巖胡氏曰: 求以爲夫子欲之, 吾二臣者皆不欲, 孔子從欲字發明切責之。).

61《王力漢語》자기가 자기 이름을 부르는 것은 겸칭이고, 상대방의 字를 부르는 것은 존칭이다(自稱其名也是一種謙稱, 稱人之字也一種尊稱。).

62《論語義疏》'有國'은 제후를, '有家'는 경 · 대부를 말한다(疏: 有國, 謂諸侯也, 有家, 謂卿大夫也。);《王力漢語》'國'은 제후가 통치하는 지역이고, '家'는 경 · 대부가 다스리는 가읍이다(注: 孔安國曰: 國, 諸侯也; 家, 卿大夫也。).

63《論語疏證》'寡'는 백성의 수가 적은 것을 말하고, '貧'은 재물이 적은 것을 말한다. '寡'[백성의 수가 적다]와 '均'[백성의 형편이 고르다]은 뜻이 서로 연결되지 않는다. '不患寡'의 '寡'는 '貧'으로 써야 맞고, '不患貧'의 '貧'은 '寡'로 써야 맞다. 아래의 '均無貧'은 '不患貧而患不均'을 이어받아서 한 말이고, '和無寡' '安無傾'은 모두 '不患寡而患不安'을 이어받아서 한 말이다(樹達按: 寡謂民少, 貧謂財少。寡與均義不相貫。余謂不患寡寡當作貧, 不患貧貧當作寡。下文均無貧承不患貧而患不均言之, 和無寡, 安無傾, 皆承不患寡而患不安言之。);《論語平議》'寡' '貧' 두 글자는, 옮겨 쓰는 과정에서 서로 뒤바뀌었다. 이것은 본래 '不患貧而患不均, 不患寡而患不安'으로 쓰여 있었다. '貧'은 재물을 가지고 말한 것이고, '不均'도 재물을 가지고 말한 것이다. 재물은 의당 고르게 배분되어야 하고, 고르지 않으면 재물이 없는 것만 못하다. 그래서 가난을 걱정하지 않고 재물이 고르지 못한 것을 걱정한 것이다. '寡'는 사람을 가지고 말한 것이고, '不安'도 사람을 가지고 말한 것이다. 사람은 의당 편안해야 하고, 편안하지 않으면 사람이 없는 것만 못하다. 그래서 사람이 적은 것을 걱정하지 않고 사람이 편안하지 못한 것을 걱정한 것이다. 아래에 '均無貧'이라고 했는데 이는 위 문장 '不患貧而患不均'을 이어받아서 한 말이고, 또 '和無寡, 安無傾'이라고 했는데, 이는 아래 '不患寡而患不安'을 이어받아서 한 말이다. '均無貧'을 살피면, '不患寡而患不均, 不患貧而患不安'의 '寡' '貧'字가 잘못해서 서로 뒤바뀌었다는 것을 알 수 있다(寡、貧二字, 傳寫互易。此本作不患貧而患不均, 不患寡而患不安。貧以財言, 不均亦以財言。財宜乎均, 不均, 則不如無財矣。故不患貧而患不均也。寡以人言, 不安亦以人言。人宜乎安, 不安, 則不如無人矣。故不患寡而患不安也。下文云, 均無貧, 此承上句言, 又云, 和無寡, 安無傾, 此承下句言。觀'均無貧'之一語, 可知此文之誤易矣。);《論語正義》'寡'는 백성들 대다수가 떠돌거나 도망친 것이다. '均'은 작록의 분급, 농지와 집의 제정이 모두 균평한 것을 말한다.《春秋繁露 · 度制》에는 '不患貧而患不安'을 '不患貧而患不均'으로 인용했다. 대개 빈곤은 고르게 나누지 않는 데서 말미암기 때문에, 아래에서 '均無貧'이라 한 것이다. 論語 本의

寡[65], 安無傾[66]。

내가 듣기로는, 나라를 다스리는 자나 가읍(家邑)을 다스리는 자는, 백성의 수가 줄어들까를 걱정하지 않고 그들의 형편이 고르지 못할까를 걱정하고, 재물이 궁핍할까를 걱정하지 않고 위아래가 편안하지 못할까를 걱정한다고 했다. (이는) 형편이 고르다면 재물이 궁핍할 일이 없고, 다투지 않고 화목하다면 백성의 수가 줄어들 일이 없고, 위아래가 서로 편안하다면 나라가 기울어질 일이 없기 때문이다.

글자가 서로 뒤섞였는데, 《춘추번로》의 경우는 뜻에 따라 인용했기 때문에, 글자가 다르다(正義曰: "寡"者, 民多流亡也。"均"者, 言班爵祿,制田里皆均平也…… 案: 繁露引"不患貧而患不均"……蓋貧由於不均, 故下文言"均無貧"。論語本錯綜其文, 而繁露則依義引之, 故不同也。); 《論語譯注》'不患寡而患不均, 不患貧而患不安'은 '不患貧而患不均, 不患寡而患不安'으로 고쳐 써야 맞다. '貧'과 '均'은 재산에 착안한 것으로, 아래 문장의 '均無貧'이 이를 뒷받침해주고, '寡'와 '安'은 백성에 착안한 것으로, 아래 문장의 '和無寡'가 이를 뒷받침해준다["내가 들은 바로는, 제후든 대부든 간에, 재산이 많지 않은 것을 걱정하지 않고 재산이 고르지 못한 것을 걱정하고, 백성이 적은 것을 걱정하지 않고 나라 안이 불안한 것을 걱정한다고 했다. 재산이 고르면 빈궁이란 게 없고, 나라 안이 화평하고 화합하면 백성이 적다고 여기지 않고, 나라 안이 평안하면 나라가 기울거나 위태롭지 않을 것이다"]('不患寡而患不均, 不患貧而患不安', 当作'不患貧而患不均, 不患寡而患不安'。'貧'和'均'是从财富着眼, 下文'均無貧'可以为证; '寡'和'安'是从人民着眼, 下文'和無寡'可以为证; "我聽說過: 無論是諸侯或者大夫, 不必著急財富不多, 只須著急財富不均; 不必著急人民太少, 只須著急境內不安。若是財富平均, 便無所謂貧窮; 境內和平團結, 便不會覺得人少; 境內平安, 便不會傾危。").

64 《詞詮》 蓋(개): 윗글을 받아 이어주는 접속사. 윗글을 받아 그 까닭을 미루어 생각할 때 쓴다('蓋', 承接連詞。承上文而推原其故時用之。); 《王力漢語》 蓋(개): 접속사. 위의 구절이나 위의 문장을 이어주며, 원인을 표시한다(連詞。連接上句或上文一段, 表示原因。); 《論語句法》 '蓋'字에는 '因爲'의 뜻이 있는데, 그런 까닭에 '均無貧, 和無寡, 安無傾'은 원인절이고, 이것은 복문을 판단문으로 변환시키는 수법이다. 이에 원인절은 술어가 되고, '蓋'字는 연결동사로 충당된다. 주어는 실제로는 '有國有家……患不安'이다. '有國有家……患不安'이 이미 '聞'의 목적어가 됨으로 말미암아, 이에 따라 '蓋'字 위의 主語 '此'字는 자연스레 생략된 것이다["이[有國有家者 不患寡而患不均 不患貧而患不安]는 '均無貧 和無寡 安無傾' 때문이다"](至於'蓋'字有'因爲'之意, 所以'均無貧, 和無寡, 安無傾'是原因小句, 這是把複句轉變成判斷繁句的手法。於是原因小句做了謂語, '蓋'字充當繫詞。主語實在就是'有國有家……患不安'。由於它已經做了'聞'的止詞, 因而'蓋'字上的主語'此'字自然就省略不說出來了。); 《論孟虛字》 주장을 누그러뜨리는 겸손한 의사 표현으로, 직설적으로 '均則無貧, 和則無寡, 安則無傾'이라고 하려 하지 않고, '蓋'字를 붙여 주장을 누그러뜨린 것이다('蓋', 爲緩詞, 以表謙退和推測語氣。不肯徑云均則無貧, 和則無寡, 安則無傾, 而加'蓋'字緩其辭。).

65 《論語正義》 '和無寡'는 균평하고 나면, 상하가 화목하게 협동하고, 떠돌고 도망친 백성들이 모두 돌아오고 싶어 하는 것을 말한다(正義曰: "和無寡"者, 言既均平, 則上下和協, 民皆思歸也。); 《論語句法》 조건관계 복문(條件關係構成的複句).

66 《論語義疏》 백성을 편안하게 할 수 있으면 임금이 기울어 위험해지지 않는다(疏: 若能安民則君不傾危也。); 傾(경): 기울다. 무너지다(偏側。).

寡, 謂民少。貧, 謂財乏。均, 謂各得其分。安, 謂上下相安。

'寡'(과)는 '백성이 적다'[民少]고 하는 말이다. '貧'(빈)은 '재물이 궁핍하다'[財乏]고 하는 말이다. '均'(균)은 '각기 제 분수에 맞게 얻는다'[各得其分]고 하는 말이다. '安'(안)은 '윗사람이나 아랫사람이나 서로 편안하다'[上下相安]고 하는 말이다.

季氏之欲取顓臾, 患寡與貧耳。然是時季氏據國, 而魯公無民, 則不均矣。君弱臣強, 互生嫌隙[67], 則不安矣。均則不患於貧而和, 和則不患於寡而安, 安則不相疑忌, 而無傾覆[68]之患。

계씨(季氏)가 전유(顓臾)를 차지하려 한 것은, 백성의 수가 적은 것과 재물이 궁핍한 것을 걱정해서이다. 그렇지만 이 당시에 계씨(季氏)는 나라를 차지하고 있었고, 노(魯)나라 임금은 백성이 없었으니, 고르지 못했다. 군주는 약하고 신하는 강하여 서로 간에 싫어하여 틈이 생기다 보니, 편안하지 못했다. 고르게 하면 궁핍을 걱정하지 않으니 화목하고, 화목하면 모자라는 것을 걱정하지 않으니 편안하고, 편안하면 서로 의심하거나 시기하지 않으니, 기운다거나 망한다거나 하는 걱정이 없어진다.

160111、夫如是[69], 故[70]遠人不服, 則修文德[71]以來[72]之。既[73]來之, 則安之[74]。

---

67 嫌隙(혐극): 의심이나 불만 때문에 생기는 악감정이나 원한. 사이가 벌어지다(因猜疑或不满而产生的恶感、仇怨。).

68 傾覆(경복): 기울고 뒤집어지다. 뒤집혀 멸망하다(颠覆; 覆灭。).

69 《論語義疏》 국정의 내치는 이같이 安無傾하게 했는데, 먼 지방 사람들은 여전히 복종하지 않으면(疏: 如是, 猶如此也。若國家之政能如此安不傾者, 若遠人猶有不服化者……); 《論語大全》 '夫如是'는 앞 세 구절 '蓋均無貧 和無寡 安無傾'을 모두 포함한다. 集注에서 말한 '內治修'이다. 지금 不均하고 不安한 것은 '內治修'와 반대이고, 또 군대를 일으켜 무력을 남용하는 것은 '修文德'과 반대이다(新安陳氏曰: 夫如是, 總包括上三句。卽所謂內治脩也。今不均不安, 旣與內治脩反矣, 又欲興兵黷武, 則與脩文德反矣。); 《論語譯注》 "이같이 했는데, 먼 지방 사람들이 여전히 귀복하지 않는다면"("做到這樣, 遠方的人還不歸服……"); 《王力漢語》 어기사 '夫'가 문장의 앞에 쓰여, 논의를 시작할 것임을 표시하는 발어사 역할을 한다(語氣詞'夫'字用於句首, 表示要發議論。); 《論孟虛字》 '夫'는 '彼'와 같고, 지시사로서, '季氏'를 가리킨다. '故遠人不服'의 '故'는 '若'과 같다. '如果'[만약]에 해당한다["계씨가 이런 정도까지 했는데, 먼 지방 사람들이 그래도 복종하지 않는다면"]('夫', 猶'其'。相當於'彼', 用作指示詞。指季氏。'故', 猶'若', 和'如果, 假如'相當。).

70 故(고): 아직. 여전히(仍, 还是).

71 《論語正義》 '修'는 다스리는 것이고, '文德'은 文治之德으로, 이로써 정벌이 무력을 쓰는 일인 점과

(나라 안은) 그렇게 다스렸는데, (나라 밖의) 먼 지방 사람들은 여전히 귀복하지 않으면, 문덕(文德)을 닦아 이로써 그들을 귀복해 오도록 한다. 이미 그들을 귀복해 오도록 했으면, 그들을 편안하게 해준다.

夫, 音扶。○內治修, 然後遠人服。有不服, 則修德以來之, 亦不當勤[75]兵於遠。
'夫'(부)는 음이 '扶'(부, fú)이다. ○나라 안이 잘 다스려지고, 그런 뒤에야 (나라 밖의) 먼 지방 사람들이 귀복한다. (여전히) 귀복하지 않는 사람이 있으면, 덕을 닦아 이로써 그들을 오도록 할 것이지, 그렇다고 먼 곳까지 보내 군사를 고생시키는 것은 옳지 않다.

160112. 今由與求也, 相夫子[76], 遠人不服而[77]不能來[78]也; 邦分崩離析[79]而不能守也。

구별했다(正義曰: '修文德'者, 修謂加治之, 文德謂文治之德, 所以別征伐爲武事也。); 文德(문덕): 예악교화(指礼乐教化。与'武功'相对。).

72《論語正義》'來'는 그들을 불러오게 하는 것을 말한다(正義曰: '來'謂召來之也。);《王力漢語》來(래): 사동용법. 그를 오게 하다(使動用法, 表示'使他來'。);《論語詞典》以(이): 접속사. 두 일의 상관을 표시한다["인의예악의 다스림을 다시 닦아서 그들을 초치한다"](連詞, 表兩事之相關: '再修仁義禮樂的政教來招致他們。');《論孟虛字》'以'는 '使'와 같다. '以'를 써서 사동문 형식을 구성한다('以', 猶'使'。用它來構成致動句式。).

73《古書虛字》'既'는 '已'이다. 이미('既', '已'也。爲'業已'之義。);《王力漢語》既……則……: 갑과 을의 상황이 서로 연대 관계에 있음을 표시한다(表示甲種情況和乙種情況有連帶關係。);《文言語法》'既'는 접속사가 아닌 부사로, 관련 작용을 일으킨다('既'是副词, 而起了关联作用。);《北京虛詞》既……則……: 관용형식. 두 절을 연결하여, '既'는 추론의 전제를 제기하고, '則'은 추론의 결과를 이끌어내는 데 쓰인다. 이미 그러하고 나면. 이미~인 이상에는. 이미~인 바에는('既……則……', 凝固格式。连接两个分句, '既'用于提出推论的前提, '则'引出推论的结果。义即'既然……那么……'、'既然……就……').

74 [성]既來之 則安之(기래지 즉안지): 이왕 그들을 귀순시켰으니, 그들을 편안하게 하다. 이왕에 왔으니, 여기에다 마음을 붙이고 편히 살게 하다(原意是已经把他们招抚来, 就要把他们安顿下来。后指被误读为既然来了, 就要在这里安下心来。).

75 勤(근): 고생시키다. 지치게 하다(劳累; 劳苦).

76《論語義疏》'夫子'는 季氏이다(疏: 夫子, 季氏也。).

77《王力漢語》접속사 '而'는 순접 관계나 역접 관계에 다 쓸 수 있는데, 역접 관계에 쓰인 경우에는 이어지는 두 항이 상반되거나 어울리지 않고, 사리나 말의 의미가 연결되지 않고 전환이 있다(連詞'而'字可以用於順接, 也可以用於逆接。所謂逆接, 是說相連接的兩項在意思上相反, 或者不相諧調; 不是事理相因, 語意連貫, 而是有個轉折。).

78《王力漢語》여기에서 '來'字는 자동사로서 뒤에 목적어가 붙어 있지 않지만, 여전히 사동용법으로서, '먼 지방 사람들을 오게 하다'의 뜻이다(這個不及物動詞'來'字, 後面雖然不帶賓語, 但是仍是使動用法, 是使遠人來的意思。).

지금 유(由)와 구(求)는, 자기 주인을 보필하면서, 먼 지방 사람들이 복종하지 않는데도 그 사람들을 오도록 하지 못하고 있고, 나라가 갈라지고 무너지고 흩어지고 쪼개지는데도 그 나라를 지키지 못하고 있다.

子路雖不與謀, 而素不能輔之以義, 亦不得爲無罪, 故并責之。遠人, 謂顓臾[80]。分崩離析, 謂四分公室[81], 家臣屢叛[82]。

자로(子路)는 비록 모의에 관여하지 않았을지라도, 평소 의(義)로써 자기 주인을 보필하지 못했으니, 역시 죄가 없다고 할 수 없기 때문에, 염구(冉求)와 똑같이 그를 책망하신 것이다. '遠人'(원인)은 '전유'(顓臾)를 말한다. '갈라지고 무너지고 흩어지고 쪼개진다'[分崩離析]는 것은 나라가 넷으로 나뉘고, 가신들이 여러 차례에 걸쳐 반란을 일으킨 것을 말한다.

160113、而[83]謀動干戈[84]於邦內。吾恐季孫之憂[85], 不在顓臾, 而在蕭牆[86]之內[87]也。」

---

79 [성]分崩離析(분붕이석): 무너져 내려 형체가 없어지다. 사분오열되다. 분열하여 와해되다(崩: 倒塌; 析: 分开。崩塌解体, 四分五裂。形容国家或集团分裂瓦解。);《論語集解》백성들이 딴마음을 품는 것을 '分', 뜨고 싶어 하는 것을 '崩', 모이지 못하는 것을 '離析'이라 한다(注: 孔安國曰: 民有異心曰分, 欲去曰崩, 不可會聚曰離析。);《論語正義》'邦分崩離析'은 넷으로 공실이 나뉜 것을 말한다(正義曰: '邦分崩離析', 謂四分公室, 季氏取二, 孟孫, 叔孫各一。); 分(분): 하나가 둘로 나뉘다. 쪼개지다(本义: 一分为二。分開。); 崩(붕): 산이 무너져 내리다(本义: 山倒塌。); 離(리): 갈라져 흩어지다. 뿔뿔이 흩어지다(分散, 离散。); 析(석): (나무를) 쪼개다(本义: 劈, 劈木头。).

80《論語大全》"顓臾는 나라 안에 있는데, 어찌 '遠人'이라 했는지요?" "遠人은 멀리 있는 夷만이 아니다. 선생님께서는 '蕭墻'으로 '顓臾'를 대비시켰으니, 그렇다면 '蕭墻'은 近이고, '顓臾'는 遠으로, '顓臾'가 '遠人'임을 알 수 있다"(或曰: 顓臾在邦域中, 如何謂之遠人? 雙峯饒氏曰: 遠人, 不特遠夷……夫子以蕭墻對顓臾, 則蕭墻近, 顓臾遠, 其爲遠人可知。).

81 제4절 각주《春秋左傳 · 昭公 5年》참조.

82《古今注》소공 12년에 남괴가 비읍을 근거지로 반기를 들었고, 27년에 양호가 운을 정벌했고, 정공 5년에 양호가 계환자를 가두었고, 12년에 공산불뉴와 숙손첩이 비읍 사람들을 끌고 노나라를 습격했다(昭十二年, 南蒯以費畔, 廿七年, 陽虎伐鄆, 定五年, 陽虎囚季桓子, 十二年, 公山不狃叔孫輒, 率費人以襲魯。).

83《助字辨略》而(이): 화제전환 어조사["그럼에도"]('而', 轉語, 猶云而乃謀動干戈與邦內也。);《論語譯注》는 '而'를 '反而'[도리어]로 풀이했다.

84 [성]大動干戈(대동간과): 전쟁을 일으키다. 대규모 무력을 동원하다. 대중을 동원하다. 야단법석을 떨다. 대대적으로 일을 벌이다(大规模地动用武力。也比喻声势或规模浩大的行动。比喻大张声势地行

그럼에도 오히려 나라 안에서 군사를 일으킬 모의를 하고 있다. 내 생각에는 계씨(季孫) 씨가 근심해야 할 것은, 전유(顓臾)에 있는 것이 아니라, (임금의)

事。); 干戈(간과): 방패와 창. 무기. 전쟁(干与戈, 古代常用兵器。比喻战争。); 干: 방패(本义: 盾牌。); 戈(과): 긴 자루에 낫과 창이 달려 있 병기(本义: 一种长柄的兵器).

85 [성]季孫之憂(계손지우): 내부의 우환(指内部的忧患。).

86 [성]事在蕭墻(사재소장): =禍起蕭牆. 변란이 내부에서 발생하다(事, 变故; 萧墙, 宫室内当门的小墙。谓祸乱出自内部。); 蕭牆(소장): 궁문 앞에 궁문을 가리는 가림벽. 내부(面对国君宫门的小墙。一名'塞门', 又称'屏'。臣至此屏, 便会肃然起敬。萧通'肃'。比喻内部。); 蕭墻之變(소장지변): 집안에서 내부의 원인으로 초래된 변란(产生于家中的祸乱, 比喻由内部原因所致的灾祸, 变乱。).

87《論語集解》'蕭'(소)라는 말은 '肅'[엄숙하다]이다. '牆'(장)은 '屛'[가림벽]을 말한다. 신하가 임금을 알현할 때 가림벽 앞에 도착해서는 엄숙하고 조심하는 예를 갖추는데, 이 때문에 이를 '蕭牆'이라 한 것이다. 뒤에 가서 계씨의 가신 양호가, 과연 계환자를 가두는 일이 발생했다(注: 鄭玄曰: 蕭之言, 肅也。牆, 謂屛也。君臣相見之禮, 至屛而加肅敬焉, 是以謂之蕭牆。後季氏之家臣陽虎, 果囚季桓子也);《論語義疏》 계씨의 근심거리가 蕭牆之內에 있다는 말은 계씨의 신하가 필시 난을 일으킬 것임을 말한 것이다(疏: 季孫憂在蕭牆內, 謂季孫之臣必作亂也。);《論語正義》方觀旭[清人]의《論語偶記》에 말했다. "'蕭牆之內'를 계씨 가로 보는 풀이가 있는데, 이는 예에, 천자는 문밖에, 제후는 문안에 가림벽을 치고, 대부는 주렴을, 사는 휘장을 치는 법임을 모르는 말로, 蕭牆은 임금에게만 있다. 경 · 대부 이하는 주렴 · 휘장을 칠 수 있을 뿐이다. 계씨 가에 어찌 이것이 있겠는가? 생각건대, 이는 당시 애공이 삼환을 제거하려고 해서, 계씨가 실로 내심으로 근심한 것을 말한 것으로 보인다. 또 계씨는 전유가 대대로 노나라의 신하로서, 노나라를 돕는 뿔이 되어 자기를 핍박할 것을 두려워해서, 전유를 정벌할 모의를 한 것일 뿐이다(正義曰: 方氏觀旭偶記: "俗解以蕭牆之內爲季氏之家, 不知禮天子外屛, 諸侯內屛, 大夫以簾, 士以帷, 則蕭牆惟人君有耳。卿大夫以下, 但得設帷薄……季氏之家安得有此? 竊謂斯時哀公欲去三桓, 季氏實爲隱憂……又畏顓臾世爲魯臣, 與魯犄角以逼己, 惟有謀伐顓臾。). 그렇다면 '蕭牆之內는 어떤 사람인가? 노애공으로, 임금을 감히 직접 가리키지 못해서 완곡하게 말한 것으로, 말하자면 계손은 전유를 우려해서 정벌하려 한 것이 아니고, 실은 계손이 장차 신하 자리를 벗어나려 할 것이라는 의심을 애공이 가질까 우려해서, 전유를 정벌하려는 것이라는 말이다. 이 장은 공자께서 계손의 간계를 성토하고 그의 간악한 역모를 억제한 말씀이다." 方觀旭의 견해가 맞다["내 생각에 계씨가 근심하고 있는 것은 전유의 위협에 있는 것 같지만 실은 애공의 의심에 있는 것이 아닐까 한다"](……然則蕭牆之內何人? 魯哀公耳, 不敢斥君, 故婉言之。若曰季孫非憂顓臾而伐顓臾, 實憂魯君疑己而將爲不臣, 所以伐顓臾耳。蓋其時哀公欲去三桓, 季氏隱憂顓臾世爲魯臣, 與魯犄角, 故爲此謀。此夫子誅奸人之心, 而抑其邪逆之謀也." 案: 方說是也。);《論語譯注》'蕭牆'은 노나라 임금이 사용한 병풍이다. 신하가 이 병풍 앞에 도착해서는 엄숙하니 경건한 자세를 갖추었기에, '蕭牆'이라 한 것이다. '蕭牆之內'는 노나라 임금을 가리킨다. 당시 계손이 노나라 권력을 손에 쥐고서, 임금과 대립각을 세우고 있었고, 또 임금이 자기를 죽이고 권력을 회수할 생각을 하고 있음을 알고, 이로 인해 전유가 유리한 지세를 기반으로 노나라를 도울 것을 두려워하여, 이에 먼저 손을 써서 강제로 전유를 정벌하려 한 것이다. 공자의 이 말씀은 이러한 계손의 속마음을 깊숙이 찌른 것이었다("蕭牆"是魯君所用的屛風。人臣至此屛風, 便會肅然起敬, 所以叫做蕭牆。"蕭牆之內"指魯君。當時季孫把持魯國政治, 和魯君矛盾很大, 也知道魯君想收拾他以收回主權, 因此怕顓臾憑藉有利的地勢起而幫助魯國, 於是要先下手爲强, 攻打顓臾。孔子這句話, 深深地刺中了季孫的內心。);《論語新解》"내 생각에 계손씨가 근심해야 할 것은 결코 전유에 있는 것이 아니라, 바로 임금의 蕭牆 안에 있는 것이 아닐까 한다"("吾怕季孙氏所应忧虑的并不在颛臾, 正在我们国君的门屏之内呀!").

울타리 안에 있는 것이 아닐까 한다[전유를 근심할 것이 아니라 임금을 걱정해야 한다]."

干, 楯[88]也。戈, 戟[89]也。蕭牆, 屛[90]也。言不均不和, 內變將作。其後哀公果欲以越伐魯而去季氏[91]。

'干'(간)은 '방패'[楯(순)]이다. '戈'(과)는 '창'[戟(극)]이다. '蕭牆'(소장)은 '울타리'[屛(병)]이다. 고르지 못하고 화목하지 못하여, 울타리 안에서 변고가 장차 일어날 것이라는 말씀이다. 그 후에 애공(哀公)이 과연 월(越)나라를 써서 노(魯)나라를 치게 해서 계씨(季氏)를 제거하려고 했다.

○謝氏曰:「當是時, 三家強, 公室弱, 冉求又欲伐顓臾以附益[92]之。夫子所以深罪之, 爲其瘠[93]魯以肥三家也。」

○사씨(謝氏·謝顯道)가 말했다. "이 당시에, 계손(季孫)·맹손(孟孫)·숙손(叔孫)의 삼가(三家)는 강성하고, 나라는 허약했는데, 염구(冉求)가 또다시 전유(顓臾)를 정벌하여 더욱 부유하게 해주려고 했다. 선생님께서 염구(冉求)에게 깊이 죄를 물으신 까닭은, 그가 노(魯)나라를 수척하게 하여 이로써 삼가(三家)를 살찌게 했기 때문이다."

洪氏曰:「二子仕於季氏, 凡季氏所欲爲, 必以告於夫子。則[94]因夫子之言而救止[95]者, 宜

88 楯(순): 난간의 가로목. 방패(本义: 栏干的横木。引申义: 通'盾'。盾牌).

89 戟(극): 앞으로 찌르고 옆으로 치고 할 수 있는 무기(古代一种合戈,矛为一体的长柄兵器。).

90 屛(병): 궁전의 문 앞에 가리는 담장. 병풍(宫殿当门的小墙。屏风。室内陈设, 用以挡风或遮蔽的器具, 上面常有字画。);《八佾 제22장》 각주《荀子·大略》 참조.

91《春秋左傳·哀公 27年》[BC 468] 애공이 삼환의 위세를 염려하여 제후를 써서 삼환을 제거하고자 했고, 삼환도 애공의 그런 생각을 염려했다. 때문에, 군신 사이에 틈이 많이 벌어졌다. 애공이 능판[黃帝의 長子인 少昊(少皞)의 능묘]을 거닐다가, 맹무백을 맹씨의 사거리 길에서 마주치자 그에게, '그대에게 묻겠소. 내가 수명을 마치고 죽겠소이까?'라고 하니, 맹무백은 '신은 알 수 없습니다'라고 대답했다. 세 차례 물었지만, 끝내 사양하고 대답하지 않았다. 애공은 월나라를 써서 노나라를 치게 해서 삼환을 제거하려, 가을 8월 갑술일에 애공이 노나라 대부 공손 유형씨의 집으로 갔는데, (삼환이 애공을 공격하자) 이어 邾(주)나라로 갔다가, 드디어 월나라로 도망했다(公患三桓之侈也, 欲以諸侯去之, 三桓亦患公之妄也。故君臣多間。公游于陵阪, 遇孟武伯於孟氏之衢曰 '請有問於子, 余及死乎?', 對曰 '臣無由知之', 三問, 卒辭不對。公欲以越伐魯而去三桓, 秋八月甲戌, 公如公孫有陘氏。因孫於邾, 乃遂如越。).

92 附益(부익): 늘리다(增加, 增益。).

93 瘠(척): 수척하다. 몸이 여위고 허약하다. 척박하다. 덜어내고 깎아내다(瘦瘠。身体瘦弱。瘠薄, 不肥沃。損削: 使之贫弱); 瘠己肥人(척기비인): 자기는 엄격하게 규율하고 남은 관대하게 대하다.

亦多矣。伐顓臾之事, 不見於經傳, 其以夫子之言而止也與[96]?」

홍씨(洪氏 · 洪興祖)가 말했다. "두 사람이 계씨(季氏) 가(家)에서 벼슬하면서, 대체로 계씨(季氏)가 하려고 했던 것은, 반드시 이를 선생님께 고해바쳤을 것이다. 그렇다면 선생님의 말씀으로 인해 그만둔 것이, 의당 또한 많았을 것이다. 전유(顓臾)를 정벌한 일이, 경전에 보이지 않는 것은, 아마도 선생님이 말씀해서 그만두었기 때문이 아니었을까?"

---

94 則(즉): 그렇다면. 즉. 전후 두 개의 일이 시간적으로 서로 가깝고 인과관계가 있음을 나타낸다(副詞。表示前后两事时间相距很近, 有因果、条件关系, 相当于'即'、'便'。).

95 救止(구지): 저지하다. 바로잡다(阻止; 纠正).

96 也與(야여): ~일 것이다. ~이겠지? 추측 의문문의 끝에 쓰여 긍정적인 추측의 어기를 나타낸다.

[天下有道章*]

160201、孔子曰:「天下有道, 則禮樂征伐[1]自天子出; 天下無道, 則禮樂征伐自諸侯出。自諸侯出, 蓋[2]十世希不失矣[3]; 自大夫出, 五世希不失矣[4]; 陪臣[5]執[6]國命[7], 三

1《王力漢語》征(정): 위에서 아래를, 유도한 나라가 무도한 나라를 치는 것을 '征'(정)이라 한다. '征'은 천자가 제후를 공격하는 경우에만 쓰인다. '伐'(벌)은 제후국 간에 쓰며, 위에서 아래를 친다거나 有道한 나라가 無道한 나라를 친다거나 하는 구분이 없다. 군대를 일으키는 일방에게 군대를 일으키는 이유가 있어야 하고 진군 시에는 반드시 종과 북을 울려서, 자기의 행동이 공개적이라는 것을 표시해야 한다. 그렇지 않은 경우는 습격[襲]이라고 한다(上伐下, '有道'伐'無道'叫'征'; '征'只用於上(天子)進攻下(諸侯), 有道德進攻無道的。'伐'用於諸侯國之間, 不是上對下, 也不一定限於有道對無道; 不過起兵的一方總得有個理由, 而且進軍的時候還必須有鐘鼓, 以表示自己的行動是公開的(否則叫'襲')。).

2《論語正義》'蓋'(개)는 '대략'이란 말이다. 아래 '五世' '三世'에는 '蓋'를 붙이지 않은 것은 앞에서 한데 묶어 말해서 생략한 것이다(正義曰: '蓋'是大略之辭。下'五世'、'三世'不言'蓋', 統上而省文也。);《古今注》 공자께서 이 장에서 '蓋' '希'라고 하신 것은, 본래 한 통으로 묶어서 논한 것이지, 특정한 것이 아니라는 것이다(孔子於此曰蓋曰希, 則本是通論, 非有指定。);《詞詮》希(희): 수를 표시하는 부사. 드물게. 극히('希', 表數副詞。少也。).

3《論語義疏》주나라 유왕이 무도했는데, 견융에게 피살당했고, 그의 아들 평왕이 동천하여 낙읍으로 옮겼는데, 이에 주나라가 약해지기 시작했다. 이때 노나라는 은공이 專政 濫伐하기 시작해서, 소공까지 10세에 이르렀으니, 소공은 계씨에게 축출당해, 건후에서 죽었다. 10세는 은공·환공·장공·민공·희공·문공·선공·성공·양공·소공이다(疏: 周幽王無道, 爲犬戎所殺, 其子平王東遷雒邑, 於是周始微弱, 不能制諸侯。故于時魯隱公始專征濫伐, 至昭公十世, 而昭公爲季氏所出, 死於乾侯之地也, 十世者, 隱一, 桓二, 莊三, 閔四, 僖五, 文六, 宣七, 成八, 襄九, 昭十也。);《論孟虛字》希不失(희불실): 잃지 않은 경우가 거의 없다('希不失', 猶言'鮮有不失'。);《北京虛詞》希(희): 부사. 아주 적다. 드물다. 동작의 시행이나 상황의 출현 빈도가 아주 낮음을 표시한다. =稀('希', 副词。表示动作的施行、情况的出现频率很低。义即'很少'、'极少'。也作'稀'。).

4《論語義疏》계문자부터 정권을 획득해 독단하기 시작해서, 5세에 이르러, 계환자가 신하에게 구금당했다. 5세라는 것은, 계문자·계무자·계도자·계평자·계환자가 바로 이것이다(疏: 季文子始得政而專濫, 至五世, 桓子爲臣所囚也。五世者, 文子一, 武子二, 悼子三, 平子四, 桓子五, 是也。).

5《論語義疏》'陪'(배)는 '重'[거듭하다]이다. 그가 신하의 신하이기 때문에 (馬融의 注에서) '重'이라 했다(疏: 陪, 重也。其爲臣之臣, 故云重也。); 陪臣(배신): 옛 날에 천자는 제후를 신하로 삼고, 제후는 대부를 신하로 삼고, 대부는 또 가신을 두었다. 대부는 천자에 대해, 대부의 가신은 제후에 대해 모두 한 단계를 격한 신하로, 곧 이른바 '重臣'[신하의 신하]이고, 모두 '陪臣'이라 했다. 제후의 경·대부는 천자에 대해 스스로를 '陪臣'이라 했다(古代天子以诸侯为臣, 诸侯以大夫为臣, 大夫又自有家臣。因之大夫对于天子, 大夫之家臣对于诸侯, 都是隔了一层的臣, 即所谓'重臣', 因之都称为'陪臣'。①古代诸侯的卿大夫, 对天子自称'陪臣'。).

6《論語詞典》執(집): (손으로)붙잡다. 손아귀에 쥐고 있다. 장악하다(拿着, 把握着。).

7《論語正義》馮景[清人]의《解春集文鈔》에 말했다. "공자께서 '禮樂征伐自陪臣出'이라 말씀하지 않고, '執國命'이라 말씀한 것은, 그 말과 뜻이 정밀하다. 蔡清[1453~1508]의《四書蒙引》에서는, 禮樂征伐을

世希不失矣。[8]

공자(孔子)께서 말씀하셨다. "천하에 도가 있으면, 예악과 정벌이 천자한테서 나오지만, 천하에 도가 없으면 예악과 정벌이 제후한테서 나온다. 제후한테서 나오면, 대략 10대 안에 나라를 잃지 않는 경우가 드물고, 제후의 대부한테서 나오면, 대략 5대 안에 잃지 않는 경우가 드물고, 대부의 가신이 권력을 손아귀에 쥐게 되면, 대략 3대 안에 잃지 않는 경우가 드물다.

先王之制, 諸侯不得變禮樂, 專征伐[9]。陪臣, 家臣也。逆理愈甚, 則其失之愈速。大約世

國命이라 했는데, 옳지 않다. 가신이 권력을 장악해도, 禮樂·征伐의 일을 할 수 없다. 禮樂·征伐은, 반드시 이웃 나라와 교린이고, 國命은 국경을 벗어나지 않는다. 陪臣이 國命을 손아귀에 쥔다고 한 것은, 힘이 막강한 노예가 연약한 주인에게 저항하는 것과 같은 것으로, 집안에서 서로 떠들썩하니 소란스러운 것일 뿐이다"(馮氏景解春集: "孔子不言'禮樂征伐自陪臣出', 而曰 '執國命', 其辭信, 其義精。蔡氏蒙引仍以禮樂征伐爲國命者, 非也。家臣雖專政, 無行禮樂征伐之事。禮樂征伐, 必交乎四鄰, 而國命不出境。陪臣執之云者, 猶彊奴抗孱主, 第相鬨於門之內而已矣。"); 國命(국명): 권력(国家的政权).

8 《論語譯注》 공자의 이 장 말씀은 대개 역사를 고찰함에 따른 것으로, 특히 그 당시 역사에서 도출한 결론이다. '自天子出'을, 공자는 요·순·우·탕부터 서주에 이르기까지 모두 이렇게 인식했고, '天下無道'의 경우는, 제환공 이후부터 주나라 천자가 명령을 내리고 시행할 힘이 이미 없었다. 제나라는 환공이 처음 패자라 칭하고부터, 순서대로 효공·소공·의공·혜공·경공·영공·장공·경공·도공·간공까지 10공이고, 간공에 이르러서 진항에 의해 피살되었는데, 공자께서 직접 목도하셨다. 진나라는 문공이 처음 패자라 칭하고부터, 순서대로 양공·영공·성공·경공·여공·평공·소공·경공까지 9공이고, 6경이 권력을 독단했으니, 이 또한 공자께서 직접 목도하신 것이다. 그래서 '十世希不失'이라 하신 것이다(孔子這一段話可能是從考察歷史, 尤其是當日時事所得出的結論。"自天子出", 孔子認爲堯、舜、禹、湯以及西周都如此的; "天下無道"則自齊桓公以後, 周天子已無發號施令的力量了。齊自桓公稱霸, 歷孝公、昭公、懿公、惠公、頃公、靈公、莊公、景公、悼公、簡公十公, 至簡公而爲陳恆所殺, 孔子親身見之; 晉自文公稱霸, 歷襄公、靈公、成公、景公、厲公、平公、昭公、頃公九公, 六卿專權, 也是孔子所親見的。所以說: "十世希不失"。). 노나라는 계우가 정권을 독단하면서부터, 순서대로 계문자·계무자·계평자·계환자까지 그랬고 양호에 의해 정권이 장악되었으니, 또한 공자께서 직접 목도하신 일이었다. 그래서 '五世希不失'이라 하신 것이다. 노나라의 경우, 계씨의 가신 남괴·공산불요·양호 같은 부류가 모두 당대에 망해서, 3대를 넘긴 적이 없었다. 당시 각국은 가신들이 정권을 독단했으니, 공자께서 '三世希不失'이라 하신 것은 관대히 말씀한 것이다. 이것은 역사 변화의 필연으로, 격동의 시대에 가까울수록, 권력투쟁은, 반드시 더욱 격렬해진다. 이는 오히려 공자께서 명백히 밝히지 못한 점이다(魯自季友專政, 歷文子、武子、平子、桓子而爲陽虎所執, 更是孔子所親見的。所以說 "五世希不失"。至於魯季氏家臣南蒯、公山弗擾、陽虎之流都當身而敗, 不曾到過三世。當時各國家臣有專政的, 孔子言 "三世希不失", 蓋寬言之。這也是歷史演變的必然, 愈近變動時代, 權力再分配的鬭争, 一定愈加激烈。這却是孔子所不明白的。).

9 《禮記·王制》 예·악을 바꾸는 자는 불복종이니, 불복종한 임금은 추방한다. 제도·의복을 바꾸는 자는 배반이니, 배반한 임금은 성토한다. 제후는 천자에게 활과 화살을 하사받은 후에 정벌하고, 작두와 도끼를 하사받은 후에 사람을 죽인다(變禮易樂者, 爲不從; 不從者, 君流。革制度衣服者, 爲畔; 畔者, 君討……諸侯, 賜弓矢然後征, 賜鈇鉞然後殺。); 《中庸 제28장》 천자가 아니면, 예를 논의하지 못하고 법규를

數, 不過如此。

선왕의 제도에서는, 제후는 예악을 바꾸지 못하고, 정벌을 마음대로 하지 못한다. '陪臣'(배신)은 가신이다. 도리를 거스르는 정도가 심할수록, 나라를 잃는 기간이 더욱 짧아진다. 대략의 세수(世數)로서, 이 정도를 벗어나지 않는다.

160202、天下有道, 則政不在大夫[10]。

천하에 도가 있으면, 정권이 대부에 의해 좌지우지되지 않는다.

言不得專政。

정사를 마음대로 하지 못한다는 말씀이다.

160203、天下有道, 則庶人[11]不議[12]。」

천하에 도가 있으면, 일반 백성들이 정사에 대해 이러쿵저러쿵하지 않는다."

제정하지 못하고 글자를 바로잡지 못한다(非天子, 不議禮, 不制度, 不考文。);《白虎通義 · 誅伐》제후 간에는, 천자의 명이 아니면 대규모로 출병하여 불의한 제후라도 주벌하지 못하는 법이다. 줄기는 강하게 하고 가지는 약하게 하고, 천자는 높이고 제후는 낮추려는 것이다(諸侯之義, 非天子之命, 不得動衆起兵誅不義者, 所以強幹弱枝, 尊天子, 卑諸侯。).

10《論語集解》대부를 임금이 제압한다(注: 孔安國曰: 制之由君也。).

11《王力漢語》'庶人'은 백성을 가리키며 통치자와 對句이고, '衆人'은 일반인을 가리키며 성현이나 호걸과 對句이다('庶人', 指百姓, 對統治者而言; '衆人'指一般的人, 對所謂聖賢或傑出的人物而言。).

12《論語集解》잘못했다고 따지는 자가 없다(注: 孔安國曰: 無所非議也。);《論語義疏》임금이 도가 있으면, 칭송의 소리가 일어나고, 도로마다 태평성세의 정의가 가득 차면, 일반 백성들이 길가 여기저기 모여서 천하의 득실을 따지며 이러쿵저러쿵하지 않는다(疏: 君有道則頌之聲興, 載路有時雍之義, 則庶人民下, 無所街羣巷聚, 以評議天下四方之得失也。);《論語注疏》'議'는 '謗訕'(방산)[헐담하다]을 말한다. 천하에 도가 있으면, 임금이 백성들의 말을 참작해서, 이를 삼아서 정치와 교화를 행하여, 행하는 것이 모두 옳으면, 백성들이 헐뜯거나 비난할 리가 없다는 말이다(疏: 正義曰: 議謂謗訕。言天下有道, 則上酌民言以爲政教, 所行皆是, 則庶人無有非毀謗議也。);《王力漢語》議(의): 의견을 발표하다. 정사에 대해 각자 의견을 말하다. '議'(의)는 득실에 중점을 두어 결정을 내리곤 하고, '論'(론)은 시비에 중점을 두어 판단을 내리곤 한다. '議'는 여러 사람이 각기 한마디씩 의견을 주거니 받거니 하는 경우가 많다(發表言論。又特指議論政事; '議'著重在得失, 所以'議'的結果往往是作出決定; '論'著重在是非, 所以'論'的結果往往是作出判斷。'議'往往是許多人在一起, 你一句我一句地交換意見; '論'不一定要有許多人在一起。).

上無失政, 則下無私議。非箝[13]其口使不敢言也。

위에서 정사에 잘못이 없으면, 아래에서 사사로이 정사에 대해 이러쿵저러쿵하는 일이 없다. 백성들의 입에 재갈을 물려 감히 말하지 못하게 한다는 것이 아니다.

○此章通論天下之勢。[14]

○이 장은 천하의 형세를 한 통으로 묶어서 논한 것이다.

13 箝口(겸구): (위협이나 공갈로) 입을 틀어막다(闭口; 以威胁、恐吓等方式限制他人言论自由); 箝(겸): =鉗(겸). 겸자. 목이나 손발을 쇠고리로 묶는 형벌. 재갈. 말의 입에 물려 말을 제어하는 기구(古代刑罚。用铁圈束颈、手、足。衔于马口以制马的器物。).

14《論語大全》이 장은 춘추시기의 시종을 다 갖춰 말씀하신 것이다. 예악과 정벌이 천자한테서 나온 것은 춘추 이전의 시기이고, 제후한테서 나온 것은 노나라 隱公[BC 722~BC 712 재위]·桓公[BC 711~BC 694 재위]·莊公[BC 693~BC 662 재위]·閔公[BC 661~BC 660 재위]의 시기이고, 大夫한테서 나온 시기는 僖公[BC 659~BC 627 재위]·文公[BC 626~BC 609 재위]·宣公[BC 608~BC 591 재위]·成公[BC 590~BC 573 재위]의 시기이고, 陪臣한테서 나온 것은 襄公[BC 572~BC 542 재위]·昭公[BC 541~BC 510 재위]·定公[BC 509~BC 495 재위]·哀公[BC 494~BC 468 재위]의 시기이다(止齋陳氏曰: 此章備春秋之終始。禮樂征伐, 自天子出, 是春秋以前時節; 自諸侯出, 隱桓莊閔之春秋也; 自大夫出, 僖文宣成之春秋也; 陪臣執國命, 襄昭定哀之春秋也。).

[祿之去公室章*]

160301、孔子曰:「祿之去公室[1], 五世矣; 政逮於大夫, 四世矣[2]; 故夫[3]三桓之子孫, 微矣。[4] [5]」

---

1 [성]祿去公室(녹거공실): 정권을 잃다(祿: 爵祿。借指政权。公室: 王室。指国君失掉政权。).

2《論語集解》계문자[BC 601~BC 568]・계무자[BC 568~BC 535]・계도자[BC 535~BC 530]・계평자[BC 530~BC 505]이다(注: 鄭玄曰: 文子、武子、悼子、平子也。).

3《王力漢語》'故夫'는 대체로 '故'와 같지만, 어기사 '夫'字를 붙여, 논의가 시작될 것임을 표시한다('故夫'略等於'故', 但是增加了語氣詞'夫'字, 也是表示要發議論。);《北京虛詞》故夫(고부): 그런 까닭에. 인과관계 복문의 뒤 절에 쓰여 결과를 표시한다('故夫', 连词。用于因果复句的后一分句, 表示结果。义即'所以'。).

4《論語集解》이 말씀을 하신 때는, 노나라 정공의 초기이다. 노나라에서 동문양중이 문공의 아들 자적을 죽이고 선공을 세운 때부터, 정권이 대부에게 장악되어, 작록이 임금한테서 나오지 않았으니, 그때부터 정공에 이르기까지가 5세이다(注: 鄭玄曰: 言此之時, 魯定公之初也。魯自東門襄仲殺文公之子赤, 而立宣公, 於是政在大夫, 爵祿不從君出, 至定公爲五世矣。);《論語正義》이 때는 정공 5년 양호가 반란을 일으킨 때이다(正義曰: 是在定公五年陽虎作難之時。).

5《春秋左傳・昭公 25年》[BC 517] 계공약의 누이가 송나라 원공의 부인을 낳았고, 원공의 부인이 딸을 낳았는데, 이 딸을 계평자에게 시집보내기로 하여, 숙손야(소자)가 (원공의 딸을 맞이해 오려) 송나라를 빙문했는데, 수행한 계공약이 원공의 부인 조씨에게 '딸을 계평자에게 주지 마십시오. 노나라에서 계평자를 축출하려고 합니다'라고 하자, 원공의 부인이 이 말을 원공에게 고하고, 원공이 이 말을 악기에게 하자, 악기가 원공에게 말하기를, '계평자에게 딸을 주십시오. 노나라에서 계평자를 축출하려고 하면, 노나라 임금은 반드시 축출될 것입니다. 정권이 계씨에게 돌아간 지가 이미 3대[계문자・계무자・계평자]이고, 노나라 임금이 정권을 상실한 지가 이미 4대[선공・성공・양공・소공]입니다'라고 했다(季公若之姊爲小邾夫人, 生宋元夫人, 生子, 以妻季平子, 昭子如宋聘, 且逆之, 公若從, 謂曹氏勿與, 魯將逐之, 曹氏告公, 公告樂祁, 樂祁曰, "與之, 如是, 魯君必出。政在季氏三世矣, 魯君喪政四公矣……。");《春秋左傳・昭公 32年》[BC 510] 조간자가 태사 사묵에게 물었다. "계씨가 자기 임금을 축출했는데도, 백성들은 계씨에게 복종하고, 제후들은 그와 가까이 지내고, 임금이 타국에서 죽었는데도, 아무도 계씨에게 죄를 묻는 이가 없습니다." 사묵이 대답했다. "하늘이 계씨를 내어 노나라 임금을 보좌하게 한 지가 오래되었습니다. 백성들이 그에게 복종하는 것이, 당연하지 않겠습니까? 노나라 임금은 대대로 방종・안일했고, 계씨는 대대로 근면・성실했으니, 백성들은 임금이 있다는 것을 잊었습니다. 임금이 타국에서 죽었을지라도, 그 누가 임금을 가엾게 여기겠습니까? 계우[~BC 644][시호 成]는, 환공의 막내아들로, 뒤에 노나라 희공[BC 659~BC 629 재위]을 임금으로 세우는 데 큰 공을 세워, 비읍을 봉지로 받고 상경이 되었고, 계문자와 계무자에 이르러, 대대로 가업을 늘리고, 선대의 공적을 폐기하지 않았고, 문공[BC 626~BC 609]이 죽고, 동문수[襄仲]가 적자를 죽이고 서자를 임금[선공]으로 세웠으니, 노나라 임금은 이때부터 나라의 권력을 잃었고, 정권이 계씨에게 돌아갔으니, 지금 임금[소공]까지, 네 임금입니다. 백성이 임금이 있는 것을 모르는데, 무엇으로 나라를 얻을 수 있었겠습니까?"(趙簡子問於史墨曰: "季氏出其君, 而民服焉, 諸侯與之, 君死於外, 而莫之或罪也。" 對曰: "……天生季氏, 以貳魯侯, 爲日久矣。民之服焉, 不亦宜乎? 魯君世從其失, 季氏世脩其勤, 民忘君矣。雖死於外, 其誰矜之? …… 成季友, 桓之季也…… 既而有大功於魯, 受費以爲上卿, 至於文子, 武子, 世增其業, 不費舊績, 魯文公薨, 而東門遂殺適立庶。魯君

공자(孔子)께서 말씀하셨다. "작록(爵祿)을 내릴 권리가 노나라의 조정을 떠난 지 5대가 되었고, 정권(政權)이 노나라 대부의 손에 장악된 지 4대가 되었으니, 그런 까닭에 저 삼환(三桓)의 자손은, 미약해질 것이다."

夫, 音扶。○魯自文公薨, 公子遂殺子赤, 立宣公, 而君失其政。歷成、襄、昭、定, 凡五公。逮, 及也。自季武子始專國政, 歷悼、平、桓子, 凡四世, 而爲[6]家臣陽虎所執。三桓, 三家, 皆桓公之後。此以前章之說推之, 而知其當然也。

'夫'(부)는 음이 '扶'(부, fú)이다. ○노(魯)나라는 문공(文公, BC 629~BC 609 재위)이 죽고, 공자(公子) 수(遂)가 자적(子赤)을 죽이고, 선공(宣公, BC 608~BC 591 재위)을 세우면서부터, 임금이 그 정권을 잃었다. 차례대로 성공(成公, BC 590~BC 573 재위)・양공(襄公, BC 572~BC 542 재위)・소공(昭公, BC 542~BC 510 재위)・정공(定公, BC 509~BC 495 재위)까지 모두 5대의 임금이다.

'逮'(체)는 '미치다'[及]이다. 계무자(季武子)가 국정을 마음대로 하기 시작한 때부터, 차례대로 계도자(季悼子)・계평자(季平子)・계환자(季桓子, ?~BC 492)까지 모두 4대로, 계환자(季桓子)는 가신 양호(陽虎)에게 장악당했다. '三桓(삼환)'은 삼가(三家)로, 모두 환공(桓公)의 후손이다. 이것은 앞 제2장에서 하신 말씀으로 추론해서, 그것이 의당 그러할 것을 아신 것이다.

○此章專論魯事, 疑與前章皆定公時語。

○이 장은 노(魯)나라 일만을 논했는데, 앞장과 함께 모두 정공(定公) 때 하신 말씀으로 보인다.

蘇氏曰:「禮樂征伐自諸侯出, 宜諸侯之強也, 而魯以失政。政逮於大夫, 宜大夫之強也, 而三桓以微。何也? 強生於安, 安生於上下之分定。今諸侯大夫皆陵[7]其上, 則無以令其

於是乎失國, 政在季氏, 於此君也, 四公矣。民不知君, 何以得國?……").

6 爲(위): ~에 의해. 주동자를 이끈다(被。引出动作行为的主动者。).

7 陵(능): 우롱하다. 업신여기다(古同'凌'。欺侮; 欺压).

下矣。故皆不久而失之也。」

소씨(蘇氏·蘇軾)가 말했다. "예악과 정벌이 제후한테서 나오면, 의당 제후가 강성해야 하는데도, 노(魯)나라는 이 때문에 정권을 잃었다. 정권이 대부의 손에 붙잡히면, 의당 대부가 강성해야 하는데도, 삼환(三桓)은 이 때문에 미약해졌다. 어째서인가? 강성함은 안정에서 생기고, 안정은 위와 아래의 분수가 정해진 데서 생긴다. 지금 제후와 대부가 모두 자기 윗사람을 업신여기는데, 그래서는 자기 아랫사람에게 영이 설 도리가 없다. 그래서 모두 오래지 않아 정권을 잃게 되는 것이다."

[益者三友章*]

160401、孔子曰:「益者三友[1], 損者三友。友直, 友諒, 友多聞[2, 3], 益矣[4]。友便辟[5], 友善柔[6], 友便佞[7], 損矣。」[8]

---

1 [성]益者三友(익자삼우): 도움이 되는 세 종류 벗(孔子認爲對自己有助益的朋友有三種。); [성]良師益友(양사익우): 유익한 가르침과 도움을 주는 스승과 친구(使人得到教益和帮助的好老师和好朋友。); 益(익): 유익하다. 도움이 되다. 이익이 되다(有益, 有利。).

2 [성]直諒多聞(직량다문): 정직하고 신실하고 학식이 풍부하다(直: 正直; 谅: 信实; 多闻: 学识渊博。为人正直信实, 学识广博。);《論語大全》정직한 자는 선을 권고하면서 에둘러 말하지 않는다(胡氏曰: 直者, 責善而無所回互。); 諒(량): 신실하다. 자기 의견을 고집하다(诚实: 信实。固执, 坚持己见。).

3《論語譯注》는 '友'를 동사['교우하다']로 풀이하고 있다["정직한 사람과 교우하고, 신실한 사람과 교우하고, 견문이 넓은 사람과 교우한다"]("同正直的人交友, 同信實的人交友, 同見聞廣博的人交友……").

4《論語正義》《春秋公羊傳 · 定公 4年》의 '朋友相衛'에 대해, 何休[129~182]가 쓴《春秋公羊解詁》에서, '오왕 합려와 그의 신하 오자서의 군신 관계를 '朋友'라고 풀이하면서, 공자의 이 장의 말씀을 인용했는데, 何休의 注에 따르면, '三友' '三樂'은 모두 임금의 三友 · 三樂을 가리키는 말이다. '直'은 바른말을 하고 극간을 할 수 있는 자이고, '諒'은 忠信하여 속이지 않는 자이고, '多聞'은 정치의 요강을 알고 있는 자이다. 임금이 이 세 사람을 벗[신하]으로 삼으면, 모두 유익하다(正義曰: 公羊定四年傳: "朋友相衛." 何休解詁: "君臣言朋友者, 闔廬本以朋友之道爲子胥復仇。孔子曰 '益者三友'" 云云。據何注, 則"三友"、"三樂"皆指人君言。直者能正言極諫, 諒者能忠信不欺, 多聞者能識政治之要。人君友此三者, 皆有益也。).

5《論語大全》'便'은 '순종하다'이다. 字書에 '安'이라 했는데, 순종하고 편안해하는 것이다. 그래서 集注에서 '習熟'이라 했다(胡氏曰: 便, 順適也。字書云, 安也, 順適且安。故云習熟也。);《論語集解》'便辟'(편피)는, 남이 기피하는 것을 교묘히 피해 남에게 빌붙어 영합하는 것이다(注: 馬融曰: 便辟, 巧避人所忌, 以求容媚者也。);《論語新解》便辟(편벽): '辟'은 '僻'(벽)으로 읽는다. 겉으로 예의를 차리는 데 능숙하고, 외모를 치장하는 데 애써, 안으로 진정성과 성의가 없는 것으로, '友諒'의 '諒'과 정반대이다(辟, 读如僻。便僻谓习于威仪, 致饰于外, 内无真诚, 与友谅之谅正相反。);《王力漢語》辟(벽): 비천하면서 총애를 받는 자. 便辟(편벽)은 다른 사람의 의향에 영합하는 데 능숙하여 총애를 받는 사람이다('辟', 卑賤而得寵的。'便辟', 善於迎合人意而得寵的小人。).

6《論語注疏》'善柔'(선유)는 낯빛이 유들거리는 것으로, 상냥하고 환한 얼굴로 사람을 꾀는 것이다(疏: 正義曰: '善柔', 謂面柔, 和顔悅色以誘人者也。);《論語詞典》善柔(선유): 앞에서는 굽신거리지만, 뒤에서는 헐뜯는 사람(當面恭维背後毁謗的人。).

7《論語集解》'便'은 '辯'[말을 잘하다]이다. 알랑거리고 말을 잘하는 것을 말한다(注: 鄭玄曰: 便, 辯也。謂佞而辯也。);《論語正義》'便辟'은 몸이 굽실거리는 것으로 소위 '足恭'[公冶長 제24장]이고, '善柔'는 낯빛이 유들거리는 것으로, 소위 '令色'이고, '便佞'은 말이 알랑거리는 것으로, 소위 '巧言'이다(正義曰: 蓋'便辟'是體柔, 即所謂'足恭'也。'善柔'是面柔, 即所謂'令色'也。'便佞'是口柔, 即所謂'巧言'也。);《論語詞典》便佞(편녕): 큰소리치는 사람. 허풍을 떨며 현실과 동떨어진 말을 하는 사람. 얼토당토않은 말을 하는 사람(誇誇其談的人。); 便佞(편녕): 감언이설로 빌붙어 영합하다(用花言巧语逢迎人。).

8《說苑 · 雜言》자식을 모르겠거든 그가 사귀는 벗을 살피고, 임금을 모르겠거든 그가 보낸 사신을 살핀다. 선인과 함께하는 것은, 향기 나는 난초가 있는 방에 들어가는 것과 같아서, 오래되면 그 향기를 맡지

공자(孔子)께서 말씀하셨다. "도움이 되는 벗이 셋이고, 손해가 되는 벗이 셋이다. 벗이 정직하고, 벗이 신실하고, 벗이 견문이 넓으면, 도움이 되는 벗이다. 벗이 예의만 잘 차리고, 벗이 얼굴빛만 잘 꾸미고, 벗이 말만 잘하면 손해가 되는 벗이다."

便[9], 平聲。辟[10], 婢亦反。○友直, 則聞其過。友諒, 則進於誠。友多聞, 則進於明。便, 習熟[11]也。便辟, 謂習於威儀[12]而不直。善柔, 謂工[13]於媚悅[14]而不諒。便佞, 謂習於口語, 而無聞見之實。三者損益, 正相反也。

'便'(편)은 평성[pián]이다. '辟'(벽, bì)은 '婢'(비)와 '亦'(역)의 반절이다. ○벗이 정직하면, 나의 잘못을 듣는다. 벗이 신실하면, 성실을 증진시킨다. 벗이 견문이 많으면, 명철을 증진시킨다. '便'(편)은 '익숙하다'[習熟]이다. '便辟'(편벽)은 '겉으로 예의를 차리는 데 능숙하지만, 정직하지 못하다'고 하는 말이다. '善柔'(선유)는 '낯빛을 남의 비위에 맞춰 꾸미는 데 능숙하지만, 신실하지 못하다'고 하는 말이다. '便佞'(편녕)은 '말을 하는 데 능숙하지만, 견문의 실상이 없다'고 하는 말이다. 세 가지 도움 정직 · 신실 · 다문과 세 가지 손해 편벽 · 선유 · 편녕은 정반대이다.

못하지만, 그 향기와 동화된다. 선하지 못한 자와 함께하는 것은, 어패류 가게에 들어가는 것과 같아서, 오래되면 그 냄새를 맡지 못하지만, 그 냄새와 동화된다. 그래서 말하기를, 붉은색 모래가 속에 품고 있는 색은 붉은색이고, 옻나무가 속에 품고 있는 것은 검은색이다. 군자는 속에 숨겨져 있는 것을 조심한다'고 한 것이다(孔子曰: '不知其子, 視其所友; 不知其君, 視其所使。' 又曰: '與善人居, 如入蘭芷之室, 久而不聞其香, 則與之化矣; 與惡人居, 如入鮑魚之肆, 久而不聞其臭, 亦與之化矣。故曰: 丹之所藏者赤, 烏之所藏者黑。君子慎所藏。').

9 便(변/편): [pián] 말을 분명하고 조리 있게 하다(善辯。); [biàn] 편하다. 간편하다(顺利, 没有困难或阻碍。简单的, 礼节上非正式的。).

10 辟(벽/피): [bì](音: 璧) 임금. 법. 관리(君主。法。官吏); [pì](音: 僻) 회피하다. 내쫓다. 열다. 개벽하다. 개간하다. 편파적이다. 편애하다. 머리를 기울이고 말을 하다(回避, 躲避。屏除; 驱除。开辟; 开拓。偏颇、偏私。傾頭與語。).

11 習熟(습숙): 익숙하다. 잘 알다(犹熟悉, 熟知。).

12 威儀(위의): 전례에서 동작예절 및 접견에서의 예의. 예의를 차린 용모나 행동거지(古代祭享等典礼中的动作仪节及待人接物的礼仪。庄重的仪容举止。).

13 工(공): 뛰어나다. 능숙하다. 잘하다(擅長; 善於。).

14 媚悅(미): 비위를 맞추다. 환심을 사다(討好; 取悅。).

○尹氏曰:「自天子至於庶人, 未有不須友以成者[15]。而其損益有如是者, 可不謹哉?」
○윤씨(尹氏·尹彦明)가 말했다. "천자에서 일반 백성에 이르기까지, 벗의 도움을 기다리지 않고 성공한 자가 아직까지 없었다. 그런데 도움이 되는 벗과 손해가 되는 벗에는 이와 같은 것이 있으니, 조심하지 않으면 되겠는가?"

15 《毛詩正義》《小雅·伐木》이라는 시는 옛날 벗을 위해 잔치를 벌이는 내용이다. 천자로부터 일반 백성에 이르기까지, 벗의 도움을 기다리지 않고 성공한 자는 아직까지 없었다. 친척을 가까이하여 화목하게 대하고, 어진 이를 벗하여 버리지 않고, 옛날 벗을 버리지 않는다면, 백성들의 덕이 후덕해질 것이다(鄭玄注:《伐木》, 燕朋友故舊也。自天子至於庶人, 未有不須友以成者。親親以睦, 友賢不棄, 不遺故舊, 則民德歸厚矣。); 須友(수우): 친구를 기다리다(待友); 須(수): 기다리다(等待).

[益者三樂章]

160501、孔子曰:「益者三樂, 損者三樂。樂節禮樂[1, 2], 樂道人之善[3], 樂多賢友[4], 益矣。樂

1《禮記 · 樂記》 사람이 태어나서 (아직 외물에 접촉하지 않아) 잠잠히 고요한 마음은 天之性이고, 외물에 감응하여 움직이는 마음은 性之欲[情]이다. 외물이 다가오면 智가 알아차리고, 그 후에 好惡의 감정이 생긴다. 好惡의 감정이 안에서 절제되지 않으면, 智가 외물에 유혹당해, 자신의 본모습을 돌아보지 못하고, 천리는 소멸이 되고 만다. 대개 외물이 사람을 유혹하는 것은 끊임없는데, 사람의 好惡의 감정이 절제를 모르면, 이는 다가온 외물에 의해 사람이 物化되는 것이다. 物化된다는 것은, 천리를 소멸시키고 인욕에 의해 완전히 지배당한다는 것이다. 이렇게 되면 悖逆 · 詐僞하는 마음이 생기고, 淫泆 · 作亂하는 일이 생긴다. 이 때문에 강자는 약자를 위협하고, 다수는 소수를 폭압하고, 똑똑한 자는 우매한 자를 속이고, 드센 자는 겁많은 자를 괴롭히고, 병자는 치료받지 못하고, 노인 · 아이 · 고아 · 홀아비 · 과부는 각기 응당한 도움을 받지 못하게 되니, 이것이 천하 대란으로 가는 길이다(人生而靜, 天之性也; 感於物而動, 性之欲也。物至知知, 然後好惡形焉。好惡無節於內, 知誘於外, 不能反躬, 天理滅矣。夫物之感人無窮, 而人之好惡無節, 則是物至而人化物也。人化物也者, 滅天理而窮人欲者也。於是有悖逆詐僞之心, 有淫泆作亂之事。是故強者脅弱, 衆者暴寡, 知者詐愚, 勇者苦怯, 疾病不養, 老幼孤獨不得其所, 此大亂之道也。). 이 때문에 선왕은 예를 정하고 악을 만들어, 사람의 무절제한 행위에 절제를 가했으니, 최마의 복식과 곡용의 횟수를 정한 것은, 이런 것들을 써서 상사에서의 표출되는 감정을 절제토록 하려는 것이었다. 禮로는 민심을 절제시키고, 樂으로는 民聲을 조화시키고, 政으로는 이를 널리 보급하고, 刑으로는 위반을 방지한다. 예 · 악 · 형 · 정이 사방에 잘 행해져 어긋남이 없으면, 왕도가 갖추어진 것이다(是故先王之制禮樂, 人爲之節; 衰麻哭泣, 所以節喪紀也…… 禮節民心, 樂和民聲, 政以行之, 刑以防之, 禮樂刑政, 四達而不悖, 則王道備矣。).

2《論語集解》 행동거지가 예악의 규정에 맞게 하다(注: 動靜得於禮樂之節也。); 《論語新解》 '節'은 절제가 있는 것이다. 예는 中이 귀하고, 음악은 和가 귀하니, 모두 절제가 있다. 예악의 규정에 맞게 하여 中和를 잃지 않는 것을 즐거움으로 여기다(节者有节制。礼贵中, 乐贵和, 皆有节。以得礼乐之节不失于中和为乐。).

3《中庸 제6장》 공자께서 말씀하셨다. "순임금은 참으로 위대한 지혜의 소유자이셨구나! 순임금은 늘 물으시고 보통사람들의 일상적인 말도 늘 살피셨다. 잘못한 것은 들춰내지 않으시고 잘한 것은 선양하셨다"(子曰: 舜其大知也與!舜好問而好察邇言, 隱惡而揚善。); 《論語正義》 '道'(도)는 '說'(설)과 같다. 순임금의 隱惡揚善(잘못한 것은 들춰내지 않고 잘한 것은 선양하다)[中庸 제6장]과 같다(正義曰: '道'猶'說'也, 若舜隱惡揚善也。); 《論語集釋》 鄭浩[1863~1947]의 《論語集注述要》에 말했다. "'道'字에 대해, 集注에서는 '稱道'[칭찬하다]의 '道'로 읽었는데, 황간의 소 및 《漢書 · 酷吏傳》의 이 글을 인용한 序에 모두 '導'[인도하다]로 되어 있고, 《經典釋文》에서도 책 중에는 간혹 '導'로 되어 있다고 했고, 한 · 당의 옛 책은 대부분 '導'로 되어 있다. 두 자의 뜻은 각기 다르니, '稱道'를 쓰는 경우는, 남의 선을 칭찬하기를 좋아하는 것, 이는 바로 남의 선을 애모하는 마음이 있는 것으로, 남의 선을 애모하면, 자기 또한 선을 향해 가기 때문에, 유익하다는 말이지만, 남의 선에 대한 애모는, 이미 '樂多賢友' 안에 있는데, 어찌 꼭 이 말을 더 말할 필요가 있겠는가? '導'의 뜻으로 쓰는 것이 더 나은 것 같다"(論語述要: 道人之善, 道字, 集注是稱道之道, 而皇疏及漢書酷吏傳序引此文俱作'導', 釋文亦云本或作'導', 是漢唐舊本多作'導'也。二字義各異, 作稱道者, 謂好稱人善, 卽有悅慕之意, 悅慕人善, 則己亦趨於善, 故有益, 然悅慕人善, 已在樂多賢友中, 何必多此一語? 似以作「導」義較長。); 《論語新解》 남의 선을 칭찬하면, 애모하는 마음이 생겨, 비단 남의 선을 이루어지게 도와줄 뿐만 아니라[顏淵 제16장], 내 스스로도 그리로 향해 가게

驕樂[5], 樂佚遊[6], 樂宴樂[7], 損矣。」

공자(孔子)께서 말씀하셨다. "도움 되는 즐김이 셋이고, 손해 되는 즐김이 셋이다. 행동거지가 예악(禮樂)에 맞는지를 변별하여 그에 맞게 절제하는 것을 즐기고, 남의 좋은 점을 말하는 것을 즐기고, 현명한 벗이 많은 것을 즐기는 것이, 도움 되는 즐김이다. 무절제하게 노는 것을 즐기고, 한가하게 빈둥거리는 것을 즐기고, 연회를 벌이는 것을 즐기는 것이, 손해 되는 즐김이다."

樂, 五教反。禮樂之樂, 音岳。驕樂宴樂之樂, 音洛。○節, 謂辨其制度聲容[8]之節。驕樂, 則侈肆[9]而不知節。佚遊, 則惰慢[10]而惡聞善。宴樂, 則淫溺[11]而狎[12]小人。三者損益, 亦相反也。

'樂'(요, yuè)는 '五'(오)와 '教'(교)의 반절이다. '禮樂'(예악)의 '樂'(악)은 음이 '岳'(악)이다. '驕樂'(교락)과 '宴樂'(연락)의 '樂'(락)은 음이 '洛'(락)이다. ○'節'(절)은 예(禮)의 제도와 악(樂)의 성용(聲容)의 절제에 맞는지 변별하는 것을 말한다. 무절제하게 노는 것을 즐기면, 사치스럽고 거리낌이 없어서 절제를 모른다. 한가하게 빈둥거리는 것을

된다(称道人善, 则心生慕悦, 不惟成人之美, 己亦趋于善矣。).

4《論語正義》'賢友'는 앞 장의 도움이 되는 直 · 諒 · 多聞한 벗이 바로 이것이다(正義曰: '賢友'即直諒多聞是也。); 《論語句法》술어 '多'가 주어 '賢友' 앞으로 당겨졌다(謂語'多'提在主語'賢友'之上。).

5《論語集解》존귀함을 자세 부려 제멋대로 굴다(注: 孔安國曰: 恃尊貴以自恣也。); 驕樂(교락): 무절제한 향락. 제멋대로 하고 절제를 모르는 향락(骄纵享乐。骄纵不知节制的乐。).

6《論語集解》'佚遊'(일유)는 일하는 것과 쉬는 것을 구분하지 못하는 것이다(注: 王肅曰: 佚遊, 出入不知節也。); 佚遊(일유): 빈둥거리다. 무절제하게 놀고 즐기다(逸游。放纵游荡而无节制。).

7《論語集解》'宴樂'(연락)은 주색에 빠져 지켜야 할 도리를 잃는 것이다(注: 孔安國曰: 宴樂, 沈荒淫瀆也。); 《論語大全》三樂 중에 宴樂이 가장 두렵다. 소위 '宴安酖毒'(연회를 즐기고 안일을 탐하는 것은 짐새[鴆鳥]의 독과 같다)[春秋左傳 · 閔公元年]이 바로 이것이다. 宴樂에 이르게 되면 소인을 가까이하고 군자를 멀리하게 된다(朱子曰: 三樂, 惟宴樂最可畏, 所謂宴安酖毒是也…… 到得宴樂, 便是狎近小人, 疎遠君子。); 宴樂(연락): 진수성찬과 주색잡기의 즐거움에 빠지다. 연회를 벌이는 즐거움에 빠지다. 宴樂을 즐기다(沉溺于宴饮取乐。宴饮欢乐。).

8《論語大全》'制度聲容'은 禮의 制度와 樂의 聲容을 말한다(新安陳氏曰: 禮之制度, 樂之聲容。).

9 侈肆(치사): 사치스럽고 방자하다(奢侈恣肆。).

10 惰慢(타만): 게으르고 조심하지 못하다(懈怠不敬。).

11 淫溺(음닉): 주색에 빠지다(迷恋沉溺。多指酒色。).

12 狎(압): 길들이다, 허물없이 지내다, 가까이 가다. 경시하다(本义: 驯犬。亲昵, 亲近而不庄重。亲近; 接近。不重视或不注意。).

즐기면, 게으르고 풀어져서 유익한 말을 듣기 싫어한다. 연회를 벌이는 것을 즐기면, 주색에 빠져 소인배를 가까이한다. 도움 되는 즐김 세 가지와 손해 되는 즐김 세 가지도, 역시 정반대이다.

○尹氏曰:「君子之於好樂, 可不謹哉?」
○윤씨(尹氏 · 尹彦明)가 말했다. "군자는 좋아하는 즐김에 대해, 조심하지 않으면 되겠는가?"

[侍於君子有三愆章]

160601、孔子曰:「侍[1]於君子有三愆[2]: 言未及之而言[3]謂之躁[4, 5], 言及之而不言謂之隱[6], 未見顏色而言[7]謂之瞽[8]。」[9]

공자(孔子)께서 말씀하셨다. "군자를 모시는 데 있어서 세 가지 잘못이 있다. 말할 때가 아직 아닌데 말하는 것을 일러 경망스럽다고 하고, 말할 때가 이제 됐는데 말하지 않는 것을 일러 숨는다고 하고, 안색을 살피지 않고 말하는

---

1 《論語譯注》 "군자를 옆에서 모시고 있다"("陪着君子……"); 侍(시): 웃어른 옆에서 수행하다. 시중들다(本义: 在尊长旁边陪着。引申为服侍, 侍奉。); 《公冶長 제25장》 참조.

2 《論語集解》 '愆'(건)은 '過'[잘못]이다(注: 孔安國曰: 愆, 過也。); 愆(건): 잘못. 죄과. 위배하다. 질질 끌어 시기를 놓치다(本义: 过错; 罪过。违背, 违反。延误).

3 《論語新解》 다른 사람에게 물었는데 내가 대답하는 경우이다(如问他人而已对也。).

4 《論語正義》 《經典釋文》에, '노논어에는 '躁'를 '傲'(오)로 읽는다. 지금 고논어를 따른다'고 했고, 盧文弨[1717~1795]의 《經典釋文考證》에는 '말할 때가 아직 아닌데 먼저 스스로 말하는 것은, 이로써 자기가 아는 것을 가지고 남이 모르는 것을 멸시하는 것이다'라고 했는데, 이 경우는 노논어의 뜻으로 고논어와 다르다. 《荀子・勸學》에는 '함께 말해서는 안 되는 사람인데 함께 말하는 것을 傲라 한다'고 했고[아래 각주 참조], 《鹽鐵論・孝養》에는 '말할 때가 아직 아닌데 말하는 것이, 傲이다'라고 했다(正義曰: 釋文引注更云: "魯讀躁爲傲, 今從古。" 盧氏考證曰: "未及言而先自言之, 是以己所知者, 傲人之不知也。" 此則魯義, 與古不同。荀子勸學篇: "未可與言而言謂之傲, 可與言而不言謂之隱, 不觀顏色而言謂之瞽。君子不傲, 不隱, 不瞽, 謹順其身。" 鹽鐵論孝養篇: "言不及而言者, 傲也。" 並用魯論作"傲"。); 《論語新解》 '躁'가 어떤 책에는 '傲'로 되어 있는데, 자기는 아는데 남이 모른다고 오만한 것을 말한다(躁, 此字或本作傲, 谓以己知傲人所不知。); 躁(조): 참을성 없이 성급해서 서두르다. 성마르다. 《釋名・釋言語》 '躁'는 '燥'[마르다]이다. 물건이 마르면 움직이고 날아다닌다(性急, 不冷静。急疾; 迅速; 《释名》 躁, 燥也。物燥乃动而飞扬也。).

5 《周易・繫辭下》 배반하려는 사람은 그 말이 부끄럽고, 심중에 의심을 가진 사람은 그 말이 지엽적이고, 길한 사람은 말이 적고, 참을성 없는 사람은 말이 많고, 선을 모함하는 사람은 그 말이 이리저리 왔다 갔다 하고, 지킬 것을 잃은 사람은 그 말이 비굴하다(將叛者其辭慚, 中心疑者其辭枝, 吉人之辭寡, 躁人之辭多, 誣善之人其辭游, 失其守者其辭屈。).

6 《論語集解》 은닉해놓고 속마음을 다 드러내 보이지 않다(注: 孔安國曰: 隱匿不盡情實也。).

7 《論語新解》 거리낌 없는 당돌한 말을 말. 느닷없는 말. 무례한 말(未见颜色而言: 谓不避厌恶, 唐突之言); 《王力漢語》 '顏'(안)은 이마를, '色'(색)은 얼굴에 드러난 표정을 가리킨다('顏'指額, '色'指臉上的表情。).

8 《論語集解》 군자의 안색의 의도를 알지 못하고, 지레짐작해서 말하는 사람은 장님과 같다(注: 周生烈曰: 未見君子顏色所趣向, 而便逆先意語者猶瞽者也。); 瞽(고): 분별력이 없다. 눈치가 없다(没有识别力).

9 《荀子・勸學》 함께 말해서는 안 되는 사람인데도 함께 말하는 것을 '傲'(오), 함께 말해도 될 만한 사람인데도 함께 말하지 않는 것을 '隱'(은), 기색을 살피지 않고 말하는 것을 '瞽'(고)라고 한다. 그래서 군자는 不傲・不隱・不瞽하고, 그 사람이 함께 말할 만한 사람인지 아닌지를 조심스레 살펴 그에 따른다(未可與言而言, 謂之傲; 可與言而不言, 謂之隱; 不觀氣色而言, 謂之瞽。故君子不傲、不隱、不瞽, 謹順其身。).

것을 일러 눈치 없다고 한다."

君子, 有德位之通稱。愆, 過也。瞽, 無目[10], 不能察言觀色[11]。
'君子'(군자)는 덕이 있는 자와 지위를 가진 자를 통틀어서 일컬은 것이다. '愆'(건)은 '잘못하다'[過]이다. '瞽'(고)는 눈이 먼 사람으로, 말을 살피지 못하고 안색을 보지 못한다.

○尹氏曰:「時[12]然後言, 則無三者之過矣。」
○윤씨(尹氏 · 尹彦明)가 말했다. "적절한 때가 되어서 말하면, 세 가지 잘못이 없다."

10 無目(무목): 눈이 멀다. 안목이 없다(瞎眼。沒有眼力。).
11 《顔淵 제20장》 참조.
12 時(시): 시기적절하다(适时; 合于时宜).

[君子有三戒章]

160701、孔子曰:「君子有三戒[1]: 少[2]之時, 血氣未定, 戒之在色[3]; 及其[4]壯也, 血氣方剛[5], 戒之在鬪[6]; 及其老也, 血氣既衰, 戒之在得[7]。[8] [9]」

---

1 戒(계): (나쁜 습관을) 끊다. 제거하다. 뿌리 뽑다. 금기시하다(戒除。);《論語正義》《說文·収部》에 말했다. "戒는 警[경계하다]이다. 양손으로 창을 붙잡고 있는 것으로, 이로써 뜻밖의 일에 경계하는 것이다"(正義曰: 說文云: "戒, 警也。從廾持戈, 以戒不虞。");《論語新解》'戒'는 맹자가 말한 持志[심지를 지키다]와 같다. 맹자가, '심지는 혈기의 장수이다'[公孫丑上 제2장]라고 했는데, 심리로써 생리를 통솔하는 것을 말한다. 군자가 평생 지키는 심지가 있다면, 그의 혈기는 어느 때고 심지에 의해 통솔되지 않는 때가 없을 것이다(戒犹孟子所谓持志。孟子曰: "志者气之帅", 谓以心理统率生理。君子终生有所戒, 则其血气无时不为志所率。).

2《論語義疏》'少'는 30세 이전을 말하고, '壯'은 30세 이상을 말하고, '老'는 50세 이상을 말한다(疏: 少謂三十以前也…… 壯謂三十以上也…… 老謂年五十以上也。);《禮記·王制》나이 오십이 되면 이제 노쇠해진다(五十始衰。).

3 [성]在色之戒(재색지계): 색욕 방면에 대한 금기(指色欲方面的戒忌。).

4《論孟虛字》'及其'는 '若其'와 같다. 의미가 '至於'[~에 이르러서는]와 가깝다. 앞일의 서술을 막 끝내고, 또 비슷하게 다른 일을 언급할 때 사용한다('及', 猶'若'。常和'其'連用。'及其'猶言'若其', 意思和'至於'相近。爲敘前事方畢, 而又類及別事時用之。).

5 [성]血氣方剛(혈기방강): 혈기가 한창 왕성하다(血气: 精力; 方: 正; 刚: 强劲。形容年轻人精力正旺盛。);《古書虛字》'方'은 '正'과 같다('方', 猶'正'也。);《論孟虛字》한창. '未'[아직]와 '既'[이미]의 사이를 의미한다('方', 猶'正', 就是'正在'。表時間之現在, 意思在'未'與'既'之間。); 剛(강): 굳고 단단하다. 억세다. 젊고 혈기왕성하다. 굳세고 강력하다(坚硬。剛強。年富力强, 坚强有力。).

6 鬪(투): 서로 치고 때리고 싸우다. 서로 구타하다. 격투하다. 전투(同"鬥"。搏斗;引申为战斗。).

7《論語譯注》공안국의 注에, '得'은 '貪得'[얻기를 탐하다]이라고 했는데, 얻기를 탐하는 것에는, 명예·지위·재화가 포함될 수 있다. '好利'로 '得'을 풀이하는 것은, 내포된 뜻이 너무 협소할 수 있다(孔安國注云: '得, 貪得。' 所貪者可能包括名譽、地位、財貨在內……以"好利"釋得, 可能涵義太狹。); 得(득): '得'은 본래의 뜻이, '본래는 가지고 있지 않은 것인데 쟁취해서 자기 것으로 만든다'는 뜻이다(本义: 本来没有而争取得来成为己有。).

8《論語義疏》연소한 시기는 봄·여름과 비슷하고, 봄·여름은 陽에 해당하고, 陽의 법칙은 밖으로 퍼뜨리는 것을 주로 하기 때문에, 연소한 자는 밝고 즐겁다. 연로한 시기는 가을·겨울과 비슷하고, 가을·겨울은 陰에 해당하고, 陰의 법칙은 안으로 거두고 저장하는 것을 주로 하기 때문에, 연로한 자는 거두고 모으기를 좋아하고, 지나치게 탐한다(疏: 夫年少象春夏, 春夏爲陽, 陽法主施, 故少年明怡也。年老象秋冬, 秋冬爲陰, 陰體歛藏, 故老耆好歛聚, 多貪也。);《古今注》모든 천지 만물은, 꽉 차 있으면 밖으로 배설할 것을 생각하기 때문에, 매양 밖으로 분출해내고, 비어 있으면 채울 것을 찾기 때문에, 매양 안으로 빨아들인다(案: 凡天地萬物之情, 實則思泄, 故每噴而出之, 虛則求益, 故每吸而入之。).

9《淮南子·詮言訓》무릇 사람의 성은 어릴 때는 미친 듯이 날뛰고, 장년일 때는 완고하고 사납고, 노년일 때는 이익을 좋아한다(凡人之性, 少則猖狂, 壯則强暴, 老則好利。).

공자(孔子)께서 말씀하셨다. "군자에게는 세 가지 끊어야 할 것이 있다. 어릴 때는, 혈기가 안정되어 있지 않은 때이니, 끊어야 할 것이 색욕에 있고, 장년이 되어서는, 혈기가 한창 왕성할 때이니, 끊어야 할 것이 싸움에 있고, 노년이 되어서는, 혈기가 이미 쇠약해졌을 때이니, 끊어야 할 것이 탐욕에 있다."

血氣, 形之所待[10]以生者, 血陰而氣陽也。得, 貪得[11]也。隨時知戒, 以理勝之, 則不爲血氣所使也。

'血氣'(혈기)는 형체가 그에 기대서 살아가는 것으로, '血'(혈)은 음이고 '氣'(기)는 양이다. '得'(득)은 '얻기를 탐하다'[貪得]이다. 때에 따라 끊어야 할 것들을 알아서, 이(理)로써 그것들을 이겨내면, 혈기에 의해 부림을 당하지 않는다.

○范氏曰:「聖人同於人者血氣也, 異於人者志氣也。血氣有時而衰, 志氣則無時而衰也。少未定, 壯而剛, 老而衰者, 血氣也。戒於色, 戒於鬪, 戒於得者, 志氣也。君子養其志氣, 故不爲血氣所動, 是以年彌高而德彌卲[12]也。」[13]

○범씨(范氏 · 范淳夫)가 말했다. "성인이 보통사람과 같은 점은 혈기(血氣)이고, 보통사람과 다른 점은 지기(志氣)이다. 혈기(血氣)는 때가 지나면 쇠약해지지만, 지기(志氣)는 때가 지나도 쇠약해짐이 없다. 어려서는 안정되어 있지 않고, 장년에는 굳세고, 노년에는 쇠약해지는 것이, 혈기(血氣)이다. 색을 끊고, 싸움을 끊고, 탐욕을 끊는 것이, 지기(志氣)이다. 군자는 그의 지기(志氣)를 기르기 때문에, 혈기(血氣)에 의해 흔들리지 않고, 이 때문에 나이가 많아질수록 덕이 더욱 높아진다."

---

10 待(대): 의지하다. 기대다(依靠).

11 貪得(탐득): 재물이나 권익을 탐하여 추구하다(谓贪求财物或权益。).

12《揚子法言 · 孝至》내가 傳[論語]에서 들었는데, 늙으면 끊어야 할 것이 탐욕에 있다 했다. 나이가 많아질수록 덕이 더욱 높아진 자는 공자의 문도들이었을 것이다(吾聞諸傳, 老則戒之在得。年彌高而德彌卲者, 是孔子之徒與?); 彌(미): 두루 퍼지다. 꽉 차다. 한층. ~할수록 더(遍; 满。更加; 越发); 卲(소): 높다(高。高尚; 美好).

13《論語大全》'三戒'는 모두 때에 따라 많은 사람이 쉽게 범하는 것에 즉해서 말씀하신 것이다. 주자는 理를 써서 氣를 눌러 혈기에 부림을 당하지 말라고 했고, 范氏는 志를 써서 氣를 거느려 혈기에 의해 흔들리지 말라고 했는데, 서로의 뜻이 다르지 않다. 范氏가 말한 '志' 역시 주자가 말한 '理'를 향해 방향을 정할 뿐이다(新安陳氏曰: 三戒, 皆隨時而就衆人所易犯者言也。朱子欲以理勝氣, 則不爲血氣所使; 范氏欲以志帥氣, 則不爲血氣所動, 意不相遠。志亦定向於理而已。).

[君子有三畏章]

160801、孔子曰:「君子有三畏[1]: 畏天命[2], 畏大人[3], 畏聖人之言。[4]

공자(孔子)께서 말씀하셨다. "군자에게는 세 가지 두려워하는 것이 있다. 천명을 두려워하고, 대인을 두려워하고, 성인의 말씀을 두려워한다.

1《論語義疏》마음으로 기꺼이 복종하는 것을 '畏'(외)라 한다(疏: 心服曰 畏。);《論語新解》'畏'는 敬과는 가깝고, 懼와는 멀다(畏与敬相近, 与惧则远。).

2《論語集解》순종하면 길하고 거역하면 흉한 것이 천명이다(注: 順吉逆凶, 天之命也。);《論語義疏》천명은 선행을 하면 그에게 온갖 복을 내리고, 불선을 하면 그에게 온갖 재앙을 내리는 것[書經 · 商書 · 伊訓]을 말한다(疏: 天命, 謂作善降之百祥, 作不善降之百殃。);《論語大全》요는 천명은 곧 천리임을 반드시 아는 것이다(朱子曰: 要緊須是知得天命, 卽是天理。);《論語新解》천명은 인사 밖에 있는 것으로, 인사가 지배할 수 있는 바가 아니고, 그래서 또한 알 수가 없기 때문에, 마음으로 경외해야 한다(天命在人事之外, 非人事所能支配, 而又不可知, 故当心存敬畏。).

3《論語大全》'大人'은 지위를 가진 자에 그치지 않고, 지위 · 나이 · 덕을 모두 갖춘 대인을 가리킨다(朱子曰: 大人不止有位者, 是指有位, 有齒, 有德之大人。);《論語正義》《儀禮 · 士相見禮》의 賈公彦의 疏에서는, 논어의 '狎大人'에 대한 정현의 注, '大人은 천자 · 제후로서 정교를 행사하는 자를 말한다'를 인용했다(士相見禮疏引[論語云'狎大人']鄭注: 大人, 爲天子諸侯爲政教者。);《王力漢語》'大人'에는, 지위가 높은 사람, 덕을 갖춘 사람, 부모에 대한 경칭의 세 가지 의미가 있다('大人', ①居高位的人。②有道德的人。③敬詞, 指父母。).

4《春秋繁露 · 郊語》공자께서, '君子有三畏……'라고 하셨는데, 저 천명 · 대인 · 성인의 말씀이 설마 사람에게 해를 끼치지 않는데, 공자께서 괜히 두려워하셨겠는가! 공자의 이 말씀을 통해서 하늘을 경외하지 않으면 안 되는 것이, 임금을 조심해서 섬기지 않으면 안 되는 것과 정도가 같다는 것을 볼 수 있다. 임금을 조심해서 섬기지 않으면, 그 화가 초래되는 모습은 아주 분명하고, 하늘을 경외하지 않으면, 그 재앙이 초래되는 모습은 아주 은밀하다. 은밀한 것은 그 실마리를 보이지 않아서, 마치 으레 그러한 것인 양 여긴다. 이로 보건대, 하늘이 내린 재앙과 임금이 내린 형벌의 차이는, 하나는 은밀하고 하나는 분명하다는 것 외에는 없다. 그렇지만, 그 재앙과 형벌이 사람에게 미치는 정도는, 거의 차이가 없다. 공자께서 이것들을 똑같이 모두 두려워할 것들이라고 말씀하신 것이다. 천지신명이 복과 재앙을 내리는 까닭, 사람들이 성공하고 패배하는 진정한 원인은, 당연히 아무도 그것을 보지 못하고, 오직 성인만이 볼 수 있다. 성인은, 사람들이 보지 못하는 것을 보는 자이기 때문에, 성인의 말씀 역시 두려워할 대상이다(孔子曰: '君子有三畏: 畏天命, 畏大人, 畏聖人之言.' 彼豈無傷害於人, 如孔子徒畏之哉! 以此見天之不可不畏敬, 猶主上之不可不謹事。不謹事主, 其禍來至顯, 不畏敬天, 其殃來至暗。暗者不見其端, 若自然也…… 由是觀之, 天殃與主罰所以別者, 暗與顯耳。不然, 其來逮人, 殆無以異。孔子同之, 俱言可畏也。天地神明之心, 與人事成敗之真, 固莫之能見也, 唯聖人能見之。聖人者, 見人之所不見者也, 故聖人之言亦可畏也。);《古今注》'天道'는 재화와 복록의 이치를 뚜렷이 밝히고, '大人'은 형벌과 포상의 권한을 손에 쥐고 있고, '聖人'은 상서와 재앙을 말로 경계시키니, 이것이 군자가 두려워할 세 가지이다(天道, 昭禍福之理, 人主, 操刑賞之權, 聖人, 著祥殃之戒, 此君子之三畏也。).

畏者, 嚴憚[5]之意也。天命者, 天所賦之正理也。知其可畏, 則其戒謹恐懼, 自有不能已者。而付畀[6]之重, 可以不失矣。大人聖言, 皆天命所當畏。知畏天命, 則不得不畏之矣。
'畏'(외)라는 것은 '두려워하다'[嚴憚]는 뜻이다. '天命'(천명)은 하늘이 부여해준 올바른 도리이다. 천명이 두려워해야 할 만한 것임을 알면, 그의 조심조심하고 두려워하는 마음이, 저절로 그치지 못하는 것이 있다. 그래서 하늘이 부여한 무거운 소명을, 상실하지 않을 수 있다. '대인'과 '성인의 말씀'은, 모두 천명으로 마땅히 두려워해야 할 바이다. 천명을 두려워할 줄 알면, 대인과 성인의 말씀을 두려워하지 않을 수 없다.

160802、小人不知天命而不畏也, 狎大人, 侮聖人之言。」
소인은 천명을 알지 못해 천명을 두려워하지 않고, 대인을 버릇없이 대하고, 성인의 말씀을 가지고 장난질한다."

侮, 戲玩[7]也。不知天命, 故不識義理, 而無所忌憚如此。
'侮'(모)는 '가지고 놀면서 장난질하다'[戲玩]이다. 천명을 알지 못하기 때문에, 의리를 깨닫지 못해서, 거리낄 게 없는 태도가 이와 같다.

○尹氏曰: 「三畏者, 修己之誠當然也。小人不務修身誠己, 則何畏之有?」
○윤씨(尹氏 · 尹彦明)가 말했다. "세 가지 두려워할 것들은, 자기 몸가짐을 닦는 정성상 의당 그래야 한다. 소인은 몸가짐을 닦아 자기를 정성되게 하는 데 힘쓰지 않는데, 무슨 두려워할 것이 있겠는가?"

---

5 嚴憚(엄탄): 무서워하고 두려워하다. 겁내다(畏惧; 害怕。).
6 付畀(부비): 수여하다. 맡기다(授予; 交给。); 畀(비): 주다(给与).
7 戲玩(희완): 가지고 놀며 장난질하다(游戏玩乐).

[生而知之者上也章*]

160901、孔子曰:「生而知之[1]者, 上[2]也; 學而知之者, 次也; 困而學之[3], 又其次也; 困而不學[4], 民斯爲下矣[5]。[6]」

1《古今注》'生而知之者'는 하늘이 이 백성을 開物成務(만물로 하여금 저마다의 길을 열어주어 그가 부여받은 임무를 성취하게 한다. 만물의 이치를 꿰뚫어 알아 만물이 저마다 부여받은 일을 성취시킨다)[周易 · 繫辭上]하게 하려고, 특별히 태어나게 한 신성한 분이시다(生而知之者, 天欲爲斯民開物成務, 特出神聖之人也。); 生而知之(생이지지): 나면서 바로 지식과 도리를 깨닫다(生下来就懂得知识和道理).

2《古漢語語法》'上' '次' '下'는 서수이다('上'、'次'、'下', 序数。).

3 [성]困而學之(곤이학지): 곤혹스러운 경우를 당하고 나서야 배우다(困: 困惑。遇到困惑的时候就学习。);《論語義疏》배움을 좋아하지는 않고, 다만 자기가 쓸데가 있는데, 이치를 몰라 곤란한 경우를 당해 애가 타서, 분발해 배우는 자이다(疏: 本不好學, 特以己有所用, 於理困憤不通, 故憤而學之。); 困(곤): 버려진 집. 간난고초에 빠지거나 환경의 제약으로 빠져나올 방법이 없다(本义: 废弃的房屋。陷在艰难痛苦中或受环境、条件的限制无法摆脱。).

4 困而不學(곤이불학): 곤혹스러운 경우를 당하고 분명하게 알지 못하는데도 배우려 하지 않다(困: 困惑, 不明白。困惑不明白却不肯学习。).

5《論語義疏》'困而不學 民斯爲下矣'는 '下愚'[陽貨 제3장]를 말한다. 배우기를 좋아하지 않을뿐더러 곤란한 경우를 당하고도 배우지 않는, 이런 사람은 下愚之民이기 때문에, '民斯爲下'라 하신 것이다(疏: 云'困而不學民斯爲下矣'者, 謂下愚也。既不好學而困又不學, 此是下愚之民也, 故云民斯爲下也。);《論語譯注》"곤란에 부닥쳤는데도 배우지 않는, 백성이 바로 이 중 제일 하등이다"("遇見困難而不學, 老百姓就是這種最下等的了。");《論語今讀》"곤란에 부닥쳤는데도 여전히 배우지 않는, 이런 사람이 바로 진짜 제일 하등이다"("遇到困難仍然不學, 這樣的人就真是下等了。");《論語句法》주어는 '民', '下'는 술어, '爲'는 연결동사, '斯'는 부사로, '就'의 뜻이다["백성이 바로 제일 밑이다"](主語是'民', 謂語是'下', '爲'是繫詞, 其上加了限制詞'斯', 和'就'字同義。).

6《論語正義》《中庸 제20장》에 말했다. "(널리 배우십시오, 자세하게 물으십시오, 신중하게 생각하십시오, 분명하게 변별하십시오, 철두철미하게 행하십시오.) 배우지 않겠다면 그만이지만, 배우고자 한다면 능할 때까지 배우지 않고서는, 도중에 그만두지 마십시오. 묻지 않겠다면 그만이지만, 묻고자 한다면 알 때까지 묻지 않고서는, 도중에 그만두지 마십시오. 생각하지 않겠다면 그만이지만, 생각하고자 한다면 깨달을 때까지 생각하지 않고서는, 도중에 그만두지 마십시오. 분변하지 않겠다면 그만이지만, 분변하고자 한다면 분명해질 때까지 분변하지 않고서는, 도중에 그만두지 마십시오. 행하지 않겠다면 그만이지만, 행하고자 한다면 철두철미하게 행하지 않고서는, 도중에 그만두지 마십시오. 남이 한 번에 해낼 수 있는 일이라면 나는 백 번을 하고, 남이 열 번에 해낼 수 있는 일이라면 나는 천 번을 하십시오. 과연 이렇게 學 · 問 · 思 · 辨 · 行을 해낼 수 있다고 한다면, 어리석은 사람일지라도 반드시 총명해지고, 유약한 사람일지라도 반드시 강해질 것입니다." 이는 困而學之者에 해당하는 것으로, 그 공부에 온전히 몰입해야 함을 말한 것이다. 몰라서 답답한데도 배우지 않는다면, 미련한 무지렁이로, 재질이 가장 낮은 자이니, 선비 축에 낄 수 없다(正義曰: 中庸云: "(博學之, 審問之, 愼思之, 明辨之, 篤行之。)有弗學, 學之弗能, 弗措也。有弗問, 問之弗知, 弗措也。有弗思, 思之弗得, 弗措也。有弗辨, 辨之弗明, 弗措也。人一能之, 己百之; 人十能之, 己千之。果能此道矣, 雖愚必明, 雖柔必強。" 此言困學之事, 當百致其功也。若使困而不學, 則蠢然罔

공자(孔子)께서 말씀하셨다. "태어나면서부터 아는 자가 상등이고, 배워서 아는 자가 다음이고, 답답해하여 배우는 자가 또 그다음이고, 답답해하면서도 배우지 않는, 백성이 바로 제일 하등이다."

困, 謂有所不通。言人之氣質不同, 大約有此四等。

'困'(곤)은 '막혀 있어 통하지 않는 것이 있다'는 말이다. 말씀인즉, 사람마다 그 기질이 같지 않은데, 대략 이 네 가지 등급이 있다는 것이다.

○楊氏曰:「生知, 學知以至[7]困學, 雖其質不同, 然及其知之, 一也[8]。故君子惟學之爲貴。困而不學, 然後爲下。」

○양씨(楊氏·楊中立)가 말했다. "태어나면서부터 아는 자, 배워서 아는 자, 답답해하여 배우는 자까지는, 비록 그들의 기질은 같지 않을지라도, 그들이 그것을 알았다는 데 이르러서는 한가지이다. 그러므로 군자는 오직 배우는 것만을 귀중하게 여긴다. 답답해하면서도 배우지 않은 자인 연후에야 제일 밑이다."

覺, 斯爲材質之最下者, 不得爲士類矣。).

7 以至(이지): ~에 이르기까지(亦作'以至于'。亦作'以至於'。连词。犹言直至, 直到。表示在时间, 程度, 范围, 数量上的延伸。).

8《中庸 제20장》어떤 자는 태어나면서 이미 알고 있고, 어떤 자는 배우고 나서 알게 되고, 어떤 자는 답답해서야 알게 되지만, 그들이 알았다는 데 이르러서는 한가지입니다. 어떤 자는 힘들이지 않고도 행하고, 어떤 자는 이로우니까 행하고, 어떤 자는 억지로 시켜야 행하지만, 그들이 성취했다는 데 이르러서는 한가지입니다(子曰: ……或生而知之, 或學而知之, 或困而知之, 及其知之, 一也; 或安而行之, 或利而行之, 或勉強而行之, 及其成功, 一也。).

[君子有九思章]

161001、孔子曰:「君子有九思[1]: 視思明, 聽思聰[2], 色思溫, 貌思恭, 言思忠, 事思敬[3], 疑思問[4], 忿思難[5], 見得思義[6][7]。」[8]

1《論語正義》孫奇逢[1584~1675]의《四書近指》에 말했다. "九思는 모두 '思誠者'[아래 각주《孟子 · 離婁上 제12장》참조]의 일이다"(正義曰: 孫氏奇逢近指: "九思, 皆思誠者之事。");《古今注》'思'는 마음을 다해 구하고 찾는 것이다. 군자는 어떤 일을 만날 때마다, 이 일에 마음을 다 쏟아, 진지하고 절실하게 하려고 한다(思, 用心以求索也…… 君子每遇一事, 即存心此事, 欲做得眞切。); 九思(구사): 생각하고 또 생각하다. 생각에 생각을 거듭하다(后泛指反复思考。).

2《王力漢語》聰(총): 귀가 밝다. 예민하다. 똑똑히 듣다. '聽'은 귀가 밝은 것이고, '明'은 눈이 밝은 것이다(耳力好, 聽覺敏銳。跟'聾'相對。引申爲聽得清楚; '聽'是耳力銳敏, '明'是'視覺銳敏'。).

3《論語義疏》무릇 만사에 오만해선 안 되고, 오로지 신중할 것을 생각해야 한다. 그래서《禮記 · 曲禮上》에서 '毋不敬'을 말한 것이다(凡行萬事不得慠慢, 唯思於敬也。故曲禮曰無不敬也。);《古今注》'忠'은 속이지 않는 것이고, '敬'은 태만하지 않는 것이다(忠不詐也, 敬不怠也。).

4《大戴禮記 · 曾子立事》모르면서 묻지 않는 것은 고집부리는 것이다(弗知而不問焉, 固也。).

5《大戴禮記 · 曾子立事》분노가 치밀 때는 후환[환난]을 생각한다(忿怒思患);《論語義疏》'一朝之忿忘其身以及其親'[顔淵 제21장], 이것이 '難'이다(疏: 一朝之忿, 忘其身以及其親, 是謂難也。); 難(난): 환난. 후환. 원한. 원수(灾祸, 困苦。怨仇; 仇敌).

6《禮記 · 曲禮上》재물을 앞에 두고서는 구차히 얻으려 하지 말고, 환난을 앞에 두고서는 구차히 피하려 하지 말라(臨財毋苟得, 臨難毋苟免。);《子張 제1장》에도 '見得思義'가 나온다;《古今注》'見'은 '遇'[만나다]와 같다(見, 猶遇也。); 得(득): =彳+㝵。우변은 '貝'[재화]에 '手'가 붙어 있고, 좌변은 '彳'(척)[길을 걷다]으로, 길을 걷다가 손에 줍는 것이 있음을 표시한다. 손안에 재화를 넣으니, 자연 소득이 있는 것이다. 손에 넣다. 획득하다(右边是"贝"(财货)加"手", 左边是"彳", 表示行有所得。手里拿着财货, 自然是有所得。本义: 得到, 获得。).

7《補正述疏》군자가 사람을 만나는 경우, 처음에는 視 · 聽으로 그를 접하고, 다음에는 色 · 貌로 접하고, 다음에는 言으로 접하고, 다음에는 事로 접하고, 事가 있고 나서는, 어떤 때는 疑가 생기고, 어떤 때는 忿이 나는 경우가 있고, 어떤 때는 得을 만나는 경우가 있는데, 이것이 九思의 순서이다(述曰: 君子與人相見者, 先接之以視聽, 次接之以色貌, 次接之以言, 次接之以事, 既有事矣, 斯或有疑, 斯或有忿, 斯或有得, 此九思之序也。).

8《書經 · 周書 · 洪範》洪範九疇(홍범구주)의 둘째 조목인 '敬用五事'란 첫째는 용모, 둘째는 말하는 것, 셋째는 보는 것, 넷째는 듣는 것, 다섯째는 생각하는 것입니다. 용모는 공손해야 하고, 말하는 것은 이치에 맞아야 하고, 보는 것은 분명하게 보아야 하고, 듣는 것은 똑똑히 들어야 하고, 생각하는 것은 통달해야 합니다. 용모가 공손하면 엄숙하게 되고, 말이 이치를 따르면 말이 조리 있게 되고, 눈이 분명하게 보면 현철하게 되고, 귀가 똑똑히 들으면 훌륭하게 도모하게 되고, 생각이 통달하게 면 성인이 됩니다(二,五事: 一曰貌, 二曰言, 三曰視, 四曰聽, 五曰思。貌曰恭, 言曰從, 視曰明, 聽曰聰, 思曰睿。恭作肅, 從作乂, 明作哲, 聰作謀, 睿作聖。); 이율곡은《擊蒙要訣》에서, 학문을 증진시키고 지혜를 증익시키는 방법으로, '九思'를 제시하고 있다.

공자(孔子)께서 말씀하셨다. "군자에게는 아홉 가지 생각할 것이 있다. 볼 때는 분명하게 볼 것을 생각하고, 들을 때는 똑똑하게 들을 것을 생각하고, 얼굴빛은 부드럽게 할 것을 생각하고, 몸가짐은 공손하게 할 것을 생각하고, 말할 때는 진실되게 할 것을 생각하고, 일할 때는 신중하게 할 것을 생각하고, 의심스러울 때는 물을 것을 생각하고, 분노가 치밀 때는 환난이 닥칠 것을 생각하고, 이익되는 것이 보일 때는 의(義)에 합당할 것을 생각한다."

難[9], 去聲。○視無所蔽, 則明無不見。聽無所壅[10], 則聰無不聞。色, 見於面者。貌, 擧[11]身而[12]言。思問, 則疑不蓄。思難, 則忿必懲[13]。思義, 則得不苟。

'難'(난)은 거성[nàn]이다. ○보는 데 가려 덮고 있는 게 없으면, 보이는 것이 분명해서 보이지 않는 게 없다. 듣는 데 막고 있는 게 없으면, 들리는 것이 똑똑해서 들리지 않는 게 없다. '色'(색)은 얼굴에 나타나는 것이다. '貌'(모)는 몸 전체로 말하는 것이다. 물을 것을 생각하면 의심이 쌓이지 않는다. 원한 살 것을 생각하면 화를 반드시 억누를 것이다. 의(義)에 합당할 것을 생각하면 이익을 얻는 데 구차스럽지 않다.

○程子曰:「九思各專其一[14]。」謝氏曰:「未至於從容中道[15], 無時而不自省察也。雖有不存焉者寡矣[16], 此之謂思誠[17]。」

---

9 難(난): [nàn] 재난. 재앙. 환난. 원수(灾难; 祸害, 人为而产生的祸害。怨仇; 仇敌。); [nán] 곤란하다. 힘들다(困难; 艰难; 不容易。).

10 壅(옹): 가로막다. 차단하다(本义: 塞。阻塞; 阻挡。障蔽; 遮盖); 壅塞(옹색): 막히다. 불통하다.

11 擧(거): 모든. 전체의(全).

12 而(이): 수식관계를 표시하며, 부사어와 술어를 이어준다(表示修饰关系, 连接状语。).

13 懲(징): 경계하다. 귀감으로 삼다. 처벌하다. 억누르다(本义: 警戒; 鉴戒。处罚。克制; 制止。惩忿: 克制忿怒).

14 《論語大全》 九思는 모두 한데 모아서 생각하는 것이 아니라, 이 한 가지 일에 당면해서는 이 한 가지 일에만 집중하여 생각하는 것이다(朱子曰: 九思不是雜然而思, 當這一件上, 思這一件。).

15 《中庸 제20장》 참된 것은, 하늘의 도입니다. 참된 것을 향해 나아가는 것은 사람의 도입니다. 참된 자는, 힘들이지 않아도 일은 이치에 들어맞고, 골똘히 생각하지 않아도 말은 합당하고, 행동거지는 태연자약하여 도에 들어맞는 성인입니다. 참된 것을 향해 나아가는 자는, 선을 택해 그것을 굳게 잡은 자입니다(子曰: ……誠者, 天之道也; 誠之者, 人之道也。誠者不勉而中, 不思而得, 從容中道, 聖人也。誠之者, 擇善而固執之者也。).

16 《孟子 · 盡心下 제35장》 마음을 기르는 데는 욕심을 적게 하는 것보다 더 좋은 게 없다. 그 사람됨이 욕심이 적으면, 비록 마음에 보존되지 못한 것이 있기는 하겠지만, 적을 것이다. 그 사람됨이 욕심이

○정자(程子 · 明道)가 말했다. "구사(九思)는 각각 그 하나하나에 몰두해야 한다." 사씨(謝氏 · 謝顯道)가 말했다. "태연자약하게 도에 맞는 경지에 이르지 못했으면, 수시로 자신을 성찰하지 않는 때가 없어야 한다. (이렇게 하면) 비록 마음에 보존되지 못한 것이 있기는 하겠지만 적을 것이니, 이것을 일컬어서 '思誠'[참되기를 생각하다]이라 한다."

많으면, 비록 마음에 보존되는 것이 있기는 하겠지만, 적을 것이다(孟子曰: 養心莫善於寡欲。其爲人也寡欲, 雖有不存焉者, 寡矣; 其爲人也多欲, 雖有存焉者, 寡矣。).

17《孟子 · 離婁上 제12장》참된 것은 하늘의 도리이고, 참 되려는 것은 사람의 도리이다. 지극히 참된데도 감동하지 않는 사람은, 아직까지 없었다. 참되지 못하면서 남을 감동시킨 사람은, 아직까지 없었다(誠者, 天之道也; 思誠者, 人之道也。至誠而不動者, 未之有也; 不誠, 未有能動者也。): 思誠(사성): 사유와 자아 성찰을 통해, 자기의 도덕 행위가 천도와 합일하는 '至誠'의 경계에 도달하고, 태어나면서 본유한 본성의 선을 보전하고 그와 어울려 하나 되게 하는 것으로, 이에 따라 최대의 행복을 획득할 수 있다(即运用思维自我反省, 使自己的道德行为达到与天道合一的"至诚"的境界, 与生而有之的本性之善保持和谐同一, 从而也就能获得最大的快乐。).

[見善如不及章]

161101. 孔子曰:「見善如不及[1], 見不善如探湯[2]。吾見其人矣, 吾聞其語[3]矣。[4]

공자(孔子)께서 말씀하셨다. "선(善)을 보고는 아직 거기에 미치지 못한 것 같이 뒤쫓아가기를 추구하고, 불선(不善)을 보고는 끓는 물에 손을 대보는 것 같이 가까이하기를 꺼려한다. 나는 그런 사람을 보았고, 나는 그런 옛말을 들었다.

探, 吐南反。○真知善惡而誠好惡之, 顏, 曾, 冉, 閔之徒, 蓋能之矣。語, 蓋古語也。
'探'(탐, tàn)은 '吐'(토)와 '南'(남)의 반절이다. ○선과 악을 참으로 알고 선을 참으로 좋아하고 악을 참으로 싫어한 것은, 안자(顏子) · 증자(曾子) · 염백우(冉伯牛) · 민자건(閔子騫)의 무리가 대개 그렇게 할 수 있었을 것이다. '語'(어)는 아마 옛날부터 전해 내려오는 말일 것이다.

161102. 隱居以求其志[5], 行義以達其道[6]。吾聞其語矣, 未見其人也。[7, 8]」

1《古今注》'如不及'은 급급한 게 도망자를 뒤쫓는 것과 같은 것이다(如不及者, 急急如追亡。);《論語新解》도망치는 자를 쫓는 사람 같이, 따라잡지 못해, 놓치고 말까 두려워하는 것이다[泰伯 제17장](如追逃者。不及, 恐失之也。).

2《論語集解》'探湯'(탐탕)은 몹쓸 병을 피하는 것을 비유한 것이다(注: 孔安國曰: 探湯, 喻去惡疾也。);《論語集釋》周柄中[清人]의《四書典故辨正》에 말했다. "《荀子 · 議兵》에 '(계란으로 바위를 치고) 손가락으로 끓는 물을 휘젓는다'고 했는데, 이 장의 '探湯'에 대한 설명이다"(四書典故辨正: 荀子云「[若以卵投石], 石以指撓沸」, 此探湯之說。);《百度漢語》探湯(탐탕): 끓는 물에 손끝을 살짝 대보다. 조심하고 두려워하다(指试探沸水; 有时形容戒惧。); 探(탐): 손으로 더듬더듬하다. ~해보다. 내밀다(本义: 摸取。试。伸出。).

3《論語正義》이 장의 '聞其語'는 모두 옛말을 말한다(正義曰: '聞其語', 皆謂古語。).

4《大戴禮記 · 曾子立事》군자는 재앙이 닥칠까 걱정하고, 치욕을 당할까 두려워하고, 선을 보고는 함께하지 못할까 걱정하고, 불선을 보고는 자기에게 미칠까 걱정한다. 이 때문에 군자는 종신토록 이를 늘 생각한다(君子禍之爲患, 辱之爲畏, 見善恐不得與焉, 見不善恐其及己也, 是故君子疑以終身。).

5 [성]隱居求志(은거구지): 隐居不仕로 자기의 뜻을 지키다(隐居不仕, 以实现自己的志愿。).

6 [성]求志達道(구지달도): 숨어 살면서 자기의 뜻을 보전하고, 의를 행하여 자기의 주장을 관철하다(指隐居以保全自己的意志, 行义以贯彻自己的主张。是儒家一种理想的人生觀。); [성]行義達道(행의달도): 의

숨어 살면서 이를 통해 자기의 펼치고자 하는 뜻을 굳게 지켜내고, 의(義)를 행하면서 이를 통해 자기가 추구하고자 하는 도를 펼쳐낸다. 나는 그런 옛말은 들어봤지만, 그렇게 하는 사람은 보지 못했다."

求其志, 守其所達之道也。達其道, 行其所求之志也。蓋惟伊尹, 太公之流, 可以當之[9]。當時若顏子, 亦庶乎此。然隱而未見, 又不幸而蚤[10]死, 故夫子云然。

'求其志'(구기지)는 '자기가 펼치고자 하는 바인 도를 굳게 지켜낸다'이다. '達其道'(달기도)는, '자기가 추구하고자 하는 바인 뜻을 펼쳐낸다'이다. 대개 이윤(伊尹) · 태공(太公)의 무리만이 이에 해당될 수 있을 것이다. 당시에 안자(顏子) 같은 사람이 또한 이에 가까웠지만, 숨어서 나타나지 아니했고, 또 불행히도 일찍 죽었기 때문에, 선생님께서 이렇게 말씀하신 것이다.

에 기반해서 자기주장을 관철하다(依照义而贯彻自己的主张。).

7《論語正義》숨어 살면서 자기가 펼치고자 하는 뜻을 지켜내고, 의를 행하여 자기가 추구하는 도를 펼쳤다는 것은, 이윤이 유신국의 들판에서 농사를 지으면서 요순의 도를 즐기다가, 탕임금이 사람을 보내 그를 세 번씩이나 초빙하자 군신지의를 행하여[孟子 · 萬章上 제7장] 자기가 추구하는 도를 펼친 것과 같은 것이다. 춘추 말기에 현인 중에는 숨어지낸 자가 많았으니, 그래서 長沮 · 桀溺 · 接輿 · 丈人 같은 이가 모두 자기 한 몸만 깨끗이 하려 하고 자기 뜻만 높다고 여길 뿐, 다시는 자기가 펼치고자 하는 뜻을 추구하지 못했다. 공자께서 '그렇게 하는 사람을 보지 못했다'고 하신 탄식은, 바로 여기에서 연유한 것이다. 그렇지만 공자께서는 무도한 세상에 처해서, 제후들에게 두루 유세하면서, 바쁘게 이리저리 옮겨 다니고 가만히 있지 않으셨다. 또 말씀하시기를, '천하에 도가 있을 때면 드러내서 지내고, 천하 어디에도 도가 없을 때면 숨어서 지낸다'[泰伯 제13장]고 하셨는데, 숨어 지낸다는 것은, 이 장의 隱居求志를 말씀하신 것이지, 예컨대 숨어서 과감히 세상을 잊고 지내는 것이 아니었다. 맹자가, '선비는 궁해도 의를 잃지 않고, 영달해도 의를 떠나지 않는다. 궁해도 의를 잃지 않기 때문에, 선비는 자신을 지키고, 영달해도 도를 떠나지 않기 때문에, 백성들은 소망을 버리지 않는다'[盡心上 제9장]고 했는데, 이 장의 뜻과 아주 똑같다(正義曰: 隱居求志, 行義達道, 若伊尹耕莘, 而樂堯,舜之道, 及湯三聘而行其君臣之義, 以達其所守之道者也。春秋之末, 賢人多隱, 故長沮,桀溺,接輿,丈人, 皆潔己自高, 不復求其所志。夫子"未見"之歎, 正緣於此。然夫子處無道之世, 周遊諸侯, 栖栖不已。而又言"天下有道則見, 無道則隱", 隱者, 即此隱居求志之謂, 非如隱而果於忘世也。孟子云: "故士窮不失義, 達不離道。窮不失義, 故士得己焉; 達不離道, 故民不失望焉。"與此語義正同。).

8《論語新解》이 장에는 두 부류의 사람이 나온다. 선을 좋아하고 악을 싫어하는 사람은, 그의 진심에서 나오는 것으로, 이 역시 仁人이지만, 자기 뜻을 지켜내고 도를 실현해내는 사람만은 못하다(本章见有两种人。善善恶恶, 出于其诚, 是亦仁人矣, 然不如求志达道者。).

9《論語大全》'오직 이윤과 태공이 이에 해당될 수 있을 뿐이다'는 것은, 바로 그들이 유신국의 들판에 농사짓고 위수에서 낚시질한 것은 '隱居求志'이고, 탕왕과 문왕을 만나서 크게 쓰인 것은 '行義達道'이다(新安陳氏曰: 惟伊尹太公可以當之者, 方其耕莘釣渭, 則隱居求志也; 及遇湯文而大用, 則行義達道也。).

10 蚤(조): 벼룩. 일찍(指时间在先, 和'迟'相对); 蚤世(조세): 일찍 죽다. 요절하다(早逝, 夭折。).

[齊景公有馬天駟章*]

161201、齊景公有馬千駟[1], 死之日, 民無德而稱焉[2]。伯夷叔齊餓[3]於首陽[4]之下[5], 民到于[6]今稱之。[7]

1《史記 · 齊太公世家》당시 경공은 궁실을 크게 짓는 것을 좋아했고, 개와 말을 많이 모으는 취미가 있었고, 사치했고, 부세를 중과하고 형을 무겁게 내렸으니, 안자가 이를 비판하여 간언했다(是時景公好治宮室, 聚狗馬, 奢侈, 厚賦重刑, 故晏子以此諫之。); 駟(사): 수레를 끄는 네 필의 말. 네 말이 끄는 수레(本义: 同驾一辆车的四匹马。或驾四马之车).

2《論語義疏》本에는 '民無得稱焉'[백성들이 그를 칭찬할 게 없었다]으로 되어 있다;《泰伯 제1장》의 '民無得而稱焉' 참조;《論語義疏》살아서는 덕은 없고 말[馬]은 많았지만, 죽고 나자 몸과 이름이 모두 소멸되어, 백성들이 그를 칭찬할 게 없었다(疏: 生時無德而多馬, 一死則身名俱消, 故民無所稱譽也。);《論語譯注》"그 누구도 그가 무슨 덕을 쌓아서 칭송할 만한 것이 있는지 알지 못했다"("誰都不覺得他有什麽好行爲可以稱述。");《論語新解》'德'字가 다른 책에는 '得'으로 되어 있는데, 다음의 '而'字의 어기를 가지고 탐구해보면, '得'으로 되어야 옳다(德字或本作得, 就下而字语气求之, 当以作得为是。);《論語句法》'無'는 '不'의 의미이고, '德'은 '得'과 통하니, '無德'은 바로 '不得'으로, 부사로 쓰였고, 그 밑에 관계사 '而'을 붙였고["부득이하게도"], '焉'은 '之'와 같고 '齊景公'을 가리킨다('無'字是'不'字的意思, 而'德'通'得', 所以'無德'就是'不得', 做限制詞, 其下加了關係詞'而'字, '焉'等於'之'稱代'齊景公'。).

3 餓(아): 심하게 굶주리다. 굶어죽다(飢之甚; 不飽。特指餓死。);《論語新解》고사리를 뜯어 먹고 살아서, '餓'라 했다(采薇而食, 故曰饿。); '飢'(기)는 배가 고프다는 뜻이고, '餓'(아)는 '飢'가 심한 상태로 먹을 게 없어 죽음의 위협을 당하는 상태이고, '饑'(기)는 흉작으로 인한 기근을 가리킨다('飢'是現在所說的一般的'肚子餓', '餓'是嚴重的飢, 指沒有飯吃, 受到死亡的威脅。'饑'是五穀不熟所形成的饑荒。).

4《論語集解》수양산은 河東蒲坂縣에 있는데, 華山의 북쪽 河曲의 중간이다(注: 馬融曰: 首陽山, 在河東蒲坂縣, 華山之北, 河曲之中也。);《論語大全》수양산은 뇌수산의 남쪽이란 말로, 하중부[지금의 山西省 永济县 蒲州镇] 하동현에 있다(首陽山, 卽雷首山之陽。在河中府河東縣。);《論語集釋》趙佑[1727~1800]의《四書溫故錄》에 말했다. "수양산에 대한 견해들이 일치하지 않는데,《說文 · 山部》에 '수양산은 요서에 있다'(嵊山, 在遼西。)고 한 것이 사실에 가깝다. 고죽국은 요서에 있었다"(趙佑溫故錄: 首陽山諸說不一, 當以說文在遼西者近是。孤竹國在遼西也。);《論語譯注》지금 어디인지, 예나 지금이나 설이 일치하지 않는데, 요컨대, 어디인지 확실하게 가리키기가 어렵다(現在何地, 古今傳說紛歧, 總之, 已經難於確指。);《百度百科》首陽山은 감숙성 위원현 동남쪽에 있는 해발 2186~2509m 사이의 산이다. 중국에는 首陽이라는 이름을 가진 산이 여섯 곳에 있다(首阳山位于渭源县东南34公里……海拔在2186-2509米之间, 因其列群山之首, 阳光先照而得名……我国境内的首阳山大致有六处之多。一说辽西, 原名阳山; 二说河南偃师, 原名首山; 三说山西和顺, 原名阳区山; 四说山西蒲坂河曲之中, 原名雷首山或首山; 五说陕西歧山之西, 原名不详; 六说陇西首阳山[即今甘肃渭源县境内的首阳山]。).

5《古漢語語法》'於'는 가장 주된 용법이 바로 장소를 끌어들이는 것으로, 동작 행위가 어느 장소에서 발생했는가를 표시한다. '於+목적어'구는 절대다수가 동사 뒤에 위치한다('於', 最主要用法就是引进处所, 表示动作行为在何处发生。'於+宾'绝大多数都位于动词之后。).

6《論語語法》'于'는 개사로, 술어 뒤에 쓰여, 동작 행위의 지금에 이르기까지의 시간을 표시한다('于', 介詞, 用在謂語之後, 表示動作行爲迄今爲止的時間。).

(공자[孔子]께서 말씀하셨다) “제(齊)나라 경공(景公)은 말 사천 필을 가지고 있었는데, 그가 죽는 날까지도, 백성들이 덕으로 그를 칭송할 만한 게 없었다. 백이(伯夷)와 숙제(叔齊)는 수양산(首陽山) 아래에서 굶어 죽었는데, 백성들은 지금까지도 그들을 칭송하고 있다.

駟, 四馬也。首陽, 山名。

'駟'(사)는 '네 필의 말'[四馬]이다. '首陽'(수양)은 산 이름이다.

161202、其斯之謂與?[8]

7《史記·伯夷列傳》누군가 말하기를, '天道는 누구라고 해서 특별히 친애하지 않고, 늘 선인을 친애한다'고 했는데, 백이·숙제의 경우는 선인이라 할 수 있는가? 아닌가? 인덕을 쌓고 행실이 결백하기가 이와 같았지만 굶주리다 죽고 말았다! 또한, 공자의 칠십 제자 중, 중니께서는 안연만이 학문을 좋아한다고 소개했는데[雍也 제2장], 그는 궤독이 자주 비어서[先進 제18장], 지게미와 보릿겨도 배불리 먹지 못하다가, 결국에는 요절하고 말았으니, 선인에 대한 하늘의 報施가 어떠한가? 도척은 매일같이 죄 없는 자를 죽이고, 사람의 간을 꺼내 고기로 먹고, 잔혹하고 횡포하고 방자하면서, 수천의 패거리를 모아 천하를 거리낌 없이 날뛰었는데, 끝내 천수를 누렸으니, 이는 무슨 덕을 준행했던 것일까? 이는 아주 크고 명백하고 현저한 사례이다. 최근의 경우에는, (어떤 자는) 행실이 상궤를 벗어나고, 사람들이 금기시하는 일만을 저지르고 다니는데도 종신토록 안락을 누리고 부의 융숭함이 누대를 이어가면서 끊이지 않는데, 어떤 자는 땅을 가려가면서 밟고 때가 되어서야 말을 입 밖에 내고 길을 갈 때는 좁은 길로 가지 않고[雍也 제12장] 공정한 일이 아니면 분발하지 않는데도 재앙을 당하는 경우가 이루 다 셀 수 없으니, 나로서는 심히 어리둥절하여 이를 이해하지 못하겠다. 이것이 그 누군가가 말한 天道라면, 이것은 과연 天道인가 아닌가?(或曰: '天道無親, 常與善人。' 若伯夷,叔齊, 可謂善人者非邪? 積仁絜行如此而餓死!且七十子之徒, 仲尼獨薦顔淵爲好學。然回也屢空, 糟糠不厭, 而卒蚤夭。天之報施善人, 其何如哉? 盜蹠日殺不辜, 肝人之肉, 暴戾恣睢, 聚黨數千人橫行天下, 竟以壽終。是遵何德哉? 此其尤大彰明較著者也。若至近世, 操行不軌, 專犯忌諱, 而終身逸樂, 富厚累世不絕。或擇地而蹈之, 時然後出言, 行不由徑, 非公正不發憤, 而遇禍災者, 不可勝數也。余甚惑焉, 儻所謂天道, 是邪非邪?).

8《論語集解》이는 소위 덕 때문에 칭송받는다는 것이다(注: 王肅曰: 此所謂以德爲稱者也。);《論語義疏》'其斯之謂與'의 '斯'는 '此'이다. 말[馬]이 많아도 덕이 없으면 죽자마자 잊히고, 굶어 죽어도 덕이 있으면 의에 대한 칭송이 식지 않는다는 말로, 덕이 있는 자는 존중하지 않으면 안 된다는 것, 아마도 이를 말하는 것이리라는 말이다(疏: 云其斯之謂與者, 斯, 此也。言多馬而無德, 亦死即消, 雖餓而有德, 稱義無息, 言有德不可不重, 其此之謂也。);《論語正義》'其斯之謂與' 위에 빠진 글이 있다. 集注는 '斯'가 '德'을 가리키는 것으로 보고, 또 그것을 풀이했다(正義曰: '其斯之謂與'句, 上當有脫文。注以'斯'指'德', 亦是因文解之。);《古今注》'其斯之謂與'는, 숨어서 살면서 이로써 자기가 펼치고자 하는 뜻을 지켜내고, 의를 행하여 이로써 자기가 추구하는 도를 펼쳐낸다는 말을 내가 들었는데, 그 말이 아마도 백이·숙제를 두고 하는 말일 것이라는 것이다[茶山은 제11장과 제12장을 한 장으로 통합해서 풀이했다](其斯之謂與, 謂隱居以求其志, 行義以達其道, 吾聞其語矣, 其伯夷,叔齊之謂與。);《論語新解》①'斯'는 위의 '德'을 가리

아마도 이 (백이[伯夷]와 숙제[叔齊]의) 덕을 두고 하는 말일까?"

與, 平聲。○胡氏曰:「程子以爲第十二篇錯簡『誠不以富, 亦祇以異』[9], 當在此章之首。今詳文勢, 似當在此句之上。言人之所稱, 不在於富, 而在於異也。」

'與'(여)는 평성[yú]이다. ○호씨(胡氏 · 胡寅)가 말했다. "정자(程子 · 伊川)는 제12편으로 잘못 들어간, '진실로 부유해서가 아니라 다만 색달라서일 뿐이다'[誠不以富 亦祇以異]라는 구절이, 이 장의 머리에 있어야 마땅하다고 했다. 그런데 지금 문세를 자세히 살피니, 이 구절의 위에 있어야 마땅할 듯하다. 사람들이 칭송한 것이 제경공(齊景公)의 부(富)에 있지 않았고 다만 백이(伯夷)와 숙제(叔齊)의 남다른 덕(德)에 있었다는 말이다."

愚謂此說近是, 而章首當有孔子曰 字, 蓋闕文耳。大抵此書後十篇多闕誤。

내가 생각건대, 정자(程子)의 말이 옳은 듯하고, 이 장의 머리에 마땅히 '孔子曰'(공자왈)이라는 글자가 있어야 하는데, 아마도 빠진 것 같다. 대체로 이 책의 후반 10편에는 빠졌거나 잘못된 것이 많다.

키며, 사람들이 백이 · 숙제에 대한 칭찬은 바로 그들의 덕을 칭찬하는 것이다. ②이 장은 앞 제11장에 붙여 읽어야 하며, 그래서 '子曰'이 빠진 것이다. '斯'는 '隱居以求其志 行義以達其道'를 가리키고, 백이 · 숙제가 바로 그 사람이다. ③'其斯之謂與' 앞에 빠진 글이 있는데, 어떤 학자[程子, 朱子]는 빠진 글 '誠不以富 亦只以異'는 이 장 맨 앞에 놓여야 한다고 설명하는데, 말인즉 사람들이 칭찬하는 것은 부에 있는 것이 아니라, 부 또한 단지 남과 다르다는 것일 뿐, 칭찬하기에는 부족하다는 것이다. 어떤 학자[胡寅, 錢穆]는 빠진 글 '誠不以富 亦只以異'는 '其斯之謂與' 바로 앞에 놓여야 한다고 설명한다. 이 장 머리에는 '子曰'이 빠졌을 것이다(或曰: 斯字即指上德字, 世之称夷、齐, 即称其德也。或曰: 本章当连上章读, 故章首无子曰字。斯指隐居以求其志, 行义以达其道, 夷、齐即其人也。或曰: 其斯之谓与以前当有阙文。或曰:《论语》第十二《颜渊》篇 "诚不以富, 亦只以异"两语, 当在此章之首。言人之所称不在富, 富亦只是有异于人而已, 不足称也。或曰 "诚不以富, 亦只以异"两语, 当在"其斯之谓与"语前。章首应脱子曰 二字。);《論語句法》'其'는 추측어기사로, 지금의 '恐怕' '大概'에 해당하고, '斯之謂'는 술어, '斯'는 '謂'의 목적어로 '謂'字 앞으로 당겨지면서, 그 두 글자 사이에 어기사 '之'를 붙인 것이다. '斯'는 앞 두 문장에서 말한 사건을 가리킨다. '與'는 문장 끝에 붙는 추측어기사로, 지금의 '吧'에 해당한다('其'是表測度語氣的語氣詞, 相當於白話的'恐怕'或'大概'。'斯之謂'是謂語, '斯'是'謂'的止詞, 提在'謂'字之上, 於是在它們中間加了語氣詞'之'字。如果有人要問這個'斯'字稱代什麼, 答案就是上面那兩個轉折關係複句裡所說的事情。'與'字是句末表測度的語氣詞, 相當於白話的'吧'字。).

9 《顏淵 제10장》 참조.

[陳亢問於伯魚章*]

161301、陳亢[1]問於伯魚曰:「子亦[2]有異聞[3]乎?」

진강(陳亢)이 백어(伯魚)에게 물었다. "그대는 그래도 저희와는 다른 가르침을 받은 게 있었겠지요?"

亢, 音剛。○亢以私意窺[4]聖人, 疑必陰厚其子。

'亢'(강)은 음이 '剛'(강)이다. ○진강(陳亢)이 사사로운 생각으로 성인을 엿보고는, 틀림없이 자기 아들에게는 몰래 후하게 대했을 것으로 본 것이다.

161302、對曰:「未也[5]。嘗獨立, 鯉趨[6]而過庭[7]。曰:『學詩乎?[8]』對曰:『未也。』『不學詩, 無以[9]言。』鯉退而學詩[10]。

1《學而 제10장》'子禽'(자금) 참조.

2《古書虛字》'亦'는 '其'와 같다('亦'猶'其'也。);《北京虛詞》亦(역): 부사. 그래도. 의문문에 쓰여 의문의 어기를 강화한다('亦', 副词。用于疑问句中, 加强疑问语气。义即'可'。);《論孟虛字》'亦'은 '其'와 같다. 반문이나 추측을 표시하는 부사로, '大概'[대개. 아마도] '差不多'[거의]의 의미와 같다('亦', 猶'其'。是表反詰或反推的限制詞。和'大概''差不多'的意思相當。).

3《論語正義》'異聞'은 다른 가르침을 혼자서 받은 것을 말한다(正義曰: '異聞'者, 謂有異教獨聞之也。); 異聞(이문): 달리 들은 것이 있다. 들은 것이 다르다(别有所闻; 所闻不同); 聞(문): 받다(接受); 聞教(문교): 가르침을 받다(受教; 领教).

4 窺(규): 조그만 구멍이나 틈새로 또는 숨어서 훔쳐 보다(从小孔、缝隙或隐蔽处偷看。).

5 未(미): '未'는 과거를 부정하지, 장래를 부정하지 않는다는 점에서 '不'와 구별된다. 없었다. 지금까지 없었다. 아직까지 없었다(基本义: 没有; 不。"未"字否定过去, 不否定将来, 与"不"有别。) 相当于"没有"、"不曾"、"尚未").

6 趨(추): 빠른 걸음으로 걷다. 서둘러 가다. 종종걸음 하여 공경을 표시하는 일종의 예절. 연장자를 앞지르려고 할 때 빨리 걷는 걸음(本义: 快步走。趕著向前走。古代的一种礼节, 小步快走, 表示恭敬。古禮中走路欲超前長輩時的小步快走。).

7 [성]過庭之訓(과정지훈): 아버지가 자식을 가르치다. 부친의 가르침(用以指父亲的教诲。父親的訓導。); 燕巖 朴趾源의 아들 宗采가 아버지에 관한 기록을 쓴 책의 이름이《過庭錄》이다

8《陽貨 제10장》참조.

9《論語句法》'無以'는 '不能'의 뜻이다('無以'是'不能'的意思。).

10 [성]詩禮之訓(시례지훈): 부모에게 받은 가르침. 가르침을 좇아 받들다(子女遵承父亲的教诲。).

백어(伯魚)가 대답했다. "없었습니다. 예전에 아버님께서 뜰에 혼자 서계실 때에, 제가 종종걸음으로 뜰을 지나가고 있었습니다. 아버님께서, '시(詩)를 배웠느냐?'라고 물으시기에, '아직 배우지 못했습니다'라고 대답했더니, '시(詩)를 배우지 않으면, 말을 할 도리가 없다'고 말씀하셨습니다. 저는 물러 나와서 시(詩)를 배웠습니다."

事理通達, 而心氣和平, 故能言。

(시를 배우면) 사리에 통달하게 되고, 심기가 화평해지기 때문에, 말을 잘하게 된다.

161303、他日[11]又獨立, 鯉趨而過庭。曰:『學禮乎?』對曰:『未也。』『不學禮, 無以立。』鯉退而學禮。

다른 날 또 뜰에 혼자 서계실 때에, 제가 종종걸음으로 뜰을 지나가고 있었습니다. 아버님께서, '예(禮)를 배웠느냐?'라고 물으시기에, '아직 배우지 못했습니다'라고 대답했더니, '예(禮)를 배우지 않으면 설 도리가 없다'고 말씀하셨습니다. 저는 물러 나와서 예(禮)를 배웠습니다.

品節詳明[12], 而德性堅定[13], 故能立。

(예를 배우면) 예의범절에 대해 소상하고 분명하게 알게 되고, 덕성이 확고하게 정립되기 때문에, 설 수 있게 된다.

161304、聞斯二者。」[14]

---

11 《論孟虛字》 다른 날('他日'猶言'異日'。).

12 品節(품절): 신분에 따른 예법(谓按等级、层次而加以节制。); 詳明(상명): 소상하고 분명하게 알다(详细清楚明了).

13 堅定(견정): 확고하다. 견고하다. 흔들림 없다((立場、主張、意志等)穩定堅強; 不動搖。).

14 《論語集釋》 翟灝[1736~1788]의 《四書考異》에 말했다. "공자께서 백어에게 시를 배우라는 훈계의 말씀을 하신 것이, 별도로 《陽貨 제10장》에 보이고, 예를 배우라는 말씀이 별도로 《大戴禮記 · 勸學》에 보이는데, 그 글이 모두 같지 않은 것은, 대개 백어는 간략하게 기술했고, 기록한 자는 상세히 기술한

이 두 가지 가르침을 들었습니다."

當獨立之時, 所聞不過如此, 其無異聞可知。
뜰에 혼자 서계실 때에, 가르침을 들은 것이 이 정도에 불과하니, 그가 다른 가르침을 들은 게 없었다는 것을 알 수 있다.

161305、陳亢退而喜曰:「問一得三[15], 聞詩, 聞禮, 又聞君子之遠其子也[16]。」
진강(陳亢)이 물러 나와서 기뻐하면서 말했다. "한 가지를 물었는데, 세 가지 가르침을 얻어들었다. 시(詩)를 들었고, 예(禮)를 들었고, 또 군자께서는 자기 아들을 멀찍이 두셨다는 것을 들었다."

것이다"(翟氏考異: 夫子訓伯魚學詩之言, 別見後篇, 學禮之言別見大戴禮, 而其文皆不齊, 蓋伯魚述其略, 記者記其詳也。);《大戴禮記 · 勸學》 공자께서 말씀하셨다. "鯉아! 君子는 배우지 않으면 안 되고, 사람을 만날 때는 꾸미지 않으면 안 된다. 꾸미지 않으면 예모가 없고, 예모가 없으면 공경하지 않고, 공경하지 않으면 예가 없고, 예가 없으면 서지 못한다. 멀리서도 빛나는 것은 꾸밈의 효과이고, 가까이서는 더욱 밝은 것은 학문의 효과이다. 비유하면 움푹 파인 곳과 같아서, 빗물이 거기에 흘러들어 고이면, 왕골이나 부들이 자라는데, 위에서 볼 때, 누가 그 고인 물을 샘물이 아니라고 보겠느냐?"(孔子曰: 鯉君子不可以不學, 見人不可以不飾。不飾無貌, 無貌不敬, 不敬無禮, 無禮不立。夫遠而有光者, 飾也; 近而逾明者, 學也。譬如洿邪, 水潦灟焉, 莞蒲生焉, 從上觀之, 誰知其非源泉也?).

15 [성]問一得三(문일득삼): 한 가지를 물었는데 세 건의 해결 방법을 얻다. 조금 부탁했는데 많이 얻다(问一件事却得到解决三件事的办法。形容求少得多。).

16《論語正義》司馬光[1019~1086]의《家範》에서 이 장을 인용해 말하기를, '遠은 자식을 소원하게 대한다는 것이 아니고, 때를 정해놓고 만나고 예를 갖춰서 만나지, 아침저녁 가리지 않고 히히덕거리면서 허물없이 예의를 갖추지 않고 대하지 않는다는 것을 말한다'고 했다. 내 생각에, '家人有嚴君'[易經 · ䷤家人 · 彖傳]이 '遠'이 가리키는 뜻이다.《白虎通義 · 五行》에, '군자는 자식은 멀리하고 손자는 가까이 한다'고 했는데, 이것이 그 뜻이다(正義曰: '遠其子'者, 司馬光家範引此文說云: "遠者, 非疏遠之謂也, 謂其進見有時, 接遇有禮, 不朝夕嘻嘻相褻狎也。" 案: ……所謂"家人有嚴君"者, 是之謂遠。白虎通五行篇云: "君子遠子近孫。" 此其義也。);《易經 · ䷤家人 · 彖傳》 한 집안에서, 여자는 안에서 바르게 자리하고, 남자는 밖에서 바르게 자리하여, 남녀가 바르게 자리하는 것이 천지의 大義이다. 한 집안에 嚴君이 계시니, 부모를 말한다. 父父 · 子子 · 兄兄 · 弟弟 · 夫夫 · 婦婦하고서, 家道가 바르게 될 것이니, 집안을 바르게 하고서 천하가 자리 잡힐 것이다(家人, 女正位乎內, 男正位乎外, 男女正, 天地之大義也。家人有嚴君焉, 父母之謂也。父父, 子子, 兄兄, 弟弟, 夫夫, 婦婦, 而家道正; 正家而天下定矣。);《論語新解》'遠'는 특별히 후대한 게 없는 것을 말한다. 옛사람들은 자식을 바꿔 가르쳤지만[孟子 · 離婁上 제18장], 자기 자식을 소원하게 대한 것은 아니었다(远谓无私厚, 非疏义。古者易子而教, 亦非疏其子。).

遠, 去聲。○尹氏曰:「孔子之教其子, 無異於門人, 故陳亢以爲遠其子。」
'遠'(원)은 거성[yuàn]이다. ○윤씨(尹氏 · 尹彥明)가 말했다. "공자(孔子)께서 자기 아들을 가르치시는데, 문인들과 별다르게 대한 게 없었기 때문에, 진강(陳亢)이 공자(孔子)께서 자기 아들을 멀찍이 두셨다고 여긴 것이다."

[邦君之妻章*]

161401、邦君之妻, 君稱之曰[1]夫人, 夫人自稱曰 小童[2]; 邦人稱之曰 君夫人, 稱諸異邦曰 寡小君[3]; 異邦人稱之亦曰 君夫人。[4, 5]

나라의 임금의 아내에 대해, 임금은 그녀를 호칭하기를 부인(夫人)이라고 하고, 부인(夫人)은 (남편인 임금에게) 자기를 호칭하기를 소동(小童)이라고 하고, 나라 사람들은 그녀를 호칭하기를 군부인(君夫人)이라고 하고, (나라 사람들이) 다른 나라 사람들에게 그녀를 호칭하기를 과소군(寡小君)이라고 하고, 다른 나라 사람들은 그녀를 호칭하기를 또한 군부인(君夫人)이라고 한다.

寡, 寡德, 謙辭。

'寡'(과)는 갖추고 있는 덕이 적다는 것으로, 겸손한 말이다.

○吳氏曰:「凡語中所載如此類者, 不知何謂。或古有之, 或夫子嘗言之, 不可考也。」[6]

1《論語詞典》曰 (왈): ~라 부르다. ~이다(叫做, 爲, 是。);《論孟虛字》'曰'은 '爲'와 같다. '謂之'의 뜻이다('曰', 猶'爲'。即'謂之'之意。).

2 小童(소동): 임금의 부인의 자칭(古代國君夫人的自稱。).

3 寡小君(과소군): 다른 나라 사람들에 대한 자기 나라 임금의 부인의 겸칭. 제후에 대한 임금부인의 자칭(古代對別國人謙稱本國國君的夫人。古代國君夫人對諸侯的自稱。); 小君(소군): 제후의 처. 황후(周代稱諸侯之妻。稱皇后。).

4《論語集解》이 당시, 제후의 正室과 妾室의 위계가 바르지 못하고, 호칭이 분명치 않아서, 공자께서 그 예법을 바로잡아 말씀하신 것이다(注: 孔安國曰: 當此之時, 諸侯嫡妾不正, 稱號不審, 故孔子正言其禮也。).

5《禮記·曲禮下》天子의 배우자는 后, 諸侯의 배우자는 夫人, 大夫의 배우자는 孺人, 士의 배우자는 婦人, 庶人의 배우자는 妻라 한다. 公侯에게는 夫人이 있고, 世婦[궁의 빈객·제사업무를 관장한다]가 있고, 妻[궁의 임금의 침전을 관장한다]가 있고, 妾[여자 노예]이 있다. 夫人은 천자에게는 자기를 老婦라 칭하고, (향연을 베푸는 자리에서) 다른 나라 임금에게는 자기를 寡小君이라 칭하고, 자기 임금에게는 자기를 小童이라 칭한다. 世婦 이하는 자기를 婢子라 칭한다. 자식은 부모 앞에서는 자기를 이름으로 칭한다(天子之妃曰后, 諸侯曰夫人, 大夫曰孺人, 士曰婦人, 庶人曰妻。公侯有夫人, 有世婦, 有妻, 有妾。夫人自稱於天子, 曰老婦; 自稱於諸侯, 曰寡小君; 自稱於其君, 曰小童。自世婦以下, 自稱曰婢子。子於父母則自名也。).

6《論語大全》이 장은 이름을 바로잡는다는 뜻이다. 춘추시대에 妾인 어머니를 夫人이라 한 경우가 많았는데, 심지어 妾을 夫人이라 하기도 했다(南軒張氏曰: 此正名之意也。春秋時以妾母爲夫人者多矣, 甚則以妾爲夫人。).

○오씨(吳氏·吳棫)가 말했다. "대체로 《논어》(論語) 안에 실려 있는 이와 같은 부류의 글들은, 무엇을 말한 것인지를 모르겠다. 혹 옛적에 이런 일이 있었다는 것인지, 혹은 선생님께서 예전에 말씀하신 적이 있었다는 것인지, 고찰할 수 없다."

《陽貨 第十七》

凡二十六章。

모두 26장이다.

[陽貨欲見孔子章]

170101、陽貨[1]欲見孔子, 孔子不見, 歸[2]孔子豚[3]。孔子時其亡[4]也, 而[5]往拜之, 遇諸塗[6]。

양화(陽貨)가 공자(孔子)를 만나보고자 했는데, 공자(孔子)께서 찾아오지 않으시자, 공자(孔子)께 삶은 돼지를 예물로 보냈다. 공자(孔子)께서는 양화(陽貨)가 집에 없는 때를 기다려, 그의 집에 가서 감사 인사를 하고, 돌아오는 도중에 길에서 그와 마주치셨다.

歸[7], 如字, 一作饋。○陽貨, 季氏家臣, 名虎。嘗囚季桓子[8]而專國政。欲令孔子來見己,

---

1 陽貨(양화): 名 虎, 字 貨. 계씨 가의 정사를 장악한 권신으로, BC 505 계평자가 죽고 나서 노나라 국정을 전횡했다. BC 502 공산불요와 공모하여, 계환자를 가두고 삼환의 적자들을 죽이고 서자를 대신 세우려다, 계환자가 탈출하고 삼환이 공동공격하자 晋나라로 달아났다;《論語正義》양호가 정공 8년[BC 502] 겨울에 노나라에 반기를 들었는데, 이때 공자의 연세가 51세였다. 이 장의 대화는 그 전의 일로, 이때 역시 50세에 가까웠다(正義曰: 陽虎於定八年冬叛魯, 孔子年五十一。此語在未叛魯前, 時孔子年亦近五十。);《補正述疏》양호가 공자를 만나보고자 한때는, 정공 7년[BC 503] 연간에 있었다(述曰: 其欲見孔子, 當在定七年間矣。).

2《論語義疏》'歸'(귀)는 '餉'(향)[음식물을 보내다]과 같다(疏: 歸, 猶餉也。); 歸(귀): =饋(궤). 선물로 보내다. 증정하다(贈送。通'饋'。).

3《孟子 · 滕文公下 제7장》에는 '蒸豚'(증돈) 즉 '삶은 돼지'로 되어 있다;《論語注疏》'豚'은 작은 돼지이다(疏: 正義曰: 豚, 豕之小者。).

4《論語正義》《廣雅 · 釋詁》에는 '覩(도)[목도하다]는 視(시)이다'라고 했고, 王念孫[1744~1832]의《廣雅疏證》에는 논어의 이 글을 인용해서, '時와 覩는 같다'고 했고,《廣雅 · 釋言》에는 '時는 伺(사)[엿보다]이다'라고 했다(正義曰: 廣雅釋詁: "覩, 視也。"王氏念孫疏證引此文謂"時"與"覩"同。釋言篇: "時, 伺也。");《古今注》'時'는 엿보고 그에 편승하는 것을 말한다(時, 謂伺而乘之也。);《論語集釋》韓愈 · 李翺가 지은《論語筆解》에서 한유가 말했다. "'時'는 '待'[기다리다]로 써야 맞다"(韓李筆解: 韓曰 '時'當爲'待'。);《論語義疏》'亡'은 '無'이다. 양호가 집에 없는 때를 말한다(疏: 亡, 無也。無謂虎不在家時也。);《論語詞典》亡(망): 동사. 외출하다(動詞, 出外。).

5《文言語法》而(이): 순승접속사. 이후에(顺承连词。而后。);《論語詞典》而(이): 시간이 바로 이어짐을 표시한다(表時間的緊接。).

6《論語正義》《春秋穀梁傳 · 隱公8年》에, '예기치 않게 마주치는 것을 遇(우)라 한다'고 했다(正義曰: 穀梁傳: "不期而會曰遇。"); 遇(우): 상봉하다. 우연히 마주치다(本义: 相逢, 不期而会。);《論語集解》'塗'(도)는 '道'[길]이다(注: 孔安國曰: 塗, 道也。);《論語義疏》一說: 양호가 삶은 돼지를 보냈을 때, 공자께서 부재중이었기 때문에, 가서 양호에게 감사 인사를 한 것이다(疏 一家通云: 餉豚之時, 孔子不在, 故往謝之也。).

7 歸(귀): [guī] 출가하다. 돌아오다. 귀부하다(女子出嫁。返回。依附, 趋向。); [kuì] 선물을 보내다. =饋(贈送。通「馈」。).

而孔子不往。貨以禮[9], 大夫有賜於士, 不得受於其家, 則往拜其門[10]。故瞰[11]孔子之亡而歸之豚, 欲令孔子來拜而見之也。

'歸'(귀)는 본래 음[kuì]대로 읽는데, 어떤 책에서는 '饋'(궤)로 되어 있다. ○'陽貨'(양화)는 계씨(季氏)의 가신으로, 이름이 호(虎)이다. 예전에 계환자(季桓子)를 가두고 국정을 전횡한 적이 있었다. 공자(孔子)로 하여금 와서 자기를 만나게 하고 싶었지만, 공자(孔子)께서 가지 않으셨다. 양화(陽貨)는 예법에, '대부가 선비에게 예물을 하사했는데, 선비가 자기 집에서 손수 받지 못했으면, 대부의 집을 찾아가 감사 인사를 한다'고 한 점을 이용했다. 그래서 공자(孔子)께서 집에 계시지 않는 틈을 엿보아서 삶은 돼지를 선물로 보내, 공자(孔子)로 하여금 감사 인사를 하러 오게 해서 만나보려고 했던 것이다.

170102、謂孔子曰:「來!予與爾言。」曰:「懷其[12]寶而迷其邦[13], 可謂仁乎?」曰[14]:「不可。」

8《春秋左傳 · 定公 5年》[BC 505] 6월에 계평자가 죽고 9월에 양호가 계환자를 가둔 일이 나온다.

9《論語集釋》劉台拱[1751~1805]의《論語騈枝》에 말했다:《禮記 · 玉藻》에, '대부가 손수 선비에게 선물을 보내면, 선비는 절하고 받고, 또 대부의 집에 가서 절을 한다'고 했고, 또 '신분이 같은 사람이 선물을 보냈는데, 부재중이어서 직접 받지 못했으면, 선물을 보낸 사람의 집에 가서 절을 한다'라고 했다. 대부가 선비에게 선물을 보낸 경우에는, 선비는 집에서 절하고 받고, 또 대부의 집에 가서 절하니, 이는 두 번 절하는 것이다. 신분이 같은 사람이 선물을 보낸 경우에는, 집에서 절하고 받으면 되고, 부재중이어서 손수 받지 못했으면, 뒤에 그의 집으로 가서 절하니, 이것은 한번 절하는 것이다. 이로 보건대, 양호가 삶은 돼지를 보내면서 공자가 부재중일 때를 기다렸으니, 바로 신분이 같은 사람이 선물을 보낸 경우의 예법을 써서 공자를 자기 집에 오게 하려 했던 것이고, 공자께서도 역시 신분이 같은 사람이 선물을 보낸 경우의 예법을 써서 양호가 부재중일 때를 기다려 감사 인사를 하러 간 것이다. 맹자는 한 번 절하는 것을 대부가 선비에게 선물을 보낸 경우의 예법으로 여겼는데,《禮記 · 玉藻》에서 말한 예법과 맞지 않다(論語騈枝: 玉藻曰: '大夫親賜士, 士拜受, 又拜於其室。' 又曰: '敵者不在, 拜於其室。' 說者謂大夫賜士, 士拜受於家, 又就拜於大夫之家, 是爲再拜。敵者之賜, 但拜受於家而已, 不得受於其家, 然後就拜於其家, 則一拜也。由是言之, 陽虎饋豚而矙孔子之亡, 正欲以敵者之禮致孔子, 而孔子亦以敵者之禮拜貨……孟子以一拜爲大夫賜士之禮, 與玉藻不合……。).

10《孟子 · 滕文公下 제7장》양화는 공자를 불러 만나고 싶었지만, 무례를 범하기를 싫어했다. 대부가 선비에게 보내는 예물을 선비가 자기 집에서 손수 받지 못했으면, 선비는 대부의 집을 찾아가서 절을 한다. 양화는 공자가 집에 없는 틈을 엿보아 공자에게 삶은 돼지를 선물로 보내자, 공자도 그가 집에 없는 틈을 엿보고는 그의 집을 찾아가서 절을 했다. 이 당시에 양화가 예를 갖춰 먼저 공자를 찾아왔다면 공자께서 어찌 만나지 않았겠느냐?(孟子曰: 陽貨欲見孔子而惡無禮, 大夫有賜於士, 不得受於其家, 則往拜其門。陽貨矙孔子之亡也, 而饋孔子蒸豚; 孔子亦矙其亡也, 而往拜之。當是時, 陽貨先, 豈得不見?); 拜門(배문): 상대방의 집을 방문하여 절을 하다(登门拜谢).

11 瞰(감): 보다. 엿보다(本义: 视; 看。窥视。).

「好從事而亟失時[15], 可謂知乎?」曰:「不可。」「日月[16]逝矣, 歲不我與[17]。」孔子

12 其(기): 상황이 가리키는 · 언급한 · 인식한 바에 근거한 그 사람 · 사물 · 의사 · 시간의(根据情况所指的,提到的或认为的那个[人, 物, 意思或时间] 的。).

13 [성]懷寶迷邦(회보미방): 재덕을 지니고 있으면서도 국가를 위해 힘을 바치지 않아 혼란에 빠지게 내버려 두다(怀宝: 具有才德; 迷邦: 让国家迷乱。旧指有才德而不出来为国家效力。懷有才德卻聽任國家陷於混亂狀態。); 懷(회): 그리워하다. 생각하다. 생각을 가슴속에 숨기다. 가슴. 품안(本义: 想念, 怀念。心里存有; 怀藏。胸口; 怀抱里。);《百度漢語》《論語集解》에서 마융이, '공자가 벼슬하지 않는 것이 懷寶이고, 나라가 다스려지지 않고 있음을 알면서도 정치하지 않는 것이 迷邦이다'라고 했는데, 후에 이 때문에 '迷邦'은 정치에 종사하는 것을 탐탁하게 여기지 않고 숨어서 벼슬하지 않는 것을 가리키게 되었다(何晏集解引馬融曰: 言孔子不仕是懷寶也。知國不治而不爲政是迷邦也。后因以"迷邦"指不肯从政, 隐居不仕。);《論語義疏》'寶'는 '道'와 같다(疏: 寶, 猶道也。);《論語正義》胡紹勳[1789~1862]의《四書拾義》에 말했다. "어떤 사람은, '身'은 '寶'로,《老子》의 '적을 경시하면 내 寶를 잃을 것이다'에 대한 河上公의 注에, '寶는 身이다'라고 한 것과 같다고 말했다. '懷其寶'는 자기 몸을 감춘다는 말이다"(正義曰: 胡氏紹勳拾義: "或謂身爲寶, 如老子: '輕敵幾喪吾寶。' 注云: '寶, 身也。'…… 懷其寶, 謂藏其身。).

14《論語義疏》'曰 不可'는, 양호의 말을 알아들었기 때문에, 공자께서 겸손한 말로 자리를 피하고자 답하신 것으로, 이는 인한 사람이라 평할 수 없다는 말이다(疏: 曰 不可者, 孔子曉虎之言, 故遜辭求免而荅云不可也, 言不可謂此爲仁人也。);《論語集釋》毛奇齡[1623~1716]의《論語稽求篇》에 말했다. "明儒 郝京山[郝敬][1559-1639]이 말하길, '이 장은 '孔子曰' 이하가 비로소 공자의 말씀이다. 공자께서 답하신 말씀은 다만 이뿐이기 때문에, 기록한 자가 특별히 '孔子曰' 세 글자를 붙여서 구별한 것이다'라고 했다. 천년 동안 불분명했던 뜻이, 어느 날 아침에 갑자기 환히 깨우쳐졌으니, 가히 참으로 쾌하다 할 만하다. 게다가 양화는 공자와 친해지고자 해서, 하는 말이 번잡스러울 정도로 주절주절했지만, 공자께서는 거절하지 않는 말로써 그의 청을 거절하기를, 다섯 글자만으로 답하면서, 결코 '諾' 한 글자를 따로 떼어 답하지 않았으니, 그날의 사정을 깨치는 데 더욱 상상할 수 있게 한다"(論語稽求篇: 此章至『孔子曰』下纔是孔子語。孔子答語祇此耳, 故記者特加孔子曰 三字以別之。千年夢夢, 一旦喚醒, 可爲極快。且貨求親夫子, 詞語絮絮, 而夫子以不絕絕之, 祇作五字答, 並不別綴一字, 覺於當日情事尤爲可念。);《經典釋詞》한 사람이 묻고 스스로 답하는 경우에, '曰'字를 붙여 묻는 말과 답하는 말을 구별한다(有一人之言而自爲問答者, 則加'曰'字以別之。);《疑義舉例》문답하는 말은 '曰'字를 써서 기록하는 것이 상례이다. 한 사람의 말 중간에 '曰'字를 추가하여 자문자답하는 경우가 있는데, 이 경우는 변례이다. "'懷其寶而迷其邦, 可謂仁乎?' 曰: '不可。'"와 "'好從事而亟失時, 可謂知乎?' 曰: '不可。'"에서, 두 '曰'字 다음의 말은 여전히 양화의 말이고, '孔子曰'부터 비로소 공자의 말이 시작된다. 기록자가 특별히 '孔子曰'을 붙인 것은, 위의 두 번의 '曰不可'가 공자의 말이 아니라는 것을 분명히 한 것이다(凡問答之辭, 必用曰字, 紀載之恒例也。乃有一人之辭中加曰字自爲問答者, 此則變例也。"'懷其寶而迷其邦, 可謂仁乎?' 曰: '不可。'"、"'好從事而亟失時, 可謂知乎?' 曰: '不可。'" 兩曰 字仍是陽貨語, 直至'孔子曰', 始爲孔子語……記人於下文特著'孔子曰', 則上文兩'曰不可', 非孔子語明矣。).

15《論語集解》공자께서 이리저리 바쁘게 옮겨 다니면서 정치에 종사하기를 좋아하면서도 자주 때를 만나지 못하고 놓쳤으니, 지혜롭지 않다는 말이다(注: 孔安國曰: 言孔子栖栖好從事, 而數不遇失時, 不爲有智也。);《論語義疏》'亟'(기)는 '數'[자주]이다(疏: 亟, 數也。);《北京虛詞》亟(기): 부사. 여러 차례. 번번이. 동작이 여러 번 거듭되는 것을 표시한다('亟', 副词。表示动作的多次重复。义即'屡次'、'多次'、'每每'。).

16《論語詞典》日月(일월): 시간(光陰。).

17 [성]歲不我與(세불아여): 세월은 사람을 기다려주는 것이 아니다. 때맞춰 떨쳐 일어나 적극적으로

曰:「諾。吾將仕矣[18]。[19]」

양화(陽貨)가 공자(孔子)께 말했다. "이리 오시지요! 내가 그대에게 할 말이 있습니다." 양화(陽貨)가 말했다. "그 같은 훌륭한 보배를 간직해둔 채 자기 나라를 혼미하게 놔둔다면, 인(仁)하다 할 수 있겠습니까?" 공자(孔子)께서 답했다. "인(仁)하다 할 수 없습니다." "정치에 종사하고 싶어 하면서도 번번이 때를 놓친다면, 지혜롭다 할 수 있겠습니까?" 공자(孔子)께서 답했다. "지혜롭다 할 수 없습니다." "시간은 흘러가 돌아오지 않고, 세월은 나를 기다려주지 않습니다." 공자(孔子)께서 말씀하셨다. "알겠습니다. 제가 장차 벼슬을 할 생각입니다."

好, 亟[20], 知, 並去聲。○懷寶迷邦, 謂懷藏[21]道德, 不救國之迷亂。亟, 數也。失時, 謂不及

일해야 한다(年岁是不等人的。表示应该及时奋起, 有所作为。);《論語義疏》'逝'(서)는 '速'[빠르다]이다. 세월은 가만있지 않고, 빨리 지나가서 사람을 기다려주지 않는데, 어찌 그 같은 훌륭한 보배를 간직하고서 늙도록 벼슬하지 않는가라는 말이다. '我'는 '我孔子'[우리 孔子]이다(疏: 逝, 速也。言日月不停, 速不待人, 豈得懷寶至老而不仕乎? 我, 我孔子也。);《論語注疏》'逝'는 '往[가다]'이다(疏: 正義曰: 逝, 往也。); 歲(세): 년, 시간(年。指时间。); 與(여): 뒤따르다. 가까이 달라붙다. 기다리다(随从; 随着。等候, 等待。);《古今注》與(여): 잘해주다. 도와주다["세월은 나를 도와주지 않는다"](與, 善也, 助也。);《論語句法》'與'는 '等待'[기다리다]의 뜻으로, 술어로 쓰였다. '我'는 목적어이고, 이 문장은 부정문이고, '我'는 또 지칭사여서, 술어 '與' 앞으로 당겨진 것이다('與'是'等待'的意思, 做述語。'我'是止詞, 這句是否定句, 而'我'又是指稱詞, 所以提前了。).

18《北京虛詞》矣(의): 어기사. 동작이 머지않아 시행되거나 상황이 곧 출현함을 표시한다('矣', 语气词。表示动作即将施行或情况即将出现。义即'了'。);《王力漢語》矣(의): 동작의 변화발전의 상태를 표시하는 어기사. 사태발전의 현 단계가 새로운 상황임을 다른 사람에게 알린다. 어떤 상황이 장래 출현할 것으로 예상될 경우에도 '矣'字를 써서 새로운 상황이 닥칠 것을 알리는 역할을 한다(表示動態的語氣詞。'矣'字總是把事物發展的現階段作爲新的情況告訴別人。有時候, 某一情況還沒有出現, 但是預料它將會出現, 用'矣'字也是把它當作新的情況告訴別人。).

19《論語義疏》공순한 말씀으로 해를 피하신 것이다(注: 孔安國曰: 以順辭免害也。);《論語正義》'吾將仕'는, 나로서는 당연히 벼슬에 나갈 것이라는 말이다.《春秋左傳 · 僖公23年》에 '신하명부에 이름을 올리고서, 임금에게 자기 몸을 맡길 것을 표시한다'고 했고, 服虔[東漢人]의《春秋左氏解誼》에 '옛날에 벼슬을 처음 할 때, 반드시 먼저 신하명부에 이름을 기록하고, 임금에게 자기 목숨을 맡겼다'고 했다. 그렇다면 공자가 '將仕'라고 한 것은 뜻이 역시 '策名委質'로, 지금의 吏部에 관리로 선발될 후보자로서 이름을 제출하는 제도와 같다(正義曰: '吾將仕'者, 言己當就仕也。左僖二十三年傳: "策名委質。" 服虔解誼: "古者始仕, 必先書其名於策, 委死之質於君。" 然則夫子言"將仕", 意亦策名委質, 如今時投選報吏部矣。).

20 亟(기/극): [qì] 누차. 자주. 매번(屢次, 每每。); [jí] 긴급하다. 절하다(紧急, 急切。).

21 懷藏(회장): 숨기다. 거두어 깊이 감추다(隱藏; 收藏。).

事幾[22]之會。將者, 且然[23]而未必之辭。

'好'(호)와 '亟'(기)와 '知'(지)는 모두 거성[hào; qì]이다. ○'懷寶迷邦'(회보미방)은 도덕을 간직하고 있으면서, 나라의 혼미하고 어지러운 상황을 구제하지 않는 것을 말한다. '亟'(기)는 '자주'[數]이다. '失時'(실시)는 '일할 기회를 놓치다'라는 말이다. '將'(장)이라는 것은 '머지않아서 그러겠지만 꼭 그리하겠다는 것은 아니다'라는 말이다.

貨語皆譏孔子而諷[24]使速仕。孔子固未嘗如此, 而亦非不欲仕也, 但不仕於貨耳。故直[25]據理答之, 不復與辯, 若不諭其意者。[26]

양화(陽貨)의 말은 모두 공자(孔子)를 조롱하여 완곡하게 그로 하여금 속히 벼슬을 하라고 한 말이다. 공자(孔子)께서는 결코 이제까지 이런 (양화(陽貨)가 한 말처럼 하신) 적이 없으셨지만, 그렇다고 벼슬하려 하지 않으신 것도 아니었고, 다만 양화(陽貨)에게서 벼슬하고 싶지 않으신 것뿐이었다. 그래서 다만 일반적인 사리 상에 근거해서 ('인하다 할 수 없다', '지혜롭다 할 수 없다', '벼슬할 생각이다'라고만) 답하시고, 더 이상 (그가 한 말에 대해) 함께 변론하시지 않아, 당신의 생각을 표명하지 않은 것처럼 하신 것이다.

○陽貨之欲見孔子, 雖其善意, 然不過欲使助己爲亂耳[27]。故孔子不見者, 義也。其往拜

22 事幾(시기): 일할 시기나 기회(行事的時機。).

23 且然(차연): 또한 장차 이럴 것이다(亦将如此。); 且(차): 머지않아. 장차(将要).

24 諷(풍): 완곡하고 은미하게 말하다. 질책하다(婉言微辞或指责).

25 直(직): 다만. 단지~불과하다(副詞。特; 但; 只不過。).

26《論語大全》'不復與辯'은, 결코 이런 (양화가 한 말처럼 하신) 적이 없다고 변론하지 않은 것이다. 대개 양호는 거칠고 난폭했지만, 그가 공자와 한 말은, 그래도 이치에 어긋난 말이 없었다. '懷寶'라 한 것은 공자를 존귀하게 여겨서 한 말이고, '亟失時'라 한 것은 공자를 안타까워해서 한 말이었다. '仁'을 말하고 '知'를 말한 것 역시 전에 공자의 말씀을 들은 적이 있어서이고, 그래서 멍청하니 전혀 모르는 것은 아니었다. 이는 본디 성인의 성덕의 모습에서 그가 느낀 것이 있었다는 것으로, 그래서 선생님도 바른 이치에 근거해서 답하신 것이다(慶源輔氏曰: 不復與辯者, 不與辯已固未嘗如此……蓋陽虎雖暴戾, 然其與夫子言, 亦未嘗悖違乎理也。曰懷寶, 則貴之矣, 曰亟失時, 則惜之矣。曰仁曰知, 則亦嘗聞其說, 而非懵然全不曉矣。此固聖人盛德之容儀有以感之, 故夫子亦據直理答之。);《論語新解》애초부터 양화가 말한 바의 의도를 모르는 것처럼 해서, 변론하지 않고, 다만 장차 벼슬할 생각이라고만 하신 것이다(初若不知阳货所言之用意, 亦不为口辩说, 只言将仕。).

27《古今注》陳眉公[1558~1639]이 말했다. "계평자는 소공을 축출했고, 계환자는 그 나쁜 짓을 대를 이어 계승해, 임금에게 무례했으니, 공론이 용납하지 않는 일이었다. 어느 날 갑자기 계환자가 양호에 의해 구금되자, 양호는, 이 일은 인심이 모두 쾌하게 여길 것이고, 공자는 (三桓을 제거하고) '張公室'(공

者, 禮也。必時其亡而往者, 欲其稱也。遇諸塗而不避者, 不終絶也。隨問而對者[28], 理之直也。對而不辯者, 言之孫而亦無所詘[29]也。

○양화(陽貨)가 공자(孔子)를 만나고자 한 것은, 비록 그것이 좋은 의도였을지라도, 공자(孔子)로 하여금 자기를 돕게 해서 난을 일으키려는 것에 불과했다. 그렇기 때문에 공자(孔子)께서 만나지 않으신 것은 의(義)에 합당한 것이었다. 공자(孔子)께서 감사 인사를 가신 것은 예(禮)에 부합한 것이었다. 반드시 양화(陽貨)가 집에 없는 때를 기다려 가신 것은, 양화(陽貨)가 한 행동에 걸맞게 하시려는 것이었다. 그와 길에서 마주쳤는데 피하지 않으신 것은, 그와의 관계를 끝까지 단절하지는 않으신 것이었다. 질문에 따라 ('인하다 할 수 없다', '지혜롭다 할 수 없다', '벼슬할 생각이다'라고) 답하신 말씀은, 이치 그대로 대답하신 것이었다. 답하시고 변론하지 않으신 것은, 말씀은 공손히 하시되 그럼에도 굽힌 것은 없으신 것이었다.

楊氏曰:「揚雄謂[30]孔子於陽貨也, 敬所不敬, 爲詘身以信道[31]。非知孔子者。蓋道外無身,

실의 힘을 신장시킨다)을 바라고 있었을 것이니, 당연히 이번 기회를 만나서 나에게 벼슬을 할 것이라고, 필시 스스로 생각했을 것이니, 이것이 공자를 만나려 한 의도였다. 송나라 학자들은 '공자로 하여금 자기를 돕게 해서 난을 일으키려 한 것이다'라고 했는데, 양호가 어찌 이 난을 일으킬 것을 자임했겠는가?"(陳眉公云: 季平子逐昭公, 桓子世濟其惡, 無禮于君, 公論所不容。一旦爲貨所囚, 貨必自謂'此人心所共快, 孔子欲張公室, 當際此時而仕於我'此欲見孔子之意也。宋儒謂'其欲附己爲亂'貨豈自任是亂耶?).

28 주희는, 두 번의 '曰「不可」'를 양화의 자문자답으로 보지 않고, 양화의 질문에 대한 공자의 답변으로 보고 있다.

29 詘(굴): 굽히다(通'屈'。弯曲).

30《揚子法言 · 五百》어떤 사람이 물었다. "성인께서도 남에게 굽힌 일이 있었습니까?" 대답했다. "있었습니다." "누구에게 굽혔습니까?" "중니는 남자에 대해서는 만나보고 싶지 않았고, 양호에 대해서는 공경하고 싶지 않았습니다. 만나서는 안 되는 자를 만났고, 공경해서는 안 되는 자를 공경했으니, 굽힌 것이 아니고 무엇이겠습니까?" "위영공이 진법을 물었는데 그때는 어찌 굽히지 않았습니까?" "몸을 굽힌 것은 장차 이로써 도를 펴려고 해서였습니다. 도를 굽혀서 몸을 펴는 경우라면, 천하를 받는 일일지라도 하지 않았을 것입니다"(或問: '聖人有詘乎?' 曰: '有。' 曰: '焉詘乎?' 曰: '仲尼於南子, 所不欲見也; 陽虎, 所不欲敬也。見所不見, 敬所不敬, 不詘如何?' 曰: '衛靈公問陳, 則何以不詘?' 曰: '詘身, 將以通道也。如詘道而信身, 雖天下不爲也。');《論語大全》양호는 악인이니, 본시 만나서는 안 되는데, 공자께서 그럼에도 만나셨으니, '몸을 굽혔다'에 가깝기는 하다. 그렇지만 성인께서는 예에 합당하게 그를 만나신 것이니, 굽힌 것이 아님을 알지 못했다(朱子曰: 虎是惡人, 本不可見, 孔子乃見之, 亦近於詘身。却不知聖人是禮合去見他, 不爲詘。).

31 詘身(굴신): 자기 신분을 낮추다. 자기 뜻을 굽혀 남을 따르다(降低自己的身分; 委屈自己。);《論語大全》'信'은 如字이다(信, 如字。); 信(신): 'shēn'으로 읽을 때는 '伸'과 같다. 펴다. 나타내다(读作'shēn'时古同'伸', 是舒展开, 表白的意思。).

身外無道[32]。身詘矣而可以信道, 吾未之信也。」

양씨(楊氏 · 楊中立)가 말했다. "양웅(揚雄)이, 공자(孔子)가 양화(陽貨)를 대한 태도를 평하기를, '공경하고 싶지 않은 사람을 공경한 것은, 몸가짐을 굽혀 이로써 도를 펴려고 해서였다'고 했다. 공자(孔子)를 아는 자가 아니다. 대개 도를 벗어나서는 몸가짐이란 없고, 자기 몸을 벗어나서는 도가 없다. (몸가짐이 굽으면 도 역시 굽고, 몸가짐을 펴면 도 역시 펴지는 것이지) 몸가짐이 굽어졌는데 이로써 도를 펼 수가 있다니, 나는 믿지 못하겠다."

32《中庸 제1장》도라는 것은, 잠깐이라도 벗어날 수 없으니 벗어날 수 있는 것이라면 도가 아니다(道也者, 不可須臾離也, 可離非道也。).

[性相近章]

170201、子曰:「性相近也, 習[1]相遠也。[2]」[3]

1 習(습): 습성. 습관. 습에 물들다. (나쁜 습관이) 몸에 배다(习性; 习惯。习染).

2《論語集解》군자는 (나쁜) 습에 물드는 것을 조심해야 한다(注: 孔安國曰: 君子愼所習也。);《論語義疏》性이란 품부 받아서 태어나는 것이고, 習이란 태어난 후 온갖 거동과 늘상 하던 소행이 습관이 된 것이다. 사람은 모두 천지의 기를 품부 받아서 태어나는데, 비록 후박의 차이가 있을지라도, 똑같이 받은 기이기 때문에, '相近'이라 한 것이다. 인식이 생기면서, 우연히 선한 친구를 만나서는 서로 본받아 선하게 되고, 나쁜 친구를 만나서는 서로 본받아 악하게 된다. 선악의 차이가 생겼기 때문에, '相遠'이라 한 것이다. 그래서 范甯[약339~약401]은 '사람이 태어나서 고요한 마음은 天之性이고, 외물에 감응되어 움직이는 마음은 性之欲인데[禮記 · 樂記], 이것이 '相近'이고, 공자의 가르침에 물들어 군자가 되고, 申不害 · 商鞅의 술수에 물들어 소인이 되는 것, 이것이 '相遠'이다'라고 했다(性者人所稟以生也, 習者謂生後有百儀, 常所行習之事也。人具稟天地之氣以生, 雖復厚薄有殊, 而同是稟氣, 故曰相近也。及至識, 若值善友, 則相効爲善, 若逢惡友, 則相効爲惡。惡善既殊, 故云相遠也。故范甯曰人生而靜, 天之性也, 感於物而動, 性之欲也, 斯相近也。習洙泗之教爲君子, 習申商之術爲小人, 斯相遠也。). 그렇지만 情과 性의 뜻은 설명하는 자마다 다르고, 게다가 한 쪽 주장에만 의존한다. 예전에는 性은 生이고 情은 成이라 풀이했다. 性은 태어나면서 지니기 때문에 生이고, 情은 욕심이 일어나 움직여 드러나는 일이기 때문에 成이라 했다. 그렇지만 性에는 선악은 없지만 후박[濃薄]이 있고, 情에는 욕심이 있고 선악[邪正]이 있다. 性은 이미 온전한 상태로 받아서 태어나, 아직 用에 관련되지 않아, 선 · 악이란 이름을 붙일 수 없기 때문에, 性에는 선악이 없다(然情性之義說者不同, 且依一家。舊釋云性者生也, 情者成也。性是生而有之, 故曰生也, 情是起欲動彰事, 故曰成也。然性無善惡, 而有濃薄, 情是有欲之心, 而有邪正。性既是全生, 而有未涉乎用, 非唯不可名爲惡, 亦不可目爲善, 故性無善惡也。);《孟子字義疏證 · 性》같은 종류의 사물 사이에도 性이 아주 똑같지는 않지만, 크게 보면 종류에 따라 구별되기 때문에 '性相近'이라 한 것인데, 이는 사람과 사람 사이의 서로 가까운 점에 즉해서 말한 것이다. 공자께서는 단지 (사람들의) 性이 서로 가깝다는 것을 말했을 뿐으로, 의도는 사람들이 (나쁜) 습성이 드는 것을 경계한 것이지, 본성을 논급하신 것이 아니었기 때문에, 본성은 선하다고 단도직입적으로 말씀할 필요가 없었던 것이 아니었을까? 옛 성현의 말씀은 지극히 이해하기 쉽다. 옛날이나 지금이나 흔히 하는 말에, '이 사람은 인성이 없다' '이 사람은 그래도 인성이 남아 있다'고 하는데, '인성이 있다'를 '善하다'와 같은 말로 여긴 것이다. '인성이 없다'는 말은 바로 이른바 '사람들이 그를 금수같이 본다'[告子上 제8장]라는 말이고, '인성이 있다'라는 말은 바로 사람과 서로 가깝다, 선하다는 말이다. 논어에서 '性相近'을 말한 것은, 바로 '사람으로서 不善한 본성을 지닌 사람은 없다'[告子上 제2장]는 점을 본 것이다. 만약 不善한 본성을 지닌 사람이 있다고 하면, 이는 善한 본성과 상반되는 것으로, 그 차이가 이미 현격한데, 무슨 '性相近'이 있겠는가?(性雖不同, 大致以類爲之區別, 故論語曰 "性相近也", 此就人與人相近言之也…… 孔子但言相近, 意在於警人愼習, 非因論性而發, 故不必直斷曰善與? 古賢聖之言至易知也。如古今之常語……每曰 "此無人性"…… 曰 "此猶有人性"。以人性爲善稱…… 人性即所謂'人見其禽獸也', 有人性即相近也, 善也。論語言'性相近', 正見'人無有不善'。若不善, 與善相反, 其遠已懸絕, 何近之有?). 본성과 습성을 구별한 연후에 不善(해진 습성)이 있고, (습성의) 不善을 본성(의 不善)으로 귀착시켜서는 안 된다. 양심이 제대로 기름을 받는 상황과 제대로 기름을 받지 못하는 상황[告子上 제8장], 마음을 포악하게 빠뜨리게 하는 상황[孟子 · 告子上 제7장]과 양심을 놓아버려 질곡에 빠뜨려 없애는 상황[告子上 제8장]은, 모두 습성에 속하는

선생님께서 말씀하셨다. "성(性)은 서로 가깝지만, 습(習)에 물이 들어서 서로 멀어진다."

此所謂性, 兼氣質而言者也。氣質之性, 固有美惡[4]之不同矣。然以其初而言, 則皆不甚相遠也。但習於善則善, 習於惡則惡, 於是始相遠耳。

여기에서 말한 성(性)은 본연의 성[本然之性]과 기질의 성[氣質之性]을 겸해서 말한 것이다. 기질의 성(性)에는 본래가 좋다거나 나쁘다거나 하는 차이가 있다. 그렇지만 그 처음 상태를 가지고 말한다면, 모두 서로 간에 거리가 아주 멀리 떨어진 것은 아니다.

것이다. (다음 장의) '아주 어리석은 사람은 바뀌지 않는다'는 말씀의 경우, 나면서부터 가려지고 막혀 있다 보니, 그의 선한 본성을 밝히는 것은 어렵고 이리저리 떠돌다가 악을 저지르는 것은 쉽지만, 성을 궁구하면 가려지고 막혀 있는 본성을 열고 뚫을 수 있으니, 아예 바꿀 수 없다는 것은 아니어서, 열 수 없고 뚫을 수 없는 금수의 性과는 다르게 보신 것이다(分別性與習, 然後有不善, 而不可以不善歸性。凡得養失養及陷溺梏亡, 咸屬於習。至下愚之不移, 則生而蔽錮, 其明善也難而流爲惡也易, 究之性能開通, 非不可移, 視禽獸之不能開通亦異也。);《論語正義》李光地[1642~1718]의《論語劄記》에 말했다. "공자의 이 말씀에 대해, 유일하게 맹자만이 명쾌하게 설명했다. 맹자가 말한 '性善'[滕文公上 제1장]은, 바로 공자의 '性相近'에 대한 설명이다. 맹자가 말한 '사람 간의 선과 불선의 차이가 (타고난 재질을 발휘하지 못하는 상황 때문에) 혹 서로 떨어진 거리가, 두 배가 되고, 다섯 배가 되고, 헤아릴 수 없게 되는 것'[告子上 제6장], '(흉년이라는 상황에) 자제들의 마음이 빠져 있기 때문에 포악하게 되는 것'[告子上 제7장]은 공자의 '習相遠'에 대한 설명이다"(正義曰: 李氏光地論語劄記: "案夫子此言, 惟孟子能暢其說。其曰 '性善', 即'相近'之說也。其曰 '或相倍蓰而無算, 其所以陷溺其心者然也', 則'習相遠'之說也。");《古今注》'性'은 본심의 선을 좋아하고 악을 싫어하는 本性이고, '習'은 듣고 보는 데서 버릇으로 익혀진 習性이다. '性相近'은 덕을 좋아하고 악을 부끄러워하는 그 사람의 본성을 말하는 것으로, 성인이나 범인이나 다 같다. 이 때문에, (지금의) 賢·不肖한 두 사람은, 본래는 서로 가까웠는데, 선인에게 물든 경우에는, 선에 훈도되어 점차 연마되어 날로 그의 덕을 증진시키니, 이것이 선으로 옮겨가게 된 것이고, 악인에게 물든 경우에는, 악에 친해져서 점차 적시고 물들어, 날로 그의 사특함을 증가시키니, 이것이 악으로 옮겨가게 된 것이다(性者, 本心之好惡也, 習者, 聞見之慣熟也…… 性相近者, 謂其好德恥惡之性, 聖凡皆同。以此之故, 兩人之賢、不肖, 本相近也, 習於善人, 則薰陶漸磨, 日進其德, 此移於善也, 習於惡人, 則狎昵濡染, 日增其慝, 此移於惡也。).

3《大戴禮記·保傅》사람의 성은 서로 차이가 심하게 나지 않는데, 어째서 은·주나라는 유도한 세상이 오랫동안 지속되었고, 진나라는 무도한 세상이 짧은 동안만 지속되었는가? 그 까닭을 알 수 있다. 대저 오래도록 바른 사람과 함께 있으면, 바르지 않을 수 없게 된다. 초나라에서 나고 자라면, 초나라 말을 하지 않을 수 없게 되는 것과 같다. 공자께서 말씀하시기를, '어려서 익혀 형성된 것은 천성과 같으니, 일상의 습관이 평생토록 변치 않는 성격이 되게 한 것이다'라고 했으니, 이것이 은·주나라가 유도한 세상이 오랫동안 지속된 까닭이다(人性非甚相遠也, 何殷周有道之長, 而秦無道之暴? 其故可知也…… 夫習與正人居, 不能不正也; 猶生長於楚, 不能不楚言也…… 孔子曰: '少成若性, 習貫之爲常。' 此殷,周之所以長有道也。).

4 美惡(미오): 아름다움과 추함. 좋고 나쁨(美醜; 好壞).

다만 선에 물이 들면 선해지고, 악에 물이 들면 악해져서, 여기에서부터 비로소 서로 간에 거리가 멀어질 뿐이다.

○程子曰:「此言氣質之性。非言性之本也。若言其本, 則性卽是理, 理無不善, 孟子之言性善[5]是也。何相近之有哉?」[6]

○정자(程子 · 伊川)가 말했다. "여기서는 기질의 성(性)을 말씀하신 것이다. 성(性)의 본연의 모습을 말씀하신 것이 아니다. 그 본연의 성(性)을 말한다면, 성(性)은 곧 리(理)이고, 리(理)에는 불선(不善)이란 없다. 맹자(孟子)가 말한 성선(性善)이 바로 이것이다. (누구나 서로 똑같은 선(善)한 성(性)인데) 무슨 '서로 가깝다'[相近]라는 것이 있겠는가?"

5《孟子 · 滕文公上 제1장》 맹자는 사람의 본성은 선한 것임을 말하면서 말을 할 때면 반드시 요순을 들어서 말했다(孟子道性善, 言必稱堯舜。).

6《論語大全》'性相近'의 경우의 '性'은 氣質之性이다. 本然之性의 경우는, 모든 사람이 하나같이 똑같은 것이지, '가까운 것'이 아니다. 性의 경우, 하늘이 사람에게 부여한 것으로, 하나같이 똑같을 뿐이다. 氣質의 경우, 부여받은 것이, 각자 후박의 차이가 있어, 사람에 따라 仁에는 후하지만 義에는 박하고, 禮에는 남음이 있지만 智에는 부족한 경우가 있는데, 이러한 차이는 바로 기질로부터 나온다(朱子曰: 性相近, 是氣質之性。若本然之性, 則一般, 無相近。性, 是天賦予人, 只一同。氣質所禀, 却自有厚薄, 人有厚於仁而薄於義, 餘於禮而不足於智, 便自氣質上來。).

[唯上智與下愚不移章*]

170301、子曰:「唯[1]上知與下愚不移。[2]」

선생님께서 말씀하셨다. "오직 아주 지혜로운 사람과 아주 어리석은 사람만이 바뀌지 않는다."

1《補正述疏》어떤 학자가 말했다. "'唯'는 習에 의해 바뀌는 사람이 많음을 밝힌 것이다"(述曰: 論說家云: "經言'唯'者, 明其移於習之多也。").

2 [성]上智下愚(상지하우): 가장 총명한 사람과 가장 어리석은 사람. 선천적으로 결정되어 바뀔 수 없는 사람. 진보를 추구하지 않고 남의 좋은 점을 배우려 하지 않다(智: 聪明; 愚: 笨。最聪明的人和最愚笨的人。孔子认为他们都是先天决定, 不可改变。也指不求上进, 不想学好。); [성]下愚不移(하우불이): 어리석은 사람은 결코 바뀔 수 없다. 진보를 추구하지 않고 잘 배울 생각을 하지 않는다(移: 改变。下等的愚人, 决不可能有所改变。也指不求上进, 不想学好。);《論衡 · 本性》공자께서, '性相近也 習相遠也'이라 하셨는데, 무릇 中人의 성은, 물든 습(習)에 달려 있으니, 선에 물들면 선을 행하고, 악에 물들면 악을 행한다. 극선인 · 극악인의 경우에는 더 이상 습(習)에 의해 결정되지 않기에, 공자께서 '惟上智與下愚不移'라 하신 것이다. 성에는 善 · 不善의 성이 있어, 성인의 교화 현인의 교육으로도 더 이상 바꿀 수 없다는 것이다(孔子曰: '性相近也, 習相遠也。' 夫中人之性, 在所習焉, 習善而爲善, 習惡而爲惡也。至於極善極惡, 非復在習, 故孔子曰: '惟上智與下愚不移。' 性有善不善, 聖化賢教, 不能復移易也。);《論語義疏》앞절에서 '性近習遠'이라 말씀했지만, 다른 경우가 또 있어, 이 절에서는 그것을 밝히신 것이다(疏: 前既曰 性近習遠, 而又有異, 此則明之也。);《孟子字義疏證 · 性》논어에서 '上智與下愚不移'라 했는데, 이들은 習에 의해서 性이 서로 멀어진 자가 아니다. 나면서부터 下愚인 자와는 理 · 義를 말하기 어려운 것은, 스스로 배움과 담을 쌓아서인데, 이 때문에 바뀌지 않는 것이다. 그렇지만 위엄을 갖추고 있는 사람에 대해 두려운 마음을 품고, 은혜를 베푸는 사람에 대해 감사의 마음을 품는 자라면, 언젠가 위엄을 갖춘 사람 · 은혜를 베푼 사람을 만나면, 그 마음을 열어 깨닫는 경우가 왕왕 있다. 뉘우치고 선을 따른다면 下愚가 아니고, 거기에 더해 배우기까지 한다면 날로 지혜로운 자로 진보하게 된다. 바뀌지 않는 자를 下愚라 규정한 것은, 또 왕왕 선을 알면서도 하지 않거나 불선을 알면서도 행하기 때문에, 바뀌지 않는다고 말씀했지, 바뀔 수 없다고 말씀하지는 않았다(論語稱"上智與下愚不移", 此不待習而相遠者……生而下愚, 其人難與言理義, 由自絕於學, 是以不移。然苟畏威懷惠, 一旦觸於所畏所懷之人, 啟其心而憬然覺寤, 往往有之。苟悔而從善, 則非下愚矣; 加之以學, 則日進於智矣。以不移定爲下愚, 又往往在知善而不爲, 知不善而爲之者, 故曰不移, 不曰不可移。);《古今注》上智는 악인과 함께 서로 익혀도, 악에 오염되지 않고, 下愚는 선인과 함께 서로 익혀도 선에 훈도되지 않으니, 이것이 '不移'이다. 순임금은 부모와 동생의 완악한 행실을 익히 보면서도 그에 물들지 않았고, 도척은 형인 유하혜의 온화한 행동을 익히 보면서도 교화되지 않았으니, 이것이 그들의 이른바 '不移'인 것이다(上知, 雖與惡人相習, 而不受染汚, 下愚, 雖與善人相習, 而不受薰陶, 是不移也…… 舜習見頑嚚而不爲所染, 跖習見惠和而不爲所化, 斯其所謂不移也。);《論語新解》中人의 성은 선에 물들면 선해지고 악에 물들면 악해져, 모두 바뀔 수 있다. 上知만이 악하게 될 수 없고, 下愚만이 선하게 될 수 없기 때문에, 바뀔 수 없다. 맹자는 '사람은 누구나 요임금이나 순임금이 될 수 있지만[告子下 제2장], 오직 自暴 · 自棄者 만은 그렇지 않다'[離婁上 제10장]고 했는데, 이는 공자의 立言과는 약간 차이가 있다(中人之性, 习于善则善, 习于恶则恶, 皆可迁移。惟上知不可使为恶, 下愚不可与为善, 故为不可移。孟子言 "人皆可以为尧舜, 惟自暴自弃者不然", 此与孔子立言若有异。); 移(이): (모를) 옮겨 심다. 옮겨가다. 고쳐 바꾸다. 고치다(本义: 移秧。移植。移动。变动: 改变。).

知, 去聲。○此承上章而言。人之氣質相近之中, 又有美惡一定, 而非習之所能移者。
'知'(지)는 거성[zhì]이다. ○이 장은 위 제2장에 이어서 말씀하신 것이다. 기질이 서로 가까운 사람 간에도, 또 좋다거나 나쁘다거나 어느 한 가지 기질로 정해져 있어서, 습관에 의해 바뀔 수 없는 사람이 있다.

○程子曰「人性本善, 有不可移者何也? 語其性則皆善也, 語其才則有下愚之不移。所謂下愚有二焉: 自暴自棄[3]也。人苟以善自治, 則無不可移, 雖昏愚之至, 皆可漸磨而進也。惟自暴者拒之以不信, 自棄者絕之以不爲[4], 雖聖人與居, 不能化而入也, 仲尼之所謂下愚也。然其質非必昏且愚也, 往往強戾[5]而才力[6]有過人者, 商辛[7]是也。聖人以其自絕於善, 謂之下愚, 然考其歸則誠愚也。」[8]
○정자(程子 · 伊川)가 말했다. "사람의 성(性)은 본래가 선한데, 바뀔 수 없는 사람이 있다는 것은 무슨 말씀인가? 그 성(性)을 말하면 모두 선한 성(性)이지마는, 그 재질을 말하면 바뀔 수 없는 아주 어리석은 재질을 가진 사람이 있다는 것이다. 이른바 아주

3《孟子 · 離婁上 제10장》 맹자가 말했다. "스스로를 해치는 자[自暴者]는 함께 말할 게 못 된다. 스스로를 버리는 자[自棄者]는 함께 일할 게 못 된다. 말을 하면 禮와 義를 비방하는데, 이것을 自暴(자포)라 한다. 나 자신은 인에 살거나 의를 따를 수 없다 하는데, 이것을 自棄(자기)라 한다"(孟子曰: 自暴者, 不可與有言也; 自棄者, 不可與有爲也。言非禮義, 謂之自暴也; 吾身不能居仁由義, 謂之自棄也。).

4《論語大全》'拒之以不信'은 다만 이러한 도리란 없다고 말하는 것이다. '絕之以不爲'는 이러한 도리가 있다는 것은 알지만 스스로 끊어버리고 따르려 하지 않는 것이다(朱子曰: 拒之以不信, 只是說沒這道理。絕之以不爲, 是知有這道理, 自割斷了不肯做。).

5 强戾(강려): 흉포하다(强横凶暴); 戾(려): 포악하다. 난폭하다. 잔혹하다(暴恶。暴戾。).

6 才力(재력): 재능, 뛰어난 재능, 지적 능력(才能, 能力。指才华; 智力。).

7《史記 · 殷本紀》 제을의 장자는 미자계인데, 미자계의 모친이 본처가 아니어서, 태자가 되지 못했다. 작은아들은 신이었는데, 그의 모친이 본처여서, 신이 태자가 되었다. 제을이 붕어하자 신이 즉위했으니, 이 자가 제신으로, 천하 사람들이 그를 紂(주)라고 불렀다. 주는 구변에 능했고 행동이 민첩했고, 받아들이는 능력이 뛰어났고, 체격이 보통 사람들보다 뛰어나서, 맨손으로 맹수를 때려눕혔고, 지혜는 족히 간언을 물리칠 만했고, 언변은 족히 과오를 교묘히 덮을 만했다(帝乙長子曰微子啟, 啟母賤, 不得嗣。少子辛, 辛母正后, 辛爲嗣。帝乙崩, 子辛立, 是爲帝辛, 天下謂之紂。帝紂資辨捷疾, 聞見甚敏; 材力過人, 手格猛獸; 知足以距諫, 言足以飾非。); 商辛(상신): 상나라 주왕. 이름 受, 호 帝辛(即商纣王, 名受, 号帝辛。).

8《論語大全》 오랜 습관으로 성격이 되어[書經 · 商書 · 太甲上], 서로 멀어지는 지경에 이르면, 고착되어 바뀌지 않는 이치가 된다. 그렇지만 사람의 성은 본래가 선한 것이니, 아무리 악한 사람이라도, 단 하루만 선을 따를 수 있으면, 하루의 선인이 되는 것이다. 어찌 끝내 바뀌지 못할 이치가 있겠는가?(朱子曰: 習與性成, 而至於相遠, 則固有不移之理。然人性本善, 雖至惡之人, 一日而能從善, 則爲一日之善人。豈有終不可移之理?).

어리석은 사람에는 둘이 있는데, 자포(自暴)하는 자와 자기(自棄)하는 자이다. 사람이 진실로 선을 써서 자신을 다스린다면, 바뀌지 못할 사람이란 없어서, 비록 어둡고 어리석기가 아무리 심한 사람일지라도, 모두 점차로 닦아서 선으로 나아갈 수 있다.

다만 자포(自暴)하는 자는 바꾸기를 거부하여 이로써 (선으로 나아가는 도리가 있다는 것을) 믿지를 않고, 자기(自棄)하는 자는 바꾸기를 끊어버려 이로써 (선으로 나아가는 도리를) 행하지를 않아서, 비록 성인과 함께 거처할지라도, 바뀌어 선으로 들어갈 수 없으니, 공자(孔子)께서 말씀하신 '下愚'(하우)이다.

그렇지만 그 기질은 꼭히 어둡지도 어리석지도 않고, 때로는 성질은 매우 포악하고 재능은 남보다 뛰어난 사람이 있으니, 상(商)나라 주(紂)왕이 바로 이런 사람이다. 성인께서는 (어둡고 어리석기 때문이 아니라) 그가 스스로 선으로 향하기를 끊어버렸기 때문에, 그를 평하여 하우(下愚)라고 하셨지만, 선으로 향하기를 끊어버린 그의 귀결을 살펴보면 진정 어리석은 사람이다."

或曰:「此與上章當合爲一, 子曰 二字, 蓋衍文耳。」[9]
어떤 사람이 말했다. "이 장과 위 제2장을 합해 한 장으로 하는 것이 마땅하니, 이 장의 '子曰'(자왈) 두 글자는 대개 쓸데없는 글귀일 뿐이다."

---

9 《論語義疏》本에서는, 제2장과 제3장을 한 장으로 보고 있다; 《古今注》(《古今注》는 제2장과 제3장을 묶어 한 장으로 했다.) 공안국의 주에는 본래 한 장으로 되어 있다. 만약 한 장이 아니라면, '惟'字의 쓰임이 편안하지 않다. 앞 구절 말씀이 끝나고 한참 있다가 다시 말씀했기 때문에 중간에 '子曰'이 들어간 것이니, 반드시 쓸데없는 글귀가 아니다(案: 孔注本爲一章。若非一章, 則惟字不安矣。語既終良久再言, 故中有子曰, 不必爲衍文。).

[子之武城章]

170401、子之[1]武城[2], 聞弦歌之聲[3]。

선생님께서 무성(武城) 읍에 가셨는데, 금슬(琴瑟)을 타면서 노래를 부르는 소리를 들으셨다.

弦, 琴瑟[4]也。時子游爲武城宰, 以禮樂爲教, 故邑人皆弦歌也。

'弦'(현)은 '금슬'(琴瑟)이다. 이 당시에 자유(子游)가 무성(武城)의 읍장이 되어, 예악으로 가르침을 삼았기 때문에, 무성(武城) 읍 사람들이 모두 금슬을 타면서 노래를 불렀다.

170402、夫子莞爾而笑[5], 曰:「割雞焉用牛刀[6]?」

---

1 《論語義疏》'之'는 '往'[~로 가다]이다(疏: 之, 往也。).

2 《雍也 제12장》 참조.

3 [성]弦歌之聲(현가지성): 슬을 타고 노래를 부르고 시를 읊는 소리. 교학활동(弹琴和唱歌吟诗的声音。古时学校重视音乐教育, 也泛指教育或教学活动。); 《論語義疏》'聞絃歌之聲'을 풀이하는 데 두 가지 설이 있다. ① 공자께서 무성읍에 들어섰는데, 가가호호에서 현가 소리를 들으셨으니, 자유가 다스림을 통해 화평하고 즐겁게 변모시킨 때문이었다. 繆播(무파)[?~309]가 말하기를, '자유가 소읍을 맡아, 백성들로 하여금 각기 제 있을 자리를 얻게 할 수 있었으니 현가를 써서 노래한 것이다'라고 했다. ②공자께서 무성읍에 들어섰는데, 자유가 몸소 현가를 써서 백성을 가르치는 소리를 들으셨다. 그래서 江熙가, '소읍이어서 足衣 · 足食하게 하고 敬을 가르치면 그만인데, 노래를 가르쳐 선왕의 도를 노래하게 한 것이다'라고 했다(疏: 解聞絃歌之聲, 其則有二。一云: 孔子入武城堺, 聞邑中人家家有絃歌之響, 由子游政化和樂故也。繆播曰: 子游宰小邑, 能令民得其所絃歌以樂也。又一云: 謂孔子入武城, 聞子游身自絃歌以教民也。故江熙曰: 小邑但當令足衣食教敬而已, 反教歌詠先王之道也。); 《論語大全》'弦歌'는 현을 타면서 동시에 노래를 부르는 것이다. 노래와 기악을 합해서 하는 것을 歌라 한다(勉齋黃氏曰: 弦歌, 弦且歌也。合樂曰歌。); 《論語正義》《詩經 · 鄭風 · 子衿》의 毛氏傳에, '옛사람들은 시와 음악을 가르치면서, 시를 읊고 노래를 부르고 현을 타고 춤을 추었다'고 했다(正義曰: 毛詩子衿傳: "古人教以詩樂, 誦之歌之, 弦之舞之。"); 弦歌(현가): 금슬의 소리에 맞춰 노래하다. 예악으로 교화하다. 현령의 관직을 맡는 의식(依琴瑟而咏歌。指礼乐教化。后因以'弦歌'为出任邑令之典。).

4 琴瑟(금슬): 악기. 금과 슬. 금과 슬의 소리. 부부간 화목한 정(乐器, 琴和瑟。亦偏指琴瑟的一种。指琴瑟之声, 古人以之为雅乐正声。比喻夫妻感情和睦。).

5 [성]莞爾而笑(완이이소): 빙그레 웃는 모습(形容微笑的样子); 莞爾(완이): 빙그레 웃는 모양(微笑的样子); 《文言虛詞》'爾'는 소품사로, 반드시 수식성 부사의 뒤에 붙어서, 부사어를 만든다. 독립해서 쓸 수 있지만[先進 제25장 '鏗爾' 참조], 많은 경우 동사 앞에 쓰이고, 접속사 '而'字를 써서 동사와 격리시킨

선생님께서 빙그레 웃으시면서 말씀하셨다. "닭을 잡는데 어찌 소를 잡는 칼을 쓰느냐?"

莞[7], 華版反。焉, 於虔反。○莞爾, 小笑貌, 蓋喜之也。因[8]言其治小邑, 何必用此大道也。

'莞'(완, wǎn)은 '華'(화)와 '版'(판)의 반절이다. '焉'(언, yān)은 '於'(어)와 '虔'(건)의 반절이다. ○'莞爾'(완이)는 빙그레 웃는 모습으로, 대개 그것을 기뻐하는 것이다. 뒤이어서 말씀하시기를 그가 작은 읍을 다스리는데, 어찌 꼭 이렇게 큰 도를 쓰느냐고 하신 것이다.

170403、子游對曰:「昔者偃也聞諸夫子曰:『君子學道[9]則愛人, 小人[10]學道則易使也。[11]』」

다('爾'作小品詞, 一定粘附於修飾性副詞之末, 作爲狀語。它可以獨立, 但是更多時候用于動詞之前, 而用連詞'而'字和動詞隔開。);《文言虛詞》而(이): 접속사. 부사어와 동사 사이에 놓인다('而'字作爲連詞, 可以置於狀語和動詞之間。);《古漢語語法》부사어와 피수식어 사이에 접속사 '而' '以'를 써서 연결하는 경우가 있다(在状语和被修饰语之间有时连词'而'、'以'。).

6 [성]割雞焉用牛刀(할계언용우도): 닭을 잡는데, 소를 잡는 데 쓰는 칼이 어찌 필요한가? 조그만 일을 처리하는데, 엄청난 힘을 쏟을 필요가 없다(杀只鸡何必用宰牛的刀。比喻办小事情用不着花大气力。); [성]牛刀割雞(우도할계): 기껏 닭 한 마리 잡는데, 소 잡는 칼을 쓰다. 큰 인재가 작은 일에 쓰이다(杀只鸡用宰牛的刀。比喻大材小用。);《論語正義》이 말씀은 농담이다. 황간이 繆播(무파)의 말을 인용하기를, '그가 (능력이 있는데도) 천승의 나라를 다스리지 못하고 (소읍인 무성읍을 다스리고) 있는 것이, 소를 잡는 칼을 가지고 닭을 잡고 있는 것 같아, 그 재능을 다 발휘하지 못하고 있는 것을 애석히 여기신 것이다'라고 했는데, 이 말이 공자 말씀의 의도를 가장 잘 표현했다(正義曰: 此戲言也。皇疏引繆播曰: "惜其不得道千乘之國, 如牛刀割雞, 不盡其才。" 此深得夫子之意。);《論語集釋》宦懋庸[1842~1892]의 《論語稽》에 말했다. "예악의 정치에 대해, 염유는 군자를 기다려 시행하겠다고 했고, 공서화 역시 배우길 원한다고 했을 뿐[先進 제25장] 모두 스스로 드러내 보일 길이 없었다. 자유는 천하 국가에 예악의 교화를 시행해 볼 길이 없자, 다만 무성이란 소읍에 시험 삼아 시행한 것으로, 공자의 牛刀割雞의 비유의 말씀은, 농담인 것 같지만, 실은 그를 심히 애석히 여기신 것이다"(論語稽: 禮樂之治, 冉有以俟君子, 公西華亦曰願學, 而皆無以自見。子游不得行其化於天下國家, 而唯於武城小試焉, 夫子牛刀割雞之喻, 其辭若戲之, 其實乃深惜之也。); 割雞(할계): 닭을 잡다. 小事를 처리하다. 지방관의 직무(杀鸡。常以比喻处理小事。指县令之职。);《說文 · 隹部》'雞'는 때를 아는 가축이다(雞, 知時畜也。);《古漢語語法》'焉' '焉得' '焉能'은 의문부사로 거의 다 반문을 표시한다('焉'、'焉得'、'焉能'作疑问副词, 几乎都表示反问。).

7 莞(완/환/관): [wǎn] 빙그레 웃다(微笑); [guān] 돗자리를 짜는 왕골. 돗자리(指水葱一类的植物, 亦指用其编的席。).

8 因(인): 뒤를 잇다. 계승하다(沿袭, 承袭。).

9《論語集解》'道'는 '禮樂'을 말한다(注: 孔安國曰: 道, 謂禮樂也。).

10《論語正義》'君子'는 왕 · 공 · 사대부의 자손을 말하고, '小人'은 서민의 자손을 말한다(正義曰: "君子"者,

자유(子游)가 대답했다. "예전에 제가 선생님께 가르침을 들었는데 말씀하시기를, '군자가 도[예악]를 배우면 사람을 사랑하고, 소인이 도[예악]를 배우면 일을 시키기가 쉽다'고 하셨습니다."

易, 去聲。○君子小人, 以位言之。子游所稱, 蓋夫子之常言。言君子小人, 皆不可以不學。故武城雖小, 亦必教以禮樂。

'易'(이)는 거성[yì]이다. ○'君子'(군자)와 '小人'(소인)은 그 사람의 지위를 가지고 말한 것이다. 자유(子游)가 인용한 말은, 대개 선생님께서 평소에 늘 하신 말씀이었을 것이다. 말인즉, '군자나 소인이나, 모두 배우지 않으면 안 된다. 그래서 무성(武城)이 비록 작은 읍이지만, 그래도 반드시 예악으로써 가르쳐야 한다'라는 것이다.

170404、子曰:「二三子! 偃之言是也。前言戲之耳[12]。」

선생님께서 말씀하셨다. "제자들아! 언(偃)의 말이 옳다. 앞에 내가 한 말은 언(偃)을 놀린 말이었을 뿐이다."

嘉子游之篤信, 又以解門人之惑也。

자유(子游)가 가르침을 독실하게 믿고 있는 것을 기뻐하시고, 또 이로써 제자들의 의혹을 풀어주신 것이다.

○治有大小, 而其治之必用禮樂, 則其爲道一也。但衆人多不能用, 而子游獨行之。故夫

謂王、公、士大夫之子孫也。"小人"者, 謂凡庶民之子孫也。).

11《論語正義》 예악을 배우면, (군자는) 相親 · 相敬의 도리를 알기 때문에, 사람을 사랑하고, 백성들은 事貴 · 敬上의 도리를 알기 때문에, 부리기가 쉽다(正義曰: 學禮樂, 自知相親、相敬之道, 故愛人也…… 民知事貴敬上之道, 故易爲上所使也。).

12 戲(희): 우스갯소리를 하다. 농담하다. 놀리다(開玩笑; 嘲弄。);《論語新解》'之'는 자유를 가리킨다(之字指子游。);《經傳釋詞》'耳'는 '而已'[~일 뿐이다]와 같다(耳, 猶'而已'也。);《詞詮》耳(이): 제한을 가하는 어말조사. 괜찮은 정도일 뿐 아직 만족스럽지 못하다('耳', 語末助詞。表限止。與'而已'同。爲僅可而未足之詞。);《文言虛詞》耳(이): 어기사. 제한을 표시한다. '而已'와 용법이 같고, '而已'의 합음이다. ~일 뿐이다('耳'字作語氣詞, 表示限止, 用法與'而已'相同, '而已'的合音便是'耳', 都可以用'罢了'翻譯。).

子驟聞[13]而深喜之, 因反其言以戱之。而子游以正對[14], 故復是其言, 而自實[15]其戱也。[16]

○다스림을 펼칠 대상에는 큰 것 · 작은 것이 있지만, 그것을 다스리는 데는 반드시 예악을 써야 하니, 그렇다면 (큰 것을 다스릴 경우나 작은 것을 다스릴 경우나) 그 다스리는 도는 매한가지다. 다만 많은 사람은 대부분 예악을 쓰지 못했지만, 자유(子游)만이 이를 시행했다. 그래서 선생님께서 금슬(琴瑟)을 타면서 노래를 부르는 소리를 갑자기 들으시자 매우 기뻐하시고는, 뒤이어서 그 말씀을 속마음과 상반되게 하시어 이로써 그를 놀리셨다. 그런데 자유(子游)가 솔직하게 대답했기 때문에, 다시 그 말씀을 바로잡으시고, 그것이 놀리는 말이었음을 사실대로 알리신 것이다.

---

13 驟聞(취문): 갑자기 들리다(猛然聽見。).

14 正對(정대): 솔직하게 대답하다(直言对答).

15 自實(자실): 사실대로 스스로 보고하다(如实自报。): 實(실): 사실을 확인하다(核实).

16《論語大全》예악은 상하에 모두 쓰인다. 한 몸에는 한 몸에 맞는 예악이 있고, 한 집안에는 한 집안에 맞는 예악이 있고, 한 읍에는 한 읍에 맞는 예악이 있으니, 이를 써서 천하에 까지 말고 나가다 보면, 천하에 맞는 예악이 있으니, 또한 그 대소에 따라 그 쓰임을 다하는 것이다(朱子曰: 禮樂之用, 通乎上下。一身有一身之禮樂, 一家有一家之禮樂, 一邑有一邑之禮樂, 以至推之天下, 則有天下之禮樂, 亦隨其大小而致其用焉。).

[公山弗擾章]

170501、公山弗擾[1]以[2]費畔[3], 召, 子欲往[4].[5]

1 公山弗擾(공산불요): =公山不狃(공산불뉴). 复姓 公山, 名 弗擾, 字 子泄(자설). 계환자의 가신이고 양호와 동시대 사람으로, 계환자가 비읍의 읍장으로 파견했다.

2《論孟虛字》'以'는 '依'와 같다. '因依'[의탁하다. 기대다]의 뜻이다('以', 猶'依', 爲'因依'之意。).

3《論語義疏》'畔'은 '背叛'[배반하다. 모반하다]이다(畔, 背叛也。).

4《補正述疏》'召子欲往'은 한 구절로 읽어야 한다["공자를 불러 그가 오기를 바랐다"]. 비읍의 주인인 공산불뉴 쪽에서 보면, '召子欲來'가 되고, 孔門의 기록한 자 쪽에서 보면, '召子欲往'가 된다. 공자께서 가려고 한 것이 아니다(述曰: 謹案: "召子欲往", 以一句讀也。自費邑主人言之, 則曰: "召子欲來。" 自孔門記者言之, 則曰: "召子欲往。" …… 非子欲往也。);《王力漢語》'往'은 '~로 가다'라는 뜻에서는 '之' '如' '適'와 차이가 없지만, 직접목적어를 붙이지 못한다(在到某地去的意義上, '之''如''適'沒有什麽分別。'往'和這三個詞的分別較大: 這三個詞帶直接賓語, 而'往'不帶直接賓語。).

5《春秋左傳 · 定公 5年》[BC 505] 6월, 계평자가 동야를 순행하고 돌아오다가, 국도에 못 미쳐, 房이란 곳에서 죽었다. 장례를 지내고, 계환자가 동야를 순행하여, 비읍에 이르자, 비읍의 읍장인 자설[공산불요의 字]이 교외에 마중을 나와 위로하자, 계환자가 그에게 공경을 표했다. 9월, 양호가 계환자와 공보문백[계환자의 종형제]을 잡아 가두었고, 중량회[계환자의 가신]를 축출했다(六月, 季平子行東野, 還, 未至……卒于房……既葬, 桓子行東野, 及費, 子洩爲費宰, 逆勞於郊, 桓子敬之……九月……陽虎囚季桓子, 及公父文伯, 而逐仲梁懷。);《論語集解》(정공 5년에) 공산불요는 계씨의 비읍의 읍장이었는데, 양호와 함께 계환자를 잡아 가두고 공자를 부른 것이다(注: 孔安國曰: 弗擾爲季氏宰, 與陽虎共執季桓子而召孔子。);《春秋左傳 · 定公 8年》[BC 502] 계오 · 공서극 · 공산불요가 모두 계씨의 신임을 얻지 못했고, 숙손첩[숙손씨의 서자]은 숙손씨의 총애를 얻지 못했고, 숙중지는 노나라에서 신임을 얻지 못하자, 이 다섯 사람이 양호에 의탁하니, 양호는 삼환을 제거하고, 계씨를 계오로 대체하고, 숙손씨를 숙손첩으로 대체하고, 맹씨를 양호로 대체하려고 했다. 10월, 포포에서 계씨에게 연회를 베풀다가 그를 죽이려고 했다. 양호가 (실패하고 달아나) 讙 · 陽關에 들어가 반란을 일으켰다(季寤, 公鉏極,公山不狃皆不得志於季氏, 叔孫輒無寵於叔孫氏, 叔仲志不得志於魯, 故五人因陽虎, 陽虎欲去三桓, 以季寤更季氏, 以叔孫輒更叔孫氏, 己更孟氏。冬, 十月……將享季氏于蒲圃而殺之……陽虎入于讙陽關以叛);《史記 · 孔子世家》정공 8년, 공산불요가 계씨의 신임을 얻지 못하자, 양호에게 기대어서 반란을 일으켜, 삼환의 적장자들을 폐하고, 평소 양호의 호감을 산 서자들을 세우고자, 이에 계환자를 체포했다. 계환자는 그를 속이고 도망쳤다. 정공 9년[BC 501], 양호가 반란에 실패하고 제나라로 도망갔다. 이때 공자 나이 50세였다. 공산불요가 비읍을 근거지로 삼아 계씨에게 반기를 들고, 사람을 시켜 공자의 도움을 청했다. 공자는 도를 추구한 지 오래되었지만, 답답하니 뜻을 펼쳐볼 곳이 없고, 아무도 등용하는 사람이 없었다. 이에 공자는, '문왕과 무왕은 풍과 호에서 일어나 왕이 되었는데, 지금 비읍이 작기는 하지만 풍과 호와 거의 같지 않겠는가!'라고 하면서 가려고 했다. 자로가 언짢아하면서 공자를 말렸다(定公八年, 公山不狃不得意於季氏, 因陽虎爲亂, 欲廢三桓之適, 更立其庶孽陽虎素所善者, 遂執季桓子。桓子詐之, 得脫。定公九年, 陽虎不勝, 奔于齊。是時孔子年五十。公山不狃以費畔季氏, 使人召孔子。孔子循道彌久, 溫溫無所試, 莫能己用, 曰: '蓋周文武起豐鎬而王, 今費雖小, 儻庶幾乎!' 欲往。子路不說, 止孔子。);《春秋左傳 · 定公 12年》[BC 498] (여름에) 자로가 계씨의 가재가 되어, 삼도를 허물려 하니, 이에 숙손씨가 후읍의 성을 허물었고, 계씨가 비읍의 성을 허물려 하자, 비읍의 읍장인 공산불요와 숙손첩이 費人들을 거느리고 노나라

공산불요(公山弗擾)가 비읍(費邑)을 근거지로 하여 계씨(季氏)에게 반란을 일으키고는, 선생님을 부르자, 선생님께서 가시려고 했다.

弗擾, 季氏宰。與陽貨共執[6]桓子, 據邑以叛。

'公山弗擾'(공산불요)는, 계씨(季氏)의 가신이다. 양호(陽虎)와 함께 계환자(季桓子)를 잡

도성을 습격하자, 정공이 난리를 피해 계손 · 숙손 · 맹손과 함께 계씨의 집으로 가서 계무자의 대로 올라갔다. 비읍 인들의 공격을 이기지 못하고, 정공 곁에까지 이르자, 사구 중니가 신구수와 악기에게 명하여, 내려가 토벌하게 하니, 비인이 패주했다. 노나라 군대가 그들을 추격하여, 고멸에서 패배시키니, 공산불요와 숙손첩이 제나라로 달아났다. 드디어 비읍의 성을 허물었다(仲由爲季氏宰。將墮三都, 於是叔孫氏墮郈, 季氏將墮費, 公山不狃, 叔孫輒, 帥費人以襲魯, 公與三子入于季氏之宮, 登武子之臺。費人攻之弗克, 入及公側, 仲尼命申句須, 樂頎, 下伐之, 費人北。國人追之, 敗諸姑蔑, 二子奔齊。遂墮費。);《洙泗考信録》《春秋左傳 · 定公 12年》에, '계씨가 비읍의 성을 허물려 하자, 비읍의 읍장인 공산불요와 숙손첩이 비읍 사람들을 이끌고 노나라 도성을 습격했다. 사구 중니가 신구수 · 악기에게 명하여, 내려가 토벌하게 하니, 비읍 사람들이 패주했다'라고 했다. 그렇다면 이는 공산불요가 반란을 일으키자 공자가 그들을 토벌해 패주시킨 것일 뿐, 공자를 불렀다거나 공자가 가려 했다는 것은 애초에 없었던 일이다. 또《春秋左傳》에, 공산불요의 반란은 정공12년 여름에 있었는데, 공자께서는 노나라 사구로서 국정에 한창 참여하고 있었고, 공산불요는 계씨의 가신일 뿐이었는데, 어찌 감히 공자를 불렀겠는가!《公羊傳 · 定公 12年》에, '공자는 계손과 일을 하면서, 3개월 동안 의견이 서로 어긋나지 않았다. 공자가, 집안에는 무기를 숨겨서는 안 되고, 읍에는 100치 높이의 성곽을 쌓아서는 안 된다고 말하고, 이에 군사를 이끌고 후읍 성곽을 허물었고, 비읍 성곽을 허물었다'라고 했으니, 그렇다면 비읍 성곽을 허무는 논의를 주도한 사람은, 공자였다. 공산불요는 비읍 성곽을 허물려 하지 않았고, 비읍 사람들을 이끌고 노나라 도성을 습격했으니, 그가 공자를 원수로 생각하는 감정이 깊었을 것으로, 결코 오히려 공자를 부르려 하지 않았을 것이다. 공산불요가 바야흐로 공자의 새로운 정치를 저지했는데, 공자는 오히려 공산불요를 보좌하여 東周로 만들려고 했다니, 어찌 그리 어긋날 수 있는가? 요컨대 이 장의 일은 결코 없었던 일이다(余按春秋傳云: '季氏將墮費, 公山不狃, 叔孫輒帥費人以襲魯……仲尼命申句須,樂頎下伐之, 費人北。' 然則是弗擾叛而孔子伐而敗之耳, 初無所爲召孔子及孔子欲往之事也…… 又按左傳, ……費之叛在定公十二年夏, 是時孔子方爲魯司寇, 聽國政; 弗擾, 季氏之家臣耳, 何敢來召孔子! …… 公羊傳曰: '孔子行乎季孫, 三月不違。曰: 家不藏甲, 邑無百雉之城。' 於是帥師墮郈, 帥師墮費。' 然則是主墮費之議者, 孔子也。弗擾不肯墮费, 至帥費人以襲魯, 其讎孔子深矣, 必不反召之。弗擾方沮孔子之新政, 而孔子乃欲輔弗擾以爲東周, 一何舛耶? …… 總之, 此必無之事也。);《論語新解》①공산불요가 반란을 일으킨 일은, 정공 12년에 있었으니, 이때 공자께서는 바야흐로 사구가 되어 정치를 하시면서, 삼도를 허무는 데 주력했고, 공산불요는 허물지 않으려고, 이에 반란을 일으켰는데[春秋左傳 · 定公 12年], 어찌 공자를 불렀겠으며 공자께서 가려고 하셨을 리가 있었겠는가? ②공산불요가 공자를 부른 것은, 당연히 정공 8년의 일로, 양호가 (삼환을 제거하려다 실패하여) 환 · 양관에 들어가 반란을 일으켰고[春秋左傳 · 定公 8年], 그때 공산불요는 이미 비읍의 읍장으로서, 반란의 성패를 은밀히 살폈을 것으로, 비록 반란의 형태가 아직 겉으로 드러나지는 않았을지라도, 비읍을 근거지로 멀리서 양호를 위해 성원했으니, 이것이 바로 반란으로[誅意之法(?)], 그래서 논어에서는 이를 반란이라 기록한 것이다(或曰: 其事在鲁定公十二年, 孔子方为鲁司寇听政, 主墮三都, 弗扰不肯墮, 遂畔, 宁有召孔子而孔子欲往之理? 或曰: 弗扰之召, 当在定公八年, 阳货入讙阳关以叛, 其时不狃已为费宰, 阴观成败, 虽叛形未露, 然据费而遥为阳货之声援, 即叛也。故《论语》以叛书。).

6 執(집): 체포하다. 붙잡다(拘捕; 捉拿).

아 가두고, 비읍(費邑)을 근거지로 하여 반란을 일으켰다.

170502、子路不說, 曰[7]:「末之也已[8], 何必公山氏之之也[9]?」

자로(子路)가 못마땅해하면서 말했다. "가실 데가 아무 데도 없으면 마시지요, 하필이면 공산씨(公山氏)에게 가려고 하십니까?"

說, 音悅。○末, 無也。言道既不行, 無所往矣, 何必公山氏之往乎?

'說'(열)은 음이 '悅'(열)이다. ○'末'(말)은 '없다'[無]이다. 말인즉, 도가 이미 행해지지 않으니 갈 데가 없지만, 하필이면 공산씨(公山氏)에게 가려고 하시느냐는 것이다.

170503、子曰:「夫召我者而豈徒哉[10]? 如[11]有用我者[12], 吾其[13]爲東周[14]乎?[15]」

7《補正述疏》학자들은, 자로가 가려고 한 공자에 대해 못마땅해했다고 설명하는데, 아니다. 생각건대, '子路不說曰'은 자로가 공자를 오라고 부른 공산불뉴에 대해 못마땅해한 것이다. 그 문장이 '子路慍見曰'[衛靈公 제1장]의 예와 같다(述曰: 論說家說以子路不說孔子言之, 非也。謹案: "子路不說曰"者, 子路不說公山氏而有言也。其爲文與子路"慍見曰"例同。).

8《論語集解》'末之也已'의 '之'는 '適'이다["갈 만한 곳이 없으면, 안가고 말뿐이지, 하필이면 公山씨에게 가려는 것인지요?"](注: 孔安國曰: 之, 適也。無可之則止耳, 何必公山氏之適者也。);《論語譯注》'末'은 '沒有地方'[장소가 없다]는 뜻이고, '之'는 동사로 '往'[가다]이고, '已'는 '止'[그만두다]이다["갈 곳이 없으면 그만두시지, 어찌 꼭 공산씨에게 가려는 겁니까?"]('末', 沒有地方的意思; '之', 动词, 往也; '已', 止也; '沒有地方去便算了, 爲什麽一定要去公山氏那裏呢?');《論語語法》무지지시대명사('末'是無指指示代詞。);《論孟虛字》'末'은 '勿'과 같다. 금지사["공산씨한테 가시면 안 됩니다"]('末', 猶'勿', 表禁止。'末之也', 是說'不要到公山氏那兒去啦!').

9《論語譯注》'何必公山氏之之也'는 '何必之公山氏也'의 도치문으로, 첫째 '之'는 도치를 돕는 결구조사이고, 둘째 '之'는 동사이다('何必之公山氏也'的倒装。'之之'的第一个'之'字只是帮助倒装用的结构助词, 第二个'之'字是动词。);《論語句法》둘째 '之'는 '往'의 뜻의 述詞이고, '公山氏'는 처소보어인데 '之' 앞으로 당겨졌고, 그사이에 어기사 '之'가 들어간 것이다(第二個'之'字, 是'往'的意思, 在這裡做述詞。'公山氏'是處所補詞而提於述詞'之'字前, 於是在它們中間加了個語氣詞'之'。).

10《論語注疏》'徒'는 '空'이다["저 사람이 나를 부른 것이. 어찌 괜히 불렀겠느냐? 반드시 장차 나의 도를 쓸 것이다"](疏: 正義曰: 徒, 空也。言夫人召我者, 豈空然哉, 必將用我道也。);《論語正義》'豈徒'는 괜히 나를 부른 것이 아니니 가겠다는 말이다("豈徒"者, 言不徒召之而往也。);《論語譯注》"나를 부르는 저 사람이, 설마 괜히 나를 부르겠느냐?"; '徒'字 밑에 동사+목적어구가 생략된 문장으로, 완전한 문장은 '而豈徒召我哉'이다("那個叫我去的人, 難道是白白召我嗎?"; '徒'下省略動賓結構, 說完全是'而豈徒召我哉'。);《論孟虛字》'夫'는 '彼'와 같고, '而'는 '夫'와 같다. 모두 公山씨를 가리킨다["저 사람이 나를 부른

것이, 어찌 괜히 나를 부르겠느냐!"]('夫', 猶'彼', '而', 猶'夫', 均指公山氏。言'彼召我者, 夫豈徒哉!');《論語詞典》徒(도): 헛된. 괜한 쓸데없는(白白的、空空的。).

11 《助字辨略》'如'는 '脫或'[만일~하면]이다(如字, 脫或之辭也。);《詞詮》가정접속사. 만약. 가령('如', 假設連詞。若也。今言'假如'。).

12 《子路 제10장》 참조.

13 《論語詞典》其(기): 시간부사. 장차~화려하다["내가 장차 주나라 문왕 · 무왕의 도를 동방에서 부흥시킬 것이다."]('其', 副词, 表示将来, 将; '我將使周文王 武王之道在東方復興。');《論語句法》'其'는 필연을 표시하는 어기사로, '필히' '반드시'의 뜻이다. '乎'는 감탄을 표시하는 구말어기사이다('其'是個表必然的語氣詞, 相當於白話的'必然'或'一定'的意思……'乎'是句末表感歎的語氣詞。);《論孟虛字》 장차 그럴 것이다('其', 猶'將'。表將然之義。).

14 東周(동주): 西周[BC 1046~BC 771]의 뒤를 이은 왕조로, 제후들이 폐위된 태자 宜臼(의구)를 平王[BC 768~BC 718 재위]으로 앉히고 鎬京[長安; 西安]에서 洛邑[洛陽]으로 도읍을 옮겼는데, 역사에서는 西周와 구별하여 東周[BC 770~BC 256]라 한다. 東周의 전반기[BC 770~BC 476]는 제후들이 서로 패권을 다투던 시기로 春秋時代라 하고, 후반기[BC 475~BC 256]는 천자는 명목만 남은 채 제후들이 서로 정벌하는 때로서 戰國時代라 한다.

15 《論語集解》 동방에[주나라의 동쪽에 있는 비읍에] 주나라의 도를 일으킬 것이기 때문에, '東周'라 했다(注: 興周道於東方, 故曰東周也。);《論語義疏》 노나라는 동쪽에 있고, 주나라는 서쪽에 있어 '東周'라 했다. (동쪽에 있는) 노나라에 주나라의 도를 부흥시키고자 해서, '吾其爲東周'라 한 것이다. 一說: 주왕실이 東遷하여 洛邑으로 옮겼기 때문에 東周라 했다(疏: 魯在東, 周在西, 云東周者。欲於魯而興周道, 故云吾其爲東周也。一云周室東遷洛邑, 故曰東周。);《論語正義》'吾其爲'의 '其'는 '豈'와 같고, '不爲'라는 말이다. 東周는 王城이다. 주나라는 문왕이 豊에 터를 잡았고, 무왕이 鎬에 터를 잡았고, 이후 주(紂)를 정벌해 천하를 소유하자, 이에 鎬를 도읍으로 정하고, 이를 鎬京[지금의 西安]이라 칭했는데, 천하 사람들은 이곳을 宗周라 불렀다. 주공 때에 다시 郟鄏(겹욕)[지금의 洛陽]에 東都를 건설했으니, 이곳이 王城이 되었다. 유왕 때, 견융이 宗周를 쳐들어와, 평왕이 이에 東都로 천거했으니, 이에 東都를 東周라 했고, 鎬京을 西周라 불렀다(「吾其爲」者, 其與豈同。言不爲也。」東周者, 王城也。周自文王宅豐, 武王宅鎬, 及後伐紂有天下, 遂都鎬, 稱鎬京焉, 天下謂之宗周。迨周公復營東都於郟鄏, 是爲王城。幽王時, 犬戎攻滅宗周, 平王乃遷居東都, 遂以東都爲東周, 而稱鎬京爲西周也。).《史記 · 孔子世家》에 말했다. "공산불요가 비읍을 근거지로 삼아 계씨에게 반기를 들고, 사람을 시켜 공자의 도움을 청했다. 공자는 도를 추구한 지 오래되었지만, 답답하니 뜻을 펼쳐볼 곳이 없고, 아무도 등용하는 사람이 없었다. 이에 공자는, '문왕과 무왕은 豊과 鎬에서 일어나 왕이 되었는데, 지금 비읍이 작기는 하지만 豊과 鎬와 거의 같지 않겠는가!'라고 하면서 가려고 했다." 공자세가에 따르면, 공자는 費邑을 써서 西周의 문왕 · 무왕의 다스림을 부흥시키려고 한 것이다(史記孔子世家: "……公山不狃以費畔季氏, 使人召孔子。孔子循道彌久, 溫溫無所試, 莫能己用, 曰: '蓋周文, 武起豐, 鎬, 今費雖小, 儻庶幾乎!' 欲往……" 據世家之文, 是孔子欲以費復西周文,武之治……).《春秋公羊傳》에, '王城은 무엇인가? 西周이다. 成周는 무엇인가? 東周이다'라고 했다. 成周 역시 주공이 건설한 곳으로, 이곳에 은나라의 유민을 이주시켰는데, 王城의 동쪽에 있었다. 胡渭의 《禹貢錐指》에, '두 성이 동서로 떨어진 거리가 40리이다'라고 한 것이 이것이다. 왕자 朝의 亂 때[BC 504], 경왕(BC 519~BC 477 재위)이 成周로 옮겼는데, 당시 이에 王城을 西周라 하고, 成周를 東周라 했다. '吾其爲'의 '爲'는 '助'로 풀이해야 맞다["내가 설마 東周를 돕겠느냐?"](案公羊傳曰: 「王城者何? 西周也。成周者何? 東周也。」成周者, 亦周公所營, 以處殷頑民, 在王城之東。胡氏渭禹貢錐指謂「二城東西相去四十里」是也。王子朝之亂, 敬王出居成周, 當時遂以王城爲西周, 成周爲東周。……「爲」當訓助。);《論語集釋》楊愼[1488~1559]의 《升庵全集》에 말했다. 이천선생은 말하기를, '東周의 혼란 상황은

선생님께서 말씀하셨다. "저가 나를 오라 부른 것인데 어찌 괜히 나를 오라 불렀겠느냐? 만약 나를 쓰는 사람이 있다면, 내가 장차 동방에서 주(周)나라의 도를 일으킬 것이다."

夫, 音扶。○豈徒哉, 言必用我也。爲東周, 言興周道於東方。[16]

'夫'(부)는 음이 '扶'(부, fú)이다. ○'豈徒哉'(기도재)는 '반드시 나를 쓸 것이다'라는 말씀이다. '爲東周'(위동주)는 '동방에서 주(周)나라의 도를 일으키겠다'라는 말씀이다.

○程子曰:「聖人以[17]天下無不可有爲之人, 亦無不可改過之人, 故欲往。然而終不往者, 知其必不能改故也。」[18]

군신 · 상하가 없었다. 공자께서, '如有用我者, 吾其爲東周乎?'라고 하셨는데, 東周를 만들지 않겠다는 말씀이다'라고 했다. 어떤 사람이 말했다. "傳[集注]에는 '동방에 주나라의 도를 일으키겠다'라고 했는데, 맞는지요?" 楊愼이 말했다. "이는 '乎'字의 숨은 뜻을 이해하지 못한 것이다. '乎'字의 숨은 뜻은, '누군가 나를 쓰는 사람이 있다면, 東周의 미약해진 상황과 중원을 잃고 한쪽에 안거하는 것에 어찌 기꺼이 만족하려고 할 뿐이겠는가?'라는 것이다"(升庵全集: 伊川先生曰: '東周之亂, 無君臣上下。孔子曰: '如有用我者, 吾其爲東周乎?' 言不爲東周也…… 或曰: 傳者謂興周道于東方, 是乎? 曰: 是未喻乎字之微旨也。其微旨若曰, 如有用吾, 其肯爲東周之微弱偏安而已乎?). 생각건대[程樹德], 東周는 ('동방의 주나라'가 아니라) 쇠퇴한 주나라[西周가 아닌 東周]를 가리킨다. '其爲東周乎'는 ('내 어찌 東周를 만들겠느냐?'는 말로) 쇠퇴한 東周로 만들지 않겠다는 말씀이다. 정이천과 장경부가 모두 이 견해를 주장했는데, 別解이지만 실제는 올바른 풀이이다. 何晏의 集解나 朱子의 集注는 모두 틀린 견해이다(按: 東周句指衰周, 言其爲東周乎, 是言不爲衰周也。程子及張敬夫皆主是說, 雖別解, 實正解也。何解, 集注均失之。).

16 《論語大全》 "(정명도 · 정이천 등) 여러 학자들은, ('不爲東周乎'를) 모두 '東周로 만들지 않겠다'는 말이라고 했는데, 집주에서는, '동방에서 주나라의 도를 일으킬 것이다'라는 말이라고 했습니다. 어째서인지요?" "이것은 古註이다. '東周로 만들지 않겠다'고 해석하면, '其'字 '乎'字는 쓸데없는 글자일 뿐이다. 나를 쓰는 자가 있다면, (東周를 만들지 않고) 겨우 그 밖의 사소한 일을 할 것이라는 것이다. 어디에 '東周로 만들지 않겠다'는 뜻이 있느냐? 이곳과 '二十年之後 吳其爲沼乎!'[20년 후 오나라는 반드시 연못이 될 것이다!][春秋左傳 · 哀公元年]는 말이 똑같다. 어찌 꼭 이같이 뒤집어 해석할 필요가 있겠느냐? 문자는 반드시 넓게 살피고 자세히 완미해야, 비로소 성인의 말씀을 깨칠 수 있다"(諸家皆言不爲東周, 集註却言興周道於東方, 何也? 曰: 這是古註。如此說, 其字乎字, 只是閑字。只是有用我, 便也要做些小事。何處是有不爲東周底意? 這處與二十年之後, 吳其爲沼乎, 辭語一般。亦何必要如此翻轉? 文字須寬看, 子細玩味, 方見得聖人語言。).

17 以(이): 여기다. 생각하다(认为, 以为。).

18 《論語正義》 金履祥의 《自治通鑒前編》에 말했다. "공산불요는 비읍을 거점으로 계씨에게 반란을 일으켰고, 필힐은 중모를 거점으로 조씨에게 반란을 일으켰으니, 모두 가신들이 대부에게 반란을 일으킨 것이다. 그리고 공자를 불렀는데, 공자께서 결국에는 가지 않았지만, 가시려고 했던 것은, 대부들이 제후에게 반란을 일으키자 배신들이 '張公室'(공실의 힘을 신장시킨다)[春秋左傳 · 宣公 18年]을 명분으로 삼아 대부에게 반란을 일으켰기 때문이었다. (제나라 경공이 노나라에서 도망쳐 나온 南蒯(남괴)[소

○정자(程子 · 明道)가 말했다. "성인께서 생각하시기에 천하에 쓰이지 못할 사람이란 없고, 또한 잘못을 고치지 못할 사람이란 없기 때문에, 가려고 하셨던 것이다. 그럼에도 결국에는 가지 않으신 것은, 그가 필시 고치지 못하리라는 것을 아셨기 때문이다."

공 12년에 비읍을 거점으로 계씨에게 반란을 일으켰다]를 보고 叛夫라고 하자, 남괴가 '張公室'하려 했을 뿐이라고 대답했고) 제나라 대부 자한석이, '대부로서 '張公室'하려 했으니, 죄가 이보다 더 큰 게 없다'[春秋左傳 · 昭公 14年]라고 했는데, 이 말은 당시 세상에 널리 유행하던 말이었다. 그런데 대부로서 '張公室'하려 한다는 것은, 이 역시 (그 당시의) 한 가지 명분이었기 때문에, 공자께서 가시려고 함으로써, 그 명분에 동의할 수 있음을 밝히신 것이다. 그렇지만 두 사람은, 모두 사욕으로 한 것이지, 진정 일을 같이할 자들이 아니었다. 그래서 결국에는 가지 않았으니, 그 행위에 동의할 수 없음을 밝히신 것이다." 생각건대, 김리상의 견해가 맞다(金履祥通鑒前編: "公山不狃以費畔季氏, 佛肸以中牟畔趙氏, 皆家臣畔大夫也。而召孔子, 孔子雖卒不往, 而云'欲往'者, 蓋大夫畔諸侯而陪臣以張公室爲名也。子韓晳曰: '大夫而欲張公室, 罪莫大焉。' 此當時流俗之言也。抑大夫而欲張公室, 亦名義也, 故欲往以明其可也。然二人者, 皆以己私爲之, 非真可與有爲也, 故卒不往, 以知其不可也。" 案: 金說是也。); 김리상의 이 글은 그의 《論語集注考證》에 나온다.

[子張問仁章]

170601、子張問仁於孔子。孔子[1]曰:「能行五者於天下, 爲仁矣。[2]」請問之。曰:「恭, 寬, 信, 敏, 惠。恭則不侮[3], 寬則得衆, 信則人任焉[4], 敏則有功[5], 惠則足以使人[6]。」

자장(子張)이 공자(孔子)께 인(仁)에 대해 여쭈었다. 공자(孔子)께서 말씀하셨다. "천하 어디서든 다섯 가지 항목을 행할 수 있으면, 인(仁)이다." 그 다섯 가지 항목을 청해 여쭈었다. 공자(孔子)께서 말씀하셨다. "공손함 · 너그러움 · 믿음직함 · 민첩함 · 은혜로움이다. 공손하면 남의 업신여김을 당하지 않고, 너그러우면 많은 사람을 얻고, 믿음직하면 사람들이 그에게 의지하고, 민첩하면 공을 세우고, 은혜로우면 사람을 족히 부릴 수 있다."

行是五者, 則心存而理得矣[7]。於天下, 言無適而不然, 猶所謂雖之夷狄不可棄者[8]。五者之目, 蓋因子張所不足而言耳。任, 倚仗[9]也, 又言其效如此。[10]

---

1 《集注考證》'孔子'는 연문이다(孔子衍文。).

2 《論語義疏》 천하 어디서든 다섯 가지 항목을 행할 수 있으면, 그를 仁人이라 말할 수 있다(疏: 言若能行五事於天下, 則可謂之爲仁人也。).

3 《孟子 · 離婁上 제16장》 공손한 자는 남에게 업신여김을 당하지 않고, 검소한 자는 남에게 빼앗기지 않는다(恭者不侮人, 儉者不奪人。); 《論語義疏》 스스로 공경된 자는, 남도 자기를 공경한다(疏: 江熙曰: 自敬者, 人亦敬己也。); 《論語疏證》 '恭則不侮'의 경우에, '不侮'는 업신여김을 받지 않는 것을 말하고, 맹자가 말한 '恭者不侮人'의 경우에도, 남에게 업신여김을 당하지 않는 것이다(樹達按: 恭則不侮, 不侮謂不見侮, 恭者不侮人, 則亦不見侮於人。); 《論語譯注》 "모욕을 당하지 않는다"("……不致遭受侮辱。").

4 《北京虛詞》 焉(언): 대사. 그 사람. 그것. 앞에 나온 사람이나 사물을 가리키는 대사로 목적어로 쓰인다('焉', 代词。指代前文出现的人或事物。作宾语。义即'他'、'它'。).

5 《論語新解》 ①'敏'은 '疾速'[민첩하다]의 뜻이다. 일에 응하는 것이 민첩하면, 쉽게 성과를 낼 수 있다. ②'敏'은 '審'[審査하다]의 뜻이다. 審査하고 정확하면 성공할 수 있다(敏, 疾速义。应事疾速, 易有成绩。或说: 敏, 审也, 审当于事则有成功。); 《堯曰 제1장》에도 같은 구절이 나온다.

6 《論語義疏》 은혜를 베풀면, 백성이 힘들다는 생각을 잊는다(疏: 江熙曰: 有恩惠則民忘勞也。)

7 《集注考證》 '心存'은 마음의 덕이 늘상 보존되어 있는 것이고, '理得'은 사리를 놓치지 않는 것으로, 체와 용을 겸해서 仁을 말한 것이다(王子曰: 心存, 心之德常存。理得, 事之理不失, 兼體用專言之仁。); 《論語大全》 이 다섯 가지는, 모두 마음에 갖춰져 있는 理로, 仁의 발현이다. 恭은 인의 드러남이고, 寬은 인의 용량이고, 信은 인의 결실이고, 敏은 인의 힘이고, 惠는 인의 은택이다(慶源輔氏曰: 五者, 皆心所具之理, 而仁之發也。恭則仁之著, 寬則仁之量, 信則仁之實, 敏則仁之力, 惠則仁之澤。).

8 《子路 제19장》 참조.

이 다섯 가지 항목을 행하면, 마음의 덕이 늘 보존되어 있고 사리를 놓치지 않는다. '於天下'(어천하)는 어디를 가더라도 그러하지 않은 경우가 없다는 말로, 앞에서 말씀하신, '비록 이적(夷狄)의 나라에 갈지라도 버려서는 안 된다'는 말씀과 같다. 다섯 가지 항목은, 대개 자장(子張)에게 부족한 점에 근거해서 하신 말씀일 뿐이다. '任'(임)은 '의지하다'[倚仗]인데, 또 그 '信'(신)의 효과가 이와 같다고 말씀하신 것이다.

○張敬夫曰:「能行此五者於天下, 則其心公平而周遍可知矣[11], 然恭其本與?」[12]

○장경부(張敬夫·張栻)가 말했다. "능히 이 다섯 가지 항목을 천하 어디서든 행할 수 있으면, 그 인(仁)한 마음이 한편으로 치우치지 않고 고르게 그리고 두루두루 미치고 있음을 알 수 있지만, 공손함이 다섯 가지 항목 중의 근본일 것이다."

李氏曰:「此章與六言, 六蔽, 五美, 四惡之類[13], 皆與前後文體大不相似。」[14]

---

9 倚仗(의장): 의지하다. 기대다. 믿고 맡기다(依賴; 依靠; 仗恃).

10 《論語大全》'任'은 의지하고 기대는 사람들을 능히 견뎌낸다는 것이다. 이는 능히 남을 위해 일을 짊어질 수 있다는 것이다(朱子曰: 任, 是堪倚靠。是能爲人擔當事也。).

11 《論語大全》'其心公平而周遍'은 인을 몸으로 깊이 체득한 자가 아니면, 이 말의 의미를 알 수 없다(慶源輔氏曰: 所謂其心公平而周遍者, 非體仁之深者, 不知此味也。).

12 《論語大全》'恭이 다섯 항목 중의 근본이다'라고 말한 것은, '寬·信·敏·惠'은 모두 일로써 말한 것이지만, '恭'은 몸가짐에서 가장 절실한 항목이기 때문이다(胡氏曰: 語恭其本者, 四者皆以事言, 而恭則切於身也。).

13 《陽貨 제8장》《堯曰 제2장》 참조.

14 《論語大全》六言·六蔽·五美 등의 말씀은 비록 그 뜻은 옳지만, 모두 성인의 평상시 말씀하시는 방식이 아니다(朱子曰: 六言六蔽五美等語, 雖其意是, 然皆不與聖人常時言語一樣。); 《論語大全》 공자의 문도들이 仁에 대해 여쭐 때는, ('……問仁, 子曰……' 형식으로 말했지) '問仁於孔子'라고 말한 경우가 없었는데, 이 글은 아마도 齊論語일 것이다(厚齋馮氏曰: 孔門問仁, 無稱問仁於孔子者, 抑此其齊論歟。); 《論語集釋》鄭浩[1863~1947]의 《論語集注述要》에 말했다. "이 장의 필법은 앞뒤의 글과 같지 않다. (자장은 仁에 대해 여쭈었는데) 공자께서 답하신 말씀은 問政에 대해 답하신 듯하여, 평시 問仁에 대해 답하신 것과 같지 않고, 지금까지 줄곧 자장에게 채찍으로 몰고 좇아서 아주 깊숙한 곳까지 가까이 가 내 몸에 착 달라붙게 하라고 하신 답변[《衛靈公 제4장》 참조]과도 같지 않다." 생각건대, 이 장은 《古論語》의 두 개의 《子張》 편 중, 뒤의 《子張》 편[《論語序說》 각주 《論語集解·序》 참조]에 묶일 글인데, 착간으로 여기에 놓인 것으로 보인다. 그 체재가 五美·四惡[堯曰 제2장]과 서로 같아, 이 편에 난입되어서는 안 되는데, 아무도 밝히지 못한 것이 아닌가 한다(論語述要: 此章書法與前後文不類, 夫子答語一似答問政, 與平時答問仁亦不類, 與向來答子張欲其鞭辟近裏著己者亦不類。…… 按: 此章疑係齊[古]論子張篇文, 錯簡在此。其體裁與五美四惡相同, 不應闌入此篇, 疑莫能明也。); 《論語集釋》《陽貨》 편의 子張問仁於孔子章은 응당 (古論語의 두 개의 《子張》 편 중 뒤의) 《子張》 편에 속해야 하는데,

이씨(李氏 · 李郁)가 말했다. "이 장과 육언(六言) · 육폐(六蔽) · 오미(五美) · 사악(四惡) 등의 부류는, 모두 앞뒤 장의 문체와는 아주 다르다."

언제 착간이 되었는지는 모르지만, 《陽貨》 편으로 잘못 배치되었다. 《論語義疏》本에는 '子張問於孔子' [堯曰 제2장]가 '子張問政於孔子'로 되어 있어, '子張問仁於孔子'와 對句인 것이 첫째 이유이고, 모두 '孔子曰'로 칭하고 있는 것이 둘째 이유이고, 각 장마다 모두 총강이 있는 것이 셋째 이유이다. 응당 (《古論語》의 두 개 《子張》 편 중 뒤의) 《子張》 편에 속해야 한다는 데 의심할 게 없다(按: 陽貨篇子張問仁於孔子一章, 應屬子張篇文, 不知何時錯簡, 誤列陽貨篇中。皇本作「子張問政於孔子」, 與「問仁」相對, 一也。俱稱「孔子曰」, 二也。每章均有總綱, 三也。其應屬子張篇無疑。).

[佛肸召章]

170701、佛肸召, 子欲往[1]。[2]

필힐(佛肸)이 부르자, 선생님께서 가시려고 했다.

佛, 音弼。肸, 許密反。○佛肸, 晉大夫趙氏[3]之中牟[4]宰也。[5]

'佛'(필)은 음이 '弼'(필)이다. '肸'(힐, xī)은 '許'(허)와 '密'(밀)의 반절이다. ○'佛肸'(필힐)은 진(晉)나라 대부 조씨(趙氏)의 중모(中牟) 땅 읍장이었다.

170702、子路曰:「昔者由也聞諸夫子曰:『親於其身[6]爲不善者, 君子不入也[7]。』佛肸以中牟畔[8], 子之往也[9], 如之何[10]!」[11]

1《補正述疏》'佛肸召子欲往'은 한 구절로 읽어야 한다. 필힐이 공자를 불러 그가 오시기를 바랬다는 것이지, 공자께서 가려고 했다는 것이 아니다(述曰: 謹案: "佛肸召子欲往", 以一句讀也…… 召子而欲其往, 非子欲往也。).

2《論語集釋》《論衡 · 問孔》에는 필힐章이 공산불요章의 앞에 실려 있다(論衡問孔篇載佛肸章於公山章前。).

3 趙氏(조씨): =趙簡子. ?~BC 475. 名 趙鞅[志父] 晉나라 大夫. 趙襄子의 부친.

4《論語譯注》晉나라 읍으로, 옛터는 지금의 하북성 형태시와 감단시 사이에 있다('中牟', 春秋时晋邑, 故址当在今日河北省邢台和邯郸之间。).

5《論語集解》필힐은 진나라 대부 조간자의 채읍인 중모의 읍장이다(注: 孔安國曰: 晉大夫趙簡子之邑宰也。);《論語正義》필힐은 범씨 · 중행씨의 읍장이라고, 공자세가에 나온다. 공안국의 주에 필힐이 조간자의 읍장이라고 한 것은, 공자세가와 맞지 않은데, 거짓임이 분명하다(正義曰: 佛肸是範, 中行邑宰, 見孔子世家。此當出安國舊義。今此孔注以爲趙簡子邑宰, 與彼文不合, 其僞顯然。).

6 親於其身(친어기신): 친히. 몸소. 직접(亲身).

7《論語集解》그 나라에 들어가지 않는다(注: 孔安國曰: 不入其國也。).

8《論語正義》《史記 · 孔子世家》에, '필힐은 중모의 읍장이었다. 조간자가 범씨 · 중행씨를 공격하여, (범씨 · 중행씨의 채읍인) 중모를 정벌했다. 필힐이 반란을 일으키고, 사람을 시켜 공자의 도움을 청했다. 공자가 가려고 했다'라고 했다. 중모는 범씨 · 중행씨의 채읍이다. 필힐은 범씨 · 중행씨의 가신으로, 이 당시 중모의 읍장이었다. 그런데 조간자가 중모를 정벌했기 때문에, 필힐이 중모를 근거지로 반란을 일으킨 것이다.《春秋左傳 · 哀公 5年》[BC 490]에, '여름에 조앙[조간자]이 위나라를 토벌했으니, 이는 위나라가 범씨를 도왔기 때문으로, 이에 중모를 포위했다'고 했다. 이것이 바로 조간자가 중모를 정벌한 일이다. 그렇다면, 필힐의 공자를 부른 것은, 애공 5년에 해당하는 일임에 의심이 없다(正義曰: 史記孔子世家: "佛肸爲中牟宰。趙簡子攻範,中行, 伐中牟。佛肸畔, 使人召孔子"云云。是中牟爲範, 中行邑。佛肸是

範,中行之臣, 於時爲中牟宰。而趙簡子伐之, 故佛肸即據中牟以畔也。左哀五年傳: "夏, 趙鞅伐衛, 範氏之故也, 遂圍中牟。" 此即簡子伐中牟之事。然則佛肸之召孔子, 當在哀五年無疑矣。);《古今注》 여러 문헌을 살펴봤을 때, 필힐의 반란은 정공 13년[BC 497]에 해당한다. 애공 5년[BC 490]에 이르기까지 8년간을 필힐이 중모를 점거하고 있었다. 이 8년의 기간 동안, 공자는 사방을 이리저리 바쁘게 옮겨 다니면서, 자리가 따뜻하게 데워질 겨를이 없던 때였다(案此諸文, 佛肸之畔, 當在定十三年……至哀五年……其間八年, 佛肸據中牟也。此八年之間, 孔子栖栖四方, 席不暇煖。);《孔子傳》에서는, 애공 5년에는 공자께서 진나라에 계셨고, 이 장의 일은, 정공 14년[BC 496] 봄에 공자께서 위나라를 떠나 匡·蒲로 가는 도중의 일로, 中牟는 晉과 衛의 변경에 있고, 匡·蒲와 가까워서, 필힐이 공자를 부른 것으로 보고 있다;《洙泗考信錄》 필힐의 반란은 바로 조양자 때 일어난 일이다. 《韓詩外傳·卷6》에, '조간자가 죽고[BC 475] 아직 장례를 치르지 않아서, 중모에서 반란이 일어났다. 장례를 치르고 5일이 지나, 조양자가 군사를 일으켜 토벌에 나섰다'라고 했고,《新序·雜事4》에, '조씨의 중모 읍에서 반란이 일어나, 조양자가 군대를 이끌고 그들을 토벌했다'라고 했다. 조양자는 노나라 애공 20년[BC 475]에 조간자의 대를 이었으니, 공자께서 돌아가신 지 이미 5년이 지났는데, 필힐이 공자를 부른 일이 어찌 있었겠는가?(按: 佛肸之畔乃趙襄子時事。韓詩外傳云: '趙簡子薨而未葬, 中牟畔之, 葬五日, 襄子興師而次之。' 新序云: '趙之中牟叛, 趙襄子率師伐之……'襄子立於魯哀公之二十年, 孔子卒已五年, 佛肸安得有召孔子事乎?).

9《論語句法》 주어인 '子之往'는 주어+술어를 구로 전환시킨 것이고, 그 밑에 말을 잠시 멈추는 어기사 '也'字를 붙인 것이다(主語'子之往'是組合是詞結, 其下加了停頓語氣詞'也'字。);《論孟虛字》 '之'는 '將'과 같다. '子欲往'의 '欲'과 같다('之', 猶'將', 表'欲要'之意。作'打算'講。).

10《論語注疏》 "지금 필힐이 중모를 근거지로 반란을 일으켰으니, 이는 자기 손으로 직접 못된 짓을 한 것인데 선생님께서 가려고 하시니, 예전에 주신 그 가르침은 무엇입니까?"(疏: 正義曰: '佛肸以中牟畔, 子之往也, 如之何'者, 言今佛肸以中牟畔, 則是身爲不善, 而子欲往, 如前言何?);《論語正義》 '如之何'의 '之'는 '是'로, 필힐을 말한다["필힐이 반란을 일으켰는데, 몸소 가신다고 한들, 저자의 못된 짓을 어찌하겠습니까?"](正義曰: '如之何'者, '之'者, 是也, 謂佛肸也。言佛肸已畔, 已雖往, 如彼不善何也?);《補正述疏》 "가르침으로 들었던 이 말은 어떻게 된 것입니까?"(述曰: "如之何"者, 謂如所聞是言何?);《論語譯注》 "어찌 말이 되겠습니까?[과거의 말씀을 어떻게 설명하실 수 있겠습니까?]"("怎麽說得過去呢?").

11《論語正義》 翟灝[1736~1788]의《四書考異》에 말했다. "필힐의 반란은 조간자를 모반한 것이다. 조간자가 진나라 임금을 위협해 범·중행씨를 공격하자, 필힐은 범·중행씨의 읍장으로서, 조간자의 정벌에 항거함으로 인해, 진나라를 모반한 것으로, 범·중행씨에 대해서는 의를 지킨 것과 같았다. 게다가 성인의 예지능력은, 범·중행씨의 멸망이, 三家分晉[BC 453 진나라가 韓·魏·趙 세 나라로 쪼개짐]의 형세가 될 조짐임을 아셨다. 진나라가 三分이 되는 형세가 되면, 대부가 스스로 제후가 되는 화가 일어나는 것이니, 그 불선은, 필힐의 불선과 비교해 누가 더 크겠는가? 자로는 생각이 이에 미치지 못하고, 다만 스승의 일상적인 훈화 말씀을 지킬 줄만 알았으니, 성인이 비록 이것을 아셨을지라도, 앞에 보이는 이러한 조짐을 제자에게 말하기 어려웠을 것이다. 그래서 다만 堅·白이라는 일반적인 도리로 대답하셨을 뿐이다"(翟氏灝考異云: "佛肸之畔, 畔趙簡子也。簡子挾晉侯以攻範,中行, 佛肸爲範,中行家邑宰, 因簡子致伐距之, 於晉爲畔, 於範,中行猶爲義也。且聖人神能知幾, 範,中行滅, 則三分晉地之勢成。三分晉地之勢成, 則大夫自爲諸侯之禍起, 其爲不善, 較佛肸孰大小哉? 子路見未及此, 但知守其常訓, 聖人雖有見焉, 卻難以前知之幾爲門弟子語也。故但以堅白恒理答之。"). 생각건대, 적호의 견해는 너무 깊어서, 도리어 성인의 생각을 잃었다. 대개 성인께서는 이 사람들의 무리가 아무도 나와 함께하지 못할 자가 없다고 보시고[微子 제6장], 그들을 다스릴 수 있을 것으로 생각했기 때문에, 공산불요·필힐에게, 모두 가고자 하는 생각이 있었다. 또 이 당시 천하는 정치가 실종된 지 오래였고, 제후는 천자를 모반하고, 대부는 제후를 모반하고, 나이 어린 사람은 나이 많은 사람을 올라타고, 아랫사람은

자로(子路)가 말했다. "예전에 제가 선생님께 가르침을 들었는데 말씀하시기를, '자기 손으로 직접 못된 짓을 하는 자에게는, 군자는 그 무리에 가담하지 않는다'고 하셨습니다. 필힐(佛肸)은 中牟(중모)를 근거지로 삼아 반란을 일으켰는데, 선생님께서 가려고 하시니, 예전의 그 가르침은 무엇입니까?"

子路恐佛肸之浼[12]夫子, 故問此以止夫子之行。親, 猶自也。不入, 不入其黨也。
자로(子路)는 필힐(佛肸)이 선생님을 더럽힐까 염려했기 때문에, 이것을 여쭈어 이로써 선생님께서 가시려는 것을 막은 것이다. '親'(친)은 '自'[스스로]와 같다. '不入'(불입)은 '그 무리에 들어가지 않는다'이다.

170703、子曰:「然[13]。有是言也[14]。不曰 [15]堅乎, 磨而不磷; 不曰白乎, 涅而不緇[16, 17, 18]。

윗사람을 능멸하기를, 서로 답습하여 풍속이 되었으니, 전혀 괴이하지 않았다. 만약 반드시 천하를 버려두고 바꾸지 않으려 한다면, 도도히 모두 이러한데, 천하가 어찌 다시 다스려질 수 있겠는가? 그래서 말씀하시기를, '천하에 도가 있다면, 내가 구태여 이들과 함께 천하를 바꾸려 하지 않았을 것이다'[微子 제6장]라고 하신 것이다(案: 翟說太深, 反失聖意。蓋聖人視斯人之徒, 莫非吾與, 而思有以治之, 故於公山, 佛肸, 皆有欲往之意。且其時天下失政久矣, 諸侯畔天子, 大夫畔諸侯, 少加長, 下淩上, 相沿成習, 恬不爲怪。若必欲棄之而不與易, 則滔滔皆是, 天下安得復治? 故曰"天下有道, 丘不與易也"。). 천하가 무도한 까닭을 밝히고 비로소 벼슬을 하고자 하신 것이다. 또 중궁 · 자로 · 염유가 모두 계씨 가에서 벼슬하고 있었는데, 저 계씨는 이른바 나라를 훔친 자가 아닌가? 어찌 모반과 다르겠는가? 자로는 제 몸이 그런 계씨 가에서 벼슬하면서도, 공자께서 공산불요 · 필힐의 부름에 가시는 것을 원하지 않았고, 스승의 훈화 말씀을 지킨다고 한 것이, 고루하게도 '親於其身爲不善 君子不入' 두 마디뿐이었으니, 어찌 스승의 세상에 쓰이고자 하는 마음과 도를 행하고자 하는 마음이 잘못된 것이 아님을 어찌 알았겠는가?(明以無道之故而始欲仕也。且以仲弓, 子路, 冉有皆仕季氏, 夫季氏非所謂竊國者乎? 而何以異於畔乎? 子路身仕季氏, 而不欲夫子赴公山, 佛肸之召, 其謹守師訓, 則固以"親於其身爲不善, 君子不入"二語而已, 而豈知夫子用世之心與行道之義固均未爲失哉?).

12 浼(매): 더럽히다. 모욕당하게 하다(沾污; 玷污).

13 《經傳釋詞》《廣雅》에 '然은 '譍'(응)이다'라고 했다. '譍'(응)은 모두 '應'으로도 쓴다(《廣雅》曰: '然, 譍也.' 譍, 通作'應'。); 《古書虛字》 응답하는 말('然', 應詞也。); 《詞詮》 응대부사. 예('然', 應對副詞。唯也, 諾也。).

14 《論語義疏》 '然'은 '如此'[그렇다]이다. 공자께서, '그렇게 말한 적이 있지. 내가 전에 군자는 不善한 나라에게는 들어가지 않는다는 말을 한 적이 있다'고 하신 것이다(疏: 然, 如此也。孔子答曰: 有如此所說也, 我昔者有此君子不入於不善國之言也。); 《論語句法》 '是言'은 자로가 인용한 공자가 하신 말이다('是言'稱代子路所稱孔子之言。).

15 《助字辨略》 '不曰'은 '豈不曰'[~라 하지 않았느냐?]의 줄임말이다(不曰, 猶云豈不曰, 省文也。).

16 [성]磨而不磷 涅而不緇(마이불린 열이불치): 갈아도 얇게 변하지 않고 검게 물들여도 검게 변하지

선생님께서 말씀하셨다. "그래. 그런 말을 한 적이 있다. (그렇지만 또) '단단한 물건은, 아무리 갈아도 얇게 닳아지지 않는다'라고 말하지 않았느냐? '하얀 물건은, 아무리 검게 물들여도 검게 물들여지지 않는다'라고 말하지 않았느냐?

磷, 力刃反。涅, 乃結反。○磷, 薄也。涅, 染皁[19]物。言人之不善, 不能浼己。楊氏曰:「磨不磷, 涅不緇, 而後無可無不可[20]。堅白不足, 而欲自試於磨涅, 其不磷緇也者, 幾希。」[21]

않는다. 의지가 굳은 사람은 환경의 영향을 받지 않는다(磨了以后不变薄, 染了以后不变黑。比喻意志坚定的人不会受环境的影响。); [성]不磷不緇(불린불치): 지조가 굳고 고결한 품질은 외계 영향으로 인해 변하지 않는다(磨不薄, 染不黑。比喻坚贞高洁的品质, 不因外界影响而有所改变。); [성]涅而不緇(열이불치): 검정 염료를 써서 물들여도 검게 물들지 않는다. 품격이 고상하여 열악한 환경의 영향을 받지 아니하다(用涅染也染不黑。比喻品格高尚, 不受恶劣环境的影响。); 《論語集解》 아주 단단한 것은 아무리 갈아도 얇아지지 않고, 아주 하얀 것은 아무리 검게 물들이려고 해도 검어지지 않는다는 말로, 군자는 비록 혼탁하고 혼란한 가운데 있어도, 더럽혀질 수 없다는 것을 비유한 것이다(注: 孔安國曰: 言至堅者磨之而不薄, 至白者染之於涅而不黑, 喻君子雖在濁亂, 濁亂不能污也。); 《百度漢語》 涅(열): 옛날에 흑색 염료로 쓰던 검정 돌(矿物名, 古代用作黑色染料。); 緇(치): 흑색(黑色).

17 《論語義疏》 공자께서 그렇게 말한 적이 있다고 하시고 나서, 예전에 했던 말이 한 가지가 아님을 다시 넓혀서 서술하신 것이다. 언젠가는 군자는 不善之國에 들어가서는 안 된다고 했고, 또 언젠가는 군자는 不善之國에 들어가도 된다고 했는데, 그래서 군자는 不善之國에 들어가도 해를 입지 않는다는 것이다. 이를 위해 두 가지 비유를 가설하시면서, 내가 예전에 이 두 가지 말을 한 적이 있었는데, 너는 지금 들어가지 않는다는 말만 기억하고, 들어가도 된다는 말은 기억하지 못하느냐? 그래서 '不曰堅乎磨而不磷, 不曰白乎涅而不緇'라고 말씀하신 것이다[《論語義疏》本에는 '曰: 不曰堅乎……'로 되어 있다]. 내가 예전에 또 말한 적이 있기 때문에, '不曰……乎'라고 하여 자로에게 반문하신 것이다(孔子既然之, 而更廣述我從來所言非一。或云君子不入不善之國, 亦云君子入不善之國, 故君子入不善之國而不爲害。經爲之設二譬, 譬天下至堅之物磨之不薄, 至白之物染之不黑。是我昔亦有此二言, 汝今那唯憶不入而不憶亦入乎? 故曰, 不曰堅乎磨而不磷, 不曰白乎涅而不緇。言我昔亦經有曰 也, 故云不曰乎以問之也。); 《論語今讀》 단단한 물건은 갈아도 갈아도 얇아지지 않는다고 말하지 않았느냐?("不是說堅固的東西, 磨也磨不薄嗎?").

18 《洙泗考信錄》 무릇 단단한 자는 간다고 해서 얇게 닳아질까를 진실로 걱정하지 않지만, 자기의 단단함을 믿고 일부러 얇게 닳아지는지 해보려 했던 자는 아직까지 없었고, 하얀 자는 검게 물들인다고 해서 검어질까를 진실로 걱정하지 않지만, 자기의 흼을 믿고 일부러 검게 물들여지는지 해보려 했던 자는 아직까지 없었다. 성인은 소인들 때문에 더럽혀질 수 있는 자가 진실로 아니지만, 자기의 더럽혀질 수 없음을 믿고 일부러 소인들 가운데 들어간 적이 아직까지 없었다. 공자의 단단함과 흼은 필힐에 의해 얇게 닳아지거나 검게 물들여질 바가 아닐진대, 미자하 · 척환 · 옹저 만 유독 어찌 공자를 얇게 닳아지게 하거나 검게 물들이겠는가마는[孟子 · 萬章上 제8장], 그럼에도 공자께서는 그들 집에 묵으시려 하지 않았고, 맹자는 그들 집에 묵는 것을 '의를 무시하고 명을 무시하는 짓'이라 여겼겠는가!(夫堅者誠不患於磨, 然未有恃其堅而故磨之者也; 白者誠不患於涅, 然未有恃其白而故涅之者也。聖人誠非小人之所能污, 然未有恃其不能污而故入於小人之中者也。若孔子之堅白非佛肸之所能磨涅, 則彌子瘠環癰疽亦豈獨磨涅孔子者, 而孔子乃不肯主其家, 孟子乃以爲'無義無命'乎!).

19 皁(조): 흑색(同'皂'。黑色).

'磷'(린, lín)은 '力'(력)과 '刃'(인)의 반절이다. '涅'(열, niè)은 '乃'(내)와 '結'(결)의 반절이다. ○'磷'(린)은 '얇게 닳아지다'[薄]이다. '涅'(열)은 검게 물들이는 데 쓰는 물건이다. 남의 불선이 선생님을 더럽힐 수 없다는 말씀이다.

양씨(楊氏·楊中立)가 말했다. "갈아도 얇게 닳아지지 않고, 검게 물들여도 검게 물들여지지 않으면, 그 후는 그렇게 해야 된다는 것도 없고 그렇게 해서는 안 된다는 것도 없는 경지이다. 만약 단단한 정도나 하얀 정도가 충분치 않은데도, 얇게 닳아지는지 검게 물들여지는지 스스로를 시험하려 든다면, 얇게 닳아지지 않고 검게 물들여지지 않는 그런 자가, 거의 드물 것이다."

170704、吾豈[22]匏瓜[23]也哉[24]? 焉能繫而不食?[25]」

20《微子 제8장》참조; 無可無不可(무가무불가): 벼슬에 나아가거나 물러나 은거하는 것이 때에 맞춰 적절히 하다. 한가지로 정해진 주견이 없이 무엇을 해도 어떻게 해도 된다고 여기다(本指出仕或退隱隨機而行, 均無不可。没有主见, 觉得干什么, 怎么样都可以。).

21《論語大全》'磨不磷涅不緇 而後無可無不可'는 성인의 일이다. '堅白不足 而欲自試於磨涅'은 후세인으로서 덕의 정도를 헤아리지 않고, 경거망동하여, 처음에는 자기를 성인에 맞대보려 하다가, 결국에는 자신의 몸을 불의에 빠뜨리는 무리들이다(慶源輔氏曰: 磨不磷涅不緇, 而後無可無不可者, 聖人之事也。堅白不足, 而欲自試於磨涅, 則後世不度德不量力, 輕擧妄動, 始欲自附於聖人, 而終則陷其身於不義之流也。).

22《古漢語語法》豈(기): 설마. 동사 앞에 쓰여 반문을 표시하며, 문장 끝에 어기사 '哉' '乎' '邪'등과 호응하며, 또 명사술어구 앞에 쓰이며, 판단구로서 繫辭가 생략된다('豈'常用在动词前表示反问, 有'难道'意, 句末常有语气词'哉''乎''邪'等与之呼应。也可用在名词谓语前, 一般是判断句省系词。).

23 [성]匏瓜空繫(포과공계): 공자가 스스로를, 어찌할 방법이 없는 것이 마치 공중에 매달려 있어서 사람들에게 식용으로 쓰이지 못하는 조롱박에 비유하면서, 벼슬에 나가 관직을 맡아, 하는 일이 있어야 한다는 것이다. 재능이 있는데도 세상에 쓰이지 못하다(孔子比喻自己无法像匏瓜那样系悬着而不让人食用, 应该出仕为官, 有所作为。后用以比喻有才能的人却不为世所用。);《百度漢語》匏瓜(포과): 호리병박. 조롱박. 다 자라 익으면 반으로 잘라서 바가지를 만든다(一年生草本植物, 果实比葫芦大, 老熟后可剖制成器具。); 匏繫(포계): 타향살이하다. 세상에 쓰일 곳이 없다. 일없이 집에서 놀고 지내다. 무용지물(客居淹留。喻不为时用; 赋闲。喻指无用之物); 繫(계): 걸다. 매달다(掛。).

24《文言虛詞》긍정어기에 더해 감탄어기까지 표시할 경우, '也夫'를 쓰거나, '也哉'를 쓰기도 한다(既表肯定, 又表感歎, 有時可用'也夫'兩字, 以'也'表肯定, 以'夫'表感歎; 有時可用'也哉'兩字。).

25 [성]繫而不食(계이불식): 보기에는 좋으나 맛은 없는 물건. 조롱박이 보기에는 좋으나 식용으로 쓸 수 없는 것과 같이 재능을 간직하고 있지만 펼칠 곳이 없다(指中看不中吃的东西。比喻懷才而莫展, 一如匏瓜中看而不可吃用。);《論語集解》조롱박이 한 군데에 매달려 있어도 되는 것은 먹지 않아도 되기 때문인데, 나는 원래 먹어야 하는 동물이어서 동서남북을 돌아다녀야 하니, 먹지 않아도 되는 조롱박처

내가 설마 조롱박이겠느냐? 어찌 한 곳에만 매달려 있는 채 먹지도 않고 지낼 수 있겠느냐?"

焉, 於虔反。○匏, 瓠也[26]。匏瓜繫於一處而不能飮食, 人則不如是也。[27]

럼 한 군데 매달려 있으면 안 된다는 말이다(注: 言瓠瓜得繫一處者, 不食故也, 吾自食物, 當東西南北, 不得如不食之物, 繫滯一處。);《論語義疏》一說: 匏瓜는 별의 이름이다. 사람에게는 才智가 있으니, 의당 때를 도와 맡은 일을 처리하고, 사람들에게 쓰임을 받도록 해야지, 어찌 匏瓜라는 별처럼 하늘에 매달린 채로 먹지 않을 수 있겠느냐는 말이다(一通云: 匏瓜, 星名也。言人有才智, 宜佐時理務, 爲人所用, 豈得如匏瓜係天而不可食耶?);《論語平議》식물류는 무엇이라도 먹을 수 있는 것들인데, 유독 조롱박만 먹을 수 없는 식물이라 하여, 조롱박을 가지고 비유로 삼았겠는가? '食'은 마땅히 '用'으로 풀이해야 한다. 공자께서는, '나는 조롱박이 아닌데, 어찌 한 곳에 매달려 세상에 쓰이지 않을 수 있겠는가?'라고 하신 것이다.《易經·䷯井》의 '井泥不食' '井渫不食'의 '不食'은 그 뜻이 모두 '不用'이다. 王粲[177~217][字仲宣]은 (그가 지은《登樓賦》에서, '조롱박은 헛되이 매달려 있는 것을 두려워하고, 우물물은 준설해서 물이 깨끗해진 뒤에도 사람들이 마시지 않는 것을 두려워한다'(懼匏瓜之徒懸兮 畏井渫之莫食)고 하여) 논어의 '匏瓜'와 주역의 '井渫不食' 두 구절을 결합해서 썼는데, 이는 진정 주역의 '不食'이라는 말을 가지고, 논어의 '不食'을 풀이한 것이다(草木之類, 孰是能食者, 何獨匏瓜, 爲不食之物, 而以取喻耶? 食當訓爲用……孔子言吾非匏瓜, 安能繫於一處而不爲世用乎? …… 井卦爻辭, 言不食者, 其義並爲不用。王仲宣, 以匏瓜與井渫不食, 兩事合用, 是固以周易之不食, 解論語之不食矣。);《論語譯注》"내가 설마 조롱박이겠느냐? 어찌 공중에 매달려만 있고 사람들이 먹게 하지 못하겠느냐?"('我难道是匏瓜吗?哪里能够只是被悬挂着而不给人吃食呢?').

26 瓠(호): 호리병 박. 조롱박; 瓠瓜(호과): 호리병 박. 조롱박(瓠子);《詩名多識》주자가 말했다. "匏(포)는 瓠이다." 陸佃[1042~1102]의《埤雅》에 말했다. "기다랗고 위가 가는 것을 瓠[호리병 박. 조롱박]라 하고, 목이 짧고 배가 큰 것을 匏[박]라 한다." 張自烈[1597~1673]의《正字通》에 말했다. "匏는 성질이 달고, 瓠는 성질이 쓰다." 그래서《國語·魯語下》에서 숙향이, '쓴 조롱박은 먹지 못한다. 사람이 물을 건너는 데 이바지할 뿐이다'라고 했다(朱子曰: 匏, 瓠也。埤雅曰: 長而瘦上曰瓠, 端頸大腹曰匏。正字通曰: 匏性甘, 瓠性苦。故國語叔向曰: 苦匏不材, 于人共濟而已。).

27《論語大全》'不食'은 (먹을 필요가 없어서) 먹을 것을 구하지 않는다는 말이지, 먹을 수 없다는 말이 아니다. 요즘 세속 말로 '無口匏'[입이 없는 박]이라는 말이 이 뜻이다. '匏瓜繫而不食'이란 말씀인즉, 조롱박은 일개 미물로, 매달려 있으니 움직이지 못하고, 먹지 않으니 아는 게 없지만, 나는 사람으로 천지간에서 움직일 수 있고 생각할 수 있으니, 의당 쓰임을 받아 사람에게 유익한 일을 해야 하니, 어찌 미물에 비교하겠느냐는 것이다. 糊口하고자 사방으로 바삐 돌아다니는 세상 사람들이, 왕왕 이 말씀을 빌려 자기가 처한 상황을 말하지만, 성인의 말씀의 취지를 잃은 것이다. 이는 논변하지 않을 수 없다(朱子曰: 不食, 謂不求食, 非謂不可食也。今俗猶言無口匏, 亦此意; 勉齋黃氏曰: 匏瓜繫而不食, 蓋言匏瓜蠢然一物, 繫則不能動, 不食則無所知。吾乃人類, 在天地間, 能動作有思慮, 自當見之於用而有益於人, 豈微物之比哉? 世之奔走以餬其口於四方者, 往往借是言以自況, 失聖人之旨矣。此不可以不辯。);《集注考證》이 두 구절은 아마도 당시의 방언이거나 속어로, 공자께서 이를 인용한 것일 텐데, 지금 말로 하면, 나는 한 곳에만 매달려 있는 조롱박이 아니니, 내 다리는 걸을 수 있고 내 입은 먹을 수 있다고 말하는 것과 같다(此二句蓋當時方言俗語, 夫子引之, 猶今俗云我不是匏子, 我足能行而口能食者。);《禮記·檀弓上》공자께서 방 땅에 부모를 합장하고 나서 말씀하셨다. "내가 듣기로는, 옛날에는 묻기만 하고 봉분을 만들지 않았다. 지금 나는 동서남북으로 떠돌아다니는 사람이니, 표지해놓지 않을

'焉'(언, yān)은 '於'(어)와 '虔'(건)의 반절이다. ○'匏'(포)는 '조롱박'[瓠](호)이다. 조롱박은 한 곳에만 매달려 있어서 마시거나 먹거나 할 수가 없는데, 사람의 경우에는 이와 같지 않다.

○張敬夫曰:「子路昔者之所聞, 君子守身之常法。夫子今日之所言, 聖人體道之大權也。然夫子於公山, 佛肸之召皆欲往者, 以天下無不可變之人, 無不可爲之事也。其卒不往者, 知其人之終不可變而事之終不可爲耳。一則生物之仁, 一則知人之智也。」

○장경부(張敬夫·張栻)가 말했다. "자로(子路)가 예전에 들었다는 가르침은, 군자가 자기 몸가짐을 지키는 통상적인 방법이다. 선생님께서 금일에 해주신 말씀은, 성인께서 몸소 체득한 큰 권도(權道)이다. 그렇지만 선생님께서 공산불요(公山弗擾)와 필힐(佛肸)의 부름에, 모두 가려고 하신 것은, 천하에 변하지 못할 사람이란 없고, 하지 못할 일이란 없다고 여기신 것이다. 선생님께서 끝내 가지 않으신 것은, 그 사람들이 결국에는 변할 수 없고 그 일들이 결국에는 할 수 없으리라는 것을 아신 것이다. 가려 하신 것은 만물을 살리려는 인(仁)이었고, 가지 않으신 것은 사람을 알아보는 지(智)였다."

수 없다"(孔子既得合葬於防, 曰: "吾聞之: 古也墓而不墳; 今丘也, 東西南北之人也, 不可以弗識也。").

[子曰 由也章]

170801、子曰:「由也, 女聞六言六蔽[1]矣乎?」對曰:「未也。」

선생님께서 말씀하셨다. "유(由)야, 너는 여섯 글자의 여섯 가지 가려진 폐단에 대해 들어보았느냐?" 자로(子路)가 (일어나) 대답했다. "들어보지 못했습니다."

女, 音汝, 下同。○蔽, 遮掩[2]也。

'女'(녀)는 음이 '汝'(녀)로, 뒷절에서도 이와 같다. ○'蔽'(폐)는 '가리다'[遮掩]이다

170802、「居[3]! 吾語[4]女。

"앉거라! 내가 너에게 말해주겠다."

語[5], 去聲。○禮[6]: 君子問更端, 則起而對。故孔子諭子路, 使還坐而告之。

1《論語正義》'六言六蔽'는 고사성어이다(正義曰: "六言六蔽", 是古成語。);《論語譯注》이 장의 '言'은 '有一言而可以終身行之'[衛靈公 제23장]의 '言'과 같은데, 名은 '言'이지만 實은 '德'을 가리킨다. '一言'으로는 공자가 '恕'字를 집어 들었고, '六言'으로는 '仁' '知' '信' '直' '勇' '剛' 여섯 字를 집어 들었다(這個'言'字和'有一言而可以終身行之'的'言'相同, 名曰 '言', 實是指'德'。'一言', 孔子拈出'恕'字; '六言', 孔子拈出'仁'、'知'、'信'、'直'、'勇'、'剛'六字。);《論語注疏》'蔽'는 가려지고 막혀 있어 스스로는 자기 허물을 보지 못하는 것이다(疏: 正義曰: 蔽, 謂蔽塞不自見其過也。); 六蔽(육폐): 배우기를 좋아하지 않음으로 인해 초래되는 여섯 가지 폐단(谓因不好学而造成的六种弊端); 蔽(폐): 덮어 가리다. 가려서 막고 가려 덮다. (결점을)숨기다(遮住, 遮掩。).

2 遮掩(차엄): 막고 덮다. 가리다. 덮어씌우다(遮蔽; 掩盖).

3《論語集解》자로가 일어나서 대답했기 때문에, 다시 앉으라고 한 것이다(注: 孔安國曰: 子路起對, 故使還座也。); 居(거): 사람이 쭈그리고 앉아 있는 모습을 형상화한 것으로, 본뜻은 '쭈그리고 앉다'이다(象人曲胫蹲踞形。本义: 蹲着。后作'踞'。).

4《王力漢語》'語'는 사람을 가리키는 목적어를 대동할 경우에는, 대화의 상대방을 지칭할 수 있다('語'既能带指事物的宾语, 带指人的宾语时, 可以指称谈话的对方。).

5 語(어): [yù] (다른 사람에게) 말해주다. 알려주다(告诉, 使知道。); [yǔ] 이야기하다. 대화를 나누다(交谈, 说话).

6《禮記·曲禮上》군자를 옆에서 모시고 앉아 있는데, 군자가 한 가지 물음을 끝내고 화제를 바꾸어 물으면, 일어나 대답한다(侍坐於君子, 君子問更端, 則起而對。); 更端(갱단): 다른 일. 글을 쓸 때 행을 달리해서 말머리를 바꾸다(另一事。指书写时另行换头。).

'語'(어)는 거성[yǔ]이다. ○《예기》(禮記)에, '군자가 한 가지 물음을 끝내고 말머리를 바꿔 물으면, 일어나 대답한다'고 되어 있다. 그래서 공자(孔子)께서 자로(子路)를 분부하여, 그에게 다시 앉으라고 말씀해주신 것이다.

170803、好仁不好學[7], 其蔽也愚[8]; 好知不好學, 其蔽也蕩[9]; 好信不好學, 其蔽也賊[10]; 好直不好學, 其蔽也絞[11]; 好勇不好學, 其蔽也亂[12]; 好剛不好學, 其蔽也狂[13][14]。」

7《論語譯注》"배우지 않으면 그 이치를 분명하게 알지 못한다"("不學則不能明其理。").

8《朱子全書(第21册)·晦庵先生朱文公文集(卷25)·答張敬夫》저 熹(희)가 전에 말한 적이 있듯이, 실로 仁을 구하고자 한다면, 진실로 力行만큼 가까운 게 없지만, 배움으로써 仁을 밝히지 않는다면, 맹인이 지팡이로 땅을 이리저리 더듬으면서 가는 것과 같은 근심이 있으니, 그 폐단이 어리석음입니다. 主敬과 致知가 서로서로 돕는다면, 이러한 폐단이 저절로 없어질 것입니다(熹竊嘗謂若實欲求仁, 固莫若力行之近, 但不學以明之, 則有擿埴冥行之患, 故其蔽愚。若主敬致知交相爲助, 則自無此蔽矣。);《補正述疏》'好仁而愚'者는 사랑할 줄 모르는 것으로, 함정에 빠지고 속임을 당해, 우물 속으로 사람을 구하러 들어간다[雍也 제24장]. 학자들이 말하는, '아녀자나 아이에게 원칙 없이 아무 때나 관용을 베풀어 멋대로 못된 짓을 하게 조장하는 부류'[禮記·檀弓上]가 바로 이것이다(述曰: 好仁而愚者, 不知愛之理也, 可陷可罔, 從井以求人。論說家云: "若姑息養奸類有然。" 是也。).

9《論語集解》적절하게 지키는 한계·원칙·법도가 없다(注: 孔安國曰: 蕩, 無所適守也。)[守(수): '宀'(면)은 집을 표시하고, '寸'은 법도이다. 합해서 관장하는 법도를 표시한다(宀表示房屋; 寸是法度。合起来表示掌管法度。)];《補正述疏》'好智而蕩'者는 사람된 도리로써 마땅히 해야 할 일에 힘을 쏟지 않는다[雍也 제20장](述曰: 好智而蕩者, 不務民義也。); 蕩(탕): 광활하다. 광막하다. 아득하고 막연하다(广阔).

10《論語集解》父子 간에 서로 숨겨줄 줄 모르는 무리가 된다(注: 孔安國曰: 父子不知相爲隱之輩也。);《論語義疏》노나라 미생이 여인을 기다리다, 다리 밑에서 죽은 경우[莊子·雜篇·盜跖], 송나라 양공이 초나라 군대가 홍수를 건너와 진을 다 갖출 때까지 치지 않고 기다리다가, 초나라에 패하여 다리에 상처를 입고 죽은 경우가[春秋左傳·僖公22년][韓非子·外儲說左上], 信으로 인해 그르친 예이다(江熙曰: 尾生與女子期, 死於梁下, 宋襄與楚人期, 傷泓不度, 信之害也。);《論語大全》信 만을 고집하고 배우기를 좋아하지 않으면, 필시 일을 그르치게 되는데, 아버지가 양을 훔친 것을 고해바친 것이[子路 제18장] 바로 그 예이다. 信이 있지만 信의 이치를 분명히 깨치지 못하면, 사리의 가부를 헤아리지 않고, 기어이 그 말을 실천하려고 한다. 이러한 자는, 반드시 일을 그르치는 데에 이르는데, 미생의 信은 스스로 자기 몸을 그르친 경우이다(朱子曰: 固執必信而不好學, 必至於賊害物, 如證父攘羊便是。雙峯饒氏曰: 信而不明理, 則不度事理之可否, 而欲必踐其言。如此者, 必至於害事, 如尾生之信, 是自賊其身者也。);《論語正義》管同[1785~1831]의《四書紀聞》에 말했다. "대인이 말에 대해 무턱대고 지키겠다고 하지 않는 까닭은[孟子·離婁下 제11장], 배워서 의가 소재하는 곳을 알고 그에 따르려 하기 때문이다. '好信不好學' 한다면, 오로지 약속한 대로 이행하는 것만을 중시하지 사리의 시비를 가리지 않는다"(管氏同紀聞: "大人之所以言不必信者, 惟其爲學而知義所在也。苟好信不好學, 則惟知重然諾而不明事理之是非。);《補正述疏》'好信而賊'者는 스스로를 해치고, 남을 해친다(述曰: 好信而賊者, 自賊, 賊人也。).

11《論語義疏》'絞'(교)는 '刺'(자)와 같다. 남의 잘못을 캐내고 찌르고 해서, 자기의 곧음을 드러낸다(疏: 絞, 猶刺也, 好譏刺人之非, 以成己之直也。);《論語大全》'絞'는 새끼줄의 양 끝이 당겨져 팽팽하게 묶인

인(仁)을 좋아하면서 배우기를 좋아하지 않으면, 그로 인해 가려져 보지 못하는 것은 어리석어지는 것[愚]이고, 지(知)를 좋아하면서 배우기를 좋아하지 않으면 그로 인해 가려져 보지 못하는 것은 막연해지는 것[蕩]이고, 신(信)을 좋아하면서 배우기를 좋아하지 않으면 그로 인해 가려져 보지 못하는 것은 일을 그르치는 것[賊]이고, 직(直)을 좋아하면서 배우기를 좋아하지 않으면 그로 인해 가려져 보지 못하는 것은 박절해지는 것[絞]이고, 용(勇)을 좋아하면서 배우기를 좋아하지 않으면 그로 인해 가려져 보지 못하는 것은 난폭해지는 것[亂]이고, 강(剛)을 좋아하면서 배우기를 좋아하지 않으면 그로 인해 가려져 보지 못하는 것은 무모해지는 것[狂]이다."

好, 知, 並去聲。○六言皆美德, 然徒好之而不學以明其理, 則各有所蔽。愚, 若可陷可罔之類[15]。蕩, 謂窮高極廣而無所止。賊, 謂傷害於物。勇者, 剛之發。剛者, 勇之體。狂, 躁

것처럼, 전혀 느슨하지 않거나 여유가 없는 것이다(朱子曰 ; 絞, 如繩兩頭絞得緊, 都不寬舒。); 絞直(교직): 성미가 참을성이 없이 매우 다급하고 솔직하다(急躁而率直);《補正述疏》'好直而絞'者는 '直而無禮'[泰伯 제2장]이다(述曰: 好直而絞者, 直而無禮也。).

12《論語正義》전편의 '강직한 것도 예에 맞지 않으면 박절한 것[絞]이 된다'[泰伯 제2장]와 아래 장의 '군자가 용맹만 있고 義가 없으면 난을 일으킨다'[陽貨 제23장]는 이 장의 好直 · 好勇의 蔽와 같은데, 대개 예 · 의는 모두 배움을 기다려 이로써 성취된다(正義曰: 案: 前篇云 "直而無禮則絞", 下章云 "君子有勇而無義爲亂", 與此言好直,好勇之蔽同, 蓋禮義皆須學以成也。);《補正述疏》'好勇而亂'者는 '勇而無禮'[泰伯 제2장]이다(述曰: 好勇而亂者, 勇而無禮也。).

13《論語集解》'狂'은 사람들과 마구 부딪치는 것이다(注: 孔安國曰: 狂, 妄抵觸人也。);《論語正義》剛者는 성격이 거칠고 직설적이어서, 그 언행이 자주 사람들과 부딪친다(正義曰: 剛者性獷直, 其言行多抵觸人也。);《補正述疏》'好勇而亂'者는 어느 한쪽의 옳은 것만을 취하여 함부로 행동한다(述曰: 好剛而狂者, 進取一槩之義而妄動也。);《百度漢語》狂(광): 방자하고 오만하다. 시건방지다. 분별이 없다(狂妄).

14《論語正義》戴震[1724~1777]의《孟子字義疏證 · 理》에 말했다. "사람의 혈기(血氣)와 심지(心知)는, 음양오행에 뿌리를 둔 것으로, 성이다. 혈기는 음식물의 도움을 받아 길러지는데, 그 음식이 변화된 것이 바로 나의 혈기로, 더 이상 음식물이 아니다. 심지가 問 · 學의 도움을 받아, 스스로 얻는 것 역시 그러하다. 혈기를 가지고 말하면, 옛날에는 약했는데 지금은 강한 것, 이것이 혈기가 음식의 기름을 얻은 것이다. 심지를 가지고 말하면, 옛날에는 협소했는데 지금은 광대해지고, 옛날에는 어두웠는데 지금은 명찰해진 것, 이것이 심지가 問 · 學의 기름을 얻은 것으로, 그래서 '(철두철미하게 學 · 問 · 思 · 辨 · 行을 한다면) 비록 어리석은 자일지라도 총명해질 것이다'[中庸 제20장]라고 한 것이다"(戴氏震孟子字義疏證: 人之血氣心知, 本乎陰陽五行者, 性也。如血氣資飮食以養, 其化也即爲我之血氣, 非復所飮食之物矣。心知之資於問學, 其自得之也亦然。以血氣言, 昔者弱而今者彊, 是血氣之得其養也。以心知言, 昔者狹小而今者廣大, 昔者闇昧而今者明察, 是心知之得其養也, 故曰'雖愚必明'。).

15《雍也 제24장》참조.

率[16]也。

'好'(호)와 '知'(지)는 둘 다 거성[hào; zhì]이다. ○'六言'(육언)은 모두 아름다운 덕이지만, 쓸데없이 좋아하기만 할 뿐 배워서 이를 통해 그것들의 이치를 분명하게 알지 않으면, 각각 가려져 보지 못하는 잘못이 생긴다. '愚'(우)는 '우물 속으로 빠지게 할 수 있다', '도리에 맞지 않은 말로 속게 할 수 있다'는 부류와 같다. '蕩'(탕)은 '지식의 추구가 한없이 고원해지고 한없이 광활해져서 그 끝을 모른다'고 하는 말이다. '賊'(적)은 '남을 다치게 하고 해를 끼친다'고 하는 말이다. '勇'(용)이라는 것은 '剛'(강)이 발현된 모습이다. '剛'(강)이라는 것은 '勇'(용)이 나오는 바탕[體]이다. '狂'(광)은 '조급하고 경솔하다'[躁率]이다.

○范氏曰:「子路勇於爲善, 其失之者, 未能好學以明之也, 故告之以此。曰勇, 曰剛, 曰信, 曰直, 又皆所以救其偏也。」[17]

○범씨(范氏 · 范淳夫)가 말했다. "자로(子路)는 선(善)을 행하는 데에 용감했지만, 그의 잘못된 점은, 호학(好學)하여 이를 통해 그것이 왜 선(善)인지 그 이치를 아직 분명하게 알지 못하고 있다는 것이었기 때문에, 그에게 이 말씀을 가지고 알려주신 것이다. '勇'(용)을 말씀하고, '剛'(강)을 말씀하고, '信'(신)을 말씀하고, '直'(직)을 말씀한 것은, 또한 모두가 그런 것들만을 좋아하는 자로(子路)의 편향성을 구제해주려는 것이었다."

16《論語大全》'躁率'(조솔)은 경거망동의 뜻이다(雙峯饒氏曰: 躁率, 輕擧妄動之意。); 躁率(조솔): 조급하고 경솔하다(急躁轻率).

17《論語大全》어떤 사람은, 이것은 자로가 선생님을 처음 뵈었을 때의 문답이라고 했다(陳用之曰: 或曰, 此子路初見夫子之時。).

[小子何莫學夫詩章]

170901、子曰:「小子[1]! 何莫[2]學夫[3]詩?

선생님께서 말씀하셨다. "제자들아! 어찌 저 시를 배우는 사람이 없느냐?

夫, 音扶。○小子, 弟子也。

'夫'(부)는 음이 '扶'(부, fú)이다. ○'小子'(소자)는 '제자'(弟子)이다.

170902、詩, 可以興[4, 5]

1 小子(소자): 선생이 학생에게 쓰는 호칭(用为老师对学生的称呼。).

2《論語義疏》'莫'(막)은 '無'이다. '夫'는 어조사이다. 어찌 시를 배우는 사람이 없느냐?(疏: 莫, 無也。夫語助也…… 何無學夫詩者也。);《古漢語語法》부정부사 '莫'은 동사 앞에 쓸 수 있고, '不'와 같다(否定副詞'莫', 可用于动词前, 相当于'不'。).

3《王力漢語》'夫'도 지시대명사이지만 지시성이 매우 낮아서 굳이 번역할 필요가 없다('夫'字, 也是一個指示代詞, 但是指示性很輕, 和現代漢語對譯時可以不必譯出。);《論語語法》원지 지시대명사('夫'是遠指指示代詞。);《論語句法》원지지칭사 '夫'를 구별사로 쓴 것이다(以遠指指稱詞'夫'做加詞。).

4《泰伯 제8장》의 '興於詩' 참조;《論語集解》'興'은 서로 비슷한 류의 예를 끌어다가 비유를 드는 것이다[다른 사물에 가탁해서 자기의 감정이나 생각을 표현하다](注: 孔安國曰: 興, 引譬連類也。);《論語義疏》'興'은 비유를 말한다(疏: 興謂譬喻也。);《論語譯注》興(흥): 연상하다. 이것으로 말미암아 저것까지 상상하다. 고립적으로 보지 않고 종합적으로 생각할 줄 알다["연상력을 배양할 수 있다"](聯想, 由此而想及彼; "可以培養聯想力。");《論語新解》"너 자신을 흥기시킬 수 있다"("可以兴起你自己。");《論語今讀》"상상력을 일깨울 수 있다"("可以启发想象。").

5 [성]興觀群怨(흥관군원): 시경을 읽으면서 배양할 수 있다고 생각한 네 가지 능력. 시의 사회적 기능. 시 감상의 심리적 특징과 시의 사회적 효용(興: 联想; 觀: 观察; 群: 合群; 怨: 怨恨。古人认为读《诗经》可以培养人的四种能力。后泛指诗的社会功能。说明了诗歌欣赏的心理特征与诗歌艺术的社会作用。);《論語今讀》'興觀群怨'은 줄곧 중국 정통문예 비평의 대원칙이 되었다. 그 중 '興'은 예술의 연상 · 감발작용을 가리키고, '怨'은 후세의 각종 애상 · 원한의 감정으로, 감정의 표출 · 발산의 이론적 근거를 여기에서 찾았다. 그렇지만 '溫柔敦厚'[《禮記 · 經解》'溫柔敦厚 詩教也'] · '怨而不怒'의 유가이론은 또 '怨'의 진정한 발전을 엄격히 제한하여, 여전히 '정을 드러내되 예의의 범위를 넘지 않는다'[毛詩序]는 절제미였을 뿐, 디오니소스형의 무질서 · 무절제 · 극단 · 광란으로는 결코 발전할 수 없었다('兴观群怨', 一直成为中国传统文艺批评的大原则。其中, '兴'是指艺术的联想感发。'怨'则为后世各种哀伤怨恨之情找到了表达发泄的理论依据。但'温柔敦厚'、'怨而不怒'的儒家理论又严重约束了'怨'的真正发展, 仍然是'发乎情止乎礼仪'的节制, 而绝不可能酒神精神方向展开。).

시는 이를 써서 생각을 불러일으킬 수 있고,

感發志意。[6]

속으로 느끼는 생각을 밖으로 나타낸다.

170903、可以觀[7, 8]

이를 써서 득실을 살필 수 있고,

考見得失。[9]

6《論語大全》시를 읽으면서, 아름답지 않은 것을 보면 사람들로 하여금 부끄럽고 싫어하게 하고, 아름다운 것을 보면 사람들로 하여금 흥에 겨워 떨쳐 일어나게 한다(朱子曰: 讀詩, 見不美者, 令人羞惡, 見其美者, 令人興起。);《毛詩 · 關雎 · 序》詩란 志가 가 있는 곳이니, 마음속에 있는 것이 志이고, 志가 말로 드러난 것이 詩다(詩者, 志之所之也, 在心爲志, 發言爲詩。); 感發(감발): 마음이 느끼어 움직이다. 감동하여 일깨우다. 감흥이 밖으로 나타나다(感动启发; 谓情感于中而发之于外。); 志意(지의): 사상. 생각. 정신. 바램. 염원. 의지(思想; 精神。意愿。犹意志。).

7《論語集解》풍속의 성쇠를 살피다(注: 鄭玄曰: 觀, 觀風俗之盛衰也。);《論語譯注》"관찰력을 높일 수 있다"("可以提高觀察力。");《論語新解》"여하히 천지를 폭넓게 관찰할지를 이해할 수 있다"("可以懂得如何博观于天地。");《論語今讀》"사물을 관찰할 수 있다"("可以觀察事物。").

8《禮記 · 王制》천자는 태사에게 각 지방의 시를 수집해서 올리게 하여 이로써 백성의 풍속을 살피고, 저잣거리를 관리하는 자에 물가를 파악해 올리게 하여 이로써 백성의 호오를 살핀다(天子……命大師陳詩以觀民風, 命市納賈以觀民之所好惡。);《漢書 · 食貨志》봄이 되면, 겨우내 함께 (화로 곁에 모여 베를 짜며) 기거하던 사람들이 사방으로 흩어지는데, 행인은 목탁을 흔들면서 도로를 순행하면서, 시를 채집해서, 태사에게 올리면, 태사는 그 시의 음률이 같은 것끼리 배열해서, 천자에게 들려준다. 이 때문에 왕자는 문밖을 살피지 않고도 천하의 돌아가는 형세를 안다고 한 것이다(孟春之月, 群居者將散, 行人振木鐸徇于路, 以采詩, 獻之大師, 比其音律, 以聞於天子。故曰王者不窺牖戶而知天下。).

9《論語大全》'興' '羣' '怨'은 모두 시를 배우는 자가 얻는 효과를 가리킨 말이다. '觀'은 시를 가리켜 한 말 같은데, 詩人의 득실을 살필 수 있다는 말이다. 그런데 시를 배우는 자의 득실을 살피는 것이라고 해도 통한다. 아래에 '多識'이라는 말이 있으니, 이 시를 통해 저 사물을 알게 되는 것이라면, 이 '觀'은 시를 배우는 자의 득실을 살피는 것이 된다(勉齋黃氏曰: 興羣怨, 皆指學詩者而言。觀則似指詩而言, 謂可考詩人之得失也。然以爲觀己之得失, 亦可通。下文旣有多識, 爲以此識彼, 則此觀爲觀己。);《論語大全》시에서 찬미 · 풍자한 자의 득실을 살피고, 또 그로 인해 나의 득실을 살필 수 있다. 이 두 뜻을 겸해야 완전하다(新安陳氏曰: 觀詩所美所刺者之得失, 亦因可以考見我之得失。兼此二意方爲盡。);《論語或問》공자의 뜻은, 대개 시에서 말한 것에는 사방의 풍속과 천하의 일이 있으니, 고금의 치란 · 득실의 변화에서 인정 · 세태의 미묘함까지, 모두 살펴 알 수 있다는 말씀인 것 같다(夫子之意, 蓋謂詩之所言, 有四方之風, 天下之事, 今古治亂得失之變, 以至人情物態之微, 皆可考而知也。);《古今注》'觀'은 저쪽이 보여주고 내가 보는 것이다. 권선징악이 드러나기 때문에, 보고 감동할 수 있다(觀者, 彼示而我覩也。勸懲著, 故可以觀感。).

득실을 살펴본다.

170904、可以羣[10],

이를 써서 함께 어울릴 수 있고,

和而不流。[11]

어울리지만 흐르는 대로 내맡기지 않는다.

170905、可以怨[12]。

이를 써서 누군가를 원망할 수 있고

怨而不怒。

원망은 하지만 성을 내지는 않는다.

170906、邇[13]之[14]事父, 遠之事君。

---

10 《論語集解》 여럿이서 서로 갈고 닦는다(注: 孔安國曰: 羣居相切磋也。); 《論語疏證》 춘추시기에 조빙이나 잔치가 무르익을 때면 반드시 시를 읊었는데, 이른바 '可以羣'이다(樹達按: 春秋時朝聘宴享動必賦詩, 所謂可以羣也。); 《論語譯注》 "사회성을 단련할 수 있다"("可以鍛鍊合羣性。"); 《論語今讀》 "무리에 어울릴 수 있다."("可以會合群體。"); 羣(군): 여럿이 어울려 지내다(和以處衆曰 群)([衛靈公 제21장] 朱熹注).

11 《中庸 제10장》 자로가 强에 대해 여쭈었다. 선생님께서 말씀하셨다. "남방의 强이냐? 북방의 强이냐? 아니면 너의 强이냐? 너그러움과 부드러움으로써 교화시키고, 無道함에 대하여 되갚지 않는 것이 남방의 強이니, 君子의 強이 거기에 해당한다. 창검과 갑옷을 잠자리로 깔고 자다가, 죽더라도 싫어하지 않은 것이, 북방의 強이니, 네가 말한 强者가 거기에 해당한다. 그러므로 군자는 어울리되 흐르는 대로 내맡기지 않으니, 참으로 强이구나 굽힘이 없구나! 치우치지 않고 가운데 서서 어느 쪽으로도 기울지 않으니, 참으로 强이구나 굽힘이 없구나! 나라에 도가 행해지고 있을 때일지라도 궁색을 바꾸지 않으니, 참으로 强이구나 굽힘이 없구나! 나라에 도가 행해지고 있지 못할 때는 죽음에 이를지라도 바꾸지 않으니, 참으로 强이구나 굽힘이 없구나!"(子路問強。子曰: '南方之強與? 北方之強與? 抑而強與? 寬柔以教, 不報無道, 南方之強也, 君子居之。衽金革, 死而不厭, 北方之強也, 而強者居之。故君子和而不流, 強哉矯! 中立而不倚, 強哉矯! 國有道, 不變塞焉, 強哉矯! 國無道, 至死不變, 強哉矯!').

12 《論語集解》 윗사람의 정치에 대해 풍자하다(注: 孔安國曰: 怨刺上政也。); 《論語譯注》 "풍자방법을 배울 수 있다"("可以學得諷刺方法。"); 《論語新解》 "뜻하는 대로 되지 않을 경우 무엇인가에 원망할 수 있다"("可以不得意时如何怨。"); 《論語今讀》 "슬픔과 원망을 표출할 수 있다"("可以表达哀怨。").

가깝게는 이를 써서 아버지를 섬기는 도리로 삼을 수 있고, 멀게는 이를 써서 임금을 섬기는 도리로 삼을 수 있고

人倫之道, 詩無不備[15], 二者擧重而言。

인륜의 도리 중에, 그 어느 것도 시에 갖춰져 있지 않은 것은 없지만, 사부(事父)와 사군(事君) 두 가지 중요한 것을 들어서 말씀하셨다.

170907、多識[16]於鳥獸[17]草木之名。[18]」

새와 짐승 · 풀과 나무의 이름에 대해 많이 알 수 있다."

其緖餘[19]又足以資多識。

흥(興) · 관(觀) · 군(群) · 원(怨) · 사부 · 사군(事父事君) 외에 또 다양한 지식을 충분히 제공받을 수 있다.

---

13 《論語集解》'邇'(이)는 '近'[가깝다. 가까이 가다]이다(注: 孔安國曰: 邇, 近。).

14 《古書虛字》'之'는 '以'와 같다. 이를 써서('之', 猶'以'也。); 《論語詞典》뜻이 없고, 음절 조절작용을 한다('之', 無義, 只起音節調節作用。); 《論孟虛字》'之'는 '所以'와 같다. 사물의 근원을 탐구하는 관계사. 事父 · 事君의 도리가 나오는 근원을 탐구하다('之', 猶'所以'。這是尋求事物本原的關係詞。爲探究其所以事父事君的道理, 同本於詩教。); 《論語譯注》"가깝게는 그 안에 있는 도리를 응용하여 부모를 봉양할 수 있고, 멀게는 임금을 섬기는 데 쓸 수 있다"("近呢, 可以運用其中道理來事奉父母; 遠呢, 可以用來服事君上。").

15 《集註典據考》시 안에는 君臣 · 父子 · 兄弟 · 夫婦 · 朋友, 어느 하나 모두 들어 있지 않은 게 없다(張橫渠云: 詩中, 君臣、父子、兄弟、夫婦、朋友, 莫不皆有。).

16 識(식): 알다. 인식하다. 변별하다(知道, 認識, 能辨別。).

17 《說文 · 鳥部》'鳥'(조)는 긴 꼬리를 가진 禽의 총칭이다. 새의 다리가 匕(비)[국자]와 비슷해서, 匕를 따른다(長尾禽總名也。象形。鳥之足似匕, 从匕。); 《爾雅 · 釋鳥》다리가 둘이고 날개가 있는 것이 禽, 다리가 넷이고 털이 있는 것이 獸이다(二足而羽, 謂之禽。四足而毛, 謂之獸。).

18 胡樸安[1878~1947]의 《詩經學 · 詩經之博物學》에 따르면, 《詩經》은 草 · 木 · 鳥 · 獸 · 蟲 · 魚 등의 박물학의 비조라 할 수 있는데, 《詩經》에 나오는 草木鳥獸蟲魚의 수는 총 335종으로, 그중 풀 105종, 나무 75종, 새 39종, 짐승 67종, 벌레 29종, 물고기 20종이고, 기타 器具가 300여 종이라고 한다(此詩經所以可爲博物學之祖也。計全詩經中, 言草者一百零五, 言木者七十五, 言鸟者三十九, 言兽者六十七, 言虫者二十九, 言鱼者二十; 其他言器者约三百余。); 《詩名多識》에서는, 풀 78종, 곡식 20종, 나무 62종, 푸성귀 10종, 새 44종, 짐승 63종, 벌레 30종, 물고기 19종, 총 8항목 326종으로 분류하고 있다.

19 緖餘(서여): 실을 뽑고 난 후 누에고치에 남아 있는 실. 사물의 잔여, 나머지(抽丝后留在蚕茧上的残丝。借指事物之残余或主体之外所剩余者。); 緖(서): 누에고치에서 뽑아내는 실의 처음(丝端).

○學詩之法, 此章盡之。讀是經者, 所宜盡心也。

○시를 배우는 방법은 이 장에서 빠짐없이 다 말했다. 이 《시경》(詩經)을 읽는 자는, 마땅히 마음을 다하여야 할 바이다.

[子謂伯魚章]

171001、子謂伯魚曰:「女爲[1]周南、召南[2]矣乎[3]? 人而不爲周南、召南, 其[4]猶正[5]牆面而立[6]也與[7]?[8]」

1《論語義疏》'爲'는 '學'[배우다]과 같다(疏: 爲, 猶學也。);《古今注》'爲'는 '노래하다'이다. '周南·召南을 음에 맞게 연주하고 노래할 수 있느냐?'(爲者, 爲樂也; 汝能絃歌二南, 合於音節矣乎?).

2《論語正義》周南·召南은 주공과 소공이 郟(겹)을 나눠서 다스린 남국에서 채집한 시이다(正義曰: 周南、召南者, 謂周公、召公分郟所得南國之詩也。).

3 矣乎(이호): ~했느냐? ~했겠지?(语气词连用。矣表示已然或将然, 乎表示疑问或感叹, 可译为了吗、了吧等。);《論孟虛字》질문어기사 '乎'를 써서 명령어기를 나타냈다(此語句, 是用詢問語氣詞'乎'字, 以表達命令語氣。).

4《論語譯注》"그것은 마치~과 같을 것이다."("那會像……罷!");《論語句法》'其'는 '則'字의 뜻이다('其'是'則'字的意思。).

5《王力字典》正(정): 마주 보고 있다(对着。).

6 [성]牆面而立(장면이립): 담벼락에 얼굴을 맞대다. 눈에 보이는 게 없다. 배운 것도 없고 재주도 없다. 담벼락을 마주 대하는 것과 같이 세상 모든 일에 어둡다(指面对墙壁。目无所见。比喻不学无术。);《書經·周書·周官》(주나라 성왕이 관리들에게 말했다.) 의혹이 쌓이면 계획이 실패하고, 게으르고 등한시하면 정치가 내 버려지고, 배우지 않으면 담벼락에 얼굴을 맞대고 있는 것이어서, 일 처리가 갈피 잡히지 못하고 마냥 번거롭게만 될 것이다(王曰: 蓄疑敗謀, 怠忽荒政, 不學牆面, 蒞事惟煩。);《論語正義》'正牆面之而立'은 행할 수 없다는 말이다.《孟子·盡心下 제9장》에, '몸소 도를 행하지 않으면, 처자식에게조차도 행해질 수 없다'고 했고,《漢書·匡衡傳》에 匡衡이 말하기를, '복이 흥하는 것은 가정에 뿌리를 두고 있지 않은 경우가 없고, 도가 쇠하는 것은 문지방 안에서 시작되지 않은 경우가 없다'고 했는데, 모두 이 뜻이다(正義曰: 正牆面之而立, 言不可行也。孟子謂"身不行道, 不行於妻子"。漢匡衡傳謂"福之興莫不本乎室家, 道之衰莫不始乎梱內"。並此意。).

7 也與(야여): ~일 것이다. ~이겠지? 추측을 나타내는 의문문 끝에 쓰여 긍정적 어기를 나타낸다.

8《論語集解》주남·소남은, 국풍의 처음 편이다. 현숙한 여인을 얻어 군자의 배필로 삼은 것을 노래한 시로, 삼강[夫婦·父子·君臣]의 머리이고, (인륜의 시작이고) 왕의 교화의 처음 시작이기 때문에, 사람으로서 배우지 않으면, 담벼락을 향해 서 있는 것과 같다(注: 馬融曰: 周南邵南, 國風之始。樂得淑女, 以配君子, 三綱之首, 王教之端, 故人而不爲, 如向牆而立也。);《論語正義》주남·소남 편의 시는 모두 夫婦之道가 王道의 교화의 기초임을 말한 시로[毛詩序], 그래서 군자는 먼저 자기를 돌아보고 반드시 자신을 먼저 수양하고, 이후에 처에게 모범을 보일 수 있고, 형제에게 미치고, 이로써 집안과 나라를 다스린다.《漢書·匡衡傳》에, '夫婦之道가 닦이면, 천하의 도리가 터득된다. (그래서 詩經은 國風으로 시작하고, 禮記는 冠婚을 근본에 둔다)'고 했는데, 바로 이 장의 뜻이다. 이때 혹시 백어가 장가를 갔기 때문에, 공자께서 특별히 주남·소남 편의 시를 들어 그를 가르친 것이 아니었을까?(正義曰: 竊又意二南皆言夫婦之道爲王化之始, 故君子反身必先修諸己, 而後可刑於寡妻, 至於兄弟, 以禦於家邦。漢書匡衡傳謂"室家之道修, 則天下之理得, (故詩始國風, 禮本冠婚。)", 即此義也。時或伯魚授室, 故夫子特擧二南以訓之與?);《論語集釋》鄭浩[1863~1947]의《論語集注述要》에 말했다. "이 장은 바로 공자께서 백어에게 부부의 도리를 다하라는 뜻을 고한 것이다. 주남 11편 중 부부·남녀관계를 노래한 것이 9편이고,

선생님께서 백어(伯魚)에게 말씀하셨다. "너는 《주남》(周南)과 《소남》(召南)을 배웠느냐? 사람이 되어 가지고 《주남》(周南)과 《소남》(召南)을 배우지 않으면, 그것은 마치 담벼락에 얼굴을 맞대고 서 있는 것과 같다고나 할까?"

女, 音汝。與, 平聲。○爲, 猶學也。周南召南, 詩首篇名。所言皆修身齊家之事[9]。正牆面而立, 言即[10]其至近之地, 而一物無所見, 一步不可行。

'女'(녀)는 음이 '汝'(녀)다. '與'(여)는 평성[yú]이다. ○'爲'(위)는 '배우다'[學]와 같다. '周南'(주남)·'召南'(소남)은 《시경》(詩經)의 처음 두 편의 시 제목이다. 말한 것들이 모두 수신제가(修身齊家)의 일이다. '담벼락에 얼굴을 맞대고 서 있다'[正牆面而立]는 것은, 그가 너무 가까운 곳에 다가가 있어서, 무엇 하나 보이는 게 없고, 한 발자국도 움직일 수 없다는 말이다.

소남 15편 중 부부·남녀관계를 노래한 것이 11편으로, 모두 부부 사이의 성덕을 노래한 것이다. 匡衡[西漢人]은 '부부는 인륜의 처음이고, 만복의 근원이다'라고 했고, 《中庸 제12장》에도 '군자의 도는, 부부로부터 발단되어 나온다'라고 했다. 공자께서 또 '不爲周南召南, 猶正牆面而立.' 이라는 말씀을 하신 까닭이, 백어가 아내를 내쫓았는데[禮記·檀弓上], 그날 부부 사이에 말할 수 없는 고통이 있었음을 생각하고, 공자께서 특별히 주남·소남을 들어 훈계하신 데, 아마도 뜻이 있지 않았을까?"(論語述要: 此章卽夫子告伯魚善處夫婦之意。周南十一篇, 言夫婦男女者九, 召南十五篇。言夫婦男女者十一, 皆……夫婦道德之盛極矣。匡氏衡曰:「夫婦者, 人倫之始, 萬福之原。」中庸亦曰:「君子之道, 造端乎夫婦。」…… 子所以又曰:「不爲周南, 召南, 猶正牆面而立。」伯魚出妻, 意當日夫婦之間必有苦痛不可言者, 子特指二南爲訓, 其有意乎?);《論語新解》주남·소남 두 시는, 향악으로 쓰였고, 여럿이 합창했다. 사람이 이 두 시를 노래할 줄 모르면, 홀로 벙어리가 되어, 사람들 사이에 있어도 담벼락에 얼굴을 맞대고 홀로 서 있는 것과 같다. 或說: 주남 11편 중 부부·남녀관계를 노래한 것이 9편이고, 소남 15편 중 부부·남녀관계를 노래한 것이 11편이니, 두 시편은 모두 夫婦之道를 노래한 것으로, 사람들이 이 두 시편을 모르면, 바로 옆 땅에 있는데도 무엇 하나 볼 수 없고 한 발자국도 움직일 수 없다(二南之诗, 用于乡乐, 众人合唱。人若不能歌二南, 将一人独默, 虽在人群中, 正犹面对墙壁而孤立。或说: 周南十一篇, 言夫妇男女者九。召南十五篇, 言夫妇男女者十一。二南皆言夫妇之道, 人若并此而不知, 将在最近之地而一物不可见, 一步不可行。).

9 《論語大全》수신제가할 줄 모르면, 문밖에 나가기도 전에, 곧 이미 움직일 수 없다. 그것을 '正牆面'이라 말씀하신 까닭은, 아주 가까운 거리라는 말씀으로, 그럼에도 나아갈 수 없기 때문이다. 한 몸 한 가정부터 이미 스스로 모두 알지 못하는데, 하물며 더 먼 것이겠느냐?(朱子曰: 不知所以脩身齊家, 則不待出門, 便已動不得了。所以謂之正牆面者, 謂其至近之地, 亦行不得故也…… 自一身一家。已自都理會不得。況其遠者乎。).

10 即(즉): 가까이 다가가다. 가깝다(基本义是接近、靠近、走向, 与'离'对举。).

[禮云禮云章*]

171101、子曰:「禮云禮云[1], 玉帛[2]云乎哉[3]? 樂云樂云, 鐘鼓[4]云乎哉?[5]」[6]

1《論語句法》'禮'는 술어 '云'의 목적어로, 목적어를 강조하기 위해 앞당겨진 것이다(禮'是述詞'云'的止詞。爲什麼要提前呢? 筆者以爲其目的在加強止詞的重要。);《論孟虛字》순수어기사('云', 係純粹語氣詞, 相當'啊'。); 云(운): 음절을 조정하고 어기를 고르는 어기조사.

2 玉帛(옥백): 제사·회맹·조빙 때 쓰는 옥그릇과 비단. 우호를 표시하는 데 썼다(圭璋和束帛。古代祭祀、会盟、朝聘等均用之。古代诸侯会盟执玉帛, 故又用以表示和好。); 五玉三帛(오옥삼백):《書經·舜典》에 나오는 말로, 五玉은 璜·璧·璋·珪·琮을, 三帛은 纁帛·玄帛·黃帛을 말한다.

3《論語大全》거듭해서 '云'이라 말씀한 것은, 사람들이 늘상 하는 말임을 말한 것이다. '乎哉'는 의심해서 되묻는 말이다. 禮樂 운운하는 것이, 단지 玉帛·鍾鼓를 말할 뿐이겠느냐는 말이다(厚齋馮氏曰: 復日云者, 謂人所常言也。乎哉, 疑而反之之辭。謂禮樂之所云者, 止云玉帛鍾鼓而已哉。);《經傳釋詞》'云爾' '云乎'는 모두 종결어사이다(云爾、云乎, 皆語已詞也。);《論孟虛字》'云乎哉'의 '云'은 반문을 나타내는 어기사로 '如是'의 뜻이 들어 있다["설마 옥백 이런 것만을 가리키겠느냐?"]('云乎哉'的'云', 爲表反詰的語氣詞, 含有'如是'之意; '難道只是指那些玉帛這麼個說法嗎?');《古書虛字》반문을 나타낸다('云乎', 反詰詞也。); 云乎哉(운호재): ~아니겠지? 설마~이겠는가? 문장 끝에 쓰여 강한 반문 및 감탄의 어기를 나타낸다.

4 鐘鼓(종고): 종과 북. 음악(钟和鼓。古代礼乐器。借指音乐。).

5《論語集解》禮가 귀하게 여기는 것은 安上治民이고[禮記·經解], 樂이 귀하게 여기는 것은 移風易俗이다[禮記·樂記](注: 鄭玄曰: 禮之所貴者, 乃貴其安上治民。; 馬融曰: 樂之所貴者, 移風易俗也。);《古今注》예악의 근본은 仁에 있고, 仁은 인륜의 끝이다. 三家 것들이 불충불효하고, 신분에 맞지 않게 천자의 예악을 함부로 가져다 썼는데, 그들 마음은 단지 옥백을 갖추면 禮라 생각했고, 단지 종고를 연주하면 樂이라 생각했기 때문에, 공자께서 바로잡으신 것이다.《孝經·廣要道》에, '移風易俗으로는 樂보다 더 좋은 게 없고, 安上治民으로는 禮보다 더 좋은 게 없다'고 했다. 그렇지만 安上治民·移風易俗은 모두 예악의 효용이지, 어찌 예악의 근본이겠는가? 예악의 근본은 효제충신에 있다. 그래서 공자께서는, '사람이 되어 가지고 仁하지 않으니, 예악이 무엇이겠느냐?'[八佾 제3장]라고 하신 것이다(禮樂之本在仁。仁者, 人倫之至也。三家者不忠不孝, 僭禮僭樂, 其心以爲但具玉帛斯爲禮, 但奏鍾鼓斯爲樂, 故夫子辨之。; 案: 孝經云: 移風易俗, 莫善於樂, 安上治民, 莫善於禮。然安上治民, 移風易俗, 皆禮之功用, 豈禮樂之本哉? 禮樂本於孝悌忠信, 故子曰: 人而不仁, 如禮樂何?). 계씨가 태산에서 여제를 지낼 때, 敬을 다하지 않은 적이 없었을 것이고[八佾 제6장], 삼가가 옹을 노래하면서 진열된 제기를 치울 때, 스스로 和를 다했다고 여겼을 것이다[八佾 제2장]. 和·敬만 가지고 예악이라 하기는 부족하다. 공자께서는, '사람이 되어 가지고 仁하지 않으니, 禮 같은 것이 무엇이겠느냐? 사람이 되어 가지고 仁하지 않으니 樂 같은 것이 무엇이겠느냐?'[八佾 제3장]라고 했고, 맹자는, '仁의 실질은 어버이를 섬기는 것이 바로 이것이고, 義의 실질은 형에게 순종하는 것이 바로 이것이다. 智의 실질은 이 두 가지[孝弟]를 분명히 알고 떠나지 않는 것이 바로 이것이고, 禮의 실질은 이 두 가지를 조리에 맞도록 한 것이 바로 이것이다. 樂의 실질은 이 두 가지를 즐거워하는 것이 바로 이것이다'[離婁上 제27장]라고 했다. 예악의 근본은, 인륜에서 기인하고, 옥백·종고 만 가지고 예악이라 하기에는 부족하다(案: 季氏旅於泰山, 未嘗不致敬; 三家徹以雍詩, 自以爲致和。和,敬未足以爲禮樂。孔子曰: 人而不仁, 如禮何? 人而不仁, 如樂何? 孟子曰: 仁之實, 事親是也; 義之實, 從兄是也; 智之實 知斯二者弗去是也; 禮之實, 節文斯二者是也; 樂之實, 樂斯二者是也。禮樂之本, 起於人倫, 玉帛、鍾鼓, 未足以爲禮樂也。).

선생님께서 말씀하셨다. "다들 예(禮)를 운운하는데, 옥이나 비단을 운운하는 것이겠느냐? 다들 악(樂)을 운운하는데, 종이나 북을 운운하는 것이겠느냐?"

敬而[7]將[8]之以玉帛, 則爲禮; 和而發之以鐘鼓, 則爲樂。遺其本而專事其末, 則豈禮樂之謂哉?

공경[敬]하기에 그래서 옥과 비단을 써서 바치면 예(禮)가 되고, 화락[和]하기에 그래서 종과 북을 써서 소리를 내면 음악이 된다. 예(禮)와 악(樂)의 근본인 경(敬)과 화(和)를 빠뜨리고 오로지 그것의 말단인 옥과 비단, 종과 북만을 일로 삼는다면, 어찌 예악(禮樂)이라 일컫겠는가?

○程子曰:「禮只是一箇序, 樂只是一箇和。只[9]此兩字, 含蓄多少義理。天下無一物無禮樂。且如[10]置此兩椅, 一不正, 便是[11]無序。無序便乖, 乖便不和。又如盜賊至爲不道, 然亦有禮樂[12]。蓋必有總屬[13], 必相聽順, 乃能爲盜。不然, 則叛亂無統, 不能一日相聚而爲

---

6 《禮記 · 仲尼燕居》 자장이 정치에 대해 여쭈었다. 공자께서 말씀하셨다. "師[자장]야! 전에 내가 너에게 말해주지 않았더냐? 군자가 예악에 밝으면, 그것을 들어 정사에 놓아 시행할 따름이다." 자장이 다시 여쭈었다. 공자께서 말씀하셨다. "師야, 너는 반드시 주안상을 차리고, 당을 오르내리고, 술을 따라 올리고 주고받고 해야, 이것을 예라 하느냐? 너는 반드시 열에 맞춰 이리저리 움직이며 춤을 추고, 부채를 흔들고 피리를 불고, 종과 북을 두들겨야, 이를 음악이라 하느냐? 말한 대로 행하는 것이 예이고, 행해서 즐거운 것이 음악이다. 군자는 이 두 가지에 힘써 이로써 남면하여 천자 자리에 서 있으니, 이래서 천하가 태평해지는 것이다"(子張問政, 子曰: "師乎!前, 吾語女乎? 君子明於禮樂, 擧而錯之而已。" 子張復問。子曰: "師, 爾以爲必鋪几筵, 升降, 酌獻酬酢, 然後謂之禮乎? 爾以爲必行綴兆, 興羽龠, 作鐘鼓, 然後謂之樂乎? 言而履之, 禮也。行而樂之, 樂也。君子力此二者以南面而立, 夫是以天下太平也。"); 《荀子 · 大略》 聘禮志에, '보내는 폐백이 과하면 덕을 손상시키고, 바치는 예물이 사치스러우면 예를 망친다'고 했다. 다들 예를 운운하는데, 옥이나 비단을 운운하는 것이겠느냐? 《詩經 · 小雅 · 魚麗》에, '차린 음식 맛있으니 우리 함께 먹어보세'라고 했다. 때에 맞지 않고 절차를 갖추지 않고 즐겁지 않다면, 맛있는 음식을 차려내도 예에 어긋나는 것이다(聘禮志曰: '幣厚則傷德, 財侈則殄禮。' 禮云禮云, 玉帛云乎哉! 《詩》曰: '物其旨矣、唯其偕矣。' 不時宜, 不敬文, 不驩欣, 雖旨非禮也。).

7 而(이): 그런 까닭에. 따라서. 전후 두 항이 사리 상 서로 이어지는 관계에 있음을 표시한다(连接的前后两项在事理上有相承关系。义即'因而'、'便'。).

8 《論語大全》 '將'은 '恭敬者 幣之未將者也'[공경의 마음은, 예물을 바치기 이전에 이미 지니고 있는 것이다][孟子 · 盡心上 제37장]의 '將'과 같다(將, 如幣之未將之將。); 將(장): 받들어 행하다. 받들다(奉行, 秉承。).

9 只(지): 주어에 대해 한정과 강조작용을 한다(用于判断句首, 对主语起限定和强调作用。).

10 且如(차여): 가령. 만일(假如, 如果。).

11 便是(편시): 곧~이다(即是, 就是。).

盜也。禮樂無處無之, 學者須要識得[14]。」

○정자(程子·伊川)가 말했다. "예(禮)는 단지 하나의 질서[序]일 뿐이고, 악(樂)은 단지 하나의 조화[和]일 뿐이다. 단지 이 두 글자일 뿐인데, 많은 의리를 함축하고 있다. 천하에는 어느 한 가지 일도 예(禮)·악(樂) 아닌 게 없다. 가령 여기 이 두 개의 의자를 배치하는데, 한 개가 바르게 배치되어 있지 않으면, 곧 질서가 없게 된다. 질서가 없으면 어긋나고, 어긋나면 조화롭지 못하게 된다. 또 도적 같은 무리도 무도하기 이를 데 없지만, 그럼에도 예(禮)와 악(樂)이 있다. 대개는 반드시 두목과 졸개가 있고, 반드시 서로 명령을 듣고 복종해야만, 비로소 도적질할 수가 있다. 그렇지 않으면, 반란이 일어나고 통일된 질서가 없어져, 단 하루도 서로 모여 도적질을 할 수가 없다. 예(禮)와 악(樂)은 어디든 없는 곳이 없으니, 배우는 자는 반드시 알아야 한다."

---

12 《莊子·外篇·胠篋》 도척의 부하가 도척에게 물었다. "도둑질에도 도가 있는지요?" 도척이 말했다. "어딜 가든지 도가 없는 곳이 있겠느냐? 집안에 숨겨놓은 물건을 알아맞히는 것이 聖이고, 앞장서 들어가는 것이 勇이고, 뒤처져 나오는 것이 義이고, 행동을 취할지 말지를 아는 것이 知이고, 골고루 나누는 것이 仁이다. 이 다섯 가지가 갖춰지지 않고서 대도가 될 수 있는 자는, 이 세상에 아직까지 없었다"(盜跖之徒問於跖曰: "盜亦有道乎?" 跖曰: "何適而無有道邪? 夫妄意室中之藏, 聖也; 入先, 勇也; 出後, 義也; 知可否, 知也; 分均, 仁也。五者不備而能成大盜者, 天下未之有也。").

13 總(총): 우두머리. 총책(为首的, 担任较高级职务的, 领头的); 屬(속): 부하. 하급관리(官属; 部属).

14 識得(식득): 깨닫다. 알다(懂得, 知道。).

[色厲內荏章]

171201、子曰:「色厲而內荏[1], 譬諸[2]小人, 其[3]猶穿窬之盜[4]也與?[5]」

선생님께서 말씀하셨다. "겉모습은 위엄있어 보이지만 내심은 유약한 사람은, 그를 소인에 비유하자면, 아마도 벽을 뚫거나 담을 타 넘는 도둑과 같다고나 할까?"

荏, 而審反。與, 平聲。○厲, 威嚴也。荏, 柔弱也。小人, 細[6]民也。穿, 穿壁。窬, 踰牆。言其無實盜名, 而常畏人知也。[7]

---

1 [성]色厲內荏(색려내임): 겉모습은 강인해 보이지만 내심은 겁이 많고 유약하다(色: 神色, 样子; 厉: 凶猛; 荏: 软弱。外表强硬而内心怯懦。); 厲(려): 숫돌. 갈다. 매섭다. 호되다. 단호하다(磨刀石。砥砺, 磨练。严厉。威严不随和。); 荏(임): 연약하다. 가냘프다. 겁이 많고 나약하다. 담이 작다('荏', 软弱; 怯懦。).

2《文言虛詞》諸(제): '之如'의 합음자["그를 소인에 비유하자면"]('諸'偶然用作'之如'的合音字。'譬之如小人').

3《論語句法》'其'는 '則'과 같다('其'等於'則'。);《論孟虛字》'其'는 '則'과 같다. 추측관계사('其', 猶'則'。是表推度關係詞, 作'就'字解。).

4 [성]穿窬之盜(천유지도): 벽을 뚫고 담을 타 넘는 도적(指钻洞和爬墙的盗贼); 穿(천): 파다. 뚫다. 통과하다(挖掘; 开凿。通过,透过。);《說文 · 穴部》'窬'(유)는 나무에 구멍을 뚫는 것이다. 穴을 따르고 소리가 俞이다. 속이 빈 구멍을 말하기도 한다(穿木戶也。从穴俞聲。一曰空中也。);《論語集釋》'穿窬'는 '그 구멍을 뚫는다'는 것으로, 구멍을 뚫고 훔치러 들어가는 것을 말한다(黃氏後案: 穿窬, 穿其窬也, 謂穿竇而入竊。);《論語新解》穿窬之盜(천유지도): '窬'는 '竇'(두)[구멍]과 같다. 방에 들어가 훔치려고 벽에 구멍을 뚫는 것이다. 一說: '穿'은 벽을 뚫는 것이고, '窬'는 담에 구멍을 내는 것이다. 문법대로 하면, 앞의 견해를 따르는 것이 옳은 것 같다(窬, 犹窦。穿墙壁为洞以求入室行窃。一说: 穿谓穿壁, 窬谓穴墙。依文法, 似从前解为是。);《百度漢語》窬(유): 조그만 구멍. 담을 기어오르다. 담벼락을 뚫다(小洞; 通'逾'。从墙上爬过去。凿穿[墙壁]).

5《論語義疏》그를 비유하기를 소인이 도둑질할 때의 모습과 같다고 한 것이다. 소인은 벽을 뚫거나 담을 타넘어 도둑질을 하는데, 이때, 겉으로는 들어가 물건을 훔치려고 하지만, 속으로는 사람 눈에 띌까 두려워하여, 도망칠 퇴로를 늘상 생각하니, 몸은 앞으로 나아가지만, 마음은 뒤로 물러나서, 내외가 서로 어긋난 모습이, 겉모습은 위엄 있어 보이지만 내심은 유약한 사람과 같다는 것이다(疏: 言其譬如小人爲偷盜之時也。小人爲盜, 或穿人屋壁, 或踰人垣牆, 當此之時, 外形恒欲進爲取物, 而心恒畏人, 常懷退走之路, 是形進心退, 內外相乖, 如色外矜正而心內柔佞者也。).

6 細(세): 지위가 낮다. 경미한 죄과(地位低微。指轻微的罪过。).

7《論語大全》"'色厲而內荏'이, 어째서 '穿窬'로 비유되는지요?" "그의 뜻이 단지 남을 속이려는 데 있기 때문이다. 그래서 그 마음이 늘상 남이 내 속을 알까 두려워하는 것이, 마치 도둑질하는 모습과 같다"(問色厲而內荏, 何以比之穿窬? (朱子)曰: 爲他意只在要瞞人。故其心常怕人知, 如做賊然。).

'荏'(임, rěn)은 '而'(이)와 '審'(심)의 반절이다. '與'(여)는 평성[yú]이다. ○'厲'(려)는 '위엄있다'[威嚴]이다. '荏'(임)은 '유약하다'[柔弱]이다. '小人'(소인)은 '미천한 백성'[細民]이다. '穿'(천)은 '벽을 뚫다'[穿壁]이다. '窬'(유)는 '담을 타 넘다'[踰牆]이다. 말씀인즉, 그런 사람은 실상은 없이 이름만 훔쳤으니, 남들이 알까 봐 늘상 두려워한다는 것이다.

[鄕原德之賊章]

171301、子曰:「鄕原[1], 德之賊[2]也。」

선생님께서 말씀하셨다. "향원(鄕原)은 덕을 해치는 자이다."

鄕者, 鄙俗之意。原, 與愿同。荀子原慤[3], 注讀作愿是也。鄕原, 鄕人之愿者也。蓋其同流

1《論語集解》周生烈[三國시대 魏나라 사람. 220년 전후 활동]이 말했다. "이르는 마을마다, 매번 그 마을 사람들의 생각을 탐지해['原'字를 '탐지하다'로 풀이했다], 그것을 자기의 생각으로 삼아 그 마을 사람들을 대하니, 이것이 덕을 해치고 어지럽히는 것이다. 一說: '鄕'은 '向'이다. 옛 글자가 같다. 사람이 강직하거나 굳세지 못해서 사람을 만나면 매번 그 사람의 취향을 탐지해, 아첨하고 영합하는 것을 말하는데, 이것이 덕을 해치는 까닭이라는 말이다"(注: 周生烈曰: 所至之鄕, 輒原其人情, 而爲己意以待之, 是賊亂德者也。一曰: 鄕, 向也。古字同。謂人不能剛毅, 而見人輒原其趣向, 容媚而合之, 言此所以賊德也。);《論語平議》'鄕原'의 '原'은 마땅히 '傆'(원)[약삭빠르다] 이어야 한다.《說文·人部》에, '傆은 黠(힐)[교활하다]이다'라고 했다. 鄕傆이란 한 마을의 약삭빠르고 교활한 사람이다. 맹자는 鄕原에 대해, '비난할 거리를 들 수 없고, 공격하려 해도 공격거리가 없다. 풍속에 동조하고 세상에 영합하여, 사람됨은 충성스럽고 신실한 것 같고, 행실은 청렴하고 결백한 것 같다'[盡心下 제37장]고 했으니, 그 사람의 교활함이 어느 정도인지 알 수 있다. 공자께서는 '(향원을 싫어하는 것은) 그들이 덕을 어지럽힐까 걱정이 되어서이다'[盡心下 제37장]라고 하셨으니, 대개 바로 교묘한 말이 덕을 어지럽힌다는 뜻이다. 集注에서 '原은 愿과 같다'고 했는데, 愿은 원래가 사람을 찬미하는 뜻의 글자이다. 공자께서, '무지하면서도 근후하지 않은 사람을, 나는 그를 모르겠다'[泰伯 제16장]고 하셨는데, 여기에서의 '愿'은 공자께서 본래의 뜻으로 취하신 것이다(原當爲傆。說文人部: "傆, 黠也。" 鄕傆者, 一鄕中, 傆黠之人也。孟子說鄕原曰: "非之無擧也, 刺之無刺也, 同乎流俗, 合乎汚世, 居之似忠信, 行之似廉絜。" 則其人之巧黠可知。孔子恐其亂德, 蓋即巧言, 亂德之意。朱注謂原與愿同, 雖視舊說爲勝, 然愿自是美名。孔子曰: "侗而不愿, 吾不知之矣。" 則愿固孔子所取也。);《論語正義》한 마을 사람들이 모두 선하다 칭찬하지만, 그의 忠信·廉潔이 모두 거짓이기 때문에, 덕을 어지럽히기에 충분한 사람으로, 이른바 '얼굴빛은 仁을 취하지만 행실은 仁에 위배되는 자'[顔淵 제20장]이다. 자공이 '한 마을 사람들이 모두 그를 좋아하는 그런 사람이면 어떤지를 묻자, 공자께서 아직 안 된다'고 하셨는데[子路 제24장] 역시 향원 같은 자가 그런 사람 중에 있었을 것이다(正義曰: 一鄕皆稱善, 而其忠信廉潔皆是假托, 故足以亂德, 所謂色取仁而行違者也。子貢問鄕人皆好, 夫子以爲未可, 亦是恐如鄕原者在其中也。);《論語新解》'原'은 '愿'과 같고, '謹愿'[성실하다]이다. 한 마을 사람들이 모두 그의 謹愿함을 칭찬했기 때문에[孟子·盡心下 제37장], 鄕原이라 한 것이다(原同愿, 謹愿也。一乡皆称其谨愿, 故曰乡原。).

2《王力字典》賊(적): (명예·풍속을) 망치다. 더럽히다(敗壞者。上古'盜'字只指偷東西或偷東西的人, '賊'字指毁害或亂臣。);《論語新解》"인간 말종이다!"("是人类品德中的败类呀!").

3《荀子·榮辱》효제하고 예의 바르고 성실하다(孝弟原慤);《荀子·正論》위에서 명백히 밝히면 아래에서 잘 분별해 처리하고, 위에서 바르고 진실하면 아래에서 성실해지고, 위에서 공평하고 정직하면 아래에서 까다롭지 않고 정직해진다. 잘 분별해 처리하면 쉽게 하나가 되고, 성실하면 쉽게 부리고, 까다롭지 않고 정직하면 쉽게 알린다. 쉽게 하나가 되면 강해지고, 쉽게 부리면 공이 있고, 쉽게 알리면 분명해진다.

合汙[4]以媚於世, 故在鄕人之中, 獨以愿稱。夫子以其似德非德, 而反亂乎德, 故以爲德之賊而深惡之。詳見孟子末篇[5]。

'鄕'(향)은 '비루하고 속되다'[鄙俗]라는 뜻이다. '原'(원)은 '愿'(원)과 같다. 《순자》(荀子)에 나오는 '원각'(原愨)에 대해, 주석에서 '愿(원)으로 읽는다'고 한 것이 바로 이것이다. '鄕原'(향원)은 시골 사람으로 성실한 자이다. 대개 그들은 세상의 흐름에 동조하고 더러움에 물든 세속에 영합하여 이로써 세상의 흐름에 맞춰 살기 때문에, 시골 사람들 사이에서는, 유독 성실하다고 칭송받는다. 선생님께서는 향원의 성실함[愿]이 덕과 비슷한 것 같지만 덕이 아니고, 도리어 덕을 어지럽히기 때문에, 덕을 해치는 자라고 하심으로써 심히 그들을 미워하신 것이다. 상세한 내용이 《맹자》(孟子)의 마지막 편에 보인다.

이것이 다스림이 생겨난 유래이다(上宣明, 則下治辨矣; 上端誠, 則下愿慤矣; 上公正, 則下易直矣。治辨則易一, 愿慤則易使, 易直則易知。易一則彊, 易使則功, 易知則明, 是治之所由生也。); 愿慤(원각): 성실하다(朴实, 诚实。).

4 同流合汙(동류합오): =同乎流俗 合乎汙世[孟子 · 盡心下 제37장]. 유행하는 풍속에 동조하고 혼탁한 세상에 영합하다. 속물이 들고 악에 영합하다. 나쁜 사람과 나쁜 일을 하다(流: 流俗; 汚: 肮脏。指跟坏人一起干坏事。).

5 《子路 제21장》 각주 《孟子 · 盡心下 제37장》 참조.

[道聽塗說章*]

171401、子曰:「道聽而塗說[1], 德之棄也[2]。[3]」

선생님께서 말씀하셨다. "이 길에서 주워듣고 저 길에 가서 말하는 사람은, (길에다) 덕을 내다 버리는 자이다."

雖聞善言, 不爲己有, 是自棄其德也。

비록 좋은 말을 들었을지라도, 자기 것으로 만들지 않으면, 이는 스스로 그 덕을 내다 버리는 것이다.

○王氏曰:「君子多識前言往行以畜其德[4], 道聽塗說, 則棄之矣。」[5]

---

1 [성]道聽塗說(도청도설): 길에서 주워듣거나 이리저리 떠도는 말. 근거 없는 뜬소문(从道路上听到, 在道路上传说。泛指没有根据的传闻。);《論語集解》길에서 주워들은 말을 퍼 나르다(注: 馬融曰: 聞之於道路, 則傳而說之也。);《古今注》짝을 지어서 '道'와 '塗' 두 글자를 말한 것은, 분명히 여기에서 듣고 저기에다 전하는 것이다. '道聽塗說'은 입을 가볍게 놀리는 사람이다(道塗二字, 必雙言之者, 明聽於此而傳於彼也…… 道聽塗說者, 輕口人也。); 塗說(도설): 주워들은 말. 황당무계한 이야기(道途之说); 塗(도): 길. 도로(道路).

2《論語句法》'德'은 술어 '棄'의 목적어로, 그 사이에 어기사 '之'가 들어간 것이다('德'是述詞'棄'的止詞。'德'跟'棄'之間, 加個語氣詞'之'字。).

3《論語正義》이는 대도에 깜깜해서, 세심히 살펴 선택할 줄 모르는 사람에 대한 경계의 말씀이다(正義曰: 此爲闇於大道, 不知審擇者戒也。);《論語集釋》陳天祥[1230~1316]의《四書辯疑》에 말했다. "이 장은 사람들이 남이 전한 말을 듣는 것, 자기가 들은 말을 남에게 전하는 것에, 모두 신중하지 않으면 안 됨을 경계시킨 것이다"(蓋此章戒人聽人所傳, 傳己所聽, 皆不可不謹。);《補正述疏》이 길에서 들은 말을, 저 길에 가서 말하는 것은 그 속도가 빠르다는 말이다. 형병이, '이 장은 당시 사람들이 (가르침을) 들은 말을 자기 몸에 익히지도 않고 전하는 것[學而 제4장]을 미워하신 것이다'라고 했다. 순자가, '군자의 학문은 귀로 들어와서, 마음에 착 달라붙어 있다가, 四體로 퍼져나가, 動靜으로 나타난다. 소인의 학문은 귀로 들어와서 바로 입으로 나간다. 귀와 입 사이의 거리는 겨우 네 치이니, 어찌 일곱 자나 되는 체구를 아름답게 할 수 있겠는가!'[荀子 · 勸學]라고 했는데, 대체로 이 장의 뜻과 같다.《周易 · 繫辭上》에, '묵묵한 중에 이루어내고, 말없는 중에 믿음을 주는 것, 이는 모두 자신의 덕행 속에 내재해있는 것이다'라고 했다. 들은 덕을 내다 버리는 저런 자가 어찌 능히 그럴 수 있겠는가?(述曰: 謹案: 此道聽之, 而彼塗說之, 言其速也。邢疏云: "此章疾時人不習而傳之也。"…… 荀子云: "君子之學也, 入乎耳, 著乎心, 布乎四體, 形乎動靜。端而言, 蝡而動, 一可以爲法則。小人之學也, 入乎耳, 出乎口; 口耳之間, 則四寸耳, 曷足以美七尺之軀哉!" 蓋與此經義同。《易傳》云: "默而成之, 不言而信, 存乎德行。" 彼自棄其德者豈能然邪?).

4《易經 · ䷙大畜 · 象傳》군자는 앞선 성현들의 언행을 많이 기억함으로써, 자기 덕을 축적해나간다(君子以

○왕씨(王氏·王安石)가 말했다. "군자(君子)는 앞선 성현들의 말씀과 행실을 많이 기억하여 이로써 자기의 덕을 축적하는데, 이 길에서 주워듣고서 저 길에 가서 말하면, (길에다) 덕을 내다 버리는 것이다."

多識前言往行, 以畜其德); 前言往行(전언왕행): 앞선 성현들의 언행(指前代圣贤的言行).

5 《論語大全》 훌륭한 말을 듣고 몸에 체득하면, 그 덕이 축적된다. 만약 쓸데없이 입으로 말하는데 필요한 자료로만 쓴다면, 덕에 무슨 보탬이 있겠는가?(南軒張氏曰: 聞善者存而體之, 則其德蓄聚。若徒以資口說而已, 則於德何有哉?); 《論語大全》 이 장의 '德之賊'와 앞 장의 '德之棄'는 문세가 서로 비슷하다. '德之賊'은 덕과 비슷하지만, 덕을 어지럽히기 때문에 덕을 해치는 자라 했고, '德之棄'는 덕으로 나아갈 수 있는데 나아가지 않기 때문에, 덕을 내다 버리는 자라 한 것이다(胡氏曰: 德之棄, 與上章德之, 文勢相類。彼以似德而亂德, 故云德之賊, 此可以進德而不進, 故云德之棄。).

[鄙夫可與事君也與哉章*]

171501、子曰:「鄙夫可與[1]事君也與哉[2]?

선생님께서 말씀하셨다. "비루한 자가 (어찌) 임금을 섬길 수 있겠느냐?

與, 平聲。○鄙夫, 庸惡陋劣之稱。

'與哉'(여재)의 '與'(여)는 평성[yú]이다. ○'鄙夫'(비부)는 변변찮고 간악하고 속이 좁고 질이 나쁜 자를 일컫는다.

171502、其未得之也[3], 患得之[4]; 既[5]得之, 患失之[6]。

---

1 《經傳釋詞》'與'는 '以'와 같다. '비루한 자는 임금을 섬길 수 없다'는 말이다. 공안국은, '함께 임금을 섬길 수 없다'라고 주를 달았고, 황간은 '무릇 비부는 함께 임금을 섬길 수 없음을 말한 것이다'라고 소를 달았는데, 모두 아니다. 아래의 '患得' '患失'은 모두 비부가 임금을 섬길 수 없는 까닭을 말한 것이지, 함께 섬길 수 없음을 말한 것이 아니다. 《後漢書·李法傳》에, 이법이 상소를 올려 간했는데, 임금의 뜻을 알아보지 못한 죄를 범해, 서인으로 면직되어, 고향에 돌아왔다. 사람들이 임금의 뜻에 맞추지 못한 연유를 묻자, 이법이 대꾸하지 않았다. 반고가 묻자, 이법이, '비부가 임금을 섬길 수 있겠습니까! 잃어버릴까 봐 애가 닳게 되면, 하지 못 할 짓이 없을 것입니다'라고 답했다. 이법이 이렇게 말한 것은, 사람들에게 무죄임을 말한 것이 아니라 스스로를 비부라고 폄한 것이고, 또 스스로에 대해 임금을 섬길 수 없다고 평한 것이다. 그런즉 이법의 뜻, 역시 비부는 임금을 섬길 수 없다고 한 말이지, 비부와 함께는 임금을 섬길 수 없다는 한 말이 아님이 분명하다. 顔師古[581~645]의 《匡謬正俗 · 卷八》에 '孔子曰: 鄙夫可以事君也與哉!'라고 했고, 李善의 《文選 · 東京賦》에 대한 注에 '論語曰: 鄙夫不可以事君。'이라 하여, '與'를 '以'로 바꾸었으니, 경의 취지와 부합한다('與', 猶'以'。言不可以事君也。孔傳曰: '言不可與事君。' 皇疏曰: '言凡鄙之人不可與之事君。' 皆非也。下文'患得'、'患失', 皆言鄙夫所以不可事君之故, 非謂不可與鄙夫事君也。《後漢書、李法傳》: '法上疏諫, 坐失旨, 免爲庶人, 還鄉里。人問其不合上意之由, 法未嘗應對。固問之, 法曰:『鄙夫可與事君乎哉!苟患失之, 無所不至。』法之言如此, 是不說人以無罪而以鄙夫自貶, 且自謂其不可以事君也。然則法之意, 亦謂鄙夫不可以事君, 非謂不可與鄙夫事君明矣。顔師古《匡謬正俗》曰: '孔子曰:『鄙夫可以事君也與哉!』'李善注《文選、東京賦》曰: '《論語》曰:『鄙夫不可以事君。』'變'與'言'以', 正與經旨相合。); 《論語集釋》 黃式三[1789~1862]의 《論語後案》에 말했다. "王伯申이 말하기를, '與는 以와 같다. 임금을 섬길 수 없다는 말이다'라고 했다"(黃氏後案: 王伯申曰:「與猶以也言不可以事君也。」); 《論孟虛字》 '與'는 '以'와 같다('與', 猶'以', 謂鄙夫不可以事君。).

2 《經傳釋詞》'與'는 의문사로, '哉'와 뜻이 같고, 두 글자를 이어 말하면 '與哉'이다('與'爲問詞, 與'哉'同義, 連言之則曰 '與哉'。); 《文言虛詞》 '也乎哉' '也與哉' 형태로 연용하는 경우까지 있는데, 의문이면서 감탄을 표시한다(甚至還有'也乎哉''也與哉'三個詞連用的, 這是在疑問中表感歎。); 《論語詞典》 也與哉(야여재): 어기사의 연용으로, 감탄을 표시하면서도 의문 어조를 낸다(語氣詞的連用, 表感歎而以傳疑口吻出之。).

그런 자는 얻고자 하는 것을 아직 얻지 못했을 때는, 얻지 못할까 봐 애가 닳고, 얻고 나서는, 또 잃어버릴까 봐 애가 닳는다.

何氏曰:「患得之, 謂患不能得之。」
하씨(何氏·何晏)가 말했다. "'患得之'(환득지)는 '얻지 못할까 봐 걱정한다'고 하는 말이다."

171503、苟患失之, 無所不至[7]矣。[8]」[9]

3《論語句法》'其'는 주어이고, '得'은 술어이다('其'是起詞,'得'是述詞。).

4《論語集解》'患得之'는 얻지 못할까 봐 걱정한다는 말로, 초나라 속언이다(注: 患得之者, 患不能得之也。楚俗言也。);《論語大全》'患得之'는 말이 급해서 '不'字가 빠진 것이다(胡氏曰: 患得之, 語急而文省耳。);《論語集釋》沈作喆[宋人]의《寓简》에 말했다. "소동파가 풀이하길, '患得之'는 '患不得之'로 써야 맞는다고 했다"(沈作喆《寓简》云: 東坡解云, '患得之'當作'患不得之'。);《論語正義》'得之' '失之'의 '之'는 '是'로, 녹위를 말한다. 비부는 녹위를 얻지 못할까 봐 애가 닳아, 연줄을 잡고 자리에 올라가려는 술수를 부리고, 녹위를 얻고 나서는 또 잃을까 봐 애가 닳아, 녹위에 더욱 더 달라붙어, 정언직간을 감히 하지 않음으로써 윗사람에게 아첨하고, 권세를 휘두르고 뇌물을 먹음으로써 백성을 골병들게 만든다(得之、失之, "之"者, 是也, 謂祿位也。鄙夫患不得祿位, 則有夤緣干進之術。既得而又患失, 則益思固其祿位, 而不敢正言直諫, 以取媚人主, 招權納賄, 以深病民。);《論語集釋》《禮記·雜記下》에 '얻은 지위를 잃게 되는 것을, 군자는 부끄럽게 여긴다'고 했는데, 方慤(방각)[宋人]의《禮記解義》에 '비부의 마음은 그 지위를 견고히 하는 데 있고, 군자의 마음은 그 지위에 걸맞게 하는 데 있다. 勢가 지위를 견고히 하는데 부족해서 지위를 잃는 것을, 비부는 근심으로 삼고, 德이 지위에 걸맞게 하는데 부족해서 지위를 잃는 것을, 군자는 근심으로 삼는다. 이것이 다른 까닭이다'라고 했다(禮記雜記: 既得之, 而又失之, 君子恥之。方慤解義曰: 鄙夫之心在乎固其位, 君子之心在乎稱其位。勢不足于固而失之者, 鄙夫所患也。德不足以稱而失之者, 君子所恥也。此所以爲異。).

5《北京虛詞》既(기): 부사. 이미. 동작 행위 또는 상황이 이미 출현했거나 종결되었음을 표시한다('既', 副词。表示动作行为或状况已经出现或完结。义即'已'、已经'。).

6 [성]患得患失(환득환실): 없을 때는 얻을 것을 걱정하고, 얻고 난 후에는 잃을 것을 걱정한다. 개인의 이해득실만 따지다(患: 忧患, 担心。担心得不到, 得到了又担心失掉。形容对个人得失看得很重。后引申为一味担心得失, 斤斤计较个人的利害。).

7 [성]無所不至(무소부지): 가보지 않은 곳이 없다. 나쁜 짓이란 나쁜 짓은 다하다(至: 到。指没有不到的地方。也指什么坏事都做绝了。).

8《論語正義》돌아가신 형님 劉寶樹[1777~1839]의《經義說略》에 말했다. "제10장부터 이 장까지는, 글의 내용이 대략 서로 같다. 모두 내면은 부족한데 외면은 차고 넘치는 모습을 말한 것으로, 대개 외모가 유덕하면 色厲인데, 내면이 소인이기에 內荏하고, 외모가 호학하면 道聽하는데, 내면에 지키는 바가 없기에 塗說한다. 이 때문에 향리에 살면 鄕愿이 되고, 벼슬에 나가면 鄙夫가 되어, 세상을 속이고 이름을 훔치는 무리로, 그 해가 이루 말로 다 할 수 있겠는가!"(正義曰: 先兄五河君經義說略曰: "自'色厲而

잃어버릴까 봐 애가 닳게 되면, 하지 못 할 짓이 없다."

小則吮癰舐痔[10], 大則弑父與君[11], 皆生於患失而已。
작게는 피고름을 빨고 치질을 핥는 짓이나, 크게는 아비와 임금을 시해하는 짓이, 모두 잃어버릴까 봐 애가 닳는 데서 생길 뿐이다.

○胡氏曰:「許昌靳裁之[12]有言曰:『士之品大概有三: 志於道德者, 功名[13]不足以累其心; 志於功名者, 富貴不足以累其心; 志於富貴而已者, 則亦無所不至矣。』志於富貴, 即孔子所謂鄙夫也。」[14]

內荏'至'鄙夫', 凡四章, 語意大略相同。皆言中不足而外有餘, 蓋貌爲有德則色厲, 而陰實小人故內荏, 貌爲好學則道聽, 而中無所守故塗說。是故居則爲鄉愿, 出則爲鄙夫, 欺世盜名之徒, 其害可勝言哉!").

9《孔子家語 · 在厄》 자로가 선생님께 여쭈었다. "군자께서도 걱정거리가 있으신지요?" 선생님께서 말씀하셨다. "없다. 군자는 행실을 닦다가, 자기의 품은 뜻을 펼칠 때를 얻지 못하면 자기의 품고 있는 뜻을 즐기고, 뜻을 펼칠 때를 얻게 되면, 또 품은 뜻대로 다스릴 것을 즐긴다. 이 때문에 평생 즐거워할 거리가 있지만, 하루도 걱정거리는 없다. 소인은 그렇지 않다. 소인은 얻고자 하는 것을 얻지 못했을 때는, 얻지 못할까 봐 애가 닳고, 얻고 나서는, 또 잃어버릴까 봐 애가 닳는다. 이 때문에 평생 걱정거리가 있지만, 하루도 즐거워할 거리는 없다"(子路問於孔子曰: "君子亦有憂乎?"子曰: "無也。君子之修行也, 其未得之, 則樂其意; 既得之, 又樂其治。是以有終身之樂, 無一日之憂。小人則不然, 其未得也, 患弗得之; 既得之, 又恐失之。是以有終身之憂, 無一日之樂也。"); 《荀子 · 子道》에도 같은 글이 나온다.

10《莊子 · 雜篇 · 列御寇》 진나라 임금이 병이 나자 의원을 불렀다. 종기를 터트려 고름을 짜주고 부스럼 딱지를 떼어준 자는 수레 한 채를 받았고, 치질을 핥아준 자는 다섯 채를 받았다. 짜고 핥는 데가 아래로 갈수록 받은 수레가 더 많았다. 그대는 어떻게 치질을 고쳤기에 받은 수레가 그토록 많습니까? (秦王有病召醫。破癰潰痤者得車一乘; 舐痔者得車五乘。所治愈下, 得車愈多。子豈治其痔邪, 何得車之多也?); 《漢書 · 佞幸傳》 한나라 문제[BC 180~BC 157 재위]가 종기가 난 적이 있었는데, 등통이 늘 임금을 위해 종기의 고름을 핥고 빨아냈다. 문제가 불편한 기색으로 조용히 물었다. "세상에서 누가 나를 가장 사랑할까?" 등통이 대답했다. "의당 태자만한 분이 없겠지요." 태자가 병문안을 들어오자, 문제가 태자에게 종기를 이빨로 물어뜯어 고름을 빨아내게 하자 태자의 얼굴이 난감해졌다. 얼마 후 등통이 전에 문제를 위해 종기의 고름을 핥고 빨아냈다는 말을 듣고, 태자가 수치스럽게 여기면서, 이 때문에 등통에게 마음속으로 원한을 품게 되었다(文帝嘗病癰, 鄧通常爲上嗽吮之。上不樂, 從容問曰: "天下誰最愛我者乎?" 通曰: "宜莫若太子。" 太子入問疾, 上使太子齰癰太子嗽癰而色難之。已而聞通嘗爲上齰之, 太子慚, 繇是心恨通。); 吮癰舐痔(연옹지치): 남을 위해 종기나 치질의 피고름을 핥거나 빨다. 비열하게 남의 비위를 맞추는 사람(只为人舔吸疮痔上的脓血。比喻卑劣地奉承人。); 吮(연): 입으로 빨아들이다(聚拢嘴唇来吸); 癰(옹): 독창(毒瘡); 舐(지): 핥다(舔); 痔(치): 치질(痔疾).

11《先進 제24장》 참조.

12 靳裁之(근재지): 송나라 유학자로, 정명도[1032~1085]의 학문을 들었고, 호안국[1074~1138]이 태학에 입학해서 그를 스승으로 삼았다.

13《論語大全》 '功名'은 업적과 명성이다(新安陳氏曰: 功名, 功業聲名也。).

○호씨(胡氏 · 胡安國)가 말했다. "허창(許昌) 사람 근재지(靳裁之)가 남긴 말 중에, '선비의 등급에는 크게 세 가지가 있다. 도덕에 뜻을 둔 선비는 공명으로 그 마음을 얽어매지 못하고, 공명에 뜻을 둔 선비는 부귀로 그 마음을 얽어매지 못하고, 부귀에 뜻을 둘 뿐인 선비는 못하는 짓이 없다'는 말이 있다. 부귀에 뜻을 둔 선비가 바로 공자(孔子)께서 말씀하신 '鄙夫'(비부)이다."

14《論語大全》患得患失하면, 오로지 이욕 만을 따를 뿐으로, 공리와 도의가 존재하는지 다시 돌아보지 않을 것이다. 어찌 그와 함께 임금을 섬기겠는가?(慶源輔氏曰: 夫患得患失, 則惟利欲是徇, 而不復顧理義之所在矣。其可與之事君也哉?).

[古者民有三疾章]

171601、子曰:「古者[1]民有三疾, 今也[2]或是之亡也[3]。

선생님께서 말씀하셨다. "옛날에는 사람들에게 세 가지 병폐가 있었는데, 지금은 혹 이것들마저도 사라지고 없는 듯하다.

氣失其平則爲疾, 故氣稟之偏者亦謂之疾。昔所謂疾, 今亦無之, 傷俗之益衰[4]也。

기(氣)가 그 평형상태를 잃고 한쪽으로 치우친 것이 병이기 때문에, 타고난 기(氣)가 한쪽으로 치우친 것도 병이라고 한다. 옛날의 이른바 병이라는 것이, 지금은 이것들마저도 사라지고 없다고 하셨는데, 풍속이 더욱 쇠퇴해진 것을 상심하신 것이다.

171602、古之狂[5]也肆[6], 今之狂也蕩[7]; 古之矜[8]也廉[9], 今之矜也忿戾[10]; 古之愚也直[11], 今

1《論語義疏》'古'는 인심이 순박할 때를 말한다(疏: 古, 謂淳時也。).

2《論語義疏》'今'은 인심이 각박할 때를 말한다(疏: 今, 謂澆時也。);《經傳釋詞》'也'는 '者'[시간을 표시하는 명사 뒤에 붙어 어기를 잠시 멈추는 역할을 한다]와 같다(也, 猶'者'也。).

3《論語大全》'或是之亡'은 감히 확고히 말하지는 못한다는 말로, 아직도 있을지 모른다는 것이다(厚齋馮氏曰: 或是之亡, 不敢爲決然之辭, 恐尙亦有之。);《論語新解》"지금은 혹 이것들조차도 보이지 않는다"("现在或许连这些病也不见了。");《論孟虛字》或'은 '則' '即'과 같다. 앞 문장을 이어받는 연결동사. ~면. ~의 경우에는. 아마도. '之'는 '且'[~조차도. ~마저도]와 같다["어쩌면 이것들마저도 없어진 듯하다"]('或', 猶'則'、'即'。爲承接上文的繫詞。當白話'就'或'就是'字, 也含有'也許'之意。; '之', 猶'且', 當白話'還'字。);《論語句法》'是'는 술어 '亡'의 목적어로 앞당겨진 것이다. '之'는 앞당겨진 목적어와 술어 사이에 붙는 어기사이다('是'是述詞'亡'的止詞而提前了。'之'是加在提前的止詞跟述詞之間的語氣詞。).

4 內閣本에는 '衰'가 '偷'로 되어 있다; 偷(투): 야박하다. 메마르다(浅薄; 不厚道); 偷俗(투속): 메마른 풍속(浅薄的人情风俗).

5《論語詞典》狂(광): 구속받지 않고 제멋대로 행동하는 사람(狂放的人。).

6《論語集解》肆(사): 구애받지 않고 마음껏 말하다(注: 苞氏曰: 肆, 極意敢言之也。);《論語正義》志大言大가, 바로 包咸의 주에서 말한 '極意敢言'이다(正義曰: 志大言大, 即此注所云 "極意敢言"也。);《王力字典》肆(사): 남에게 등용되어, 능력을 마음껏 발휘하는 것을 가리킨다(用于人, 指将力量、才智充分表现出来。).

7《論語集解》蕩(탕): 근거 삼고 있는 게 없다(注: 孔安國曰: 蕩, 無所據也。);《論語義疏》지금의 뜻이 큰 사람은 더 이상 마음껏 솔직하지 않고, 모두 명리를 좇는 데만 마음을 써 정처 없이 이리저리 浮游하기만 하고, 붙잡고 의지하고 있는 것이 더 이상 없다(疏: 今之狂不復肆直, 而皆用意澆競流動也, 復無得據杖也。);《論語正義》'蕩'은 스스로를 예법에 구애받지 않고 예법의 밖에 방치 해두는 것으로, 원양[憲問

之愚也詐而已矣。」

옛날의 뜻이 큰 사람은 얽매이는 게 없었는데, 지금의 뜻이 큰 사람은 허탕하기만 하다. 옛날의 엄격한 사람은 두리뭉실하지 못하고 모가 났었는데, 지금의 엄격한 사람은 걸핏하면 성을 낸다. 옛날의 우둔한 사람은 우직스러웠는데, 지금의 우둔한 사람은 의뭉스러울 뿐이다."

狂者, 志願[12]太高。肆, 謂不拘小節。蕩則[13]踰大閑[14]矣。矜者, 持守太嚴。廉[15], 謂稜角[16]陗厲[17]。忿戾則至於爭矣。愚者, 暗昧[18]不明。直, 謂徑行[19]自遂。詐則挾[20]私妄作矣。

'狂'(광)이라는 것은 '뜻하는 것 · 원하는 것이 너무 크다'[志願太高]이다. '肆'(사)는 '사소한 예의범절에 구애받지 않는다'[不拘小節]는 말이다. '蕩'(탕)은 '넘어서는 안 되는 큰 법도를 넘어서다'[踰大閑]이다. '矜'(긍)이라는 것은 '붙잡고 지키는 것이 너무 엄격하다'

제46장]과 같은 자이다(正義曰: 蕩, 則自放禮法之外, 若原壤者也。);《古今注》'肆'(사)는 내면에 주장하여 지키는 것이 있으면서 외면으로 제멋대로 행동하는 것이고, '蕩'(탕)은 내면에 주장하여 지키는 게 없고 외면으로 망가진 행동을 하는 것이다(肆者, 中有守而外恣也, 蕩者, 中無主而外壞也。).

8《百度漢語》矜(긍): 단정하고 장중하다. 위엄이 있다. 당당하다(端庄; 庄重).

9《論語集解》각진 모서리가 있는 것이다(注: 馬融曰: 有廉隅也。); 廉(렴): 대청의 가장자리. 모서리. 돌출부. 꼿꼿하다. 꼬장꼬장하다(本义: 厅堂的侧边。棱角。刚直。细小。).

10《論語集解》막무가내이고 걸핏하면 성을 내다(注: 孔安國曰: 惡理多怒也。);《論語譯注》"단지 덮어놓고 성질을 부리고, 공연히 남과 다툰다"("只是一味老羞成怒, 無理取鬧罷了。"); 忿戾(분려): 無知莫知하다. 莫無可奈로 성을 내다. 걸핏하면 성을 내다(蛮横无理, 动辄发怒。).

11《論語義疏》옛날의 우둔한 사람은, 자기 지혜를 쓰지 않고, 굽히거나 높일 줄을 몰라, 병폐가 곧이곧대로 곧장 행하는 데 있었기 때문에, '直'이라 했다(古之愚者, 不用其智, 不知俯仰, 病在直情徑行, 故云直也。).

12 志愿(지원): 포부와 희망(志向和愿望).

13 則(즉): 이어지는 뒷부분이 앞부분에 대한 해석임을 표시한다(所连接的后一部分是对前一部分的解释。义即'就是'、'有'。).

14《子張 제11장》참조; 閑(한): 울타리. 문지방. 윤리도덕의 규범 · 경계(栅栏。阑。伦理道德的规范, 界限。); 踰閑(유한): 법도를 넘다. 벗어나다(越出法度).

15《論語大全》'廉'(렴)은 측면 모서리다. 이것은 단지 그 갈리는 곳이다. 소위 '廉'이란 이것 때문에 그 義와 利로 갈리는 곳으로, 비유컨대 물건의 측면 모서리에 의해 양쪽으로 갈리는 것과 같다(朱子曰: 廉, 是側邊廉隅。這只是那分處。所謂廉者, 爲是分得那義利去處, 譬如物之側稜。兩下分去。).

16 稜角(릉각): =棱角。각. 모서리(同一物体的面与面的交接处, 即棱角。).

17 陗厲(초려): 험준하다. 높고 가파르다(陡峻); 陗(초): 가파르다. 가파른 절벽(同'峭'。陡直。).

18 暗昧(암매): 우매하다. 멍청하고 어리석다(愚昧; 昏庸).

19 徑行(경행): 마음 내키는 대로 하다. 곧바로 행동에 옮기다(任性而行).

20 挾私(협사): 사심을 품다(心怀私念); 挾(협): 끼다. 품다(用胳膊夹住。怀抱, 怀有。).

[持守太嚴]이다. '廉'(렴)은 모서리가 각지고 가파르다'[稜角陗厲]는 말이다. '忿戾'(분려)는 '다투게 되다'[至於爭]이다. '愚'(우)라는 것은 '멍청해서 사리에 밝지 못하다'[暗昧不明]이다. '直'(직)은 '곧장 행동으로 옮겨 스스로 목적한 바를 이룬다'[徑行自遂]는 말이다. '詐'(사)는 '사심을 품고 함부로 행동하다'[挾私妄作]이다.

○范氏曰:「末世滋僞。豈惟賢者不如古哉? 民性之蔽, 亦與古人異矣。」
○범씨(范氏 · 范淳夫)가 말했다. "말세에는 거짓이 더욱 번성한다. 어찌 유독 현자만이 옛날 현자만 못할 뿐이겠는가? (지금) 백성들의 품성의 병폐, 또한 옛날 백성들과는 다르다."

[巧言令色章*]

171701、子曰:「巧言令色, 鮮矣仁。」

선생님께서 말씀하셨다. "듣기 좋게 하는 말과 상냥하게 꾸민 얼굴에는, 인(仁)이 드물다."

重出[1]。

거듭 나왔다.

---

1 《學而 제3장》 참조; 《論語義疏》本에는 이 장이 없다.

[惡紫之奪朱章]

171801、子曰:「惡紫之奪朱[1, 2]也, 惡鄭聲[3]之亂雅樂也, 惡利口[4]之覆邦家者[5, 6]。」

---

1 惡紫奪朱(오자탈주): 잡색인 자주색이 정색인 붉은색의 자리를 차지하는 것을 미워하다. 자주색은 잡색이고 홍색은 정색이라 여겨서, 그릇된 것이 올바른 것을 대신하거나 이기거나, 이단이 정통의 자리를 채우는 것을 혐오하는 뜻으로 쓰인다(紫: 古人认为紫是杂色; 夺: 乱; 朱: 大红色, 古人认为红是正色。原指厌恶以邪代正。后以喻以邪胜正, 以异端充正理。); [성]紅紫奪朱(홍자탈주): =紅紫亂朱. 간색인 홍 · 자색이 정색인 붉은색 자리를 빼앗다. 악한 것이 바른 것을 대신하다(谓红, 紫以间色夺朱。比喻以邪夺正。); [성]以紫亂朱(이자난주): 간사하고 아첨 떠는 소인이 청렴결백하고 공정무사한 군자로 간주되는 것을 비유한다(比喻将奸佞小人当作廉洁公正的君子。);《王力漢語》'朱'는 짙은 붉은색이고 정색으로, '赤'보다 짙은 붉은색이다. '赤'는 붉은색이다. '丹'은 붉은 모래색으로, '赤'보다 더 연하다. '紅'은 적백색으로 연한 붉은색이다('朱', 大紅色, 是正色, 深於'赤'。'赤', 紅色。'丹'是丹砂的顔色, 比'赤'更見淺些。'紅'是赤白色, 也就是淺紅。按照深淺的次序, 朱, 赤, 丹, 紅。).

2《論語集釋》江永[1681~1762]의《羣經補義》에 말했다. "검은색 관에 자주색 끈을 단 것이 노환공[BC 711~BC 694 재위]부터 시작되었으니[禮記 · 玉藻] 이러한 자주색을 숭상하는 풍조가 점차 확산되고 있었다. 제나라 환공이 거칠게 짠, 물들이지 않은 비단을, 자주색으로 물들여 팔려고, 스스로 먼저 입고 다니자, 나라 사람들이 다투어 매입하여, 가격이 10배가 뛰었다. 춘추 말기에, 위나라 혼량부가 자주색 옷에 여우 가죽옷을 걸치고 나타나자, 태자가 그의 죄를 열거해 그를 죽였는데[春秋左傳 · 哀公 17年], 杜預의 注에 '자주색 옷은 임금의 복장이다'라고 했으니, 그렇다면 당시에 서로 다투어 자주색을 숭상했기 때문에, '惡紫之奪朱'의 말씀이 있었던 것이다"(潘氏集箋: 羣經補義曰:「玄冠紫緌自魯桓公始, 此尚紫之漸。齊桓公有敗紫欲賣之, 先自服之, 國人争買, 其價十倍。春秋末, 衛渾良夫紫衣狐裘, 太子數其罪而殺之。注:『紫衣, 君服。』則當時競尚紫矣, 故曰惡紫之奪朱。」);《論語譯注》춘추시대에는 아마도 이미 자색이 주색을 대체하여 제후의 의복의 정색으로 변했을 것이다(春秋時候……那時的紫色可能已代替了朱色而變爲諸侯衣服的正色了。).

3《衛靈公 제10장》각주 참조.

4《論語義疏》'利口'는 말주변이 뛰어나고 감언이설을 잘하는 것이다(疏: 利口, 辯佞之口也。);《古今注》'利口'는 是와 非를 뒤바꾸고 賢과 邪의 구별을 현혹시킨다(利口, 變是非幻賢邪。);《王力漢語》利(리): 언론이 날카롭다. 남에게 기분 좋게 하는 말을 잘하다. 듣기 좋게 말하다(言語鋒利, 會說話。);《論語詞典》口(구): 말솜씨. 말재주(口舌。); 利口(이구): 말주변이 뛰어나다. 언변이 좋다(口齿伶俐; 能言善辯).

5《經傳釋詞》'者'는 '也'와 같다(者, 猶'也'也。);《古書虛字》'者'는 '也'와 같다('者'猶'也'也。);《論語義疏》本에는 '者'가 '也'로 되어 있다.

6《論語正義》《孟子 · 盡心下 제37장》에서는 공자의 이 장의 말씀을 인용하기를, '(비슷하면서 아닌 것을 싫어한다) 피를 싫어하는 것은 그것이 벼의 싹을 어지럽힐까 걱정이 되어서이다. 간교한 말재주를 싫어하는 것은 그것이 의를 어지럽힐까 걱정이 되어서이다. 교묘한 말솜씨를 싫어하는 것은 그것이 믿음을 어지럽힐까 걱정이 되어서이다. 정나라 음악을 싫어하는 것은 그것이 정악을 어지럽힐까 걱정이 되어서이다. 자주색을 싫어하는 것은 그것이 붉은색을 어지럽힐까 걱정이 되어서이다. 향원을 싫어하는 것은 그것이 덕을 어지럽힐까 봐 걱정되어서이다'라고 했다. 이 장에 비해 상세한데, 이를 한데 묶어서서 말씀하시기를, '비슷하면서 아닌 것을 싫어한다'고 하셨다(正義曰: 孟子盡心下引孔子此言 "(惡似而非者。) 惡莠, 恐其亂苗也; 惡佞, 恐其亂義也; 惡利口, 恐其亂信也; 惡鄭聲, 恐其亂樂也; 惡紫, 恐其亂朱也;

선생님께서 말씀하셨다. "자주색이 붉은색의 자리를 차지하는 것을 미워하고, 정(鄭)나라 소리가 정악을 어지럽히는 것을 미워하고, 말주변이 좋은 사람이 나라를 뒤엎는 것을 미워한다."

惡, 去聲。覆, 芳服反。○朱, 正色[7]。紫, 閒色[8]。雅, 正也。利口, 捷給[9]。覆, 傾敗也。
'惡'(오)는 거성[wù]이다. '覆'(복, fù)은 '芳'(방)과 '服'(복)의 반절이다. ○'朱色'(주색)은 순정 색이다. '紫朱色'(자주색)은 섞인 색이다. '雅'(아)는 '바르다'[正]이다. '利口'(이구)는 말을 빠르고 유창하게 잘하는 것이다. '覆'(복)은 '기울어져 망하다'[傾敗]이다.

○范氏曰:「天下之理, 正而勝者常少, 不正而勝者常多, 聖人所以惡之也。利口之人, 以是爲非, 以非爲是, 以賢爲不肖, 以不肖爲賢。人君苟悅而信之, 則國家之覆也不難矣。」
○범씨(范氏·范淳夫)가 말했다. "천하의 치리(治理)를 보면, 올바른데도 이기는 경우는 항상 적고, 옳지 않은데도 이기는 경우는 항상 많으니, 성인께서 그것들을 미워하신 까닭이다. 말주변이 좋은 사람은, 옳은 것을 그르다 하고, 그른 것을 옳다 하고, 잘난 사람을 못났다 하고, 못난 사람을 잘났다 한다. 임금이 진실로 기뻐하고 그 사람의 말을 믿는다면, 나라가 뒤엎어지는 것이야 어려운 일이 아니다."

惡鄕原, 恐其亂德也。" 較此文爲詳, 而總之云 "惡似而非者"。); 《子路 제21장》 각주 《孟子 · 盡心下 제37장》 참조.

7 正色(정색): 다른 색이 섞이지 않은 색(純正色).

8 閒色(간색): 다섯 가지 정색[청색 · 황색 · 적색 · 백색 · 흑색]이 아닌 잡색. 여러 색이 섞인 색(雜色。古代服色, 以青、黃、赤、白、黑爲正色, 其他顏色稱爲閒色。).

9 捷給(첩급): 재빨리 대답하다. 유창하다(口才敏捷, 對答如流。).

[予欲無言章]

171901、子曰:「予欲無言[1].[2]」

선생님께서 말씀하셨다. "나는 아무런 말도 하지 않으려고 한다."

學者多以言語觀聖人, 而不察其天理流行之實, 有不待言而著者。是以徒得其言, 而不得其所以言, 故夫子發此以警之。[3]
배우는 자들은 대부분 말을 가지고 성인을 살피다 보니, 그 천리 유행의 실상 중에는, 말로 언급할 것도 없이 저절로 드러나는 것들이 있다는 것을 살피지 못했다. 이 때문에 쓸데없이 성인의 말씀만을 얻을 뿐, 그 말씀을 통해 말씀하시려는 바를 얻지 못했기 때문에, 선생님께서 이 말씀을 꺼내서 이로써 그들을 깨우치신 것이다.

171902、子貢曰:「子如不言, 則小子[4]何述[5]焉[6]?[7]」

자공(子貢)이 말했다. "선생님께서 말씀하지 않으시면, 저희는 무엇을 기술하

1《論語句法》'無言'은 '不言'과 같다('無言'等於'不言'。).

2《論語正義》공자께서는 본래 身教를 썼는데, 제자들은 쓸데없이 言教만을 추구하는 것을 염려해서, 아무런 말도 하지 않음으로써, 제자들의 깨달음을 유발하려 하신 것이다(正義曰: 案: 夫子本以身教, 恐弟子徒以言求之, 故欲無言, 以發弟子之悟也。).

3《論語大全》말씀하지 않으려는 이유에 대해 두 가지 의견이 있다. 하나는 集注에서 주자가 말한 것이고, 다른 하나는, 말씀으로 가르치는 것은 성인의 본심이고 말씀을 따라 도를 향해 정진하는 것은 또한 배우는 자의 마땅한 책무인데, 성인의 말씀에 대해 대략으로 이해하려는 생각이 항상 많고 체찰하려는 생각은 항상 적어서, 이 때문에 하시는 말씀만 얻을 뿐 그 말씀을 통해 말씀하시려는 바를 얻지 못하기 때문에, 선생님께서 이 말씀으로 깨우치셨다는 것이다(慶源輔氏曰 :此亦有兩意。一是天理流行之實,凡動靜語默, 皆是初不待言而著, 學者惟不察乎此, 而但以言語觀聖人, 是以徒得其言而不得其所以言, 故夫子發此以警之。一是以言而教人, 固聖人之本心, 因言以進道, 亦學者之當務……其於聖人之言, 領略之意常多, 體察之意常少, 是以徒得其言, 而不得其所以言, 故夫子發此以警之。).

4 小子(소자): 자기를 칭할 때 쓰는 겸사(旧时自称谦词。).

5 述(술): 선인이 해 놓은 말을 기술하다. 전술하다(传述; 传承; 阐述前人成说。).

6《論孟虛字》焉(언): 의문조사('焉', 猶'乎'。是疑問助詞, 當白話'呢'字。);《許世瑛(二)》'焉'은 의문어기사로 '乎'字와 같다('焉'是疑問語氣詞, 與'乎'字同。).

7《論語正義》제자들이 그대로 좇아서 행할 표준이 없다는 말이다(正義曰: 言弟子無所遵行也。).

겠습니까?"

子貢正以言語觀聖人者, 故疑而問之。
자공(子貢)은 바로 말을 가지고 성인을 살핀 자였기 때문에, 의심이 생겨 이를 여쭌 것이다.

171903、子曰:「天何言哉[8]? 四時[9]行[10]焉[11], 百物生焉, 天何言哉?」[12]
선생님께서 말씀하셨다. "하늘이 뭐라고 말을 하더냐? 사계절이 운행하는데, 만물이 생겨나는데, 하늘이 뭐라고 말을 하더냐?"

四時行, 百物生, 莫非[13]天理發見流行之實, 不待言而可見。聖人一動一靜, 莫非妙道精義之發, 亦天而已, 豈待言而顯哉? 此亦開示子貢之切, 惜乎其終不喻也[14][15]。

8《論語正義》정현의 주에, "노논어에는 '天'을 '夫'로 썼는데, 지금 고논어를 따른다"고 했다. 정현은 '四時行 百物生'이 모두 '天'을 설명한 것으로, '夫'로 쓰는 것은 부당하기에, 고논어를 따른다고 한 것이다. 翟灝(적호)의 《四書考異》에, "앞뒤 '天何言哉'는 구별하는 것이 맞다. 앞 구절은 노논어를 따르는 것이 낫다"고 했는데, 맞지 않다(正義曰: 鄭注云: "魯讀天爲夫, 今從古。" 鄭以四時行, 百物生, 皆說天, 不當作'夫', 故定從古。翟氏灝考異謂"兩句宜有別, 上句從魯論爲勝", 誤也。).

9 四時(사시): 사계절(春, 夏, 秋, 冬四季).

10《王力字典》行(행): 움직이다. 운행하다(運動, 運行。).

11《北京虛詞》焉(언): 조사. 문장의 중간에 쓰여 잠시 멈춤을 표시한다('焉', 助詞。用于句中表示停顿, 相当于'啊'。);《許世瑛(二)》'焉'은 '於是'와 같고, '是'는 '世'을 가리킨다('焉'字等於'於是', '是'字稱代'世'。).

12《荀子 · 天論》하늘에 벌여 있는 별들은 뒤를 따라가면서 선회하고, 해와 달은 차례를 바꿔가면서 빛을 비추고, 사계절은 대를 이어가면서 운행하고, 음과 양은 크게 화생시키고, 바람과 비는 빠진 데 없이 누구에게나 베풀고, 만물은 각기 제 어울릴 자리를 얻어 태어나고, 각기 제 맞는 자양분을 얻어 성장하는데, 그가 그리 일하는 모습은 보이지 않지만, 그가 이루어놓은 결과는 볼 수 있으니, 이를 일러 神이라 한다. 모두가 그가 이루어놓은 모습은 보여서 알지만, 그의 모습은 보이지 않아 알지 못하니, 이를 일러 하늘의 功이라 한다. 성인만이 하늘 알기를 추구하지 않는다(列星隨旋, 日月遞炤, 四時代御, 陰陽大化, 風雨博施, 萬物各得其和以生, 各得其養以成, 不見其事, 而見其功, 夫是之謂神。皆知其所以成, 莫知其無形, 夫是之謂天功。唯聖人爲不求知天。).

13 莫非(막비): ~아닌 것이 하나도 없다. 모두~이다(沒有一個不是。).

14《衛靈公 제15장》朱熹注 참조.

15《論語大全》'만물이 생겨나는 것'이 '천리의 발현'이고, '사계절이 운행하는 것'이 '천리의 유행'이다. '발현'은 천리의 처음부터 말한 것이고, '유행'은 천리의 마지막을 아울러 말한 것이다. '오묘한 도리'는

사계절이 운행하는 것, 만물이 생겨나는 것, 어느 하나 천리의 발현과 유행의 실상 아닌 게 없으니, 말로 언급할 것도 없이 볼 수 있다. 성인의 모든 일동일정(一動一靜)은 어느 하나 (천리인) 오묘한 도와 정밀한 의리의 발현 아닌 게 없으니, 이 또한 저절로 그러한 천리일 뿐, 어찌 말씀으로 언급하길 기다려서 드러나겠는가? 이것 또한 자공(子貢)에게 열어 보이신 정성이 간절했는데, 애석하게도 자공(子貢)은 끝내 깨닫지 못했다.

○程子曰:「孔子之道, 譬如日星之明, 猶患門人未能盡曉, 故曰『予欲無言』。若顏子則便默識, 其他則未免疑問, 故曰『小子何述』。」又曰:「『天何言哉, 四時行焉, 百物生焉』, 則可謂至明白矣。」

○정자(程子 · 明道)가 말했다. "공자(孔子)의 도는, 비유하자면 해나 별이 환히 비추는 것과 같은데, 그럼에도 제자들이 환히 다 깨닫지 못할까 염려하셨기 때문에, '나는 아무런 말도 하지 않으려고 한다'라고 말씀하신 것이다. 만일 안자(顏子)였다면 (이 말씀만으로) 곧바로 묵묵히 깨달았을 것이지만, 그 외의 다른 제자의 경우에는 의심이 생기는 것을 면치 못했을 것이기 때문에, 자공(子貢)이 '저희는 무엇을 기술하겠습니까?'라고 물었고, 공자(孔子)께서는 또, '하늘이 뭐라고 말을 하더냐? 사계절이 운행하는데, 만물이 생겨나는데, 하늘이 뭐라고 말을 하더냐?'라고 말씀하셨으니, 의문이 환히 밝게 다 해소되었다고 할 만하다."

愚按: 此與前篇[16]無隱之意相發, 學者詳之。[17]

천리의 도체이고, '精義'는 천리의 작용이다(慶源輔氏曰: 百物生, 是天理之發見也, 四時行, 是天理之流行也。發見則自其初而言之, 流行則併擧其終也, 妙道言其體, 精義言其用。);《論語大全》 내가 생각건대, 성인의 도는 밝기가 해와 별과 같은데, 제자들이 그럼에도 완전히 깨닫지 못한 것은, 그들이 쓸데없이 성인의 도를 성인의 말씀 속에만 찾았지, 성인의 動靜 · 語默이 성인의 도의 드러난 모습임을 알지 못했기 때문이다. 이것이 성인의 도가 환히 밝음에도, 제자들이 보는 것이라고는 성인의 말씀 속에만 머물러 완전히 깨닫지 못한 이유이다(新安陳氏曰: 竊謂聖道明如日星, 門人猶未能盡曉者, 以其徒求之言語之間, 而不知動作語默, 無非聖道之形見。此所以聖道雖明, 而其見滯於言語間不能盡曉也。);《論語大全》 이 장 말씀에 대해 자공이 깨닫지 못해 의문을 가지고 있었는데, 나중에 가서 스스로 말하기를, "선생님의 문장에 대하여는, 들어볼 수 있었지만, 선생님께서 성과 천도에 대하여 말씀하시는 것은, 들어볼 수 없었다"고 했으니, 비로소 이 장의 말씀이 뜻한 바를 이해하게 된 것이다(朱子曰: 此語子貢聞之而未喩, 故有疑問。到後來自云夫子之文章, 可得而聞也, 夫子之言性與天道, 不可得而聞也, 方是契此旨處。).

16《述而 제23장》 참조.

17《論語大全》 어떤 사람은 '予欲無言'장은 실제로는 '無隱乎爾'(너희에게 숨기는 게 없다)[述而 제23장]는

내가 생각건대, 이 말씀과 《술이》(述而) 편의 '나는 숨기는 게 없다'는 말씀은 서로 뜻을 드러내 준다. 배우는 자는 이를 상세히 살펴야 한다.

뜻을 겸하고 있다면서, '사계절이 운행하는 것' '만물이 생겨나는 것'이 이른바 '無隱'이라 했다(或云予欲無言一章, 實兼無隱乎爾之義, 蓋四時行百物生, 所謂無隱也。).

[孺悲欲見孔子章]

172001、孺悲[1]欲見孔子, 孔子辭以疾[2]。將命者[3]出戶, 取瑟而歌[4], 使之聞之[5]。

유비(孺悲)가 공자(孔子)를 만나 뵙고자 했는데, 공자(孔子)께서 몸이 아프다는 핑계로 거절하셨다. 유비(孺悲)의 말을 전한 자가 문을 나가자, 슬(瑟)을 끌어다가 노래를 불러, 그자로 하여금 듣도록 하셨다.

---

1 《禮記・雜記下》 노나라 선비 恤由(휼유)의 상을 당해, 애공이 유비를 공자에게 보내 사상례를 배우게 했는데, 사상례가 이때 쓰여졌다(恤由之喪, 哀公使孺悲之孔子學士喪禮, 士喪禮於是乎書。).

2 《論語義疏》 공자께서 유비의 부름에 응하고 싶지 않아서, 몸이 아프다는 핑계로 갈 수 없다고 하신 것이다(疏: 孔子不欲應孺悲之召, 故辭云有疾不堪往也。); 《論語正義》 유비가 실제로 성인의 문하에서 직접 배웠는데, 공자께서 그를 만나보지 않았다는 것은 이 '欲見'은 유비가 공자를 처음 뵈러 온 때로, 아직 수학하지 않았을 때이다. 《儀禮・士相見禮》의 가공언의 소에, '유비가 소개를 통하지 않았기 때문에, 공자께서 아프다는 핑계로 거절하신 것이다'라고 했다(正義曰: 孺悲實親學聖門, 而孔子不見之者, 此"欲見"是始來見, 尚未受學時也。儀禮士相見禮疏謂"孺悲不由紹介, 故孔子辭以疾"。); 《論語集釋》 周柄中[清人]의 《四書典故辨正》에 말했다. "이 장은 유비가 아직 예를 배우기 전의 일이다. 예를 이미 배웠다면, 제자인데, 제자가 스승을 뵙는데, 무슨 소개를 통할 필요가 있겠는가? 예를 배우기 전의 일임을 알 수 있다"(四書典故辨正: 此孺悲未學禮時事也。既學禮, 則爲弟子, 弟子見師, 何用介紹? 其在未學禮時可知。); 《子張 제11장》 각주 《韓詩外傳・卷2》 참조; 《論語語法》 개사 '以'+개사목적어 '疾'이 모두 술어 '辭' 뒤에 놓인 것이다(介詞'以'和副賓語都在謂語之後。).

3 《禮記・少儀》 듣는 바로는, 군자를 처음 뵙는 자는 말하기를, '누구누구는 將命者를 통해 저의 이름이 전해지기를 부디 원합니다'라고 해야지, 주인을 뵙겠다고 본인이 직접 말해서는 아니 된다(聞始見君子者, 辭曰: 「某固愿聞名於將命者。」不得階主。); 《論語義疏》 '將命者'는 유비가 심부름을 시킨 사람을 말한다(疏: 將命者, 謂孺悲所使之人也。); 將命(장명): 명을 받들어 행하다. 주인의 말을 전하다(奉命; 传命).

4 [성]取瑟而歌(취슬이가): 슬을 타면서 노래하다. 완곡한 방식을 사용해서 속마음을 나타내다(瑟: 弦乐器。弹瑟歌唱。比喻用曲折的方式表达情意); 瑟歌(슬가): 자기의 불만스러운 마음을 상대방에게 암시하다(谓把自己的不满暗示给对方).

5 使之聞之(사지문지): 일부러 듣게 하다(闻: 听见。故意让人听见。); 《古書虛字》 '使之'의 '之'는 '其'이다('之', '其'也。); 《論語義疏》 일부러 듣게 한 까닭은, 거절이 아파서 가지 못하는 것일 경우, 유비가 병문안을 올 것이고, 또 오라고 부르는 것을 그치지 않을 것이기 때문에, 슬을 끌어다가 노래를 불러, 사자로 하여금 듣게 해서, 공자가 아프다고 핑계를 댄 것일 뿐, 실제는 아픈 것이 아님을 알게 해서, 유비에게 가서 고해바침으로써, 유비로 하여금 고의로 오지 않는 것일 뿐, 아파서 오지 않는 것이 아님을 알게 한 것이다(疏: 所以然者, 若辭唯有疾而不往, 恐孺悲問疾差, 又召己不止也, 故取瑟而歌, 使使者聞之, 知孔子辭疾非實疾, 以還白孺悲, 令孺悲知故不來耳, 非爲疾不來也。); 《古今注》 옛날에는 아프면 금슬을 치워 놓았는데[儀禮・士喪禮] 슬을 끌어다가 노래를 불렀으니, 아프지 않다는 것을 밝힌 것이다(補曰: 古者有疾徹琴瑟[士喪禮], 取瑟而歌明無疾。).

孺悲, 魯人, 嘗學士喪禮[6]於孔子。當是時必有以得罪者。故辭以疾, 而又使知其非疾, 以警教之也。程子曰:「此孟子所謂不屑之教誨[7], 所以深教之也。」

'孺悲'(유비)는 노(魯)나라 사람으로, 예전에 공자(孔子)께 사상례(士喪禮)를 배운 적이 있었다. 이 당시에 필시 선생님께 죄를 지은 것이 있었을 것이다. 그래서 몸이 아프다는 핑계로 거절하시고, 또 몸이 아픈 것 때문이 아니라는 것을 알게 하여, 이로써 유비(孺悲)를 깨우치려 하신 것이다.

정자(程子 · 明道)가 말했다. "이는 맹자(孟子)가 말한 '가르치길 달갑게 여기지 않음으로써 행하는 가르침'[不屑之教誨]으로, 유비(孺悲)를 깊이 가르치신 것이다."

6 士喪禮(사상례):《儀禮》중에 喪服禮 · 士喪禮 · 既夕禮 · 士虞禮 등 네 가지 상례 중의 하나.

7《泰伯 제16장》각주《孟子 · 告子下 제16장》참조.

[宰我問三年之喪章]

172101、宰我問:「三年之喪, 期已久矣[1]。

재아(宰我)가 여쭈었다. “삼년상은, 일 년도 너무 깁니다.”

期[2], 音基, 下同。○期, 周年[3]也。

‘期’(기)는 음이 ‘基’(기, jī)로, 뒷절에서도 이와 같다. ○‘期’(기)는 ‘1주년’[周年]이다.

172102、君子三年不爲禮, 禮必壞; 三年不爲樂, 樂必崩[4]。

군자가 삼 년 동안 예(禮)를 행사하지 않으면, 예(禮)는 반드시 무너질 것이고, 삼 년 동안 악(樂)을 연주하지 않으면, 악(樂)은 반드시 무너질 것입니다.

---

1 《論語正義》‘期已久矣’의 ‘期’는 ‘其’[qí]로 읽는다. 《經典釋文》에 “‘期’는 음이 ‘基’[jī]이고, 아래 ‘期可已矣’의 ‘期’도 같다. 어떤 책에는 ‘期’字가 ‘其’로 되어 있다’고 했는데, 그 어떤 책이 맞다. ‘其已久矣’는 ‘그 기간[3년]이 너무 길다’는 말이다. 《史記 · 仲尼弟子列傳》에, ‘三年之喪, 不已久乎?’[삼년상은 너무 길지 않은지요?]로 되어 있는 것이 이를 증명한다. 아래 절의 ‘期可已矣’의 ‘期’는 ‘基’[jī]로 읽고[‘1년으로 그쳐도 된다’], 이 절의 ‘期已久矣’의 ‘期’와는 글자는 같지만, 뜻이 다르다(正義曰: ‘期已久矣’, ‘期’讀如其, 釋文云: “期音基, 下同。一本作其。” 一本是也。其已久矣, 謂三年太久。史記弟子列傳作“不已久乎”, 可證也。下文‘期可已矣’, 方讀如基, 與‘期已久矣’之‘期’, 文同義異。); 《論語集釋》管同[1785~1831]의 《四書紀聞》에 말했다. “‘期已久矣’의 ‘期’字는 본래 음[qí]으로 읽어야 한다. ‘三年之喪’은 ‘期已久矣’의 뜻을 설명하는 구절이다.” 생각건대, ‘期已久矣’는, 기간이 지나치게 길다는 말로, ‘期限’의 ‘期’이고, ‘期可已矣’는, 期年으로 그쳐도 된다는 말로, ‘期年’의 ‘期’이다(四書紀聞:「期已久矣」之期當讀如字……蓋「三年」四句申「期已久矣」之義……按: 期已久矣者, 言爲期過久也, 爲期限之期。期可已矣者, 言期年可以止也, 爲期年之期。); 《論語新解》‘期’는 ‘基’로 읽고, ‘1주년’의 뜻이다. 거상 기간으로 1년이 너무 길다고 말한 것이다. 或說: ‘期’는 ‘期限’의 ‘期’字로, 3년은 기한이 너무 길다는 말이다(期, 读基, 周年义。谓守丧一年已久。或曰: 此期字读期限之期, 三年为期已久。); 《古漢語語法》너무. ‘已’와 ‘以’는 서로 바꿔쓸 수 있다(‘已’表‘太’, 可与‘以’通用。).

2 期(기): [qī] 기간. 기한. 기대하다. 한도(规定的时间, 或一段时间。盼望, 希望。限度。); [jī] 일주년. 한 달(一周年, 一整月。).

3 周年(주년): 만 일 년. 사망 일 주년(满一年; 一年。特指死亡满一年的日子).

4 [성]禮壞樂崩(예괴악붕): 법령제도 · 사회 기강이 무너져 하나도 남김없이 없어지다. 사회 기강이 문란해져서, 소란스럽고 평온하지 못한 시대(典章制度, 禮樂教化遭受破壞, 道德規範, 社會綱紀蕩然無存。形容社会纲纪紊乱, 骚动不宁的时代。).

恐居喪不習而崩壞也。

거상 중에 있는 기간 동안 예악(禮樂)을 익히지 않으면 붕괴되지 않을까 걱정한 것이다.

172103、舊穀既沒, 新穀既升[5], 鑽燧改火[6], 期可已矣。[7]」

(1년이면) 묵은 곡식은 다 떨어지고, 햇곡식은 다 여물고, 철 따라 불씨를 얻는 나무도 새로 바꾸니, 일 년으로 끝내도 되겠습니다."

---

5 新穀(신곡): 새로 수확한 곡물. 햇곡식(新收获的谷物; 新成熟的谷物); 升(승): 곡식을 수확하여 타작마당으로 옮기다. 익다. 수확. 작황(谷物登场, 成熟。收成。).

6 鑽燧(찬수): 송곳이나 나무 등을 비벼 불씨를 얻다(上古的取火方法。即用钻子钻木, 因磨擦发热而爆出火星来); 燧(수): 불씨를 얻는 기구. 봉화. 봉수대(取火的器具; 古代告警的烽火。烽燧臺。); 改火(개화): 계절별로 불씨를 얻는 나무를 바꾸다. 계절이 바뀌다(古代钻木取火, 四季换用不同木材, 称为'改火', 又称改木。亦用以比喻时节改易。).

7《論語正義》《詩經 · 檜風 · 素冠》의 毛詩序에 '素冠은 삼년상을 지키지 못한 것을 풍자한 시이다'라고 했다. 檜나라는 정나라 무공[BC 770~BC 744]에 의해 멸망 당했는데, 이 시는 평왕[BC 770~BC 720 재위] 때 지어진 시이다. 또《春秋公羊傳 · 哀公 5年》經에 '가을 9월 계유에, 제나라 경공[BC 548~BC 490 재위] 저구가 죽었다'라고 했는데,《春秋公羊傳 · 哀公 6年》傳에 '가을 7월에, 경공의 상을 치웠다'고 했으니, 삼년상이 당시에 이미 행해지지 않은 지 오래였다. 그래서 滕定公[?~BC 327 재위]이 죽자 세자[등문공]가 맹자에게 사람을 보내 물은 다음에, '삼년상을 행하기로 결정하자, 종실의 어른들과 조정의 백관들이 모두 반대했다'고 했고, 게다가 '우리의 종주국인 노나라 선대 임금들은 아무도 삼년상을 행하지 않았고, 우리나라 선대 임금들도 아무도 삼년상을 행하지 않았다'[孟子 · 滕文公上 제2장]고 했다. 노나라 선대 임금이라면, 문공[BC 626~BC 609 재위] 이래의 임금을 말한다(案: 詩素冠序: "刺不能三年也." 檜爲鄭武公所滅, 此詩當作於平王之世。又公羊哀五年經: "秋九月癸酉, 齊侯處臼卒." 六年傳: "秋七月, 除景公之喪." 是三年之喪, 當時久不行。故滕文公問孟子: "定爲三年之喪, 而父兄百官皆不欲." 且云: "吾宗國魯先君莫之行, 吾先君亦莫之行." 魯先君, 則文公以來之謂也。). 그렇지만《說苑 · 脩文》에는 자하 · 민자건이 모두 삼년상을 마치고, 공자를 뵀으니, 성인의 문도들은 모두 삼년상을 지킬 수 있었다. 재아는 직접 성인의 가르침을 받았고, 또 말을 잘했기 때문에[孟子 · 公孫丑上 제2장] 당시 사람들이 어버이상을 1년으로 정하고 싶어 하는 생각을 거론하여, 이로써 공자의 질책을 기대한 것이다. 그가 '군자가 삼 년 동안 예를 행사하지 않으면, 예는 반드시 무너질 것이고, 삼 년 동안 악을 연주하지 않으면, 악은 반드시 무너질 것입니다'라고 한 말은, 이 또한 옛사람들의 成語로, 사람들이 오래도록 예악을 행하지 않으면 예악이 붕괴될 것이라고 말했다는 것이지, 거상자를 위해서 한 말이 아니다. 그런데 당시 거상 기간을 단축한 자들이 혹 이를 구실로 삼았기 때문에, 재아도 또한 그 말을 그대로 전한 것이지, 자기 생각을 말하기 꺼린 것이 아니다(然檀弓(?)言子夏,閔子騫皆三年喪畢, 見於夫子, 是聖門之徒皆能行之。宰我親聞聖教, 又善爲說辭, 故舉時人欲定親喪爲期之意, 以待斥於夫子。其謂"君子三年不爲禮, 禮必壞; 三年不爲樂, 樂必崩", 此亦古成語, 謂人久不爲禮樂, 則致崩壞, 非爲居喪者言。而當時短喪者或據爲口實, 故宰我亦直述其語, 不爲諱隱也。).

鑽, 祖官反。○沒, 盡也。升, 登[8]也。燧, 取火之木也。改火[9], 春取楡柳[10]之火, 夏取棗杏[11]之火, 夏季取桑柘[12]之火, 秋取柞楢[13]之火, 冬取槐檀[14]之火, 亦一年而周也。已, 止也。言期年則天運一周, 時物皆變, 喪至此可止也。

'鑽'(찬, zuān)은 '祖'(조)와 '官'(관)의 반절이다. ○'沒'(몰)은 '떨어지다'[盡]이다. '升'(승)은 '여물다'[登]이다. '燧'(수)는 불씨를 취하는 나무이다. '改火'(개화)는 봄에는 느릅나무와 버드나무에서 불씨를 얻고, 여름에는 대추나무나 살구나무에서 불씨를 얻고, 늦여름에는 뽕나무나 산뽕나무에서 불씨를 얻고, 가을에는 떡갈나무나 졸참나무에서 불씨를 얻고, 겨울에는 회나무나 박달나무에서 불씨를 얻는 것인데, 역시 1년이면 한 바퀴를 돈다. '已'(이)는 '그치다'[止]이다. 말인즉, 1주년이면 하늘의 운행이 한 바퀴를 돌고, 제철 작물이 모두 바뀌니, 이때 이르러서는 거상을 그만 그쳐도 되겠다는 것이다.

尹氏曰:「短喪之說, 下愚[15]且[16]恥言之。宰我親學聖人之門, 而以是爲問者, 有所疑於心而不敢強焉爾。」[17, 18]

윤씨(尹氏 · 尹彦明)가 말했다. "거상 기간을 줄이자는 말은, 아주 어리석은 자조차도

8 登(등): 익다. 여물다. 거둬들이다(成熟; 丰收。).

9 《論語集解》《周書 · 月令》에, '更火: 春取楡柳之火, 夏取枣杏之火, 季夏取桑柘之火, 秋取柞楢之火, 冬取槐檀之火。'라는 구절이 있는데, 1년 중에 (번갈아서) 불씨를 각기 다른 나무에서 얻었기 때문에 改火라고 했다(注: 馬融曰: 周書, 月令, 有更火, 春取楡柳之火, 夏取棗杏之火, 季夏取桑柘之火, 秋取柞楢之火, 冬取槐檀之火, 一年之中, 鑽火各異木故曰改火也。); 《周書 · 月令》 편은 지금은 망실되고 없다.

10 楡(유): 느릅나무; 柳(류): 버드나무.

11 棗(조): 대추나무; 杏(행): 살구나무.

12 桑(상): 뽕나무; 柘(자): 구지뽕나무. 산뽕나무.

13 柞(작): 떡갈나무. 상수리나무; 楢(유): 졸참나무.

14 槐(괴): 괴목. 홰나무; 檀(단): 박달나무.

15 《陽貨 제3장》 참조.

16 且(차): ~조차 ~한데, ~까지도(尚且, 还).

17 《論語義疏》 이 당시 예악이 붕괴되어, 삼년상이 행해지지 않자, 재아가 삼년상이 없어질 것을 크게 두려웠는데, 성인께서 이에 대해 장래를 경계시키는 별다른 말씀이 없었기 때문에, 당시 사람들의 말에 가탁하여, 자기의 답답한 마음을 선생님께 열어 보인 것으로, 그 뜻은 자기를 굽혀 도를 밝히려는 데 있었다(疏 繆播曰: 爾時禮壞樂崩, 而三年不行, 宰我大懼其往, 以爲聖人無微旨以戒將來, 故假時人之謂, 啓憤於夫子, 義在屈己以明道也。).

18 《論語大全》 윤씨의 말은 대개 재아가 성인의 문도로서, 이런 질문을 응당 하지 않을 것으로 여겨서, 그를 위해 그의 잘못을 둘러대 덮어주고자 한 것이다(朱子曰: 此蓋以宰我爲聖人之徒, 不應問此, 而欲爲之文其過也。).

말을 꺼내기를 부끄러워한다. 재아(宰我)는 성인께 직접 배운 제자인데도, 거상 기간으로 질문을 삼은 것은, 마음에 의심나는 부분이 있어서 감히 억지로 눌러두지 않고 이에 대해 여쭙고자 한 것뿐이었다."

172104. 子曰:「食夫[19]稻[20], 衣夫錦[21], 於[22]女安乎?」曰:「安。」

선생님께서 말씀하셨다. "그런 하얀 쌀밥을 먹고, 그런 고운 비단옷을 입는 것이, 네 마음에는 편하겠느냐?" 재아(宰我)가 대답했다. "편하겠습니다."

夫, 音扶, 下同。衣, 去聲。女, 音汝, 下同。○禮[23]: 父母之喪: 既殯[24], 食粥, 麤[25]衰[26]。既葬[27],

19《論語義疏》'夫'(부)는 어조사이다(疏: 夫, 語助也。);《論語詞典》夫(부): 먼 것을 가리키는 지시형용사. 저, 그["그런 하얀 쌀밥을 먹고……"(指示形容詞, 遠指, 那, 彼。)'吃那個白米飯');《王力漢語》'夫'도 지시대명사이지만 지시성이 매우 낮아서 굳이 번역할 필요가 없다('夫'字, 也是一個指示代詞, 但是指示性很輕, 和現代漢語對譯時可以不必譯出。);《論語語法》원지 지시대명사(兩個'夫'都是遠指指示代詞。);《論孟虛字》'夫'는 '乎'와 같다. 문장 도중에 쓰여, 어기를 돕고, 또 지칭의 의미를 띤다. 어떤 경우에는 번역하지 않아도 된다('夫', 猶'乎', 用在句中, 幫助語氣, 並略帶指稱的意味, 相當於'那'或'那些'的語氣。但有的也可以不翻。);《北京虛詞》夫(부): 조사. 문장 도중에 쓰여, 어기를 완만하게 하는 작용을 일으킨다('夫', 助词。用于句中, 起舒缓语气的作用。).

20《論語正義》북쪽 지방에서는 볍쌀을 곡식 중에 귀한 것으로 치기 때문에, 거상 기간에는 먹지 않았다(正義曰: 北方以稻爲穀之貴者, 故居喪不食之也。); 稻(도): 벼. 볍쌀. 논에 심는 벼와 밭에 심는 벼 두 종류가 있는데, 통상 논벼를 가리킨다. 열매는 벼라 하고, 정미하여 껍질을 벗긴 후에는 쌀이라 한다(有水稻, 旱稻兩類, 通常多指水稻。子實叫穀子, 碾制去殼後叫大米。).

21 錦(금): 천연색의 화려한 무늬가 있는 비단. 비단옷((有彩色花紋的絲織品。指用錦製作的衣服。).

22《論語詞典》於(어): 의향을 표시한 주동자를 소개시킨다(介詞。把表意旨的主動者介紹出來。).

23《禮記·間傳》부모상에는 참최복을 입고, 고개를 끄덕여 응하기는 하되 말은 하지 않고, 3일을 먹지 않고, 빈소를 차리고 나서는 죽을 먹고, 虞祭[장례를 마친 당일 지내는 初虞, 다음날 지내는 再虞, 셋째 날 지내는 三虞가 있다]·卒哭祭[삼우제를 지내고 나서 석 달이 지난 甲·丙·戊·庚·壬日 중의 하루를 골라 지내는 곡을 끝마치는 제사]를 지내고 나서는, 거친 밥과 찬물을 마시되 채소와 과일은 먹지 않고, 일주기가 되어 소상을 지내고 나서는, 채소와 과일을 먹고, 또 일주기가 되어 대상을 지내고 나서는, 식초와 간장을 쓴 반찬을 먹고, 한 달이 지나 상복을 벗는 담제를 지내고 나서는, 단술과 술[白酒]을 마실 수 있다. 처음 먹는 술은 단술을 마시고, 처음 먹는 고기는 말린 고기를 먹는다(斬衰, 唯而不對……三日不食……父母之喪, 既殯食粥……既虞卒哭, 疏食水飲, 不食菜果; 期而小祥, 食菜果; 又期而大祥, 有醯醬; 中月而禫, 禫而飲醴酒。始飲酒者先飲醴酒。始食肉者先食乾肉。). 부모상에는 임시방편으로 지은 초막에서 기거하고, 거적 위에서 자고, 흙덩이로 베개를 하고, 머리에 두른 수질과 허리에 두른 요대를 벗지 않는다. 虞祭·卒哭祭를 지내고 나서는, 초막 입구에 서까래를 대서 가린 부분을 잘라내 햇빛이 들게 하고, 부들로 짠 자리를 만들어 깐다. 일주기가 되어 소상을 지내고 나서는, 흙덩이로

疏食, 水飮, 受以成布[28]。期而小祥[29], 始食菜果, 練[30]冠縓緣[31], 要絰[32]不除, 無食稻衣錦之理。夫子欲宰我反求諸心, 自得其所以不忍者。故問之以此, 而宰我不察也。

'夫'(부)는 음이 '扶'(부, fú)로, 뒷절에서도 이와 같다. '衣'(의)는 거성[yì]이다. '女'(녀)는, 음이 '汝'(녀)로, 뒷절에서도 이와 같다. ○《예기》(禮記)에는 '부모상은, 빈소를 차리고 나서는, 죽을 먹고 거칠게 짠 삼베로 만든 상복을 입는다. 장사를 끝내고 나서는, 거친 밥을 먹고 냉수를 마시고 가늘게 짠 삼베로 만든 상복을 입는다. 1주기가 되어 소상(小祥)을 지내고 나서는, 비로소 나물과 과일을 먹고 하얗게 삶은 베로 만든 관을 쓰고 연붉게 가장자리를 두른 옷을 입고, 삼베로 만든 허리띠는 풀지 않는다'고 되어 있고, 쌀밥을 먹고 비단옷을 입는 도리는 없다. 선생님께서는 재아(宰我)로 하여금 돌이켜 자기 마음에서 찾아, 거상을 차마 끝내지 못하는 그 까닭에 대해 스스로 터득하게 하고자 했다. 그래서 이것으로 물으셨는데, ('편하겠습니다'라고 대답한 것은) 재아(宰我)의 불찰이었다.

벽을 쌓은 방에 거처하고, 자리를 깔고 자고, 또 일주기가 되어 대상을 지내고 나서는, 침실로 돌아와 거처하고, 한 달이 지나 담제를 지내고 나서는, 침상에서 잔다(父母之喪, 居倚廬, 寢苫, 枕塊, 不說絰帶……既虞卒哭, 柱楣翦屛, 芐翦不納; 期而小祥, 居堊室, 寢有席; 又期而大祥, 居復寢; 中月而禫, 禫而床。). 부모상에 입는 참최복에는 3승[날실 240올]으로 짠 삼베를 쓰고, 虞祭·卒哭祭가 끝나고 나서는, 6승[480올]으로 짠 삼베옷으로 바꿔 입고, 관은 7승으로 짠다. 일주기가 되어 소상을 지내고 나서는, 하얗게 삶은 베로 만든 관을 쓰고 연붉게 가장자리를 두른 옷을 입고, 허리에 두른 요질은 풀지 않고, 남자는 머리에 두른 수질을 벗고, 여자는 요대를 벗는다. 또 일주기가 되어 대상을 지내고 나서는, 흰색 관을 쓰고 삼베옷을 입는다. 한 달이 지나 담제를 지내고 나서는, 흰색과 검정색 실로 짠 관을 쓰고, 패물을 달 수 있다(斬衰三升, 既虞卒哭, 受以成布六升, 冠七升……期而小祥, 練冠縓緣, 要絰不除, 男子除乎首, 婦人除乎帶。又期而大祥, 素縞麻衣。中月而禫, 禫而纖, 無所不佩。).

24 殯(빈): 장례 전에 관을 안치하다. 빈소를 차리다(停柩待葬).

25 麤(추): 거칠다. 현미. 잡곡(同'粗'。糙米。粗粮。).

26 衰(최): 굵은 삼베로 지은 가장자리를 꿰매지 않은 상복(古代用粗麻布制成的毛边丧服).

27 葬(장): 죽은 자를 땅에 묻다(本义: 人死用草覆盖埋葬, 后用棺木埋入土中。掩埋死人。).

28 成布(성포): 재질이 가는 베(质地较细的布).

29 小祥(소상): 일주기 제사(古时父母丧后周年的祭名。).

30 練(련): 실을 삶아 부드럽고 희게 하다(本义: 把生丝煮熟; 亦指把麻或织品煮得柔而洁白).

31 縓練(전연): 연붉은 가장자리(浅红色的边).

32 要絰(요질): 삼베로 만든 허리띠(缚在腰间的麻带。古丧礼服制之一。).

172105、「女安, 則爲之! 夫[33]君子之居喪[34], 食旨[35]不甘[36], 聞樂不樂, 居處[37]不安, 故不爲也。今[38]女安, 則爲之!」[39]

"네 마음이 편하겠다고 하니, 그럼 그렇게 하거라! 저 군자가 복상 중에는, 맛있는 음식을 먹어도 맛있는 줄 모르고, 즐거운 음악을 들어도 즐거운 줄 모르고, 일상생활로 돌아가도 마음 편한 줄 모르기 때문에, 하지 않는 것이다. 지금 네 마음이 편하겠다고 하니, 그럼 그렇게 하거라!"

樂, 上如字, 下音洛。○此夫子之言也。旨, 亦甘也。初言女安則爲之, 絕之之辭。又發其不忍之端, 以警其不察。而再言女安則爲之以深責之。

앞의 '樂'(악) 자(字)는 본래 음[yuè]대로 읽고, 아래 '樂'(악) 자(字)는 음이 '洛'(락)이다. ○이것은 선생님께서 하신 말씀이다. '旨'(지)의 뜻도 '맛있다'[甘]이다. 처음에 '네 마음이 편하겠다고 하니, 그럼 그렇게 하거라'라고 하신 말씀은, 재아(宰我)를 끊는 말씀이다. 그리고 거상을 차마 끝내지 못하는 까닭의 일단을 드러내 보여, 이로써 재아(宰我)의 불찰을 깨우치셨다. 그리고 다시 '네 마음이 편하겠다고 하니, 그럼 그렇게 하거라'라고 말씀하여 이로써 그를 깊이 나무라신 것이다.

33《論孟虛字》'夫'는 '凡'과 같다. 군자 전체를 가리킨다('夫', 猶'凡'。爲泛指一切的發端語詞。是'大凡''一般'的意思。).

34 居喪(거상): 존친의 사후에, 집에서 상복을 입고, 다른 일을 하지 않는 것으로, 복상의 만료 전에는 오락이나 교제를 하지 않고, 애도를 표시한다(尊亲死后, 在家守丧, 不办理外事。在服丧期满之前停止娱乐和交际, 表示哀悼。).

35 旨(지): 맛있다. 맛있는 음식(本义: 味美。美味的食品。).

36 甘(감): 맛이 달다. 달콤하다. 달디 단 음식(本义: 味美。甜。美味的食品。).

37《論語譯注》옛날에 상주는 '임시방편으로 지은 초막에서 기거하고, 거적 위에서 자고 흙덩이로 베개를 했다'[儀禮 · 既夕禮]고 했으니, 즉 풀과 나무를 재료로 해서 임시로 만든 凶廬에서 지내고, 풀로 짠 덕석 위에서 잠을 자고, 흙덩이로 베개를 한 것이다. 여기에서 말한 '居處'는 평상시의 거주생활을 가리켜 말한 것이다(古代孝子要'居倚廬, 寢苫枕塊', 就是住臨時用草料木料搭成的凶廬, 睡在用草編成的槁墊上, 用土塊做枕頭。這裏的'居處'是指平日的居住生活而言。); 居處(거처): 일상생활(指日常生活).

38《論孟虛字》'今'은 '如' '若'와 같다. 가설접속사('今', 猶'如', 猶'若'。爲表假設相承之連詞。).

39《孝經 · 喪親》공자께서 말씀하셨다. "효자가 부모를 여의게 되면, 목을 놓아 꺼이꺼이 울고, 사람 앞에서 예를 차리지 않고, 말을 꾸미지 않고, 고운 옷을 입어도 편안한 줄 모르고, 즐거운 음악을 들어도 즐거운 줄 모르고, 맛있는 음식을 먹어도 맛있는 줄 모르니, 이것이 哀戚之情이다"(子曰: 孝子之喪親也, 哭不偯, 禮無容, 言不文, 服美不安, 聞樂不樂, 食旨不甘, 此哀戚之情也。).

172106、宰我出。子曰:「予之不仁也[40]! 子生三年, 然後免於父母之懷[41]。夫[42]三年之喪, 天下之通喪[43]也。予也有三年之愛於其父母乎?[44]」[45]

재아(宰我)가 방을 나갔다. 선생님께서 말씀하셨다. "재여(宰予)의 불인(不仁)함이라니! 자식은 태어나서 3년이 지나야, 그제서야 부모의 품에서 벗어난다. 저 삼년상은 천하의 공통된 상례이다. 재여(宰予)는 자기 부모 품에서 3년 동안의 사랑을 받기는 한 것이냐?"

宰我既出, 夫子懼其真以爲可安而遂行之, 故深探其本而斥[46]之。言由其不仁, 故愛親之薄如此也。懷, 抱[47]也。又言君子所以不忍於親, 而喪必三年之故。使之聞之, 或能反求而終得其本心也。

40《論語正義》'不仁'은 부모를 사랑하지 않는다는 말로, 이것이 不仁이다(正義曰: '不仁'者, 言不愛父母, 是不仁也。).

41 [성]免懷之歲(면회지세): 어머니 품을 벗어날 나이. 세 살(指三岁。).

42《北京虛詞》夫(부): 조사. 문장 앞머리에 쓰이고, 뒤에는 주로 일에 대한 의론이나 모종의 규율에 대한 설명이 따라온다('夫', 助词。用于句首, 后面多为对某事的议论, 或对某种规律的阐释。).

43《論語集解》천자로부터 서인까지 통용되다(注: 孔安國曰: 自天子達於庶人也。); 한 나라 文帝[BC 180~BC 157 在位]가 삼년상을 以日易月(날로써 달을 바꾸다)로 하여 지내라는 遺詔를 내렸는데, 그 이후로는 복상 기간을 27일로 줄인 短喪制를 시행했다.

44《論語集解》자식이 부모에 대해, 그 은덕 갚으려 하나, 넓고 높은 하늘 같아 갚을 길이 끝이 없는데, 재여는 3년 동안의 사랑을 받기는 한 것이냐는 말이다(注: 孔安國曰: 言子之於父母, 欲報之德, 昊天罔極, 而予也有三年之愛乎?);《詩經·小雅·蓼莪》아버님 날 낳으셨고 어머님 날 기르셨네. 다독이시고 먹여주시고 길러주시고 살찌우셨네. 돌봐주시고 보살피시고 드나들면서 품어주셨네. 부모 은덕 갚으려 하나, 넓고 높은 하늘 같아 갚을 길 가이없네(父兮生我、母兮鞠我。拊我畜我、長我育我。顧我復我、出入腹我。欲報之德、昊天罔極。).

45《禮記·三年問》상처가 깊으면 아무는 데 오래 걸리고, 고통이 심하면 낫는 데 더디 걸린다. 3년으로 정한 것은 죽은 자에 대한 애통한 심정의 정도에 걸맞게 예의 규정을 세운 것으로, 애통이 가장 심한 자에게 쓰는 것이다. 참최복을 입고, 대지팡이를 짚고, 허름한 초막에 기거하고, 미음을 먹고, 거적 위에 눕고, 흙덩이로 베개를 하는 것은, 애통이 가장 심한 자의 애통의 정도의 표시인 것이다. 삼년상은, 25개월로 다 끝나지만, 애통의 심정은 아직 다 가시지 않았고, 사모의 마음은 아직 다 잊히지는 않았지만, 그럼에도 복상을 이것으로 단호히 끊어버리는 것은, 어찌 죽은 자를 장송하는 일에 끝마치는 시기가 정해져 있어서이겠으며, 다시 일상으로 돌아오는 일에 시절이 정해져 있어서이겠는가?(創鉅者其日久, 痛甚者其愈遲, 三年者, 稱情而立文, 所以爲至痛極也。斬衰苴杖, 居倚廬, 食粥, 寢苫枕塊, 所以爲至痛飾也。三年之喪, 二十五月而畢; 哀痛未盡, 思慕未忘, 然而服以是斷之者, 豈不送死者有已, 復生有節哉?).

46 斥(척): 열다. 밝히다. 지적하다(开拓, 开。指出。).

47 抱(포): 가슴과 배 사이 부분. 품. 품다(人體胸腹間的部位。).

재아(宰我)가 방을 나가고 나자, 선생님께서는 재아(宰我)가 정말로 마음 편히 여겨 이에 그대로 행할지 모른다고 염려하셨기 때문에, 그가 나온 뿌리를 깊이 캐내어 밝히신 것이다. 말씀인즉, 재아(宰我)가 불인(不仁)하기 때문에, 부모에 대한 사랑의 야박함이 이와 같다는 것이다. '懷(회)는 '품'[抱]이다. 또 군자가 어버이의 거상을 차마 끝내지 못하는 까닭, 상은 반드시 3년 동안 치러야 하는 까닭을 말씀하셨다. 재아(宰我)로 하여금 이 말씀을 듣고, 혹시라도 돌이켜 구해서 마침내 자기의 본심을 깨달아 회복할 수 있을까 하신 것이다.

○范氏曰:「喪雖止於三年, 然賢者之情則無窮也[48]。特以聖人爲之中制[49]而不敢過, 故必俯而就之[50]。非以三年之喪, 爲足以報其親也。所謂三年然後免於父母之懷, 特以責宰我之無恩, 欲其有以跂[51]而及之爾。」

○범씨(范氏 · 范淳夫)가 말했다. "상은 비록 3년으로 그칠지라도, 어진 자식의 부모에 대한 정은 3년이라는 끝이 없다. 다만 성인께서 적정한 제한을 정해놓아서 감히 그 이상을 초과할 수 없게 해 놓았기 때문에, 반드시 그 정해놓은 바에 몸을 구부려 그에

48《禮記 · 檀弓上》喪은 3년을 한도로 하는데, 삼년상이 끝나도 어버이를 잊지 못한다. 그래서 군자에게는 평생의 걱정거리는 있어도, 하루아침의 걱정거리는 없는 것이다[孟子 · 離婁下 제28장](子思曰: 喪三年以爲極, 亡則弗之忘矣。故君子有終身之憂, 而無一朝之患。故忌日不樂。」).

49 中制(중제): 중용의 도에 맞는 법령 · 제도(合乎中庸之道的典章,制度。).

50《禮記 · 檀弓上》증자가 자사에게 말했다. "及아! 내가 어버이상에 거상하면서, 물과 미음을 입에 대지 않은 지 7일이었다." 자사가 말했다. "선왕이 예법을 만든 것은, 지나친 자는 몸을 구부려 그에 맞춰 따르게 하고, 미치지 못한 자는 발돋움해서 따라잡게 하려는 것이었습니다. 때문에, 군자의 친상에서, 물과 미음을 입에 대지 않는 기간은 3일로 제한하여, 지팡이를 짚고 일어날 수 있도록 했습니다"(曾子謂子思曰: "汲! 吾執親之喪也, 水漿不入於口者七日。" 子思曰: "先王之制禮也, 過之者俯而就之, 不至焉者, 跂而及之。故君子之執親之喪也, 水漿不入於口者三日, 杖而後能起。");《孔子家語 · 正論解》자로가 누나의 상을 당해서, 상복을 벗어도 될 때가 되었는데 벗지 않고 입고 있었다. 공자께서 말씀하셨다. "어째 상복을 벗지 않느냐?" 자로가 말했다. "제게는 형제가 많지 않아서, 차마 벗지 못하겠습니다." 공자께서 말씀하셨다. "길 가는 사람들도 모두 차마 하지 못하는 마음을 다 가지고 있다. 선왕이 예법을 만든 것은, 예에 지나친 자는 몸을 구부려 그에 맞춰 따르게 하고, 예에 미치지 못한 자는 발돋움해서 따라잡게 하려는 것이었다." 자로가 이 말씀을 듣고, 이에 상복을 벗었다(子路有姊之喪, 可以除之矣, 而弗除。孔子曰: "何不除也?" 子路曰: "吾寡兄弟, 而弗忍也。" 孔子曰: "行道之人皆弗忍。先王制禮, 過之者俯而就之, 不至者企而望之。" 子路聞之, 遂除之。); 俯就(부취): 자기의 격을 낮춰 나아가다. 존귀함을 굽혀 아랫사람을 따르다(敬辭。降格相就, 屈尊下从。指屈己就人, 讨好对方。).

51 跂(기): 발꿈치를 들고 서다. 꼰지발로 서다. 기구하다(抬起脚后跟站着。企求。); 跂及(기급): 바라다. 도달하다(企及).

맞춰 따라야 한다. 삼년상으로 부모의 은혜에 충분히 보답했다고 여긴다는 것은 아니다. 말씀하신, '자식은 태어나서 3년이 지난 뒤에야, 부모의 품에서 벗어난다'는 것은, 특별히 재아(宰我)가 부모의 은혜를 모르는 것을 책망하여, 그가 발돋움하여 부모의 은혜를 따라잡을 수 있기를 바라고 하신 말씀이다."

[飽食終日章]

172201、子曰:「飽食終日, 無所用心[1], 難矣哉! 不有[2]博弈[3]者乎? 爲之, 猶賢乎已[4][5]。」
선생님께서 말씀하셨다. "하루 종일 하는 일이 없이 배만 채우면서, 마음 쓸 곳이 없다니, 난감한 노릇이구나! 장기나 바둑이란 것이 있지 않느냐? 그런 것이라도 마음 쓰고 하는 것이, 아무것도 하지 않고 가만있는 것보다 그래도 낫다."

博, 局戲[6]也。弈, 圍棊[7]也。已, 止[8]也。李氏曰:「聖人非教人博弈也, 所以甚言無所用心之

---

1 [성]飽食終日 無所用心(포식종일 무소용심): 종일 배불리 먹기만 하고 일에는 관심이 없다(终日: 整天。整天吃饱饭, 什么事也不关心。); [성]飽食終日(포식종일): 온종일 무위도식하다. 종일 배불리 먹기만 하고, 머리를 쓰지 않고, 올바른 일을 하지 않다(终日: 整天。整天吃饱饭, 不动脑筋, 不干什么正经事。); [성]無所用心(무소용심): 마음 쓰는 곳이 아무 데도 없다. 아무 일에도 관심을 두지 않다(没有地方用他的心。指不动脑筋, 什么事情都不关心。); 《古今注》'無所用心'은 품고 있는 뜻도 없고 해내야 할 과업도 없고, 풀어지고 게을리 지내면서 사색하고 진력할 곳이 없는 것이다(無志無業, 解怠無所運思致力。); 用心(용심): 심력을 기울이다. 전심전력하다. 전념하다(使用心力; 专心。).

2 《論語詞典》不有(불유): 어찌[설마]~없겠느냐?(義同"豈無" "難道没有"。).

3 [성]博弈猶賢(박혁유현): 먹기만 하고 종일 일없이 지내서는 안 된다(后指不要饱食终日无所事事。); 博弈(박혁): 장기와 바둑(局戏和围棋).

4 《論語義疏》'賢'은 '勝'[낫다]과 같다. '已'는 '止'[그냥 일없이 지내다]이다(疏: 賢, 猶勝也。已, 止也。); 《古書虛字》'已'는 '此'이다. 윗 구절 '飽食終日 無所用心'를 가리켜 말한 것이다["하루 종일 하는 일이 없이 배만 채우면서 마음 쓸 곳이 없는 것보다 낫지 않느냐?"]('已', '此'也, 指上文'飽食終日, 無所用心'而言。); 《古書虛字》'乎'字는 훈이, '於'[~보다]이다('乎'字訓, '於'也。); 《論語譯注》'猶賢乎已'는 문장의 구성 방식과 뜻이, '猶愈於已'[그만두는 것보다 그래도 낫다][孟子 · 盡心上 제39장]와 똑같다. '已'는 '꼼짝하지 않다'는 의미이다["그런 것이라도 하는 것이 아무것도 안 하고 빈둥거리는 것보다 낫다"]('猶賢乎已', 句法與意義和《孟子、盡心上》的'猶愈於已'全同。'已'是不動作的意思。; "幹幹也比閒着好。").

5 《論語集釋》王樵[1521~1599]의 《四書紹聞編》에 말했다. "이 장[衛靈公 제16장]과 '하루 종일 하는 일이 없이 배만 채우면서, 마음 쓸 곳이 없다니, 난감한 노릇이구나!'[陽虎 제22장]"는, 모두 성인께서 배우는 자들에게 경계하고 면려하신, 뼈에 사무치도록 절실한 말씀이다. 장재가 말하기를, '배우는 자가 예의를 버려두고 하루 종일 배만 채우면서 계획하는 바가 없으면, 하층민과 똑같아져서, 하는 일이라고는 衣食之間에서 머물고, 연회나 행락의 즐거움을 벗어나지 못할 뿐이다'라고 했다(四書紹聞編: 此章與飽食終日無所用心章, 皆聖人警厲學者至痛切之言。張子曰:『學者捨禮義, 則飽食終日無所猷爲, 與下民一致, 所事不踰衣食之間, 燕遊之樂耳。』).

6 局戲(국희): 장기(弈棋之类的游戏。).

7 圍棊(위기): 바둑(亦作'围碁'。棋类的一种, 古代叫弈。传为尧作。).

不可爾。」[9]

'博'(박)은 '장기놀이'[局戲]이다. '弈'(혁)은 '바둑'[圍棋]이다. '已'(이)는 '한 자리에 가만있다'[止]이다.

이씨(李氏·李郁)가 말했다. "성인께서 사람들에게 장기나 바둑을 두라고 가르친 것이 아니라, 이로써 마음 쓸 곳이 없으면 안 된다는 것을 강조해서 말씀하시려는 것일 뿐이다."

---

8 止(지): 다리. (새가) 깃들다. 한 자리에 가만있다(足。栖息。多用於鳥類。停住不动).

9《論語大全》"정이천은 정좌를 가르쳤는데, 마음 쓸 곳 없이 단지 정좌만 하는 것이, 옳은지요? 옳지 않은지요?" "정좌할 때는 반드시 敬이 주인이 되어야 하니, 곧 이 마음이 쓸 곳이 있는 것이다(或問: 伊川嘗教人靜坐, 若無所用心, 只靜坐可否? 雙峯饒氏曰: 靜坐時須主敬, 卽是心有所用。).

[君子尙勇乎章]

172301、子路曰:「君子尙[1]勇乎[2]?」子曰:「君子義以爲上[3]。君子有勇而無義爲[4]亂, 小人有勇而無義爲盜。」[5]

자로(子路)가 여쭈었다. "군자는 용맹을 제일 위에 올려놓습니까?" 선생님께서 말씀하셨다. "군자는 의(義)를 가지고 제일 위로 삼는다. 군자가 용맹만 있고 의(義)가 없으면 난을 일으키고, 소인이 용맹만 있고 의(義)가 없으면 도둑질을 한다."

尙, 上[6]之也。君子爲亂, 小人爲盜, 皆以位而言者也。尹氏曰:「義以爲尙, 則其勇也大矣[7]。子路好勇, 故夫子以此救[8]其失也。」胡氏曰:「疑此子路初見孔子時問答也。[9]」[10]

1《古今注》'尙'은 '以爲上'[위로 삼다]이다(尙者, 以爲上也。).

2《北京虛詞》乎(호): 시비의문문을 돕는 어기사('乎', 语气词。助是非疑问语气。义即'吗'。).

3《論語義疏》군자는 의를 숭상하는 것을 제일 높이 여긴다(疏: 君子唯所尙於義以爲上也。);《論語正義》'義以爲上'은 의에 용감한 것을 제일 높이 여긴다는 말이다(正義曰: '義以爲上'者, 言以義勇爲上也。).

4《古書虛字》'有'는 '好' '愛'와 같다. '爲'는 '則'과 같다["好勇하고 義가 없으면, 난을 일으킨다"]('有'猶'好'也, '愛'也。'爲'猶'則'也。);《論孟虛字》'爲'는 '則'과 같다('爲', 猶'則'。與泰伯篇, '勇而無禮則亂', 文例相同。史記, 仲尼弟子列傳作, '君子好勇而無義則亂, 小人好勇而無義則盜。').

5《禮記·聘義》실제 행동으로 보여주는 것을 일러 의롭다고 하고, 의로운 행동을 일러 용감하다고 한다. 용감한 것을 귀하게 여긴다는 것은, 능히 의로움을 기치로 내세우는 것을 귀하게 여긴다는 것이고, 의로움을 기치로 내세우는 것을 귀하게 여긴다는 것은, 실제 행동으로 보여주는 것을 귀하게 여긴다는 것이고, 실제 행동으로 보여주는 것을 귀하게 여긴다는 것은, 禮義를 행하는 것을 귀하게 여긴다는 것이다. 용감하고 굳센 힘이 있지만, 이를 禮義와 戰爭의 승리에 쓰지 않고, 남을 이기려고 악착같이 싸우는 데 쓴다면, 이런 사람을 亂人이라 한다"(有行之謂有義, 有義之謂勇敢。故所貴於勇敢者, 貴其能以立義也; 所貴於立義者, 貴其有行也; 所貴於有行者, 貴其行禮也…… 勇敢強有力, 而不用之於禮義戰勝, 而用之於爭鬥, 則謂之亂人。).

6 上(상): 숭상하다(崇尙).

7《學而 제4장》각주《孟子·公孫丑上 제2장》참조.

8 救(구): 교정하다. 바로잡다(纠正).

9《爲政 제17장》각주《孔子家語·子路初見》참조.

10《論語大全》자로의 勇에 대해서는, 선생님께서 누차 경계하고 가르치셨는데[公冶長 제6장, 先進 제25장, 陽貨 제8장], 그의 勇은 옳지 못한 점이 많았던 것이다. 만약 義에 용감한 것이 大勇[孟子·公孫丑上 제2장]임을 알았다면, 이러지는 않았을 것이다(朱子曰: 子路之勇, 夫子屢箴誨之, 是其勇多有未是處。若知勇於義爲大勇, 則不如此矣。).

'尙'(상)은 '~을 위에 올려놓다'[上之]이다. '군자는 난을 일으킨다', '소인은 도둑질을 한다'라는 것은 모두 그가 가진 지위를 가지고 말한 것이다.

윤씨(尹氏·尹彦明)가 말했다. "의(義)를 제일 위로 삼으면, 그 용(勇)이야말로 대용(大勇)이다. 자로(子路)는 용(勇)을 좋아했으니, 그래서 선생님께서 이 말씀을 가지고 그의 결점을 구제하신 것이다."

호씨(胡氏·胡寅)가 말했다. "아마도 이것은 자로(子路)가 공자(孔子)를 처음 뵈었을 때의 문답인 것으로 보인다."

[君子亦有惡乎章]

172401、子貢曰:「君子[1]亦有惡乎?」子曰:「有惡: 惡稱人之惡者[2], 惡居下流[3]而訕[4]上者, 惡勇而無禮者, 惡果敢而窒[5]者。」

자공(子貢)이 여쭈었다 "군자께서도 미워하시는 사람이 있으신지요?" 선생님께서 말씀하셨다. "미워하는 사람이 있다. 남의 나쁜 점을 떠벌리는 사람을 미워하고, 아랫자리에 있으면서 윗자리에 있는 사람을 헐뜯는 사람을 미워하고, 용감하지만 무례한 사람을 미워하고, 과감하지만 사리가 꽉 막힌 사람을 미워한다."

惡, 去聲, 下同。惟惡者之惡如字。訕, 所諫反。○訕, 謗毀[6]也。窒, 不通也。稱人惡, 則無仁

1《論語義疏》'君子'는 바로 공자이다(疏: 江熙曰: 君子, 即夫子也。).

2《論語義疏》군자는 악은 감추고 선은 들춰내기 때문에, 사람들이 남의 악한 일을 들춰내 떠벌리는 것을 미워하신 것이다(疏: 君子掩惡揚善, 故憎人稱揚他人之惡事者也。).

3《子張 제20장》참조;《論語正義》황간은 '신하가 되어 아래 자리에 있으면서 자기 임금을 헐뜯는 자를 미워한다'고 했고, 형병은 '사람이 아래 자리에 있으면 위 자리에 있는 사람을 헐뜯는 것을 말한다'고 하여, 둘 다 '流'字에 대한 풀이가 없으니, 經文의 '流'字는 후세 사람이 잘못된 책에 근거해서 추가시킨 것이다(正義曰: 案: 皇疏云: "又憎惡爲人臣下, 而毀謗其君上者也。" 邢疏云: "謂人居下位, 而謗毀在上。" 並無流字, 今經文有"流"字, 後人據誤本加也。);《論語譯注》惠棟[1697~1758]의《九經古義》와 馮登府[1783~1841]의《論語異文考證》에 의하면, 당나라 말기 이전의 책에는 '流'字가 없는 것이 입증되었다. 본문의 뜻을 고찰하건대, '流'字는 없어야 할 글자이다(根據惠棟的《九經古義》和馮登府的《論語異文考證》, 證明了晚唐以前的本子沒有這個'流'字。案文義, 這個'流'字也是不應該有的。);《古今注》'居下流'는 덕과 재능이 없고 신분이 낮은 것이 하류의 더러운 도랑과 같음을 말한 것이다(居下流, 謂無德藝身卑, 如汚渠。); 下流(하류): 많은 악이 몰려드는 곳. 비천한 지위(比喻众恶所归的地位).

4 [성]居下訕上(거하산상): 아래 사람이 뒤에서 윗사람을 헐뜯다(指属员背地里讥笑上级。);《說文 · 言部》'訕'(산)은 '謗[謗]'[비방하다]이다(訕, 謗[謗]也。);《禮記 · 少儀》신하로서 아래 자리에 있는 자는, (자기 위 자리에 있는 자에게) 앞에서 간언은 하되 뒤에서 헐뜯지 않고, 간언을 듣지 않으면 자리를 그만두되 증오하지 않는다(爲人臣下者, 有諫而無訕, 有亡而無疾。).

5《論語集解》'窒'은 '窒塞'(질색)[막혀 있다]이다(注: 馬融曰: 窒, 窒塞也。);《論語正義》王念孫[1744~1832]의《廣雅疏證》에 말했다. "《玉篇》에 '恎(질)[모질다]은 악한 성질이다'라고 했다. 논어의 '惡果敢而窒者'의 '窒'은 '恎'과 서로 통하는 말로, 흉포하고 비뚤어진 것을 말한다"(正義曰: 王氏念孫疏證: "玉篇'恎, 惡性也。' 論語'惡果敢而窒者', 窒與恎通, 言很戾也。"); 果敢(과감): 결단력이 있고 용감하다. 앞뒤 재지 않고 두려움 없이 자기가 스스로 옳다고 생각하는 바를 용감하게 행하다(果決勇敢。);《論語譯注》"자기주장을 관철하는 데는 용감하지만, 고집불통으로 집요하게 끝장을 보려는 사람을 미워한다"("憎恨勇于貫徹自己的主張, 卻頑固不通,執拗到底的人。"); 窒(질): 가로막히다. 두절되다. 통하지 않다. 완강하다. 고집불통이다(阻塞, 不通。頑強不化。).

厚之意。下訕上, 則無忠敬之心。勇無禮, 則爲亂。果而窒, 則妄作。故夫子惡之。[7]
'惡'(오)는 거성[wù]으로, 뒷절에서도 이와 같다. 다만 '惡者'(악자)의 '惡'(악)은 본래 음[è]대로 읽는다. '訕'(산, shàn)은 '所'(소)와 '諫'(간)의 반절이다. ○'訕'(산)은 '비방하고 헐뜯다'[謗毁]이다. '窒'(질)은 '꽉 막혀 있어 통하지 않는다'[不通]이다. 남의 나쁜 점을 들춰내는 사람은, 어질고 후덕한 마음이 없는 사람이다. 아랫자리에 있으면서 윗자리에 있는 사람을 헐뜯는 사람은, 충성되고 공경된 마음이 없는 사람이다. 용감하지만 무례한 사람은, 난을 일으킨다. 과감하지만 사리가 꽉 막힌 사람은, 함부로 행동한다. 그래서 선생님께서 이들을 미워하신 것이다.

172402、曰:「賜也亦有惡乎?[8]」「惡徼[9]以爲知者, 惡不孫以爲勇者, 惡訐以爲直者[10]。」
선생님께서 말씀하셨다. "사(賜)야! 너도 미워하는 사람이 있느냐?" 자공(子貢)이 말했다. "남의 말을 엿들은 것을 가지고 안다고 생각하는 사람을 미워하고, 불손한 것을 가지고 용감하다고 생각하는 사람을 미워하고, 남의 약점을 들춰내는 것을 가지고 솔직하다고 생각하는 사람을 미워합니다."

---

6 謗毁(방훼): 과장되게 헐뜯다. 중상하다(以誇大不實的言論進行詆毁, 中傷。).

7《論語大全》'勇'은 남에게 기세를 가하는 것이어서, 무례하게 되기 쉽다. '果敢'은 경솔하게 감행하는 것이다. 과감하지만 사리가 막힌 사람은, 시비를 가리지 않고 경솔하니 함부로 행동한다(朱子曰: 勇是以氣加人, 故易至於無禮。果敢是率然敢爲……惟果敢而窒者, 則不論是非, 而率然妄作。).

8《論語義疏》本에는 '曰 賜也亦有惡也'로 되어 있다;《論語義疏》'曰賜也亦有惡也'는 공자께서 미워하는 것이 있다는 말씀을 자공이 듣고 나서, 자공이 '저도 미워하는 것이 있습니다'라고 말한 것이다(疏 曰 賜也亦有惡也者, 子貢聞孔子說有惡已竟, 故云賜亦有所憎惡也。);《論語注疏》'曰: 賜也亦有惡乎'는 자공이 한 말로, '저도 미워하는 것이 있습니다'라고 한 것이다(疏: 正義曰: '曰: 賜也亦有惡乎'者, 子貢言, 賜也亦有所憎惡也。).

9《論語集解》'徼'(요)는 '抄'(초)[베끼다]이다. 다른 사람의 생각을 베껴, 자기 것으로 삼는 것이다(注: 孔安國曰: 徼, 抄也。抄人之意, 以爲己有也。);《古今注》'徼'는 미리 나아가 맞이하여 사이를 끊는 것이다. 다른 사람이 하고 있는 말을 중간에 끊고서는, 자기가 본래부터 알고 있는 것처럼 말하는 것이다(徼, 迎而遮之也。迎遮人語, 若已素知者然。);《論語譯注》"남이 이룩한 성과를 몰래 베껴놓고서 자기가 총명하다고 여는 사람"("偷襲別人的成績却作爲自己的聰明的人"); 徼(요): 절취하다. 베끼다. 그대로 답습하다. 베낀 것을 자기 것으로 삼다. 들춰내다. 적발하다(窃取, 抄袭。揭发).

10 [성]訐以爲直(알이위직): 남의 단점을 까발리는 것을 정직이라고 생각하다. 간사하고 위선적인 사람(讦: 攻击别人短处; 直: 直率。揭发别人的隐私自认为坦率。形容人品奸诈虚伪。);《論語集解》'訐'(알/계)은 남이 감추고 싶어 하는 비밀을 까발리는 것을 말한다(注: 苞氏曰: 訐, 謂攻發人之陰私也。);《王力字典》訐(알/계): 남의 비밀·잘못이나 단점을 들춰내 공격하다(揭发、攻击别人的阴私、过错或短处。).

徼, 古堯反。知, 孫, 並去聲。訐, 居謁反。○惡徼以下, 子貢之言也。徼, 伺察[11]也。訐, 謂攻發[12]人之陰私[13]。

'徼'(요, jiào)는 '古'(고)와 '堯'(요)의 반절이다. '知'(지)와 '孫'(손)은 둘 다 거성[zhì; xùn]이다. '訐'(알, jié)은 '居'(거)와 '謁'(알)의 반절이다. ○'惡徼'(오요) 이하는 자공(子貢)의 말이다. '徼'(요)는 '엿보다'[伺察]이다. '訐'(알)은 '남의 은밀한 일을 들춰낸다'는 말이다.

○楊氏曰:「仁者無不愛[14], 則君子疑若無惡矣。子貢之有是心也, 故問焉以質[15]其是非。」侯氏曰:「聖賢之所惡如此, 所謂唯仁者能惡人也[16]。」

○양씨(楊氏·楊中立)가 말했다. "인자(仁者)는 사랑하지 않는 사람이 없으니, 그렇다면 군자는 미워하는 사람이 없을 것으로 보인다. 자공(子貢)이 이런 생각이 들었기 때문에, 이에 대해 여쭤서 이로써 그러한 생각이 옳은지 그른지를 대질한 것이다."

후씨(侯氏·侯仲良)가 말했다. "성현께서 미워하시는 사람이 이와 같았으니, 이른바 '인자(仁者)만이 사람을 미워할 수 있다'는 것이다."

11 伺察(사찰): 몰래 살피다. 관찰하다(侦视; 观察); 伺(사): 망보다. 탐사하다(候望, 探察。).

12 攻發(공발): 들춰내다. 까발리다(揭发; 揭露).

13 陰私(음사): 남에게 말할 수 없는 은밀하게 숨기는 일(隐秘不可告人的事).

14《孟子·盡心上 제46장》맹자가 말했다. "지자는 알지 못하는 게 없겠으나, 당장 맡아 하는 일이 서둘러야 할 일이고, 인자는 사랑하지 않는 게 없겠으나, 서둘러서 현자를 가까이하는 일이 힘써야 할 일이다. 요·순의 지혜로도 모든 일을 빠짐없이 알지 못해서, 먼저 해야 할 일을 서둘렀고, 요·순의 인함으로도 모든 사람을 빠짐없이 사랑할 수 없어서, 현자를 가까이하는 일을 서둘렀다(孟子曰: 知者, 無不知也, 當務之爲急; 仁者, 無不愛也, 急親賢之爲務。堯舜之知而不徧物, 急先務也; 堯舜之仁不徧愛人, 急親賢也。).

15 質(질): 쌍방에게 물어 검증하다(双方对质, 验证。).

16《里仁 제3장》참조.

[女子與小人章*]

172501、子曰:「唯女子與小人爲難養[1]也, 近之則不孫, 遠之則怨。[2][3]」

선생님께서 말씀하셨다. "오직 첩과 하인은 보살피기 어려운 자들인데, 친근하게 대하면 불손해지고, 소원하게 대하면 원망한다."

近, 孫, 遠, 並去聲。○此小人, 亦謂僕隸[4]下人也。君子之於臣妾[5], 莊以涖之[6], 慈以畜之,

1《論語新解》 여자 · 소인은 집안의 하인과 첩[여자 노비]을 가리키는 말이다. 첩은 하인보다 가깝게 대하기 때문에, 소인 앞에 언급했다. 하인과 첩을 지칭하기 때문에, '養'[보살피다]을 말했다(此章女子小人指家中仆妾言。妾视仆尤近, 故女子在小人前。因其指仆妾, 故称养。);《論語句法》 '爲'는 연결동사이다('爲'是繫詞。).

2《論語正義》 '養'은 '待'[대우하다]이다.《春秋左傳 · 僖公24年》에 '여자가 베푸는 덕은 한이 없고, 부인이 품은 원망은 끝이 없다'고 했고, 杜預의 注에 '부녀자의 마음은, 친근하게 대하면 그만 만족하여 그칠 줄 모르고, 소원하게 대하면 원한이 그칠 줄 모른다'고 했는데, 바로 이 장의 '難養'의 뜻이다(正義曰: 此爲有家國者戒也。養猶待也。左僖二十四年傳: "女德無極, 婦怨無終。" 杜注: "婦女之志, 近之則不知止足, 遠之則忿怨無已。" 即此'難養'之意。);《論語今讀》 나는 이 구절이 부녀자의 성격 중의 어떤 일면의 특징을 상당히 정확히 묘사했다고 생각한다. 부녀자들을 친밀하게 대하면, 어떤 때는 지나치게 자기 편한 대로 하고, 제멋대로 웃고 욕하고 떠들다가도, 조금만 멀리하면 곧 원망해 마지않는다. 이러한 심리 성격 특징은 그 자체로 결코 좋다 나쁘다 말할 게 없고, 단지 성별 차이에서 생겨나는 다름일 뿐이다. 그것은 심리학적 사실을 말한 것으로 봐야지, 결코 폄하 · 칭찬의 뜻을 포함하고 있는 것은 아니다(我認爲這句話相當準確地描述了婦女性格的某些特徵。對他們親密, 她們有時就過分隨便, 任意笑罵打鬧。而稍一疏遠, 便埋怨不已。這種心理性格特徵本身並無所謂好壞, 只是由性別差異產生的不同而已; 應說它是心理學的某種事實, 並不含褒貶含義。). 소인을 여자와 같이 연계시킨 것에 관해서는 무슨 뜻인지 설명하기 어렵지만, 여기의 소인은 일반인 혹은 교양이 좀 덜된 지식인으로 간주해도 통할 수 있을 것이다. 중국의 전통은 부녀자에 대해 당연한 듯이 매우 불공평하고 불합리하게 대우했고, 孔子學은 더욱 그랬다. 그렇지만 중세 유럽의 기독교가 부녀자를 영혼이 없다고 생각했던 것, 여자 무당을 대규모로 불태워 죽였던 엄청난 박해 등과 비교해보면, 여전히 대략 한 단계 정도는 더 낫다(至於把'小人'與婦女連在一起, 這很難說有什麼道理。但此'小人'作一般人解, 或作'修養較差'的知識分子解, 亦可說通。中國傳統對婦女當然很不公平很不合理, 孔學尤然。但比歐洲中世紀基督教認婦女沒靈魂, 以及大燒'女巫'之嚴重迫害等等, 仍略勝一等。).

3《春秋左傳 · 僖公24年》 은혜에 보답한 자는 이미 질렸는데, 은혜를 베푼 자는 만족할 줄 모르고, 여자가 베푸는 덕은 限이 없고, 부인이 품은 원망은 끝이 없다(報者倦矣, 施者未厭……女德無極, 婦怨無終。).

4 僕隸(복예): 노복. 심부름꾼(奴仆); 僕(복): 일꾼(供役使的人。即奴隶。); 隸(예): 부역꾼(中国古代对一种奴隶或差役的称谓).

5 臣妾(신첩): 남자 노복을 '臣', 여자 노복을 '妾'이라 한다. 여자 벼슬아치(古时对奴隶的称谓。男曰臣, 女曰妾, 后亦泛指统治者所役使的民众和藩属。古時仕宦之女對人的謙稱。).

則無二者之患矣。

'近'(근) · '孫'(손) · '遠'(원)은 모두 거성[jìn; xùn; yuàn]이다. ○여기서 '小人'(소인)은 또한 노복 등의 하인을 말한다. 군자가 하인과 첩에 대해, 위엄을 가지고 다스리고, 자애를 가지고 보살피면, 두 가지의 근심이 없어진다.

6 《衛靈公 제32장》 참조.

[年四十而見惡焉章*]

172601、子曰:「年四十[1]而見惡焉[2], 其終也已[3]。[4]」

1《古今注》대개 나이가 40줄이 되면, 혈기는 이미 쇠약해져, 분발하고 개과천선할 기대가 없는데, 나[茶山] 역시 그런 경험이 많았었다(蓋年至四十, 其血氣已衰, 無奮發遷改之望, 余亦驗之多矣。).

2《古漢語語法》'見+동사+焉(=於+목적어)' 형식의 '於'가 끌어들이는 목적어는 실제로는 동작의 시행자이다('见+动词+焉(=於+宾)'的'於'引进的宾语实际为动作行为的实施者。); 見(견): ~을 당하다. 동사 앞에 쓰여 피동을 표시한다(副词。用于动词前, 表示被动。义即'被'。);《許世瑛(二)》'焉'은 '於是'와 같고, '是'는 임의의 '人'을 가리킨다('焉'字等於'於是', '是'字稱代'人', '人'指任何人。).

3《論語集解》불혹의 나이에 이르도록 남에게 미움을 받는다면, 끝내 선한 행실이 없다(注: 鄭玄曰: 年在不惑而爲人所惡, 終無善行也。);《論語義疏》끝내 그의 일생은 더는 선한 도리를 지닐 가능성이 없기 때문에, '其終也已'라 한 것이다(疏: 當終其一生無復有善理, 故云其終也已。);《論語大全》'終'은 '止'이다. '其終也已'는 그가 더는 진전이 없으리라는 것을 슬퍼하신 것이다["그는 끝이다"](吳氏曰: 終, 止也。其終也已, 哀其不復有進也。);《論語句法》'終'은 술어, '其'는 '則'과 통하고, 조건문의 제2절의 머리에 붙는 관계사이고, '也'는 판단어기사, '已'는 상심이 심함을 표시하는 어기사이다[~면, 끝이로구나!]('終'是謂語, '其'通'則', 是加在條件複句中第二小頭上的關係詞, '也'是判斷句句末常加的語氣詞, 其下又加'已'字, 是用來表示感傷之深的。);《論孟虛字》'其'는 '則'과 같다. 추측관계사로 '就'로 풀이한다('其', 猶'則'。是表推度關係詞, 作'就'字解。);《論語譯注》'已'는 동사로서, '末之也已'[갈 곳이 없으면 그만두다][陽貨 제5장], '斯害也已'[곧 해가 소멸되다][爲政 제16장]의 '已'와 같고, 문장 구성방식도 '斯害也已'와 일치한다. '其終也'와 '斯害也'는 주어이고, '已'는 동사로서 술어이다. '其終也' 다음에서 끊어 읽으면, 문장의 뜻이 더욱 확뚫린다["그의 일생은 그만이다"]('已'是动词, 和'末之也已''斯害也已'的'已'字相同, 句法更和'斯害也已'一致。'其终也''斯害也'为主语; '已'为动词, 谓语。如在'其终也'下作一停顿, 文意便显豁了; '他这一生也就完了。'); 也已(야이): 긍정·감탄을 표시하는 어기조사(语气助词。表肯定。表感叹。);《論語新解》"이제는 아마도 희망이 없을 것이다"("这就怕无望了。").

4《論語正義》나이가 들어서도 쌓은 덕이 없음을 비판하신 말이다(正義曰: 言人年至壯老, 無所成德, 譏論之也。);《論語平議》이 장의 뜻은, 옛날부터 잘못 이해되어 왔다.《子罕 제22장》의, '四十五十而無聞焉'의 경우는, 대개 다른 사람들에 대한 일반론으로, 일률적으로 말할 수 없어서, '四十五十'이라 말한 것으로, '혹은 40, 혹은 50'이란 말로, 시문의 일상적인 말이고, 이 장의 '年四十'의 경우는, 실제에 근거한 말로, 일반론이 아니다(此章之旨, 自來失之。子罕篇曰「四十五十而無聞焉」, 蓋泛論他人, 不能爲一概之詞, 故曰四十五十, 言或四十, 或五十, 亦屬辭之常也。此文云年四十, 則爲據實之言, 非泛論矣。). 내 생각에 이 장은 바로 공자께서 자신에 대해 탄식하신 말씀이다. '惡'은 과거의 악행을 들추는 것이고, 단점을 험담하는 것이다["(내 나이) 40이 되어서 남에게 나쁘다는 말을 듣다니 끝났는가 보다"].《史記·孔子世家》에 보면, 공자 35세 때 제나라에 가서, 고소자의 가신이 되어, 경공과 통했는데, 경공이 공자를 니계 땅에 봉하려 했지만, 안영이 안 된다고 했다. 공자의 이 장의 말씀은, 아마도 이 일로 인해서 하신 말씀일 것이다. 이 당시 공자의 연세는 물론 고찰할 수 없다.《厤聘紀年》에는 제나라에서 7년을 계셨다고 했으니, 그렇다면 니계 땅의 일은 마침 40세 때의 일이었을 것이다(竊謂此章乃夫子自歎也…… 惡, 謂言其過惡……謂譏短也…… 據史記孔子世家, 孔子年三十五適齊, 爲高昭子家臣, 以通乎景公。公欲封以尼谿之田, 晏嬰不可。孔子斯言, 殆因此而發。是時孔子之年固不可考。歷聘紀年謂留齊七年, 則尼谿之沮或適值四十矣。). '其終也已'는 '吾已矣夫'[나는 끝났는가 보다][子罕 제8장]와 같은 말로, '終'과 '已'는 그 뜻이

선생님께서 말씀하셨다. "나이가 사십이 되어서도 남에게 미움을 받는다면, 그의 일생은 끝이다."

惡, 去聲。○四十, 成德之時。見惡於人, 則止於此而已, 勉人及時遷善改過[5]也。蘇氏曰「此亦有爲[6]而言, 不知其爲誰也。」

'惡'(오)는 거성[wù]이다. ○사십이면, 성덕(成德)할 나이이다. 남에게 미움을 받는다면, 이것으로 끝일뿐이니, 사람들에게 때늦지 말고 제때에 선으로 옮겨가서 잘못을 고칠 것을 권면하신 것이다.

소씨(蘇氏·蘇軾)가 말했다. "이 말씀 또한 까닭이 있어서 하신 말씀인데, 그것이 누구 때문에 하신 말씀인지는 알지 못하겠다."

같다. 공자께서 앞서 노나라에 계실 때는, 하신 일이 委吏·乘田에 불과했으니, 당신의 도를 펼칠 기회를 한 번도 얻지 못했다. 제경공에게 쓰이고자 한 것은, 이야말로 도를 행할 조짐이었는데, 안영의 참소로 저지당했으니[《微子 제3장》 각주 《史記·孔子世家》 참조], 도를 행하지 못하게 될 조짐은 이 일이 징조였기 때문에, 이 같은 탄식을 하신 것이다. 양화 편이 공자의 이 말씀으로 끝을 맺은 것은 바로 소인들이 제멋대로 방자하여 성인의 도가 행해지지는 못했지만, 도를 행할 뜻이 없어진 것은 아님을 보인 것이다. 미자 편에 기록된 내용은, 모두 仁人들이 제 있어야 할 자리를 잃고 지내는 것과 초야에 파묻혀 지내는 선비들에 관한 것으로, 역시 이 말씀으로 말미암아 그 실마리를 드러낸 것이다(其終也已, 猶云吾已矣夫, 終與已其義同。蓋孔子先是在魯, 不過爲委吏, 爲乘田, 未得一行其道。及是景公欲用之, 是亦行道之兆也, 乃爲晏嬰所讒毁而止, 道之不行, 於此徵之矣, 故發此歎耳。陽貨一篇終以孔子此言, 正見羣小專恣, 聖道不行, 非無意也。其下微子篇所記, 皆仁人失所及巖野隱淪之士, 亦由此語發其端矣。); 《論語集釋》 생각건대, 《論語集解》와 《論語集注》는 이 장을 다른 사람에 대해 하신 말씀으로 보면서, 그 사람이 누군지 모르겠다고 했고, 俞樾의 《論語平議》는 공자께서 자신에 대해 탄식하신 말이라고 고쳤는데, 견해가 독창적이지만 실제로 근거가 있고, 대개 '甚矣吾衰也'[몹시도 내가 노쇠해졌구나][述而 제5장]의 뜻으로, 구설보다 낫다(按: 集解,集注于此章皆作對人言, 不知所指, 俞氏改爲對己言, 說雖創而實有依據, 蓋卽'甚矣吾衰也'之意, 較舊說爲勝。).

5 《易經·䷩益·象傳》 바람과 우레는 서로 격동시켜, 서로 도와 이익을 드러낼 표상이니, 군자는 이 때문에 선을 보면 옮겨가고, 잘못이 있으면 고친다(風雷, 益; 君子以見善則遷, 有過則改。); 遷善改過(천선개과): 과실을 고쳐 선으로 향하다(指改正过失而向善).

6 有爲而言(유위이언): 까닭이 있어 꺼낸 말(有所为, 有缘故。指某种言行的产生是有原因的。).

《微子 第十八》

此篇多記聖賢之出處[1], 凡十一章。

이 편은 대부분 내용이 성현들의 벼슬에 나아감과 벼슬에서 물러남에 대하여 기록했는데, 모두 11장이다.

1 出處(출처): 벼슬에 나아감과 은거해서 지냄(谓出仕和隐退).

[微子去之章]

180101、微子[1], [2]去之[3], 箕子[4]爲之奴[5], 比干[6]諫而死。

1《史記 · 宋微子世家》微子開[啟]는 은나라 왕 제을의 장자이고 주왕의 서형이다. 주가 왕위에 오른 후에, 정신이 흐리멍덩하고, 정사에 음란하여, 미자가 여러 차례 간언했지만, 듣지 않았다. 미자가, '부자는 골육같이 친한 관계이고, 군신은 의로 맺어진 관계이다. 부친에게 허물이 있어서, 자식이 여러 차례 간언해서 안 들으면, 어버이의 뜻을 따르면서도 울부짖고 하겠지만, 신하가 여러 차례 간언해도 안 들으면, 신하의 도리상 떠나는 게 맞다'고 하자, 이에 태사와 소사가 미자에게 바로 떠날 것을 권유하니, 이에 떠났다. 주나라 무왕이 주왕을 공격하여 은나라를 멸하자, 미자가 은나라의 제기를 붙들고 무왕의 군문에 나아가, 웃통을 벗어 어깨를 드러내고 양손을 뒤로 결박하고, 왼편에 있는 사람들에게는 양을 끌게 하고, 오른편에 있는 사람들에게는 띠풀을 들게 하고, 무릎 꿇은 채로 걸어 나아가 고했다. 이에 무왕이 미자를 풀어주고, 그의 작위를 옛날대로 회복시켜주었다(微子開者, 殷帝乙之首子而帝紂之庶兄也。紂既立, 不明, 淫亂於政, 微子數諫, 紂不聽……微子曰: '父子有骨肉, 而臣主以義屬。故父有過, 子三諫不聽, 則隨而號之; 人臣三諫不聽, 則其義可以去矣。' 於是太師, 少師乃勸微子去, 遂行。周武王伐紂克殷, 微子乃持其祭器造於軍門, 肉袒面縛, 左牽羊, 右把茅, 膝行而前以告。於是武王乃釋微子, 復其位如故。). 무왕은 주왕의 아들 무경녹부를 봉해서 은나라 제사를 잇게 하고, 관숙과 채숙에게 무경을 보좌하도록 했다. 무왕이 죽고, 뒤를 이은 성왕이 나이가 어려, 주공단이 섭정했다. 관숙과 채숙은 주공을 의심하여, 무경과 난을 일으켜, 성왕과 주공을 습격하려 하자, 주공이 성왕의 명을 받아 무경을 죽인 후, 관숙을 죽이고, 채숙을 추방하고, 미자개에게 명하여 은나라의 후사를 대신하게 해서, 조상의 제사를 받들도록 하고,《微子之命》을 지어 그에게 훈계하고는, 송나라를 세우게 했다(武王封紂子武庚祿父以續殷祀, 使管叔, 蔡叔傅相之……武王崩, 成王少, 周公旦代行政當國。管,蔡疑之, 乃與武庚作亂, 欲襲成王, 周公。周公既承成王命誅武庚, 殺管叔, 放蔡叔, 乃命微子開代殷後, 奉其先祀, 作微子之命以申之, 國于宋。).

2《論語集解》'微' '箕'는 나라 이름이고, '子'는 작위를 말한다(注: 馬融曰: 微、箕, 二國名, 子, 爵也。);《論語義疏》微 · 箕는 은나라의 도성 안의 采地 이름이다. 은나라 도성 밖의 작위로는 공작 · 후작 · 백작 세 등급이 있었고, 도성 안의 작위로는 유일하게 자작이 있었는데, 微 · 箕 두 사람은 微 · 箕땅을 식읍으로 받았고, 작위가 자작이었다(疏: 是殷家畿内采地名也。殷家畿外三等之爵, 公, 侯, 伯也。畿内唯子爵, 而箕、微二人竝食箕, 微之地, 而子爵也。); 微子(미자): 송나라[BC 1024~BC 286]의 시조. 이름은 啟[원래는 이름이 '啟'인데 避諱하여 '開'로 바꿨다].

3《古書虛字》'之'는 주왕을 가리킨다('之'字指紂言。);《論語譯注》"미자는 주왕을 떠났다"("微子便離開了他。").

4《史記 · 宋微子世家》기자는 주왕의 친척[숙부]이다. 주왕이 처음에 상아 젓가락을 사용하자, 기자가 한탄하기를, '주왕이 상아 젓가락을 사용했으니, 반드시 옥 잔을 사용할 것이고, 옥 잔을 사용하면, 반드시 먼 지방에서 나는 진귀하고 기이한 기물들을 찾아 누리려고 하겠지. 수레 · 궁전의 사치가 점차 이로부터 시작할 것인데, 진정시킬 방법이 없다'고 했다. 주가 음란하고 방탕해지자, 기자가 간언했지만, 듣지 않았다. 어떤 사람이 '떠나는 게 옳겠습니다'라고 하자, 기자가 '신하된 자로서 간언했는데 듣지 않는다고 떠나버리면, 이는 임금의 악함을 백성에게 드러내놓고 말하는 것이니, 내가 차마 떠나지 못하겠다'고 하고는, 머리를 풀어헤치고 거짓으로 미친 척하여 그의 노예가 되었다. 이에 숨어지내면서 슬을 뜯으며 스스로를 슬퍼하니, 후세에 '箕子操'라고 전해졌다. 무왕이 은나라를 멸하고 기자를 찾아가, 그의 말을 듣고, 그를 조선에 봉했지만, 신하로 삼지 않았다(箕子者, 紂親戚也。紂始爲象箸, 箕子嘆曰: '彼爲象箸, 必爲玉桮; 爲桮, 則必思遠方珍怪之物而御之矣。輿馬宮室之漸自此始, 不可振也。' 紂爲淫泆, 箕子諫, 不聽。

미자(微子)는 주(紂) 왕의 곁을 떠났고, 기자(箕子)는 주(紂) 왕의 노예가 되었고, 비간(比干)은 간언하다 주(紂) 왕에게 죽임을 당했다.

微, 箕, 二國名。子, 爵[7]也。微子, 紂[8]庶兄[9]。箕子, 比干, 紂諸父[10]。微子見紂無道, 去之以存宗祀[11]。箕子, 比干皆諫, 紂殺比干, 囚箕子以爲奴, 箕子因佯狂[12]而受辱。

人或曰: '可以去矣。' 箕子曰: '爲人臣諫不聽而去, 是彰君之惡而自說於民, 吾不忍爲也。' 乃被髮詳狂而爲奴。遂隱而鼓琴以自悲, 故傳之曰箕子操。武王既克殷, 訪問箕子……於是武王乃封箕子於朝鮮而不臣也。); 箕子(기자): 제을의 형이고, 제신[紂]의 숙부. 미자 · 비간과 함께 명망이 있었으며, '殷末三仁'으로 불린다.

5 《說文 · 女部》 노비는 모두 옛날의 죄인이다(奴, 奴婢皆古之辠人。).

6 《史記 · 殷本紀》 주왕이 갈수록 음란한 행실을 멈추지 않았다. 미자계는 여러 차례 간언했지만 듣지 않자, 곧 태사 · 소사와 상의한 뒤, 이에 은나라를 떴다. 비간이 말하기를, '신하된 자로서, 죽음으로써 간쟁하지 않으면 안 된다'고 하고, 곧이어 주왕에게 극력으로 간언했다. 주왕이 노하여 말하기를, '내가 듣기로는 성인의 심장에는 구멍이 일곱 개가 있다고 하더라' 하고는, 비간의 가슴을 갈라 심장을 꺼내 살폈다. 기자는 두려워서, 곧 거짓으로 미친 척하여 그의 노예가 되자, 주왕이 그를 옥에 가두었다(紂愈淫亂不止。微子數諫不聽, 乃與大師、少師謀, 遂去。比干曰: '爲人臣者, 不得不以死爭。' 乃彊諫紂。紂怒曰: '吾聞聖人心有七竅。' 剖比干, 觀其心。箕子懼, 乃詳狂爲奴, 紂又囚之。); 比干(비간): 子 姓, 名 干. 제을의 동생. 제신[주]의 숙부. 40여 년 동안 제을 · 제신을 보좌했다.

7 爵(작): 참새 모양처럼 생긴 술잔으로, 술을 따르는 주둥이가 있고, 두 개의 기둥이 달려 있고 다리 받침이 세 개다. 尊 · 彝에 비해 양이 작은데 한 되들이 술잔이다. 작위(古代一種盛酒禮器, 像雀形, 有流, 两柱, 三足, 比尊彝小, 受一升; 爵位; 官位。); 《禮記 · 王制》 녹작은 公 · 侯 · 伯 · 子 · 男 다섯 등급이다(王者之制: 祿爵, 公、侯、伯、子、男, 凡五等。).

8 紂(주): 상나라 마지막 임금. BC 1075~BC 1046 재위. 제을의 막내아들. 시호가 제신인데, 주나라 사람들이 그를 멸시하여 칭호를 주로 고쳤다.

9 庶兄(서형): 첩의 소생인 형. 정실의 소생인 아들이 첩의 소생인 형을 이르는 말(庶出之兄); 《呂氏春秋 · 仲冬紀 · 當務》 주는 同母형제가 셋인데, 첫째가 미자계, 둘째가 중연, 셋째가 수덕으로, 수덕이 바로 주인데, 나이가 한참 어렸다. 주의 어머니가 미자계와 중연을 낳을 때는, 아직 첩이었고, 얼마 뒤에 본처가 되고 나서, 주를 낳았다. 주의 부[태을]와 모는 미자계를 태자로 앉히고 싶어 했지만, 태사가 법을 근거로, '본처가[본처일 때] 낳은 자식이 있는데, 첩이[첩일 때] 낳은 자식을 태자로 앉힐 수 없다'고 하자, 주가 그래서 후계자가 되었다(紂之同母三人, 其長曰 微子啟, 其次曰 中衍, 其次曰 受德。受德乃紂也, 甚少矣。紂母之生微子啟與中衍也尚爲妾, 已而爲妻而生紂。紂之父、紂之母欲置微子啟以爲太子, 太史據法而爭之曰: 「有妻之子, 而不可置妾之子。」 紂故爲後。); 《史記 · 殷本紀》에는, '미자계의 모친은 지위가 낮아서 미자계는 후계자가 되지 못했고, 주의 모친이 正妃여서 주가 후계자가 되었다'고 했으니, 이 경우 미자계와 주는 이복형제이다; 《孟子 · 告子上 제6장》에는, '以紂爲兄之子且以爲君, 而有微子啟, 王子比干。'(紂와 같은 자를 형의 아들로 두고 임금으로 두었는데도, 미자계 · 왕자 비간과 같은 자가 있었다)이라고 하여, 미자계와 비간을 주의 숙부로 보고 있다.

10 諸父(제부): 백부와 숙부(指伯父和叔父).

11 宗祀(종사): 조상에 대한 각종 제사(谓对祖宗的祭祀).

12 佯狂(양광): 거짓으로 꾸며 미친 척하다(装疯); 佯(양): 거짓 꾸미다(假装).

'微'(미)와 '箕'(기)는 두 나라 이름이다. '子'(자)는 작위(爵位)이다. '微子'(미자)는 주왕(紂王)의 서형이다. '箕子'(기자)와 '比干'(비간)은 주왕(紂王)의 숙부이다. 미자(微子)는 주왕(紂王)의 무도한 행실을 보고, 그를 떠나서 이로써 종사(宗祀)를 보존했다. 기자(箕子)와 비간(比干)은 모두 간언했는데, 주왕(紂王)이 비간(比干)은 죽이고, 기자(箕子)는 잡아 가두어서 그를 노예로 삼았는데, 기자(箕子)는 이에 거짓으로 미친 척하고 굴욕을 참고 받아들였다.

180102. 孔子曰:「殷有三仁焉[13]。」

공자(孔子)께서 말씀하셨다. "은(殷)나라에는 세 명의 인자(仁者)가 있었다."

三人之行不同, 而同出於至誠惻怛[14]之意, 故不咈[15]乎愛之理[16], 而有以全其心之德也。[17, 18]

13《論語句法》'焉'은 구말어기사이다('焉'是句末語氣詞。);《論語詞典》焉(언): 어기사. 존재문·진술문에 쓰인다(语气词, 存在句或者陈述句用它。).

14《禮記·問喪》어버이가 이제 막 돌아가시면, 관을 벗고 비녀와 머리 싸개로 머리를 묶고, 신발을 벗어 맨발을 하고, 저고리 앞자락을 허리끈 안으로 넣고, 두 손을 교차해서 가슴에 붙이고 곡한다. 비통한 심정과 아프고 괴로운 생각으로, 콩팥이 손상되고, 간이 졸아들고, 폐가 새까맣게 타도록, 물과 미음을 입에 대지 않고, 사흘을 밥을 짓는 불을 지피지 않으니, 이웃이 그를 위해 미음과 죽을 쑤어 먹게 한다(親始死, 雞斯徒跣, 扱上衽, 交手哭。惻怛之心, 痛疾之意, 傷腎乾肝焦肺, 水漿不入口, 三日不擧火, 故鄰里爲之糜粥以飮食之。); 惻怛(측달): 몹시 비통해하다. 불쌍히 여겨 슬퍼하다. 간절하다(哀伤。犹恻隐。恳切。); 惻(측): 비통하다. 간절하다(本义: 悲痛。恳切。); 怛(달): 고통스럽다. 쓰라리다(本义: 痛苦。忧伤。).

15 咈(불): 위배되다. 거스르다. 비뚤어지다(古同'拂', 违逆, 乖戾。).

16《學而 제1장》朱熹注 참조.

17《論語大全》'愛之理'는 仁을 仁·義·禮·智로 나누어서 말할 때의 仁이고, '心之德'은 仁·義·禮·智를 포괄해서 말할 때의 仁이다. '不咈乎愛之理'는 惻怛을 가리켜 말한 것이고, '有以全其心之德'은 至誠을 가리켜 말한 것이다(源輔氏曰: 愛之理, 分言之仁也; 心之德, 專言之仁也。不咈乎愛之理, 指惻怛而言; 有以全其心之德, 指至誠而言也。).

18《論語大全》《史記·殷本紀》에 따르면, 미자가 먼저 떠났고, 이어서 비간이 간하다 죽었고, 그 후에 기자가 미친 척하고 노예가 되었다. 미자는 제을의 맏아들로서, 선왕의 종사를 중하게 여겨야 했으니, 의당 일찌감치 떠나야 하는 것이 맞고, 또 주왕에게는 간할 수 없다는 것을 분명하게 알았기 때문에, 이에 주왕을 떠났으니, 떠나는 것을 꺼림칙하게 여기지 않았다. 비간은 주왕을 보좌하는 소사로서, 의당 힘써 간하는 것이 맞고, 주왕이 간할 수 없다는 것을 알았지만 그만두어서는 안 되기 때문에, 이에 간하다 죽었으니, 죽는 것을 후회스럽게 여기지 않았다. 기자는 비간의 죽음을 보니 자기가 간할 수 없음을 알았고, 또 차마 비간의 죽음에 이어 자기도 죽음으로써 자기 임금에게 누를 끼칠 수 없었고,

楊氏曰:「此三人者, 各得其本心[19], 故同謂之仁。」[20]

세 사람이 한 행동은 각각 달랐지만, (각각의 행동은) 똑같이 지극한 정성과 애가 타고 아파하는 심정에서 나왔기 때문에, 사랑의 이치[사랑의 정이 발현되는 바인 理]인 인(仁)을 거스르지 않았으니, 이 때문에 그의 마음의 본유한 덕인 인(仁)을 온전히 보전할 수 있었다.

양씨(楊氏·楊中立)가 말했다. "이 세 사람의 경우는, 각각 자기에게 맞는 마음속의 뜻한

미자의 떠남을 보니, 자기까지 떠날 필요는 없다는 것을 알았고, 또 차마 미자의 떠남에 이어 자기도 떠남으로써 자기 임금을 등질 수 없었기 때문에, 이에 미친 척하고 노예가 된 것이니, 노예가 된 것을 치욕으로 여기지 않았다(朱子曰: "或問按殷紀, 微子先去, 比干乃諫而死, 然後箕子佯狂爲奴, 爲紂所囚。蓋微子帝乙元子, 當以先王宗祀爲重, 義當早去, 又決知紂之不可諫也, 故遂去之, 而不以爲嫌。比干少師, 義當力諫, 雖知其不可諫而不可已也, 故遂以諫死, 而不以爲悔。箕子見比干之死, 則知己之不可諫, 且不忍復死以累其上也, 見微子之去, 則知己之不必去, 且不忍復去以背其君也, 故佯狂爲奴, 而不以爲辱。). 여기에서 세 명의 인자의 행동은 처지가 바뀌었어도 모두 그렇게 했을 것임을 알 수 있다. 세 사람 모두 인자라 하신 것은, 그들이 모두 私가 없이 각기 자기가 할 도리에 맞게 했기 때문이다. 私가 없었기 때문에, 心之體[性]를 얻어 거스르지 않았고, 각기 자기가 할 도리에 맞게 했기 때문에, 心之用[情]을 얻어 잃지 않았으니, 이것이 心之德[仁]을 온전히 보전한 까닭으로, 세 사람 모두 인자라 하신 것이리라. 《史記》의 세 사람의 일과 선생님의 말씀이, 순서가 서로 다른 것은, 《史記》의 기록은 일의 실제 순서를 따랐고, 선생님의 말씀은 일의 난이도로 순서를 삼았기 때문이다(此可見三仁之所爲, 易地皆然……同謂之仁者, 以其皆無私而各當理也。無私, 故得心之體而無違, 當理, 故得心之用而不失。此所以全心之德, 而同謂之仁歟。史記三子之事, 與夫子此言, 先後不同者, 史所書者事之實, 此以事之難易爲先後耳。").

19 本心(본심): 천성. 본성. 본래의 의도. 마음속으로 바라던 염원(天性。本意, 原来的心愿。).

20 《延平答問》 세 사람은 각자 자신의 역량에 따라 힘을 다하여 그렇게 행동한 것이지, 선택한 바가 있었던 것은 아닙니다. 이들은 인을 구하여 인을 얻은 사람들입니다. 미자는 의당 떠나야 했습니다. 기자는 감옥에 갇히고 노예가 되었지만, 우연히 죽지 않았을 뿐입니다. 비간은 죽음으로써 간한 것이니, 감동을 줄 만합니다. 종사와 구주를 보존한 일은, 모두 뒷날의 일이어서, 애시 당초 이런 생각이 없었지만, 뒷날에 우연히 그렇게 된 것뿐입니다. 어찌 두 가지를 합쳐 보아 어진 사람의 마음을 맑고 순수하지 않게 만들어야 하겠습니까? 인은 단지 이치이니, 애초에 피차의 구별이 없습니다. 이치에 부합되어 사적인 마음이 없으면 인입니다. 세 사람을 설명하면서 뒷날의 일을 끌어들인다면, 아마도 이와 같은 해석이 바로 문제를 낳은 곳으로, 인이란 글자를 어지럽히고 있으니, 살펴보지 않을 수 없습니다(先生曰: 三人各以力量竭力而為之, 非有所擇。此求仁得仁者也。微子義當去。箕子囚奴, 偶不死爾。比干即以死諫, 庶幾感悟。存祀九疇, 皆後來事, 初無此念也, 後來適然爾。豈可相合看, 致仁人之心不瑩徹耶? 仁只是理, 初無彼此之辨, 當理而無私心, 即仁矣……所說三人後來事相牽……恐如此政是病處, 昏了仁字, 不可不察。)(강신주 外, 『스승 이통과의 만남과 대화—연평답문』[이학사, 2006], 227); 《古今注》 仁은 인륜의 끝이다. 혹은 해로운 것을 멀리하여 조상의 혈맥을 보존했고, 혹은 치욕을 꾹 참고 지내면서 훗날을 살폈고, 혹은 몸을 죽여서 허물과 죄악을 간언했는데, 모두 충효의 지극한 경지로, 의를 헤아려 의에 부합했기에, 그들이 仁을 성취한 점은 같다(仁者, 人倫之至也。或遠害以存血脈, 或忍辱以觀終竟, 或殺身以諫過惡, 皆忠孝之極, 揆義而合, 故其成仁也同。).

바를 얻었기 때문에, 똑같이 인자(仁者)라고 평하신 것이다."

[柳下惠爲士師章]

180201、柳下惠爲士師[1], 三黜[2]。人[3]曰:「子未[4]可以去乎?」曰:「直道而事人[5], 焉[6]往而不三黜? 枉道而事人[7], 何必去父母之邦[8]。」[9]

유하혜(柳下惠)는 사사(士師)였는데, 사사(士師) 자리에서 세 번 쫓겨났다. 어떤 사람이, '그대는 (어찌) 아직도 (노(魯)나라를) 떠나지 못하십니까?'라고 하자, 유하혜(柳下惠)가 말했다. "도를 곧게 펴서 사람을 섬긴다면, 어느 나라를 가더라도 세 번은 쫓겨나지 않겠습니까? 도를 굽혀서 사람을 섬긴다면, (쫓겨나지도 않을 텐데) 어찌 굳이 부모의 나라를 떠날 필요가 있겠습니까?"

三[10], 去聲。焉, 於虔反。○士師, 獄官。黜, 退也。柳下惠三黜不去, 而其辭氣雍容[11]如此,

1《論語正義》세 번 쫓겨난 관직이 모두 士師 자리였기 때문에, 앞에 '爲士師'라고 말함으로써, 관직이 바뀌지 않았음을 밝힌 것이다(正義曰: 三黜仍爲此官, 故先言"爲士師", 明非改官也。); 士師(사사): 금령과 형벌을 관장하는 직책(古代执掌禁令刑狱的官名)으로,《周禮 · 秋官司寇》에, 士師가 관장하는 업무가 나온다.

2《論語義疏》'黜'(출)은 '退'[물러나다]이다. 죄가 없는데도 세 번 쫓겨난 적이 있었다(疏: 黜, 退也…… 無罪而三過被黜退也。); 黜(출): 강등되다. 파면되다. 퇴출되다(降职或罢免).

3《論語義疏》'人'은 '어떤 사람'이다(疏: 人, 或人也。).

4 未(미): 아직~하지 않다. 아직~하지 못하다(尚未).

5 [성]直道事人(직도사인): 정직하고 사심 없이 사람을 대하다(正直无私地对待人。).

6《論語句法》'焉'(언)은 의문지칭사로 술어 '往'의 처소보어로 쓰였으며 앞당겨진 것이다('焉'是疑問指稱詞做述詞'往'的處所補詞而提前了。); 焉(언): 어디. 거기(哪里或那里).

7 [성]枉道事人(왕도사인): 도를 굽혀 섬기다. 수단을 가리지 않고 남의 비위를 맞추다(枉: 违背; 道: 正道; 事: 侍奉。原指不按正道事奉国君。后泛指不择手段取悦于人。).

8 [성]父母之邦(부모지방): 조국(犹言祖国。).

9《戰國策 · 燕策》옛날에, 유하혜가 노나라에서 관직에 있다가, 세 번 쫓겨났지만, 노나라를 떠나지 않았다. 어떤 사람이 그에게 '떠나도 되겠습니다'라고 하자, 유하혜가, '다른 사람과 달라서 쫓겨난 것이라면, 어찌 다른 나라에 간다고 한들 쫓겨나지 않겠습니까? 어차피 또 쫓겨날 것이라면, 차라리 고국에 있는 편이 낫지 않겠습니까?'라고 했다. 유하혜는 세 번씩이나 쫓겨난 것에 스스로 구속되지 않았기 때문에, 예전의 과업을 잊지 않았고, 떠나는 것을 마음에 두지 않았기 때문에, 원근 사람들의 비난하는 말이 없었다(昔者, 柳下惠吏於魯, 三黜而不去。或謂之曰:『可以去。』柳下惠曰:『苟與人之異, 惡往而不黜乎? 猶且黜乎, 寧於故國爾。』柳下惠不以三黜自累, 故前業不忘; 不以去為心, 故遠近無議。).

10 三(삼): [sàn] 누차. 여러 번. 재삼재사(屡次、再三。); [sān] 2와 4 사이의 자연수(介于二和四之间的自然数。).

可謂和矣[12]。然其不能枉道之意, 則有確乎其不可拔者[13]。是則所謂必以其道[14], 而不自失焉者也。[15]

---

11 雍容(옹용): 의용이 부드럽고 점잖고 대범하다(形容仪态温文大方).

12《孟子 · 萬章下 제1장》 백이는 성인 중에 청렴한 분이었고, 이윤은 성인 중에 사명을 자임한 분이었고, 유하혜는 성인 중에 온화한 분이었고, 공자는 성인 중에 때를 알아 그에 맞게 하신 분이었다(孟子曰: 伯夷, 聖之淸者也; 伊尹, 聖之任者也; 柳下惠, 聖之和者也; 孔子, 聖之時者也。).

13 內閣本에는 '則有確乎不可拔者'로 되어 있다;《易經 · ䷀乾 · 文言》"初九에 '용이 물속에 잠복해있는 象이니, 쓰지 말라'고 한 것은 무슨 말인가?" 공자께서 말씀하셨다. "龍의 德을 가지고 은둔한 자이다. 세상에 따라 변하지 아니하고, 이름을 이루려 하지 아니하고, 세상에 은둔하여 번민이 없고, 옳다고 여김을 받지 못해도 번민이 없다. 즐거우면 행하고, 걱정스러우면 떠나가서, 확고히 뿌리 박혀 있어 뽑아낼 수 없는 것이, 잠룡이다"(初九曰, '潛龍勿用', 何謂也? 子曰: '龍, 德而隱者也。不易乎世, 不成乎名, 遯世无悶, 不見是而无悶。樂則行之, 憂則違之, 確乎其不可拔, 潛龍也。'); 確乎不拔(확호불발): 단단하고 굳세서 뽑히지 않음(=確固不拔。刚强坚决, 不可动摇。).

14《孟子 · 公孫丑上 제9장》 유하혜는, 나쁜 임금이라고 부끄럽게 여기지 않았고, 낮은 관직이라고 하찮게 여기지 않았다. 벼슬에 나아가서는 자기의 재능을 숨기지 않았고, 반드시 자기의 소신대로 했다. 관직에서 쫓겨나도 원망하지 않았고, 가난으로 곤궁해도 걱정하지 않았다. 그래서 말하기를, '너는 너고, 나는 나다. 네가 내 곁에서 옷을 벗은들 알몸을 드러낸들, 네가 어찌 나를 더럽힐 수 있겠느냐?'라고 했다. 때문에, 거리낌 없이 그들과 함께 어울리면서도 그 도를 잃지 않았고, 매달리면서 못 가게 하면 머물렀다. 매달리면서 못 가게 하면 머무른 것은, 이 역시 물러가는 것을 달갑게 여기지 않아서였다(柳下惠, 不羞汙君, 不卑小官。進不隱賢, 必以其道。遺佚而不怨, 阨窮而不憫。故曰: '爾爲爾, 我爲我, 雖袒裼裸裎於我側, 爾焉能浼我哉?' 故由由然與之偕而不自失焉, 援而止之而止。援而止之而止者, 是亦不屑去已。);《孟子 · 萬章下 제1장》 유하혜는, 나쁜 임금이라고 부끄럽게 여기지 않았고, 낮은 관직이라고 거절하지 않았다. 벼슬에 나아가서는 자기의 재능을 숨기지 않았고, 반드시 자기의 소신대로 했다. 관직에서 쫓겨나도 원망하지 않았고, 가난으로 곤궁해도 걱정하지 않았다. 향리 사람들과 같이 살고, 거리낌 없이 어울리면서 차마 떠나지 못했다. '너는 너고 나는 나다. 네가 내 곁에서 옷을 벗은들 알몸을 드러낸들 네가 어찌 나를 더럽힐 수 있겠느냐?'라고 여겼다. 그러므로 유하혜의 기풍을 들은 자들은 도량이 좁은 사내는 관대해지고 야박한 사내는 후덕하게 되었다(柳下惠, 不羞汙君, 不辭小官。進不隱賢, 必以其道。遺佚而不怨, 阨窮而不憫。與鄕人處, 由由然不忍去也。『爾爲爾, 我爲我, 雖袒裼裸裎於我側, 爾焉能浼我哉?』故聞柳下惠之風者, 鄙夫寬, 薄夫敦。);《孟子 · 盡心上 제28장》 유하혜는 삼공 때문에 그의 절개를 바꾸지 않았다(孟子曰: 柳下惠不以三公易其介。).

15《論語大全》"유하혜의 三黜은 '반드시 그 도를 사용했다'는 것, '그 도를 잃지 않았다'라는 것을 알 수 있지만, 그럼에도 공손하지 않은 생각이 있습니다. 그래서 기록한 자가 공자의 두 가지 일을, 다음 제3 · 4장에 순서로 넣은 것입니다. 공자의 두 가지 일을 본다면, 유하혜의 三黜은 아직 중도를 얻지 못했음을 알 수 있습니다." "어쩌면 그렇게 볼 수도 있다. 다만 맹자가 설명을 잘했으니, '성인들의 행위라고 모두 같지는 않다. 혹은 멀리 물러나고 혹은 가까이 있고, 혹은 떠나고 혹은 떠나지 않고 그대로 머물러 있지만, 결국은 자기 몸을 깨끗하게 하는 데로 귀결될 뿐이다'[孟子 · 萬章上 제7장]라고 했는데, 유하혜의 행동은 비록 성인의 중도에는 비교할 수 없지만, 그럼에도 자기 몸을 깨끗하게 하는 데로 귀결시키기에는 충분하고도 남음이 있다"(問: "柳下惠三黜, 雖可以見其必以其道而不失焉者, 然亦便有箇不恭底意思。故記者以孔子兩事, 序於其後。觀孔子之事, 則知下惠之事, 亦未得爲中道。" 朱子曰: "也是如此。惟是孟子說得好, 曰 '聖人之行(不同也)。或遠或近或去或不去, 歸潔其身而已矣。' 下惠之行, 雖不比聖人合於中道, 然而歸潔其身則有餘矣。").

'三'(삼)은 거성[sàn]이다. '焉'(언, yān)은 '於'(어)와 '虔'(건)의 반절이다. ○'士師'(사사)는 '옥관'(獄官)이다. '黜'(출)은 '퇴출되다'[退]이다. 유하혜(柳下惠)가 사사(士師) 자리에서 세 번 쫓겨났지만 (노(魯)나라를) 떠나지 않았고, 그의 의용(儀容)이 부드럽고 점잖고 대범하기가 이와 같았으니, '성인 중에 온화한 분'[聖之和者]이라고 평할 만했다. 그렇게 세 번씩 쫓겨나면서도 도를 굽힐 수는 없다는 그의 뜻은, 도리어 확고히 뿌리박혀 있어 뽑아낼 수 없는 것이 있었다. 이것이 바로 이른바, '반드시 그 도를 사용했다'는 것이고 '그 도를 잃지 않았다'는 것이다.

○胡氏曰:「此必有孔子斷之之言而亡之矣。」
○호씨(胡氏 · 胡寅)가 말했다. "이 장에는 필시 공자(孔子)께서 유하혜(柳下惠)에 대해 논단(論斷)하신 말씀이 있었을 텐데 그 말씀이 빠지고 없다."

[齊景公待孔子章]

180301、齊景公待[1]孔子, 曰:「若季氏則吾不能, 以季、孟之閒待之[2]。」曰[3]:「吾老矣, 不能用也。」孔子行[4]。[5], [6]

1《史記·孔子世家》에는 '待'가 '止'[가지 못하게 붙들다]로 되어 있다;《論語注疏》'待'는 '遇'[예우하다]이다(疏: 正義曰: 待, 遇也。).

2 [성]季孟之間(계맹지간): 위에 비하면 조금 떨어지고, 아래에 비하면 조금 낫다. 상등과 하등의 사이(指在季、孟两者之间, 比上不足, 比下有余。上等和下等之間。).

3《經傳釋詞》어떤 사람이 말하면서 스스로 자문하고 자답하는 경우에, '曰'字를 붙여 앞뒤 말을 구별한다. 문답이 아닌데도 '曰'字를 붙여 앞뒤 말을 구별하는 경우가 있는데, '曰'字를 붙여 말머리를 돌린 것이다(有一人之言而自爲問答者, 則加'曰'字以別之……有非問答而亦加'曰'字以別之者, 語更端也。);《論語正義》경공이 공자를 예우하려고 했지만, 끝내 실행하지 못하고, 훗날에 또 내가 늙었다는 것을 핑계로 등용하지 못했으니, 공자께서 제나라를 떠나 노나라로 돌아오신 까닭이었다. 공자에 대한 예우에 관한 일과 내가 늙어 등용하지 못하겠다는 일은, 같은 때의 일이 아니기 때문에, 두 '曰'字를 써서 구별한 것이다(正義曰: 景公雖欲待孔子, 而終不果行, 後又託於吾老而不能用, 孔子所以去齊而反魯也。'待孔子'與'吾老'之言, 非在一時, 故論語用兩'曰'字別之。).

4《古今注》'吾不能'이하 두 구절은 공자의 예우에 관한 말이고, '不能用' 구절은 말머리를 바꾸어서 한 말이다. '待之'는 牢禮(뇌례)[희생을 써서 빈객을 접대하는 절차]를 두고 한 말이다. 옛날 빈객을 접대하는 법은 (빈객의 지위에 따라) 차려내는 음식의 가짓수를 아주 엄격히 준수했다. 그래서 대부가 이웃 나라를 빙문할 때, 주연상에 차려내는 음식의 가짓수가 하나라도 차이가 있는지, 반드시 자세히 살피고 뇌례에 맞지 않으면 반드시 따졌다. 뇌례에 차려내는 음식의 가짓수는, 대국인가 소국인가, 상경인가 하경인가에 따라, 각각 등급이 정해져 있었다. 공자가 왔을 때 경공이 계씨와 맹씨의 중간 정도로 접대하겠다고 한 것은, 달리 해석해서는 안 된다(補曰: 吾不能二句, 皆待孔子之言, 不能用, 又是更端說; 待之也者, 牢禮之謂也。古者接賓之法, 最嚴於飮食之豐殺, 故大夫聘於隣國, 其籩豆酒醴之數, 一或差異, 必察必爭……牢禮之數, 大國小國上卿下卿, 各有層級……孔子來而景公欲以季孟之禮待之, 不得異釋。).

5《史記·孔子世家》경공이 공자에게 정치에 대해 묻자, 공자가 대답했다. "임금은 임금으로서의 도리를 다하고, 신하는 신하로서의 도리를 다하고, 아버지는 아버지로서의 도리를 다하고, 자식은 자식으로서의 도리를 다하는 것입니다." 경공이 말했다. "훌륭하신 말씀이오! 진실로 임금이 임금으로서의 도리를 다하지 못하고, 신하가 신하로서의 도리를 다하지 못하고, 아버지가 아버지로서의 도리를 다하지 못하고, 아들이 아들로서의 도리를 다하지 못한다면, 비록 양식을 쌓아두고 있다 한들, 내가 그것을 먹을 수 있겠습니까?"[顔淵 제11장]. 다른 날 또다시 공자에게 정치에 대해 묻자, 공자가 대답했다. "정치는 재물을 절약하는 데 있습니다"(景公問政孔子, 孔子曰: "君君, 臣臣, 父父, 子子。" 景公曰: "善哉! 信如君不君, 臣不臣, 父不父, 子不子, 雖有粟, 吾豈得而食諸!" 他日又復問政於孔子, 孔子曰: "政在節財。"). 경공이 (공자의 말을 듣고) 니계 땅을 공자에게 봉하려고 하자, 안영[BC 578~BC 500]이 경공에게 나아가 고했다. "儒者들은 말재간에 능하므로 법으로 규율할 수 없고, 거만하고 자기주장만을 고집하므로 아래 사람으로 삼을 수가 없습니다. 喪을 숭상하여 슬퍼 마지않고, 재산을 탕진하면서 장례를 후하게 치르므로, 풍속으로 삼을 수가 없습니다. 유세하며 재물을 빌어먹으므로, 나라를 다스리게 할 수 없습니다. 대현이 사라진 이래로, 주 왕실이 쇠해지자, 예악은 시행되지 않아서 이지러졌습니다. 지금 공자는 용모·치장을

제(齊)나라 경공(景公)이 공자(孔子)의 예우에 대해 말했다. "계씨(季氏) 정도만큼으로는 내가 예우하지는 못하겠지만, 계씨(季氏)와 맹씨(孟氏)의 중간 정도만큼으로는 예우하겠다."

(또) 말했다. "내가 늙어서 등용하지 못하겠다." 공자(孔子)께서 제(齊)나라를 떠나 노(魯)나라로 돌아오셨다.

魯三卿, 季氏最貴, 孟氏爲下卿[7]。孔子去之, 事見世家。然此言必非面語孔子, 蓋自以告

성대하게 하고, 오르내리는 것과 종종걸음으로 걷는 것 조심스레 걷는 것의 예절을 번잡하게 하여, 몇 세대를 지나도 다 배울 수 없고, 한 해로는 그 예법을 궁구할 수 없습니다. 임금께서 공자를 써서 제나라의 풍속을 바꾸려 하시지만, 백성에 앞세울 만한 자는 아닙니다"(景公說, 將欲以尼谿田封孔子。晏嬰進曰: "夫儒者滑稽而不可軌法; 倨傲自順, 不可以爲下; 崇喪遂哀, 破產厚葬, 不可以爲俗; 游說乞貸, 不可以爲國。自大賢之息, 周室既衰, 禮樂缺有間。今孔子盛容飾, 繁登降之禮, 趨詳之節, 累世不能殫其學, 當年不能究其禮。君欲用之以移齊俗, 非所以先細民也。"). 뒤에 경공은 공자를 공경되게 대했지만, 그에게 예에 대해 다시 묻지 않았다. 뒷날에 경공이 공자를 가지 못하게 붙들고는, '그대를 계씨 정도로는 대우해 드리지 못하겠습니다'라고 하고는, 계씨와 맹씨의 중간 정도로 대우해주겠다고 했다. 제나라 대부가 공자를 해치려 한다는 소문을 공자가 들었다. 경공이 말했다. "내가 늙었습니다. 그대를 등용하지 못하겠습니다." 공자가 이에 제나라를 떠나서 노나라로 돌아왔다(後景公敬見孔子, 不問其禮。異日, 景公止孔子曰: '奉子以季氏, 吾不能.' 以季孟之間待之。齊大夫欲害孔子, 孔子聞之。景公曰: "吾老矣, 弗能用也。" 孔子遂行, 反乎魯。).

6 《論語正義》 이 일은 공자 나이 35세 후부터 42세 전에 있었던 일이다. 경공이 니계 땅에 공자를 봉하려 했는데, 안영이 이를 저지했지만, 경공은 그래도 공자를 계씨와 맹씨의 중간 정도로 그를 대우하려고 한 것으로, 경공이 여전히 잊지 않고 있었던 것이다. 《春秋左傳 · 襄公 25年》에 '숙손선백이 제나라에 있을 때, 숙손환이 숙손선백의 딸을 영공에게 바쳤는데, 영공의 총애를 입어 경공을 낳았다'고 했다. 숙손선백이 제나라에 있을 때는 노나라 성공 16년[BC 575]이니, 경공이 태어난 해는 성공 17, 18년[BC 575]일 것이고, 그가 즉위한 때는 27, 28세[BC 547]일 것이다. 공자가 노나라의 내란[BC 517]으로 인해 제나라에 간 때는 경공 31년[BC 517] 후였기 때문에, 閻若璩[1638~1704]의 《四書釋地》에 '공자가 제나라에 계실 때는 경공 33년[BC 515]으로, 이때 이미 경공이 60세가 지났기 때문에, 자기를 늙었다고 칭한 것이다'라고 했다(正義曰: 其事在孔子三十五歲之後, 四十二歲之前。景公欲以尼谿封孔子, 晏嬰雖沮之, 而公猶欲待之以季, 孟之間, 是公意猶未忘也。…… 左襄二十五年傳: "叔孫宣伯之在齊也, 叔孫還納其女於靈公, 嬖, 生景公。" 宣伯在齊爲魯成十六年, 景公之生當在成十七, 八年, 計其即位時已二十七, 八歲。至孔子因魯亂適齊, 則在景公三十一年後, 故閻氏若璩釋地謂: "孔子在齊, 爲景公三十三年, 時年已六十, 故稱老。"); 《論語新解》 공자께서 제나라에 처음 머무신 때로, 노나라 소공 25년에 일어난 내란 때문에 노나라를 떠나, 제나라에 2년 머물다 오셨는데, 이 때 제경공의 나이가 대개 60이었을 것이다(又按: 孔子在齐止一次, 以昭二十五年鲁乱去, 两年而返, 时景公盖年近六十。).

7 《論語正義》 《春秋左傳 · 昭公 4年》에 보면, 계손은 사도, 숙손은 사마, 맹손은 사공이었다. 사도는 상경이고, 사공은 하경이다(正義曰: 昭四年左傳季孫爲司徒, 叔孫爲司馬, 孟孫爲司空。司徒, 上卿也; 司空, 下卿也。).

其臣, 而孔子聞之爾。

노(魯)나라 삼경(三卿) 중에, 계씨(季氏)의 신분이 가장 높은 상경(上卿)이고, 맹씨(孟氏)는 하경(下卿)이었다. 공자(孔子)께서 제(齊)나라를 떠나신 일은《사기 · 공자세가》(史記孔子世家)에 보인다. 그렇지만 경공(景公)이 한 말은, 필시 공자(孔子)를 대면해서 한 말은 아닐 테고, 아마도 자기 신하에게 스스로 말한 것일 텐데, 공자(孔子)께서 그 말을 전해 들으셨던 것뿐이다.

○程子曰:「季氏強臣, 君待之之禮極隆, 然非所以待孔子也。以季, 孟之閒待之, 則禮亦至矣。然復曰『吾老矣不能用也』, 故孔子去之。蓋不繫待之輕重, 特以不用而去爾。」

○정자(程子 · 伊川)가 말했다. "계씨(季氏)는 권세가 강력한 신하로, 임금이 계씨(季氏)를 대하는 예우가 대단히 융숭했지만, 계씨(季氏)에 대한 예우를 써서 공자(孔子)를 예우할 바는 아니었다. 계씨(季氏)와 맹씨(孟氏)의 중간 정도로 공자(孔子)를 예우한다면, 예우 또한 대단한 것이었다. 그렇지만 다시 말하기를, '내가 늙어서 등용하지 못하겠다'고 했기 때문에, 공자(孔子)께서 제(齊)나라를 떠나신 것이다. 대개 예우의 경중에 결부시켜서가 아니고, 다만 등용하지 못하겠다고 해서 떠나신 것뿐이다."

[齊人歸女樂章]

180401、齊人歸[1]女樂[2], 季桓子[3]受之。三日不朝, 孔子行。[4, 5]

---

1 《論語義疏》'歸'(귀)는 '餉'(향)[보내다]과 같다(疏: 歸, 猶餉也。).

2 《論語義疏》'女樂'(여악)은 '女妓'[기생]이다(疏: 女樂, 女妓也。).

3 季桓子(계환자): ?~BC 492. 姬姓, 季氏, 이름 斯. 시호 桓. 季平子[?~BC 505]의 아들로, 아버지를 이어서, BC 505~BC 492년까지 노나라 정권을 담당했으며, 애공 3년에 죽었다.

4 《孟子·告子下 제6장》 맹자가 말했다. "공자는 노나라 사구였지만, 그의 의견이 받아들여지지 않고, 이어서 봄에 교제를 지내고 교제에 쓴 고기를 보내오지 않자, 관을 벗지도 않고 떠났습니다. 알지 못하는 자들은, 고기를 보내오지 않았기 때문이라고 여겼고, 안다는 자들은, 노나라 임금이 무례했기 때문이라고 여겼습니다. 하지만 공자의 입장은 하찮은 죄행을 구실삼아 떠나고자 한 것이었지, 진심으로는 떠나고자 하지 않았습니다. 군자의 행동하는 바를, 일반 사람들은 진정 알지 못합니다"(曰: 孔子爲魯司寇, 不用, 從而祭, 燔肉不至, 不稅冕而行。不知者, 以爲爲肉也, 其知者, 以爲爲無禮也。乃孔子則欲以微罪行, 不欲爲苟去。君子之所爲, 衆人固不識也。); 《史記·孔子世家》 정공 14년 공자 나이 56세에, 대사구에 임용되어 재상의 일을 대행했고, 정사를 문란케 한 대부 소정묘를 처형했다. 정사를 맡은 지 3개월이 되자, 양과 돼지를 파는 자는 값을 속이지 않았고, 남자와 여자는 따로 길을 걸었고, 길에 떨어진 물건을 주워 가는 사람이 없었다. 성읍을 찾는 사방 여행객들은 관리에게 뇌물을 주지 않았고, 관리는 여행객을 모두 잘 돌봐주어 돌아가게 해주었다(定公十四年, 孔子年五十六, 由大司寇行攝相事, ……於是誅魯大夫亂政者少正卯。與聞國政三月, 粥羔豚者弗飾賈; 男女行者別於塗; 塗不拾遺; 四方之客至乎邑者不求有司, 皆予之以歸。). 제나라 사람들이 이를 듣고 두려워하여 말하기를, '공자가 정치하면 노나라가 반드시 패자가 될 것이다. 패자가 되면 우리 땅이 옆에 있으니, 우리가 먼저 병합될 것이다. 어찌 땅을 바치지 않겠는가?'라고 하자, 여서가 말하기를, '먼저 공자를 막아봅시다. 막아봐서 안 되면 그때 가서 땅을 바쳐도, 어찌 늦겠소!'라고 했다. 이에 제나라 안에서 예쁘게 생긴' 여자 80명을 뽑아, 모두 아름다운 옷을 입히고 강락무를 가르치고, 말 120필을 잘 치장시켜서, 노나라 임금에게 선물로 보냈다. 여자 가무단과 잘 치장시킨 말을 노나라 도성 남쪽 높은 문밖에 진열시켜 놓았는데, 계환자가 변복 차림을 하고 가서 몇 차례 살펴보고는, 받아들일 생각을 하고, 이에 노나라 임금에게 한 바퀴 돌아보겠다고 말하고는, 가서 종일 살피면서, 정사를 게을리 했다(齊人聞而懼, 曰: '孔子爲政必霸, 霸則吾地近焉, 我之爲先并矣。盍致地焉?' 黎鉏曰: '請先嘗沮之; 沮之而不可則致地, 庸遲乎!' 於是選齊國中女子好者八十人, 皆衣文衣而舞康樂, 文馬三十駟, 遺魯君。陳女樂文馬於魯城南高門外, 季桓子微服往觀再三, 將受, 乃語魯君爲周道游, 往觀終日, 怠於政事。). 자로가 '선생님 이제 뜨실 때가 되었습니다'라고 하자, 공자가 말하기를 '노나라가 이제 교제사를 지낼 텐데, 대부에게 제사 지낸 고기를 보내오면, 아직 머물러 있어도 된다'고 했다. 계환자는 결국 제나라가 보낸 여자 가무단을 받아들이고, 3일을 정사를 보지 않았고, 또 교제사를 지내고 제사 지낸 고기를 보내오지 않자, 공자가 이에 노나라를 떠났다(子路曰: '夫子可以行矣。' 孔子曰: '魯今且郊, 如致膰乎大夫, 則吾猶可以止。' 桓子卒受齊女樂, 三日不聽政; 郊, 又不致膰俎於大夫, 孔子遂行。); 《史記·魯仲連鄒陽列傳》 옛날에 노나라는 계손의 말을 듣고 공자를 축출했다(昔者魯聽季孫之說而逐孔子。); 《論語正義》 江永[1681~1762]의 《鄉黨圖考》에 말했다. "《十二諸侯年表》 및 《衛世家》를 고찰해보면, 모두 영공 38년에 '공자가 와서, 노나라에서와 똑같이 녹봉을 주었다'고 쓰여 있다. 위영공 38년은 노정공 13년이다. 아마도 여자 가무단이 온 것은 정공 12년 겨울에서 13년 봄 사이의 일이고, 노나라를 뜨신 것은 실제 정공 13년 봄이었을 것이다"(正義曰: 江氏永鄉黨圖考: 考十二諸侯年表及衛世家, 皆於靈

제(齊)나라 사람이 여자 가무단을 선물로 보내오자, 계환자(季桓子)가 그들을

公三十八年書'孔子來, 祿之如魯'。衛靈三十八當魯定十三。蓋女樂事在十二, 十三冬春之間。去魯實在十三年春。);《集注考證》 공자는 노나라에서 태어나 50년을 노나라에서 살고 있었고, 수많은 제자를 가르치고 있어서, 그의 현능함이 익히 알려져 있었을 것임에도, 노나라는 지금껏 그를 기용한 적이 없었다. 노나라는 이미 三家가 공실을 네 등분하고 있어서, 정공으로서는 공자를 기용하고 싶은 마음이 있었다 한들, 계씨에게서 권력을 빼어 공자에게 줄 힘이 없었고, 계씨 또한 자기의 권력을 양보하여 공자에게 설마 기꺼이 주려 했겠는가? 계평자가 죽고, 계환자가 권력을 잡으면서부터, 공산불요가 비읍에서 반란을 일으켰고, 양화가 반란을 일으켜 계환자를 구금해 놓고 권력을 장악하고 있었고, 제나라의 공격으로 땅을 빼앗기면서, 내우외환에 시달리자, 정공이나 계환자로서는 반란을 종식시키고 쇠약해진 노나라의 공실의 힘을 회복하고자[止亂興衰], 공자를 기용할 수밖에 없었다. 공자로서도, 계환자가 도를 행할 생각을 하고 있음을 알고, 기꺼이 벼슬을 맡았으니[孔子於季桓子 見行可之仕][孟子 · 萬章下 제4장], 이에 혼란스러운 상황이 종식되고, 제나라 빼앗긴 땅을 되돌려 받으면서, 바야흐로 노나라가 안정을 되찾게 되었다. 그렇지만 나라가 안정되고, 공자의 명성이 사방에 알려지자[政聲四達], 계환자로서는 더 이상 자기 권력을 공자에게 떼어주어 정치를 맡기는 것을 불안하게 여겼고, 공자가 공실의 권력을 강화하고자 三都를 무너뜨리려 하면서, 공자에 대한 신임이 이미 점차 약해져 가고 있었지만[其信任之意必以漸衰], 공자를 감히 쫓아내지는 못하고 내쫓을 기회만 엿보고 있었고, 더 이상 쓰지 않으면서[孔子爲魯司寇 不用][孟子 · 告子下 제6장], 공자로서도 발붙일 틈이 없게 되었다[孔子顧亦無隙可行]. 공자에 대한 신임이 두터웠다면, 제나라에서 일개 여자 가무단을 보내 공자의 힘을 약화시키고 공자와 계환자 사이를 이간질할 수 있을 것이라는 생각은, 애들 장난[兒戲]에 불과한 계책이었을 것이다. 계환자가 공자를 신임하고 있었다면, 여자 가무단에 대해 공자에게 자문을 구했을 것이고, 공자로서는 당연히 받지 말라고 했을 텐데, 공자를 상대하지 않고 혼자 결정으로 여자 가무단을 받아들이고, 조회에도 나오지를 않자, 더 이상 할 일이 없는 공자로서도 그만둘 생각을 하게 되던 차에, 대부라면 으레 보내주던 [彝禮] 제사 지낸 고기까지도 보내주지 않는 등, 예를 갖춘 대우[際可之仕]까지도 해주지 않자, 드디어 떠나게 되었으니, 이것이 공자가 노나라를 떠나게 된 전후 사정[夫子之出處本末事情]이다;《論語大全》 계환자는 양화에게 4, 5년간 속박을 받았고, 거의 죽음을 면치 못했다. 일단 양화의 손아귀에서 벗어나, 공자와 더불어 일을 하게 되었으니, 이때가 그가 분발해서 스스로 힘쓴 시기였다. 그런데 상황이 이전으로 돌아가자, 마음이 바로 교만하고 방자해졌다. 공자께서는 바야흐로 계환자를 도와서 일을 하고자 하셨지만, 계환자의 소행이 이와 같았으니, 진정 떠나지 않을 수 없었다. 맹자는, 공자께서는 계환자에 대해 도를 행할 생각을 하고 있음을 알고 벼슬을 맡으셨다[萬章下 제4장]고 했고, 여기서는, 계환자가 조회를 보지 않으니 공자께서 떠나셨다고 했다. 벼슬하신 것이나 떠나신 것이나, 모두 계환자 때문이었고, 정공은 쓸데없이 임금 자리에서 허명만 붙들고 있었을 뿐이니, 슬프다(吳氏曰: 桓子受制陽貨四五年, 幾不免死。一旦得脫虎口, 而與夫子從事, 此其發憤自强之日也。而境順於前, 心卽驕逸。夫子方欲輔桓子以有爲, 而桓子所爲若是, 固不得不行也。孟子曰: '孔子於季桓子見行可之仕。' 此曰 '季桓子不朝, 孔子行。' 其仕,其行, 皆以桓子, 而定公徒擁虛名於其上也, 悲夫!).

5 통치자들은 때때로 樂隊와 樂器를 국내외에서 선물로 주고받았으며, 한 나라의 최고 통치자는 악대와 악기를 상품으로 귀족에게 내리기도 하였다[(注) 鄭人이 晉侯에게 악사 師悝 · 師觸 · 師蠲과, 歌鐘 32개와 악기 鎛 · 磬과 女樂 16人을 헌상하였다[春秋左傳 · 襄公 11년]]. 통치자들은 또 음악을 외교 또는 군사의 도구로 삼아 그들의 정치적 목적을 실현하기도 하였다. 이런 예는 적지 않다. 기원전 623년 진 목공은 융국으로부터 걸출한 인재인 由余를 얻기 위해 女樂 16명을 융왕에게 보내 그와 융왕 사이에 갈등을 조성한 끝에 그를 얻었다(史記 · 秦本紀)(楊蔭瀏 著/이창숙 역, 『중국 고대 음악사』[솔출판사, 1999], 145).

받아들였다. 사흘 동안 조회에 나오지 않자, 공자(孔子)께서 노(魯)나라를 떠나 제(齊)나라로 가셨다.

歸, 如字, 或作饋。朝, 音潮。○季桓子, 魯大夫, 名斯。按史記, 「定公十四年, 孔子爲魯司寇[6], 攝行[7]相事。齊人懼, 歸女樂以沮之」。尹氏曰: 「受女樂而怠於政事如此, 其簡賢棄禮[8], 不足與有爲可知矣[9]。夫子所以行也, 所謂見幾而作, 不俟終日[10]者與。」

'歸'(귀)는 본래 음[guī]대로 읽는데, 어떤 책에는 '饋'(궤)로 썼다. '朝'(조)는 음이 '潮'(조)이다. ○'季桓子'(계환자)는 노(魯)나라 대부로, 이름이 사(斯)이다.《사기》(史記)에 의하면, '정공(定公) 14년에, 공자(孔子)께서 노(魯)나라 사구(司寇)가 되어 재상의 일을 대행했다. 제(齊)나라 사람들이 두려워하여, 여자 가무단을 선물로 보내 이로써 공자(孔子)를 막아보려고 했다'라고 되어 있다.

윤씨(尹氏 · 尹彦明)가 말했다. "여자 가무단을 받아들이고 정사를 게을리한 것이 이와 같았으니, 그의 현자를 홀대하고 예(禮)를 내팽개친 행동은, 함께 큰일을 하기에 부족했다는 것을 알 수 있다. 선생님께서 떠나신 까닭은, 이른바 '(군자는) 낌새를 알아차렸으면 일어나기를, 해 떨어지기를 기다리지 않는다'는 것이리라."

○范氏曰: 「此篇記仁賢之出處, 而折中[11]以聖人之行, 所以明中庸之道也。」

---

6 司寇(사구): 형의 집행과 규찰을 관장하는 직책으로 6경[太宰 · 大司徒 · 大宗伯 · 大司馬 · 大司寇 · 大司空]의 하나(周为六卿之一, 曰秋官大司寇。掌管刑狱, 纠察等事。).

7 攝行(섭행): 대리 행사하다(代理行使职权).

8《論語大全》공자를 쓰고 있는 때에도 이와 같았으니, '簡賢'이고, 사흘 동안 조회에 나오지 않았으니, '棄禮'이다(新安陳氏曰: 於用孔子之時而如此, 簡賢也, 三日不朝, 棄禮也。); 簡賢(간현): 현능한 자를 경시하다. 현능한 사람을 뽑아 쓰다(轻慢贤能。選用賢能。).

9《孟子 · 公孫丑下 제2장》그러므로 장차 큰일을 하게 될 임금이라면, 그가 불러들이지 못하는 신하가 반드시 있기 마련인데, 그에게 의논하고 싶은 일이 있으면 그 신하를 찾아가야 합니다. 덕을 높이 받들고 할 도리를 즐겨 지키는 것이 이와 같지 않다면, 함께 큰일을 하기에 부족합니다(故將大有爲之君,必有所不召之臣。欲有謀焉, 則就之。其尊德樂道, 不如是不足與有爲也。).

10《周易 · 繫辭下》군자는 기미를 알아차렸으면 일어나기를, 해 떨어지기를 기다리지 않는다(君子見幾而作, 不俟終日。); 見幾而作(견기이작): 조짐이 보이면 즉각 조치를 취하다(指发现一点苗头就立刻采取措施。). 幾(기): 조짐. 실마리(苗头). 作(작): 행동하다(行动).

11 折中(절중): 正을 취해서 다른 사물을 판단하는 기준으로 쓰다. 서로 다른 사물이나 의견 · 관점 따위를

○범씨(范氏 · 范淳夫)가 말했다. "이 편은 (은나라 삼인(三仁)과 유하혜 등을 비롯한) 인자 · 현자들의 벼슬에 나아감과 벼슬에서 물러남을 기록하면서, 성인께서 제(齊)나라 · 노(魯)나라를 떠나신 일을 판단기준으로 써서, 중용(中庸)에 맞는 도리를 밝히고자 했다."

알맞게 조절하여 서로 잘 어울리게 하다. 양 끝을 잡고 그 중간을 자르다(亦作'折衷'。取正, 用为判断事物的准则。事理有不同者, 执其两端而折其中).

[楚狂接輿章]

180501、楚狂接輿歌而過孔子曰[1]:「鳳[2]兮! 鳳兮! 何[3]德之衰?[4] 往者不可諫[5], 來者猶可追[6]。已而[7], 已而! 今之從政者殆而[8]!」[9]

1《論語義疏》접여는 초나라 사람이다. 姓 陸, 名 通, 字 接輿이다. 초나라 昭王[BC 515~BC 489 재위]때 정치가 무상하여, 머리를 풀어 헤치고 미친 척하여, 벼슬에 나가지 않았는데, 당시 사람들이 그를 초나라 미치광이라 불렀다(疏: 接輿, 楚人也。姓陸名通, 字接輿。昭王時, 政令無常, 乃被髮佯狂, 不仕, 時人謂之楚狂也。);《論語正義》《韓詩外傳 · 卷二》에 말하기를 '초나라 광인 접여가 손수 농사를 지어 먹고 살고 있었는데, 초나라 왕이 사자를 시켜 금 100 鎰을 보내면서, 하남 땅을 다스려 주십사 청하자, 접여가 웃으면서 답하지 않고, 처와 함께 숨어버렸는데, 성과 이름을 바꾸고, 그들이 간 곳을 아무도 알지 못했다'라고 했다[《鄕黨 제17장》 각주《韓詩外傳 · 卷二》 참조]. 이로 보건대 '接輿'는 바로 숨어버리기 전에 전해지는 姓字로, 후대 사람들은 '孔子下'로 인해 이를 '下車'로 풀이하여, 이에 '楚狂接輿歌'를, '楚狂이 接輿[공자가 탄 수레를 스쳐 지나가다]하면서 노래를 불렀다'고 말하는데, 잘못이다(正義曰: 韓詩外傳稱"楚狂接輿躬耕以食, 楚王使使者資金百鎰, 願請治河南, 接輿笑而不應, 乃與其妻偕隱, 變易姓字, 莫知所之"。觀此, 則接輿乃其未隱時所傳之姓字, 後人因"孔子下"解爲"下車", 遂謂楚狂與夫子之輿相接而歌, 誤也。);《論語集釋》후대 사람들은 아래 나오는 '孔子下'라는 글에 얽매여서, 이를 '下車'로 보고, 이에 '(楚狂)接輿'를 '(楚狂)接孔子之輿'[초나라 광인이 공자가 탄 수레를 스쳐 지나가다]라고 풀이했는데, 잘못이다.《莊子 · 內篇 · 人間世》를 고찰해보면, '공자가 초나라에 갔는데, 초나라 광인 접여가 공자가 묵고 있는 집 문 앞을 거닐면서 말했다'라고 했으니, 그렇다면 '接孔子之輿'이 아니고, '接'은 씨(氏)이고 '輿'는 명(名)으로 보는 것이 맞다(按: 後人泥於下文「孔子下」之文, 以爲卽下車, 遂以接輿爲接孔子之輿, 非也。考莊子人間世, 孔子適楚, 楚狂接輿游其門, 則非接孔子之輿矣, 當以接氏輿名爲是。);《論語譯注》曹之升[淸人]의《四書摭餘說》에 말했다. "논어에 기록된 은자는 모두 각각 하는 일에 따라서 지어 붙여진 이름이다. 성문의 문지기와 관련해서 '晨門'이라 했고, 지팡이 짚은 노인과 관련해서 '丈人'이라 했고, 나루터와 관련해서 '沮' '溺'이라 했고, 공자가 탄 수레와 관련해서 '接輿'라 했으니, 은자는 모두 이름도 아니고 字도 아니다"(이에 따르면 '楚狂接輿'는 '초나라 미치광이가 공자가 탄 수레를 만지작거리다'가 된다)(曹之升《四书摭余说》云:《论语》所记隐士皆以其事名之。门者谓之'晨门', 杖者谓之'丈人', 津者谓之'沮'、'溺', 接孔子之舆者谓之'接舆', 非名亦非字也。).

2 鳳(봉): 수컷을 鳳(봉), 암컷을 凰(황)이라 한다. 성덕을 갖춘 자(中国古代传说中的百鸟之王。常用来象征祥瑞。雄的叫凤, 雌的叫凰; 古时比喻有圣德的人。).

3《文言語法》'何'가 부사용법으로 쓰였으며, '왜' '어째서'로 번역할 수 있다('何', 作副词用的, 可以译为'为什么'或者'怎么'。);《論語句法》'何德之衰'는 상태를 표시하는 문장으로, 주어 '德之衰'가 술어 '何'와 순서가 도치된 것이다["덕이 쇠한 것은 어째서인고?"]('何德之衰'是表態句, 主語'德之衰', 跟謂語'何'是變了次。).

4《論語集解》공자를 봉황에 비유해, 봉황은 성군이 나와야 비로소 나타나는데, 봉황이 도리어 여기저기 돌아다니면서 성군을 찾아다니는 것을 비난한 것으로, 그래서 (봉황의) 쇠했다고 한 것이다(注: 孔安國曰: 比孔子於鳳鳥, 鳳鳥待聖君乃見, 非孔子周行求合, 故曰衰。).

5《論語集解》이왕에 행한 일은 더는 그만두라고 말릴 수 없다(注: 孔安國曰: 已往所行, 不可復諫止也。);《論語義疏》이미 다 지난 일이니 탓하지 않겠다[八佾 제21장](疏: 是既往不咎也。).

초(楚)나라 광인 접여(接輿)가 공자(孔子)가 탄 수레 앞을 지나가면서 노래를 불렀다. "봉(鳳)이여! 봉(鳳)이여! 어찌 덕이 쇠했을꼬? 이미 지난 세월이야 이제는 더 이상 얘기할 것 없지, 앞으로 닥칠 세월일랑 아직은 나를 따라 숨어지낼 수 있으리니. 아서라, 아서라! 지금 정치하는 것들 위태하구나!"

接輿, 楚人, 佯狂辟世[10]。夫子時將適楚, 故接輿歌而過其車前也。鳳有道則見[11], 無道則

---

6 [성]往者不諫 來者可追(왕자불간 래자가추): 과거의 일은 만회할 수 없지만, 미래의 일은 아직 따라잡을 수 있다. 기운 내서 정진하라고 격려할 때 쓰는 말(往者: 过去的事; 谏: 规劝; 来者: 未来的事; 犹: 还; 追: 赶上。过去的不能挽回弥补, 未来的还是能赶得上的。后多用为劝勉人奋起进步之辞。); [성]來者可追(래자가추): 앞으로 발생할 일은 얼마든지 조치하여 바로잡을 수 있다. 과거의 일은 이미 만회할 방법이 없지만, 미래의 일은 따라잡기에 아직 늦지 않다. 벌충할 수 있다(可追: 可以补救。过去的事已无法挽回, 但是未来的事还来得及赶上。謂以後的事尚能補救。);《論語集解》오늘후로는, 나를 따라서 스스로 그만두고, 난세를 피해 숨어지낼 수 있다(注: 孔安國曰: 自今已來, 可追自止, 辟亂隱居也。); 來者(래자): 장래의 일 · 사람. 후배(將來的事。將來的人; 後輩。).

7《經典釋文》노논어에는, '期斯已矣, 今之從政者殆。' ((出仕의) 때가 이것으로 끝났으니, 지금 정치하는 자들이 위태하구나!)로 되어 있다(魯讀'期斯已矣, 今之從政者殆。');《論語集解》'已而'는 세상 혼란이 너무 심해서, 더는 다스릴 수 없다는 말이다(注: 已而者, 世亂已甚, 不可復治。);《論語譯注》"그만두자꾸나!"("算了吧!");《經傳釋詞》'而'는 구절을 끝내는 어조사이다(而者, 句絕之辭。);《古書虛字》'而'는 '乎'와 같다. 감탄사이다('而'猶'乎'。爲感歎之詞。);《論孟虛字》이 절의 '而'字는 감탄을 나타내는 助聲詞이다(這幾個'而'字, 應是表感歎的助聲詞。);《論語句法》'已而'는 접미사 '而'를 붙여 발음을 길게 늘인 것이다('已而'是帶詞尾'而'的衍聲複詞。).

8《論語義疏》'殆而'는 지금 정치하는 자들은 모두 위태해서 더는 바로잡을 수 없는 자라는 말이다(疏: 殆而者, 言今從政者皆危殆, 不可復救治之者也。).

9《莊子 · 內篇 · 人間世》공자가 초나라에 갔는데, 초나라 광인 접여가 공자가 묵고 있는 집 문 앞을 거닐면서 말했다. "봉이여! 봉이여! 어찌 덕이 쇠했을꼬? 앞 닥칠 세상일랑은 기대하지 말고, 지나간 세상일랑은 추구하지 말게. 세상에 도 있으면 성인은 이루지만, 세상에 도 없으면 성인은 살아갈 뿐. 지금 이 세상에선 근근이 형벌 면하면서 명이나마 부지할 뿐. 복은 깃털보다 가벼운데 잡을 줄 모르고, 화는 땅보다 무거운데 피할 줄 모르네. 아서라, 아서라. 사람을 덕으로 다스리는 일일랑은. 위태해라, 위태해라. 땅에다 금 그어놓고 그 안에서 예의 갖춘다고 종종걸음 하는 모습일랑은. 미친 양 미친 척하니, 내 가는 길일랑은 아무런 해 없지! 내 걸음일랑은 비틀비틀하니, 내 걷는 발일랑은 아무런 해 없지!" 산에 자라는 나무는 쓰일 만하니 저 스스로 잘림을 당하고, 호롱불은 불에 잘 붙으니 저 스스로 불살라진다. 계수나무는 먹을 만하니 껍질이 벗겨지고, 옻나무는 쓰일 만하니 껍질이 벗겨진다. 사람들은 모두 쓸모있는 것의 쓸모는 알아도, 쓸모없는 것의 쓸모는 모른다(孔子適楚, 楚狂接輿遊其門曰: "鳳兮鳳兮, 何如德之衰也!來世不可待, 往世不可追也。天下有道, 聖人成焉; 天下無道, 聖人生焉。方今之時, 僅免刑焉。福輕乎羽, 莫之知載; 禍重乎地, 莫之知避。已乎已乎, 臨人以德!殆乎殆乎, 畫地而趨!迷陽迷陽, 無傷吾行! 吾行卻曲, 無傷吾足!" 山木自寇也, 膏火自煎也。桂可食, 故伐之; 漆可用, 故割之。人皆知有用之用, 而莫知無用之用也。).

10《論語正義》《戰國策 · 秦策》에 범저가 말하기를, '기자와 접여는 온몸에 칠을 하여 문둥병에 걸린 행세를 했고, 머리털을 다 밀어버려 미친 행세를 했으니, 은나라와 초나라에 무익했다'고 했고,《史記 · 鄒陽傳》

隱, 接輿以比孔子, 而譏其不能隱爲德衰也。來者可追, 言及今[12]尙可隱去。已, 止也。而, 語助辭。殆, 危也。接輿蓋知尊孔子而趨不同者[13]也。

'接輿'(접여)는 초(楚)나라 사람으로, 거짓으로 미친 척하여 세상을 피했다. 선생님께서는 이 당시에 초(楚)나라로 가려고 하셨는데, 그 때문에 접여(接輿)가 노래를 부르면서 공자(孔子)가 탄 수레 앞을 지나간 것이다. '鳳'(봉)은 도가 있으면 나타나고, 도가 없으면 숨어지내는 새인데, 접여(接輿)는 봉(鳳)으로 공자(孔子)를 비유하여, 공자(孔子)가 (도가 없는 세상인데도) 숨어지내지 못하는 것은 덕이 쇠했기 때문이라고 조롱한 것이다. '來者可追'(래자가추)는 '지금이라도 숨어지낼 수 있다'는 말이다. '已'(이)는 '그만두다'[止]이다. '而'(이)는 어조사이다. '殆'(태)는 '위험하다'[危]이다. 접여(接輿)는 공자(孔子)를 존경할 줄은 알았지만, 가는 길이 서로 다른 자였다.

에 추양이 양효왕에게 올린 옥중편지에서 말하기를, '기자는 거짓으로 미친 척했고, 접여는 세상을 피했다'고 했고, 《楚辭 · 涉江》에 말하기를 '접여가 머리털을 다 밀었다'고 했는데, '髡首(곤수)'는 중옹이 단발한 것[《微子 제8장》 集注 참조]과 같다. 온몸에 칠을 하는 것, 머리털을 다 밀어버리는 것은, 모두 미친 행세이기 때문에, '接輿佯狂'이라 한 것이다(正義曰: 秦策範睢曰: "箕子, 接輿, 漆身而爲厲, 被發而陽狂, 無益於殷, 楚." 史記鄒陽傳上書曰: "箕子佯狂, 接輿避世。" 楚辭涉江云: "接輿髡首。" "髡首"如仲雍之斷發。漆身, 髡首, 皆佯狂之行, 故此注言 "接輿佯狂"也。).

11 《春秋孔演圖》 봉은 불의 精華로, 단혈산에서 나고, 오동나무가 아니면 깃들지 않고, 대나무 열매가 아니면 먹지 않고, 단물이 솟는 샘물이 아니면 마시지 않는다. 몸에는 오색이 갖춰져 있고, 울음 속에는 오음이 들어 있고, 도가 있으면 나타나고, 날아갈 때는 온갖 새가 뒤따른다. 임금이 도를 지니고 있으면, 천하가 태평하게 되고, 봉황이 나와 운다(鳳爲火精, 生丹穴, 非梧桐不棲, 非竹實不食, 非醴泉不飮, 身備五色, 鳴中五音, 有道則見, 飛則羣鳥從之。人君有道, 則天下致泰平, 鳳凰來鳴。); 《詩名多識》《韓詩外傳 · 卷八》에 '봉의 모양은, 앞은 큰기러기이고, 뒤는 기린이고, 제비의 턱에 닭의 부리이고, 뱀의 몸에 물고기의 꼬리이고, 황새의 이마에 원앙의 빰이고, 용의 무늬에 거북의 등이다. 날개에 다섯 빛깔의 무늬를 갖추었고, 높이는 네댓 자이고, 온 세상을 빙빙 돌며 날다가, 세상에 도가 있으면 나타난다. 그 날개는 방패와 같고, 그 울음소리는 퉁소 소리와 같다. 살아 있는 곤충을 쪼지 않고, 살아 있는 풀을 꺾지 않는다. 떼를 지어 살지 않고, 짝을 지어 다니지 않는다. 오동나무가 아니면 깃들지 않고, 대나무 열매가 아니면 먹지 않고, 단물이 솟는 샘물이 아니면 마시지 않는다'고 했다(韓詩外傳云, 鳳之象,鴻前麟後, 燕頷雞喙, 蛇頸魚尾, 鸛顙鴛顋, 龍文龜背, 羽備五彩, 高四五尺, 翱翔四海, 天下有道, 則見。其翼若干, 其聲若簫。不啄生虫, 不折生艸。不群居, 不侶行。非梧桐不棲, 非竹實不食, 非醴泉不飮。).

12 及今(급금): 지금 이때를 틈타서(趁現今之時。).

13 《淮南子 · 說山訓》 성격과 취향이 서로 투합되면, 千里 먼 길이라도 서로 따르고 친하게 지내지만, 성격이 다르고 취향이 다르면, 문을 마주한 사람이라도 문을 걸어 잠그고 서로 알고 지내려 하지 않는다(行合趨同, 千里相從; 行不合, 趨不同, 對門不通。); 趨(추): 취향. 志向. 추구하다. 쫓고 쫓기며 하다. 빨리 가다(趋尚, 志趣。追求, 追逐。快步走。).

180502、孔子下[14], 欲與之言。趨而辟之, 不得[15]與之言。[16]

공자(孔子)께서 수레에서 내려, 접여(接輿)와 이야기하려고 했다. 빠른 걸음으로 공자(孔子)를 피하는 바람에, 그와 이야기하지 못했다.

辟, 去聲。○孔子下車, 蓋欲告之以出處之意。接輿自以爲是, 故不欲聞而避之也。

'辟'(피)는 거성[pi]이다. ○공자(孔子)께서 수레에서 내리신 것은, 대개 그에게 벼슬에 나아감과 벼슬에서 물러남에 대한 당신의 생각을 말해주려고 해서였다. 접여(接輿)는 스스로가 옳다고 여겼기 때문에, 듣고 싶지 않아서 공자(孔子)를 피한 것이다.

---

14 《經典釋文》'孔子下'에 대해, 포함은 '下車'로 풀이했고, 정현은 '下堂出門'으로 풀이했다(孔子下, 包云下車也, 鄭云下堂出門也。); 《論語集釋》 陳鱣[1753~1817]의 《論語古訓》에 말했다. "이 장은 '荷蕢過孔氏之門'(삼태기를 어깨에 멘 사람이 공자께서 묵고 있는 집의 문 앞을 지나갔다)[憲問 제42장]와 같기 때문에, 정현은 '下堂出門'(당을 내려가 문밖으로 나가다)으로 풀이한 것이다. 《莊子 · 內篇 · 人間世》에 '공자가 초나라에 갔는데, 초나라 광인 접여가 공자가 묵고 있는 집 문 앞을 거닐면서 말했다'고 했으니, '下堂出門'을 증명하기에 충분하다. 포함은 '下車'로 풀이했는데, 잘못이다"(論語古訓: 按此當與荷蕢過孔門同, 故鄭云下堂出門也。莊子人間世云: 「孔子適楚, 楚狂接輿遊其門曰……」足爲下堂出門之明證。包云下車, 誤矣。).

15 《北京虛詞》 得(득): 조동사. ~할 수 있다. 동작이니 정황의 가능성을 표시한다('得', 助动词。用于动词前或小句前, 表示动作或情况的可能性。义即'能'。).

16 《孔子傳》 접여는 아마도 채나라 유민으로, 옛 도읍을 떠돌다가 초나라 사람이 된 것으로 보인다. 《韓詩外傳 · 卷二》에 '초나라 광인 접여가 농사를 짓고 살고 있었는데, 초나라 왕이 사람을 시켜 금 100 鎰을 보내오면서, 하남 땅을 다스려 달라고 청했지만, 접여가 답하지 않고, 처와 함께 숨었는데, 아무도 그가 숨은 곳을 몰랐다'고 했다[《鄕黨 제17장》 각주 《韓詩外傳 · 卷二》 참조]. 그렇다면 섭공이 채나라 옛 도읍의 유민들을 부함으로 불러 모았을 때[春秋左傳 · 哀公 4年], 접여가 아마 그 가운데 있었을 것이다. 초나라 왕이 접여를 등용하여 하남 땅을 다스려달라고 청했다는 것은, 전해 내려오는 이야기지만, 그럼에도 초나라 왕의 생각이 당시 채나라 옛 도읍의 유민들을 회유하려는데 있었음을 드러낸다. 그런데 접여가 노래하면서 공자가 탄 수레 앞을 지나간 것은, 바로 공자가 중원의 유명한 대인으로서 초나라에 온 것을 반기지 않은 것이다. 만일 초나라에서 벼슬을 한다면, 장차 더욱 위태로운 길일 것이다. 접여의 노래에 담긴 뜻은 여기에 있었을 것이다. 요컨대 접여는 망국의 아픔을 품고, 그가 초나라의 통치에 대해, 필시 자기 동족이 아니라는 감정을 지녔으니, 단지 후세 노장의 무리의 은둔불사와 동일시해서는 안 된다(今疑接輿或是故蔡遺民, 沦落故地, 遂为楚人。《韩诗外传》: "楚狂接輿躬耕以食, 楚王使使者赍金百镒, 愿请治河南, 接輿不应, 与妻偕隐, 莫知所之。" 则叶公致蔡于負函, 接輿或在其內。楚王欲用接輿, 其曰 愿请治河南, 固属传说, 然亦透露了楚王之意在怀柔当时故蔡之遗民。而接輿之歌而过孔子, 正不喜孔子以中原诸夏有名大人前来楚邦。若果从仕于楚, 将更是一危殆之道。其歌意当在此……要之接輿当抱有亡国之痛, 其于楚人之统治, 必有非吾族类之感, 不得仅以与后世如庄老之徒之隐遁不仕同视。).

[長沮桀溺章*]

180601、長沮、桀溺[1]，[2]耦而耕[3]，孔子過之，使子路問津焉[4]。[5]

1《集注考證》 옛날의 은자들은, 자기의 성명을 스스로 밝히지 않았고, 사람들 역시 그들의 성명을 알 수 없었다. 논어에 기재된, 하궤 · 신문 · 하조장인의 경우, 모두 그들의 외모 차림새와 그들이 하는 일을 가지고 이름을 붙였지, 진짜 성명은 알 수 없었다. 유독 장저 · 걸닉은, 이름을 얻게 된 자이지만, 長과 桀이란 이런 성씨는 옛날에 없었는데, 이름에는 또 모두 물 水변이 붙어 있다. 공자께서 자로를 통해 나루터를 물었지만 알려주지도 않았으니, 그렇다면 어느 때 어디에서 그들의 성명을 알았겠는가? 추측하건대 역시 그들의 외모 차림새를 가지고 이름을 붙였을 것으로, 아마도 두 사람이 무논에서 써레질하는데, 한 사람은 호리호리하니 큰데 질퍽한 무논 흙탕물에 빠져 실랑이하고 있었고, 한 사람은 걸출하니 체격이 좋은데 질퍽한 무논 흙탕물이 다리에 튀겨 덕지덕지하게 붙은 모습이었기 때문에, 그러한 외모 차림새를 가지고 그런 이름을 붙였을 것으로, 荷蓧丈人이라 이름을 붙인 것과 같았다(古之隱者, 不以姓名自見, 人亦不得而知之。論語所載, 若荷蕢,晨門,荷蓧丈人, 皆以其物與其事名之, 不得姓名之真也。獨長沮, 桀溺, 若得其名氏者, 然長與桀古無此姓氏, 而名又皆從水。夫子使子路問津而不告, 則一時何自而識其姓名? 計亦以其物色名之, 蓋二人偶耕于田, 其一長而沮洳, 其一人桀然高大而塗足, 故因以其物色名之, 猶荷蓧丈人之云爾。);《疑義擧例》 장저와 걸닉, 저들 두 사람은 나루터를 묻는 것조차 알려주지 않았는데, 어찌 성명을 가지고 자로와 통성명했겠는가? 다만 아래의 각각의 문답이 있었기 때문에, 가설의 이름을 지어 그들을 구별하여 '沮'(저)라 하고 '溺'(닉)이라 한 것인데, 초야에 파묻혀서 때를 만나지 못해 돌아오지 못하는 처지를 애석하게 여긴 것이다. '桀'이란 말은 '傑然'이고, '長'[후리후리하다]과 '桀'[걸출하다]은 그들의 외모를 가리킨다(長沮,桀溺, 夫二子者問津且不告, 豈復以姓名通於吾徒哉? 特以下文各有問答, 故爲假說之名以別之, 曰'沮'曰'溺', 惜其沉淪而不返也。'桀'之言'傑然'也, '長'與'桀', 指目其狀也。);《論語譯注》 '長沮' '桀溺'은 진짜 성명이 아니다. 그들의 성명은 당시 이미 물어볼 시간이 없었고, 후세에는 더욱 알 방법이 없었다('長沮''桀溺'不是真姓名。其姓名當時已經不暇詢問, 後世更無由知道了。);《論語新解》 '沮'는 沮洳(저여)[모내기 전에 퇴비를 깔고 물을 댄 질퍽한 논]이다. '溺'은 淖溺(뇨닉)[질퍽한 흙탕물에 빠지다]이다. 두 사람이 질퍽질퍽한 무논에서 일하고 있어서, 이 글자를 취해 이름을 지은 것이다. 桀은 健[건장하다]의 뜻으로, 크다는 뜻이다. 한 사람은 후리후리하니 길쭉하고, 한 사람은 키가 크고 건장하다(沮, 沮洳。溺, 淖溺。以其在水边, 故取以名之。桀, 健义, 亦高大义。一人颀然而长, 一人高大而健。).

2《補正述疏》 胡炳文[1250~1333]의 《四書通》에 말했다. "'長沮, 桀溺' 앞에 '楚'를 쓰지 않은 것은 '楚狂'장에 이어서 썼기 때문으로, 그들이 초나라 사람임을 알 수 있다. 다음 장 '丈人'도 그렇다"(述曰: 論說家云: 長沮, 桀溺不書楚者, 以其與楚狂連章而書, 其爲楚人可知也。丈人亦然。).

3《論語大全》 쟁기 두 대를 한데 묶어서 땅을 가는 것을, 耦耕(우경)이라 한다(雙峯饒氏曰: 兩耜同隊而耕, 謂之耦耕。);《論語集釋》 錢坫[1744~1806]의 《論語後錄》에 말했다. "耦耕(우경)은 두 사람이 합해 하는 쟁기질이다. 《周官地官 · 司徒 · 里宰》에 '때가 되어 쟁기질하는데 두 사람의 쟁기를 합해서, 이를 써서 농사일을 하는 것으로, 논밭을 가는데 속도를 빠르게 한다'고 했다. 옛날에 牛耦와 人耦가 있었다. 耦耕은 人耦이다." 《山海經 · 海內經》에 '후직의 후손 숙균이 처음으로 牛耕을 시작했다'고 했다(論語後錄: 耦耕即合人耦也。周官里宰: 「以歲時合耦于耡, 以治稼穡, 趨其耕耨。」古者有牛耦, 有人耦。耦耕者, 人耦也。山海經云: 「后稷之孫叔均始作牛耕。」); 萬國鼎[1897~1963]의 《耦耕考》 우경은 한 사람은 땅을 갈고, 한 사람은 바로 뒤이어서 흙덩이를 부수는 것으로, 말하자면 짝을 이루어 한 사람은 땅을 갈고 한 사람은 흙덩이를 부수고 씨를 뿌리는 일을 나눠서 하는 경작방식이다(耦耕即一人掘地挖土, 另一人旋即把土块

장저(長沮)와 걸닉(桀溺)이 함께 무논에서 써레질하고 있었는데, 공자(孔子)께서 그 옆을 지나시다가, 자로(子路)를 시켜 그들에게 가서 나루터 있는 곳을 물어보게 했다.

沮, 七餘反。溺, 乃歷反。○二人, 隱者。耦, 並耕也。時孔子自楚反乎蔡。津, 濟渡[6]處。
'沮'(저, jǔ)는 '七'(칠)과 '餘'(여)의 반절이다. '溺'(닉, nì)은 '乃'(내)와 '歷'(력)의 반절이다. ○두 사람은 은자(隱者)이다. '耦'(우)는 '함께 무논을 갈다'[並耕]이다. 이때는 공자(孔子)께서 초(楚)나라에서 채(蔡) 나라로 돌아오시는 길이었다. '津'(진)은 '강을 건너는 나루터'[濟渡處]이다.

180602、長沮曰:「夫[7]執輿[8]者爲誰[9]?」子路曰:「爲孔丘。」曰:「是[10]魯孔丘與?」曰:「是[11]

打碎磨平, 也就是一人耕一人耰, 配合进行的耕作。).

4 [성]不敢問津(불감문진): 고귀 · 심오한 일을 가리켜 감히 물어보거나 시도해보지 못하다. 해결할 수 있는 출구나 방법을 물어보지 못하다(指高贵的,深奥的事物不敢过问或尝试。);《古今注》이때, 강물이 크게 불어나 있어서, 어디를 경유해서 건너야 할지를 모른 것이다(時, 水浩汗, 不知所由濟。);《北京虛詞》焉(언): 겸사. 여기에서. 그들을 향해. 이것과 비교해서. 문장 끝에 쓰여 개사 '于'와 대사 '是' '之' 등의 작용을 겸한다('焉', 兼词。用于句末, 兼有介词'于'和代词'是'、'之'等的作用。义即'在这里''向他们'、'比这个'等。).

5《論語正義》《史記 · 孔子世家》에, 이 일이 공자께서 초나라에서 채나라로 돌아오시던 때로 서술했는데, 그렇다면 애공 6년[BC 489], 공자 64세 때이다. 酈道元[472~527]의《水經注 · 潕水》에 말했다. "葉읍에 方城山이 있고, 方城山 옆으로 개천이 흐르는데, 물이 동쪽으로 흘러 潕水로 빠진다. 그래서 地理志에, 南陽 葉읍에 方城이 있다고 했다. 方城의 서쪽에 黃城山이 있는데, 이곳이 장저 · 걸닉이 쟁기질하던 곳으로, 동쪽으로 흐르는 물이 있으니, 그렇다면 자로가 나루터를 물었던 곳이다." 최근의《山東通志》에는, '魚臺縣 桀溺里가 현의 북쪽 30리에 있는데, 전하는 바로는 자로가 나루터를 물었던 곳으로, 問津亭이 세워져 있다'고 되어 있다(正義曰: 史記世家敘此事於孔子去葉反蔡之時, 則爲哀公六年, 孔子年六十四也。水經潕水注: "方城山, 水東流, 注潕水。故地理志曰: '南陽葉, 方城。' 邑西有黃城山, 是長沮,桀溺耦耕之所, 有東流水, 則子路問津處。" 而近時山東通志又謂"魚臺縣桀溺里在縣北三十里, 相傳爲子路問津處。其地乃濟水經流之地, 有問津亭。);《論語集釋》전국시대 제자백가인 尸佼(시교)[BC 390~BC 330]가 지은《尸子 · 散見諸書文匯輯》에는, '초광 접여가 方城에서 농사를 지었다'고 되어 있다(《尸子》曰: 楚狂接輿耕于方城。)

6 濟渡(제도): 물을 건너가다(渡过水面).

7《文言語法》夫(부): 遠指词로 쓰였다('夫', 远指, 译为'那''哪个'。);《論孟虛字》저('夫', 猶'彼'。);《史記 · 孔子世家》에는 '彼'로 되어 있다.

8 執輿(집여): 고삐를 잡고 수레를 몰다(谓执辔驾车).

也。」曰:「是知津矣。」

장저(長沮)가 물었다. "저기 수레 고삐를 잡고 있는 이는 누구이신가?" 자로(子路)가 답했다. "공구(孔丘)입니다." 장저(長沮)가 물었다. "노(魯)나라 공구(孔丘)인가?" "그렇습니다." "저 이가 나루터 있는 곳을 알고 있을 걸세."

夫, 音扶。與, 平聲。○執輿, 執轡[12]在車也。蓋本子路御而執轡, 今下問津, 故夫子代之也。知津, 言數周流, 自知津處。

'夫'(부)는 음이 '扶'(부, fú)이다. '與'(여)는 평성[yú]이다. ○'執輿'(집여)는 수레에서 고삐를 잡고 있는 것이다. 대개 본래는 자로(子路)가 수레를 몰면서 고삐를 잡았었는데, 지금은 수레에서 내려 나루터를 물어보고 있어서, 선생님께서 대신 잡고 계셨던 것이다. '知津'(지진)은 자주 두루 돌아다녀서, 스스로 나루터 있는 곳을 알고 있을 것이라는 말이다.

180603、問於桀溺, 桀溺曰:「子爲誰?」曰:「爲仲由。」曰:「是魯孔丘之徒與?」對曰:「然[13]。」曰:「滔滔[14]者天下皆是[15]也, 而誰以易之[16]? 且而[17]與其[18]從辟人之士

---

9 《助字辨略》'爲'는 '是'[~이다]이다(爲, 猶是也。); 《詞詮》 불완전자동사. ~이다('爲', 不完全自動詞。是也。); 《古漢語語法》'爲'가 연결동사로 쓰인 판단문이다('爲'作系词的判断句。); 《文言語法》 판단문에 쓰는 '是' '爲' 동사의 특징의 하나는 의문사가 목적어인 경우, 목적어가 동사 앞으로 도치되지 않는다는 것이다('是' '爲'诸义动词的特点中的一是以疑问词作宾语, 不倒装。).

10 《詞詮》 是(시): 지시대명사. 이('是', 指示代名詞。此也。); 《北京虛詞》 是(시): 근지 지시대명사. 그 사람. 이 곳. 바로 앞에 언급한 것을 가리킨다('是', 指示代词。用于近指, 可指人、事物、处所等。义即'这[人]'、'这'、'这里'等。); 《論孟虛字》 대사가 주어로 쓰였다('是', 是代詞作主語, 作'就是'講, 有'這''是'兩個詞的意思, 不是直接的判斷詞。在早期文言裡, '是'是代詞。); 《論語句法》 '魯孔丘'는 연결동사 '是'의 술어이다["노나라 공구인가?"]('魯孔丘'是繫詞'是'的謂語。).

11 《詞詮》 是(시): 불완전자동사. ~이다('是', 不完全內動詞。爲也。); 《北京虛詞》 是(시): 지시대명사가 술어로 쓰여 앞에서 출현한 상황을 대신 가리킨다. 바로 그런 것이다('是', 指示代词。作谓语, 指代上文出现的情况。义即'就是这样的'。).

12 轡(비): 고삐. 가축을 부리는 데 쓰이는 재갈과 고삐(驾驭牲口的嚼子和缰绳).

13 《文言語法》 然(연): 응대부사('然', 應對副詞。).

14 《論語集解》 '滔滔'(도도)는 (물이) 질펀하게 흐르는 모양이다(注: 孔安國曰: 滔滔者, 周流之貌也。); 《古今注》 '滔滔'(도도)는 물이 크게 불어난 모양으로, 천하가 온통 어지러운 게, 크게 불어난 물을 건너려는데 나루가 없는 모양과 같아서, 천하가 온통 이렇게 도도한 물이니, 지금 도를 행할 수 없다는 말이다(滔滔,

也[19], 豈若從辟世之士哉[20]?」 耰而不輟[21]。

大水貌, 言天下皆亂, 如涉大水而無津, 皆此水也, 今不可行道。); 滔滔(도도): 물이 가득히 세차게 흘러 걷잡을 수 없는 모양(盛大。形容大水奔流貌。); 滔(도): 물의 흐름이 세찬 모양. 물이 가득 차고 넘쳐흐르는 거대한 모양(水势盛大的样子。说文: 滔, 水漫漫大貌。).

15《文言語法》 판단문에서 연결동사인 '是' 다음의 목적어['滔滔者']가 앞당겨져 주어 역할을 하거나, 생략된 경우에는, '是'字는 없으면 안 된다('是'下的宾语提前做了主语, 或者承上省略了, '是'字更不可少。);《論語譯注》"도처에 모두 도도히 흐르는 물같이 더러운 것들뿐이다"("像洪水一樣的壞東西到處都是。");《論語句法》'天下'는 주어, '滔滔者'는 술어로 주어 앞으로 당겨졌고, '是'는 연결동사이다["천하가 도도한 흐름이다"]('天下'是……主語, 而'滔滔者'是謂語, 卻提在主語之上了, '是'是繫詞。).

16《論語義疏》"지금 천하의 혼란은 어디를 가든 다 똑같은데, 이 나라를 버리고 (물을 건너) 저 나라로 가서, 누구를 이 세상 바꿀 자로 정하겠는가?"(疏: 言當今天下治亂如一, 捨此適彼, 定誰可易之者乎?);《論語正義》'誰'는 당시의 제후를 말한다. '以'는 '與'[함께]이다. '易'(이)는 '治'이다["당시의 제후들 중에는 현자가 아무도 없는데, 공자는 어떤 제후를 얻어 그와 함께 세상을 다스리겠느냐?"](正義曰: 誰, 謂當時諸侯也。以, 與也。易, 治也。言當時諸侯皆無賢者, 孔子得誰與治之耶?);《經傳釋詞》'以'는 '與'이다. '而誰以易之'는 '누구와 함께 천하를 바꾸겠는가?'라는 말이다(以, 與也…… '而誰以易之.' 言誰與易之也。);《論語譯注》'以'는 '與'이다. 아래 나오는 '不可與同羣' '斯人之徒與而誰與' '丘不與易也'의 '與'字와 같은 뜻이다(以, 與也, 和下文'不可與同羣', '斯人之徒與而誰與', '丘不與易也'諸"與"字同義。);《論孟虛字》'以'는 '與'와 같다. 다음 절에 나오는 '丘不與易也'가 '以'와 '與'가 같은 뜻으로 서로 바꿔 썼다는 것을 증명할 수 있다('以', 猶'與'。下文'丘不與易也'一語, 可證'以'和'與'是同意通用的。);《論語句法》'之'는 '滔滔者'를 가리킨다["누구를 써서 이 도도한 흐름을 바꾸겠는가?"]('之'稱代'滔滔者'。).

17《論語義疏》"그대['而'를 '汝'로 해석했다]가 避人之士를 따르는 것이, 어찌 避世之士를 따르는 것만 하겠는가?"(疏: 言汝今從於避人之士, 則豈如從於避世之士乎?);《論語注疏》'且而'는 모두 語辭이다. '與'는 '等'[헤아리다. 비교하다]과 같다. 천하가 모두 어지러워서, 그것을 바꿀 방법이 없다고 이미 말했으니, 그렇다면 현자들은 모두 세상을 피하는 것이 합당하다. 또 (공자의 周流를) 자기들의 세상을 피하는 것과 비교하면, 사람 피하는 법을 따르면 周流의 고생이 있고, 세상 피하는 법을 따르면 安逸의 즐거움이 있으니, 의도가 공자로 하여금 자기들과 같이하게 하려는 것이었다(疏 正義曰: 且而, 皆語辭, 與, 猶等也。既言天下皆亂, 無以易之, 則賢者皆合隱辟。且等其隱辟, 從辟人之法則有周流之勞, 從辟世之法則有安逸之樂, 意令孔子如己也。);《詞詮》且(차): 전환접속사. 그런데. 게다가('且', 轉接連詞。與'抑'同。);《論語正義》'且而'의 '而'는 자로를 말한다(正義曰: '且而'之'而', 謂子路也。);《詞詮》而(이): 인칭대명사. 상대방을 부를 때 쓴다('而', 人稱代名詞。對稱用。);《古漢語語法》'而'는 곧 '爾'[그대]로, 주어로 쓰였다('而'就是'你', 作主语。);《論語詞典》而(이): 대명사. '爾'와 같다. 너. 그대(同"爾", 代詞, 你。);《王力漢語》'而' '乃'는 제2인칭 대사로, 목적어로 쓰지 못한다('女(汝)' '爾' '若' '而' '乃'都屬於第二人稱。'而''乃'都有一個特點, 就是不能用作賓語[連否定句的賓語都不能]。).

18《北京虛詞》與其……豈若……: ~하는 것이 어찌~만하겠는가? 선택을 표시하는 관용형식(凝固格式。表示选择。);《助字辨略》'豈若'은 '何若'[어찌~만하겠는가?]과 같다(豈若, 猶云何若。);《王力漢語》若(약): ~에 비할 수 있다. ~에 필적할 수 있다. 부정문이나 반어문에서 자주 쓰인다('若', 動詞, 像。又引申爲及, 比得上, 常用於否定句和反問句。);《論孟虛字》'豈若'은 '何如'와 같다. '與其……豈若……' 형식을 써서, 경중을 재고, 비교를 논하는 데 쓰인다. '與其' 뒤에는 해롭고 버려야 할 것을 쓰고, '豈若' 뒤에는 이롭고 취해야 할 것을 쓴다('豈若', 猶'何如'。以表兩者選擇其一的意思。'與其……豈若……', 爲權衡輕重, 商権比較的關係詞。上面用'與其'的領句, 一定是代表有害而要捨棄的偏句, 下面用'豈若'或'寧'或'不如'等構成的結句, 一定是有利而要採取的正句。).

걸닉(桀溺)에게 나루터 있는 곳을 묻자, 걸닉(桀溺)이 물었다. "그대는 누구이신가?" 자로(子路)가 답했다. "중유(仲由)라고 합니다." "노(魯)나라 공구(孔丘)의 문도이신가?" "그렇습니다." 걸닉(桀溺)이 말했다. "세상이 온통 걷잡을 수 없도록 세찬 강물의 도도한 흐름인데, 그대는 누구와 함께 이러한 흐름을 바꾸시겠는가? 게다가 그대가 (공구(孔丘) 같은) 사람을 피하는 선비를 따르는 것이, (우리 같은) 세상을 피하는 선비를 따르는 것에 어찌 비할 수 있겠는가?" (그러면서) 무논갈이를 멈추지 않았다.

徒與之與, 平聲。滔, 吐刀反。辟, 去聲。耰, 音憂。○滔滔, 流而不反[22]之意。以, 猶與也。言天下皆亂, 將誰與變易之? 而, 汝也。辟人, 謂孔子。辟世, 桀溺自謂。耰, 覆種也。亦不告以津處。

'徒與'(도여)의 '與'(여)는 평성[yú]이다. '滔'(도, tāo)는 '吐'(토)와 '刀'(도)의 반절이다. '辟'(피)는 거성[pì]이다. '耰'(우)는 음이 '憂'(우)이다. ○'滔滔'(도도)는 '흘러가서 되돌아오지 않는다'[流而不反]라는 뜻이다. '以'(이)는 '함께'[與]와 같다. 말인즉, '천하가 모두 어지러운데, 장차 누구와 함께 이 어지러운 세상을 바꾸겠는가?'라는 것이다. '而'(이)는 '너'[汝]이다. '辟人'(피인)은 공자(孔子)를 가리켜 말한 것이다. '辟世'(피세)는 걸닉(桀

19 《王力漢語》 也(야): 어기사로 잠시 말을 멈추거나 질질 끄는 것을 표시한다. 복문의 앞절 끝에 쓰이는 경우가 있다(語氣詞, 表示頓宕。有的'也'字是用在複句中的第一個分句之後。); 《文言語法》 '也'는 어기사로 절의 잠시 멈춤을 돕는다(语气词'也', 助分句的停顿。).

20 《王力漢語》 '哉'字의 주된 용도는 반문과 감탄으로, 언제나 순수의문을 표시하는 것만은 아니다('哉'字的主要用途有二: 一是表示反問, 以是表示感歎。它永遠不表示純粹的疑問。).

21 耰而不輟(우이불철): 쉼 없이 씨를 뿌리고 흙을 덮다(不停地播种后翻土、盖土。); 《論語集釋》 江永[1681~1762]의 《羣經補義》에 말했다. "耰는 곰방메로 흙덩이를 잘게 부수고 문질러 고르게 하는 일이고, 또 뿌린 씨 위에 흙을 덮는 일을 말한다. 《國語 · 齊語》에 '깊게 갈아 씨를 뿌리고 재빨리 흙을 덮고 나서 때맞춰 비가 내리기를 기다린다'고 했는데, 이는 흙을 덮는 일이 씨를 뿌리고 난 뒤에 있다. 이에 대해 북방 농민에게 물었더니 대답하기를, '씨를 뿌린 후에, 흙으로 씨를 덮고, 곰방메로 흙덩이를 잘게 부수고 문질러 고르게 해서, 씨가 흙에 묻히도록 해야, 새가 쪼아 먹지 못한다'고 했다"(羣經補義: 耰, 摩田也, 又曰覆種……國語云「深耕而疾耰之, 以待時雨。」, 是耰在播種之後。問諸北方農人曰: 播種之後, 以土覆是, 摩而平之, 使種入土, 鳥不能啄也。); 耰(우): 곰방메. 흙덩이를 잘게 부수다. 씨를 뿌리고 흙으로 덮다(古代弄碎土块, 平整土地的农具。用耰松土并使土块细碎。亦指覆种。泛指耕种。播种后翻土, 盖土。); 輟(철): 중간에 멈추다(中途停止, 废止。); 不輟(불철): 그치지 않고 쉼 없이 계속하다(不停止, 繼續不斷。).

22 蘇軾[1037~1101]의 《送杭州進士詩敘》에 '流而不返者水也 不以時遷者 松柏也'(흘러가서 되돌아오지 않는 것은 물이고, 때에 따라 옮겨가지 않는 것은 松柏이다)라는 글귀가 나온다.

溺)이 자신을 가리켜 말한 것이다. '耰'(우)는, '뿌린 씨앗을 흙으로 덮다'[覆種]이다. 그도 역시 나루터 있는 곳을 말해주지 않았다.

180604、子路行以[23]告。夫子憮然[24]曰:「鳥獸不可與同羣[25], 吾非斯人之徒與[26]而誰與[27]? 天下有道, 丘不與易也[28]。」[29]

23《文言語法》'用'과 '與'의 뜻으로 풀이되는 '以'는, 그 목적어는 늘 생략된다. '行以告'는 바로 '가서 이 사실을 가지고 공자께 말씀드렸다'라는 것이다(当'用'字讲和当'与'字的'以', 其下的宾语常常省去。'行以告'即'行而以之告孔子'。);《論語語法》개사 '以' 뒤에 개사목적어 '滔滔者……豈若從辟世之士哉?'가 생략되었다(介詞'以'後面省略'滔滔者……豈若從辟世之士哉?'。).

24《論語正義》焦循[1763~1820]의《孟子正義》(滕文公上 제5장)에 말했다. "《說文·心部》에 '憮(무)는 일설에 움직이지 않는 것을 말한다'고 했다. 공자께서 자로가 전하는 말을 듣고는, (실의에 빠져) 말없이 한참을 우두커니 계시다가, 이윽고 '鳥獸不可同羣'이라는 말씀을 하신 것이다"(正義曰: 焦氏循正義: 說文: '憮, 一曰不動……蓋夫子聞子路述沮, 溺之言, 寂然不動, 久而乃有'鳥獸不可同羣'之言。); 憮然(무연): 크게 낙심하여 기운이 빠져 멍한 모양. 실망스러운 모양(怅然失意貌).

25《論語集解》산속에 숨어지내는 것이 '與鳥獸同羣'이다(注: 孔安國曰: 隱居於山林, 是與鳥獸同羣也。);《論語正義》산속은 새와 짐승들이 사는 곳으로, 사람이 산속에 들어가 살면, 이것이 '與鳥獸同羣'이다. 사람은 사람들과 함께 무리를 지어 살기 때문에, 사람들과 서로 짝을 지어 살아야 한다. 辟人·辟世하는 것은 잘못이라는 말이다(正義曰: 山林是鳥獸所居, 人隱居山林, 是與鳥獸同羣也。人與人同羣, 故當相人偶也。言辟人辟世法皆非也。); 與(여): 교제하다(交往; 交好。结交。); 同羣(동군): 공존하다. 같이 무리를 이루다(共处; 为伍).

26《論孟虛字》'斯'는 '此'와 같고, 복수로서 '这些'에 해당하고, 長沮·桀溺을 가리킨다(指複數, 相當於'這些' '斯', 猶'此', 指複數, 相當於'這些', 指長沮桀溺等隱士。);《古漢語語法》부정문에서 목적어가 대사['斯人之徒']인 경우, 항상 동사['與'] 앞에 위치한다(否定句中宾语的位置: 在否定句中[句中必须有表示否定副词或否定代词], 如果宾语是代词, 常有位于动词前面的。);《論語句法》'吾非斯人之徒與'는 본래 '吾非與斯人之徒同群'라고 말한 것으로, '同群' 두 글자가 생략되고, '斯人之徒'가 술어 '與' 앞으로 당겨지면서, 현재의 문장 형태로 된 것이다('吾非斯人之徒與'本該說'吾非與斯人之徒同群'的, 由於'同群'二字的省略, 又把'斯人之徒'提前, 就成了現在的句式。).

27《論語集解》나는 본래 이 천하 사람들과 함께 무리 지어 살아야 하니, 어찌 사람들을 떠나 새나 짐승들을 따라 살 수 있겠는가?(注: 孔安國曰: 吾自當與此天下人同羣, 安能去人從鳥獸居乎?);《論語平議》두 개의 '與'字는 모두 語詞이다. '내가 이 사람들 무리가 아니라면 누구(의 무리)이겠느냐?'라고 말씀하신 것과 같다. 그 말뜻은 본래가 이 사람들과 서로 가깝다는 뜻이다. 그런데 두 '與'字를, '相與'[서로 함께하다]의 '與'로 읽는다면, 문장의 뜻이 만족스럽지 못하다.《經典釋文》에 '徒與·誰與의 與는 모두 如字이고, 또 모두 음이 餘[yú]이다'라고 했다. 마땅히 음을 '餘'로 하는 것이 낫다(兩與字, 竝語詞。猶云吾非斯人之徒邪而誰邪? 其語意, 自有與斯人相親之意。然讀兩與字, 爲相與之與, 則於文義, 未得矣。釋文曰, 徒與誰與, 竝如字, 又竝音餘, 當以音餘爲長。);《論語譯注》"내가 사람들과 함께 무리지어 살아가지 않는다면, 무엇과 함께 살아가겠느냐?"("我們……若不同人羣打交道, 又同什麽去打交道呢?");《論孟虛字》'而'은 '是'와 같다. '非斯人之徒'의 '非'와 對句이다. "이 사람의 무리가 아니면 누구이겠느냐?"('而', 猶'是'。與'非'字相對。);《論語語法》許世瑛[1910~1972]의 다음 견해가 아주 좋다. "'非'는 부사로 '不'와 같다. '非'는

자로(子路)가 가서 이 일을 선생님께 고해바쳤다. 공자(孔子)께서 우두커니 낙담하여 허탈해하는 표정으로 말씀하셨다. "(산속에 사는) 새나 짐승은 그들과는 함께 무리 지어 살아갈 수 없으니, (그렇다면) 내가 이 사람들과 함께 무리 지어 살아가지 않고서 어느 누구와 함께 무리 지어 살아가겠느냐? 천하에 도가 있다면, 내가 구태여 이들과 함께 천하를 바꾸려 하지 않았을 것이다."

憮, 音武。與[30], 如字。○憮然, 猶悵然[31], 惜其不喻己意也。言所當與同群者, 斯人而已, 豈可絕人逃世[32]以爲潔哉? 天下若已平治, 則我無用變易之。正爲天下無道, 故欲以道易之耳。

'憮'(무)는 음이 '武'(무)이다. '與'(여)는 본래 음[yǔ]대로 읽는다. ○'憮然'(무연)은 '悵然'(창연)과 같으니, 그들이 공자(孔子) 당신의 뜻을 알아주지 못한 것을 안타까워하신 것이다. 말씀인즉, '마땅히 함께 어울려 같이 살아야 할 것은, 이 사람들뿐인데, 어찌 사람들을 끊고 세상에서 도피하는 것을 깨끗하다 여길 수 있겠는가? 천하가 이미 평화스럽

부정을 표시하는 연결동사가 아니니, '不是'[~이 아니다]로 풀이할 수 없다. 이 문장은 '吾不與斯人同群, 而與誰同群?'[내가 이 사람들과 함께 무리 지어 아니 살고, 누구와 무리 지어 살겠는가?]의 뜻이다. '與'는 내 생각에 개사로, '跟' '與' '和'와 같지, 어기사 '歟'가 아니다"(許世瑛說得很好: '非', 是限制詞, 和'不'相當, ……'非'不是表否定的繫詞, 不可以翻爲白話的'不是'的。這句例句是'吾不與斯人同群, 而與誰同群?' 的意思——'與'是關係詞(按: 介詞), 和白話的'跟''與''和'相當, 而不是語氣詞'歟'。); 《論語新解》 '與'는 '與同群'[함께 무리 짓다]이다(与者, 与同群。).

28 《論語句法》 '與'는 술어이고, '易'은 그 목적어이다["천하에 도가 있다면, 내가 도도한 흐름을 바꾸는 일에 참여하지 않았을 것이다"]('與'是述詞, '易'是它的止詞。); 《文言語法》 어기사 '也'는 긍정상황이나 결정행위에서 어기를 강화시키는 작용이 있다. 특히 부정성분이 있는 문장에서 이러한 어기강화작용이 두드러진다(语气词'也', 肯定一种情况, 或者决定一种行为, '也'字有强化语气的作用。'也'字的这种强化作用在包含否定成分的句中尤为明显。).

29 《論語新解》 은자의 생각은 천하가 무도하니 반드시 숨어지내야 한다는 것이고, 공자의 생각은 천하가 무도하다는 바로 그 점 때문에 숨어지낼 수 없다는 것이다. 그 마음의 인은 천하를 차마 잊지 못할 뿐더러, 또 천하가 끝내 무도하다고 차마 단정하지 않는다(隐者之意, 天下无道则须隐; 孔子意, 正因天下无道故不能隐。盖其心之仁, 既不忍于忘天下, 亦不忍于必谓天下之终于无道。).

30 與(여): [yú] 문장 끝에 쓰여, 감탄 · 의문 · 반문의 어기를 표시한다. =歟(置于句末, 表示感叹、疑问、反诘的语气。同「欤」); [yǔ] 찬성하다. 인정하다. 주다. ~와(함께하다)(赞成、允许。给予。和、同、跟。); [yù] 참가하다. 참여하다. 간여하다(参加。参与。干涉, 干预。).

31 《論語正義》 《孟子 · 滕文公上 제5장》의 '夷子憮然'에 대한 조기의 주에, '憮然'은 '悵然'과 같다고 했다(正義曰: 孟子滕文公上: "夷子憮然。" 趙岐注: "憮然者, 猶悵然也。"); 悵(창): 실의에 빠져 마음이 울적하다. 낙담하다(本义: 因失意而不痛快。).

32 逃世(도세): 세상을 도피해 은둔하다(犹避世。谓隐居不仕。).

게 잘 다스려지고 있다면, 내가 천하를 바꾸려고 할 필요가 없다. 바로 천하가 무도하기 때문에, 도를 써서 천하를 바꾸려는 것일 뿐이다'는 것이다.

○程子曰:「聖人不敢有忘天下之心, 故其言如此也。」張子曰:「聖人之仁, 不以無道必[33]天下而棄之也。」[34]

○정자(程子·明道)가 말했다. "성인께서는 천하를 잊고 지내려는 생각을 감히 갖지 않으셨기 때문에, 그가 하신 말씀이 이와 같으셨던 것이다."

장자(張子·張橫渠)가 말했다. "성인의 인(仁)하심은, 무도하다고 천하를 단정해서 천하를 (바꾸기를) 포기하지 않으신다."

---

33 必(필): 긍정하다. 단정하다(肯定; 斷定。).

34《論語大全》성인께서 세상을 근심하는 마음이 없다고 하는 것도, 물론 안 될 말이지만, 성인께서 세상이 다스려지지 않는 것을 보시고, 늘상 그렇게 슬퍼하고 걱정에 잠겨서, 할 일 없이 하루하루를 보낸다고 하는 것도 안 될 말이다. 다만 나가서 해보려 해도 안 되면, 세상을 근심하는 마음 또한 같이 내려놓으신다. 벼슬에 나아가려 하신 것은, 성인께서 세상을 사랑하는 仁이지만, 천명이 아직 이르지 않았다면, 어찌해볼 것도 없다(朱子曰: 說聖人無憂世之心, 固不可, 謂聖人視一世未治, 常恁地戚戚憂愁, 無聊過日, 亦非也。但要出做不得, 又且放下其憂世之心。要出仕者, 聖人愛物之仁, 至於天命未至, 亦無如之何。).

[子路從而後章]

180701、子路從而後[1], 遇丈人[2], 以杖荷篠[3]。子路問曰:「子見夫子乎[4]?」丈人曰:「四體不勤, 五穀不分[5, 6], 孰[7]爲夫子?[8]」植其杖[9]而芸[10]。

1《論語正義》'從而後'는 공자를 따라가다 뒤처진 것을 말한다(正義曰: '從而後'者, 謂從夫子行而在後也。);《論孟虛字》'而'는 공자를 가리킨다('而'指代孔子, 相當於'他的'。).

2《論語義疏》'遇'(우)는 기대하지 않았는데 만난 것이다(疏: 遇者, 不期而會之也。);《論語集解》'丈人'은 '老者'[노인]이다(注: 苞氏曰: 丈人, 老者也。); 丈人(장인): 노인. 어르신. 노인장(古时对老年男子的尊称).

3 杖(장): 지팡이. 막대기. 작대기. 목발(手杖(走路时手里拄着的棍子, 俗称"拐杖"));《論語義疏》本에는 '蓧'(조)가 '篠'(소)로 되어 있다;《論語義疏》'荷'(하)는 '어깨에 메다'이다. '篠'(소)는 싸리나 수수 또는 대나무로 만든 그릇이다(疏: 荷, 擔揭也, 篠……一器蘿篦之屬。); 荷(하): 어깨에 메다. 멜대로 어깨에 메다(用肩扛或担; 背负); 蓧(조): 대나무로 엮어 만든 제초용 농기구. 삼태기(除草用的竹编农具).

4《文言虛詞》순수 의문어기사. 시비의문문에 쓰인다('乎'字作語氣詞。以表真正的疑問爲主。它用于是非問句, 可以譯爲"嗎""么"。).

5 [성]四體不勤 五穀不分(사체불근 오곡불분): 일을 해보지 않아서 오곡을 분별할 줄 모르다. 학자들이 생산노동에서 떠나 있어서 기본적인 최소한의 생산지식마저 결핍되어 있다(指不参加劳动, 不能辨别五谷。后多用以形容读书人脱离生产劳动, 缺乏起码的生产知识。); [성]四體不勤(사체불근): 사지를 놀릴 줄 모르다. 게으르다. 노동에서 떠나있다(四肢不劳动, 形容脱离劳动。); [성]五穀不分(오곡불분): 오곡[벼 · 조 · 수수 · 보리 · 콩]을 분간하지 못하다. 생산노동에서 떠나 있어서 생산지식이 없다(五谷: 通常指稻、黍、稷、麥、菽。指不参加劳动, 不能辨别五谷。形容脱离生产劳动, 缺乏生产知识。); 體(체): 신체. 몸. 수족. 사지. 사물의 몸통(本义: 身体。手脚、四肢。事物的主要部分。); 勤(근): 과로하다. 노고하다. 진력하다. 부단히 하다(本义: 劳累, 劳苦。尽力多做, 不断地做。).

6《論語義疏》'分'은 '파종하다'이다(疏: 分, 播種也。);《論語集釋》宋翔鳳[1779~1860]의《論語發微》에 말했다. "《禮記 · 王制》의 '百畝之分'에 대한 정현의 주에, '分은 혹 糞(분)이다'라고 했는데, 이 장의 '五穀不分'은 초인[周禮 · 地官地官司徒 · 草人]의 토지개량 방법인 '糞種'[토질개량을 위해 가축 등의 분뇨를 뿌린 후에 파종하는 것]의 '糞'으로 읽어야 한다"(正義曰: 宋氏翔鳳發微云: "王制'百畝之分', 鄭注: '分或爲糞。' 此'五穀不分', 當讀如草人'糞種'之糞。");《論語平議》'分'은 '糞'(분)[토질개량을 위해 뿌리는 가축 등의 분뇨]으로 읽어야 하는데, 발음이 비슷해서 잘못 쓴 것이다(分當讀爲糞, 聲近而誤也。);《百度漢語》分(분): 식별하다. 분별하다(分辨, 分別。).

7《文言語法》일반적으로 代人용으로 주어로 많이 쓰인다('孰', 一般也用以代人, 用作主语的多。).

8《論語義疏》"지금 같은 난세에, 그대는 사지를 부지런히 놀려 오곡을 파종하지는 않고, 이곳저것 다니면서, 누군가 그대의 부자를 묻는데, 나보고 찾아달라는 것인가?"(疏: 言當今亂世, 汝不勤勞四體以播五穀, 而周流遠走, 問誰爲汝之夫子, 而問我索之乎?);《論語注疏》노인이 자로를 질책한 말이다(疏: 正義曰: '丈人曰 四體不勤 五穀不分 孰爲夫子'者, 丈人責子路。);《論語平議》'不勤' '不分'의 두 '不'字는 語調詞로 뜻이 없다. '不勤'은 '勤'이고, '不分'은 '分'이다. '不勤' '不分'의 '不'는 발성사이다. 옛사람들은 '不'字를 발성사로 보는 경우가 많았다. 노인이 대개 자신의 상황에 대해 말하면서 '사지를 부지런히 놀려 파종하려고 분뇨를 뿌릴 뿐인데, 어찌 그대가 말하는 선생이란 자를 알겠는가?'라고 한 것이다. 만약 '不勤' '不分'으로 자로를 책망했다면, 당시 상황에 맞지 않는다. 이 두 구절은 압운구인데, 혹시 노인이 옛날 속담을

자로(子路)가 선생님을 따라가다가 뒤처져서, 한 노인을 만났는데, 작대기로 삼태기를 걸어 어깨에 메고 있었다. 자로(子路)가 물었다. "어르신께서는 저희 선생님을 보셨는지요?" 노인이 말했다. "사지를 부지런히 놀리지 않고, 오곡도 제대로 분간하지 못하면서, 누가 그대의 선생이신가?" (그리고는) 작대기를 세워놓고 김을 맸다.

蓧, 徒弔反。植, 音值。○丈人, 亦隱者。蓧, 竹器。分, 辨也。五穀不分, 猶言不辨菽麥[11]爾, 責其不事農業而從師遠遊[12]也。植, 立之也。芸, 去草也。

'蓧'(조, diào)는 '徒'(도)와 '弔'(조)의 반절이다. '植'(식/치)는 음이 '值'(치, zhí)이다. ○'丈人'(장인)은 역시 은자(隱者)이다. '蓧'(조)는 대나무로 만든 그릇이다. '分'(분)은 '분간하다'[辨]이다. '오곡을 분간하지 못한다'는 것은, '콩인지 보리인지를 분간하지 못한다'는 말과 같다. 자로(子路)가 농업을 일로 삼지 않고 스승을 따라 멀리까지 돌아다니는 것

인용한 것이 아닐까?(兩不字, 竝語詞。不勤, 勤也, 不分, 分也…… 不, 發聲也。古人多以不爲發聲之詞…… 丈人蓋自言惟四體是勤五穀是糞而已, 焉知爾所謂夫子。若謂以不勤不分責子路, 則不情矣。此二句乃韵語, 或丈人引古諺歟?); 《疑義擧例》 두 개의 '不'字는 語調詞이다. 丈人이 대략 '(나로서는) 사지를 부지런히 놀려 오곡에 거름을 주고 있을 뿐인데[바쁜데 한가하게 지나가는 행인에게 신경 쓸 겨를이 없다], 그대가 말하는 선생이란 자를 내 어찌 알겠는가?'라고 한 것이다. '不勤'과 '不分'이 자로를 질책한 말이라고 보는 것은, 실제 정황과는 동떨어진 해석이다. 떠돌다가 우연히 처음 만난 사이인데, 어찌 면전에 대놓고 질책까지 하겠는가?(按: 兩'不'字皆語調。丈人蓋自言'惟四體是勤, 五穀是分而已; 安知爾所謂夫子?' 若謂以'不勤''不分'責子路, 則不情甚矣。安有萍水相逢, 連加面斥者乎?); 《論語正義》 宋翔鳳[1779~1860]의 《論語發微》에 말했다. "包咸의 注의 의도도, '四體不勤 五穀不分'이란 말을 써서 한가할 겨를이 없다는 뜻을 말한 것이다. 그래서 누가 그대가 말한 夫子인지 모른다고 자로에게 대답한 말이지, 자로를 질책한 말이 아니다"(正義曰: 宋氏翔鳳發微云: "詳包意, 亦以'四體不勤, 五穀不分'爲自述其不遑暇逸之義。故不能知孰爲夫子, 以答子路, 非以責子路也。").

9 《論語義疏》 '植'(식)은 '竪'(수)[세워놓다]이다疏: 植, 竪也。); 植杖(식장): 지팡이를 짚다. 세워놓다(倚杖。扶杖。立杖。).

10 芸(운): =耘. 잡초를 뽑다. 밭을 매다(除掉杂草。同"耘"。).

11 《春秋左傳 · 成公 18年》[BC 573] 진나라 난서와 중행언이 정활을 보내 여공[BC 580~BC 573 재위]을 살해하고, 주자를 맞이해서 그를 임금으로 세웠는데, 나이가 14세였다. 주자[晉悼公, BC 572~BC 558 재위]에게는 형이 있었지만, 백치여서 숙맥도 분간하지 못했기 때문에, 임금으로 세울 수 없었다(晉欒書, 中行偃, 使程滑弑厲公……逆周子于京師而立之, 生十四年矣……周子有兄而無慧, 不能辨菽麥, 故不可立。); 不辨菽麥(불변숙맥): 콩인지 보리인지 분간할 줄 모르다. 우매하여 식별 능력이 없다(辨不清大豆和麦子。比喻愚昧没有识别能力。); 菽麥(숙맥): 콩과 보리. 쉽게 구별되는 물건. 사리 분별을 못 하고 세상 물정을 잘 모르는 사람(豆與麥。比喻容易分別的東西。).

12 遠遊(원유): 《里仁 제19장》 참조.

을 책망한 것이다. '植'(치)는 '(작대기를) 세워놓다'[立之]이다. '芸'(운)은 '풀을 뽑다'[去草]이다.

180702、子路拱而立[13,14]。

자로(子路)가 두 손을 모으고 공손히 서 있었다.

知其隱者, 敬之也。

그 노인이 은자(隱者)임을 알고, 공경된 자세를 취한 것이다.

180703、止[15]子路宿[16], 殺雞爲黍[17]而食之[18], 見[19]其二子焉[20]。

13《論語義疏》'拱'(공)은 두 손을 포개 잡는 것이다. 자로가 답할 말을 찾지 못해, 두 손을 포개 잡고 서서, 노인이 풀을 매는 것을 보고 있는 것이다(疏: 拱, 沓手也。子路未和所以答, 故沓手倚立, 以觀丈人之芸也。); 拱(공): 두 손을 모으다. 가슴 앞에서 좌수로 우수를 감싸 잡는 자세로, 공경을 표시한다(本义: 抱拳, 斂手。两手在胸前相合[右手在内, 左手在外], 表示恭敬。);《王力漢語》동사가 부사어 역할을 하는 경우, 동사 뒤에 '而' '以'字와 동사술어를 이어 붙여 쓴다('拱', 動詞用作狀語。動詞用作狀語之後, 用'而(或'以')'字和動詞謂語連接。).

14《禮記 · 曲禮上》선생을 뒤따르는 중에는, 길을 가로질러 가서 다른 사람과 말하지 않는다. 길에서 선생을 만나게 되면, 종종걸음으로 앞으로 나아가, 바른 자세로 서서 두 손을 모은다. 선생이 말을 걸면 대답하고, 말을 걸지 않으면 종종걸음으로 뒤로 물러난다(從於先生, 不越路而與人言。遭先生於道, 趨而進, 正立拱手。先生與之言則對; 不與之言則趨而退。).

15《論語詞典》止(지): 만류하다. 머무르게 하다[타동사](留住, 使他停止(及物動詞)。).

16《王力漢語》宿(숙): 묵다. 밤을 지내다. 임시로 이삼일 기숙하다(住宿, 過夜; '居'是定居, '住'是暫住。'宿'指臨時寄宿或投宿, 只住一夜或二三夜。).

17 [성]殺雞爲黍(살계위서): (닭을 잡고 서숙으로 밥을 지어) 정성껏 손님을 접대하다(=殺雞炊黍。指殷勤款待宾客。);《論語正義》'爲黍'(위서)는 기장으로 밥을 짓는 것이다(正義曰: "爲黍"者, 治黍爲飯也。);《古今注》周處[240~299]의《風土記》에, 초나라의 풍속에 대해 기재된 내용에 말하기를, '단옷날, 줄 잎에 찹쌀 · 밤 · 대추를 펴놓고, 삶은 오리고기를 소로 넣은 후, 이를 각진 모양으로 싸서 쪄 익힌 쭝쯔[粽子]를 제사상에 올린다. 이를 일명 角黍(각서)라 하는데, 음양이 에워싸고 있어, 흩어지지 않는 모양을 취한 것이다'라고 했다. 角黍를 만들 때, 먼저 오리고기를 삶는데, '殺雞爲黍'라고 한 것은, 오리고기 대신 닭고기를 소로 넣은 것이다. '爲黍'가 어찌 기장으로 밥을 짓는 것을 말하겠는가? 공자 일행의 행차는 원래 초나라에서 돌아오는 중으로, 삼태기를 어깨에 멘 노인은, 초나라 사람이고, 밭에서 김을 매는 것은 의당 5월에 하는 일이니, 그렇다면 이는 또 角黍를 만들어 먹는 시절이다(風土記記荊楚之俗曰: '端午烹鶩進筒粽, 一名角黍, 以菰葉裹黏米栗棗, 以灰煮令熟, 蓋取陰陽包裹未散之象。' 造角黍者, 必先烹

(노인은) 자로(子路)를 붙들어 자기 집에 묵게 하고는, 닭을 잡고 서숙으로 밥을 지어 대접하고, 자기 두 아들을 그에게 인사시켰다.

食, 音嗣。見, 賢遍反。
'食'(사)는 음이 '嗣'(사)이다. '見'(현, xiàn)은 '賢'(현)과 '遍'(편)의 반절이다.

180704、明日, 子路行以[21]告。子曰:「隱者也。」使子路反見之。至則[22]行[23]矣[24]。
다음날, 자로(子路)가 가서 이 일을 선생님께 고해바쳤다. 선생님께서, '은자(隱

鶩, 則殺雞爲黍者, 正亦烹雞以代鶩耳。爲黍豈飯黍之謂乎? 是行原自楚反則荷蓧者楚人也芸田宜在五月則是又角黍之時也。); 黍(서): 조. 서숙. 찰기장이라 하는 1년생 초본식물의 열매로, 삶으면 찰기가 있고, 술을 담그거나 떡을 해 먹는다(古代专指一种子实叫黍子的一年生草本植物。其子实煮熟后有粘性, 可以酿酒、做糕等。).

18《文言語法》 동사가 목적어에 대해 '그로 하여금 ~하게 하다'의 의미를 포함하고 있는 것을 동사의 사동용법이라고 한다('食', 動詞對於其賓語含有'使他那樣'的意思的, 叫做動詞的使動用法。).

19《王力漢語》 見(견): 만나다. 대면하다. '見'을 '현'으로 읽을 경우는, 일반적으로 자동사가 맞다. '見二子'의 '見'은 사동용법으로, 타동사이다. 타동사 '見'의 경우는, '견'으로 읽고, '만나보다'로 풀이하지, '알현하다'로 풀이하지 않는다('見', 見面。'見'字'讀xian'時, 一般都當不及物動詞用。'見二子'的'見'是使動用法, 所以是及物動詞。至於及物動詞的'見'字, 就只讀作jian, 作'見面'講, 不作'謁見'。);《文言語法》 '見'이 使動用法로 쓰인 예문으로, '見其二子'는 '그의 두 아들을 나오게 해서 자로에게 인사시켰다'는 의미이다(使動用法的例子。'見其二子'則是引其二子出來見子路的意思。).

20《許世瑛(二)》 '焉'은 '於是'와 같고, '是'는 '丈人之家'를 가리킨다["자기 두 아들을 집에서 인사시켰다"]('焉'字等於'於是', '是'字稱代'丈人之家'。).

21《文言語法》 '用'이나 '與'로 풀이되는 개사 '以'의 목적어는 자주 생략된다. '行以告'는 '行而以之告孔子'[가서 그것을 공자께 알렸다]로, '之'는 앞절의 하조장인을 우연히 만난 경과를 가리킨다(當'用'字講和當'與'字講的介詞'以', 其下的賓語常常省去。'行以告'即'行而以之告孔子', '之'指上文所叙遇見荷蓧丈人的經過。).

22《王力漢語》 연결하는 두 항이, 단지 둘째 사건의 출현일 뿐이고, 첫째 사건의 행위자가 미리 예측한 것이 아닌 경우, 접속사 '則'를 써서 연결하는데, 이 경우 '알고 보니 이미'라는 어조를 가진다. 어떤 일이 나타나기 전에 이미 발생했음을 표시한다(有時候, 連詞'則'字所連接的兩項, 只是第二件事情的出現, 不是第一件事情的施事者所預期到的, 這時候也用'則'字。這種情況下, '則'字含有'原來已經'的口氣; 表示一種發現, 發現在某事的前, 一事已經發生。);《古漢語語法》 '則'으로 연결된 뒷부분이 앞부분에서 예측한 것과 정반대 상황을 표시하는 경우, '則'은 '하지만'으로 풀이할 수 있으며, 어기사 '矣'와 항상 짝을 이룬다(有时'则'连接的部分表示与前一部分所预料的情况正相反, '则'可理解为'却'。这种用法的'则'常与语气词'矣'配合。);《論孟虛字》 '則'은 '已'[이미]와 같다. '則行'은 '已行'[이미 떠나다]과 같다('則', 猶'已'。'則行', 猶言'已行'。).

23 行(행): 밖에 나가다. 행장을 꾸리다(出遊。行裝。).

24《文言語法》 어기사 '矣'는 사실상이나 정황상 이미 이루어진 상태임을 표시한다(语气词'矣'表示事实上情况上的既成状态的。).

者)이다'라고 말씀하시고, 자로(子路)로 하여금 다시 가서 그 노인을 만나 보도록 했다. 자로(子路)가 가서 보니 이미 떠나고 없었다.

孔子使子路反見之, 蓋欲告之以君臣之義。而丈人意子路必將復來, 故先去之以滅其跡, 亦接輿之意[25]也。[26]

공자(孔子)께서 자로(子路)로 하여금 다시 가서 그 노인을 만나보라고 하신 것은, 아마도 군신의 의를 그 노인에게 말해주려고 해서였을 것이다. 그런데 노인은 자로(子路)가 반드시 다시 오리라 생각했기 때문에, 그가 오기에 앞서 그곳을 떠나서 자기의 종적을 감추었으니, 이 또한 공자를 피한 접여(接輿)와 같은 생각이었다.

180705、子路曰[27]:「不仕無義。長幼之節[28], 不可廢也; 君臣之義, 如之何其廢之[29]? 欲

25 《微子 제5장》 참조.

26 《論語大全》 제5장 이하 세 장을 쭉 이어서, 제3·4장의 뒤에 두었으니, 이를 써서 선생님께서는 뜻에 맞지 않아 떠나기는 했지만, 그러면서도 냉담하니 세상을 잊고 지내신 적이 없었으니, 성인의 出處의 모습을 밝힌 것이다. 그런데 이 세 장을 읽고, 거기 나오는 네 사람을, 성인의 중정한 出處의 모습을 기준으로 평가해보면, 진정 병폐가 없다 할 수는 없지만, 네 사람의 말을 음미해보고, 그 행동거지를 관찰하여, 그들의 사람 됨됨이를 떠올려 보면, 그들의 맑은 풍격과 고고한 절개가, 그래도 사람들의 敬慕(경모)를 일으킨다. 저들이 성인에 대해서까지 마음에 차지 않게 여긴 바가 이와 같았다면, 세상의 이록을 탐하길 그칠 줄 모르는 자들 대하기를, 개돼지만도 못하게 보았을 것이니, 이 어찌 당세의 현인 중에 걸출한 자들이 아니겠는가? 자로 같은 굽힐 줄 모르는 완강함으로도 두 손 모으고 공손히 노인 옆에 서 있기를, 자제의 모습같이 했으니, 어찌 진정 경모할 만해서가 아니었겠는가?(勉齋黃氏曰: 列接輿以下三章, 於孔子行之後, 以明夫子雖不合而去, 然亦未嘗恝然忘世, 所以爲聖人之出處也。然卽三章讀之, 見此四子者, 律以聖人之中道, 則誠不爲無病, 然味其言, 觀其容止, 以想見其爲人, 其淸風高節, 猶使人起敬起慕。彼於聖人猶有所不滿於心如此, 則其視世之貪利祿而不知止者, 不啻若犬彘耳, 是豈非當世之賢而特立者歟? 以子路之行行而拱立, 丈人之側, 若子弟然, 豈非其眞可敬故歟?).

27 《論語集解》 (노인이 집에 없자) 노인의 두 아들에게 말을 남긴 것이다(注: 鄭玄曰: 留言以語丈人之二子也。); 《論語義疏》 노인이 집에 없자, 자로가 이 말을 노인의 두 아들에게 남겨, 아버지가 돌아오면 이 말을 전하게 한 것이다. 이 이하의 말은, 모두 공자께서 자로로 하여금 노인에게 하라고 한 말씀이다(疏: 丈人既不在, 而子路留此語以與丈人之二子, 令其父還述之也。此以下之言, 悉是孔子使子路語丈人之言也。); 《論語集釋》 焦循[1763~1820]의 《論語補疏》에 말했다. "자로의 말은, 누구를 향해서 한 말이었을까? 그가 말한 '長幼之節不可廢'를 보면, 두 아들을 향해서 한 말이었음이 틀림없다. 앞의 '見其二子'가, 바로 자로가 이 말을 하게 된 원인으로, 그렇다면 노인 역시 우연히 출타해서 집에 없었을 뿐이다. 陳天祥[1230~1316]의 《四書辨疑》에 말하기를, '노인이 스스로 자기의 종적을 감출 생각이었다면, 자로를 자기 집에 붙들어 묵게 하고, 또 두 아들을 인사시키는 것이 당치 않다'고 했고, 또 '자로는 길가는 나그네로서, 이미 작별 인사를 하고 떠났는데, 어찌 그가 다시 오리라 알 수 있겠는가?'라고

潔其身, 而亂大倫[30]。君子之仕也[31], 行其義也。道之不行[32], 已[33]知之矣。[34]」
자로(子路)가 말했다. "벼슬하지 않는 것은 의(義)가 없는 것입니다. 장유의 예절은, 없애지 못하면서, 군신의 의(義)인데, 어찌 없앨 수 있겠습니까? 자기 한 몸 깨끗하게 하려다가, 오히려 큰 인륜을 어지럽힙니다. 군자가 벼슬하는 것은, 큰 인륜인 군신의 의(義)를 행하는 일입니다. 도가 행해지지 않고 있는 것, 이미 그것은 알고 있습니다."

했다. 이 말이 맞다"(論語補疏: 子路之言, 向誰發之耶? 觀其稱長幼之節不可廢, 爲向二子說無疑。前云見其二子, 正爲子路此言張本, 然則丈人亦偶出不在耳。陳天祥四書辨疑云:「丈人既欲自滅其跡, 則不當止子路宿於其家, 而又見其二子也。」又云:「子路乃路行過客, 既已辭去, 安能知其必復來也?」斯言得之。);《論語集釋》蘇濂[明人]의《石渠意見補缺》에 말했다. "'子路' 다음에 '反子' 두 글자가 있어야 맞다. 그렇지 않다면, 자로가 노인을 만나지 못하고 돌아와서, 누구를 향해 공자의 생각을 전술하기를 이같이 말했겠는가?"["자로가 돌아오자, 선생님께서 말씀하셨다"]. 趙翼[1727~1814]의《陔餘叢考》에 말했다. "吳青壇[清人]은 '見其二子焉' 구절은 '至則行矣'의 뒤에 있어야 맞다고 했다. 아마도 자로가 다시 도착했을 때 노인을 만나지는 못했지만, 그의 두 아들을 만났기 때문에, '不仕無義……'라는 말을 했을 것이다. 아니라면, 사람이 없는데, 누구와 말을 했겠는가?"(蘇濂石渠意見補缺:「路」下有「反子」二字爲是。不然, 子路不見隱者而回, 向何人述夫子之意而言之如此? 陔餘叢考: 吳青壇謂'見其二子焉'句當在'至則行矣'之後。蓋子路再到時不見丈人, 但見其二子, 故以'不仕無義'之語告之, 不然, 既無人矣, 與誰言哉?);《古今注》생각건대, 남의 자식 면전에서, 그 아비의 亂倫을 질책하는, 이런 도리는 없다(案: 對人之子, 責其父之亂倫, 亦無是理。).

28《論語正義》'長幼之節'은 앞서 두 아들을 인사시킬 때 형을 아우보다 먼저 인사시키는 순서를 갖춘 것을 말한다(正義曰: '長幼之節', 謂前見二子有兄弟之節次也。);《王力漢語》節(절): 윤리상 또는 도의상 지켜야 할 원칙(在倫理上或道義上應守的原則。).

29《論語句法》'如之何'는 부사로서, '廢之'를 수식하는 역할을 하고, 그 중간에 관계사 '其'字를 붙인 것인데, 그 작용은 '而'를 쓴 경우와 같다('如之何'做限制詞, 用來修飾'廢之'的, 兩者之間加了個關係詞'其'字, 它的作用跟用'而'相同。).

30 倫(륜): 동류. 동년배. 조리. 순서. 사람 간의 도덕질서. 사람 간에 지켜야 할 도리. 사회질서(本义: 辈, 类。順序, 條理。人伦, 人与人之间的道德关系。伦常, 纲纪。).

31《文言語法》'也'는 어기사로 부사와 절의 잠시 멈춤을 돕는다(语气词'也'助副词和分句的停顿。)

32《文言語法》소품사 '之'는 주어와 술어 사이에 놓일 수 있으며, 일반적인 용법은 주어를 마치 소유격과 동형의 부가성분인 것 같이 변화시켜 문장을 절로 만든다(小品词'之'又可以置於主语和谓语之间, 一般的用法是把主语似乎变成了与领属性同型的附加成分而句子为子句。).

33《文言虛詞》已(이): 시간부사. 과거를 표시한다. 이미(時間副詞。表示過去, 等於口語的'已經'。).

34《論語集解》군자가 벼슬하는 것은 君臣之義를 행하려는 것이지, 자기의 도가 행해질 수 있으리라 기필해서가 아니다(注: 苞氏曰: 言君子之仕, 所以行君臣之義, 不必自己道得行。);《論語新解》도가 행해지느냐 여부는 명에 속하고, 사람으로서 반드시 도를 준행하는 것을 자기의 책무로 삼아야 하는 것은 의에 속한다. 도가 비록 행해지지 않고 있음을 알지라도, 여전히 나아가 벼슬하는 것은, 이른바 나는 나의 의를 다한다는 것이다(道之行否属命, 人必以行道为己责属义。虽知道不行, 仍当出仕, 所谓我尽我义。).

長, 上聲。○子路述夫子之意如此。蓋丈人之接子路甚倨[35], 而子路益恭, 丈人因見其二子焉。則於長幼之節, 固知其不可廢矣, 故因其所明以曉之。

'長'(장)은 상성[zhǎng]이다. ○자로(子路)가 선생님의 생각을 서술하기를 이같이 말한 것이다. 대개 노인이 자로(子路)를 대하는 태도가 매우 불손했는데도, 자로(子路)가 더욱 공손하게 대했고, 노인이 이를 계기로 (나이가 적은) 자기의 두 아들을 (나이가 많은) 자로(子路)에게 인사시켰다. 그렇다면 (노인은) 장유의 예절에 대해서는, 그게 없앨 수 없다는 것을 당연히 (환히) 알고 있을 것이기에, 환히 알고 있는 그것에 의거해서 노인을 깨우친 것이다.

倫[36], 序也。人之大倫有五[37]: 父子有親, 君臣有義, 夫婦有別, 長幼有序, 朋友有信是也。

---

35 倨(거): 오만하다. 불손하다. 쭈그리고 앉다(傲慢。=踞。).

36 《鄕土中國》 儒家에서 가장 정미하게 추구했던 것은 人倫인데, 倫이란 무엇인가? 나의 해석으로는, 倫이란 바로 '자기로부터 퍼져나가고 또 자기가 만들어가는 인간관계에 편입된 일군의 사람들과의 관계에서 발생하는, 한 개 한 개의 동그란 물결무늬와 같은 차등적 질서'이다. 《釋明 · 釋水》에 '倫'字를 설명하기를, '(잔물결을 淪이라 한다. 淪은 倫으로) 倫이란 물결의 동그란 무늬가 차례차례로 질서가 있는 것이다'라고 했다. 반광단(潘光旦, 1899~1967) 선생은 예전에 '侖(륜)이 공통분모로 쓰인 글자의 의미는 모두 서로 통했는데, 공통으로 나타내는 것은 條理 · 類別 · 秩序라는 뜻이다'라고 말한 바 있다(我們儒家最考究的是人倫, 倫是什麼呢? 我的解釋就是從自己推出去的和自己發生社會關系的那一群人裏所發生的一輪輪波紋的差序。"釋名"於淪字下也說"倫也, 水文相次有倫理也。" 潘光旦先生曾說: 凡是有"侖"作公分母的意義都相通, "共同表示的是條理, 類別, 秩序的一番意思。"). 倫은 분별에 중점을 두는데, 《禮記 · 祭統》에서 말한 十倫, 즉 鬼神 · 君臣 · 父子 · 貴賤 · 親疏 · 爵賞 · 夫婦 · 政事 · 長幼 · 上下는, 모두 차등을 가리키고 있다. '倫을 잃지 않는다' 함은, 父와 子, 遠과 近, 親과 疏를 구별하는 데에 있다. 倫이란 차등이 있는 질서이다. 鬼神 · 父子 · 夫婦 · 貴賤 · 親疏 · 遠近 · 上下 등은, 중국의 전통적인 사회구조에서 가장 기본적인 개념들인데, 이것들은 개인과 개인이 교제하면서 만들어 낸 네트워크 중의 紀綱에 해당되는 것들로서, 바로 차등적 질서이고 또한 倫이다(倫重在分別, 在禮記祭統裏所講的十倫, 鬼神、君臣、父子、貴賤、親疏、爵賞、夫婦、政事、長幼、上下, 都是指差等。"不失其倫"是在別父子、遠近、親疏。倫是有差等的次序。在我們現在讀來, 鬼神、君臣、父子、夫婦等具體的社會關系, 怎能和貴賤、親疏、遠近、上下等抽象的相對地位相提並論? 其實在我們傳統的社會結構裏最基本的概念, 這個人和人來往所構成的網絡中的綱紀, 就是一個差序, 也就是倫。). 《禮記 · 大傳》에는 '가까운 사람을 친애하는 것, 존귀한 사람을 존경하는 것, 어른을 어른으로 대접하는 것, 남자와 여자가 구별되는 것, 이것들은 백성과 더불어서 바꿀 수 없는 것들이다'라고 했는데, 그 뜻은 이러한 사회구조의 뼈대는 바꿀 수 없는 것들이고, 바꿀 수 있는 것은 단지 이 뼈대를 이용해서 수행하는 일뿐이라는 것이다(禮記大傳裏說: "親親也、尊尊也、長長也、男女有別, 此其不可得與民變革者也。" 意思是這個社會結構的架格是不能變的, 變的只是利用這架格所做的事。)[費孝通 著/張暎碩 역, 『鄕土中國(중국사회 문화의 원형)』[비봉출판사, 2011], 57].

37 《學而 제7장》 각주 《孟子 · 滕文公上 제4장》 참조.

仕所以行君臣之義, 故雖知道之不行而不可廢。然謂之義, 則事之可否, 身之去就, 亦自有不可苟者。是以雖不潔身以亂倫, 亦[38]非忘義以殉祿[39]也。[40]

'倫'(윤)은 '질서'[序]이다. 사람 사이에 지켜야 할 큰 인륜에는 다섯 가지가 있다. 부자(父子) 사이에는 친함이 있고, 군신(君臣) 사이에는 의가 있고, 부부(夫婦) 사이에는 분별이 있고, 장유(長幼) 사이에는 앞뒤가 있고, 붕우(朋友) 사이에는 믿음이 있는 것이 바로 그것이다. 벼슬하는 것은 이를 써서 군신(君臣)의 의를 행하려는 것이기 때문에, 비록 도가 행해지지 않고 있다는 것을 알지라도 없애지 못한다. 그렇지만 의(義)라고 했으니만큼, 일이 옳은지 그른지의 판단이나, 몸이 물러날지 나아갈지의 결단에서, 또한 스스로가 떳떳하지 못해서는 안 되는 것이 있다. 이 때문에 비록 자기 한 몸 깨끗이 하려고 큰 인륜을 어지럽혀서도 안 되지만, 그렇다고 의를 망각하고 이록(利祿)을 뒤쫓

38 《北京虛詞》亦(역): 양보 복문의 뒷절이나 생략문의 뒷부분에 쓰여, 어떤 상황의 출현 여부와 관계없이, 모두 모종의 결과를 초래함을 표시한다. 양보 복문의 앞절이나 생략문의 앞부분에 항상 양보를 표시하는 접속사 '雖'나 부사 '自' '唯'등이 '亦'과 짝을 이룬다('亦', 用于让步复句的后一分句或紧缩句的后一部分, 表示无论出现什么情况, 都会导致某种结局或结果。前一分句或紧缩句的前一部分常有表示让步的连词'虽'或副词'自''唯'等与'亦'相配合。义即'(即使)……也……'、'(就是)……也……'。).

39 殉祿(순록): 목숨을 바치면서까지 利祿을 뒤쫓다(舍身追逐利禄。); 殉(순): 탐하다. 추구하다. 기구하다. 따르다(贪, 追求。祈求。随; 跟从).

40 《論語大全》"集注에서는 '벼슬하는 것은 이를 써서 君臣之義를 행하려는 것[벼슬을 해야 한다]'이라고 했는데, 끝에는 또 '의를 망각하고 녹을 좇아서는 안 된다[벼슬을 버리고 떠나야 한다]'고 했습니다. 둘이 서로 다른 뜻인 것 같습니다." "단지 한 가지 뜻일 뿐이다. 단지 義를 말하면, 바로 去와 就[벼슬을 하는 것과 벼슬을 버리고 떠나는 것]를 합해서 모두 말하는 것이다. 도에 맞으면 따르는 것이고, 안 맞으면 떠나는 것이, 바로 이 義이다. 다만 나가서 벼슬을 해야, (도에 맞는지, 도에 안 맞는지) 비로소 깨칠 수 있다. 벼슬하지 않으면 이 義란 것 자체가 없다. 성인의 세상을 걱정하시는 마음은, 본래 한시바삐 임금을 얻어 도를 펼치고자 하는 것이었지만, 영공이 군대의 진법을 묻자 이에 위나라를 떠나셨고[衛靈公 제1장], 경공이 등용하지 못하자 또 제나라를 떠나셨고[微子 제3장], 계환자가 여자 가무단을 받아들이자 또 노나라를 떠나셨으니[微子 제4장], 하나같이 義에 맞지 아니한 일이 없으셨다"(問: 集註云, 仕所以行義, 末云亦非忘義以徇祿。似是兩意。朱子曰: 只是一意。纔說義, 便是總去就都說。道合則從, 不合則去, 卽是此義。惟是出仕, 方見得。不仕便無了這義。聖人憂世之心, 固是急欲得君行道, 到靈公問陳遂行, 景公不能用又行, 桓子受女樂又行, 無一而非義。); 《論語大全》"도가 행해지지 않을 것이 뻔한데, 쓸데없이 벼슬만 하는 것이 옳은 것인지요?" "벼슬은 이를 써서 의를 행하려는 것이고, 의는 可·不可한 경우가 있다. 의에 맞아서 따르는 경우는, 도가 행해지지 않을 것을 근심할 필요가 본래부터 없고, 의에 맞지 않아서 떠나는 경우는, 도는 행해지지 않더라도 의는 버려진 적이 없으니, 이 때문에 군자는 도가 행해지지 않을 것을 알면서도, 벼슬하지 않은 적이 없었고, 그럼에도 사심을 품고 녹을 좇아서 구차히 벼슬을 한 적도 없었다. 이로 보건대, 도와 의는 서로 떨어져 있던 적이 없음을 또한 알 수 있다"(或問道之不行矣, 而徒仕可乎? 曰: 仕所以行義也, 義則有可不可矣。義合而從, 則道固不患於不行; 不合而去, 則道雖不行而義亦未嘗廢也, 是以君子雖知道之不行, 而未嘗不仕, 然亦未嘗懷私徇祿, 而苟於仕也。由此觀之, 道義之未嘗相離, 亦可見矣。).

아서도 안 된다.

福州有國初時寫本, 路下有「反子」二字, 以此爲子路反而夫子言之也。未知是否。[41]
복주(福州)에 송(宋)나라 초창기 때의 사본이 있는데, '子路'(자로)라는 글자 다음에 '反子'(반자) 두 글자가 들어가 있어, 이 구절을 자로(子路)가 돌아오자 선생님께서 자로(子路)에게 말씀하신 것으로 여겼다. 이것이 옳은지 그른지는 알지 못하겠다.

○范氏曰: 「隱者爲高, 故往而不反。仕者爲通, 故溺而不止。不與鳥獸同羣, 則決性命之情以饕富貴[42]。此二者皆惑也, 是以依乎中庸者[43]爲難。惟聖人不廢君臣之義[44], 而必以其正[45], 所以或出或處而終不離於道也。」

41《論語集釋》陳天祥[1230~1316]의《四書辨疑》에 말했다. "공자께서 자로에게 가보라고 할 때는 한마디 말씀도 없었는데, 자로가 돌아오자 이 말씀을 했다는 것은, 뜻이 편안하지 않다"(四書辨疑: 夫子使子路去時略無一言, 至其迴來纔爲此說, 義有未安。).

42《莊子 · 外篇 · 騈拇》저 소위 지극히 바르고 바른 사람이란, 자기의 타고난 성정을 잃지 않는 사람이다. 그래서 발가락이 붙어 있어도 네 개라 탓하지 않고, 손가락이 하나 더 있어도 육손이라 탓하지 않는다. 긴 것을 다 쓰고 남는 것이라 여기지 않고, 짧은 것을 부족한 것이라 여기지 않는다. 이 때문에 오리 다리는 짧지만 이으면 근심거리가 되고, 학의 다리는 길지만 자르면 근심거리가 된다. 그러니 타고난 성정이 길다고 잘라내려고 할 것이 아니고, 타고난 성정이 짧다고 이으려고 할 것이 아니고, 근심거리라고 여겨 없애려고 할 것이 아니다(彼正正者, 不失其性命之情。故合者不爲騈, 而枝者不爲跂; 長者不爲有餘, 短者不爲不足。是故鳧脛雖短, 續之則憂; 鶴脛雖長, 斷之則悲。故性長非所斷, 性短非所續, 無所去憂也。). 생각건대 仁義는 아마도 사람의 타고난 성정이 아니리라. 저 仁者라고 하는 사람은 어찌 그리 근심거리가 많을까? 발가락이 붙어 있는 사람이, (타고난) 붙어 있는 발가락을 잡아 둘로 찢으면 눈물을 흘리고, 육손이가, 하나 더 있는 손가락을 물어뜯으면 비명을 지른다. 이 두 사람은 한 사람은 많고 한 사람은 부족하지만, 근심거리가 됨은 매한가지이다. 요즘 세상의 仁者라고 하는 사람은, 근심 가득한 눈으로 혼란스러운 세상을 한탄하고, 不仁者라고 하는 사람은, 자기의 타고난 성정을 끊어버리고, 부한 것 · 귀한 것을 탐한다. 그러니 생각건대, 아마도 仁義는 사람의 타고난 성정이 아니리라. 삼대 이후로, 천하는 어찌 그리 시끄러울까?(意仁義其非人情乎! 彼仁人何其多憂也? 且夫騈於拇者, 決之則泣; 枝於手者, 齕之則啼。二者或有餘於數, 或不足於數, 其於憂一也。今世之仁人, 蒿目而憂世之患; 不仁之人, 決性命之情而饕富貴。故意仁義其非人情乎! 自三代以下者, 天下何其囂囂也?); 決(결): 끊다. 단절하다(斷裂, 折斷。); 饕(도): 탐하다. 흉악 · 탐식하는 전설상의 괴물로, 옛날 그 머리를 그릇에 장식으로 꾸며 탐욕을 경계했다(极贪欲; 极贪财。传说中的一种凶恶贪食的野兽, 古代铜器上面常用它的头部形状做装饰。喻凶恶贪婪的人。).

43《中庸 제11장》군자는 중용에 의거하기에, 세상을 피해 은둔하여 남이 알아주지 않아도 후회하지 않으니, 聖者만이 그렇게 할 수 있다(君子依乎中庸, 遯世不見知而不悔, 唯聖者能之。).

44《論語大全》자기 한 몸 깨끗이 하려고 큰 인륜을 어지럽히지 않는다(不潔身以亂倫).

45《論語大全》의를 망각하고 利祿을 추종하지 않는다(不忘義以殉祿).

○범씨(范氏 · 范淳夫)가 말했다. “은자는 고상한 지조를 지키려고 하기에, (세상을) 떠나서는 돌아오지 않고, 벼슬하는 자는 영달하려고 하기에, (부귀에) 빠져서는 그만두지 못한다. (은자처럼) 새나 짐승과 함께 어울려 무리 지어 살든지 아니면, (벼슬하는 자처럼) 자기의 타고난 성정을 끊어버리고 부한 것 · 귀한 것을 탐한다. 이 둘은, 모두 잘못에 홀린 것으로, 이 때문에 중용의 도에 의거하기가 어렵다. 오직 성인만이 군신의 의를 없애지 않으면서도, 반드시 그에 맞는 바른 방법을 써서 행하시니, 벼슬에 나아가든 벼슬에서 물러나든 끝까지 중용의 도에서 떠나지 않으시는 까닭이다.

[逸民章]

180801、逸民[1]: 伯夷、叔齊、虞仲[2]、夷逸[3]、朱張[4]、柳下惠、少連[5]。

1《論語集解》'逸民'은 절개와 행실이 속세를 초탈한 자이다(注: 逸民者, 節行超逸者也。);《論語正義》《漢書 · 律曆志》에 대한 顔師古[581~645]의 주에, '逸民은 덕이 있는 자로서 숨어지내는 자를 말한다'고 했다. 우중은 뒤에 (오나라) 임금이 되었고, 유하혜 역시 사사가 되었지만, 처음에는 모두 벼슬이 없는 民이었다(正義曰: 顔師古漢書律曆志注: "逸民, 謂有德而隱處者。" 此虞仲後雖爲君, 柳下惠亦爲士師, 要自其初, 皆爲民也。); 逸民(일민): 절개와 행실이 고상하니 세상을 초탈해있고 세상을 피해 숨어 사는 사람. 세상에서 버림받은 사람. 망국의 유민(古代称节行超逸, 避世隐居的人。也指亡国后的遗老遗少。); 逸(일): 도망가다. 은둔하다. 세상을 피해 숨어지내다(本义: 逃跑。隐逸, 退出社会而隐居起来。).

2 論語正義》《史記 · 周本紀》에는 虞仲을 泰伯의 동생이라 했고,《史記 · 吳太伯世家》에는 仲雍을 泰伯의 동생이라 했고, 虞仲은 仲雍의 증손인 周章의 동생이라 했다.《漢書 · 地理志》에 말했다. "주태왕[고공단보]의 큰아들은 태백, 둘째 아들은 중옹, 막내아들은 공계[계력]인데, 공계가 성덕을 지닌 아들 창을 낳았고, 그에게 나라를 전하고자 했다. 태백과 중옹은 약초를 캐러 간다는 핑계로, 이에 형만으로 도망갔다. 그래서 공자께서, '太伯可謂至德也已矣'[泰伯 제1장]라고 칭찬했는데, 이는, '虞仲夷逸, 隱居放言, 身中淸, 廢中權.'을 평론한 것이다." 안사고의 주에, '우중은 바로 중옹이다'라고 했다. 또《漢書 · 地理志》에 말했다. "(오나라 임금이 된) 태백이 죽고, 중옹이 뒤이어 임금이 되었고, 증손 周章에 이르렀는데, 무왕이 은나라를 치고, 周章을 계속해서 오나라 땅에 봉했고, 또 周章의 아들 中을 河北 땅에 봉했으니, 이것이 '北吳'로, 후세에 이를 '虞'라 했다." 안사고의 주에, '中은 仲으로 읽는다'라고 했다. 반고의《漢書 · 地理志》의 이 글에서도, 또한 주나라에 두 사람의 虞仲[고공단보의 둘째 아들 우중과 중옹의 증손인 주장의 동생 우중]이 있다고 보았다. '虞'와 '吳'는 서로 바꿔 써서, 虞仲雍은 吳仲雍이라 칭하기 때문에, 혹 虞仲이라 칭한 것이다.《漢書 · 地理志》는 논어의 '隱居放言'을 인용했는데, 이는 바로 형만으로 도망간 일을 가리킨 것이다. 虞仲은 백이 · 숙제보다 앞에 태어났는데도, 백이와 숙제를 먼저 언급한 것은, 덕이 더 무겁기 때문으로, 맹자가 백이를 이윤보다 먼저 칭술한 것[告子下 제6장]과 같다(案: 本紀以虞仲爲太伯弟, 世家以仲雍爲太伯弟, 虞仲則仲雍曾孫周章之弟, 說似不同……漢書地理志: "周太王長子太伯, 次曰 仲雍, 少曰 公季。公季有聖子昌, 欲傳國焉。太伯、仲雍辭行采藥, 遂奔荊楚。故孔子美而稱曰: '太伯可謂至德也已矣。' 謂'虞仲夷逸, 隱居放言, 身中淸, 廢中權。'"師古曰: "虞仲, 即仲雍也。" 志又云: "太伯卒, 仲雍立, 至曾孫周章, 而武王克殷, 因而封之。又封周章弟中於河北, 是爲北吳, 後世謂之虞。" 師古曰: "中讀曰 仲。" 班志此文, 亦以周有兩虞仲。"虞"、"吳"通用……仲雍稱吳仲雍, 故或稱虞仲。志引論語"隱居放言", 即指逃竄荊蠻之事……虞仲在夷、齊前, 而先夷、齊者, 重德也, 若孟子稱伯夷在伊尹前矣。);《論語平議》'虞仲'은 어떤 사람인지 상세하지 않다. 舊說은 仲雍이라 하는데, 아니다. 仲雍은 伯夷 · 叔齊보다 백여 년 앞선 사람인데, 어찌 그들 뒤에 나열했겠는가? 게다가 仲雍은 이미 오나라 임금이었고, 자손 대대로 오나라를 소유했는데, 어찌 그를 '民'이라 지목했겠는가? 내 생각에, '虞仲'은 춘추시대[桓公 10년] 虞公의 동생일 것이다. 당시에, 어느 나라의 임금의 동생일 경우, 나라 이름에 伯 · 仲을 붙여 불렀는데, 蔡季[채나라 임금의 막내], 紀季[기나라 임금의 막내] 라고 한 것이 모두 바로 이것이다. 虞仲은 언급된 순서가 백이 · 숙제의 다음인데, 아마 나라를 사양한 어진 公子가 아닐까?(虞仲, 不詳何人。舊說以爲仲雍, 非也。仲雍在伯夷叔齊前百餘年, 豈當反列其後? 且仲雍, 既君吳, 子孫世有吳國, 豈得目之爲民? 竊疑虞仲, 乃春秋時, 虞公之弟……當時, 國君之弟, 每以伯仲繫國稱之。若……蔡季……紀季, 皆是也。虞仲次伯夷,叔齊之後, 殆亦讓國之賢公子乎?).

숨어지낸 사람은 백이(伯夷)·숙제(叔齊)·우중(虞仲)·이일(夷逸)·주장(朱張)·유하혜(柳下惠)·소연(少連)이었다.

少[6], 去聲, 下同。○逸, 遺逸[7]。民者, 無位之稱。虞仲, 即仲雍, 與大伯同竄[8]荊蠻者[9]。夷逸

3《四書人物》夷逸은 성이 夷, 명이 逸이고, 주나라 대부 夷詭諸의 후예로, 夷가 채읍이어서, 夷를 성으로 했다. 逸은 그의 본명이 아니고, 단지 은둔자임을 가리키고, 숨어지내 그의 이름을 듣지 못했기 때문에, 逸이라 불렀다는 설이 있다. 注疏家들은 모두 주나라 때 사람으로 숨어서 벼슬을 하지 않은 사람으로 말하고 있다(夷逸, 姓夷名逸, 周大夫詭諸 之後, 食采於夷, 以夷爲姓, 有謂逸非其本名, 乃指爲隱逸之人, 爲世人所逸, 不得其名, 故以逸稱之, 而注疏家均謂周時人, 隱居不仕。);《補正述疏》尸佼(시교)[BC 390~BC 330]가 지은《尸子·散見諸書文匯輯》에, '夷逸은 夷詭諸의 후예로, 누가 벼슬을 하라 권하자, '나는 비유하자면 소와 같으니, 멍에를 메고 들판에 나가 밭을 갈지언정, 비단옷을 입고 조정에 들어가서 희생양은 차마 되고 싶지 않다'고 했다(述曰: 尸子云: "夷逸者, 夷詭諸之裔。或勸其仕, 曰: 吾譬則牛也, 寧服軛以耕於野, 不忍被繡入廟而爲犧。");《集注考證》夷逸이 누구인지는 알 수 없는데, 어떤 학자는 虞仲이 夷에서 숨어 지냈기 때문에, '虞仲夷逸'이라 한 것으로, 당연히 한 사람이라고 했다(按, 夷逸不知何人, 說者以爲虞仲隱逸于夷, 故曰虞仲夷逸, 然當自是一人。);《論語新解》혹자는 夷逸은 사람 이름이 아니고, 虞仲이 夷로 달아났기 때문에 '虞仲夷逸'[虞仲은 夷로 달아났다]이라고 말한 것으로 보인다고 했다. 그렇지만 '逸民: 伯夷……'에 따른다면, '夷逸: 虞仲……'이라 해야지, '虞仲夷逸'이라 해서는 안 된다. 또 夷로 달아난 虞仲은 吳나라 임금이 되었으니, '隱' '廢'라 할 수 없다. 夷逸 역시 사람 이름일 텐데, 책에 나오지 않았을 뿐이다(或疑夷逸非人名, 因虞仲逸于夷, 故曰夷逸。然依逸民伯夷之类, 当称夷逸虞仲, 不当曰 虞仲夷逸。且逸于夷之虞仲, 终为吴君, 不得曰 隐, 又不得曰 废。夷逸殆亦人名, 而书传无考耳。).

4《論語義疏》朱張은 字가 仲弓으로, 荀卿이 그를 공자와 나란히 말했다[《荀子》의 非常·非十二子·儒效편에 네 차례 언급되어 있다](疏 王弼曰: 朱張, 字子弓, 荀卿以比孔子。);《論語集釋》潘維城[清人]의《論語古注集箋》에 말했다: 郝敬[1558~1639]이 말했다. "'朱張'의 '朱'는 '譸'로 써야 맞다.《書經·周書·無逸》에, '譸張爲幻'[거짓으로 혹하게 하다]이라고 했으니, 바로 '陽狂'[거짓 미친 체하다]이다. 逸民·夷逸·朱張은 세 가지 성품이고, 伯夷·叔齊·虞仲·柳下惠·少連은 그런 성품을 가진 다섯 사람이다." 臧庸[1767~1811]의《拜經日記》에 말했다. "'作者七人'[憲問 제40장]에 대한 황간의 소에서 인용한 정현의 주에는, '伯夷·叔齊·虞仲은 辟世者이고, 柳下惠·少連은 辟色者이다'라고 했으니, 夷逸·朱張은 언급하지 않았다. 대개 逸民은 두 사람으로 伯夷·叔齊이고, 夷逸은 한 사람으로 虞仲이고, 侜張陽狂[거짓으로 미친 체하다]한 자는 두 사람으로 柳下惠·少連이다. 그래서 성인께서는 맨 앞에 伯夷·叔齊를 논급했고, 다음에 柳下惠·少連를 논급했고, 맨 뒤에 '虞仲, 夷逸, 隱居放言.' 이라 하신 것이고, 伯夷·叔齊는 나라를 사양하고 수양산에 은거했으니 逸民이라 했고, 虞仲은 蠻夷로 달아났기 때문에, 夷逸이라 하신 것이다(《漢書·地理志》에서 논어의 '虞仲夷逸, 隱居放言, 身中清, 廢中權.' 을 인용했는데, 안사고가 '夷逸, 言竄於蠻夷而遁逸也.' 라고 주를 달았다)(潘氏集箋: 郝氏敬曰: 朱張, 朱當作譸, 書「譸張爲幻」, 卽陽狂也。曰逸民, 曰夷逸, 曰朱張, 三者品其目。夷、齊、仲、惠、連, 五者擧其人也。拜經日記云: 皇疏「作者七人」下引鄭注:「伯夷、叔齊、虞仲, 避世者。柳下惠、少连, 辟色者。」不及夷逸、朱張。蓋逸民二人: 伯夷、叔齊也。夷逸一人: 虞仲也。侜張陽狂者二人: 柳下惠、少連也。故聖人先論伯夷、叔齊, 次論柳下惠、少連, 後云謂虞仲夷逸, 隱居放言。夷、齊讓國, 隱逸首陽, 謂之逸民。虞仲竄逸蠻夷, 故曰夷逸。).

5 이장 제3절 각주《禮記·雜記下》참조.

6 少(소): [shào] 나이가 어리다. 젊다. 나이 어린 사람. 보좌직(年幼的, 年轻的。年轻的人。代辅佐长官的

朱張, 不見經傳。少連, 東夷人。

'少'(소)는 거성[shào]으로, 뒷절에서도 이와 같다. ○'逸(일)'은 '도망가 숨어지내다'[遺逸]이다. '民'(민)이라는 것은 지위가 없는 자에 대한 호칭이다. '虞仲'(우중)은 바로 중옹(仲雍)으로, 태백(泰伯)과 함께 형만(荊蠻)으로 도망한 사람이다. '夷逸'(이일)과 '朱張'(주장)에 대해서는, 경전에 보이지 않는다. '少連'(소련)은 동이(東夷) 사람이다.

180802、子曰:「不降其志, 不辱其身[10], 伯夷、叔齊與[11]!」[12]

선생님께서 말씀하셨다. "자기의 품은 뜻을 낮추지도 않았고, 자기의 몸가짐을 욕보이지도 않은 사람은, 백이와 숙제였다!"

與, 平聲。

'與'(여)는 평성[yú]이다.

180803、謂:「柳下惠、少連, 降志辱身[13]矣。言中倫[14], 行中慮, 其[15]斯而已矣。[16]」[17]

副职。次级的。); [shǎo] 많지 않다. 희소하다. 부족하다(不多。短缺、不够。).

7 遺逸(유일): 버려져서 쓰이지 않다. 숨어지내다(亦作'遺佚'。遺漏; 遗弃而不用。犹隐居。).

8 竄(찬): 달아나다. 도망쳐 숨다(躲藏).

9《泰伯 제1장》集注 참조.

10《論語義疏》本에는 '不辱其身者'로 되어 있다;《古今注》뜻은 원치 않는 바이지만 굽혀서 따르는 것이 '降志'(강지)이고, 몸은 달갑지 않은 바이지만 굽혀서 나아가는 것이 '辱身'(욕신)이다(志所不肯, 俯而從之, 是降志也, 身所不屑, 屈而就之, 是辱身也。).

11《古書虛字》확정 · 단정을 나타낸다('與'爲決定之詞。); 與(여): ~이로구나. ~이로다. 감탄문의 끝에 쓰여 찬양 · 기쁨의 어기를 나타낸다.

12《公冶長 제22장》각주《孟子 · 公孫丑上 제9장》참조.

13 [성]降志辱身(강지욕신): 뜻을 낮추고 신분을 욕보이다. 풍속에 동조하고 세상에 영합하다. 속물이 들고 악에 영합하다(降低自己的意志, 屈辱自己的身分。指与世俗同流合污。);《論語正義》유하혜가 세 번씩이나 士師의 자리에서 쫓겨났으면서도 나라를 뜨지 않았으니[微子 제2장], 이것이 바로 降志辱身의 사례이다(正義曰: 柳下被黜不去, 即是降志辱身之事。).

14《論語集解》말이 윤리에 부응하다(注: 孔安國曰: 但能言應倫理……。); 中倫(중륜): 준칙에 부합하다(合乎准則。).

15《古書虛字》'其'는 '若似'[비슷한 정도]의 뜻이다('其'字爲'若似'之義。);《論孟虛字》이런 정도이다('其',

선생님께서 말씀하셨다. "유하혜(柳下惠)와 소련(少連)은 품은 뜻을 낮추었고 몸가짐을 욕보였다. (그렇지만) 말은 인륜에 들어맞았고, 행실은 인심에 부합했으니, 이 정도일 뿐이었다."

中, 去聲, 下同。○柳下惠事見上[18]。倫, 義理之次第也。慮, 思慮[19]也。中慮, 言有意義[20]合人心。少連事不可考。然記[21]稱其「善居喪, 三日不怠, 三月不解。朞悲哀, 三年憂」。則行之中慮, 亦可見矣。[22]

'中'(중)은 거성[zhòng]으로, 뒷절에서도 이와 같다. ○'柳下惠'(유하혜)에 관한 일은《微子 제2장》에 보인다. '倫'(윤)은 의리의 차례이다. '慮'(려)는 '사려 깊다'(思慮)이다. '中慮'

猶'若'。'其斯', 猶言'若是'或'如此', 是表認定的關係詞。);《論語句法》'其'는 이 판단문의 연결동사로 '是'를 써서 연결동사 역할을 한 것과 같다. '而已'는 본래 '斯'字와 합쳐서 읽어야 하지만, 마치 어기사로 변한 것과 같고, 지금의 '罷了'에 해당한다["이뿐이었다"]('其'是這句判斷句的繫詞, 和用'是'做繫詞的作用一樣。'而已'本來應該和'斯'字合起來看, 做謂語的, 可是, 它似乎已變成了語氣詞, 相當於白話的'罷了'; '就是這樣罷了。').

16《論語集解》단지 말이 윤리에 맞고, 행실이 인심에 맞은, 이런 정도일 뿐이었다(注: 孔安國曰: 但能言應倫理, 行應思慮, 如此而已。);《論語義疏》품은 뜻을 낮추었고 몸가짐을 욕보였지만, 언행은 반드시 인륜과 인심에 부합했기 때문에, '其斯而已矣'라고 한 것이다(疏: 雖降志辱身, 而言行必中於倫慮, 故云其斯而已矣。);《古今注》柳下惠 · 少連은 뜻을 낮추었고 몸을 욕보였지만, 말이 도리에 맞았고, 행실이 인심에 부합한 자는, 오직 이들 뿐이었다(柳下惠、少連, 雖降志辱身矣, 而若夫言中倫, 而行中慮者, 其唯斯人而已矣。);《論語集釋》蕉袁熹[清人]의《此木軒四書說》에 말했다. "세 번 쫓겨났지만, 노나라를 떠나지 않았으니, 이것이 품은 뜻을 낮추고 몸가짐을 욕보인 것을 말한 것이 아니겠는가? 결코 도를 굽히지 않았고, 부모의 나라에서 늙어 죽었으니, 이른바 인륜에 들어맞았고, 인심에 부합한 것이었다"(此木軒四書說: 三黜不去, 不謂之降辱乎? 不肯枉道, 老於父母之國, 所謂中倫中慮者也。);《補正述疏》'其斯而已矣'는, '그들은 이것으로 생을 마쳤다'라는 말이다(述曰: 謹案: '其斯而已矣', 言其以斯而終身也。);《論語譯注》"그들은 이런 정도에 불과했을 뿐이다"("那也不過如此罷了。").

17《微子 제2장》각주《孟子 · 公孫丑上 제9장》참조.

18《微子 제2장》참조.

19 思慮(사려): 사색. 생각. 깊은 지혜. 심사. 사려 깊다(思索考慮。犹心智, 心思。).

20 意義(의의): 말이나 글의 속뜻. 의미. 가치. 내용(谓事物所包含的思想和道理。价值; 作用。內容).

21《禮記 · 雜記下》공자께서 말씀하셨다. "少連 · 大連은 거상을 잘 치렀으니, 3일을 게으르지 않았고, 3월을 해이하지 않았고, 1년을 슬퍼했고, 3년을 근심했다. 東夷 사람이었다"(孔子曰: 少連, 大連善居喪, 三日不怠, 三月不解, 期悲哀, 三年憂。東夷之子也。);《孔子家語 · 子貢問》에도 나온다.

22《論語大全》'慮'는 '倫'에 대한 對句로 말한 것이다. '倫'이 의리의 순서라면, '慮'는 인심에 부합하는 바른 생각이다. '中倫'은 말이 윤리에 부합한다는 말이다. '中慮'는 행실이 인심에 들어맞는다는 말이다. 인심은 곧 사람의 사사로움이 없는 공정한 마음으로, 의리가 존재하는 곳이다. 어떤 사람은 '나의 사려에 부합한다'고 하는데, 잘못이다(慶源輔氏曰: '慮, 對倫而言。倫是義理之次第, 則慮亦人之正思慮也。中倫謂所言合倫理。中慮謂所行當人心。人心乃人之公心, 卽義理所在也。或以爲中我之思慮者, 誤矣。).

(중려)는 속 깊이 정의(情誼)가 있어 인심에 부합한 것을 말한다. '少連'(소련)의 일은 고찰할 수 없다. 그렇지만 《예기》(禮記)에서 그를 일컬어서, '거상을 잘 치렀으니, 3일을 게으르지 않았고, 3월을 해이하지 않았고, 1년을 슬퍼했고, 3년을 근심했다'고 했다. 그렇다면 행실이 인심에 부합했다는 것을 또한 볼 수 있다.

180804、謂:「虞仲、夷逸, 隱居放言[23]。身中淸[24], 廢中權[25]。

선생님께서 또 말씀하셨다. "우중(虞仲)과 이일(夷逸)은 숨어지내면서 말을 거리낌 없이 했다. (숨어지낸) 몸가짐은 청렴의 도에 맞았고, (말을 거리낌 없이 해서) 스스로 버림받게 한 것은 권도(權道)에 맞았다.

仲雍居吳, 斷髮文身, 裸以爲飾[26]。隱居獨善, 合乎道之淸。放言自廢, 合乎道之權。

중옹(仲雍)이 오(吳)나라에서 살 때, 머리를 짧게 깎고 몸에 문신을 새기고, 벌거벗은

---

23 《論語集解》'放'은 '置'이다. 세상일을 다시는 입에 담지 않다(注: 苞氏曰: 放, 置也。不復言世務也。); 《論語正義》《後漢書 · 荀韓鍾陳傳論》에 '한나라 중엽 이래로, 환관들이 전횡하자, 세상 풍속은 이에 몸을 숨기고, 청렴결백하고, 거리낌 없이 지껄이는 것을 고상하게 여겼다'고 했고, 李賢[655~684]의 주에 '말을 거리낌 없이 구속받지 않고 함부로 말하는 것이다. 논어에 '隱居放言'이라 했다'고 했다. 李賢의 풀이가 苞咸의 주보다 나은 것 같다(正義曰: 後漢荀韓鍾陳傳論: "漢自中世以下, 閹豎擅恣, 故俗遂以遁身矯潔放言爲高。" 李賢注: "放肆其言, 不拘節制也。論語曰: '隱居放言。'" 此解似勝包氏。); 《論語譯注》 "거리낌 없이 곧바른 말을 했다"("放肆直言。").

24 《論語正義》《孔子世家》에는 '身'이 '行'으로 되어 있다. '行'은 '廢'와 對句로서, 벼슬자리에 나아가서 도를 행하는 것을 말한다["벼슬에 나아가서 도를 행한 것은 청렴의 도리에 부합했고, 벼슬에서 물러나서 도를 버려둔 것은 권도에 부합했다"](世家'身'作'行'。'行'與'廢'當是對文, 謂居位行道也。); 中淸(중청): 청렴의 도리에 부합하다(谓符合洁身之道。).

25 《論語集解》'淸'(청)은 때가 묻지 않고 깨끗한 것이다. 난세를 만나 스스로 버림받도록 해서 환난을 피한 것이 '權'(권)에 부합한 것이다(注: 馬融曰: 淸, 純潔也。遭世亂自廢棄以免患, 合於權也。); 《論語義疏》 혼란스러운 조정에 몸담지 않았으니, 이것이 청결의 도에 맞은 것이고, 일을 관두고 세상 근심을 면했으니, 이것이 권도에 부합한 것이다(疏: 身不仕亂朝, 是中淸潔也。廢事免於世患, 是合於權智也。); 中權(중권): 시의적절하다(合乎时宜或情势。).

26 《春秋左傳 · 哀公 7年》 중옹이 태백의 뒤를 이어 임금이 되어서는, 머리를 짧게 깎고 몸에 문신을 새기고, 벌거벗은 몸으로써 꾸밈을 삼았다(仲雍嗣之, 斷髮文身, 裸以爲飾。); 斷髮文身(단발문신): 吳 · 越 일대 지방의 풍속. 머리를 짧게 깎고, 몸에 문신을 했다. 미개민족을 지칭하는 말(古代吳、越一帶風俗, 截短頭髮, 身刺花紋。旧用以指未开化的民族。); 文身(문신): 피부에 바늘로 찔러 그림 등을 그리다(在人的皮肤上刺绘出有颜色的花纹或图形).

몸으로써 꾸밈을 삼았다. 숨어지내면서 혼자서 착한 것은, 청렴의 도에 맞았다. 말을 거리낌 없이 해서 스스로 버림받게 한 것은, 권도(權道)에 맞았다.

180805、我則異於是, 無可無不可。[27]」

나의 경우는 이들과 달라서, (세상이 유도하다고 하여) 벼슬하러 나가야 한다는 것도 없고 (세상이 무도하다고 하여) 벼슬하지 말고 물러나야 한다는 것도 없다."

孟子曰[28]:「孔子可以仕則仕, 可以止則止, 可以久則久, 可以速則速。」所謂無可無不可也。
맹자(孟子)가 말하기를, '공자(孔子)께서는 벼슬할 만하면 벼슬하시고, 그만둘 만하면 그만두시고, 오래 머무를 만하면 오래 머무시고, 속히 떠날 만하면 속히 떠나셨다'고 했는데, 이른바 '무얼 해야 된다는 것도 없고, 무얼 해서는 안 된다는 것도 없다'는 것이다.

○謝氏曰「七人隱遯[29]不汙則同, 其立心造行[30]則異。伯夷, 叔齊, 天子不得臣, 諸侯不得友, 蓋已遯世離羣矣, 下聖人一等, 此其最高與! 柳下惠, 少連, 雖降志而不枉己, 雖辱身而不求合, 其心有不屑也。故言能中倫, 行能中慮。虞仲, 夷逸隱居放言, 則言不合先王

---

27 [성]無可無不可(무가무불가): 어떻게 해도 좋다. 일정한 주견이 없이 무엇을 하든 또는 어떻게 하든 좋다고 생각하다(表示怎样办都行, 没有一定的主见, 觉得干什么,怎么样都可以。);《論語集解》반드시 벼슬하러 나아가야 한다는 것도 아니고, 반드시 벼슬하지 말고 물러나야 한다는 것도 아니고, 오직 의가 거기에 존재하면 그에 따를 뿐이다[孟子 · 離婁下 제11장](注: 馬融曰: 亦不必進, 亦不必退, 唯義所在也。);《論語正義》숨어지낸 일곱 사람은, 어떤 사람은 다스려지면 나아가고 혼란스러우면 물러나고, 어떤 사람은 다스려져도 나아가고 혼란스러워도 나아가서, 행동이 각기 달라, 모두 대도에 맞지 않았다. 공자만이 從心之矩에서 나오고, 隱 · 見의 권도에 묘합해서, 進 · 退에 모두 의에 맞는 지를 살폈으니, 의에 나아가는 게 맞다면, 혼란스러워도 나아가셨고, 의에 물러나는 게 맞다면, 다스려질지라도 물러나셨다(正義曰: 逸民或治則進, 亂則退, 或雖治亦退, 或雖亂亦進, 行各不同, 皆未適於大道。惟夫子本從心之矩, 妙隱見之權, 進退俱視乎義。義苟可進, 雖亂亦進, 義苟宜退, 雖治亦退。); 可(가): 마땅히~해야 한다(应当, 应该。);《里仁 제10장》참조.

28《孟子 · 公孫丑上 제2장》벼슬을 해야 할 만하면 하고, 그만둬야 할 만하면 그만두고, 오래 머물러야 할 만하면 오래 머물고, 빨리 떠나야 할 만하면 빨리 떠난 분은 공자였다. 모두 옛 성인들인데 나는 아직 그렇게 하지 못했다. 내가 원하는 것으로 말하자면, 공자를 배우는 것이다(可以仕則仕, 可以止則止, 可以久則久, 可以速則速, 孔子也。皆古聖人也, 吾未能有行焉; 乃所願, 則學孔子也。).

29 隱遯(은둔): 도망쳐 숨다(隐蔽躲藏); 遯(둔): 은둔하다(同'遁'。).

30 立心(입심): 마음먹다. 결심하다(立下心愿。下决心。); 造行(조행): 몸가짐을 닦다(谓修养品行).

之法者多矣。然清而不汙也, 權而適宜也, 與方外之士[31]害義傷教而亂大倫者[32]殊科。是以均謂之逸民。」

○사씨(謝氏 · 謝顯道)가 말했다. "숨어지낸 일곱 사람은 은둔하여 더럽혀지지 않은 것은 똑같았지만, 그들의 작정한 마음과 닦은 행실은 달랐다. 백이(伯夷)와 숙제(叔齊)는 천자가 신하로 삼지를 못했고, 제후가 벗으로 삼지를 못했으니, 대개 이미 세상을 피해 달아났고 사람들 곁을 떠난 사람들이었으니, 성인보다 한 등급 아래로, 이들이 아마 가장 등급이 높을 것이다! 유하혜(柳下惠)와 소련(少連)은 비록 뜻은 낮췄을지라도 몸은 굽히지 않았고, 비록 몸은 욕되게 했을지라도 영합하기를 구하지 않았으니, 그 마음에는 하기에 달갑게 여기지 않은 것이 있었던 것이다. 그래서 말이 인륜에 맞을 수 있었고 행실이 인심에 부합할 수 있었다. 우중(虞仲)과 이일(夷逸)은 숨어지내면서 말을 거리낌 없이 했는데, 한 말이 선왕의 법도에 맞지 않는 경우가 많았다. 그렇지만 청렴해서 더럽혀지지 않았고, 권도(權道)를 썼지만 그가 처한 상황에 적의했으니, 세상 밖을 노니는 선비로서 의를 해치고 가르침을 손상시켜서 대륜(大倫)을 어지럽힌 자들과는 등급이 달랐다. 이 때문에 그들을 똑같이 평하여 '숨어지낸 사람'[逸民]이라고 하신 것이다."

尹氏曰:「七人各守其一節, 而孔子則無可無不可, 此所以常適其可[33], 而異於逸民之徒也。」揚雄曰[34]:「觀乎聖人則見賢人。」是以孟子語夷, 惠, 亦必以孔子斷之。

윤씨(尹氏)가 말했다. "숨어지낸 일곱 사람은 각각에 맞는 한 가지 절의를 지켰지만, 공자(孔子)께서는 무얼 해야 된다는 것도 없었고 무얼 해서는 안 된다는 것도 없어서,

---

31 《雍也 제1장》 각주 《莊子 · 內篇 · 大宗師》 참조.

32 《微子 제7장》 참조.

33 《孟子 · 萬章下 제1장》 集注: 공자께서 벼슬하신 것 · 벼슬을 그만두신 것 · 오래 머무신 것 · 속히 떠나신 것은, 각기 그 때의 가 · 불가에 마땅했다(孔子仕止久速, 各當其可。).

34 《揚子法言 · 修身》 성인의 귀는 非에 순응하지 않고, 입은 善에 위배되지 않는다. 현자의 귀는 가려서 듣고 입은 가려서 말한다. 중인의 귀와 입은 가리는 게 없다." "무엇이 衆人인지요?" "富 · 貴 · 生을 택하는 자이다." "무엇이 賢人인지요?" "富 · 貴 · 生을 버리고 義를 택하는 자이다." "무엇이 聖人인지요?" "신묘불측한 자다. 현인을 기준으로 중인임을 알아보고, 성인을 기준으로 현인임을 알아보고, 천지를 기준으로 성인임을 알아본다"(聖人耳不順乎非, 口不肄[違]乎善。賢者耳擇口擇, 衆人無擇焉。或問"衆人"。曰: "富貴生。" "賢者"? 曰: "義。" "聖人"? 曰: "神。" 觀乎賢人, 則見衆人; 觀乎聖人, 則見賢人; 觀乎天地, 則見聖人。).

이것이 해야 할 때 · 해서는 안 될 때에 항상 맞게 된 까닭이었으니, 숨어지낸 사람들의 무리와는 달랐다."

양웅(揚雄)이 말했다. "성인을 기준으로 현인임을 알아본다." 이 때문에 맹자(孟子)가 백이(伯夷)와 유하혜(柳下惠)를 말하면서도, 반드시 공자(孔子)를 기준으로 써서 그들을 판단한 것이다.

[太師摯適齊章*]

180901、大師[1]摯適齊[2],

1《周禮·春官宗伯·大師》태사는 六律과 六同을 관장하여, 음과 양의 소리를 합치시킨다(大師掌六律六同, 以合陰陽之聲。).

2《論語集解》노나라 애공[BC 494~BC 498 재위] 때, 예악이 붕괴되어, 악인들이 모두 떠난 것이다(注: 孔安國曰: 魯哀公時, 禮壞樂崩, 樂人皆去。);《論語集釋》王應麟[1223~1296]의《困學紀聞》에 말했다. "'師摯之始'[泰伯 제8장]를, 정현은 노나라 태사의 이름이라 했고, '太史摯適齊'는, 공안국은 노나라 애공 때의 사람이라 했고, 정현은 주나라 평왕[BC 770~BC 720] 때의 사람이라 했다"(困學紀聞: 師摯之始, 鄭康成謂魯太師之名。太史摯適齊, 孔安國以爲魯哀公時人, 康成以爲周平王時人。);《論語正義》太師 摯 등은 모두 은나라 사람이고, 태사·소사 등의 관직은 은나라 직제이다.《漢書·古今人表》에, 太師摯 등은 함께 '智人' 계열에 있고, 그다음 계열은 殷末周前에 있다. 안사고의 注에, '太師摯부터 擊磬襄까지 8인은, 모두 주왕 때 달아나 이리저리 흩어졌다'고 했다. 또《漢書·禮樂志》에 말했다. "《書》序에, '은나라 주왕이 선조의 음악을 포기하고, 이에 음란한 음악을 제작하고, 正聲을 바꿔 혼란하게 하여, 자기 부인의 환심을 샀다'고 했다. 악관 태사는 악기를 품에 안고 도망쳤는데, 어떤 사람은 각 나라 제후에게로 가고, 어떤 사람은 황하와 바다 섬으로 들어갔다." 이에 대한 안사고의 注에, '論語에 '太師摯適齊……'라고 했는데,《漢書·禮樂志》의 이 글 및《漢書·古今人表》에 언급한 것이, 모두 이것을 말한다'고 했다(正義曰: 太師摯等皆殷人, 則太師, 少師等官是殷制也…… 案: 漢書古今人表太師摯等同在"智人"之列, 其次在殷末周前。顏師古注: "自師摯已下八人, 皆紂時奔走分散而去。" 又書禮樂志云: "書序「殷紂斷棄先祖之樂, 迺作淫聲, 用變亂正聲, 以說婦人。」樂官師瞽抱其器而奔散, 或適諸侯, 或入河海。" 師古注: "論語太師摯適齊云云, 此志所云及古今人表所敘, 皆謂是也。). 또《漢書·董仲舒傳》에, '은나라 주왕 때에 이르러, 하늘의 뜻을 거역하고 만물을 상해하고, 현자·지자를 살육하고, 백성을 무자비하게 죽였습니다. 백이와 태공은 당세의 현자였는데, 숨어지내고 신하를 하지 않았습니다. 직분을 가진 자들은 모두 달아나고 도망가서, 하내로 섬으로 들어갔습니다'라고 했고, 안사고의 注에, '북을 치던 방숙, 소고를 흔들던 무, 소사 양의 등속을 말한다'라고 했다. 그렇다면 太師 摯 등은 은나라 사람으로 생각된다. 齊·楚·蔡·秦은 모두 은나라 말기의 나라 이름이다(又董仲舒傳: "對策曰: '至於殷紂, 逆天暴物, 殺戮賢知, 殘賊百姓。伯夷, 太公皆當世賢者, 隱處而不爲臣, 守職之人, 皆奔走逃亡, 入於河海。'" 師古注: "謂若鼓方叔、播鞀武,少師陽之屬也。" 然則以太師摯等爲殷人……齊、蔡、秦、楚皆舊時國名。). 모기령의《論語稽求篇》에 말했다. "'太師 摯'의 '摯'字는 '疵'字이다.《史記·周本紀》에, '太師 疵와 少師 彊이 자기 악기를 챙겨들고 주나라로 달아났다'라고 했는데, 疵와 彊은 摯와 陽으로, 두 음이 서로 가까운 글자이다.《殷本紀》에도, '비간의 가슴을 가르고, 기자를 잡아 가두었으니, 은의 태사와 소사는 이에 자기의 제사에 쓰는 악기를 챙겨들고 주나라로 달아났다'라고 한 것이 바로 이것이다"(毛氏又曰: "太師摯, 摯字是疵字……考周本紀'太師疵,少師彊抱其樂器而奔周', 疵與彊即摯與陽, 兩音相近之名。殷本紀亦云: '剖比干, 囚箕子, 殷之太師, 少師乃持其祭樂器奔周'是也。"). 段玉裁[1735~1815]의《古文書經撰異》에 말했다. "《書經·微子》에는 '父師·少師'로 되어 있고,《史記·宋微子世家》에는 '太師·少師'로 되어 있다.《殷本紀》에도, '太師와 少師는 이에 微子에게 권유해 떠나게 했고, 比干은 심장이 도려내졌고, 箕子는 노예가 됐으니, 太師와 少師는 이에 제기와 악기를 챙겨들고 주나라로 달아났다'라고 했다.《周本紀》도 마찬가지다. 이렇다면, 太師·少師는 은나라의 악관으로, 바로 太師 摯와 少師 陽이다. 摯는 疵이고, 陽은 彊으로, 음이 모두 서로 가깝다"(段氏玉裁書經撰異: "書經微子篇'父師少師', 史記作'太師少師'……殷本紀亦云: '微子與太師

태사(大師) 지(摯)는 제(齊)나라로 갔고,

大, 音泰。○大師, 魯樂官之長。摯, 其名也。

'大'(태)는 음이 '泰'(태)이다. ○'大師'(태사)는 노(魯)나라 악관의 장이다. '摯'(지)는 태사(大師)의 이름이다.

180902、亞飯[3]干適楚, 三飯繚適蔡, 四飯[4]缺適秦。

少師謀去, 而比干剖心, 箕子爲奴, 殷之太師,少師乃持其祭樂器奔周.' 周本紀又云云。是則太師, 少師爲殷之樂官, 即太師摯, 少師陽也。摯即疵, 陽即彊, 音皆相近。"). 내 생각에 모기령, 단옥재의 견해가 옳다. 앞 장의 逸民으로 나오는 伯夷 · 叔齊는 은나라 말기 주나라 초기 사람이고, 아래 장의 八士 역시 주나라 초기 사람으로, 그렇다면 이 장의 太師 摯 등은 자연히 은나라 말기 사람이다. 太師 摯가 제나라로, 少師 陽이 섬으로 간 것은, 아마도 주나라로 달아나기 전의 일일 것이다. 孔安國의 注는 근거가 없다(今案: 段說是也。上章逸民有夷, 齊, 爲殷末周初, 下章八士亦周初人, 則此章太師摯等自爲殷末人。竊以太師適齊, 少師入海, 皆在奔周之前……孔此說無據。);《論語集釋》《孔子家語 · 辯樂解》에 (공자께서 슬을 배운) 太師 襄이 말하기를, '나는 경쇠를 치는 악관이지만 슬도 잘 타니, 그대[공자]는 슬을 배우는 것이 유익할 것이오'라고 했으니, 그렇다면 (제5절의) '擊磬襄'은 공자와 동시대인이다. 공자께서 음악을 바르게 했고[子罕 제14장], 악사 摯가 부임 초에 연주한, 마지막 악장 관저의 가락이 아름답고 우렁찬 게 귓가에 쟁쟁하구나라고 말씀했으니[泰伯 제15장], 그렇다면 '大師摯'는 공자와 동시대인이다. 악사들이 '齊 · 楚 · 秦 · 蔡'나라로 떠났다고 말했으니, 그렇다면 이 나라들은 모두 춘추시기의 나라 이름으로, (8인의 악사들은) 노나라 애공 때의 사람들로 추단하는 것이 맞다(按: 以家語師襄以擊磬爲官而能琴(今子於琴已習, 可以益矣)言之, 則襄與孔子同時。以夫子正樂, 而曰師摯之始洋洋盈耳言之, 則摯與孔子同時。以齊楚秦蔡言之, 則皆春秋時國名, 當以魯哀公時人爲斷。);《論語新解》이 장은 노나라가 쇠하여, 악관들이 사방으로 흩어져, 강을 넘고 바다를 건너 떠난 것을 기록한 것으로, 하늘이 슬프고 처량하니, 인적이 썰렁하다는 말이다. 記者가 이 편을 논어에 붙였는데, 아마도 금석지감의 비통한 심정을 이기지 못했으리라. 이 8인의 악사들을 기록한 것은, 역시 공자를 추모하려 해서였을 것이다. 당나라 역사서에는 안녹산이 난을 일으키고, 궁정의 악단인 梨园子弟들로 하여금 음악을 연주하게 하자, 雷海青(뇌해청) 무리가 이를 거절하면서 악기를 땅에 내던져 부숴버리고, 사지가 찢겨 죽으면서도 후회하지 않았다고 기록하고 있는데, 이 역시 이 장의 入河 · 入海한 자들의 심정과 같은 류이다. 이 장의 8인은 바로 은나라 주왕 때의 사람들이라는 견해도 있고, 주나라 여왕[BC 877~BC 842 재위] 때의 사람들이라는 견해도 있고, 평왕[BC 770~BC 720 재위] 때의 사람들이라는 견해가 있는데, 따르지 않는다(此章记鲁衰, 乐官四散, 逾河蹈海以去, 云天苍凉, 斯人寥落。记者附诸此篇, 盖不胜其今昔之悲感。记此八人, 亦所以追思孔子也。唐史记安禄山乱, 使梨园子弟奏乐, 雷海青辈皆毁其乐器, 被杀而不悔, 此亦类于入河入海之心矣。或谓此八人乃在殷纣时, 或谓周厉王时, 又谓周平王时, 今皆不取。);《論語譯注》《泰伯 제8장》에 '師摯之始'의 '師摯'가 이 장의 大師摯인지 아닌지 알 수 없다(泰伯篇第八有'師摯之始', 不知是不是此人。).

3《論語集解》'亞'는 '次'[다음. 두 번째]이다. 두 번째 식사 때의 악사(注: 孔安國曰: 亞, 次也。次飯樂師也。); 亞飯(아반): 두 번째 끼니 식사 시간에 음악을 연주해 음식을 권하는 악사(古代天子, 诸侯第二次进食时奏乐侑食的乐师。).

아반(亞飯) 악사 간(干)은 초(楚)나라로 갔고, 삼반(三飯) 악사 료(繚)는 채(蔡)나라로 갔고, 사반(四飯) 악사 결(缺)은 진(秦)나라로 갔다.

飯, 扶晩反。繚, 音了。○亞飯以下, 以樂侑食之官[5]。干, 繚, 缺, 皆名也。
'飯'(반, fàn)은 '扶'(부)와 '晩'(만)의 반절이다. '繚'(료)는 음이 '了'(료)이다. ○'亞飯'(아반) 이하는 음악을 연주해 음식을 권하는 관직이다. '干'(간) · '료'(繚) · '결'(缺)은 모두 사람 이름이다.

180903、鼓[6]方叔入於河,
북을 치던 악사 방숙(方叔)은 하내(河內)로 들어갔고,

鼓, 擊鼓者。方叔, 名。河, 河內[7]。

4《白虎通義 · 禮樂》왕자가 하루 네 끼 식사한 까닭은 무엇인가? 四方이 있음을 밝히고, 四時의 공을 제사 지내는 것이다. 왕은 평소 한가운데 자리를 잡고서, 四方을 다스린다. 아침 식사는 少陽의 시작 무렵이고, 점심 식사는 太陽의 시작 무렵이고, 오후 식사[오후 3시에서 5시 사이]는 少陰의 시작 무렵이고, 저녁 식사는 太陰의 시작 무렵이다. 노동으로 생활하는 사람은 횟수에 제한이 없다. 서인의 일은 농사를 짓고 누에를 치는 데 있고, 힘을 합쳐 고된 일을 하여, 배고프면 먹고, 배부르면 일하기 때문에, 횟수에 제한이 없다(王者所以日食者何? 明有四方之物, 食四時之功也…… 王平居中央, 制御四方。平旦食, 少陽之始也; 晝食, 太陽之始也; 餔食, 少陰之始也; 暮食, 太陰之始也…… 食力無數, 庶人職在耕桑, 戮力勞役, 飯即食, 飽即作, 故無數。); 四飯(사반): 옛날 천자는 하루 네 끼 식사를 했는데[平旦食 · 晝食 · 餔食 · 暮食], 네 번째 식사시간에 음악을 연주해 음식을 권하는 악사(古代天子每天的四餐。天子进食时奏乐的乐官名。).

5《周禮 · 天官冢宰 · 膳夫》왕은 하루 한 번 성찬을 먹는데, 소 · 양 · 돼지고기 등 열두 가지 음식을 차리고, 음식마다 각각의 그릇이 있다. 음악을 연주해 음식을 권유한다. 선부가 제를 드리고 음식마다 먼저 맛을 보고 나면, 왕이 뒤이어 먹는다(王日一舉, 鼎十有二, 物皆有俎。以樂侑食。膳夫授祭, 品嘗食, 王乃食。);《周禮 · 春官宗伯 · 大司樂》왕이 (매달 두 번) 대식행사를 하는 경우, 음식을 권하는 음악을 세 번 연주하는데, 모두 종과 북을 연주하게 한다(王大食, 三宥, 皆令奏鐘鼓。); 侑食(유식): 음식을 권하다. 음식 시중을 들다(劝食, 侍奉尊长进食。).

6《周禮 · 地官司徒 · 鼓人》鼓人은, 6고[雷鼓 · 靈鼓 · 路鼓 · 鼖鼓 · 鼛鼓 · 晉鼓]와 4금[金錞 · 金鐲 · 金鐃 · 金鐸]의 소리를 가르치는 일을 관장하여, 성악을 조절하고, 군대를 뭉치게 하고, 군사 연습의 일환인 사냥할 때의 대오를 바르게 한다(掌教六鼓、四金之音聲, 以節聲樂, 以和軍旅, 以正田役。).

7《論語集釋》河 · 漢 · 海는 당연히 강가 · 바닷가를 말한 것이지, 반드시 河內 · 漢中 · 海島라 말할 필요는 없다(按: 河、漢、海, 當以水濱言之, 不必河內、漢中之地, 與海之島也。); 河內(하내): 황하이북(中国古以黃河以北为河内).

'鼓'(고)는 '북을 치는 사람'이다. '方叔'(방숙)은 사람 이름이다. '河'(하)는 '하내'(河內)이다.

180904、播鼗[8]武入於漢[9],

소고(小鼓)를 흔들던 무(武)는 한중(漢中)으로 들어갔고,

鼗, 徒刀反。○播, 搖也。鼗, 小鼓。兩旁有耳, 持其柄而搖之, 則旁耳還自擊。武, 名也。漢, 漢中。

'鼗'(도, táo)는 '徒'(도)와 '刀'(도)의 반절이다. ○'播'(파)는 '흔들다'[搖]이다. '鼗'(도)는 '(손잡이가 달린) 작은 북'[小鼓]이다. 양옆에 귀가 달려 있어, 북의 손잡이를 잡고 흔들면, 양옆에 달려 있는 귀가 돌면서 저절로 북을 치게 되어 있다. '武'(무)는 이름이다. '漢'(한)은 '한중'(漢中)이다.

180905、少師[10]陽、擊磬襄入於海。

소사(少師)인 양(陽)과 경쇠를 치던 양(襄)은 섬으로 들어갔다.

少, 去聲。○少師, 樂官之佐。陽, 襄, 二人名。襄即孔子所從學琴者[11]。海, 海島也。

---

8 《周禮 · 春官宗伯》 瞽矇(고몽)은 도 · 축 · 어 · 훈 · 소 · 관 · 현 등의 연주와 노래를 관장한다. 眡瞭(시료)는, 연주에서 도를 흔들고, 송경과 생경을 치는 일을 담당한다(瞽矇, 掌播鼗、柷、敔、塤、簫、管、弦,歌。; 眡瞭: 掌凡樂事播鼗, 擊頌磬, 笙磬。); 《禮記 · 王制》 천자가 제후에게 음악을 하사할 경우는, 柷(축)을 가지고 음악을 이끌고, 백작 · 자작 · 남작에게 음악을 하사할 경우에는, 鼗(도)를 가지고 음악을 이끈다(天子賜諸侯樂, 則以柷將之, 賜伯、子、男樂, 則以鼗將之。); 《論語集解》 '播'(파)는 '搖'[흔들다]와 같다(注: 孔安國曰: 播, 猶搖也。); 播(파): 흔들다. 요동치다. 까부리다. 키질하다. 파종하다(通'簸'。搖动; 簸扬。撒种。); 鼗(도): 북자루를 잡고 돌리면 몸체의 양쪽 끈에 단 구슬이 북면을 쳐서 소리를 내는 북(鼗鼓, 长柄的摇鼓, 俗称'拨浪鼓'。).

9 《論語義疏》 한수[장강의 가장 큰 지류] 가의 땅으로 들어가 살았다(疏: 入漢水内之地居也。).

10 少師(소사): 태사 다음의 악관. 악공(古代官名。乐官。郑玄注: '大师、少师, 工之长也。' 工, 指乐工。); 少(소): 보좌역(副职; 辅佐。).

11 《史記 · 孔子世家》 공자는 태사 양자에게 슬을 타는 것을 배웠다(孔子學鼓琴師襄子。); 《論語正義》 어떤 학자는 《孔子世家》의 '공자께서 태사 양자에게 슬을 타는 것을 배웠다'는 것을 근거로, 《孔子世家》의 태사 양자가 바로 이 장의 '擊磬襄'이라고 여긴다. 閻若璩[1636~1704]의 《論語釋地》에 말했다. "공자께

'少'(소)는 거성[shào]이다. ○'少師'(소사)는 악관을 보좌하는 관직이다. '陽'(양)과 '襄'(양)은 두 사람의 이름이다. 양(襄)은 바로 공자(孔子)께서 쫓아다니면서 슬(瑟)을 배웠던 자이다. '海'(해)는 바다에 있는 섬이다.

○此記賢人之隱遯以附前章, 然未必夫子之言也。末章放此。
○이 장은 현인들의 은둔한 일을 기록하여 앞 장에 이어 붙인 것이지만, 꼭 선생님의 말씀이라고 할 수는 없다. 다음 장도 이와 마찬가지이다.

張子曰:「周衰樂廢, 夫子自衛反魯, 一嘗治之[12]。其後伶人[13]賤工[14]識樂之正。及魯益衰, 三桓僭妄[15], 自大師以下, 皆知散之四方, 逾河蹈海以去亂。聖人俄頃[16]之助, 功化如此。如有用我, 期月而可[17]。豈虛語哉?」[18]
장자(張子·張橫渠)가 말했다. "주(周)나라가 쇠약해지고 음악이 못쓰게 되었는데, 선생님께서 위(衛)나라에서 노(魯)나라로 돌아오시어, 한 번 바로잡으신 적이 있었다. 그 후에 광대와 천공들도 음악의 바른 모습을 알게 되었다. 노(魯)나라가 더욱 쇠퇴해지

서 위나라에 계실 때 태사 양자에게 琴을 배웠으니, 그렇다면 양자는 자연히 위나라 사람으로, 논어의 襄과는 자연히 구별된다. 또 사기에는 琴이고 논어에는 磬으로, 각각 다른 악기를 다루는 사람이니, 함부로 억지로 갖다 붙여서는 안 된다"(正義曰: 或據孔子世家"孔子學琴師襄子", 以爲即"擊磬襄"。閻氏若璩釋地說: "夫子在衛, 學琴師襄子, 則襄子自爲衛人, 與論語曰 襄者自別。又且一琴一磬, 各爲樂師, 不得妄有牽合。").

12 《子罕 제14장》 참조.

13 伶人(영인): 배우. 광대(古代乐人之称).

14 賤工(천공): 기량이 떨어지는 장인. 장인의 낮춤말(技艺不高明的工匠。亦用为对工匠的贬称。).

15 《八佾 제1·2장》 참조.

16 俄頃(아경): 잠시(片刻; 一会儿).

17 《子路 제10장》 참조.

18 《論語大全》이 微子편은 '齊歸女樂'장[제4장]을 앞에 놓았고, 이 장을 뒤에 놓았으니 숨겨진 뜻이 없지 않을 것이다. 노나라 군신들이, 제나라에서 보내온 여자 가무단에 혹하고 빠졌으니, 악관들은 실직당해, 다 쓸모가 없어졌다. 도망가고 놀라 흩어져, 한 사람도 남아 있지 않았고, 악공들은 모두 떠났고, 음악은 끊어졌다. 선생님의 초심은, 예악을 정립해 다가올 세대에 제시하려는 것이었지만, 이에 없어지고 끊어진 모습이 이러했다. 이 장의 기록이 일반적인 언급인 것 같지만, 기실은 깊이 감회가 있었으리라!(汪氏曰: 此篇者, 先齊歸女樂, 後此章不無微意。蓋魯之君臣, 惑溺於女樂, 樂官失職, 盡無所用矣。奔逃駭散, 無一人留, 樂工皆去, 樂音絶矣。夫子初心, 欲定禮樂以示來世, 而乃廢絶如此。此章所記, 雖若汎及, 其實深有感也夫!).

고, 삼환(三桓)이 신분에 맞지 않게 분에 넘치는 행동을 함부로 하게 되자, 태사(大師)로부터 그 이하 사람들이, 모두 사방으로 흩어지기를, 하수(河水)를 넘거나 바다를 건너서 이로써 난을 피해 달아날 줄을 알았다. 성인께서 잠깐 도우신 것이, 그 공효가 이와 같았다. '만약 나를 쓰는 사람이 있다면, 1년만 되면 웬만해진다'고 말씀하신 대로였다. 어찌 빈 말씀이었겠는가?"

[周公謂魯公章*]

181001、周公謂魯公[1]曰:「君子不施其親[2], 不使大臣[3]怨乎不以[4]。故舊[5]無大故[6], 則不棄

1 魯公(노공): 伯禽(백금). 대략 BC 11세기 후반 사람으로, 성은 姬, 禽은 이름이고, 伯은 맏형을 말한다. 문왕의 손자이고, 주공의 장자이고, 무왕의 조카로, 주공이 노나라를 분봉 받았으나, 성왕을 섭정하고 있어서, 백금을 대신 보내 다스리게 했으며, 백금이 노나라 제1대 군주 노공이 되어 46년간 재위했고, 考公[?~BC 993 재위]이 그 뒤를 이었다.

2 《論語集解》 '施'는 '易'이다. 타인의 親屬을 써서 나의 親屬을 바꾸지 않는 것이다(注: 孔安國曰: 施, 易也。不以他人親易其親也。); 《論語平議》 나라를 다스리는 자들이, 왕왕 외척을 임용하고, 친족을 소원하게 대하는데 어찌 '타인의 親屬을 써서 나의 親屬을 바꾸는 것이다'라고 하지 않겠는가?(有國家者, 往往任用外戚, 疏遠宗支, 豈非所謂以他人之親易己之親者乎?); 《論語義疏》 孫綽[314~371]이 말했다. "'不施'는 '不偏'으로, 사람이 친척을 편애하지 않는 것을 말한다." 張憑[371年 前后 在世]이 말했다. "군자는 사람에 대해, 義에 맞으면 따르고[里仁 제10장], 친척을 편애함이 없어야, 그런 후에 九族과 功勳이 같이 융성하고, 仁心과 至公이 함께 드러난다"(疏: 孫綽曰: 不施, 猶不偏也, 謂人以不偏惠所親; 張憑曰: 君子於人, 義之與比, 無偏施於親親, 然後九族與庸勳竝隆, 仁心與至公俱著也。); 《論語正義》 《經典釋文》에는 '不弛'로 쓰여 있다. '施' '弛'는 옛날에 자주 서로 바뀌었다. 이 장의 '不施'는 '不弛'의 가차이다. '君子弛其親之過 而敬其美'[禮記 · 坊記]에 대한 鄭玄의 注, '弛는 棄忘[잊다]이다'라고 했는데, 이 장의 최적의 뜻이다. '君子篤於親'[泰伯 제2장]의 '篤'은 '厚'로, 바로 '不弛'의 뜻이다. 《禮記 · 中庸》에 공자께서 말씀하시기를, '仁은 사람을 사랑하는 것이니, 가까운 이를 친애하는 것이 仁 중에서 가장 으뜸이다'라고 했고, 또 '가까운 이를 친애하면 백부 · 숙부나 형제들이 원망하지 않게 될 것이다'[제20장]라고 했다(正義曰: 釋文作"不弛"。施, 弛二字古多通用……此文"不施", 即"不弛"叚借。鄭注坊記云: "弛, 棄忘也。" 以訓此文最當。泰伯篇: "君子篤於親。" 篤者, 厚也, 即不弛之義。禮中庸云: "仁者, 人也, 親親爲大。" 又云: "親親則諸父昆弟不怨。"); 《論語譯注》 '施'는 '弛'(이)[버리다. 느슨히 대하다. 소원하게 대하다]와 같다(施, 同'弛'。).

3 《論語正義》 '大臣'은 三卿을 말한다(正義曰: '大臣', 謂三卿也。).

4 《論語集解》 '以'는 '用'이다. 채용되지 않은 것을 원망하다(注: 孔安國曰: 以, 用也。怨不見聽用也。); 《論語正義》 '不以'는 그가 한 말을 채택하지 않는 것을 말한다. 《禮記 · 緇衣》에, '공자께서 말씀하시기를, '대신이 임금을 가까이 대하지 않고, 백성이 안녕하지 못한 것은, 대신의 임금에 대한 충성과 임금의 대신에 대한 존경이 부족한 때문이고 그들이 가진 부귀가 이미 한도를 넘어선 때문이다. 대신들은 진력으로 국정을 다스리지 않고 임금의 근신들은 서로 결탁해 임금을 속인다. 대신은 존경하지 않으면 안 되는 까닭은, 백성의 表率[모범]이기 때문이다"라고 했다. 또 말씀하시기를, '임금은 대신과 상의할 일을 소신과 상의해서는 안 된다. 그러면 대신이 원망을 품지 않는다'고 했다. 이미 대신으로 쓰고 있다면, 어질지 못한 사람이 아닌데, 소신을 사이에 끼워 넣어 대신의 말을 가로막으면, 대신은 써주지 않는다고 반드시 원망하게 될 것이다(正義曰: "不以", 謂不用其言也。禮緇衣云: "子曰: '大臣不親, 百姓不寧, 則忠敬不足而富貴已過也, 大臣不治而邇臣比矣。故大臣不可不敬也, 是民之表也。'" 又云: "君毋以小謀大, 則大臣不怨。" 蓋既用爲大臣, 當非不賢之人, 而以小臣間之, 則大臣必以不用爲怨矣。).

5 [성]故舊不棄(고구불기): 오래된 친구와 신하를 함부로 버리지 않는다(故旧: 旧交, 旧部下; 弃: 抛弃。不轻易抛弃老朋友, 老部下。); 《論語義疏》 '故舊'는 친구이다(疏: 故舊, 朋友也。); 《論語正義》 《周禮 · 春官宗伯》에 '賓禮 · 射禮를 통해 故舊朋友를 가까이한다'고 했고, 정현의 주에 '왕의 故舊朋友는 왕이 세자일

也。無[7]求備於一人[8]。」

주공(周公)이 아들 노공(魯公)에게 말했다. "군자는 자기 친족을 버려두지 않고, 대신으로 하여금 써주지 않는다고 원망하지 않게 한다. 오래전 같이 공부하던 벗들은 패륜을 저지르지 않으면 버리지 않는다. 한 사람에게 두루 다 갖추기를 요구하지 않는다."

施, 陸氏本作弛, 詩紙反。福本[9]同。魯公, 周公子伯禽也。弛, 遺棄也。以, 用也。大臣非其人[10]則去之, 在其位則不可不用。大故, 謂惡逆[11]。李氏曰:「四者皆君子之事, 忠厚之至也。」

때 같이 공부했던 자'라고 했고, 《禮記 · 王制》에 '왕태자 · 왕자 · 제후들의 태자 · 경, 대부, 원사의 적자 · 나라의 준재가, 모두 취학한다'고 했는데, 이들 글의 '故舊'는 바로 魯公이 같이 공부했던 사람들로, 大故가 있지 않으면, 의당 작록을 유지하고 택해서 써야지, 버려두거나 자리를 잃게 해서는 안 된다는 것이다(正義曰: 故舊者, 周官大宗伯: "以賓射之禮, 親故舊朋友。" 注云: "王之故舊朋友, 爲世子時共在學者。" 王制言大學之制云: "王太子、王子、羣後之太子、卿大夫元士之嫡子, 國之俊選, 皆造焉。" 此文"故舊", 即謂魯公共學之人, 苟非有大故, 當存錄擇用之, 不得遺棄, 使失所也。); 《泰伯 제2장》 참조.

6 《論語集解》 '大故'는 도리를 저버린 극악무도한 일이다(注: 孔安國曰: 大故, 謂惡逆之事也。); 大故(대고): 재해 · 전쟁 등 중대사건. 국상, 부모상. 흉악범죄(多指对国家、社会有重大影响的祸患, 如灾害、兵寇、国丧等。指父母丧。指严重的过失或罪恶。); 《詞詮》 故(고): 일('故', 名詞。事也。).

7 《許世瑛(二)》 '不'字의 의미이다('不'字的意思。).

8 [성]求全責備(구전책비): 사람에 대해 또는 일에 대해 완전무결할 것을 요구하다(求, 责, 要求; 全,备, 完备, 完美。对人对事物要求十全十美, 毫无缺点。); 《書經 · 周書 · 君陳》 간악한 짓과 도적질에 버릇된 자, 법도를 무너뜨리는 자, 풍속을 어지럽히는 자는, 조금의 죄과도 용서하지 말라. 그대는 우둔하고 무지한 사람들에게 화내지 말고, 한 사람에게 완전무결해지길 요구하지 말라(狃于奸宄, 敗常亂俗, 三細不宥。爾無忿疾于頑, 無求備于一夫。); 《論語義疏》 다 갖추지 못했다고 해서 다 갖추라고 질책하지 않는 것, 이는 군자의 모시기 쉬운 품덕이다[子路 제25장](疏: 無具足, 不得責必備, 是君子易事之德也。); 《論語正義》《儀禮 · 特牲饋食禮》의 '尸備答拜焉'에 대한 정현의 주에, '備는 전부 다 갖춘 것이다'라고 했다. 인재는 각기 그 사람에게 맞는 적당한 것이 있음을 알아서, 작게 받은 자는 큰일을 받을 수 없고, 크게 받은 자는 작은 일을 알지는 못할 수 있어[衛靈公 제33장] 그릇의 크기에 따라 일을 시키기 때문에, 한 사람에게 전부 다 갖추기를 요구하지 않는다(正義曰: "備"者, 鄭注特牲禮云: "備, 盡也。" 人才知各有所宜, 小知者不可大受, 大受者不必小知, 因器而使, 故無求備也。).

9 福本(복본): =福州本. 《微子 제7장》 朱熹注 참조.

10 人(인): 인재(人材; 杰出人物).

11 惡逆(악역): 고대 형률 상 十惡에 해당하는 대죄 중의 하나로, 존속 등을 폭행하거나 모살한 죄(古代刑律十恶大罪之一。指殴打及谋杀祖父母、父母, 杀死伯叔父母、姑、兄、姊、外祖父母、夫、夫之祖父母、父母的人); 十惡(십악): 謀反[국가전복죄] · 謀大逆[왕궁손괴죄] · 謀叛[국가반역죄] · 惡逆[존속살해죄] · 不道[극악살인죄] · 大不敬[왕실모독죄] · 不孝[친속패악죄] · 不睦[친속폭행죄] · 不義[관리살해죄] · 內亂[친속음란죄](一曰 谋反, 二曰 谋大逆, 三曰 谋叛, 四曰 恶逆, 五曰 不道, 六曰 大不敬, 七曰 不孝, 八曰 不睦, 九曰 不义, 十曰 内乱。).

'施'(시/이)는 육씨(陸氏 · 陸德明)의 《경전석문》(經典釋文)에는 '弛'(이)로 되어 있고, '詩'(시)와 '紙'(지)의 반절(反切)이라고도 했다. 복주본(福州本)도 이와 같다. '魯公'(노공)은 주공(周公)의 아들 백금(伯禽)이다. '弛'(이)는 '버리다'[遺棄]이다. '以'(이)는 '쓰다[用]이다. 대신은 그 자리에 맞는 인재가 아니면 버리고, 그가 재직하고 있으면 쓰지 않으면 안 된다. '大故'(대고)는 도리를 심하게 벗어난 패륜 등의 중대한 범죄를 말한다. 이씨(李氏 · 李郁)가 말했다. "네 가지는 모두 군자의 일로서, 지극히 충후한 것이다."

○胡氏曰: 此伯禽受封之國, 周公訓戒之辭。魯人傳誦[12], 久而不忘也。其或[13]夫子嘗與門弟子言之歟?

○호씨(胡氏 · 胡寅)가 말했다. "이 장은 백금(伯禽)이 나라를 받을 때, 주공(周公)이 훈계한 말이다. 노(魯)나라 사람들이 널리 전하고 외워서, 오래 지났어도 잊지 아니했던 것이다. 아마도 언젠가 선생님께서 제자들에게 이를 말씀하신 적이 있었던 것이 아니었을까?"

12 傳誦(전송): 세상에 널리 퍼지고 후세에 전해지고 사람들이 외우고 읽다(流传诵读).

13 或(혹): 간혹. 이따금. 언젠가(间或, 有时。).

[周有八士章*]

181101. 周有八士: 伯達[1]、伯适、仲突、仲忽、叔夜、叔夏、季隨、季騧。[2]

주(周)나라에 여덟 선비가 있었는데, 백달(伯達) · 백괄(伯适) · 중돌(仲突) · 중홀(仲忽) · 숙야(叔夜) · 숙하(叔夏) · 계수(季隨) · 계과(季騧)였다.

騧, 烏瓜反。○或曰 [3]「成王[4]時人」, 或曰「宣王[5]時人」。蓋一母四乳[6]而生八子也, 然不可考矣。

'騧'(과, guā)는 '烏'(오)와 '瓜'(과)의 반절이다. ○어떤 사람은 성왕(成王) 때의 사람들이라고 했고, 어떤 사람은 선왕(宣王) 때의 사람들이라고 했다. 아마도 한 어머니가 네 번 출산해서 여덟 아들을 낳은 것으로 보이지만, 사실을 고찰할 수 없다.

○張子曰:「記善人之多也。」愚按: 此篇孔子於三仁, 逸民, 師摯, 八士, 既皆稱贊而品列之; 於接輿, 沮, 溺, 丈人, 又每有惓惓[7]接引之意。皆衰世之志也, 其所感者深矣。在陳之歎[8], 蓋亦如此。三仁則無間然矣, 其餘數[9]君子者, 亦皆一世之高士。若使得聞聖人之道,

1《白虎通義 · 姓名》'伯'은 長으로, 자식 중에 맏이고, 아버지와 가장 가깝다. '仲'은 中이고, '叔'은 少이고, '季'는 幼이다. 嫡長子를 '伯'이라 하는데, 伯禽이 바로 이 경우이다. 庶長子를 '孟'이라 하는데, 魯大夫 孟氏가 이 경우이다(伯者, 長也, 伯者子最長, 迫近父也。仲者, 中也。叔者, 少也。季者, 幼也。適長稱伯, 伯禽是也。庶長稱孟, 以魯大夫孟氏。).

2《春秋繁露 · 郊語》《詩經 · 大雅 · 大明》에, '文王께서 조심하고 공경해서, 상제를 밝게 섬겨, 많은 복 잉태했네'라고 했는데,《傳》에 이르기를, '주나라 國子 중에 현능한 자가 많았으니, 자식들이 많이 불어나기를 아들 쌍둥이를 잉태한 것이 네 번에 이르렀으니, 네 번 출산해서 얻은 여덟 아들이 모두 군자로서 준걸이었다'고 했다(詩云: '唯[維]此文王、小心翼翼、昭事上帝、允懷多福。' …… 傳曰: '周國子多賢, 蕃殖至於駢孕男者四, 四乳而得八男, 皆君子俊雄也。').

3《經典釋文》정현은 성왕 때라 했고, 유향과 마융은 모두 선왕 때라 했다(鄭云成王時; 劉向, 馬融皆以爲宣王時。).

4 周成王(주성왕): 武王의 子. 주나라 제2대 왕. BC 1042~BC 1021 재위[7년간 周公이 섭정].

5 周宣王(주선왕): 厲王의 子. 주나라 제11대 왕. BC 827~BC 782 재위.

6《論語義疏》'乳'는 함께 출산한 것으로, 한 어머니가 네 번에 걸쳐 출산했는데, 그때마다 쌍둥이 아들을 낳았으니, 여덟 아들이다(疏: 乳, 猶俱生也。有一母四過生, 生輒雙二子, 四生故八子也。); 乳(유): 자식을 낳다. 출산하다(生子, 生产。).

7 惓惓(권권): 늘 생각하며 잊지 않다. 간절하다(深切思念; 念念不忘。懇切貌。).

以裁其所過而勉其所不及, 則其所立, 豈止於此而已哉?[10]

○장자(張子 · 張橫渠)가 말했다. "선인(善人)이 많았음을 기록한 것이다."

내가 생각건대, 이 편은 공자(孔子)께서 삼인(三仁) · 일민(逸民) · 태사 지(大師 摯) · 팔사(八士)에 대하여는, 모두 칭찬하시고 나서 각각의 등급을 정했고, 접여(接輿) · 장저(長沮) · 걸닉(桀溺) · 장인(丈人)에 대하여는, 또 매 사람마다 만나서 이끌고 싶은 간절한 생각을 가지고 계셨다. 이 모두가 쇠퇴해가는 세상에 대한 선생님의 소회인데, 느끼신 바가 깊으셨으리라. 진(陳)나라에 계실 때 노(魯)나라로 돌아가야겠다고 하신 탄식도, 대개 역시 이와 같은 것이었다. 삼인(三仁)은 흠잡을 데가 없었고, 그 나머지 몇몇 군자들도 역시 모두 한 시대의 고결한 선비들이었다. 만약 그들로 하여금 성인의 도에 대한 가르침을 받게 하여, 그들의 지나친 부분은 잘라내고 그들의 미치지 못한 부분은 힘써 늘리게 했다면, 그들이 이룩한 것이, 어찌 이 정도에서 그치고 말았겠는가?"

---

8 《公冶長 제21장》 참조.

9 数(수): 몇몇. 약간(几个, 若干。).

10 《論語大全》 노나라 말기에 현인들이 은둔한 일을 기록하고, 주나라 성세 때에 현인이 많았다는 말로 끝을 맺었으니, 지금을 마음 아파하고 옛날을 그리워하는 심정이었을 것이다(新安陳氏曰: 記魯末賢人之隱遯, 而終以周盛時賢人之衆多, 其有傷今思古之心乎。).

《子張 第十九》

此篇皆記弟子之言, 而子夏爲多, 子貢次之。蓋孔門自顏子以下, 穎悟[1]莫若子貢; 自曾子以下, 篤實無若子夏。故特記之詳焉。凡二十五章。[2]

이 편은 모두 제자들이 한 말을 기록한 것으로, 자하(子夏)가 한 말이 가장 많고, 자공(子貢)이 한 말이 그다음으로 많다. 대개 공자(孔子)의 문하로서 안자(顏子) 다음으로는, 총명함에서는 자공(子貢)만 한 이가 없었고, 증자(曾子) 다음으로는, 독실함에서는 자하(子夏)만 한 이가 없었다. 그래서 특히 그들이 한 말에 대한 기록이 상세하다. 모두 25장이다.

---

1 穎悟(영오): 남보다 뛰어나게 총명하다(聰明; 理解力强。); 穎(영): 이삭. 벼 이삭의 끝. 총명하다. 똑똑하다(禾的末端。聪敏。).

2《論語大全》이 편의 기록은, 다섯 사람에 불과한데, 자장 · 자하 · 자유 · 증자 · 자공으로, 모두 공자 문하의 뛰어난 제자들이다. 대체로 논어는, 공자 문하의 스승과 제자 간의 문답을 기록한 책인데, 책의 편철을 마치기 전에, 뛰어난 제자들이 한 말에 대해 특별히 순서를 만들어, 별도의 한 편으로 한 것은, 역시 그들의 학식이 공자의 도를 충분히 밝힐 수 있다고 여겼기 때문이다(勉齋黃氏曰: 此篇所記, 不過五人, 曰子張、子夏、子游、曾子、子貢, 皆孔門之高弟。蓋論語一書, 記孔門師弟子之答問, 於其篇帙將終, 而特次門人高弟之所言, 自爲一篇, 亦以其學識有足以明孔子之道也。);《論語新解》이 편은 모두 제자들의 말을 기록한 것이다. 아마도 공자께서 돌아가시고 나서, 유훈을 기술하여 후학들을 권유하고, 동문들이 서로 절차탁마하여, 성인의 뜻을 밝힐 수 있었기 때문에, 편자가 한 편으로 모아서,《논어》의 뒤에 놓았을 것이다. 안연·자로 등 몇몇 제자들의 말이 없는 것은, 그들이 공자에 앞서 죽었기 때문이다(本篇皆记门弟子之言。盖自孔子殁后, 述遗教以诱后学, 以及同门相切磋, 以其能发明圣义, 故编者集为一篇, 以置《论语》之后。无颜渊, 子路诸人语, 以其殁在前。).

[士見危致命章*]

190101、子張曰:「士見危致命[1], [2], 見得思義[3], 祭思敬[4], 喪思哀[5], 其可已矣[6]。」

자장(子張)이 말했다. "선비가 위태로운 것이 보이면 목숨을 내맡기고, 이득 되는 것이 보이면 의(義)에 합당한지를 생각하고, 제사(祭祀)에 임해서는 공경을 생각하고, 상사(喪事)에 임해서는 슬픔을 생각하면, 선비라 하기에 충분하다."

---

1 [성]見危致命(견위치명): 위급한 지경에서 자기 목숨을 내놓는데 용감하다. '見危授命'[憲問 제13장]과 같다(在危急关头勇于献出自己的生命。同'见危授命'。);《憲問 제13장》《季氏 제10장》 참조;《論語集解》 '致命'은 자기 몸을 아끼지 않는 것이다(注: 孔安國曰: 致命, 不愛其身。); 致命(치명): 목숨을 내놓다. 목숨을 걸고 하다. 목숨을 헌납하다(献出生命; 拼死。猶捐軀。).

2《論語正義》眞德秀[1178~1235]의《四書集編》에 말했다. "'義' '敬' '哀'에 대해서는 모두 '思'를 말했는데, '致命'의 경우에만 '思'를 말하지 않은 것은, 생사의 즈음에는, 의를 따라 죽는 것만 있을 뿐, 생각하고 나서 죽을 것인가 살 것인가를 결단을 내리지 않기 때문이다"(正義曰: 真德秀四書集編: "義、敬、哀皆言'思', 致命獨不言'思'者, 死生之際, 惟義是徇, 有不待思而決也。");《論語集釋》任啟運[1670~1744]의《四書約旨》에 말했다. "위태로운 나라에는 들어가지 않고, 어지러운 나라에서는 살지 않고[泰伯 제13장] 자기가 섬길만한 임금이 아니면 벼슬하지 않는[孟子 · 公孫丑上 제2장] 결정을 하기 까지는, 수많은 심사숙고가 그 앞에 있었지만, 이제 벼슬하기로 한 이상에는, 위태로운 것이 보일 때는 목숨을 내맡길 뿐, 생각하는 법이란 결코 없다"(四書約旨: 危邦不入, 亂邦不居, 非其君不仕, 許多審慎都在前面。若既仕之, 則見危時只有致命, 並無思法耳。).

3《季氏 제10장》 참조.

4《禮記 · 祭統》 제사를 지내면서 불경하면, 어찌 그를 백성의 부모로 여기겠는가?(祭而不敬, 何以爲民父母矣?).

5《禮記 · 少儀》 손님 접대에서는 공손함이 주가 되고, 제사에서는 경건함이 주가 되고, 상사에서는 슬퍼함이 주가 되고, 제후들과의 회동에서는 큰소리로 자랑하는 것이 주가 된다(賓客主恭, 祭祀主敬, 喪事主哀, 會同主詡。);《大戴禮記 · 曾子立事》 일에 임해서 신중하지 않고, 거상 중에 슬퍼하지 않고, 제사 중에 두려워하지 않고, 조정에서 공손하지 않으면, 내가 그를 알 길이 없다(臨事而不敬, 居喪而不哀, 祭祀而不畏, 朝廷而不恭, 則吾無由知之矣。).

6《論語義疏》 위의 네 가지 일처럼, 선비가 이 정도라면, 괜찮다(疏: 如上四事, 爲士如此, 則爲可也。);《論語大全》 '其可已矣'와 전편의 '可也'에 대한 설명을 여쭈자, 주자가 답했다. "可[괜찮다]는 같지만, '可也'의 경우는 억누르는 어조이고, '其可已矣'는 치켜세우는 어조이다"(或問其可已矣, 與前篇可也之說, 曰: 可則同, 然曰 可也, 則其語抑; 曰 其可已矣, 則其語揚。);《古今注》 '可'는 '적합하다'라는 뜻이다. '已'는 어조사이다(可者, 適可之意。已者, 語辭。);《論語譯注》 "그는 괜찮다"(那也就可以了。);《論語句法》 '其'는 연결동사로, 지금의 '是'字와 같다. '可'는 술어이다["아주 좋다고 여길 수 있는 선비이다"]('其'是個繫詞, 相當於白話的'是'字。'可'是謂語: "是可以算得上好的了。");《論孟虛字》 '其'는 '此'와 같다. 앞에 언급한 일을 가리키며, 이를 받아서 이어주는 작용을 한다. '已'는 '以'와 같고, 語助詞이다["이런 정도라면 선비라 할 수 있다."]('其', 猶'此', 當白話'這'。指上文陳述的事, 並帶承接的作用, 爲認定上文之結語, 是說'這就可以了。'; '已', 通'以', 爲語助詞。'其可已矣'是說'這就可以爲士了。').

致命, 謂委致其命, 猶言授命[7]也。四者立身之大節, 一有不至, 則餘無足觀。故言士能如此, 則庶乎其可矣。

'致命'(치명)은 '자기 목숨을 남에게 내맡겨 바친다'[委致其命]라고 하는 말로, '목숨을 내놓는다'[授命]라고 말하는 것과 같다. 이 네 가지는 입신(立身)에 필요한 가장 큰 항목으로, 한 가지라도 이에 이르지 못한 것이 있으면, 나머지는 볼 것도 없다. 그래서 선비가 능히 이럴 수 있으면, 거의 선비라 하기에 충분하다는 말이다.

7 《憲問 제13장》 참조: 授命(수명): 목숨을 내놓다(獻出生命).

[執德不弘章]

190201、子張曰:「執德不弘[1], 信道不篤[2], 焉能爲有? 焉能爲亡?[3]」

자장(子張)이 말했다. "붙잡고 있는 덕이 넓고 크지 못하고, 믿고 있는 도가 확고하지 못하면, 무엇이 있다 할 수 있겠는가? 무엇이 없다 할 수 있겠는가?"

焉, 於虔反。亡, 讀作無, 下同。○有所得而守之太狹, 則德孤[4]; 有所聞而信之不篤, 則道廢。焉能爲有無, 猶言不足爲輕重。

'焉'(언)은 '於'(어)와 '虔'(건)은 반절이다. '亡'(무)는 '無'(무)로 읽으며, 뒷절에서도 이와 같다. ○얻은 도가 있어도 붙잡고 있는 도가 너무 좁으면, 덕이 외롭고, 들은 도가 있어도 믿고 있는 도가 확고하지 않으면, 도가 없어지고 만다. '무엇이 있다거나 없다거나 할 수 있겠는가?'는 '가볍다거나 무겁다거나 할 게 없다'는 말과 같다.

---

1 《論語大全》 '弘'(홍)은 넓고 크다는 뜻이다(朱子曰: 弘, 是廣大之意。); 《論語譯注》 이 장의 '弘'字는 지금의 '強'[굳세다] 字이다["도덕에 대해, 행위가 굳세지 않다"](此'弘'字就是今之'强'字。; "對於道德, 行爲不堅强。").

2 《論語正義》 '執德不弘'은 바로 자하가 말한 '小道'[子張 제4장]로, 원대한 도에 이를 수 없는 것이다. '篤'은 '넉넉하다' '확고하다'이다. 당시 小成에 안주하거나 異端에 혹하는 경향이 있었기 때문에, 자장이 이를 비판한 것이다(正義曰: 執德不弘, 即子夏所言'小道', 不能致遠者也。"篤"者, 厚也, 固也。當時容有安於小成, 惑於異端, 故子張譏之。); 《論語新解》 '德'은 내게 있기에 '執'라 했고, '道'는 밖에 있기에 '信'이라 했다(德在己, 故曰执……道在外, 故须信。).

3 《論語集解》 가벼워진다거나 무거워진다거나 할 게 없다는 말이다(注: 孔安國曰: 言無所輕重也。); 《論語義疏》 세상이 이런 사람이 없다고 해서 가벼워지지 않고, 세상이 이런 사람이 있다고 해서 무거워지지 않기 때문에, 가벼워진다거나 무거워진다거나 할 게 없다는 것이다(疏: 世無此人, 則不足爲輕; 世有此人, 亦不足爲重, 故云無所輕重也。).

4 《論語大全》 '德孤'(덕고)는 여러 덕을 겸하여 지니지 못하고, 달랑 한 개 항목만을 굳게 지키는 것을 말한다(慶源輔氏曰: 德孤, 言不能兼有衆德, 而孑然固守一節者也。); 《里仁 제25장》 각주 《易經 · ䷁坤 · 文言》 참조.

[子夏之門人問交於子張章]

190301、子夏之門人問交於子張。子張曰:「子夏云何[1]?」對曰:「子夏曰:『可者與之, 其[2]不可者拒之。[3]』」子張曰:「異乎[4]吾所聞: 君子尊賢而容衆[5], 嘉善[6]而矜[7]不能。我之大賢與[8], 於人何所[9]不容? 我之不賢與, 人將拒我, 如之何其拒人也[10]?」

자하(子夏)의 문하인이 사귐[交]에 대해 자장(子張)에게 물었다. 자장(子張)이

1《北京虛詞》何(하): 의문대명사. 타동사의 목적어로 대부분 동사 앞에 쓰이지만, 동사 '云' '言' '爲' 뒤에 쓰이는 경우도 많이 있다('何', 疑问代词。作动词宾语, 大多在动词前, 偶有在动词后者。作'云'、'言'、'为'的宾语, 多在后。).

2《論語句法》'其'는 부가성분[구별사]이다('其'是加詞。).

3《論語義疏》本에는 '拒'가 '距'로 되어 있다;《論語正義》'距'(거)는 '교제를 끊는다'는 뜻이다. '距'와 '拒'는 같다. 翟灝(적호)[1736~1788]의《四書考異》에 말했다. "漢石經 本의 '可者'와 '者距[拒]' 사이에는 네 글자가 빠져 있고, 지금은 이 사이에 다섯 글자가 있으니, 생각건대 漢本에는 '其'字가 없는 것으로 보인다(正義曰: '距'者, 棄絕之意……"距"與"拒"同……翟氏灝考異: "漢石經'可者'下, "者距"上, 凡闕四字, 今此間有五字, 疑漢本無其字。").

4《北京虛詞》乎(호): 개사. ~와. ~와 비교해서. '乎'와 목적어가 '개사+목적어' 구를 구성하여, 동사 뒤에 쓰여 보어 역할을 한다. 異同을 비교하는 대상을 끌어들인다('乎', 介词。'乎'和它的宾语组成介宾短语, 用于动词之后, 作补语。引进比较异同的对象。义即'跟'、'与'。).

5 容衆(용중): 마음씨가 너그러워 여러 사람과 교유할 수 있다(谓心怀宽广, 能与各种人交往。); 容(용): 용납하다. 너그러이 받아들이다. 수용 능력이 있다(本义: 容纳。宽容。收留。).

6《論語正義》'嘉善'은 '尊賢'과 같고, 互文이다(正義曰: '嘉善'猶尊賢, 互辭。); 嘉(가): 훌륭하다. 아름답다. 행복하다. 운수가 길하다. 칭송하다. 가례(本义: 善, 美。幸福; 吉祥。赞美, 称道, 颂扬事物的美好。嘉禮。).

7 矜(긍): 불쌍히 여기다. 동정하다(怜悯; 同情。).

8《文言語法》의문어기사 '與'는 일반적으로 대비문에서 말을 잠시 멈춤에 사용하며, '么' '吗'로 번역할 수 있다(疑问语气词'與(歟)', 用於停顿, 一般用於对比句, 可以译为'么', 为'吗'。);《論孟虛字》대비를 표시하는 停頓어기사로, 보통 가정문으로, '若或'의 뜻이 들어 있다('與'爲表對比的停頓語氣詞, 可相當於'嗎''呢'或'罷', 這類句中, 一般是假說性的, 都含有'若或'之意。);《論語句法》'與'는 추측이나 상의를 표시하는 구말어기사로, 지금의 '吧'에 해당한다('與'字是句末表測度或商量的語氣詞, 相當於白話的'吧'字。).

9《王力漢語》'有所……' '無所……'는 동사+목적어 구로, '所'字구는 동사 '有' '無'의 목적어로 쓰인다. '何所……'는 주어와 술어가 도치된 의문문 형식으로, '所不容'이 주어, '何'字가 술어로 쓰였으며, '所不容(者)何'[용납 못 할 것이 무엇이냐?] '無所不容'[용납 못 할 게 없다]의 의미이다('有所……' '無所……'動賓詞組, '所'字詞組用作動詞'有'或'無'的賓語。'何所……'是主謂倒裝的疑問句式。'所'字詞組用作主語, '何'字用作謂語, '何所不容'意思就是'所不容(者)何' '無所不容'。).

10《論語義疏》'如之何'는 부사로 쓰였고, 그 밑에 개입시키는 관계사 '其'字를 붙였다('如之何'做限制詞, 其下加了介進它的關係詞'其'字。);《王力漢語》문장 안에 의문대명사나 의문부사가 있는 경우, '也'字가 마치 의문 어기를 띤 것같이 보인다(如果句中有疑問代詞或疑問副詞, '也'字似乎也帶了疑問語氣。).

말했다. “자하(子夏)께서는 뭐라고 하시더냐?” 그가 대답했다. “자하(子夏)께서는, ‘사귈 만한 사람일 것 같으면 그와 사귀고, 그런 사귈 만한 사람이 아닐 것 같으면 그를 거절하라’고 하셨습니다.” 자장(子張)이 말했다. “내가 들은 선생님의 가르침과는 다르구나. 내가 들은 가르침은, ‘군자는 현자를 높이고 뭇사람을 포용하고, 착한 사람을 칭찬해주고 그렇지 못한 사람을 가엾게 여긴다’고 했다. 내가 대현이라면야, 남들을 대하는데 포용하지 못할 것이 무엇이겠느냐? 내가 현자가 아니라면야, 남들이 나를 거절할 텐데, 어찌 (내가) 남들을 거절하겠느냐?”

賢與之與, 平聲。○子夏之言迫狹[11], 子張譏之是也。但其所言亦有過高之病[12]。蓋大賢雖無所不容, 然大故亦所當絕; 不賢固不可以拒人, 然損友[13]亦所當遠。學者不可不察。[14]

---

11 迫狹(박협): 폭이 좁다. 범위가 작다(宽度窄, 范围小。).

12 內閣本에는 ‘病’이 ‘弊’로 되어 있다.

13《季氏 제4장》참조.

14《論語集解》友交는 자하의 말을 따라야 하고, 汎交는 자장의 말을 따라야 한다(注: 苞氏曰: 友交當如子夏, 汎交當如子張。);《論語大全》초학자는 대략 자하의 말을 따라야 하지만, 사귀어서는 안 되는 자에 대해서는 다만 멀리하는 것으로 그쳐야지, 거절하면 교제의 도리를 해치게 된다. 성덕자는 대략 자장의 말을 따라야 하지만, 큰 잘못이 있는 자에 대해서는, 그럼에도 절교하지 않으면 안 된다. 이러한 도를 써서 처신한다면, 교제의 도리에 거의 맞을 것이다(初學, 大略當如子夏之言, 然於其不可者, 但亦疎之而已, 拒之則害交際之道。成德, 大略當如子張之說, 然於有大故者, 亦不得而不絕也。以此處之, 其庶幾乎。);《論語正義》정현의 주에, ‘자하가 말한 것은 倫黨之交[골라서 사귀는, 동류 간의 교제]이고, 자장이 말한 것은 尊卑之交[상하 간의 교제]이다’라고 했다. 尊卑之交는 포함이 말한 ‘泛交’[汎交]이고, 倫黨之交는 동류 간의 사귐으로 포함이 말한 ‘友交’이다. 蔡邕(채옹)[133~192]의《正交論》에 말했다. “자하의 문하인이 사귐에 대해 자장에게 물었으니, 두 제자는 각각 공자에게 가르침을 들은 게 있었다. 그렇다면 그들에게 교제에 대해 가르치기를, 자장의 경우는 관대했기 때문에, 그에게는 ‘距人’[拒人]을 가르쳤고, 자하의 경우는 협소했기 때문에, 그에게는 ‘容衆’을 가르쳤으니, 각기 그들의 행동에 따라서 교정해 준 것이다. 공자의 경우는, ‘汎愛衆而親仁’[學而 제6장]이셨으니, 선을 좋아하지 않지 아니하고, 인을 가까이 않지 아니하여, 널리 많은 사람과 교유했고, 인인을 벗으로 사귀었으니, 폄하할 게 없다.” 채옹의 이 말인즉, 두 제자가 들은 가르침의 경우는, 각기 한쪽 면만을 얻은 것이고, 사귐의 正道의 경우는 ‘汎愛衆’이 바로 ‘泛交’이고, ‘親仁’이 바로 ‘友交’라는 것이다. 俗儒들은 자장의 말은 따르면서, 자하의 말은 잘못이라고 여긴다(正義曰: 鄭注云: “子夏所云, 倫黨之交也; 子張所云, 尊卑之交也。” 尊卑亦是泛交, 倫黨則與爲同類, 是友交矣。蔡邕正交論: “子夏之門人問交於子張, 而二子各有所聞乎夫子。然則其以交誨也: 商也寬, 故告之以距人; 師也褊, 故告之以容衆, 各從其行而矯之。若夫仲尼之正道, 則泛愛衆而親仁, 故非善不喜, 非仁不親, 交遊以方, 會友以仁, 可無貶也。” 蔡邕此言, 以二子所聞, 各得一偏, 其正道則泛愛眾即泛交, 親仁即友交。世儒多徇子張之言, 以子夏爲失。). 생각건대,《呂氏春秋 · 先識覽 · 觀世》에, ‘주공단이 말하기를, ‘나만 못한 자는, 나는 그와 함께 하지 않으니, 나에게 누를 끼칠 자이다. 나만 한 자는,

'賢與'(현여)의 '與'(여)는 평성[yú]이다. ○자하(子夏)의 말한 사귐은 폭이 너무 좁으니, 자장(子張)의 비판은 옳다. 그렇지만 자장(子張)이 말한 사귐도 지나치게 고상하다는 병폐가 있다. 대개 대현인 자는 누구인들 포용하지 못할 사람이 없겠지만, 큰 잘못을 범한 사람은 그럼에도 거절해야 할 사람이고, 대현이 아닌 자는 사람을 거절해서는 물론 안 되지만, 손해가 되는 벗은 그럼에도 멀리해야 할 사람이다. 배우는 자는 살피지 않으면 안 된다.

나는 그와 함께 하지 않으니, 나에게 줄 유익한 점이 없는 자이다. 오로지 현자로서 반드시 나보다 어진 자와만 나는 함께 한다"고 했고, 또 공자께서 말씀하시기를, '자기만 못한 자를 벗으로 삼지 말라'[學而 제8장]고 했으니, 똑같이 자하가 가르침을 들은 바인 교우지도를 논한 것이다(案: 呂氏春秋觀世篇: "周公旦曰: '不如吾者, 吾不與處, 累我者也。與我齊者, 吾不與處, 無益我者也。惟賢者必與賢於己者處。'" 又上篇子曰 "毋友不如己者", 並子夏所聞論交之義。); 《論語新解》 이 장에서 자하가 문인들에게 가르친 것은 대개 초학자로서 의당 지켜야 할 바였고, 자장이 한 말은 군자 대현으로서의 일체의 일이었다(本章子夏之教门人, 盖初学所宜守。子张之言, 则君子大贤之所有事。).

[雖小道必有可觀章]

190401、子夏曰:「雖小道[1], 必有可觀者焉[2]; 致遠恐泥[3], 是以君子不爲[4]也。[5][6]」

자하(子夏)가 말했다. "비록 소소한 기예일지라도, 반드시 살펴볼 만한 점은 있겠지만, 원대한 도에 이르는 길에는 장애가 될까 염려되니, 이 때문에 군자는 배우지 않는 것이다."

泥[7], 去聲。○小道, 如農圃醫卜之屬。泥, 不通也。

'泥'(니)는 거성[nì]이다. ○'小道'(소도) 농사 · 원예 · 의술 · 복술 등속이다. '泥'(니)는

1《論語集解》'小道'는 이단을 말한다(注: 小道謂異端也。);《論語義疏》'小道'는 제자백가의 책을 말한다(疏: 小道謂諸子百家之書也。).

2《論語句法》'焉'은 '於是'와 같고, '是'가 가리키는 것은 앞에 언급한 '小道'이다('焉'等於'於是', '是'稱代的, 就是那'小道'。);《論語詞典》焉(언): 어기사. 존재문 · 진술문에 쓰인다(语气词, 存在句或者陈述句用它。).

3 [성]致遠恐泥(치원공니): 원대한 목표를 실현하는 데 장애가 될까 염려하다. 사소한 기예는 대업에 도움이 되지 않는다(致远: 到达远方, 比喻委以重任; 泥: 阻滞拘泥, 难行。恐怕妨碍实现远大目标。比喻小技无补于大业。);《論語義疏》'致'(치)는 '至'[도달하다], '遠'(원)은 '久'[오래 걸리다]이다. 길이 멀고 시간이 오래 걸린다(致, 至也。遠, 久也…… 至遠經久。); 泥(니): 질퍽질퍽한 흙. 진흙탕. 얽매이다. 고집을 부려 변통하지 못하다(土和水混合成的东西。拘泥于; 拘执, 不变通。).

4《論語義疏》'爲'는 '學'과 같다(疏: 爲猶學也。);《補正述疏》'爲'는 '爲周南召南'[陽貨 제10장]의 '爲'와 같다(述曰: 謹案: '爲'如'爲周南召南'之爲。).

5《論語注疏》이 장은 사람들에게 大道와 正典을 배우기를 권한 것이다. 小道는 이단의 설로 제자백가의 말이다. 小道라도, 반드시 그 안에 사소한 이치는 있으니 살펴볼 만은 하겠지만, 원대한 도에 도달하는 데 오래 걸리다 보니, 구애되어 거기서 빠져나오기 어려울 수 있으니. 이 때문에 군자는 배우지 않는다(疏 正義曰: 此章勉人學爲大道正典也。小道謂異端之說, 百家語也。雖曰小道, 亦必有小理可觀覽者焉, 然致遠經久, 則恐泥難不通, 是以君子不學也。);《古今注》옛날에는 軍旅 · 農圃 · 醫藥 류를 이단이라 했고, 후세에는 양주 · 묵적 · 신불해 · 한비자 · 불자 · 노자 류를 이단이라 했다(古者, 軍旅、農圃、醫藥之類, 謂之異端, 後世, 揚、墨、申、韓、佛、老之類, 謂之異端。).

6《淮南子 · 繆稱訓》까치는 불어올 바람의 세기를 미리 알고 둥지 지을 높이를 정하고, 수달은 차오를 빗물의 높이를 미리 알고 구멍 팔 위치를 정하고, 수컷 짐새는 개일 날을 미리 알고, 암컷은 비 올 날을 미리 안다. 그렇다고 해서 사람의 지혜가 조수보다 못하다고 한다면, 맞지 않는다. 그러므로 한 가지 기술에 능통하고, 한 가지 말에 명찰한 자는, 꼬치꼬치 말할 수 있어도, 광범한 면에서 잘 맞게 대응할 수는 없는 법이다(鵲巢知風之所起, 獺穴知水之高下, 暉目知晏, 陰諧知雨, 爲是謂人智不如鳥獸, 則不然。故通於一伎, 察於一辭, 可與曲說, 未可與廣應也。).

7 泥(니): [ní] 질퍽질퍽한 흙. 진흙탕. 진흙(土和水混合成的东西。泥土; 泥巴。); [nì] 가로막(히)다. 경색되다. 얽매이다. 고집을 부려 변통하지 못하다(阻塞, 阻滞。拘泥于; 拘执, 不变通。).

'통하지 않다'[不通]이다.

○楊氏曰:「百家衆技, 猶耳目鼻口, 皆有所明而不能相通[8]。非無可觀也, 致遠則泥矣, 故君子不爲也。」

○양씨(楊氏 · 楊中立)가 말했다. "백가(百家)의 기예들은, 마치 귀 · 눈 · 코 · 입이, 모두 각각의 감각 능력이 뛰어나다고 해도 서로 간에는 통하지 못하는 것과 같다. 살펴볼 만한 게 없는 것은 아니지마는, 원대한 도에 이르는 길에는 장애가 되기 때문에, 군자는 배우지 않는다."

8《莊子 · 雜篇 · 天下》天下는 크게 혼란스러웠고, 賢聖들은 환히 밝히지 못했고, 道德은 하나로 통일되지 못했으니, 천하의 많은 사람은 한 가지 통찰만을 얻어서 이로써 스스로 잘났다고 여겼다. 비유하자면 귀 · 눈 · 코 · 입과 같았으니, 모두 각자의 영역에서 환히 밝힌 바는 있었지만, 서로 간에는 통하지 못했다. 마치 百家의 여러 기예와 같았으니, 모두 각자의 영역에서 뛰어난 성취를 이루어서, 때로는 써먹을 곳이 있었지만, 그럼에도 모두 갖추지를 못했고 두루 미치지를 못했으니, 한구석에 치우친 선비일 뿐이었다. 천지 전체로서의 아름다움을 이리저리 가르고, 만물의 통일된 이치를 잘게 쪼개고, 옛사람들의 온전한 도술을 여럿으로 조각냈으니, 천지의 아름다움을 갖추는데 부족했고, 신명의 모습에 어울리지 못했다. 이런 고로 內聖外王의 道는, 어두워져서 환히 밝아지지 않았고, 답답하니 막혀서 피어나지 않았고, 천하의 사람들은 각자 자기가 욕망하는 바를 스스로 법이라 여겼으니, 슬프다!(天下大亂, 賢聖不明, 道德不一, 天下多得一察焉以自好。譬如耳目鼻口, 皆有所明, 不能相通。猶百家衆技也, 皆有所長, 時有所用。雖然, 不該不遍, 一曲之士也。判天地之美, 析萬物之理, 察古人之全, 寡能備於天地之美, 稱神明之容。是故內聖外王之道, 闇而不明, 鬱而不發, 天下之人各爲其所欲焉以自爲方。悲夫!).

[日知其所亡章]

190501、子夏曰:「日知其所亡[1], 月無忘其所能[2], 可謂好學也已矣[3][4]。」

자하(子夏)가 말했다. "날로는 내게 아직 없는 것을 배워 알고, 달로는 내가 이미 배워 알고 있는 것을 잊지 않는다면, 배우기를 좋아하는 자라고 할 수 있겠다."

亡, 讀作無。好, 去聲。○亡, 無也。謂己之所未有。

'亡'(망/무)는 '無'(무)로 읽는다. '好'(호)는 거성[hào]이다. ○'亡'(무)는 '없다'[無]이다. 내가 아직 가지고 있지 않은 것을 말한다.

○尹氏曰:「好學者日新而不失。」

○윤씨(尹氏·尹彦明)가 말했다. "배우기를 좋아하는 자는, 날로 새로운 것을 배워 알고, 또 배워 알고 있는 것을 잃지 않는다."

---

1 亡(무): 없다. 가지고 있지 않다(古同'无', 没有。).

2《論語譯注》"달로는 이미 능한 것을 다시 익힌다"("每月複習所已能的。").

3《文言語法》已矣(이이): 긍정을 강화하는 작용을 한다(在'也'字下加'已矣', 只是加强肯定的作用。).

4《論語義疏》이 장은 사람들에게 배울 것을 권면한 것이다. '日知其所亡'은 '知新'이고, '月無忘其所能'은 '温故'이고, '可謂好學'은 '爲師'[爲政 제11장]를 말한 것이다(疏: 此勸人學也…… 日知其所亡, 是知新也; 月無忘所能, 是温故也; 可謂好學, 是謂爲師也。);《論語大全》이 장은 '溫故知新'[爲政 제11장]과는 뜻이 같지 않다. 溫故知新은 옛것을 익히는 중에 새로운 도리를 얻는 것이다. 이 장은 새로운 것을 알고 또 예전에 익힌 것을 몸에 지니고 있으므로 인해, 점점 익숙해지는 것으로, 한 가지라도 善을 얻으면, 늘 가슴속 깊이 간직해두고 잃지 않는다[中庸 제8장]는 것과 같다(此章, 與溫故知新, 意却不同。溫故知新, 是溫故之中, 而得新底道理。此却是因知新而帶得溫故, 漸漸溫習, 如得一善, 則拳拳服膺而弗失之矣。);《論語正義》劉宗周[1578~1645]의《論語學案》에 말했다. "군자는 도를 향해, 날로 나아감에 끝이 없어, 그에게 아직 없는 것을, 날로 알고 나면, 늘 속 깊이 간직해두고 잃지 않고[中庸 제8장], 달로 쌓기를 오래 하여 끝내 잊지 않으니, 이른바 '學如不及 猶恐失之'[泰伯 제17장] 하는 자이다"(劉氏宗周學案: "君子之於道也, 日進而無疆, 其所亡者, 既日有知之, 則拳拳服膺而弗失之, 至積月之久而終不忘, 所謂'學如不及, 猶恐失之'者矣。");《古今注》《詩經·周頌·敬之》에 '日就月將'이라 했는데, '就'는 '進取'[나아가 취하다]이고, '將'은 '承持'[받들어 유지하다]이다. 오늘날 '將'을 '進'의 뜻으로 보는 것은 잘못이다. 그런즉 이 장은 日就月將[날로 나아가 취하고 달로 받들어 유지하다]의 뜻이다(周頌云, 日就月將, 就者, 進取也, 將者, 承持也。今以將爲進誤。然則此章只是日就月將意。).

[博學而篤志章]

190601、子夏曰:「博學而篤志[1], 切問而近思[2], 仁在其中矣。[3]」

1《論語集解》 폭넓게 배우고 그것을 깊숙이 기억한다(注: 孔安國曰: 廣學而厚識之也。);《論語義疏》'志'는 '識'(지)[기억하다]이다. 폭넓게 경전을 배우고 그것을 깊숙이 기억해두고 기록해두어 잊지 않는다는 말이다(疏: 志, 識也。言人當廣學經典而深厚識錄之不忘也。);《論語集釋》鄭浩[1863~1947]의《論語集注述要》에 말했다. "본문의 순서대로 말하면, 처음에 배우고, 배우고 나서는 암기해야 하고, 의문이 생기면 묻고, 마지막에 생각하는 것으로, 배운 후와 묻기 전의 사이에, 암기하는 단계가 빠져서는 안 된다. '心志'[의지]의 '志'로 쓸 경우, 學·志·問·思 네 가지는 알기를 추구하는 순서인데, (志를 빼고) 중간에 무엇을 끼워 넣겠는가?"(論語述要: 以本文順序言之, 初而學, 既學要記, 疑則問, 終乃思, 而求得於已學之後, 問之前, 中間篤記一層正不可少。若作心志之志, 則四者乃求知之序, 中間何以夾此爲也?);《論語新解》혹자는 '志'[배움에 뜻을 두는 것]는 '學'에 앞서 있는 것으로 볼 수 있기 때문에[爲政 제4장 참조], 이 장의 경우 ('志'가 '學'의 다음에 언급되어 있으니) '志'字를 '記識'[기억하다]으로 풀이한다. 그렇지만 공자께서는, '그와 배움을 함께 할 수는 있어도, 그와 도를 향해 함께 갈 수는 없고, 그와 도를 향해 함께 갈 수는 있어도, 그와 확고하게 함께 설 수는 없다'[子罕 제29장]고 하셨기 때문에, 폭넓게 배우고 반드시 이를 이어서 뜻을 확고히 해야, 이에 도를 향해 갈 수 있고 설 수 있게 되는 것이다(或疑志在学先, 故释此志字为记识。然孔子曰: "可与共学, 未可与适道, 未可与立。" 故博学必继之以笃志, 乃可以适道与立。);《論語譯注》공안국은 '志'와 '識'(지)가 같다고 보았는데, 이 경우, '博學篤志'는 '博聞強記'[폭넓게 견문하고 깊숙이 기억한다. 견문이 넓고 기억력이 풍부하다]의 뜻이 되는데, 뜻은 통하지만 적절한 풀이는 아니다["자기의 志向을 고수하다"](孔注以爲'志'與'識'同, 那么, '博學篤志'便是'博聞強記'之意, 說雖可通, 但不及譯文所解恰切: "堅守自己志趣。").

2《論語集解》'切問'은 내가 배웠지만, 아직 깨치지 못한 일을 실제의 일에 닥쳐서 캐묻는 것이고, '近思'는 가까운 데서 내 능력이 닿는 일을 생각하는 것이다(注: 切問者, 切問於已所學而未悟之事也; 近思者, 近思於已所能及之事也。);《論語義疏》'切'은 '急'[조급하게]과 같다(疏: 切, 猶急也。);《論語注疏》'切問'이란 배웠는데 아직 깨치지 못한 것에 대해 구체적으로 가까이 와 닿게 묻는 것으로, 일반적이거나 아무것이나 묻는 것이 아니다. '近思'란 내 능력이 미칠 수 있는 일을 생각하는 것으로 내 능력이 미치지 못하는 고원한 것을 생각하는 것이 아니다(疏: 正義曰: 切問者, 親切問於已所學未悟之事, 不汎濫問之也。近思者, 思已所能及之事, 不遠思也。);《論語大全》'切問'(절문)은 내게 당장 절실한 일을 가지고 다른 사람에게 묻는 것이다. '近思'(근사)는 마음이 고상·원대한 데로 치달리지 않고, 아주 가까운 것에게로 가서 생각하는 것이다. 밖으로는 다른 사람에게 묻는 것과 안으로는 마음속으로 생각하는 것이, 모두 아주 가까운 것을 우선으로 하면, 말마다 이익이 생기고, 일마다 결과가 생긴다. 막연하게 바깥으로 치달려서, 처음부터 심신에 도움 될 게 전혀 없는 것과는 비교할 수 없다(西山眞氏曰: 切問, 謂以切已之事問於人也。近思, 謂不馳心高遠, 就其切近者而思之也。外焉問於人, 內焉思於心皆先其切近者, 則一語有一語之益, 一事有一事之功, 不比汎然馳騖於外, 而初無補於身心也。);《論語新解》"자기 몸에 가깝고 절실한 곳에 나아가서 묻고, 가까운 곳에 접해서 생각한다."("就已身亲切处去问, 接近处去思");《論語譯注》"간절하게 묻고, 눈앞에 당면한 문제를 고려하다"("懇切地發問, 多考慮當前的問題"); 切問(절문): 간절하게 가르침을 구하다(谓恳切求教); 近思(근사): 익히 알고 있고 쉽게 볼 수 있는 것에 나아가서 생각하다(谓就习知易见者思之).

3《論語正義》《中庸》에서 말한 博學·審問·愼思·明辨·篤行은 선을 택해 굳세게 잡는 일로, 이 장과

자하(子夏)가 말했다. "폭넓게 배우고 뜻을 확고히 하고, 당장 절실한 것을 가지고 묻고 가까이 있는 것을 가지고 생각하면, 인(仁)은 그 가운데 있다."

四者皆學問思辨之事[4]耳, 未及乎力行而爲仁也。然從事於此, 則心不外馳, 而所存自熟, 故曰仁在其中矣。[5]

뜻이 서로 밝혀준다. 선을 택해 굳세게 잡는 것은 誠之者이고, 誠者는 이를 써서 인을 행하기 때문에, '仁在其中'이라 한 것이다(正義曰: 中庸言博學、審問、愼思、明辨、篤行爲執善固執之功, 與此章義相發。擇善固執是誠之者, 誠者, 所以行仁也, 故曰'仁在其中'。);《論語新解》 배움이란 이로써 사람됨을 배우려는 것이고, 이로써 인간으로서의 도리를 다하려는 것이기 때문에, 인이 그 가운데 있다고 한 것이다(学者所以学为人, 所以尽人道, 故曰仁在其中。).

4 《中庸 제20장》 널리 배우십시오, 자세하게 물으십시오, 신중하게 생각하십시오, 분명하게 변별하십시오, 철두철미하게 행하십시오. 배우지 않겠다면 그만이지만, 배우고자 한다면 능할 때까지 배우지 않고서는, 도중에 그만두지 마십시오. 묻지 않겠다면 그만이지만, 묻고자 한다면 알 때까지 묻지 않고서는, 도중에 그만두지 마십시오. 생각하지 않겠다면 그만이지만, 생각하고자 한다면 깨달을 때까지 생각하지 않고서는, 도중에 그만두지 마십시오. 분변하지 않겠다면 그만이지만, 분변하고자 한다면 분명해질 때까지 분변하지 않고서는, 도중에 그만두지 마십시오. 행하지 않겠다면 그만이지만, 행하고자 한다면 철두철미하게 행하지 않고서는, 도중에 그만두지 마십시오. 남이 한 번에 해낼 수 있는 일이라면 나는 백 번을 하고, 남이 열 번에 해낼 수 있는 일이라면 나는 천 번을 하십시오. 과연 이렇게 學·問·思·辨·行을 해낼 수 있다고 한다면, 어리석은 사람일지라도 반드시 총명해지고, 유약한 사람일지라도 반드시 강해질 것입니다(博學之, 審問之, 愼思之, 明辨之, 篤行之。有弗學, 學之弗能, 弗措也; 有弗問, 問之弗知, 弗措也; 有弗思, 思之弗得, 弗措也; 有弗辨, 辨之弗明, 弗措也, 有弗行, 行之弗篤, 弗措也。人一能之己百之, 人十能之己千之。果能此道矣, 雖愚必明, 雖柔必強。).

5 《論語大全》 이것은 仁을 설명한 것이 전혀 아니고, 바로 仁으로 들어가는 문과 仁에 이르는 길을 살펴 찾는 것으로, 마땅히 이를 따라가야 점차 효과가 나타난다. '在其中'은 '이런 이치가 있다'고 한 것뿐이다. 이 네 가지 일은, 단지 학문 공부일 뿐, '爲仁'[인을 행하는 일]은 아직 아니다. 반드시 선생님께서 안자와 중궁에게 말해 준 방법이[顔淵 제1,2장], 바로 '爲仁'에 대한 정확한 언급이다. 그렇지만, 사람들이 '博學而篤志 切問而近思'할 수 있다면, 마음이 방심하거나 달아나거나 하지 않고, 천리가 늘 보존되어 있기 때문에, '仁在其中'이라 한 것이다(朱子曰: 此全未是說仁處, 方是尋討箇求仁門路, 當從此去漸見效。在其中, 謂有此理耳。又曰: 此四事, 只是爲學工夫, 未是爲仁。必如夫子所以語顔冉者, 乃正言爲仁耳。然人能博學而篤志, 切問而近思, 則心不放逸, 天理可存, 故曰仁在其中。);《論語大全》 대저 성인이 말씀하신 '在其中矣'[爲政 제18장, 述而 제15장, 子路 제18장, 衛靈公 제31장, 微子 제6장]라는 말, '祿在其中'[爲政 제18장] '直在其中'[子路 제18장]의 뜻은, 언행에 있어 허물과 후회를 적게 하는 것은, 이것이 녹을 얻는 방법은 아니지만, 녹이 그 안에 있다는 것이고, 부모 자식이 서로 숨겨주는 것은, 이것이 곧음을 행하는 방법은 아니지만, 곧음이 그 안에 있다는 것이다. '博學而篤志 切問而近思'는 이것이 인을 행하는 방법은 아니지만, 배우는 자가 이에 힘쓰다 보면, 인이 그 안에 있다는 것이다(朱子曰: 大抵如聖人說在其中矣之辭, 祿在其中, 直在其中, 意曰 言行寡尤悔, 非所以干祿, 而祿在其中, 父子相爲隱, 非所以爲直, 而直在其中。博學而篤志, 切問而近思, 非所以爲仁, 然學者用力於此, 仁在其中矣。);《集注考證》 集注 앞 편에 나온 모든 '在其中'이라는 말은 (그리하면) 구하지 않아도 저절로 이른다는 말이다(集註前篇, 凡言在其中者, 皆不求而自至之辭。)

이 네 가지는, 모두 배우고 묻고 생각하고 분별하는 것일 뿐이어서, 힘써서 인(仁)을 실행하는 단계에 이른 것은 아직 아니다. 그렇지만 이 네 가지에 종사하면, 마음이 밖으로 치달리지 않아서, 보존된 것이 저절로 무르익기 때문에, 인(仁)이 그 가운데 있다고 말한 것이다.

○程子曰:「博學而篤志, 切問而近思, 何以言仁在其中矣? 學者要思得之。了[6]此, 便是徹上徹下之道。」[7]
○정자(程子·明道)가 말했다. "널리 배우고 뜻을 확고히 하고, 당장 절실한 것을 가지고 묻고 가까이 있는 것을 가지고 생각하면, 어찌하여 인(仁)이 그 가운데 있다고 말했을까? 배우는 자는 이것을 생각하여 깨달아야 한다. 이것을 깨닫는 것이, 바로 위에도 통하고 아래에도 통하는 도이다."

又曰:「學不博則不能守約, 志不篤則不能力行。切問近思在己者, 則仁在其中矣。」
정자(程子·伊川)가 말했다. "배움의 폭이 넓지 못하면 요약된 것을 지킬 수가 없고, 뜻이 확고하지 않으면 행하는 데 힘쓸 수가 없다. 자기에게 당장 절실한 것을 가지고 묻고 자기에게 가까이 있는 것을 가지고 생각한다면, 인(仁)은 그 가운데 있다."

又曰:「近思者以類而推。」[8]
또 말했다(又曰). "'자기에게 가까이 있는 것을 가지고 생각한다'는 것은, 비슷한 것을 가지고 헤아려 넓혀나간다는 것이다."

蘇氏曰:「博學而志不篤, 則大而無成; 泛問遠思, 則勞而無功。」

---

6 了(료): 이해하다. 깨닫다. 알다(假借为'憭'、'悟'。懂得, 明白其意思。).

7《子路 제19장》集注 참조;《論語大全》이 네 가지에서, 또한 仁의 도리를 깨치는 것이 바로 '徹上徹下之道'이다(朱子曰: 於是四者, 也見得箇仁底道理, 便是徹上徹下之道也。);《論語大全》'學' '問' '思'가 徹下이고, '仁在其中'이 徹上이다(雲峯胡氏曰: 學問思是徹下, 仁在其中是徹上。).

8《論語大全》'以類而推'는, 단지 곁에 가까이 있어 쉽게 깨달을 수 있는 것을 써서 순차적으로 나아가는 것이다. 예컨대 가까운 이를 가까이 대하는 것을 써서, 백성을 사랑하는 것으로 유추해 가고, 백성을 사랑하는 것을 써서, 만물을 사랑하는 것으로 유추해 가는 것이다(朱子曰: 以類而推, 只是傍易曉底挨將去。如親親, 便推類去仁民, 仁民, 便推類去愛物。).

소씨(蘇氏·蘇軾)가 말했다. "널리 배우지만 뜻이 확고하지 않으면, 크기만 하지 성취는 없고, 당장 절실하지 않은 것을 묻고 현실과 동떨어진 것을 생각하면, 수고롭기만 하지 결과는 없다."

[百工居肆章]

190701、子夏曰:「百工[1]居肆[2]以成其事, 君子學以致其道[3]。[4]」

자하(子夏)가 말했다. "백공은 작업장을 통해서 그가 맡은 일을 완성하고, 군자는 배움을 통해서 그가 뜻을 둔 도에 다다른다."

肆, 謂官府造作[5]之處。致, 極[6]也。工不居肆, 則遷於異物而業不精。君子不學, 則奪於外

1《周禮·冬官考工記》 앉아서 정책을 논하는 자를 왕공이라 하고, 일어서서 정책을 실행하는 자를 사대부라 하고, 曲直·方圓·形勢를 세밀하게 살펴, 五材[金·木·皮·玉·土]를 손질해, 백성이 쓸 도구를 조달하는 자를 백공이라 한다(坐而論道, 謂之王公; 作而行之, 謂之士大夫; 審曲面勢, 以飭五材, 以辨民器, 謂之百工。).

2《論語義疏》'居肆'(거사)는 그가 상주하는 곳이 기물을 만드는 곳이다(疏: 居肆者, 其居常所作物器之處也。);《論語注疏》'肆'는 물건을 만드는 관청의 작업장을 말한다(疏: 正義曰: 肆, 謂官府造作之處也。);《論語平議》'肆'(사)는 시장에서 물건을 진열해 놓은 곳이다. 그래서《周官·地官司徒》에 시장의 규율을 관장하는 肆長이라는 관직이 있었다. 肆가 물건을 만드는 관청의 작업장이라는 견해는, 옛 설에서 들어본 적이 없으니, 형병의 견해는 잘못이다.《周易·說卦》의 '巽爲工'에 대해, 李鼎祚[唐人]의《周易集解》에서 虞翻[164~233]의 다음 글을 인용했다: "거의 세 배에 가까운 이윤을 얻기 때문에, 장인이 된다. 자하가 말하기를 '工居肆'라고 했다." 그렇다면 이 장의 '肆'字는 바로 '市肆'의 '肆'이다. 시장에는 온갖 물건이 모두 모여 있어, 장인이 시장에 상주하면, 물건이 좋은지 나쁜지, 백성이 좋아하는지 싫어하는지, 모르는 게 없으므로, 그가 맡은 일을 성사시킬 수 있다. 장인의 이러한 태도를 써서 군자가 옛 가르침을 배우면, 말의 옳고 그름, 일의 득실을, 모르는 게 없으므로, 그가 뜻을 둔 도를 이룰 수 있음을 비유한 것이다(肆者, 市中陳物之處。故周官有肆長。以肆爲官府造作之處, 於古未聞, 正義說非也。周易說卦傳「巽爲工」, 李鼎祚集解引虞翻曰:「爲近利市三倍, 故爲工。子夏曰:『工居肆』。」然則此肆字卽市肆之肆。市中百物俱集, 工居於此, 則物之良苦, 民之好惡, 無不知之, 故能成其事。以譬君子學於古訓, 則言之是非, 事之得失, 無不知之, 故能成其道也。);《古今注》'白工'은 여러 장인들이고, '肆'는 물건을 진열하는 곳이다(補曰: 百工, 衆匠, 肆, 陳物之處……謂之造作處, 可乎?); 肆(사): 물품을 진열해 놓은 장소. 상점. 작업장. 공방(店铺(上古时代表示商店)。手工业作坊。).

3《論語正義》'致'는 '致知'[大學] '致曲'[中庸 제23장]의 '致'와 같다. '致'는 '極' '盡'이다. 趙佑[1727~1800]의《四書溫故錄》에 말했다. "이 장의 '學'字는 장소를 나타내는 말인 '學校'의 '學'으로, '居肆'의 對句인데 앞에 '居'字가 생략된 것이다"(正義曰: 案: '致'如'致知'、'致曲'之致。致者, 極也, 盡也…… 趙氏佑溫故錄: "此'學'以地言, 乃'學校'之學, 對'居肆'省一居字。");《論語集釋》胡炳文[1250~1333]의《四書通》에 말했다. "공인은 반드시 작업장에 있어야 하는데, 그런 경우 耳目이 접하는 물건들이 작업장에 있고, 心思가 생각하는 것들이 작업장에 있고, 그가 하는 일은 바로 이 작업장에서 이루어진다. 군자가 배움 가운데 거처하는 것 역시 그러하다"(四書通: 工必居肆, 則耳目之所接者在此, 心思之所爲者在此, 而其事卽成於此, 君子之居於學也亦然。).

4《論語新解》이 장은 배워서 이로써 道에 이르는 것이니, 이는 곧 앞 장의 '仁在其中'의 뜻을 그대로 따른 것이다(本章学以致道, 仍即上章仁在其中之义。).

誘而志不篤。

'肆'(사)는 물건을 만드는 관청의 작업장을 말한다. '致'(치)는 '다다르다'[極]이다. 공인(工人)은 작업장에 있지 않으면, 다른 일로 마음이 옮겨가 작업이 정교하지 않다. 군자(君子)는 배우지 않으면, 외물의 유혹에 마음을 빼앗겨 뜻이 독실하지 않다.

尹氏曰:「學所以致其道也。百工居肆, 必務成其事。君子之於學, 可不知所務哉?」愚按: 二說相須, 其義始備。[7]

윤씨(尹氏·尹彦明)가 말했다. "배움은 이를 써서 그가 뜻을 둔 도에 다다르고자 하는 것이다. 공인(工人)은 작업장에서, 기필코 그가 맡은 일을 완성하고자 힘쓴다. 군자(君子)가 배움에 대해, 힘쓸 바를 몰라서야 되겠는가?"

내가 생각건대, 자하(子夏)와 윤씨(尹氏)의 두 가지 설은 서로의 설을 구비해야, 그 뜻이 비로소 완비된다.

5 造作(조작): (물건을) 제조하다. 제작하다(制造; 制作。).

6 極(극): 이르다. 도달하다(至, 到达).

7《論語大全》앞[子夏]의 설은 작업장에 머무는 것과 배우는 것에 중점이 있고, 뒤[尹氏]의 설은 일을 완성하는 것과 도에 다다르는 것에 중점이 있다. 앞의 설은 힘쓰는 데에 주안점이 있고, 뒤의 설은 뜻을 세우는 데에 주안점이 있다. 그렇지만 힘쓰는 방법을 알아도 뜻이 서 있지 않으면 안 되고, 뜻을 세우는 방법을 알아도 힘씀이 정교하지 않으면 역시 안 되기 때문에, 앞뒤 두 가지 설이 서로의 설을 구비해야 완비된다(胡氏曰: 前說則重在居肆與爲學, 後說則重在成事與致道。一主於用功, 一主於立志。然知所以用功而志不立, 不可也, 知所以立志而功不精, 亦不可也, 故二說相須而備。).

[小人之過必文章*]

190801、子夏曰:「小人之過也必文[1]。」[2]

자하(子夏)가 말했다. "소인은 잘못을 저지르면 반드시 둘러댄다."

文[3], 去聲。○文, 飾之也。小人憚於改過, 而不憚於自欺, 故必文以重其過。[4]
'文'(문)은 거성[wèn]이다. ○'文'(문)은 '둘러대다'[飾之]이다. 소인은 잘못을 고치는 것은 꺼리고, 스스로를 속이는 것은 꺼리지 않기 때문에, 반드시 둘러대서 자기의 잘못을 한 번 더한다.

---

1 [성]文過飾非(문과식비): 잘못한 것을 교묘히 꾸미고 옳지 못한 것을 덮어 숨기다. 현란한 언사로 자기의 잘못을 덮어 감추다(《莊子 · 雜篇 · 盜跖》에 '辯足以飾非'[구변이 좋아 족히 잘못을 교묘히 꾸며대다]라는 구절이 나온다)(文,饰: 掩饰; 过,非: 错误。掩饰过错。用漂亮的言词掩饰自己犯下的过失和错误。); 文(문): 꾸미다. 겉치레하다. 덮어 숨기다(修饰; 文饰。掩饰。).

2 《子張 제21장》 각주 《孟子 · 公孫丑下 제9장》 참조.

3 文(문): [wèn] 덮어 숨기다(掩饰); [wén] 멋을 부리다. 꾸미다. 겉치레하다(修饰; 文饰).

4 《論語大全》 '重其過'는 처음 잘못은 깊이 생각하지 못해서, 도리에 어긋난 잘못을 이루었고, 또 그 잘못을 꾸며 이로써 속였으니, 이것이 두 번째 잘못이다(胡氏曰: 重其過者, 始焉不能審思, 而遂與理悖過矣, 而又飾之以爲欺, 是再過也。).

[君子有三變章*]

190901、子夏曰:「君子[1]有三變: 望之儼然[2], 即[3]之也溫, 聽其言也厲[4]。[5]」
자하(子夏)가 말했다. “군자(君子)께서는 세 가지 변화된 모습을 지니고 계셨다. 멀리서 보면 자태가 위엄 있는 모습이셨고, 가까이서 보면 얼굴빛이 온화한 모습이셨고, 그분의 말씀을 들어보면 확고한 모습이셨다.”

儼然者, 貌之莊。溫者, 色之和。厲者, 辭之確。[6]
‘儼然’(엄연)이라는 것은 자태가 위엄 있는 것이다. ‘溫’(온)이라는 것은 얼굴빛이 온화한 것이다. ‘厲’(려)라는 것은 말이 확고한 것이다.

○程子曰:「他人儼然則不溫, 溫則不厲, 惟孔子全之。」謝氏曰:「此非有意於變, 蓋並行而不相悖也[7], 如良玉溫潤而栗然[8]。」

1《古今注》‘君子’는 공자를 말한다(君子, 謂孔子。).

2 儼(엄): 장중하다. 단정하다. 머리를 꼿꼿하게 들다(本义: 恭敬; 庄重。矜庄貌。昂首。); 儼然(엄): 엄정하고 장중한 자태. 겉모습이나 언행이 의젓하고 점잖다(严肃庄重的样子。);《堯曰 제2장》‘儼然人望而畏之’(위엄이 있어서 사람들이 바라보기만 해도 경외하다) 참조.

3 即(즉): 다가가서 음식을 먹다. 접근하다. 가까이 다가가다. 향해가다(本义: 走近去吃东西。基本义是接近, 靠近, 走向, 与“离”对举。).

4 [성]即溫聽厲(즉온청려): 가까이 보면 얼굴빛이 온화하고, 말씀을 들어보면 틀림없다. 면전에서 존자의 가르침을 받다(后以之称面受尊者的教诲。);《論語集解》‘厲’는 ‘嚴正[엄격하고 바르다]’이다(注: 鄭玄曰: 厲, 嚴正。);《論語義疏》‘厲’는 ‘맑고 바르다’이다(疏: 李充曰: 厲, 淸正之謂也。).

5《論語新解》군자는 敬을 써서 안의 마음을 곧게 하고, 義를 써서 밖의 일을 방정하게 하니[易經·䷁坤·文言], 인덕 그 자체이다. ‘望之儼然’은 禮가 보존된 모습이다. ‘即之也溫’은 仁이 드러난 모습이다. ‘聽其言也厲’는 義가 발현된 모습이다. 사람들이 가까이서 보면 그러한 모습의 변화가 있는 것 같은데, 군자는 실은 변화가 없다(君子敬以直内, 义以方外, 仁德浑然。望之俨然, 礼之存。即之也温, 仁之著。听其言厉, 义之发。人之接之, 若见其有变, 君子实无变。).

6《論語大全》“‘厲’는 단지 ‘嚴’[빈틈없다. 엄밀하다. 느슨하게 놔두지 않다]으로 풀이해야 맞는데, ‘確’이라 한 것은 어째서 인지요?” “‘厲’에는 ‘嚴’의 뜻이 있지만, ‘嚴’이라 할 경우, 사람들이 猛烈[사납다]한 것으로 생각할 수 있다. ‘確’은 시시비비가 확고하니 바뀌지 않는다는 뜻으로, 嚴厲를 형용하는 글자로는 가장 적절하다”(雙峯饒氏曰。問厲, 只當訓嚴, 而云確何也? 曰: 厲也, 有嚴意, 但曰 嚴, 恐人認做猛烈。確者, 是是非非, 確乎不易之義, 形容嚴厲最切。).

7《中庸 제30장》萬物은 함께 자라도 서로에게 해를 끼치지 않고, 天道는 나란히 운행해도 서로 엉키지

○정자(程子 · 伊川)가 말했다. "다른 사람의 경우는 위엄이 있으면 온화하지 못하고, 온화하면 확고하지 못한데, 오직 공자(孔子)만이 세 가지 모습을 모두 갖추셨다.

사씨(謝氏 · 謝顯道)가 말했다. "이 말은 모습이 바뀐다는 데 의미가 있는 것이 아니고, 대개 세 가지 모습이 병행하면서도 서로 어긋나지 않는다는 의미로, 마치 좋은 옥이 부드럽고 윤기가 흐르면서도 촘촘하고 단단한 것과 같다."

않고, 小德은 냇물의 물줄기처럼 이 갈래 저 갈래 엉킴 없이 가지런하게 흐르고, 大德은 풍성하고 넉넉하게 만물을 화생시키니, 이것이 천지가 위대한 까닭이다(萬物竝育而不相害, 道竝行而不相悖, 小德川流, 大德敦化, 此天地之所以爲大也。).

8 《禮記 · 聘義》 옛날에 군자는 그 덕을 옥으로 비유했다. 부드럽고 윤기가 흐르면서도 연못처럼 깊이가 있는 모습은 仁이고, 촘촘하고 치밀하고 단단한 모습은 知이고, 모나지만 살을 베어 상처가 나게 할 정도로 예리하지 않은 모습은 義이고, 밑으로 드리워 추락할 듯이 낮추는 모습은 禮이다(孔子曰: 夫昔者君子比德於玉焉: 溫潤而澤, 仁也; 縝密以栗, 知也; 廉而不劌, 義也; 垂之如隊, 禮也……。); 栗然(율연): 단단하고 치밀하다(坚实密致貌).

[君子信而後勞其民章*]

191001、子夏曰:「君子信而後勞其民[1], 未信則以爲厲己[2]也; 信而後諫[3], 未信則以爲謗[4]己也。[5]」

자하(子夏)가 말했다. "군자는 (백성에게) 믿음을 얻고 그 후에 자기 백성을 부린다. 믿음을 얻지 못하고 부리면 (백성은) 자기를 못살게 군다고 생각한다. 군자는 (윗사람에게) 믿음을 얻고 그 후에 간언한다. 믿음을 얻지 못하고 간언하면 (윗사람은) 자기를 비방한다고 생각한다."

信, 謂誠意惻怛而人信之也。厲, 猶病[6]也。事上使下, 皆必誠意交孚[7], 而後可以有爲[8]。

'信'(신)은 정성을 다하는 마음에 애가 타고 마음 아파해서 사람들이 그를 믿는 것을 말한다. '厲'(려)는 '괴롭히다'[病]와 같다. 윗사람을 섬기는 일이나 아랫사람을 부리는 일은, 모두 반드시 정성을 다하는 마음이 서로에게 믿음을 얻어야만, 그 후에 큰일을 이룰 수 있다.

1《論語新解》'信'은 다른 사람이 (나를) 믿는 것을 말한다["군자는 백성들이 그를 믿기를 기다려……"](信, 謂人信之。; "君子等待民众信他了……"); '君子信而後勞, 其民未信……'으로 읽어야 한다는 견해도 있다.

2 厲(려): 해를 입히다. 박해하다. 구박하다. 못살게 굴다. '관리들은 늘상 백성들이 다스리기 어렵다고 여기고, 백성들은 늘 관리들이 자기를 못살게 군다고 여긴다'(害; 虐害; 损害。'官常以民爲難治, 民常以官爲厲己。').

3《論語義疏》이 구절은 신하를 말한 것이다(疏: 此謂臣下也。).

4《論語詞典》謗(방): 남의 잘못을 들춰내 헐뜯다. 誣는 없는 사실을 있다고 말하는 것이고, 謗은 있는 사실을 들춰내서 말하는 것이다(舉出別人的過失來毁壞他(和誣不同, 誣是以無爲有, 謗是明言其實。).

5《論語正義》자하의 이 말 또한 (공자께서 자하에게 일러주신) '서둘러 이루려고 하지 말라'[子路 제17장]는 뜻이다(正義曰: 子夏此言, 亦無欲速之意。).

6 病(병): 피곤하게 하다. 손해를 입히다. 화근(疲惫。损害, 祸害。).

7 交孚(교부): 서로 믿고 맡기다(谓互相信任); 孚(부): 믿고 맡기다. 믿게 하다(相信; 信任。为人所信服, 使信任。).

8《憲問 제1장》각주《孟子 · 離婁下 제8장》참조.

[大德不踰閑章]

191101、子夏曰:「大德不踰閑[1], 小德出入[2]可也。[3]」[4]

1 [성]蕩檢逾閑(탕검유한): 방탕한 행실로 예법을 지키지 않다. 禁制를 깨트리고 예법을 무시하다(逾, 荡, 超越; 闲, 检, 指规矩, 法度。形容行为放荡, 不守礼法。);《論語集解》'閑'(한)은 '法'[법]과 같다(注: 孔安國曰: 閑, 猶法也。);《論語正義》《說文·門部》에, '閑은 闌(난)[난간. 가로막다]이다'라고 했다. 이는 法을 풀이한 것으로, 파생의 뜻이다.《廣雅·釋詁》에, '閑은 灋(법)이다'라고 했다. 灋과 法은 같은 글자이다(正義曰: 說文: "閑, 闌也。" 此訓法者, 引申之義。廣雅釋詁: "閑, 灋也。" 灋與法同。); 踰閑(유한): 법도를 넘다(越出法度); 閑(한): 목책. 울타리. 넘어서는 안 되는 윤리도덕규범(本义: 栅栏。伦理道德的规范, 界限。).

2 [성]小德出入(소덕출입): 엄격히 요구하지 않아도 되는 사소한 예절(小德: 小节; 出入: 偏离标准。指不必严格要求的一些小节。).

3《論語集解》낮은 덕을 지닌 사람은 법규범을 넘지 않을 수 없기 때문에, '出入可'라 한 것이다(注: 孔安國曰: 小德, 不能不踰法, 故曰出入可也。);《論語義疏》'大德'은 上賢 이상의 사람이다. 높은 덕을 지닌 사람은, 항상 법규범을 넘지 않는다. '小德'은 中賢 이하의 사람이다. 그의 덕이 항상 완전무결한 것이 아니어서, 어떤 때는 이르렀다가도, 어떤 때는 미치지 못하기 때문에, '出入'이라 한 것이다. 그를 책망하지 않기 때문에, '可'라고 한 것이다(疏: 疏: 大德, 上賢以上也。上德之人常不踰越於法則也。小德, 中賢以下也。其立德不能恒全, 有時暫至, 有時不及, 故曰出入也。不責其備, 故曰可也。);《論語注疏》대덕을 갖춘 사람이란, 上賢으로, 행실이 모두 법을 어기지 않는다. 소덕을 갖춘 사람이란, 次賢으로, 법을 어기지 않을 수 없다(疏: 正義曰: 大德之人, 謂上賢也, 所行皆不越法則也。小有德者, 謂次賢之人, 不能不踰法。);《論語正義》자하가 '可'라고 한 것은, 反經合權의 경우에는, (小德의 영역은) 출입하지 않을 수 없는 경우가 있음을 말한 것이다.《春秋繁露·玉英》에 말했다. "權道는 常經에는 반하지만, 반드시 그래도 될 만한 영역에 있어야 한다. 그래도 될 만한 영역에 있지 않으면, 죽을지언정, 끝내 하지 않는다. 그래서 제후로서 그래서는 안 되는 영역을, 大德의 영역이라 하는데, 大德의 영역은 어겨서는 안 되는 것[權道를 행해서는 안 된다]으로, 正經이라 한다. 제후가 그래도 될 만한 영역을 小德의 영역이라 하는데, 小德은 넘나들어도 괜찮다[權道를 행하지 않으면 안 되는 경우가 있다]. 權道는 속임수이지만, 여전히 大經을 받드는 것으로 귀결된다." 형병이 '大德' '小德'을 사람을 가리키는 것으로 말했는데, 잘못이다(正義曰: 若子夏所云"可"者, 謂反經合權, 有不得不出入者也。繁露玉英篇: "夫權雖反經, 亦必在可以然之域。不在可以然之域, 故雖死亡, 終弗爲也。故諸侯在不可以然之域者, 謂之大德, 大德無踰閑者, 謂正經。諸侯在可以然之域者, 謂之小德, 小德出入可也。權, 譎也, 尚歸之以奉鉅經耳。"…… 邢疏以'大德'、'小德'指人言, 非也。);《古今注》'大德'은 성인을 말하고, '小德'은 배우는 과정에 있는 자를 말한다. '閑'(한)은 예의 방책이다['閑'字는 문에 목책이 있는 형상의 글로, 안과 밖을 경계 짓는 데 쓴다]. '出入'은 나간 지 얼마 지나지 않아서 다시 돌아오는 것이다. 성인은 예의 방책을 넘지 않는다. 한 번이라고 넘어가는 경우가 있으면 성인이 아니다. 배우는 과정에 있는 자는 성덕에 아직 이르지 못해서, 때로는 약간의 잘못을 하지만, 얼마 되지 않아서 다시 돌아온다면, 괜찮다. 이 장은, 뜻이 어리석은 사람을 포용하고 잘못을 용서하는 데에 있다(補曰: 大德, 謂聖人, 小德, 謂學者; 閑, 禮防也[閑字, 象門有木, 以作內外之限]。出入, 謂不遠而復; 聖人不踰矩, 一有踰非聖人也; 學者未及成德, 時有過差, 但能不遠而復, 則可矣; 此章, 意在包蒙恕尤。).

4《韓詩外傳·卷2》공자께서 담나라로 가는 길에서 제나라 정본자를 만나자, 두 수레의 일산을 서로 기울여 받쳐놓고 이야기하다[史記·魯仲連鄒陽列傳] 해가 다 되자, 틈을 내 고개를 돌려 자로를 보고,

자하(子夏)가 말했다. "큰 규범이 문지방을 넘지 않는다면, 사소한 규범은 넘나들어도 괜찮다."

大德, 小德, 猶言大節, 小節。閑, 闌[5]也, 所以止物之出入。言人能先立乎其大者[6], 則小節雖或未盡合理, 亦無害也。[7]

묶음 비단 10필을 정본자에게 선물로 드리라고 했지만, 자로가 대꾸하지 않자, 다시 고개를 돌려 자로를 보고, 드리라고 재촉하자, 자로가 대뜸 대답했다. "전에 제가 선생님께 듣기로는, 선비가 소개를 통하지 않고 상견례를 하는 것, 여자가 중매쟁이 없이 시집을 가는 일을, 군자는 하지 않는다고 했습니다." 공자가 말했다. "시[詩經 · 鄭風 · 野有蔓草]에 말하지 않더냐! '들판 푸른 칡넝쿨에 말간 이슬 망울지고, 곱디고운 여인네 맑은 눈물 방울지니 어여뻐라. 오랫동안 헤어졌다 인연이 되어 다시 만났으니 멍울진 나의 원망 이제 다 풀리었네.' 저 제나라 정본자는 천하의 현덕한 선비이시니, 내가 이렇게라도 선물을 드리지 않으면 평생토록 그분을 못 뵐 것이다. 대덕[커다란 예절]이 문지방을 넘지 않는다면 소덕[사소한 예절]은 넘나들어도 괜찮다"(傳曰: 孔子遭齊程本子於郯之間, 傾蓋而語, 終日, 有間, 顧子路曰: "由, 束帛十匹, 以贈先生。" 子路不對, 有間, 又顧曰: "束帛十匹, 以贈先生。" 子路率爾而對曰: "昔者, 由也聞之於夫子, 士不中道相見, 女無媒而嫁者, 君子不行也。"孔子曰: "夫詩不云乎!'野有蔓草、零露漙兮。有美一人、清揚婉兮。邂逅相遇、適我願兮。' 且夫齊程本子, 天下之賢士也, 吾於是而不贈, 終身不之見也。大德不踰閑, 小德出入可也。"); 《補正述疏》《韓詩外傳》에는, 공자께서 말씀하시기를, '大德不踰閑, 小德出入可也.'라고 했고, 《晏子春秋 · 雜篇》에는, 안자[안영]가 공자에게 답하기를, '吾聞大者不踰閑, 小者出入可也.'라고 했다. 아마도 공자께서 하신 말씀, 역시 들은 것을 전술하신 것으로, 일반 사람들이 널리 쓰는 말이기 때문에, 그래서 자하가 그 말을 하면서, '(증자가 말하기를) 내가 선생님께 들었다'[子張 제17장]라고 말하지 않았으니, 증자가 말한 방식과 다르다(述曰: 《韓詩外傳》云: ……《晏子春秋》稱晏子對孔子云: "吾聞大者不踰閑, 小者出入可也." 蓋孔子之言, 亦述之所聞爾, 是公言也, 故子夏述之, 不曰 '吾聞諸夫子', 異乎曾子述之者矣。).

5 闌(란): 울타리. 방책. 정낭. 난간(门前的栅栏。引申为栏杆。).

6 《孟子 · 告子上 제15장》 공도자가 물었다. "같은 사람인데 어떤 사람은 대인이 되고 어떤 사람은 소인이 되는 것은 어째서입니까?" 맹자가 말했다. "대체를 따르면 대인이 되고 소체를 따르면 소인이 된다." 공도자가 물었다. "같은 사람인데 어떤 사람은 대체를 따르고 어떤 사람은 소체를 따르는 것은 어째서입니까?" 맹자가 말했다. "눈과 귀라는 기관은 생각할 줄 몰라서 외물에 가려지고 만다. 외물이 눈과 귀와 교감하면 눈과 귀를 끌어당기고 만다. 마음이라는 기관은 생각을 한다. 생각하게 되면 깨닫게 되지만, 생각하지 않으면 깨닫지 못한다. 이 세 가지는 하늘이 우리에게 준 것으로, 먼저 대체를 확립하면 소체가 눈과 귀를 빼앗지 못한다. 이 때문에 대인이 되는 것일 뿐이다"(公都子問曰: "鈞是人也, 或爲大人, 或爲小人, 何也?" 孟子曰: "從其大體爲大人, 從其小體爲小人。" 曰: "鈞是人也, 或從其大體, 或從其小體, 何也?" 曰: "耳目之官不思, 而蔽於物, 物交物, 則引之而已矣。心之官則思, 思則得之, 不思則不得也。此天之所與我者, 先立乎其大者, 則其小者弗能奪也。此爲大人而已矣。").

7 《論語大全》 자하의 말은, 大節이 올바르고 나면, 소소한 부분까지 선하지는 않더라도, 무방하다는 것이다. 그렇지만 소소한 부분이라고 그냥 지나치는 것은, 단지 노력이 철저하지 못한 것으로, 이것을 괜찮다고 말해서는 안 된다(朱子曰: 子夏之言, 謂大節既是了, 小小處雖未盡善, 亦不妨。然小處放過, 只是力做不徹, 不當道是可也。); 《論語大全》 이 장은 남을 살피는 데 쓰는 경우는 괜찮지만, 나를 규율하는 데 쓰는 경우는 안 된다(雙峯饒氏曰: 此章用之觀人則可, 用之律己則不可。).

'大德'(대덕) · '小德'(소덕)은 대절(大節) · 소절(小節)이라는 말과 같다. '閑'(한)은 '문지방'[闌]으로, 외물의 출입을 막는 데 쓰는 것이다. 말인즉, 사람이 먼저 자기의 큰 규범을 세울 수 있으면, 자잘한 규범은 비록 간혹 이치에 다 맞지는 않을지라도, 그래도 해될 게 없다는 것이다.

○吳氏曰:「此章之言, 不能無弊。學者詳之。」[8]

○오씨(吳氏 · 吳棫)가 말했다. "이 장의 말은 폐해가 없을 수 없다. 배우는 자는 그것을 자세히 알아야 한다."

8《論語大全》배우는 자는 결코 이 말을 근거로 사소한 잘못이라고 자기 잘못을 용서해서는 안 되니, 한 번 사소한 잘못이라고 해서 해될 게 없다고 여기면, 큰 규범에 대해서 필시 여덟 척 굽혀서 한 척 굽은 것을 펴려는 경우[孟子 · 滕文公下 제1장]가 있을 것이다(朱子曰: 學者正不可以此自恕, 一以小差爲無害, 則於大節, 必將有枉尋而直尺者矣。);《論語新解》다른 사람을 논하는 경우와 자기 처신의 경우가 같지 않다. 論人의 경우는 그 大節을 살펴야 하고, 大節이 취할 만하면 사소한 잘못은 그냥 넘어가도 된다. 自處의 경우는 大節은 넘어서는 안 되는 것은 물론이고, 소덕 역시 어찌 출입해도 되겠는가. 소덕의 출입이 잦으면 끝내 대덕에 누가 된다(或曰 :论人与自处不同。论人当观其大节,大节苟可取,小差自可略。若自处则大节固不可以逾闲, 小德亦岂可以出入乎? 小德出入, 终累大德。).

[子夏之門人小子章]

191201、子游曰:「子夏之門人小子[1], 當[2]洒掃、應對、進退[3], 則可矣。抑[4]末也, 本之[5]則無。

1《論語義疏》'門人小子'는 자하의 제자를 말한다(疏: 門人小子, 謂子夏之弟子也。);《古今注》'門人小子'는 '門人' 중에서 '小子'를 별도로 열거해서 말한 것이다(補曰: 門人小子, 於門人之中別擧小子而言之。);《論語新解》'小子'은 곧 '門人'이다. 曾子有疾章[泰伯 제3장]의 '吾知免夫! 小子!'는 바로 '門人'의 뜻이다. 이 장에서 '門人小子'를 붙여 말한 것은, 아래 '灑掃應對進退'가 자하의 문인 중에 나이 어린 또래를 가리킨 말이기 때문에, 특별히 붙여 말한 것이다. 或說: '小子'를 띄어서 아래 문장에 붙여 읽어서, 자하의 문인 중 나이 어린 자는, 쇄소 · 응대 · 진퇴를 가르쳐야 하는 것이 맞는데, 지금 자하는 나이를 구분하지 않고, 한 가지로 가르치기 때문에 비판한 것이다(小子即门人。如曾子有疾章, 吾知免夫小子, 即门人。此处门人小子兼言, 因下文洒扫应对进退, 乃指子夏门人中年轻一辈言, 故特加此二字。或说: 小子当连下读, 谓其门人中有幼者, 使当洒扫应对进退则可矣, 今子夏不分长幼, 一以此教, 故讥之。).

2《古書虛字》'當'은 '爲'와 같다. '作'이다('當'猶'爲'也, '作'也。今口語猶謂'爲'曰 '當'。如謂'爲人'曰 '當人', 是也。);《論孟虛字》예컨대('當', 猶'如'。爲'比如、設如'之意。).

3 [성]洒掃應對(쇄소응대): 물을 뿌리고 마당을 쓸고, 손님의 부름에 응하고 물음에 답하다(洒水扫地, 酬答宾客。封建时代儒家教育, 学习的基本内容之一。);《集注考證》'灑掃'(쇄소)는《禮記 · 曲禮上》에 기재된 '糞之禮'[청소하는 예절],《禮記 · 少儀》《管子 · 弟子職》에 기재된 '灑掃布席之節'[물로 닦고 비로 쓸고 자리를 까는 예절]이 모두 이것이다. '應對'(응대)는《禮記 · 曲禮》에 기재된 名稱 · 辭令 및《儀禮》《禮記 · 少儀》에 기재된 禮辭[사양하는 예절]이 모두 이것이다. '進退'(진퇴)는《儀禮》《禮記 · 曲禮》《禮記 · 少儀》에 기재된 升降 · 上下 · 揖遜 · 拜跪의 예절이 모두 이것이다(灑掃, 凡曲禮所載糞之禮, 與少儀、弟子職所載灑掃布席之節皆是。應對, 凡曲禮所載名稱辭令, 及儀禮、少儀所載禮辭皆是。進退, 儀禮、曲禮、少儀、所載升降上下揖遜拜跪之儀皆是。);《論語正義》청소할 때는, 먼저 물을 마당에 뿌려, 먼지가 날리지 않게 한 후에 비질하기 때문에, 물 뿌리는 일이 비질보다 앞선다.《禮記 · 曲禮上》에, '윗사람이 앉아 있는 앞에서 청소하는 예절은, 빗자루로는 쓰레받기를 가리고, 긴소매로는 빗자루를 덮고서 뒤로 물러나면서 비질을 한다. 먼지가 윗사람에게 날리지 않도록, 쓰레받기를 자기 쪽으로 향하게 해서 쓰레기를 쓸어 담는다'라고 했고,《管子 · 弟子職》에, '소제하는 법은, 먼저 소반에 물을 담고, 팔꿈치까지 소매를 걷어 올리고, 마당에서는 물에다 손으로 키질하면서 멀리 넓게 뿌리고, 방안에서는 손으로 물을 움켜 떠서 가까이에 조금씩 뿌린다'고 했으니, 이것이 '灑掃'의 일이다(正義曰: 凡糞除, 先以水灑地, 使塵不揚而後掃之, 故灑先於掃。曲禮云: "凡爲長者糞之禮, 必加帚於箕上, 以袂拘而退。其塵不及長者, 以箕自鄉而扱之。" 弟子職云: "凡拚之道, 實水於盤, 攘袂及肘, 堂上則播灑, 室中握手……" 此灑掃之事也。). '應'은《說文 · 言部》에, '譍(응)은 말로 대답하는 것이다'라고 했다. '應'은 唯 · 諾으로, 말을 필요로 하지 않고, '對'는 오로지 말로 대답한다는 점에서 '對'와 다르다.《禮記 · 內則》에 '부모가 계시는 곳에서, 부모의 분부(吩咐)가 있으면, '唯'(유)라고 應하고 공손히 對한다'고 했고,《禮記 · 曲禮上》에 '아버지가 부르시면, '諾'(낙)이라고 해서는 안 되고, 선생님이 부르시면 '諾'이라고 해서는 안 되고, '唯'(유)라고 應하고 일어선다'고 했고,《禮記 · 內則》에 '앞으로 나아가고 뒤로 물러나고 돌아서는 동작이 모두 삼가고 단정해야 한다'고 했다. '옷자락을 들어 올리고 구석 자리로 가서 앉는 것', '바른 자세로 서서 두 손을 모으는 것'[禮記 · 曲禮上], 각종 규범의 예절에 맞게 하는 것, 이 모두가 어린 시절에 익혀야 할 예의이다(應, 說文作"譍", 云: "以言對也。"…… '應'是唯諾, 不必有言, 與'對'專主答辭異也。內則云: "在父母之所, 有命之, 應唯敬對。" 曲禮云: "父召無諾, 先生召無諾, 唯而起。" 內則云: "進退周旋愼齊。" 凡摳衣趨隅, 與夫

如之何?」

자유(子游)가 말했다. "자하(子夏)의 제자들은 물 뿌리고 마당 쓸고, 부름에 응하고 물음에 답하고, 앞으로 나아가고 뒤로 물러서는 예절을 맡아 하는 경우에는, 그런대로 괜찮다. 그렇지만 이것들은 말단이고, 그 근본을 캐보면 아무것도 없다. 어찌 된 것인가?"

洒, 色賣反。掃, 素報反。○子游譏子夏弟子, 於威儀容節之間則可矣。然此小學之末[6]耳, 推其本, 如大學正心誠意之事[7], 則無有。

正立拱手, 中規中矩之節, 皆幼儀所當習者。); 《論語新解》 '洒'는 '灑'(쇄)로 물을 마당과 계단에 먼저 뿌리는 것으로, 먼지가 날리지 않게 한 후에, 掃[비질]한다. '應對'는 應은 唯·諾이고, 對는 반드시 말로 해야 한다. '進退'는 아랫자락을 들어 올리고 구석 자리로 가서 앉는 것, 바른 자세로 서서 두 손을 모으는 것 등[禮記·曲禮上]이다(洒当为灑, 以水挥地及墙阶, 令不扬尘, 然后扫之。应对, 应是唯诺, 对必有辞。进退, 凡抠衣趋隅, 与夫正立拱手。); 進退(진퇴): 앞으로 나아가고 뒤로 물러서다. 행동거지. 처신(前进与后退。举止行动。).

4 《助字辨略》 '抑'(억)은 '然而'[그렇지만]과 같다(抑, 猶云然而。); 《古書虛字》 '抑'은 '然' '然而'과 같다. 전환을 표시한다('抑'猶'然''然而'也。轉語詞也。); 《論語譯注》 "이것들은 단지 말단 예절에 불과할 뿐이다."("不過這只是末節罷了。").

5 《古書虛字》 '之'는 '也'와 같다. 어말조사('之'猶'也'也。爲語末助詞也。); 《論孟虛字》 '之'는 '也'와 같다. 어기를 잠시 멈춤을 표시한다('之', 猶'也'。表語氣停頓。); 《論語詞典》 本(본): 동사. 근본을 캐다(動詞, 探本。); 《論語句法》 '本'은 원래 형용사의 성격을 가지고 있기에, 그 밑에 접미사 之'를 붙일 수 있는데 이 판단문에서는 주어가 되었다["근본인즉 없다"]('本'原具形容詞的詞性, 所以其下可加詞尾'之'而在這句判斷句裏做主語。).

6 《大學章句序》 夏·殷·周 三代의 융성기에 이르러서, 사람을 가르치는 법이 점차로 갖추어졌으니, 그런 후에 왕궁과 도읍을 시작으로 여항에 이르기까지, 어디에나 학교가 세워지지 않는 곳이 없었다. 이리하여, 사람이 태어나 여덟 살이 되면, 왕공의 자제에서부터 그 이하로 서인의 자제에 이르기까지, 모두 小學에 입학시켜, 그들을 가르치길 물 뿌리고 마당 쓸고 부름에 응하고 물음에 답하고 앞으로 나아가고 뒤로 물러나는 예절, 의례·음악·활쏘기·말타기·글쓰기·셈하기의 과목으로 했고, 열다섯 살이 되면, 천자의 원자와 여러 아들에서부터 공·경·대부·원사의 맏아들과 백성 중의 준수한 자에 이르기까지, 모두 태학에 입학시켜, 그들을 가르치길 이치를 궁구하고 마음을 바로잡고 자신을 닦고 사람을 다스리는 방법으로 했으니, 이것이 또 학교의 교육체제가 대학과 소학으로 나뉘게 된 까닭이다(三代之隆, 其法寖備, 然後王宮,國都以及閭巷, 莫不有學。人生八歲, 則自王公以下, 至於庶人之子弟, 皆入小學, 而教之以灑掃、應對、進退之節, 禮、樂、射、御、書、數之文; 及其十有五年, 則自天子之元子、衆子, 以至公、卿、大夫、元士之適子, 與凡民之俊秀, 皆入大學, 而教之以窮理、正心、修己、治人之道。此又學校之教、大小之節所以分也。)

7 《大學》 옛날에는, 하늘에서 받아 간직되어 있는 밝고 맑은 덕성을 천하에 환히 밝히고자 했던 자는 먼저 그 나라를 잘 다스렸고, 그 나라를 잘 다스리고자 했던 자는 먼저 그 집안을 가지런하게 했고, 그 집안을 가지런하게 하고자 했던 자는 먼저 그 자신을 닦았고, 그 자신을 닦고자 했던 자는 먼저 그 마음을 바르게 가졌고, 그 마음을 바르게 가지고자 했던 자는 먼저 그 발동되는 뜻을 진실하게 했고,

'洒'(쇄, sǎ)는 '色'(색)과 '賣'(매)의 반절이다. '掃'(소, sǎo)는 '素'(소)와 '報'(보)의 반절이다. ○자유(子游)가 자하(子夏)의 제자들을 나무라기를, '용모·태도 등의 예절 방면의 경우에는 그런대로 괜찮다. 그렇지만 이것은 소학(小學)의 말단일 뿐, 그 근본, 예컨대 《대학》(大學)의 정심(正心)·성의(誠意) 같은 일을 캐보면, 아무것도 없다'고 한 것이다.

191202、子夏聞之曰:「噫!言游[8]過矣! 君子之道[9], 孰先傳焉[10]? 孰後倦[11]焉? 譬諸草木, 區以別[12]矣。君子之道, 焉可誣[13]也? 有始有卒[14]者, 其惟[15]聖人乎![16]」

그 발동되는 뜻을 진실하게 하고자 했던 자는 먼저 그 지식을 속속들이 완전하게 했으니, 지식을 속속들이 완전하게 하는 것은 하나하나 物에 의거하여 그 理를 궁구하는 데에 있다(古之欲明明德於天下者, 先治其國; 欲治其國者, 先齊其家; 欲齊其家者, 先修其身; 欲修其身者, 先正其心; 欲正其心者, 先誠其意; 欲誠其意者, 先致其知, 致知在格物。). 物에 다가가 그 理를 궁구한 후에야 지식이 완전무결하게 되고, 지식이 완전무결하게 되고 난 후에야 발동되는 뜻이 진실하게 되고, 발동되는 뜻이 진실하게 되고 난 후에야 마음이 바르게 되고, 마음이 바르게 되고 난 후에야 자신이 닦아지게 되고, 자신이 닦아지고 난 후에야 집안이 가지런하게 되고, 집안이 가지런하게 되고 난 후에야 나라가 잘 다스려지게 되고, 나라가 잘 다스려지게 되고 난 후에야 천하가 태평하게 되는 것이다(物格而後知至, 知至而後意誠, 意誠而後心正, 心正而後身修, 身修而後家齊, 家齊而後國治, 國治而後天下平。).

8 言游(언유): 子游를 말한다.

9《論語正義》'君子之道'는 예악 대도를 말하는 것으로, 자유가 말한 '本'이다(正義曰: 君子之道, 謂禮樂大道, 即子遊所謂本也。).

10《古漢語語法》부사 '先' '首先'은 동작 행위가 다른 행위가 있기 전에 발생했음을 표시하고, 보통 '後'와 對句이다(副词'先'、'首先'表示动作行为的发生在另一行为之先, 常与'后'相对而言。);《論語詞典》焉(언): 어기사. 의문사가 있을 경우, 의문문에 사용할 수 있다(語氣詞, 如句中有疑問詞, 亦可用於疑問句。);《論語句法》'焉'은 '之'와 같고, '君子之道'을 가리킨다('焉'等於'之', 稱代'君子之道'。).

11《論語正義》'倦'은 '誨人不倦'[述而 제33장]의 '倦'이다. '누구는 앞서있다고 하여 君子之道를 전해주고 누구는 뒤처져있다고 하여 가르치길 게을리하겠는가? 모두 제자의 배움의 수준에 깊고 낮음이 있기 때문에, (가르치길 게을리하는 것이 아니라) 가르치는 것이 다르다'는 말이다(正義曰: 倦即誨人不倦之倦。言誰當爲先而傳之, 誰當爲後而倦教? 皆因弟子學有淺深, 故教之亦異。);《論語集釋》鄭浩[1863~1947]의《論語集注述要》에 말했다. "앞뒤 글의 맥락으로 보면, '倦'字는 마땅히 '教'字의 뜻으로, 어느 것은 먼저 전하고, 어느 것은 뒤에 가르치겠느냐는 말로, 배우는 자의 자질이 받아들이기에 적당한지 살피기를, 초목을 구별하여 재배하는 것과 같이해야지, 일률적으로 베풀어서는 안 된다는 것이다. 이렇게 해야, 뜻이 저절로 명쾌하고 순조롭다"(論語述要: 觀上下文氣, 倦字當是教字意, 言孰當先傳, 孰當後教, 一視學者之質所宜受, 如草木之有區別培植者, 不可一概施。如此, 則意義自直捷順暢。);《論語譯注》"어느 것은 먼저 전하고, 어느 것은 마지막에 가르치겠느냐?"("哪一項先傳授呢? 哪一項最後講述呢?").

12《論語正義》'草木區別'은 배움의 수준의 깊고 얕음에 대한 비유이다. 자유가 비판받은 바는, 군자의 도를 수준에 따라 나눠 전수하지 않고 한데 뭉뚱그려서 문인에게 전수하려고 한다는 것으로, 이것이 군자의 도를 속이는 행위이다(正義曰: 草木區別, 即淺深之喻。今子遊所譏, 則欲以君子之道概傳之門人,

자하(子夏)가 이 말을 듣고 말했다. "허! 언유(言游)가 잘못 알고 있구나! 군자의 도인데, (그중에) 어느 것은 먼저라고 해서 전수하겠으며, 어느 것은 뒤라고 해서 (전수하기를) 게을리하겠느냐? 군자의 도를 초목에 비유하자면, 종(種)과 류(類)에 따라 구획을 나누어 구별하는 것과 같다. 군자의 도인데, 어찌 속일 수 있겠느냐? 원래부터 도의 시작과 마침을 모두 다 갖추고 계신 분은, 오직

是誣之也。);《論語集釋》王夫之[1619~1692]의《四書稗疏 · 卷一》에 말했다. '草木'은 밭에서 (밭두렁으로 경계를 나누어) 기르는 곡식 · 채소 · 목본 과일 · 초본 열매를 말하고, 산속의 뒤섞여 자라는 나무나 야생풀을 말하는 것이 아니다(四書稗疏: 此草木者, 亦言穀蔬果蓏良材之在田圃者, 非謂山林之雜木野卉也。);《論語新解》'區'(구)는 구역을 나누는 것이고, '別'(별)은 부류에 따라 나누는 것이다. 草木區別은 사람의 성과 배운 바가 서로 똑같을 수 없다는 비유이다. 군자가 사람을 가르치는 데는 순서가 있으니, 먼저 작은 것과 가까운 것을 전수해주고, 그 뒤에 큰 것과 먼 것을 가르친다. 안자가 말한 '循循善誘'[子罕 제10장]이다(区, 分区义, 即分类义。草木之区别, 即喻人性与所学之不能相同……君子教人有序, 先传以近小, 后教以远大。所谓循循善诱。).

13《論語正義》할 수 없는 것을 가르치면, 속이는 것이다(正義曰: 言教人以所不能, 則爲誣也。); 誣(무): 속이다. 없는 사실을, 있는 양 꾸미다. 사실을 날조하여 사람을 해하다(欺騙。无中生有, 捏造事实害人。);《論語譯注》"어찌 왜곡할 수 있겠는가?"("如何可以歪曲?").

14 [성]有始有卒(유시유졸): 시종일관하다. 끝까지 견지하다(指做事能贯彻始终, 坚持到底。);《論語集解》시종이 한결같으신 분은 오직 성인뿐이시다(注: 孔安國曰: 終始如一, 唯聖人耳。);《論語大全》'有始有卒'에 대해 여쭙자, 주자가 답했다. "이것은 성인께서 사람 가르치는 일을 말한 것이 아니고, 성인의 본래의 분수를 말한 것이다. 성인만이 첫머리를 말하면서 꼬리까지 알고, 하학하면서 상달한다. 처음부터 끝까지 다 마치셨다는 것이 아니고, 원래부터 처음[하학; 쇄소응대]과 끝[상달; 정의입신]이 모두 구비되어 있으시다는 것이다"(問有始有卒, 曰: 此不是說聖人教人事, 乃是聖人分上事。惟聖人道頭便知尾, 下學便上達。不是自始做到終, 乃是合下便始終皆備。).

15《論語句法》'惟'는 연결동사이고, 그 위에 추측어기사 '其'를 붙였는데, 지금의 '아마' '대개'와 같다. '乎'는 구말 추측어기사이다["아마도 성인뿐이실 것이다"]('惟'是繫詞。其上加了表測度語氣的語氣詞'其'字, 相當于白話的'恐怕'或'大概'。'乎'是句末表測度的語氣詞);《論孟虛字》其惟(기유): 대개. ~뿐이다('其惟'連用, 爲同義複語。是'大概、祇有'之意。).

16《論語集釋》汪烜(왕훤)[1692~1759]의《四書詮義》에 말했다. "자유는 예악에 뛰어났는데, 어찌 뜻밖에도 쇄소 · 응대 · 진퇴 중에 원래부터 精義入神의 이치가 깃들어 있다는 것을 몰랐겠는가? 다만 자하가 기예에만 구애되어 도덕을 빠트릴까 봐서, 이렇게 말했을 뿐이다"(四書詮義: 子游長於禮樂, 豈竟不知灑掃應對進退中原寓精義入神之理者? 但恐子夏泥器藝而遺道德, 故云然耳。);《論語新解》자유와 자하는 똑같이 문학에 뛰어난 제자로[先進 제2장], 자유가 쇄소 · 응대 · 진퇴가 초학자가 일로 삼을 일임을 모르는 바 아니었지만, 다만 자하가 기예에만 구애되어 대도에 소홀할까 걱정되어, 이렇게 말한 것이다. 자하 역시 쇄소 · 응대 · 진퇴 위에 예악의 도가 더 있어, 소홀히 하여 전하지 않으면 안 된다는 것을 알고 있었다. 이는 두 사람이 말한 교학의 방법이 실은 크게 차이가 없다는 것으로, 독자는 '言遊過矣' 네 글자 때문에, 자유의 말이 전혀 그르다고 평한다면, 이 장의 취지를 잃는 것이다(今按: 游, 夏同列文学之科, 子游非不知洒扫应对进退为初学所有事, 特恐子夏之泥于器艺而忽于大道, 故以为说。子夏亦非不知洒扫应对进退之上尚有礼乐大道, 不可忽而不传。是两人言教学之法实无大异, 读者若据"言游过矣"四字, 便谓子游之言全非, 则失本章之旨。).

성인뿐이실 것이다!"

別, 必列反。焉, 於虔反。○倦, 如誨人不倦[17]之倦。區, 猶類也[18]言君子之道, 非以其末爲先而傳之, 非以其本爲後而倦教。但學者所至, 自有淺深, 如草木之有大小, 其類固有別矣。若不量其淺深, 不問其生熟, 而概以高且遠者強而語之, 則是誣之而已。君子之道, 豈可如此? 若夫[19]始終本末一以貫之, 則惟聖人爲然[20], 豈可責之門人小子乎?
'別'(별, bié)은 '必'(필)과 '列'(열)의 반절이다. '焉'(언, yān)은 '於'(어)와 '虔'(건)의 반절이다. ○'倦'(권)은 '誨人不倦'[사람 가르치기를 게을리하지 않는다]의 '倦'(권) 자(字)와 같다. '區'(구)는 '종류'[類]와 같다. 말인즉, '군자의 도는, 도의 말단을 먼저라고 여겨서 전수하는 것도 아니고, 도의 근본을 뒤라고 여겨서 가르치기를 게을리하는 것도 아니다. 다만 배우는 자의 배움의 수준에는, 자연히 얕거나 깊은 정도가 있는 것이, 마치 초목에도 큰 것 작은 것이 있고, 그 종류에 고유의 구별이 있는 것과 같다. 만약 배우는 자의 배움의 수준이 얕은지 깊은지를 감안하지 않고, 배우는 자에게 생소한 것인지 익숙한 것인지를 묻지 않고, 한데 뭉뚱그려서 고상하고 원대한 것 한 가지를 가지고 억지로 말해준다면, 이것은 도를 속이는 것일 뿐이다. 군자의 도인데, 어찌 이 같은(선후 순서가 없는) 것일 수 있겠는가? 도의 처음과 끝을, 근본과 말엽을 다 꿰어 갖추고 있는 분이라면, 오직 성인만이 그러하신 분인데, 어찌 그것을 문하의 젊은 제자들에게 요구할 수 있겠는가?'라는 것이다.

○程子曰:「君子教人有序, 先傳以小者近者, 而後教以大者遠者。非先傳以近小, 而後不教以遠大也。」
○정자(程子 · 明道)가 말했다. "군자가 사람을 가르치는 데는 순서가 있으니, 먼저 작은 것과 가까운 것을 전수해주고, 그 뒤에 큰 것과 먼 것을 가르친다. 가까운 것과 작은 것만 먼저 전수해주고, 나중에 가서는 큰 것과 먼 것을 가르쳐주지 않는 것이 아니다."

---

17 《述而 제2장》 참조.

18 《集注考證》 '區'字는 '品'을 따르고, 品類[물품의 종류]란 말과 같다. 區分 · 區劃이 모두 이것이다(區字從品, 猶言品類也。如區分區畫皆是。).

19 若夫(약부): ~에 관해서는(句首语气词。至于。用于句首或段落的开始, 表示另提一事。).

20 爲然(위연): 이렇다(是这样。).

又曰:「洒掃應對, 便是形而上者[21, 22], 理無大小故也。故君子只在愼獨。」[23]

또 말했다. "물 뿌리고 마당 쓸고, 부름에 응하고 물음에 답하고, 앞으로 나아가고 뒤로 물러서는 (형이하자(形而下者)인) 도가 곧 형이상자(形而上者)인 도이니, 이치에는 큰 이치 · 작은 이치가 없기 때문이다. 그러므로 군자의 도의 요체는 다만 신독(愼獨)에 있을 뿐이다."

21《周易 · 繫辭上》형상을 갖추기 이전을 道라고 하고, 형상을 갖춘 이후를 器라고 한다(形而上者謂之道, 形而下者謂之器。); 而上(이상): 이상. 품위 · 위치 · 순서 · 숫자가 어느 한 지점 이상. 이전(以上。表示品位, 位置, 次序或数目等在某一点之上。表示时间在前的, 犹以前。).

22《朱熹文集 · 答黃道夫》하늘과 땅 사이에는, 理가 있고 氣가 있습니다. 理는 형상을 갖추기 이전인 道로, 만물을 낳는 근본이고, 氣는 형상을 갖춘 이후인 器로, 만물을 낳는 도구입니다. 이 때문에 사람과 만물이 태어날 때는, 반드시 이 理를 부여받아야, 그 후에 性이 생기고, 반드시 이 氣를 부여받아야, 그 후에 형상을 갖추게 됩니다. 그 性과 그 형상은, 비록 한 몸체를 벗어나지 않을지라도, 그 道와 器의 사이에는, 구별이 아주 분명해서, 서로 뒤섞일 수 없습니다.《詩經 · 大雅 · 烝民》에 '하늘은 뭇 백성 낳았고, 사물(物)은 저마다 법칙(則) 지녔네'라고 했고, 周子는 '무극의 眞과 음양오행의 精이 묘합되어 응결된다'고 했는데,《太極圖說》에서 말한 '眞'이 理이고, '精'이 氣이고,《詩經 · 大雅 · 烝民》에서 말한 '則'이 性이고, '物'이 形입니다. 2천 년이 넘는 세월 동안, 말한 사람이 한 사람이 아니고, 기록한 것이 한 번이 아니었지만, 그 말들이 둘로 갈라진 부절의 아귀가 딱 맞는 것같이 동일하니, 억지로 끌어다가 짝을 맞춰 강제로 같게 만들 수 있는 게 아닙니다. 이 의리의 근원을, 배우는 자들이 살피지 않으면 안 됩니다(天地之間, 有理有氣。理也者, 形而上之道也, 生物之本也; 氣也者, 形而下之器也, 生物之具也。是以人物之生, 必稟此理, 然後有性, 必稟此氣, 然後有形。其性其形, 雖不外乎一身, 然其道器之間, 分際甚明, 不可亂也。…… 詩曰:「天生烝民、有物有則。」周子曰:「無極之真, 二五之精, 妙合而凝。」所謂眞者, 理也; 所謂精者, 氣也; 所謂則者, 性也; 所謂物者, 形也。上下千有餘年之間, 言者非一人, 記者非一筆, 而其說之同如合符契, 非能牽聯配合而强使之齊也。此義理之原, 學者不可不察。).

23《論語大全》愼獨(신독)하지 못하고 오로지 큰 것만 이해한다면, 소소한 일은 주의를 기울이지 않을 것이다. 理에는 큰 이치 · 작은 이치가 없고, 작은 부분 · 큰 부분이 모두 이치이다. 작은 부분에 이르지 못하면, 이치는 주밀해지지 않는다. 이치에는 큰 이치 · 작은 이치가 없기 때문에, 군자의 배움은, 그 순서를 따르지 않으면 안 되니, 작은 것 · 가까운 것을 마치고, 그 후에 저 큰 것 · 먼 것으로 나아갈 수 있을 뿐이다. 그래서 말하기를 그 요체는 다만 謹獨(근독)에 있다고 한 것이다. 이 말은 작은 것이라고 소홀히 해서는 안 된다는 것을 강조해서 말한 것이다. '便是形而上者'라 말한 것도, 形而上者인 도가 이 쇄소응대와 같은 작은 일에서 떠나 있지 않다는 말일 뿐, 灑掃應對가 곧바로 形而上者라고 한 것은 아니다(朱子曰: 不能謹獨, 只管理會大處, 小小底事, 便照管不到。理無大小, 小處大處都是理。小處不到, 理便不周匝……惟理無大小, 故君子之學, 不可不由其序, 以盡乎小者近者, 而後可以進夫大者遠者耳。故曰其要只在謹獨。此甚言小者之不可忽也。其曰便是云者, 亦曰不離乎是爾, 非卽以此爲形而上者也。);《論語大全》정자가 여기에서 말한 근독은 대학과 중용의 근독과는 조금 다르다. 여기에서 말한 근독은 작은 일에 조심한다는 것으로, 남은 알지 못하고 자기만 알고 있는 곳(에서 근신한다)이라는 뜻이 없다(新安陳氏曰: 程子此處說謹獨, 與大學中庸之謹獨小異。此只是謹小事, 無人所不知己所獨知之意。); 內閣本에는 '愼獨'이 '謹獨'으로 되어 있다.

又曰:「聖人之道, 更無精粗。從洒掃應對, 與精義入神[24]貫通只一理。雖洒掃應對, 只看所以然如何。」[25]

정자(程子·伊川)가 말했다. "성인의 도에는, 더더구나 정밀하다거나 거칠다거나 하는 구분이 없다. 물 뿌리고 마당 쓸고, 부름에 응하고 물음에 답하고, 앞으로 나아가고 뒤로 물러서는 일부터, 사물의 의리를 정밀히 연구해 신묘한 경지에 들어가는 일에 이르기까지, 관통하는 것은 단지 한 가지 이치일 뿐이다. 비록 물 뿌리고 마당 쓸고, 부름에 응하고 물음에 답하고, 앞으로 나아가고 뒤로 물러서는 일일지라도, 단지 그 일을 그렇게 하게 된 내력이 무엇인지를 살필 뿐이다."

又曰:「凡物有本末, 不可分本末爲兩段事。洒掃應對是其然, 必有所以然。」[26, 27]

24《周易·繫辭下》의리에 정통하여, 이로써 실제에 응용한다(精義入神, 以致用也。): 精義入神(정의입신): 사물의 오묘한 의리를 정밀히 연구하여 신묘한 경지에 도달하다(精研事物的微义, 达到神妙的境地。).

25《論語大全》이것은 쇄소응대와 精義入神이 (일은 다르지만) 한 가지 도리임을 말한 것이다. 쇄소응대의 일에도 반드시 所以然이 있고, 精義入神의 일에도 반드시 所以然이 있다. 정자가 '貫通只一理'라고 한 것은, 두 가지 일의 이치가 단지 한 가지라는 말이지, 쇄소응대의 일이 곧 精義入神의 일이라는 말은 아니다. 물론 精義入神의 일에는 形而上의 이치가 있지만, 쇄소응대의 일에도 形而上의 이치가 있다. 쇄소응대와 精義入神은 일에는 大小의 차이가 있지만, 이치에는 精粗의 차이가 없다. 일에는 大小가 있기 때문에, 그 가르침에는 등급이 있어서 등급을 뛰어넘어서는 안 되지만, 이치에는 精粗가 없기 때문에, 그가 처해있는 자리에서, 어느 일이든 모두 최선을 다하지 않으면 안 된다(朱子曰: 此言灑掃應對與精義入神, 是一樣道理。灑掃應對, 必有所以然, 精義入神, 亦有所以然。其曰 貫通只一理, 言二者之理只一般, 非謂灑掃應對, 便是精義入神。固是精義入神, 有形而上之理, 而灑掃應對, 亦有形而上之理。灑掃應對精義入神, 事有大小, 而理無精粗。事有大小, 故其教有等而不躐, 理無精粗, 故惟其所在, 而皆不可不用其極也。).

26《論語大全》"治心修身의 일이 本이고, 쇄소응대의 일이 末로, 모두 '然'에 해당되는 일이다. '所以然'[그리하는 까닭]의 경우가 이치이다. 이치에는 精粗의 차이나 本末의 구분이 없이, 모두 한 꿰미 안에 꿰어져 있다." 어떤 사람이 其然·所以然에 대한 설명을 묻자 주자가 답했다. "쇄소응대의 일이 其然이고, 形而下者이고, 쇄소응대의 이치가 所以然이고, 形而上者이다. 形而下者[일]의 면에서 말하면, 쇄소응대와 精義入神의 本末과 精粗는, 동일 수준에다 놓고 논할 수야 없지만, 形而上者[이치]의 면에서 말하면, 그 일의 수준이 동일하지 않다고 하여, 精義入神의 일에는 이치가 꽉 차고도 남아돌고, 쇄소응대의 일에는 이치가 부족한 경우는 없다"(朱子曰: 治心脩身是本, 灑掃應對是末, 皆其然之事。至於所以然則理也。理無精粗本末, 皆是一貫。或問其然所以然之說, 曰: 灑掃應對之事, 其然也, 形而下者也。灑掃應對之理, 所以然也, 形而上者也。自形而下者而言, 則灑掃應對之與精義入神, 本末精粗, 不可同日而語矣。自夫形而上者言之, 則未嘗以其事之不同, 而有餘於此。不足於彼也。);《論語大全》"정자가 말한, 본말의 구분이 있다는 것과 또 본말을 구분해서는 안 된다는 것은, 무엇인지요?" "본말의 구분이 있다는 것은, 그러함[然]으로서의 일에는 본말의 구분이 있다는 말이고(예컨대, 대학의 治心修身은 本事이고, 소학의 灑掃應對는 末事이다), 구분해서는 안 된다고 한 것은, 그러함[然]의 까닭[所以]인 이치는 본말의 구분이 없다는 말이다"(曰: 其曰 物有本末, 而本末不可分者, 何也? 曰: 有本末者, 其然之事也, 不可分者, 以其所以

또 말했다. "대체로 일에는 근본에 해당하는 일과 말단에 해당하는 일의 구분이 있지만, 근본에 해당하는 일과 말단에 해당하는 일을 나눠서 두 가지 단계의 일로 여겨서는 안 된다. 물 뿌리고 마당 쓸고, 부름에 응하고 물음에 답하고, 앞으로 나아가고 뒤로 물러서는 것은, 그 일의 그러함[然]이고, 그 일의 그러함[然]에는 반드시 그러한 까닭[所以然]이 있다."

又曰:「自洒掃應對上, 便可到聖人事。」[28]
또 말했다. "물 뿌리고 마당 쓸고, 부름에 응하고 물음에 답하고, 앞으로 나아가고 뒤로 물러서는 일부터 올라가면, 곧 성인의 일에 도달할 수 있다."

愚按: 程子第一條, 說此章文意, 最爲詳盡。其後四條, 皆以明精粗本末。其分雖殊, 而理則一。學者當循序而漸進, 不可厭末而求本。蓋與第一條之意, 實相表裏。非謂末即是本, 但學其末而本便在此也。
내가 생각건대, 정자(程子)가 한 말 중에 첫 구절이, 이 장의 글의 의미를 가장 자세하고 미진한 데가 없이 설명했다. 그다음 4개 구절은 모두 성인의 도의 정조(精粗)와 본말(本末)을 설명했다. 그것들이 나누어져서 비록 다르기는 할지라도, 이치는 하나이다. 배우는 자는 마땅히 이 순서에 따라 차츰차츰 나아가야지, 말단에 해당하는 일은 싫어하고 근본에 해당하는 일만 추구해서는 안 된다. 대체로 첫째 구절의 내용과는 실상 서로 표리를 이룬다. (이는) 말단이 곧바로 근본이니, 다만 그 말단을 배우면 근본은 바로 거기에 있다고 하는 말은 아니다.

然之理也。).

27《文史通義 · 原學下》 모든 일에서 所以然을 생각하는 것이, 천하제일의 학문이다(程子曰: 凡事思所以然, 天下第一學問。).

28《論語大全》 "'聖人事'가 어떤 모양인지요?" "예컨대 下學而上達의 경우, 그 下學의 일을 담당하여 천리에 상달하는 것이 바로 이것이다"(問: 聖人事, 是甚麽樣子? 朱子曰: 如云下學而上達, 當其下學, 便上達天理是也。).

[仕而優則學章]

191301、子夏曰:「仕而優[1]則學, 學而優則仕[2]。[3]」

자하(子夏)가 말했다. "벼슬을 하면서 남아도는 힘이 있으면 배우고, 배우면서 남아도는 힘이 있으면 벼슬을 한다."

優, 有餘力[4]也。仕與學理同而事異[5], 故當其事者, 必先有以盡其事, 而後可及其餘。然仕而學, 則所以資[6]其仕者益深; 學而仕, 則所以驗其學者益廣。

---

1 優(유): 충분하다. 부유하다. 여유가 있다(充足, 富裕。).

2 [성]學優則仕(학우즉사): 배우고 여력이 있으면 벼슬을 한다. 학업성적이 우수한 연후에 발탁되어 관리가 되다(优: 有余力, 学习了还有余力, 就去做官。后指学习成绩优秀然后提拔当官。).

3《論語集釋》《玉篇》에서 이 글을 인용했는데, '學而優則仕'가 '仕而優則學' 앞으로 나와 있다(玉篇引此, 學句在仕句前。);《論語正義》옛날에, 大夫 · 士가 70세 되어 벼슬을 그만두면, 자기 고향에서 가르침을 베풀어, 大夫는 大師가 되고 士는 少師가 되었으니, 이것이 '仕而優則學'이다. 배움의 수준이 우수해서 대성에 이르면[禮記 · 學記] 벼슬을 했으니, 이것이 '學而優則仕'이다(正義曰: 古者大夫士, 年七十致事, 則設教於其鄉, 大夫爲大師, 士爲少師, 是仕而優則學也。學至大成乃仕, 是學而優則仕也。);《論語集釋》《論語或問》에 말했다. "'仕優則學'은 이미 벼슬하고 있는 자 때문에 한 말이다. 이 당시 原伯魯[周나라 대부인데, 배우기를 좋아하지 않았다][春秋左傳 · 昭公 18年] 같은 仕而不學者가 필시 있었기 때문에, 이 말을 한 것이다. '學優而仕'는 벼슬하지 못한 자 때문에 한 말로, 수기치인의 도를 분명히 알지 못하면, 아직 벼슬할 수 없다."《朱子語類49: 57》에 말했다. "이 장은 세족 자제를 위해 내세운 말로, 어려서 벼슬한 자는 처음부터 배운 적이 없기 때문에, 직분을 수행하는 틈틈이 배울 수 있다"(論語或問: 仕優則學, 爲已仕者言也。蓋時必有仕而不學如原伯魯者, 故有是言。學優而仕, 爲未仕者言也, 蓋未有以明乎修己治人之道, 則未可以仕耳……朱子語類: 問仕而優則學。曰: 此爲世族子弟而設。有少年而仕者元不曾學, 故職事之暇可以學。);《論語新解》어떤 사람이 '學而優則仕'가 '仕而優則學' 앞으로 나와야 하는 것이 아닌가 의심했는데, '學而仕'가 선비의 보통 모습이다. '仕而學'의 경우는 별로 보이지 않는데, 자하의 의도는 여기에 주안점이 있었기 때문에, '仕而優則學'를 앞에 위치시킨 것이다(或疑学句当在仕句前, 然学而仕, 士之常。仕而学, 则不多见, 子夏之意所主在此, 故以仕句置前。).

4《學而 제6장》참조.

5《論語大全》벼슬은 이를 써서 자기가 배운 것을 행하려는 것이고, 배움은 이를 써서 자기가 하는 벼슬의 기초를 쌓으려는 것이기 때문에, '이치는 같다'고 한 것이다. 그렇지만 벼슬하면 자기가 가진 능력을 펼쳐서 班列에 나가 임금을 보좌하고 백성을 윤택하게 하는 것을 가지고 일을 삼지만, 배움은 시를 읊고 책을 읽고 격물치지 하는 것을 가지고 일을 삼기 때문에, '일은 다르다'고 한 것이다(慶源輔氏曰: 仕所以行其學, 而學所以基其仕, 故曰理同。然仕則以陳力就列致君澤民爲事, 學則以誦詩讀書格物致知爲事, 故曰事異。);《論語大全》벼슬하는 것과 배우는 것이 '이치는 같다'는 것은, 둘 다 당연히 해야 할 바라는 것이고, '일은 다르다'는 것은, 나를 다스리고 남을 다스리는 차이가 있다는 것이다(胡氏曰: 仕與學理同者, 皆所當然也; 事異者, 有治己治人之別也。).

'優'(우)는 '남아도는 힘이 있다'[有餘力]이다. 벼슬하는 일과 배우는 일은 이치[理]는 같지만, 하는 일[事]은 다르기 때문에, 벼슬하는 자나 배우는 자나, 반드시 먼저 그 일을 다 끝내야, 그 후에 다른 일에 힘이 미칠 수 있다. 그렇지만 벼슬하면서 배우면, 이를 써서 그가 종사하는 벼슬에 주는 도움의 정도가 더욱 깊어지고, 배우면서 벼슬을 하면, 이를 써서 그가 배운 것을 실용에 증거하는 범위가 더욱 넓어진다.

6 資(자): 돕다. 도와주다(救助; 帮助).

[喪致乎哀而止章*]

191401、子游曰:「喪致乎哀而止。[1]」

자유(子游)가 말했다. "상사에는 슬퍼하는 마음을 다하면 그만이다."

致極其哀, 不尚文飾也。楊氏曰:「『喪, 與其易也寧戚』[2], 『不若禮不足而哀有餘』[3]之意。」

상(喪)의 슬픔을 극진히 다할 뿐, 꾸미는 것을 숭상하지 않는다.

양씨(楊氏·楊中立)가 말했다. "'상사는 격식을 잘 갖춰 치르려 하기보다는 차라리 슬퍼하는 것이 더 낫다'는 뜻이고, '예(禮)를 갖추는 것은 부족하더라도 슬퍼하는 마음이 차고 넘치는 것만 못하다'는 뜻이다."

愚按:「而止」二字, 亦微有過於高遠而簡略細微[4]之弊。學者詳之。

내가 생각건대, '而止'(이지) 두 자는, 또한 고상·원대한 데로 치우쳐서 세미한 부분을 소홀히 하는 폐단이 좀 있다. 배우는 자가 자세히 살펴야 한다.

---

1 《論語集解》 슬픔이 지나쳐 몸이 훼손되어 목숨을 잃는 지경에까지는 이르지 않는다[禮記·喪服四制](注: 孔安國曰: 毁不滅性。); 《論語義疏》 '致'는 '至'[이르다]와 같다. 상례는 슬픔이 주가 되지만, 효자가 슬픔이 지나쳐서 목숨을 잃는 지경에 이르러서는 안 되기 때문에[禮記·喪服四制], 각자 슬픈 마음을 다하는 것으로 그치게 한 것이다(疏: 致, 猶至也。雖喪禮主哀, 然孝子不得過哀以滅性, 故使各至極哀而止也。); 《論語新解》 슬픔이 지나쳐서 몸을 상하게 하고 목숨을 잃는 지경에 이르는 경우 역시 군자는 경계한다(若过而至于毁身灭性, 亦君子所戒。); 《論語正義》《禮記·問喪》에 '그러므로 통곡을 하고 손으로 가슴을 치고 발을 동동 구르면서, 속에 차 있는 슬픔을 다 풀어낸 후에야 그친다'고 했는데, 이 장의 '而止'의 문법과 동일하다(案: 問喪云: "故哭泣辟踊, 盡哀而止矣。" 與此"而止"文法同。); 《論語譯注》 "자기의 슬픔을 충분히 나타내면 된다"("充分表現了他的悲哀也就够了。"); 致喪(치상): 애통한 마음을 다하다(尽其哀痛之情。).

2 《八佾 제4장》에 나오는 글임.

3 《禮記·檀弓上》 상례는 슬퍼하는 마음이 부족하고 예를 갖추는 것이 차고 넘치는 것보다는, 예를 갖추는 것은 부족하더라도 슬퍼하는 마음이 차고 넘치는 것만 못하다. 제례는 공경된 마음이 부족하고 예를 갖추는 것이 차고 넘치는 것보다는, 예를 갖추는 것은 부족하더라도 공경된 마음이 차고 넘치는 것만 못하다(子路曰: 吾聞諸夫子: 喪禮, 與其哀不足而禮有餘也, 不若禮不足而哀有餘也。祭禮, 與其敬不足而禮有餘也, 不若禮不足而敬有餘也。).

4 細微(세미): 사소하다. 은미하다. 野卑하다. 품격이 낮다. 세련되지 못하다(細小; 隱微。低贱).

[吾友張也章*]

191501、子游曰:「吾友張也, 爲難能[1]也。然而[2]未仁。[3]」

1 [성]難能可貴(난능가귀): 쉽게 해낼 수 없는 일을 별 어려움 없이 의외로 수월하게 해내서 대견스럽다(指不容易做到的事居然能做到, 非常可貴。); 難能(난능): 해내기가 쉽지 않다. 해내지 못하다(不易做到; 做不到。);《論語集解》자장의 의용은 남들이 그에 미치기가 어렵다(注: 苞氏曰: 言子張之容儀之難及者也。);《論語義疏》용모가 당당하고 성대해서, 남들이 그에 미치기가 어렵다(疏: 容貌堂偉, 難爲人所能及。);《論語集釋》焦循[1763~1820]의《論語補疏》에 말했다. "이 글에서는 '難能'을 말했을 뿐, 어느 부분에서 '難能'했는지를 말하지 않았다. 그래서 증자가 '堂堂'이라 말한 장을 이 장에 이어 기재하여, '堂堂'함이 '難能'임을 알게 했으니, 바로 '難能'이 '堂堂'함을 가리킨다는 것을 알게 한 것으로, 논어의 상호 발명의 예이다.《廣雅》에 '堂堂은 容[성대하다]이다'라고 했다"(論語補疏: 此文但言難能, 未言所以難能者何在。故下連載曾子之言堂堂, 知堂堂爲難能, 卽知難能指堂堂, 此論語自相發明之例也。廣雅: '堂堂, 容也。');《論語譯注》"내 벗 자장은 어려운 일을 수월하게 해낸 대견스러운 벗이었다"("我的朋友子張是難能可貴的了。");《論語新解》자장은 높고 넓은 것에 힘써, 사람들이 할 수 없는 바였지만, 仁道라고 여길 수는 없었다. 仁은 사람과 사람이 서로 어울려 함께 살아가는 도로, 그 도는 소박해서, 사람이면 누구나 할 수 있다. 마음이 높고 넓은 것에 가 있어, 남들이 하기 힘들어하는 것을 애써 추구하는 경우는, 아직 인이라 할 수 없다(子张务为高广, 人所难能, 但未得为仁道。仁道, 乃人与人相处之道, 其道平实, 人人可能。若心存高广, 务求人所难能, 即未得谓仁。);《古書虛字》'能'은 '及'과 같다('能', 猶'及'也。);《論語句法》'爲'는 연결동사이다. '難'은 술어 '能'을 수식하는 부사이다[보기 드물게 능한 사람이다. 남들이 해내기 어려운 일에 능한 사람이다]('爲'是繫詞。'難'是修飾述詞'能'的限制詞。).

2《王力漢語》然而(연이): '然'은 지시대명사, '而'는 접속사. 이와 같음에도. 이러함에도('然而', 其中'然'字是指示代詞, '而'字才是真正的連詞。'然'字表示'如此', '然而'實際上等於說'如此, 可是……'。).

3《大戴禮記 · 衛將軍文子》뛰어난 공적을 자랑하지 않고, 존귀한 지위를 기뻐하지 않고, 남을 업신여기지 않고, 홀대하지 않고, 하소연할 길 없는 백성에게 거만하지 않았으니, 이는 顓孫師[子張]의 행실입니다. 공자께서는 말씀하셨습니다. "그가 자기의 공적을 자랑하지 않는 것은 능력이고, 그가 백성들을 고달프게 하지 않은 것은 仁이다.《詩經 · 大雅 · 泂酌》에, '다정다감한 군자님 백성의 부모일세'라고 했다." 공자께서는 그의 仁을 훌륭하다고 여기셨습니다(子貢對曰: 業功不伐, 貴位不善, 不侮可侮, 不佚可佚, 不敖無告, 是顓孫之行也。孔子言之曰: "其不伐則猶可能也, 其不弊百姓者則仁也。詩云: '愷悌君子、民之父母。'" 夫子以其仁爲大也。);《論語正義》《大戴禮記 · 衛將軍文子》에서, 자장이 '백성을 고달프게 하지 않은 것'에 대해, 공자께서 '그의 仁을 훌륭하다고 여기셨다'고 했고, 또 자장이 '공적을 자랑하지 않고, 업신여기지 않고, 홀대하지 않고, 거만하지 않은 것'에 대해, 자장이 참으로 인하다고 하셨다. 그런데 (이 장에서) 자유가 자장이 인하지 못하다고 비판한 것은, 그의 용모나 태도가 지나치게 성대해서, 함께 인을 행하기가 어렵다는 것으로, 자기를 완성할 수 있을 뿐 남을 완성시키지는 못하는 점이 바로 아직 인하지 못하다는 것이었다. '未仁'은 '아직 인하다고는 할 수 없다'이다(正義曰: 大戴禮衛將軍文子篇孔子言子張"不弊百姓", "以其仁爲大", 又言其"不伐, 不侮可侮, 不佚可佚", 是子張誠仁。而子遊譏其未仁者, 以其容儀過盛, 難與並爲仁, 但能成己而不能徧成物, 即是未仁。未仁者, 未爲仁也。);《論語平議》공자께서 仁을 논한 것은 대부분 仁이 행하기 쉽다는 점을 가지고 말씀하셨다[里仁 제6장 · 憲問 제2장 · 雍也 제28장]. 그런즉 인이 어려운 곳에 있는 것이 아님이 분명하다. 공자께서는 전에, '자장은 지나쳐 있다'[先進 제15장]고 평하신 적이 있는데, 오직 지나침 때문에 어려운 일을 잘할 수 있고, 오직 어려운 일만 잘할 수 있기 때문에

자유(子游)가 말했다. "내 벗 자장(子張)의 행실은 남들이 미치기 어려웠다. 그럼에도 아직 인(仁)하다고는 할 수 없다."

子張行過高, 而少誠實惻怛之意。[4]

자장(子張)의 행실은 남들이 미치기 어려울 만큼 아주 고상했지만, 정성되고 진실되고 애가 타고 아파하는 마음이 부족했다.

인하지 못한 것이다. 자유의 이 장의 논의는, 공자의 仁을 논의한 취지와 아주 잘 부합한다. 용모가 따라가기 어렵다는 것으로 먼저 그를 칭찬하고, 인하지 못한 것으로 그를 비판한 것이 아니다(孔子論仁, 多以其易者言之……然則仁之不在乎難, 明矣……孔子嘗謂師也過, 惟過故爲難能, 惟難能, 故未仁。子游此論, 極合孔子論仁之旨, 非先以容儀難及美之, 而後以未仁譏之也。); 《論語集釋》 黃式三[1789~1862]의 《論語後案》에 말했다. "'爲難能'은 그가 남들이 해내기 힘든 일을 해냈다는 말이다. 일 개 유생이 일상의 仁이 아닌 일을 하려 했기 때문에, 가까이에서 취해 仁을 추구하는 방법을 놓쳤으니[雍也 제28장], 실제의 은택이 두루 미칠 수 없었다." 생각건대, '爲'字는 '行爲'의 '爲'로, 실사이지, 허사가 아니다. 그가 하는 평소의 행위가 모두 남들이 해내기 어려운 일에 관련되어 있다는 말이다(黃氏後案: "爲難能也, 言其爲所難爲也。以一介儒生欲行非常之仁, 失近取之方, 而實澤未必能周也。" 按: 爲字係行爲之爲, 是實字, 不是虛字, 言其平日行爲均係難能之事耳。); 《論語集釋》 王闓運[1832~1916]의 《論語訓》에 말했다. "'友張'은 '자장과 교유하다'이다. '難能'은 '재능이 따라가기 어렵다'이다. 이 편에는 자장이 한 말이 많이 기록되어 있는데, 자장이 '未仁'하다고 폄훼하는 말이 아니고, '나로서는 헛되이 그의 難能을 바랠 뿐, 아직 그의 인에는 미치지 못한다'는 말이다." 생각건대, 왕개운의 견해가 맞다. '友'字는 동사로, 내가 자장과 교유하는 까닭은, 그의 難能이 대견하기 때문으로, 내게 비록 그런 재능이 있어도, 그의 仁에는 미치지 못한다는 말이다. 학자들끼리 서로 깎아내리는 것은, 학자들의 일반적인 병폐인데, 설마 성인의 문하에서 이런 일이 있었겠는가? '未仁'은 자유를 가리킨 말이다(論語訓: 友張, 與子張友也。難能, 才能難及。此篇多記子張之言, 非貶子張未仁也, 言己徒希其難, 未及於仁。按: 王說是也。此友字係動詞, 言我所以交子張之故, 因其才難能可貴, 己雖有其才, 然未及其仁也。蓋文人相輕, 係學者通病, 豈聖門而有此哉? 未仁指子游說。).

4 《論語大全》 정성되고 진실되지 않으면, 참으로 간절한 뜻이 없고, 애가 타고 아파하지 않으면, 내심의 아파하는 정이 없다. 자장은 밖으로 힘쓰고 고상한 것을 좋아했기 때문에, 이 네 가지에 대해, 모두 부족한 점이 있었다(趙氏曰: 不誠實, 則無眞切之意, 不惻怛, 則無隱痛之情。子張務外好高, 故於此四字, 皆有所不足。).

[堂堂乎張也章*]

191601、曾子曰:「堂堂[1]乎[2]張也, 難與並[3]爲仁矣。[4]」

1《論語集解》자장은 거동은 장중했지만, 仁道에는 보잘것없었다(注: 鄭玄曰: 言子張容儀盛, 而於仁道薄也。);《論語正義》거동은 용모의 차림새를 말한다. 자장은 평소에 거동은 과할 정도로 위세 당당했기 때문에, '師也辟'[先進 제17장]이라 한 것이다. '辟'은 盤辟[行禮 時 빙 돌아서고 앞으로 나가고 뒤로 물러나는 거동]이다(正義曰: 容儀謂容貌之儀。子張平居, 容儀過盛, 故云"師也辟"。辟者, 盤辟也。);《論語新解》'堂堂'은 높고 크고 탁 트인 모양이다. 자장의 사람됨이 이와 같아서, 인을 행하는데 그와 어깨를 나란히 하기 어려웠다. 대개 인한 자는 까다롭지 않고 붙임성이 좋아 사귀기 쉬운 사람으로, 남이 따라올 수 없는 일을 해내려고 굳이 애쓰지 않는다.《孫子兵法·軍爭》편에는 '堂堂之陣'을 언급했고, 또《後漢書·隗囂列傳》편에는 '堂堂之鋒'을 언급했는데, 모두 대적하기 어렵다는 뜻이다. 或說에, '堂堂'은 용모[거동]를 가리키는 말이라 했다. 그렇지만 이 장은 앞장과 합쳐서 보아야 하는데, '難能'은 '堂堂'과 같은 말이다. 자유와 증자가 자장의 사람됨을 평가한 것인데, 결코 그의 용모만 언급한 것이 아니다. 용모라는 풀이가 한나라 학자[鄭玄]에게서 나온 것이지만, 따를 수 없다. 또 或說에, '難與並爲仁矣'는, 증자와 자장에게 각각 한 나라를 맡겨 仁政을 행하게 한다면, 절대 자장을 따라갈 수 없다["자장과 어깨를 나란히 하여 인을 행하기 어렵다"]고 했는데, 이 장을 위 장의 '자장은 인하지 않다'는 말과 합해서 보면, 현저히 모순된다. 또 或說에, 자유가 자장과 사귐에 있어, 다만 그의 난능을 희망할 뿐이고, 그의 인함에는 아직 감히 미치지 못한다고 말한 것이라고 했는데, 이는 더욱 통하지 않는다(堂堂, 高大开广之貌。子张之为人如此, 故难与并为仁。盖仁者必平易近人, 不务于使人不可及。兵书言堂堂之阵, 又如言堂堂之锋, 皆有对之难近之义。或说: 堂堂指容仪言。然本章当与上章合参, 上章之难能, 犹此章之堂堂, 子游,曾子乃评子张为人, 决不仅言其容仪。容仪之训虽出汉儒, 不可从。又说: 难与并为仁矣, 为使己与子张各得一国以行仁政, 则必不及子张。以此合之上章未仁之说, 显为冲突。或又说: 子游言吾之与子张友, 仅希其难能, 尚未敢及于其仁, 此益不通。);《論語詞典》현실과 동떨어진 탁상공론에 치우치고, 별난 풍격으로 인해 사람들과 어울리지 못하는 모양('堂堂', 過於唱高調, 別出一格而不合羣的样子。).

2《論孟虛字》'乎'는 '然'과 같다. 형용사나 부사 뒤에 붙는 접미사로 쓰여, 용모·표정 등을 묘사한다('乎', 猶'然'。作形容語氣詞。放在形容詞或副詞後作詞尾, 以描繪聲容情態。).

3《論孟虛字》나란히. 함께['그와 함께하여 인을 행하기가 어렵다']('並', 猶'比', 和'俱'字近, 作'一同'講。是說, '難以和他一同行仁道。').

4《論語正義》제자들이 함께 모여 앉아서, 덕을 쌓고 학문을 강학하는 것이 모두 인을 행하는 일이다. 다만 반드시 말이 진실하고 믿음이 있고 행실이 독실하게 공경되고[衛靈公 제5장], 남을 생각해 나를 낮추어야[顏淵 제20장], 그 후에 남과 친할 수 있고, 남을 용납할 수 있기 때문에, 함께 인을 행할 수 있게 되는 것이다. 용모나 태도가 지나치게 위세 당당하면, 자기 자랑을 하는 것 같고 혹은 남과의 관계를 끊는 것 같기 때문에, 함께 인을 행할 수 없는 것이다.《列子·仲尼》에, '공자께서 말씀하시기를, '師[자장]는 위세 당당한 태도가 나보다 낫다'고 했고, 또 '師[자장]은 위세 당당한데 함께 할 수 없다'고 했는데, 위세 당당하다는 것은 바로 '堂堂'이고, 함께 할 수 없다는 것은 바로 '難與並'의 뜻이다(正義曰: 弟子群居, 修德講學, 皆是爲仁。但必忠信篤敬, 慮以下人, 而後與人以能親, 容人以可受, 故可與並爲仁。若容儀過盛, 則疑於矜己, 或絕物矣, 故難與並爲仁。列子仲尼篇: "子曰: '師之莊, 賢於丘也。'" 又曰: "師能莊而不能同。" '莊'即謂堂堂, 不能同即難與並之意。);《論語集釋》王闓運[1832~1916]의《論語訓》에 말했다. "이 장 역시 자장의 仁은 따라갈 수 없다는 말이다. '難與並'은 '그와 나를 나란히 비교할 수 없다'이다.

증자(曾子)가 말했다. "위세 당당한 자장(子張)은 그와 함께 인(仁)을 행하기가 어렵다."

堂堂, 容貌之盛。言其務外自高, 不可輔而爲仁[5], 亦不能有以輔人之仁也。
'堂堂'(당당)은 위세가 대단한 것이다. 말인즉, 그가 외모에 힘쓰고 스스로를 치켜세워서, (남이) 그를 도와서 인(仁)을 행하게 하지도 못하고, 또 (그가) 남을 도와서 인(仁)을 행하게 하지도 못한다는 것이다.

○范氏曰「子張外有餘而內不足, 故門人皆不與其爲仁。子曰:『剛, 毅, 木, 訥近仁。[6]』寧外不足而內有餘, 庶可以爲仁矣。」
○범씨(范氏 · 范淳夫)가 말했다. "자장(子張)은 외면은 차고 넘쳤지만 내면은 부족했기 때문에, 문인들은 모두 그가 인(仁)을 행할 수 있다는 것을 인정하지 않았다. 선생님께서 말씀하시기를, '단단함 · 굳건함 · 소박함 · 어눌함은 인(仁)에 가깝다'고 하셨는데, 차라리 외면은 부족해도 내면이 차고 넘쳤으면, 어쩌면 인(仁)을 행할 수 있었을 것이다."

증자와 자장은 형제처럼 사이가 좋았으니, 그의 당당함을 폄훼한 것이 아니다." 생각건대, 자장은 공자보다 48세 적고, 제자 중에 가장 어렸는데, 훗날 그의 성취가 어느 정도였는지 고찰할 수 없지만, 그의 제자 중에 공명의 · 신상 등이 있었으니, 모두 현능했고, 그의 학파는 八儒 중의 하나에 들었다[韓非子 · 顯學]. 集注는 성문 제자들을 폄훼하고 억누르기를 좋아하는데, 그의 견해가 전혀 믿을 수 없다. 舊注의 견해처럼, 자유와 증자가 자장을 未仁하다고 여겨, 교제를 끊고 친구와 교유하지 않았다면, 노논어는 또 하필 이를 기록했을까? 더구나 증자의 일생은 가장 근신해서, 입이 있어도 남의 잘못을 입에 올리지 않았으니, 오랜 친구가 舊注의 해석처럼 자장을 비판했다는 것은 모두 잘못이다(論語訓: 亦言子張仁不可及也。難與並, 不能比也。曾,張友善如兄弟, 非貶其堂堂也。按: 子張少孔子四十八歲, 在諸賢中年最少, 他日成就如何雖無可考, 而其弟子有公明儀,申詳等, 皆賢人也。其學派至列爲八儒之一, 非寂寂無聞者也。集注喜貶抑聖門, 其言固不可信。如舊注之說, 子游,曾子皆以子張爲未仁, 擯不與友, 魯論又何必記之? …… 況曾子一生最爲謹愼, 有口不谈人過之風, 故知從前解釋皆誤也。王氏此論雖創解, 實確解也。);《論語譯注》"자장의 사람 됨됨이가 가까이 다가가지 못할 정도로 높아서, 다른 사람들을 이끌어 함께 인덕에 들어가기가 어렵다"("子張的爲人高得不可攀了, 難以攜帶別人一同進入仁德。").

5《顔淵 제24장》 참조.

6《子路 제27장》의 글임.

[人未有自致者章*]

191701、曾子曰:「吾聞諸夫子: 人未[1]有自致[2]者也, 必也親喪乎![3]」

증자(曾子)가 말했다. "내가 선생님께 가르침을 들었는데, '사람이 자기의 지극정성을 다하는 경우가 지금까지는 없었을지라도, 반드시 자기의 지극정성을 다하는 경우가 있으니 어버이상을 당했을 때이다!'라고 말씀하셨다."

致, 盡其極也。蓋人之眞情所不能自已[4]者。

'致'(치)는 '자기의 지극정성을 다하다'[盡其極]이다. 대개 사람의 진실한 감정은 스스로도 어쩌지 못하는 것이다.

○尹氏曰:「親喪固所自盡也[5], 於此不用其誠, 惡乎[6]用其誠?[7]」

---

1 《古書虛字》 未(미): 어조사('未', 語助也。); 《論孟虛字》 어기조사. "사람으로서 스스로 지극정성을 다하는 경우가 있다면, 그것은 단지 부모상을 당했을 때로, 비로소 애통해하는 마음을 다할 수 있을 뿐이다"('未'爲語氣助詞。言'人有能自盡其心的, 那只有對父母親的喪事, 才能極盡哀痛之情罢!'); 《論語譯注》 "평소의 경우에는, 사람은 자기의 감정을 자발적으로 충분히 나타내지 못하는데, 나타낼 수 있는 경우라면……"("平常時候, 人不可能來自動地充分發揮感情, [如果有,]……").

2 《論語義疏》 '致'는 '極'이다(疏: 致, 極也。); 《百度漢語》 自致(자치): 자기의 마음과 힘을 다 쓰다(竭尽自己的心力).

3 《論語集解》 "사람은 다른 일에는 지극정성을 다하지 못했을지라도, 부모상을 당해서는, 반드시 지극정성을 다하게 된다"(注: 馬融曰: 言人雖未能自致盡於他事, 至於親喪, 必自致盡也。).

4 不能自已(불능자이): 끓어오르는 격한 감정을 평온하도록, 스스로를 억제하지 못하다(已: 停止。指无法控制自己, 使激动的情绪平静下来。).

5 《孟子 · 滕文公上 제2장》 등나라 정공이 죽었다. 세자가 스승 연우에게 말했다. "예전에 맹자가 송나라에서 저에게 하신 말씀이 있었는데, 마음에 늘 잊지 않고 있었습니다. 지금 불행히도 큰 변고를 당했는데, 선생님께서 맹자에게 여쭤보도록 한 후에 장례를 치르고자 합니다." 연우가 추나라로 가서 맹자에게 물었다(滕定公薨。世子謂然友曰: "昔者孟子嘗與我言於宋, 於心終不忘。今也不幸至於大故, 吾欲使子問於孟子, 然後行事。" 然友之鄒問於孟子。). 맹자가 말했다. "역시 잘하신 일이 아닙니까? 부모상에는 누가 가르쳐주지 않아도 저절로 자기의 지극정성을 다하기 마련입니다. 증자께서는, '부모께서 살아 계시면 예로써 섬기고, 돌아가시면 예로써 장사를 지내고, 예로써 제사를 지낸다면 효라고 할 만하다'라고 했습니다. 제후의 예법에 대해서는 내가 아직 배우지 못했습니다만, 예전에 들은 것은 있습니다. 부모의 삼년상에는 거친 삼베로 만든 상복을 입고, 묽은 죽을 먹는데, 천자로부터 일반 백성에 이르기까지 하 · 은 · 주 삼대가 공히 그렇게 했습니다"(孟子曰: "不亦善乎!親喪固所自盡也。曾子曰: '生, 事之以禮; 死, 葬之以禮, 祭之以禮, 可謂孝矣。' 諸侯之禮, 吾未之學也; 雖然, 吾嘗聞之矣。三年之喪, 齊疏之服, 飦粥之食, 自天子

○윤씨(尹氏 · 尹彦明)가 말했다. "어버이상에는 누가 가르쳐주지 않아도 저절로 자기의 지극정성을 다하기 마련인데, 어버이상에서조차 자기의 지극정성을 쏟지 않는다면, 어디에다 자기의 지극정성을 쏟겠는가?"

達於庶人, 三代共之.").

6 惡乎(오호): 어떻게. 어찌. 어느 곳에(疑问代词。犹言何所。).

7 《禮記 · 檀弓下》樂正子春이 모친상을 당해, 5일을 아무것도 먹지 않았다. 그가 말했다. "나는 (예에 치우쳐서) 5일을 먹지 않은 것은 뉘우치지만, 내 어머니의 喪에서조차 내 슬픈 정을 다 드러내지 못한다면, 내가 어디에다 내 정을 다 드러내겠는가?"(樂正子春之母死, 五日而不食。曰: "吾悔之, 自吾母而不得吾情, 吾惡乎用吾情!").

[孟莊子之孝章]

191801、曾子曰:「吾聞諸夫子: 孟莊子[1]之孝也, 其他[2]可能也; 其不改父之臣, 與父之政[3], 是難能[4]也。」

증자(曾子)가 말씀하셨다. "내가 선생님께 가르침을 들었는데, '맹장자(孟莊子)의 효행 중에, 다른 것은 다 할 수 있지만, 그가 부친의 가신과 부친의 정사를 바꾸지 않은 것, 이것은 다른 사람들이 하기 어려운 일이다'라고 말씀하셨다."

孟莊子, 魯大夫, 名速。其父獻子[5], 名蔑。獻子有賢德, 而莊子能用其臣, 守其政。故其他孝行雖有可稱, 而皆不若[6]此事之爲難。

'孟莊子'(맹장자)는 노(魯)나라 대부로, 이름이 속(速)이다. 그의 아버지는 맹헌자(孟獻子)로, 이름이 멸(蔑)이다. 맹헌자(孟獻子)는 훌륭한 덕을 지녔는데, 그의 아들 맹장자

---

1 孟莊子(맹장자): 노나라 양공[BC 572~BC 542 재위] 때 대부를 지냈으며, 《爲政 제5장》에 나오는 맹무백의 고조부로, BC 550년까지 살았다.

2 《論語詞典》 他(타): 기타 지시대명사. 다른 것(旁指指示代詞, 別的。); 《論孟虛字》 그 나머지('他', 爲其餘之詞。).

3 《學而 제11장》 참조.

4 《論語義疏》本에는 '能'字가 없다.

5 孟獻子(맹헌자): 노나라 선공 · 성공 · 양공을 섬겼다. 성공[BC 590~BC 573 재위]이 죽고 3살 된 아들 양공[BC 572~BC 542 재위]이 왕위를 계승하자, 계문자[?~BC 568]와 함께 어린 왕을 보필하여 청명하게 다스렸고, BC 554까지 살았다; 《孟子 · 萬章下 제3장》 맹헌자[~BC 554]는 백승의 수레를 가진 집안이다. 그에게 벗 다섯이 있었는데, 악정구와 목중 그리고 나머지 셋은 내가 이름을 잊어버렸다. 맹헌자가 이들 다섯 사람과 벗으로 사귐에는, 맹헌자의 집안이라는 것에 대한 의식이 없었다. 이들 다섯 사람 또한 맹헌자의 집안이라는 의식이 있었다면, 그와 벗으로 사귀지 않았을 것이다(孟子曰: "孟獻子, 百乘之家也, 有友五人焉: 樂正裘,牧仲, 其三人, 則予忘之矣。獻子之與此五人者友也, 無獻子之家者也。此五人者, 亦有獻子之家, 則不與之友矣。"); 《大學》 맹헌자가 말했다. "말이 끄는 수레를 갖추고 있는 (나라의 녹을 먹는) 집안에서는, 닭이나 돼지를 기르는 데에 관심을 두어서는 안 된다. 喪禮 · 祭禮 때 얼음을 쓸 수 있는 집안에서는, 소나 양을 길러서는 안 된다. 백승의 수레를 가진 집안에서는 가혹하게 거두는 신하를 길러서는 안 된다. 가혹하게 거두는 신하를 두기보다는 차라리 부고의 재물을 절취하는 신하를 두는 게 낫다"(孟獻子曰: "畜馬乘, 不察於雞豚; 伐冰之家, 不畜牛羊; 百乘之家, 不畜聚斂之臣。與其有聚斂之臣, 寧有盜臣。"); 《論語大全》 맹헌자는 임금을 50년간 모셨으니, 노나라 사람들이 그를 사직의 신하라고 평했다(獻子歷相君五十年, 魯人謂之社稷之臣。).

6 不若(부약): ~만 못하다. ~보다 못하다. ~에 비할 바는 아니다(不如; 比不上).

(孟莊子)가 부친의 가신을 그대로 이어받아 임용했고, 부친의 정사를 그대로 이어받아 잘 지켰다. 그래서 그의 다른 효행이 비록 칭송할 만한 것이 있었을지라도, 모두 이 일의 하기 어려움에 비할 바가 아니었다.

[孟氏使陽膚爲士師章*]

191901、孟氏使陽膚爲士師[1], 問於曾子[2]。曾子曰:「上失其道, 民散久矣。如得其情[3], 則哀矜而勿喜[4]。」[5]

맹씨(孟氏)가 양부(陽膚)에게 사사(士師)의 직책을 맡기자, 양부(陽膚)가 증자(曾子)에게 (사사의 일에 대해) 물었다. 증자(曾子)가 말했다. "위에서 윗사람으로서 지켜야 할 도리를 잃었으니, 민심이 흩어진 지 오래되었다. 만약 백성들의 죄상(罪狀)을 알았으면, 마음 아파하고 불쌍하게 여겨야지 죄상(罪狀)을 캐냈다고 기뻐해서는 안 된다."

陽膚, 曾子弟子。民散, 謂情義[6]乖離, 不相維繫[7]。謝氏曰:「民之散也, 以使之無道, 教之無素。故其犯法也, 非迫於不得已, 則陷於不知也。故得其情, 則哀矜而勿喜。」[8]

1《論語集解》'士師'는 감옥을 관장하는 관리이다(注: 苞氏曰: 士師, 典獄官也。).

2《論語義疏》양부가 옥관의 직책을 맡게 되자, 돌아와서 스승에게 옥관의 직책에 대해 여쭌 것이다(疏: 陽膚將爲獄官, 而還問師求其法術也。).

3《論語義疏》'如'는 '若'이다(疏: 如, 猶若也。);《論語正義》'情'은 '實'이다. 백성들이 죄를 짓게 된 속사정을 말한다(正義曰: '情'者, 實也, 謂民所犯罪之實也。).

4 [성]哀矜勿喜(애긍물희): 곤경에 처한 사람에 대해 동정해야지 남의 불행을 보고 기뻐해서는 안 된다(哀矜: 怜悯。对落难者要同情而不要幸灾乐祸。);《論語正義》그가 형벌을 받는 것을 가엾이 여기고, 그가 무지해서, 혹은 부득이한 바가 있는 것을 불쌍히 여기는 것이다(正義曰: "哀矜"者, 哀其致刑, 矜其無知, 或有所不得已也。); 哀矜(애긍): 불쌍히 여기다. 가엾게 여기다(哀怜; 怜悯); 哀(애): 동정하다. 마음 아파하다. 가엾이 여기다. 연민하다(同情, 怜悯。通"爱"。).

5《韓詩外傳 · 卷三》노나라에서 부자 사이에 송사가 있었는데, 계강자가 그 부자를 죽이려고 하자, 공자께서, '죽이지 마십시오. 백성이 선하지 못한 것은, 이는 윗사람이 그 도리를 잃어서입니다. 윗사람이 교화를 펴서 먼저 순복하게 하면, 백성을 윗사람의 덕의 감화를 따를 것입니다'라고 하셨다. 소송을 한 자가 이 말을 듣고 소송을 취하했다(傳曰: 魯有父子訟者, 康子欲殺。孔子曰:「未可殺也。夫民父子訟之爲不義久矣, 是則上失其道, 上有道, 是人亡矣。」訟者聞之, 請無訟。);《論語集釋》翟灝(적호)[1736~1788]의《四書考異》에 말했다. "이 편에 기록된 제자들의 말은, 대부분 스승이 가르친 말씀을 전한 것으로, 특별히 증자가 공자께 가르침을 들은 말씀만이 아니다"(翟氏考異: 此篇所記羣賢之言, 類多述其師訓, 不特曾子之聞諸夫子也。).

6 情義(정의): 인정과 의리(人情与义理).

7 維繫(유계): 유지하고 연락하다. 잡아매다. 틀어쥐다(维持和联系).

8《論語大全》생업이 넉넉지 못하고 교화가 닦이지 않으면, 안으로는 임금을 받들고 윗사람을 가까이하려

'陽膚'(양부)는 증자(曾子)의 제자이다. '民散'(민산)은 인정과 의리가 서로 어그러져 동떨어져 있어, 서로 잡아 매여 있지 못하다고 하는 말이다.

사씨(謝氏 · 謝顯道)가 말했다. "민심이 흩어진 것은, 그들을 부리는 데 무도했고, 그들에 대한 교화가 평소 없었기 때문이다. 그러므로 그들이 법을 어긴 것은, 부득이한 사정에 내몰려서가 아니면, 무지에 빠졌기 때문이다. 그러므로 그들이 법을 어기게 된 속사정을 알았으면, 불쌍하게 여겨야지 (죄상을 캐냈다고) 기뻐해서는 안 된다."

는 마음이 없어지고, 밖으로는 부모를 섬기고 처자식을 먹여 살릴 버팀목이 없어져, 이 때문에 은혜는 소원해지고 의리는 각박해져서, 서로 잡아 매여 있지 못해, 날로 뿔뿔이 흩어지려는 마음이 생긴다(朱子曰: 生業不厚, 敎化不脩, 內無尊君親上之心, 外無仰事俯育之賴, 是以恩疎義薄, 不相維繫, 而日有離散之心。).

[紂之不善章*]

192001、子貢曰:「紂[1]之不善, 不如是之甚也[2]。是以君子惡居下流[3], 天下之惡皆歸焉[4,5]。」

1《論語集釋》黃式三[1789~1862]의《論語後案》에 말했다. "紂의 이름은 受德이다[총명하고 용감무쌍해서 그의 부친 帝乙이 '受德'이라 이름을 지었다고 한다].《書經 · 周書 · 立政》에 '受德이 제위에 있으면서 강포했다'고 했고,《逸周書 · 克殷解》에 '은나라 마지막 자손 受德'이라 했다. 그를 紂라고 한 것은, 천하가 그의 악행을 싫어해서, 受德을 紂라고 호칭한 것이다.《史記 · 殷本紀》에 '(帝乙이 붕어하자, 아들 辛이 제위에 올랐는데) 이 사람이 帝辛으로, 천하 사람들이 그를 紂라고 했다'고 했고, 裴駰의《史記集解》에서 시법을 인용하기를, '義를 해치고 善을 파손하는 것을 紂라 한다'고 했다. 은나라에는 시법이 없는데, 이를 인용한 것은, 천하 사람들이 모두 그를 싫어해서, 紂라고 이름 불렀기 때문이다"(黃氏後案: 紂名受德, 書立政「其在受德暋」, 逸周書克殷解「殷末孫受德」…… 其謂之紂者, 天下惡其惡, 呼受爲紂。史記:「是謂帝辛, 天下謂之紂。」注引謚法曰:「殘義損善曰 紂。」殷無謚, 注引之者, 見天下惡之, 以紂名之也。).

2《論語新解》"후세에서 말하는 것만큼 그렇게 심하지는 않았다"("不像后世所说的那么过分呀!");《古漢語語法》'如[若]+指代词'가 부사어로 쓰인 경우, 수식받는 글자와의 사이에 '之'나 '其'字를 첨가시킨다(在'如(若)+指代词(是、此、彼、斯、兹)'作状语时, 与被修饰语之间常加'之'或'其'。).

3 [성]惡居下流(오거하류): 하류에 거처하는 것을 싫어하다. 낮은 처지를 원치 않다. 남한테 뒤떨어지는 것을 싫어하다(恶, 讨厌, 憎恨; 下流, 即下游, 引伸为卑下的地位。憎恨处于下游。原指君子不愿居于卑下的地位。现也指不甘居下游。);《陽貨 제24장》참조; 下流(하류): 모든 악이 몰리는 곳(比喻众恶所归的地位);《論語譯注》저속한 부류('下流', 品德低下的情况。).

4《論孟虛字》모여들다. 한군데로 모이다. 집중하다('歸', 即'匯歸', 是聚集的意思。);《論語句法》'焉'은 '於是'와 같고, '是'字가 가리키는 것은 '下流'이다('焉'等於'於是', '是'字稱代'下流'。).

5《論語集解》紂는 不善해서, 천하를 잃었고, 후세는 그를 너무 증오하여, 모든 악행을 모두 紂의 소행으로 돌렸다(注: 孔安國曰: 紂爲不善, 以喪天下, 後世憎甚之, 皆以天下之惡歸之於紂也。);《論語義疏》채모가 말했다. "성인의 교화는 여러 현능한 자의 보좌에서 비롯되고, 어두운 임금의 혼란은 여러 악인의 무리에서 비롯된다. 이 때문에 임금이 있는데 신하가 없는 것이 송나라 양공의 패배한 원인이지[양공은 초나라 군대가 홍수를 건너와 진을 갖출 때까지 공격하지 않고 기다리다가 초나라에 패해 죽었는데, 이를 풍자하여 '宋襄之仁'이라 한다][春秋左傳 · 僖公22년][韓非子 · 外儲說左上], 위나라 영공의 행실이 무도한 것이 어찌 임금의 자리를 잃게 했겠는가?[憲問 제20장]. 紂 한 사람의 不善으로 인해, 그 혼란이 이 정도까지 심해진 것이라고는 할 수 없다. 몸소 하류에 거처하고, 천하의 악인들이 모두 거기로 모여들었기 때문에, 망한 것이다." 채모의 생각대로라면, 천하의 악인들이 모두 紂를 도와 악행에 가담했기 때문에, 천하를 잃은 것이지, 단지 紂 한 사람뿐이었다면, 이런 정도까지 이르지는 않았으리라는 것이다(蔡謨曰: "聖人之化, 由羣賢之輔, 闇主之亂, 由衆惡之黨。是以有君無臣, 宋襄以敗, 衛靈無道, 夫奚其喪, 言一紂之不善, 其亂不得如是之甚。身居下流, 天下惡人皆歸之, 是故亡也。" 若如蔡謨意, 是天下惡人皆助紂爲惡, 故失天下耳, 若直置一紂, 則不能如此甚也。)['天下之惡'을 '天下惡人'으로 풀이했다];《論語正義》《列子 · 楊朱》에 '천하의 모든 美名은 舜 · 禹 · 周 · 孔子에게로 돌아가고, 천하의 모든 惡名은 桀 · 紂에게로 돌아간다'고 했고,《春秋左傳 · 昭公 7年》에 '옛날에 무왕이 紂의 죄목을 열거해 제후에게 고하기를, '紂는 천하의 모든 죄를 지은 도망자들이 숨어드는 소굴이고, 천하의 모든 죄를 지은 도망자들이 모여드는 늪지입니다'[書經 · 周書 · 武城]라고 했습니다'라고 했다. 두예가 주를 달기를, '천하의 도망자들이 모두 紂를, 고기들이 모이는 연못과 짐승들이 물 마시러 모여드는 소택지로 여기고, 그에게 모여들었다'고

자공(子貢)이 말했다. "주왕(紂王)의 못난 행실이, 이 정도로 심하지는 않았다. 이 때문에 군자는 하류에 거처하기를 싫어하는데, 천하의 더러운 오명은 모두 거기로 모여들기 때문이다."

惡居之惡, 去聲。○下流, 地形卑下[6]之處, 衆流之所歸。喩人身有汙賤之實, 亦[7]惡名之所聚也。子貢言此, 欲人常自警省, 不可一置其身於不善之地。非謂紂本無罪, 而虛被惡名也。[8]

'惡居'(오거)의 '惡'(오)는 거성[wù]이다. ○'下流'(하류)는 지대가 낮은 곳으로, 여러 지류의 물이 몰리는 곳이다. 사람의 몸가짐에 더럽고 상스러운 행실이 있으면, 역시 온갖 오명이 몰리는 것을 비유한 것이다. 자공(子貢)이 이같이 말한 것은, 사람들이 항상 스스로를 경계시키고 각성시켜서, 한 번이라도 자기 몸가짐을 불선한 곳에 두지 말기를 바라서였다. 주왕(紂王)이 본래 죄가 없는데, 공연히 오명을 뒤집어썼다고 말한 것이 아니다.

했다. 《孟子 · 滕文公下 제9장》에 紂의 신하로 나오는 비렴, 《墨子 · 明鬼下》에 나오는 비중 · 악래 · 숭후호, 《淮南子 · 覽冥訓》의 좌강, 《淮南子 · 道應訓》의 굴상, 이들이 주왕 때의 악인들로 모두 그에게 모여들었다는 증거이다(正義曰: 列子楊朱篇: "天下之美, 歸之舜, 禹, 周, 孔; 天下之惡, 歸之桀, 紂。"…… 左昭七年傳楚芋尹無宇曰: "昔武王數紂之罪, 以告諸侯曰: '紂爲天下逋逃主, 萃淵藪。'" 杜注: "天下逋逃, 悉以紂爲淵藪, 集而歸之。" 孟子滕文公篇言紂臣有飛廉, 墨子明鬼下有費中, 惡來, 崇侯虎, 淮南覽冥訓有左強, 道應訓有屈商, 是紂時惡人皆歸之證。).

6 卑下(비하): 지대가 낮다. 움푹 패다(低矮; 低注).

7 《北京虛詞》亦(역): 부사. 동작 · 행위가 일정 조건을 갖추었을 경우나 모종의 상황에서는 자연히 어떻게 된다는 것을 강조한다('亦', 副词。强调动作行为具备了一定条件时或在某种情况下, 自然会怎样。义即'就'、'则'。).

8 《古今注》 학자들이 주의 죄악상을 일일이 나열하여, 그의 음학무도한 일로 비난하지만, 그 안에는 거짓과 진실이 착종되어 있으니, 자공이 이를 경계한 것이다. 어떤 사람이 오명을 얻게 되면, 사람들은 예전에 들었던 다른 사람의 악행을 가지고, 비슷한 것들이면 모두 그 사람이 한 짓으로 돌리고, 거기다가 늘리고 넓히고 붙이고 더해서, 거짓을 조작하여, 거짓된 말로 거짓된 말을 전하다 보면, 오래되어서는 실제로 모두 그가 한 일인 것처럼 되고 만다. 이는 아무런 까닭도 없이 아무런 단서도 없이 자연히 그렇게 되는 형세로, 마치 오물들이 자연히 하류로 다 모이는 것과 같은 것이지, 하류에 대한 증오가 아니다. 자공의 경계하는 것이, 여기에 있다(補曰: 學者臚陳紂之罪惡, 議其淫虐, 其中有虛實相錯, 子貢因以戒之。…… 有一夫得惡名, 則以其舊所聞他人之惡, 依俙髣髴者, 悉歸之於其人, 又或增衍附益, 造作虛假, 以訛傳訛, 久而爲實錄。未必皆憎惡而然, 此無故無端自然之勢, 如惡物之自然歸於下流, 非有憎於下流也。子貢之戒, 凡在是也。).

[君子之過也章*]

192101、子貢曰:「君子之過也, 如日月之食焉[1]: 過也, 人皆見之; 更[2]也, 人皆仰之。[3]」[4]

자공(子貢)이 말했다. "군자의 잘못은, 마치 일식이나 월식과 같다. 잘못을 범했을 때는 (그의 잘못한 모습이 가려지지 않고 다 드러나니), 사람들이 모두 그의 잘못을 보고, 잘못을 고쳤을 때는 (그의 가려진 덕이 다시 드러나니), 사람들이 모두 그의 덕을 우러른다."

---

1 《論語義疏》本에는 '食'이 '蝕'으로 되어 있다; 《論語正義》《釋名·釋天》에 말했다. "해와 달이 이지러지는 것을 食이라 한다. 차츰차츰 먹어 들어와 이지러지는 모습이, 벌레가 나뭇잎을 갉아 먹는 것과 같다"(正義曰: 釋名釋天: "日月虧曰食。稍稍侵虧, 如蟲食草木葉也。"); 《北京虛詞》如……焉: 마치~인 것과 같다. 동사 '如'과 조사 '焉'으로 구성되어, 비유나 묘사를 표시한다('如……焉', 凝固格式。由动词'如'和助词'焉'组成, 表示比拟或描绘。义即'像……似的'、'像……一样'、'像是……的样子'。'如……然'义同。); 《論語句法》'焉'은 구말어기사이다('焉'是句末語氣詞。).

2 《論語集解》'更'(갱)은 '改'[고치다]이다(注: 孔安國曰: 更, 改也。).

3 《論語義疏》일식·월식은 해와 달의 고의가 아니고, 군자의 잘못은 군자의 고의가 아니기 때문에, '如日月之蝕'이라 한 것이다. 일식이 되고 월식이 되면, 사람들이 모두 보는 것과 같이, 군자는 잘못이 있으면 숨기지 않아서, 사람들이 또한 모두 본다(疏: 日月之蝕, 非日月故爲, 君子之過, 非君子故爲, 故云如日月之蝕也。日月之蝕, 人並見之, 如君子有過不隱, 人亦見之也。); 《論語正義》凌曙[1775~1829]의 《四書典故覈》에 말했다. "해와 달이 하늘을 운행하는데, 해가 위에 위치하고 달이 밑에 위치해서, 해가 달에 의해 가려지기 때문에, 日食이다. 달은 하늘 위에 있고, 해는 땅 밑에 있고, 지구가 그 중간에 위치하여, 햇빛이 지구에 의해 가려져, 달을 빛나게 하지 못하기 때문에, 月食이다. '人皆仰之'는 사람들이 모두 그를 우러러 받든다는 말이다. 《孟子·公孫丑下 제9장》에 이 글이 나오는데, 당연히 옛날부터 전해 내려온 말로, 자공과 맹자가 이를 전술한 것이다"(正義曰: 淩氏曙典故核: "日月之行天上, 日居上, 月居下, 日爲月所揜, 故日食。月在天上, 日乃在地下, 地球居中隔之, 日光爲地球所掩, 不能耀月, 故月食。人皆仰之者, 言人皆仰戴之也。孟子公孫丑篇有此文, 當亦古語, 而二賢述之。"); 《論語大全》'人皆見之'란 군자는 자기가 저지른 잘못을 둘러대거나 감추거나 가리지 않는다는 것이다. 일식·월식은 오래지 않아서 다시 회복되어, 해나 달의 밝음을 손상시키지 않는다. 그래서 군자는 자기의 잘못을 고치는 데 인색하지 않으니, 덕이 더욱 빛난다(南軒張氏曰: 人皆見之者, 君子不文飾掩蔽其過。日月之食, 旋而復矣, 無損其明也。故君子改過不吝, 而德愈光焉。); 《古今注》군자가 저지른 잘못은, 반드시 환히 드러나는데, 그럼에도 그 잘못을 둘러대지 않는다는 말이다(言君子之過, 必陽明, 又不文飾其過。).

4 《孟子·公孫丑下 제9장》옛날의 군자는 잘못이 있으면 그것을 고쳤지만, 지금의 군자는 잘못이 있으면 그대로 따릅니다[잘못된 길인 줄 알면서도 잘못된 길로 그대로 계속 밀고 나갑니다]. 옛 군자는 그가 한 잘못은, 일식이나 월식과 같아서, 백성들이 모두 그가 한 잘못을 있는 그대로 보았고, 그가 잘못을 고치면, 백성들이 모두 그의 덕을 우러러보았습니다. 지금의 군자는 어찌 다만 잘못을 그대로 따를 뿐이겠습니까? 거기에다 뒤이어서 잘못을 둘러대기까지 합니다"(孟子曰: ……且古之君子, 過則改之; 今之君子, 過則順之。古之君子, 其過也, 如日月之食, 民皆見之; 及其更也, 民皆仰之。今之君子, 豈徒順之, 又從爲之辭。).

更[5], 平聲。

'更'(경)은 평성[gēng]이다.

5 更(갱/경): [gēng] 바꾸다. 변환하다. 변경하다(改换, 变换。); [gèng] 한층 더, 더욱. 재차. 거듭 (愈甚, 越发。表示加重一层的语气。再, 复。); [jīng] 거치다. 경유하다. 경과하다(经过, 经历。).

[衛公孫朝問於子貢章]

192201、衛公孫朝[1]問於子貢曰:「仲尼[2]焉學?[3]」

위(衛)나라 대부 공손조(公孫朝)가 자공(子貢)에게 물었다. "중니(仲尼)는 누구에게서 배웠습니까?"

朝, 音潮。焉, 於虔反。○公孫朝, 衛大夫。

'朝'(조)는 음이 '潮'(cháo, 조)이다. '焉'(언, yān)은 '於'(어)와 '虔'(건)의 반절이다. ○'公孫朝'(공손조)는 위(衛)나라 대부이다.

192202、子貢曰:「文武之道[4], 未墜[5]於地, 在人[6]。賢者識其大者, 不賢者識其小者, 莫不

1《白虎通義 · 姓名》 제후의 아들은 公子라 부르고, 公子의 아들은 公孫이라 부르고, 公孫의 아들은 각각 그의 祖父의 字를 가지고 氏를 삼는다(諸侯之子稱公子, 公子之子稱公孫, 公孫之子各以其王父字爲氏。); 《論語正義》 춘추시기에 공손조가 모두 네 사람이 있었기 때문에, 논어에서 衛나라의 公孫朝라고 구별해서 칭한 것으로, '衛公子荊'[子路 제8장]의 서법과 동일하다(正義曰: 春秋時公孫朝凡四人, 故論語稱衛以別之, 與公子荊書法同。).

2《論語新解》 '尼'는 공자께서 돌아가신 후의 시호이다. 공자께서 돌아가시자, 노나라 애공이 추도하면서, 공자를 尼父라 불렀다[禮記 · 檀弓上]. 尼는 본래 공자의 字인데, 옛사람들은 字를 가지고 시호로 삼는 예가 있었다[春秋左傳 · 隱公 8年]. 논어에서 이 장 이하 네 장에서만 '仲尼'라 칭하고 있고, 이 편 마지막 장에는 또 '其死也哀'라는 말이 있는데, 모두 공자께서 돌아가신 후이기 때문에, 공자를 시호로 부른 것이다(尼, 乃孔子卒后之谥。孔子卒, 鲁哀公诔之, 称之曰 尼父。盖尼本孔子之字, 古人有即字为谥之礼也。论语惟此下四章称仲尼, 篇末且有其死也哀之语, 似皆在孔子卒后, 故称其谥。).

3《論語義疏》 공손조의 질문 의도는, 마침 공자가 스승이 없는 것을 미심쩍게 여겨, '仲尼焉學'이라 한 것이다(疏: 公孫問意, 政嫌孔子無師, 故問云仲尼焉學也。); 《古漢語語法》 焉(언): 의문대명사. 장소를 묻는 데 쓴다. 어디. 어느 곳('焉'作疑问代词, 一般解作'於何(处)', 但有时只相当于'何'。'焉一般用于代地方'。意为'从哪里'。); 《北京虛詞》 焉(언): 의문대명사. 누구. 목적어로서 사람을 묻는 데 쓴다('焉', 疑問代詞。用来问人。义即'谁'。作宾语。).

4 [성]文武之道(문무지도): 문왕 · 무왕의 치국 · 수신의 방법. 예악 문물제도(指周文王, 周武王治国修身之道和西周的礼乐文章。); [성]一張一弛 文武之道也(일장일이 문무지도): 어떤 때는 팽팽히 당기고 어떤 때는 느슨히 푸는 것이 문왕 · 무왕의 도이다[禮記 · 雜記]. '나라를 다스리는 데는 엄격함과 관대함을 결합해야 한다' 또는 '생활에서의 긴장과 이완, 일에서의 노동과 휴식이 적절히 배합되어야 한다'는 뜻으로도 쓰인다.

5《論語義疏》 땅에 떨어져 쓸모없게 되다(疏: 廢落在於地。); 墜(추): 떨어지다. 떨어뜨리다. 상실하다.

有[7]文武之道焉[8]。夫子焉不學? 而亦[9]何常師之有[10]?[11]」[12]

더럽히다. 망치다(本义: 落下, 掉下。丧失; 败坏。).

6《論語大全》'在人'의 '人'은 바로 노담 · 장홍 · 담자 · 사양 등을 가리킨다. 주공의 사당에 들어가셔서는 일일이 물으셨는데[八佾 제15장] 그 경우는 사당의 축사로, 역시 한 사람의 스승이었다(在人之人。正指老聃萇弘郯子師襄之儔耳。若入太廟而每事問焉。則廟之祝史。亦其一師也。);《古今注》'在人'은 사람들이 기록한 바 전적에 있다는 말이지, 사람에게서 사람으로 전해져서 공자의 세대까지 전해오게 된 것을 말하는 것이 아니다. 노담 · 장홍 · 담자 · 사양 등의 경우는 자공의 본뜻이 아니다(案: 在人者, 謂在人所記錄之典籍也, 非謂以人傳人以至孔子之世也。若老聃萇弘郯子師襄之等, 非子貢之本意。);《子罕 제5장》'文王既沒 其文在茲' 참조.

7《論語詞典》莫(막): 무지대명사. 간혹 장소를 가리키는 데 쓰인다. 아무 데도 없다["문왕 · 무왕의 도가 없는 데가 없다"](代詞, 無指, 偶爾用以指地, 沒有地方; '沒有地方沒有文王武王之道。');《論語詞典》不有(불유): =無. 기타부정사 뒤에 쓰인다(義同"無", 用於其他否定詞下。).

8《論語句法》'焉'은 구말어기사이다('焉'是句末語氣詞。); 焉(언): 어기사로 구말에 위치하여, 긍정을 표시한다(语气词, 置句末, 表示肯定。相当于「也」,「矣」。).

9《詞詮》而(이): 전환접속사. 그런데. 그렇지만('而', 轉接連詞。可譯爲'然'及今語之'卻', 惟意較輕耳。); 而亦(이이): 그렇더라도. 그럼에도 또한. 그리고 또(连词。表示承接。).

10 [성]學無常師(학무상사): 배움을 추구하는 데 정해진 스승이 없다. 다소나마 학문이 있고 장점이 있는 사람은 모두 스승이다(求学没有固定的老师。指凡有点学问, 长处的人都是老师。);《王力漢語》'何○之有'는 반문을 표시하는 관형형식의 하나로, '有何○'의 도치형식이다('何……之有'是表示反問的習慣說法中的一, 是'有何……'的倒裝, 是'有什麽……'的意思。); 常師(상사): 고정된 스승(固定的老师。).

11《論語集解》문왕과 무왕이 이룩해 놓은 도가 아직 땅에 떨어져 폐기되지 않아서, 현능한 사람이든 현능하지 못한 사람이든, 각기 기억하고 있는 도가 있었으니, 공자께서 누구든 좇아서 배우지 못할 사람이 없었다. 누구든 좇아서 배우지 못할 사람이 없었기 때문에, 따로 정해진 스승이 없었다(注: 孔安國曰: 文武之道, 未墜落於地, 賢與不賢, 各有所識, 夫子無所不從學。無所不從學, 故無常師也。);《論語正義》'賢者' '不賢者'는, 공자와 동시대인을 말한다. 이 장의 '賢者' '不賢者'와 大受小知章[衛靈公 제33장]의 '君子' '小人'은 모두 才器를 가지고 말한 것이다. '賢者'는 하늘을 받들고 사람을 다스리는 큰 부분을 기억하고 있고, '不賢者'는 명물 · 제도 같은 정밀한 부분을 기억하고 있는 것이다. 문무지도는 이들을 통해 상존하고 있고, 공자께서는 시경 · 서경의 필요 없는 글들을 깎아내셨고, 예악의 범위를 확정하셨고, 주역을 찬술하셨고, 춘추를 편수하셨는데, 모두 이를 증거할 문헌들이 있음을 알 수 있다. 책에는 공자께서 노담에게 예를 물었고[史記 · 孔子世家], 장홍에게 음악에 대해 의견을 구했고[禮記 · 樂記], 담자에게 관직에 대해 물었고[春秋左傳 · 昭公 17년], 악사 양에게 금슬에 대해 물었다[史記 · 孔子世家]라는 말을 전하고 있으니, 그 사람의 선언 · 선행이 족히 취택할 것이 있으면, 모두 나의 스승으로 삼았던 것이다. 이것이 맹자가 공자를 일컬어 집대성한 분이라고[孟子 · 萬章下 제1장] 평한 까닭이리라!(正義曰: 賢與不賢, 謂孔子同時人。此與大受小知章"君子","小人"皆以才器言也。賢者識其承天治人之大, 不賢者識其名物制度之細。文武之道, 所以常存, 而夫子刪定贊修, 皆爲有征之文獻可知。書傳言夫子問禮老聃, 訪樂萇弘, 問官郯子, 學琴師襄, 其人苟有善言善行足取, 皆爲我師。此所以爲集大成也與!).

12《書經 · 商書 · 咸有一德》덕에는 정해진 스승이 없으니, 선을 주인으로 삼는 것이 스승이고, 선에는 정해진 주인이 없으니, 순일한 이에게 화합하는 것이 주인이다(德無常師, 主善爲師。善無常主, 協于克一。); 韓愈[768~824]의《師說》성인께서는 정해진 스승이 없었다. 공자는 담자 · 장홍 · 사양 · 노담에게 가르침을 받았다. 담자의 무리는 현능함이 공자에 미치지 못했다. 공자는, 세 사람이 함께 길을 가면, 반드시 그중에 나의 스승이 있다고 했다[述而 제21장] 이 때문에 제자라고 반드시 스승만 못 해야

자공(子貢)이 말했다. "문왕(文王)과 무왕(武王)이 이룩해 놓은 도가 아직 땅에 떨어져 폐기되지 않고, 사람들의 기억 속에 남아 있습니다. 현능한 사람은 그중에서 큰 도를 기억하고 있고, 그렇지 못한 사람은 그중에서 작은 도를 기억하고 있어, 문왕(文王)과 무왕(武王)의 도를 지니고 있지 않은 이가 아무도 없습니다. 선생님께서 어느 누구에겐들 배우지 않으셨겠습니까마는 그렇다고 어느 정해진 스승인들 두셨겠습니까?"

識[13], 音志。下焉字, 於虔反。○文武之道, 謂文王, 武王之謨訓功烈[14], 與凡周之禮樂文章皆是也。在人, 言人有能記之者。識, 記[15]也。

'識'(지)는 음이 '志'(zhì, 지)이다. 둘째의 '焉'(언, yān)자는 '於'(어)와 '虔'(건)의 반절이다. ○'文武之道'(문무지도)는 문왕(文王)과 무왕(武王)의 국가의 백년대계 · 후대 왕에 대한 가르침 · 공훈 · 업적, 그리고 모든 주(周)나라의 예악 문물제도가 모두 바로 이것이다. '在人'(재인)은 사람들 중에는 그것을 기억할 수 있는 자가 있다는 말이다. '識'(지)는 '기억하다'[記]이다.

하는 것도 아니고, 스승이라고 반드시 제자보다 현능해야 하는 것도 아니고, 도를 들음에 있어 선후의 차이, 학업에 있어 전공의 차이, 이런 차이일 뿐이다(聖人無常師。孔子師郯子, 萇弘, 師襄, 老聃。郯子之徒, 其賢不及孔子。孔子曰: 三人行, 則必有我師。是故弟子不必不如師, 師不必賢於弟子, 聞道有先後, 術業有專攻, 如是而已。); 常(상): 일정한. 정해진(一定。).

13 識(식/지): [shì] 알다. 이해하다(知道,了解。); [zhì] 기억하다. 기억해두다. 기억하고 있다=志(记忆, 记住。通「志」。).

14 《孟子 · 滕文公下 제9장》 서경에는 '크게 드러내셨네! 문왕의 謨訓이여. 크게 계승하셨네! 무왕의 功績이여. 우리 후손들 도와 길을 열고 모두 바르게 하고 흠결 없앴네'라고 했다(書曰: '丕顯哉, 文王謨! 丕承哉, 武王烈! 佑啟我後人, 咸以正無缺。'); 謨訓(모훈): 국가의 백년대계와 뒤를 잇는 임금에게 본보기가 되는 가르침(谋略和训诲); 功烈(공열): 공훈과 업적(功勋业绩).

15 記(기): 기억해두다(记住).

[叔孫武叔語大夫章]

192301、叔孫武叔[1]語大夫於朝, 曰:「子貢賢於[2]仲尼。」[3]

숙손무숙(叔孫武叔)이 조정에서 대부들에게 말했다. "자공(子貢)이 중니(仲尼)보다 훌륭합니다."

語[4], 去聲。朝, 音潮。○武叔, 魯大夫, 名州仇。

'語'(어)는 거성[yù]이다. '朝'(조)는 음이 '潮'(cháo, 조)이다. ○'叔孫武叔'(숙손무숙)은 노(魯)나라 대부로, 이름이 주구(州仇)이다.

192302、子服景伯[5]以告子貢。子貢曰:「譬之宮牆[6], 賜之牆也及肩[7], 窺見室家之好[8]。

1 叔孫武叔(숙손무숙): 姬姓, 名 州仇, 諡號 武. 叔孫氏의 종주. 叔孫은 復姓.《春秋左傳》에 定公 10年[BC 500]년부터 哀公 11년[BC 484]까지, 叔孫州仇라는 이름으로 그의 史實이 나온다.

2《詞詮》於(어): 개사. 형용사의 비교급을 나타낸다('於', 介詞。表形容詞之比較級。).

3《論語正義》공자께서 돌아가신 후, 제자들이 절차탁마하여, 그들의 학문을 성취했기 때문에, 당시에 유약에 대해서는 성인 같다고 했고[孟子 · 滕文公上 제4장], 자하에 대해서는 공자에 필적한다고 했고[禮記 · 檀弓上], 숙손무숙이나 진자금은 모두 자공에 대해 중니보다 훌륭하다고 했으니, 자공이 만년에 進德修業의 공력이, 현인을 넘어서서 성인의 경지에 거의 들어섰음을 볼 수 있다. 그렇지만 맹자는 자공이 지혜가 성인 공자를 알 만큼 족하다고 했고, 또 자공과 유약은 모두 사람이 생겨난 이래로 공자 같은 분은 아직까지 없었다고 했기 때문에[公孫丑上 제2장], 이 장 및 아래 두 장은 모두 극구 칭찬한 것이다.《揚子法言 · 問明》에 말했다. "중니는 성인이다. 어떤 사람이 중니가 자공보다 못하다고 하자, 자공이 받아들이지 않고 분명히 밝힌 연후에 확연해졌다"(正義曰: 夫子歿後, 諸子切劘砥礪, 以成其學。故當時以有若似聖人, 子夏疑夫子, 而叔孫武叔、陳子禽皆以子貢賢於仲尼, 可見子貢晚年進德修業之功, 幾幾乎超賢入聖。然孟子言子貢智足知聖人, 又子貢、有若皆言夫子生民未有, 故此及下兩章皆深致贊美。法言問明篇: "仲尼, 聖人也。或劣諸子貢, 子貢辭而精之, 然後廓如也。").

4 語(어): [yù] 말해주다. 알리다(告诉。); [yǔ] 담소하다. 대화하다. 논의하다(说话, 谈论, 议论。).

5 子服景伯(자복경백):《憲問 제38장》참조; 노나라 대부로, 애공 15년 자공과 제나라에 외교사절로 간 기록이 나온다.

6《論語譯注》'宮'에는 圍障[빙 둘러친 담]의 뜻이 있는데,《禮記 · 喪大記》에, '임금이 초막에 담을 둘러쳤다'라는 것과 같다. '宮牆'은 한 글자로, 지금의 '圍牆'과 같다('宮'有圍障的意義, 如禮記 喪大記: '君爲廬宮之'。'宮牆'當係一詞, 猶如今天的'圍牆'。);《百度漢語》宮牆(궁장): 집을 빙 둘러친 담장. 스승의 문하(住宅的围墙。后因称师门为'宫墙'。);《王力漢語》宮(궁): 집. 가옥. =室(房屋, 住宅。後來專指帝王所住的房屋, 宮殿(漢代以後的意義); 先秦時代, '宮'與'室'是同義詞。).

자복경백(子服景伯)이 이 말을 자공(子貢)에게 고해바쳤다. 자공(子貢)이 말했다. "그것을 집의 담장에 비유하자면, 저의 담장이야 사람 어깨높이에 미치는 정도여서, 집안의 아름다운 풍경들을 넘겨다 볼 수 있습니다.

牆卑室淺[9]。

담장이 낮고 집이 야트막하다.

192303、夫子之牆數仞[10]，不得其門而入[11]，不見宗廟之美[12]，百官[13]之富。

선생님의 담장은 몇 길 되는 높이여서, 그 문을 찾아 들어가지 못하면, 종묘의 웅장하고 화려한 모습이며, 수많은 관아의 각양각색의 다채로운 모습을 보지 못합니다.

---

7 [성]賜牆及肩(사장급견): 재능이나 학문이 얕고 좁다(比喩才学浅陋。); 及肩(급견): 어깨 정도의 높이이다. 차이가 심하게 나다(谓高仅与肩齐。比喻相差甚远。).

8 窺見(규견): 엿보다(暗中看见).

9 淺(천): 야트막하다. 간단명료하여 알기 쉽다. 협소하다(从上到下或从外到内距离小; 跟'深'相反。浅显, 明白易懂。狭, 窄小。).

10 [성]宮牆重仞(궁장중인): 집 담장의 높이가 수 길에 달하다. 스승의 학식이 깊고 넓어서 좀체 접근할 수 없다(宫: 宫殿, 古时也指一般房屋; 仞: 古代长度单位, 一仞合七、八尺。房屋的墙高达数仞。比喻老师学识渊博, 不可能一下接触到。);《說文 · 人部》'仞'(인)은 팔을 뻗은 것이 1尋으로, 8尺이다(伸臂一尋, 八尺。); 仞(인): 8[7]척. 1척≒23센티미터. 한 길. 팔을 위로 뻗어서 잰 몸의 길이(周制八尺, 汉制七尺。周尺一尺约合二十三厘米。).

11 [성]不得其門而入(부득기문이입): 대문을 찾아 들어가지 못하다. 적합한 해결책을 찾지 못하다(找不到大门走不进去。比喻没有找到合适的途径。); [성]門牆桃李(문장도리): '門牆'은 스승의 문하를 가리키고, '桃李'는 문하생을 비유한다(门墙指师长之门; 桃李比喻后进者或学生。称他人的学生。).

12《古今注》옛날 제도에 도성을 쌓을 때, 아홉 지역으로 구획하여, 앞쪽에는 조정을, 뒤쪽에는 저자를, 왼쪽과 오른쪽에는 六鄕을 두었고, 중앙에 왕궁을 두었기 때문에, 왼쪽에 있는 종묘와 오른쪽에 있는 사직도, 역시 궁의 담장 안에 있었다[周禮 · 冬官考工記 · 匠人](補曰: 古者營國, 九分其區, 面朝後市, 左右六鄕, 而中爲公宮, 故左廟右社, 亦在宮牆之內。).

13《論語正義》錢坫[1744~1806]의《論語後錄》에 말했다. "《周禮 · 冬官考工記 · 匠人》에 '路門 밖에 九室을 두는데, 九卿이 정사를 처리하는 곳이다'라고 했고, 정현의 주에 '九室은 지금으로 말하면 조정의 六曹가 사무를 처리하는 곳이다'라고 했다. '百官之富'는 바로 이곳을 가리킨다"(正義曰: 錢氏坫後錄: "考工記: '外有九室, 九卿朝焉.' 注: '九室, 如今朝堂諸曹治事處.' 百官之富, 即指此."); 官(관): 집. 건물. 관직(通'馆'。房舍, 馆舍。本义是房舍, 后来才引申为做官, 官职。).

七尺曰仞。不入其門, 則不見其中之所有, 言牆高而宮廣也。

일곱 자를 '仞'(인)이라 한다. 그 문으로 들어가지 않으면, 그 안에 있는 모든 것을 보지 못할 정도로, 담장이 높고 궁궐이 넓다는 말이다.

192304、得其門者或寡矣。夫子之云, 不亦宜乎!」

그 문을 찾아 들어갈 사람은 어쩌면 얼마 되지 않을 것입니다. 숙손무숙(叔孫武叔)께서 그 정도 수준으로 말씀하시는 것이야, 당연하지 않겠습니까?"

此夫子, 指武叔。

여기서 '夫子'(부자)는 숙손무숙(叔孫武叔)을 가리킨다.

[叔孫武叔毁仲尼章*]

192401、叔孫武叔毁[1]仲尼[2]。子貢曰:「無以爲也[3], 仲尼不可毁也。他人之賢者, 丘陵也, 猶可踰也; 仲尼, 日月也, 無得而踰焉[4]。人雖欲自絕, 其[5]何傷於日月乎[6]? 多[7]見其不知量[8]也[9]!」[10, 11, 12]

1《論語正義》'毁'는 공자를 나쁘게 평가하여, 이로써 다른 사람이 공자보다 낫다고 말한 것이다(正義曰: '毁'者, 謂非毁夫子, 以爲他人得賢之也。).

2《孔子家語 · 顏回》숙손무숙이 자주 남의 허물을 말하면서 남에 대해 이러쿵저러쿵 비판했다. 안회가 말했다. "굳이 그대가 나를 찾아오느라 욕보셨는데, 의당 제게 얻으려는 것이 있겠지요? 내가 선생님께 가르침을 들었는데 말씀하시길, '남의 악한 점을 말하는 것이 자기를 훌륭하게 하는 것이 아니고, 남의 굽은 점을 말하는 것이 자기를 바르게 하는 것이 아니다. 그래서 군자는 자기의 악한 것은 책망하고, 남의 악한 것은 책망하지 않는 법이다[顏淵 제21장]'라고 하셨습니다"(叔孫武叔多稱人之過而己評論之。顏回曰: "固子之來辱也, 宜有得於回焉? 吾聞諸孔子曰: '言人之惡, 非所以美己; 言人之枉, 非所以正己。故君子攻其惡, 無攻人之惡。'").

3《論語義疏》그를 제지해 깎아내리지 못하게 한 것이다(疏: 抑止之, 使無以爲訾毁。);《論語注疏》이렇게 깎아내리는 것이 소용없다(疏: 正義曰: 言無用爲此毁訾。);《助字辨略》'無以爲'는 '이러면 안 된다'이다. '爲'는 어조사이다(無以爲, 言不得[不可]如此也。爲字, 語助也。);《經傳釋詞》'以'는 '用'이다. '爲'는 어조사이다['소용없다'](以, 用也。爲, 語助。);《論語正義》깎아내려봤자 소용없으니, 그러지 말라는 말이다(正義曰: '無以爲'者, 言無以爲毁, 禁止之也。);《論語譯注》'以'는 '此'로 지시사가 부사로 쓰였다. 이렇게["이러지 마십시오. 중니는 깎아내릴 수 없는 분입니다"](以, 此也, 這裏作副詞用; "不要這樣做, 仲尼是毁謗不了的。");《論孟虛字》이렇게 하는 것이 불가능하다. 이렇게 깎아내려봤자 소용없다('無以爲也', 猶言'不能如此'或'不用如此'。).

4《論語句法》'焉'은 '之'와 같고, '日月'을 가리킨다('焉'等於'之', 稱代'日月'。).

5《論語詞典》멀리 있는 것을 가리키는 지시대명사["그들이 해와 달에 대해 무슨 해를 끼치겠습니까?"]('其', 指示代詞, 遠指, 那, 那個; '那對太陽月亮有什麽損害呢?');《論語句法》'其'을 '人'을 가리키며, 주어로 쓰였다('其'稱代'人', 做起詞。);《王力漢語》'其'는 반문의 어기를 강화하는 어기사이다(語氣詞'其'字可加重反問的語氣。);《論孟虛字》장차 그럴 것이다('其', 猶'將'。'其'是疑而有定之詞, 表將然之義。).

6《王力漢語》의문어기사 '乎'가 의문대사, 부정사, '豈' '寧'字와 서로 호응 시에는 왕왕 반문을 표시한다(疑問語氣詞'乎'字跟疑問代詞、否定詞以及常見的'豈'字、'寧'字相呼應時, 往往表示反問。).

7《論語集解》단지 스스로 자기 주제를 알지 못하고 있다는 것을 드러내기에 족할 뿐이라는 말이다(注: 言……適足自見其不知量也。);《論語注疏》하안의 주로 볼 때, '多'를 '適'[단지]으로 풀이한 것 같다. '多'를 '適'으로 풀이할 수 있는 까닭은, 옛사람들은 '多'와 '祇'를 동음으로 읽었기 때문이다(正義曰: 據此注意, 似訓'多'爲'適'。所以'多'得爲'適'者, 古人多, 祇同音。);《古書虛字》'祇'(지)는 '但'과 같다. '祇'는 '多'로도 쓴다('祇'猶'但'也。'祇'字或作'多'。'多'與'祇'同, '但'也。);《古漢語語法》多(다): 다만. 단지. 범위에 대한 제한을 표시한다('多', 表示对范围的限制, 相当于'只''仅'。).

8 不知量(부지량): 자기의 역량을 정확히 알지 못하다. 자기의 역량을 과대평가하다. 주제를 모르다(不能正确地估计自己的力量); 量(량): 용량. 도량. 기량(容量, 容受事物的限度。度量; 器量。).

9《古書虛字》'也'는 '耳'와 같다(也', 猶'耳'也。).

10《孟子·公孫丑上 제2장》맹자가 말했다. "재아·자공·유약은 지혜가 성인 공자를 알 만큼 족했다. 성인의 등급에는 미치지는 못했지만, 그들이 스승의 훌륭한 점에 대해 아첨하는 데까지 이르지는 않았다." 재아는 말하기를, '내 입장에서 선생님을 살펴보건대, 요·순보다 훨씬 훌륭하시다'라고 했다. 자공은 말하기를, '그 사람의 禮를 보면 그 정치를 알고, 그 사람의 音樂을 들으면 그 덕을 안다. 백 세대를 지나서 백 세대의 왕들을 등급을 매겨 보건대, 아무도 이 기준을 벗어날 사람이 없을 것이다. 사람이 생겨난 이래로, 선생님 같은 분은 아직까지 없었다'고 했다. 유약은 말하기를, '어찌 사람뿐이겠는가? 기린은 뛰는 짐승과, 봉황은 나는, 새와 태산은 언덕과, 하해는 물웅덩이와 같은 종류다. 성인은 일반 백성과, 역시 같은 종류이다. 같은 종류에서 높이 솟았고, 그 모인 무리에서 홀로 빼어났으니, 사람이 생겨난 이래로, 아직까지 공자보다 훌륭한 분은 아직까지 없었다'고 했다"(曰: "宰我, 子貢, 有若智足以知聖人。汙, 不至阿其所好。宰我曰: '以予觀於夫子, 賢於堯舜遠矣.' 子貢曰: '見其禮而知其政, 聞其樂而知其德。由百世之後, 等百世之王, 莫之能違也。自生民以來, 未有夫子也.' 有若曰: '豈惟民哉? 麒麟之於走獸, 鳳凰之於飛鳥, 太山之於丘垤, 河海之於行潦, 類也。聖人之於民, 亦類也。出於其類, 拔乎其萃, 自生民以來, 未有盛於孔子也.'").

11《韓詩外傳·卷8》제나라 경공이 자공에게 물었다. "선생께서는 누구를 스승으로 모십니까?" 자공이 대답했다. "노나라 중니입니다." "중니는 현자인가요?" "성인이십니다. 어찌 현자일 뿐이겠습니까?" 경공이 크게 웃으면서 물었다. "그런 성인이란 게 어떤 것입니까?" 자공이 대답했다. "모르겠습니다." 경공이 갑자기 정색하고 말했다. "처음에는 성인이라 하고서, 지금은 모르겠다고 하니, 어찌 된 일입니까?"(齊景公問子貢曰: "先生何師?" 對曰: "魯仲尼." 曰: "仲尼賢乎?" 曰: "聖人也, 豈直賢哉!" 景公嘻然而笑曰: "其聖何如?" 子貢曰: "不知也." 景公悖然作色曰: "始言聖人, 今言不知, 何也?"). 자공이 대답했다. "저는 종신토록 하늘을 이고 있지만, 하늘의 얼마나 높은지 모르고 살고, 종신토록 땅을 밟고 있지만, 땅이 얼마나 두꺼운지 모르고 삽니다. 제가 중니를 모시는 것은, 비유하자면 목이 말라 호리병이나 국자를 들고, 강에 가서 강물을 떠서 마시다가, 배가 부르면 떠나는 것과 같은데, 어찌 강물의 깊이를 알겠습니까?"(子貢曰: "臣終身戴天, 不知天之高也; 終身踐地, 不知地之厚也。若臣之事仲尼, 譬猶渴操壺杓, 就江海而飲之, 腹滿而去, 又安知江海之深乎?"). 경공이 말했다. "선생의 칭찬이 너무 지나친 것 아닌가요?" 자공이 말했다. "제 칭찬이 어찌 감히 지나치겠습니까? 오히려 미치지 못할까 염려스러울 뿐입니다. 제가 중니를 칭찬하는 것은, 비유하자면 한 움큼 흙을 떠서 태산에 보태는 것과 같으니, 그렇다고 하등의 보탬이 되지 않는 것이 분명합니다. 제게 중니를 칭찬하지 말라고 하시는 것은, 비유하자면 태산의 흙을 한 움큼 퍼내는 것과 같으니, 그 또한 하등의 손상을 끼치지 못하는 것이 분명합니다"(景公曰: "先生之譽, 得無太甚乎!" 子貢曰: "臣賜何敢甚言, 尚慮不及耳! 臣譽仲尼, 譬猶兩手捧土而附泰山, 其無益亦明矣; 使臣不譽仲尼, 譬猶兩手杷泰山, 無損亦明矣.").

12《說苑·貴德》계강자가 자유에게 말했다. "仁者는 사람을 사랑합니까?" 자유가 말했다. "그렇습니다." "사람들도 仁者를 사랑하겠지요?" "그렇지요." "정나라 자산이 죽었을 때는, 정나라 남자들은 허리에 차는 玦珮(결패)를 풀고, 부인들은 귀에 거는 珠珥(주이)를 풀고, 부부는 길거리에 나앉아서 곡을 했으니, 3개월 동안 악기 연주하는 소리가 들리지 않았습니다. 중니가 죽었을 때는, 노나라 사람들이 중니를 사랑했다는 소리를 듣지 못했으니, 무엇 때문일까요?"(季康子謂子游曰: "仁者愛人乎?" 子游曰: "然." "人亦愛之乎?" 子游曰: "然." 康子曰: "鄭子產死, 鄭人丈夫舍玦珮, 婦人舍珠珥, 夫婦巷哭, 三月不聞竽琴之聲。仲尼之死, 吾不聞魯國之愛夫子奚也?"). 자유가 말했다. "자산과 공자를 비유하자면, 논에 대는 물과 하늘에서 내리는 비와 같다고나 할까요? 논에 대는 물이 미치는 곳의 벼는 살지만, 미치지 않는 곳의 벼는 죽고 맙니다. 이 백성들이 살려면, 반드시 때맞추어 비가 내려야 하지만, 비가 내려서 살게 되고 나면, 아무도 그 은사를 사랑하지 않습니다. 그래서 자산과 공자를 비유하자면, 논에 대는 물과

숙손무숙(叔孫武叔)이 중니(仲尼)를 깎아내렸다. 자공(子貢)이 말했다. "그래봤자 소용없습니다. 중니(仲尼)는 깎아내릴 수 없는 분입니다. 다른 사람의 현덕한 정도는 언덕이어서, 그래도 넘을 수 있습니다. 중니(仲尼)께서는 해와 달이어서, 아무리 해도 넘을 수가 없습니다. 사람들이 비록 스스로 해나 달과 인연을 끊으려 한들, 그들이 해와 달의 밝음에 무슨 해를 끼치겠습니까? 단지 스스로 자기의 주제를 알지 못하고 있다는 것을 드러낼 뿐입니다!"

量[13], 去聲。○無以爲, 猶言無用爲此。土高曰丘, 大阜曰陵[14]。日月, 踰[15]其至高。自絕, 謂以謗毀自絕於孔子。多, 與祇[16]同, 適[17]也。不知量, 謂不自知其分量。

'量'(량)은 거성[liàng]이다. ○'無以爲'(무이위)는 '이렇게 깎아내리는 것이 소용없다'[無用爲此]라는 말과 같다. 땅이 높은 곳을 '丘'(구)라 하고, 큰 언덕을 '陵'(릉)이라 한다. '日月'(일월)은 중니(仲尼)의 현덕(賢德)이 지극히 높다는 것을 비유한 것이다. '自絕'(자절)은, 비방하고 헐뜯어서 자기를 공자(孔子)에게서 끊어내는 것을 말한다. '多'(다)는 '祇'(지)와 같고, '다만'[適]이다. '不知量'(부지량)은 스스로 자기의 분량을 알지 못한다고 하는 말이다.

하늘에서 내리는 비와 같다고 한 것입니다"(子游曰: "譬子產之與夫子, 其猶浸水之與天雨乎? 浸水所及則生, 不及則死。斯民之生也, 必以時雨, 既以生, 莫愛其賜。故曰: 譬子產之與夫子也, 猶浸水之與天雨乎?").

13 量(양): [liàng] 용량. 수용한도(数量, 数目。能容纳或承受的限度。); [liáng] 공구를 써서 장단 · 대소 등을 재다. 협의하다. 고려하다(以工具来计算物体的长短、大小或其他性质。商酌、考虑。).

14《說文 · 丘部》'丘'(구)는 땅 높은 곳으로, 사람의 힘으로 만들 수 있는 것이 아니다(丘, 土之高也, 非人所爲也。);《說文 · 𠂤部》'陵'(릉)은 큰 언덕이다(陵, 大𠂤也。); 阜(부): 흙 둔덕. 언덕(土山).

15 內閣本에는 '踰'가 '喻'로 되어 있다; '踰'는 '喻'字의 잘못이 아닌가 한다.

16 祇(지): 땅의 신. 단지. 다만(古代称地神; 副词。只。仅仅。).

17 適(적): 단지. 다만(通'啻'。副词。只。仅仅。).

[陳子禽謂子貢章]

192501、陳子禽[1]謂子貢曰:「子爲恭[2]也, 仲尼豈賢於子乎?」

진자금(陳子禽)이 자공(子貢)에게 말했다. "그대가 공경하기 때문이지, 중니(仲尼)가 어찌 그대보다 낫겠습니까?"

爲恭, 謂爲恭敬推遜[3]其師也。

'爲恭'(위공)은 공경하기 때문에 자기 스승에게 겸손한 것이라는 말이다.

192502、子貢曰:「君子一言以爲知[4], 一言以爲不知, 言不可不愼也。

자공(子貢)이 말했다. "군자는 한마디 말 때문에 지혜롭다 여겨지기도 하고, 한마디 말 때문에 지혜롭지 못하다 여겨지기도 합니다. 말이란 신중히 가려서 하지 않으면 안 됩니다.

知[5], 去聲。○責子禽不謹言。

'知'(지)는 거성[zhì]이다. ○진자금(陳子禽)의 신중하지 못한 말을 책망한 것이다.

192503、夫子之不可及也, 猶天之不可階而升也。

저희 선생님께 미칠 수 없는 것은, 마치 하늘이 사다리를 타고 오를 수 없는

1《學而 제10장》《季氏 제13장》참조.

2《論語正義》'爲恭'은 공경하기 때문에 공자를 스승으로 존숭한다는 말이다(正義曰: "爲恭"者, 言爲恭敬以尊崇其師也。).

3 推遜(추손): 겸양하다. 겸손하다(谦让: 谦逊).

4《經典釋文》'爲知'의 '知'는 음이 智[지혜]로, 아래의 '知'도 같다(爲知, 音智, 下同。);《論語語法》'一言以'는 도치형식으로, 개사목적어 '一言'을 강조하여, 개사 '以' 앞으로 앞당긴 것이다('一言以'爲倒序形式, 強調'一言'這個副賓語, 提前在介詞'以'之前。).

5 知(지): [zhì] 지혜. =智(智慧。同「智」。); [zhī] 이해하다. 식별하다(了解。识别。).

것과 같습니다.

階, 梯也。大可爲也, 化不可爲也[6], 故曰不可階而升。

'階'(계)는 '사다리'[梯]이다. 대(大)는 될 수 있지만, 화(化)는 될 수가 없기 때문에, 사다리를 타고 오를 수 없다고 말한 것이다.

192504、夫子之[7]得邦家[8]者, 所謂立之斯立[9], 道之斯行, 綏之斯來[10], 動之斯和[11]。其生也榮, 其死也哀[12], 如之何其可及也?」[13]

6《述而　제33장》각주《孟子 · 盡心下 제25장》참조.

7《論孟虛字》'之'는 '若'와 같다. 가령. 만약('之', 猶'若'。爲設詞。當白話'假如''如果'講。);《論語譯注》"그 어르신이 나라를 얻어 제후가 되신다면"("他老人家如果得國而爲諸侯……").

8《論語集解》'得邦家'는 제후 및 경 · 대부가 되는 것을 말한다(注: 孔安國曰: 得邦家, 謂爲諸侯及卿大夫。); 家(방가): 국가(国家).

9《論語正義》'立'은 예로써 세우는 것이다. '之'는 사람을 가리키는 말로, 이른바 '立人'이다(正義曰: "立"者, 以禮立之也。"之"指人言, 所謂"立人"也。);《助字辨略》'斯'는 '則'으로, 촉급한 어기이다(此斯字, 則辭, 辭之急。): 斯(사): ~하면. ~하자마자 바로(则。就。表示承接上文, 得出结论。).

10《論語義疏》'綏'(수)는 '安'이다(注: 孔安國曰: 綏, 安也。);《論語正義》'綏之'는 인정으로 어루만져 백성들을 모여들게 한다는 말이다(正義曰: '綏之'者, 言有仁政安集之也。); 綏(수): 수레에 오를 때 잡는 끈. 인심을 어루만지다. 위무하다(古代指登车时手挽的索。安抚人心以保持平静。).

11《論語義疏》'動'(동)은 부리는 것을 말한다. 기쁜 일로 부리니, 백성이 괴로움을 잊고[易經 · ䷹兌 · 彖傳], 부리는 일이 백성들을 화목하게 하지 않을 리 없다(疏: 動, 謂勞役之也。悅以使民, 民忘其勞, 故役使之莫不和穆也。).

12 [성]生榮死哀(생영사애): 살아서는 존경을 받고 죽어서는 애통해하다. 추앙받는 고인을 찬미할 때 쓰는 말(活着受人尊敬, 死了使人哀痛。用以赞誉受人崇敬的死者。);《論語平議》《國語 · 晉語4》의 '非以翟爲榮'에 대한 韋昭[204~273]의 주에 '榮은 樂이다'라고 했다." 이는 옛날에는 '樂'을 '榮'이라고 한 것이다. '其生也榮 其死也哀'으로, 그가 살아계시니 만민이 즐거워했고, 그가 돌아가시니 만민이 슬퍼했다는 말이다. '榮'은 '哀'의 對句로, 공안국이 주를 단, '榮顯'[영화롭고 존귀하다]을 말하는 것이 아니다.《荀子 · 解蔽》에, '살아계시니 천하가 노래를 부르고, 돌아가시니 사해가 눈물을 흘린다'고 했는데, 뜻이 이 장과 서로 가깝다(羣經平議: 國語晉語曰 '非以翟爲榮', 韋注曰: '榮, 樂也。' 是古謂樂爲榮。其生也榮, 其死也哀, 言其生也民皆樂之, 其死也民皆哀之也。榮與哀相對, 非榮顯之謂。荀子解蔽篇: '生則天下歌, 死則四海哭。' 語意與此相近。); 榮(영): 꽃. 영예. 명망. 광영. 영광스럽다(草本植物的花。荣誉。良好的名声或社会名望。光荣, 荣耀。与"辱"相反。).

13《論語集釋》胡炳文[1250~1333]의《四書通》에 말했다. "진자금의 질문은 모두 세 번이다. 처음에는 공자께서 정사에 관해 청취를 요청한다고 의심했고[學而 제10장], 그다음은 공자께서 자기 자식을 후대한다고 의심했고[季氏 제13장], 지금은 자공이 공자보다 훌륭하다고 의심한 것으로, 견해가 매번 점점 밑으로 낮아졌다. 이 편에서 자공이 공자를 칭찬한 것 역시 세 번이다. 처음에는 몇 길 높이의

저희 선생님께서 한 나라를 얻어 다스리셨다고 하면, 이른바 '그들을 세우면 서고, 그들을 이끌면 따르고, 그들을 어루만져 위로하면 모여들고, 그들을 고무시키면 화답하여 응한다'이었을 것입니다. 그분께서 살아계심은 천하의 영광이고, 그분께서 돌아가심은 만민의 슬픔입니다. 어찌 미칠 수 있겠습니까?"

道[14], 去聲。○立之, 謂植其生也。道, 引也, 謂教之也。行, 從也。綏, 安也。來, 歸附[15]也。動, 謂鼓舞之也。和, 所謂於變時雍[16]。言其感應之妙, 神速[17]如此。榮, 謂莫不尊親[18]。哀, 則如喪考妣[19]。程子曰:「此聖人之神化, 上下與天地同流者也[20]。」

담장에 비유했고, 다음에는 해와 달에 비유했고, 지금은 사다리로 오를 수 없는 하늘에 비유한 것으로, 견해가 매번 점점 위로 높아졌다. 같은 공자의 제자로서, 견해의 천양지차가 어찌 이와 같은가? 그분께서 돌아가심은 만민의 슬픔이라 했으니, 자공이 슬픔과 사모하는 마음은 부모상보다 배가 되고, 초막에서 지낸 것이 모두 6년이란 긴 기간이었으니, 만년에 공자께 얻은 것이 대개 더욱 깊었던 것이다"(四書通: 子禽之問凡三: 始則疑夫子求聞政, 次疑夫子之私其子, 今則子貢賢於夫子, 所見者每降益下。此篇子貢之稱夫子者亦三: 始則喻之以數仞之牆, 次則喻之以日月, 今則喻之以天之不可階而升, 其所見每進而益高。同一孔子弟子, 所見何霄壤之邈如是哉?其死也哀, 而子貢哀慕之心, 倍於父母, 至廬墓者凡六年之久, 則晚年所得於夫子者, 蓋益深矣。).

14 道(도): [dào] 인도하다. 지도하다. 안내하다. =導(引导, 指引。通「导」。); [dǎo] 말하다. 다스리다(说, 谈。治。).

15 歸附(귀부): 귀순하다. 의지하여 따르다(归顺, 依附。).

16《書經 · 虞書 · 堯典》옛 요임금에 대해 상고해 보건대, 이름은 방훈이라 하셨다['放'을 '大'로 보고 '위대한 공훈을 세운 자'로 풀이하는 견해가 있다]. 공경되고 총명하고 우아하고 신중하고 평온하셨고, 진실로 공손하고 참으로 겸양하셨으니, 이러한 덕이 빛나기를 온 세상에 퍼지고 위와 아래에 모두 이르렀다. 덕이 출중한 자를 살펴 가려 뽑아, 구족을 화목하게 하셨다. 구족이 화목해지자, 백성들을 드러내 밝게 하셨다. 백성들이 밝아지자, 온 세상을 평화롭게 하셨다. 온 백성들은 이에 따라 변하여 화목하게 되었다(曰若稽古帝堯, 曰放勳, 欽、明、文、思、安安, 允恭克讓, 光被四表, 格于上下。克明俊德, 以親九族。九族既睦, 平章百姓。百姓昭明, 協和萬邦。黎民於變時雍。); 時雍(시옹): 화목하고 즐겁다(犹和熙).

17 神速(신속): 무지하게 빠르다(快得出奇。极快的速度。).

18《中庸 제31장》천하를 통틀어 오직 至聖께서는, 그 명성이 나라 안을 넘쳐흘러 낙후한 남방의 蠻과 북방의 貊까지 미치고, 배나 수레가 닿는 곳과 사람의 힘이 미치는 곳, 하늘에 덮여 있는 곳과 땅에 실려 있는 곳, 해와 달이 비치는 곳과 서리와 이슬이 내리는 곳이라면 어디든지 간에, 무릇 혈기를 지닌 자라면 누구든지 간에, 존경하고 친애하지 아니하는 자가 없으니, 그러므로 하늘과 서로 짝한다고 말하는 것이다(唯天下至聖……聲名洋溢乎中國, 施及蠻貊: 舟車所至, 人力所通, 天之所覆, 地之所載, 日月所照, 霜露所隊: 凡有血氣者, 莫不尊親, 故曰配天。).

19《書經 · 虞書 · 舜典》요임금께서 돌아가시자 백성들이 어버이를 잃은 것같이 슬퍼했고, 3년 동안 온 세상에 음악 소리가 끊어져 고요했다(帝乃殂落, 百姓如喪考妣。三載, 四海遏密八音。);《禮記 · 曲禮下》살아서는 父 · 母 · 妻라 하고, 죽어서는 考 · 妣 · 嬪이라 한다(生曰父、曰母、曰妻, 死曰考、曰妣、曰嬪。); 考妣(고비): 부모의 별칭(父母的别称).

'道'(도)는 거성[dào]이다. ○'立之'(입지)는 '그들의 삶의 터전을 세워준다'[植其生]라고 하는 말이다. '道'(도)는 '이끌다'[引]로, '가르친다'[教之]라고 하는 말이다. '行'(행)은 '따르다'[從]이다. '綏'(수)는 '어루만져 위로하다'[安]이다. '來'(래)는 '돌아와 의탁하다'[歸附]이다. '動'(동)은 '고무시킨다'[鼓舞之]라고 하는 말이다. '和'(화)는 이른바 '이에 따라 변화해서 서로 화목하게 된다'[於變時雍]라는 것이다. 그 감응의 신묘함이 이처럼 빠르다는 말이다. '榮'(영)은 '존경하고 친애하지 않은 사람이 아무도 없다'는 말이다. '哀'(애)는 '부모를 잃은 것 같다'는 것이다.

정자(程子 · 伊川)가 말했다. "이것은 성인께서 거쳐 간 것은 감화되고 성인께서 마음에 간직하고 있는 것은 신묘해져서, 위에서 아래에서 천지와 더불어서 함께 유행하는 것이다."

○謝氏曰:「觀子貢稱聖人語[21], 乃知晚年進德, 蓋極於高遠也。夫子之得邦家者[22], 其鼓舞羣動[23], 捷於桴鼓影響[24]。人雖見其變化, 而莫窺其所以變化也。蓋不離於聖, 而有不可知者存焉[25], [聖而進於不可知之之神矣][26], 此殆[27]難以思勉及也。」

○사씨(謝氏 · 謝顯道)가 말했다. "자공(子貢)이 성인을 칭송하여 한 말을 살펴보면, 이에

20《孟子 · 盡心上 제13장》 대개 군자께서 지나가신 곳은 사람들이 감화되고, 군자께서 머무신 곳은 일이 신묘해져서, 위에서 아래에서 천지와 더불어서 함께 유행하는데, 어찌 하찮은 도움이라 말하겠느냐(夫君子所過者化, 所存者神, 上下與天地同流, 豈曰小補之哉?).

21《學而 제10장》 참조.

22《北京虛詞》 者(자): 어기사. 가설복문이나 인과복문의 앞절의 끝에 쓰여, 잠시 멈춤을 표시하며, 아래 절에서 결과나 원인에 관해 서술하기를 기다린다('者', 语气词。用于假设复句或因果复句的前一分句之末, 表示提顿, 等待下句对结果或原因的叙述。).

23 羣動(군동): 많은 사람. 여러 활동(泛指众人。诸种活动。).

24《黃帝內經 · 靈樞經 · 邪氣藏府病形》 안색과 촌구맥(寸口脈)[손목 안쪽 도드라진 뼈 앞의 맥]과 척부(尺膚)[손목에서 팔목까지의 피부] 간에 서로 반응함은, 북채에 북이 울리고, 형체에 그림자가 생기고, 소리에 메아리가 응하는 것과 같아서, 서로 연락이 끊어지는 경우란 없습니다. 이는 또한 근본과 말단 · 뿌리와 잎 간에 나타나는 징후와 같기 때문에, 뿌리가 죽으면 잎이 마르는 것입니다(夫色脈與尺之相應也, 如桴鼓影響之相應也, 不得相失也。此亦本末根葉之出候也, 故根死則葉枯矣。); 桴(부): 북채(击鼓的槌).

25《述而 제33장》 각주《孟子 · 盡心下 제25장》의 '聖而不可知之之謂神' 참조.

26 內閣本에는 '聖而進於不可知之之神矣'가 있지만, 중화서국본에는 없다.

27 殆(태): 거의(表推测, 相当于'大概'、'几乎'。).

만년의 진덕(進德)의 정도가 대개 고상 · 원대한 경지에 다다랐으리라는 것을 알 수 있다. 선생님께서 국가를 얻어 다스리셨을 경우, 그분께서 많은 사람을 고무시키는 모습이, 북채에 북이 울리고 형체에 그림자가 생기고 소리에 메아리가 응하는 것보다 빨라서, 사람들이 비록 그들의 변화된 모습은 볼지라도, 그들이 그렇게 변화되는 까닭은 아무도 엿보지 못한다. 대개 성(聖)의 경지에서 떠나지 않으면서도, 불가지자(不可知者)가 그 안에 존재하고 있으니, (성인이면서 불가지(不可知)한 신(神)의 경지에 나아간 것으로) 이것은 생각이나 노력으로 미치기에는 거의 어려운 경지이다."

《堯曰 第二十》

凡三章。[1]

모두 3장이다.

1 《論語正義》《漢書 · 藝文志》에 '고논어는 21편이다. 공자의 옛집 벽장에서 나왔는데, 子張 편이 두 편이다'라고 했고, 하안의《論語集解 · 序》에 '(고논어는) 堯曰 편의 子張問章을 나누어서 1편으로 만들어, 두 편의 子張 편[제19편 · 제21편]이 있으니, 모두 21편이다'라고 했다. 子張 편이 두 편이라는 것은, 앞 제19편이 子張 편이고, 이 '子張問從政'이 또 子張 편이기 때문에, 두 편이라 한 것이다. 대개 논어는 微子 편부터 공자께서 하신 말씀이 이미 끝났기 때문에, 子張 편은 모두 제자들이 한 말을 기록했고, 堯曰 편에 이르러서는 공자의 빠진 말씀을 더 수집해서, 책 끝에 엮은 것이다(正義曰: 漢書藝文志: "論語古二十一篇。出孔子壁中, 兩子張。" 何晏等序亦云: "古論分堯曰下章子張問以爲一篇, 有兩子張, 凡二十一篇。" 兩子張者, 前第十九篇是子張, 此子張問從政又爲子張, 故云"兩"也…… 蓋論語自微子篇說夫子之言已訖, 故子張篇皆記弟子之言, 至此更搜集夫子遺語, 綴於册末。); 《論語集釋》 翟灝[1736~1788]의《四書考異》에 말했다. "고논어에는 堯曰 편이 단 한 장으로 되어 있는데, 이는 아마도 논어의 後序이기 때문에, 한 장이 한 편을 독차지한 것일 것이다. 이 장과 맹자의 由堯舜장[盡心下 제38장]은 한 권의 책의 後序라는 것을, 어찌 의심하겠는가? '子張問' 이하는 고논어에서 원래 별도의 한 편으로 나뉘어 있는데, 아마도 논어가 책으로 완성된 후에 후속으로 한 편을 책 뒤에 붙였기 때문에, 또 後序의 후속편으로 자리 잡은 것일 것이다."(翟氏考異: 古論堯曰 篇僅此一章, 此蓋是論語後序, 故專爲篇。…… 此章暨孟子由堯舜章之爲一書後序, 夫何疑耶? 「子張問」以下古原別分爲篇, 蓋于書成後續得附编, 故又居後序之後。); 《論語正義》 翟灝(적호)[1736~1788]의 《四書考異》에 말했다. "고논어는 이 편을 두 편으로 나누었으니, '堯曰' 편이 모두 한 장이고, '子張' 편이 모두 두 장이다. 노논어에는 이 편 제3장인 知命章이 없으니, '堯曰' 편이 모두 두 장이다"(正義曰: 翟氏灝考異: "古論語分此一篇爲二, 則堯曰 凡一章, 子張凡二章。魯論無不知命章, 則堯曰凡二章。").

[堯曰 咨爾舜章]

200101、堯曰 [1]:「咨[2]! 爾舜! 天之曆數[3]在爾躬。允執其中[4]。四海困窮[5], 天祿永終[6]。」

1《論語集釋》陳天祥[1230~1316]의《四書辨疑》에 말했다. "이 네 구절은 모두 순임금이 우에게 명한 말이지, 요임금이 순에게 명한 말은 아직 본 적이 없다. 게다가《書經 · 大禹謨》의 글 중에서 군데군데 뽑아서 이 네 구절에 대충 모아놓은 것으로, 순임금이 우에게 명한 온전한 말 전체가 아니다[아래 제2절 각주《書經 · 虞書 · 大禹謨》참조]. 또 이 장의 경문을 살펴보면, '堯曰'부터 '公則說'까지는 말들이 모두 자질구레한 일들이고 조리가 없고, 또 문장 앞에 '○○曰'과 같은 主名이 없으니, 과연 누가 한 말인지 알 수가 없다. 소동파는 이 장이《書經》의 禹謨 · 湯誥 · 泰誓 · 武成 편의 글을 이것저것 취했고, 뒤바뀌고 흐트러져서, 더 이상 고찰할 수 없다고 했는데, 이 견해가 요즘 학자들의 진심이다"(四書辨疑: 此四句皆舜以命禹, 未嘗又見堯以命舜也。且於大禹謨中零碎採摘湊合在此, 非舜命禹之全辭也。又通看一章經文, 自「堯曰」至「公則説」語皆零雜而無倫序, 又無主名, 不知果誰所言。惟東坡謂此章雜取禹謨、湯誥、泰誓、武成之文, 顚倒失次, 不可復考。此說爲近人情。).

2《詞詮》감탄사('咨', 歎詞。無義。);《北京虛詞》咨(자): 아! 탄식 소리. 단독으로 쓰여 감탄[찬탄]을 표시한다('咨', 叹词。单独成句, 表示感叹。义即'啊'。);《百度漢語》탄식하는 소리. 칭찬하는 소리(叹气的声音。表示赞赏, 相当于"啧"。).

3《大戴禮記 · 曾子天圓》성인께서 해와 달의 운행 질서를 신중히 지켜 따르고, 별들의 운행 질서를 살펴서, 사계절의 순행과 역행을 순서에 따라 배열하셨으니, 이를 厤(력)['歷'의 古字]이라 한다(聖人愼守日月之數, 以察星辰之行, 以序四時之順逆, 謂之厤。);《論語集解》'曆數'는 '列次'[죽 벌여놓은 차례]를 말한다(注: 曆數, 謂列次也。);《論語正義》'曆數'는 해 · 달 · 일 · 별의 운행 질서이다(正義曰: 曆數是歲、月、日、星辰運行之法。);《古今注》상고 때는 神聖만이 曆象[천문현상]을 다스렸기 때문에, 曆數를 관장하는 자가 제위에 등극했는데, 지금 曆數를 관장하는 직책이 네 몸에 있다는 말이다(上古唯神聖乃治曆象, 故掌曆數者, 終陟帝位, 言今曆數之職在爾躬。); 曆数(역수): 역법. 역대 왕이 대대로 하늘을 대리해서 백성을 다스리는 순서. 제위 계승의 순서와 천체운행의 순서가 상응한다고 여겼기 때문에, 曆數라는 말은 天道를 말한다(犹历法。观测天象以推算年时节候的方法。古谓帝王代天理民的顺序。古代认为帝位相承和天象运行次序相应, 故言历数谓天道。).

4 [성]允執其中(윤집기중): 진실로 중용의 도를 견지하다(允: 诚信; 执: 持; 其: 代词, 那个; 中: 不偏不倚。真诚地坚持中庸之道。);《論語集解》'允'은 '信'이다(注: 苞氏曰: 允, 信也。);《經典釋詞》'允'은 '用'과 같다.《論語 · 堯曰 》에서, 요임금이 한 말인 '允執其中'을 인용했는데, '用執其中'[그 中을 잡아 쓰다]이라고 말한 것이다. 包咸의 注는 '允, 信也'라고 했는데, 글의 뜻이 적절하지 않다(允, 猶'用'也……《堯曰》篇引堯曰: '允執其中。' 言用執其中也。包咸注曰: '允, 信也。' 文義未安。);《詞詮》允(윤): 발어사('允', 語首助詞。無義。);《論語義疏》'中'은 중정의 도를 말한다(疏: 中, 謂中正之道也。);《論語正義》'執中'은, 中을 잡아 사용하는 것을 말한다.《中庸》에 '순임금은 참으로 大智이셨겠구나! 그 양단을 잡아 그 中을 백성에게 쓰셨다'고 했는데, 中을 잡아 쓰라는 것은 순임금이 요임금에 받은 도이다. 中을 쓰는 것이 바로 中庸이기 때문에, '庸'은 '用'을 풀이한 것이다. 中庸의 뜻은, 요임금으로부터 시발된 것으로, 그 후의 성현들이 논한 정치 학술은, 모두 여기에 뿌리를 두고 있다('執中'者, 謂執中道用之。禮中庸云: "子曰: '舜其大知也與!執其兩端, 用其中於民。'" 執而用中, 舜所受堯之道也。用中即中庸, 故庸訓用也。中庸之義, 自堯發之, 其後賢聖論政治學術, 咸本此矣。);《古書虛字》'允'은 '誠'과 같고, '如果'와 같다. 가설을 나타낸다. '困窮'은 '極至'[그지없다]이다. '永終'은 '長久'[장구하다]이다. '진실로 그 중도를 지키면 사해까지 이르고, 천록이

요(堯)임금이 말했다. "자! 그대 순(舜)아! 하늘이 내린 제위(帝位)의 차례가 그대 몸에 있다. 진실로 그 중(中)을 잡아라. 온 세상이 곤궁해지면, 하늘의 녹이 영원히 끊길 것이다."

장구할 것이다'라는 말이다. '困窮四海'라 하지 않고, '四海困窮'이라 한 것은, 도치시켜 협운을 썼을 뿐이다. '終'은 '常', '久'와 같다('允'猶'誠'也。'如果'也。假說之詞。'困窮', '極至'也。'永終', '長久'也。言誠執其中, 四海極至, 天祿長久也。不曰 '困窮四海', 而曰 '四海困窮'者, 倒其交以協韻耳; '終'猶'常'也, '久'也。).

5 《論語集解》'困'은 '極'이다. '永'은 '長'이다["정치를 함에 있어 진실로 그 중도를 잡아 지키면, 사해까지 다다를 수 있고, 하늘의 녹이 장구할 수 있다"](注: 苞氏曰: 困, 極也。永, 長也。言爲政信執其中, 則能窮極四海, 天祿所以長終也。); 《論語義疏》'四海'는 사방의 만 · 이 · 융 · 적을 말한다. '困'은 '極', '窮'은 '盡'이다. 안으로 중정의 도를 잡으면, 덕교가 밖으로 사해에 미쳐, 모두 귀복 교화가 끝이 없다(四海, 謂四方蠻夷戎狄之國也。困, 極也。窮, 盡也。若內執中正之道, 則德教外被四海, 一切服化莫不極盡也。); 《論語正義》'四海困窮'은 《孟子 · 滕文公上 제4장》에 '요임금 당시에는, 천하가 아직 평정되지 않아, 홍수는 사방으로 넘쳐흘러 온 천하에 범람하고, 초목은 번창하여 무성하고, 짐승은 들끓고, 오곡은 자라지 못했다. 짐승이 사람에게 달려들고, 들짐승의 발굽과 날짐승의 발자취가 만든 길이, 나라 안 도처에 어지럽게 널려 있었다'고 했고, 또 《孟子 · 滕文公下 제6장》에 '요임금 당시에는, 물이 역류하여 온 나라에 범람하고, 뱀과 용이 우글거렸으니, 백성들이 정처할 곳이 없었다. 낮은 곳에 사는 백성들은 나무 위에 둥지를 틀었고, 높은 곳에 사는 백성들은 땅굴을 만들었다. 서경에, '홍수가 나를 깨우친다'라고 했는데 홍수란 큰물을 말한다'고 했다. 이것이 요임금 당시의 '四海困窮'의 증거이다. 요임금이 순을 등용해서 四海困窮을 다스리게 한 것이다. 《說文 · 口部》의 '困'字에 대한 단옥재의 주에, '困의 본의는 止而不過로, 파생되어 極盡의 뜻으로 쓰였다. 논어의 四海困窮은 임금의 덕이 우주에 가득 차고 사해에 두루 미친다는 뜻과 대략 같다'고 했는데, 단옥재의 견해는 바로 포함의 주의 뜻이지만, 논어의 취지는 아니다(正義曰: '四海困窮'者, 孟子滕文公上; "當堯之時, 天下猶未平, 洪水橫流, 氾濫於天下, 草木暢茂, 禽獸繁殖, 五穀不登, 禽獸偪人, 獸蹄鳥跡之道交於中國。堯獨憂之, 擧舜而敷治焉。" 又滕文公下: "當堯之時, 水逆行, 氾濫於中國, 蛇龍居之, 民無所定。下者爲巢, 上者爲營窟。書曰: '洚水警余。' 洚水者, 洪水也。"是堯時四海困窮之征。堯擧舜敷治之……段氏玉裁說文注云: 困之本義爲止而不過, 引伸之爲極盡。論語四海困竆, 謂君德充塞宇宙, 與橫被四海之義略同。段說即包此注意, 然非經旨。).

6 《論語正義》毛奇齡[1623~1716]의 《論語稽求篇》에 말했다. "염약거[호: 잠구][1636~1704]가 말하기를, '四海困窮은 경계의 말이고, 天祿永終은 면려의 말이다'라고 했다. 대체로 '四海는 그 곤궁을 염려해야 하고, 天祿은 그것이 영원할 것을 기대해야 한다'는 말이다"(正義曰: 毛氏奇齡稽求篇: "閻潛丘云: '四海困窮是儆辭, 天祿永終是勉辭.' 蓋四海當念其困窮, 天祿當期其永終也。"); 《論語集釋》'永終' 두 글자는 원래 두 가지 뜻이 있지만, 위-진 시대부터 이미 '永絕'로 풀이한 것이 있었으니, 그 유래가 이미 오래되었다. 集注는 포함의 견해를 채용하지 않았는데, 당연히 문장이 글자를 그대로 따라서 풀이해서 순조롭다(按: '永終'二字原可有兩義, 然自魏晉已有作永絕解者, 則其來已久……集注不用包說, 自是文從字順。); 《論語句法》조건절인 '不允執其中'이 생략되었다["진실로 그 중을 잡지 않아, 온 세상이 곤궁해지면, 하늘의 녹이 영원히 끊길 것이다"](條件小句'不允執其中'沒說出來。); 《論語譯注》"영원히 끊어질 것이다"("會永遠地終止了。"); 《百度漢語》天祿(천록): 帝位. 하늘이 내리는 복록. 녹위(天所授與的祿位。指帝位; 天賜的福禄); 《百度漢語》永終(영종): 영원히 지속되다. 장구하다. 영원히 끊기다(长久; 永久。永远终止。); 《王力漢語》永(영): 물길이 길다. 시간이 오래다. 공간이 길다(本义: 水流长。泛指长。兼指时间和空间。).

此堯命舜, 而禪[7]以帝位之辭。咨, 嗟歎[8]聲。曆數, 帝王相繼之次第, 猶歲時[9]氣節[10]之先後也。允, 信也。中者, 無過不及之名。四海之人困窮, 則君祿亦永絕矣, 戒之也。

이것은 요(堯)임금이 순(舜)에게 명하여, 선양(禪讓)으로 제왕의 자리를 물려줄 때 한 말이다. '咨'(자)는 감탄하는 소리이다. '曆數'(역수)는 제왕들이 서로 제위를 계승하는 차례로, 사계절이나 24절기의 차례와 같다. '允'(윤)은 '진실로'[信]이다. '中'(중)은 (일에 있어서) 지나침이나 미치지 못함이 없는 상태의 이름이다. 온 세상 백성들이 곤궁해지면, 제왕의 자리 또한 영원히 끊긴다는 것으로, 순(舜)을 깨우친 것이다.

200102、舜亦以命禹[11]。[12]

순(舜)임금이 제왕의 자리를 물려줄 때도 요(堯)임금이 자기에게 명한 말을 써서 우(禹)에게 명했다.

---

7 禪(선): 다른 姓에게 제위를 물려주다(帝王让位给他姓).

8 嗟歎(차탄): 한숨 쉬다. 탄식하다(吟叹; 叹息).

9 歲時(세시): 일 년. 사계절(一年, 四季。).

10 氣節(기절): 절기(节气; 节令).

11《論語集解》순임금도 요임금이 자기에게 명한 말을 써서 우에게 명했다(注: 孔安國曰: 舜亦以堯命己之辭命禹。);《補正述疏》'舜亦以命禹'는 당연히 《서경》의 말인데, 공자께서 전술하신 것이다(經云: "舜亦以命禹"此當爲《書》辭, 而孔子述之。).

12《書經·虞書·大禹謨》순임금이 말씀하셨다. "이리 오시오, 禹여! 홍수가 나를 불안하게 했지만, 약속을 지켜 공을 성취했으니, 오로지 그대의 현능함 때문이오. 나라에서는 부지런했고 집안에서는 검소했고, 자만하지 않고 뽐내지 않았으니, 오로지 그대의 현능함 때문이오. 그대 능력 자랑하지 않아도, 그대와 능력 다툴 자 천하에 없고, 그대 공적 내세우지 않아도, 그대와 공적 다툴 자 천하에 없소. 나는 그대의 큰 덕 큰 공을 기뻐하오. 하늘이 내린 제위(帝位)의 차례가 그대의 몸에 있으니, 그대는 결국 제위에 오를 것이오. 인심은 여전히 위태롭고, 도심은 여전히 미약하니, 오로지 정밀하게 하고 오로지 전일하게 하여, 진실로 그 중을 잡으시오(帝曰: "來, 禹! 降水儆予, 成允成功, 惟汝賢。克勤于邦, 克儉于家, 不自滿假, 惟汝賢。汝惟不矜, 天下莫與汝爭能。汝惟不伐, 天下莫與汝爭功。予懋乃德, 嘉乃丕績, 天之歷數在汝躬, 汝終陟元后。人心惟危, 道心惟微, 惟精惟一, 允執厥中。). 근거 없는 말 믿지 말고, 의논하지 않은 계책 쓰지 마시오. 사랑할 만한 것은 임금이 아니겠소? 두려워할 만한 것은 백성이 아니겠소? 백성은 임금 아니면 누구를 떠받들겠소? 임금은 백성 아니면 누가 나라를 지켜주겠소? 삼가 받드시오! 그대의 자리를 삼가고 백성들이 바라는 일을 공경히 닦으시오. 온 세상이 곤궁해지면 하늘의 녹이 영원히 끊길 것이오. 입을 잘 쓰면 우호를 드러내지만 잘못 쓰면 전쟁을 일으키니, 나는 더 말하지 않겠소"(無稽之言勿聽, 弗詢之謀勿庸。可愛非君? 可畏非民? 衆非元后, 何戴? 后非衆, 罔與守邦? 欽哉! 慎乃有位, 敬修其可願, 四海困窮, 天祿永終。惟口出好興戎, 朕言不再。").

舜後遜位[13]於禹, 亦以此辭命之。今見於虞書大禹謨, 比此加詳。

순(舜)임금이 그 후 우(禹)에게 제왕의 자리를 물려 줄 때도, 이 말을 써서 우(禹)에게 명했다. 지금《서경 · 우서 · 대우모》(書經 虞書 大禹謨)에 보이는데, 이 구절에 비해 더 자세하다.

200103、(湯)曰[14]:「予小子履[15], 敢用玄牡[16], 敢昭告[17]于皇皇后帝[18]: 有罪不敢赦, 帝臣不蔽, 簡在帝心[19]。朕躬[20]有罪, 無以萬方[21]; 萬方有罪, 罪在朕躬。」

---

13 遜位(손위): 양위하다(犹让位。).

14《論語集釋》《程子遺書》에 말했다. "'曰'字 위에 '湯'字 한 글자가 없어졌다("程子遺書: 曰 字上少一湯字。);《論語集解》 이는 (탕왕이) 걸왕을 정벌하고 하늘에 고하는 글이다.《墨子 · 兼愛下》에서 탕왕이 한 말을 인용했는데, 그 글이 이 절과 같다(注: 孔安國曰: 此伐桀告天文也…… 墨子引湯誓, 其辭若此。);《墨子 · 兼愛下》湯이 한 말도 이와 같다. 湯이 말했다. "저 소자 履는 감히 수소를 제물로 바쳐, 위대하시고 위대하신 상제께 아뢰나이다. 지금 하늘이 큰 가뭄을 내리셨으니, 바로 저 자신 履에게 내린 벌입니다. 하늘과 땅에 지은 죄를 알지 못하오나, 착한 자는 감히 가리지 못하옵고, 죄지은 자는 감히 용서치 못하오니, 간택하는 것은 상제의 마음에 달려 있나이다……"(湯說即亦猶是也。湯曰: "惟予小子履, 敢用玄牡, 告於上天后曰: 今天大旱, 即當朕身履, 未知得罪于上下, 有善不敢蔽, 有罪不敢赦, 簡在帝心。萬方有罪, 即當朕身, 朕身有罪, 無及萬方。");《論語新解》 이 아랫글은 상나라를 위해 탕왕이 비를 내릴 것을 빈 것으로, 자기 몸을 희생으로 바치고, 백성을 위해 벌을 대신 받겠다는 글이다. 혹자는 탕왕이 걸왕을 정벌하고 하늘에 고한 글이라 하는데, 아니다.《呂氏春秋 · 季秋紀 · 順民》에, 탕이 하나라를 치고, 큰 가뭄이 들어 5년 동안 수확을 하지 못하자, 탕이 몸을 희생으로 바쳐 상림에서 빌기를, '이 한 몸이 죄지은 것이지, 만백성 때문이 아닙니다. 만백성이 지은 죄는 이 한 사람에게 있습니다'라고 했는데, 이는 큰 가뭄 때문에 비를 내릴 것을 빈 글이지, 걸왕을 정벌한 글이 아니다(此下为商汤祷雨, 以身代牲, 为民受罪之辞。说乃商汤伐桀告天之文。非也。《吕氏春秋》: 汤克夏, 天大旱, 五年不收, 汤以身祷于桑林, 曰: "余一人有罪, 無及萬夫。萬夫有罪, 在余一人。" 可证此为大旱祷雨之辞, 非伐桀辞。).

15《論語義疏》'予'는 '我'이다. '小子'는 탕이 자기를 낮춰 칭한 것이다. '履'는 탕의 이름이다(疏: 予, 我也。小子, 湯自稱謙也。履, 湯名也。);《論語正義》'小子'라 칭한 것은, 王者는 아버지가 하늘이고 땅이 어머니로, 아버지인 하늘의 아들이어서, 탕이 아버지인 하늘에 고하기 때문에, 자기를 낮춰서 말하기를 '小子'라 한 것이다(正義曰: 稱'小子'者, 王者父天母地, 爲天之子, 湯告天, 故謙言小子也。);《論語譯注》'予小子'과 '予一人'[제5절]은 모두 상고시대 제왕의 자칭이다('予小子'和'予一人'都是上古帝王自稱之詞。).

16 玄牡(현모): 천지에 제사할 때 쓰기 위해 나라에서 기르는 검은 수소(指古代祭天地用的黑色公牛。); 牡(모): 새나 짐승의 수컷(鳥獸的雄性。).

17《論語義疏》'昭'(소)는 '明'[밝다. 환하다]이다(疏: 昭, 明也。); 昭告(소고): 자세하고 분명하게 고하다. 소상(昭詳)하게 고하다(明白地告知).

18 皇皇后帝(황황후제): 하늘. 천제. 위대하시고 위대하신 천제. 전체 우주의 주재자(天; 天帝。何晏 集解: '皇, 大; 后, 君也。大大君帝, 谓天帝也。');《論語義疏》'皇'은 '위대하다', '后'는 '임금', '帝'는 '天帝'를 가리킨다(疏: 皇, 大也。后, 君也。帝, 天帝也。).

탕(湯)이 말했다. "저 소자 리(履)는, 감히 검은 수소를 제물로 바쳐, 위대하시고 위대하신 상제께 감히 소상히 밝혀 아뢰나이다. 죄 있는 자는 감히 용서치 못하옵고, 상제의 신하는 덮어 가리지 못하오니, 가려내는 것은 상제의 마음에 달려 있나이다. 저 자신이 지은 죄는 만백성 때문에 초래된 것이 아니옵고, 만백성이 지은 죄는 그 죄가 저 자신에게 있나이다."

此引商書湯誥之辭[22]。蓋湯旣放桀而告諸侯也。與書文大同小異。曰上當有湯字。履, 蓋湯名。用玄牡, 夏尚黑[23], 未變其禮也。簡, 閱[24]也。言桀有罪, 己不敢赦。而天下賢人, 皆上

---

19 [성]簡在帝心(간재제심): 황제에게 알려지고 평가받은 자(指能被皇帝所知者。爲皇帝所知曉, 賞識者。); 《論語集解》"걸왕이 帝臣의 자리에 있는데, 죄과는 덮어 숨기지 못하니, 그 죄과를 살펴 가려내는 것은 상제의 마음에 달려 있기 때문입니다"(注: 言桀居帝臣之位, 罪過不可隱蔽, 以其簡在天心故。); 《論語義疏》'帝臣'은 걸왕을 말한다. 걸은 천자이고, 천자가 하늘을 섬기는 것은 신하가 임금을 섬기는 것과 같기 때문에, 걸왕을 帝臣이라 한 것이다. '不蔽'는 걸왕이 지은 죄가 두드러져서, 천지가 공히 덮어 숨겨둘 수 없다는 것이다(疏: 帝臣, 謂桀也。桀是天子, 天子事天猶臣事君, 故謂桀爲帝臣也。不蔽者, 言桀罪顯著, 天地共知不可隱蔽也。); 簡(간): 가려내다. 구별하다. 간택하다(分別; 辨別。通'柬'。选择).

20 朕躬(짐궁): 천자가 자칭할 때 주로 쓴다(我, 我身。多用于天子自称。); 《百度漢語》朕(짐): 본래는 존비를 떠나 모두 나의 자칭으로 쓰였으나, 진나라가 6국을 멸한 이후부터 천자의 자칭으로 쓰였다(我。秦以前, 不论尊卑, 皆自称朕。秦灭六国以后, 天子始自称朕。).

21 《論語集解》'無以萬方'은 '만방은 관여치 않다'이다(注: 孔安國曰: 無以萬方, 萬方不預也。); 《論語正義》'以'는 '與', '與'는 '預'[간여하다. 연루시키다]이다(正義曰: 以, 與也; 與, 預也。); 《論語句法》'無'는 '毋'와 같고, 금지부사이고, '以'는 술어로 '以爲'의 뜻이고, 그 목적어는 '萬方之民有罪'인데 '之民有罪'가 생략됨에 따라, '萬方'이 목적어가 되었다["만방백성에게 죄가 있다고 여기지 마십시오"]('無'等於'毋', 是禁止的限制詞, '以'是述詞, 就是'以爲'的意思, 它的止詞本該是'萬方之民有罪', 但由於'之民有罪'四字的省略, '萬方'做'以'的止詞了。); 《論語義疏》'萬方'은 '天下'와 같다(疏: 萬方, 猶天下也。); 《論語詞典》以(이): 동사. 미치다. 연루되다["저 자신에게 죄가 있는 경우, 만방백성을 연루시키지 마십시오"](動詞, 及也; '我本人若有罪, 就不要牽連天下萬方。'); 《論語詞典》方(방): 국가(國家。); 《論孟虛字》'方'는 '夫'와 같다. 옛날에는 같은 소리로 서로 바뀌었다. 남자의 통칭. '萬方'은 '老百姓'이다('方', 猶'夫'。'方'與'夫', 古同聲通用。爲男子之通稱。'萬方', 猶言'萬夫', 相當於'老百姓'。).

22 《書經 · 商書 · 湯誥》 그러므로 저 소자는 상제의 밝고 위엄있는 뜻을 받들어, 감히 (하나라 임금[桀]을) 용서치 못하겠나이다. 감히 검은 수소를 제물로 바쳐, 위대하시고 위대하신 상제께 감히 소상히 밝혀 아뢰오니, 하나라 임금의 죄를 묻기를 청하나이다. 저들 착한 백성들, 저는 감히 가려두고 덮어두지 못하옵고, 죄는 저 자신에게 있사옵고, 감히 저 스스로 용서치 못하겠사오니, 가려내는 것은 상제의 마음에 달려 있나이다. 저들 만백성이 지은 죄는, 저 자신에게 있사옵고, 저 자신이 지은 죄는 만백성 때문에 초래된 것이 아니옵나이다(肆台小子, 將天命明威, 不敢赦。敢用玄牡, 敢昭告于上天神后, 請罪有夏……爾有善, 朕弗敢蔽; 罪當朕躬, 弗敢自赦, 惟簡在上帝之心。其爾萬方有罪, 在予一人; 予一人有罪, 無以爾萬方。).

23 《雍也 제4장》 각주 《禮記 · 檀弓上》 참조.

帝之臣, 己不敢蔽。簡在帝心, 惟帝所命。此述其初請命而伐桀之辭也。又言君有罪非民所致, 民有罪實君所爲, 見其厚於責己薄於責人[25]之意。此其告諸侯之辭也。

이 구절은《서경 · 상서 · 탕고》(書經 商書 湯誥)를 인용한 말로, 대개 탕(湯)이 걸(桀)왕을 (남소(南巢)로) 추방하고 나서 제후들에게 고한 말이다.《서경》(書經)의 글과는 대동소이하다. '曰'(왈)자 앞에 '湯'(탕)자가 있어야 한다. '履'(리)는 탕(湯)의 이름인 듯하다. 검은 수소를 제물로 사용한 것은, 하(夏)나라가 흑색을 숭상했는데, (하나라를 멸하고 나서) 아직 그 예법을 바꾸지 않은 것이다. '簡'(간)은 '가려내다'[閱]이다. 말인즉, '걸(桀)왕은 지은 죄가 있으니, 내가 감히 용서하지 못한다. 그리고 천하의 현인들은 모두 상제의 신하이니, 내가 감히 덮어두지 못한다. 현인들을 가려내는 것은 상제의 마음에 달려 있으니, 오직 상제의 명을 따르겠다'라는 것이다. 이 구절은 탕(湯)이 처음에 상제에게 명을 청해 걸(桀) 왕을 칠 때 한 말을 기술한 것이다. 또 말하기를, 임금이 지은 죄는 백성들이 불러들인 것이 아니고, 백성들이 지은 죄는 실상은 임금이 지은 것이라고 했으니, 그가 자기 자신에게 묻는 책임은 무겁게 하고, 남에게 묻는 책임은 가볍게 하겠다는 생각을 보인 것이다. 이 구절은 그가 제후들에게 고한 말이다.

200104、周有大賚[26], 善人是[27]富[28]。[29]

---

24 閱(열): 물건 수를 일일이 세다. 점고하다. 낱낱이 가려서 조사하다. 관찰하다. 살펴보다(本义: 在门内考察,计算事物。察看; 视察, 考查。).

25《衛靈公 제14장》 참조.

26《論語集解》'賚'(래)는 '賜'[하사하다]이다. 周家가 하늘이 내린 큰 선물을 받아, 착한 사람들을 부유하게 했으니, 亂臣十人이 바로 이들이었다(注: 賚, 賜也。言周家受天大賜, 富於善人, 有亂臣十人是也。);《論語正義》《詩經 · 周頌 · 賚》의 序에 '賚는 사당에서 크게 봉한 것이다. 賚는 予[주다]이다'라고 했고, 정현의 注에 '大封이란 무왕이 주를 정벌했을 때, 공을 세운 신하들을 봉한 것이다'라고 했다.《毛詩正義》의 孔穎達의 疏에 말했다. "《禮記 · 樂記》에 '무왕이 은나라를 치고 商으로 돌아와서는, 수레에서 내리기도 전에 황제의 후손을 薊(계)에 봉하고, 요임금의 후손을 祝(축)에 봉하고, 순임금의 후손을 陳(진)에 봉했다. 수레에서 내려서는 夏侯氏의 후손을 杞(기)에 봉했고, 殷의 후손을 宋(송)에 봉했다'라고 했고, 또 '장수들은 제후로 삼았다'고 했으니, 이것이 大封이다.《春秋左傳 · 昭公 28年》에, '옛날에 무왕이 商나라를 이기고, 크게 천하를 소유했는데, 그 형제 중에 봉지를 받은 자가 15人, 姬姓 중에 봉지를 받은 자가 40인이었다'고 했으니, 모두 이것들이 무왕의 大封의 사례이다.《論語集解》의 하안의 注에서 '亂臣十人'을 든 것은, 十人 중에 주공 · 태공 · 필공의 경우는, 모두 나라를 받아 제후가 되었고, 다른 신하도 경기 내에 제후가 되었기 때문이다(正義曰: 詩周頌序云: "賚, 大封於廟也。賚, 予也。" 鄭注: "大封, 武王伐紂時, 封諸臣有功者。" …… 孔氏詩疏云: "樂記說武王克殷, 未及下車而封薊, 祝, 陳, 下車而封杞,

(무왕(武王)이) 주(周)나라에 크게 상을 내렸으니, 착한 사람들을 부유하게 했다.

賚, 來代反。○此以下述武王事。賚, 予也。武王克商, 大賚于四海。見周書武成篇[30]。此言其所富者, 皆善人也。詩序[31]云「賚所以錫予[32]善人」, 蓋本於此。

'賚'(래, lài)는 '來'(래)와 '代'(대)의 반절이다. ○이 구절 이하에서는 무왕(武王)의 일을 기술했다. '賚'(래)는 '주다'[予]이다. 무왕(武王)이 상(商)나라를 이기고, 온 나라에 크게

宋。又言將帥之士, 使爲諸侯, 是大封也。昭二十八年左傳曰: '昔武王克商, 光有天下, 其兄弟之國者十有五人, 姬姓之國四十人。'" 皆是武王大封之事。此注擧十亂者, 以十亂中若周公, 太公, 畢公, 皆封國爲諸侯, 餘亦畿內諸侯也。).

27 《詞詮》'是'는 어중조사이다. 타동사의 목적어가 타동사 앞으로 전치될 경우, 목적어+'是'+타동사 형태로 도치를 돕는다["착한 사람들을 부유하게 했다"]('是', 語中助詞。外動詞之賓語倒置於外動詞之前時, 以'是'字居二者之中助之。); 《古漢語語法》 목적어가 결구조사의 도움을 받아 동사 앞으로 위치하여, '목적어+之/是+동사' 형식이 되었다(宾语借助于增添结构助词而位于动词前边: '宾语+之/是+动词'。); 《論孟虛字》'是'는 '於是'와 같다. 목적어[善人]를 동사[富] 앞으로 올리고, '是'字를 중간에 삽입하여, 행동의 대상에 중점을 두면서 어세를 강화시킨 것이다["이에 착한 사람들이 모두 부유하게 되었다"]('是', 猶'於是'。這是把賓語提在動詞前, 中間插入'是'字, 既側重在行動的對象, 同時也加強了語勢。'於是善人都富有了。'); 《論語句法》'是富'는 '是以富'의 줄임말이다["善人들이 이 때문에 부유해졌다[많아졌다]"]('是富'是'是以富'的省說。).

28 《論語義疏》주나라가 하늘이 내린 큰 상을 받아서, 선인들이 많아졌으니, '亂臣十人'[泰伯 제20장]이 바로 이것이다. 或說: 주나라가 천하의 선인들에게 財帛을 상으로 크게 내렸으니, 선인들이 이에 부자가 되었다(疏: 言周家受天大賜, 故富足於善人也, [有亂臣十人是也]. 或云周家大賜財帛於天下之善人, 善人故是富也。); 《古今注》'善人是富'는 공덕이 있는 자가 임금이 내려주는 관작이나 봉지를 받았다는 말이다(善人是富, 言有功有德者得封賞也。); 《論語譯注》"주나라가 제후들에게 봉지를 크게 주었으니, 선인들을 모두 부귀하게 했다"("周朝大封諸侯, 使善人都富貴起來。").

29 《論語義疏》'周有大賚'부터 '在予一人'까지가 제4절로, 武王이 紂를 정벌한 일을 밝힌 글이다(疏: 自周有大賚至在予一人爲第四, 是明周武伐紂之文也。).

30 《書經 · 周書 · 武城》갑자일 이른 새벽, 상나라 주왕 受[受德]가 숲속에 서 있는 나무들과 같은 군대를 이끌고 목야에 결집했다. 그의 군사들은 우리 군사들을 대적하지 않고, 전면에 있는 군사들은 창을 거꾸로 돌려 후미에 있는 자기 군사들을 공격하여 패배시켜, 그 흘린 피가 절굿대를 떠내려가게 할 정도였다. 한 번 군복을 입고 싸우자 천하가 크게 안정되었다. 이에 상나라 정치를 옛날로 되돌려 옛 정책을 따랐다. 갇힌 기자를 풀어주고, 비간의 봉분을 세워주고, 상용이 사는 동네 어귀에 세워진 문에 예를 표시했다. 주왕의 금은보화를 보관해 둔 녹대 안의 재물을 풀고, 양곡을 쌓아 둔 거교 안의 곡식을 내어, 온 세상에 크게 상을 내렸으니, 만백성이 기쁜 마음으로 복종했다(甲子昧爽, 受率其旅若林, 會于牧野。罔有敵于我師, 前徒倒戈, 攻于後以北, 血流漂杵。一戎衣, 天下大定。乃反商政, 政由舊。釋箕子囚, 封比干墓, 式商容閭。散鹿臺之財, 發鉅橋之粟, 大賚于四海, 而萬姓悅服。).

31 毛詩序(모시서): 毛亨 · 毛萇[진시황 때 노나라 사람]이 시경의 시마다 小序를 달았는데 이를 '毛詩序'라 한다; '賚, 大封於廟也。賚, 予也。言所以錫予善德之人, 故名篇曰賚。' 라고 되어 있다.

32 錫予(석여): 내리다(亦作'锡与'。赐给。).

상을 내려주었다. 《서경 · 주서 · 무성》(書經 周書 武成)에 보인다. 이 구절은 부를 받은 그 사람들이, 모두 착한 사람들이라는 말이다. 《시경 · 주송 · 래》(詩經 周頌 賚)의 소서(小序)에 '賚(래)는 착한 사람에게 내려주는 것이다'라고 했는데, 대개 여기에 근거한 것이다.

200105. 「雖有周親[33], 不如仁人。百姓有過, 在予一人[34][35]。」

(무왕(武王)이 말했다.) "(주(紂)왕에게) 많은 지친(至親)이 있을지라도, (주(周)나라의) 많은 인인(仁人)만 못하다. 백성들이 저지른 잘못은, 그 탓이 나 한 사람에게 있다."

---

33 《論語集解》 친척일지라도 불현 · 불충하면 주살했으니, 관숙 · 채숙이 바로 이들이다. 仁人은 기자 · 미자를 말한 것으로, 귀순해오자 등용했다(注: 孔安國曰: 親而不賢不忠則誅之, 管, 蔡是也。仁人謂箕子, 微子, 來則用之。); 《論語義疏》 (관숙 · 채숙처럼) 주나라와 친척관계를 맺었더라도, 不仁한 짓을 하면, 죄로 인해 쫓겨났으니, (기자 · 미자처럼) 친척이 없더라도 인자라면, 반드시 녹작을 받게 된 것만 못하다는 말이다(言雖與周有親, 而不爲善, 則被罪黜, 不如雖無親而仁者, 必有祿爵也。); 《論語正義》 孔安國의 注에서는 '周'字를 풀이하지 않았지만, '管 · 蔡'를 '周親'이라 한 것으로, 이는 '周'를 '周家'[주나라]로 풀이한 것이다(正義曰: 注不解"周"字, 而以管, 蔡當"周親", 是以"周"爲周家也。); 《古今注》 '周親'은 주나라 왕실의 형제이다. 微子 · 箕子 · 比干이, '仁人'이다(周親者, 周室之兄弟也。微子, 箕子, 王子比干, 非所謂仁人乎?); 《百度漢語》 周親(주친): 아주 가까운 친척(至亲).

34 予一人(여일인): 고대 제왕의 자칭(古代帝王的自称。).

35 《論語正義》 《墨子 · 兼愛中》에 말했다. "옛날에 무왕이 태산에 가서 제사를 지낼 때 말하기를, '태산의 신이여, 증손인 주나라 왕이 은나라 紂를 정벌한 큰일을 벌였으니, 이제 그 큰일을 완수하고, (태공 · 주공 · 소공 등) 仁人들이 일어나 서로 도와서, 상나라 유민과 사방의 이민족들을 구제했습니다. 아주 가까운 친척이라도, 仁人만 못합니다. 백성들이 저지른 잘못은, 그 탓이 나 한 사람에게 있습니다'라고 했다." 宋翔鳳[1779~1860]이 설명하기를, '周親…… 네 구절은, 대개 제후를 나라에 봉하는 말이다. 무왕이 태공을 제나라에 봉했는데, 태산이 제나라 남쪽에 있기 때문에, 태산에 제사를 지낸 것이고, '仁人尚'이라 한 것은 태공을 봉하는 말이다'라고 했다. 《說苑 · 貴德》에 말했다. "무왕이 은나라를 물리치고, 주공에게 묻기를, '장차 저 은나라의 선비와 백성들을 어찌할까?'라고 하자, 주공이 답하기를, '각기 살던 집에 살게 하고, 자기 농지를 경작하게 하고, 舊民 · 新民을 변함없이 대하십시오. 백성들이 저지른 잘못은, 그 탓이 나 한 사람에게 있다고 여기십시오'라고 했다." '百姓有過, 在予一人'은, 여러 나라 백성들이 천성을 방비하지 못하고 나라의 법을 따르지 않는 것은, 모두 나 혼자의 책임이라는 말이다. 그렇게 말한 까닭은, 백성에게 잘못이 있으면, 제후를 봉한 바가 그에 맞는 사람을 얻지 못했기 때문으로, 그래서 이를 인용해서 자책의 말로 삼은 것이다(正義曰: 墨子兼愛中: "昔者武王將事泰山隧, 傳曰: '泰山有道, 曾孫周王有事, 大事既獲, 仁人尚作, 以祇商夏, 蠻夷醜貉。雖有周親, 不若仁人。萬方有過, 維予一人。'" 宋氏翔鳳說: "'周親'四語, 蓋封諸侯之辭也。武王封大公於齊, 在泰山之陰, 故將事泰山, 而稱'仁人尚', 爲封大公之辭也。" 今案: 說苑貴德篇: "武王克殷, 問周公曰: '將奈其士眾何?' 周公曰: '使各居其宅, 田其田, 無變舊親。惟仁是親, 百姓有過, 在予一人。'" …… '百姓有過, 在予一人', 言凡諸國百姓有不虞, 天性不迪率典者, 皆我一人之責。所以然者, 百姓有過, 亦由所封諸侯未得其人, 故引以自責也。).

此周書太誓之辭[36]。孔氏曰[37]:「周, 至也。言紂至親雖多, 不如周家之多仁人。」

이 구절은《서경 · 주서 · 태서》(書經 周書 泰誓中)의 글이다. 공씨(孔氏 · 孔安國)가 말했다. "'周'(주)는 '아주 가깝다'[至]이다. 주(紂) 왕에게 아주 가까운 친척이 많을지라도, 주(周)나라의 많은 인인(仁人)만 못하다는 말이다."

200106、謹權量[38], 審法度[39], 修廢官[40], 四方之政行焉。[41]

36《書經 · 周書 · 泰誓中》 무오날, 무왕이 황하 북쪽에 주둔하자, 제후들이 군사를 이끌고 주둔지에 모였다. 무왕이 군사들에게 연설했다. "여러분! 우리 서쪽 땅의 여러분, 모두 내 말을 들으시오. 주왕 受[受德]에게는 수많은 凡人이 모여 있지만, 마음 따로 행동 따로 제각각이오. 나에게는 훌륭한 신하 10명이 있지만, 한마음 한뜻으로 뭉쳐있소이다. 受에게 至親이 많을지라도, 주나라의 소수의 仁人만 못하오. 하늘은 우리 백성이 보는 것을 통해 보시고, 하늘은 우리 백성이 듣는 것을 통해 들으시오. 백성들이 혹 잘못이 있다면, 그 탓은 나 한 사람에게 있소이다. 이제 나는 반드시 주를 정벌하러 갈 것이오. 나는 군사를 일으켜, 그의 땅으로 쳐들어가, 흉악하고 잔인한 저자를 잡겠소이다. 내가 정벌하여 그를 붙잡으면, 탕왕보다도 더 빛날 것이오"(惟戊午, 王次于河朔, 群后以師畢會。王乃徇師而誓曰: 嗚呼!西土有衆, 咸聽朕言……受有億兆夷人, 離心離德。予有亂臣十人, 同心同德。雖有周親, 不如仁人。天視自我民視, 天聽自我民聽。百姓有過, 在予一人, 今朕必往。我武維揚, 侵于之疆, 取彼凶殘。我伐用張, 于湯有光。); 《泰伯 제20장》 참조.

37《書經正義》의 공안국의 注를 말한다.

38《論語集解》'權'(권)은 무게를 재는 저울이고, '量'(양)은 용량을 재는 말과 섬이다(注: 苞氏曰: 權, 秤也。量, 斗斛也。); 權量(권량): 물건의 무게와 용량을 재는 기구(权与量。测定物体大小、轻重的器具。); 謹(근): 엄격하게 지키다(严守; 谨守。).

39《論語義疏》'法度'는 치국에 쓸 전장 제도를 말한다(疏: 法度, 謂可治國之制典也。);《論語正義》成蓉鏡[清人]의《經史駢枝》에 말하기를, '法 · 度와 權 · 量은 서로 對句로, 두 가지 일이다. 法은 十二律을 말하고, 度는 五度[分 · 寸 · 尺 · 丈 · 引 다섯 도량단위]를 말한다'고 했다.《書經 · 虞書 · 舜典》에, '同律度量衡'이라 했는데, 마융의 주에, '律은 法이다'라고 했다. '量 · 衡'은 논어의 '權 · 量'이고, '律 · 度'는 논어의 '法 · 度'이다(正義曰: 成氏蓉鏡經史駢枝曰: "法度與權量, 相對爲文, 當爲二事。法謂十二律, 度謂五度也。舜典: '同律度量衡.' 馬融注: '律, 法也.' 量衡即論語之'權量', 則律度亦即論語之'法度'矣。);《論語譯注》'法度'는 법률제도의 뜻이 아니다. 길이를 재는 도량형 단위인 分 · 寸 · 尺 · 丈 · 引을 가리키는 말이다. '謹權量, 審法度'는 단지 '도량형을 통일시키다'는 뜻이다('法度'不是法律制度之意……是指長度的分、寸、尺、丈、引而言。所以'謹權量, 審法度'兩句只是'齊一度量衡'一個意思。); 審(심): 상세히 연구하다. 세세히 정하다(详究; 考察。审定。).

40《百度漢語》廢官(폐관): 직책은 있는데 관청이 없거나, 관청은 있는데 직책이 없는 경우를 말한다(谓有职而无其官, 或有官而不称其职。).

41《論語義疏》이 이하부터 章末까지가 제5절로, 요 · 순 · 우 · 탕 · 무가 행한 정치가 동일했음을 거듭 밝힌 것이다(疏: 此以下第五, 重明二帝三王所修之政同也。);《論語正義》《漢書 · 律曆志》에 말했다. "《書經 · 虞書 · 舜典》에 '마침내 음률 · 도 · 량 · 형을 통일했다'고 했으니, 이로써 길고 짧은 것을 똑같이 맞춰 백성의 믿음을 세운 것이다. 복희씨는 팔괘를 그려 이로 말미암아 數字가 생겨났고, 황제 · 요 ·

(무왕(武王)이) 도량형을 엄밀하게 해서 지키고, 법령 제도를 상세히 정비하고, 폐지했던 관직을 복원하자, 사방의 모든 나라의 정령이 잘 시행되었다.

權, 稱錘[42]也。量, 斗斛[43]也。法度, 禮樂制度皆是也。

'權'(권)은 무게를 재는 저울추이다. '量'(량)은 용량을 재는 기구이다. '法度'(법도)는 예악과 제도가 모두 바로 이것이다.

200107、興滅國, 繼絕世[44], 擧逸民[45], 天下之民歸心[46]焉。[47]

순에 이르러서는 모든 것이 완비되었다. 하 · 은 · 주 3대에 이르러서 옛 제도를 고찰해서, 법도가 이에 완성되었다. 주나라가 쇠하고 관직이 없어지자, 공자가 주나라의 뒤를 이을 왕들의 법을 펼쳐 말하기를, '謹權量……'이라고 했다." 律曆志의 이 글에 따르면, '謹權量' 이하의 글은 모두 공자께서 하신 말씀이다(正義曰: 漢書律曆志: "'虞書'乃同律度量衡', 所以齊遠近, 立民信也。自伏羲畫八卦, 由數起, 至黃帝、堯、舜而大備。三代稽古, 法度章焉。周衰官失, 孔子陳後王之法曰: '謹權量, 審法度, 修廢官, 擧逸民, 四方之政行矣。'" 據志此文, 是'謹權量'云云以下, 皆孔子語。). 包愼言[淸人]의《論語溫故錄》에 말했다. "'修廢官'의 '官'은 뜻이 대개 이 절에 말한 權 · 量 · 法 · 度를 관장하는 직책이다.《漢書 · 律曆志》에, '주나라가 쇠하고 관직이 없어지자, 공자가 주나라의 뒤를 이을 왕들의 법을 펼쳤다'고 말하고서, 그 아래에 論語의 이 구절을 인용했으니, 주나라를 이어서 일어날 사람은, 이 여러 개의 관직을 복원하는 것이 급한 일임을 밝힌 것이다.《律曆志》아래에는, 또 劉歆[BC 50~BC 23]의《鍾律書》을 인용하여, 權 · 量 · 法[律] · 度를 나누어 서술하기를, '權은 저울로 물건을 재서 균평하게 베푸는 것으로, 경중을 재는 것이고, 大行人에게 속한 일로, 鴻臚가 관장한다. 量은 수량의 다소를 재는 것이고, 太倉에게 속한 일로, 大司農이 관장한다. 度는 물건의 장단을 재는 것이고, 內官에게 속한 일로, 廷尉가 관장한다. 法은 음률로, 궁 · 상 · 각 · 치 · 우 소리로 음악을 만드는 것이고, 大樂에 속한 일로, 太常이 관장한다'고 했다"(……包氏愼言溫故錄: "'修廢官'者, 意蓋以官即職此權量法度者。志上云'周衰官失, 孔子陳後王之法', 下乃引論語, 明繼周而起者, 惟修此數官爲急耳。志下又引劉歆鍾律篇, 分敘權,量,法,度云: '權者, 所以稱物平施, 知輕重也。職在大行人, 鴻臚掌之。量者, 所以量多少也。職在太倉, 大司農掌之。度者, 所以度長短也。職在內官, 廷尉掌之。[法訓律, 聲所以作樂者, 職在大樂, 太常掌之。]'");《論語新解》한나라 학자들은 이 이하를 공자께서 하신 말씀으로 인식했으니, 요 · 순 · 우 · 탕 · 무왕의 뒤를 이어받아, 공자께서 천하에 왕도를 펼치실 경우, 장차 아래 하신 말씀과 같을 것이라고 했다(汉儒认此下乃孔子语, 承于尧、舜、禹、汤、武王之后, 如孔子得行王道于天下, 将如下云云也。).

42 稱錘(칭추): 저울추. 저울대 위를 이동하면서 평형을 맞춰 무게를 잰다(称物时挂在秤杆上可以移动, 用以使秤平衡的金属锤。).

43 斗斛(두곡): 말과 섬. 용량을 재는 기구(斗与斛。两种量器。十合为一升, 十升为斗, 十斗为斛。).

44 [성]興滅繼絕(흥멸계절): 멸절된 것을 다시 일으켜 계속 이어지게 하다(使灭绝的起来, 延续下去。); [성]繼絕存亡(계절존망): 망한 나라를 일으키고 끊긴 세가의 대를 이어주다(恢复灭亡的国家, 延续断绝了的贵族世家。);《論語義疏》현인 중에 후대가 끊겨 제사를 받지 못하는 경우, 양자를 세워 대를 잇게 하여, 제사를 받을 수 있게 해야 한다(若賢人之世被絕不祀者, 當爲立後係之, 使得仍享祀也。); 絕世(절세):

멸망한 나라를 일으켜주고, 끊어진 종사(宗嗣)를 이어주고, 망국의 유신(遺臣)들을 들어 쓰자, 천하의 백성들이 진심으로 그에게 귀순하여 의탁했다.

興滅繼絕, 謂封黃帝, 堯, 舜, 夏, 商之後。舉逸民, 謂釋箕子之囚, 復商容之位[48]。三者皆人心之所欲也。

멸망한 나라를 일으켜주고 끊어진 종사(宗嗣)를 이어준 것은, 황제(黃帝)·요(堯)·순(舜)·하(夏)·상(商)의 후손들에게 봉지를 준 것을 말한다. 망국의 유신(遺臣)들을 들어 쓴 것은, 갇혀 있는 기자(箕子)를 풀어 준 것, 상용(商容)의 지위를 회복시켜 준 것을 말한다. 이 세 가지 일은 모두 민심이 바라던 것이었다.

200108、所重[49]: 民食、喪、祭。[50]

녹봉과 벼슬자리가 끊긴 세가(断绝禄位的世家).

45《論語義疏》재능·품덕이 뛰어난데 벼슬하지 않고 있는 자는, 등용해 관작을 수여한다(疏: 若民中有才行超逸不仕者, 則躬舉之於朝廷爲官爵也。); 逸民(일민): 隱士. 망한 뒤에도 충절을 지키는 遺臣(指遁世隐居的人。也指亡国后的遗老遗少。).

46 [성]天下歸心(천하귀심): 천하의 백성들이 마음으로 기뻐하고 진심으로 복종하다(形容天下老百姓心悦诚服。); 歸心(귀심): 진심으로 귀순하여 의탁하다(诚心归附).

47《白虎通義·封公侯》왕자가 천명을 받아 일어나면, 멸망한 나라를 일으켜주고, 끊어진 宗嗣(종사)를 이어준다고 하는데, 어째서인가? 선왕이 무도해서, 무고한 사람을 함부로 죽이고, 後嗣者가 어리고 약해서, 막강한 신하에 의해 권력을 침탈당해, 자손들이 모두 죄 없이 대가 끊어지는데, 그의 선조의 공업을 귀중히 여기기 때문에, 다시 후사를 세워주는 것이다.《論語》에 '멸망한 나라를 일으켜주고, 끊어진 宗嗣를 이어준다'고 했다(王者受命而作, 興滅國, 繼絕世, 何? 爲先王無道, 妄殺無辜, 及嗣子幼弱, 爲強臣所奪, 子孫皆無罪囚而絕, 重其先人之功, 故復立之。《論語》曰:「興滅國, 繼絕世。」).

48《禮記·樂記》무왕이 은나라를 치고 주왕의 도읍 商에 도착해서는, 수레에서 내리기도 전에 황제의 후손을 薊(계) 땅에 봉하고, 요임금의 후손을 祝(축) 땅에 봉하고, 순임금의 후손을 陳(진) 땅에 봉했다. 수레에서 내려서는 夏侯氏의 후손을 杞(기) 땅에 봉했고, 은의 후손을 宋(송) 땅에 봉했다. 왕자 비간의 무덤을 봉분해주었고, 기자를 감옥에서 풀어주었고, 기자를 시켜 상용에게 가서 그의 지위를 회복시켜 주었다. 서민은 주왕의 학정에서 풀어주었고, 하급 관리는 녹을 배로 올려주었다(武王克殷反商。未及下車而封黃帝之後於薊, 封帝堯之後於祝, 封帝舜之後於陳。下車而封夏后氏之後於杞, 投殷之後於宋。封王子比干之墓, 釋箕子之囚, 使之行商容而復其位。庶民弛政, 庶士倍祿。); 商容(상용): 주왕 때 예악을 담당한 신하로, 주왕의 포악에 대해 수차 간언을 시도하다 축출당했다. 예악으로 주왕을 교화시키는 데 실패하자 도피하여 태항산에서 숨어지냈다(商末殷纣王时期主掌礼乐的大臣, 著名贤者, 因为不满纣王的荒唐暴虐, 多次进谏而被黜; 一说他曾经试图用礼乐教化纣王而失败, 逃入太行山隐居。).

49《論語集解》백성을 중시하는 것은 나라의 근본을 중시하는 것이고, 식량을 중시하는 것은 백성의

중시한 것은, 백성의 식량이었고, 상사였고, 제사였다.

武成曰[51]:「重民五教[52], 惟[53]食喪祭。」
《서경 · 무성》(書經 武成)에 이르기를, '백성에 대한 다섯 가르침 그리고 식량과 상사와 제사를 중시했다'고 했다.

200109、寬則得衆, 信則民任焉[54], 敏則有功, 公則說。[55]

생명을 중시하는 것이고, 상사를 중시하는 것은 이를 통해 슬픔을 다하려는 것이고, 제사를 중시하는 것은 이를 통해 공경을 다 하려는 것이다(注: 孔安國曰: 重民, 國之本也。重食, 民之命也。重喪, 所以盡哀。重祭, 所以致敬也。);《古今注》'民食'은 농정을 말한다. 소중히 여긴 것 세 가지는 務本을 말하고, 愼終을 말하고, 追遠을 말한다(民食, 謂農政也。所重者三曰務本, 曰愼終, 曰追遠。);《補正述疏》《漢書 · 藝文志》에 농가자류를 말하면서, 공자께서, '소중한 것은 백성의 식량이다'라고 하신 말씀을 칭했고, 안사고의 주에 '소중한 것은 백성의 식량에 있다'고 했는데, 그렇다면 '民'을 '所重'의 종류로 나열한 것이 아니다(述曰: 漢書藝文志敘農家者流, 稱孔子曰: "所重民食。" 顔《注》謂"所重者在人之食", 則不以民列所重之。); 中華書局本에는 '民、食、喪、祭'로 되어 있는데, 이 경우, '백성 · 식량 · 상사 · 제사' 네 가지가 된다. 集注에는 '食 · 喪 · 祭'로 세 가지로 되어 있어서, 이를 따랐다.

50《史記 · 酈生陸賈列傳》왕에게는 백성이 하늘이고, 백성에게는 밥이 하늘이다(王者以民人爲天, 而民人以食爲天。).

51《書經 · 周書 · 武城》관직에는 어진 자만 썼고, 일자리에는 능력 있는 자만 썼다. 백성, 다섯 가르침, 그리고 식량 · 상사 · 제사를 중시했다. 믿음을 확고히 하고 의를 밝혔으며, 덕 있는 자를 높이고 공 있는 자를 보답하니, 옷소매를 늘어뜨리고 두 손을 모으고 가만히 있어도 천하가 잘 다스려졌다(建官惟賢, 位事惟能。重民五教, 惟食、喪、祭。惇信明義, 崇德報功。垂拱而天下治。);《書經正義》孔穎達 疏: '重'을 써서 아래 다섯 가지 民 · 五教 · 食 · 喪 · 祭를 총괄한 것이다. '五教'는 백성을 가르치는 것이기 때문에, '民'과 합쳐서 한 구로 했다. 아래 구 '食' '喪' '祭' 세 가지는 각기 한 가지 일이다. 논어에는, '所重民食喪祭.' 라고 했는데, '五教'가 없는 것은 논어를 기록한 자가 생략한 것이다(疏 正義曰: 以"重"總下五事, 民與五教, "食喪祭"也。"五教"所以教民, 故與"民"同句。下句"食"與"喪"、"祭"三者各爲一事……《論語》云: "所重民食喪祭。" …… 而彼無五教, 錄《論語》者自略之耳。).

52《論語大全》五教'는 君臣 · 父子 · 夫婦 · 兄弟 · 長幼의 다섯 가지 도리의 가르침이다(節齋蔡氏曰: 五教, 君臣、父子、夫婦、兄弟、長幼, 五典之敎也。

53 惟(유): ~와. 그리고(表示并列关系, 相当于'与'、'和'。).

54《論語義疏》本에 '信則民任焉' 구절이 없다;《論語集釋》陳鱣(진전)[1753~1817]의《論語古訓》에 말했다. "후세 사람들이《陽貨 제6장》의 '寬則得衆' 아래에 '信則人任焉'이란 구절이 있으니까, 잘못 알고 여기에도 집어넣은 것이다"(論語古訓: 後人因陽貨篇'寬則得衆'下有此句, 誤增入耳。);《論語譯注》이 다섯 글자는 연문이다.《漢石經》에는 '信則民任焉' 다섯 글자가 없고, 葉德輝[1864~1927]의《天文本校勘記》에는 '皇本 · 唐本 · 津藩本 · 正平本에는 모두 이 구절이 없다'고 했다. 이 구절은《陽貨 제6장》의 '信則人任焉' 때문에 잘못 추가된 것으로 보인다. 陽貨篇에는 '人'으로 쓰여 있고, '人'은 영도자이다.

너그러우면 무리를 얻고, 믿음이 있으면 백성이 그에게 일을 맡기고, 민첩하면 공을 세우고, 공평무사하면 (백성이) 기뻐한다.

이곳에는 '民'으로 잘못 쓰였다. '民'은 백성이다. 믿음이 있으면 백성에 의해 임명받을 수 있다는, 이런 사상은 공자가 가질 수 있는 것이 절대 아니어서, 더한층 이 구절은 원문이 아니라는 것을 알 수 있다('信則民任焉': 此五字衍文。《漢石經》無此五字,《天文本校勘記》云: '皇本、唐本、津藩本、正平本均無此句。' 足見這一句是因陽貨篇'信則人任焉'而誤增的。陽貨篇作'人', '人'是領導。此處誤作'民'。'民'指百姓。有信實, 就會被百姓任命, 這種思想絕非孔子所能有, 尤其可見此句不是原文。).

55 《論語正義》 翟灝[1736~1788]의 《四書考異》와 阮元[1764~1849]의 《十三經注疏校勘記》에는 모두 (이 네 구절을) 子張問仁章[陽貨 제6장]의 구절이 잘못해서 끼어들어간 衍文으로 의심된다고 했다. 《四書考異》에 또 말했다. "생각건대, '寬則得衆 信則民任焉 敏則有功 公則說' 네 구절과 앞 구절은 결코 뜻이 이어지지 않는다. 앞에 나온 子張問仁章과는, '公' '說' 두 글자만 다른데, 子張問仁章이 원래 고논어의 (둘째) 子張 편의 제1장[堯曰 제2장]에 있었던 것으로 보이고, 이 네 구절은 죽간에서 떨어지고 순서가 바뀌어 불완전한 문장이 된 것이다. 고서에서 죽간이 다 되면 한 편이 그치고, 장절을 기준으로 죽간의 편철을 나누지 않았기 때문에, 한 장의 태반이 탈락해도, 그 남아 있는 부분을 다음 편 죽간에다 연결시켰다. 子張問政章[堯曰 제2장]은, 공자께서 從政의 항목을 숫자로 요약해서 제시하고, 자장이 그 항목을 여쭙기를 기다렸다가, 그런 후에 상세하고 명백하게 말해 주었는데, 子張問仁章과 판에 박은 듯이 똑같아, 명백히 그 기록이 한 사람이 쓴 글로 보인다. 또 논어 20편 중, 오직 이 두 개 장만 제자의 물음에 답하는 '子'에, '孔'字를 덧붙여 썼다. 아마도 옛날에는 堯曰 章 · 子張問政章 이하를 별도로 한 편으로 나누었고, 앞의 季氏 편과는 다른 기자가 기록한 것일 텐데, '孔子'라 한 것이 그 예로, 그래서 知命章이 옛날 책에는 역시 '孔子'로 되어 있었던 것이다. 지금 子張問仁章이 陽貨 편에 난입 되어, 그 체제가 서로 맞지 않은데, 또 公山弗擾章과 佛肸章의 사이에 실려, 두 장을 부당하게 격리시켜 놓고 있으니, 이 또한 순서도 맞지 않는다." 또 말했다. "恭은 실상 寬 · 信 · 敏 · 惠의 근본인데, '恭則不侮' 구절만 홀로 빠트렸으니, 역대 제왕들의 통치 요체를 다 갖추었다고 하기에 부족하다"(翟氏灝考異、阮氏元校勘記並疑爲子張問仁章誤衍……考異又云: "按四語與上文絕不蒙。與前論仁章文, 惟"公、說"二字殊, 疑子張問仁一章原在古論子張篇首, 而此爲脫亂不盡之文。古書簡盡則止, 不以章節分簡, 故雖大半脫去, 猶得餘其少半連絡於下章也。下章子張問政, 孔子約數以示, 俟張請目, 然後詳晰言之, 與問仁章文勢畫一, 顯見其錄自一手。又二十篇中, 唯此二章以子答弟子之言, 加用'孔'字。蓋古分堯曰 、子張問以下別爲一篇, 與前季氏篇爲別一記者所錄, 稱'孔子'是其大例, 故知命章首舊本亦有'孔'字。今以問仁章亂入陽貨之篇, 既嫌其體例不符, 而公山、佛肸連類並載之間, 橫隔以比, 亦頗不倫。" 又云: "恭實寬、信、敏、惠之本, 獨舍此句, 未足該曆代帝王爲治之體要也。"); 《論語新解》 논어에서 공자의 언행을 편집한 것은 微子 편에서 이미 끝났다. 子張 편은 공자 문하 제자들의 말을 기록했고, 자공이 공자를 칭송한 네 장을 마지막으로 그 뒤에 붙였으니, 《논어》란 책은 여기에서 이미 끝났다고 할 수 있다. 堯曰 편은 요 · 순 · 우 · 탕 · 무왕이 천하를 다스릴 때 쓰던 통치요체를 차례로 서술했고, 또 공자의 말로써 그 뒤를 이었으니, '謹權量 審法度'부터를, 한유들은 後王들이 지켜야 할 법을 나열해서 말한 공자의 말로 여겨, 이 때문에 이 편은 바로 《논어》의 後序로, 《맹자》에서도 요 · 순 · 탕 · 문왕 · 공자가 서로 이어받은 것으로써 이 책의 後序를 삼은 것과 같다고 설명했다. 그렇지만 이 장에는 '子曰'이라 글자가 전혀 붙어 있지 않아서, 공자의 말인지는 아직 알 수 없다(《论语》编集孔子言行, 至《微子》篇已讫。《子张》篇记门弟子之言, 而以子贡之称道孔子四章殿其后, 《论语》之书, 可谓至此已竟。本篇历叙尧、舜、禹、汤、武王所以治天下之大端, 而又以孔子之言继之, 自谨权量审法度以下, 汉儒即以为是孔子之言, 陈后王之法, 因说此篇乃《论语》之后序, 犹《孟子》之书亦以历叙尧, 舜, 汤, 文, 孔子之相承作全书之后序也。然此章全不著子曰 字, 是否孔子语, 尚不可知。).

說, 音悅。○此於武王之事無所見, 恐或泛言帝王之道也[56][57]。
'說'(열)은 음이 '悅'(열)이다. ○이 일은 무왕(武王)의 사적에서는 보이는 데가 없는데, 아마도 제왕의 도리를 일반적으로 언급한 것이 아닌가 한다.

○楊氏曰:「論語之書, 皆聖人微言[58], 而其徒傳守之, 以明斯道[59]者也。故於[60]終篇, 具載[61]堯舜咨命[62]之言, 湯武誓師[63]之意, 與夫施諸政事者。以明聖學之所傳者, 一於是[64]而已。所以著明二十篇之大旨也。孟子於終篇[65], 亦歷敍堯, 舜, 湯, 文, 孔子相承之次,

---

56 《古今注》에서는 '寬則得衆 절은 특히 위 몇 개의 절과 내용이 서로 연속되지 않고, 이 절의 내용은 윗자리에 있는 자가 모두 경계할 것들이다'(按寬則得衆一節 尤與上數節不相連屬, 此是爲人上者之通戒。)라고 하여, 이 절을 별개 장으로 나누었다.

57 《論語大全》'謹權量' 이하는 모두 무왕이 한 일이다. '周有大賚'부터 '公則說'까지는 한 장이 되어야 한다. '興滅國 繼絶世 擧逸民'은 당시 모두 그런 일이 있었다(朱子曰: 謹權量以下, 皆武王事。當自周有大賚以下至公則說爲一章。蓋興滅國繼絶世擧逸民, 當時皆有其事。).

58 《漢書 · 藝文志》 옛날 중니께서 세상을 뜨고 나서는 성인의 微言이 끊어졌고, 칠십 제자가 세상을 떠나고 나서는 성인의 大義가 어그러지기 시작했다(昔仲尼沒而微言絕, 七十子喪而大義乖。); 微言大義(미언대의): 심오 · 정미한 말속에 들어 있는 핵심 도리. 함축된 말로 경전의 요지를 밝히다. [안사고 주] 微言: 정미 · 오묘한 말씀(微言: 精当而含义深远的话; 大义: 本指经书的要义, 后指大道理。包含在精微语言里的深刻的道理。; [顔師古 注]微言: 精微要妙之言。).

59 《雍也 제15장》 참조.

60 於(어): 의거하다(依靠).

61 具載(구재): 자세하게 싣다. 다 구비해서 싣다(详载; 备载).

62 咨命(자명): 임금의 명령. 서경에 요순이 신하들을 임명하거나 묻는 구절 맨 처음에 '咨'를 붙인 경우가 많았기 때문에, '咨命'을 써서 임금의 명령을 지칭했다(尚书记尧舜任命或询问臣工, 句首多冠以'咨', 故后世以'咨命'指天子之命。).

63 誓師(서사): 《書經 · 虞書 · 大禹謨》에, 우가 (순임금의 명에 따라, 유묘를 정벌하기 위해) 제후들을 모아놓고 군사들에게 맹세하면서, '여러분 모두 내 말을 들으시오.……'라고 한데서 유래한 말로, 군대나 출정할 때 총사령관이 군사를 향해 작전의 의의를 선언하여 군사의 전투 의지를 격려하는 말(《書經、大禹謨》'禹乃會群后, 誓于師曰: '濟濟有衆, 咸聽朕命……''; 后以'誓师'指军队出征前或作战时, 统帅向将士宣示作战意义, 以激励士师的战斗意志。).

64 於是(어시): 이와 같다. 이런 정도이다. 이렇다(如此).

65 《孟子 · 盡心下 제38장》 맹자가 말했다. "요 · 순임금부터 은나라 탕임금까지 오백여 년인데, 우왕과 고요 같은 분은 눈으로 보고서 알았고, 탕임금 같은 분은 전해 듣고서 알았다. 탕임금부터 주나라 문왕까지 오백여 년인데, 이윤이나 래주 같은 분은 눈으로 보고서 알았고, 문왕 같은 분은 전해 듣고서 알았다. 문왕부터 공자까지 또 오백여 년인데, 태공망이나 산의생 같은 분은 눈으로 보고서 알았고, 공자 같은 분은 전해 듣고서 알았다. 공자부터 지금까지는 백여 년으로, 성인께서 사셨던 때와의 거리가 이처럼 멀지 않고 성인께서 사셨던 곳과 가깝기가 이처럼 심하지만, 그럼에도 성인의 도를 눈으로 보고 아는 사람이 없으니, 그렇다면 또한 앞으로는 전해 듣고서 아는 사람조차도 없겠구나!"(孟子曰:

皆此意也。」[66, 67]

○양씨(楊氏·楊中立)가 말했다. "《논어》(論語)의 글은, 모두 성인의 심오·은미한 말씀으로, 그의 문도들이 이를 전수하고 지켜서, 이로써 사도(斯道)를 밝힌 것이다. 그래서

"由堯舜至於湯, 五百有餘歲, 若禹, 皐陶, 則見而知之; 若湯, 則聞而知之。由湯至於文王, 五百有餘歲, 若伊尹, 萊朱則見而知之; 若文王, 則聞而知之。由文王至於孔子, 五百有餘歲, 若太公望,散宜生, 則見而知之; 若孔子, 則聞而知之。由孔子而來至於今, 百有餘歲, 去聖人之世, 若此其未遠也; 近聖人之居, 若此其甚也, 然而無有乎爾, 則亦無有乎爾。").

66 《論語大全》이 장은 앞서간 성인들이 한 말에 대해 선생님께서 말씀하신 것으로, 제자가 서로 비슷한 말씀들을 여기에 기록한 것이다(朱子曰: 此篇夫子誦述前聖之言, 弟子類記於此。).

67 《朱熹文集·答陳同甫(陳亮)》(漢·唐 이래로) 1,500년 동안, 요·순·우·탕·문·무·주공·공자가 전한 도가 천지간에 온전히 실행된 적은 단 하루도 없었으나, 도의 영원성은 애초부터 사람이 간여할 수 있는 바가 아닙니다. 오직 그것[도]만은 저 스스로 고금을 초월하여 소멸하지 않는 것입니다. 비록 그 도는 1,500년 동안 사람에 의해서 파괴되기는 했어도, 또한 사람들이 그 도를 모조리 없애지는 못했습니다. 도는 잠시도 멸식된 적이 없으나, 사람 자신이 그것을 멸식시켰을 뿐이니, 이른바 '도는 망한 것이 아니라 유왕·여왕이 도를 따르지 않았을 뿐이다'[漢書·董仲舒傳]라는 말이 바로 그것입니다(千五百年之間……堯、舜、三王、周公、孔子所傳之道, 未嘗一日得行於天地之間也, 若論道之常存, 却又初非人所能預。只是此箇自是亘古亘今常在不滅之物。雖千五百年被人作壞, 終殄滅他不得耳……蓋道未嘗息而人自息之, 所謂非道亡也, 幽,厲不由也, 正謂此耳。). ……항상 저는 예나 지금이나 오직 하나의 도리만 존재하고, 그것에 순응한 자는 성공했고, 그것에 어긋난 자는 패망했다고 생각합니다. 물론 옛날의 성현만 그랬던 것은 아니고, 후세의 이른바 영웅호걸들도 그것의 理를 벗어나서 성취할 수 있었던 사람은 없었습니다. 다만 옛 성현은 근본부터 惟精惟一의 공부가 있었기 때문에, 中을 견지하여, 철두철미 선하지 않은 바가 없었으나, 후세의 이른바 영웅호걸들은, 그러한 공부를 한 적이 없고, 다만 세속의 利欲의 마당에서 부침했을 따름입니다. 그중에서 자질이 훌륭한 사람은 우연히 일치하여, 각자의 기량대로 다소간 업적을 세웠지만, 혹은 中을 견지하기도 혹은 견지하지 못하기도 하여, 철두철미 선하지 못했다는 점에서는 똑같았습니다(常竊以爲亘古亘今只是一體[理], 順之者成, 逆之者敗, 固非古之聖賢所能獨然, 而後世之所謂英雄豪傑者亦未有能舍此理而得有所建立成就者也。但古之聖賢從本根上便有惟精惟一功夫, 所以能執其中, 徹頭徹尾無不盡善, 後來所謂英雄, 則未嘗有此功夫, 但在利欲場中頭出頭沒, 其資美者乃能有所暗合, 而隨其分數之多少以有所立, 然其或中或否不能盡善, 則一而已。). ……이른바 '인심은 여전히 위태롭고, 도심은 여전히 미약하니, 오로지 정밀하게 하고 오로지 전일하게 하여, 진실로 그 중을 잡으시오'[書經·虞書·大禹謨]라는 것이 요·순·우임금이 서로 전수한 밀지(密旨)입니다. 무릇 사람은 태어날 때부터 개인의 육체에 얽매여 있기 때문에, 물론 '人心'이 없을 수 없으나, 반드시 천지의 올바름[天地之正]에서 받은 것이 있으므로, 또한 '道心' 또한 없을 수 없습니다. 일상생활에서, 이 두 가지가 병행하여, 교대로 지배하니, 一身의 是非得失과 天下의 治亂安危 등, 모두 일이 다 거기에 달려 있는바, 세심하게 분별하여, 人心이 道心에 섞여들지 않게 하고, 또 전일하게 견지하여, 천리가 인욕에 빠져들지 않게 한다면, 그의 모든 행위는 어느 하나라도 중도에 맞지 않는 게 없게 되고, 천하 국가의 일도 모든 경우마다 다 합당하게 되는 것입니다(所謂'人心惟危, 道心惟微, 惟精惟一, 允執厥中'者, 堯、舜、禹相傳之密旨也。夫人自有生而梏於形體之私, 則固不能無人心矣。然而心有得於天地之正, 則又不能無道心矣。日用之間, 二者並行, 迭爲勝負, 而一身之是非得失, 天下之治亂安危, 莫不系焉。是以欲其擇之精, 而不使人心得以雜乎道心; 欲其守之一, 而不使天理得以流於人欲。則凡其所行, 無一事之不得其中, 而於天下國家無所處而不當。)(馮友蘭 저/박성규 역, 『중국철학사(하)』[까치, 2009], 562).

마지막 편에, 요(堯) · 순(舜)이 명한 말과 탕(湯) · 무(武)가 군사에게 전쟁을 선포하는 뜻과 여러 정사에 시행한 일들을 다 갖추어 기재해 놓았다. 이를 통해 성인의 학문이 전하는 바가, 하나같이 이런 정도뿐이라는 것을 밝혔다. 이를 통해 《논어》(論語) 20편의 대의를 드러내서 밝힌 것이다. 《맹자》(孟子)의 마지막 편도, 요(堯) · 순(舜) · 탕(湯) · 문(文) · 공자(孔子)가 서로 계승한 차례를 낱낱이 서술했는데, 모두 이러한 뜻이었다."

[子張問章]

200201. 子張問於孔子曰[1]:「何如斯[2]可以從政矣?」子曰:「尊五美[3], 屛[4]四惡, 斯可以從政矣。」子張曰:「何謂[5]五美?」子曰:「君子惠而不費[6], 勞而不怨[7], 欲而不貪[8], 泰而不驕[9], 威而不猛[10]。」[11]

자장(子張)이 공자(孔子)께 여쭈었다. "어떠하면 정치에 종사할 수 있겠습니까?" 선생님께서 말씀하셨다. "다섯 가지 미덕[五美]을 준행하고, 네 가지 악덕

---

1 《論語義疏》本에는 '子張問政於孔子曰'로 되어 있다.

2 《北京虛詞》何如(하여): 어떠한가? 어떤. 상황을 묻는다. 생략문의 앞부분에 쓰이며, 뒷부분에 '斯' '則'를 써서 연결한다('何如', 询问情状。义即'怎么样', '什么样的'。充当紧缩句的前一部分, 与后一部分间用 '斯'、'则'连接。); 斯(사): ~하면. 바로(则。就。表示承接上文, 得出结论。).

3 《論語義疏》'尊'(존)은 '崇重'[존중하다]이다(疏: 尊崇, 重也。);《論語平議》'五美를 尊崇한다'고 하면 말이 안 된다. '尊'은 '遵'[좇다]으로 해석해야 한다.《方言 · 第十二》에 '遵은 行이다'라고 했다. '尊五美'는 '五美를 준행해야 한다'는 말이지, '五美를 존숭해야 한다'고 말한 것이 아니다(五種美事, 不得以尊崇爲言。尊, 當讀爲遵。方言, 遵, 行也。遵五美。言當遵行五美, 非尊崇之謂。).

4 《論語集解》'屛'(병)은 '除'[제거하다]이다(注: 孔安國曰: 屛, 除也。).

5 《論孟虛字》'何謂'는 '何爲'와 같다. '爲'는 '是'로 풀이한다["무엇이 五美인지요?"]('何謂', 猶'何爲'。'爲'訓 '是'。'什麼是五美呢?').

6 [성]惠而不費(혜이불비): 남에게 이익을 주면서도 자기는 손해 보는 게 없다. 남에게 은혜를 베풀면서도 낭비되는 게 없다(惠: 给人好处; 费: 耗费。给人好处, 自己却无所损失。施惠於人而無所耗費。); 惠(혜): 이익을 베풀다(给人好处); 費(비): 낭비하다. 소모하다. 써서 없애다(耗费).

7 [성]勞而不怨(노이불원): 효자가 정성을 다하는 마음으로 어버이를 봉양하다. 위정자가 부리는데도 백성들이 불평하지 않다(形容孝子精心侍奉父母。也指当政者使民勤劳而民无埋怨。);《孟子 · 盡心上 제12장》백성을 편하게 해주려고 백성을 부리면, 힘들다 할지라도 원망하지 않는다. 살게 해주려고 백성을 죽인다면, 죽을지라도 죽인 자를 원망하지 않는다(孟子曰 : 以佚道使民, 雖勞不怨; 以生道殺民, 雖死不怨殺者。).

8 《論語譯注》다음 절의 '欲仁而得仁 又焉貪'으로 보아, 이 절의 '欲'字가 '欲仁欲義'를 가리켜 말한 것임을 알 수 있다(下文云: "欲仁而得仁, 又焉貪?" 可見此"欲"字是指欲仁欲義而言。);《論語正義》《說文 · 貝部》에 '貪(탐)은 물건을 욕심내는 것이다'라고 했고,《呂氏春秋 · 愼大》의 高誘[東漢人]의 注에 '추구하는데, 만족을 모르는 것이 貪이다'라고 했다('貪'者, 說文云: "欲物也。" 呂覽愼大注: "求無厭足, 爲貪。");《王力漢語》貪(탐): 수단을 가리지 않고 재물을 취득하다. 만족을 모르고 추구하다(不擇手段地取得財物, 跟'廉'相對。引申爲對各種東西不知滿足地追求。).

9 《子路 제26장》 참조.

10 《述而 제37장》 참조.

11 《論語大全》"정치를 여쭌 것에 대해 이것들을 언급하신 것은 무엇인지요?" "자기를 다스리는 것이 남을 다스리는 것으로, 그 이치는 똑같다"(曰於問政及之何也? (朱子)曰: 治己治人, 其理一也。).

[四惡]을 물리치면, 정치에 종사할 수 있다." 자장(子張)이 여쭈었다. "무엇이 다섯 가지 미덕[五美]인지요?" 선생님께서 말씀하셨다. "군자가 은혜는 베풀지만 허비는 하지 않고, 일은 시키지만 원망은 사지 않고, 인(仁)은 바라지만 다른 것은 욕심부리지 않고, 느긋하지만 건방지지는 않고, 위엄은 있지만 사납지는 않은 것이다."

費, 芳味反。

'費'(비, fèi)는 '芳'(방)과 '味'(미)의 반절이다.

200202、子張曰:「何謂惠而不費?」子曰:「因民之所利而利之[12], 斯[13]不亦惠而不費乎? 擇可勞而勞之[14], 又[15]誰怨?[16] 欲仁而得仁[17], 又焉[18]貪? 君子無衆寡[19], 無小

12《論語義疏》'因民所利而利之'는 물가에 사는 백성은 물고기 · 소금 · 대합 · 조개를 이익으로 해서 살아가고, 산중에 사는 백성은 과실 · 재목을 이익으로 해서 살아가니, 현명한 임금의 정치는 가까이 있는 것으로 편안하게 하지, 물가에 사는 백성을 산중에서 살게 하고, 섬에 사는 백성을 뭍에서 살게 하지 않으니, 이것이 '因民所利而利之'이면서, 임금에게는 손해나 허비하는 게 없는 것이다(因民所利而利之, 謂民水居者利在魚鹽蜃蛤, 山居者利於菓實材木, 明君爲政, 即而安之, 不使水者居山, 渚者居中原, 是因民所利而利之, 而於君無所損費也。);《論孟虛字》따르다. 좇다('因'爲'依循'之義。).

13《論語句法》'斯'는 형식상의 주어이다. '不'는 부정부사이고, 그 밑에 어기사 '亦'를 붙여, 반문 어기를 강화했다('斯'是形式上的主語。'不'是否定限制詞, 其下加了語氣詞'亦'字, 來加重反詰的語氣。);《北京虛詞》斯(사): 근지 지시대명사. 이. 이렇다. 이것. 이곳('斯', 指示代词。表示近指。可指代人、物、事、处所等, 可作主语、介词宾语、宾语、名词修饰语。义即'这'、'这样'、'这个'等。).

14《論語義疏》백성을 부리는 법으로, 각자 차등에 따라, 그에 맞는 일을 택해 일을 시킨다면, 백성들은 그 노역에 복무하면서도 원망하지 않는다(疏: 言凡使民之法, 各有等差, 擇其可應勞役者而勞役之, 則民各服其勞而不敢怨也。);《論語注疏》백성을 농한기를 써서 부리는 것[學而 제5장]을 말한다(疏: 正義曰: 謂使民以時。);《論語正義》'勞民'은 도랑을 파고 파종하고 수확하는 것과 같은 종류이다. 또 농한기에 武事를 익히고, 제방을 쌓고 성곽을 축성하는 일이 모두 '擇而勞之'이다(正義曰: 勞民, 如治溝洫及耕斂之類。又農隙講武事, 興土功, 並是擇而勞之。);《古今注》'擇可勞'는 백성에게 이익이 되는 일, 백성의 환난을 막는 일을 말한다(擇可勞, 謂興利禦患之事。).

15《論孟虛字》'又'는 '則'과 같다. 승접접속사('又', 猶'則'。用作承接連詞, 位於複句的次句之首。).

16《論語正義》'擇可勞而勞之' 이하는 모두 자장의 질문이 있었기 때문에 답한 것이다. '子張問……'을 언급하지 않는 것은 맨 앞 구절 '何謂惠而不費'에 묶은 것으로, 질문하는 말이 모두 이에 따라서 생략된 것이다(正義曰: 案: "擇可勞而勞之"以下, 皆因子張問而答之。不言 "子張問"者, 統於首句"何謂惠而不費", 凡諸問辭皆從略也。).

17《論語義疏》재색을 바라는 욕심이 있고, 인의를 바라는 욕심이 있다. 인의를 바라는 것은 청렴이고,

大[20], 無敢慢[21], 斯不亦泰而不驕乎[22]? 君子正其衣冠[23], 尊其瞻視[24], 儼然[25]人望而畏之[26], 斯不亦威而不猛乎?[27]」

재색을 바라는 것은 탐욕이다. 임금은 인의를 바라서 인의를 일에 드러내야지, 재색을 탐욕해서는 안 된다는 말로, 그래서 '인을 바래고 인을 얻으려고 해야지 또 무엇을 탐욕하겠느냐?'라고 한 것이다(疏: 欲有多塗, 有欲財色之欲, 有欲仁義之欲。欲仁義者爲廉, 欲財色者爲貪。言人君當欲於仁義, 使仁義事顯, 不爲欲財色之貪, 故云欲仁而得仁又焉貪也。); 《論語正義》 '欲仁得仁'은 백성에게 인정을 펴길 바라면, 바로 인정을 펼 수 있기 때문에, 쉽게 인을 얻을 수 있다고 한 것이다(正義曰: '欲仁得仁', 謂欲施仁政於民, 即可施行, 故易得仁也。); 《論語譯注》 "네가 인덕을 원하면 바로 인덕을 얻을 수 있는데, 또 무엇을 탐하겠느냐?"("自己需要仁德便得到了仁德, 又貪求什麼呢?").

18 《北京虛詞》 焉(언): 사물을 물어보는 의문대명사. 무엇. 무슨. 뭐('焉', 疑问代词。询问事物。作谓语或宾语。义即'什么'); 《古漢語語法》 '又誰怨'과 '又焉貪'은 서로 對句이다. '誰'와 '焉'은 모두 목적어로 쓰였다. 타동사 '貪'은 일반적으로 모두 탐내는 내용을 직접목적어로 삼는다. 이 때문에 여기 '焉'도 마땅히 일반적인 사물을 가리키는 대사로 봐야 하고, '焉貪'은 '무엇을 욕심부리다'의 뜻이다('又誰怨'和'又焉贪', 相对为文。'誰'和'焉'都做宾语。及物动词'贪'一般都以贪的内容为直接宾语。因此这个'焉'也宜视为代词, 泛代事物, '焉贪'意即'贪求什么'。).

19 《論語義疏》 나의 재부의 많음을 가지고 저 사람의 재부의 적음을 능멸하지 않는다(疏: 不以我富財之衆而陵彼之寡少也); 《論語譯注》 衆寡(중과): 사람의 많고 적음(人多人少。); 《文言虛詞》 '無'는 개사로 쓰일 수 있다. 이 경우 반드시 부사구 앞에 놓인다. ~를 막론하고. ~든지('無'可以用作介詞, 是'不論'的意思, 這種'無'字一定擺在副詞短語的前面。); 《北京虛詞》 無(무): 부사. 어찌 되었든 간에. 막론하고. ~에 관계없이. 한 쌍의 반대어의 앞에 쓰여 '막론하고'의 뜻을 표시한다('無', 副词。用于一对反义词语前, 表示无论如何之意。义即'无论'、'不论'。); 《論語句法》 '無'는 '不'과 같고, 그 밑에 '論'字가 생략되었다('無'等於'不', 其下述詞'論'省略沒說出來。).

20 《論語義疏》 지위 · 권세의 고하 · 대소(疏: 貴勢之大小); 《論語譯注》 권세의 대소(論勢力大小。).

21 《論語注疏》 인지상정은 많은 것 · 큰 것을 공경하고, 적은 것 · 작은 것을 업신여긴다(疏 正義曰: 常人之情, 敬衆大而慢寡小。); 無敢(무감): =不敢。

22 《集注考證》 군자는 많다고 경외시하고 적다고 약하게 대하지 않고, 크다고 중시하고 작다고 경시하지 않고, 대하는 것이 한결같아, 조금의 업신여김도 없는 것, 이것이 '不驕'이다(君子不畏衆而弱寡, 不重大而輕小, 視之如一, 無一敢慢者, 是不驕也。); 《古今注》 많고 커도, 감히 업신여기지 않으니, 소위 '泰'이고, 적고 작아도, 감히 업신여기지 않으니, '不驕'이다(衆且大, 亦無敢慢而已, 所謂泰也, 寡且小, 亦無敢慢而已, 不爲驕也。); 《論語新解》 사람들은 본래 寡 · 小한 것을 업신여기기 쉽지만, 또한 衆 · 大한 것을 업신여기기 좋아하는 것을 강직한 것으로 생각하는 사람들도 있기 때문에, 같이 말한 것이다(人固易慢寡小, 然亦有喜慢众大以为刚直者, 故并言之。).

23 《論語義疏》 옷은 풀어 헤치지 않고, 관은 벗지 않는다(疏: 衣無撥冠無免也。).

24 《論語義疏》 쳐다보는 눈빛이 간사하거나 바르지 못함이 없다(疏: 瞻視無回邪也。); 瞻視(첨시): 바라보다. 바라보는 눈매. 겉모습. 외관(观瞻。指外观。); 瞻(첨): 먼 곳을 보다. 높은 곳을 보다(本义: 向远处或向高处看。).

25 《爾雅 · 釋詁》 '儼'은 '敬'[공경하다. 숙연하다]이다. [郭璞注] '儼然'은 공경스러운[숙연한] 모습이다. [邢昺疏] 삼가 공경함을 말한다. 《논어》에 '儼然人望而畏之。'라고 했다(儼……, 敬也。; 注: 儼然, 敬貌。; 疏: 釋曰: 皆謂謹敬也…… 《論語》云: "儼然人望而畏之。").

26 [성]望而生畏(망이생외): 보기만 해도 두려운 마음이 생기다(畏: 恐惧, 害怕。看见了就害怕。).

자장(子張)이 여쭈었다. "무엇이 은혜는 베풀지만 허비는 하지 않는 것인지요?" 선생님께서 말씀하셨다. "백성들이 이롭게 여기는 일을 그대로 따라서 이롭게 해준다면, 이야말로 은혜는 베풀지만 허비는 하지 않는 것이 아니겠느냐? 백성들에게 시킬만한 일인지를 가려서 일을 시키는데, 또 누가 원망하겠느냐? 인(仁)을 바라면 바로 인(仁)을 얻을 수 있는데, 또 다른 무엇을 욕심부리겠느냐? 군자는 재부(財富)가 많다거나 적다거나 하여, 권세(權勢)가 작다거나 크다거나 하여, 감히 공경한다거나 업신여긴다거나 하지 않으니, 이야말로 느긋하지만 건방지지는 않은 것이 아니겠느냐? 군자가 그의 의관을 바르게 하고, 그의 쳐다보는 눈빛을 존엄하게 하면, 위엄이 있어서 사람들이 바라보기만 해도 그를 경외할 것이니, 이야말로 위엄은 있지만 사납지는 않은 것이 아니겠느냐?"

焉, 於虔反。

'焉'(언, yān)은 '於'(어)와 '虔'(건)의 반절이다.

200203、子張曰:「何謂四惡?」子曰:「不教而殺[28]謂之虐; 不戒視成[29]謂之暴; 慢令致期[30]謂之賊[31]; 猶之[32]與人也, 出納[33]之吝[34], 謂之有司[35]。」

27《集注考證》군자가 백성들에게 임하기를 위엄을 차린다는 것은[爲政 제20장] 대개 엄숙하고 공경되게 자기를 지키려는 것이지, 이것으로 남을 능멸하려는 것이 아니기 때문에, '威而不猛'이라 했다(君子臨民以莊, 蓋以嚴敬持己, 非以此加人也, 故威而不猛。).

28 [성]不教而殺(불교이살): 경고하지 않고 바로 죽이다. 평소에 미리 가르치지 않다가 잘못을 저지르면 엄하게 처벌하다(教: 教育; 杀: 处罚, 杀死。不警告就处死。指事先不教育人, 一犯错误就加以惩罚。平時不透過教育來防範罪行, 遇有犯錯立即加以處罰或判死刑。).

29《論語義疏》사전에 예고해서 준비시키지 않고 급작스럽게 목전의 성과를 보일 것을 곧바로 요구하다(疏不先戒勖, 而急卒就責目前, 視之取成。); 戒(계): 미리 준비하다. 준비하다(预备; 准备); 視成(시성): 성공을 요구하다. 다그치다(谓责其成功).

30 慢令(만령): 집행을 느슨하게 해도 되게 명령을 하달하다. 명령을 질질 끌어 시기를 놓다(谓下达可缓慢执行的命令。延误命令。); 致期(치기): 기일을 정하다(限期).

31《孔子家語·始誅》공자가 노나라 司寇를 할 때였다. 부자간에 송사하는 자가 있어, 공자가 부자를 함께 감옥에 가둬 놓고, 석 달 동안 시비를 가리지 않자, 아버지가 송사를 중지해줄 것을 청하니, 부자를 풀어주었다. 계손이 듣고 불쾌하게 여기어 말했다. "司寇가 나를 속였다. 지난번에는 나에게, '나라를 다스리는 데는 반드시 먼저 효를 써야 한다. 내가 지금 불효자 한 사람을 죽여 백성들에게 효를 가르쳤으니, 괜찮지 않은가?'라고 말했는데, 지금은 또 불효자를 풀어주다니, 무엇인가?"(孔子爲魯大司寇。有父

자장(子張)이 물었다. "무엇이 네 가지 악덕[四惡]인지요?" 선생님께서 말씀하셨다. "가르치지 않고 죽이는 것을 일러 학정이라 하고, 미리 일러 준비시키지 않고 성과를 따지는 것을 일러 폭정이라 하고, 영을 게을리하고 기한을 다그치는 것을 일러 도적이라 하고, 어차피 사람들에게 내주는 것은 마찬가지인데, 내주는 데 인색한 것을 일러 좀스럽다고 한다."

子訟者, 夫子同狴執之, 三月不別, 其父請止, 夫子赦之焉。季孫聞之, 不說, 曰: "司寇欺余, 曩告余曰: 國家必先以孝。余今戮一不孝以教民孝, 不亦可乎? 而又赦, 何哉?"). 염유가 이 말을 고해바치자, 공자가 한숨을 쉬고 탄식을 하면서 말했다. "아아! 윗사람이 자기가 지켜야 할 도리는 지키지 않으면서 자기 아랫사람을 죽이는 것은, 도리가 아니다. 효를 가르치지 않고 죄를 다스리는 것은, 이는 무고한 사람을 죽이는 것이다. 삼군이 대패했다고, 참수해서는 안 되고, 법령이 불비한데, 형벌을 가해서는 안 된다. 어째서인가? 교육이 행해지지 않았다면, 죄가 백성에게 있는 것이 아니기 때문이다. 무릇 법령의 하달을 게을리해놓고 처형만 엄격히 하는 것은, 도적이고, 세금 거두기를 시도 때도 없이 하는 것은, 폭정이고, 시험해보지 않고 성과를 요구하는 것은, 학정이다. 그러므로 이 세 가지 폐해를 없앤 후에, 형벌을 사용할 수 있다"(冉有以告孔子, 孔子喟然歎曰: "嗚呼! 上失其道而殺其下, 非理也; 不教以孝而聽其獄, 是殺不辜; 三軍大敗, 不可斬也; 獄犴不治, 不可刑也。何者? 上教之不行, 罪不在民故也。夫慢令謹誅, 賊也; 徵斂無時, 暴也; 不試則成, 虐也。故無此三者, 然後刑可即也……。").

32《助字辨略》'猶之'는 '總是'[결국에는]이다["재물은 결국에는 사람에게 내줘야 할 물건이다"](愚案: 猶之, 猶俗云總是。謂財賄總之要當與人者。);《經傳釋詞》'猶'는 '均'과 같다. 사물이 서로 엇비슷한 경우가 '均'이기 때문에, '猶'에도 '均'의 뜻이 있다. '猶之與人'은 '均之與人'[이러나저러나 사람에게 내주는 것은 똑같다]의 뜻이다(猶, 猶'均'也。物相若則均, 故猶又有均義……'猶之與人', '均之與人'也。);《詞詮》똑같이. '猶之' 형태로 연용하는 경우가 있다('猶', 副詞。均也, 等也。或與'之'字連用。);《論語譯注》"이러나저러나 똑같이 사람들에게 내줄 재물인데……"("同是給人以財物……").

33 [성]出納之吝(출납지인): 차마 내주지 못하다. 내주지 못하고 좀스럽다(舍不得拿出去, 出手小气。);《論語平議》이 구절은 '出'[내주다]의 인색함을 말했을 뿐이다. '納'[들이다]의 경우 어찌 '納에 인색하다'는 말이 있을 수 있겠는가? '出納'이라고 사람들이 항시 두 글자를 붙여서 말하기 때문에, '出'을 말하면서 아울러 '納'까지 언급한 것이다. 옛사람들의 말하는 방법이 이와 같았다(此自言出之吝耳。納則何吝之有, 因出納爲人之恒言, 故言出而并及納, 古人之辭, 如此。);《論語譯注》'出'과 '納(入)'은 뜻이 상반되는 글자로, 여기서는 비록 이어서 썼지만, '出'의 뜻만 있고, '納'의 뜻은 없다('出納': 出和納(入)是兩個意義相反的詞, 這裏雖然在一起連用, 卻只有'出'的意義, 沒有'納'的意義。); 出納(출납): 재물의 지출과 수입(財物的支出和收入).

34《論語大全》여기의 '吝'(인)자는 단지 머뭇거리면서 결단하지 못하는 것을 경계한 것이다. 상을 줘야 하면 바로 상을 줘야지, 머뭇거리면서, 까다롭게 굴고, 줄이려고 하고, 주기 싫어하고, 아까워하다 보면, 일의 기회를 그르치고 만다(朱子曰: 此吝字……只是戒人遲疑不決。若當賞便用賞, 遲疑之間, 澀縮靳惜, 便誤事機。).

35《論語義疏》'有司'는 맡아 놓은 물건을 관리하는 자로, 창고지기의 일종이다. 창고지기는 관물이 있어도 자기 맘대로 내줄 수 없기 때문에, 출입해야 할 물건은 반드시 자문을 구해야 하고, 감히 자기 맘대로 처리할 수 없다. 임금이 만약 물건을 내주는 데 인색하다면, 이는 곧 창고지기와 다를 바 없기 때문에, '謂之有司'라 한 것이다(疏: 有司, 謂主典物者也, 猶庫吏之屬也。庫吏雖有官物而不得自由, 故物應出入者, 必有所諮問, 不敢擅易。人君若物與人而吝, 卽與庫吏無異, 故云謂之有司也。).

出[36], 去聲。○虐, 謂殘酷不仁。暴, 謂卒遽[37]無漸。致期, 刻期[38]也。賊者, 切害[39]之意。緩於前而急於後, 以誤其民, 而必刑之, 是賊害[40]之也。猶之, 猶言均之也。均之以物與人, 而於其出納之際, 乃或吝而不果。則是有司之事, 而非爲政之體。所與雖多, 人亦不懷其惠矣。項羽使人, 有功當封, 刻印刓[41], 忍弗能予, 卒以取[42]敗, 亦其驗也。

'出'(출)은 거성[chù]이다. ○'虐'(학)은 '잔혹하여 어질지 못하다'[殘酷不仁]라는 말이다. '暴'(포)는 '갑작스럽고 점진적이지 않다'[卒遽無漸]라는 말이다. '致期'(치기)는 '기일을 맞추라고 다그치다'[刻期]이다. '賊'(적)은 '아주 모질다'[切害]라는 뜻이다. 앞에서는 느슨하게 해 놓고 뒤에서는 촉급하게 하여, 이로써 자기 백성을 잘못 알게 해 놓고서, 반드시 형벌을 가한다면, 이것이 백성을 해치는 것이다. '猶之'(유지)는 '어차피 마찬가지다'[均之]라는 말과 같다. 이러나저러나 물건을 사람들에게 내주는 것은 마찬가지인데, 그 물건을 내줄 즈음에, 그제야 혹시 인색하여 그대로 내주지 못하면, 이는 주인의 지시를 받아 처리하는 유사(有司)의 일 처리지, 정치의 본령이 아니다. 내주는 것이 비록 많을지라도, 사람들은 그럼에도 그것을 은혜로 생각하지 않는다. 항우(項羽)가 사람을 부리는데, 공적이 있어 마땅히 봉작을 수여해야 하는데, 새겨놓았던 인장의 모서리가 떨어져 나가도록, 차마 수여하지 못하다가, 끝내 이로써 패망을 초래한 것, 또한 그 증거이다.

○尹氏曰:「告問政者多矣, 未有如此之備者也。故記之以繼帝王之治, 則夫子之爲政可知也。」[43]

---

36 出(출): [chū] 나가다. 넘다. 내보내다. 낳다(由內到外。與入相對。超出。逐出。出生。; [chuì] 내보내다(使出。).

37 卒遽(졸거): 갑작스럽다. 서두르다. 급격하다. 세차다(仓促急遽).

38 刻期(각기): 바삐 다그치다(克期, 在严格规定的期限内。).

39 切害(절해): 아주 모질다(特别严重; 极其厉害).

40 賊害(적해): 해치다. 못쓰게 손상을 입히다. 죽이다(残害).

41《衛靈公 제26장》각주《史記 · 淮陰侯列傳》참조; 刓(완): 모서리가 떨어져 나가다. 닳아져 헤지다(削去棱角。磨损。).

42 取(취): 초치하다. 초래하다(招致).

43《論語大全》정치에 대해 여쭌 것이 논어에 보이는 것으로는, 제경공 · 섭공이 각각 한 번[顏淵 제11장 · 子路 제16장], 계강자가 두 번[顏淵 제17 · 19장], 자공 · 자장 · 자로 · 중궁 · 자하가 각각 한 번[顏淵 제7 · 14장 · 子路 제1 · 2 · 17장]이다(雲峯胡氏曰: 問政見於論語者, 齊景公、葉公各一, 季康子凡二, 仲弓、子路、子張、子夏、[子貢]各一。).

○윤씨(尹氏 · 尹彦明)가 말했다. "정치에 대한 질문에 대해 해주신 말씀은 많았지만, 이 장만큼 잘 갖추어진 말씀은 없었다. 그래서 앞 장에 말씀하신 제왕들의 치적에 이어서 이 말씀을 기록해 놓았으니, 선생님의 정치에 대한 생각을 알 수 있다.

[不知命章]

200301、子[1]曰:「不知命[2], 無以[3]爲君子也。[4, 5]

1《論語正義》經典釋文 · 論語義疏 · 論語注疏 · 唐石經 · 宋石經 本에는 모두 '孔子'로 되어 있는데, 論語集注本에만 '子'로 되어 있으니, 잘못해서 글자가 빠진 것이다(正義曰: 釋文本、皇、邢本, 唐、宋石經並作"孔子", 唯集注本無"孔"字, 當是誤脫。);《補正述疏》'子曰' 위에 '孔'字가 있는 것은 황간 · 형병본이 동일하고, 송석경이 동일하고, 集注本도 당연히 동일해야 되는데, 빠진 것이다. 제1장은 옛날의 요체를 전술했고, 제2장은 정치의 요체를 논했고, 제3장은 배움의 요체를 논했다. 세 장을 연이어 써서 편을 끝내면서, '공자'라 칭한 것은, 堯 · 舜 · 禹 · 湯 · 武에 맞춰서 말한 것으로, 이 장 또한 '才難'장[泰伯 제20장]에서 '子'라 칭하지 않고 '孔子'로 바꿔서 칭한 것과 같은 예이다. 논어는 이 세 장을 연이어 써서 편을 끝냈으니, 이를 써서 공자께서 堯 · 舜 · 禹 · 湯 · 武의 도를 밝힌 분으로, 이분이 만세의 사표임을 나타내려 한 것이다(述曰: "子曰"上有"孔"字, 皇、邢本同, 宋石經同,《集注》本當同, 遺之爾。謹案:《堯曰》章述古之要, 上章論證之要, 此章論學之要。連章終篇, 稱"孔子", 對堯、舜、禹、湯、武而言也, 亦"才難"章稱孔子之變例也……《論語》以此三者連章終篇, 所以見孔子明二帝、三王之道也, 此萬世師也。).

2《論語集解》'命'은 窮達[빈궁 · 영달]의 분수를 말한다(注: 孔安國曰: 命謂窮達之分也。);《論語今讀》'命'이란, 그리된 까닭을 모르는데 그리된 것으로, 말하자면 인력으로 통제할 수 없고 예측하기 어려운, 모종의 외재적인 힘 · 장면 · 조우 · 결과이다. 그래서 명은 우연성이라고 말할 수 있다. '명을 모르고는 군자가 될 도리가 없다'는 말은, 즉 외부의 힘의 이러한 통제할 수 없는 우연성을 이해하지 못하고 인식하지 못하면, 군자라 하기에 부족하다는 말이다. 인생은 총체적으로 말하면, 우연성의 영향과 지배하에 있는데, 여하히 우연성을 주의 · 이해 · 인식 · 중시하고, 우연성과 싸워나갈 것인가, 그리하여 우연성의 한가운데 뛰어들어 자기의 통제 가능 영역인 필연을 세워갈 것인가, 이것이 바로 '立命' '造命'인 것이다. 따라서 명을 안다는 것은, 우연성을 맹목적으로 따르는 것 · 아무것도 하지 않는 것 · 두려워하면서 우연성을 숭배하기까지 하는 것이 아니라, 힘을 다해서 꽉 물고 늘어지는 것 · 우연성을 완전히 파악하고 주체적으로 적절히 대응해야 한다는 것이다.(命也者, 不知所以然而然者也, 即人力所不能控制,难以预测的某种外在的力量、前景、遭遇或结果。所以, 可以说, 命是偶然性。'不知命, 无以为君子也', 就是说不懂得, 不认识外在力量的这种非可掌握的偶然性(及其重要), 不足以为'君子'。就人生总体来讲, 总被偶然性影响着、支配……如何注意、懂得、认识、重视偶然性, 与偶然性抗争(这抗争包括利用、掌握等等), 从而从偶然性中建立起属于自己的'必然', 这就是'立命''造命'。因此不是盲目顺从、无所作为、畏惧以至崇拜偶然性, 而恰恰是要抓紧、了解和主动适应偶然性。).

3《論語句法》'無以'는 '不能'의 뜻이다('無以'是'不能'的意思。).

4《論語集釋》焦循[1763~1820]의《論語補疏》에 말했다. "논어에 '쉰 살이 되어 천명을 알았다[爲政 제4장]. 명을 모르고서는 군자가 될 도리가 없다'고 했고, '죽고 사는 것에는 명이 있다'[顏淵 제5장]고 했고, '도가 장차 행해질까요? 명입니다. 도가 장차 버려질까요? 명입니다'[憲問 제38장]라고 했다. 명의 명 됨에 대해서는,《맹자》에서 상세히 말하고 있다. '일찍 죽고 오래 사는 것에 마음이 흔들리지 말고, 자신의 수양을 다 하고 나서 죽음을 기다리는 것이, 명을 세우는 방법이다'[盡心上 제1장]. '명 아닌 것은 아무것도 없다. 그 명 중에 정명은 순순히 받아들인다. 이 때문에 정명을 아는 자는 위태로운 담장 밑에 서 있지 않는다. 도를 끝까지 추구하고 나서 죽는 것이 정명이다. 형틀에 묶여 죽는 것은 정명이 아니다'[盡心上 제2장]라고 했고, '입이 좋은 맛을, 눈이 좋은 색을, 귀가 좋은 소리를, 코가 좋은 냄새를, 사지가 편안하기를 바라는 것은 사람의 본성이지만, 여기에는 命(명)의 제한이 있으니,

군자는 본성에 구애되어 말하지 않는다. 부자간에는 仁이, 임금과 신하 간에는 義가, 주인과 손님 간에는 禮가, 현자에게는 智가, 성인에게는 天道가, 명이지만, 여기에는 인간의 性이 있으니, 군자는 명에 구애되어 말하지 않는다'[盡心下 제24장]고 했다. 이 모두 공자가 말씀하신 知命에 대해 드러내 밝힌 말들이다(論語補疏: 論語言: 「五十而知天命。不知命, 無以爲君子。」又云「死生有命」。又云「道之將行也與, 命也; 道之将廢也與, 命也」。至於命之爲命, 則孟子詳言之云: 「夭壽不貳, 修身以俟之, 所以立命也。莫非命也, 順受其正。是故知命者不立乎巖牆之下。盡其道而死者, 正命也。桎梏而死者, 非正命也。」又云: 「口之於味也, 目之於色也, 耳之於聲也, 鼻之於臭也, 四體之於安佚也, 性也。有命焉, 君子不謂性也。仁之於父子也, 義之於君臣也, 禮之於賓主也, 知之於賢者也, 聖人之於天道也, 命也。有性焉, 君子不謂命也。」皆發明孔子知命之說也。) 死生·窮達은, 모두 하늘에 뿌리를 두고 있으니, 명으로는 죽어야 마땅한데 꾀를 부려 살게 되고, 명으로는 窮해야 마땅한데 꾀를 부려 達하게 되는 것은, 知命이 아니다. 명으로는 죽지 않아도 되는데 스스로 죽음을 불러들이는 것, 명으로는 궁색하지 않아도 되는데 스스로 궁색함을 불러들이는 것, 역시 知命이 아니다. 그래서, '공자가 광 땅의 사람들에 의해 포위되어 곤경에 처해있을 때, 안회가 (선생님께서 살아 계시는데) 제가 어찌 감히 죽겠습니까?'[先進 제22장]라고 한 것이다. 옥에 갇혀 죽고, 형틀에 묶여 죽고, 위태로운 담장 밑에 서 있다 깔려 죽는 것, 모두가 명이 아니고, 모두가 정명을 순순히 받아들이는 것이 아니다. 명을 아는 자는 위태로운 담장 밑에 서 있지 않으니, 그런즉 위태위태한 담장 밑에 서 있는 것, 옥에 갇혀 죽음을 기다리는 것, 형틀에 묶여 죽는 것은, 모두 명을 모르는 것이다(死生窮達, 皆本於天, 命宜死而營謀以得生, 命宜窮而營謀以得達, 非知命也。命可以不死而自致於死, 命可以不窮而自致於窮, 亦非知命也。故子畏於匡, 回不敢死。死於畏, 死於桎梏, 死於巖牆之下, 皆非命也, 皆非順受其正也。知命者不立巖牆之下, 然則立巖牆之下, 與死於畏, 死於桎梏, 皆爲不知命。). 입에 좋은 맛, 눈에 좋은 색, 귀에 좋은 소리, 코에 좋은 냄새, 사지에 편안한 것은 명으로는 청종하지만, 이를 꾀해서는 안 되는 것이, 知命이다. 仁·義·禮·智·天道는 벼슬자리를 얻으면, 이에 천하에 이를 시행하는 것이, 이른바 '道之將行'으로, 명이다. 벼슬자리를 얻지 못하면, 천하에 시행하지 못하는 것이, 이른바 '道之將廢'로, 명이다. 군자는 行道安天下로써 마음을 삼으니, 천하의 명은 군자에 의해 만들어진다. 공자께서 바쁘게 이리저리 옮겨 다니고[憲問 제34장] 장저·걸닉[微子 제6장]·하궤장인[憲問 제42장] 등과 결코 함께 세상을 피해 살고자 하지 않은 것은, 성인으로서 천도를 따른 것으로, 명이라고 말하지 않았다(味色聲嗅安佚聽之於命, 不可營求, 是知命也。仁義禮智天道必得位, 乃可施諸天下, 所謂道之將行, 命也。不得位, 則不可施諸天下, 所謂道之將廢, 命也。君子以行道安天下爲心, 天下之命造於君子。孔子栖栖皇皇, 不肯與沮, 溺, 荷蕢同其辟世者, 聖人於天道, 不謂命也。). 백성들이 굶주리고 추위에 떠는 것을 운명이라고 여겨 사로잡혀 있으면, 군자는 운명의 주재자가 되어[造命], 그들을 굶주리고 추위에 떠는 것에서 벗어나게 하고, 백성들이 愚·不肖를 운명이라고 여겨 사로잡혀 있으면, 군자는 운명의 주재자가 되어[造命], 그들을 愚·不肖에서 벗어나게 한다. 口體耳目之命은, 물에 빠진 자가 있으면 자기로 말미암아 물에 빠졌다고 생각했던 우임금, 굶주린 자가 있으면 자기로 말미암아 굶주린다고 생각했던 후직[離婁下 제29장]이 조종했다. 仁義禮智之命은 위로해주고 오게 하고 바르게 하고 정직하게 한 요임금[滕文公上 제4장]이 주재했다. 그러므로 자기의 명은 하늘을 청종하고, 천하의 명은 자임하는 것이, 知命이다. 군자는 벼슬자리를 얻은 자를 칭하는 것으로, 군자가 한 읍을 얻어 다스리면 의당 한 읍의 명을 주재해야 하고, 한 나라를 얻어 다스리면 의당 한 나라의 명을 주재해야 하는데, 백성들이 굶주리고 추위에 떠는 것을 보고서도 그들을 구제하여 배부르고 따뜻하게 하지 못하고, 백성이 愚·不肖한 것을 보고서도 그 습속을 타개하지 못하고, 헛되이 어찌할 방도가 없다고 치부해버리는 것은, 명을 모르는 것이다(百姓之飢寒囿於命, 君子造命, 則使之不飢不寒, 百姓之愚不肖囿於命, 君子造命, 則使之不愚不不肖。口體耳目之命, 己溺己飢者操之也。仁義禮智之命, 勞來匡直者主之也。故己之命聽諸天, 而天下之命任諸己, 是知命也。君子爲得位者之稱, 君一邑則宜造一邑之命, 君一國則宜造一國之命, 視百姓之飢寒不能拯之袵席, 視百姓之愚不肖不能開其習俗, 徒付之無可如何, 是不知命。). 명을 모르기 때문에, (벼슬자리에 오를)

선생님께서 말씀하셨다. "명(命)을 모르고서는, 군자가 될 도리가 없다.

程子曰:「知命者, 知有命而信之也。人不知命, 則見害必避, 見利必趨, 何以爲君子?」[6]
정자(程子·伊川)가 말했다. "명(命)을 안다는 것은 명(命)이 있다는 것을 알고 명(命)을 믿는 것이다. 사람으로서 명(命)을 알지 못하면, 해로운 것을 보면 반드시 피할 것이고, 이로운 것을 보면 반드시 달려 나갈 것이니, 어떻게 군자가 되겠는가?"

200302、不知禮, 無以立也。[7]

군자가 될 도리가 없다. 안회가 '제가 어찌 감히 죽겠습니까?'라고 한 까닭을 알면, '죽고 사는 것에는 명이 있다'라고 한 그 명을 아는 것이다. '천하에 도가 있다면, 내가 구태여 이들과 함께 천하를 바꾸려 하지 않았을 것이다'[微子 제6장]라고 한 까닭을 알면, '도가 장차 행해질까요? 명입니다. 도가 장차 버려질까요? 명입니다'라고 한 그 명을 아는 것이다. 그저 아무것도 하지 않고 궁색한 처지를 지킨 채 운명에 맡기는 것을 知命이라 여기는 것은, 공자가 말씀하신 知命이 아니다"(不知命, 故無以爲君子。知回何敢死之故, 乃知死生有命之命。知天下有道, 丘不與易之故, 乃知道行道廢之命。第以守窮任運爲知命, 非孔子所云知命也。).

5《論語正義》《韓詩外傳·卷六》에 말했다. "공자 말씀에 '不知命 無以爲君子'라고 했는데, 이는 하늘이 낳아준 것에는, 모두 인·의·예·지·순선[선한 길을 따르다]의 마음을 지니고 있는데, 하늘이 낳아준 까닭을 알지 못하면, 인·의·예·지·순선의 마음이 없으니, 이를 소인이라 한다는 말이다." 또 말했다. "'하늘은 뭇 백성 낳았고, 사물은 저마다 법칙 지녔네. 백성들은 타고난 천성을 굳게 지키고, 아름다운 덕을 좋아하네'[詩經·大雅·蒸民]라고 했는데, 이는 백성들이 타고난 천성을 굳게 지키고 이로써 하늘을 본받는다는 말이다. 하늘을 본받는 방법을 모르고서, 또한 어찌 군자가 되겠는가!"(正義曰: 韓詩外傳: "子曰: '不知命, 無以爲君子。' 言天之所生, 皆有仁義禮智順善之心。不知天之所以命生, 則無仁義禮智順善之心, 謂之小人。" 又曰: "大雅曰: '天生蒸民、有物有則: 民之秉彝、好是懿德。' 言民之秉德以則天也。不知所以則天, 又焉得爲君子乎?").

6《論語大全》이 장의 '命'과 '五十知天命'[爲政 제4장]은 다르다. '知天命'은 천리가 지금까지 행해진 내력을 아는 것을 말한다. 이 장의 '不知命'은 死生·夭壽·貧富·貴賤의 命[분수]을 말한다. 요즘 사람들은 입만 열면 한 모금의 물·한 톨의 모이에도 본디 분수가 정해져 있다고 말하지만, 소소한 이해관계라도 만나면, 곧 달아나고 회피하고 따지고 비교하는 마음이 생긴다. 옛사람들은 코를 베는 칼과 다리를 써는 톱이 앞에 놓여 있고, 삶아 죽이는 솥과 가마가 뒤에 놓여 있어도, 이를 마치 없는 것처럼 대하였으니[蘇軾·擬進士對御試策], 단지 도리만을 보고, 저 칼·톱·솥·가마를 도무지 보지 않았기 때문이었다(朱子曰: 此與五十知天命不同。知天命, 謂知其理之所自來。此不知命, 是說死生壽夭貧富貴賤之命。今人開口亦解說一飮一啄, 自有分定, 及遇小小利害, 便生趨避計較之心。古人刀鋸在前, 鼎鑊在後, 視之如無者, 只緣見道理, 都不見那刀鋸鼎鑊。).

7《論語義疏》예는 恭·儉·莊·敬이 주가 되고, 입신의 근본이니, 사람이 예를 모를 경우, 세상에서 입신할 수 없다. 그래서《禮記·禮運》에는 '예를 얻은 자는 살고, 예를 잃은 자는 죽는다'고 했고,《詩經·鄘風·相鼠》에는 '사람으로서 예를 모르면서, 죽지 않고 무얼 기다리나?'라고 했는데, 바로 이것이다(疏:

예(禮)를 모르고서는, 설 도리가 없다.

不知禮, 則耳目無所加, 手足無所措。[8]
예(禮)를 모르면, 귀와 눈이 쓸 곳이 없고, 손과 발이 둘 곳이 없다.

200303、不知言, 無以知人也。[9]」[10]
말을 모르고서는, 사람을 알 도리가 없다."

言之得失[11], 可以知人之邪正。
말이 옳은지 그른지를 알면, 사람이 옳은지 그른지를 알 수 있다.

禮主恭儉莊敬, 爲立身之本, 人若不知禮者, 無以得立其身於世也。故禮運云 '得之者生, 失之者死', 詩云'人而無禮、不死何俟。', 是也。);《季氏 제13장》'不學禮 無以立' 참조.

8《禮記 · 仲尼燕居》 예를 모르면, 손과 발이 둘 곳이 없고, 귀와 눈이 쓸 곳이 없고, 진퇴읍양이 규범이 없다(子曰: 若無禮則手足無所錯, 耳目無所加, 進退揖讓無所制。).

9《論語集解》 말을 듣고 그 시비를 구별한다(注: 馬融曰: 聽言而別其是非。);《論語義疏》 말을 알지 못하면 말을 관찰할 수 없고, 그러면 그 말을 한 사람을 헤아릴 수 없으니, 마치 짧은 두레박줄로는 깊은 우물의 깊이를 잴 수 없는 것과 같다. 그러니 사람을 알 수 없는 것이다(疏: 江熙曰: 不知言則不能賞言, 不能賞言則不能量彼, 猶短綆不可測於深井, 故無以知人也。);《論語正義》 말은 마음의 소리이다. 말에는 시비가 있기 때문에, 듣고 말의 시비를 구별한다면, 사람의 시비 역시 알 수 있다. 이 장의 공자의 '知言'은 바로 知人之學이다(正義曰: 言者心聲。言有是非, 故聽而別之, 則人之是非亦知也…… 此孔子'知言'即知人之學。).

10《周易 · 繫辭下》 배반하려는 사람은 말하면서 부끄러워하고, 의심을 품고 있는 사람은 하는 말이 종잡을 수 없고, 덕 있는 사람은 과묵하고, 조급한 사람은 수다스럽다. 선을 헐뜯는 사람은 말이 허풍스럽고, 지킬 것을 못 지킨 사람은 말이 비굴하다(將叛者其辭慚, 中心疑者其辭枝, 吉人之辭寡, 躁人之辭多, 誣善之人其辭游, 失其守者其辭屈。);《孟子 · 公孫丑上 제2장》 공손추가 물었다. "무엇을 知言이라 하는지요?" 맹자가 말했다. "한쪽으로 치우친 말에서는 다른 한쪽에 접어두고 있는 말이 있으리라는 것을 알고, 허황된 궤변에서는 무엇인가에 마음이 빠져 있는 데가 있으리라는 것을 알고, 부정한 말에서는 도에서 괴리되어 있으리라는 것을 알고, 핑계 대는 말에서는 궁지에 빠져 있으리라는 것을 안다. 이 네 가지 말은 마음에서 생겨나 정사에 해를 끼치고, 정사에서 발현되어, 국사에 해를 끼친다. 성인이 다시 나오신다고 해도, 반드시 내 말에 수긍하실 것이다"[朱熹集注: 知言은, 마음을 다해 성을 알아서, 천하의 모든 말에 대해, 그 이치를 속속들이 탐구함으로써, 말의 시비 득실의 내력을 식별하지 못하는 경우가 없는 것이다]("何謂知言?" 曰: "詖辭知其所蔽, 淫辭知其所陷, 邪辭知其所離, 遁辭知其所窮。生於其心, 害於其政; 發於其政, 害於其事。聖人復起, 必從吾言矣。"[朱熹集注: 知言者, 盡心知性, 於凡天下之言, 無不有以究極其理, 而識其是非得失之所以然也。]).

11 得失(득실): 시비곡직. 틀림없음과 잘못됨(指是非曲直; 正确与错误).

○尹氏曰:「知斯三者, 則君子之事備矣。弟子記此以終篇[12], 得無意乎?[13] 學者少而讀之, 老而不知一言爲可用, 不幾於侮聖言[14]者乎? 夫子之罪人也, 可不念哉?」[15]

○윤씨(尹氏 · 尹彦明)가 말했다. "이 세 가지를 알면, 군자로서 갖출 것은 다 갖춰진 것이다. 제자들이 이 장을 기록하여 이로써 이 책의 끝을 맺었으니, 이 장으로 이 책의 끝을 맺은 데에 뜻이 없을 수 있겠는가? 배우는 자가 어려서부터 이 책을 읽었으면서도, 늙기까지 한 마디도 가용할 줄 모른다면, 성인의 말씀을 가지고 장난질하는 자에 가깝지 않겠는가? 선생님께 죄를 짓는 사람이 되는 것이니, 유념하지 않을 수 있겠는가?"

---

12 篇(편): 간책. 죽간에 글을 다 쓰고 나서 노끈이나 가죽끈으로 죽간을 한데 묶는 것(简册。古代文章写在竹简上, 为保持前后完整, 用绳子或皮条编集在一起称为'篇'。).

13 得無(득무): 어찌~하지 않을 수 있겠는가. 어찌~이 아니겠는가(犹言能不; 豈不; 莫非).

14 《季氏 제8장》 참조.

15 《論語大全》 논어는 처음을 '人不知而不慍, 不亦君子乎'로 시작했고, 마지막을 '無以爲君子也'로 끝맺음했으니, 여기에는 깊은 뜻이 있다. 대개 배우는 자가 배우는 까닭은 군자가 되기 위해서인데, 명을 모르고서는, 군자가 될 수 없다(朱子曰: 論語首云人不知而不慍, 不亦君子乎, 終云無以爲君子也, 此深有意。蓋學者所以學爲君子, 若不知命, 則做君子不成。); 《論語大全》 논어 첫장의 끝머리에서 군자를 가지고 말했고, 끝장의 첫머리에서 군자를 가지고 말했으니, 성인의 가르침은 사람들이 군자가 되기를 바라실 뿐이다. 논어 한 권은, 선생님께서 군자를 가지고 사람들에게 가르치신 글이 많다. 첫장의 끝머리와 끝장의 첫머리에서 모두 군자를 가지고 말했으니, 기록한 자의 깊은 뜻이다(覺軒蔡氏曰: 論語首章末以君子言, 末章首以君子言, 聖人教人, 期至於君子而已……新安陳氏曰: 論語一書, 夫子以君子教人者多矣。首末兩章, 皆以君子言之, 記者之深意。); 《古今注》 논어 한 권의 처음을 '學'으로 시작했고, 마지막을 '命'으로 끝맺음했으니, 이는 '下學上達'의 뜻이다(案: 魯論一部始之以學, 終之以命, 是下學上達之義。).

부록

1. 공자연보
2. 공자제자열표
3. 중국 선진시기 왕 및 제후 재위 연대표
4. 논어 각 장별 명칭
5. 논어성어목록
6. 지명 · 국명 · 인명 · 중요어구 색인
7. 집주에서 인용한 학자 일람
8. 춘추열국지도

부록 1 孔子年譜

세	魯公世表	주요행적[출처]	논어구절
1	襄公 22(551)	・魯나라 昌平鄕 鄹邑에서 부친 叔梁紇 모친 顔征在 사이에서 9월 28일 출생하다[世家]	
3	襄公 24(549)	・부친 叔梁紇이 죽어 防山에 장사지내다[世家] ・曲阜 闕里로 이사하다	
4	襄公 25(548)	・齊나라 崔杼가 莊公을 시해하고, 景公을 임금으로 세우다[左傳]	0518
6	襄公 27(546)	・늘상 제기를 차려놓고 제례를 행하는 놀이를 하다[世家]	
17	昭公 7(535)	・모친 顔徵在이 죽어, 부친과 합장하다[世家] ・季武子가 죽고 季平子가 지위를 계승하다[左傳]	
19	昭公 9(533)	・宋人 亓官氏의 딸과 혼인하다[家語・本姓解]	
20	昭公 10(532)	・委吏, 職吏(乘田) 등의 잡역을 하다[世家] ・키 九尺有六寸으로 '長人'이라 불리다[世家] ・아들 鯉가 출생하고, 昭公에게 잉어[鯉魚]를 하사받다[家語・本姓解]	0906
23	昭公 13(529)	・闕里에서 학생들을 모아 가르치다[顔路・曾點・琴張 등][新序](*)	0707 0708, 0724
27	昭公 17(525)	・魯나라 부용국으로 少昊氏의 후예인 郯나라의 郯子에게 고대관제에 대해 묻다[左傳] ・太廟[周公의 묘]에 들어가 예에 대해 묻다	0315
29	昭公 19(523)	・魯나라 악관 師襄子에게 琴을 배우다[世家]	
30	昭公 20(522)	・齊景公이 晏嬰과 함께 魯나라를 방문하여, 공자에게 秦穆公이 霸者가 된 까닭을 묻다[世家] ・鄭나라 子產이 죽자, '옛사람들의 사랑의 유풍을 간직한 사람'[古之遺愛]이라 평하다[左傳] ・琴張이 衛나라 宗魯가 죽어서 조문을 가려하자, 공자가 가지 말라고 제지하다[左傳]	1410 0515
31	昭公 21(521)	・周나라에 가서 예를 배우고, 老聃을 만나다[世家] ・周나라 대부 萇弘에게 음악에 대해 묻다[樂器]	0314
34	昭公 24(518)	・孟僖子가 죽고 孟懿子가 지위를 계승하다[左傳] ・부친 孟僖子의 유훈에 따라 孟懿子・南宮敬叔[13세]이 공자에게 와서 예를 배우다[世家] ・내란이 일어나, 昭公이 三家 연합군에게 패해 齊나라로 달아났다, 후에	0205 0301

세	魯公世表	주요행적(출처)	논어구절
		晉나라 乾侯로 가다[左傳]	
35	昭公 25(517)	·齊나라에 가서 高昭子의 가신이 되어, 齊景公과 통하게 되다[世家] ·齊景公이 정치에 대해 묻자, 君君, 臣臣, 父父, 子子라고 답하다 ·齊나라 태사에게 《韶》음악을 배우다	0622 1211 0713 0325
37	昭公 27(515)	·齊景公이 공자를 니계 땅에 봉하려 했지만, 晏嬰이 반대하다[世家] ·齊景公이 공자를 계씨와 맹씨의 중간 정도로 예우하겠다고 했지만, 훗날 또 등용하지 못하겠다고 하자, 노나라로 돌아오다 ·제나라를 떠날 때, 물에 일군 쌀을 건진 채로 행장을 챙겨 급히 떠나다[孟子·萬章下] ·吳나라 延陵季子가 齊나라에서 오는 길에, 그의 長子가 죽어 장사지내는데, 공자가 魯나라에서 가서 장사지내는 것을 살피다[禮記·檀弓下]	1803
42	昭公 32(510)	·昭公이 乾侯에서 생을 마치다[左傳]	
47	定公 5(505)	·季平子가 죽고 季桓子가 지위를 계승하다[左傳] ·陽貨가 季桓子를 잡아 가두었다 풀어주다[左傳]	
48	定公 6(504)	·陽虎가 군대를 이끌고 鄭나라를 침공하여 匡땅을 취하다[左傳] ·陽虎가 定公·三桓과 맹약하고 정권을 장악하고[左傳], 공자에게 벼슬할 것을 권하다 ·벼슬하지 않고 詩·書·禮·樂을 연구하고, 제자가 더욱 늘어나 먼 곳에서도 배우러 오다[世家] ·顔淵·季路와 앉아 문답하다 ·子路·曾晳·冉有·公西華와 앉아 문답하다	1701 0221, 0715, 0716 0525 1125
50	定公 8(502)	·陽虎가 三桓을 제거하고 자기 수하로 대체하려고 공격했지만 실패하고 陽關읍으로 달아나다[左傳] ·公山不狃가 費읍에서 季氏를 배반하고, 공자를 불렀지만 子路의 만류로 가지 않다[世家] ·도를 추구한지 오래였지만, 시험해 볼 곳이 없고, 등용해주는 사람이 없어 답답해하다[世家] ·당시의 道不行·無道에 대해 탄식하고 비판하다	1705 0101 0506 0913, 1602 1603
51	定公 9(501)	·魯나라 군대가 陽關읍을 공격하자, 陽虎가 齊나라로 달아났다 晉나라 趙簡子에게로 가다[左傳] ·定公이 공자를 中都宰로 기용하다[世家]	
52	定公 10(500)	·中都宰에서 小司空이 되다[世家] ·定公이 공자를 司寇에 임명하다[韓詩外傳·卷8]	1213

세	魯公世表	주요행적〔출처〕	논어구절
52	定公 10(500)	・定公의 물음에 답하다	0319 1315
		・孟懿子의 孝에 대한 물음에 답하다	0205
		・齊景公과 夾谷에서의 會盟에서 定公을 도와 齊나라와 화친하고, 陽虎가 제나라로 달아날 때 가지고 간 鄆・讙・龜陰을 되돌려 받다[左傳]	
		・司寇가 되어, 昭公의 묘를 先君의 묘역에 통합시키다[左傳・定公 1年]	
54	定公 12(498)	・冉求・公西赤・原憲이 벼슬을 하다	0603, 1401
		・계환자와 일을 하면서, 세 달이 지나도록 의견이 어긋나지 않다[公羊傳]	
		・'신하는 병기를 감추고 있으면 안 되고, 대부는 100치 높이의 성곽을 쌓아서는 안 된다'고 말해, 墮三都를 설득하다[公羊傳][世家]	
		・子路가 季氏宰가 되어, 三都를 허물려 하자, 費邑宰 公山不狃가 魯나라 도성을 공격하다 패배하여 齊나라로 달아나고, 季孫氏가 費邑城을 허물다[左傳]	
		・季氏가 閔子騫에게 費邑宰를 맡겼지만 閔子騫이 거절하다	0607
		・子路가 子羔에게 費宰를 맡기자 공자가 질책하다	1124
		・叔孫氏가 郈邑城을 허물었지만, 孟孫氏의 成邑城은 公斂處父의 저항으로 허물지 못하고, 墮三都의 뜻이 좌절되다[左傳]	
		・公伯寮가 季氏에게 子路를 참소하자, 子服景伯이 이를 공자에게 알리다	1438
		・겨울, 齊나라에서 여자가무단 80명을 보내오자, 季桓子가 받아들이고 3일을 조회에 불참하다[世家]	1804
55	定公 13(497)	・봄, 郊祭를 치르고 燔肉을 보내오지 않자, 이를 구실로 魯나라를 떠나다[世家]	
		・14년의 周遊列國이 시작되다	
		・冉有가 수레를 몰고, 衛나라에 도착하다	1309
		・衛나라에서 10개월을 머물다[世家]	1307 1506
		・공자가 묵고 있는 집 앞을 荷蕢가 지나가다	1442
		・衛나라 사람 子貢이 제자가 되어 공자를 隨從하다	0912
56	定公 14(496)	・衛나라 세자 蒯聵가 南子를 죽이려다 실패하고, 宋나라로 달아나다[左傳]	
		・衛나라를 떠나 晉나라로 가는 길에 晉・衛나라 국경에 있는 儀邑에서 封人을 만나다	0324
		・匡을 지나다 陽虎로 오인 받아서, 5일 동안 구금되었다 빠져나와, 蒲를 지나다[世家]	0905 1122
		・蒲에서 公叔戌이 衛나라에 반란을 일으키고, 蒲人들이 공자일행을 저지했다가 풀어주다[世家]	

세	魯公世表	주요행적[출처]	논어구절
		・晉나라 佛肸이 中牟에서 반란을 일으키고 공자를 초빙했지만, 子路의 만류로 가지 않고, 衛나라로 되돌아와서, 子路의 처형 顔濁鄒 집에 머물다[世家]	1707
57	定公 15(495)	・衛靈公의 부인 南子를 만나다[世家] ・衛靈公을 만나 6만석의 녹을 받다[世家] ・子貢이 魯나라에 와서, 邾隱公과 魯定公이 행하는 예의식을 보고 定公이 죽을 것을 예견하다[左傳] ・魯定公이 죽다[左傳]	0626 0313
58	哀公 1(494)	・衛靈公의 정치행태에 실망하다[世家]	0917 0614
		・衛靈公이 陣法을 묻다[世家]	1501
59	哀公 2(493)	・衛靈公이 죽고, 세자 蒯聵의 아들 輒[出公]가 계승하다[左傳] ・衛나라를 떠나다[世家]	0714
60	哀公 3(492)	・曹나라를 거쳐, 宋나라로 가다[世家] ・宋나라에서 제자들에게 예를 강습하는데, 桓魋가 죽이려 하자, 宋나라를 떠나다[宋世家] ・鄭나라에 갔는데, 제자들과 길이 어긋나 성문에서 혼자 서있는 공자를 보고, 鄭나라 사람들이 공자를 '상갓집 개'[喪家之狗]같다고 하다[世家] ・陳나라로 가서 湣公의 신하인 司城貞子이 집에 머물다[孟子 · 萬章上][世家] ・陳나라 湣公의 신하가 되다[孟子 · 萬章上] ・季桓子가 季康子에게 공자를 부르라고 유언하다[世家] ・季桓子가 죽고 季康子가 지위를 계승하다[世家]	0722 0730
61	哀公 4(491)	・季康子가 陳나라에 있는 공자를 부르려 했지만, 주변사람들의 반대로 冉求를 대신 부르다[世家] ・哀公이 宰我에게 社에 심는 나무에 대해 묻다 ・楚나라가 중원을 도모하고자, 葉公 沈諸梁을 시켜 蔡나라 옛 도읍 유민들을 負函으로 옮기다[左傳]	0321
62	哀公 6(489)	・陳나라에 머문 3년 동안, 晉・楚나라가 번갈아 침공하고, 吳나라도 침공하는 등, 늘 침략을 당하자, 陳나라를 떠나 楚나라로 향하다[世家] ・吳나라가 陳나라를 침공하고, 楚昭王이 陳나라를 구하려고 출병하여 城父에 주둔하다[左傳] ・楚나라로 가는 도중 陳 · 蔡之間에서 식량이 떨어지는 곤경을 당하다[世家] ・공자가 子貢을 보내, 楚昭王이 군사를 파견하여, (城父에서) 공자를 맞이하다[世家]	1501 1502, 1503 1102

세	魯公世表	주요행적[출처]	논어구절
		·楚昭王이 書社 땅에 공자를 봉하려 했지만, 子西의 반대로 그만 두다[世家]	
		·楚昭王이 吳나라 군대가 점령하고 있는 陳나라 大冥을 공격하다 죽다[左傳]	
		·공자가 昭王에 대해 大道를 알았기에 나라를 잃지 않은 것이 당연하다고 평하다[左傳]	
		·楚나라 負函에 주둔하고 있는 葉公을 만나 정치 등에 대해 문답하다	1316 1318
		·葉公이 子路에게 공자에 대해 묻다	0718
		·楚狂接輿를 만나다	1805
		·長沮 · 桀溺을 만나다	1806
		·荷蓧丈人을 만나다	1807
62	哀公 6(489)	·도가 행해지지 않음을 탄식하고, 자로에게 뗏목을 타고 바다로 떠나고 싶다고 말하다	0506
		·蔡나라에서 陳나라로 되돌아오다 ·魯나라로 돌아가 제자들을 가르칠 생각을 하다 ·陳나라에서 衛나라로 되돌아오다 ·衛나라에 와서 孔文子의 집에 머물다[左傳]	0521 1321
64	哀公 7(488)	·노나라와 위나라의 정치상황이 똑같음을 탄식하다	1307
		·공자가 衛나라 出公[輒]을 도울지에 대해 冉有가 묻자, 子貢이 공자에게 대신 여쭈다	0714
		·衛나라에서 먼저 할 일로 正名을 주장하다[世家]	1303
		·子貢이 魯나라에 돌아와 季康子를 위해 사신으로 일하다[左傳]	
		·吳나라 太宰 嚭가 子貢에게 공자가 聖人인지 묻다[左傳]	0906
67	哀公 10(485)	·부인 亓官氏가 죽다	
68	哀公 11(484)	·季康子의 家宰 冉求가 左軍의 수장이 되고 樊遲가 車右가 되어, 魯나라를 침공한 齊나라 격퇴시키다[左傳]	1613
		·衛나라 孔文子가 太叔疾을 치고자 공자의 의견을 구하자, '胡簋의 일은 배운 적이 있어도, 甲兵의 일은 배운 적이 없다'고 하고, 물러나와 떠나면서, '새는 나무를 선택할 수 있지만 나무가 어찌 새를 선택할 수 있겠는가?'라고 하다[左傳]	0514
		·季康子가 예를 갖춰 공자를 부르자, 14년간의 周遊列國을 끝내고 魯나라에 돌아오다[世家]	
		·魯나라로 돌아오는 중에, 길에서 병이 나서 위독하자, 자로가 제자들로 하여금 장례를 치를 가신노릇을 하게 하다	0911

세	魯公世表	주요행적[출처]	논어구절
		·魯나라로 돌아오는 길에, 子路가 石門에서 晨門을 만나 문답하다	1441
		·哀公이 백성을 따르게 할 방법을 묻다	0219
68	哀公 11(484)	·季康子의 물음에 답하다	0220 1217 1218 1219
		·季康子에게, 衛靈公이 행실이 무례했지만 임금 자리를 잃지 않은 까닭을 말하다	1420
		·季康子가 子路·冉求·子貢의 자질에 대해 묻다	0606
		·季子然이 子路·冉求의 자질에 대해 묻다	1123
		·孟武伯이 孝에 대해 묻다	0206
		·孟武伯이 子路·冉求·公西赤의 자질에 대해 묻다	0507
		·병이 깊어지자, 子路가 天祇에 기도하기를 청하다	0734
		·季康子가 약을 보내오다	1011
		·哀公이 有若에게 재정부족을 구제할 방법을 묻다	1209
		·季康子가 田賦를 시행하려고, 冉求를 보내 공자의 의견을 구하다[左傳]	
69	哀公 12(483)	·書·禮·詩·樂 등을 정리하고, 제자를 가르치는 일에 전념하다[世家]	1101 1102 0323 0716 0717 0815 0914
		·季康子가 田賦제도를 채용하다	1116
		·季氏의 가신인 冉求를 질책하다	0306 0610 1116 1314
		·子貢이 哀公을 보좌해 사신으로 일하다[左傳]	
		·仲弓이 費邑의 읍장을 맡다	1302
		·子夏가 莒父邑의 읍장을 맡다	1317 0611
		·子遊가 武城邑의 읍장을 맡다	0612 1704
		·有若이 哀公에게 철법의 시행을 건의하다	1209
		·아들 伯魚[鯉]가 죽다(50세)[世家]	
		·子思[孔伋]가 태어나다	
70	哀公 13(482)	·일생 동안의 배움의 진전 과정을 술회하다	0204
71	哀公 14(481)	·季康子가 仲由와 冉求가 정치를 맡을 만한지를 묻다	0606
		·季子然이 仲由와 冉求가 大臣할 만한 감인지를 묻다	1123
		·季康子가 顓臾를 정벌하려하자, 冉有·子路가 공자에게 알리다	1601

세	魯公世表	주요행적〔출처〕	논어구절
		・서쪽으로 사냥 가서 기린이 잡히자, '내 도가 이제 끝났다'고 말하고, '獲麟'으로 《春秋》의 끝을 맺다[左傳]	1437
		・小邾의 대부 射이, 句繹 땅을 가지고 魯나라로 도망와서 子路의 言約을 요구하자, 季康子가 冉有를 子路에게 보내 그러게 하라고 했지만, 子路가 거절하다[左傳]	
		・齊簡公을 시해한 陳恒의 토벌을 哀公에게 청했지만 거절하다[左傳]	1422
		・顔回가 죽자(41세), '하늘이 나를 버리시는구나!'라고 탄식하다[公羊傳]	1107 1108 1109 1110 1106 0602 0920 0921
		・哀公이 제자 중에 누구 학문을 좋아하는지 묻다	0602
		・季康子가 제자 중에 누구 학문을 좋아하는지 묻다	1106
72	哀公 15(480)	・子路가 衛나라에서, 齊나라 陳恒의 형 陳瓘을 만나, 魯나라와 齊나라의 화친을 설득하다[左傳] ・衛出公[輒]을 몰아내고 蒯聵를 임금으로 세우려는 孔悝의 난으로, 出公이 魯나라로 달아나고, 孔悝가 蒯聵를 임금[莊公]으로 세우다[左傳] ・衛나라 孔氏家의 읍재인 子路가, 孔悝의 난을 일으킨 蒯聵의 수하의 손에 죽다(59세)[左傳] ・子路가 죽자, '하늘이 나를 끊는구나!'라고 탄식하다[公羊傳]	1112
73	哀公 16(479)	・5월 11일 생을 마치고[左傳], 魯나라 도성 북쪽 泗水가에 묻히다[世家]	

(注) 1. 공자연보는 崔述의 《洙泗考信錄》《洙泗考信餘錄》, 錢穆의 《孔子傳》《先秦諸子繫年攷辨》, 梁涛의 《孔子行年考》, 杨国成의 《孔子周遊列國事跡及系年考》 등을 참고했다.
2. 주요 행적과 관련된 논어구절은 편장번호를 달아 놓았다.
3. (*) 표시한 일의 경우, 梁涛는 《孔子行年考》에서, 관련 문헌으로 劉向의 《新序》에 나오는 '孔子年二十三歲, 始教於闕里, 顏路、曾點、琴張之徒, 往受學焉。'을 제시하고 있다.

부록 2 孔子弟子列表

호칭	성	명	자	생몰(BC)	차	논어구절
有　子	有	若	子有	508[518]~458	43 [33]	0102 0112 0113 1209
曾　子	曾	参	子與	505~435	46	0104 0109 0415 0803 0804 0805 0806 0807 1117 1224 1428 1916 1917 1918 1919
子　夏	卜	商	子夏	507~	44	0107, 0208, 0308, 0611, 1102, 1115 1205, 1222, 1317, 1903, 1904, 1905 1906, 1907, 1908, 1909, 1910, 1911
子　禽	陳	亢	子禽	508~430	43	0110 1613 1925
子　貢	端木	賜	子貢	520~446	31	0110 0115 0213 0317 0503 0508 0511 0512 0514 0606 0628 0714 0906 0912 1102 1112 1115 1118 1207 1208 1223 1320 1324 1418 1430 1431 1437 1502 1509 1523 1719 1724 1920 1921 1922 1923 1924 1925
樊　遲	樊	須	樊遲	515~	36	0205 0620 1221 1222 1304 1319
子　游	言	偃	言游	506~443	45	0207 0426 0612 1102 1704 1912 1914 1915
子　路	仲	由	子路 季路	542~480	9	0217 0506 0507 0513 0525 0606 0626 0710 0718 0734 0911 0926 1017 1102 1111 1112 1114 1117 1121 1123 1124 1125 1212 1301 1303 1328 1413 1417 1418 1423 1438 1441 1445 1501 1503 1601 1705 1707 1708 1723 1806 1807
子　張	顓孫	師	子張	503~447	48	0218 0223 0518 1115 1117 1119 1206 1210 1214 1220 1443 1505 1541 1706 1901 1902 1903 2002
冉　有	冉	求	子有 冉子	522~	29	0306 0507 0603 0606 0610 0714 1102 1112 1116 1121 1123 1125 1309 1314 1413 1601
宰　我	宰	予	子我	522~458	29	0321 0509 0624 1102 1721
公冶長	公冶	長	子長	519~470	32	0501

호칭	성	명	자	생몰(BC)	차	논어구절
南 容	南宮	适/括	子容			0501 1105 1406
子 賤	宓不	齊	子賤	521~445	30	0502
仲 弓	冉	雍	仲弓	522~	29	0504 0601 0604 1102 1202 1302
漆彫開	漆彫	開	子開	540~	11	0505
公西華	公西	赤	子華	509[519]~	42 [32]	0507 0603 1121 1125
顏 淵	顏	回	子淵	521[511]~ 481[491]	30 [40]	0209 0508 0525 0602 0605 0609 0710 0910 0919 0920 1102 1103 1106 1107 1108 1109 1110 1118 1122 1201 1510
申 棖	申	棖/黨	周			0510
原 思	原	憲	子思	515~	36	0603 1401 1402
閔子騫	閔	損	子騫	536~487	15	0607 1102 1104 1112 1113
冉伯牛	冉	耕	伯牛	544~	7	0608 1102
澹臺滅明	澹臺	滅明	子羽	512~	39	0612
巫馬期	巫馬	施	子期	521~	30	0730
琴 牢	琴	牢	子開 子張			0906
顏 路	顏	無繇	季路	545~	6	1107
高 柴	高	柴	子羔	521~	30	1117 1124
曾 點	曾	點	子晳			1125
司馬牛	司馬	耕	子牛	~481		1203 1204 1205
公伯寮	公伯	寮/繚	子周			1438

(注)1. 《論語》에 나오는 30명을 나오는 순서대로 배열했다. '琴牢'는 《史記 · 仲尼弟子列傳》에는 언급된 곳이 없다. '公伯寮'는 제자가 아니라는 견해도 있다. 공자와의 연령차는 《仲尼弟子列傳》을 따랐다(단, 公西華의 경우는 《雍也 제3장》각주《先秦諸子繫年考辨 · 孔子弟子通考》참조).

2. 제자가 언급된 논어구절은 편장번호를 달아 놓았다.

3. 《史記 · 孔子世家》에는 '공자는 시 · 서 · 예 · 악을 가지고 가르쳤는데, 제자가 대략 3,000명이었고, 몸소 육예에 능통한 제자가 72인이었다'(孔子以詩書禮樂教, 弟子蓋三千焉, 身通六藝者七十有二人)라고 되어 있고, 《仲尼弟子列傳》에는 '가르침을 받아 몸소 능통한 자가 77명이었다'(受業身通者七十有七人)고 되어 있다.

부록 3　中國 先秦時期 王 및 諸侯 在位 年代表

國(姓)	~ BC 900	BC 900~BC 801	BC 800~BC 701	BC 700~BC 601
周(姬) (1046~249)	后稷(棄)……太王(古公亶父)~[太伯(吳)]~季歷(王季)~文王(西伯昌)~武王(1046)~成王(1042)~康王(1020)~昭王(995)~穆王(976)~共王(922)~	懿王(899)~孝王(892)~夷王(885)~厲王(877)~周公 · 召公共和(841)~宣王(827)	幽王(781)~平王(770)~桓王(719)	莊王(696)~釐王(681)~惠王(676)~襄王(651)~頃王(618)~匡王(612)~定王(606)~
魯(姬) (1027~250)	周公旦(周武王弟)~伯禽(1027)~考公(997)~煬公(993)~幽公(987)~魏公(973)~厲公(923)~	獻公(886)~眞公(854)~武公(825)~懿公(815)~伯御(806)~孝公(796)	惠公(768)~隱公(722)~桓公(711)	莊公(693)~湣[閔]公(661)~釐[僖]公(659)~文公(626)~宣公(608)~
齊(姜/田) (1027~221)	太公望(呂尙, 周文王師)~丁公(999)~乙公~癸公~哀公~	胡公(862)~獻公(859)~武公(850)~厲公(824)~文公(815)~成公(803)	莊公(794)~釐公(730)~	襄公(697)~公孫毋知(686)~桓公(小白)(685)~孝公(642)~昭公(632)~懿公(612)~惠公(608)~
晉(姬) (1024~369)	唐叔虞(周武王之子)~晉侯燮~武侯~	成侯~厲侯~靖侯(858)~釐侯(840)~獻侯(822)~穆侯(811)	殤叔(784)~文侯(780)~昭侯(745)~孝侯(739)~鄂侯(723)~哀侯(717)~小子(709)~晉侯(706)	武公(679)~獻公(676)~奚齊(651)~惠公(650)~懷公(637)~文公(636)~襄公(627)~靈公(620)~成公(606)~
秦(嬴) (900~206)	惡來(助紂, 父飛廉)~女防~旁皐~大几~大駱~非子(秦嬴, 900)	秦侯(858)~公伯(846)~秦仲(845)~莊公(821)	襄公(777)~文公(765)~寧公(715)~出子(703)	武公(697)~德公(677)~宣公(675)~成公(663)~穆公(659)~康公(620)~共公(608)~桓公(603)~
楚(熊) (1027~223)	鬻雄(事文王)~雄釋~熊乂~熊黮~熊勝~熊煬~熊渠~熊無康	熊鷙紅~熊延(~848)~熊勇(846)~熊嚴(837)~熊霜(827)~熊徇(821)~	熊咢(799)~若敖(790)~霄敖(763)~蚡冒(757)~武王(熊通)(740)	文王(689)~堵敖(674)~成王(671)~穆王(625)~莊王(613)~
宋(子) (1024~286)	微子啟(紂庶兄)~微仲~宋公(稽)~丁公~湣公~	煬公~厲公~釐公(858)~惠公(830)~ 哀公(800)~	戴公(799)~武公(765)~宣公(747)~穆公(728)~殤公(719)~莊公(710)	湣公(691)~桓公(681)~襄公(650)~成公(636)~昭公(619)~文公(610)~
衛(姬) (1024~209)	康叔(武王弟)~康伯~孝伯~嗣伯~	疌伯~靖伯~貞伯~頃侯(866)~釐侯(855)~共伯(814)~武公(812)	莊公(757)~桓公(734)~宣公(718)	惠公(699)~黔牟(696)~惠公(686)~懿公(668)~戴公(660)~文公(659)~成公(634)~衛中廢公(632)~成公(632)~
陳(嬀) (1027~478)	胡公(滿, 舜之後孫)~申公~相公~	孝公~愼公~幽公(854)~釐公(831)	武公(795)~夷公(780)~平公(777)~文公(754)~桓公(744)~廢公(佗,707)~厲公(706)	莊公(699)~宣公(692)~穆公(647)~共公(631)~靈公(613)~
蔡(姬) (1027~447)	叔度~仲胡~伯荒~宮侯~厲侯~	武侯(863)~夷侯(837)~釐侯(809)	共侯(761)~戴侯(759)~宣侯(749)~桓侯(714)	哀侯(694)~穆侯(674)~莊侯(645)~文侯(611)~
曹(姬) (1027~487)	叔振鐸~太伯~仲君(1002)~宮伯(935)~	孝伯(895)~夷伯(864)~幽伯(834)~戴伯(825)	惠伯(795)~穆公(759)~桓公(756)~莊公(701)	釐公(670)~昭公(661)~共公(652)~文公(617)~
鄭(姬) (806~375)		桓公(周宣王母弟, 806)~	武公(770)~莊公(743)~厲公(700)	昭公(696)~子亹(694)~子嬰(693)~厲公(679)~文公(672)~穆公(627)~靈公(605)~襄公(604)~
燕(姬) (1027~222)	召康公(周武王弟)~侯克~侯旨~侯憲~侯和~	惠侯(864)~釐侯(826)	傾侯(790)~哀侯(766)~鄭侯(764)~繆侯(728)~宣侯(710)	桓侯(697)~莊公(690)~襄公(657)~桓公(617)~宣公(601)~
吳(姬) (585~473)	太伯(吳)~仲雍~季簡~叔達~周章~熊遂~柯相~彊鳩夷~餘橋疑吾~柯盧~周繇~屈羽~夷吾~禽處~轉~頗高~句卑~去齊~			

世系(皇帝~西周): 黃帝(軒轅, 有熊)~帝顓頊(高陽, 黃帝孫)~帝嚳(高辛, 黃帝曾孫, 顓頊之侄子)~陶唐堯(放勛, 黃帝高孫, 帝嚳之子)~虞舜(黃帝玄孫之玄孫, 瞽叟之子)~**夏后(2070-1600)**[禹(黃帝耳孫)~(益)~啓(禹之子)~太康~仲康~相(姒相)~少康~后杼~槐~芒~泄~不降~扃~廑~孔甲~皐~發~桀(履癸; 從禹至桀十七世)]~**商(1600-1300)**[湯~外丙~仲壬~太甲(太宗, 湯之長孫)~沃丁~太庚~小甲~雍己~太戊(中宗)~中丁~外壬~河亶甲~祖乙~祖辛~沃甲~祖丁~南庚~陽甲~**殷(1300-1046)**[盤庚[殷遷都]~小辛~小乙~武丁(高宗)(1250)~祖庚(1191)~祖甲(1172)~廩辛(1139)~庚丁(1148)~武乙(1147)~太丁[文丁](1112)~乙(1101)~紂(辛; 從湯至紂二十九世)(1075)]~**西周(1046-771)**[武王~成王~康王~昭王~穆王~共王~懿王~孝王~夷王~厲王~周公 · 召公共和~宣王~幽王]~東周(770-256)[春秋(770-481)~戰國(480-222)]~秦(221-207)~西漢(BC 206~AD9)

周世系: 黃帝~玄囂(少昊, 黃帝的長子)~蟜極(帝嚳之父)~帝嚳(高辛)~后稷(周祖, 帝堯時代農事職, 姬氏)~不窋~鞠~公劉~慶節~皇僕~差弗~毀渝~公非~高圉~亞圉~公叔祖類~古公亶父(太王)~季歷(公季)~西伯昌(文王)~太子發(武王)

國(姓)	BC 600~BC 501	BC 500~BC 401	BC 400~BC 301	BC 300~BC 201
周(姬) (1027~249)	簡王(585)~靈王(571)~景王(544)~悼王(520)~敬王(519)	元王(476)~定王(468)~考王(440)~威烈王(425)~安王(401)	烈王(375)~顯王(368)~愼靚王(320)~赧王(314)	昭文君(255)~秦取東周(249)
魯(姬) (1027~250)	成公(590)~襄公(572)~昭公(541)~定公(509)	哀公(494)~悼公(467)~元公(436)~穆(繆)公(415)	共公(382)~康公(352)~景公(343)~平公(322)~文公(302)	傾公(279-256)~楚滅魯(249)
齊(姜/田) (1027~221)	頃公(598)~靈公(581)~莊公(553)~景公(548)	晏孺(489)~悼公(488)~簡公(484)~平公(480)~宣公(455)~康公(404-379, 姜氏終)~太公(404, 田氏并齊)	廢公(383)~威王(356)~宣王(319)~湣王(300)	襄王(283)~廢王(264)~秦滅齊(221, 秦天下統一)
晉(姬) (1024~369)	景公(599)~厲公(580)~悼公(572)~平公(557)~昭公(531)~頃公(525)~定公(511)	出公(474)~哀公(456)~幽公(437)~烈公(419)	孝公(392)~靜公(377)~魏韓趙滅晉(376)	
秦(嬴) (900~206)	景公(576)~哀公(536)~惠公(500)	悼公(490)~厲共公(476)~躁公(442)~懷公(428)~靈公(424)~簡公(414)	惠公(399)~出公(386)~獻公(384)~孝公(361)~惠文王(337)~武王(310)~昭襄王(306)	孝文王(250)~莊襄王(249)~始皇帝(246)~二世皇帝(210)~秦王子嬰(207)~ 天下屬漢(207)
楚(熊) (1027~223)	共王(590)~康王(559)~郟敖(544)~靈王(540)~平王(528)~昭王(515)	惠王(488)~簡王(431)~聲王(407)~悼王(401)	肅王(380)~宣王(369)~威王(339)~懷王(328)	頃襄王(298)~考烈王(262)~幽王(237)~哀王(228)~負芻(227)~霸王(項羽, 206)~秦滅楚(202)
宋(子) (1024~286)	共公(588)~平公(575)~元公(531)~景公(516)	昭公(468)~悼公(403)	休公(385)~桓公(362)~剔成君(355)~康王(偃, 328)	齊滅宋(286)
衛(姬) (1024~209)	穆公(599)~定公(588)~獻公(576)~殤公[剽](558)~獻公(546)~襄公(543)~靈公(534)	出公(孝公)[輒](492)~莊公[蒯聵](480)~君起(477)~廢公(477)~出公[輒](476)~悼公(469)~敬公(464)~昭公(431)~懷公(425)	愼公(414)~聲公(382)~成侯(361)~平侯(342)~嗣君(334)	懷君(292)~元君(252)~廢君(角(229)
陳(嬀) (1027~478)	成公(598)~哀公(568)~惠公(533)~懷公(505)	湣公(501)~楚滅陳(479)		
蔡(姬) (1027~447)	景侯(591)~靈侯(542)~侯盧(530)~悼侯(521)~昭侯(518)	成侯(490)~聲侯(471)~元侯(456)~齊(450)~楚滅蔡(447)		
曹(姬) (1027~487)	宣公(594)~成公(577)~武公(554)~平公(527)~悼公(523)~襄公(514)~隱公(509)~靖公(505)~伯陽(501)	宋滅曹(487)		
鄭(姬) (806~375)	悼公(586)~成公(584)~釐公(570)~簡公(565)~定公(529)~獻公(513)	聲公(500)~哀公(462)~共公(455)~幽公(423)~繻公(422)	康公(395~375)~韓滅鄭(375)	
燕(姬) (1027~222)	昭公(586)~武公(573)~文公(554)~懿公(548)~惠公(544)~悼公(535)~共公(528)~平公(523)~簡公(504)	獻公(492)~孝公(464)~成公(454)~閔公(438)~簡公(414)	桓公(372)~文公(361)~易王(332)~王噲(320)~昭王(311)	惠王(278)~武成王(271)~孝王(257)~王喜(254)~太子丹~秦滅燕(222)
吳(姬) (585~473)	壽夢(585~)~諸樊(560)~餘祭(547)~餘昧(530)~僚(526)~闔閭(514)	夫差(495-473)~越滅吳(473)		
魏(魏) (403~225)		魏獻子……文侯(445)	武侯(395)~惠成王(369)~襄王(334)~哀王(318)	昭王(295)~安釐王(276)~景湣王(242)~王假(227)~秦滅魏(225)
韓(韓) (403~230)		韓宣子……武子(424)~景侯(408)	列侯(399)~文侯(386)~哀侯(376)~莊侯(370)~昭侯(358)~宣惠王(332)~襄王(311)~	釐王(295)~桓惠王(272)~安王(238)~秦滅韓(230)
趙(趙) (403~222)		趙簡子(517)~襄子(457)~趙桓子(424)~獻侯(423)~烈侯(408)	武公(399)~敬侯(386)~成侯(374)~肅侯(349)~武靈王(325)	惠文王(298)~孝成王(265)~悼襄王(244)~幽繆王(235)~代王(227)~秦滅趙(222)

(注)《史記》의 三代世表·十二諸侯年表·六國年表, 中國哲學書電子化計劃의《歷代君主列表》, 萬國鼎의《中國歷史紀年表》에 의거 秦天下統一까지 정리함. 夏·商·西周年表는 夏商周斷代工程版에 의거함. ( ) 안은 在位元年 표기임.

부록 4 논어 각 장별 名稱

0101 學而時習之章
0102 有子曰 其爲人也孝弟章
0103 巧言令色鮮矣仁章
0104 曾子曰 吾日三省吾身章
0105 道千乘之國章
0106 弟子入則孝章
0107 賢賢易色章
0108 君子不重則不威章
0109 愼終追遠章
0110 夫子至於是邦章
0111 父在觀其志章
0112 禮之用和爲貴章
0113 信近於義章
0114 君子食無求飽章
0115 貧而無諂章
0116 不患人之不己知章

0201 爲政以德章
0202 詩三百章
0203 道之以政章
0204 吾十有五而志于學章
0205 孟懿子問孝章
0206 孟武伯問孝章
0207 子遊問孝章
0208 子夏問孝章
0209 吾與回言章
0210 視其所以章
0211 溫故而知新章
0212 君子不器章
0213 子貢問君子章
0214 君子周而不比章
0215 學而不思章
0216 攻乎異端章
0217 由誨女知之章
0218 子張學干祿章
0219 哀公問何爲則民服章
0220 季康子問使民敬忠以勸章
0221 或謂子奚不爲政章
0222 人而無信章
0223 子張問十世可知章
0224 非其鬼而祭之章

0301 孔子謂季氏章
0302 三家者以雍徹章
0303 人而不仁如禮何章
0304 林放問禮之本章
0305 夷狄之有君章
0306 季氏旅於泰山章
0307 君子無所爭章
0308 巧笑倩兮章
0309 夏禮吾能言之章
0310 禘自旣灌而往者章
0311 或問禘之說章*
0312 祭如在章
0313 與其媚於奧章
0314 周監於二代章
0315 子入太廟章
0316 射不主皮章
0317 子貢欲去告朔之餼羊章
0318 事君盡禮章
0319 君使臣以禮章
0320 關雎樂而不淫章
0321 哀公問宰我章
0322 管仲之器小哉章
0323 子語魯太師樂章
0324 儀封人請見章
0325 子謂韶盡美矣章
0326 居上不寬章

0401 里仁爲美章
0402 不仁者不可以久處約章
0403 惟仁者能好人能惡人章
0404 苟志於仁章
0405 富與貴章
0406 我未見好仁者章
0407 人之過也章
0408 朝聞道章
0409 士志於道章
0410 君子之於天下也章
0411 君子懷德章
0412 放於利而行章
0413 能以禮讓爲國章
0414 不患無位章
0415 子曰 參乎章
0416 君子喩於義章
0417 見賢思齊焉章
0418 事父母幾諫章
0419 父母在章
0420 三年無改於父之道章*
0421 父母之年章
0422 古者言之不出章
0423 以約失之章
0424 君子欲訥於言章
0425 德不孤章
0426 事君數章

0501 子謂公冶長章	0502 子謂子賤章	0503 子貢問賜也何如章
0504 或曰 雍也章	0505 子使漆雕開仕章	0506 道不行章
0507 孟武伯問子路仁乎章	0508 子謂子貢曰 章	0509 宰予晝寢章*
0510 吾未見剛者章	0511 子貢曰 我不欲人之加諸我章	0512 子貢曰 夫子之文章章
0513 子路有聞章	0514 子貢問曰 孔文子章	0515 子謂子產章
0516 晏平仲善與人交章*	0517 臧文仲居蔡章	0518 子張問曰 令尹子文章
0519 季文子三思而後行章	0520 甯武子邦有道則知章	0521 子在陳章
0522 伯夷叔齊章	0523 孰謂微生高直章	0524 巧言令色足恭章
0525 顏淵季路侍章	0526 已矣乎章	0527 十室之邑章

0601 雍也可使南面章	0602 哀公問弟子章	0603 子華使於齊章
0604 子謂仲弓章	0605 子曰 回也章	0606 季康子問仲由章
0607 季氏使閔子騫爲費宰章	0608 伯牛有疾章	0609 賢哉回也章
0610 冉求曰 非不說子之道章	0611 子謂子夏曰 章	0612 子遊爲武城宰章
0613 孟之反不伐章	0614 不有祝鮀之佞章	0615 誰能出不由戶章
0616 質勝文則野章	0617 人之生也直章	0618 知之者不如好之者章
0619 中人以上章	0620 樊遲問知章	0621 知者樂水章
0622 齊一變至於魯章	0623 觚不觚章	0624 井有仁焉章
0625 君子博學於文章	0626 子見南子章	0627 中庸之爲德章
0628 子貢曰 如有博施於民章		

0701 述而不作章	0702 默而識之章	0703 德之不脩章
0704 子之燕居章	0705 甚矣吾衰章	0706 志於道章
0707 自行束脩章	0708 不憤不啟章	0709 子食於有喪者之側章
0710 子謂顏淵曰 章	0711 富而可求章	0712 子之所愼章*
0713 子在齊聞韶章	0714 冉有曰 夫子爲衛君乎章	0715 飯疏食章
0716 加我數年章	0717 子所雅言章	0718 葉公問孔子於子路章
0719 我非生而知之者章	0720 子不語怪力亂神章	0721 三人行章
0722 天生德於予章	0723 二三子以我爲隱乎章	0724 子以四教章
0725 聖人吾不得而見之章	0726 子釣而不網章*	0727 蓋有不知而作之者章
0728 互鄉難與言章*	0729 仁遠乎哉章	0730 陳司敗問昭公章
0731 子與人歌而善章	0732 文莫吾猶人也章	0733 若聖與仁章
0734 子疾病章	0735 奢則不孫章	0736 君子坦蕩蕩章
0737 子溫而厲章		

0801 泰伯其可謂至德章	0802 恭而無禮章	0803 曾子有疾謂門弟子章
0804 曾子有疾孟敬子問之章	0805 曾子曰 以能問於不能章	0806 曾子曰 可以託六尺之孤章
0807 曾子曰 士不可以不弘毅章	0808 興於詩章	0809 民可使由之章
0810 好勇疾貧章	0811 如有周公之才之美章	0812 三年學章
0813 篤信好學章	0814 不在其位章	0815 師摯之始章

0816 狂而不直章 0817 學如不及章 0818 巍巍乎章
0819 大哉堯之爲君章 0820 舜有臣五人章 0821 禹吾無間然章

0901 子罕言利章 0902 達巷黨人曰 大哉孔子章* 0903 麻冕禮也章
0904 子絕四章 0905 子畏於匡章 0906 太宰問於子貢章
0907 吾有知乎哉章 0908 鳳鳥不至章 0909 子見齊衰者章
0910 顏淵喟然歎章 0911 子疾病章 0912 子貢曰 有美玉章
0913 子欲居九夷章 0914 吾自衛反魯章* 0915 出則事公卿章
0916 子在川上章 0917 我未見好德如好色章 0918 譬如爲山未成一簣章*
0919 語之而不惰章 0920 子謂顏淵章 0921 苗而不秀章
0922 後生可畏章 0923 法語之言章 0924 主忠信章*
0925 三軍可奪帥章 0926 衣敝縕袍章 0927 歲寒然後章*
0928 知者不惑章 0929 可與共學章 0930 唐棣之華章

1001 鄕黨宗廟朝廷言貌不同節 1002 在朝廷事上接下不同節 1003 爲君擯相節
1004 在朝之容節 1005 爲君聘節 1006 衣服之制節
1007 謹齋事節 1008 飮食之制節 1009 席不正不坐節*
1010 居鄕節 1011 與人交之誠意節 1012 廏焚節*
1013 事君之禮節 1014 交朋友之義節 1015 容貌之變節
1016 升車之容節 1017 色斯擧矣節*

1101 先進於禮樂章 1102 從我於陳蔡章 1103 回也非助我者也章
1104 孝哉閔子騫章* 1105 南容三複白圭章 1106 季康子問弟子章*
1107 顏路請子之車章 1108 子曰 天喪予章* 1109 子哭之慟章*
1110 門人厚葬章 1111 季路問事鬼神章 1112 閔子侍側章
1113 魯人爲長府章* 1114 由之瑟奚爲於丘之門章* 1115 子貢問師與商也章
1116 季氏富於周公章 1117 柴也愚章 1118 回也其庶乎章
1119 子張問善人之道章 1120 論篤是與章* 1121 聞斯行諸章*
1122 子畏於匡章 1123 季子然問仲由冉求章 1124 子路使子羔爲費宰章
1125 子路曾晳冉有公西華侍坐章

1201 顏淵問仁章 1202 仲弓問仁章 1203 司馬牛問仁章
1204 司馬牛問君子章 1205 司馬牛憂曰 章 1206 子張問明章
1207 子貢問政章 1208 棘子成曰 章 1209 哀公問於有若章
1210 子張問崇德辨惑章 1211 齊景公問政章 1212 子路無宿諾章
1213 聽訟吾猶人也章* 1214 子張問政章 1215 博學於文章*
1216 君子成人之美章 1217 季康子問政章* 1218 季康子患盜章
1219 季康子問政章 1220 子張問士章 1221 樊遲從遊舞雩之下章
1222 樊遲問仁章 1223 子貢問友章 1224 君子以文會友章*

1301 子路問政章
1302 仲弓爲季氏宰章
1303 子路曰 衛君待子章
1304 樊遲請學稼章
1305 誦詩三百章
1306 其身正不令而行章*
1307 魯衛之政兄弟也章*
1308 子謂衛公子荊章
1309 子適衛章
1310 苟有用我章
1311 善人爲邦章
1312 如有王者章
1313 苟正其身章
1314 冉子退朝章*
1315 定公問一言興邦章
1316 葉公問政章
1317 子夏爲莒父宰章*
1318 吾黨有直躬者章*
1319 樊遲問仁章
1320 子貢問士章
1321 不得中行而與之章
1322 南人有言章
1323 君子和而不同章
1324 鄕人皆好之章*
1325 君子易事而難說章
1326 君子泰而不驕章
1327 剛毅木訥近仁章
1328 子路問士章
1329 善人教民七年章
1330 以不教民戰章

1401 憲問恥章
1402 克伐怨欲不行章
1403 士而懷居章*
1404 邦有道危言危行章*
1405 有德者必有言章
1406 南宮适問於孔子章
1407 君子而不仁者章
1408 愛之能勿勞乎章
1409 爲命章
1410 或問子產章
1411 貧而無怨章
1412 孟公綽章*
1413 子路問成人章
1414 子問公叔文子章
1415 臧武仲以防求爲後於魯章*
1416 晉文公譎而不正章
1417 子路曰 桓公殺公子糾章
1418 子貢曰 管仲非仁章
1419 公叔文子之臣大夫撰章*
1420 子言衛靈公之無道也章*
1421 其言之不怍章*
1422 陳成子弑簡公章
1423 子路問事君章
1424 君子上達章
1425 古之學者爲己章
1426 蘧伯玉使人於孔子章
1427 不在其位不謀其政章*
1428 君子思不出其位章*
1429 君子恥其言過其行章
1430 君子道者三我無能焉章*
1431 子貢方人章
1432 不患人之不己知章*
1433 不逆詐章
1434 微生畝謂孔子章
1435 驥不稱其力章
1436 以德報怨章
1437 莫我知也夫章
1438 公伯寮愬子路章
1439 賢者辟世章
1440 作者七人矣章*
1441 子路宿於石門章
1442 子擊磬於衛章
1443 書云高宗諒陰章*
1444 上好禮章
1445 子路問君子章
1446 原壤夷俟章
1447 闕黨童子將命章

1501 衛靈公問陳章
1502 子曰 賜也章
1503 由知德者鮮矣章*
1504 無爲而治者章*
1505 子張問行章
1506 直哉史魚章
1507 失人失言章*
1508 志士仁人章
1509 子貢問爲仁章
1510 顔淵問爲邦章
1511 人無遠慮必有近憂章*
1512 子曰 已矣乎章
1513 臧文仲其竊位者與章*
1514 躬自厚章
1515 不曰 如之何章
1516 群居終日章*
1517 君子義以爲質章
1518 君子病無能焉章*
1519 君子疾沒世而名不稱焉章*
1520 君子求諸己章*
1521 君子矜而不爭章
1522 君子不以言擧人章*
1523 子貢問有一言可以終身行之章
1524 吾之於人也章
1525 吾猶及史之闕文也章*
1526 巧言亂德章
1527 衆惡之必察焉章*
1528 人能弘道章
1529 過而不改章*
1530 吾嘗終日不食章
1531 君子謀道不謀食章
1532 知及之章
1533 君子不可小知章
1534 民之於仁也甚於水火章*
1535 當仁不讓於師章
1536 君子貞而不諒章

1537	事君敬其事而後其食章*	1538	有敎無類章*	1539	道不同不相爲謀章*
1540	辭達而已矣章	1541	師冕見及階章*		
1601	季氏將伐顓臾章	1602	天下有道章*	1603	祿之去公室章*
1604	益者三友章*	1605	益者三樂章	1606	侍於君子有三愆章
1607	君子有三戒章	1608	君子有三畏章	1609	生而知之者上也章*
1610	君子有九思章	1611	見善如不及章	1612	齊景公有馬天駟章*
1613	陳亢問於伯魚章*	1614	邦君之妻章*		
1701	陽貨欲見孔子章	1702	性相近章	1703	唯上智與下愚不移章*
1704	子之武城章	1705	公山弗擾章	1706	子張問仁章
1707	佛肸召章	1708	子曰 由也章	1709	小子何莫學夫詩章
1710	子謂伯魚章	1711	禮云禮云章*	1712	色厲內荏章
1713	鄕原德之賊章	1714	道聽塗說章*	1715	鄙夫可與事君也與哉章*
1716	古者民有三疾章	1717	巧言令色章*	1718	惡紫之奪朱章
1719	予欲無言章	1720	孺悲欲見孔子章	1721	宰我問三年之喪章
1722	飽食終日章	1723	君子尙勇乎章	1724	君子亦有惡乎章
1725	女子與小人章*	1726	年四十而見惡焉章*		
1801	微子去之章	1802	柳下惠爲士師章	1803	齊景公待孔子章
1804	齊人歸女樂章	1805	楚狂接輿章	1806	長沮桀溺章*
1807	子路從而後章	1808	逸民章	1809	太師摯適齊章*
1810	周公謂魯公章*	1811	周有八士章*		
1901	士見危致命章*	1902	執德不弘章	1903	子夏之門人問交於子張章
1904	雖小道必有可觀章	1905	日知其所亡章	1906	博學而篤志章
1907	百工居肆章	1908	小人之過必文章*	1909	君子有三變章*
1910	君子信而後勞其民章*	1911	大德不踰閑章	1912	子夏之門人小子章
1913	仕而優則學章	1914	喪致乎哀而止章*	1915	吾友張也章*
1916	堂堂乎張也章*	1917	人未有自致者章*	1918	孟莊子之孝章
1919	孟氏使陽膚爲士師章*	1920	紂之不善章*	1921	君子之過也章*
1922	衛公孫朝問於子貢章	1923	叔孫武叔語大夫章	1924	叔孫武叔毁仲尼章*
1925	陳子禽謂子貢章				
2001	堯曰 咨爾舜章	2002	子張問章	2003	不知命章

(注) 각 장의 명칭은《朱子語類》에 따른 것이다.《朱子語類》에 명칭이 없는 장은 따로 명칭을 부여하고 (*) 표시하였다.

부록 5 논어성어목록

各得其所 091401
侃侃而言 100201
降志辱身 180803
硜硜之愚 144202
擧一反三 070801
居下訕上 172401
見危授命 141302
見賢思齊 041701
敬事後食 153701
季孟之間 180301
繫而不食 170704
故舊不遺 080202
考獻徵文 030901
困而學之 160901
恭而有禮 120504
過猶不及 111503
觀過知仁 040701
裘馬輕肥 060302
久要不忘 141302
求全責備 181001
鞠躬屛氣 100404
群起而攻之 111602
君子不器 021201
宮牆重仞 192303
矜而不爭 152101
杞宋無徵 030901
旣往不咎 032102
年富力強 092201
魯衛之政 130701
勞而不怨 200201
陋巷簞瓢 060901
多聞闕疑 021802
達人立人 062802
待賈而沽 091201
大節不奪 080601
各不相謀 153901
簡在帝心 200103
降志辱身 180803
去食存信 120703
居之不疑 122006
見利思義 141302
見危致命 190101
兼人好勝 112101
敬而遠之 062001
戒奢寧儉 030403
繼絕存亡 200107
告朔餼羊 031701
曲肱而枕 071501
空空如也 090701
攻乎異端 021601
過庭之訓 161302
怪力亂神 072001
求生害仁 150801
求仁得仁 071402
求志達道 161102
群居終日言不及義 151601
群而不黨 152101
君子成人之美不成人之惡 121601
克己復禮 120101
旣來之則安之 160111
沂水舞雩 112507
期月有成 131001
年逾不惑 020403
老而不死 144601
老之將至 071802
訥言敏行 042401
簞食瓢飮 060901
當立之年 020402
大動幹戈 160113
大車無輗 022201
侃侃誾誾 100201
剛毅木訥 132701
開柙出虎 160107
擧枉錯直 021901
擧直錯枉 021901
犬馬之養 020701
見義勇爲 022402
輕裘肥馬 060302
計過自訟 052601
季孫之憂 160113
故舊不棄 181001
告往知來 011503
困而不學 160901
工欲善其事必先利其器 1150901
功虧一簣 091801
過則勿憚改 010804
巧言令色 010301
龜玉毁櫝 160107
求人不如求己 152001
九合一匡 141702
君君臣臣 121102
君子固窮 150103
躬自厚而薄責於人 151401
近悅遠來 131602
己所不欲勿施於人 120201
沂水弦歌 112507
內省不疚 120402
年逾耳順 020405
老而不死是爲賊 144601
祿去公室 160301
能近取譬 062803
簞瓢陋巷 060901
當仁不讓 153501
大言不慚 142101
道德齊禮 020302

三省吾身 010401
三十而立 020402
三月不知肉味 071301
三人行必有我師 072101
上智下愚 170301
色厲內荏 171201
色仁行違 122006
生榮死哀 192504
生而知之 071901
逝者如斯 091601
善賈而沽 091201
先難後獲 062001
善與人交 051601
成事不說遂事不諫 032102
成人之美 121601
成仁取義 150801
歲不我與 170102
歲寒松柏 092701
歲寒知松柏 092701
小大由之 011201
小德出入 191101
小不忍則亂大謀 152601
疏食飮水 071501
蕭牆禍起 160103
松柏後彫 092701
灑掃應對 191201
雖多亦奚以爲 130501
守死善道 081301
隨心所欲 020406
秀而不實 092101
手足無措 130306
循序漸進 143702
循循善誘 091002
述而不作 070101
升堂入室 111402
乘桴浮海 050601
乘肥衣輕 060302
勝殘去殺 131101
是可忍孰不可忍 030101
詩禮之訓 161302
時不我待 170102
時不我與 170102
時然後言義然後取 141402
食無求飽居無求安 011401
食不厭精膾不厭細 100801
食不厭精膾不厭細 100801
迅雷風烈 101505
信而好古 070101
愼終追遠 010901
失言失人 150701
深厲淺揭 144202
樂山樂水 062101
惡衣惡食 040901
樂以忘憂 071802
樂而不淫 032001
樂在其中 071501
安老懷少 052504
安貧樂道 060901
訐以爲直 172402
仰之彌高 091001
哀矜勿喜 191901
愛禮存羊 031702
哀而不傷 032001
愛之欲其生 惡之欲其死 121002
愛之欲其生 121002
良師益友 160401
洋洋盈耳 081501
魚餒肉敗 100802
言寡尤行寡悔 021802
言不及義 151601
言而有信 010701
言必信行必果 132003
言必有中 111303
言行相顧 142901
言行相副 142901
如見大賓 120201
如履薄冰 080301
如臨深淵 080301
如指諸掌 031101
悅近來遠 131602
涅而不緇 170703
斂容屛氣 100404
禮壞樂崩 172102
禮奢寧儉 030403
禮讓爲國 041301
禮之用和爲貴 011201
譽必待試 152401
惡居下流 172401
五穀不分 180701
惡紫奪朱 171801
五湖四海 120504
溫故知新 021101
韞匵而藏 091201
溫良恭儉讓 011002
縕袍不恥 092601
縕袍敝衣 092601
莞爾而笑 170402
枉道事人 180201
往者不可諫來者猶可追 180501
巍巍蕩蕩 081901
了如指掌 031101
欲速不達 131701
欲罷不能 091003
勇者不懼 092801
用行舍藏 071001
牛刀割鷄 170402
愚不可及 052001
怨天尤人 143702
爲山止簣 091801
危言危行 140401
喟然而歎 112507
喟然長歎 091001
威而不猛 073701
危而不持 160106
爲仁由己 120101
唯恐有聞 051301
有敎無類 153801
有始有卒 191202
有勇知方 112504
有恥且格 020302
遊必有方 041901
六尺之孤 080601
允執其中 200101

通力合作 120902
片言折獄 121201
匏瓜空懸 170704
飽食終日 172201
飽食終日無所用心 172201
暴虎馮河 071003
風行草偃 121901
被髮左衽 141802
匹夫溝瀆 141803
必不得已 120702
匹夫不可奪志 092501
匹夫小諒 141803
匹夫之諒 141803
匹夫匹婦 141803
必也正名 130302
河不出圖 090801
下愚不移 170301
下學上達 143702
學無常師 192202
學如不及猶恐失之 081701
學優則仕 191301
學而不思則罔思而不學則殆 021501
學而不厭 070201
學而不厭誨人不倦 070201
學而時習之 010101
割雞焉用牛刀 170402
行己有恥 132001
行不由徑 061201
行不貳過 060201
行有餘力 010601
行義達道 161102
弦歌之聲 170401
衒玉自售 091201
賢賢易色 010701
血氣方剛 160701
惠而不費 200201
好古敏求 071901
瑚璉之器 050301
好謀而成 071003
虎兕出柙 160107
好行小慧 151601
紅紫亂朱 171801
紅紫奪朱 171801
禍起蕭牆 160113
和顔說色 020801
化若偃草 121901
和而不同 132301
患得患失 171502
懷寶迷邦 170102
繪事後素 030802
誨人不倦 070201
朽木不雕 050901
朽木糞牆 050901
朽木糞土 050901
後生可畏 092201
譎而不正 141601
興觀群怨 170901
興滅繼絶 200107

(注) 논어 성어는 金玟炅, "《論語》 成語 硏究" (韓國外國語大學校 敎育大學院, 2009)의 '부록 1:《論語》成語 目錄'을 위주로 하고, 在线成语词典(cy.5156edu.com) 및 百度汉语(hanyu.baidu.com) 등에서 찾아 일부 추가했다.

부록 6 지명 · 국명 · 인명 · 중요어구 색인

1. 지명(山水 포함) · 국명

2. 인명

(공자의 제자는 '부록2 孔子弟子列表'에서 별도 표기)

3. 단어

부록 7 집주에서 인용한 학자 일람

氏稱	성명	생몰	국가	주요행적	논어구절
愚之師	李侗	1093~1163	南宋	· 延平先生 · 程頤二傳弟子. 朱熹스승 · 朱熹父親 朱松 同門 · [延平答問]	0209 0518
孔氏	孔安國	BC 156~BC 74	西漢	· 孔子第10世孫. 經學家 · [古文尚書][論語訓解]	0412 0906 2001
馬氏	馬融	79~166	東漢	· 鄭玄스승. 古文經學家 · [論語]외 經書多數注釋	0105 0223 0805 0820 0905
范氏	范祖禹	1041~1098	北宋	· 字 淳夫[淳甫] · 三范修史(范鎮 · 范祖禹 · 范沖) · 史學家, 文學家 · [論語說][唐鑒][帝學]	0112 0201 0202 0213 0216 0301 0304 0306 0312 0419 0422 0426 0509 0513 0523 0604 0623 0713 0803 0820 0909 0911 0912 0919 0927 1008 1011 1015 1016 1105 1106 1116 1118 1124 1213 1217 1221 1302 1303 1315 1415 1423 1428 1513 1519 1541 1607 1708 1716 1718 1721 1804 1807 1916
謝氏	謝良佐	1050~1103	北宋	· 二程弟子 · 字 顯道 · 程門四先生(遊酢 · 呂大臨 · 謝良佐 · 楊時) · [論語說]	0101 0104 0110 0219 0301 0308 0310 0313 0323 0402 0410 0423 0424 0505 0510 0524 0607 0611 0613 0709 0710 0717 0720 0732 0805 0917 0926 0927 1004 1008 1009 1201 1303 1315 1318 1407 1431 1438 1444 1502 1520, 1601 1610 1808 1909 1919 1925
蘇氏	蘇軾	1037~1101	北宋	· 字 子瞻 · 東坡居士 · 唐宋八大家 · 世稱蘇東坡. 蘇仙. · [論語解][東坡樂府]	0322 0502 0711 0816 1006 1301 1408 1511 1603 1726 1906
蘇氏	蘇轍	1039~1112	北宋	· 字 子由 · 同叔 · 蘇軾之弟 · 唐宋八大家 · [論語拾遺]	0514
楊氏	楊時	1053~1135		· 字 中立 · 號 龜山先生 · 程門四先生	0105 0304 0308 0316 0317 0322 0404 0416 0612 0616 0704 0711 0812 0821 0904 0910 0911 0923

氏稱	성명	생몰	국가	주요행적	논어구절
				· [論語解][二程粹言][龜山集]	0929 10序 1007 1008 1011 1117 1203 1206 1209 1210 1211 1213 1303 1304 1308 1322 1327 1415 1433 1506 1520 1525 1527 1609 1701 1707 1724 1801 1904 1913 2001
揚雄	揚雄	BC 53~ AD18	西漢	· 揚子雲 · [太玄][法言]	0322 1701 1808
呂氏	呂大臨	1040~ 1092	北宋	· 字 與叔 · 金石學家 · 程門四先生 · [論語解][考古圖]	0218 0319 0620 0628 0723 0926
吳氏	吳棫	1100~ 1154	宋	· 字 才老 · 古音韻學家. 訓詁學家 · [論語續解][詩補音][字學補韻]	0107 0305 0407 0515 0730 0802 0906 0910 1117 1301 1614 1911
王氏	王安石	1021~ 1086	北宋	· 字 介甫 · 號 半山 · 政治家. 唐宋八大家 · [論語通類][臨川先生文集]	1113 1714
劉聘君	劉勉之	1091~ 1149	南宋	· 字 致中 · 白水先生 · 朱子岳父 · 朱松(朱熹父)朋友	0624 0716 1017
劉侍讀	劉敞	1019~ 1068	北宋	· 字 原父 · 史學家 · [春秋意林][論語小傳]	0820
游氏	游酢	1053~ 1123	北宋	· 字 定夫 · 程門四先生 · [中庸義][論語孟子雜解]	0107 0108 0111 0303 0403
劉忠定公	劉安世	1048~ 1125	北宋	· 字 器之 · 元城先生 · [盡言集]	0716
陸氏	陸元朗	550~630	唐	· 字 德明 · 訓詁學家 · [經典釋文]	0223 1004 1008 1810
尹氏	尹焞	1071~ 1142	宋	· 字 彥明 · 程頤弟子 · 尹和靖先生 · [論語解][論語說][孟子解][和靖先生集]	0101 0104 0106 0111 0114 0116 0305 0314 0315 0319 0321 0407 0411 0423 0605 0618 0703 0710 0712 0719 0721 0803 0804 0819 0902 0907 0909 0922 10序 1112 1115 1117 1123 1212 1219 1220 1222 1310 1311 1323 1404 1405 1420 1430 1435 1501 1502 1510

氏稱	성명	생몰	국가	주요행적	논어구절
					1523 1524 1531 1541 1604 1605 1606 1608 1613 1721 1723 1804 1808 1905 1907 1917 2002 2003
李氏	李郁	1085~1150	南宋	· 字 光祖 · 號 西山先生 · 楊時弟子 · [論孟遺書][論孟諸說][李西山文集]	0303 1440 1530 1534 1706 1722 1810
張敬夫	張栻	1133~1180	南宋	· 字 敬夫 · 南軒先生 · 東南三賢(朱熹 · 呂祖謙 · 張栻) · [論語解][南軒全集]	0110 0220 0617 0619 0725 1121 1706 1707
張子	張載	1020~1077	北宋	· 字 子厚 · 橫渠先生 · 北宋五子(張載 · 周敦頤 · 邵雍 · 二程) · [正蒙][張載集][論語說]	0517 0602 0603 0605 0725 0802 0904 0908 1002 1119 1510 1528 1806 1809 1811
程子	程頤	1033~1107	北宋	· 字 正叔 · 伊川先生 · [二程集][論語說]	0101 0102 0103 0105 0106 0108 0112 0201 0202 0204 0208 0210 0215 0216 0218 0219 0302 0303 0305 0312 0318 0322 0325 0403 0407 0408 0409 0412 0414 0415 0416 0426 0501 0505 0506 0510 0511 0512 0516 0519 0520 0522 0523 0524 0525 0601 0602 0603 0605 0606 0607 0609 0611 0617 0620 0621 0622 0623 0625 0627 0628 0704 0705 0708 0714 0715 0717 0723 0724 0728 0729 0736 0737 0803 0804 0806 0807 0808 0809 0811 0813 0817 0901 0903 0904 0907 0910 0916 0929 0930 1006 1008 1101 1102 1111 1114 1117 1118 1119 1125 1201 1202 1203 1207 1210 1214 1220 1222 1301 1302 1303 1305 1311 1312 1317 1319 1320 1327 1329 1402 1413 1418 1422 1425 1437 1439 1445 1501 1505 1508 1509 1510 1517 1535 1610 1612 1702 1703 1705 1711 1719 1720 1803 1806 1906 1909 1912 1925 2003
	程顥	1032~1085	北宋	· 字 伯淳 · 明道先生 · [二程集][論語精義]	
趙伯循	趙匡	-	唐	· 字 伯循 · 經學家 · [春秋闡微纂類義疏]	0310

氏稱	성명	생몰	국가	주요행적	논어구절
晁氏	晁公武	1105~1180	南宋	· 字 子止 · 昭德先生 · 目錄學家, 藏書家 · 郡齋讀書志	1017
晁氏	晁説之	1059~1129	北宋	· 字 以道[伯以] · 司馬光弟子 · [論語講義][景迂生集]	0733 0735 0813 1005 1204
周氏	周孚先	-	北宋	· 字 伯忱 · 程頤弟子 · [論語解]	0213
曾氏	曾幾	1085~1166	南宋	· 字 吉甫 · 茶山先生 · 詩人 · [論語義][經説]	1222
何氏	何晏	?~249	魏	· 字 平叔 · 魏晉玄學的創始者 · [論語集解][道德論]	1501 1715
邢氏	邢昺	932~1010	北宋	· 經學家 · [論語注疏][爾雅注疏]	1017
胡氏	胡寅	1098~1156	北宋	· 致堂先生 · 字 明仲 · 胡宏兄 · [論語詳説][斐然集]	0105 00204 0205 0207 0223 0417 0420 0424 0426 0508 0509 0601 0610 0613 0910 11序 1103 1104 1107 1109 1122 1205 1217 1218 1221 1309 1319 1328 14序 1412 1413 1422 1441 1443 1525 1612 1723 1802 1810
胡氏	胡安國	1074~1138	北宋	· 字 康侯 · 胡寅、胡宏父 · [春秋傳]	1303 1715
洪氏	洪興祖	1090~1155	南宋	· 字 慶善 · 號 練塘 · [論語説][楚辭考異][楚辭補注]	0106 0615 0726 0729 1112 1419 16序 1601
黃氏	黃祖舜	1100-1165	南宋	· 字 繼道 · [論語講義][論語解義]	0318
侯氏	侯仲良	-	宋	· 字 師聖 · 二程舅父 · [論語説][侯子文集]	0608 0910 0925 1724

부록 8 춘추열국지도

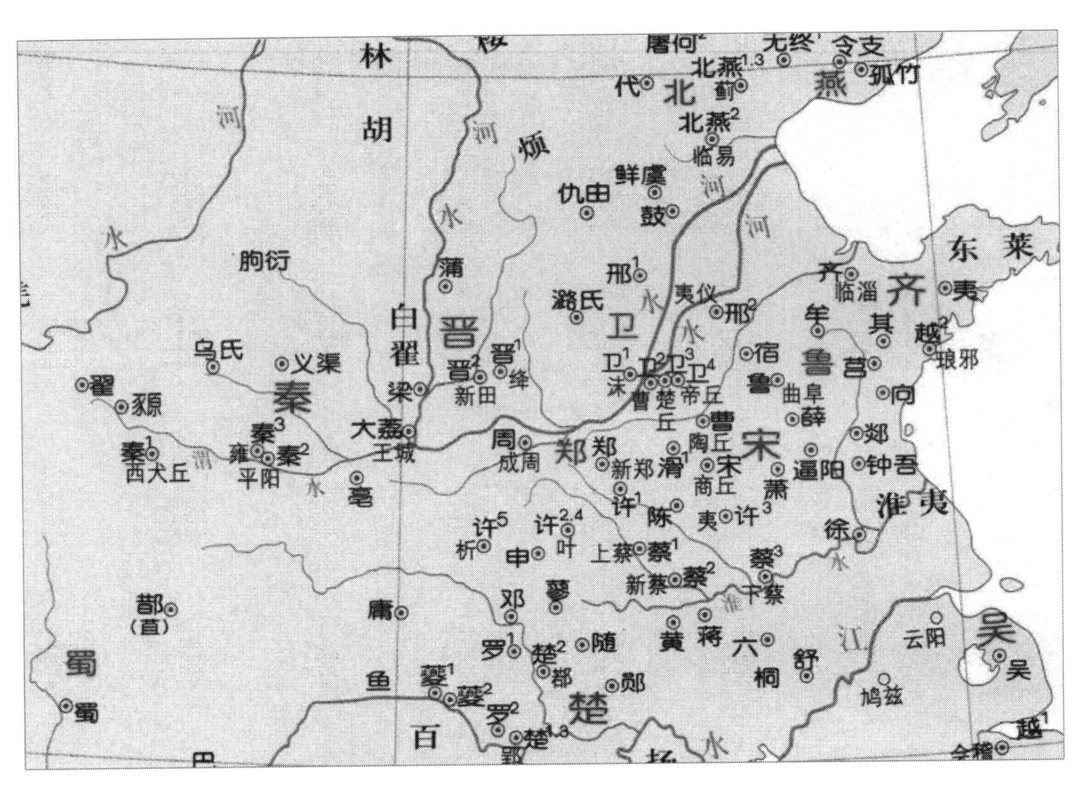

凡例 ⊙秦1: 諸侯國國名及國都(數字代表遷都順序)

(浩学歷史网(http: //www.hxlsw.com/pic/tushuo/2010/0410/52902.html)에서 가져온 자료임)